中国年鉴精品工程
High Quality Project of China's Yearbook

滨江年鉴

杭州市滨江区地方志编纂委员会 编

2023

（总第7卷）

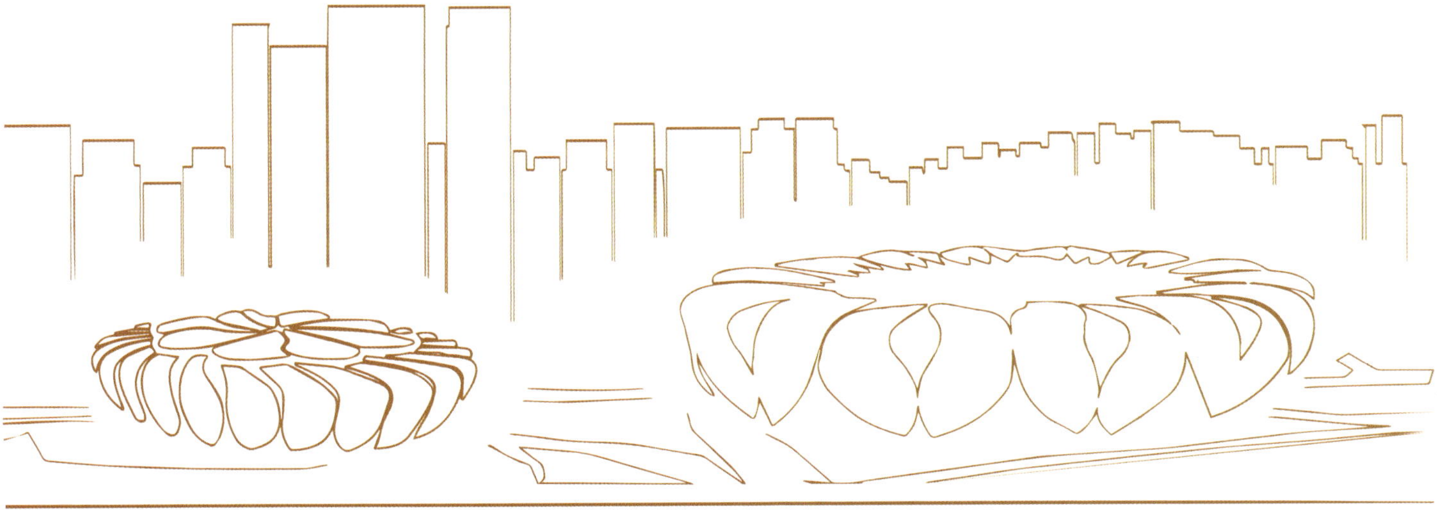

方志出版社
Publishing House of Local Records

图书在版编目(CIP)数据

滨江年鉴. 2023 / 杭州市滨江区地方志编纂委员会编. — 北京 : 方志出版社, 2023.11
ISBN 978-7-5144-5890-9

Ⅰ. ①滨… Ⅱ. ①杭… Ⅲ. ①区（城市）—杭州—2023—年鉴 Ⅳ. ①Z525.54

中国国家版本馆CIP数据核字（2023）第234692号

责任编辑：王娜
责任校对：张玉霞
责任印刷：梅中英
出 版 者：方志出版社
地　　址：北京市朝阳区潘家园东里 9 号（国家方志馆 4 层）
邮　　编：100021
网　　址：http://www.zgfzcb.cn
发　　行：方志出版社图书经销中心（010-67110500）
印　　刷：南京凯德印刷有限公司
开　　本：889 毫米 ×1194 毫米　1/16
印　　张：34.75
字　　数：840 千字
版　　次：2023 年 11 月第 1 版
印　　次：2023 年 11 月第 1 次印刷
定　　价：280.00 元

杭州市滨江区地方志编纂委员会

《滨江年鉴（2023）》编辑部

序

国务院办公厅2015年8月印发的《全国地方志事业发展规划纲要（2015—2020年）》（以下简称《规划纲要》）要求，到2020年要做到地方综合年鉴一年一鉴，公开出版，实现省、市、县三级综合年鉴全覆盖。《规划纲要》还要求，坚持存真求实，正确处理质量与进度的关系，将精品意识贯穿于年鉴编纂出版工作全过程。2015年12月，中国地方志指导小组办公室启动中国年鉴精品工程，将其与先期实施的中国志书精品工程视为姊妹工程，一道作为加强地方志质量建设的重要抓手。

实施中国年鉴精品工程有助于推动中华优秀传统文化传承发展。近年来，在党中央、国务院的高度重视和关心支持下，全国地方志事业发展迎来最好的发展时期。年鉴编纂发端于欧洲，鸦片战争后被引入我国，在我国走过了100多年的发展历史。在长期的编纂中，年鉴在内容和形式上不断发展，逐渐演变成为适合反映中国国情、具有鲜明中国特色的一种文化载体，并在改革开放后出现了快速发展的局面。2006年5月，国务院《地方志工作条例》颁布施行，明确将地方综合年鉴纳入地方志工作范畴，年鉴工作走上了有法可依的轨道。《规划纲要》出台，为从依法编鉴转变到依法治鉴指明了方向。2016年12月，中国地方志指导小组印发《全国年鉴事业发展规划（2016—2020年）》，更进一步明确了到2020年全国年鉴事业的任务书、时间表、路线图。经过多年的发展，年鉴工作已经成为地方志工作的重要组成部分，成为中华民族优秀文化传统的有机组成部分，其存史、育人、资政作用日益彰显。实施中国年鉴精品工程，是年鉴工作者紧扣时代脉搏、坚持创新发展的一项重要举措，对于坚定文化自信，传承弘扬好中华优秀传统文化意义重大。

实施中国年鉴精品工程有助于为全面建成小康社会提供更多智力支持和历史借鉴。党的十八大作出全面建成小康社会的战略部署。党的十八届五中全会提出到2020年如期实现全面建成小康社会的目标要求。完成《规划纲要》确定的目标任务是年鉴工作者的神圣使命，更是年鉴工作者以自身力量为全面建成小康社会献上的厚礼。一方面，可以更好地利用年鉴这种年度资料性文献，及时记录各地区在全面建成小康社会伟大征程中每年取得的新成绩和新经验、出现的新情况和新问题、涌现的优秀人物和典型事迹等；另一方面，可以更好地积累地情、国情资料，为推动经济社会发展和深化改革提供智力支持，为推进国家治理体系和治理能力现代化提供历史借鉴。

实施中国年鉴精品工程有助于全面推进地方志事业转型升级。地方志不是单纯修志编鉴工作，而是全体方志人“修志问道，以启未来”的一项事业，这项事业包含着巨大的时代担当与使命追求。地方志工作要在“五大建设”总体布局和“四个全面”战略布局中发挥与其自身价值、功能相匹配的作用，就要因时而谋、乘势而上、顺势而为，全面推进地方志事业转型升级。转型升级，当下最重要的目标就是完成“两全”目标，包括“年鉴全覆盖”目标；长远的目标就是基本形成地方志编修体系、理论研究和学科建设体系、质量保障体系、资源开发利用体系、工作保障体系“五位一体”的地方志事业发展综合体系，包括“五位一体”的年鉴事业发展综合体系。中国年鉴精品工程是一项探索工程，也是一项创新工程，是推进地方志事业转型升级的重要内容。通过实施中国年鉴精品工程，不仅有助于确保年鉴质量，不断编纂出版具有鲜明时代特征、年度特点和地域特色的精品年鉴，也有助于推动年鉴工作适应经济社会发展形势和时代需要，不断改革创新，与时俱进。

多年来，在中国地方志指导小组办公室的指导和全国各级地方志工作机构的共同努力下，年鉴种类数量快速增长，年鉴成果粲然可观，为实施中国年鉴精品工程奠定了坚实的基础。实施中国年鉴精品工程，就是要在全国地方志系统起到示范作用，进一步培育精品意识，打造精品年鉴，以点带面，在提高年鉴质量方面探索出一条切实可行之路，使这项探索工程和创新工程能够积累经验，发挥引领作用。

“万山磅礴，必有主峰；龙衮九章，但挈一领。”实施中国年鉴精品工程，是筑牢地方志事业特别是年鉴事业发展根基之举，其意义与价值不言而喻。但编修出年鉴精品佳作，绝非朝夕之功，需要付出长期艰辛的努力。希望通过实施中国年鉴精品工程，能够进一步推进年鉴质量建设，使年鉴真正成为传承中华民族优秀传统文化的重要载体，成为展示中国国情、地情的重要窗口，成为“为当代提供资政辅治之参考、为后世留下堪存堪鉴之记述”的资源宝库，在全面建成小康社会过程中作出更大贡献。

是为序。

中国社会科学院原副院长
原中国地方志指导小组常务副组长　李培林

编辑说明

一、《滨江年鉴》是中共杭州高新区工委（滨江区委）、杭州高新区管委会（滨江区政府）主办，杭州市滨江区地方志编纂委员会编纂的地方综合年鉴，逐年记载杭州高新区（滨江）经济建设、政治建设、文化建设、社会建设、生态文明建设基本情况，为各级党政机关、研究机构，以及社会各界人士和中外投资者了解、研究杭州高新区（滨江）提供地情资料。

二、《滨江年鉴（2023）》是2017年首次编纂出版以来的第7卷。本卷年鉴以马克思列宁主义、毛泽东思想、邓小平理论、“三个代表”重要思想、科学发展观、习近平新时代中国特色社会主义思想为指导，坚持辩证唯物主义和历史唯物主义的立场、观点和方法，全面记述杭州高新区（滨江）以“两个天堂”生动实践奋力开启中国式现代化新征程中的大事、要事。

三、《滨江年鉴（2023）》资料收录时限为2022年1月1日至12月31日，个别条目内容或表格中的数据适当上溯。

四、《滨江年鉴（2023）》按分类法编辑，主体内容分为类目、分目、条目3个层次，以条目为主要记事单元。全书设类目37个、分目271个、条目1586个、照片160幅、表格47张。

五、《滨江年鉴（2023）》框架结构在2022卷的基础上经重新拆分、重组、改名，新增以下类目：民主党派 工商联、工业 建筑业、旅游业、金融业、乡村振兴、交通 邮政 通信、生态环境保护、文化、体育、人力资源管理、应急管理、人物 荣誉。调整后的篇目设置如下：特载、专记、大事记、区情概览、中共杭州高新区工委（滨江区委）、滨江区人民代表大会、杭州高新区管委会（滨江区政府）、政协滨江区委员会、中共滨江区纪律检查委员会 滨江区监察委员会、民主党派 工商联、群众团体、法治、军事、经济管理、高新技术产业、产业平台、工业 建筑业、商贸服务业、旅游业、金融业、投资促进与区域合作、城区建设与管理、乡村振兴、交通 邮政 通信、生态环境保护、科技创新、教育、文化、卫生健康、体育、人力资源管理、社会生活、应急管理、街道、人物 荣誉、统计资料、附录。卷首彩页根据年度热点和杭州高新区（滨江）特色设置分类主题。

六、《滨江年鉴（2023）》内文中数字用法、标点符号用法均执行国家标准《出版物上数字用法》（GB/T 15835—2011）、《标点符号用法》（GB/T 15834—2011），计量单位用法采用1993年12月发布的《量和单位》系列国家标准。因涵盖范围不同，《滨江年鉴（2023）》分情况使用杭州高新区（滨江）、杭州高新区、滨江区，同一分目统一使用同一个名称（机构名称、会议名称、活动名称、文件、原文原图引用除外）。

七、《滨江年鉴（2023）》刊载的综合性数据以区统计局核定的数据为准，未纳入统计范围的数据由各单位提供。由于统计口径不同，个别单位提供的数据会与区统计局数据不尽相同，引用时请注意。除特别说明外，文中数据对比均为2022年与2021年相比，“上年”指2021年，其他年份之间数据的比较均写明年份。“全年”“年内”“年底”和条目内未标注年份的均指2022年。

八、区直属各单位和相关单位名称根据有关文件规定使用规范化简称。因机构调整导致前后名称不一致的，据文中具体时间使用实际名称。全书无特殊说明，“党”指“中国共产党”。供稿单位署名按机构调整后确定的新名称。《滨江年鉴（2023）》所用稿件均由各有关部门和单位提供，经各供稿单位主要负责人审核，文后署作者名，条目连续为同一作者的在最后一个条目后署一次名。

滨江区
西湖区
西湖风景名胜区
萧山区
杭州奥体中心
奥体博览城
游泳馆
体育馆
体育场
网球中心
杭州国际博览中心
国博壁球馆
博览中心站
奥体中心站
互联网产业园
智慧之门中心
联络大厦
矽力杰大厦
浙水大厦
文投集团
商务中心
滨和小学
滨和中学
西兴中学
西兴实验小学
西兴街道
东方花城
滨康路站
博奥路站
兴议站
湘湖站
萧彩隧道
文明路
建设四路
建设一路
北塘路
金城路
萧杭路
风情大道
地铁7号线
钱江
之江大桥
珊瑚沙水库
图例
区政府
街道办事处
区界
街道界
地铁1号线及站点
地铁4号线及站点
地铁5号线及站点
地铁6号线及站点
地铁7号线及站点
机场城市大道
高架、立交
铁路
主要场馆
五大平台
特色街区
酒店 大厦 商场
医院 学校
纪念馆 寺庙
亚运人文体验点
遗址 塔
汽车站 山峰
隧道
河流、湖泊
杭州市滨江区民政局
杭州市勘测设计研究院有限公司 编制
地址：杭州市莫干山路武林门新村13号
电话：0571-88832230
浙杭S（2023）010号
本图界线仅供参考 不作划界依据
版权所有 侵权必究

学习宣传贯彻中共二十大精神

◆ 2022年，杭州高新区（滨江）迎接中共二十大召开，学习宣传贯彻中共二十大精神，聚焦“建设天堂硅谷，打造硅谷天堂”，以实际行动开启中国式现代化新征程。

2022年7月1日，区政府南广场改造完成投入使用。杭州高新区（滨江）在区政府南广场举行“七一”主题党日活动（区委宣传部　供图）

2022年6月28日，“奋进共富路·启航新百年”2022年高新区（滨江）两新组织迎七一展演在区文化中心举行
（区委宣传部　供图）

2022年6月8日，杭州高新区（滨江）举行“喜迎党的二十大，品味红色经典”小学生亲子诵读比赛
（区委宣传部　供图）

2022年11月15日，中共二十大精神“滨青开讲吧”系列宣讲活动启动仪式举行　（区委宣传部　供图）

2022年10月11日，杭州高新区（滨江）沿江展示“喜迎二十大”灯光秀

2022年11月29日，杭州高新区（滨江）区党委理论学习中心组（扩大）暨党的二十大精神市委宣讲团报告会举行 （区委宣传部　供图）

（区委宣传部　供图）

产业滨江

◆ 2022年，杭州高新区（滨江）坚持数字经济和制造业高质量发展，以产业协同创新引领企业质量、效率和动力变革，以数字、服务、品牌赋能，推动产业高质量发展。

2022年4月24日，杭州高新区（滨江）萧山特别合作园联席会暨规划评审会召开 （区委宣传部 供图）

2022年5月20日，杭州人工智能计算中心合作签约仪式举行　　（区委宣传部　供图）

2022年6月7日，白马湖实验室（能源与碳中和浙江省实验室）成立大会举行　　（区委宣传部　供图）

2022年9月，北京航空航天大学杭州创新研究院（白马湖院区）投入使用　　（区委宣传部　供图）

2022年11月13日，杭州高新区（滨江）“2022硅谷精英沙龙暨硅谷人才活动周”启动仪式举行

（区委宣传部　供图）

2022年11月18日，中国（浙江）自由贸易试验区杭州片区滨江区块获批两周年暨数字自贸高质量提升发展大会在“智慧e谷”举行

（区委宣传部　供图）

2022年11月21日，第十一届中国创新创业大赛生物医药全国赛开幕式暨生物医药产业发展高峰论坛在杭州高新区（滨江）举行　（区委宣传部　供图）

2022年12月28日，杭州萤石网络股份有限公司首次公开发行股票并在上海证券交易所科创板上市，成为杭州高新区（滨江）第69家上市企业　（区委宣传部　供图）

物联网产业园位于杭州高新区（滨江）的东部，总规划面积3.66平方千米，于2010年启动建设。2022年，物联网产业园完成固定资产投资15.58亿元，园区企业营业收入2699.63亿元，税收收入63.06亿元，有上市企业19家。图为园区一角　（区委宣传部　供图）

亚运滨江

◆ 2022年，杭州高新区（滨江）按照“亚运核心城区”定位，深化现代城市治理体系，塑造现代化城市新形象，展现“国际滨江、亚运核心”的特色与风采。

滨江体育馆（“小白碗”）
（区委宣传部　供图）

杭州奥体中心主体育场和网球中心（“大莲花”和“小莲花”）
（区委宣传部　供图）

2022年7月9日，2022年第七届“谁羽争锋”杭州高新区（滨江）企业羽毛球联赛开幕

（区委宣传部　供图）

2022年6月18日，2022年第一届新华三集团足球邀请赛在和瑞科技广场足球场举行

（区委宣传部　供图）

2022年5月25日，“钱塘江畔太极韵 国际滨里亚运情”滨江区企业退休人员太极拳比赛在滨江体育馆举行

（区委宣传部　供图）

2022年4月22日，“韵味杭州”浙江省青少年网球邀请赛在杭州奥体中心网球中心（“小莲花”）开赛

（区委宣传部　供图）

2022年5月19日，杭州市第十届职工运动会羽毛球比赛在滨江体育馆（“小白碗”）开赛

（区委宣传部　供图）

2022年8月7日，“喜迎二十大”杭州市滨江区第六届全民运动会开幕式暨2022杭州市全民健身日主题活动（滨江赛区）在滨江体育馆举行　　　　　　　　　　　　　　　　　　（区委宣传部　供图）

宜居滨江

◆ 2022年，杭州高新区（滨江）完善城市功能，做好教育、医疗、住房、文化等民生服务供给，提升群众生活品质，塑造“未来风、国际范、江南韵”的高品质城市空间。

2022年10月，海塘公园建成开放
（区委宣传部　供图）

2022年4月7日，白马湖复垦三期盛开的油菜花　（区委宣传部　供图）

2022年1月19日，江南大道隧道开通试运行　　（区委宣传部　供图）

2022年11月14日，浦沿街道六合天寓获评市级“美好家园”住宅示范小区
（区住建局　供图）

2022年9月，杭州市滨江区东方郡幼儿园江晖路分园启用　　（区教育局　供图）

2022年9月，杭州市硅谷小学启用　　（区教育局　供图）

2022年9月，杭州国际学校白马湖校区启用

（白马湖生态创意城　供图）

2022年9月，杭州市滨江区晓风印月幼儿园启用　　（区教育局　供图）

2022年9月，杭州竺可桢学校启用　　（区教育局　供图）

2022年9月，杭州市江晖小学启用　　（区教育局　供图）

2022年11月22日，2022年“舞动中国——排舞联赛”总决赛暨全国排舞冠军赛在滨江体育馆开幕

（区委宣传部 供图）

长河老街，有2500多年的历史，吴越时有村落，南宋始形成自然镇，明代形成今长河老街泽街和槐街的格局。2022年，杭州高新区（滨江）立足13.6公顷的长河历史文化街区，打造宜居宜业宜游生态，于9月9日开街。图为开街现场

（区委宣传部　供图）

总　目

特　载……………………………………1
专　记…………………………………22
大事记…………………………………31
区情概览………………………………40
中共杭州高新区工委（滨江区委）……47
滨江区人民代表大会…………………67
杭州高新区管委会（滨江区政府）……79
政协滨江区委员会……………………95
中共滨江区纪律检查委员会
　滨江区监察委员会…………………108
民主党派　工商联……………………114
群众团体………………………………128
法　治…………………………………147
军　事…………………………………162
经济管理………………………………168
高新技术产业…………………………192
产业平台………………………………201
工业　建筑业…………………………214
商贸服务业……………………………225
旅游业…………………………………235
金融业…………………………………242
投资促进与区域合作…………………251
城区建设与管理………………………259
乡村振兴………………………………275
交通　邮政　通信……………………280
生态环境保护…………………………289
科技创新………………………………296
教　育…………………………………320
文　化…………………………………342
卫生健康………………………………357
体　育…………………………………370
人力资源管理…………………………374
社会生活………………………………382
应急管理………………………………409
街　道…………………………………415
人物　荣誉……………………………425
统计资料………………………………446
附　录…………………………………462
索　引…………………………………507

目 录

特 载

全面学习贯彻党的二十大精神
以“两个天堂”生动实践奋力
开启中国式现代化新征程
——在区委六届三次全体（扩大）会议暨
区委经济工作会议上的报告…………………… 1
政府工作报告
——在杭州市滨江区第六届人民代表大会
第二次会议上……………………………………12

专 记

亚运会城市环境提升行动……………………22
浙江自由贸易试验区杭州片区滨江区块
建设……………………………………………24
表1　2022年滨江区块数字自贸标志性
创新成果一览表 ………………………25
共同富裕示范区建设…………………………26
长河历史文化街区改造………………………28
滨萧特别合作园建设…………………………30

大事记

1月 ……………………………………………31
2月 ……………………………………………31
3月 ……………………………………………31
4月 ……………………………………………32
5月 ……………………………………………33
6月 ……………………………………………34
7月 ……………………………………………34
8月 ……………………………………………35
9月 ……………………………………………36
10月 …………………………………………37
11月 …………………………………………38
12月 …………………………………………39

区情概览

建置区划………………………………………40
位置面积 ……………………………………40
建置沿革 ……………………………………40
行政区划 ……………………………………41
自然地理………………………………………41
地形地貌 ……………………………………41
气候 …………………………………………42
土壤 …………………………………………43
水文 …………………………………………43
自然资源………………………………………43
林业资源 ……………………………………43
动植物资源 …………………………………43
矿产资源 ……………………………………43
人口民族宗教…………………………………43
人口 …………………………………………43
民族 …………………………………………44

宗教 …… 44
人文历史……44
文化遗存 …… 44
非物质文化遗产 …… 44
历史名人 …… 44
民俗 …… 44
方言 …… 45
风景名胜……45
滨江物联网小镇 …… 45
白马湖公园 …… 45
滨江互联网小镇 …… 45
2022年经济社会发展 ……45
经济建设 …… 45
政治建设 …… 46
文化建设 …… 46
社会建设 …… 46
生态文明建设 …… 46

中共杭州高新区工委（滨江区委）

综　述……47
经济稳进提质 …… 47
科创生态优化 …… 47
全面深化改革 …… 48
基层社会治理 …… 48
重要会议……48
概况 …… 48
区委全体（扩大）会议 …… 48
区委常委会会议 …… 48
区委议事协调机构会议 …… 49
重要决策……49
迭代开展“三大主题年”活动实施方案审议通过 …… 49
推进产业平台高质量发展实施意见审议通过 …… 49
国土空间资源规划统筹开发利用实施意见审议通过 …… 49
组织工作……50
概况 …… 50
干部选拔任用 …… 50
干部教育培训 …… 50
党员发展 …… 50
基层组织党建 …… 50
“两新”组织党建 …… 51
公务员管理 …… 51
人才工作 …… 51
“两新”党建经验宣传推广 …… 51
第九届“两新”组织迎“七一”展演 …… 51
党建引领“共富工坊”建设 …… 52
宣传工作……52
概况 …… 52
新闻宣传 …… 52
社会宣传 …… 52
思想政治工作 …… 52
新闻发布 …… 53
媒体融合发展 …… 53
中共二十大精神宣传 …… 53
亚运会主题宣传 …… 53
党委信息 …… 54
网络安全和信息化……54
概况 …… 54
网络生态治理 …… 54
依法治网体系建设 …… 54
网络安全风险隐患排查 …… 54
统一战线工作……54
概况 …… 54
民主党派统战 …… 54
党外知识分子与新阶层人士统战 …… 55
“两新”组织统战 …… 55
民族宗教统战 …… 55
统一战线队伍建设 …… 55
民主党派、统战团体工作会议 …… 55
“同心·众创”系列活动启动仪式暨生物医药专场首期投融资对接会 …… 56
社会各界助力服务亚运主题活动 …… 56
“董秘联谊会”工作研讨会 …… 56
区新艺联谊会成立 …… 56
区统一战线“喜迎二十大 乐跑大莲花”活动 …… 57
区直机关党建……57
概况 …… 57

机关党的政治建设 ……………………………57
机关党的组织建设 ……………………………57
侨 务……………………………………58
概况 ……………………………………………58
"2022中华文化大乐园意大利园"活动 …………58
海外华文媒体区情推介会 ……………………58
"海外华文媒体杭州行——走进滨江"活动 ……58
港澳台事务………………………………58
概况 ……………………………………………58
台湾工作 ………………………………………59
港澳籍人士及家属慰问 ………………………59
在杭香港青年伙伴交流活动在海创基地举行 ……59
港澳代表人士伙伴行走进杭州高新区（滨江） ……………………………………59
机构编制工作……………………………59
概况 ……………………………………………59
行政机构调整 …………………………………59
事业机构调整 …………………………………60
信访工作…………………………………61
概况 ……………………………………………61
《信访工作条例》宣传 …………………………61
信访积案化解 …………………………………61
区委信访工作会议 ……………………………61
党史研究…………………………………62
概况 ……………………………………………62
红色文化传播 …………………………………62
"八八战略"课题研究 …………………………62
"喜迎二十大，奋进新征程"互动式套餐…………62
老干部工作………………………………62
概况 ……………………………………………62
机关退休干部文化班 …………………………62
老干部志愿服务 ………………………………62
老干部为建设"两个天堂"献计献策 …………63
退休干部荣退仪式 ……………………………63
关心保护下一代工作……………………63
概况 ……………………………………………63
"人才大手牵小手"系列活动 …………………63
市级示范型未成年人救助保护中心创建 ………63
市关工委调研区关心下一代工作 ……………63
未成年人保护培训 ……………………………64
首批杭州市儿童友好社区创建 ………………64
全区关心下一代工作会议 ……………………64
综合考评和督查…………………………64
概况 ……………………………………………64
省委巡视"回头看" …………………………65
督查检查考核工作 ……………………………65
"七张问题清单"工作 …………………………65
市级综合考评 …………………………………65
区本级综合考评 ………………………………66
区委全委会工作督查 …………………………66

滨江区人民代表大会

综 述……………………………………67
人大代表构成 …………………………………67
督促落实区委决策部署 ………………………67
数字人大建设 …………………………………67
人大宣传工作 …………………………………67
重要会议…………………………………67
概况 ……………………………………………67
区六届人大一次会议 …………………………67
区人大常委会会议 ……………………………68
表2 2022年滨江区人大常委会会议情况一览表 ……………………………………68
重大决定和人事任免……………………69
概况 ……………………………………………69
重大决定 ………………………………………69
区六届人大常委会第一次会议人事任免事项 ……………………………………69
区六届人大常委会第三次会议人事任免事项 ……………………………………70
区六届人大常委会第四次会议人事任免事项 ……………………………………70
区六届人大常委会第五次会议人事任免事项 ……………………………………70
区六届人大常委会第六次会议人事任免事项 ……………………………………70
视察调研…………………………………70
概况 ……………………………………………70
民生实事项目督查 ……………………………71
表3 2022年杭州市滨江区人大常委会民生实事项目督查情况一览表 ………………71

企业退休人员困难帮扶工作专题监督 …………72
住宅小区消防安全专题监督 …………72
《中华人民共和国就业促进法》执法检查 …………73
城市应急保障能力建设监督 …………73
“文明一平方”专题监督 …………73
无障碍环境建设监督 …………73
“大综合一体化”行政执法改革情况调研 …………73
滨江区公园建设管理情况调研 …………73
人大工作委员会…………74
监察和法制司法工作委员会 …………74
财政经济工作委员会 …………74
城建环保工作委员会 …………74
教科文卫和民宗侨工作委员会 …………74
人事代表工作委员会 …………75
社会建设工作委员会 …………75
议案建议…………75
概况 …………75
推进全域未来社区建设的建议 …………76
滨江区道路标志标识规范化及亚运场馆周边设施提升的建议 …………76
完善基层疫情防控能力和体系的建议 …………76
加快推进滨江萧山产业合作共同发展的建议 …………76
人大代表工作…………76
概况 …………76
基层单元建设 …………77
代表培训 …………77
人大街道工委工作…………77
概况 …………77
区人大西兴街道工委活动 …………77
区人大长河街道工委活动 …………78
区人大浦沿街道工委活动 …………78

杭州高新区管委会（滨江区政府）

综　述…………79
综合排名居全国高新区第五位 …………79
生态环境提升 …………79
文体事业发展 …………79
安居工程推进 …………79
重要会议…………80
概况 …………80
区政府全体（扩大）会议 …………80
区政府常务会议 …………80
表4　2022年杭州市滨江区政府常务会议一览表 …………80
区政府专题会议 …………83
重要活动…………83
滨江区浙工大网络空间安全创新研究院启动 …………83
杭州极弱磁场重大科技基础设施研究院揭牌 …………83
白马湖实验室成立 …………84
第十届西湖论剑·网络安全大会 …………84
第十一届中国创新创业大赛生物医药全国赛在杭州高新区（滨江）举行 …………84
民生实事项目…………85
概况 …………85
教育事业高质量发展 …………85
安居工程推进 …………85
未来社区建设 …………85
缓解停车难、出行难 …………85
卫生健康服务提升 …………85
平安小区提档升级 …………85
亚运环境综合提升 …………86
“一老一小”关爱服务 …………86
物业服务提档升级 …………86
老旧小区提升改造 …………86
政务公开…………86
概况 …………86
主动公开政府信息 …………86
依申请公开政府信息 …………86
政府信息目录调整 …………86
政务督查…………87
概况 …………87
国务院、省、市政府涉区项目督查 …………87
区人大代表建议和政协委员提案办理 …………87
市人大代表建议和政协委员提案办理 …………87
数据资源管理…………88
概况 …………88
一体化智能化公共数据平台建设 …………88
应用集约建设 …………88
“浙政钉”“浙里办”两端建设 …………88
网络数据安全 …………88

电子政务……88
概况……88
基础设施保障……89
网络安全培训……89
政务系统开发提升……89
后勤保障服务……89
信息发布规范化……89
行政审批服务和管理……89
概况……89
“一网通办示范大厅”建设……90
业务办理数字提效……90
“一件事”集成改革深化……90
便民联办事项……90
“移动审批车”推出……90
江北医保窗口设立……91
审管办机构调整……91
“一地创新 全省共享”事项办理……91
政务服务大提升专项行动方案出台……91
“就近办”完善……91
“创新创业陪跑工作室”设立……91
“政务开放日”活动……92
全区首个“拿地即开工”极速审批试点项目开工……92
公共资源交易……92
概况……92
助力“亚运靓城”行动……92
审管系统联动攻坚……93
交易领域标准化建设推进……93
交易管理科设立……93
交易大厅改造升级……93
远程异地多点评标室功能升级……93
外　事……93
概况……93
对外交流平台搭建……93
主要外事接待……94
浙江省·西澳州“健康与医疗生命科学”线上对接活动在滨江互联网小镇举行……94
区直机关事务……94
概况……94
节约机关建设……94
办公用房管理……94
公务用车管理……94
机关后勤服务保障……94

政协滨江区委员会

综　述……95
政协委员构成……95
学习座谈会办法……95
“两个全覆盖”实施意见……95
学习宣传贯彻中共二十大精神活动方案……95
数字政协建设……95
政协宣传工作……96
青春特色党建品牌……96
重要会议……96
概况……96
区政协三届一次会议……96
区政协常委会会议和主席会议……97
表5　2022年政协滨江区委员会常委会会议情况一览表……97
表6　2022年政协滨江区委员会主席会议情况一览表……97
协商议政……99
概况……99
“文明靓城”迎亚运专题协商……99
提案办理专题协商……100
人工智能产业专题协商……100
科教融合专题协商……100
“助推共同富裕示范区建设”专题协商议事月……100
防范电信网络诈骗专题协商……100
未来产业发展布局分析研究专题协商……100
历史建筑保护利用专题协商……101
未来社区运营管理专题协商……101
民主监督……101
概况……101
民生实事项目专项监督……101
“美丽杭州迎亚运”专项集体民主监督……101
数字化改革专项集体民主监督……102
提升亚运主场软环境视察监督……102
“推进无废城市建设”民主监督……102
“数字化赋能社会风险管控”视察监督……102

视察与调研…… 102
概况 …… 102
政协委员视察 …… 103
重点课题调研 …… 103
委员工作…… 103
概况 …… 103
委员培训 …… 103
委员履职管理 …… 103
委员读书活动 …… 103
委员界别活动 …… 104
政协专门委员会…… 104
概况 …… 104
提案委员会 …… 104
经济科技委员会 …… 104
城市建设和人口资源环境委员会 …… 105
教育文化卫生体育和文史委员会 …… 105
社会法制民族宗教和港澳台侨委员会 …… 105
委员工作委员会 …… 105
提案与社情民意…… 105
概况 …… 105
建设全域未来社区的建议 …… 106
科技助力亚运提升软实力 建设“国际滨”的建议 …… 106
推动“科技+人文”高质量建设“天堂硅谷”的建议 …… 106
促进元宇宙产业发展的建议 …… 106
社情民意 …… 106
文史研究…… 107
概况 …… 107
文史资料征编 …… 107
硅谷文化课堂 …… 107
文史研究会换届 …… 107

中共滨江区纪律检查委员会 滨江区监察委员会

综　述…… 108
纪检监察制度改革 …… 108
纪检监察干部队伍建设 …… 108
关键小事项目化监督 …… 108
清廉滨江建设深化 …… 108
纪检数智变革 …… 109
重要会议…… 109
概况 …… 109
区纪委六届二次全会 …… 109
区纪委常委会会议 …… 109
党风廉政建设…… 109
概况 …… 109
清单管理优化 …… 109
工程管理人员廉洁自律规范出台 …… 110
“魔方沙龙”活动 …… 110
“清风传家”活动 …… 110
西兴街道开展经济合作社规范运行专项督查…… 110
“清风物联”廉洁文化阵地启用 …… 110
清廉单元建设工作推进会 …… 111
执纪审查与监察调查…… 111
概况 …… 111
违反中央八项规定精神典型问题通报 …… 111
留置案件办理 …… 111
巡察工作…… 112
概况 …… 112
区委巡察工作动员部署会 …… 112
“亚运攻坚”专项巡察 …… 112
六届区委第一轮巡察 …… 112
六届区委第二轮巡察 …… 113
六届区委第三轮巡察 …… 113

民主党派　工商联

民革杭州高新区（滨江）基层委员会 …… 114
概况 …… 114
参政议政 …… 114
社会服务 …… 114
高新支部和卫健基层委医卫支部联谊活动 …… 115
社法支部和综合支部联合活动 …… 115
民盟杭州高新区（滨江）基层委员会 …… 115
概况 …… 115
参政议政 …… 116
社会服务 …… 116

送“福”进项目公益活动 …… 116
“薪火相传、携手奋进”接力跑 …… 116
民建杭州高新区（滨江）基层委员会 …… 117
概况 …… 117
参政议政 …… 117
社会服务 …… 117
议政日活动 …… 118
“数智赋能园区”专题议政活动 …… 118
民进杭州高新区（滨江）基层委员会 …… 118
概况 …… 118
组织建设规范化 …… 119
参政议政 …… 119
社会服务 …… 119
才艺展示活动 …… 119
社区结对 …… 119
“友好大华”项目 …… 120
农工党杭州高新区（滨江）基层委员会 …… 120
概况 …… 120
参政议政 …… 120
社会服务 …… 121
共建结对签约 …… 121
“靓发屋”项目受益人专题技能培训班开班 …… 121
“宪法进校园”活动 …… 121
致公党杭州高新区（滨江）总支部 …… 122
概况 …… 122
参政议政 …… 122
社会服务 …… 122
致公明志讲堂 …… 122
“同心同行·共富有我”主题议政日活动 …… 123
防“艾”知识宣传 …… 123
九三学社杭州高新区（滨江）基层委员会 …… 123
概况 …… 123
参政议政 …… 124
社会服务 …… 124
“我为亚运献一计”活动 …… 124
杭州高新区（滨江）工商业联合会 …… 124
概况 …… 124
民营经济人士培训教育 …… 125
民营经济法律服务 …… 125
民营经济调查研究 …… 125
商会建设 …… 125
服务民营企业 …… 125
“科学家企业家面对面”活动 …… 126
民营经济人士参政议政 …… 126
民营经济会员企业党建 …… 126
民营经济社会服务 …… 126
区工商联五届二次执委（理事）会议 …… 127
7家企业入围中国民营企业500强 …… 127
新生代企业家联谊会（青年商会）研修班 …… 127

群众团体

杭州高新区（滨江）总工会 …… 128
概况 …… 128
基层工会建设 …… 128
劳动技能竞赛 …… 128
劳模（工匠）关爱服务 …… 128
职工思想政治引领 …… 128
职工群众文化建设 …… 129
和谐劳动关系创建 …… 129
职工权益维护 …… 129
工会普惠服务 …… 129
产业工人队伍建设 …… 129
区总工会四届六次全体（扩大）会议 …… 130
中国网络作家村首届工会委员会选举产生 …… 130
区内首家货车司机平台企业工会成立 …… 130
第三届“滨江工匠” …… 130
新增高技能人才（劳模）创新工作室3家 …… 130
官河社区爱心驿家入选全国“最美工会户外劳动者服务站点” …… 131
共青团杭州高新区（滨江）委员会 …… 131
概况 …… 131
青年理论学习 …… 131
青年先进典型选树培育 …… 131
新社会组织团建 …… 132
智慧团建 …… 132
青少年权益维护 …… 132
青年人才服务 …… 132
“青年之家”建设 …… 132
少先队工作 …… 132
青年志愿服务 …… 132
团干部及志愿者培训 …… 133

"亲青恋"青年交友系列活动 …… 133
区第八次少代会 …… 133
共青团杭州市滨江区第七次代表大会 …… 133
杭州高新区（滨江）妇女联合会 …… 134
概况 …… 134
妇女组织建设 …… 134
妇女思想政治引领 …… 134
服务妇女创业创新 …… 134
巾帼建功行动 …… 134
妇女儿童权益保护 …… 134
困境妇女儿童帮扶 …… 135
家庭文明建设 …… 135
全省首个产业社区妇联成立 …… 135
区妇联五届七次执委会议 …… 135
儿童友好城区创建工作动员部署会 …… 135
文明家庭宣传日活动 …… 136
省首届巾帼科技创新周滨江区启动仪式 …… 136
全区妇女干部培训班 …… 136
杭州高新区（滨江）科学技术协会 …… 136
概况 …… 136
青年科技英才评选 …… 136
院士专家工作站建设 …… 136
"科普中国"App推广 …… 137
"银龄跨越数字鸿沟"专项科普活动 …… 137
科普大篷车进社区活动 …… 137
青少年科普教育基地建设 …… 137
科技活动周和科普宣传周 …… 137
大学生反邪教社会实践基地 …… 137
反邪教理论研讨会 …… 138
杭州高新区（滨江）归国华侨联合会 …… 138
概况 …… 138
维护归侨侨眷权益 …… 138
为侨服务 …… 138
侨界联谊 …… 138
海外协作会议 …… 139
华侨华人新生代主题活动 …… 139
"进双创基地，为侨企送法"活动 …… 139
同心众创第四期数字经济专场路演 …… 139
滨江区文学艺术界联合会 …… 139
概况 …… 139
文艺作品成果 …… 139
文艺志愿活动 …… 140
杭州（滨江）首届国际体育幽默画展 …… 140
"浙东唐诗之路——从西兴出发"艺术家驻地创作影像展 …… 140
杭州·滨江国际舞蹈周 …… 140
第二届"杭州书法之村"作品展 …… 140
滨江·浙艺金鹊电影节 …… 140
浦沿街道文联成立 …… 141
杭州高新区（滨江）残疾人联合会 …… 141
概况 …… 141
区残联第六次代表大会 …… 141
残疾人专项扶持救助 …… 142
精准康复服务行动 …… 142
残疾人就业帮扶 …… 142
无障碍环境建设 …… 142
爱耳日活动 …… 142
盲人定向行走训练 …… 143
手语普及培训 …… 143
"全国残疾预防日"公益宣教 …… 143
残疾人好声音大赛 …… 143
区残疾人专门协会特色活动 …… 144
杭州高新区（滨江）红十字会 …… 144
概况 …… 144
基层红会组织建设 …… 144
百次无偿献血者新增2人 …… 144
应急救护培训 …… 144
"情暖杭州·2022年博爱送温暖"活动 …… 145
杭州市滨江区红十字三联救援队成立 …… 145
4例造血干细胞成功捐献 …… 145
杭州高新区（滨江）计划生育协会 …… 145
概况 …… 145
计生协会会员日活动 …… 146
优生优育宣传 …… 146
婴幼儿家庭入户指导 …… 146
青春健康高校项目 …… 146
区育龄人群婚育意愿调查 …… 146

法 治

政法委与综治 …… 147
概况 …… 147

平安建设居全省第一位 …… 147
“小脑+手脚”基层治理机制 …… 147
“关爱e家”助力数字反邪 …… 147
网格细化管理 …… 148
打击整治养老诈骗专项行动 …… 148
社会治理中心成立 …… 148
法治政府建设 …… 148
概况 …… 148
行政执法监督 …… 149
行政复议应诉 …… 149
合法性审查 …… 149
法治化营商环境建设 …… 149
“大综合一体化”行政执法改革 …… 150
数字法治建设 …… 150
公　安 …… 150
概况 …… 150
打击侵财犯罪 …… 150
打击经济犯罪 …… 151
打击毒品犯罪 …… 151
治安管理 …… 151
户政管理 …… 151
出入境人员及往来港澳台人员管理 …… 151
重点单位安全保卫 …… 152
警务督察 …… 152
网络安全管理 …… 152
危爆物品管控 …… 152
“110”接处警 …… 152
公安信访工作 …… 152
公安科技信息化建设 …… 152
警务便民服务 …… 153
检　察 …… 153
概况 …… 153
刑事检察 …… 153
民事行政检察 …… 153
公益诉讼检察 …… 153
未成年人检察 …… 154
知识产权保护 …… 154
检察监督 …… 154
检务公开 …… 155
检务服务 …… 155
涉案未成年人家庭教育指导站揭牌 …… 155
“益企向未来”暨商业秘密保护研讨会 …… 155
首届特约检察员座谈会 …… 155
全省首个《侵犯商业秘密刑事案件审查指引》出台 …… 155
检校司法实务论坛 …… 156
法　院 …… 156
概况 …… 156
刑事案件审判 …… 156
民商事案件审判 …… 156
行政案件审理 …… 157
案件执行 …… 157
知识产权案件审理 …… 157
助力优化营商环境 …… 157
诉讼制度改革 …… 158
数字法院建设 …… 158
司法体制综合配套改革 …… 158
“共享法庭”建设 …… 158
公共设施管理示范性判例 …… 158
“泰然金融”特大非法吸收公众存款案 …… 158
司法行政 …… 159
概况 …… 159
法治宣传 …… 159
公共法律服务 …… 159
社区矫正 …… 159
人民调解 …… 160
法律援助 …… 160
公证服务 …… 160
律师行业管理 …… 160
行政复议规范化建设 …… 161
首批省级公民法治素养观测点建设 …… 161
劳动仲裁 …… 161
概况 …… 161
协调劳动关系三方联动 …… 161
企业劳动用工体检活动 …… 161

军　事

区人武部 …… 162
概况 …… 162
思想政治引领强化 …… 162
年度训练 …… 162

指挥能力建设 …… 162
国防动员潜力核查 …… 162
兵员征集 …… 163
民兵组织建设 …… 163
基层武装建设 …… 163
岗位能力提升 …… 163
试点攻关工作获《中国国防报》报道 …… 164
双拥共建 …… 164
国防教育 …… 164
军队资产管理 …… 164
人民防空 …… 164
概况 …… 164
人防宣传 …… 165
“人防行业监管”应用场景建设 …… 165
退役军人事务 …… 165
概况 …… 165
崇军优待 …… 166
就业创业服务 …… 166
退役军人志愿服务 …… 166
建档立卡和优待证申领 …… 166
优待证首发仪式 …… 166
崇军系列活动 …… 166
“最美退役军人”“最美拥军人物”评选 …… 167
退役军人专场招聘会 …… 167
“新时代枫桥式退役军人服务站”评审现场会 …… 167

经济管理

宏观经济调控 …… 168
概况 …… 168
年度计划编制与执行 …… 168
经济运行监测 …… 168
固定资产投资 …… 168
产业平台发展 …… 168
产业政策 …… 169
营商环境优化 …… 169
绿色发展 …… 169
自然资源管理 …… 169
概况 …… 169
土地使用管理 …… 169
基础设施项目供地 …… 169
土地执法监察 …… 170
林业管理 …… 170
不动产登记 …… 170
权籍调查 …… 170
自然资源监测 …… 171
测绘与地理信息管理 …… 171
生物多样性调查评估 …… 171
国有资产管理 …… 171
概况 …… 171
国企业务架构优化 …… 171
国企人事薪酬改革 …… 171
国有资产存量盘活 …… 172
数字化监管平台 …… 172
财　政 …… 172
概况 …… 172
财源培植 …… 172
财政政策落实 …… 172
预算绩效管理 …… 173
政府采购管理 …… 173
财政监督 …… 173
民生投入 …… 173
城市建设保障 …… 174
财政数字化改革 …… 174
财政风险防范 …… 174
税　务 …… 174
概况 …… 174
减税降费 …… 174
依法治税 …… 174
纳税服务 …… 174
优化税源管理模式 …… 175
税收风险管理 …… 175
软件产品增值税退税闭环式监管 …… 175
税务“产学研”一体化合作机制 …… 175
纳税信用建设 …… 175
税务文化建设 …… 175
单边预约定价安排协议 …… 176
金融监管 …… 176
概况 …… 176
数字化赋能金融风险监测预警 …… 176
重点领域金融风险专项整治 …… 176

审 计 …… 176
概况 …… 176
财政管理和预算执行审计 …… 177
经济责任审计 …… 177
政府投资项目审计 …… 177
大数据审计 …… 177
内部审计 …… 177
审计整改 …… 177
统 计 …… 178
概况 …… 178
数据质量建设 …… 178
统计基层基础 …… 178
统计监测 …… 178
统计服务 …… 179
国家统计调查 …… 179
统计法治 …… 179
市场监督管理 …… 179
概况 …… 179
表7 2022年杭州高新区（滨江）注册资本5亿元及以上企业情况一览表 …… 180
助企纾困 …… 180
企业年报工作推进 …… 181
数智协同跨部门监管 …… 181
网络交易监管 …… 181
消费者权益保护 …… 181
广告监管 …… 182
合同监管 …… 182
质量标准化建设 …… 182
计量监管 …… 182
食品安全监管 …… 182
特种设备及工业产品监管 …… 182
电梯“按需维保”改革试点推进 …… 183
电动自行车淘汰置换 …… 183
药品质量检查 …… 183
医疗器械质量监管 …… 183
化妆品安全监管和宣传 …… 184
“守底线保安全查隐患”专项整治 …… 184
市场综合执法 …… 184
“先证后查”改革首单扩项认定 …… 184
全省首家芯片全要素检测分析实验室 …… 185
《机动车尾气遥感检测系统》施行 …… 185
商事主体登记确认制改革实施方案出台 …… 185
热工自动化国际标准制定 …… 185
2项国家级标准化试点项目通过验收 …… 185
集成电路产业首席质量官联盟分会成立 …… 185
全省新型庄稼医院建设与服务标准化试点启动 …… 186
“金融优选”定制服务 …… 186
首个互联网医疗健康服务国际标准通过立项 …… 186
放心肉菜示范超市、示范小蔬菜门店创建 …… 187
价格管理 …… 187
概况 …… 187
收费管理 …… 187
价格监测 …… 187
价格认证 …… 187
价格监督检查 …… 187
知识产权保护 …… 187
概况 …… 187
数据知识产权 …… 188
知识产权执法 …… 188
全国首批国家知识产权服务出口基地 …… 189
知识产权宣传周 …… 189
杭州市青年知识产权专业技能大赛 …… 189
7项专利获国家知识产权奖 …… 189
6家企业获杭州高价值知识产权智能产品创新创意奖 …… 190
“数智领航”行动发布会 …… 190
28家企业入选浙江省知识产权示范企业 …… 190
表8 2022年杭州高新区（滨江）入选浙江省知识产权示范企业一览表 …… 190
新增6家国家知识产权示范、优势企业 …… 191
首批国家级专利导航服务基地建设 …… 191

高新技术产业

综 述 …… 192
高新技术产业规模 …… 192
高新技术产业成果 …… 192
6家企业入选省级中小企业公共服务示范平台 …… 193

2家园区获评省级数字化示范小微企业园 …… 193

通信设备产业 …… 193

概况 …… 193

浙江省鲲鹏生态创新中心 …… 194

2家企业在鲲鹏应用创新大赛中获奖 …… 194

信息软件产业 …… 194

概况 …… 194

8家企业入选全国软件和信息技术服务竞争力百强 …… 194

宇视科技公司入选工业和信息化部重点实验室首批成员单位 …… 194

城云科技公司入选“独角兽”百强 …… 195

2022年网易未来大会 …… 195

物联网产业 …… 195

概况 …… 195

海康威视公司与艾希科技公司达成战略合作 …… 196

大华公司产品获“2022年中国优秀工业设计奖”铜奖 …… 196

中控公司获中国国际数字经济博览会“创新成果奖” …… 196

安防产业 …… 196

概况 …… 196

宇视科技公司产品获美国工业设计师协会工业设计优秀奖 …… 197

海康威视公司网络摄像机获国际安全认证 …… 197

大华公司大数据平台通过中国信息通信研究院评测 …… 197

国自机器人公司获“吴文俊人工智能科学技术奖” …… 197

新华三集团居“浙江省网络安全规模十强企业”榜单第一位 …… 197

集成电路产业 …… 197

概况 …… 197

杭州国家“芯火”双创基地及会员企业获奖 …… 198

大和热磁公司获评“浙江省知识产权示范企业” …… 198

士兰微电子公司获评“2022年度卓越功率半导体企业” …… 198

杭州国芯公司获“中国芯”特别成就奖 …… 198

杭州万高公司获电力科技创新奖专利成果一等奖 …… 198

生物医药与健康产业 …… 199

概况 …… 199

生物医药链长制服务扶持 …… 199

启明医疗公司产品获批上市 …… 199

博日科技公司总部成立及高端分子检测设备产业基地项目开工 …… 199

3家企业入选“2022中国医药创新种子企业100强” …… 200

诺辉健康公司与北京大学医学部联合项目启动 …… 200

泰格医药公司总部大楼奠基 …… 200

康恩贝公司中药创新药获药品注册证书 …… 200

产业平台

白马湖生态创意城 …… 201

概况 …… 201

中国网络作家村获“全国版权示范园区（基地）”称号 …… 201

“杭州国家级文化和科技融合示范基地”获评优秀 …… 201

网易杭州软件生产基地三期项目开工建设 …… 202

孔家里创立方入选市级科技企业孵化器 …… 202

华数集团入选“全国文化企业30强” …… 202

互联网经济产业园 …… 202

概况 …… 202

3个产业项目竣工投用 …… 203

互联网现代服务业创新发展区 …… 203

滨江互联网小镇 …… 203

滨江智造供给小镇 …… 203

浙江省建筑设计研究院滨江新大楼开工建设 …… 204

当虹科技公司入选世界超高清视频产业联盟理事单位 …… 204

景业高端智能装备及机器人制造基地开工建设 …… 204

“金融赋能、助企纾困”金融服务进园区专场活动 …… 205

广脉科技公司产业化基地开工建设 …… 205

大立智能光电探测系统制造基地开工建设 …… 205
英飞特电子入选首批“科创中国”创新基地 …… 205
高新技术企业申报培训 …… 205
“周四下午茶”活动 …… 205
表9 2022年互联网产业园“周四下午茶”活动情况一览表 …… 206
物联网产业园 …… 206
概况 …… 206
6座公司总部大楼投入使用 …… 206
滨江物联网小镇 …… 207
2座企业楼宇主体结顶 …… 207
全省首个“数据安全实验室”揭牌 …… 207
物联网产业园“企业服务月”活动 …… 208
“企业外联”App试点获评省级最佳制度创新案例 …… 208
海康机器人产品产业化基地项目开工建设 …… 208
国家数字服务出口基地高峰论坛 …… 208
林东新能源研发项目入选2022年度中国十大科技新闻 …… 208
智慧新天地 …… 208
概况 …… 208
“吉利寰球互联网+新能源产品产业化基地”建成入驻 …… 209
重点项目建设 …… 209
3条道路开工建设 …… 209
5条道路竣工 …… 210
丁香园医疗大数据中心开工建设 …… 210
泰格生物医药和医疗器械生产基地及配套设施项目开工建设 …… 210
盛域医疗产业化生产基地开工建设 …… 210
滨江数字健康小镇获评省级优秀创建特色小镇 …… 210
特别合作园 …… 211
概况 …… 211
滨萧特别合作园成果 …… 211
滨富特别合作区 …… 211
江北科技园 …… 211
概况 …… 211
875家企业落户江北科技园 …… 212
招才引智 …… 212
315家企业南迁 …… 212
“第五届滨江国际人才节”之“走向江南”活动 …… 212
融资路演活动“江北专场” …… 213
北企南迁系列活动之“走进江南” …… 213
“高新汇”企业交流活动 …… 213

工业 建筑业

工业经济运行 …… 214
产业发展 …… 214
亩均效益领跑者 …… 214
表10 2022年杭州高新区(滨江)亩均效益领跑者一览表 …… 214
产业集群建设 …… 215
产业项目推进 …… 215
工业转型升级 …… 216
概况 …… 216
企业培育 …… 216
数字化改革应用 …… 216
制造业高质量发展综合指数居全省第一位 …… 217
33家企业入选专精特新“小巨人” …… 217
61家企业入选杭州市百强榜单 …… 217
2家企业入选工业和信息化部制造业单项冠军 …… 217
2家园区获评浙江省数字化示范小微企业园 …… 217
正泰量测科技园获评浙江省五星级小微企业园 …… 218
新能源产业 …… 218
概况 …… 218
正泰智维公司获两项全国性节能大奖 …… 218
能源领域首台(套)重大技术装备 …… 218
正泰新能源公司获“光能杯”两项大奖 …… 218
节能环保产业 …… 218
概况 …… 218
海康科技公司创新成果展出 …… 219
鸿雁电器公司主导项目入选省重大科技专项 …… 219
中国空分公司科技创新成果获省科学技术进步奖 …… 219
聚光科技公司产品上首届“金燧奖”品牌榜 …… 220
泽天春来公司项目获省生态环境科学技术奖二等奖 …… 220

新材料产业 …… 220
概况 …… 220
纳晶科技公司项目获创新突破奖 …… 221
中科国生公司作品获绿色化工创新创业大赛一等奖 …… 221
建筑施工 …… 221
概况 …… 221
建筑业产业发展 …… 221
新型建筑工业化成果及应用 …… 221
建筑业行业管理 …… 222
概况 …… 222
企业和人员审核备案 …… 222
建筑市场监管 …… 222
建设工程劳务综合管理 …… 222
工程质量安全监督 …… 222
概况 …… 222
深基坑安全管控 …… 223
建设工程网格化监管 …… 223
“平安工地一码通”管理系统应用 …… 223
建设工地文明施工管理 …… 223
民工安全教育 …… 223
工地安装智慧用电系统 …… 223
建筑起重机械安全管理 …… 224
“安全生产月”活动 …… 224
建筑工地“防汛防台”专项检查 …… 224
混凝土质量专项检查 …… 224
在建工地安全生产检查 …… 224

商贸服务业

进出口贸易 …… 225
概况 …… 225
表11　2022年杭州高新区（滨江）出口前20名企业情况一览表 …… 225
表12　2022年杭州高新区（滨江）出口名牌企业一览表 …… 226
海外市场开拓支持 …… 227
“送服务、解难题、促发展”系列活动 …… 227
全球外汇环境分析与政策讲解会 …… 227
企业“走出去”风险防范与应对培训会 …… 228
服务贸易 …… 228
概况 …… 228
服务贸易系统申报 …… 228
服务贸易企业扶持 …… 228
批发零售业 …… 228
概况 …… 228
表13　2022年杭州高新区（滨江）农贸市场基本情况一览表 …… 228
第六空间大都会家居市场 …… 229
大型超市 …… 229
商业综合市场 …… 229
首店经济 …… 230
特色步行街申报 …… 230
7家企业获评省内外贸一体化“领跑者”培育企业 …… 230
1人获评“浙江金蓝领”称号 …… 230
“浙里来消费”潮头榜单揭晓 …… 230
四川朝天农特产品展销中心开业 …… 230
亚运主题餐厅推出 …… 231
杭州数智消费嘉年华消费节 …… 231
住宿餐饮业 …… 231
概况 …… 231
4人在“舌尖上的杭州”厨神争霸赛上获奖 …… 231
餐饮数字化监管 …… 231
餐饮行业监管 …… 232
新开业酒店1家 …… 232
3个项目入选杭州餐饮业“六名”工程 …… 232
电子商务 …… 232
概况 …… 232
跨境电商企业扶持 …… 232
浙江数字贸易规则标准高峰论坛 …… 232
跨境电商专题服务会 …… 233
上峰电商产业园获评省电子商务产业示范基地 …… 233
2家企业参加第九届中国（杭州）国际电子商务博览会 …… 233
5家企业入选市新零售（服务）企业 …… 233
中国（浙江）自由贸易试验区杭州片区滨江区块获批两周年暨数字自贸高质量提升发展大会 …… 233
杭州数字服务贸易发展论坛 …… 234

旅游业

综　述……………………………………… **235**
旅游业发展 ………………………………… 235
旅游市场平稳有序 ………………………… 235
文旅融合专项资金 ………………………… 235
旅游法规知识宣传 ………………………… 235
旅游资源………………………………… **235**
概况 ………………………………………… 235
表 14　2022 年杭州高新区（滨江）文物旅游点一览表 ……………………… 236
西兴老街 …………………………………… 240
长河历史文化街区 ………………………… 240
旅游宣传推介…………………………… **240**
概况 ………………………………………… 240
3 处景点入选省诗路精品旅游线路 …………… 240
网易蜗牛读书馆旅游驿站入选省级旅游驿站名单 ………………………………… 241
休闲游活动 ………………………………… 241
旅游管理………………………………… **241**
概况 ………………………………………… 241
“不合理低价游”专项整治 ………………… 241
消防安全检查 ……………………………… 241
行业规范经营专项检查 …………………… 241

金融业

综　述……………………………………… **242**
金融机构 …………………………………… 242
金融服务 …………………………………… 242
数字金融发展先行区建设 ………………… 242
银行业…………………………………… **243**
概况 ………………………………………… 243
银企对接推进 ……………………………… 243
杭州银行浙江自贸区杭州江南支行开业 …… 243
表 15　2022 年驻杭州高新区（滨江）银行机构一览表 ……………………… 243
证券业保险业…………………………… **245**
概况 ………………………………………… 245
融资服务 …………………………………… 245
北京证券交易所专题培训 ………………… 245
表 16　2022 年驻杭州高新区（滨江）证券机构一览表 ……………………… 245
表 17　2022 年驻杭州高新区（滨江）保险公司机构一览表 …………………… 246
上市公司………………………………… **247**
概况 ………………………………………… 247
上市企业服务 ……………………………… 247
上市后备企业培训 ………………………… 247
上市后备企业梯队建设 …………………… 247
景业智能公司在科创板上市 ……………… 248
晶华微公司在科创板上市 ………………… 248
广立微公司在创业板上市 ………………… 248
朗鸿科技公司在北交所上市 ……………… 248
零跑科技公司在香港上市 ………………… 249
科技金融服务中心升级 …………………… 249
科创板上市业务培训 ……………………… 249
萤石网络公司在上交所上市 ……………… 250
基　金…………………………………… **250**
概况 ………………………………………… 250
藕舫基金 …………………………………… 250
恒生基金 …………………………………… 250

投资促进与区域合作

招商引资………………………………… **251**
概况 ………………………………………… 251
表 18　2022 年杭州高新区（滨江）新引进香港、澳门、台湾地区投资企业情况一览表 ……………………… 251
表 19　2022 年杭州高新区（滨江）新引进外商投资企业情况一览表 ……… 253
表 20　2022 年杭州高新区（滨江）投资总额 1000 万美元以上香港投资项目情况一览表 ………………… 255
表 21　2022 年杭州高新区（滨江）投资总额 1000 万美元以上外资项目情况一览表 ……………………… 255
产业链项目引进 …………………………… 255

江北科技园招商引资 …… 255
境外投资 …… 256
概况 …… 256
表22 2022年杭州高新区（滨江）境外投资中方投资额1000万美元以上项目情况一览表 …… 256
启明医疗公司在美国和以色列成立公司并增资 …… 256
大和热磁公司在马来西亚设立公司 …… 256
区域合作 …… 256
概况 …… 256
产业资金帮扶 …… 257
泰顺合作项目 …… 257
杭州高新区（滨江）与泰顺县签订山海协作协议 …… 257
山海协作培训班 …… 257
对口帮扶 …… 257
概况 …… 257
就业帮扶和干部人才交流 …… 258
资金帮扶和消费协作 …… 258
产业合作 …… 258
劳务协作 …… 258
杭州高新区（滨江）与朝天区东西部协作 …… 258

城区建设与管理

规划管理 …… 259
概况 …… 259
控规单元调整 …… 259
规划项目审批 …… 259
建设投资 …… 260
概况 …… 260
沿江区域提升改造项目 …… 260
奥体中心“最后一公里”体验区建设项目 …… 260
区政府南广场地下停车场工程 …… 260
城区建设 …… 261
概况 …… 261
城市街区微更新 …… 261
迎亚运公厕服务提升 …… 261
河道综保工程 …… 261
污水零直排项目 …… 261
亚运配套项目推进 …… 261
旧改加梯项目 …… 262
江南大道隧道开通试运行 …… 262
照明设施提升改造工程 …… 262
城区管理 …… 262
概况 …… 262
市政雨水管网检测养护 …… 262
市政污水管网检测养护 …… 262
“大综合一体化”执法改革 …… 263
执法协调指挥中心建立 …… 263
房地产业管理 …… 263
概况 …… 263
住房租赁市场管理 …… 264
直管公房管理 …… 264
白蚁防治 …… 264
小区改造及加梯 …… 264
留用地开发及保障房建设 …… 264
城建档案管理 …… 264
安置房项目建设 …… 264
房源回迁安置 …… 265
安置房源交付 …… 265
商业用房管理服务 …… 265
安置房物业费收缴工作 …… 265
物业纠纷调解服务 …… 265
物业服务企业考核 …… 265
住宅小区环境整治 …… 266
既有房屋建筑自然灾害综合风险普查 …… 266
城乡房屋排查 …… 266
危房治理 …… 267
“美好家园”住宅示范小区建设 …… 267
安置房小区管理政策完善 …… 267
供水排水 …… 267
概况 …… 267
制水保障 …… 267
水质监测 …… 268
供水服务 …… 268
水务营商环境优化 …… 268
水务安全生产管理 …… 268
亚运水务保障 …… 268
智慧水务建设 …… 268

供水管网综合漏损率降低 …………………… 269
"清水入城"生态配水 ………………………… 269
排水保障 ……………………………………… 269
排水许可核查与批后监管 …………………… 269
浦沿排灌站扩建工程 ………………………… 269
建设河排灌站数字化改造项目 ……………… 269
水利标准化运行管理 ………………………… 269
电力供应 ………………………………………… **270**
概况 …………………………………………… 270
电力主配网建设 ……………………………… 270
供电助力社会经济建设 ……………………… 270
燃气供应 ………………………………………… **270**
概况 …………………………………………… 270
安全用气保障 ………………………………… 271
亚运燃气保障服务 …………………………… 271
"三社联动"服务持续开展 ………………… 271
燃气管线建设 ………………………………… 271
燃气服务数字化 ……………………………… 272
燃气服务升级 ………………………………… 272
环境卫生 ………………………………………… **272**
概况 …………………………………………… 272
道路环境保洁 ………………………………… 272
再生资源回收 ………………………………… 272
垃圾分类示范创建 …………………………… 273
绿化美化 ………………………………………… **273**
概况 …………………………………………… 273
绿化养护 ……………………………………… 273
绿化整治 ……………………………………… 273
亮化养护 ……………………………………… 274
河道通过市级"美丽河湖"验收 …………… 274
永久河片区省级"美丽河湖"创建 ………… 274

乡村振兴

综　述 ………………………………………… **275**
农业经营主体 ………………………………… 275
农业服务 ……………………………………… 275
"双强"行动助推农业高质量发展 ………… 275
农村产业发展 ………………………………… **275**
概况 …………………………………………… 275
农业生产技术服务 …………………………… 275
农业安全生产宣传培训 ……………………… 275
四维生态模式受推广 ………………………… 276
农业经营管理 ………………………………… **276**
概况 …………………………………………… 276
动植物疫病防控 ……………………………… 276
无规定马属动物疫病区建设 ………………… 276
钱塘江禁渔期和台风汛期监督管理 ………… 276
渔业增殖放流 ………………………………… 276
重大动物疫情应急演练 ……………………… 277
股份经济合作社管理 ………………………… **277**
概况 …………………………………………… 277
股份集体经济审计 …………………………… 277
资金存放招标管理 …………………………… 277
数智监管集体经济 …………………………… 277
资产资源管理办法出台 ……………………… 278
乡村合作发展 ………………………………… **278**
概况 …………………………………………… 278
乡村协作帮扶 ………………………………… 278
区县产业合作 ………………………………… 278
乡村民生合作 ………………………………… 279
乡村治理 ………………………………………… **279**
概况 …………………………………………… 279
社区(乡村)治理建设 ……………………… 279
山一农居SOHO收整 ………………………… 279
杭州高新区(滨江)入选中国社会治理百强县 ………………………………………… 279

交通　邮政　通信

公共交通 ………………………………………… **280**
概况 …………………………………………… 280
6条公交线路开通 …………………………… 280
12条公交线路优化 …………………………… 280
地铁四期建设规划滨江段 …………………… 280
道路建设 ………………………………………… **281**
概况 …………………………………………… 281
江南大道景观亮化工程竣工 ………………… 281
江南大道地面道路拓宽改造工程(中兴立交—西兴立交)竣工 ………………………… 281

西兴路（江南大道—滨康路）整治工程竣工 …… 281
火炬大道（时代大道—滨文路）整治工程竣工 …… 281
江陵路（滨盛路—南环路）整治工程竣工 …… 281
建业路跨铁立交工程完工 …… 281
交通养护 …… 282
概况 …… 282
市政道路养护 …… 282
高架养护 …… 282
桥梁涵洞养护 …… 282
隧道养护 …… 282
交通管理 …… 283
概况 …… 283
数字化交通安全治理 …… 283
道路安全隐患排查 …… 283
路面交通设施设置及优化 …… 283
“两客一危”专项整治 …… 284
道路交通秩序整治 …… 284
道路畅通建设 …… 284
道路拥堵改善 …… 284
治堵快速处置 …… 284
运输车辆源头管控 …… 284
出租车企业和汽车租赁企业管理 …… 285
出租车和网约车管理 …… 285
机动车维修市场监管 …… 285
驾培市场监管 …… 285
绿色停车泊位增设项目 …… 285
交通治理工作站建设 …… 285
交通安全知识宣传 …… 285
运输企业主、驾驶员教育培训 …… 286
邮　政 …… 286
概况 …… 286
滨江邮政新媒体业务 …… 286
滨江邮政推进绿色包装 …… 286
滨江邮政寄递业务 …… 286
通　信 …… 286
概况 …… 286
滨江移动助力数字政府建设 …… 287
云护美好教育 …… 287
滨江华数“智慧”服务项目 …… 287
滨江华数通信保障 …… 288
滨江联通中标滨江区应急预警短信发送项目 …… 288
滨江电信保障大型活动通信 …… 288

生态环境保护

综　述 …… 289
“美丽河湖”创建 …… 289
“无废城市”建设 …… 289
《杭州高新区（滨江）创建国家生态文明建设示范区实施方案》 …… 289
创建国家生态文明建设示范区工作部署 …… 290
环境质量 …… 290
概况 …… 290
大气环境质量 …… 290
水环境质量 …… 290
声环境质量 …… 290
土壤环境质量 …… 290
污染治理 …… 290
概况 …… 290
大气环境治理 …… 290
水环境治理 …… 290
声环境治理 …… 291
土壤环境治理 …… 291
环境监管与执法 …… 291
概况 …… 291
环境监测 …… 291
辐射管理 …… 291
环保审批 …… 291
环保信访件办理 …… 291
生态环保督察问题整改 …… 292
生态环境执法检查 …… 292
餐饮油烟专项整治 …… 292
“环保E企管”生态环境管理平台 …… 292
五水共治 …… 292
概况 …… 292
数智治水升级 …… 293
流域共治 …… 293
涉水问题督查 …… 293
水质自动化监测站启用 …… 293

钱塘江沿江景观改造提升工程开放 ………… 293
第四届河湖趣味徒步赛活动 ………………… 293
“E水空间”平台上线…………………………… 294
节能减排……………………………………… 294
概况 ………………………………………… 294
总量减排管理 ……………………………… 294
公共交通出行助力节能减排 ……………… 294
楼宇建筑节能降碳 ………………………… 295
区文化中心节能改造 ……………………… 295
天然气热电联供项目 ……………………… 295

科技创新

综　述………………………………………… 296
世界领先科技园区建设 …………………… 296
科技企业认定 ……………………………… 296
科研平台建设 ……………………………… 296
创新生态构建 ……………………………… 297
创新链产业链深度融合 …………………… 297
108家企业入选首批试点国家高新区创新积分企业名单 ……………………………… 297
科技管理……………………………………… 298
概况 ………………………………………… 298
高新技术企业服务 ………………………… 298
33个项目获批国家、省重大科技专项配套项目 ……………………………………… 298
表23　2022年杭州高新区（滨江）国家、省重大科技专项配套项目一览表 ……………………… 298
8家企业获第十一届中国创新创业大赛奖项 ……………………………………… 299
36个项目获批省级研发攻关计划立项 ……… 300
表24　2022年杭州高新区（滨江）省“尖兵”“领雁”研发攻关计划项目立项一览表 ……………………… 300
54家企业入选省高新技术企业技术创新能力500强榜单……………………………………… 302
表25　2022年杭州高新区（滨江）入选省高新技术企业创新能力500强企业一览表 …………………… 302
科技企业孵化器……………………………… 304
概况 ………………………………………… 304
区科创中心 ………………………………… 304
杭州华业高科技产业园 …………………… 304
杭州天和高科技产业园 …………………… 304
海外高层次人才创新创业基地加速器 ……… 304
金绣国际孵化器 …………………………… 305
杭州国家集成电路设计企业孵化器 ……… 305
杭州启迪之星科技孵化器 ………………… 305
东冠科技企业孵化器 ……………………… 305
三花·江虹国际创意园孵化器 …………… 305
电魂智能创意孵化器 ……………………… 305
正泰量测科技园 …………………………… 306
4家孵化器获评国家级科技企业孵化器……… 306
众创空间……………………………………… 306
概况 ………………………………………… 306
浙工大创业梦工场 ………………………… 306
天和众创 …………………………………… 306
LinBox滨江创客营…………………………… 307
独角兽众创空间 …………………………… 307
楼友会众创空间 …………………………… 307
六和桥众创空间 …………………………… 307
创新主体培育………………………………… 307
概况 ………………………………………… 307
高新技术企业培育 ………………………… 307
国家科技型中小企业培育 ………………… 308
“雏鹰计划”企业培育 ……………………… 308
省科技型中小企业培育 …………………… 308
科技型企业研发费用市级补助 …………… 308
浙江省技术先进型企业认定 ……………… 308
省科技“小巨人”企业认定 ………………… 309
省科技领军企业认定 ……………………… 309
科技研发载体………………………………… 309
概况 ………………………………………… 309
杭州人工智能计算中心 …………………… 310
市企业创新联合体 ………………………… 310
表26　2022年杭州高新区（滨江）新认定市级企业创新联合体一览表 …… 310
市级研发中心建设 ………………………… 310
省级研发中心建设 ………………………… 310
表27　2022年杭州高新区（滨江）新认定市级企业研发中心一览表 …… 311

表28　2022年杭州高新区（滨江）新认定省级企业研发中心一览表 …… 313
省级企业研究院建设 …… 314
省级重点企业研究院建设 …… 314
表29　2022年杭州高新区（滨江）新认定省级企业研究院一览表 …… 315
表30　2022年杭州高新区（滨江）新认定省级重点企业研究院一览表 …… 315
新认定1家国际科技合作载体 …… 315
新认定2家市级概念验证中心 …… 315
科技合作与交流平台 …… **316**
概况 …… 316
浙江大学滨江研究院 …… 316
杭州中科国家技术转移中心 …… 316
杭州长光产业技术研究院 …… 316
杭州电子科技大学滨江创新中心 …… 316
浙江省智能感知技术创新中心 …… 317
北京航空航天大学杭州创新研究院 …… 317
科技成果及应用 …… **317**
概况 …… 317
表31　2022年杭州高新区（滨江）入选省首台（套）产品工程化攻关项目一览表 …… 317
“Atlas 800推理服务器关键技术和应用推广”项目 …… 318
29个项目获浙江省科学技术奖 …… 318
表32　2022年杭州高新区（滨江）获省级科学技术奖励项目一览表 …… 318

教　育

综　述 …… **320**
学校及教师人数 …… 320
教育经费投入及新校区建设 …… 320
招生考试 …… 320
教育对口帮扶 …… 320
暑期托管 …… 321
学前教育 …… **321**
概况 …… 321
《滨江区幼儿园互助联盟公约》发布 …… 321
《滨江区幼小联盟行动计划》发布 …… 321
男教师风采展示活动 …… 321
区域性推进的省级规划课题结题 …… 321
省学前教育工作集体调研会 …… 321
义务教育 …… **322**
概况 …… 322
“双减”工作创新 …… 322
心理健康教育宣传 …… 322
“火炬银奖”挑战营 …… 322
班主任工作经验获评全国典型经验 …… 322
杭州市天元智力运动队滨江分队、杭州儿童艺术团滨江分团成立 …… 323
区小学生羽毛球比赛 …… 323
“暑期查处变异违规培训”专项行动 …… 323
杭州市春晖小学垃圾分类获国家级称号 …… 323
科技教育大联盟成立 …… 323
小学生综合评价改革推进 …… 323
“五育并举”实验校评审交流工作会 …… 323
杭州闻涛中学入选首批省清廉学校建设示范校 …… 324
2022年“白马湖之秋”浙江省名师新课堂教学研训活动 …… 324
全国义务教育优质均衡发展区省级督导复评 …… 324
在市中小学生文化艺术节上获奖 …… 324
第四届滨江区小学生女子足球比赛 …… 324
区中小学心理服务中心运行 …… 325
普通高中教育 …… **325**
概况 …… 325
浙江省杭州第二中学 …… 325
杭州市长河高级中学 …… 325
中等职业教育 …… **326**
概况 …… 326
杭州市财经职业学校 …… 326
杭州市旅游职业学校 …… 327
高等教育 …… **328**
概况 …… 328
浙江中医药大学 …… 328
浙江警察学院 …… 329
浙江商业职业技术学院 …… 330
浙江机电职业技术学院 …… 331

浙江艺术职业学院 …… 332
杭州医学院 …… 334
成人教育…… 335
概况 …… 335
“智慧助老”优质课程 …… 335
社区教育“能者为师”实践创新项目 …… 335
新建2所老年学堂…… 335
学习积分挑战赛滨江区居全省第一位 …… 335
区第四批“社区好老师”评选 …… 335
未来社区教育场景案例获评全省示范 …… 336
全民终身学习活动周 …… 336
区社区教育“能者为师”案例入选全国典型 …… 336
特殊教育…… 336
概况 …… 336
免费康复和特殊教育服务 …… 336
特殊教育保障 …… 336
普特融合教育研讨会 …… 337
智慧教育…… 337
概况 …… 337
滨江“通学路云守护”建设 …… 337
“数智体育服务系统”建设 …… 338
数智研训体系 …… 338
人工智能教育推进 …… 338
教育国际化…… 338
概况 …… 338
杭州国际学校 …… 339
外籍教师培训 …… 339
教师队伍建设…… 339
概况 …… 339
职称评聘 …… 339
师德师风建设 …… 339
教师培养 …… 339
后备干部班 …… 340
校本研修信息化 …… 340
青年干部训练营 …… 340
信息提升工程2.0培训 …… 340
沪滨教育合作启动 …… 340
头雁班学科名师培养 …… 341
名师导航站 …… 341
3名教师获评省特级教师 …… 341
第38个教师节庆祝大会 …… 341
新教师培训 …… 341
首届班主任节 …… 341

文 化

公共文化…… 342
概况 …… 342
公共文化服务 …… 342
文化产品配送服务 …… 342
文化走亲服务 …… 342
文化馆数字化建设 …… 342
培训机构管理 …… 342
群众文化…… 343
概况 …… 343
迎新春系列活动 …… 343
群众文化公益培训 …… 343
第十一届“风雅颂”民间艺术舞蹈展演 …… 343
“浙东唐诗之路”书法美术展 …… 343
文物保护…… 343
概况 …… 343
文物执法 …… 344
傅家峙区域考古挖掘 …… 344
荚竹山桥修缮工程 …… 344
最美文物守望者 …… 344
非物质文化遗产…… 344
概况 …… 344
非遗剪纸艺术展 …… 345
区首批非遗工坊公布 …… 345
公共图书管理…… 345
概况 …… 345
总分馆建设 …… 346
第六届“为地球朗读”全民阅读公益活动 …… 346
第六届杭州市创客节 …… 346
博物馆…… 346
概况 …… 346
浙江中医药博物馆 …… 346
西兴过塘行码头专题陈列馆 …… 346
中国动漫博物馆 …… 347
浙江地质科创园地质博物馆 …… 347
中国杭州低碳科技馆 …… 347

长河革命历史纪念馆 …………………………… 347
社会科学 …………………………………… 348
概况 ………………………………………… 348
社科普及活动 ……………………………… 348
“传承宋韵文化、喜迎党的二十大”2022年杭州市社会科学普及周 ……………… 348
档案管理 …………………………………… 348
概况 ………………………………………… 348
档案培训和指导 …………………………… 348
数字档案室建设 …………………………… 349
档案公共服务 ……………………………… 349
档案安全管理 ……………………………… 349
区域档案管理服务一体化平台建设项目 …… 349
地方志 ……………………………………… 350
概况 ………………………………………… 350
《滨江微村志》《滨江精览》编纂 ………… 350
地情短片拍摄 ……………………………… 350
《滨江年鉴（2022）》公开出版 …………… 350
《滨江年鉴（2021）》获评2022年度省级精品年鉴 ………………………………… 350
新闻传媒 …………………………………… 351
概况 ………………………………………… 351
中心工作主题宣传 ………………………… 351
《天堂硅谷》报出刊 ……………………… 352
《天堂硅谷》杂志出刊 …………………… 352
融媒联盟宣传 ……………………………… 352
文化创意产业 ……………………………… 353
概况 ………………………………………… 353
动漫作品影响广 …………………………… 353
文化商品成果 ……………………………… 353
文创企业快速发展 ………………………… 353
首届全国少儿沉浸式剧本高峰论坛在杭州高新区（滨江）举行 ……………………… 354
文化市场管理 ……………………………… 354
概况 ………………………………………… 354
文化市场安全生产监管 …………………… 354
文化市场执法 ……………………………… 355
网络文化市场执法 ………………………… 355
非法卫星电视接收实施专项整治 ………… 355
“双随机”抽查监督 ………………………… 356
法规宣传 …………………………………… 356
艺术考级专项整治 ………………………… 356

卫生健康

综　述 …………………………………… 357
医疗卫生机构 ……………………………… 357
诊疗服务 …………………………………… 357
医疗保障 …………………………………… 357
医药卫生体制改革 ………………………… 357
概况 ………………………………………… 357
公共卫生体系完善 ………………………… 357
区卫健局成立 ……………………………… 358
基层医疗卫生 ……………………………… 358
概况 ………………………………………… 358
城市医疗资源“双循环”管理 ……………… 358
中医药工作 ………………………………… 358
浦沿卫生中心获国家级荣誉 ……………… 359
社区卫生实践教学基地合作 ……………… 359
西兴街道社区卫生服务中心病房启用 …… 359
长河街道社区卫生服务中心入选省社区医院 ………………………………………… 359
疾病预防控制 ……………………………… 360
概况 ………………………………………… 360
卫生检测 …………………………………… 360
慢病防治和健康教育 ……………………… 360
实验室建设 ………………………………… 360
业务培训交流 ……………………………… 360
新冠疫情防控培训演练 …………………… 360
彩虹预防接种智慧门诊 …………………… 361
爱国卫生 …………………………………… 361
概况 ………………………………………… 361
省健康县区创建 …………………………… 361
病媒生物防制 ……………………………… 361
“健康细胞”建设 …………………………… 361
智慧医疗 …………………………………… 361
概况 ………………………………………… 361
智慧健康站建设 …………………………… 362
儿童保健数字化应用新服务 ……………… 362
医联体建设 ………………………………… 363
概况 ………………………………………… 363
全科医生岗位胜任力提升项目 …………… 363
浦沿街道社区卫生服务中心与杭州市妇产科医院合作 ……………………………… 363

首届健康滨江全科医学论坛 …… 363
“尊老敬老,幸福新和”惠民义诊 …… 364
妇幼保健 …… **364**
概况 …… 364
婴幼儿照护服务 …… 364
医疗联动服务 …… 364
适龄妇女“两癌”筛查 …… 364
老龄健康 …… **365**
概况 …… 365
老年宜居环境创建 …… 365
医养结合服务 …… 365
老年健康促进行动 …… 366
卫生监督 …… **366**
概况 …… 366
数字化云监管 …… 366
医疗乱象专项治理 …… 366
医疗废物监管 …… 366
职业卫生分类监督执法 …… 367
驻地医院 …… **367**
概况 …… 367
浙江大学医学院附属第二医院滨江院区 …… 367
浙江大学医学院附属儿童医院 …… 368
武警浙江总队医院 …… 369

体　育

综　述 …… **370**
体育赛事和活动 …… 370
体育民生实事工程 …… 370
体育市场执法 …… 370
体育设施 …… **370**
概况 …… 370
嵌入式体育设施建设 …… 371
江南体育中心 …… 371
滨江体育馆惠民开馆 …… 371
全民健身 …… **371**
概况 …… 371
滨江区第六届全民运动会 …… 371
杭州高新区（滨江）企业羽毛球联赛 …… 371
竞技体育 …… **372**
概况 …… 372
浙江省青少年网球邀请赛 …… 372
“白马湖杯”青少年校园足球联赛 …… 372
体育产业 …… **372**
概况 …… 372
杭州中天模型有限公司项目 …… 373
浙江中医药大学亚运会曲棍球训练场馆改造 …… 373
浙江警察学院亚运会曲棍球训练场馆改造 …… 373
“舞动中国——排舞联赛”总决赛 …… 373

人力资源管理

综　述 …… **374**
引才育才 …… 374
人才管理 …… 374
人才“五大行动”实施 …… 374
人才体制改革深化 …… 375
人才生态服务 …… 375
人事工资管理 …… **375**
概况 …… 375
数字化赋能人事管理 …… 375
事业单位工作人员年度考核和奖励 …… 375
县以下事业单位管理岗位职员等级晋升制度改革 …… 376
事业单位规范管理 …… 376
专业聘用制人员 …… **376**
概况 …… 376
中级、高级专业聘用制人员招聘 …… 376
人员年度考核 …… 376
专业聘用制人员晋升考核管理办法出台 …… 376
招商招才专员并轨中级专业聘用制人员 …… 377
人才引进 …… **377**
概况 …… 377
高层次人才培养 …… 377
人力资源服务机构 …… 377
“全链路”人才智引系统 …… 377
专业技术人才培育 …… 378

政务人才招聘 …… 378
国企人员招聘 …… 378
“相约在高新” HR沙龙活动 …… 378
直播引才 …… 378
第五届滨江国际人才节 …… 378
就业创业服务月专项活动 …… 379
“滨江杯”杭州电子科技大学第二届研究生电子设计竞赛 …… 379
2023届毕业生校园招聘 …… 379
博士后工作推进 …… 380
“天堂硅谷·中秋之夜”高层次人才联谊活动 …… 380
“以赛引才”促进就业 …… 380
杭州“创客天下大赛”互联网+组决赛 …… 380
杭州人工智能计算中心“人才日”主题活动 …… 381
2022年硅谷精英沙龙暨硅谷人才活动周 …… 381

社会生活

人口家庭 …… 382
概况 …… 382
人口监测 …… 382
户籍人口管理 …… 382
流动人口管理 …… 382
家庭发展 …… 383
婚姻登记 …… 383
收养登记 …… 383
生育支持政策落实 …… 383
托育服务 …… 383
亚运场馆母婴设施提升 …… 384
离婚冷静期实施成效 …… 384
区婚姻登记服务中心新址建设 …… 384
劳动就业 …… 384
概况 …… 384
就业帮扶 …… 384
助企纾困政策落实 …… 385
个体帮扶 …… 385
基层就业服务“云上共建” …… 385
就业服务案例获全国一等奖 …… 385
“家燕回巢”暑期夏令营 …… 385
职业能力建设 …… 385
普法宣传活动 …… 386
欠薪投诉集中接访 …… 386
收入消费 …… 386
概况 …… 386
城镇居民收入 …… 386
城镇居民消费支出 …… 386
市场物价 …… 386
社会保险 …… 387
概况 …… 387
养老保险 …… 387
医疗保险 …… 387
工伤保险 …… 387
失业保险 …… 388
生育保险 …… 388
减征缓缴 …… 388
重点人员参保和帮扶 …… 388
“西湖益联保”参保 …… 388
农转非拆迁人员医疗补助 …… 389
“不见面”医保服务 …… 389
智慧医保系统保障 …… 389
基金风险防控 …… 389
医药机构管理 …… 389
企业退休职工服务 …… 389
概况 …… 389
智慧健康体检 …… 390
企业退休人员志愿服务 …… 390
慰问金及慰问活动 …… 390
基层队伍指导 …… 390
退休活动组织 …… 390
社会救助 …… 390
概况 …… 390
最低生活保障 …… 391
特困人员供养 …… 391
医疗救助 …… 391
流浪乞讨人员救助 …… 391
社会救助创新试点工作 …… 391
困难家庭家境调查 …… 391
社会救助领域专项治理 …… 392
社会福利 …… 392
概况 …… 392
儿童福利 …… 392

老年福利 …… 392
残疾人福利 …… 392
福彩公益 …… 393
福利企业监管与服务 …… 393
老龄服务 …… 393
概况 …… 393
机构养老服务 …… 393
居家养老服务 …… 393
养老服务补贴 …… 393
老年人身体能力评估 …… 394
高龄津贴发放 …… 394
老年人家电统筹保修服务 …… 394
数字应用场景——全城通 …… 394
医康养护转介转养省级试点 …… 395
“多代同楼”项目 …… 395
慈善事业 …… 395
概况 …… 395
慈善基地 …… 395
慈善信托 …… 395
慈善项目开展 …… 395
第22次“春风行动” …… 396
“中华慈善日”主题宣传活动 …… 396
慈善发展指数评估居全省第二位 …… 396
住房保障 …… 396
概况 …… 396
公共租赁房建设 …… 397
共有产权房建设 …… 397
高层次人才住房补贴 …… 397
新引进大学生、硕士研究生租房补贴 …… 397
基层治理 …… 397
概况 …… 397
社工队伍建设 …… 398
专职社区工作者招聘 …… 398
专职社工分类培养“102030”工程 …… 399
杭州市第一届社区空间运营大赛 …… 399
社工师资格证考试 …… 399
社区布局优化调整 …… 399
未来社区可持续运营模式研究 …… 400
现代产业社区治理体制改革创新实践 …… 400
新进专职社区工作者岗前培训 …… 400
社会工作助力共同富裕示范区建设研讨会 …… 400
社区美好生活共同体评估验收 …… 400
全国医务社工人才培养计划杭州站专题学习班 …… 401
社区工作者节 …… 401
缤纷未来社区参加中韩社区治理论坛 …… 401
社会组织管理 …… 401
概况 …… 401
表33 2022年度滨江区社会组织公益创投项目一览表 …… 401
社会组织领军人才品牌建设 …… 403
社会组织公益创投 …… 403
社区社会组织运动会 …… 403
社会组织等级评估 …… 404
社会组织资金补助 …… 404
社会组织负责人综合能力培训 …… 404
区划地名管理 …… 404
概况 …… 404
地名文化传承 …… 404
智慧界桩安装 …… 405
边界联检 …… 405
民族事务 …… 405
概况 …… 405
阿克苏市技工学校杭州进修基地 …… 405
民族团结进步创建工作现场推进会 …… 405
2家单位获评“之江同心石榴红”引领单位 …… 406
民族团结进步促进会换届大会 …… 406
宗教事务 …… 406
概况 …… 406
宗教领域“除险保安”大排查大整治专项行动 …… 406
首届基督教中国化讲经讲道交流课大赛 …… 406
精神文明建设 …… 406
概况 …… 406
“滨滨有礼”品牌推广 …… 407
“滨滨有礼迎亚运、鲜花送给文明人”活动 …… 407
“文明靓城、滨滨有礼”行动启动 …… 407
第十七届“公民爱心日”活动 …… 407
殡葬管理 …… 408
概况 …… 408
殡葬惠民 …… 408
春节祭扫服务 …… 408
山二公益性公墓改造 …… 408
清明节祭扫服务 …… 408

应急管理

综　述…… 409
应急预案与响应 …… 409
应急责任管理 …… 409
应急保障能力 …… 409
社区应急体系建设 …… 410
消防执法规范化建设 …… 410
安全生产管理…… 410
概况 …… 410
重点领域安全管理 …… 410
安全生产社会化服务 …… 410
安全生产专项整治 …… 411
安全执法检查 …… 411
安全知识培训 …… 411
防灾减灾…… 411
概况 …… 411
防汛防台 …… 411
森林防火 …… 412
防潮安全活动 …… 412
气象防灾减灾 …… 412
防汛排涝水泵采购 …… 413
海塘运行管理 …… 413
防汛排涝泵车采购 …… 413
消防救援…… 413
概况 …… 413
消防管理 …… 413
微型消防站建设 …… 414
消防宣传新模式 …… 414
水域救援实战演练 …… 414

街　道

西兴街道…… 415
概况 …… 415
西兴街道安置小区整治 …… 416
西兴街道回迁安置 …… 416
西兴街道便民设施建设 …… 416
西兴街道垃圾分类 …… 416
公共消防安全保障 …… 416
西兴街道民生事业服务 …… 417
“诗路声音博物馆——西兴馆”项目 …… 417
缤纷未来社区无障碍环境建设 …… 417
滨江银泰商业综合体开业 …… 417
丹枫社区少工委成立 …… 417
西兴街道AED应急救护培训 …… 417
电魂自在里文化空间 …… 417
物联网、石门塘社区揭牌 …… 418
长河街道…… 418
概况 …… 418
长河街道“助企开门红”行动 …… 419
长河街道未来社区建设 …… 419
长河街道房屋拆迁收整 …… 419
长河街道环境提升 …… 419
长河街道垃圾分类推进 …… 420
基层治理三人制工作法 …… 420
长河街道助残服务 …… 420
长河街道护老扶困 …… 420
长河老街区块环境整治 …… 420
历史文化书籍《长河》发布 …… 421
长河街道社会治理中心投入使用 …… 421
长河街道“学习强国”学习平台知识竞赛 …… 421
长河街道获评省五星级“残疾人之家” …… 421
浦沿街道…… 422
概况 …… 422
浦沿街道党群服务中心活动 …… 423
浦沿街道社会治理 …… 423
浦沿街道垃圾分类工作 …… 423
浦沿街道防汛防台体系标准化建设 …… 423
浦沿街道违建处置 …… 423
浦沿街道营商环境营造 …… 424
浦沿街道未来社区建设 …… 424
浦沿街道就业服务 …… 424
彩虹社区养老服务场景 …… 424

人物　荣誉

创新浙商…… 425
吕明 …… 425

范渊 …… 425
浙江工匠……425
谢志和 …… 425
高昌盛 …… 426
贾磊 …… 426
杭州市劳动模范……426
陶剑琴 …… 426
俞飞 …… 426
来江飞 …… 426
陈梦萍 …… 427
汤颂阳 …… 427
孙一飞 …… 427
兰祥华 …… 427
吴奕武 …… 428
周在福 …… 428
常峰 …… 428
陈琛 …… 428
罗晓鹏 …… 428
孙芳 …… 429
周华星 …… 429
杭州工匠……429
刘明 …… 429
周迪 …… 429
杭州市职业技能带头人……429
刘志勇 …… 429
吴奕武 …… 430
冯伟峰 …… 430
廖旭毅 …… 430
杭州“最美社工” ……430
赵静娜 …… 430
莫永伟 …… 430
来醉鎏 …… 431
黄莹 …… 431
优秀退伍军人……431
唐佳和 …… 431
李杰 …… 431
傅晓勇 …… 431
王立峰 …… 431
黄勇 …… 431
先进人物名录……432
表34 2022年滨江区各部门(单位)获国家和部级先进个人名录 …… 432
表35 2022年滨江区各部门(单位)获省级和省属部门先进个人名录 …… 432
表36 2022年滨江区各部门(单位)获市级先进个人名录 …… 434
先进集体名录……439
表37 2022年滨江区各部门(单位)获国家和部级先进集体名录 …… 439
表38 2022年滨江区各部门(单位)获省级和省属部门先进集体名录 …… 439
表39 2022年滨江区各部门(单位)获市级先进集体名录 …… 441

统计资料

杭州高新区(滨江)经济社会主要指标统计表……446
表40 2022年杭州高新区(滨江)经济社会主要指标统计表 …… 446
表41 2022年杭州市各区县(市)主要经济指标对比统计表 …… 452
2022年高新区(滨江)国民经济和社会发展统计公报 ……455

附 录

主要机构及负责人名录……462
中共杭州市滨江区委员会 …… 462
中共杭州高新技术产业开发区工作委员会 …… 462
杭州市滨江区人大常委会 …… 463
杭州市滨江区人民政府 …… 463
杭州高新技术产业开发区管理委员会 …… 463
政协杭州市滨江区委员会 …… 464
中共杭州市滨江区纪律检查委员会 …… 464
中共杭州市纪委市监委派出杭州高新技术产业开发区纪检监察工作委员会 …… 465
杭州市滨江区监察委员会 …… 465
杭州市滨江区人民法院 …… 465

杭州市滨江区人民检察院 …………………… 465
民主党派 ………………………………………… 465
部分群众团体 …………………………………… 465
其他机构 ………………………………………… 465
街　道 …………………………………………… 466
重要文献辑存……………………………………… 467
杭州高新区（滨江）商事主体登记确认制改革实施方案 …………………………………… 467
推动创新链产业链“两链”深度融合的若干政策 ………………………………………… 469
杭州高新区（滨江）科技创新产业基金管理办法 ………………………………………… 471
重要文件目录……………………………………… 476
表42　2022年中共杭州滨江区委部分文件目录一览表 ………………… 476
表43　2022年中共杭州滨江区委办公室部分文件目录一览表 …………… 476
表44　2022年滨江区人民政府部分文件目录一览表 ……………………… 476
表45　2022年滨江区人民政府办公室部分文件目录一览表 …………… 477
2022年杭州高新区（滨江）重要报道题录 ……………………………………… 477
表46　电视媒体重要报道一览表 ………… 477
表47　平面媒体重要报道一览表 ………… 484
2022年杭州高新区（滨江）媒体重要报道精选 ……………………………………… 492
浙江扎实推进共同富裕示范区建设 ………… 492
感受共同富裕的发展魅力 ………………… 494
科技部等六部门发文统筹推进场景创新让人工智能充分赋能经济社会发展 ……… 495
全面建成创新驱动发展示范区和高质量发展先行区　为中国式现代化探索“高新方案” ………………………………… 497
数字经济发展综合评价全省第一高新区（滨江）勇夺“四连冠”……………… 499
街道可漫步　建筑可阅读　城市有温度高新区（滨江）决战亚运打响“五大攻坚战” ……………………………… 500
走好“人才带技术、技术变项目、项目融资金、实现产业化”发展路径　硅谷天堂渐行渐近 ……………………………………… 501
两个亚运 同步筹办　杭州全力打造优质无障碍环境 ……………………………… 502
浙江创新能力实现15年来首次争先进位全国第四的含金量 ………………………… 503
杭州高新区：突出创新制胜导向擦亮数字经济金字招牌 …………………… 505

索　引

主题索引…………………………………… 507
图照索引…………………………………… 524
表格索引…………………………………… 527

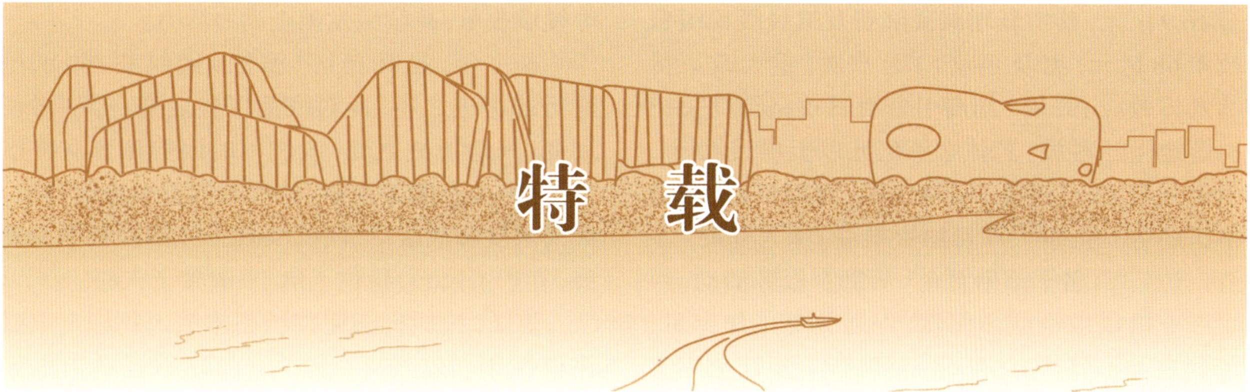

全面学习贯彻党的二十大精神
以“两个天堂”生动实践奋力开启中国式现代化新征程

——在区委六届三次全体（扩大）会议暨区委经济工作会议上的报告

（2022年12月30日）

中共杭州市滨江区委书记 章登峰

同志们：

这次大会的主题是高举习近平新时代中国特色社会主义思想伟大旗帜，深入学习贯彻党的二十大精神，全面落实省委十五届二次全会、市委十三届三次全会和中央、省市委经济工作会议精神，动员全区上下踔厉奋发、勇毅前行，抢抓亚运历史机遇，凝聚创新发展动能，以“两个天堂”生动实践奋力开启高新区（滨江）中国式现代化新征程。

现在，我代表区委常委会作报告。

一、总结一年来的工作，坚定奋楫前行的信心决心

今年以来，全区上下深入学习贯彻习近平总书记系列重要讲话精神，全面落实中央和省委、市委决策部署，围绕区第六次党代会战略任务，面对“三重压力”叠加“两大变量”，谋划推进“三大主题年”“党建统领·九联创优”等工作载体，团结带领全区干部群众奋发勇为、携手攻坚，推动各项工作在逆境中破难，在破难中奋进。预计全年实现地区生产总值超2100亿元，总量保持全市第三；实现财政总收入434亿元，一般公共预算收入214.7亿元，分别增长6.6%、5.8%；数字经济核心产业增加值近1600亿元，总量列全市第一。

第一，众志成城打好“三场硬仗”。我们坚决贯彻习近平总书记“疫情要防住、经济要稳住、发展要安全”重要指示精神，直面复杂发展形势，发扬持续作战精神，努力做到防疫情与稳经济“双统筹”，谋发展与保安全“双兼顾”。一是全力攻坚稳进提质。始终以守土有责、守土负责的担当抓好常态化疫情防控，积极应对多轮次疫情冲击，强化医疗资源储备供应，大力推进疫苗接种普及，实现疫情防控由“防传染”向“保健康、防重症”平稳转换。深入实施“发展提质五个重大”，提前谋划部署经济稳进提质工作，全市首发稳进提质八大攻坚行动方案，率先整合推出56项稳住经济一揽子政策措施，全年兑现惠企产业资

金46.9亿元，落实新增减税降费及退税缓税缓费政策68亿元，惠及企业1.1万户次，重大政策持续发挥效应；开展“招商引资百日攻坚行动”，招引落地十沣科技、芯体素等亿元以上项目42个，引进外资8.2亿美元，网易三期、海康机器人、泰格医药等一批重大项目加快推进；深入开展“亲清三访”“百名干部助百企”等助企服务活动，组建产业链供应链应急保障、保通关等工作专班，帮助企业不停产、不断流、不减产。预计全年实现规上工业增加值750亿元，总量保持全市第一；营利性服务业增长1.5%，固定资产投资增长15.5%；全年新设企业超1.55万家，新增上市企业6家、累计69家，稳住了经济基本盘。二是坚决抓好除险保安。紧盯平安、法治、信访三张报表，进一步重塑工作体系，切实做到防风险保安全护稳定。围绕平安护航二十大主线，开展“大排查大起底大整治”行动，有力化解公共安全等领域重大风险。深化平安法治建设，首创“网格律师制度”，实施打击电信网络诈骗和养老诈骗、消防安全整治等专项行动，交通亡人事故数同比下降42.9%，电信诈骗发案数同比下降41.9%。深化信访“攻坚年”活动，成立拆迁安置、防欠薪等10个专项工作组，着力化解信访突出问题，全年走访总量较近三年平均值下降61.6%、基层事项化解率99.1%，国家级信访积案全清零且无再访。三是奋勇创新塑造变革。紧扣“1612+N”体系构架，制定全区数字化改革推进方案，建设一体化智能化数字平台，全省数字化改革双月综合评价两次获五星，“科技人才孵化”应用获省委肯定，8个场景纳入全省重大改革（重大应用）“一本账S2”；全省重大需求项目“浙里海归”正式上线试运行，安帮码、数智治水等3个典型应用在省《数字化改革》刊发，深化“放管服”、创新“移动审批车”等3项改革经验在省《竞跑者》刊登。深化探索“一区多园”发展模式，启动建设滨萧特别合作园，签署滨富特别合作区新一轮合作深化协议，富芯项目全省首条12英寸晶圆生产线正式通线，滨萧特别合作园产业共富模式入选全省高质量发展建设共同富裕示范区最佳实践。加快推进区属国有企业改革，构建“1+2+3+X”国资运营管理体系，统筹推进人才选用、薪酬分配、绩效考核等领域改革，持续激发国企动力活力。

这一年，是高新区（滨江）团结拼搏、承压前行的奋进之年，面对疫情形势之变、经济增长之变、风险挑战之变，我们因时因势调整防控措施、全心全意服务企业，持续营造安全稳定环境，最大限度释放改革红利，实现了经济社会平稳发展，守护了民心、稳住了信心、凝聚了人心。

第二，抢抓机遇完善科创体系。我们牢牢抓住科技创新这个“牛鼻子”，以超常规举措集聚创新要素，持续激发创新活力。一是完善科创平台体系。争取“超高灵敏极弱磁场和惯性测量装置”国家重大科技基础设施落地并获国家发改委可研批复，加快白马湖实验室、智能感知技术创新中心2个省级重点平台建设，支持建设浙江大学国家心脑血管植入器械产教融合创新平台，持续完善升级“1+2+6+N”的创新平台体系；完善“众创空间—孵化器—加速器—产业园—特色小镇”孵化链条，新增市级以上孵化器、众创空间12家；新增国家专精特新“小巨人”企业33家，累计44家；新增省级专精特新中小企业22家，累计71家；申报国家高新技术企业544家，累计超2200家；物联网、互联网小镇在浙江省特色小镇考核中获“优秀”等级。二是加快高新人才集聚。在习近平总书记考察海康威视7周年之际举办第五届国际人才节，发布“1+5+20”人才新政，创新推出“才链全球”人才计划，迭代升级人才政策和“5151”创业陪跑计划，全年引进各类人才3.8万人，其中应届毕业生近1.5万人，列全市第一，自主培育市级以上人才计划专家70人，引进高层次人才创业项目63个。三是深化“两链”融合发展。出台“两链”深度融合“实施意见”和“若干政策”，围绕5大产业生态圈打造19条产业链，建立由区领导领衔的“链长制”，实施好“一链一专家、一链一组织、一链一基金、一链一园区、一链一专班”，组织“滨江芯·浙江机”芯机联动、“光+生物医药”等产业协作活动，推动产业链与创新链双向开放、相互融合。累计组建省级创新联合体3家，市级创新联合体15家，省级产业链上下游企业共同体14家，持续推进省尖兵领雁重大项目36项、市人工智能重大创新项目攻关38项。四是加快打造“数字特区”。聚焦数字自贸特色建设“数字特区”，打造省市两级数据交易平台，创建数字服务、中医药服务、数字文化、知识产权服务四个国家级特色服务出口基地，成立全省首个“数据安全实验室”。数据知识产权制度改革获评全省自贸区“最佳制度创新案例”，发布全国首个数据知识产权质押团体标准。

这一年，是高新区（滨江）积累势能、催化动能的蓄力之年，面对新一轮科技革命与产业变革的深入发展、高能级平台与高层次人才的加速汇聚，我们坚定不移地推进科创体系建设和融合发展，夯实了创新驱动、人才引领的发展根基，播下了引领风向、决胜未来的希望之种。

第三，锐意革新提升现代治理能力。我们紧扣亚运核心城区定位，总结经验教训深入实施“战疫提能十大行动”，下决心重塑现代治理体系，努力补上治理短板。一是社会治理系统重塑。坚持做强社区网格这个根本支撑，将力量和资源向基层倾斜，理顺“社区—网格—微网格”体系架构，调整优化社区划分、新增社区6个，形成网格503个、微网格3116个，招录专职社工220名、网格员411名；探索推广先锋滨“一长二员”三人制最小治理单元模式，推动微网格治理落地见效，相关创新举措入选第六届全国基层党建创新典型案例。创新设立区级社会治理中心和街道分中心，开展大综合一体化执法改革，实现区街社三级一体指挥；持续推进基层智治“一网统管”，创新推出“滨安码”，实现一键上报、一窗受理，已收到居民上报事件信息8428件，完成处置率97.1%；开展社区书记工作能力比武打擂系列活动，遴选10名领军型、20名专业型、30名潜力型社工实施分类培养，提升基层干部队伍能力。在2022中国社会治理百强县（市、区）和2022浙江省社会治理十佳县（市、区）名单中均位列第一。二是城市治理有效提升。开展西部、南部地区规划研究，启动全域国家级生态文明示范区建设，推动城市高质量均衡发展；高标准开展亚运场馆建设、道路环境整治，长河历史街区实现精彩开街，全面实施场馆惠民开放，新增体育场地面积12万平方米，完成奥体、冠山等4个片区“微更新”，江南大道、飞虹路、滨康路等3条道路获评“迎亚运”道路“赛马”市级优秀工程。三是民生治理持续改善。以共富基本单元为发力点，开展“争星晋位 · 全域建强”行动，现代社区建设经验做法获《人民日报》报道。“才岗智配”“通学路云守护”“智慧助餐”等数字化服务赢得群众赞誉；“现代产业社区建设”项目入选全省城乡社区治理和服务创新实验区试点，推出全国首个现代产业社区建设地方规范；缤纷、冠山、江一、新浦、滨文、中兴6个社区通过第一批杭州市未来社区验收。坚持以“一老一小一人才”为重点，加快推动教育、医疗、住房等优质资源扩容和区域均衡布局。新增学校6所、婴幼儿成长驿站11个、托位564个，第3所产业嵌入式幼儿园开园，老旧小区改造、电梯加装等工作继续走在全市前列，落点全省唯一医康养护转介转养项目，建成智慧云诊室6家。在“幸福百强区（2022）”中排名全国第二，近五年城市慈善发展指数位列全省第一，“多代同楼”互助养老入选全市首批共同富裕最佳实践案例。

这一年，是高新区（滨江）治理理念、治理能力的蝶变之年，面对日趋专业化和精细化的城市管理、基层治理、公共服务等工作，我们坚持把以人民为中心的发展思想贯穿于共同富裕的全过程各方面，推动了高质量发展引领区、高效能治理样板区和高品质生活示范区的协同发展。

第四，坚定不移加强党的全面领导。我们始终保持对严峻复杂考验的清醒认识和以党的自我革命引领社会革命的高度自觉，毫不动摇坚持和加强党的全面领导，坚定不移全面从严治党。一是深入学习二十大精神。把学习宣传贯彻党的二十大精神作为首要政治任务，先后召开全区领导干部会议、区委常委会会议、区党委理论学习中心组专题学习会，推动区委常委会和区级领导干部先学一步、深学一层、多悟一分。组建以高新青年宣讲团为主的“1+N”宣讲队伍，开展区委宣讲团示范讲、百名干部集中讲等宣讲活动，确保二十大精神传达到每个支部、每名党员、每个领域。发挥“滨江发布”两微一端等区级媒体宣传引导作用，推出党的二十大专栏专题11个，策划各类二十大精神宣传报道近60篇，刊发各类报道1000余篇。二是强化政治引领。区委坚持把政治建设放在首位，严格执行“第一议题”制度，29次召开区委常委会和区委理论学习中心组学习会传达学习习近平总书记重要讲话精神，全面落实意识形态工作责任制，做实做深宣传思想文化工作，进一步提高政治判断力、政治领悟力、政治执行力。充分发挥总揽全局、协调各方的领导核心作用，修订实施区委工作规则，积极探索实践全过程人民民主，支持保障人大、政府、政协和法院、检察院依法依章履职，各民主党派、工商联、无党派人士履职尽责，党的群团工作和群团组织的政治性、先进性、群众性不断增强，党管武装和国防后备力量建设不断发展进步，新时代民族、宗教、对台、侨务等工作持续向好，凝聚起共促发展的强大合力。三是打造党建品牌。坚持整体性谋划、制度性设计、系统性推进，以“七张问题清单”牵引党建统领整体智治，建立“党建统领·九联创优”工作机制，进一步完善了大党建工作格局，推动党建与发展互促共进。创树物联网“红色智领”、优行“红色里程”等“红色+”新品牌，聚光科技“红色传感”入选“全国企业党建优秀品牌”；建强“1+3+63+3N”党群阵地体系，开展星级评定，打造党群服务“心运力”品牌矩阵；推出“尖滨2040”年轻干部政治能力实训营、年轻干部成长营等干部队伍系列培训活动。打造硅谷天堂同心荟、董秘圆桌会、蜗牛直播间等统战品牌，65家民营企业党委统战部全覆盖，“青春政协党建品牌”入选国家、省市相关试点案例。四是提振党风党纪。把全面落实省委巡视“回头看”反馈问题整改作为践行“两个维护”的重要检验，针对反馈的7大类24项问题，细化制定50项、171条整改措施，建立健全6大工作推进机制，94%问题已完成整改销号，滨江巡视整改模式获省市肯定。制定实施年度政治生态建设工作方案，落实“五张责任清单”加强对“一把手”和领导班子的监督，出台《全区作风建设工作要点》，实施《激励干事创业若干意见》。锚定“六个成为”清廉滨江愿景，推行清廉建设“6+4+1+1”，“清风工程”全省试点，非公企业纪检组织提质增效全市试点，“清风传家”“数智纪检”成为先行样本。开展正风肃纪常态化督查120次，处置问题线索265件，立案119件，全面从严治党成效进一步巩固拓展。

这一年，是高新区（滨江）坚定跟党走、迈向新征程的逐梦之年，面对国际国内的新形势和管党治党的新任务，我们始终坚持推进新时代党的建设新的伟大工程，持之以恒推动全面从严治党向纵深发展，涵养了风清气正的政治生态，为全区经济社会高质量发展提供了坚强保障。

同志们，沧海横流，方见英雄本色；风高浪急，更显弄潮风采。回顾这一年，我们以工作的确定性应对风险的不确定性，努力解难破局、转危为机；我们以变革重塑的创新胆魄破除旧藩篱，架梁立柱新机制，激发创新发展新动能；我们以“功成不必在我”的战略定力书写“功成必定有我”的使命担当，坚定不移将高质量发展蓝图一绘到底。成绩来之不易、极不平凡，是以习近平同志为核心的党中央坚强领导的结果，是习近平新时代中国特色社会主义思想科学指引的结果，是全区各级党组织团结带领全区人民共同奋斗的结果。在此，我代表区委常委会，向同志们表示衷心感谢！

同时，我们也清醒认识到工作中还存在一些薄弱环节和短板弱项：高新区争先进位难度加大，前有标兵后有追兵越加明显；数字经济发展碰到平台期，疫情导致经济下行、中美摩擦影响越加显现；科技创新体系建设仍有不足，科研赋能产业、引领产业、孵化产业的能力欠缺越加凸显；空间物业、人员力量、基础设施等要素保障短板依然存在，各种瓶颈制约发展越加难解；社会治理能力还有不足，公共服务供给不均衡，满足现代社会需求越加需要努力。对此，我们要坚持问题导向、强化系统观念，切实加以解决。

二、学深悟透党的二十大精神，推动“两个天堂”建设走深走实

党的二十大是在全党全国各族人民迈上全面建设社会主义现代化国家新征程、向第二个百年奋斗目标进军的关键时刻召开的一次十分重要的大会，取得了一系列重大政治成果、理论成果、实践成果，对于我们党在新时代新征程上团结带领全国各族人民全面建设社会主义现代化国家、全面推进中华民族伟大复兴，具有重大的现实意义

和深远的历史意义。

学习领会党的二十大精神是当前和今后一个时期全党、全国的首要政治任务。高新区（滨江）必须切实把全区广大党员干部群众的思想统一到党的二十大精神上来，把力量凝聚到党的二十大确定的各项任务上来，学习好、宣传好、贯彻好二十大精神：我们要深刻领会“两个确立”的决定性意义，深刻认识“两个确立”是引领新时代10年伟大变革的根本所在、是历史和人民的必然选择、是应对风险挑战和实现中华民族伟大复兴的根本保证，我们必须忠诚拥护“两个确立”、践行“两个维护”，切实做到“总书记有号令、党中央有部署，浙江见行动、杭州真落实、滨江冲在前”。我们要深刻领会习近平新时代中国特色社会主义思想的世界观和方法论，深刻认识“两个结合”和“六个必须坚持”是理论创新和理论实践的根本性规律、科学方法，是准确把握党的创新理论的“金钥匙”，我们必须始终把党的创新理论作为指导实践、推进发展的根本遵循，始终坚持创新驱动发展，以更快速度发展破解障碍困难，坚定不移走好高质量发展之路。我们要深刻领会中国式现代化的丰富内涵，深刻认识以中国式现代化全面推进中华民族伟大复兴的使命任务，深入理解中国式现代化的中国特色、本质要求、重大原则、战略部署和战略举措，我们必须把习近平总书记对高新产业发展、高质量发展的一系列重要指示精神融会贯通，发挥创新发展先发优势，努力以“两个天堂”的加快建设争当中国式现代化的先行者。我们要深刻领会以伟大自我革命引领伟大社会革命的重要要求，深刻认识自我革命是我们党跳出治乱兴衰历史周期律的第二个答案、健全全面从严治党体系是加强党的领导和党的建设的必然要求，我们必须以高质量的从严治党实效，凝聚起全区人民的创造力、凝聚力、战斗力，为全区高质量发展提供坚强保障。我们要深刻领会团结奋斗的时代精神，深刻认识团结奋斗是中国共产党和中国人民最显著的精神标识，既要按照习近平总书记的指示“始终干在实处、走在前列、勇立潮头”，更要发扬我们建区以来形成的艰苦奋斗、团结务实的高新精神，带领全区人民在新时代干出新业绩。

站在新的历史征程上，面对新的时代特征，全面领会贯彻落实党的二十大精神，必须把区第六次党代会明确的“建设天堂硅谷、打造硅谷天堂”发展蓝图与党的二十大精神衔接好、融合好，既要用二十大描绘的中国式现代化的普遍特征丰富“天堂硅谷、硅谷天堂”的精神内涵，更要以“天堂硅谷、硅谷天堂”的实践探索率先闯出一条中国式现代化滨江路径，为实现中国式现代化作出高新区（滨江）更大的贡献。

一要坚定战略方向，奋力建设“两个天堂”。“建设天堂硅谷、打造硅谷天堂”，是高新区（滨江）开启中国式现代化新征程的总战略。区第六次党代会提出的“建设天堂硅谷、打造硅谷天堂”奋斗目标，与中国式现代化渊源相同、内涵相融、逻辑相通。“天堂硅谷、硅谷天堂”是习近平总书记在浙江工作期间对高新区（滨江）的重要指示和殷殷嘱托，蕴含着习近平总书记对推进社会主义现代化建设前瞻性战略性的深邃思考和实践要求；“天堂硅谷、硅谷天堂”具有体系全面的丰富内涵，既是物质的、也是精神的，既是人文的、也是自然的，既要求一域领先、也强调辐射带动，与中国式现代化的重大原则、战略部署、战略举措高度契合；“天堂硅谷、硅谷天堂”体现了打造“硅谷”式现代科技园区与建设“天堂”般江南风韵城市的辩证统一，目标上讲求全球视野的领先，特征上讲求本地化特色化，与中国式现代化的中国特色、本质要求相一致。我们必须持续建设“天堂硅谷”，在中国式现代化新征程中打头阵、作示范；聚力打造“硅谷天堂”，为实现第二个百年奋斗目标、推进中华民族伟大复兴贡献滨江力量。

二要坚守高新定位，打造世界领先科技园区。迈进世界领先科技园区，是高新区（滨江）开启中国式现代化新征程的关键抓手。早在2004年，习近平总书记就指示“建设天堂硅谷”，这是他对世界领先科技园区概念的最早表述，可以说天堂硅谷是滨江版的世界领先科技园区，而世界领先科技园区是升级版的天堂硅谷；2021年，习近平总书记明确号召国家高新区“加快建设世界领先的科技园区”，作为国家级高新区，我们肩负“发展高科技、实现产业化”的国家使命，必须抢抓新一轮科技革命与产业变革加速汇聚的重大机遇，实现“快人一拍、领先一步、精益求精”，加快向世界领先科技园区迈进，做到不负习近平总书记嘱托，不忘国家高新区使命。

三要传承宝贵经验，持续推动高质量发展。实现以创新驱动为前提的持续高质量发展，是高新区（滨江）开启中国式现代化新征程的核心路径。坚定不移走高质量发展之路，是高新区（滨江）“两区合一”二十年来的宝贵经验，我们既要传承弘扬，更要守正创新，持续优化“两区合一、充分赋权”的灵活体制，传承拓展“人才为先、创新驱动”的发展思路，丰富升级“软硬融合、突出高新”的产业生态，弘扬深化“注重孵化、陪伴成长”的工作理念，加快完善“产城融合、集约高效”的城市形态，以持续高质量发展的探索实践推动中国式现代化在滨江这片土壤上开出更美花朵、结出更多硕果。

四要把握历史机遇，充分放大亚运效应。杭州亚运会是高新区（滨江）开启中国式现代化新征程的一次重大历史机遇。作为主场馆所在地，我们要牢牢抓住这一重大机遇和重要载体，发挥亚运聚光效应、引领效应、倒逼效应，全力做好品牌塑造、治理转型、能力提升三篇文章，努力实现“办好一个会，提升一座城”，充分展现“国际滨江·亚运核心”风采。要持续放大后亚运效应，做好亚运城市后半篇文章，充分利用亚运契机加快国际人才汇聚、高端产业集聚、城市品质提升、社会治理增效，在打造国际一流的现代化大都市中发挥头雁风采、展现滨江魅力。

三、凝聚创新强劲动能，推动全区持续高质量发展

2023年是“八八战略”实施20周年，也是习近平总书记视察高新区（滨江）提出“打造硅谷天堂”20周年。我们要牢记总书记的殷殷嘱托，进一步树立创新在现代化建设中的核心地位，强化科技创新与产业创新的协同联动，以创新要素的集聚和创新生态的营造，不断塑造高新区（滨江）发展动能新优势。

要高标准推进产业体系建设。坚持高新导向，不断厚植产业新优势、挖掘产业新动能，构建“2+2”产业体系，提升全区现代产业体系在全国乃至全球范围的韧性和竞争力。巩固数字经济先发优势。全面落实杭州市数字经济“1248行动”，深入实施数字经济“一号工程”新一轮行动计划，高质量建设“三地五区”，推动数字经济向数智经济加快演进，实现数字经济二次爆发；持续强化生产性服务业集聚发展，推动数字经济向智能物联、智能汽车零部件等“415X”先进新制造业延伸，实现产业链软硬结构均衡发展；深化数字新基建建设，结合市场需求扩建提升智算中心，丰富检测平台、公共创新服务平台体系，统筹全区资源加强数字场景应用供给，加大应用场景对招商引资、产业发展的支撑作用。打造5镇3谷产业新地标。鼓励数字经济向“产业大脑+未来工厂”新模式演进，培育壮大智造供给系统供应商，深化智造供给小镇建设；进一步集聚IT+BT数字健康产业，深化数字健康小镇建设；加大文化创意产业集聚力度，深化白马湖创意小镇建设；全力巩固智能物联产业优势，深化物联网小镇建设；推动互联网产业实现新发展，深化互联网小镇建设。围绕视觉智能核心产业，探索推动智能物联产业能级跃升的新模式、新路径，培育万亿级产业生态圈，高质量建设中国视谷；围绕信息安全产业，完善信息安全产业链，高质量建设中国信息安全谷；围绕极弱磁大设施，推进产业孵化平台建设，打通科学研究与产业化的衔接通道，高质量建设国际零磁科学谷。精准布局未来产业。紧盯产业新趋势，加强对产业新赛道新领域新模式的研究和谋划，聚焦数字、生命、宇宙三大产业空间，精准对接创新平台资源和主导产业优势，加快布局未来产业。围绕极弱磁大设施布局量子信息产业和零磁医学产业，对接白马湖实验室布局绿色能源产业，依托智算中心布局新一代人工智能产业，借助医工交叉创新平台布局生命健康产业，支持游戏企业布局元宇宙产业，助推直播企业孵化培育国潮品牌。提升企业梯队建设。大力开展产业链招商、走出去招商，统筹全区资源招大引强，引进亿元以上项目25个、外资8.5亿美元；加快实施“专精特新”企业培育三年行动计划，支持一批重点腰部企业做大做强；深入实施“凤凰计划”，加强上市后备企业梯队建

设，力争全年新增上市企业6家。

要高水平实现科技自立自强。加大前沿研究、原始创新能力体系建设和集聚，是高新区（滨江）迈向更高发展的必由之路。加快谋划杭州江南科学城建设。主动抢抓杭州争创综合性国家科学中心机遇，进一步向白马湖、回龙庵山区域集聚高端创新平台，统筹配置土地空间，融合生态、文化、科创资源，实现创新、产业、生活无缝衔接，打通“原始创新最初一公里”和“产业成果转化的最后一公里”，全力建设“国际零磁科学谷・杭州江南科学城”。加快高端战略人才引育。实施“才链全球”计划，全方位推进科技链才、产业链才、生态链才、服务链才、以才链才；深入推进人才政策，用好专项人才基金，探索建立重大创新平台人才引育驻点服务机制，以更大力度引育院士、高端工程师等战略科技人才。加快推进创新体系优化。加强科技基础能力建设，积极做好土地、人才等要素保障工作，全力保障极弱磁大设施、白马湖实验室、浙江大学国家心脑血管植入器械产教融合创新平台建设推进，大力支持智能感知省技术创新中心等公共技术平台深化企业合作；强化孵化器链条体系建设，推动孵化链与资金链相结合；进一步改革优化平台体制机制，创新成果转移转化机制，探索研究团队激励机制，更好发挥高能级创新平台、公共技术平台和企业研发平台的创新赋能作用。加快推动“两链”深度融合。围绕供应链安全、卡脖子技术突破、产业融合发展三大方向，开展一批“两链”融合试点，组织一批技术对接活动，打造一批创新联合体、产业链上下游企业共同体，建设一批市级概念验证中心，支持一批科技攻关项目，同步加大项目招引力度，努力集聚一批产品检测平台以及律所、会所等中介服务机构，谋划好银行业、保险业的长期发展，加速统筹做好“五个一”建设。

要高效能推进营商环境国际化。深入实施营商环境“一号改革工程”，全力做好营商要素保障，积极创造更为高效便利的服务供给，尊重企业家，服务企业家，鼓励创新、宽容失败，全面构建立足滨江、面向全球的国际化高水平创新创业环境。聚焦降本增效，进一步推进国企市场化、专业化发展，理顺国企业务和国有资产，充分发挥国企在园区运营、资金保障等方面的作用；发挥政府基金引领撬动作用，探索在高科技产业领域进行战略性投资布局；依托社区公共服务中心、“一滨办”等机制，构建区街社一体的政务服务体系。聚焦数字化改革，进一步加强数字赋能应用场景开发和迭代升级，加大“上马石”等优秀数字化改革成果应用覆盖，持续提升政务服务水平；深化实施“百名干部联千企”活动，建立问题反馈数字化闭环管理系统，进一步传承“三到”文化，让企业得实惠；抓住杭州市科创金融改革试验契机，加快推进科技金融创新服务中心建设，打造政银联合助企一站式综合金融服务平台，加快推广“创新积分”制度拓展至长三角地区甚至全国，促进金融惠企服务便利化、普惠化，推动知识产权质押融资，落地知识产权证券化项目。聚焦对外开放，坚持国家自主创新示范区和浙江自由贸易试验区“双自联动”，深入推进数字自贸区建设，开展数字自贸区评价体系试点、数据跨境安全合规探索试点；积极引导企业开拓国际市场，努力扩大高附加值产品出口规模，鼓励企业抢抓机遇“走出去”，在加强自主品牌培育的同时，支持企业开展海外品牌、技术、渠道收购并购；推进国家知识产权服务出口基地建设，完善涉外知识产权纠纷应对指导机制。

要高品质推进区域协调发展。立足产业规划、行业布局、跨区域协作等重点领域，全面推进区域发展均衡协调。促进全域均衡发展。推动优质产业西进、南扩，持续提升产业承载能力和发展能级，积极招引城市功能型配套大项目；坚持“区域分类、企业分类、优地优用”原则，完善街道工业园区提升改造实施意见，加快推进产业“腾笼换鸟、凤凰涅槃”。优化区域商业布局。全面评估全区商业发展情况，重点围绕西部和南部重点区域商业业态布局，梳理对接三产留用地开发，制定完善全区商贸服务业发展规划，加快招引高端酒店等优质大商业项目落地；加强沿江国有物业梳理，优化完善沿江商业规划，加大与五大行的招商合作，加快构建“滨江潮、潮滨江”的商业氛围；打造特色文化商业街区和古镇文化消费集聚区，鼓励各大商业综合体围绕亚运盛会优化消费环境、提升商业氛围，更好满足新老滨江人的差异化消费需求。深化“一区多园”探索。联合属地加快完善基础设施配套，推动滨萧特别合作园两区交界面疏通融合、滨富特别合作区高速路口改造等路网建设，全力抓好中国视谷建设；推动先进制造大项目、产业链关键制造环节跨区域落地，加速已落点项目开工达产进程，助力富芯半导体等重大项目产能爬坡；借鉴富阳、萧山在行政审批、项目推进等方面的改革成果和经验做法，推动审批创新举措在特别合作园（区）先行先试；进一步拓展合作内容和模式，推动双方合作从产业合作为主向公建配套、要素指标、重大基础设施等多层次全领域合作转变。

四、抢抓亚运历史机遇，推动现代化都市加快建设

2023年是杭州亚运会举办之年，也是高新区（滨江）城市建设和管理实现新飞跃的机遇之年。我们要树牢“办好一个会、提升一座城”的理念，对标世界眼光、国际标准，借势发力、乘势而上，实施“双月比学赶超”大比武活动，紧紧围绕“中国特色、浙江风采、杭州韵味、滨江印记”，加快城市建设，以“绣花”功夫实现城市品质新飞跃。

要以赛促建提升城市能级。以“国际滨江·亚运核心”为工作标准和导向，打造亚运城市“金名片”。精益求精当好东道主。精心锻造重点区域、重点道路、重要节点，确保所有亚运项目如期收官；积极谋划智能亚运、绿色亚运等标志性成果及特色亮点项目，以更高标准、更实举措有效推动全区亚运各项筹办工作动态调整、迭代升级；深化建管衔接改革，开展城市治理提升行动，切实提升城市治理水平。深入挖潜开拓新空间。进一步提升规划引领水平，充分挖掘智慧新天地、智造供给小镇、生态创意城等重点区域的发展潜力，提升城市能级和品位；加快推进工业综合体建设和入驻项目遴选，第一工业综合体实现开园运营，视谷之窗产业综合体实现开工建设，统筹推进农居SOHO提升整治和招租运营，通过供地供楼并举向市场供给更多物业；围绕存量空间优化布局、地下空间互联互通、短期租赁盘活用地等创新方向，进一步探索实现土地资源的集中利用、复合利用、立体利用，打造具有高新区（滨江）鲜明辨识度的节约集约用地模式。打开融汇互通主动脉。精心谋划国际零磁科学谷、滨江萧山联系通道等重点项目，在白马湖区域集聚“一大（大设施）一院（北航杭研院）一谷（国际零磁科学谷）二中心（白马湖实验室、海康智能感知创新中心）”，以“决胜南部”的决心，拉开路网骨架、完善配套设施，打造“一核引领（白马湖区块）、两翼联动（物联网园区、智慧新天地）、全域协同”格局。

要以文润城厚植城市底蕴。以历史为基，以亚运为媒，以产业为矛，加快构筑“1+2+N”文化工作新格局，推动形成一湖两带一走廊“之”字形文化发展布局，充分展现历史底蕴、文化内涵与科技实力。传承历史文化。深入实施“滨江记忆”传承工程，深入挖掘运河源、古海塘和浙东唐诗之路等历史文化内涵，推动白马湖越文化考古发掘，保护和传承非物质文化遗产；持续推动西兴古镇、长河老街等遗址的保护性开发利用，提升区域历史文化氛围；挖掘长河革命纪念馆、西兴八二二畈等红色文化，传承红色记忆。弘扬亚运文化。制订亚运新闻宣传实施方案，积极营造“满眼、满街、满屏、满心”亚运宣传氛围；统筹抓好亚运场馆设施、学校体育场地等各类体育场所全面开放，形成供给丰富、布局合理、功能完善的“10分钟健身圈”；持续打造好樱花跑、舞动中国排舞联赛等特色体育健身活动品牌，营造全民健身、全民亚运氛围。树立文明新风。开展文明典范城市创建，深化移风易俗、文明靓城等工作，提升全社会文明气质；开展“迎亚运、讲文明、树新风”系列行动，加快形成“滨滨有礼”文明实践体系；拓展亚运志愿服务，打造青年志愿服务体系，引导全民积极参与、服务、奉献亚运。做强文化产业。加大优质数字文化企业招引、领军企业培育力度，推进之江文化产业带白马湖发展极建设，谋划建设滨江电竞馆等文化产业设施，营造文化产业发展良好生态，全力打造数字文化产业高质量发展“滨江样本”。

要以民为本彰显城市温度。不断提升城市功能完整性、规划布局合理性、群众居住舒适性、城

市发展高效性，增强城市治理的美誉度、竞争力和辐射力，充分体现“国际滨”风范。让城市更便捷。畅通城市道路断点堵点，不断完善交通路网，重启跨铁立交建设研究，进一步联通铁路南北区域；做好公交线路、公共自行车点规划设置，加强静态交通治理，通过地下空间利用、停车泊位错时共享等举措，持续做好交通治堵；在医院、学校、商场等重点区块合理布局，统筹推进立体过街天桥建设，打造富有高新特色的精品力作。让城市更宜居。联动未来社区建设高效实施东信、滨文、滨康等13个片区城市“微更新”，全面更新路面和公共设施配套，确保整体出新、节点出彩。实施新一轮安置房建设“赛马比拼”，完成长河区块等5个项目交付；进一步完善安置政策，加快安置速度，为安置工作顺利收尾打下基础。强化物业服务考核结果运用，推动安置房、人才房、公租房物业管理水平提档升级。让城市更美丽。利用好城市“金边银角”，新建公园和城市绿道，构筑“多景合一”的公园形态，加快推进嵌入式体育场地建设三年行动计划，探索在居民小区和企业园区布局嵌入式体育设施；完善城市污水终端配套处置、管网传输体系，常态化推进“污水零直排区”建设工程，开展大气环境综合治理，力争“流畅、水清、岸绿、景美”，实现区域生态环境安全稳定，争创国家生态文明建设示范区；坚决推进征迁清零和违章建筑拆除治理工作，从根源上改变城市脏乱差薄弱环节。

五、坚持人民至上原则，推动共同富裕高水平示范

2023年是全面推进中国式现代化建设的开局之年，也是高新区（滨江）打造共同富裕示范区实践样板的攻坚之年。我们要牢固树立以人民为中心的发展理念，加快建设高品质公共服务体系，用情用力办好民生实事，持续提升人民生活品质，鼓励共同奋斗创造美好生活，不断满足人民群众对美好生活的新期盼。

要推进普惠型公共服务先行示范。全面做好教育、医疗、住房、文化等民生服务供给，提升群众获得感和幸福感。持续打造优质均衡基础教育。加强区域优质教育资源供给，加大合作办学力度，深化新名校集团化办学，努力实现优质教育资源100%覆盖；推进“无围墙学校”建设，推动高新企业与中小学校结对合作；启动第二批老旧学校建设，引进优质学前教育品牌，探索12年课程一体化的贯通培养模式，真正实现每一所学校都优质。全力供给普惠高效医疗服务。优化基层医疗功能布局，推进浦沿、长河街道社区卫生服务中心迁建项目建设，优化提升一批基层社区卫生服务站点建设；加强医疗卫生队伍建设，落实关心关爱医务人员政策；增强优质医疗资源供给，深化医联体建设，加强医联体专家下沉力度，畅通医联体内双向转诊通道，助推浙大二院滨江院区创新中心和浙大儿院国际儿童医疗中心建设，提升区域医疗资源国际化水平；加强群众健康教育，深化中医药传承创新发展，强化医用物资储备统筹力度，切实保障人民群众疫情用医用药需求。不断健全多维保障住房体系。加强房地产市场监管，强化住宅用地供应统筹力度，促进房地产市场平稳健康发展；加快公共租赁房、共有产权房建设，推进“人才房三年行动计划”，进一步提升人才住房获得感。深入建设高新特色公共文化。推广文化管家模式，加快城市书房、文化驿站建设，持续提升蜗牛读书馆、中国网络作家村等文化地标建设；推进文艺惠民服务项目化、品牌化，谋划建设具有高新特色的企业文化品牌群落；打造网络文学周、文博会等丰富多彩的文体活动，更好满足群众精神文化需要。

要推进共富基本单元先行示范。做好做细社区这一共同富裕基本单元，将共同富裕果实传递到每一名群众手中。加快全域未来社区建设。科学布局社区美好生活共同体，大力推进现代社区建设和未来社区创建，鼓励老旧小区打破物理界限、连片打造未来社区，优化完善未来社区运营模式，建设更加具有归属感、舒适感和未来感的共同富裕现代化基本单元，重点推动滨和、滨康、钱潮、江三、彩虹5个未来社区达到省级创建标准。优化“一老一小”服务场景。推进托幼一体化建设，延伸学前教育服务，继续推广产业园区嵌入式幼儿园、“通学路”等创新模式应用；启动“新生代父母赋能计划”和“阳光少年”健康

行动，实施好“孩子中餐这件事”，持续提升滨江教育的温度和厚度；打造高新颐养共同体，创新居家养老集落生态，实施“乐居安养”行动，深化“多代同楼”项目，增强机构服务社会化辐射，推广社区嵌入式养老服务模式，创新打造“颐养型”友好社区，力争率先建成普惠型基本养老服务体系。夯实社区帮扶纾困体系。紧扣共同富裕示范区建设要求，加快推进村级三产项目统筹开发，开工长河街道南片六村统筹等4个项目建设；深化“物质+服务”救助模式，升级社区服务载体，完善“1+3”线下救助阵地，加强心理辅导、陪护照料等服务型救助，赋能低收入群体增收；用好政策工具助企纾困稳就业，推动就业创业公共服务下沉社区、园区，提升基层公共就业服务能力，创建一批市级高质量就业社区。

要推进现代基层治理先行示范。以推进现代社区建设为抓手，构建舒心安心放心的社会环境，助力高质量共同富裕有效推进。构建共建共享的基层治理格局。实施“条抓块统”工作机制，坚持把党建引领贯穿基层治理全过程，开展网格提能增效行动，全面加强社工和网格员队伍业务能力；深化省级社会组织发展体系改革试点，制定购买服务供需“两目录”，广泛开展社区嵌入式服务；发挥群防群治功能，做好网格“一长三员”与微网格“一长二员”体系融合，创新建设全域社区治理数字化积分体系，激励居民主动参与基层治理。创新融合提质的基层治理机制。深化社区功能规范提升行动和“五社联动”提质增效攻坚行动；合理优化调整社区布局，配强社区人员力量，推进大单元大融合社区治理机制创新实践；深化探索建设现代产业社区，进一步提升社区现代化治理水平。健全协同高效的数字治理体系。充分发挥社会治理中心运行监测、矛盾调处、分析研判、应急指挥、协同流转、督查考核六大功能，整合“大综合一体化”“小脑+手脚”“基层治理四平台”等基层力量，加快构建“平战结合”的一体化指挥体系；加大“滨安码”宣传力度，推进基层治理“一件事”建设，发布基层智治建设工作方案，提升数据驱动的智慧能力，推动基层智治系统向街道、社区全面推广贯通。

六、体系化从严治党，推动党的全面领导不断加强

“建设天堂硅谷、打造硅谷天堂”，全面开启中国式现代化新征程，核心在党的领导，关键在党员干部。要以“七张问题清单”为牵引，持续深化“党建统领·九联创优”机制，打造“先锋滨”党建工作载体，构建党建品牌体系，充分发挥党在各项事业中的领导核心作用，为高新区（滨江）全面开启中国式现代化新征程提供坚强保障。

要以政治建设为首位，筑牢“两个确立”的思想根基。紧跟总书记步伐，紧扣党中央节拍，带领群众坚定不移听党话、跟党走，确保高新区（滨江）各项工作沿着正确方向前进。持续深入强化思想武装。把深入学习贯彻党的二十大精神作为首要政治任务，高标准组织开展学习习近平新时代中国特色社会主义思想主题教育，推动主题教育与“八八战略”实施20周年系列活动相结合；全覆盖推进领导干部集中轮训、基层党组织学习培训以及高层次人才交流研讨，深化拓展“红绿蓝”理论学习宣讲模式，进一步引导全区干部牢固树立政治理想、坚定站稳政治立场。不折不扣落实重要指示。依托党委（党组）中心组学习、“三会一课”主题党日等载体，推动全体党员干部深入学习习近平总书记系列重要讲话特别是对高新区（滨江）的重要指示精神，持续完善习近平总书记重要指示批示精神闭环管理机制，以绝对忠诚坚定捍卫“两个确立”，以实干实绩坚决做到“两个维护”，进一步推动习近平总书记重要指示精神在高新区（滨江）落地见效。多点发力凝聚党建合力。牢固树立“抓发展必须抓党建，抓党建就是抓发展”的理念，以更高的标准、更实的举措全面提高党建工作质量；全力支持人大、政协党组开展工作，推进代表联络站、委员工作室等基层民主载体建设，进一步深化全过程人民民主探索实践；突出互联网等重点领域，加强阵地管理，唱响主旋律，弘扬正能量；围绕党建统领、破立并举、以文化人等重点，打造青年学习品牌、亚运媒体宣传、文化出海等10个突破口，守牢意识形态阵地，建设思想舆论高地；全面加强武装工作，做好退役军人服务保障，巩固发展军政军民

团结；围绕海外平台、企业平台、网络平台做好统战联盟工作。

要以组织建设为重心，打造坚如磐石的战斗堡垒。坚持大抓基层的鲜明导向，推动各领域基层党组织全面进步、全面过硬，增强党组织的政治功能和组织功能。拓展覆盖领域。深化党建统领网格智治，聚合社区结对部门、共建单位、“两新”组织、社会组织等资源力量，持续引导推动新业态新就业群体融入基层治理；依托“两新智图”等数字化载体，通过龙头领建、产业连建、区域联建等“组建十法”，不断扩大党建工作覆盖面。建强服务阵地。开展“红色蝶变”攻坚行动，分领域打造一批市级以上党建示范点，围绕物联网、互联网等重点行业领域开展“一域一品”示范“两新”集聚区建设，推动“两新”品牌盆景变风景；建强“1+3+63+3N”党群阵地体系，开展星级评定，打造党群服务“心运力”品牌矩阵。提升基层效能。深入实施“红色根脉强基工程”“争星晋位·全域建强”行动，持续壮大基层组织力量，严格落实基层党建工作责任制，分主题分领域开展先锋竞速和比武打擂活动，提升基层工作者现代化治理能力；深入研究破题社区、物业、业委会党建，更好发挥基层党组织在化解矛盾纠纷中的积极作用。

要以高新专业为导向，锻造堪当重任的干部队伍。全面建设社会主义现代化国家，必须有一支政治过硬、适应新时代要求、具备领导现代化建设能力的干部队伍。精准选用壮大干部队伍。出台工作一线考察识别干部工作办法，全面立体透视精准识人，以线上数据积累与线下走访调研相结合的方式，精准选用优秀干部；有序引进高质量干部，充分发挥重大创新平台、国有企业、龙头企业人才引育优势，打通招聘信息渠道，做好优秀干部“蓄水池”。深入基层搭建成长舞台。推进干部队伍建设“尖滨工程”，拓展形成处级干部研讨班、科级干部提升班、“三懂”学堂系列实训；深入开展人才计划成长营、新进人员助跑行动、军转干部转身支持计划，开设高新产业、助企服务、社会治理等专业“特长班”，在坚实“腰部力量”中强化干部梯队建设。严管厚爱激发干事活力。细化干部政治素质考察办法，采集“他评+自评”口碑信息，全方面敦促干部做好专业素养和领导能力双建强；健全正向激励、容错纠错和澄清保护制度，开展担当作为好班子、好干部评选，深化“暖滨心”关心关爱实事工程，推动干部能上能下形成良性循环。

要以从严治党为基调，涵养风清气正的政治生态。把“严”的主基调长期坚持下去，一体推进不敢腐、不能腐、不想腐，全力建设清廉滨江。毫不懈怠改进作风。锲而不舍纠治“四风”问题，落实亲清政商交往“三张清单”，拓宽监督举报渠道，加强对群众反映强烈问题的集中整治，常态化开展警示教育和党纪党规教育，引导干部强化风险意识和底线意识，始终以优良作风维护一流营商环境、提升群众获得感满意度。毫不手软惩治腐败。保持“零容忍”惩治高压，推进受贿行贿一起查，警惕风腐隐形变异，深入整治权力集中、资金密集、资源富集领域的腐败，坚决惩治群众身边的“蝇贪”。运用全周期管理深化“严惩”和“善治”，完善以案促改、以案促治、以案促教的工作闭环，着力探索对关键群体“不想腐”的廉洁教育新模式。毫不放松狠抓监督。构建同向协同、同题共答的“大监督”格局，深入推进“项目化”“关键小事”等一体化监督，让党员干部习惯在受监督和约束的环境中工作生活。加大清廉制度供给、生态供给和示范供给，拓展清廉单元，推进清廉建设体系提能、清单提质、示范提标。坚决推进省委巡视“回头看”剩余问题的全面整改落地，用好监督执纪“四种形态”，高质量开展区对下巡视巡察工作。毫不停歇推进变革。守正创新，着力提升新时代纪检监察工作的科学化、着力开拓科技时代的纪检工作，把纪检监察工作经验与现代科技、现代管理结合起来，深入推进“数智纪检”“卓越管理”等牵一发动全身的重大改革，引领撬动纪检监察核心能力和工作整体跃升。

同志们！时代的画卷，在砥砺前行中徐徐铺展，发展的华章，在不懈奋斗中疾笔抒写。我们要紧密团结在以习近平同志为核心的党中央周围，全面贯彻落实党的二十大精神，锚定目标，坚定信心，奋力开创“建设天堂硅谷、打造硅谷天堂”新局面，在中国式现代化的生动实践中展现高新区（滨江）风采！

政府工作报告

——在杭州市滨江区第六届人民代表大会第二次会议上

（2023年2月2日）

杭州市滨江区人民政府区长　郑　迪

一、2022年工作回顾

2022年是党的二十大召开之年，是杭州高新区（滨江）两区管理体制调整20周年，是落实省市党代会精神开局之年，也是新一届政府履职的第一年。一年来，面对需求收缩、供给冲击、预期转弱三重压力，全区上下高举习近平新时代中国特色社会主义思想伟大旗帜，全面学习把握落实党的二十大精神，在省市党委政府和区委正确领导下，在区人大和区政协监督支持下，坚持“建设天堂硅谷、打造硅谷天堂”总战略，统筹发展和安全，同心合力、实干奋斗，较好完成了区六届人大一次会议确定的目标任务。全区地区生产总值达2184.8亿元，增长1.8%，总量保持全市第三；实现财政总收入433.62亿元，增长6.5%。

这一年，我们始终科学把握战疫主动权，人民至上、生命至上，坚决落实中央和省市疫情防控要求，不断完善指挥运作体系，以最快速度、最小范围、最小代价处置每一轮疫情，建立“四级包保”和“一长二员”机制，高效率推进疫苗接种全覆盖，大力度强化疫情医疗保障，守牢了人民生命安全和身体健康底线。

这一年，我们始终准确把握高质量发展主题，因势而变、顺势而为，实施稳进提质攻坚行动，推出创新链产业链“两链”深度融合实施意见，发布建设数字经济第一区行动计划，开展“天堂硅谷人才”五大行动，推动经济巩固回稳基础、保持运行在合理区间，扛起了全省高质量发展的一面旗帜。

这一年，我们始终牢牢把握“世界领先科技园区”关键抓手，主动担当、抢抓机遇，深化探索“一区多园”高新模式，提出“国际零磁科学谷·杭州江南科学城”构想，启动“中国视谷”、中国信息安全谷建设，全省首条12英寸晶圆生产线正式通线，“1+2+6+N”创新平台体系加速完善，接住了“发展高科技、实现产业化”的历史接力棒。

这一年，我们始终正确把握全面深化改革的基本要求，解放思想、自我革新，商事主体登记确认制改革全市率先试点，“移动审批车”服务、“分阶段”项目审批模式省市推广，老旧工业园区转型升级实现良好开局，浙赣铁路住宅区、东冠新农村违建遗留问题取得历史性突破，“大综合一体化”行政执法体系调整基本完成，传承了“应改革而生、因改革而兴”的高新精神文化。

这一年，我们始终精准把握“国际滨江、亚运核心”定位，精益求精、精雕细琢，亚运场馆智慧升级全面完成，江南大道隧道及地面道路全线开通，城市片区“微更新”、交通“微循环”有序展开，沿江景观带精彩亮相，“无废城市”建设深化推进，塑造了“未来风、国际范、江南韵”的高品质城市空间。

这一年，我们始终深刻把握共同富裕本质要求，一以贯之、久久为功，编制形成“扩中提低”“一老一小”方案，持续推进全域征迁清零，有序推进村级留用地统筹开发，基本完成预安置，高标准建设现代社区，推进教育“四学”工程，顺应了人民群众对美好生活的新期盼。

2022年，我们主要做了以下工作：

（一）我们在稳进提质中交出了蓄势聚能、平稳运行的优秀答卷

产业势能持续提升。积极承接国家级新型工业化产业示范基地等战略平台任务，实现规上工

业增加值756.4亿元，总量保持全市第一；实现规上服务业营收3235.3亿元，居全市前列；实现数字经济核心产业增加值1723亿元，占地区生产总值比重78.9%，获评省制造业高质量发展示范县（市、区）创建优秀单位。数字安防、网络通信、生命健康产业分别实现营收1740亿元、2086亿元、336亿元，未来网络产业入选首批省级未来产业先导区，集成电路产业入选省级"新星"产业集群。物联网小镇、互联网小镇获评省级优秀命名特色小镇，数字健康小镇获评省级优秀创建特色小镇。

项目建设加速推进。大力实施"链长制"，开展"招商引资百日攻坚行动"，新招引项目95个，其中亿元以上项目数量较上一年实现翻番、达42个；开工15个，摘牌16个，落点20个，"152"省市县长工程项目落地率100%；固定资产投资首超300亿元，产业投资（含滨富）首破百亿元，工业、高新产业、制造业投资分别增长14.7%、28.7%、15.8%，省重大项目投资完成率列全市第一。滨富、滨萧特别合作园（区）落地项目15个、协议总投资182亿元。

营商环境不断优化。第一时间发布"助企开门红18条""助企纾困稳增长12条"，下达区级惠企产业资金46.92亿元，落实新增减税降费及退税缓税缓费政策71.83亿元。组建产业链供应链应急保障、保通关等工作专班，着力保障不停产、不断流、不减产。迭代"亲清三访"，开展"百名干部助百企"服务活动，打造董秘圆桌会、"亲清直通车·政企恳谈会"等服务品牌，举办第十一届中国创新创业大赛生物医药领域全国赛等大型赛会活动。实现"拿地即开工"极速审批，深化"放管服"等3项改革经验获省《竞跑者》刊登。

企业梯队日益壮大。朗鸿科技、零跑汽车、萤石网络等6家公司上市，累计培育上市公司69家，总量居全省第一。新公示国高企539家，国高企有效数超2200家。新增国家专精特新"小巨人"企业33家，累计44家；省专精特新中小企业115家，累计166家，总量均列全市第一。新认定瞪羚企业401家。新增国家级孵化器、众创空间9家，创业孵化载体累计达130家，在孵企业达3820家。新增注册企业1.7万家，增长8.7%，净迁入企业1411家；实现"北企南迁"企业315家。

数字自贸优势凸显。建立自贸试验区重点建设任务清单工作机制，大力推进标志性成果创新，成立全省首个数据安全实验室，企业外联APP试点有序开展，新入选国家级、长三角、省市标志性成果及创新案例16项。滨江区块各项晾晒指标居省市前列，其中税收收入、新增企业等指标全市第一。全区预计实现数字贸易额超400亿元，列全市第一。全省"稳进提质"晾晒实际利用外资14.6亿美元，居全省第一。

（二）我们在创新制胜中厚植了自立自强、攻坚攻关的强劲动能

创新人才加速集聚。发布"1+5+20"人才新政，新引进各类人才38791人，增长5%，其中硕博学历9276人；自主培育市级以上人才计划专家70人，其中新入选国家级省级特殊支持计划专家19人、列全市第一；新引进人才项目63个，累计1005个。新增省级以上博士后科研工作站16家，省站新增数全省第一。完成"115"引智计划76个，列全市第一。不断提升人才服务，持续推进人才"一件事"改革，新提供人才房935间，开设"杭帮彩"服务点位65处，"引育留用"人才生态持续完善。

创新要素加快聚合。强化引导创新投入，累计拨付产学研专项资金5.36亿元，全社会R&D经费投入相当于地区生产总值比重保持10%左右。持续完善科技金融环境，修订产业基金管理办法，新设政府引导基金子基金2只，累计参股37只，撬动社会资本225亿元。金融产品日趋丰富，全省首个"质量"贷"滨质授信"一期授信1000万元，企业创新积分贷累计授信5.1亿元。

创新平台质效并进。"超高灵敏极弱磁场和惯性测量装置"建设有序推进，极弱磁大设施研究院获评省级新型研发机构，芯片化原子磁强计项目攻克"卡脖子"。白马湖实验室基地开工建设，获批国家重点研发计划2项。省智能感知技术创新中心、浙工大网络空间安全研究院挂牌成立，量子实验室主体完工。北航杭州创新研究院智能无人系统、德诺高端医疗器械入选市首批概

念验证中心。新获批省市创新联合体7家、市级以上研发载体134家；省级以上研发载体累计超500家，居全省第一。

创新成果亮点纷呈。全区预计新增专利授权量23236件、增长30%。预计新增发明专利授权量8369件，预计有效发明专利拥有量31148件、每万人发明专利拥有量598.2件。完成技术交易额370亿元、增长53%；知识产权质押累计60.3亿元、增长32.8%，列全市第一。持续推进省“尖兵”“领雁”研发攻关计划项目36项、市人工智能重大科技创新项目38项。入选省首台（套）产品工程化攻关项目11个，居全省首位。2项国家标准化试点、1项省级专利融入标准试点通过验收；新获批国际标准5项、国家标准18项、行业标准17项。省政府质量奖保持全省第一。获批全国首批知识产权强国建设示范园区。

（三）我们在数字赋能中重构了智治善治、全域全时的治理体系

数字治理更具系统性。一体化智能化公共数据平台支撑能力持续提升，实现政务数据一本账管理、一站式浏览、一揽子申请、一张网管控。实行数字化改革项目申报联合审查机制，“项目查重”工具入选省级试点。数字应用场景体系不断健全，上线数字政府门户2.0版，会展报批“一件事”获“2022全球展览论坛”典型推荐，“知识产权一件事”、数智治水等一批数字应用获省市试点及典型推广。

基层自治更具多样性。成立区街社会治理中心，建成基层智治“一网统管”驾驶舱，上线“滨安码”，社区指挥站实现全覆盖，区域社会治理水平居中国百强县（市、区）首位。发布实施全国首个现代产业社区治理与服务规范，现代产业社区建设入选省级城乡社区治理和服务创新实验区试点。实施社区社会组织品牌锻造工程，社会组织发展体系改革列入省级现代社区建设专项改革试点；区慈善基地获评省级示范性慈善基地，近五年城市慈善发展指数保持全省第一。

社区治理更具实效性。理顺“社区—网格—微网格”体系架构，优化调整社区布局6个，设立网格503个、微网格3116个；重塑社工队伍，实施专职社工分类培养“102030”工程，新招录专职社工220名、专职网格员411名，充实到社区治理一线。推进物业提档升级，出台安置房小区物业管理工作若干意见。电梯加装开工340台、完工335台，安置房小区加梯覆盖率达80%。建成美好生活共同体9个，通过省市未来社区验收8个。缤纷未来社区代表全省参加2022年中韩社区治理论坛。

平安建设更具针对性。抓实除险保安，聚焦平安护航党的二十大，开展“大排查大起底大整治”行动，有力化解各领域各行业重大风险。深化“平安滨江”建设，全市首创“网格律师制度”，试点运行“滨江反诈在线”，电信网络诈骗发案数、损失数分别下降47%、46%。完成基层防汛防台体系标准化建设，有效应对台风“梅花”、短临强降雨等极端天气。信访总量、四级走访总量较前三年平均值分别下降61.6%、57.4%，国家级信访积案全清零且无再访。全年无较大以上事故发生。

（四）我们在亚运筹备中绘就了近悦远来、美丽宜居的城市图景

亚运筹备有序推进。大小莲花入选省首批“无废亚运”示范场馆，完成亚运通勤道路21条，江南大道、飞虹路、滨康路获评“迎亚运”道路“赛马”市级优秀工程，风情大道沿线建筑景观及“最后一公里”体验区精细扮靓，整改国际化标识标牌1033块，奥体中心公园、北塘河四期公园、感知之轴对外开放。召开决战决胜亚运誓师大会，开展“亚运四进”宣传活动，举办全民运动会等体育健身活动，亚运场馆惠民接待25.4万人次，亚运氛围日益浓厚。

城市形态加速更新。开展浙赣铁路以南、智慧之门周边等重点区块规划研究。山一农居SOHO收整、冠山微整治等有序推进，完成片区“微更新”4个。加强做地收储出让力度，全年收储25宗899亩、出让20宗598亩，成功创建全国首批自然资源节约集约示范县（市）。优化调整留用地统筹开发机制，六村联建项目建成投用，智造谷等4个项目加快建设。冠山数智产业园基本完成改造并投用，西兴工业园提升改造稳步推

进，浦沿工业园规划调整方案基本确定。工业综合体一期结顶，二期、三期开工，四期启动供地。

空间环境持续蝶变。启动创建国家生态文明建设示范区，制定全市首个"无废学校"创建试点方案，建成省市"无废细胞"9个。深化环境秩序"洁美杯"竞赛，开展餐饮油烟专项整治、大气污染防治百日攻坚，推进水质"优Ⅲ灭Ⅴ"行动，创建省级"美丽河湖"片区1个、市级"美丽河道"7条，时代河永久河沿河景观绿道、白马湖二期跑道夜景亮化全线提升；新建（改建）公园10个，实现扩绿29万方，北塘河畔及周边区域提升改造工程获评省级优秀园林工程奖，闻涛路获评省级绿化美化精品道路。

城市运维不断提效。开展保畅治堵"八大行动"，治理隐患1531处。新增（优化）公交线路18条，新增机动车泊位3743个、非机动车泊位3080个。健全城市建管衔接机制，制定市政设施建设项目移交接管实施办法。出台电网建设三年攻坚行动方案，优化电力资源布局配置，实现电力保障平稳迎峰度夏。深化"一点一策"微治理机制，着力解决好城市积涝点、无障碍设施缺失等次生隐患，全点位完成无障碍设施整改更新，全里程疏浚雨水管网支管道。开展公厕服务大提升专项行动，完成改造重点公厕15座。

（五）我们在共建共享中奏响了普惠厚实、优质均衡的民生乐章

民生实事可触可感。顺利完成区政府民生实事23个子项39个分项、市政府民生实事17个子项和省政府民生实事20个子项，其中老旧小区提升改造，电动自行车充电口增配，小区梯阻系统使用全覆盖，社区、企业园区智慧云诊室新模式，街道居家养老服务中心无感服务终端设备全配置，认知障碍照护专区建设，婴幼儿成长驿站建设等项目深受群众好评。

教育医疗量质齐升。投用江晖小学等学校6所，建成永久河单元幼儿园、物联网幼儿园，西兴中学改建完成，大华产业园嵌入式幼儿园开园，新增学位8340个；续建振浦小学、培智学校等学校13所。持续完善五育并举育人体系，出台公办幼儿园聘用制教师管理办法，全链路师资队伍持续强化，中小学生体质健康综合测试列全市第一，区域教育现代化发展水平和义务教育优质均衡发展水平全省领先。西兴街道社区卫生服务中心住院病区开放投用，长河街道社区卫生服务中心成功创建省级社区医院，浦沿街道社区卫生服务中心迁建项目开工建设，疾控中心PCR实验室扩建完成，健康促进县（区）创建通过省级评估。

文体商贸持续扩面。基本完成"数字文化馆"建设，新建（改建）城市书房、智慧借阅点20个，持续打造"朗读节"等文化品牌，大力培育全民阅读文化。长河历史文化街区精彩开街，"华彩滨江一日游"入选市首批非遗旅游线路，网易蜗牛读书馆入选市非遗体验点。新建（改建）体育场地200余处，新增体育场地12万平方米。星光国际获评省"高品质示范街区"，银泰百货正式开业，"英冠滨悦城""海威领界广场"社区商业体正式运营，商贸配套日益完善。

社会保障坚实可靠。安居工程加快推进，续建安置房项目20个、334.5万平方米，新开工1个、4.6万平方米，交付11个、163.8万平方米，安置15245户次。开工建设共有产权保障住房1000套、公共租赁住房9.6万平方米，筹集保障性租赁住房7273套。城镇新增就业5.7万人，帮扶就业困难人员实现再就业2132人，其中拆迁户家庭1005人，发放征地拆迁家庭大病医疗补助414.3万元。高标准落实民兵组织建设规划调整，高质量完成兵役征集规定任务指标。全省率先启动退役军人档案数字化，"新时代枫桥式退役军人服务站"创建成功率列全市第一。区婚姻登记服务中心获评国家AAAA级婚姻登记机关。区域协作持续推进。

（六）我们在自身建设中塑造了勤政为民、唯实惟先的公仆形象

政治建设更加有力。全面开展政府系统党的二十大精神学习宣讲，坚定捍卫"两个确立"、坚决做到"两个维护"。坚持"第一议题"学习制度，一以贯之第一时间学习习近平新时代中国特色社会主义思想及习近平总书记最新重要讲话精神，坚定用党的创新理论统一思想、统一意志、统一行动。高标准完成省委巡视"回头看"、国家级

省级生态环保督察反馈问题整改。

体制机制更加顺畅。制（修）订实施区政府工作规则，成立特别合作园管理局，分设卫生健康局、文广旅体局，调整设立行政审批服务管理办公室、江北发展服务办公室，明晰产业平台、街道助企服务职能，政府运行效率进一步提升。大力推进国有企业市场化改革专业化发展，形成“1+2+3+X”国资运营管理新体系。

依法行政更加规范。不断增强“关键少数”法治意识，强化重大行政决策目录规范化管理，加强行政规范性文件审查，社区合法性审查机制全覆盖被列为全省试点。深化行政司法衔接，出台加强行政执法与司法协作促进法治政府建设意见。抓实政务公开，加大重点领域主动公开力度，积极办理政府信息公开申请，有效回应群众关切。

廉政建设更加深入。始终坚持以严的基调强化正风肃纪，严格落实全面从严治党主体责任和“一岗双责”，坚持把中央八项规定精神及实施细则作为长期有效的铁规矩、硬杠杠，加强工程建设、重大项目、民生保障等重点领域监督检查，坚决把过紧日子要求落到实处，以优良党风政风引领社风民风持续向好。

过去一年，我们坚决贯彻落实中央和省、市、区委重大决策部署，自觉接受区人大法律监督、区政协民主监督，认真听取各民主党派、工商联、无党派人士及工会、共青团、妇联等群团组织意见。办理人代会期间代表建议99件、闭会期间代表建议4件，办理政协提案115件。国防、双拥、人防、地名、民族、宗教、老龄、外事、对台事务、侨务等工作取得新成效。

过去一年，我们深刻体会到：做好政府工作，一要始终不忘初心，牢记“是从哪里来的，要到哪里去”，传承和弘扬中国共产党人精神谱系，做实做好“高”和“新”两篇文章，永不懈怠、永不僵化。二要始终顺应民心，要牢固树立群众满意的思想，干工作办实事要从群众切身需要来考量，成效成果要由群众来评判，切实把好事实事做到群众心坎上。三要始终坚定决心，决定要做的事情，就要立即行动，既不能瞻前顾后、畏首畏尾，也不能敷衍了事、得过且过，坚决做到一鼓作气、一抓到底。四要始终满怀信心，纵然面对风高浪急的考验，抑或惊涛骇浪的挑战，也要保持昂扬奋进的精神状态，眼疾手快、蹄疾步稳，勇于破困局、科学应变局，不断打开工作新局面。五要始终团结一心，牢牢锁定目标任务，心往一处想、劲往一处使，最大限度凝聚合力，千方百计化解矛盾、解决问题，确保把各项决策变为现实成果。

各位代表，过去一年，我们取得的成绩来之不易，这是习近平新时代中国特色社会主义思想科学指引的结果，是省市党委政府和区委正确领导的结果，是区人大、区政协和各位人大代表、政协委员监督支持的结果，是历届班子接续奋斗的结果，是全区广大干部群众齐心协力、砥砺奋进的结果。在此，我代表区政府，向全区人民和来我区发展的投资创业者、科技工作者、外来建设者，向驻区单位、高校院所、部队官兵、公安干警、消防救援队伍，向所有关心和支持我区建设发展的民主党派、工商联、无党派人士、人民团体和社会各界人士，向港澳台同胞、海外侨胞和国际友人表示崇高的敬意和衷心的感谢！

在肯定成绩的同时，我们也清醒看到发展中的短板和问题。主要是经济发展外部环境日趋复杂，超预期冲击较多，要素成本持续高位震荡，引导帮助企业有效应对非常规非市场挑战的能力水平还需进一步提高；营商环境离高标准高要求还有差距，特别是对中小微企业等市场主体的政策支持力度不够大、覆盖面不够广；顶尖人才集聚程度还不够高，科技成果转移转化推进机制还不够协同高效；城建城管综合承载能力不够强，精细化、专业化、智慧化管理水平仍需进一步提高；教育、医疗、养老、婴幼儿照护、商贸等基本公共服务供给还需进一步加强；部分政府系统工作人员的服务意识、高新文化有弱化趋势，形式主义、官僚主义有不同程度的表现。对此，我们必须迎难而上、积极应对，采取有力措施，切实加以解决。

二、2023年政府工作思路

2023年是全面贯彻落实党的二十大精神的开局之年，是“八八战略”实施二十周年，也是杭州亚运会举办之年。党的二十大吹响了全面建成社会主义现代化强国、实现第二个百年奋斗目标的奋进号角。我们要深刻理解和把握党的二十大作出的“以中国式现代化全面推进中华民族伟大复兴”的战略指引，坚决落实省委“以‘两个先行’打造‘重要窗口’奋力谱写中国式现代化浙江篇章”、市委“加快打造世界一流的社会主义现代化国际大都市，努力成为中国式现代化的城市范例”的战略部署，按照区委“以‘两个天堂’生动实践奋力开启中国式现代化新征程”的具体要求，踔厉奋发、勇毅前行，争当中国式现代化的先行者。

2023年政府工作的总体要求是：坚持以习近平新时代中国特色社会主义思想为指导，全面贯彻党的二十大精神及中央经济工作会议精神，认真落实省委十五届二次全会、市委十三届三次全会及省市经济工作会议精神，坚持稳中求进工作总基调，完整、准确、全面贯彻新发展理念，服务新发展格局，紧紧围绕“两个天堂”总战略，聚焦聚力“建设世界领先科技园区”关键抓手，把握好“危与机”“稳与进”、发展与安全、当前与长远、局部与整体五方面关系，扎实推进科技创新、产业发展、治理能力、城市建管、民生保障、自身建设六个现代化工作举措，大力开展“136”主题攻坚活动，推动实现高质量创新驱动发展、高水平共同富裕示范、高标准亚运服务保障，率先闯出一条中国式现代化滨江路径，赢得优势、赢得主动、赢得未来。

2023年我区预期主要发展目标是：地区生产总值增长5%，力争5.5%以上；一般公共预算收入增长6%；城镇居民人均可支配收入与经济增长基本同步；规上工业增加值增长6%，力争7%以上；社会消费品零售总额增长5%，力争6%以上；城镇调查失业率控制在5%以内；全社会R&D经费投入相当于地区生产总值比重力争10%。

做好今年的政府工作，要着重把握五个方面：

处理好“危与机”，赢得发展主动。危和机总是同生并存的，克服了危即是机。我们要在应对危机中善于危中寻机，牢牢掌握工作主动权，在理念上深化、在行动上果决，先立后破、稳扎稳打，切实化危为机，把外部压力转化为未来发展的强大动力，坚定不移做好自己的事情，勇担时代责任，扛起高新担当，发挥引领作用。

兼顾好“稳与进”，实现合理增长。稳字当头、稳中求进。我们必须完整、准确、全面贯彻新发展理念，推动有效市场和有为政府更好结合，着力提高全要素生产率，大力提升产业链供应链韧性和安全水平，聚力放大“双自联动”牵引效应，全力推进扩投资、优结构，推动经济实现质的有效提升和量的合理增长。

统筹好发展与安全，确保行稳致远。安全是发展的前提，发展是安全的保障。我们要牢牢树立底线思维，把困难估计得更充分一些，把风险思考得更深入一些，坚持把安全发展贯穿到各领域和全过程，注重堵漏洞、强弱项，有效防范化解各类风险挑战，实现高质量发展和高水平安全的良性互动。

平衡好当前与长远，保持战略定力。求实效、谋长远，求的不仅是一时之效，更有意义的是求得长远之效。我们要遵循客观发展规律，坚持“想干什么”和“能干什么”相结合，当前有成效、长远可持续的事要放胆去做，当前不见效、长远打基础的事也要努力去做，在具体措施上体现“动态性”和“滚动性”，确保眼下每一步和长期目标要求逐一有效衔接。

协调好局部与整体，促进公平效率。共同富裕不是少数人的富裕，也不是整齐划一的平均主义。我们要增强全区一盘棋意识，充分考虑各街道、各区块的发展现状，整体谋划、分类施策，不急不躁、步步推进，有力解决南北、东西区域发展不平衡，公共服务需求多元化结构化差异等问题，构建均衡可及、协调互补的共同富裕实践样板新格局。

三、2023年重点工作

（一）立足核心攻关、效能释放，以强化科技成果转移转化为主方向，持续完善现代化科创体系

“从0到1”更前沿。实施“才链全球”计划，深入推进人才政策，开展区级人才分类认定，加

大战略科学家、科技领军人才和创新团队、青年科技人才、卓越工程师引育力度，争取数字人才产教融合省级试点，积极建设区域性人才高地，力争新引进各类人才不少于4万人。高站位规划“国际零磁科学谷·杭州江南科学城”，加快建设“超高灵敏极弱磁场和惯性测量装置”、白马湖实验室、省智能感知技术创新中心等重大创新平台，落地建设区块链技术与数据安全国家重点实验室、国家心脑血管植入器械产教融合创新平台，积极布局交叉研究平台、开源开放平台、研究型科研机构，着力提升优势科研力量集中度和显示度。支持高校院所、企业锚定科技最前沿，不断提升源头创新能力，推出更多原创性开创性成果。

“从1到10”更活跃。探索改革政产学研创新平台服务方法，充分释放北航杭州创新研究院、浙大滨江研究院、杭州长光院等产学研创新平台效能，全面完善鲲鹏产业创新中心、杭州国家“芯火”双创基地、杭州人工智能算力中心等公共技术平台功能，引育一批概念验证中心、检验检测认证机构、中试转化平台，最大限度实现仪器设备、技术服务等各类创新资源开放共享和高效利用。深化与浙江大学等高校战略合作，落点建设浙大城市学院滨江创新中心。强化企业科技创新主体地位，着重支持培育技术创新中心、产业创新中心、制造业创新中心、工程（技术）研究中心，力争新认定市级以上企业研发载体不少于100家。支持链主企业牵头组建体系化、任务型创新联合体，全力支持申报国家、省市科技攻关项目，力争全年攻克“卡脖子”关键核心技术不少于30项。

“从10到N”更丰富。健全科技成果转移转化全生命周期服务体系，深化“创业陪跑计划”，加快建设火炬创业学院杭州分院，支持各级创业孵化载体专业化、市场化、链条化发展，力争全年新认定各级孵化器、众创空间15家，在孵企业突破4000家；促进金融赋能成果转化，做优做强国有企业股权投资、战略投资和投后管理业务，加快推进科技金融创新服务中心建设，扩大企业创新积分贷、科创保等新型科技金融产品覆盖面，促进资金、技术、应用、市场等要素有效链接，力争全年实现技术交易额350亿元。

（二）聚焦固优强基、高端智能，以推进创新链产业链融合为主路径，不断壮大现代化产业体系

着力强化高新产业链整体协同。大力实施“链长制”，加强智能物联、生物医药、高端装备、绿色能源、新材料五大产业生态圈补链强链延链，重点发展视觉智能、网络通信、高端软件、集成电路、智能计算、网络安全、机器人、数字内容等数字产业，建设“中国视谷”、中国信息安全谷产业新地标。全力打造“415X”先进制造业集群和标志性产业链，持续壮大数字服务、科技服务等优势服务业，大力发展法律金融、工业设计、供应链管理、定制化服务、共享制造、节能环保等重点服务业，推动现代服务业与先进制造业深度融合。积极布局新一代人工智能、区块链、量子信息、未来医疗、柔性电子、未来网络、元宇宙等新兴产业，引进亿元以上项目25个，力争新落点产业项目不少于20个、新开工不少于18个，工业、高新产业投资力争分别增长10%以上。

着力促进大中小企业融通发展。健全高新企业梯次升级发展矩阵，深入推进“雄鹰行动”“凤凰计划”“鲲鹏计划”“瞪羚计划”“高企倍增计划”，制定实施“‘专精特新’企业培育三年行动计划”，支持一批重点腰部企业做大做强，力争新增上市公司6家，新增国家级专精特新“小巨人”企业20家、省级“专精特新”中小企业80家、瞪羚企业200家、国高企350家，新增注册企业不少于1.6万家。持续培育产业大脑、未来工厂，鼓励建立领军企业带动的专业化配套集群，推动建立联合培训、标准共享的协同管理体系，加速大中小企业创新能力、生产能力、市场能力的有效对接，提高产业协同和全链条生产效率。强化高新品牌意识，引导企业强化经营资质、质量标准、认证认可，鼓励企业开展自主品牌培育，促进企业品牌与区域品牌互动发展。

着力打造产业基地互补新生态。持续做强江北科技园孵化阵地，强化物联网、互联网产业园引领带动作用，激发白马湖生态创意城“创意+科

技”产业活力，提升智慧新天地数字健康产业能级，加快打造具有全国影响力的特色产业平台标杆；完善滨富、滨萧特别合作园（区）项目全生命周期服务体系，健全领军企业衍生裂变和高成长企业投资信息共享机制，特别合作园（区）完成产业投资50亿元。加快数字自贸试验区建设，开展国家数据基础制度先行先试，建立数据分类分级保护基础制度，健全关键信息基础设施安全保护制度，做强浙江大数据交易中心、杭州国际数字交易中心，推动设立数据交易平台，发展数据交易市场，争创“中国数谷”；开展数据跨境安全合规探索试点、数字自贸区评价体系试点，支持拓市场抢订单，力争自营进出口额稳步增长，引进外资8.5亿美元，打响“数字特区”品牌。完善街道工业园提升改造“腾笼换鸟”计划实施方案，有序实施老旧工业园区“腾笼换鸟”，推动产业业态和配套设施提质升级。

（三）围绕整体智治、协同共治，以提升数字赋能实战实效为主目标，加快健全现代化治理体系

推动经济治理更高效。大力实施营商环境优化提升“一号改革工程”，主动抢抓国家营商环境创新试点建设机遇，积极推动群众和市场主体有感的“微改革”，建强“四端协同”政务“中枢小脑”，拓展“主动服务”“无感智办”场景，构建区街社一体政务服务体系，加快推进“一件事一次办”；强化产业平台、街道助企服务职能，把服务送到园区、企业门口；深入推进商事主体登记确认制改革，全面推广“自主申报+信用承诺+智能确认”模式。理顺“1+X+N”产业政策体系，开展专精特新、集成电路、生物医药、人工智能等政策制（修）订，用足用好用活“亲清在线”平台功能，着力丰富政策工具箱、提高政策覆盖面，大力推进免申即享，变“企业找政策”为“政策找企业”。开展专利开放许可改革创新试点，推动数据知识产权质押融资提质扩面，加快建设中国物联网产业知识产权运营中心、全国知识产权强国建设示范园区。实施质量标准强区行动，深入推进“质量奖示范引领工程”，落地国家智能汽车电器质量监督检验中心，力争实现中国质量奖“零”的突破。

推动社会治理更精细。深化“一数一源一标准”治理，打造集约高效、安全可靠的一体化智能化公共数据平台，提升公共数据资源编目、归集、治理、开放和共享能力。推进基层智治“一网统管”改革，“滨安码”全域推广，大综合一体化执法队伍等基层力量有序整合、高效联动。加快全域未来社区建设，优化调整社区划分，制定社区民生服务综合体建设运营地方标准，新建美好生活共同体6个，省市未来社区新申报数不少于6个。探索现代产业社区模式，成立现代产业社区治理委员会。加强社工队伍建设，实体化运作现代社区学院，实现社区特色社会工作室全覆盖。健全社会组织体系，建设区、街社会组织培育基地，培育AAA以上社会组织10家。

推动平安治理更扎实。健全“安委办+专委会”安全生产工作体系，坚持应急预案培训演练常态化机制，加强交通、消防、建筑施工、危化品、燃气、特种设备、食品药品、出租房等重点领域专项整治，着力提高防灾减灾救灾和重大突发公共事件处置保障能力。健全“小脑+手脚”基层工作体系，完善矛盾纠纷多元调解体系，大力促进信访积案攻坚化解，迭代升级“浙里安帮”“浙里连心”，聚力打造共建共治共享的社会治理共同体。健全除险保安长效机制，聚焦护航杭州亚运会，常态化推进扫黑除恶和电信网络诈骗等打防管控宣治，依法严厉打击群众反映强烈的违法犯罪活动，营造平安和谐的社会环境。

（四）突出生态惠民、便捷为民，以建设开放包容亚运城市为主抓手，全面塑造现代化城市形象

让城市更显气质更富韵味。聚焦“办好一个会，提升一座城”，坚持城市侧和赛事侧一体推进，优化提升主会场开闭幕式功能区、贵宾区及主席台、“最后一公里”体验区、国际化标识等，精心打造无障碍建设示范点，大力开展“五化十场景”专项整治，有序组织大型测试赛，全力保障好一届成功的亚运会。推进城市有机更新，实施片区“微更新”13个。全力推进征迁清零，有序推进土地收储出让，加快推进工业综合体建设，统

筹推进农居SOHO提升整治。编制留用地开发三年滚动计划，开工留用地项目4个，实现21个村级留用地指标清零。

让城市更有弹性更具韧性。大力推进城市管理法治化精细化规范化建设，制定城市管理精细化工作实施意见、城市管理网格化考核办法，着力加强城市日常运行管理。深化环卫、绿化、市政管养体制改革，健全沿江景观带、城市公园等建管新机制，打造城市公共休闲空间运维新模式。系统推进地下管网有机更新，加强污水传输与处置，常态推进积涝排查治理，不断提升城市防汛排涝能力。大力实施电网建设三年攻坚行动，加快建设协同、中兴电力隧道，实施江南变、东冠变土建先行，力争投产文教变、协同变。加速优化全域交通节点，启动冠山路整体提升、跨铁立交、过街设施、滨萧通道等重点工程，开工新建（改造）道路12条（段），续建23条（段），完工18条（段），新增（优化）公交线路不少于5条，新增停车泊位不少于3700个。

让城市更为低碳更加绿色。持续打好蓝天、碧水、净土保卫战，实现空气优良天数310天以上；加快打造"污水零直排区"升级版，实现市控以上断面水质优III比例100%、水功能区水质达标率100%，力争夺取大禹鼎；加快全域绿道网络建设，新增绿化面积不少于25万平方米。扎实推进减污降碳，深化"无废细胞""无废学校"建设，有序推进既有公共建筑轻量化数智化节能改造，持续推进"规划环评+环境标准"清单式管理改革试点，开展低（零）碳街道（社区）试点，完成"环保E企管"省级试点，引领绿色低碳社会新风尚，争创国家生态文明建设示范区。

让城市更焕生机更添活力。大力组织开展国际国内各类创新创业活动，活跃国内外科技文化交流，让高新品牌更加鲜明，让科技之城更富感召力、亲和力、吸引力。大力推进数字文化馆、硅谷书房和文化驿站建设，实施"文艺星火赋美"工程，深化"滨江四季"，推广"文化管家"，注重产业园区、居民社区文化资源差异化投放，丰富社区社群文化活动，不断完善"15分钟品质文化生活圈"。大力传承发扬本土文化，持续推进西兴古镇、长河历史文化街区保护、利用与开发，启动白马湖越文化考古发掘，加快非遗传承教学展示基地、非遗展览馆建设，推动传统文化在新时代生活中落地生根。大力营造亚运氛围，加强亚运场馆赛后运营，优化体育设施布局，新建改建嵌入式体育场地设施40片，举办马拉松接力赛等各类赛事活动，健全完善全民参与的志愿服务机制，加快形成"滨滨有礼"文明实践体系。

（五）坚持用心用情、均衡可及，以优化基本公共服务体系为主牵引，着力打造现代化共富图景

以更高标准推进教育医疗发展。加强优质教育资源供给，投用白马湖单元中学等学校8所，完工东冠单元小学等学校6所，续建浦乐单元中学等学校13所，新开工长河单元小学等学校8所。坚持五育并举、融合发展，深化沪滨教育合作，推进与浙江中医药大学、浙江音乐学院等高校战略合作，做优科技教育联盟，启动建设"教育创新改革综合实践区"，着力构建德智体美劳全面发展培养体系。实施"孩子中餐这件事"，让孩子吃得安全、吃得健康、吃得高兴。强化基层医疗资源配置，加强医疗卫生队伍建设、医护人员关心关爱，畅通医联体双向转诊通道，加快长河、浦沿街道社区卫生服务中心建设，持续扩大社区卫生服务站点覆盖面，不断提升医疗服务能力和水平。健全公共卫生体系，加快区疾控中心医疗实验室建设，不断提升重大疫情防控救治和应急能力。

以更实举措完善社会保障体系。健全多主体供给、多渠道保障、租购并举的住房保障体系，稳步推进共有产权保障住房建设，开工建设公共租赁住房8.7万方，筹集保障性租赁住房3600套（间）；修订完善拆迁安置政策，交付安置房项目8个、148.9万方，基本完成全区回迁安置。持续推进物业提档升级、老旧小区改造、电梯加装、二次供水设施改造等工作。实施青年高质量就业创业行动，完善低保、低边、残疾人等困难群体服务保障体系，力争全年帮扶重点群体不少于8000人次，失业人员实现再就业不少于2000人次。深化"一老一小"服务，建设颐养

共同体，打造“大社区养老”新格局；推进托幼一体化，构建托育灵活服务新模式，实现2-3岁托育服务园所覆盖率达50%。继续支持国防和军队建设，推动国防动员和后备力量建设改革转型，全面加强民兵和兵役工作。深入做好退役军人服务保障，持续做实双拥工作，让退役军人获得感成色更足。支持工商联及工会、共青团、妇联等群团组织开展各项工作。

以更大力度加强区域协作联动。实施“东优、西建、南启、北融、中提升”发展战略，积极谋划、大力招引公共服务、生活服务、商务服务等城市功能型配套大项目。制定实施商贸服务业发展规划，完善沿江、白马湖、智慧新天地区块商业配置，打造古镇特色文化商业街区，营造优质、便捷、放心消费环境，满足居民多样化、高品质消费需求。持续深化东西部协作、山海协作、区县协作等工作，助力共同发展、协同发展。

（六）坚定自信自强、务实笃行，以打造清廉高效现代政府为主旋律，培育增强现代化建设能力

在务实功上下功夫。始终坚持以党的创新理论为根本指引，牢记“三个务必”，全面加强思想淬炼、政治历练、实践锻炼、专业训练，找差距、提层次、强能力、抓落实，注重在急难险重任务中练胆魄、磨意志、长才干，从思想上行动上把敢于斗争、善于斗争融入各项工作全过程。

在出实招上求突破。始终坚持问题导向，善于从小处切口、点上发力，提升法治思维能力，加强对外交流学习，破除路径依赖、破除守成不前，不断破解资源要素瓶颈、体制机制障碍、思想理念束缚，大力践行“我来干、我负责”的使命担当、“今天再晚也是早、明天再早也是晚”的实干作风，确保工作推进速度快、执行效力高、实际成效好。

在求实效上勇争先。始终坚持守正创新，大力弘扬高新精神、高新文化，不断强化“主动报到、服务周到、说到做到”理念，时刻保持“干就干得最好、做就做到极致”的拼劲闯劲，持续深化纠治“四风”，着力在出业绩、作贡献上创先争优，努力营造风清气正的政治生态和昂扬向上的干事氛围。

各位代表，今年我们继续按照民生实事“群众提、大家定、政府办”理念，在广泛征求意见的基础上，形成了“推动教育事业高质量发展”“促进养老托育服务高质发展”“提升卫生健康服务”“有效缓解停车难、出行难”“动态推进交通治堵”“持续推进平安建设”“优化提升亚运环境”“高标准建设现代社区”“加快老旧小区提升改造”“加快文体设施建设”“扎实推进保障性安居工程”“推动高质量就业”等12个候选项目，提请大会票选决定2023年10个民生实事项目。对区人大代表票选确定的项目，我们将全力以赴办实办好。

各位代表！力量源于团结，奋斗创造奇迹！让我们高举习近平新时代中国特色社会主义思想伟大旗帜，更加紧密地团结在以习近平同志为核心的党中央周围，在省市党委政府和区委的坚强领导下，紧紧依靠全区人民，坚定信心、同心同德，埋头苦干、顽强拼搏，勇当奋进者、争当开拓者、竞当奉献者，全力建设全球创新源、世界数字港、未来智慧城、环境最优区、幸福新天堂，加快向世界领先科技园区迈进，以“两个天堂”生动实践奋力开启高新区（滨江）中国式现代化新征程！

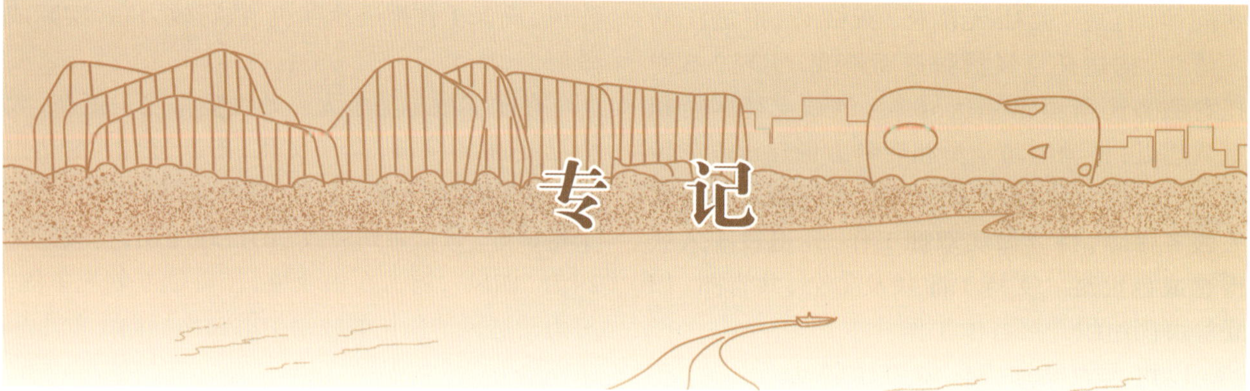

亚运会城市环境提升行动

2022年，杭州高新区（滨江）围绕“办好一个会，提升一座城”目标，根据全区“美丽杭州迎亚运”城市环境品质提升行动工作任务清单，区综合行政执法局牵头实施10个大类69项环境提升任务。其中：牵头市级任务4个大类24项，包括亚运会通勤道路提升15项、沿江亮化提升改造1项；牵头区级任务6个大类45项，包括重点区域整治4项、重要道路提升2项、入城口整治4项、立面整治3项、亮灯工程4项、序化管理28项。

杭州高新区（滨江）扮靓城市环境，开展社区宣传设施专项整治等行动，有序推进临时闲置用地复绿、高架、入城口、地铁口等周边环境综合治理，推进江南大道、时代大道、彩虹快速路等沿线亮化提升，焕新城市面貌。推进亚运通勤道路及景观提升，区综合行政执法局针对钱塘江大桥入城口处人行道绿化杂乱、路侧缺少绿化、铺装不合理等问题，投资291.91万元，改造道路850米，改造人行道铺装3900平方米，整理道侧绿地5000多平方米，局部新增花卉329平方米。实施闻涛路、江虹路和江虹南路3条亚运通勤道路提升工程，对3条道路进行“三化一平”（洁化、绿化、美化和平整）整治，摊铺彩色沥青路面，提升井盖安全等，增加道路平整度，保障市民安全出行。完善无障碍环境建设，杭州高新区（滨江）无障碍环境建设领导小组及办公室聘请无障碍专家及市政类专业人员组建无障碍专班，定期召开专题会议研究无障碍设施

2022年6月7日，改造提升后的西兴入城口景观

（区委宣传部　供图）

建设工作，协调解决无障碍设施建设工作中出现的问题，对各成员单位和相关建设、设计、监理、施工等单位人员进行无障碍建设技术培训。实施《滨江区“迎亚（残）运”无障碍环境建设行动方案（2020—2022）》，建立健全工作推进机制、信息报送机制、督查排位机制、队伍培育机制、资金保障机制、长效管理机制等。全区各相关部门、街道和单位落实无障碍环境建设工作负责人和联络人，明确分工、落实责任，形成“纵到底、横到边”的组织网络，确立“条块结合、以块为主”和属地管理的原则，形成区政府统一领导，区无障碍办具体牵头，有关部门和单位共同配合的工作格局。无障碍专班人员上门指导解决市政道路、公共厕所、体育馆、宾馆酒店、学校、医疗机构、公共服务中心、公园景点、影剧院、图书馆、停车场等无障碍设施重难点场所整改问题。全年，根据市下发涉及全区的5685个无障碍问题清单，全部完成整改。提升规范统一的国际化标识，区综合行政执法局制定城市国际化标识系统建设改造工作方案，推进国际化标识系统建设改造，共整改标牌标识1033块。其中：对3个场馆、2个训练场馆、1个码头、5家官方接待酒店、21条亚运通勤道路等重点区域进行排查，发现问题219个，整改标识410块；督促滨江图书馆、公园、体育中心等公共场所进行标识标牌整改，全年完成标牌整改623块。推进亚运会宾馆环境整治，杭州高新区（滨江）按照亚运会官方接待酒店标准，与浙江歌山品悦大酒店、杭州滨江银泰喜来登大酒店、杭州星光智选假日酒店、杭州滨江世融艾美酒店、杭州白马湖建国饭店5家亚运会官方接待酒店进行沟通对接，汇集城管、住建、商务、街道、酒店等力量，重点从门面、立面、界面3个维度，实施“一点一方案”，对酒店周边市容市貌、立面进行整治，协同推进环境整治工作，营造良好的酒店外部环境。实施沪昆铁路沿线环境整治，杭州高新区（滨江）铁路整治专班对沪昆铁路沿线滨江段36处问题点位开展整治。整治工作以点、线、带、面相结合，融安全隐患整治和环境治理于一体，拆除违章建筑，对铁路职工家属宿舍存在的安全隐患实施综合治理，提升改造铁路周边配套、绿化等，把铁路边西兴段脏乱差环境改造成“工匠公园”。6月底，通过区、街、社各级各部门合作，36处问题点位全部整改到位。加强全市“美丽杭州迎亚运”城市环境品质提升“赛马”比拼，杭州高新区（滨江）研究赛马评选机制，挖掘区域特色亮点，筹划项目库建设，做好参选工作。通过专家现场考察评议、市民满意度抽样调查以及综合评定，在全年6期评选中，江南大道、缤纷北苑、长河老街、北塘河行旅图公园和龙湖滨江天街北街景小品5个项目获评城市环境品质提升“赛马”活动市级优秀项目。

（杨 莉）

2022年6月7日，整治后的江虹路沿线景观

（区委宣传部 供图）

浙江自由贸易试验区杭州片区滨江区块建设

2022年，中国（浙江）自由贸易试验区杭州片区滨江区块（简称“滨江区块”）制定年度“三张清单”（任务清单、举措清单、责任清单），明确5个方面35项具体目标任务。新获批知识产权、中医药服务2个国家级特色服务出口基地，数量居全省第一位；“版钉”助力中国数字文化“走出去”、搭建“之江一号”平台助力数字文化贸易提质升级2项入选国家文化出口基地第二批创新实践案例；“区块链技术创新数据知识产权质押融资和证券化改革新模式”入选长三角自贸试验区制度创新案例；“数据知识产权制度改革”等7项入选省、市优秀改革经验案例；滨江区块46个重点产业项目累计到位投资281.53亿元，其中两批6个（杭州港务数字化交通港口项目、紫光股份项目、中科曙光项目、启明星辰网络信息安全总部项目、网易智企项目、启明智慧医疗产品产业基地项目）省自由贸易试验区推进大会签约项目投资37.54亿元，完成总进度的31%。杭州银行浙江自贸区杭州江南支行、杭州联合银行浙江自贸区江南支行开业，滨江区块自贸专营银行机构累计升至6家。42家区内企业在首届全球数字贸易博览会现场参展。49家区内企业入选《中国（浙江）自由贸易试验区数字自贸区制度创新研究》和《2022年浙江省数字贸易百强榜及潜力榜》。39家区内企业入选省数字贸易百强，占全省总数40%。杭州高新区（滨江）企业（机构）案例获评“2022浙江数字贸易创新应用优秀案例”一等奖3个、二等奖2个、三等奖2个。

滨江区块布局数据产业，探索数字贸易制度新规则。推动数据交易平台建设，支持浙江大数据交易中心、杭州国际数字交易中心建设，探索开展数据价值评估、数据交易、数据确权等服务，全年省、市两级数据交易平台累计交易规模8400多万元。其中，浙数交《数据资产管理标准化实践与创新》被评为2022年度资产管理体系优秀实践案例。推动数据交易生态联盟成立，32家在线会员入驻。推进数据资产化改革，5家企业通过数据知识产权质押累计获得融资2000万元。加快数据知识产权质押融资规范化发展，《数据知识产权质押业务规范》入选2022年第三批浙江省地方标准制修订计划。启动全国首单包含数据知识产权的证券化项目。促进数据安全有序流动。推进企业外联App试点，落地两批29家企业200个PC终端序列号。加强与网安中心浙江分中心合作，建设数据出境安全保障服务中心。

聚焦优势领域，构建数字贸易发展新生态。加快国家级开放型试点建设，推进数字服务、数字文化、知识产权、中医药等四个国家级特色服务出口基地建设，全年实现数字贸易额4515.2亿元，规模居全市第一位。成立浙江数字文化国际合作区工作领导小组，制定《浙江数字文化国际合作区国家文化出口基地建设实施方案》，优化合作区基地布局、工作机制、支持政策等。升级中国物联网产业知识产权运营平台，实现企业知识产权经营管理的数字化；上线全省首个云上品牌指导站，实现24小时全天候在线服务，打通知识产权服务“最后一公里”。打造“一站式”跨境贸易服务平台。鼓励企业通过阿里国际站、速卖通等平台型企业建立多元化跨境电商渠道体系，全年实现跨境电商进出口额101.24亿元、增长18.4%。支持跨境支付企业扩大全球支付结算网络布局，全年实现跨境支付交易规模超3000亿元。加强金融科技应用创新。加快数字人民币应用场景创新，“杭州滨江区办税服务大厅支持数字人民币缴纳税款”入选省自贸试验区建设“十大进展”，稳步推进数字人民币跨境结算试点建设。创新多元化清算结算服务，落地浙江自贸试验区首批NRA（境外机构境内外汇账户）远期结汇业务及期权业务、杭州市首笔“杭信贷”项下海外仓融资，贸易外汇收支便利化试点办理跨境收支业务超1万笔、涉及金额40多亿美元。

持续深化数字监管，打造国际一流营商环境。推进企业通关便利化，推动赛诺菲（杭州）制药有限公司、杭州富芯半导体有限公司纳入“高新技术货物布控查验”模式试点；加快供应链协同智慧通关系统落地，以浙江大华技术股份有限公司为试点，推动其在厂内建设数智保税仓库以及配套的“供应链管理平台”；推动“安智贸”实现实单测试，在中国、比利时海关立项通过，浙江大华技术股份有限公司已经纳入试点。加快“数字政府”建设，升级“数字自贸”综合应用系统，按照“政府搭台、企业唱戏、合作共赢”的建设原则，鼓励企业参与系统建设，拓展数字自贸应用生态。加强双向合作，推动“自贸”和“枢纽”双向赋能，与浙江省机场集团有限公司、钱江海关等签署战略合作协议，在航空物流、便捷通关等方面为区内企业提供便利化服务，赋能产业高质量发展。

2022年滨江区块数字自贸标志性创新成果一览表

表1

序号	成　果	类　别
1	“版钉”助力中国数字文化“走出去”	国家文化出口基地第二批创新实践案例2022年浙江自贸试验区“十大标志性成果”
2	搭建“之江一号”平台助力数字文化贸易提质升级	
3	以区块链技术创新数据知识产权质押融资和证券化改革新模式	2022年长三角自贸试验区第二批制度创新案例
4	数据知识产权制度改革	2022年第一批中国（浙江）自由贸易试验区最佳制度创新案例
5	企业外联App试点	
6	知识产权政策运营标准和体系构建	2022年中国（浙江）自由贸易试验区最佳集成性制度创新成果
7	打造数字服务+数字产品交易平台	杭州片区2022年第一批优秀改革试点经验
8	“版钉”数字文化版权保护平台助力文化“出海”	
9	打造数据国际交易平台	
10	跨境支付与1039市场采购贸易模式的融合探索	
11	滨江区块推动跨境支付领域取得重大突破，区内企业“连连国际”将美国各州支付牌照相关资质全部收入囊中	2022年浙江自贸试验区第一批“十大进展”
12	3月22日，商务部等7个部门认定“杭州市滨江区”为知识产权服务领域特色服务出口基地；杭州滨江发布全国首个数据知识产权质押相关团体标准	2022年浙江自贸试验区第二批“十大进展”
13	杭州企业PingPong成功取得境内支付资质，成为全球为数不多的、同时持有中国与境外支付牌照的跨境支付企业。	
14	杭州滨江区办税服务大厅支持数字人民币缴纳税款	2022年浙江自贸试验区第三批“十大进展”
15	杭州片区落地白马湖实验室	
16	全球数字变革策源地初见雏形。率先开展数据知识产权改革试点，落地数据安全实验室，建立数据知识产权公共存证平台，浙江数据国际交易平台、杭州国际数字交易平台投入运行，加快公共数据资源开发利用	

（张　俊）

共同富裕示范区建设

2022年，杭州高新区（滨江）贯彻落实中共中央、省委部署，迭代升级共同富裕的理念、路径、机制，加快构建共同富裕话语体系，奋力建设天堂硅谷、打造硅谷天堂，在7个共富跑道（经济高质量发展、收入分配制度改革、公共服务优质共享、城乡区域协调发展、社会主义先进文化发展、生态文明建设、社会治理）上探索“高新”特质的共富经验，形成具有“高新”辨识度的标志性成果。在2022年公布的共同富裕考核中，获评全省优秀。

杭州高新区（滨江）组建由区主要领导任组长、多位区领导任副组长的共同富裕领导小组，全年召开区共同富裕领导小组会议2次、区委社建委会议9次，推进指标争先、赛马激励等重点工作。系统学习省《高质量发展建设共同富裕示范区系统架构图（1.0版）》，聚焦重点工作和重大改革，形成以“数字化支撑是基础、突破性抓手是关键、标志性成果是目标、可感知图景是结果”的“四横”与“理论创新、实践创新、制度创新、文化创新”的“四纵”为核心的《高新区（滨江）高质量发展推进共同富裕先行示范系统架构图（1.0版）》，确定68项重点工作和55项重大改革，按照“有基础、可复制、可感知”的原则打造6项重大标志性成果，主动融入省、市共同富裕话语体系。坚持问题导向、多跨协同、量化闭环，制定“重点任务、突破性抓手、重大改革和试点”四张清单。编制形成《2022年共同富裕实践样板工作思路》《杭州高新区（滨江）“扩中”“提低”行动方案》《杭州高新区（滨江）“一老一小”整体解决方案》，持续推进“一老一小”改革，开展“扩中”“提低”行动。

2022年5月10日，杭州高新区（滨江）高质量发展建设共同富裕示范区实践样板推进大会暨共同富裕领导小组第二次会议召开

（区委宣传部　供图）

聚焦高质量发展，夯实共同富裕稳固基石。“企业创新积分”全国高新区首试，“浙里掌上贷”设立“创新积分贷”专区，及时助企纾困和扶企壮大。知识产权服务持续深入，建设知识产权公共线上服务平台，实现服务和审批事项的“网办+掌办”，获批长三角唯一中国物联网产业知识产权运营中心。科技金融创新发展，率先开展全国数据知识产权质押融资试点。公共技术服务破局先行，推动物联网龙头企业打造国家新一代人工智能开放创新平台，为上下游中小微企业提供基础算法服务，实现基于创新能力共享的“生态圈”。

聚焦缩小三大差距，锚定共同富裕主攻方向。以推进扩中提低改革为牵引，实施居民收入和中等收入群体“双倍增”计划，提升转移支付调节的精准性，打造“善城杭州”慈善品牌，加快形成橄榄型社会结构。优化特别合作机制，打造滨萧、滨富跨区域协作平台，构建市域闭环的“研发总部+合作园核心制造+周边配套制造”的先进制造业集群生态，在跨区域合作中实现资源互补、共同发

2022年9月24日，长河街道社区卫生服务中心婴幼儿成长驿站建成投用 （区委宣传部 供图）

展。实施山海互济、东西协作和对口支援工程，与四川省广元市朝天区、浙江省温州市鹿城区、河北省保定市阜平县、安徽省宿州市泗县等地区对接，深化与浙江省温州市泰顺县开展山海协作，加快共建“科创飞地”“双向飞地”，推动干部交流互动，打造全省山海协作的实践典范。探索形成“统一规划设计、统一施工验收、统一代办服务、统一返租经营”的村级留用地统筹开发模式，实现集体经济收入倍增。

聚焦公共服务优质共享，从“全域幸福和全生命周期幸福”两维度推进基本公共服务体系建设，让共同富裕真实可感。在全市率先建成普惠型基本养老服务体系，落地全省唯一的老年人医康养转介转养试点，创新“多代同楼”互助养老服务模式，为全国养老服务多元化提供全新样本。完成婴幼儿规范化实训基地建设，全区新增婴幼儿成长驿站11个、托位617个，每千人托位数4.29个。全市首创产业园区嵌入式公办幼儿园，成功创办海康、大华和海创园等嵌入式幼儿园。未成年人救助保护中心实体化运营，未成年人保护工作站实现街道全覆盖。建设多层次医联体医共体，西兴街道社区卫生服务中心住院病区建成开放，浦沿街道生命健康医疗养护综合体开工建设，提升全区社区卫生服务中心医疗服务水平，满足市民在家门口获得优质医疗资源的需求。在杭州市2022年共同富裕感知度调查报告中，杭州高新区（滨江）感知度排名居全市第一名。

提炼高新区特色，打造可复制可推广的标志性成果，共入选1个省级最佳实践（“滨萧特别合作园”）、1个省级典型案例（“滨富特别合作区”）、2个市最佳实践案例（“多代同楼互助养老”“双链协同发展新模式”）、4个市级试点（“构建橄榄型社会”“跨区域产业合作模式”“青年高质量就业生态”“全域无废学校创建”）。现代产业社区建设项目、社会组织发展体系改革项目入选省级试点，“中科粮油种子”工坊入选市共富工坊典型案例。网易“数字文化+产业焕新”作为全市唯一的共富项目，在全国双创周主会场“新模式促进共同富裕”板块亮相。

杭州高新区（滨江）主动展示推广共富工作突出做法，在《杭向共富》刊登文章2篇（全域未来社区和才链计划），《杭州》杂志刊登文章2篇（《高新区（滨江）探索区域产业共富新路径》和《建设天堂硅谷、打造硅谷天堂》），相关宣传报道在中央级媒体上刊登9条、省级媒体上刊登10条、网络媒体刊登20条。

（李钰磊）

长河历史文化街区改造

2022年，长河街道会同杭州高新技术产业开发区资产经营有限公司（简称“区资产经营公司”）贯彻落实区委关于长河老街文化资源保护开发的工作要求，围绕“美丽杭州迎亚运”城市环境品质提升行动，统筹开展长河老街改造提升工作。长河历史文化街区改造以“历史文化与现代文明交融，烟火气息与都市业态共生”为原则，立足13.6公顷的长河历史文化街区的保护利用和开发，打造产业街区、文化园区、居民社区“三位一体”的宜居宜业宜游生态。通过专班推进、保护开发、综合治理等举措，在改造提升中兼顾老街历史文脉的传承延续，同步提升基础设施和公共服务配套，实现老街韵味与群众获得感的双重提升。

长河街道制定《长河老街环境整治工作人员组织方案》，区、街道、社区三级联动，城管、公安等多部门协同，组成联合工作专班，下设方案设计组团、环境整治组团、综合执法组团三大工作组团，在长河老街建立现场指挥部集中办公，街道、社区、区资产经营公司、设计公司和第三方团队30多人入驻。制定《长河老街区块环境整治工作方案》，邀请中国科学院院士常青对整体规划方案提出意见建议。结合亚运会环境美化导向，聚焦天官路以北视线可及范围，落实启动速度最快、视线感官转变最明显、方案实施可行性最强、信访稳定风险最小“四个最”环境整治工作原则。发放《长河历史街区环境整治攻坚倡议书》465份，召开老街整治运营民情座谈会，收集环境整治、文化挖掘、街区运营管理3类10条建议。改善区域环境，会同杭州高新物业管理有限公司、省古建筑设计研究院等召开环境整治工作方案专题评审会，对21个点位逐个进行可行性和美化性分析，主要涉及花坛及绿化补种、毁绿种菜清理、墙绘和立面粉刷等内容。以“街道、社区沟通居民群众，设计、施工单位落点施工”的模式落实整治工作，对17个点位先行整治。对老街全域开展脏乱差环境排查清理整治专项行动，逐一踏看、整治清理相关点位。街道抽调城管中队队员现场驻点，落实泽街、槐河街、天官路沿线出店经营问题的宣传教育和执法工作，共劝导和整改12户。取缔19个废品回收站，在百仁堂等3个区块增设3个功能型口袋公园，优化槐河沿线绿化景观，在承裕堂等3个区块道路两侧增加绿化花坛，针对天官路、槐河街沿线店招店牌开展整修工作。改造基础设施，统一改造洗衣台、置物台、晾晒杆等生活设施，保障居民生活便捷度。在周家园等停车场增加绿植、优化隔离围栏、规范施划指示标线，优化停车场区域空间功能和外观，改善老街区块配套交通设施。通过增设车道、有条件区域实行

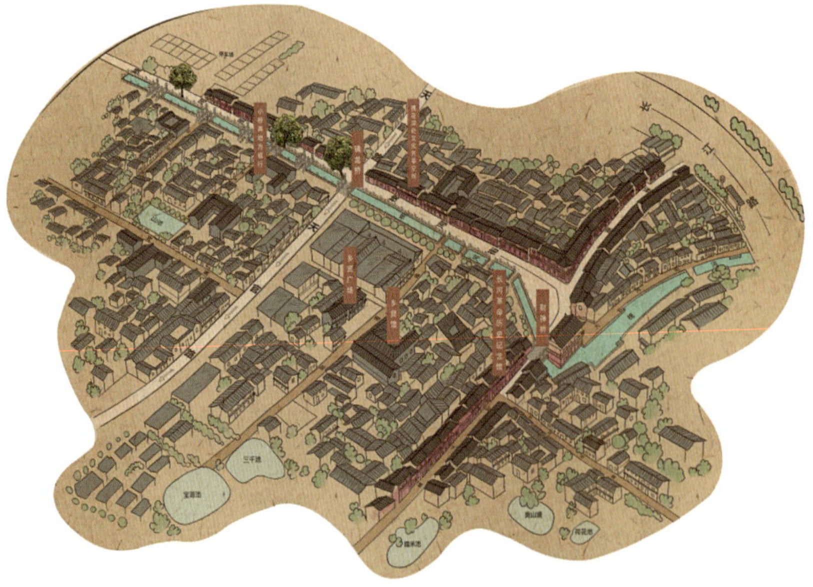

2022年9月9日，长河历史文化街区全貌图

（区委宣传部　供图）

单侧停车等方式，解决天官路、长江路拥堵和老街区域停车杂乱问题，开展天官路单行线设置、柏油路面铺设及电力井提升整治，提升居民行车停车体验。提高安全指数，制定计划利用20天时间集中清查区域消防隐患，地毯式摸排流动人口信息，逐个约谈房东。针对区域内流动摊贩，做好劝导和综合执法责任，取缔10个无证视频制作及流动烧烤点。

整治工作力求恢复历史旧貌，梳理老街现存古建古道古河古迹，依照老街本来建筑格局、厅堂布局和建筑风格统筹立面设计和修复，做到修旧如旧、整体和谐。厘清68处商业用房、7438平方米建筑面积，拟定老街历史文化街区整体风貌综合整治方案。按照“一房一案”标准细化46间房屋修缮设计方案并开工建设。集中处理13幢蓝色立面和屋顶，保持老街白墙黑瓦总体色系。清理影响老街历史面貌恢复的彩钢棚、违章搭建422平方米，修复现有破损青石板，保护现有老槐树，恢复部分古建、旗杆弄的木牌坊和山下里的石牌坊等。统筹保护开发，根据老街实地情况，因地制宜科学布局产业业态，设立特色店铺。引入市场机制，利用商业化运营释放老街商业价值，带动老街、区域经济社会高质量发展。依法依规委托区资产经营公司等运营主体，操盘泽街和槐街沿线的商业运营，推进设立传统工艺、传统食品等长河特色店铺工作。完善民生设施配套，规划20%民生区域，引进蔬果店、粮油店、菜场等保障民生需求。采取商业和居业相结合的模式招引商户，规划匠心区、休闲区、艺术区功能区域，开设手工店铺、艺术工作室、美术馆等特色业态。邀请省旅游行业专家，会同社区、运营单位，合力研究分析老街文旅资源，结合未来文旅业态发展趋势，依据不同游客群体需求制定1小时、2小时、3小时3条动线方案，实现老街旅游业态价值。

改造期间，共梳理整治老街区块环境综合点位47个，老街周边铁路沿线复绿2万余平方米，动态监管城市管理问题3923个，修复小微水体面积3500平方米。9月，长河历史文化街区开街，向公众开放。至年底，接待游客5.5万人次。

（区志编研室）

2022年9月9日，改造后的长河历史文化街区 （区委宣传部 供图）

滨萧特别合作园建设

2022年3月3日，杭州高新区（滨江）萧山特别合作园揭牌。特别合作园由杭州高新区（滨江）和萧山区合作共建，规划面积暂定13.48平方千米，其中先行区面积4.5平方千米，包括三江创智新城5.36平方千米，未来产业社区7.13平方千米，以及湖头陈产业园、紫橙产业园、蓝橙产业园0.99平方千米3个板块。合作期限为长期。特别合作园重点发展信息通信技术及应用创新产业、生物医药及大健康产业、先进制造业和现代服务业，以产业链带动生态圈、以生态圈打造共同体、以共同体延展共富图。两区持续推动先进制造大项目和产业链关键制造环节跨区域落地，构建形成市域内闭环的“研发总部+合作园核心制造+周边配套制造”的先进制造业集群生态，争创全省“万亩千亿”新产业平台，实现错位发展、特色发展、共享发展。

特别合作园按照“全市域”“一张图”“一盘棋”的工作要求，围绕合力打造世界领先科技园区和高水平建成“天堂硅谷·硅谷天堂”目标，探索杭州高新区“一区多园”机制创新，发挥杭州高新区（滨江）产业优势和萧山区空间优势，坚持空间统筹、产业统筹、政策统筹、利益统筹，争创全球先进制造示范、国际创新策源示范和跨区产业共同富裕示范。

杭州高新区（滨江）和萧山区为特别合作园创新体制机制、落实要素保障、授权行政审批、服务产业发展等提供支撑。杭州高新区（滨江）发挥引领性创新优势，利用数字产业优势，结合萧山区在制造业和发展空间上的优势，推动产业链关键制造环节跨区域落地，推进建设全球先进制造业基地。双方共同探索有利于企业跨区发展、转型升级的配套政策，在产业对接、人才招引、金融扶持等关键领域给予全方位服务保障；落实两地联席会议制度，在统筹空间、产业、政策等方面打破思维定式、创新工作思路，探索高质量发展促进共同富裕的新路径。市级有关部门按照职责分工，密切协作配合，在规划编制、政策实施、项目布局、体制创新、统计核算、土地指标、环保能耗等方面给予指导和支持。

10月8日，杭州高新区（滨江）萧山特别合作园重大项目开工（签约）暨“中国视谷”建设启动仪式举行。至年底，特别合作园落地项目11个，协议总投资117亿元，开工建设项目总投资150亿元。合作园入选全市争当浙江高质量发展建设共同富裕示范区城市范例最佳实践案例（第一批），入选全省高质量发展建设共同富裕示范区最佳实践（第二批）。

（区志编研室）

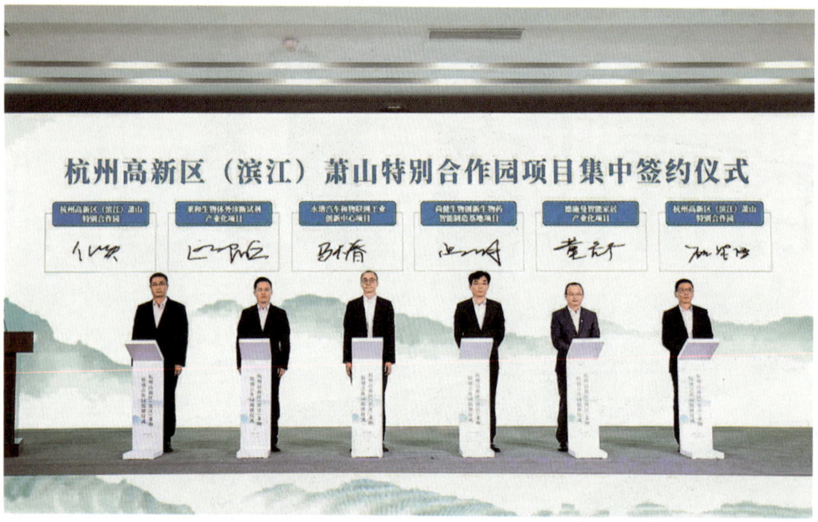

2022年3月3日，杭州高新区（滨江）萧山特别合作园揭牌，首批入园项目集中签约。图为签约仪式现场

（区委宣传部　供图）

大事记

1月

6日，杭州诺辉健康科技有限公司旗下幽门螺杆菌检测产品“幽幽管”获国家药品监督管理局批准的三类医疗器械注册申请，成为全国首个适用于“消费者自测”的幽门螺杆菌检测产品。

7日，杭州高新区（滨江）萧山特别合作区工作首次对接会召开。

同日，省政府办公厅公布2021年“浙江省人民政府质量奖”名单，浙江大华股份有限公司入选。杭州高新区（滨江）共有省政府质量奖6个，总数居全省第一位。

13日，杭州市滨江区新天地幼儿园、杭州市滨江区奥体中心幼儿园（春晖分园）、杭州市滨江区长河幼儿园、杭州市滨江区湖畔幼儿园（冠山分园）4所幼儿园通过2021年浙江省一级幼儿园认定。杭州高新区（滨江）有省一级幼儿园18所，占幼儿园总数的26.87%。

18日，杭州第19届亚运会、第4届亚残运会官方智能物联及大数据服务赞助商签约会举行。杭州海康威视数字技术股份有限公司成为杭州第19届亚运会、第4届亚残运会官方赞助商。

19日，江南大道隧道开通试运行。

28日，国家高新技术企业认定办发布2021年国家高新技术企业认定名单，杭州高新区（滨江）新认定432家，重新认定260家，累计1928家，总数居全省区县（市）第一位。

2月

11—13日，中国人民政治协商会议第三届杭州市滨江区委员会第一次会议举行。

12—14日，杭州市滨江区第六届人民代表大会第一次会议举行。

17日，长河乡贤馆收入清末长河举人来鸿瑨代表作品《绿香山馆诗草》木刻本（5卷）。该藏品属罕见的浙江清代文献版本。

18日，杭州高新区（滨江）作风建设暨“三大主题年”动员大会召开。

26日，杭州高新区（滨江）在高新人才之家举行2022年新春首场现场招聘会。

3月

2日，浙江省委第八巡视组巡视杭州市滨江区工作动员会议召开。

同日，2021年度杭州市创新发展考核指标得分与排名公布，滨江区总分98.79分，居全市第一位。

3日，杭州高新区（滨江）萧山特别合作园举行揭牌仪式，实现杭州先进制造大项目、产业链关键制造环节跨区域落地。

11日，杭州高新区（滨江）召开“奋进新时代　建设新天堂”决战决胜亚运誓师大会。

同日，省经信厅公布2021年人工智能典型应用场景和优秀解决方案（产品）名单，杭州高新区（滨江）3项人工智能应用场景入选2021年度浙江省人工智能典型应用场景、11个解决方案入选优秀解决方案（产品），其中优秀解决方案（产品）入选数居全市第一位。

同日，浙江自贸区滨江区块获2021年度全省自贸考核优秀等次，排名全市第一。

15日，中共中央宣传部、商务部等7个部门共同开展人力资源、地理信息、知识产权和语言服务4个领域的专业类特色服务出口基地评审认定工作。杭州高新区（滨江）被认定为知识产权服务出口基地，是全国首批、浙江唯一的知识产权类出口基地。

18日，中共杭州市滨江区第六届纪律检查委员会第二次全体（扩大）会议召开。

19日，在全省制造业高质量发展大会上，杭州高新区（滨江）再次获评“浙江省制造业高质量发展示范园区”，获评“创建制造业高质量发展示范区县（市）优秀单位”。

21日，中国（浙江）自由贸易试验区建设新闻发布会上，浙江省自贸办发布浙江自贸试验区建设第九批十大标志性成果，杭州高新区（滨江）有“滨江区被认定为知识产权服务领域特色服务出口基地、发布全国首个数据知识产权质押相关标准”和“Ping Pong成为同时持有中国与境外支付牌照的跨境支付企业”2项入选。

22日，科技部火炬中心公布全国169个国家高新区评价结果，杭州高新区在2021年度国家高新区综合排名上升至全国第五位。

同日，杭州高新区（滨江）与温州市泰顺县在杭州高新区（滨江）金盛科创大厦共建面积3.3万平方米的“科创飞地”，其中，杭州高新区（滨江）无偿提供1.9万平方米产业楼宇物业使用权，助力泰顺创富创收。

24日，杭州高新区（滨江）2022年第一场“5151”（“5151”谐音“我要我邀”，只要企业有需“要”，政府就搭台“邀”请企业对接合作）产业对接活动在海外高层次人才创新创业基地举行。

25日，“2022年杭州（滨江）首届国际体育幽默画展”首展在滨江宝龙艺术中心开展。

同日，网易蜗牛读书馆旅游驿站入选浙江省一级旅游驿站名单。

28日，位于杭州高新区（滨江）西大门地标性建筑——创新中心主体结构全部结顶。

30日，安置房十二区块三期（联庄三区）交付。该安置小区名为忆联庄阁，位于浦沿街道，东至联庄公寓，西至海威领界，南至江南大道，北至六合天寓，总房源192套。

31日，中共杭州市滨江区委召开全面从严治党主体责任落实情况专题汇报会暨2022年区委巡察工作动员部署会。

4月

2日，杭州高新区（滨江）扩大有效投资暨首批重点项目建设启动，该次扩大有效投资首批实施的重点项目16个，总投资160亿元。

同日，在全省建设平安浙江工作会议上，杭州高新区（滨江）被省委、省政府命名为“平安区”，获“一星平安金鼎”。

同日，杭州高新区（滨江）完成全省首单数字人民币测试交易，杭州第19届亚运会6个承办城市被中国人民银行纳入数字人民币试点城市，杭州高新区（滨江）在试点日即完成党费、税费、物业费缴纳和大型商超、未来社区、产业园区、大学校园使用七大场景的数字人民币支付测试。

5日，奥体中心公园开放。公园位于滨盛路与扬帆路交叉口，总面积8164平方米。

12日，浙江省公布2021年高质量发展建设共同富裕示范区工作考核评价结果，杭州高新区（滨江）获评优秀等次。

14日，平安滨江护航亚运暨全区基层治理现代化推进大会召开。

22日，“阅见亚运 智启滨江”2022年滨江区全民阅读“悦享”活动启动，该活动由区委宣传部在中国网络作家村发布。

26日，杭州高新区（滨江）基于区块链的数据知识产权质押入围2021年浙江省知识产权金融创新十大典型案例。

27日，杭州高新区（滨江）召开经济高质量发展大会，发布《建设高能级战略平台 打造世界领先科技园区行动方案》，首次提出“打造世界领先科技园区，树牢高质量发展一面旗帜，向世界领先科技园区奋力迈进”。

28日，在浙江省侨联召开的十届三次全委会议上，海外高层次人才创新创业基地被认定为第七批“中国侨联新侨创新创业基地”。

29日，杭州景业智能科技股份有限公司在上海证券交易所科创板上市，是杭州高新区（滨江）第64家上市企业。

5月

6日，沿江区域提升改造项目西兴大桥以东至七甲闸段完工并对外开放。

8日，浙江省新增3家省实验室，位于杭州高新区（滨江）的白马湖实验室（能源与碳中和浙江省实验室）入选。

10日，科技部火炬中心公布《企业创新积分制首批试点国家高新区创新积分500企业名单》，其中杭州高新区（滨江）35家企业入选《初创期创新积分企业名单》、41家企业入选《成长期创新积分企业名单》、32家企业入选《稳定期创新积分企业名单》，占21.6%，数量居试点高新区第一位。

12日，浙江省高质量发展领导小组印发《2021年浙江省制造业高质量发展评估报告》，杭州高新区（滨江）综合指数得93.4分，居全省第一位。

13日，由杭州高新区（滨江）与浙江工业大学共建的“滨江区浙工大网络空间安全创新研究院”举行启动仪式。

同日，全国妇联表彰997户“全国五好家庭”，杭州高新区（滨江）刘朝玉家庭入选。

19日，省经信厅公布《关于公布2022年度省级中小企业公共服务示范平台名单的通知》，杭州高新区（滨江）有6家企业入选。

20日，杭州人工智能计算中心上线启动仪式在海外高层次人才创新创业基地举行。

同日，杭州高新区（滨江）456家企业入选省科技厅“2022年第一批科技型中小企业入库名单”，入库数占全市的39.14%、全省的19.65%，居全省各区县（市）第一位。

同日，浙江超腾能源技术股份有限公司等6家机构入选2022年度浙江省中小企业公共服务示范平台名单，总数居全市第一位。

24日，科技部公布2021年度国家级科技企业孵化器名单，杭州高新区（滨江）有大华·江虹国际创新园、杭州京安创科孵化器、杭州人工智能产业园、上峰科技创新孵化器4家入选。

26日，浙江省公布第五批未来社区创建名单，西兴街道滨和社区入选。

同日，第五届滨江国际人才节开幕。在人才节上，杭州极弱磁场重大科技基础设施研究院揭牌。该研究院成立于2020年12月，位于杭州高新区（滨江），是一所由浙江省、杭州市、滨江区三级政府共建的高能级新型研发机构。

27日，自贸区滨江区块数据安全技术研讨会在“智慧e谷”举行，“数据安全实验室”揭牌。

同日，杭州高新区（滨江）西兴街道缤纷未来社区、浦沿街道冠山未来社区入选全省首批未来社区名单，“心相融 达未来”亚运风貌样板区获评全省首批城乡风貌样板区。

同日，根据《浙江省城镇老旧小区改造工作领导小组办公室关于2021年度城镇老旧小区改造综合考评结果的通报》，滨江区以92.8分居全省区县（市）第一位。

31日，“国际范·高新味·滨江韵”迎亚运数字文化嘉年华系列活动在杭州高新区（滨江）开幕。

同日，杭州高新区（滨江）网易杭州软件生产基地三期项目、长川科技集成电路高端智能制造基地项目等29个项目被列入省“六个千亿”产业投资工程，29个项目计划总投资446.6亿元，年度计划投资38.7亿元。

同日，浙江数字贸易规则标准高峰论坛在国家数字服务出口基地滨江物联网小镇举行。

同日，中国网络作家村·摘星园启用，为总面积3.9万平方米的网络文学产业园区。

6月

1日，全国科技模型研发中心（中天模型全球总部）结顶。该中心位于白马湖生态创意城核心区块，用地面积1.5公顷，总建筑面积4.6万平方米。

1—20日，“记录美好生活·绽放迷人光彩”杭州高新区（滨江）非遗剪纸作品展在区图书馆举行。

2日，2022年钱塘江流域共治暨杭州高新区（滨江）第四届河湖趣味徒步赛活动在钱塘江畔举行。

7日，白马湖实验室（能源与碳中和浙江省实验室）成立大会举行。

8日，“浙东唐诗之路——从西兴出发”艺术家驻地创作摄影展在滨江宝龙艺术中心举行。

同日，由浙江省文物局组织开展的第十六届（2021年度）浙江省博物馆陈列展览精品项目获奖名单揭晓，中国动漫博物馆基本陈列获精品奖，浙江中医药博物馆主题展览获特别奖。

12日，西兴路（江南大道—滨康路）整治工程全线开通。

22日，杭州高新区（滨江）退役军人、其他优抚对象优待证首发仪式在区党群服务中心举行。

26日，杭州银行浙江自贸区杭州江南支行开业。

27日，省经信厅公布浙江省数字工厂标杆企业认定类和培育类名单，网易（杭州）网络有限公司、新华三技术有限公司、浙江中控技术股份有限公司、杭州安恒信息技术股份有限公司、浙江大华技术股份有限公司、杭州萤石网络股份有限公司、税友软件集团股份有限公司7家企业入选2022年全省数字工厂标杆企业（认定类），明度智云（浙江）科技有限公司、杭州当虹科技股份有限公司、杭州品茗安控信息技术股份有限公司3家企业入选全省数字工厂标杆企业（培育类），入选数均居全省第一位。

28日，“奋进共富路·启航新百年”2022年杭州高新区（滨江）“两新”组织迎“七一”展演在区文化中心举行。

同日起，杭州奥体中心主体育场（“大莲花”）和网球中心决赛馆（“小莲花”）19处场地向市民开放。

29日，杭州主城区首个共有产权保障住房项目——襄七房单元（FG09-R21-C37地块）保障房项目开工。

30日，首届全国少儿沉浸式剧本高峰论坛在中国网络作家村举行。

7月

1日，杭州滨江区政府南广场改造完成投入使用。

2—3日，2022年西湖论剑·网络安全大会举行。大会以“构建安全可信的数字世界”为主题，在杭州、北京同步召开，设置开幕式、全体大会、2场主论坛、8场平行论坛及2场网络安全展。

5日，杭州高新区（滨江）承担的《商事制度改革促进政务环境提升》《基于严选模式和精益生产的国家级电商服务业标准化》2项国家级标准化试点通过验收。

9日，2022年第七届“谁羽争锋”杭州高新区（滨江）企业羽毛球联赛开赛，全区各个行业的90支队伍、857名职工报名参赛。

11日，全省科技创新大会举行。杭州高新区（滨江）获“科技创新鼎”优秀单位和2021年度市县党政领导科技进步目标责任制考核优秀单位。杭州高新区（滨江）企业承担和参与的成果共获科学技术奖励29项，其中科技进步奖一等奖7项、二等奖12项、三等奖9项，技术发明奖三等奖1项。

同日，国家市场监管总局、国家标准化委员会发布《中华人民共和国国家标准公告》，批准发布310项推荐性国家标准，其中10项标准由杭州高新区（滨江）主导参与制定。

12日，杭州高新区（滨江）首台核酸采录一体化设备在长河街道闻涛社区投入使用。

同日，蔚复来（浙江）科技股份有限公司等22家杭州高新区（滨江）企业入选省经信厅2022年度第一批浙江省“专精特新”中小企业名单。

13日，在全省数字经济高

质量发展大会上，杭州高新区（滨江）获评全省大力发展数字经济成效明显督查激励区县（市）（全省18个、全市4个）。

14日，《2022年长三角百家品牌软件企业》名单发布，杭州高新区（滨江）有15家企业入选，占全省入选企业数的50%。

18日，物联网产业示范基地获工业和信息化部2021年国家新型工业化产业示范基地发展质量评价五星，系全省唯一连续3年获评五星的基地。

19日，浙江省小微企业园工作联席会议办公室公布第九批小微企业园名单，“杭州交投科创中心”通过审核认定为浙江省小微企业园。

同日，中华全国工商业联合会发布《关于确认全国“五好”标杆县级工商联的通报》，杭州市滨江区工商业联合会等208家县级工商联获全国“五好”标杆县级工商联称号，浙江省共14家，其中杭州市2家。

22日，根据《国家知识产权局关于第二十三届中国专利奖授奖的决定》，杭州高新区（滨江）有7项专利获奖，其中获中国专利金奖1项、中国专利优秀奖6项，获奖数量居全省第一位。浙江宇视科技有限公司以《一种媒体流可靠传输和接收的方法以及装置》发明专利获金奖，成为行业首家金奖企业，该奖项是国家专利领域的最高荣誉。

同日，虹软全球视觉人工智能研发产业基地——虹软大厦启用。虹软新总部大厦位于滨江区滨兴路392号，共23层，总建筑面积5.6万平方米，承载虹软科技研发、战略性创新产业培育、全球视觉人工智能科技研发人才集聚地等内容。

同日，滨江物联网小镇的感知之轴公园开放。

26日，杭州高新区（滨江）主导参与编制的《数据知识产权质押业务规范》通过立项。该规范入选2022年第三批浙江省地方标准制修订计划。

28日，共青团浙江省委公布省五四红旗团委、省五四红旗团支部、省优秀共青团员、省优秀共青团干部名单。杭州拎包客资产管理有限公司团支部入选浙江省五四红旗团支部，杭州安恒信息技术股份有限公司的叶雷鹏入选浙江省优秀共青团员。

29日，在第二届公共就业服务专项业务竞赛全国总决赛中，杭州高新区（滨江）参赛项目“优势视角建自信 专业服务促就业”获优秀就业服务案例一等奖。

同日，杭州晶华微电子股份有限公司在上海证券交易所科创板挂牌上市，是杭州高新区（滨江）第65家上市企业、第11家科创板上市企业。

8月

1日，长河历史文化街区接驳专线开通，运营路线为地铁聚才路站A口—月湾潭—长河公交站。

同日，杭州奥体中心主体育场、网球中心（“大小莲花”）入选杭州市第二批对外交流人文体验点。

同日，中国科学技术协会网站公布2022年“科创中国”创新基地认定结果，杭州高新区（滨江）的英飞特开关电源创新基地入选。

2日，中共杭州市滨江区委第六届第二次全体（扩大）会议在杭州白马湖建国饭店召开。

3日，《财富》杂志公布2022年世界500强名单，杭州高新区（滨江）有2家企业上榜。阿里巴巴集团控股有限公司以1329.36亿美元营业收入居第55位，比上一年提升8位；浙江吉利控股集团有限公司以558.6亿美元营业收入居第229位，比上一年提升10位。浙江吉利控股集团有限公司连续第11年进入《财富》世界500强。

4日，杭州高新区（滨江）行政审批服务管理办公室获2021年国家营商环境工作集体嘉奖。

5日，杭州广立微电子股份有限公司在深圳证券交易所创业板上市，是杭州高新区（滨江）第66家上市公司，也是浙江省半导体领域公司融资额最大的IPO（首次公开募股）企业。

同日，撤销杭州高新区（滨江）社会发展局；设立杭州高新区（滨江）卫生健康局，加挂区疾病预防控制局牌子；设立杭州高新区（滨江）文化和广电旅游体育局，加挂区文物局牌子；区住建局不再挂区文物局牌子。

7日，“喜迎二十大”杭州市滨江区第六届全民运动会开幕式暨2022杭州市全民健身日主题活动（滨江赛区）在滨江体育馆举行。

10日，浙江省现代服务业发展工作领导小组办公室公布2022年度浙江省服务业重点行业规模以上企业亩均效益领跑者名单，20家企业入选软件和信息技术服务业亩均效益领跑者名单。其中，杭州高新区（滨江）11家企业入选。

12日，省教育厅公布第13批特级教师名单，杭州江南实验学校金明强、杭州高新区（滨江）教育研究院曹群珍和杭州市钱塘实验小学冯琛莉3人入选。

13日，工业和信息化部发布第四批国家专精特新“小巨人”企业名单，杭州高新区（滨江）33家企业入选，新增入选企业数量居全市第一位，累计44家。

17日，省工商联发布“2022浙江民营企业研发投入100强”榜单。杭州高新区（滨江）入选12家，数量居全省各区县（市）第一位。

18日，《长河》新书发布会在长河历史文化街区举行。

19日，杭州市春晖小学被国家机关事务管理局、住房和城乡建设部、国家发展和改革委员会、生态环境部四部委授予“全国公共机构生活垃圾分类示范工作重点单位”称号。

22日，滨萧特别合作园未来网络（6G）未来产业先导区入选首批省级未来产业先导区培育创建名单（共8个）。

23日，北京航空航天大学杭州创新研究院（研究生培养基地）项目竣工。项目位于白马湖畔，东临冠塘路，西临时代大道，南临龙塘河，北临规划支路，建设用地面积6.4公顷，总建筑面积14.8万平方米，其中地上建筑面积11.5万平方米、地下建筑面积3.3万平方米。

24日，物联网幼儿园（嵌入式幼儿园）项目竣工。

25日，中国物联网产业知识产权运营中心“数智领航”行动发布会举办。

26日，长三角科技创新与区域经济高质量发展研讨会暨杭州高新区（滨江）创新创业环境推介会在上海召开。该活动由杭州高新区（滨江）主办，杭州中科国家技术转移中心承办。

同日，长三角G60科创走廊九城市人大工作交流会暨“数字赋能发展科创助力共富”交流大会参会成员考察杭州高新区（滨江）展厅、正泰集团股份有限公司、浙江中控技术股份有限公司。

29日，省经信厅公布2022年浙江省第一批未来工厂名单，浙江中控技术股份有限公司的“浙江中控工业控制装备未来工厂”入选。

30日，杭州高新区（滨江）社会工作助力共同富裕示范区建设研讨会在区文化中心举行。研讨会以“践行五社联动 提质增效 擘画现代社区美好画卷”为主题，分为主题活动和平行专题研讨会。

9月

1日，杭州朗鸿科技股份有限公司在北京证券交易所上市，是杭州高新区（滨江）自主培育的第67家上市公司，第二家北京证券交易所上市公司，也是杭州市首家通过北京证券交易所注册制发行上市的企业。

同日，东方郡幼儿园江晖分园、晓风印月幼儿园、杭州市江晖小学、杭州市硅谷小学、浙江省杭州竺可桢学校启用。

2日，杭州高新区（滨江）2022年质量发展大会暨质量月启动仪式举行。

同日，由新一代人工智能产业技术创新战略联盟（AITISA）、中国人工智能产业发展联盟（AIIA）主办，华为承办的昇腾人工智能生态大会召开。会上，由杭州高新区管委会、滨江区政府投资，杭州高新智能科技有限公司建设与运营的杭州人工智能计算中心获“人工智能计算中心运营优秀奖”。

6日，2022年民营经济标准创新周杭州专场活动在杭州高新区（滨江）举行。

同日，全国工商联公布“2022年中国民营企业500强”名单，杭州高新区（滨江）有浙江吉利控股集团有限公司、网易（杭州）网络有限公司、新华三信息技术有限公司、浙江大华技术股份有限公司、浙江中南建设集团有限公司、百世物流科技（中国）有限公司6家企业入选。

8日，杭州高新区（滨江）有杭州海康威视数字技术股份有限公司等28家企业入选2022年浙江省知识产权示范企业名单，数量居全省第一位。

同日，杭州高新区（滨江）在互联网经济产业园举行网络安全宣传周——互联网合规发展实验室启用暨网络安全主题公园落成仪式。

同日，省“三改一拆”办公布2021年省级绿化美化精品道路及特色精品道路评选结果，闻涛路入选省级绿化美化精品道路名单。

9日，长河历史文化街区举行开街活动。

13日，“2022年浙江省民营企业100强”名单公布，浙江吉利控股集团有限公司、浙江大华技术股份有限公司、浙江中南建设集团有限公司3家杭州高新区（滨江）企业入选。

15日，杭州高新区（滨江）“高新e家 共融共富”国际滨融媒联盟启动仪式在“智慧e谷”举行。

19日，省市场监督管理局公布“2022年度浙江省知识产权示范企业”名单，杭州高新区（滨江）有28家企业入选，数量居全省区县（市）第一位。

20日，中共杭州高新区工作委员会、中共杭州市滨江区委员会举行“杭州这十年·高新区（滨江）”主题新闻发布会。

21日，浙江大学医学院附属儿童医院滨江院区新大楼启用。新大楼有新门诊住院大楼和儿科研究大楼2栋。

22日，第三届“滨江工匠”认定公布会举行，为10名“滨江工匠”颁发证书和奖杯。

24日，杭州国际学校白马湖校区启用仪式举行。

同日，“与国庆华诞 携手迎亚运”羽毛球挑战赛在滨江体育馆（“小白碗”）举行。

同日，杭州高新区（滨江）首家银泰百货开业。滨江银泰百货位于滨江物联网小镇，紧邻地铁1号线滨和路站，有13万平方米商业空间，涵盖化妆品、名品、运动潮牌、影院、超市、儿童游乐、特色餐饮等业态。

26日，2022年第四届“第三只眼看中国”国际短视频大赛颁奖典礼在杭州市举行。区委宣传部策划拍摄的《马西莫在杭州滨江的中式生活》Vlog获大赛“精彩亚运，韵味杭州”单元三等奖。

27日，北塘河活力公园建成开放。北塘河活力公园位于江南大道与江虹路交叉口西南角，属于北塘河公园中“北塘新诗卷”的闻香园，总面积2.96万平方米。

28日，“数字变革策源地初见雏形”入选省十大标志性成果阶段成效。至此，杭州高新区（滨江）有6项成果入选中国（浙江）自由贸易试验区各批次省十大标志性成果（十大进展）。

29日，浙江零跑科技股份有限公司在香港联交所主板挂牌上市（股票简称：零跑汽车，股票代码：9863.HK），是杭州高新区（滨江）第68家上市公司。

同日，杭州市滨江区人民政府与浙江省机场集团举行战略合作协议签约仪式。

30日，省人力资源和社会保障厅、省总工会联合发文公布2022年“浙江工匠”培养项目人员名单，杭州高新区（滨江）有浙江大华技术股份有限公司高级网络安全工程师、网络与信息安全管理员技师谢志和，杭州安恒车联网安全技术有限公司天问实验室主任、网络与信息安全管理员高级技师高昌盛，杭州艺福堂茶业有限公司高级研发工程师、评茶员高级技师贾磊3人入选。

10月

8日，信雅达科技股份有限公司、浙江中控研究院有限公司、杭州哲达科技股份有限公司、中科粮油（杭州）有限责任公司牵头的4个创新联合体入选“2022年杭州市企业创新联合体备案名单”。杭州高新区

（滨江）累计有省级创新联合体3家、市级创新联合体15家，均居全市第一位。

同日，杭州高新区（滨江）萧山特别合作园重大项目签约暨“中国视谷”建设启动仪式举行。

12日，全国博士后管委会办公室公布2022年第一批次博士后科研工作站新设站名单，恒生电子股份有限公司获批设立国家级博士后科研工作站。

17日，“创客天下·杭向未来2022年杭州市海外高层次人才创新创业大赛”留学人员创新创业项目专场互联网+组决赛在“智慧e谷”举行。

18日，杭州高新区（滨江）首届班主任节在杭州湖畔学校举行。

同日，省教育厅发布《关于首批浙江省清廉学校建设示范校拟认定结果的公示》，杭州闻涛中学入选首批省清廉学校建设示范校名单。

19日，区市场监管局联合市市场监管局、中国检验认证集团浙江有限公司共同起草的杭州市地方标准《“同线同标同质”产品管理通用要求》通过立项，成为全省首个通过立项的“三同”地方标准，也是全国首个集企业自我评价、自我声明及第三方评价于一体的地方标准。

21日，杭州高新区（滨江）“两链”（产业链、创新链）深度融合推进会在“智慧e谷”召开。

24日，杭州中恒电气股份有限公司、英飞特电子（杭州）股份有限公司2家杭州高新区（滨江）企业入选工业和信息化部第七批制造业单项冠军企业（产品）名单。

26日，杭州市滨江区人民政府第二次全体（扩大）会议召开，传达学习中国共产党第二十次全国代表大会精神。

28日，杭州高新区（滨江）第三所产业园区嵌入式幼儿园——大华幼儿园开园。

同日，鲲鹏应用创新大赛2022年全国总决赛结束。杭州高新区（滨江）企业杭州安恒信息技术股份有限公司在数字政府赛道获金奖，恒生电子股份有限公司在科技金融赛道获银奖。

31日，杭州高新区（滨江）获评2019—2021年度全省无偿献血先进区县（市）。

11月

1日，《滨江年鉴（2021）》入选2022年度“浙江省精品年鉴”名单，是杭州市唯一入选的县区级综合年鉴。

同日，区应急管理局举行应急指挥车和抢险救援车交接仪式。应急指挥车是杭州高新区（滨江）首次引进。

9日，第十一届中国创新创业大赛浙江赛区暨第九届浙江省“火炬杯”创新创业大赛总决赛在杭州高新区（滨江）落幕。杭州高新区（滨江）有4家企业入围总决赛，占入围企业数的19%。其中，中科国生（杭州）科技有限公司获初创组二等奖，杭州泰昕微电子有限公司、杭州舞环科技有限公司、杭州径上科技有限公司获成长组三等奖。

同日，全国市场监管数字化试验区建设试点单位名单公布，杭州高新区（滨江）知识产权服务业集聚区管理平台获批知识产权保护项目建设试点。

11日，2022年杭州高新区（滨江）暨长河街道全民终身学习活动周启动仪式在杭州湖畔学校举行。

13日，杭州高新区（滨江）硅谷精英沙龙暨硅谷人才活动周启动。

16日，浙江国自机器人技术有限公司、杭州迦智科技有限公司、浙江甂达机器人制造有限公司、杭州景业智能科技股份有限公司4家杭州高新区（滨江）企业入选“2022年浙江省机器人典型应用场景”名单，入选数量居全省各区县（市）第一位。

17日，杭州高新区（滨江）富阳特别合作区合作深化暨省特别重大项目通线仪式举行，两区签订《杭州高新区（滨江）富阳特别合作区合作深化协议》。

同日，全省首条12英寸集成电路制造产线——杭州富芯半导体有限公司12英寸IDM（垂直整合制造）模拟集成电路芯片项目通线。

18日，中国（浙江）自由贸易示范区杭州片区滨江区块获批两周年暨数字自贸高质量提升发展大会在“智慧e谷”召开。会上，浙江数字贸易咨询服务中心和数据跨境服务联盟揭牌成立。

21—22日，第十一届中国创新创业大赛生物医药全国赛在杭州高新区（滨江）举行。

22日，2022年度“舞动中国——排舞联赛”总决赛暨全国排舞冠军赛在杭州市滨江体育馆开幕。

24—27日，第十八届中国国际动漫节在杭州白马湖国际会展中心和杭州奥体中心网球中心（“小莲花”）举行。

30日，杭州高新区（滨江）入选浙江省文化产业发展专项资金（2023—2025年）扶持对象名单，为首次获得该项扶持（每年1000万元）。

12月

6日，在长三角一体化慈善论坛公布的《2017—2021年浙江城市慈善发展指数五年报告》中，杭州高新区（滨江）慈善发展指数均居全省区县（市）第一位。

7日，杭州数字服务贸易发展论坛在“智慧e谷”举行。

9日，浦沿街道文学艺术界联合会成立暨第一次代表大会召开，是滨江区第一个街道文联。

同日，杭州高新区（滨江）国有企业工作会议暨国企改革推进会在“智慧e谷”召开。

12日，杭州天和高科技产业园、杭州盛大科技园2个杭州高新区（滨江）园区获评2022年度浙江省数字化示范小微企业园，数量居全省第一位。

14日，滨江物联网小镇入选省发展和改革委首批省级特色小镇现代产业最佳实践案例。

16日，2022年杭州数智消费嘉年华“活力暖冬、智汇BINGO”消费节在银泰百货滨江店中心广场举行。

19—23日，2022年网易未来大会在杭州高新区（滨江）线上线下举办。

22日，首届“创新浙商”发布仪式在杭州举行，公布10位“创新浙商”名单。杭州高新区（滨江）有杭州尚健生物技术有限公司创始人、首席执行官吕明和杭州安恒信息技术股份有限公司董事长范渊2人入选。

23日，第六届世界浙商大会在省人民大会堂开幕。大会表彰30家高质量发展领军代表，其中新华三信息技术有限公司、浙江吉利控股集团有限公司、网易（杭州）网络有限公司、浙江大华技术股份有限公司4家杭州高新区（滨江）企业入选，数量居全省区县（市）第一位。

25日，浙江大学社会治理研究院在杭州举行“2022中国社会治理百强区县（市）暨2022浙江省社会治理十佳区县（市）”发布会。杭州高新区（滨江）居2022中国社会治理百强区县（市）和2022浙江省社会治理十佳区县（市）榜首。

28日，杭州萤石网络股份有限公司在上海证券交易所科创板挂牌上市，是杭州高新区（滨江）第69家上市企业。

29日，德施曼智能家居安防产业基地项目实现“企业投资项目备案”“签订土地出让合同”“桩机先行备案”“用地规划许可证”和“工程规划许可证”“五证齐发”极速审批试点，开工建设。

30日，中共杭州市滨江区委六届三次全体（扩大）会议暨区委经济工作会议在区文化中心召开。会议听取题为《全面学习贯彻党的二十大精神 以“两个天堂”生动实践奋力开启中国式现代化新征程》的报告。

（区志编研室）

区情概览

建置区划

【位置面积】 滨江区位于钱塘江下游南岸，地处北纬30°08′20.4″～30°14′20.4″、东经120°07′4.8″ ～120°13′55.2″。东、南面与杭州市萧山区盈丰街道、北干街道、城厢街道、蜀山街道及闻堰街道接壤。西、北濒钱塘江，与杭州市西湖区、上城区隔江相望。境域东西最大距离10.4千米，南北最大距离10.4千米。据第二次全国土地调查，境域总面积72.2平方千米，钱塘江水域面积11.3平方千米，占总面积的15.7%；内陆区域面积60.9平方千米，占总面积的84.3%。

（陈志根）

【建置沿革】 新石器时代，滨江境域已有人类活动。春秋战国时，为越国属地。战国中期，楚威王（前339—前329在位）灭越，境域属楚。秦王政二十五年（前222），置会稽郡，境域属会稽郡。西汉初至元始二年（2），始建县，名余暨，境域属余暨县。新朝王莽始建国元年（9），改余暨为余衍，境域属余衍县。东汉建武年间（25—56），复称余暨，属会稽郡。三国，吴黄武年间（222—229），改名永兴，属会稽郡。县治设古长兴乡（即今滨江区浦沿街道境内），境域属永兴县。西晋，属会稽郡。唐仪凤二年（677），复设永兴县，属越州。其间，废县89年，隶属不变。唐天宝元年（742），改永兴为萧山，越州亦改为会稽郡，境域属会稽郡萧山县。五代时，萧山属吴越国镇东军，境域属镇东军萧山县。北宋太平兴国三年（978），吴越国除，镇东军仍改为越州，境域属越州萧山县。时萧山县实行乡里制，滨江境域设夏孝乡（西兴、长河一带）、长兴乡（浦沿一带），仍隶属萧山县。南宋绍兴元年（1131），改越州为绍兴府，萧山均其属县，滨江境域属绍兴府萧山县。元世祖至元十六年（1279），改绍兴府为绍兴路，萧山属绍兴路。当年改乡为都、改里为图，改夏孝乡为三都，辖十一图；改长兴乡为四都，辖六图；设西兴场（煮盐），隶属不变。明至清末，沿袭元制。清康熙年间（1662—1722）西兴设市，雍正七年（1729）称西兴庄；道光十一年（1831）称长兴乡为“浦堰”；咸丰十一年（1861），太平军占领萧山，改县名为莦珊县。境域属莦珊县。同治二年（1863），太平军退出，复称萧山县，境域仍属萧山。同治二年（1863）至光绪年间（1875—1908）长河设镇；光绪二十四年（1898）改“浦堰”为“浦沿”，隶属不变。宣统二年（1910），根据《城乡镇地方自治章程》《府厅州县地方自治章程》，县以下设乡，时滨江境内有西兴乡、长河乡、长兴乡，隶属萧山县。

民国元年（1912），废府，萧山为省直辖，滨江境域属萧山。民国3年（1914），省下设道，萧山属会稽道；民国16年（1927），废道，萧山复由省直辖。民国17年（1928），推行村里制，县下设区，区下设村、里，时设西兴里、长河里、浦沿里，属萧山县第二区；民国19年

（1930），将村、里、自治会改编为乡镇，滨江境域设2个镇1个乡。民国21年（1932）2月，长河设区，辖冠山、长河、傅许、沿山4个乡、135个闾，归属不变。民国24年（1935），省设行政督察区，萧山属第三行政督察区；民国37年（1948），萧山复归省直辖县，境域归属依旧。

1949年5月5日，萧山县解放，由省直辖。1949年5月，长河设区，隶属萧山。6月，萧山划入绍兴专区。1957年，划入宁波专区。1959年改属杭州市，滨江境域均属萧山县。1958年10月1日，实行政社合一的人民公社体制，长河区所辖西兴、长河、山河、浦沿、闻堰5个乡镇，联合成立长河人民公社，隶属萧山县不变。1984年3月，改公社为乡，滨江境域有西兴、长河、浦沿3个乡。1985年6月，改乡为镇，称西兴镇、长河镇、浦沿镇，仍属萧山县。1988年1月，萧山撤县设市（县级），境域属萧山市。

1996年5月9日，经《浙江省人民政府关于扩大杭州市市区行政区划的批复》批准，西兴、长河、浦沿3个镇从萧山市中划出，归杭州市西湖区管辖。5月24日，根据《浙江省民政厅关于同意将杭州市西湖区西兴镇的东湘、杜湖、湖头陈三村划归萧山市城厢镇的批复》，西兴镇划出东湘、杜湖、湖头陈3个村，并归萧山市城厢镇。12月12日，经《国务院关于同意浙江省调整杭州市市辖区行政区划的批复》，以西兴、长河、浦沿3个镇地域设滨江区。2002年6月，根据《中共杭州市委杭州市人民政府关于调整杭州高新技术产业开发区和滨江区管理体制的决定》，对杭州高新技术产业开发区管委会和滨江区的管理体制进行调整：杭州高新技术产业开发区党工委、管委会作为市委、市政府的派出机构性质不变；杭州高新技术产业开发区党工委、管委会班子成员和滨江区党委、政府班子成员实行全交叉兼职；既按高新技术产业开发区模式运行，又行使地方党委、政府职能，称杭州高新技术产业开发区（滨江），简称“杭州高新区（滨江）”。2003年11月18日，根据《浙江省人民政府关于杭州市滨江区行政区划调整的批复》批复，撤销杭州市滨江区西兴镇、长河镇、浦沿镇建制，其行政区域改由滨江区政府直辖。2003年12月3日，根据《杭州市人民政府有关于滨江区行政区划调整的批复》，设西兴街道、长河街道、浦沿街道。街道驻地、管辖区域、四至界限与原建制镇同。境域为杭州市滨江区。

（来小钦）

【行政区划】 至2022年底，滨江区有西兴、长河、浦沿3个街道，66个建制社区。其中：西兴街道有共联社区、马湖社区、庙后王社区、七甲闸社区、西兴社区、襄七房社区、协同社区、星民社区、奥体社区、滨和社区、丹枫社区、官河社区、金东方社区、水电社区、温馨社区、西陵社区、新州社区、亚运社区、物联网社区、石门塘社区20个社区；长河街道有江一社区、江二社区、江三社区、长一社区、长二社区、长河社区、山一社区、月亮湾社区、天官社区、中兴社区、闻涛社区、月明社区、晶都社区、白马湖社区、冠山社区、钱潮望涛社区、钱潮建业社区、观潮社区、江汉社区、竹山社区、越王社区21个社区；浦沿街道有新生社区、浦联社区、杨家墩社区、联庄社区、东冠社区、冠二社区、冠一社区、岩大房社区、山二社区、新浦社区、之江社区、滨文社区、六和社区、彩虹社区、滨盛社区、东信社区、西浦社区、向南社区、信诚社区、明德社区、江南社区、华悦湾社区、滨之社区、新和社区、伟业社区25个社区。2022年，新批准成立月亮湾社区、钱潮望涛社区、钱潮伟业社区、滨之社区、新和社区、伟业社区6个社区，撤销钱潮社区、汤家桥社区2个社区。

（占监楼）

自然地理

【地形地貌】 滨江区地处萧绍平原西沿，南依浦阳江平原，北靠杭州复向斜丘陵。境域以平原为主，有少量低丘，地貌类型单调，界线清晰。以西江塘、北海塘为界，分为里畈片地貌和沙地片地貌。里畈片位于老虎洞山、美女山、狮子山一线以北至西江塘北段一带，为由富春江、浦阳江夹带的泥沙和湖沼堆积形成的冲积–湖积平原，有星散分布的孤丘。平原表面平展，北部和西北部地势略高，为6.2～6.8米，白马湖一带稍低，湖面常年正常水位5.6米，格子状、枝杈状水系密布，由西向东汇注白马湖。沙地片分布于浦沿街道半爿山至西兴街道西江塘以北的南沙冲积–海积平原西端，呈东西向伸展，宽2.6～4.8千米，由钱塘江、东海涌潮挟带的泥沙堆积形成。平原表面微微起伏，南部地势略微高起，河渠纵横，池、井、浜散布。濒临钱塘江水域，地面略微高起，沉积物明显变粗，主要为细砂和粉砂，土质松散。

（陈志根）

【气候】 滨江区地处亚热带季风气候带，温和湿润，雨量充沛，光照充足，四季分明，春秋较短，冬夏较长。春季一般始于3月上旬至中旬，回暖早，冷暖转换快，气温日差较大。夏季平均始于5月中旬至下旬，初夏常为梅雨季节，高湿闷热；盛夏晴热少雨，也是台风影响最频繁的时期。秋季多开始于9月下旬至10月初，多秋高气爽的天气。冬季多开始于11月底至12月初，多晴冷天气。

2022年，滨江区年平均气温18.5℃，较常年高1℃，为有气象监测记录以来第二位；年降水量1502.7毫米，与常年持平；年雨日数150天，较常年多3.2天；年日照时数1943.1小时，较常年多近20%。全年有8个月平均气温高于常年，出现高温日数59天，打破2013年53天的历史纪录，极端最高气温41.8℃，打破历史最高温度纪录；汛期降水明显偏少，梅雨季节偏短，平均梅雨量98毫米，仅占常年平均梅雨量（261毫米）的37.5%。

气温　平均气温为18.5℃，较常年高1℃，为有气象监测记录以来第二位；年极端最高气温为41.8℃，出现在8月14日；年极端最低气温为-3.1℃，出现在12月18日。1月平均气温6.4℃，较常年高1.4℃；2月平均气温5.1℃，较常年低1.9℃；春季（3—5月）平均气温17.8℃，比常年高1.1℃；夏季（6—8月）平均气温30.2℃，比常年高2.5℃；秋季（9—11月）平均气温20℃，比常年高1℃；12月平均气温5.7℃，较常年低1.7℃。

降水　降水量1502.7毫米，与常年持平。1月降水量142.8毫米，较常年多53.1%；2月降水量152.3毫米，较常年多72.5%；春季降水总量为462.9毫米，较常年多22%；夏季降水总量为456毫米，较常年少24.2%；秋季降水总量为225.1毫米，较常年少14.3%；12月降水量63.5毫米，较常年少1.1%。

日照　年日照时数1943.1小时，较常年多7.8%。1月日照时数70.8小时，比常年少26%；2月日照时数72.7小时，比常年少24.7%；春季日照时数492.9小时，比常年多16.3%；夏季平均日照时数740小时，比常年多46.1%；秋季平均日照时数440.8小时，比常年多10.2%；12月日照时数125.9小时，比常年多11.8%。

天气气候事件　年均气温居历史第二位，气候变暖趋势持续。年均气温18.5℃，较常年（17.5℃）高1℃，仅次于2021年，历史排名第二。其中3月、8月、11月的月平均气温均打破历史纪录，气候变暖趋势持续。梅雨不典型，雨量打折扣。6月10日滨江区入梅，较常年（6月13日）早3天；6月26日出梅，较常年（7月8日）早12天。梅雨期16天，较常年短10天。平均梅雨量98毫米，仅占常年平均梅雨量（261毫米）的37.5%。最强热浪侵袭，屡刷历史纪录。2022年出现高温日数59天，打破2013年53天的历史纪录。7月20日至8月23日连续35天出现高温天气，打破历史连续高温天数最长纪录。超过40℃高温日数14天，与2013年并列历史第一位。8月14日出现极端高温41.8℃，打破历史最高温度纪录。9月台风送爽，既解暑又清凉。9月，台风“轩岚诺”（9月4—5日）和“梅花”（9月12—15日）相继影响，一改之前的狂风暴雨，送来雨水和清凉，缓解前期的持续性高温干旱。入秋入冬速度快，气温骤降。10月2日、10月3日最高气温分别是37.7℃和38.4℃，创历史同期最高纪录。4日夜晚强冷空气影响滨江，5日早晨最低气温降至16.5℃，滨江区经历“一夜入秋”。11月28日至12月1日滨江出现电闪雷鸣、冷空气大风、暴雪天气，最高气温从18.9℃跌至1.2℃，12月1日最低气温跌破冰点，迅速完成秋冬季节转换。霾日数持续减少，能见度逐年增高。全年霾日数47天，较上一年减少3天，未出现中度和重度霾天气；平均能见度12.7千米，比上年增加484米，大于10千米的高能见度天气出现概率为53.3%，稍低于上年的53.7%；小于2千米的低能见度天气出现概率为4.8%。

（洪　萍）

【土壤】 根据1979—1985年的第二次土壤普查，滨江区共有4个土类、6个亚类、7个土属、11个土种。土壤分布主要受地貌因素制约，基本可分为红壤土类、潮土类、盐土类和水稻土类。红壤土类主要分布于境域内沿山一带，潮土类主要分布在南沙大堤以南至北海塘一带地区，盐土类主要在南沙大堤以北地区，水稻土类主要分布于北海塘以南的水网平原区。

【水文】 滨江区水文资源丰富，水域总面积14.99万平方米。河流众多，统属钱塘江水系，全为感应河段。境内有浙东运河、前解放河、七闸直河、北塘河、永久河等40多条河流，多为人工河。其中5000米以上3条，最长的是永久河，有6810米。历史最久的为浙东运河（西兴运河），始凿于西晋，2014年与西兴过塘行码头一起成为联合国世界遗产中国大运河之遗产点。境内湖泊较多，湖泊主要有白马湖、井山湖和詹家湖。白马湖原为浅海湾，后因沙洲堵塞其与外海的通道，成为泻湖，为境域内最大湖泊，有水域面积120公顷，蓄水量300万立方米。地下水资源丰富，主要类型有孔隙潜水、孔隙承压水、基岩裂隙水和石灰岩岩溶水。

（区志编研室）

自然资源

【林业资源】 2022年，滨江区有林地面积462公顷，森林面积1357公顷，森林覆盖率18.79%；林木蓄积量14.45公顷。阔叶林及针阔混交林面积1340公顷，占森林面积的98.75%。乔木林地面积380.7公顷，竹林面积11.5公顷，灌木林地面积8.6公顷；其他林地面积59.2公顷。原生植物群落由于人为活动影响损失严重，现存的均为天然次生和人工植物群落。主要类型有常绿阔叶林、常绿落叶阔混交林、针叶林、竹林和灌木林。乔木树种主要有香樟、杉木、水杉、青冈、栎类、银杏、杜英、乐昌（九昌）含笑、樱花、广玉兰、湿地松、杨树、柳树、枫杨、无患子、女贞、构树、珊瑚树、法国梧桐及其他阔叶树。经济树种主要有杨梅、茶叶等。灌木树种主要有檵木、白栎、乌饭、杜鹃、红叶石楠、紫薇、红叶李、夹竹桃、黄杨、小叶栀子、十大功劳等。竹类主要以毛竹为主，哺鸡竹、雷竹、石竹等有少量分布。

（张　琦）

【动植物资源】 滨江区气候温暖湿润，地貌类型多样，利于动植物生长繁殖。区内动物资源较为丰富，鱼类资源有200多种；两栖爬行类动物30多种；鸟类60多种，呈季节性分布；兽类20多种；昆虫类主要是蝴蝶与蜻蜓。区内野生植物资源并不丰富，以绿化栽培植物为主，共135种草本、花卉植物。

（区志编研室）

【矿产资源】 滨江区矿产资源以非金属矿产为主，金属矿矿体规模小。2022年，滨江区已查明矿床、矿点共5处，其中石英砂岩矿床1处、石灰岩矿点1处、泥岩矿点1处、天然气矿点2处。1处石英砂岩矿为长河街道原张家村石英砂岩矿矿产地，其余4处矿点都不具有开发利用价值。原张家村石英砂岩大部分位于萧山区境内，其北东端有部分矿体分布于滨江区，并处于规划建设用地范围内，均被列为禁采区。

（孔萧平）

人口民族宗教

【人口】 至2022年底，滨江区户籍人口322197人，比上年增加11039人，上升3.55%，其中西兴街道106746人、长河街道99917人、浦沿街道115534人。0～17岁73372人，占总人口的22.77%，上升2.64%；18～34岁84754人，占总人口的26.31%，下降0.47%；35～59岁117010人，占总人口的36.32%，上升5.2%；60岁以上47061人，占总人口的14.61%，上升8.7%。户籍总数85760户、322197人，增加2308户、11039人，增长2.77%、3.55%，平均每户3.76人。总人口中，男性161215人，占50.04%；女性160982人，占49.96%。城镇人口322197人。全区出生人口3444人，比上年3573人下降3.61%。出生人口中，男性1782人，女性1662人，出生人口性别比107.22（以女性为100）。全区死亡人口787人，比上年794人下降0.88%。流动人口在册315441人，比上年减少29177人，下降8.47%，其中西兴街道109011人、长河街道106456人、浦沿街道99974人。居住时间1年以下141936人，占流动人口在册数的45%；居住时间1～5年134120人，占流动人口在册数的42.51%；居住时间5年以上39385人，占流动人口在册数的12.49%。16～59岁流动人口在册281761人，占流动人口在册数的89.32%。流动人口中男性为180068人、占比57.08%，女性135373人、占比42.92%，性别比例为133（以女性为100）。初中及以下学历流动人口103564人，占32.83%；高中学历68915人，占21.85%；大专及以上学历142962人，占45.32%。全区共有少数民族52个，少数民族流动人口12633人，占全区流动人口总数的4%。全年迁移人口45867人，比上年61880人下降25.88%，其中：市内迁入7575人，比上年11068人下降31.56%；省内迁入4347人，比上年7804人下降44.3%；省外迁入6635人，比上年9417人下降29.54%；迁往市内8163人，比上年10373人下降21.31%；迁往省内794人，比上年571人上升39.05%；迁往省外1213人，比上年1297人下降6.48%。

（杜　鹃）

【民族】 2022年，滨江区有少数民族52个，流动人口1.26万人。民族团体有滨江区民族团结进步促进会。1所学校获评“全国民族团结进步示范单位”，1所学校获评“省级民族团结进步创建重点培育单位”，1所学校和1个社区获评杭州市“之江同心石榴红”引领单位。

【宗教】 2022年，滨江区宗教团体有滨江区佛教协会、滨江区基督教协会和滨江区基督教三自爱国运动委员会3个宗教团体。全区登记在册的宗教场所有冠山禅寺、协同福音堂、西兴基督教堂、长河基督教堂、真理教堂、江边聚会点6处，纳入管理的聚会点3处，民间信仰点7处。全区宗教教职人员32人，可统计的基督教信徒5000多人。

（王声涛）

人文历史

【文化遗存】 至2022年底，滨江区有127处（个）移动文物，其中世界文化遗产、全国重点文物保护单位1处（12个点），省级文物保护单位1处，市级文物保护单位2处，市级文物保护点8处（12个点），一般不可移动文物55处，历史建筑45处。有尚未列入各级文保名录的历史遗址13处，名人墓冢（遗址）17处。

（区志编研室）

【非物质文化遗产】 至2022年底，滨江区有非物质文化遗产名录项目58个，其中省级3个、市级9个、区级46个。非物质文化遗产代表性传承人15人，均为区级；非遗教学传承基地7处，其中市级1处、区级6处；非遗体验点5个，其中市级2个、区级3个。

（王朝闻）

【历史名人】 滨江区历史上名人众多，有政治家来延绍、来天球、来三聘、来方炜、来斯行、来集之、汤金钊，方志学家蔡大绩，抗倭名将来端蒙、来端操等。近现代有农运先驱来耀先、革命先驱来中民、革命烈士来诵华、实业家乡贤周铭慎、小说家许廑父、名中医沈秋荪、诗人来裕恂、史学家来新夏、书画篆刻“三绝艺人”来楚生等。

【民俗】 今滨江区境域古为吴越交接之处，其社会风俗具有吴风越俗的特征。尤其是南宋建都杭州后，今滨江区境域成为“京畿腹地”，众多北方官宦及市商百工相继渡江，带来先进生产技术和都市人的生活风俗、交往礼仪及市井风气。境域历属萧山，民俗与萧山、绍兴大致相同。一年中，春节、元宵、立夏、端午、中秋等为“人节”，多喜庆色彩。清明、中元、冬至为“鬼节”，主要是祭祖祀神。滨江区境域向为书礼之地，多有世族聚居，礼仪多为齐家睦邻、尊长敬老、体恤贫弱、表扬志节，增亲情、笃乡谊。

【方言】 滨江区方言属吴语区太湖片临绍小片。今滨江区是杭州市的行政区，与杭州老城区隔江相望。历史上滨江区境域长期属于绍兴府，与钱塘江北岸的杭州城区隔江而治，在方言上与杭州话差异较大，与绍兴话、萧山话比较接近。滨江区境内以西江塘、萧绍公路为界分南北两片：老海塘南，旧称“里村”，属水稻区，语音与萧山区无多大区别；老海塘北，旧称“沙地区”，以种植棉麻为主，居民多为钱塘江海涂坍塌向西迁徙的农民，语言多带绍兴口音。

（区志编研室）

风景名胜

【滨江物联网小镇】 2022年，滨江物联网小镇景区接待游客31.04万人次。滨江物联网小镇位于西兴街道西北部，紧邻星民地铁站。东至西兴路，西至江陵路，南至联惠街，北至解放河，总面积22.4公顷。滨江互联网小镇根据AAA级景区总体规划布置，景区日最大承载人数为1.16万人，主要景观有沃尔沃汽车博物馆、海康威视智慧安防厅、江虹无界艺术中心、杭州零跑汽车体验中心、和仁智慧医疗展示中心、“智慧e谷”展厅、电信智慧双创物联网示范基地、杭州创业大街、聚光科技（杭州）股份有限公司“绿色科技”展厅。2019年12月9日，滨江物联网小镇被认定为国家AAA级旅游景区，是滨江区3个AAA级景区中的第一个。

【白马湖公园】 2022年，白马湖公园景区接待游客57.41万人次，白马湖绿镜拾光美学露营基地获评年度杭州户外休闲旅游人气奖。白马湖公园景区涉及长河街道越王社区、原汤家桥社区和西兴街道马湖社区。东至萧山东白马湖，西至长江南路，南至越王社区，北至原汤家桥社区和马湖社区，占地130公顷。白马湖景区根据AAA级景区公园总体规划布置，景区日最大承载人数为7000人，核心景观有白马湖二期创意岛。2020年1月6日，白马湖景区公园景区被认定为国家AAA级旅游景区。

【滨江互联网小镇】 2022年，滨江互联网小镇接待游客28.6万人次。滨江互联网小镇位于位于长河街道中部的中国互联网经济产业园内，景区由区块一、区块二构成，总面积44公顷。区块一西起江虹路，东至江晖路，南起众创路，北至滨和路、江汉路；区块二西起聚才路，东至江虹路，南起滨康路，北至滨安路。滨江互联网小镇根据AAA级景区总体规划布置，景区日最大承载人数为1000人，核心景观有网易蜗牛读书馆。2020年4月24日，滨江互联网小镇景区被认定为国家AAA级旅游景区。

（高青青）

2022年经济社会发展

【经济建设】 2022年，杭州高新区（滨江）地区生产总值2184.8亿元，比上年增长1.8%。社会消费品零售总额为547亿元，增长14.7%，汽车零售额增长9.5%；通过公共网络实现的商品零售占限额以上批零单位商品零售总额的49.4%。新设外商投资企业116家，增资项目90个，投资总额1000万美元以上大项目19个；实际利用外资8.6亿美元。新注册企业1.7万家。新增上市公司6家，总计培育69家。新引进各类人才总数3.88万人，其中博士337人、硕士8939人，硕博人才占人才引进总量的23.9%。专利授权量2.04万项，增长14%。每万人发明专利拥有量625.2件，居全省第一位。

【政治建设】2022年，杭州高新区（滨江）将政治建设放在首位，严格执行“第一议题”制度，召开区委常委会议29次和区委理论学习中心组学习会22次，传达学习中共二十大精神、中共中央总书记习近平重要讲话精神，落实意识形态工作责任制，做实做深宣传思想文化工作，提高政治判断力、政治领悟力、政治执行力。发挥总揽全局、协调各方的领导核心作用，修订实施区委工作规则，探索实践全过程人民民主，支持保障人大、政府、政协和法院、检察院依法依章履职，各民主党派、工商联、无党派人士履职尽责，党的群团工作和群团组织的政治性、先进性、群众性不断增强，党管武装和国防后备力量建设不断发展进步，新时代民族、宗教、对台、侨务等工作持续向好，凝聚共促发展合力。

【文化建设】2022年，杭州高新区（滨江）以历史为基，以亚运为媒，以产业为矛，构筑文化工作新格局。投用杭州市江晖小学等学校6所，建成永久河单元幼儿园、物联网幼儿园，浙江省杭州西兴中学改建完成，大华产业园嵌入式幼儿园开园，新增学位8340个；续建振浦小学、培智学校等学校13所。推动形成一湖两带一走廊“之”字形文化发展格局，展现历史底蕴、文化内涵与科技实力。挖掘运河源、古海塘和浙东唐诗之路等历史文化内涵，推动白马湖越文化考古发掘和“非遗”传承。推动西兴古镇、长河老街等遗址的保护性开发利用，提升区域历史文化氛围。持续打造好樱花跑、“舞动中国——排舞联赛”等特色文化，营造全民健身、全民亚运氛围。加大优质数字文化企业招引、领军企业培育力度，推进之江文化产业带白马湖发展极建设，营造文化产业发展良好生态，打造数字文化产业高质量发展。

【社会建设】2022年，杭州高新区（滨江）居民人均可支配收入为78793元，比上年增加2295元，增长3%。有卫生机构277个，其中医院8个。拥有各类医疗机构床位698张，其中医院床位543张，分别增长6.6%和5.4%。卫生技术人员3922人，增长5.4%。其中，执业（助理）医师1277人，注册护士1706人，分别增长8.7%和12.8%。续建安置房项目20个、334.5万平方米，新开工1个、4.6万平方米，交付11个、163.8万平方米，安置15245户次。开工建设共有产权保障住房1000套、公共租赁住房9.6万平方米，筹集保障性租赁住房7273套。城镇新增就业5.7万人，帮扶就业困难人员实现再就业2132人，其中拆迁户家庭1005人，发放征地拆迁家庭大病医疗补助414.3万元。江南大道隧道开通试运行。西兴街道缤纷未来社区、浦沿街道冠山未来社区入选浙江省首批未来社区名单。

【生态文明建设】2022年，杭州高新区（滨江）围绕国家生态文明建设示范区创建目标，做好生态环境保护各项工作。空气质量达到二类环境空气功能区标准，优良率79%，$PM_{2.5}$年平均浓度每立方米30.8微克，PM_{10}年平均浓度每立方米53微克。交接断面和省控、市控断面平均水质均为Ⅲ类水质。创建省级“美丽河湖”片区1个、市级“美丽河道”7条，开展扬尘污染防治，完成专项巡查881次，督促整改及复核扬尘问题773个。开展已建成工业集聚区内“污水零直排区”建设“回头看”，检查发现问题421个，整改率100%。推进水生态修复，完成小砾山输水河生态缓冲带建设2.2千米。推进建设用地管控和修复“一件事”改革，2个地块移出污染地块名录，19个地块完成用地性质变更初步调查评审，重点建设用地安全利用率100%。新建（改建）公园10个，实现扩绿29万平方米，北塘河畔及周边区域提升改造工程获评省级优秀园林工程奖，闻涛路获评省级绿化美化精品道路。入选全国首批自然资源节约集约示范区县（市）名单。

（区志编研室）

中共杭州高新区工委（滨江区委）

综 述

【经济稳进提质】 2022年，杭州高新区（滨江）在全市首发经济稳进提质八大攻坚行动方案，整合推出56项稳住经济政策措施，出台“1+1+X”［《杭州高新区（滨江）关于经济稳进提质攻坚行动的实施方案》+《杭州高新区（滨江）贯彻落实国务院、浙江省、杭州市扎实稳住经济一揽子政策措施》+若干助企纾困政策］经济工作组合措施，兑现惠企产业资金46.9亿元，惠及企业1.1万家次。开展“百名干部助百企”等助企服务，组建产业链供应链应急保障专班、保通关工作专班，为新华三集团等企业办理通行证865张、涉及物资价值44.8亿元。地区生产总值为2184.8亿元，总量居全市第三位、全省第六位；第二产业增加值849亿元、占地区生产总值的38.9%，规模以上工业增加值751.9亿元、总量保持全市第一位；数字经济核心产业增加值1723亿元、占地区生产总值的78.9%，总量及占比均居全省第一位；新增市场主体2.1万家，其中新增企业1.7万家、数量居全市第二位、增速居全市第三位；新增上市企业6家，累计69家；招引落地1亿元以上项目42个，引进外资8.6亿美元。获评全省高新区亩均效益领跑者、制造业五星级园区，数字经济综合评价、服务业综合评价、制造业高质量发展指数、两化融合发展水平、各区县（市）高质量发展综合评价等均居全省第一位，稳外贸稳外资、质量和知识产权保护2项工作获省政府督查激励。

【科创生态优化】 2022年，杭州高新区（滨江）争取极弱磁大设施落地并获国家发改委可行性研究报告批复，加快白马湖实验室、智能感知技术创新中心2个省级重点平台建设，支持建设浙江大学国家心脑血管植入器械产教融合创新平台，形成“1+2+6+N”（“1”指极弱磁大设施国家重大科技基础设施，“2”指白马湖实验室和智能感知中心2个省级平台，“6”指北京航空航天大学杭州研究院、浙江大学滨江研究院、浙江工业大学滨江网安院、杭州电子科技大学滨江创新中心、杭州长光产业技术院、杭州中科转移中心6家创新研究院，“N”是指全区各类研发机构等企业载体）创新平台体系。完善“众创空间—孵化器—加速器—产业园—特色小镇”孵化链条，新增市级以上孵化器、众创空间12家；新增国家专精特新“小巨人”企业33家，累计44家；新增省级专精特新中小企业115家，累计166家；新认定国家级高新技术企业539家，累计2271家。出台“两链”（创新链、产业链）深度融合实施意见政策，实施“五个一”（一链一组织、一链一专家、一链一基金、一链一园区、一链一专班）机制，组织“滨江芯·浙江机”芯机联动、“光+生物医药”等产业协作活动，累计组建省级创新联合体3家，市级创新联合体15家，省级产业链上下游企业共同体14家，推进省尖兵领雁重大项目36项、市人工智能重大创新项目攻关38项。出台人才新政，引进人才3.9万人，国家级创业领军人才、国家级特殊支持人才、新引进青年大学生和硕博人才等指标均居全市第一位。

【全面深化改革】2022年，杭州高新区（滨江）制定数字化改革推进方案，全省数字化改革双月综合评价2次获五星，8个场景被纳入全省重大改革（重大应用）“一本账S2”，全省重大需求项目“浙里海归”上线试运行，3个典型应用在省《数字化改革》刊发，3项改革经验在省《竞跑者》刊登。召开共同富裕推进大会，明确16项标志性成果、68项重点工作以及55项重大改革。探索“一区多园”发展模式，启动建设滨萧特别合作园，签署滨富特别合作区新一轮合作深化协议，富芯项目全省首条12英寸晶圆生产线通线，滨萧产业共富模式入选全省高质量发展建设共同富裕示范区最佳实践，全省共同富裕示范区考核优秀。首创冠山数智产业园，长河工业园一期建设成为现代高科技产业园区。加强与温州市泰顺县、四川省广元市朝天区等地协作帮扶。推进自贸区滨江区块建设，建设省、市两级数据交易平台，创建数字服务、数字文化、知识产权、中医药4个国家级特色服务出口基地，数据知识产权制度改革获评全省自贸区“最佳制度创新案例”，发布全国首个数据知识产权质押团体标准，被列入国家级知识产权强国建设示范园区、国家级专利导航服务基地、中国—中东欧国家经贸合作示范区联动区、全省数字贸易先行示范区核心区。推进区属国有企业改革，激发国企动力活力。

【基层社会治理】2022年，杭州高新区（滨江）理顺“社区—网格—微网格”体系架构，新增社区6个，共有网格503个、微网格3116个，招录专职社工220人、专职网格员411人。探索推广“一长二员”模式，相关举措入选第六届全国基层党建创新典型案例，在2022年中国社会治理百强区县（市）和2022年浙江省社会治理十佳区县（市）名单中均居第一位。创新设立区级社会治理中心和街道分中心，开展大综合一体化执法改革，推进基层智治“一网统管”，创新推出“滨安码”，实现区、街、社三级一体指挥。开展社区书记打擂比武系列活动，提升基层队伍能力。全方位立体式开展除险保安“双十行动”、治安“百日行动”、“大排查大起底大整治”专项行动、电信反诈宣传月等活动，全区国家级信访量清零并无再访，获全省“一星平安金鼎”。在2022年浙江省平安考评中，杭州高新区（滨江）排名全省区县（市）第一名，被省委、省政府授予2022年度“平安牌”。

（孙超杰）

重要会议

【概况】2022年，中共杭州市滨江区委召开区委全体（扩大）会议2次，召开区委常委会会议38次，召开区委议事协调机构会议23次。会议对事关全区政治、经济、社会、文化发展事项进行研究。

【区委全体（扩大）会议】2022年，中共杭州市滨江区委召开区委全体（扩大）会议2次。区四套班子负责人、各部门（单位）、街道负责人，平台负责人，亚运区服保办等专班负责人，各民主党派主要负责人等200多人参加会议。8月2日，中共杭州市滨江区委六届二次全体（扩大）会议在杭州白马湖建国饭店召开。会议听取和讨论区委主要负责人所作的工作报告，审议通过《中国共产党杭州市滨江区委员会工作规则》，印发《关于推动创新链产业链“两链”深度融合的实施意见》。12月30日，中共杭州市滨江区委六届三次全体（扩大）会议暨区委经济工作会议在区文化中心举行。会议听取和讨论区委主要负责人所作的工作报告，研究部署2023年各项工作。

【区委常委会会议】2022年，中共杭州市滨江区委召开区委常委会会议38次，会议学习贯彻中共中央总书记习近平在中国共产党第二十次全国代表大会上的重要讲话精神，贯彻落实中共二十大和省第十五次党代会、市第十三次党代会精神。按照党委总揽全局、协调各方的原则，落实好民主集中制，把方向、谋全局、抓大事、促改革。发挥党委的领导核心作用，就事关滨江经济社会发展的重大问题和中国共产党的建设工作进行研究。

【区委议事协调机构会议】 2022年，中共杭州市滨江区委召开全面深化改革委员会、财经委员会、审计委员会、规划委员会等专门委员会会议及统战工作领导小组、现代社区建设领导小组、疫情防控工作领导小组等会议23次。会议传达学习贯彻党中央和省委、市委关于全面深化改革、依法治区、国家安全、网络安全和信息化、财经、机构编制、审计、教育、规划等工作决策部署，研究部署全区相关工作。发挥区委议事协调机构统筹协调、牵头抓总作用，确保全区各项工作有序有力推进。

（孙超杰）

重要决策

【迭代开展“三大主题年”活动实施方案审议通过】 2022年2月17日，区委常委会审议通过《关于迭代开展“三大主题年”活动实施方案》。该方案由总体目标、主要任务、工作要求3个方面组成，要求以“数字变革提升年、亚运效应提级年、组织建设提效年”活动为主题主线，抓实发展提质“五个重大”（围绕变革性实践，实施重大改革；围绕突破性进展，开展重大攻坚；围绕标志性成果，推进重大项目；围绕支撑性保障，谋划重大政策；围绕系统性布局，落地重大平台）战略抓手，开展抗疫提能“十大行动”（网格基础建强夯实行动、社区功能规范提升行动、基层组织凝聚力战斗力提升行动、公共卫生体系跃升行动、亚运城市“微更新”行动、文化文明培根塑魂行动、应急保障能力提升行动、“一网统管”多跨协同行动、进口物品防疫强监管行动、指挥作战体系提升行动），推动各项工作的谋划、部署、启动、见效，建设高质量发展引领区、高效能治理样板区和高品质生活示范区，实现指挥体系科学高效、基层基础有力夯实、数字化能力明显提升，完成2022年各项目标任务，高水平建成“天堂硅谷·硅谷天堂”，为高质量发展打造共同富裕实践样板打下基础。

【推进产业平台高质量发展实施意见审议通过】 2022年3月23日，区委常委会审议通过《推进产业平台高质量发展实施意见》。该意见由指导思想、平台设置、职责划分、管理体制、保障措施5个方面组成，围绕杭州高新区（滨江）“高水平建成‘天堂硅谷·硅谷天堂’，全方位实现‘世界一流·共同富裕’”的战略目标，坚持高质量发展、差异化定位原则，按照强化特色、发挥优势、错位发展的思路，优化完善白马湖生态创意城、江北科技园发展服务中心、智慧新天地发展服务中心、物联网产业园发展服务中心、互联网产业园发展服务中心5个平台产业功能设置，突出平台服务产业主责，厘清平台、街道和部门之间的关系，做到职责明确、责任清晰、分工合作，把产业平台建设成为科技创新集聚区、最优营商环境样板区。

【国土空间资源规划统筹开发利用实施意见审议通过】 2022年4月22日，区委常委会审议通过《关于进一步加强杭州高新区（滨江）国土空间规划统筹管理、合理开发利用国土空间资源的实施意见》。该意见由总体目标、强化规划引领、提升规划管理、加强实施监督4个方面组成，坚持以人为本、创新驱动、绿色发展、高效集约的发展理念，打造高质量发展引领区、高效能治理样板区和高品质生活示范区；系统性梳理总体规划、专项规划、详细规划在规划体系中的定位、职能和要求，建立全区统筹、分级分类的国土空间规划体系，以总体规划为引领，以专项规划、详细规划为支撑，形成定位准确、边界清晰、功能互补的区域国土空间开发保护“一张图”；建立健全从规划编制到规划实施的全流程管理机制，确保规划实施“一盘棋”；围绕全域统筹、闭环管理、强化规划刚性约束的要求，明确加强规划实施监督的具体举措。意见为加强全区国土空间规划统筹管理、合理开发利用国土空间资源明确方向和路径。

（孙超杰）

组织工作

【概况】 至2022年底，杭州高新区（滨江）有基层党组织3714个，其中党委149个、党总支173个、党支部3392个，在册党员5.81万人。有女性党员2.55万人，占43.91%；35周岁以下党员3.27万人，占56.28%；本科及以上学历党员4.67万人，占80.44%；“两新”组织党员4.44万人，占76.39%。全年新发展党员370人，组织关系转入7921人，组织关系转出4090人，出党23人，死亡62人，净增4142人。29个基层党组织获评区级以上“先进基层党组织”，70人获评区级以上“优秀共产党员”，104人获颁“光荣在党50年”纪念章。

区管干部有411人，包括女性干部109人，占26.52%；35周岁以下年轻干部12人，占2.92%；党外干部22人，占5.35%；大学以上学历390人，占94.89%；正处级87人、副处级210人；区直接监管国有企业班子成员21人。选派2名干部到安徽省宿州市泗县挂职。

（丁　豪　谢　炜）

【干部选拔任用】 2022年，杭州高新区（滨江）完善干部监督联席会议制度，创新干部选任监督机制，防止“带病提拔”和“带病上岗”。严管厚爱提振干部风貌，做好“领导干部个人事项填报”“社团兼职审批”等专项工作。调整区管干部9批242人，调整后全区有“85后”处级领导干部26人。

（谢　炜）

【干部教育培训】 2022年，杭州高新区（滨江）开展十九届六中全会、省第十五次党代会精神轮训，做到领导干部政治理论培训全覆盖。开展以共同富裕为主题的基层干部培训，完成区直机关干部、街道干部、“两新”党组织负责人培训全覆盖，3000多人参加。面向全区区管干部，开展“三懂学堂”5期。面向高级聘用人员，开展第七期年轻干部“5050”计划成长营。面向科级干部，开展“我最满意的成长”中层干部交流会。拓展培训载体，作为全省唯一区县级试点，承接“浙里干部之家”“我的学习”应用场景试点工作，开通“我的学习”区县特色专区，上传自制视频课，丰富课程体系。缤纷未来社区入选全市第二批“追随总书记的脚步”精品现场教学基地。征集破难攻坚案例19例，其中《“知识产权”变成“真金白银”》被省委组织部录用并全省推广学习。

（张　磊）

【党员发展】 2022年，杭州高新区（滨江）围绕高质量发展与高素质队伍关系，按照全领域谋划、全方位把控、全链条督导“三个维度”发展党员。全年发展党员370人，35岁及以下党员237人，占64.05%；产业工人党员96人，占25.95%；高级知识分子群体党员51人，占13.78%；非公有制企业党员235人，占63.51%；社会组织党员15人，少数民族党员2人。

（丁　豪）

【基层组织党建】 2022年，杭州高新区（滨江）实施“红色根脉强基工程”，开展“争星晋位·全域建强”行动，推进现代社区建设，整体创优。运用驻区单位、业委会、物业企业等力量，实施融合型大社区大单元治理，推进社区布局优化调整和社区治理能力提升。缤纷未来社区成为全省共同富裕现代化基本单元建设工作现场会、全市党建统领未来社区建设现场会考察点，经验做法入选全省党建联建工作优秀案例。对照政治引领好、发展成效好、劳动关系好、文化建设好、履行社会责任好、党组织自身建设好的“六好”目标，开展以创建“六星党组织”为目标的“六星争创”活动，对全区2864家“两新”党组织进行评分定级，评选产生“六星党组织”104家。

【“两新”组织党建】 2022年，杭州高新区（滨江）走访企业157家438次，办结重点项目28个，解决问题118个。推进“两新”组织“双覆盖”（中国共产党组织覆盖和工作覆盖）攻坚行动，排摸省、市重点关注企业，1万平方米以上园区（楼宇），50人以上企业，规模以上企业，“两新”智图中“3080”（满30人但无党员的“两新”组织、满80人但未建党组织的“两新”组织）预警企业等基本情况，完善党组织建设。以“领办一个重点项目、联系一批‘两新’企业、打造一个党建品牌、填补一批工作盲点、建立一项考评机制”为重点，推广“组建十法”（单独组建、区域联建、行业统建、产业连建、龙头领建、楼宇合建、社企共建、挂点联建、派员驻建、上门育建）。单建党组织115家，联建党组织115家。提档升级杭州优行科技有限公司党委“红色里程”、中控科技集团有限公司党委“红色智控”、浙江中南建设集团有限公司党委“红色桩基”老品牌3个，孵化培育物联网产业园党委“红色智领 物联未来”、杭州萧宏建设环境集团有限公司党委“红色构筑”、杭州金程科技有限公司党支部“红色智引”新品牌3个。

（高 瞻）

【公务员管理】 2022年，杭州高新区（滨江）制定实施《激励干事创业若干意见（试行）》，落实干部能上能下政策，全年激励晋升10人。招录专业性公务员8人（其中“双一流”大学3人），平均年龄26周岁，学历均为硕士研究生。面向36所“双一流”高校及省内12所重点建设本科院校选调应届优秀大学毕业生3人（其中双一流大学2人），平均年龄25周岁，学历均为硕士研究生。推进公务员一件事改革，线上办理业务423件。在省、市“十佳公务员”“担当作为好干部”评选中获省人民满意公务员集体1个、市“十佳公务员”1人、市“担当作为好干部”5人。做实平时考核，开展专班专项考核，强化结果运用，职级晋升2人，获年度考核优秀12人，通报表扬7人。

（傅聪晓）

【人才工作】 2022年，杭州高新区（滨江）出台《关于加强和改进新时代人才工作推进天堂硅谷人才行动的实施意见》及操作细则。新引进人才项目63个，吸引社会融资30亿余元。引进人才3.88万人，其中签约应届毕业生1.47万人、硕博人才9276人，数量居全市第一位。迭代升级“科技人才孵化”应用助力引才育才，相关工作在全省数字化改革推进会上获省委主要领导点名肯定。举办滨江国际人才节、硅谷精英沙龙，开展助企活动130多场、产业协同活动7场。联合杭州电子科技大学举办电子设计竞赛，举办AI创新大赛、杭州人工智能计算中心“人才日”等赛会活动。落实“杭帮彩”人才服务机制，开设人才服务点65处，形成区、街、社、园区四级服务体系；新增大华幼儿园、物联网幼儿园2所嵌入式幼儿园；首设人才街区，优化引才聚才留才用才生态。

（陶洁星）

【“两新”党建经验宣传推广】 2022年，杭州高新区（滨江）4项“两新”党建经验获宣传推广。3月，《非公有制企业党建》杂志“走进双强”栏目录用杭州恒生电子股份有限公司党委《“红色指数”焕发活力》一文。7月5日，在中国企业发展论坛第五次企业党建（案例）研讨会上，杭州聚光科技股份有限公司党委“红色传感”党建品牌入选“全国企业党建优秀品牌”。7月18日，《浙江日报》刊发《杭州高新区（滨江）两新“双领”十年经验做法》。12月2日，《中国组织人事报》报道杭州高新区（滨江）物联网产业园党委、杭州优行科技有限公司党委关于网约车行业发展党员等经验做法。

【第九届“两新”组织迎“七一”展演】 2022年6月28日，杭州高新区（滨江）“两新”组织迎“七一”展演在区文化中心举行。展演以“奋进共富路·启航新百年”为主题，分“大道向前·沿着总书记足迹”“党建花开·人间春色满庭芳”“勇立潮头·绘就共富新蓝图”3个篇章8个节目。现场结合“亲清三访”推出“百名干部助百企”精准服务活动，表彰杭州高新区（滨江）优秀共产党员代表8人和先进基层党组织代表8家，授予浙江大华技术股份有限公司党委等8家单位“党建强 发展强”第一批示范单位称号。

【党建引领“共富工坊”建设】 2022年11月22日，杭州高新区（滨江）围绕抓党建促乡村振兴、促共同富裕，引导杭州艺福堂茶业有限公司、浙江农博数字技术有限公司等企业结对街社、参与工坊建设。至年底，合作帮扶农业合作社5个，人均增收3700元；建成“中科粮油种子”“农居SOHO”等6家“共富工坊”星级示范点，形成先富带动后富、社企优势互补、城乡融合发展一体化格局。

（高　瞻）

宣传工作

【概况】 2022年，杭州高新区（滨江）宣传思想文化战线坚持以习近平新时代中国特色社会主义思想为指导，围绕学习宣传贯彻中共二十大主线，聚焦“建设天堂硅谷、打造硅谷天堂”目标，做好宣传思想和意识形态工作，为建设世界一流高科技园区、高质量发展建设共同富裕实践样板提供思想保证、舆论支持、精神动力和文化条件。开展硅谷创新论坛报告会5场。开展进机关、社区、企业等授课活动140多场。开展中共二十大精神学习宣讲活动440场次，受众10万余人次。在中央、省、市媒体刊播报道3852篇（条）。编发各类舆情报告83期。原创动画片《下姜村的绿水青山梦》获中国文化艺术政府奖、第四届动漫奖等国家、省、市级奖项，入选省“五个一工程”奖。

（王春松）

【新闻宣传】 2022年，杭州高新区（滨江）围绕迎接、宣传、贯彻中共二十大主线，做好区委、区政府中心工作新闻宣传，“滨江发布”两微一端开设“二十大·追光者”“后浪强音”等专题专栏，通过推出融媒产品，学习宣传贯彻习近平新时代中国特色社会主义思想和中共二十大精神及滨江生动实践。联动上级媒体推出报道，在中央、省、市媒体刊播报道3852篇（条），其中中央级媒体报道525篇（条）、省级媒体报道1608篇（条）、市级媒体报道1692篇（条）。

【社会宣传】 2022年，杭州高新区（滨江）依托“白马湖市民大讲堂”，开设中共二十大精神、习近平新时代中国特色社会主义思想、高质量建设世界一流高科技园区、法律知识、文明礼仪等，涵盖政治、经济、社会、文化、生态、教育、卫生、医疗、科技、法律等与居民日常生产生活相关的知识，推进学习型城区建设。至年底，各街道、社区、学校、企业开展白马湖市民大讲堂300多场，受众1万余人。

【思想政治工作】 2022年，杭州高新区（滨江）落实省委、市委、区委关于学习宣传贯彻中共二十大精神部署要求和“六学六进六争先”学习实践活动安排，推出“滨青开讲吧”“滨青思享荟”等宣讲品牌。“滨滨有理”理论宣讲团获评2022年度浙江省基层理论宣讲成绩突出集体，为全市唯一获评区县（市）单位。区党委理论学习中心组围绕《习近平谈治国理政》第四卷等指定书目以及学习贯彻中共二十大精神等专题，开展集中学习交流22次，全区各级理论学习中心组开展专题学习526次，处级以上党员干部交流发言1200多人次，理论学习中心组年度学习管理指数居全省第一位。高新青年学习营建立并普及推广，“白马湖市民大讲堂”开设“习近平总书记关于推进马克思主义中国化时代化的重要论述”“中共二十大精神解读”等主题课程，开展进机关、社区、企业等授课活动140多场。西兴街道“每周一学”、长河街道“长学常新”、浦沿街道“周一讲堂”等基层理论学习品牌持续运作。“习近平总书记对高新区（滨江）重要指示批示精神的理论阐释和创新实践研究”等3个课题成果在《学习时报》刊载。

（王斯恬）

【新闻发布】 2022年，杭州高新区（滨江）举行新闻发布会1场。9月20日，中共杭州高新区工作委员会、中共杭州市滨江区委员会举行“杭州这十年·高新区（滨江）”主题新闻发布会，并答记者问。发布会以“牢记殷殷嘱托 冲锋‘两个先行’高水平打造‘天堂硅谷·硅谷天堂’”为主题，介绍杭州高新区（滨江）十年来始终坚持创新制胜核心战略，厚植创新创业生态优势，在贸易摩擦和疫情全球蔓延中承压前行、展现出强劲的产业韧性，成为“全省高质量发展的一面旗帜”。中央、省、市、区级媒体参加发布会。发布会邀请人民日报社、新华社、科技日报社、浙江日报社、杭州电视台等31家中央、省、市、区级媒体的38名记者参加并刊发报道33篇，在“杭州发布”、“杭州之家”、“杭+新闻”客户端、“滨江发布”微信公众号等平台进行视频直播，总观看量13.5万余次。

（王春松）

2022年9月15日，杭州高新区（滨江）融媒联盟启动仪式举行。图为被授牌成员单位合影

（区委宣传部 供图）

【媒体融合发展】 2022年，杭州高新区（滨江）建强多平台发布的“1+N”矩阵。加强阵地建设，形成此长彼长、优势互补的融媒宣传矩阵。9月15日，杭州高新区（滨江）融媒联盟启动仪式在“智慧e谷”举行，是全市首个融媒联盟。首批融媒联盟成员有66家，包括阿里巴巴集团、杭州海康威视数字技术股份有限公司等高新技术企业，浙江中医药大学、浙江警察学院等高校，物联网产业园、互联网产业园、白马湖生态创意城管委会等产业平台，北京航空航天大学杭州创新研究院、浙江大学滨江研究院等创新联合体，西兴、长河、浦沿3个街道微融媒体中心及滨江各大商业综合体等。融媒联盟建立经常性活动机制，组织各级媒体走进产业园区、高新企业、街道社区进行集中采访，推出富有高新特色、滨江亮点、群众喜闻乐见的融媒产品，推动媒体融合。融媒联盟邀请在杭州高新区（滨江）工作生活的3名外籍人士作为海外宣传大使。官宣集Twitter、Facebook、Instagram三大海外平台于一体的杭州高新区（滨江）海外社交媒体官方账号——Binjiang feel（韵味滨江），发布虚拟主播“滨糖”。至年底，围绕“高新产业”“亚运核心”“诗意古镇”等板块，发布推送信息300条，三大平台总“粉丝”数8万余人，两项数据均居全市第一位。

（史 申）

【中共二十大精神宣传】 2022年，杭州高新区（滨江）围绕迎接、宣传、贯彻中共二十大主线，落实省委、市委、区委关于学习宣传贯彻中共二十大精神部署要求，立足新闻宣传和舆论引导，统筹谋划和协调指导，以全域开放式思想理论宣讲教育模式为总框架，创新推出中共二十大精神“滨青开讲吧”“滨青思享荟”等宣讲品牌，开展学习宣讲活动440场次，受众10万余人次，形成“区领导带头讲、区委宣讲团示范讲、‘高新讲团’集中讲、代表名家深入讲、高新白领网络讲、面向群众生动讲”的高新大宣讲格局。“滨江发布”两微一端开设“二十大·追光者”“后浪强音”等专题专栏，宣传贯彻中共二十大精神及滨江的实践。

【亚运会主题宣传】 2022年，杭州高新区（滨江）在杭州奥体中心主体育场（“大莲花”）、入城口等处设置大型亚运景观，举办“迎亚运樱花跑”等系列活动。

在各级主流媒体、新媒体、英文媒体开设“国际滨江 亚运核心”“我在滨江迎亚运”等专题专栏，刊发报道380篇。“滨江发布”两微一端开设“亚运‘滨’团”“青春亚运‘汇’”等专题专栏，发布亚运内容590多篇（条），“滨江大莲花——场馆颜值天花板”等作品播放量10万余次。

（王春松）

【党委信息】 2022年，区委办修订《杭州高新区（滨江）党委政府信息工作考核办法》，针对考核序列、考核规则进行修改及优化完善。编发《高新（滨江）信息》本周要情50期、情况专报85期、情况交流61期、工作情况交流（双月刊）6期，获区领导批示164条。被中办录用信息7条，省、市录用动态类信息37条及专报类信息35篇；获省、市领导批示24条。

（甘立飞）

网络安全和信息化

【概况】 2022年，杭州高新区（滨江）网络安全管理部门收集、汇总并转职能部门网民诉求4000多项。制定起草网络安全保障性文件3份，提高突发事件新闻发布和舆论引导工作水平。

【网络生态治理】 2022年，杭州高新区（滨江）创建全省首个互联网内容合规发展实验室，实验室主要研究方向有互联网合规政策研究、互联网信息内容算法技术研发、完善互联网新技术新应用评估检测评估体系、互联网前沿业务合规研究（区块链、元宇宙、算法推荐）。依托实验室开展5轮次巡查检测，处置违法违规信息，妥善受理处置网民举报信息。

【依法治网体系建设】 2022年，杭州高新区（滨江）落实中共二十大报告提出的“健全网络综合治理体系，推动形成良好网络生态”发展目标，联合涉网管理部门开展“清朗”系列专项行动，维护互联网信息传播秩序，整治网上违法犯罪行为和不良信息内容。现场约谈网站平台21家次，报请上级关闭网站1家次、注销网站43家次。

【网络安全风险隐患排查】 2022年，杭州高新区（滨江）开展攻防演练，防范网络安全隐患。依托区内技术优势，对全区重点网站、平台开展风险隐患定期扫描、专项检查，排查网站（系统）300多家，监管重点信息系统500多个。印发网络安全隐患告知书98份、态势季报4期。

（杨　光）

统一战线工作

【概况】 至2022年底，杭州高新区（滨江）7个民主党派有成员689人，比上年增加62人。登记在册的宗教场所6处，其中佛教场所1处、基督教堂5处，另有纳入管理的聚会点3处、民间信仰点7处。宗教教职人员32人，可统计的基督教信徒5000多人。民营企业统战部及同心荟89个。区党外知识分子联谊会（简称“知联会”）、新的社会阶层人士联谊会（简称“新联会”）、网络人士联谊会（简称“网联会”）等联系党外知识分子和新的社会阶层人士15万人。归侨侨眷3200人，港澳同胞61人，台胞200人、台属15人。区工商联企业会员1128家，个人会员247个，基层商（协）会9个。各民主党派共有132篇意见和建议被中央、省、市级单位录用（中央9篇、省41篇、市81篇）。“海归浙里”推荐申报全省改革突破奖评选，区侨务工作代表杭州市在全省侨务工作现场会上作典型发言，聚光科技园、盛大科技园获评“杭州市侨界创新创业基地”。浙江花都美容美发培训中心被评为第一批杭州市“石榴籽家园”示范单位，杭州旅游职业学校获推国家民族培育单位，1人获评全省民族团结工作成绩突出个人。

（徐哲宇）

【民主党派统战】 2022年，杭州高新区（滨江）落实《中国共产党政治协商工作条例》，开展“矢志不渝跟党走、携手奋进新时代”主题教育活动，组织党外代表人士到省社院开展教育培训。支持各民主党派基层组织与社区结对共建，实现党派结对社区覆盖率100%，完成“三大主题年”重点工作任务。强化“滨江好声音”课题调研品牌，引导民主党派和其他社会阶层人士开展专项调研，在两会期间履职发声、建言献策，提交提案议案60多件。民主党派成员执笔的意见建议被各级录用160多篇，其中被中央层面录用13条、获领导批示肯定6条。

【党外知识分子与新阶层人士统战】 2022年，杭州高新区（滨江）推进党外知识分子统战工作，围绕“思想上同心同德、目标上同心同向、行动上同心同行”的思想，开展“立足岗位建功立业、围绕中心建言献策”的“双建”活动10多场。打造“同心·知联”品牌，开展知联进校、进企、进社区的“三进”社会服务活动，提供扶贫济困、法律援助、科技文化、医疗卫生等服务。新的社会阶层人士统战工作坚持强化思想引领，开展建党百年系列活动、红色教育理论培训、红色阵地参观学习等18个系列50多场活动。创建“董秘圆桌会”“合规大讲堂”“之讲好故事”“直播滨团”“艺起新联新”五大高新味品牌。举办“滨江好声音”重点调研课题成果展示会和首届统战系统“浙水股份·同心杯”乒乓球团体赛。

（李媛媛）

【“两新”组织统战】 2022年，杭州高新区（滨江）民营企业统战工作构筑“横向到边、纵向到底”的网络组织。组建“董秘联谊会”、网络人士联谊会、知产联谊会、新媒联谊会四大类新阶层社团组织，覆盖1000家企业。在65家党委建制企业成立统战部，实现党委建制企业全覆盖；以兴趣爱好为纽带，企业统战部牵头组建430多个圈层，涵盖统战成员5万余人，举办“亲清政企恳谈会”4期，开展政策速递，解决思想困惑和实际困难；围绕支持重点产业发展，组建生物医药产业联盟、孵化器联盟等10多个产业联盟，筹备建设绿色低碳产业联盟、智能物联产业联盟等，为企业搭建“高新特精”产业发展沟通平台。建成集路演、联谊、培训、展示等功能于一体的“硅谷天堂·同心荟”统战综合阵地。建设中国网络作家村、网易蜗牛读书馆、知产同心荟、董秘圆桌会等个性化阵地，建立白马湖嘻番里联盟站、物联网领跑者联盟站等4个园区联盟站，形成董秘圆桌会、直播滨团等特色品牌。

（刘晨璞）

【民族宗教统战】 2022年，杭州高新区（滨江）推进民族团结“之江同心·石榴红”品牌，开展民族团结进步创建工作，杭州市旅游职业学校入选第十批全国民族团结进步示范单位名单，浙江警察学院入选第五批省级民族团结进步创建重点培育单位名单，浙江警察学院、闻涛社区入选第二批杭州市“之江同心石榴红”引领单位名单。召开第二届民族团结促进会会员代表大会，选举产生新一届领导班子。召开民族团结进步工作座谈会与民族团结进步创建工作现场推进会，把少数民族流动人口纳入城市流动人口服务管理体系。加强宗教法治化建设，举办专题培训班2期，全区宗教干部等300多人参加。开展宗教场所消防安全、建筑安全大排查、大整治、大演练，举行消防演习3次，安全检查100多次，滨江区冠山禅寺入选省级平安宗教活动场所名单，滨江区西兴教堂创建为浙江省宗教活动场所消防安全标准化管理“百优争创”活动优秀单位。

（王声涛）

【统一战线队伍建设】 2022年，杭州高新区（滨江）坚持政治教育培训为主，加大思想政治引领，引导广大统战成员坚定理想信念、增进政治认同、站稳政治立场，始终与党保持高度一致。开展“喜迎二十大·奋进新征程”活动18个系列50多场，“同心筑梦跟党走”主题活动30多场，在省社会主义学院举办2期党外代表人士研修班，举办社会各界助力服务亚运主题活动、“一江春水共前行”新的社会阶层人士助力共富等活动，直接参与者3000多人次，相关活动网络点击量百万余人次。

【民主党派、统战团体工作会议】 2022年3月10日，杭州高新区

（滨江）民主党派、统战团体工作会议召开，中共滨江区委统战部负责人及各民主党派、区知联会、区新联会主要负责人共20多人参加。各民主党派、统战团体负责人交流工作情况。会议指出各民主党派、统战团体要围绕共同富裕、迎亚运等重点内容和方向，提高政治站位，推进工作落地；要挖掘党派专业人才，结合区情，聚焦热点，发挥智囊团优势，提出意见和建议；要通过评先评优调研各党派成员的积极性，落实各项工作。

2022年4月12日，“同心共筑亚运 打造硅谷天堂——杭州市统一战线暨杭州高新区（滨江）社会各界助力服务亚运主题活动”在杭州奥体中心主体育场（“大莲花”）举行　（区委统战部　供图）

【“同心·众创”系列活动启动仪式暨生物医药专场首期投融资对接会】 2022年3月29日，杭州高新区（滨江）统一战线“同心·众创”系列活动启动仪式暨生物医药专场首期投融资对接会在海外高层次人才创新创业基地杭州长光产业技术研究院举行。中共滨江区委统战部、区商务局、区发改局、杭州市国有资本投资运营有限公司、杭州泰珑投资合作有限公司、杭州高新区（滨江）生物医药创新联盟负责人，区内头部医疗器械行业及生命健康产业代表50多人参加。与会人员围绕生命健康主题，分享交流医疗器械产业的整体发展情况和创新创业发展过程中的经历和经验。对接会集聚创业资源，解决创业痛点。杭州市国有资本投资运营有限公司、杭州泰格医药科技股份有限公司等企业发起总规模200亿元的生物产业基金，助力产业链发展。“同心·众创”系列活动不定期开展生物医药、数字疗法等主题活动，为杭州高新区（滨江）医疗器械企业和专注于生命健康产业的投资机构搭建沟通交流平台，建设共赢发展的创业生态环境。至年底，开展活动4场，150多人次参与。

【社会各界助力服务亚运主题活动】 2022年4月12日，“同心共筑亚运 打造硅谷天堂——杭州市统一战线暨杭州高新区（滨江）社会各界助力服务亚运主题活动”在杭州奥体中心主体育场（“大莲花”）举行。省、市、区各界代表，“杭州青年说”亚运宣讲团代表共150多人参加。活动有浙江交响乐团演奏的《大潮向海》、“杭州青年说”以及杭州各界人士表演的迎亚运歌曲《等你来》、原创交响乐歌曲《硅谷天堂》、交响乐《诗画浙江》、合唱亚运歌曲《共此时》等节目。现场启动杭州市统一战线暨杭州高新区（滨江）亚运海外宣传活动。

【“董秘联谊会”工作研讨会】 2022年6月10日，杭州高新区（滨江）“董秘联谊会”工作研讨会在物联网“领跑者·同心联盟站”董秘圆桌会阵地召开，中共滨江区委统战部、区发改局、物联网产业园发展服务中心相关负责人，省社会主义学院专家、“董秘联谊会”班子成员等20多人参加。研讨会听取“董秘联谊会”会长田昆仑作“董秘联谊会”年度工作计划汇报，汇报围绕中共滨江区委统战部中心工作及如何发挥董秘群体优势展开。研讨会对阵地设计及下一步工作安排作交流研讨。

【区新艺联谊会成立】 2022年8月11日，杭州高新区（滨江）新艺（自由职业者）联谊会（简称“区新艺联谊会”）成立暨“艺起新联新”品牌启动仪式在嘻番里·同心联盟站举行。中共杭州市委统战部、中共滨江区委统战部、中共滨江区委宣传部、白马湖生态创意城管委会、区文广旅体局相关负责人，各街道统战委员，区新联会和新艺联谊会会员共40多人参加。会上宣布区新艺联谊会班子成员名单，并颁发聘书。区新艺联谊会是以从事文学艺术领域及经济社会领域的自由职业者为成员的社团组织，已吸纳会员60多人，涵盖网络作家、自由撰稿人、编剧、书画家、非遗传承人、工艺美术与设计师、软件程序开发师等行业和领域，是新的社会阶层人士中的重要组成力量。区新艺联谊会为自由职业者搭建沟通交流、团结互助的平台。活动现场发布区新艺联谊会IP形象代言人“小艺”和联谊会logo。

【区统一战线“喜迎二十大 乐跑大莲花”活动】 2022年8月27日，杭州高新区（滨江）统一战线“喜迎二十大 乐跑大莲花”活动在杭州奥体中心主体育场（“大莲花”）举行。市侨联、区政协、中共滨江区委统战部负责人，全区的统一战线成员、跑步运动爱好者等200多人参加。活动将参与人员划分为“统战部+侨联”“飞鹰会”“西湖乐跑”等7个方阵队伍，进行10千米的赛跑。活动由中共滨江区委统战部（侨办、侨联）指导，浙大EMBA飞鹰会西湖乐跑、区留学人员和家属联谊会联合主办，区政协侨联界别、致公党杭州高新区（滨江）总支部协办。

（徐哲宇）

2022年8月27日，杭州高新区（滨江）统一战线“喜迎二十大 乐跑大莲花”活动在杭州奥体中心主体育场（“大莲花”）举行

（区委统战部 供图）

区直机关党建

【概况】 2022年，杭州高新区（滨江）机关党建工作质量提升显著。深化机关支部提升工程2.0，开展“三比”（比好、比快、比强）岗位争先行动，创建第一批“清廉机关、模范机关”示范点2个，完成第一批机关党组织换届。深化“先锋领杭·在职党员社区报到”工作，更新结对共建社区名单，3937名在职党员到社区服务报到，报到率99.44%。做优关心关爱，发布第五轮“暖滨心”关心关爱实事项目38个，满意率超95%，二次参与率超98%，受到机关干部职工的普遍好评。

【机关党的政治建设】 2022年，杭州高新区（滨江）直属机关党工委紧扣迎接宣传贯彻党的二十大主题主线，以“双建争先”工程为“总牵引”，扛起守好“红色根脉”的政治责任，紧盯“三点”提升“三力”（锚定“出发点”，凝聚思想政治建设的同心合力；找准“着力点”，增强提升党员队伍的内生动力；抓实“关键点”，激发创新育才献策的旺盛活力），全面推动机关党建工作。分群体多层次开展省第十五次党代会精神学习活动，党委（党组）“第一议题”集体学、党组织书记宣讲领学、组工干部“每周一学”常态交流学，热议省党代会报告。组织青年党员干部开展党性检视自查、组建机关干部宣讲团，营造政治学习氛围。

【机关党的组织建设】 2022年，杭州高新区（滨江）直属机关党工委落实党组织建设。以党组织集中换届为契机，吸纳优秀年轻干部，配强党务队伍；发布《机关党建“三级三岗”基本责任清单》，构建联动破难工作机制，机关单位党委（党组）书记领办基层党建破难项目51个，项目年底交账，纳入党建述职考核；建立领导干部双重组织生活提醒备案机制，规范机关党员干部“八小时外”政治言行，指导充实机关纪检组织人员配备，发挥派驻纪检组作用，在发展党员、支部党务规范等事项履行监督职能。

（徐力栋）

2022年9月6日，“海外华文媒体杭州行——走进滨江”活动举行

（区侨办　供图）

侨　务

【概况】 2022年，杭州高新区（滨江）侨务办公室（简称“区侨办”）围绕区委、区政府中心工作，落实工作决策部署，围绕服务社会经济发展大局，坚持履行职责，坚持“两个并重”“两个拓展”（坚持国内、海外工作并重，拓展海外联络工作、拓展服务新侨工作），推动“两个建设”（推动基层组织建设和基础建设），提升为大局服务水平，凝聚侨心汇聚侨力。审转报符合“三侨”考生中考加分条件的考生有6人。

【“2022中华文化大乐园意大利园”活动】 2022年7月10日，“2022中华文化大乐园意大利园”活动在杭州江南实验学校开幕。活动由中国国务院侨务办公室主办，浙江省人民政府侨务办公室承办，佛罗伦萨中文学校和杭州高新区（滨江）省级华文教育基地杭州江南实验学校联合协办。活动为期10天，开设中华文化课程20门，采用“实时授课+远程指导+隔空实践+云上互助”有机结合的方式，与意大利佛罗伦萨中文学校500多名学员相会云端，展开文化之旅。

【海外华文媒体区情推介会】 2022年9月5日，“海外华文媒体杭州行”活动在杭州高新区（滨江）启动，杭州高新区（滨江）海外华文媒体区情推介会同步举行。活动由市侨办、市侨联主办，区侨办、区侨联承办，中共杭州市委统战部、市侨联、市委宣传部、中共滨江区委、区人大、区政协、区商务局相关负责人，10多名新侨海归创业代表，29名海外华文媒体国内代表参加。区商务局负责人介绍杭州高新区（滨江）区情和产业发展情况，杭州晶华微电子股份有限公司总经理罗伟绍、杭州华迈医疗科技有限公司董事长兼总经理江涛等5名新侨代表分享归国创业经历，浙江省侨联双创基地——天和生物医药产业园总经理朱冬升介绍新侨创新园区情况。

【“海外华文媒体杭州行——走进滨江”活动】 2022年9月6日，“海外华文媒体杭州行——走进滨江”活动举行。29名海外华文媒体国内代表到杭州奥体中心，探访主体育场（“大莲花”）和网球中心（“小莲花”），感受场馆的建设特色、科技内核、文化内涵。在海外高层次人才创新创业基地（简称“海创基地”），参观海创基地为侨服务中心，了解和采访基地在招才引智、创新创业、高新科技企业孵化等方面的情况及入驻海归企业发展情况。

（俞以婷）

港澳台事务

【概况】 2022年，杭州高新区（滨江）探索创新内地港人青年统战工作，巩固和扩大港澳爱国统一战线，以支持香港深度融入国家发展大局为主线，聚焦创新创业，从政治站位、人心回归、创新创业3个维度，以“一基地两平台”（杭州市港澳青年实习创业基地，香港杭州创新创业服务中心、澳门forte专业孵化器）项目建设为重点，健全体制机制、加大服务力度，搭建为港澳青年了解国情、融入内地、干事创业、成长成才的创新创业平台，吸引更多港澳青年到杭州高新区（滨江）交流合作、创新创业，增进内地港人青年的交流、交融。

【台湾工作】 至2022年底，杭州高新区（滨江）有台资企业52家，分属软件服务、文化创意、业务咨询等行业，以小微企业为主，有国家级高新技术企业2家，规模以上企业1家。落实国家、省、市稳住经济一揽子政策措施及“杭州惠台60条”等文件精神，做好惠台政策执行，助力区内台资企业稳进提质。按规范做好商务到台审批转报工作，完成商务到台8批次、15人次的审核和办理，服务企业对台商务活动。全年走访台资企业和台胞台属5家次，了解台资企业经营状况，开展台属联谊活动，提供服务，协助解决相关问题13个。

（孙超杰）

【港澳籍人士及家属慰问】 2022年1月29日，区委统战部、香港杭州高新区（滨江）同乡会负责人、各街道统战委员等10多人到香港·杭州创新创业服务中心（该服务中心是区委统战部为服务在滨江的香港青年人创业，促进香港、滨江两地的双向经贸交流，推动在港青年和企业家到滨江发展的服务窗口）、浦沿街道彩虹社区、长河街道闻涛社区、西兴街道新州社区走访港澳籍人士及家属，向港澳籍人士及家属介绍2021年杭州高新区（滨江）在经济社会发展方面取得的成绩，并向他们致以新春的问候与祝福，希望港澳籍人士发挥“纽带”作用，为杭州高新区（滨江）发展引进更多人才。9月9日，区委统战部一行10多人，走访慰问在滨江的港澳籍人士，为他们送上中秋节的祝福和美好生活的祝愿。

【在杭香港青年伙伴交流活动在海创基地举行】 2022年7月6日，“筑梦廿五载，港菁创未来”在杭香港青年伙伴交流活动在海外高层次人才创新创业基地（简称“海创基地”）举行。活动由区委统战部、省香港商会、香港·杭州创新创业服务中心、香港杭州高新区（滨江）同乡会联合主办，市委统战部、区委组织部、区委统战部、区政协社会法制民族宗教和政协港澳台侨委员会、香港特别行政区政府驻浙江联络处、省香港商会、香港杭州高新区（滨江）同乡会负责人，以及在杭创业的香港青年等60多人参加。杭港两地依托香港·杭州创新创业服务中心，促进两地社会、经济、文化、科技等交流交往，推动新时代高质量发展。活动上，举行4家新入驻杭州高新区（滨江）企业签约仪式。

【港澳代表人士伙伴行走进杭州高新区（滨江）】 2022年7月28日，港澳代表人士伙伴行国情研学活动在杭州举行，宁波、温州、舟山三地的40多名港澳青年参加。港澳青年走进杭州高新区（滨江），在杭州奥体中心感受亚运会体育场馆；在海外高层次人才创新创业基地参访“六和桥”众创空间，了解杭州高新区（滨江）创业扶持政策；在香港·杭州创新创业服务中心了解服务中心的建设情况，港澳青年与浙江香港商会、入驻企业进行交流与探讨。

（孙利伟）

机构编制工作

【概况】 至2022年底，杭州高新区（滨江）有党委机构7个，管委会、政府工作机构20个，派出机构2个，管委会内设机构2个，人大常委会办事机关7个，政协办事机关7个，法院1个，检察院1个，街道3个。

【行政机构调整】 2022年，杭州高新区（滨江）因工作和任务需要，对部分行政机构做相应调整。1月20日，设立中共杭州高新区工作委员会（中共杭州市滨江区委）社会建设委员会，与区发改局合署办公。3月29日，设立杭州高新区管委会特别合作园管理局，不再保留杭州高新区（滨江）富阳特别合作区管委会；杭州高新区江东科技园管委会转设为杭州高新区管委会江北发展服务办公室。5月25日，杭州高新区行政服务中心更名为杭州高新区（滨江）行政审批服务管理办公室，加挂杭州高新区（滨江）公共资源交易管理委员会办公室牌子。7月8日，设立中共杭州高新区工作委员会（中共杭州市滨江区委）教育工作委员会，与区教育局合署办公。7月25日，在区财政局增设国企改革发展科。8月5日，撤销杭州高新区（滨江）社会发展局；设立杭州高新区（滨江）卫生健康局，加挂区疾病预防控制局牌子；设立杭州高新区（滨江）文化和广电旅游体育局，加挂区文物局牌子；区住建局不再挂区文物局牌子。9月16日，将区住建局园林文物科更名为园林管理科，挂历史建筑保护科牌子。10月27日，在区教育局组织人事科加挂学校党建科牌子，单独设置原在办公室挂牌的督导科。区党委和管委会、政府农业和农村工作领导小组办公室更名为区党委农村工作领导小组（乡村振兴领导小组）办公室；将区农办秘书科更名为区党委农办（乡村振兴办）秘书科。11月21日，在杭州规划和自然资源高新区（滨江）分局林业管理科加挂湿地管理科牌子。12月15日，在区人力资源和社会保障局法制仲裁科加挂劳动监察科牌子。

【事业机构调整】 2022年，杭州高新区（滨江）因职能调整，对部分事业机构做相应调整。4月24日，杭州高新区（滨江）劳动保障监察大队更名为杭州高新区（滨江）劳动保障管理服务中心；杭州市医疗保障管理服务中心高新区（滨江）分中心［杭州高新区（滨江）医疗保障管理服务中心］更名为杭州高新区（滨江）医疗保障管理服务中心［杭州市医疗保障管理服务中心高新区（滨江）分中心］。6月30日，在杭州高新区（滨江）干部教育培训中心加挂杭州高新区（滨江）干部档案管理中心牌子。8月5日，撤销区物价检查所、区市场监督管理局稽查大队，其人员编制及执法职责纳入杭州市市场监管综合行政执法队杭州高新区（滨江）执法大队；撤销区文化市场行政执法大队，其人员编制及执法职责纳入杭州市文化市场综合行政执法队杭州高新区（滨江）执法大队；撤销区动物卫生监督所，其人员编制及执法职责纳入杭州市农业综合行政执法队杭州高新区（滨江）执法大队。杭州高新区（滨江）城市管理行政执法大队更名为杭州高新区（滨江）综合行政执法大队，与区综合行政执法局实行“局队合一”体制。杭州市市场监管行政执法队杭州高新区（滨江）执法大队转设为杭州高新区（滨江）市场监管行政执法队，在区市场监督管理局挂牌，实行“局队合一”体制；杭州市文化市场行政执法队杭州高新区（滨江）执法大队转设为杭州高新区（滨江）文化市场行政执法队，在区文化和广电旅游体育局挂牌，实行“局队合一”体制。将原由区社会发展局管理的区卫生监督所、区疾控中心、区生殖健康服务中心以及西兴街道、长河街道、浦沿街道3个社区卫生服务中心调整为由区卫生健康局管理；将原由区社会发展局代管的区红十字会机关、区计划生育协会机关调整为由区卫健局代管；将原由区社会发展局管理的区文化馆、区图书馆、江南体育中心调整为由区文化和广电旅游体育局管理。撤销杭州市农业行政执法队杭州高新区（滨江）执法大队，其执法职责划入区综合行政执法局。8月26日，整合区社会矛盾纠纷调处化解中心、区公开电话受理中心，组建杭州高新区（滨江）社会治理中心，加挂杭州高新区（滨江）综合信息指挥中心、杭州高新区（滨江）大数据治理中心牌子。10月27日，在区帮扶救助服务中心加挂杭州高新区（滨江）未成年人救助保护中心牌子；在区退役军人服务中心加挂杭州高新区（滨江）双拥服务中心牌子；同时，明确区供销合作总社参照群团机关管理，不再作为自收自支事业单位。11月30日，将杭州市公共资源交易中心高新区（滨江）分中心更名为杭州高新区（滨江）政务服务中心，加挂杭州市公共资源交易中心高新区（滨江）分中心、杭州高新区（滨江）公共资源交易中心牌子。12月15日，在杭州高新区（滨江）互联网治理服务中心加挂杭州高新区（滨江）互联网违法和不良信息举报中心牌子；在杭州高新区（滨江）青少年活动中心加挂杭州高新区（滨江）青少年服务中心牌子。

（余　虎）

信访工作

【概况】 2022年，杭州高新区（滨江）办理群众来信、来访、来电和网上信访8.1万件。其中，来信219件，四级走访390批次450人次，市长公开电话交办4.97万件，网上信访3.13万件。群众信访反映问题主要集中在公共卫生、城乡建设、市场监管等方面。全年信访事项按期受理率、按期办结率均为100%。编印《信访日报》253期，区党政主要负责人对信访工作作出批示66件，公开接访72件。区四套班子负责人接访量占群众来访总量的80.43%、批阅群众来信量占诉求类来信总量的52.83%，做到群众反映的诉求“事事有回音，件件有着落”。将信访工作与党建考核相结合，信访工作首次被纳入区综合考评和党建考核。完善信访部门与组织部门沟通交流情况制度，在干部任用考察环节听取信访部门意见，强化信访攻坚“揭榜挂帅”的结果运用，作为评先评优、选人用人的重要参考。

【《信访工作条例》宣传】 2022年，杭州高新区（滨江）重视《信访工作条例》学习宣传贯彻落实。区委主要负责人专题批示，要求做好《信访工作条例》学习宣传贯彻工作。区党委理论学习中心组、区政府常务会议专题学习中共中央总书记习近平关于加强和改进人民信访工作的重要思想和《信访工作条例》。5月，开展全区《信访工作条例》集中宣传月活动，区、街及有关单位负责人参加同级社会矛盾纠纷化解调处中心集中大接访活动，区信访局班子成员到西兴街道参加《信访工作条例》进基层活动。各单位信访工作人员参加浙江省《信访工作条例》知识线上答题，85人参加并获得满分。4家单位参加杭州市《信访工作条例》宣传微视频大赛，其中长河街道报送的作品《心声信仰》获二等奖。

【信访积案化解】 2022年，杭州高新区（滨江）领受国家、省、市三级信访积案157件。区信访工作联席会议制定工作方案，区四套班子负责人及区法院院长、区检察院检察长领衔包案全部信访积案，明确实体化解目标，解决群众关心的信访矛盾。组织开展听证终结，推动司法终结，做到依法依规有序推进，程序合规，办理依据明确。做好政策解释，联合调解组织、心理服务工作人员等社会力量，加强心理疏导，助力信访积案化解，全年依法终结入库8件。5月，实现第二、第三批信访积案动态清零；9月，实现第四批信访积案动态清零，国家级信访积案再访率为零。杭州高新区（滨江）获评“2022年全省无信访积案区县（市）”。

【区委信访工作会议】 2022年1月13日，区委信访工作会议在区文化中心召开，区四套班子负责人、区法院院长、区检察院检察长，区信访工作联席会议成员单位、各街道相关负责人参加会议。会议听取2021年信访工作总结和2022年信访任务部署。区信访局、公安滨江分局、区人力社保局、区市场监管局、浦沿街道和长河街道江一社区就做好下一步信访工作进行交流发言。会议提出要学习贯彻中共中央总书记习近平关于加强和改进信访工作的重要思想，贯彻落实省委、市委信访工作会议精神，以数字化改革为牵引，聚焦重点领域，强化支撑保障，加快推动信访工作系统性重塑。该次会议是建区后首次区委信访工作会议。

（韩承运）

党史研究

【概况】2022年，区委组织部（区委党史办）以“党史姓党”为原则，以守好“红色根脉”为目标，突出红色史料汇编、党史宣传教育、革命场馆建设等重点，联合开展“我的滨江时光”巡回展、“童心向党，循梦前行”党史打卡等活动84场。

【红色文化传播】2022年，区委党史办依托杭州高新区（滨江）党群服务中心、长河革命历史纪念馆、“百年红·数智空间”党史智慧体验馆等载体，重组由省、市、区优秀党务工作者、优秀共产党员和先进基层党组织代表领衔，老干部、老战士、老专家、老教师、老模范群体为主体的“红色导师宣讲团”，立足杭州高新区（滨江）史迹，讲好红色故事、传播红色文化，全年惠及8000人次。

【“八八战略”课题研究】2022年7月起，区委党史办启动《一张蓝图绘到底——忠实践行“八八战略”全纪录》编写工作，会同区地方志编研室、各街道、平台等单位，研究杭州高新区（滨江）近20年忠实践行“八八战略”的历程和所取得的成就。至年底，形成1万余字专题文章。

【“喜迎二十大，奋进新征程”互动式套餐】2022年7月起，区委党史办联合杭州高新区（滨江）党群服务中心，推出“喜迎二十大，奋进新征程”互动式主题党日活动套餐，包括“急速3分钟”历史事件排序、“重走长征路”重要物资运送、“知识改变命运”趣味知识抢答等环节，以合作通关形式，回顾中国共产党的奋斗历史和光辉业绩，加深对党史知识的认识和理解。至年底，有900多名党员参加。

（陈雨婷）

老干部工作

【概况】至2022年底，杭州高新区（滨江）有退休干部821人（党员402人），离休干部4人，归口滨江属地管理的省、市离休干部18人，其中3人配备助老员服务。区、街退休干部221人，其中副厅级以上8人、县处级以上163人（含副区级42人）、科级及以下98人。事业单位461人，企业91人。全年举办老干部情况通报会5次，专题座谈会2次，学习参观活动6次，红色宣讲活动28场，950多人次参加。举办退休干部集体生日会、交流座谈会、主题党日活动等，提升老干部的荣誉感获得感，走访慰问离休干部10人次、四套班子退休干部50人次。长河街道中兴社区来芬琴被评为2022年度省级“银尚达人”，西兴街道灯笼协会获评省级“银尚达人”团队，长河街道晶都社区金秋驿站获评省级“乐活驿站”，区税务局老干部支部被省老干部局评为“三强六好”（加强理论学习，牢筑初心使命；强化激励关怀，体现组织温度；配强新老组合，传承红色精神。离退休干部党支部组织设置好，班子建设好，党员队伍好，学习活动好，作用发挥好，制度坚持好）优秀老干部支部。

【机关退休干部文化班】2022年，杭州高新区（滨江）机关退休干部文化班开设书法、声乐、国画、旅游文化等6个大类15个班次课程，150多名机关事业单位的退休干部报名参加，授课364次。覆盖90%以上区级机关退休干部，各班级参与率92%以上。新增老年国画班，吸引40多名退休干部报名参加，是报名人数最多的课程。

【老干部志愿服务】2022年，杭州高新区（滨江）依托“建言献策”“新老结对”“志愿服务”等平台，引导老干部离岗不离党、退休不褪色。建成长河街道中兴社区、晶都社区2个市级金秋（乐活）驿站，推动离退休干部金秋驿站在全区社区一级全覆盖。在先锋滨“一长二员”党建品牌建设中，引导吸纳退休党员干部向社区报到。至年底，全区有165名退休党员干部（含退休教师、企业退休人员等）加入三人小队，参与新冠疫情防控、电信防诈骗宣传等活动556场次，协助解决邻里矛盾化解、楼道堆积物清理、楼廊综合整治等问题90多个，服务群众9360人次。

【老干部为建设“两个天堂”献计献策】 2022年9月30日，杭州高新区（滨江）邀请老干部参观长河历史文化街区，并召开畅谈会，共叙情谊、共谋发展，为助力“建设天堂硅谷、打造硅谷天堂”建言献策。区委主要负责人向老干部通报杭州高新区（滨江）发展成果，老干部发挥经验专长，围绕城市环境、社区建设、产业发展、社会民生、人才引育等工作提出意见和建议。会前，老干部参观“槐花深处”长河文化共享空间、长河乡贤馆、长河革命历史纪念馆，对长河历史文化街区保护开发工作给予肯定和赞赏。

【退休干部荣退仪式】 2022年12月8日，杭州高新区（滨江）“致敬芳华·薪火相传”集中荣退仪式在“智慧e谷”举行，市委老干部局、区四套班子相关负责人给42名退休干部颁发纪念奖章，退休干部所在单位主要负责人、结对联系人、年轻干部代表、退休干部家属等200多人参加。荣退仪式设置“致敬芳华再出发”“薪火相传暖滨心”两个环节。新进区的选调生、公务员、高聘人员代表演唱《同一首歌》，荣退干部代表分享作为杭州高新区（滨江）改革发展的亲历者的心路历程。活动为荣退干部颁发定制的光荣退休纪念奖章、“暖滨心”四季礼盒以及祝福花束。退休干部结对的年轻干部为退休干部献花。年轻干部朗诵传承宣言《滨江，我们共同的未来》，老干部们展示旗袍秀才艺——《水墨兰亭》及大合唱《共筑中国梦》。该次荣退仪式是杭州高新区（滨江）连续举办的第三次干部职工荣退仪式。

（刘志勇）

关心保护下一代工作

【概况】 2022年，杭州高新区（滨江）开展未成年人救助保护中心示范创建、未成年人保护培训等工作。资助贫困大学生，区关工委向贵州省黔东南州丹寨县3名贫困大学生每人捐赠爱心助学款5000元，共1.5万元。“牵手结对”项目实施后，已连续6年结对贫困大学生，累计资助78人次，捐赠助学款39万元。“e路守护”青少年互动式法治体验馆被命名为第四批“杭州市关心下一代教育基地”。西兴街道奥体社区关工委等4个集体获评“杭州市关心下一代工作先进集体”，水电社区居民陈丐娱等12人获评“杭州市关心下一代工作先进工作者”。

【“人才大手牵小手”系列活动】 2022年，团区委、区关工委等举办“人才大手牵小手”活动。带领青少年走访参观北京航空航天大学杭州创新研究院、浙江宇视科技有限公司、杭州安恒信息技术股份有限公司、浙江中医药博物馆、诺基亚杭州研发中心等高新企业和教育基地，培养青少年科技创新精神。至年底，举办系列活动16场，服务青少年2000多人。“人才大手牵小手”活动自2019年4月启动，已覆盖40多家高新企业和科研院所。

（王　飞）

【市级示范型未成年人救助保护中心创建】 2022年，杭州高新区（滨江）依托浦沿街道钱塘居家养老服务中心，打造集生活照料、活动、就餐、休息、学习、娱乐于一体的区未成年人救助保护中心。区未成年人救助保护中心委托滨江区乐城公益事业社会服务中心进行实体化运营。中心制定工作职责、工作流程、岗位职责等管理制度及未成年人保护监护落实工作程序、分类安置工作程序、监护监督工作程序和救助保护工作指南等操作程序。配备儿童活动所需器材与书籍，投入资金4.26万元。12月，通过市民政局验收，获评“杭州市未成年人救助保护样板机构”。

（陈小夏）

【市关工委调研区关心下一代工作】 2022年6月2日，市关工委相关负责人到杭州高新区（滨江）调研关心下一代工作。调研组到浙大教育学院附属学校，考察区中小学校党史教育基地；到区检察院考察“e路守

2022年7月21日，市关工委、市关心下一代基金会代表走访西兴街道丹枫社区“小蒲公英e家”公益夏令营（团区委 供图）

护”青少年网络安全教育基地，听取区检察院关工委在未成年人法治教育方面的工作情况介绍。召开座谈会，要求发挥各级关工委和“五老”（老干部、老战士、老专家、老教师、老模范）在关心教育下一代方面的优势和作用，推动工作。7月21日，市关工委、市关心下一代基金会相关负责人慰问杭州高新区（滨江）“假日学校”。走访西兴街道丹枫社区“小蒲公英e家”公益夏令营、浦沿街道党群服务中心“暑期帮帮营”，了解学生学习和暑期生活情况，赠送学习用品；到区检察院查看基金会资助项目“‘e路守护’青少年网络安全教育基地”。

（王 飞）

【未成年人保护培训】2022年9月14日，杭州高新区（滨江）在区未成年人救助保护中心举行儿童督导员、儿童主任能力提升培训班，3个街道、社区儿童工作者70人参加培训。培训分享解读儿童领域的政策，邀请杭州合欢服务中心的律师分享未成年人保护权益及危机心理干预。聚焦风险识别，提升未成年人自我保护能力。

【首批杭州市儿童友好社区创建】2022年11月28日，首批杭州市儿童友好社区公布，杭州高新区（滨江）的缤纷未来社区、丹枫社区入选。杭州高新区（滨江）出台《关于推进2022年儿童友好社区建设工作的通知》，确定西兴街道缤纷未来社区、丹枫社区作为2022年儿童友好社区首批创建单位。经市民政局实地考察、审核评估，12月，缤纷未来社区、丹枫社区通过验收。缤纷未来社区建立儿童参与的多方议事制度，线下线上联动，传播儿童友好理念与儿童意见收集。社区按照不同年龄段儿童设置托育园、成长驿站、幸福学堂等不同功能室内外活动空间。启动“通学路”项目，为学生上下学提供便利。丹枫社区设有儿童培训教室、舞蹈室、成长驿站、阅览室等多种功能区域，满足不同年龄段儿童发展需求，坚持“教育一个孩子、带动一个家庭、促进整个社区”的理念，创新开展“儿童友好社区”建设工作。

（陈小夏）

【全区关心下一代工作会议】2022年12月1日，杭州高新区（滨江）召开全区关心下一代工作会议。区关工委及各成员单位负责人、“五老”（老干部、老战士、老专家、老教师、老模范）代表、关心下一代教育基地负责人参加会议。会议传达学习中共中央办公厅、国务院办公厅《关于加强新时代关心下一代工作委员会工作的意见》以及省委办公厅、省政府办公厅《关于加强新时代关心下一代工作委员会工作的实施意见》，发布2022—2023年度杭州高新区（滨江）关工委重点实事项目清单，部署下一步重点工作任务。长河街道关工委、区教育局关工委、区退役军人事务局、北京航空航天大学杭州创新研究院分别作交流发言。区关工委负责人为市、区两级关心下一代教育基地授牌，各成员单位负责人领办关心下一代重点实事项目。

（王 飞）

综合考评和督查

【概况】2022年，杭州高新区（滨江）综合考评围绕国家高新区评价指标体系、省市重点工作目标任务、区委区政府重点工作，优化综合考评实施体系，2021年度市对区下达的452条社会评价意见整改完成率、2022年度“公述民评”4条现场曝光点位问题落实整改反馈率均为100%。落实区委主要负责人批示1572件、签收件19件，批示件中督办114件，已全部办结。编写《重点督查工作任务月度情况报告》10期。印发专项性工作通知单3份，专项工作交办单24份，编辑督查专报1份、督查通报4份。

（沈陈怡　赵　李）

【省委巡视“回头看”】 2022年2月28日至4月1日，省委第八巡视组根据省委统一部署，对杭州高新区（滨江）进行巡视“回头看”。5月7日，省委巡视组向区委反馈巡视意见，共反馈问题24个，细化分解为50个具体问题171条整改措施。根据省委巡视组反馈的巡视意见，杭州高新区（滨江）于6月10日上报巡视反馈意见整改方案，8月6日、11月6日上报集中整改进展情况报告。至年底，召开13次整改工作周例会、4次整改工作月例会，同步编印周报、月报，印发10份整改工作交办单、3份整改工作提醒单；50个具体问题完成整改47个，3个问题整改推进中，整改率94%。

【督查检查考核工作】 2022年4月24日，区党委办公室、区管委会、区政府办公室联合印发《2022年督查检查考核年度计划》，明确全区共开展督查检查考核工作30项，其中督查15项、检查（含巡察）2项、考核13项，项目总数比上年下降3.2%；督查数量减少2项，检查数量减少4项，考核数量增加4项。至年底，30项督查检查考核工作均完成。

【“七张问题清单”工作】 2022年6月10日，杭州高新区（滨江）调整“七张问题清单”应用推进工作领导小组，区委书记、区长任领导小组组长，涉及各清单主管部门的分管区领导任副组长，下设7个问题清单专项工作组，形成杭州高新区（滨江）“七张问题清单”“1+7”工作机制。印发《关于成立高新区（滨江）“七张问题清单”应用推进工作领导小组的通知》《关于进一步完善“七张问题清单”亮晒整改工作机制的通知》《杭州高新区（滨江）“七张问题清单”应用工作机制（试行）》等制度文件，实行“双周赛马比拼、每月专题通报”，刊发《问题管控力量化指数分析快报》8期、《问题上报及整改进展情况双周报》8期，推进问题整改和应用贯通工作。全区56家单位向7家清单主管单位上报问题数量835个，7家清单主管部门主动向市级上报问题180个。至年底，全区收到省级清单问题11个、市级清单问题99个，发布区级清单问题44个，推动各部门创新担当。

资料：“七张问题清单”

基于巡视、督查、审计、生态环保、安全生产和自然灾害、网络舆情、群众信访7个方面问题，围绕问题发现、分析、整改、评估、预防全周期，运用数字化改革理念、方式、手段赋能全流程精密智控、全要素综合分析、全方位党建统领的综合应用。

（赵　璐）

【市级综合考评】 2022年5月9日，杭州市考评办印发《杭州市2022年度综合考评实施方案》，对杭州高新区（滨江）开展年度综合考评。12月上旬，2022年度杭州市对杭州高新区（滨江）综合考评工作启动。市对区综合考评分为“党建工作考核”“重点攻坚”“日常履职”“创新创优”“满意度评价”5个维度。“党建工作考核”实行“赋分制”和“否优”；“重点攻坚”包括“重要经济指标”和“重点专项”，其中“重要经济指标”采用晋档、否优、加减分的方式，“重点专项”包含“亚运筹办”“高质量发展和共同富裕示范区建设”等；“日常履职”包括“平安创建”和“职能目标”，其中“职能目标”包含“七张问题清单”、社会评价意见整改等，实行负面清单管理；“创新创优”涉及“国内影响”，工作获得省部级以上表彰肯定或正式推广的，予以认定赋分；“满意度评价”包括“市县评议”和“社会评价”，2022年度“市县评议”和“社会评价”实行电子化操作，其中“社会评价”参评对象为两代表一委员、基层干部、市场主体和群众代表。社会评价意见整改工作满意度测评与社会评价工作结合进行。根据《杭州市2022年度综合考评实施意见》，杭州高新区（滨江）综合考评成绩排名前九位，且在全国高新区排名前三位的，可直接“晋优”，未进入前五位的，直接“否优”。2022年度杭州高新区（滨江）在全国高新区排名中位列第五名。杭州高新区（滨江）2022年度综合考评得分91.88分，居全市第八位，获良好等次。同时，获得1个单项奖。

【区本级综合考评】 2022年6月30日，区党委印发《关于实施2022年度综合考评的意见》，无缝衔接市对区考评工作。8月8日，印发《2022年度区综合考评职能目标、创新创优、满意度评价考核办法》的通知，规范区综合考评实施办法。区本级综合考评内容分为“党建工作考核”“重点攻坚”“日常履职”“创新创优”“满意度评价”5个部分。“党建工作考核”实行“赋分制”和“否优”；“重点攻坚”包括“全国高新区评价指标”“重要经济指标”“重点专项”和“三大主题年”，采用牵头单位与市对区考核结果挂钩，其他部门以牵头单位考核的方式进行；“日常履职”包括“平安创建”“市考核职能目标及区委区政府重点工作任务和共性工作”和“巡视整改”，其中市考核职能目标采用挂钩考核办法，区本级参照市对区考核结果同比例扣分，区共性任务由牵头部门负责考核，采用排名制赋分，区其他重点任务由牵头部门负责考核，采用负面清单考核办法；“创新创优”涉及“国内影响”，工作获得省部级以上和市委、市政府表彰肯定或正式推广的，予以认定赋分，加分情况经区考评办审核汇总；“满意度评价”包括“领导评价”和“社会评价”，其中“领导评价”仍采用纸质化评价，“社会评价”则采用电子化评价。2022年度被考核单位分为4个序列，分别是街道（3家）、区级机关各单位及区直属各单位（37家）、平台单位（6家）、市驻滨江单位（9家），共55家。参评单位综合评定分优秀、良好、达标、不达标4个等次。经区考评办组织实施，印发《关于公布2022年度综合考评结果的通知》，有15家单位被评为优秀单位，13家单位被评为良好单位，其余均为达标等次。

（沈陈怡）

【区委全委会工作督查】 2022年8月2日，区委六届二次全体（扩大）会议召开。区委督查室于9月25日、10月25日、11月25日、12月25日对区委改革办、区人大办、区政协办、区纪委监委、区委组织部、区委宣传部、区委统战部、区委政法委、区科技局、区发改局、区经信局、区民政局、区财政局、区人力社保局、区商务局、区市场监管局、区综合行政执法局、规划资源滨江分局、区审管办、特别合作园管理局、区疫情防控办、亚运服保办、“一网统管”专班等23家单位关于区委全会报告中重点工作内容进行专项督查，共计90项问题。至年底，均办理完毕。

（李金帅）

滨江区人民代表大会

综 述

【人大代表构成】 至2022年底，滨江区第六届人民代表大会实有代表202人。其中：党政干部代表41人，占代表人数的20.3%；妇女代表62人，占30.69%；非中共党员代表72人，占35.64%；工人、农民代表92人，占45.54%；专业技术人员代表72人，占35.64%。

【督促落实区委决策部署】 2022年，区人大及其常委会贯彻区第六次党代会精神，作出关于高水平推进“天堂硅谷·硅谷天堂”建设的决议。围绕区委“三大主题年”活动，召开常委会会议7次、主任会议12次，开展人大监督事项33个，听取和审议“一府两院”工作报告13个，作出决议决定6项，发出审议意见书10件，听取专项报告13个，开展执法检查、专题询问、视察调研58次，任免国家机关工作人员51人次，专项审查超1亿元政府重大投资项目9个。执行请示报告制度，向区委请示重要工作4件，报告代表主题活动、国企改革、住宅小区消防安全、助企纾困等监督调研情况6项，为区委决策提供参考，受到区委主要负责人批示肯定。

【数字人大建设】 2022年，区人大常委会融入数字化改革大局，强化数智赋能人大工作，重点建设“一中心、五平台、N应用”智慧人大系统。牵头试点建设司法监督应用场景，承接应用财经综合监督、执法检查等工作应用场景，提升数字人大工作质效，工作经验在《浙江人大信息》专刊上印发。

【人大宣传工作】 2022年，区人大常委会在省、市人大信息刊物刊稿21篇次，在《人民代表报》《浙江日报》《浙江工人日报》等媒体刊稿36篇次，在《天堂硅谷》报等区级媒体刊稿75篇次，在“滨江人大”微信公众号发布稿件217篇次，编辑《每周人大动态》41期，通过微信公众号与人大门户网站同步发送。编印《滨江人大信息》6期。新闻稿《杭州滨江：人大代表在“疫”线》获市人大工作好新闻三等奖。

（阮淑慧）

重要会议

【概况】 2022年，区人大及其常委会召开杭州市滨江区第六届人民代表大会第一次会议，举行常委会会议7次。会议听取和审议《政府工作报告》，审查国民经济和社会发展计划执行情况等报告；听取和审议区政府各项工作情况报告，审议并表决通过有关人事任免事项。

【区六届人大一次会议】 2022年2月11—14日，杭州市滨江区第六届人民代表大会第一次会议在杭州白马湖建国饭店召开，应到代表204人，实到204人，列席人员26人。会议听取和审议《杭州市滨江区人民政

2022年2月12日，杭州市滨江区第六届人民代表大会第一次会议在杭州白马湖建国饭店召开　（区人大办　供图）

府工作报告》；审查《杭州市滨江区2021年国民经济和社会发展计划执行情况与2022年国民经济和社会发展计划草案的报告》，审查、批准《杭州市滨江区2021年国民经济和社会发展计划执行情况的报告与2022年国民经济和社会发展计划》；审议《2021年区政府民生实事项目完成情况和2022年民生实事候选项目形成情况报告》，测评2021年区政府民生实事项目；审查《杭州市滨江区2021年财政预算执行情况和2022年财政预算草案的报告》，审查批准《杭州市滨江区2021年财政预算执行情况的报告和2022年财政预算》；听取和审议《杭州市滨江区人民代表大会常务委员会工作报告》《杭州市滨江区人民法院工作报告》《杭州市滨江区人民检察院工作报告》。大会审议通过上述报告并做出决议。作出关于高水平推进“天堂硅谷、硅谷天堂”建设的决议。选举杭州市滨江区第六届人民代表大会常务委员会主任、副主任和委员，杭州市滨江区区长、副区长，杭州市滨江区监察委员会主任，杭州市滨江区人民法院院长，杭州市滨江区人民检察院检察长；选举出席杭州市第十四届人民代表大会代表；表决杭州市滨江区第六届人民代表大会各专门委员会组成人员名单。投票表决产生10项2022年政府民生实事项目。会议期间收到代表建议99件，交区政府和有关部门研究办理。

【区人大常委会会议】 2022年，区人大常委会举行常委会会议7次，区人大常委会组成人员，区政府、区监委、区法院、区检察院及议题相关单位负责人参加会议。

2022年滨江区人大常委会会议情况一览表

表2

日　期	会议名称	会议内容
1月25日	区五届人大常委会第四十七次会议	听取政府工作报告、计划报告、财政报告、法院工作报告、检察院工作报告等起草情况的汇报和2022年政府民生实事候选项目情况；审议并表决通过区人大常委会工作报告、2022年工作要点；听取和讨论区六届人大一次会议主席团成员、大会秘书长建议名单、大会选举办法（草案）、议程、日程、有关建议名单和有关大会决议（草案），关于2022年区政府民生实事项目投票表决办法（草案），关于通过杭州市滨江区第六届人民代表大会专门委员会组成人员人选的办法（草案），代表议案以及建议、批评和意见处理办法（草案）；表决通过列席人员建议名单
3月17日	区六届人大常委会第一次会议	学习传达全国两会精神；学习区人大常委会议事规则和区人大常委会组成人员守则；审议并表决有关人事任免事项，并向新任命的国家机关工作人员颁发任命书；听取和审议人大街道工委关于2021年度工作情况和2022年度工作计划的报告；表决通过关于设立区六届人大常委会代表资格审查委员会的决定

续表2

日　期	会议名称	会议内容
4月25日	区六届人大常委会第二次会议	听取和审议区政府关于2021年度法治政府建设情况的报告、2021年度环境状况和环境目标完成情况的报告；审议并表决通过《关于政府工作部门向人大常委会述法的实施意见》
6月22日	区六届人大常委会第三次会议	听取和审议区政府关于全区住宅小区消防安全工作情况的报告，并进行专题询问；听取和审议区政府关于国有资产专项工作情况的报告；听取和审议区政府关于下半年新开工超1亿元政府重大投资项目的报告，表决通过《关于2022年区政府第二批重大投资项目的审议意见》；审议并表决有关制度和人事任免事项
8月23日	区六届人大常委会第四次会议	听取和审议2022年上半年国民经济和社会发展计划执行情况的报告、2021年财政决算和2022年上半年财政预算执行情况的报告、2021年度区本级预算执行和其他财政收支的审计报告；决定批准区政府提出的2021年财政决算；审议并表决有关人事任免事项，向新任命的国家工作人员颁发任命书，并举行宪法宣誓仪式
10月27日	区六届人大常委会第五次会议	听取和审议区政府部分工作部门主要负责人述法工作报告，并进行满意度测评；审议并表决通过有关人事任免事项，向新任命的国家工作人员颁发任命书，并举行宪法宣誓仪式
12月15日	区六届人大常委会第六次会议	听取和审议区政府关于区六届人大一次会议代表重点督办建议办理情况的报告并进行满意度测评；听取和审议区政府关于全区公园建设管理情况的报告；审查批准地方政府债务限额及预算调整情况的报告；听取和审议备案审查工作情况的报告；审议并表决有关人事任免事项，向新任命的国家工作人员颁发任命书，并举行宪法宣誓仪式

（俞冰寒）

重大决定和人事任免

【概况】 2022年，杭州市滨江区人大常委会通过重大决定10项。规范做好人事任免工作，落实法律知识考试、表态发言、颁发任命书、宪法宣誓等制度。全年依法任免国家机关工作人员51人次。

【重大决定】 2022年，杭州市滨江区人大常委会通过重大决定10项。5月31日，区六届人大常委会第4次主任会议通过区人大常委会《关于2021年度法治政府建设工作情况》和《关于区政府2021年度环境质量状况和环境保护目标完成情况报告》的审议意见。6月22日，区六届人大常委会第三次会议通过区人大常委会《关于2022年区政府第二批重大投资项目的报告》的审议意见。7月20日，区第六届人大常委会第7次主任会议通过区人大常委会《关于亚运会筹办投入及管理情况专项报告》和《关于我区住宅小区消防安全工作情况》的审议意见。9月23日，区六届人大常委会第9次主任会议通过区人大常委会对区政府《2022年上半年国民经济和社会发展计划执行情况的报告》《关于杭州市滨江区2021年财政决算草案和2022年上半年财政预算执行情况的报告》《关于2021年度区本级预算执行和其他财政收支的审计工作报告》的审议意见。11月28日，区六届人大常委会第十一次主任会议通过区人大常委会《关于区司法局述法工作》《关于区教育局述法工作》《关于区民政局述法工作》的审议意见。

（李定炎）

【区六届人大常委会第一次会议人事任免事项】 2022年3月17日，区六届人大常委会第一次会议决定任命：徐建刚的区人民政府办公室（区数据资源管理局）主任（局长）职务，胡嘉欢的区发展和改革局（区农业农村局、区人民政府金融工作办公室、区对口支援和区域合作局）局长（主任）职务，林春盛的区经济和信息化局局长职务，来江飞的区教育局局长职务，王理生的区科学技术局局长职务，张宏光的杭州市公安局滨江分局局长职务，周小刚的区民政局局长职务，蔡文刚的区司法局局长职务，顾华锋的区财政局（杭州市滨江区人民政府国有资产监督管理办公室）局长（主任）职务，孙灿平的区人力资源和社会保障局局长职务，王建武的区住房和城市建设局［区人民防空办公室（民防局）］局长（主任）职务，柴志冬的区商务局（区投资促进局、区政府外事办公室）局长（主任）职务，杨晓红的区社会发展局（区卫生健康局、区文化和广电旅游体育局）局长职务，郭良的区退役军人事务局局长职务，高国明的区应急管理局局长职务，谢迎光的区审计局局长职务，钱毓军的区市场监督管理局（区知识产权局）局长职务，姜黎的区统计局局长职务，马剑平的区综合行政执法局（区城市管理局、区综合行政执法指导办公室）局长（主任）职务。免去：赵秀丽的区人大常委会监察和法制司法工作委员会副主任职务。任命：方树强、黄东良、莫炜国、高文琴、王小红、于亮、蒋一琼为区人大常委会西兴街道工作委员会委员，华水芳、蒋和兴、葛立海、崔向虎、金晓东、张燕、来永东为区人大常委会长河街道工作委员会委员，鲁佳、王建清、蔡华玲、许建宜、周峰、韩灿明、周炼为区人大常委会浦沿街道工作委员会委员。

【区六届人大常委会第三次会议人事任免事项】 2022年6月22日，区六届人大常委会第三次会议免去许小芹的区人大常委会浦沿街道工作委员会副主任职务。任命邱林杉的区人民检察院检察委员会委员职务，谢轶的区人民检察院检察员职务。免去应斌杰、陶艳梅的区人民检察院检察委员会委员职务。

【区六届人大常委会第四次会议人事任免事项】 2022年8月23日，区六届人大常委会第四次会议任命叶伟的区人大常委会监察和法制司法工作委员会副主任职务。决定任命：杨晓红的区卫生健康局局长职务，高澜的区文化和广电旅游体育局局长职务。决定免去杨晓红的区社会发展局（区卫生健康局、区文化和广电旅游体育局）局长职务。任命汤秋静的区人民检察院检察委员会委员职务。免去蓝颖的区人民检察院检察委员会委员、检察员职务。

【区六届人大常委会第五次会议人事任免事项】 2022年10月27日，区六届人大常委会第五次会议决定任命佘坚的副区长（深圳证券交易所到杭挂职干部）职务。任命：季隽虹的区人民法院副院长职务，张萍、胡广航的区人民法院审判员职务。免去丁婷、由大川、张丽蓉的区人民法院人民陪审员职务。

【区六届人大常委会第六次会议人事任免事项】 2022年12月15日，区六届人大常委会第六次会议决定任命：郑丽的区发展和改革局局长职务，姜黎的区科学技术局局长职务，邵臻的区财政局局长职务，李卓的区统计局局长职务，裴斐的区综合行政执法局局长职务。决定免去：顾华锋的区财政局局长职务，王理生的区科学技术局局长职务，胡嘉欢的区发展和改革局局长职务，姜黎的区统计局局长职务，马剑平的区综合行政执法局局长职务。任命颜海虹的区人民检察院检察员职务。免去陈丹的区人大常委会办公室副主任职务。接受辞去：陈丹、范渊的区六届人大常委会委员职务，范渊的区六届人大代表。

（陈洁茹）

视察调研

【概况】 2022年，区人大常委会聚焦民生实事项目，落实一事一小组、一人一项目、一季一活动、半年一评估、一年一测评“五个一”监督制度，协同开展养老服务类市级民生实事项目监督，线上和线下开展区级民生实事监督活动32次，参加代表485人次，监督发现问题17个，提出意见和建议96条，助推项目实施。推行街道居民议事制度，确定新一届议事会议成员249人，票决产生街道民生实事项目17件，并同步监督推进。

【民生实事项目督查】 2022年，区人大常委会聚焦民生实事项目，落实一事一小组、一人一项目、一季一活动、半年一评估、一年一测评“五个一”监督制度，协同开展养老服务类市级民生实事项目监督，线上和线下分组开展区级民生实事监督活动32次，参加代表485人次，监督发现问题17个，提出意见和建议96条，助推项目实施。

2022 年 4 月 29 日，区人大常委会民生实事专项监督小组开展“持续推进老旧小区提升改造”民生实事项目专项督查　（区人大办　供图）

2022年杭州市滨江区人大常委会民生实事项目督查情况一览表

表3

民生实事项目	督查时间	督查内容
推动教育事业高质量发展	4月27日、10月17日、11月25日	监督小组视察杭州江南实验学校月明校区、杭州竺可桢学校教育集团滨文中学、杭州市滨和小学等地，听取区教育局有关民生实事项目的工作情况汇报及区城建开发公司有关学校建设情况的汇报，提出围绕高质量均衡发展，学校建设进度和质量要双保障，“四学”举措和效果要双落实，打造滨江美好教育的总目标，推进各项工作开展等意见和建议
加快推进安居工程	4月24日、8月4日	通过走访区住建局、区建管中心、各街道等职能部门，了解掌握全区安置数、房源数、建设量等基本情况，提出要加快实物安置，挖掘存量房源，缩减安置过渡期等意见和建议
高标准建设未来社区	5月17日、8月4日	踏勘东信小区、新州美好生活共同体情况，听取区住建局、区民政局、相关街道等关于民生实事项目进展情况的汇报，提出要加快建设，统筹好疫情防控和工程进度，回应群众需求，完善各项功能等意见和建议
有效缓解停车难、出行难	5月13日、7月28日	通过现场踏勘、检查、座谈、评议等形式进行监督。听取区住建局、区综合行政执法局、滨江交警大队、区高新开发公司、区城建发展公司关于民生实事项目进展情况的汇报，提出要加强体验，注重实效，满足新业态下的需求；要加强管理，提升效能；质量要规范，进度严格按合同工期履行，完工后及时移交，加强管理，加大对僵尸车的清理力度；要科学谋划，统筹资源，提高公共交通出行率等意见和建议
提升卫生健康服务	5月13日、10月14日、11月22日	监督小组视察浦沿生命健康医疗养护综合体项目建设情况、西兴街道社区卫生中心缤纷社区卫生服务站运行情况等，座谈听取区卫健局关于民生实事项目进展情况的汇报，提出要坚持目标导向，推进项目建设，并利用好数字化，在精准服务方面做出滨江特色，推动整体卫生事业的发展等意见和建议

续表3

民生实事项目	督查时间	督查内容
深化平安小区提档升级	5月19日、9月2日、11月18日	通过视察、检查、座谈、评议等形式，开展监督活动。听取公安滨江分局、区住建局、区消防救援大队、区建管中心、各街道进展情况的汇报，提出增加移动充电桩、地面充电桩；增加可替换移动电池充电位，最大限度满足充电需求；听取使用者的意见建议，发挥基层自治的作用，做到科学合理，尽量满足居民的需求；每年对电瓶车、电瓶进行1次集中年检，及时发现安全隐患等意见和建议
提升亚运环境	4月11日、7月27日、12月8日	视察七甲闸社区、星民社区等无障碍社区建设，闻涛路、扬帆路、飞虹路、滨盛路等建设情况，听取区民政局和区综合行政执法局关于该民生实事项目中推进无障碍社区建设、持续推进“亚运靓城”行动、实施除暗增亮改造等子项目的汇报，提出要精雕细琢，做好查漏补缺；精细管理，办好移交工作等意见和建议
强化“一老一小”关爱服务	4月21日、7月23日、12月9日	视察婴幼儿照护服务实训基地，华悦湾社区、新州社区、山二社区婴幼儿成长驿站，听取区民政局、区卫健局关于该民生实事项目中推动智慧养老建设、促提托育服务水平等子项目的汇报，提出做好“提质”“扩面”工作等意见和建议
深入推进物业提档升级	5月12日、12月8日	踏勘迎春小区、冠山小区、冠新佳苑小区物业管理情况，听取区住建局、区财政局、区综合行政执法局等有关部门关于民生实事项目进展情况的汇报，提出完善体制机制、加强部门合力、落地共建共享、加快工作进度等意见和建议
持续推进老旧小区提升改造	4月29日、7月29日、12月20日	听取区住建局、各街道关于民生实事项目进展情况的汇报，提出要统筹好老旧小区和新建小区的关系、进度和质量的关系、施工安全和廉政安全的关系、改造和管理的关系

（李定炎）

【企业退休人员困难帮扶工作专题监督】 2022年3—4月，区人大社会建设工委围绕群众所忧所急所盼，以企业退休人员困难帮扶工作问题和目标为导向，以相关法律法规及标准规范为依据，通过收集资料、实地走访、座谈交流等方式，专题调研滨江区推进企业退休困难群体共同富裕工作。4月18日，区六届人大常委会第三次主任会议专题听取区政府关于滨江区企业退休人员困难帮扶工作情况的汇报，提出要高度重视企业退休人员困难帮扶工作，推动解决企业退休困难人员急难愁盼问题，提升群众的获得感、幸福感、安全感。

【住宅小区消防安全专题监督】 2022年3—6月，区人大社会建设工委组织开展滨江区住宅小区消防安全工作情况的专题监督。组织会前学法，邀请市级专家解读《中华人民共和国消防法》《杭州市物业管理条例》等法律法规；到滨江消防救援大队、街道、基层社区开展专题调研；组织人大代表视察商品房、过渡房和安置房等不同类型住宅小区；召开座谈会，听取有关部门工作情况汇报和相关意见和建议；通过调研了解，梳理出住宅小区在消防安全隐患排查、主体责任落实、消防管理机制、消防安全监管、消防安全宣传等方面存在问题，提出坚持改革创新，增强消防安全合力；坚持以法为据，压实法律主体责任；坚持依法管理，强化消防安全监管；加强宣传引导，营造良好消防环境的意见。调研报告得到区委主要负责人批示肯定。6月22日，区六届人大常委会第三次会议听取和审议全区住宅小区消防安全工作情况的报告，并对公安滨江分局、区住建局、区应急管理局、区建管中心、滨江消防救援大队等职能部门进行专题询问。

【《中华人民共和国就业促进法》执法检查】 2022年4—8月，区人大执法检查组到区人力社保局、浦沿街道、杭州滨江慧和创业陪跑空间、区高新人力资源公司，执法检查《中华人民共和国就业促进法》贯彻实施情况。执法检查组通过上下联动，围绕常态化疫情防控背景下就业环境、形态和需求的新变化开展调研，听取人大代表和基层群众意见和建议。8月17日，区六届人大常委会第八次主任会议听取区政府关于《中华人民共和国就业促进法》贯彻执行情况的汇报，会议分析就业工作现状和存在的问题，提出要加强就业形势分析和预判，完善相关就业举措、增进民生福祉，让就业保障工作更好服务经济发展大局等建议。

【城市应急保障能力建设监督】 2022年4月15日，区人大常委会主要负责人带队开展区应急管理体系和能力建设情况视察活动。监督组察看滨江三联应急救援服务中心工作开展和亚运会备勤情况、奥体中心亚运会场馆城市内涝应急队伍和物资储备情况以及区应急指挥中心运行情况，提出要建强队伍，提升工作水平、提高服务质量，保障人民生命安全，推动应急管理体系优化和完善，提高应对自然灾害和生产事故灾害能力，提升社会治理效率，保障应急保障工作形势稳定向好。

【"文明一平方"专题监督】 2022年4月19日，区人大常委会教科文卫工委组织开展"文明一平方"专题监督活动。监督组督查彩虹城农贸市场、观潮社区半岛国际小区等"门前一平方""店铺一平方"，座谈听取相关部门工作汇报。参会代表就"文明一平方"提出要加强与教育系统的联动，策划"小手拉大手"主题活动，重点是加大文明行为宣传力度；加强对企业垃圾分类工作的指导，就垃圾分类工作出台更多的管理手段和奖惩措施；加强亚运会后续的管理工作，提升市民的文明素养等建议。

【无障碍环境建设监督】 2022年4月26日，区人大社会建设工委组织代表监督无障碍环境建设情况，重点包括无障碍环境问题整改销号，亚运会场馆"最后一公里"体验区无障碍设施建设和公共场所信息无障碍推进工作情况等。监督组通过听取汇报、代表视察、现场调研，提出推进完善无障碍建设工作机制、落实法规标准、提高硬件设施水平、优化信息交流环境、提升无障碍环境、为迎亚（残）运会提供更好保障等建议。

【"大综合一体化"行政执法改革情况调研】 2022年6—7月，为助推浙江省加快推进"大综合一体化"行政执法试点工作，根据省市人大常委会联动开展《浙江省综合行政执法条例》执法检查部署要求，区人大监察和法制司法工委制定方案，通过组织部门、街道座谈、实地走访等形式，开展调研、检查，助推工作。7月4日，区六届人大常委会第六次主任会议听取和讨论关于开展《浙江省综合行政执法条例》执法检查实施方案的汇报，提出要明确站位、提高认识，明确责任、推进改革，明确定位、创新举措。

【滨江区公园建设管理情况调研】 2022年9—11月，区人大城建环保工委组织开展关于滨江区公园建设管理情况的调研，走访街道、社区、人大代表，踏勘公园，与区财政局、区住建局、区综合行政执法局、区文广旅体局、规划资源滨江分局、白马湖生态创意城管委会、滨江环境公司、区城建发展公司和3个街道召开座谈会，向全区人大代表进行问卷调查，调研滨江区公园建设管理情况。代表提出公园既要符合区域居民服务功能，也要透出滨江街区的文化特征，让公园成为社会主义核心价值的制高点、现代社区实践地等意见和建议。城建环保工委根据代表提出的意见和建议和在走访调研中掌握的情况形成关于全区公园建设管理情况的调研报告。12月15日，区六届人大第六次常委会会议听取并审议该报告。

（李定炎）

人大工作委员会

【监察和法制司法工作委员会】2022年，区人大常委会监察和法制司法工作委员会根据中办、国办印发的《法治政府建设与责任落实督察工作规定》要求，配合常委会听取和审议《滨江区2021年度法治政府建设工作情况的报告》。4月，区第六届人大常委会第二次会议审议并表决通过《关于政府工作部门向人大常委会述法的实施意见》，对区教育局、区民政局、区司法局3个部门开展述法评议。2022年首次向区人大常委会报告2020—2021年区政府规范性文件备案审查工作情况。全年接收并审查区政府报备的规范性文件6件、区检察院报备的规范性文件1件。收到各类信访申诉7件次，均按规定及时转交处理。参与《杭州市历史文化名城保护条例(草案)》《杭州市优化营商环境条例》等条例意见征集工作。推进数字化改革，滨江区成为承担杭州市司法监督场景试点建设单位。完善宪法宣誓组织工作，参与“12·4”国家宪法日主题活动。专题调研社区矫正工作情况，形成《滨江区人大关于区智慧社区矫正工作情况调研报告》。注重代表议案建议的办理和督办。在“滨江人大”微信公众号上开展“一周一释法”，开展“一月一学法”线下活动，组织线下旁听庭审2次。

【财政经济工作委员会】2022年，区人大常委会财政经济工作委员会围绕2022年计划、预算执行、审计监督等工作，提出监督审查意见，助推区内经济健康发展和财政平稳运行。围绕八大攻坚行动，召开“助企纾困”专题座谈会，助力经济稳进提质。提交国企改革调研报告，为推动区属国企市场化改革、专业化发展提供参考。选择亚运筹办及投入情况作为国资专项监督议题，为常委会会议审议提供参考。为支持政府重大投资建设，提前2个月对政府9个超亿元重大投资项目进行审查。聚焦预算、审计、国资、经济运行、重大项目5个维度，构建财经综合监督系统。督促协调区六届人大一次会议1件重点督办件、18件代表建议、2件民生实事办好办实，代表们对办理情况均表示满意。

【城建环保工作委员会】2022年，区人大常委会城建环保工作委员会围绕亚运主题、重点规划、污染防治、民生短板等方面开展监督。对亚运会场馆建设、道路提升改造工程开展监督并提出意见建议。会同财经工委，对结合产业及用地现状完善工业园区配套设施和高效利用土地、根据各工业园区企业状况分类推进提升改造工作提出意见建议。开展《中华人民共和国环境保护法》执法检查，听取区政府及职能部门执行情况的汇报并提出整改意见。调研区政府落实《杭州市物业管理条例》情况，提出建议。聚焦年度目标，做好各项工作。牵头“深入推进物业提档升级”民生实事项目。督促相关部门加快整改。组织调研新启动安置房小区物业费分类收缴工作，听取居民意见，对各责任单位提出建议。听取审议《滨江区2021年度环境状况和环境保护目标完成情况的报告》。到生态环境滨江分局调研，提出提升生态文明水平等方面的建议。全年督办建议53件。调研全区公园建设管理情况，梳理意见建议，形成调研报告。开展关于杭州市人大城建环保领域2023年立法计划的研究，提出《杭州市建筑垃圾管理条例》的立法建议。

【教科文卫和民宗侨工作委员会】2022年，区人大常委会教科文卫和民宗侨工作委员会围绕中心工作，开展调查研究。通过听取工作汇报，走访部分学校、培训机构，完成区教育领域“双减”工作开展情况调研报告。到上城区考察红十字事业情况，形成工委调研报告并汇报。推进侨务工作法治化，到区民宗局、海外高层次人才创新创业基地调研，开展座谈交流听取工作汇报。现场查看奥体博览中心主体育场、网易蜗牛图书馆等，就文体事业发展提出意见建议。参与主题监督月活动，成立小组开展“文明一平方”专题监督。跟进了解“推动教育事业高质量发展”“提

2022年4月27日，区人大常委会科教文卫和民宗侨工作委员会到杭州江南实验学校开展“双减工作”调研（区人大办 供图）

升卫生健康服务能力”实施进度。推进重点代表建议办理，收到科教文卫体类意见、建议19件，答复办理结果均为满意。参与省、市计生协会“落实三孩生育政策意见建议”调研2次，走访托幼机构，网络问卷实名制调查得到有效数据8531份。走访企业，帮助解决发展困难。每月开展区人大代表走访工作，全年联系基层人大代表22人，梳理代表意见建议并交办相关部门。

【人事代表工作委员会】2022年，区人大常委会人事代表工作委员会开展代表培训，提升代表履职能力。针对性注重联系走访，强化关怀举措。通过给代表征订《浙江人大》等报刊杂志、制定《2022年区人大常委会组成人员走访联系基层代表安排表》等，与代表保持联系。动员代表参与疫情防控等中心工作，指导街道组织代表对区教育局、区民政局、区应急管理局开展定向视察，开展迎亚运主题监督月活动，组织100多名代表开展集中监督活动11次，征集各类意见建议100多条。贯彻落实省、市人大要求，试点打造缤纷未来社区基层单元驾驶舱，建设代表联络总站，推进第二批基层单元培育建设，组织保障领导干部人大代表进站接待，提高工作成效。督办区级民生实事项目“持续推进老旧小区提升改造”，制定小组监督计划、跟踪监督责任部门，就监督发现问题专题报区政府负责人参考。

【社会建设工作委员会】2022年，区人大常委会社会建设工作委员会围绕公共安全，开展住宅小区消防安全工作监督，为常委会听取审议区政府报告并开展专题询问做好各项前期工作，形成调研报告，获区委主要领导批示；开展企业退休人员困难帮扶工作监督，做好主任会议听取报告相关工作，助推共富；开展“迎亚运，展风采，代表在行动”主题监督活动，开展无障碍环境建设监督和城市应急保障能力建设监督，提出对策建议；开展就业促进法执法检查，通过上下联动方式，撰写执法检查报告上报市人大社会委；开展区民生实事项目监督，确保“提升亚运环境”和“强化‘一老一小’关爱服务”项目整体落实和有序推进，配合开展市级民生实事项目监督；做好代表工作，督办5条代表建议办理情况，依法履职。

（李定炎）

议案建议

【概况】2022年2月12—14日，区六届人大一次会议收到代表提出的建议99件。3月22日，区政府召开建议交办会议，把代表建议交办26个承办单位办理，其中有11个单位办理3件及以上。至6月，26个承办单位全部完成建议的答复工作，其中答复A类的75件、B类的21件、C类的3件，建议答复及态度评价满意率均为100%。11月和12月，各人大街道工委分别开展代表建议办理工作满意度测评会，经测评，97件建议办理结果为满意，2件为基本满意满意率为98%，比上一年提升1.3个百分点，建议解决率为76.8%。专题督办4件重点建议，有效推进关于加快全域未来社区建设等一批建议落实，4件重点督办建议测评结果均为满意。51件大会期间代表分组讨论发言意见和4件闭会期间代表建议均按要求办理答复。

【推进全域未来社区建设的建议】 2022年，在区六届人大一次会议上，代表王小红提交的《关于推进全域未来社区建设的建议》（二类2号）被列为区人大重点督办建议。该建议由区人大城建环保工委督办，区住建局承办，数字化改革专班协办。滨江区建立“四级负责制”，落实主要领导亲自抓、分管领导直接抓、主办科室具体抓、经办人员专门抓机制，制定工作计划，明确工作要求、办理标准和办理时限。坚持“前中后三沟通”。把握办前、办中、办后与代表们“三沟通”原则，主动上门向代表了解建议背景、依据和要求，及时汇报办理结果。至年底，滨江全域有3个未来社区达到省级创建标准、5个未来社区完成市级验收、4个社区达到市级创建标准。该建议评价结果为满意。

【滨江区道路标志标识规范化及亚运场馆周边设施提升的建议】 2022年，在区六届人大一次会议上，代表王荣华提交的《关于滨江区道路标志标识规范化及亚运场馆周边设施提升的建议》（二类20号）被列为区人大重点督办建议，该建议由区人大社会建设工委督办，区交警大队承办，公安滨江分局、区综合行政执法局等单位协办。区政府和相关职能部门按照区委提出的“塑造亚运主场新优势，打造城市提能新成果”要求，围绕“交通影响小、基础条件好、城市景观美”目标，实施全区道路标志标识规范化及亚运场馆周边设施提升工程，加强城市道路交通设施精细化管理，提升滨江区亚运城市形象和群众生活品质。该建议评价结果为满意。

【完善基层疫情防控能力和体系的建议】 2022年，在区人大六届一次会议上，代表朱建荣提交的《关于完善基层疫情防控能力和体系的建议》（二类6号）被列为区人大重点代表建议。该建议由教科文卫和民宗侨工委督办，疫情防控专班牵头各协办单位共同承办。由分管副区长召开专题会议研究落实，疫情防控专班牵头各协办单位。健全重大疫情应急响应、平战转换指挥机制，构建集中统一高效的领导指挥体系。6月份，疫情防控专班邀请有关人大代表，到防疫指挥部调研座谈基层防疫工作开展情况，汇报重点建议办理情况，对代表提出的5个问题，从9个方面给予回应，成效明显。该建议评价结果为满意。

【加快推进滨江萧山产业合作共同发展的建议】 2022年，在区六届人大一次会议上，代表周峰提交的《关于加快推进滨江萧山产业合作共同发展的建议》（二类41号）被列为区人大重点督办建议。该建议由区人大财经工委督办，区发改局承办，特别合作园管理局协办。滨江区成立特别合作园管理局，对滨江萧山产业合作园和富阳特别合作区进行统一管理，建立联席会议制度，定期召开合作推进通报会。签订特别合作园合作协议，协作推进规划编制、梳理存量空间，摸清底数。打通17条内部道路，规划建设“15分钟社区生活圈”和创业服务圈，完善基础设施配套，提升营商环境。合作导入产业项目9个，合计投资109亿元，用地22.27公顷，启动建设“中国视谷”。该建议评价结果为满意。

（李定炎）

人大代表工作

【概况】 至2022年底，滨江区有各级人大代表233人，其中全国人大代表1人、浙江省人大代表7人、杭州市人大代表23人、滨江区人大代表202人。滨江区六届人大一次会议收到代表提出的建议99件，闭会期间代表建议4件，均按要求办理答复。全区各级人大代表进联络站点

892人次，接待选民群众4310人次，收集解决问题358个。

【基层单元建设】 2022年，区人大常委会加快推动1个区级总站、3个街道中心站、62个基层联络站点建设，构建“1+3+N”全过程人民民主基层单元体系，深化“联、商、督、促、智”五大功能，推进代表联络站迭代升级，缤纷未来社区人大代表联络站成为全省首批人大践行全过程人民民主基层单元。全区各级人大代表进联络站点892人次，接待选民群众4310人次，收集解决问题358个。

【代表培训】 2022年，区人大常委会为提升新一届人大代表履职能力，于1月份在新一届代表当选后组织培训班，邀请市人大代表杨一青讲授如何履行代表职责，邀请省人大代表沈小玲讲授如何撰写代表建议。3月，组织市人大代表滨江代表团参加市人大履职培训班。根据省人大代表杭州中心组有关要求，组织省代表参加省人大组织的履职培训班，配合省人大做好线上相关培训工作。

（陈洁茹）

人大街道工委工作

【概况】 2022年，滨江区各街道人大工委服务保障区人大常委会及代表履职，组织代表定向视察区教育局、区民政局、区应急管理局，围绕教育优质均衡、教育“双减”，社区治理、区民生实事项目落实、社工队伍建设、养老，应急管理等方面开展视察，监督推动街道办事处工作。推行街道居民议事制度，确定新一届议事会议成员249人，票决产生街道民生实事项目17件，同步监督推进。5月，西兴街道缤纷未来社区人大代表联络中心站被列为全省首批人大践行全过程人民民主基层单元培育对象。西兴街道以数字化改革的理念、思路、方法引领推动代表联络站迭代升级，规范化提升6个联络站和2个联络点。

（李定炎）

【区人大西兴街道工委活动】 2022年，区人大西兴街道工委组织代表开展以“迎亚运”“懂高新”“河道环境提升”“未来社区建设”“代表联络站建设”等为主题的代表小组活动和监督视察活动10多次，专题听取街道办事处关于大气环境保护、人民调解、工业园区提升改造、新冠疫情防控和老旧小区提升改造等方面情况的报告，评议相关工作；走进盛大科技园开展“懂高新”主题活动；专题开展迎春区块垃圾清运、西陵路南段停车难等问题的民主协商议事；以进“代表之家”和举办“代表大讲堂”等形式，宣讲中共二十大会议精神、省十五次党代会精神，开展基层单元数字平台建设、代表联络站工作交流等学习培训活动。以数字化改革的理念、思路、方法引领推动代表联络站迭代升级，同步规范化提升6个联络站和2个联络点，缤纷未来社区人大代表联络中心站被列为全省首批人大践行全过程人民民主基层单元培育对象。3月4日和8月24日，西兴街道召开第二届第一次和第二次居民议事会议，区人大西兴街道工委听

2022年7月18日，西兴街道人大工委第二小组代表在盛大科技园开展“懂高新”主题活动　（西兴街道人大工委　供图）

取办事处关于经济社会发展以及民生实事项目情况汇报，评议14个部门、条线及区派驻单位2021年工作，满意率100%；测评2021年6项民生实事项目完成情况，结果均为满意；票选出2022年6项民生实事项目，对应成立专项监督小组跟踪监督。审议办事处经济社会发展情况、国有资产管理、财政预决算情况和2022年民生实事项目进展情况的报告，各专项监督小组就上半年街道民生实事项目进展情况出具书面评估报告。6个民生实事项目专项小组分2次开展集中监督视察活动。5月18日和10月28日，区人大西兴街道工委组织部分市、区人大代表定向视察区教育局2次，听取包括教育优质均衡、教育“双减”等方面的工作开展及对人大代表建议和民生实事项目承办情况的汇报，提出意见和建议。11月19日，区人大西兴街道工委组织代表测评西兴代表团在区六届一次人代会上提出的25件代表建议办理结果满意度，均为满意件。

（李　红）

【区人大长河街道工委活动】2022年，区人大长河街道工委分别听取街道财政预算、经济运行、国有资产管理、第三产业开发情况的报告，街道生态环保、垃圾分类情况的报告，区派驻街道单位工作报告，社区美好生活综合体建设情况报告等，推动街道重点工作落实。3月9日和8月25日，2022年度第一次和第二次居民议事会议召开，第一次居民议事会议票选出6项民生实事项目。区人大长河街道工委组建6个专项监督小组，对民生实事项目实施“一事一小组、一人一项目、一季一活动、一年一测评”的全程跟踪监督。在第二次居民议事会议上听取街道办事处关于民生实事项目推进情况的汇报。5月26日和11月18日，区人大长河街道工委定向视察区民政局2次，听取区民政局社区治理、区民生实事项目落实、社工队伍建设、养老等工作汇报，并提出意见和建议。

（章凌渊）

【区人大浦沿街道工委活动】2022年，区人大浦沿街道工委定期召开街道工委季度会议，听取办事处2022年工作思路、街道民生实事项目实施方案、街道国有资产及财政预决算等情况。听取拆迁安置、工业园区提升改造、征迁全域清零、未来社区建设、美好家园小区建设等工作汇报，提出意见和建议15条。代表参加区、街各类监督、调研等活动350多人次，人均参与活动6次，通过代表直通车提交意见建议18条，实现代表线上履职率100%。根据《杭州市街道居民议事制度实施办法》，确定第二届居民议事会成员87人。2月28日，浦沿街道第二届第一次居民议事会议召开，票决5件街道民生实事项目，提出意见和建议22条。人大代表围绕“迎亚运，展风采，代表在行动”监督主题，开展监督活动，收集整理意见和建议62条。开展“亚运环境提升项目”“过渡房监控设备检测维修”“心脏除颤仪（AED）布点和应急救护培训”“定制公交专线”“就业提升项目”的监督活动，5项民生实事项目年度测评均为满意。区人大浦沿街道工委迭代升级联络站，形成“1+6+24”（1个中心站、6个区域站、24个联络点）的代表联络站（点）阵地体系，建成中心站和第一、第二联络站。5月11日和11月25日，区人大浦沿街道工委组织代表到区应急管理局开展定向视察2次，代表提出区自然灾害应急指挥系统（平台）增加弹窗提醒，完善和维护系统数据；全区避难场所要加强视觉引导系统建设；要继续加强人、财、物（装备）、数据等要素建设，应急指挥手段要多元化，提高应急处突能力和水平等建议。

（杨　森）

杭州高新区管委会（滨江区政府）

综　述

【综合排名居全国高新区第五位】2022年，杭州高新区（滨江）实现地区生产总值2184.8亿元，比上年增长1.8%。财政总收入433.62亿元，增长6.5%，其中一般公共预算收入214.65亿元，增长5.8%。一般公共预算支出167.75亿元，增长17.2%。民生保障支出146.76亿元；教育、产业扶持支出分别为30.98亿元、40.13亿元。全社会固定资产投资315.2亿元，增长16.4%。社会消费品零售总额547亿元，增长14.7%。全区规模以上工业增加值751.9亿元，获评省制造业高质量发展示范区县（市）创建优秀单位。新增上市企业6家，累计培育上市公司69家，总量居全省第一位。新招引项目95个，其中开工15个、摘牌16个、落点20个，“152”省市县长工程项目落地率100%；固定资产投资首超300亿元，产业投资（含滨富）首破百亿元，工业、高新产业、制造业投资分别增长14.7%、28.7%、15.8%，省重大项目投资完成率居全市第一位。在科技部火炬中心对全国169个国家高新区2022年度评价中，杭州高新区综合排名全国第五。

【生态环境提升】2022年，杭州高新区（滨江）创建省级“美丽河湖”片区1个、市级“美丽河道”7条，时代河永久河沿河景观绿道、白马湖二期跑道夜景亮化全线提升；新建（改建）公园10个，实现扩绿29万平方米，北塘河畔及周边区域提升改造工程获评省级优秀园林工程奖，闻涛路获评省级绿化美化精品道路。新增（优化）公交线路18条，新增机动车泊位3743个、非机动车泊位3080个，完成改造重点公厕15座。“大小莲花”入选省首批“无废亚运”示范场馆，完成亚运通勤道路21条，江南大道、飞虹路、滨康路在“迎亚运”道路建设工作“赛马”活动市级优秀工程，整改国际化标识标牌1033块，奥体中心公园、北塘河四期公园、感知之轴对外开放。

【文体事业发展】2022年，杭州高新区（滨江）投入使用学校6所，新增学位8340个；续建振浦小学、培智学校等学校13所。全区中小学生体质健康综合测试居全市第一位，区域教育现代化发展水平和义务教育优质均衡发展水平全省领先。西兴街道社区卫生服务中心住院病区开放投用，长河街道社区卫生服务中心成功创建省级社区医院，浦沿街道社区卫生服务中心迁建项目开工建设，健康促进县（区）创建通过省级评估。新建（改建）城市书房、智慧借阅点20个，新建（改建）体育场地200多处，新增体育场地12万平方米。“新时代枫桥式退役军人服务站”创建成功率居全市第一位。

【安居工程推进】2022年，杭州高新区（滨江）安置房项目续建20个、334.5万平方米，新开工1个、4.6万平方米，交付11个、163.8万平方米，安置1.5万户次。开工建设共有产权保障住房1000套、公共租赁住房9.6万平方米，筹集保障性租赁住房

7273套。城镇新增就业5.7万人，帮扶就业困难人员实现再就业2132人，其中拆迁户家庭1005人，发放征地拆迁家庭大病医疗补助414.3万元。电梯加装开工340台、完工335台，安置房小区加梯覆盖率80%。建成美好生活共同体9个，省市未来社区验收通过8个。缤纷未来社区代表浙江省参加2022年中韩社区治理论坛。

（刘　超）

重要会议

【概况】 2022年，杭州市滨江区政府召开全体（扩大）会议2次，召开常务会议17次，研究讨论全区社会经济发展有关事项。

【区政府全体（扩大）会议】 2022年，杭州高新区（滨江）召开区政府全体（扩大）会议2次，主任（区长）、副主任（副区长）出席会议，人大常委会副主任、政协副主席列席会议，各街道、区级机关各部门、各直属单位、市驻区有关单位主要负责人参加会议。2月21日，第六届区人民政府第一次全体（扩大）会议召开，会议贯彻落实中共十九大、十九届历次全会精神和中共中央总书记习近平考察浙江、杭州重要讲话精神，落实中央、省、市各项科学决策，观看警示教育短片，传达区两会和全区深化作风建设暨“三大主题年”动员大会精神，执行区第六次党代会和区委六届一次全会提出的部署要求，推进政府各项工作。10月26日，第六届区人民政府第二次全体（扩大）会议召开，会议传达学习中共二十大会议精神。

【区政府常务会议】 2022年，杭州高新区（滨江）召开区政府常务会议17次，审议通过议题158项，主任（区长）、副主任（副区长）出席会议，人大常委会副主任、政协副主席列席会议，各街道、区级机关各部门、各直属单位、市驻区有关单位主要负责人参加会议。会议传达学习中共中央总书记习近平重要讲话和指示精神，中央、省委、市委、区委重要会议精神。审议并原则通过滨萧合作园、新冠疫情防控指挥体系、企业扶持、人才激励等议题。

2022年杭州市滨江区政府常务会议一览表

表4

序号	日期	会议内容
1	1月19日	传达学习中共中央总书记习近平在省部级主要领导干部学习贯彻中共十九届六中全会精神专题研讨班开班式上的重要讲话精神和在中共中央政治局召开专题民主生活会上的重要讲话精神，中央政治局常务委员会会议精神，长江经济带发展领导小组全体会议及省委常委会会议精神，观看2021年长江经济带生态环境警示片。通报区管委会、政府领导工作分工。审议并原则通过2022年政府工作报告、2022年区政府民生实事候选项目形成情况、区2021年国民经济和社会发展计划执行情况与2022年国民经济和社会发展计划草案、修订《关于促进高新区江北区块高质量发展的实施意见》等议题
2	2月27日	审议并原则通过滨萧合作园、新冠疫情防控指挥体系等议题
3	3月2日	学习《关于更加有效发挥统计监督职能作用的意见》。传达学习中共中央总书记习近平在中共中央政治局第三十六次集体学习上的重要讲话精神、在中共中央政治局第三十七次集体学习上的重要讲话精神、在十九届中央纪委六次全会上的重要讲话精神、在2022年世界经济论坛视频会议上的重要讲话精神，市第十三次党代会会议精神。审议并原则通过2022年政府民生实事项目实施方案、2022年政府投资项目计划等议题
4	3月22日	学习《国务院关于加快推进政务服务标准化规范化便利化的指导意见》。传达学习全国两会精神，中共中央总书记习近平在中央党校（国家行政学院）中青年干部培训班开班式上的重要讲话精神、在参加内蒙古代表团审议时的重要讲话精神，中央全面深化改革委员会第二十四次会议精神，疫情防控有关会议精神

续表4

序号	日期	会议内容
5	4月21日	学习《打造知识产权强国建设先行省的实施意见》。传达学习中共中央总书记习近平在北京冬奥会、冬残奥会总结表彰大会上的讲话、在海南考察时的重要讲话精神。审议并原则通过编制2022年度区政府重大行政决策目录、建设高能级战略平台 打造世界领先科技园区行动方案、助企纾困稳增长十二条、推进产业平台高质量发展实施意见、区公办幼儿园聘用制教师管理办法、区政府质量奖拟授奖组织名单、《杭州高新区（滨江）关于鼓励备案非标电动自行车提前淘汰置换实施方案》、《关于进一步加强高新区（滨江）国土空间规划统筹管理、合理开发利用国土空间资源的实施意见》、《滨江区驻街规划师实施办法（试行）》、《滨江区相邻地块统筹开发建设实施细则（试行）》、《杭州高新区（滨江）创建国家生态文明建设示范区实施方案》、房建成院士人才政策兑现等议题
6	5月17日	学习《信访工作条例》。传达学习中共中央政治局会议精神、中央全面深化改革委员会第二十五次会议精神，中共中央总书记习近平在中共中央政治局第三十八次集体学习上的重要讲话精神、在中央财经委员会第十一次会议上的重要讲话精神、在博鳌亚洲论坛2022年年会开幕式上的重要讲话精神，第五次全国廉政工作会议及省市续会会议精神。传达学习全国巡视工作会议暨十九届中央第九轮巡视动员部署会精神并研究部署省委巡视"回头看"反馈问题整改工作。审议并原则通过违法建筑行政强制措施、东冠新农村违建拆除工作进展及综合整治方案、《关于加强和改进新时代人才工作 推进天堂硅谷人才行动的实施意见（审议稿）》等议题
7	6月2日	审议并原则通过《杭州高新区（滨江）关于经济稳进提质攻坚行动的实施方案》《杭州高新区（滨江）贯彻落实国务院和省市扎实稳住经济一揽子政策措施》《关于加快促进商贸流通发展提升消费能级的实施意见》《杭州高新区（滨江）浙能集团共建白马湖实验室合作协议》等议题
8	6月13日	学习新《中华人民共和国行政处罚法》《浙江省综合行政执法条例》。传达学习中共中央总书记习近平在庆祝中国国际贸易促进委员会建会70周年大会暨全球贸易投资促进峰会上的重要讲话精神、在金砖国家外长会晤开幕式上的重要讲话精神、在中共中央政治局第三十九次集体学习上的重要讲话精神，中共中央政治局会议精神。传达学习省消防安全排查大整治暨安全生产工作视频会议精神，研判当前安全生产形势并布置下阶段重点工作。听取经济稳进提质一揽子政策落地有关情况。审议并原则通过2022年全区扩大有效投资及政府投资项目计划调整、《滨江区规范民办义务教育发展专项工作实施方案（审议稿）》、《民办义务教育转公后教师队伍配置工作的实施方案（审议稿）》、《杭州高新区（滨江）推进知识产权高质量发展实施方案（审议稿）》、《杭州高新区（滨江）生活垃圾分类工作重点行动方案（审议稿）》、长河历史文化街区首期开发运营等议题
9	6月29日	传达学习省第十五次党代会精神。通报省6起微信泄密典型案例。听取经济稳进提质一揽子政策落地有关情况。审议并原则通过《区属国有企业推进市场化改革专业化发展实施方案（审议稿）》、省委巡视"回头看"反馈问题整改工作等议题
10	7月14日	传达学习中共中央总书记习近平在全球发展高层对话会上的重要讲话精神、在庆祝香港回归祖国二十五周年大会暨香港特别行政区第六届政府就职典礼上的重要讲话精神、在金砖国家领导人第十四次会晤上的重要讲话精神、在中共中央政治局第四十次集体学习上的重要讲话精神，中共中央政治局会议精神，中央全面深化改革委员会第二十六次会议精神。传达全国安全生产电视电话会议精神，研判1—6月全区安全生产形势并布置下阶段重点工作。审议并原则通过《杭州市滨江区人民政府工作规则（审议稿）》，《杭州高新区（滨江）管委会、政府会议管理制度（试行）（审议稿）》，《关于推动创新链产业链"两链"深度融合的实施意见和若干措施（审议稿）》，长河、浦沿街道部分社区调整，《关于货币化安置及存量房源处置等事项的通知（审议稿）》等议题

续表4

序号	日期	会议内容
11	8月23日	传达学习中共中央总书记习近平在省部级主要领导干部专题研讨班上的重要讲话精神、在党外人士座谈会上的重要讲话精神、在中共中央政治局第四十一次集体学习上的重要讲话精神、在中央统战工作会议上的重要讲话精神，中共中央政治局会议精神，省政府第十一次全体（扩大）会议精神，《领导干部接到请托事项报备制度（试行）》《省人民政府办公厅关于重申“一严格五不准”规定加大违反会风会纪督查检查追责问责的通知》。传达安全生产工作有关重要指示及上级文件精神，研判全区安全生产形势并布置下阶段重点工作。审议并原则通过2022年度区工业企业综合评价工作、《杭州高新区（滨江）建设数字经济第一区行动计划（2022—2025）（审议稿）》、2021年财政决算和2022年上半年财政预算执行情况、修订《滨江区民办教育发展专项资金管理办法（审议稿）》、杭州高新区（滨江）富阳特别合作区合作深化协议、《关于进一步明确滨江区集体土地相关安置政策的通知（审议稿）》、修订《杭州高新区（滨江）科技创新产业基金管理办法（审议稿）》、近期迎峰度夏电力保供工作等议题
12	9月5日	通报区管委会、政府有关领导工作分工调整情况。审议并原则通过表彰滨江区第八届优秀人民校（园）长、优秀人民教师，国有企业人事与薪酬改革相关配套方案等议题
13	9月21日	传达学习中共中央总书记习近平在中央全面深化改革委员会第二十七次会议上的重要讲话精神、致产业链供应链韧性与稳定国际论坛的贺信，中共中央政治局会议精神。研判全区安全生产形势并布置下阶段重点工作。审议并原则通过《关于促进社会组织高质量发展的实施意见（审议稿）》、第三届“滨江工匠”认定工作、超高灵敏极弱磁场和惯性测量装置及其配套产业园项目等议题
14	10月26日	学习《中国（浙江）自由贸易试验区条例》。传达学习中共中央总书记习近平在二十届中共中央政治局常委同中外记者见面时的重要讲话精神、在参加中共二十大广西代表团讨论时的重要讲话精神、在党外人士座谈会上的重要讲话精神、致2022全国专精特新中小企业发展大会的贺信精神。研究部署近期疫情防控工作。传达学习近期安全生产文件精神，研判全区安全生产形势，布置下阶段重点工作。审议并原则通过调整《2022年度区政府重大行政决策事项目录清单》《杭州高新区（滨江）电网建设三年攻坚行动方案（2023—2025）（审议稿）》《杭州高新区（滨江）现代服务业高质量发展三年行动计划（审议稿）》《关于进一步加快人工智能产业发展的政策意见（审议稿）》，修订《关于进一步推进产业国际化的实施意见（审议稿）》，2022年行政规范性文件清理结果，将滨文、滨康等10个片区周边环境提升改造工程（“微更新”）等项目增补列入2022年政府投资项目计划，区民生实事项目中省级未来社区创建主体调整，调整完善区属国有企业“三定”方案等议题
15	11月24日	学习《杭州市消防安全责任制规定》。传达学习中共中央总书记习近平在中共中央政治局第一次集体学习时的重要讲话精神、在《关于特别是作为水禽栖息地的国际重要湿地公约》第十四届缔约方大会开幕式上的致辞、在二十国集团领导人第十七次峰会上的重要讲话精神、在亚太经合组织第二十九次领导人非正式会议上的重要讲话精神、在亚太经合组织工商领导人峰会上的书面演讲精神、在第五届中国国际进口博览会开幕式上的致辞，中共中央政治局会议精神、中共中央政治局常务委员会会议精神。传达省市有关疫情防控会议精神，并研究部署近期疫情防控工作。审议并原则通过省委巡视“回头看”反馈问题整改、调整2022年财政预算，修订《关于加快智造供给产业发展的实施意见（审议稿）》、修订《滨江区食品安全事故应急预案（审议稿）》、延续农转非拆迁人员家庭大病医疗补助政策等议题
16	12月7日	传达学习省委书记袁家军在杭调研民营企业并召开座谈会时的讲话精神。审议并原则通过2023年区政府民生实事候选项目、《滨江区进一步加强农转居安置房小区物业管理工作的若干意见（试行）（审议稿）》、《关于加快浙江数字文化国际合作区发展的扶持意见（审议稿）》、《杭州高新区（滨江）标准创新奖评审管理办法（审议稿）》等议题

续表4

序号	日期	会议内容
17	12月21日	传达学习中共中央政治局会议精神、中央经济工作会议精神、中共中央总书记习近平在中共中央召开党外人士座谈会上的重要讲话精神、浙江省委十五届二次全体（扩大）会议暨省委经济工作会议精神。审议并原则通过《关于促进新一代人工智能创新发展、推动产业生态建设的若干政策（审议稿）》、2023年全区政府投资项目计划、《关于调整产业基金和担保项目决策流程的实施意见（审议稿）》、延长农转非拆迁人员老年人春节慰问金政策、《滨江区建设工地文明施工标准化实施细则（审议稿）》等议题

（刘　超）

【区政府专题会议】 2022年，杭州高新区（滨江）召开的区政府专题会议主要议题有：研究省委巡视“回头看”问题整改工作、研究“大综合一体化”行政执法改革工作考核指标有关事宜、研究未来城市重点发展区块布局有关工作、研究学校布局有关事宜、社区矫正帮扶事宜、部署2023杭州马拉松滨江区保障工作、专题研究《杭州高新区（滨江）高能级战略平台行动方案》《杭州高新区（滨江）惠企纾困 高质量发展六十条》《杭州高新区（滨江）关于开展“三服务”主题活动实施方案》、研究安置房项目建设情况及安置工作情况、研究部署“亚运攻坚”专项巡察整改有关工作、专题部署区专职网格员和社区专职工作者招聘笔试保障工作、分析新增企业注册情况、听取西兴工业园区提升改造的方案、布置全区文物安全工作、专题研究信访积案化解工作、专题研究全域征迁清零工作、专题研究“两代表一委员”参与党建引领基层治理、研究浦沿街道防汛防台工作、研究长河老街整治方案、打造数字化改革标志性成果对策研究项目调研座谈会、物业提档升级工作、垃圾分类重点工作、专题协调网球中心场馆验收有关事宜、专题研究西兴中学改扩建装修设计方案、研究平安隐患排查整治工作、研究安置房小区商铺处置事宜、研究国企改革、专题研究社区优化调整有关事宜、研究北航杭州创新研究院相关事宜、研究硅谷小学及竺可桢学校开学有关事宜；听取浙大附校办学情况汇报、研究数字政府建设有关工作、专题研究襄七房历保区块海塘公园施工管理相关事宜、专题研究立体过街设施、研究工业经济相关工作。

（刘　超）

重要活动

【滨江区浙工大网络空间安全创新研究院启动】 2022年5月13日，滨江区浙工大网络空间安全创新研究院启动仪式举行，杭州高新区（滨江）和浙江工业大学负责人及企业代表共50多人参加。研究院由杭州高新区（滨江）与浙江工业大学共同组建，由浙江工业大学网络空间安全研究院承建，中国工程院院士杨小牛担任首席科学家。研究院围绕电磁空间安全、公共互联网安全、人工智能安全、光通信安全、物联网系统安全5个国际前沿方向，通过机制体制创新，建设国内一流的网络空间安全领域的科技创新、人才集聚和技术产业化基地，助力数字化时代“大安全”产业发展。仪式上，研究院与华为（杭州）技术有限公司、杭州安恒信息技术股份有限公司、杭州永川科技有限公司、杭州中奥科技有限公司、杭州牧星科技有限公司等企业进行项目签约。至年底，滨江区浙工大网络空间安全创新研究院引进孵化企业3家，签订横向合作合同5项，在电磁空间安全、公共互联网安全、人工智能安全、工业控制系统安全、无人系统安全等方向与企业达成合作。

【杭州极弱磁场重大科技基础设施研究院揭牌】 2022年5月26日，杭州极弱磁场重大科技基础设施研究院揭牌仪式在杭州高新区（滨江）举行。研究院成立于2020年12月，是省、市、区三级政府共建的高能级新型研发机构。研究院设滨安路和天马路2个院区，办公科研场地总计3万余平方米，配备食堂、体育馆、游泳馆等设施，在建的量子传感实验楼总建筑面积8940平方米。研究院由中国科学院院士、北京航空航天大学学术委员会主任、教授房建成担任理事长、首席科学家和总设计师，依托北京航空航天大学大科学装置研究院和"仪器科学与技术"一级学科开展建设，下设4个技术创新中心、1个研究所，有"超高灵敏极弱磁心脑磁成像测量科学研究装置""基于SERF的超高灵敏极弱磁磁场测量研究装置"等科研仪器装备。研究院获批为浙江省极弱磁空间及应用技术重点实验室，与北京航空航天大学惯性技术国家级重点实验室、量子传感技术工业和信息化部重点实验室、极弱磁测量技术教育部重点实验室开展共建。至年底，研究院在支撑极弱磁场重大科技基础设施论证、关键技术攻关、成果转化与产业培育等方面开展工作，完成大设施项目的可行性研究报告及完整的初步设计方案，推进设计深度；有专（兼）职专家210人，其中专职人员160人。

【白马湖实验室成立】 2022年6月7日，白马湖实验室（能源与碳中和浙江省实验室）在杭州高新区（滨江）成立。12月15日，白马湖实验室总部基地建设开工，基地位于白马湖生态创意城，一期占地面积8.9万平方米。白马湖实验室是经浙江省政府批准，由浙江省能源集团有限公司、浙江大学、西湖大学联合共建的新型科研机构；按照"一总部、多基地"的空间布局，以杭州为中心，向外辐射，建设集基础研究、技术研发和成果孵化于一体的创新型产业集群。聘请能源领域的"首席科学家"加盟白马湖实验室，首批建设氢能储运技术、太阳能转化与催化、能源清洁低碳、电化学储能技术和新能源材料5个研究所。白马湖实验室聚焦绿色能源的能质转化与传递，围绕太阳能转化与催化、零碳能源转化与存储、能源低碳转化与多能耦合等方向开展研究，构建多元协同发展的清洁能源供应体系；纳入浙江省第三批省实验室，是全省唯一由省属国企牵头、高校共建和各创新主体相互协同的能源高能级科创平台。至年底，战略性布局首批实验室科研项目20多项，在研科技项目17项。获批国家重点研发计划项目2项、省"尖兵""领雁"项目6项、中央引导地方科技发展基金项目1项，涉及液氢转注、输运和长期高密度存储技术、煤炭清洁高效利用技术、光伏电站智能评估及预警技术、多能耦合低碳供能技术等领域。牵头组建工业和信息化部新型节能低碳材料生产应用示范平台，构建上下游有效协同的新机制，填补生产应用衔接空缺。

【第十届西湖论剑·网络安全大会】 2022年7月2—3日，2022第十届西湖论剑·网络安全大会在杭州、北京同步举行。活动设置开幕式及全体大会、2场主论坛、8场平行论坛以及2场网络安全展。论坛聚焦行业前沿话题、社会热点，设置智能亚运安全、威胁情报及应急响应、安全托管运营服务、关键信息基础设施及等级保护、工业领域网络和数据安全、数据安全治理和个人信息保护、网络安全科普、信创与密码应用等主题，开展150多场专题报告。在大会开幕式和全体大会上，发布《数字城市网络安全评价指数白皮书（2022）》，首次提出"数字城市网络安全评价指标"概念及评价标准，从安全维度，为数字城市发展评价指标体系的建立提供参考。政府单位、行业机构共同发起"构建安全可信的数字世界·西湖论剑十大共识"，呼吁网络安全的监管者、从业者、参与者为构建安全可信的数字世界贡献力量。大会发布产业和技术白皮书和2022数据安全典型示范应用十大案例、网络安全未来十大趋势展望。

【第十一届中国创新创业大赛生物医药全国赛在杭州高新区(滨江)举行】 2022年11月21—22日，第十一届中国创新创业大赛生物医药全国赛在杭州高新区（滨江）举行，全国生物医药行业5905家企业参赛。经选拔，329家企业入围第十一届中国创新创业大赛生物医药全国赛，130家企业入选“中国创新创业大赛优秀企业”。入围项目涉及医疗器械研发、新药制备、基因编辑、基因检测、中医药创新、现代种业创新等领域。中国创新创业大赛自2012年首次举办，累计参赛主体28万余家，带动银行、创业投资等金融资本投资企业1000亿余元，有近200家参赛企业上市。

（区志编研室）

民生实事项目

【概况】 2022年，杭州高新区（滨江）10项区民生实事项目经区六届人大一次会议票决产生，内容涉及教育事业高质量发展、安居工程、未来社区、交通出行、卫生健康服务、平安小区建设、亚运环境提档升级、“一老一小”关爱服务、物业服务提档升级、老旧小区改造等方面。至年底，10项民生实事项目全部完成。

【教育事业高质量发展】 2022年，杭州高新区（滨江）投用中兴单元小学及幼儿园、浦乐单元小学、振浦中学；完工西兴中学改扩建、物联网幼儿园及人防工程、永久河单元幼儿园项目；开工浦沿小学重建、丹枫实验小学扩建及幼儿园、江晖南路小学项目。白马湖单元中学装修等12个续建项目正常施工。推进“优学”“乐学”“研学”“畅学”四学工程。“优学工程”完成科技引领型教育课程体系建设，设立科技引领型劳动教育基地，试点“初中全员导师制”，成立高新产业与创新教育校企联盟；“乐学工程”完成校内外“五育并举”综合素质培养课程，举办暑期科技引领型劳动教育课程实践活动；“研学工程”推进“沪滨”合作，完成青年干部训练营、后备干部班异地研学，开展微e论坛；“畅学工程”完成重点学校治理，新增“通学路”3条。

【安居工程推进】 2022年，杭州高新区（滨江）十二区块三期（联庄三区）、长虹苑（扩点三期）2个安置房项目完成交付。续建宝龙东、八区块四期等18个安置房项目。完成安置房交付8802套，其中西兴街道722套、长河街道3100套、浦沿街道4980套。完成人才房投入使用总量7000间。

【未来社区建设】 2022年，杭州高新区（滨江）推进未来社区创建。至年底，缤纷社区、冠山社区、彩虹社区完成省级创建标准。滨文社区、新浦社区、中兴社区、江一社区、闻涛未来社区完成市级验收标准。滨和社区、滨康社区、江三社区、钱潮社区完成市级创建标准；建成美好生活共同体9个：西兴街道新州社区、襄七房社区、官河社区，长河街道长一社区、晶都社区、月明社区，浦沿街道浦联社区、杨家墩社区、岩大房社区。3个街道一体化未来社区运营模式基本形成。

【缓解停车难、出行难】 2022年，杭州高新区（滨江）新增停车泊位3743个，其中公共泊位300个。4个地铁站6个可拓展点位新增非机动车停车泊位1000个。投入使用绿色停车泊位60个；完成江南大道地面道路拓宽改造工程（中兴立交—西兴立交）、新浦路（浦炬街—浦湖街）等9条道路新建、续建，完成火炬大道（时代大道—滨文路）、江陵路（滨盛路—南环路）等5条道路提升改造。

【卫生健康服务提升】 2022年，杭州高新区（滨江）的浦沿生命健康医疗养护综合体（浦沿街道社区卫生服务中心）开工建设，长河街道社区卫生服务中心建设项目启动、西兴街道社区卫生服务中心住院病区启用。成立与浙江中医药大学的合作实训基地。在全区设置智慧云诊室6个。在人员密集的公共场所安装AED（自动体外除颤器）200台，开展急救技能培训213场。

【平安小区提档升级】 2022年，杭州高新区（滨江）2个标段55幢商住楼宇完成“智慧安防”建设；日常维护保养全区安置房小区消防设施，消防设施正常运行；在具备安装梯阻系统的小区，已安装并投入使用；生命通道数字化管理平台完成投入应用。西兴街道在缤纷北苑建成电瓶车充电桩36处、充电口1217个，长河街道安装完成充电口300个，浦沿街道启用新增配充电口660个。

【亚运环境综合提升】 2022年，杭州高新区（滨江）在西兴街道七甲闸社区、星民社区创建2个省级无障碍社区；在飞虹路（滨盛路—闻涛路）、闻涛路（七甲船闸—西兴路）面层铺设沥青5.71万平方米、箱体美化1568只、标识标牌改造1033块，整理西兴大桥两侧闲置土地绿化6.06万平方米。提升改造闻涛路及风情大道沿线、江南大道及两侧楼宇和时代大道（滨江段）、彩虹快速路（滨江段）沿线建筑的景观亮灯项目。提升改造江汉路（闻涛路—江陵路）、春晓路（江南大道—滨兴路）、月明路（江汉路—江陵路）、启智街（春晓路—西兴路）、滨安路（建业路—江晖路）5条道路的路灯暗区。

【“一老一小”关爱服务】 2022年，杭州高新区（滨江）推动智慧养老、托育服务建设，在全区5家街道居家养老服务中心配备无感服务智能终端。在区妇幼保健院建成婴幼儿规范化实训基地，新增婴幼儿成长驿站11家，新增托位617个，完成育儿课堂246场，为特殊婴幼儿家庭提供入户式指导服务363户。

【物业服务提档升级】 2022年，杭州高新区（滨江）印发《滨江区进一步加强农转居安置房小区物业管理工作的若干意见（试行）》，做好安置房小区满意度调查，17个安置房小区完成公开招标，引优引强。创建杭州市“美好家园”住宅示范小区11个，其中老旧小区3个。整改农转居安置小区突出问题80个。开展政策法规和业务培训6次，参训900多人次。“和滨江”物业纠纷调解服务中心共有效调解各类转交案件323件，调解成功322件，调解覆盖率90%以上。

【老旧小区提升改造】 2022年，杭州高新区（滨江）提升改造迎春小区、迎春东苑、迎春北苑、迎春南苑、湘云雅苑、白马湖小区凤凰苑、白马湖小区鸿雁苑、春波小区、联庄公寓共9个老旧小区。各街道安置房小区新增加装电梯完工335台，累计完工1165台，加梯覆盖率80%以上。

（来佳琪）

政务公开

【概况】 2022年，杭州高新区（滨江）公开政府信息2.45万条。其中，通过门户网站主动公开信息7100条，通过“滨江发布”政务微博公开政府信息3100条，通过“滨江发布”政务微信公开1300条，通过“滨江发布”App公开1.3万条。编发政府信息公开年报，完善规范性文件数据管理。开展政务公开业务培训，召开各类推进会、培训会5次，150人次参加。发布政务公开通报12期，发布政务新媒体运营简报26期。

【主动公开政府信息】 2022年，杭州高新区（滨江）围绕年度重点工作，设立完善共同富裕、民生实事、滨江亚运、公共企事业单位、疫情防控等专栏。公开规范性文件、重大决策、民生事项、重点工作、重大建设项目等内容180多条。细化民生领域和社会公益事业建设领域信息公开，公开社会救助和社会福利、教育、公共文化体育、养老、食品药品监管、就业创业等方面信息700多条。

【依申请公开政府信息】 2022年，杭州高新区（滨江）受理政府信息公开申请件313件，上一年度结转5件，在法定期限内按规答复317件，结转至下一年度答复1件。在答复317件中，公开161件，部分公开42件，不予公开21件，无法提供79件，不予处理5件，其他情况9件。因政府信息公开引起的行政复议2件和行政诉讼案件3件。

【政府信息目录调整】 2022年，杭州高新区（滨江）调整基层政务公开标准化规范化目录，新编新增领域目录，制发公开融合目录。调整区级26个领域标准目录，删减“扶贫”领域，保留24个试点领域标准目录。根据国务院部委新增7个领域，删去“海关”和“交通运输”领域，新增杭州高新区（滨江）5个领域目录。融合主动公开目录和基层两化目录，编制完成区政府主动公开目录1份、部门主动公开目录21份和街道主动公开目录3份。

（谢玲玲）

政务督查

【概况】2022年，杭州高新区（滨江）围绕各级党委、政府重大决策和重要部署，落实省、市政府民生实事项目、市两会建议提案、市政府工作报告重点工作涉区任务的督办，完成区政府民生实事项目工作10个大项23个子项，区管委会、政府重点工作目标任务133项，区两会建议提案214件以及7项专项任务等的督查工作。印发督查通知单44件、督查通报37份、督查专报75份。办理落实区长批示件927件，签收件188件，其中督办件85件。

【国务院、省、市政府涉区项目督查】2022年，杭州高新区（滨江）接受国务院督查组及省政府和市政府的现场督查、暗访和调研5次，涉及“两稳一保”，省政府和市政府民生实事项目，政策集成落地攻坚行动等方面；办理国务院“互联网+督查”平台交办问题线索7件。上报2021年省政府督查激励对象，“推进稳外贸稳外资工作”“推进质量和知识产权保护工作”2项工作获省政府督查激励。自5月起，对省政府民生实事项目20个涉区子项目、市政府民生实事项目17个涉区子项目的完成情况开展按月督查。至年底，2022年省、市政府民生实事项目所有涉区子项目全部完成。

【区人大代表建议和政协委员提案办理】2022年2月10—14日，区六届人大一次会议和区政协三届一次会议确定代表建议99件、委员提案115件，其中重点建议4件、重点提案4件。建议提案内容涉及经济发展、城市建设和民生保障等方面。3月22日，区人大常委会、区政府、区政协联合召开2022年区两会建议提案交办会，印发《关于切实做好2022年区两会建议提案办理工作的通知》，要求各单位高度重视，吸纳代表、委员的意见和建议，办理好每一件建议提案，按照责任早落实、工作早安排、任务早明确的工作思路，研究建议办理工作，规范办理流程，提升办理质量。4月22日、5月20日及6月22日对区住建局、区经信局、区综合行政执法局等36家建议提案承办单位的办理情况开展专项督查。至6月22日，建议提案全部如期办复。99件人大建议中，财政经济类24件，占24.2%；城乡建设类48件，占48.5%；劳动保障类3件，占3%；教科文卫类13件，占13.1%；政法、民政、社会福利类11件，占11.1%。已解决和在2022年度内能够解决或基本解决的76件，占总建议数的76.8%；已制定解决措施或列入改进计划逐步解决的22件，占总建议数的22.2%；因条件限制或其他原因暂时不能解决的1件，占总建议数的1%。99件建议全部按期办复，面商（电话）沟通率、办理态度满意率、办理答复满意率均为100%，办理结果满意率98%。115件政协提案中，经济科学技术类42件，占36.5%；城市建设管理类24件，占20.9%；社会事业类40件，占34.8%；社会法治类9件，占7.8%。已经解决或在2022年度内能及时解决的106件，占92.2%（上一年是89.7%）；已制定解决措施或列入改进计划逐步解决的5件，占4.3%；因条件限制或其他原因暂时不能解决的4件，占3.5%。115件提案全部按期办复，面商（电话）沟通率、上网率、办复率，态度满意率，提案办理结果评价满意率均为100%。

【市人大代表建议和政协委员提案办理】2022年4月24日，杭州高新区（滨江）收到市十四届人大一次会议代表建议协办件6件，收到市政协十二届一次会议委员提案协办件1件。建议提案承办工作涉及区发改局、区科技局、区社发局、区综合行政执法局、规划资源滨江分局、特别合作园管理局、江北发展服务办公室7家单位。5月24日，市人大代表建议、政协委员提案均已办结。

（来佳琪）

数据资源管理

【概况】2022年，杭州高新区（滨江）以“数字变革提升年”为载体，推进数字化改革工作。公权力大数据监督（工程领域）、浙江知识产权在线（一窗口统办）、青少年成长守护（成长护航）、社会治理综合应用（浙里反邪）等8个子场景被纳入全省重大改革（重大应用）“一本账S2”。人才竞争力指数等3个试点任务经省级业务主管部门认定通过并将试点成果向全省推广。“数智治水”“安帮码”等3个优秀案例在省《数字化改革（工作动态）》《数字化改革（除险保安篇）》刊登，政务服务、亚运未来城市实践等3项改革经验在省委改革办《竞跑者》刊登。10月28日，在全省数字化改革推进会上，“科技人才孵化”应用获省委主要领导肯定，并作为党建统领整体智治系统实践创新案例被省委办公厅展示；“数智治水”系统作为基层智治实践创新案例被省委办公厅展示；“高新区（滨江）物联网产业园企业参与数字化改革热情高涨，集聚效应明显”工作成果获省经信厅肯定并展示。

【一体化智能化公共数据平台建设】2022年，杭州高新区（滨江）一体化智能化公共数据平台汇聚数据资源600万条，省、市回流数据完成落库数据表275张、数据5.8亿条；建设完善特色数据库7个，街道数据仓3个，对外开放接口日均使用4万余次，为60多个应用提供支撑，数据需求满足率100%；运用浙江省一体化数字资源系统（IRS）实现数字资源全流程申请，全区119个应用通过终审，产生数据应用占比、数据目录被应用关联率、云资源关联率均为100%。“多要素精准把控，赋能项目预算审核”“情绪识别组件多地复用”2个案例被纳入《浙江省一体化数字资源系统（IRS）利用优秀案例集》。

【应用集约建设】2022年，杭州高新区（滨江）完成“浙里连心”（即社区矫正工作数字化系统）1个应用提级为省级应用，“数智治水”“邻里停系统”2个应用提级为市级应用。在省组件超市上架组件13个，共审批全省范围内提出的组件申请36项，新建应用统一组件覆盖率、统一组件利用率、应用尽用率均为100%。

【“浙政钉”“浙里办”两端建设】2022年，杭州高新区（滨江）持续做好“浙政钉”运行维护工作。5月，《“浙里办”移动端服务上架指南（滨江区）》编制完成。7月，“浙政钉”推进抗疫“在线组织”一体化实战化相关做法被省《“浙政钉”助力疫情防控典型应用案例集（二）》录用。做好“浙里办”城市频道运营工作，全年百万人口日活（平均日常用户活跃数量）为7.4万人，上架应用14个，其中平安工地通、校园开放、滨江便捷通3个应用入选高频应用，在“浙里办”微信小程序端接入应用7个。

【网络数据安全】2022年，杭州高新区（滨江）建立健全网络安全管理制度，建立网信、公安、数据、保密等网络安全监管部门协调联动机制；在全区开展网络安全意识培训，保障网络安全；开展专项攻坚，完成全区67个政务信息系统数据安全核查与14类重点安全隐患整改工作，完成15个部门19个系统共1062个公共数据平台编目接口安全自查自纠，确认591个接口资产，释放停用471个接口，持续做好全面整改清零。数据安全制度体系、数据安全技术体系、数据安全运行管理体系基本建成。

（胥正诚）

电子政务

【概况】2022年，杭州高新区（滨江）制定《关于进一步规范杭州高新区（滨江）门户网站信息发布工作的通知》，在门户网站发布信息2790条。检测违规外联116条、高危端口881个、弱口令227个、高危漏洞9427个。处置网络故障、调整网络配置437次；处理各类信息化办公设备故障、设备维护1107次；新增、维护固定电话213台次。管理软件开发、基础设施建设、运维服务项目10个；邀请专家组织开展项目验收3次；完成4个系统的二级等级保护测评。为各政务应用系统解析地址151个，发放域名证书151个。

【基础设施保障】 2022年，杭州高新区（滨江）实施政务外网提升改造工程，区政务外网干路的传输带宽由10G（万兆）提升至40G，社区接入万兆带宽，满足5年内全区数字化改革对网络速率的需求。完成区行政中心无线网络建设，于7月底前完成设备安装和线路施工，总计部署176个无线接入点，经3个月试运行，于11月通过终验后交付使用，为移动办公提供网络硬件设施保障。完善健全网络机房运行维护机制。完善健全机房管理制度，修订第三方运维的季度巡检制度，加强对机房的状态监控，确保机房安全稳定运行。

【网络安全培训】 2022年，区信息中心举行网络安全培训2次。6月26日，对信息中心全体工作人员进行安全意识及安全技能的培训，提高工作人员的网络安全事件处置能力与应变能力。9月8日，由杭州安恒信息技术股份有限公司高级安全咨询顾问张静授课，针对全区党政机关开展网络安全意识教育培训，主要是网络与信息安全防范意识以及浙江省重点考核指标解读，90多人参加培训。

【政务系统开发提升】 2022年，区信息中心根据办公需求，在保留PC（电脑）端各项功能的同时，协同其他部门开发党政办公系统三端（PC端、浙政钉移动端、Pad端）功能，实现党政领导三端签阅文件功能，提高办阅件的流转效率。开发无纸化会议模块，提供会议报名、会议签到、会议文件浏览批注等功能，提高会议的准备效率。开发公文流转系统，实现各部门内部文件的电子化流转，以区财政局为试点，进行深度个性化功能开发，满足区财政局的个性化需求。基于公文流转系统，开发直报件模块，使部门相关汇报件可直达区领导。以党政办公系统为核心，整合党政办公系统、公文流转系统、督考一体化平台及滨政督四大系统，实现互通互融；与省、市级OA（办公自动化）系统上下贯通，打通数据通道，形成一体化运行态势。

【后勤保障服务】 2022年，区信息中心保障视频会议429场。承担区行政中心内网络点位维护及四套班子负责人、党委办、政府办的信息化办公设备运维，处理故障、设备维护1107次；新增、维护固定电话213台次。协同党委办实施区行政中心内白机电话系统割接，承担后续日常运行维护。负责区政务外网干路安全交换设备日常运行维护，处置网络故障、调整网络配置437次。完成区政府电子邮件系统的国产化版本升级工作。为各政务应用系统解析地址151个，发放域名证书151个。做好视频会议室设备保障工作，更新升级多媒体会议室灯光系统、音视频控制系统，改善视频会议效果。管理软件开发、基础设施建设、运行维护服务项目10个；邀请专家组织开展项目验收3次；完成4个系统的二级等级保护测评。

【信息发布规范化】 2022年10月24日，区府办印发《关于进一步规范杭州高新区（滨江）门户网站信息发布工作的通知》，通知包括发布规范和发布流程两大类，细分审核标准、校对标准、“三审三校”工作机制、“三审三校”工作要求、内部审核流程等内容，确保发布的信息行文规范、表述准确，维护政府网站的权威性、严肃性。至年底，区门户网站发布信息2790条，无差错产生。

（阮　静）

行政审批服务和管理

【概况】 2022年，杭州高新区（滨江）行政审批服务管理办公室（简称“区审管办”）落实“放管服”改革，完善办事大厅开展延时服务、午间值班服务、上门服务、入驻单位领导班子窗口坐班等工作机制，高质量推进政务服务标准化、规范化、便利化建设。江南、江北办事大厅共为群众和企业办理业务159.6万件，比上年增长14.38%；接待群众52.97万人次，下降19.54%。收到企业和群众表扬信33封、锦旗37面。为群众提供免费证照快递送达9837件，增长8.04%；提供办件材料免费复印服务2.5万人、16万张；“24小时综合自助机”受理2.2万件。有效回应群众办事诉求4908件，满意率96.84%，实现率97.88%。全年，区审管办被市政府授予杭州市国际一流营商环境创建突出贡献“集体嘉奖”。区审管办党总支通过市委组织部组织的市级“党建双强”复评核定，再次被评定为市级“最强党支部”。在全市“窗口树形象　服务展风采”文明服务评选活动中，获得“流动红旗”6次，获得市级“优秀公务员示范集体”称号1个，市级“最美窗口”称号2个、“优秀人物”称号1个、市级“最美办事员”称号1个。

【“一网通办示范大厅”建设】 2022年，区审管办以省首批“一网通办”示范大厅建设为着力点，推进“移动优先、PC（个人计算机）辅助、自助补充、窗口兜底”的“四端协同”政务服务体系，提供数字化、便利化的政务服务体验。全年“一网通办”工作台上线事项1033项，办件5.02万件。线上和线下“一网通办”办件率97.79%；大厅“一网通办”收件率96.77%。

【业务办理数字提效】 2022年，区审管办依托“智慧大厅”数字驾驶舱检索高频业务办理事项，从单纯的事项办理流程压缩、材料减免的线下办理，向“掌办优先、PC辅助、窗口兜底、自助补充”的“四端协同”政务服务体系推进，按需开设潮汐窗口，减少市民等待时长；建立专业导服团队现场提供掌办、网办指导；通过“浙里办”“滨江政务市民之家”微信公众号为企业、市民提供线上自助办理指南，实现“群众少跑腿、数据多跑路”的融合发展模式，提升市民办事幸福感。区审管办获中共杭州市委宣传部（市文明办）颁发的全市审管系统政务服务“最优数字提效奖”。

【“一件事”集成改革深化】 2022年，区审管办围绕群众和企业生命周期，持续推进“一件事”集成改革，创新推出“会展报批”“欠薪调查处置”等特色“一件事”，全年推进落实48件企业“一件事”、23件个人“一件事”优化升级。会展报批“一件事”工作经验获“2022全球展览论坛”推荐。

【便民联办事项】 2022年1月，区行政服务中心实施电力接入外线工程审批流程重塑，实现企业用电报装“一窗受理、并联审批”，施工审批一日办结。梳理项目审批事项清单，一窗综合受理，优化办电流程，明确审批方式，压减办理时间，让“队员跑”代替“申请人跑”，“数据跑”代替“人工跑”。聚焦涉企服务重点业务板块，推出违章违停联办和社保医保联办等便民联办事项。

【“移动审批车”推出】 2022年5月27日，区审管办创新推出“移动审批”上门服务，制定涵

2022年5月27日，杭州高新区（滨江）“移动审批车”首发

（区审管办　供图）

盖9个部门54项服务大类的移动上门服务事项清单，把线下大厅“窗口”搬到现场“门口”。解决群众办事“不知道去哪办”“没时间办”“办事流程复杂”等痛点，让企业、社区群众享受“家门口办事”的高效便捷政务服务。至年底，“移动审批”上门为企业、市民解决办事需求23次。相关经验在省《竞跑者》、“人民网”、“浙江新闻”等媒体宣传推广。

【江北医保窗口设立】 2022年5月，区审管办根据企业需求，在江北办事大厅设立“医保”窗口，11月，设立“社保医保”综合窗口，实现江北区块企业办理医保类事项“就近好办”。至年底，江北医保窗口服务企业635家次，办件382件，网办掌办指导53件，代办代收200件。

【审管办机构调整】 2022年5月，经市委编办、区委编委批准，原杭州高新区（滨江）行政服务中心更名为杭州高新区（滨江）行政审批服务管理办公室，加挂杭州高新区（滨江）公共资源交易管理委员会办公室牌子，为杭州高新区管委会、滨江区政府正处级派出机构，简称“区审管办（区公资办）”。内设综合科、审批管理科（政务服务科）和交易管理科（信息技术科），行政编制7人。主要职责为贯彻落实上级关于行政审批服务的方针政策和决策部署，拟订并实施相关管理办法，负责全区行政审批制度改革和服务管理工作。6月，因机构更名，经六届区委常委会第20次会议研究决定，建立中共杭州高新技术产业开发区（滨江）行政审批服务管理办公室党组，撤销中共杭州高新技术产业开发区（滨江）行政服务中心委员会。11月，区审管办下设事业单位杭州市公共资源交易中心高新技术产业开发区（滨江）分中心经市委编办、区委编委批准，更名为杭州高新技术产业开发区（滨江）政务服务中心，加挂杭州市公共资源交易中心高新技术产业开发区（滨江）分中心、杭州高新技术产业开发区（滨江）公共资源交易中心牌子，为公益一类副处级事业单位。

【“一地创新 全省共享”事项办理】 2022年6月，按照“简表单、减材料、优流程”的工作要求，调动一线工作人员，对“一网通办”事项提出优化建议。至年底，通过IRS（浙江省一体化数字资源系统）系统提交“一地创新 全省共享”建议工单160条，被省级部门确认采纳22条。

【政务服务大提升专项行动方案出台】 2022年8月21日，区审管办出台《高新区（滨江）政务服务大提升专项行动方案》，依托浙江政务服务一体化2.0平台以及区、街道、社区三级政务服务体系建设，推出“十大行动”，“一体塑形”联动攻坚，重塑政务审批的管理与服务，健全服务体系，提升服务功能。

【“就近办”完善】 2022年9月，区审管办以市民需求为导向，推动政务资源、事项权限下沉，实现“一网通办”工作台向3个街道、59个社区、4家合作银行延伸。至年底，全区综合自助机布设密度为1.3台每平方千米，推动5批次累计77台综合自助机迭代升级和测试应用，实现综合自助机2.0应用率100%。

【“创新创业陪跑工作室”设立】 2022年10月，杭州高新区（滨

2022年10月，杭州高新区（滨江）设立“创新创业陪跑工作室”

（区审管办　供图）

江）设立“创新创业陪跑工作室”。工作室位于政务服务中心一楼大厅，配备电脑、自助打印机、Pad等硬件设施，抽调相关入驻窗口工作人员，以市场主体政务服务需求为导向，汇聚各部门涉企服务资源集成企业服务，开辟独立的接待区域，创新完善三级代办机制，为企业提供咨询引导、政策宣传、网办指导、项目代办、诉求直达的全链条综合服务。至年底，工作室服务451人次，为德施曼项目提供“拿地即开工”审批服务。

【“政务开放日”活动】 2022年11月30日，区审管办举行“政务开放日”活动，活动以政务服务标准化、规范化、便利化建设为主题，邀请市审管办、区“两代表一委员”、区内高新企业代表和市民代表28人参加，近距离、多角度了解政务服务工作，体验政务服务的新模式、新举措，提升政府公信力、凝聚力、执行力，构建新型“亲清政商”关系，密切政民关系，营造共商共建共治共享社会氛围。与会代表就优化老年人特殊群体办事流程、强化政务服务宣传效能、提升窗口工作人员业务能力、文明创建等方面提出建议。区审管办于10月改造政务服务办事大厅，提升办事环境，优化政务大厅功能布局，迭代原“企业服务专区”模式，按照投资服务、人才服务、自由贸易、共同富裕、商事服务等功能，重新规划出企业服务专区、民生服务专区、执法类服务专区和自助服务专区。

【全区首个“拿地即开工”极速审批试点项目开工】 2022年12月29日，德施曼智能家居安防产业基地项目在一天时间内实现“企业投资项目备案”“签订土地出让合同”“桩基先行备案”“用地规划许可证”和“工程规划许可证”五证齐发极速审批试点，开工建设。项目用地位于滨江物联网产业园区，总用地面积1.35万平方米，总建筑面积6.3万平方米，地上建筑面积4.03万平方米，地下建筑面积2.27万平方米，建筑地上19层，地下2层，容积率2.99。该块地在11月14日挂牌，于12月14日由德施曼机电（中国）有限公司摘牌，区发改局、区经信局、区住建局、规划资源滨江分局和滨江物联网园区等单位组成改革攻坚小组，经过方案公示、图审、桩基单位招标等准备工作，于12月29日完成同天五证齐发极速审批的改革试点。项目从摘牌到五证齐发开工，经历15天，比改革前节约45天。

（董钦怡　吴祎祎）

公共资源交易

【概况】 2022年，杭州市公共资源交易中心高新区（滨江）分中心［简称“杭州高新区（滨江）分中心”］完成交易项目275项，比上年下降28.57%；成交总额89.82亿元，下降34.29%。其中：建设工程类（含小型建设工程）项目253项，成交额88.2亿元；政府采购类项目20项，成交额1.55亿元；综合交易项目2项，成交额686.17万元。建设工程类成交额超亿元项目18个，涉及亚运项目建设、教育用房建设、农转居安置、美丽河道等重点民生实事项目。“e见证”数字开标云直播为12.35万家企业提供280场次在线开标观摩服务，单项目最高1915家企业同时在线收看。保障全区重点建设、民生实事等项目顺利完成各项交易活动，交易服务零投诉。深化工程保函替代投标保证金机制，全年减免各类投标保证金115.08亿元，惠及企业11.94万家次。

全年，杭州高新区（滨江）分中心获“全国十佳公共资源交易中心（区县级）”称号和科技成果大赛二等奖。在集中采购机构考核中获评“优秀”等次。在2022年度全市营商环境评价关于“招标投标”指标区县（市）考核工作中居全市第一位。

【助力“亚运靓城”行动】 2022年，杭州高新区（滨江）分中心围绕项目进场、开标、评标3个服务节点，成立亚运会服务保障工作小组，形成主职、辅助、备份三线人员响应保障机制，保障亚运会进场交易项目顺利、高效完成招投标活动。3月31日，市、区两级交易中心联动，首创“滨江开标、市里评标”的项目保障模式，盘活场地资源，确保6个亚运会相关项目在当天完成开评标工作，为疫情防控期间保障进场交易招投标活动提供滨江经验。

【审管系统联动攻坚】2022年4月2日，杭州高新区（滨江）分中心领办全市“提升完善开标云直播系统项目”，联合杭州市交易中心出台实施提升完善开标云直播系统联动攻坚项目的工作方案，助力建成全市开标云直播大厅。5月，分中心协办全市“推广数字见证系统示范应用联动攻坚项目”，参与推动《公共资源交易开评标数字见证服务规范》市级地方标准出台并实施。10月12日，分中心参加全市审管系统联动攻坚项目路演活动，开标云直播联动攻坚项目作经验交流并在全市推广。

【交易领域标准化建设推进】2022年7月，由浙江省公共资源交易中心牵头，联合杭州市公共资源交易中心、杭州高新区（滨江）分中心等单位启动公共资源交易平台网上开标直播省级地方标准立项申报工作。杭州高新区（滨江）分中心与省、市有关部门对接标准立项申报工作，组织省、市、区三级省标申报立项推进会，参与标准草案起草与完善工作。至年底，标准草案获省发展和改革委审核通过，杭州高新区（滨江）分中心配合省公共资源交易中心完成系统申报并实现省市场监管局立项受理。

【交易管理科设立】2022年9月2日，杭州高新技术产业开发区（滨江）行政审批服务管理办公室［杭州高新区（滨江）公共资源交易管理委员会办公室］内设机构调整，新设立交易管理科（信息技术科）。交易管理科（信息技术科）主要负责区内公共资源交易活动的日常指导、综合协调、监督和考核工作；组织研究制定公共资源交易管理制度，提出改革意见；负责综合性评标专家库的维护管理；指导公共资源交易各方诚信体系建设；负责统筹政务服务数据资源的采集、分类、管理和应用工作，做好交易领域信息化建设有关工作。至年底，完成省级地方标准项目申报，指导审管系统联动攻坚项目等工作的开展，深化交易领域数字化改革。

【交易大厅改造升级】2022年11月，杭州高新区（滨江）分中心交易服务大厅结合各方主体交易管理服务需求，重塑原有服务功能区，优化提升窗口服务区、自助服务区，新增评标前置管理区为代理机构工作人员、评标专家提供评标前服务，评标场所增设智能门禁、专家身份人脸识别等智能监督系统，促进现场管理智能化。

【远程异地多点评标室功能升级】2022年12月，杭州高新区（滨江）分中心基于主场式“1+N”远程异地“评审e站”投入运行，集约化改造原有“1+N”远程异地多点评标室，布设5座“评审e站”，增设5个独立评审点位，促进物理资源集约共享，可在同一时间为全市6个远程异地项目评审提供互不干扰的评标服务，实现评标场地利用最大化。全年为全市提供48场远程异地评标服务，涉及市本级、建德、桐庐、临安、萧山、淳安、上城等区县（市），平均为评标专家减少通勤时间2小时，推动优质专家资源跨区域共享。

（李程靓）

外　事

【概况】至2022年底，杭州高新区（滨江）有常驻境外人士1100多人，涉及美国、法国、印度、日本等100多个国家和地区。用好“快捷通道”政策，协助到杭州高新区（滨江）从事经贸、科技交流合作的外国人申请到华签证，1—7月，为31家企业办理外国人到华邀请函51批74人次；8—12月，办理邀请核实单1批1人次。审核录入“浙外防”平台杭州高新区（滨江）各类境外项目134个。

【对外交流平台搭建】2022年，杭州高新区（滨江）在省、市外事部门指导下，推介APEC商旅卡，服务企业“走出去”“请进来”的双向诉求。利用“浙外防”平台做好涉外领事保护工作，转发驻外领馆、省市外办等部门发布的远离高风险地区等安全提醒50多次。组织企业备案注册“平安丝路网”（二期）

用户，掌握共建“一带一路”国家安全要闻、风险预警等资讯。

【主要外事接待】2022年，杭州高新区（滨江）主要有4次外事接待。4月25日，赛诺菲（杭州）制药有限公司负责人苿莉娅·马泰奥斯·凯洛到访，与区相关部门工作人员洽谈企业未来发展规划。9月29日，宝爱捷（中国）汽车投资有限公司首席执行官施德丰一行4人到访，与区相关部门工作人员座谈，就公司项目情况作沟通交流。11月15日，基里巴斯莱恩和菲尼克斯群岛发展部长米卡里特·特马里一行7人到访，参观浙江正泰太阳能科技有限公司创新体验中心。12月12日，新加坡、马来西亚等六国驻沪总领馆官员一行参加“让世界关注浙扇窗——2022年外国驻沪总领馆官员走进浙江”活动，考察杭州奥体中心主体育场（“大莲花”）。

【浙江省·西澳州“健康与医疗生命科学”线上对接活动在滨江互联网小镇举行】2022年5月31日，浙江省·西澳州“健康与医疗生命科学”线上对接活动在滨江互联网小镇举行。活动由省政府外事办公室、西澳州政府主办，西澳州政府就业、旅游、科学和创新部与杭州高新区（滨江）天和高科技产业园等单位承办，是“浙江省与西澳州缔结友好省州35周年系列庆祝活动”的专业领域交流，活动由浙江省高层次人才、鸿运华宁（杭州）生物医药有限公司创始人、教授景书谦和西澳州首席科学家、教授Peter Klinken主持，以“健康与医疗生命科学”为主题，聚焦生物医药创新发展的风向标，挖掘可持续和快见效的创新模式，推动医药与健康产业高质量发展。两省州生物医药企业专家就体外诊断试剂、创新药物、检测检验、高端器械、CRO（临床试验）服务等领域，通过线上和线下作主题分享。

（方明霞）

区直机关事务

【概况】2022年，杭州高新区（滨江）机关事务中心（简称“区机关事务中心”）围绕机关运行保障，完成会议接待任务4249场、9.1万人次；接待外来办事人员5.5万人次；保障工作用餐80.9万人次；保障疫情防控、亚运会等专班用餐3.2万人次，接待用餐2693人次。配合楼堂馆所专题审计整改，梳理问题房产52处。

【节约机关建设】2022年，区机关事务中心实施文化中心轻量化节能改造项目，实现整体节能10%以上。与相关部门联合开展“绿色低碳，节能先行”全国节能周活动；完善垃圾分类常态化运行体系，更新垃圾分类设施、加强垃圾分类宣传，开展物业自查和专项督查；食品加工环节精细化管理，推广半份菜，减少食品浪费。

【办公用房管理】2022年，区机关事务中心配合财政部门出台《杭州高新区（滨江）区级机关事业单位租用区属国有企业房产管理暂行办法(试行)》，规范房产租用程序；完成14处、13.25万平方米办公用房平面测绘，推进“浙里好管家”办公用房集成应用平台贯穿落地；调整保障2处新到任领导办公用房；调拨和权证过户国土大楼房产资产；拍卖清理翠苑三区18套房产。完成文化中心电梯井道加固、西兴分流处置点整修、海越大厦10楼整修等基建项目，零星维修98处。

【公务用车管理】2022年，区机关事务中心出车4885单、安全行驶25.44万千米。完成疫情防控等重点公务出行保障任务。按计划完成3辆公务用车报废更新，包括1辆新能源汽车。

【机关后勤服务保障】2022年，机关食堂参加“百县千碗·杭州味道”系列活动；统筹资源开展广式、京味、川味、Brunch（早餐和午餐一起吃）等多系列地方风味美食周活动5次。开展所辖楼宇高空坠物和房屋安全隐患排查整治，处理日常维修2275单，点检与清洁消防设施70多次，防火巡查4000多次，开展各类日常培训110多次，反恐防暴、消防演练、电梯困人等演练22次。

（王逸慧）

政协滨江区委员会

综　述

【政协委员构成】 至2022年底，滨江区有区政协委员197人。其中，中共党员76人，占38.6%；党外委员121人（其中民主党派63人、无党派人士58人），占61.4%。妇女委员66人，占33.5%；少数民族4人（回族2人、畲族1人、土家族1人），占2%。新的社会阶层人士占28.9%。市政协委员39人，省政协委员15人，全国政协委员3人。

【学习座谈会办法】 2022年，政协第三届杭州市滨江区委员会第二次主席会议审议通过《政协杭州市滨江区委员会关于习近平新时代中国特色社会主义思想学习座谈会办法（试行）》。该办法总共11条，包括组织领导、学习小组及学习形式、学习重点、联席会议等内容。办法纳入以政协党组理论学习中心组学习为引领的制度体系、纳入政协系统中国共产党的建设重点任务。促进学习座谈会制度化、规范化和程序化。

【“两个全覆盖”实施意见】 2022年，中共政协杭州市滨江区委员会党组第四次（扩大）会议通过《关于深入推进“两个全覆盖”的实施意见》。该意见由总体要求和基本原则、健全完善中国共产党组织体系、更好发挥党员委员作用、加强组织领导4个部分13条组成。基本原则包括强化政治建设、把牢中心环节、彰显政协特色、注重融合共促；组织体系包括加强中国共产党组织领导、健全专委会党支部党员委员活动小组、发挥政协机关党支部功能、完善政协全会、调研考察等期间设临时党组织；党员委员作用包括强化学习引领、做好联系服务工作、加强教育管理、带头尽责引领履职；组织领导包括健全党建工作推进机制、落实完善党建工作报告制度、加强工作指导和总结交流。

资料：

“两个全覆盖”：实现中国共产党的组织对党员委员的全覆盖、中国共产党的工作对政协委员的全覆盖。

【学习宣传贯彻中共二十大精神活动方案】 2022年，区政协制订《中共政协杭州市滨江区委员会党组关于学习宣传贯彻党的二十大精神活动方案》，明确学习宣传贯彻重点，重点活动安排、工作要求等，并通过组织一轮学习活动、召开一次党建工作会议、组织一次委员集中培训、组织一次主题党日活动、开展一系列协商履职活动、策划一系列宣传活动、举办一次书画笔会活动、推进一个“滨协商”应用建设、提升一批委员工作室、做好一批成果汇编“十个一”活动，开展学习宣传贯彻活动。

【数字政协建设】 2022年，区政协按照“数字赋能、整体智治、高效协同”要求，成立政协数字化改革专班，整合数字政协系统平台，迭代升级数字政协建设。上线“滨协商”应用和数字政协驾驶舱，设置“学习”“动态”“话题”“社情民意”“数智党建”“我的提案”等功能模块，实现政协工作“一屏”展现、委员履职“一机”掌握。对接省政协“六大在线”应用，聚焦实战实效，做好数据贯通，系统重塑政协工作理念、机制、手段和方法。

【政协宣传工作】 2022年，区政协融入政协系统同心宣传矩阵，推进宣传思想和意识形态工作落地。在“滨江政协”微信公众号推送图文224篇、发布视频27期，在市级以上媒体刊发报道113篇，《色香味俱全——滨江青春政协党建品牌不一般》《杭州市滨江区政协“高新味”履职为区域高质量发展赋能》等文章在《人民政协报》《联谊报》刊登。滨江政协被浙江省政协办公厅授予“2022年度宣传工作先进单位”称号，滨文社区协商驿站案例入选浙江省第四届人民政协好新闻优秀新闻作品。

【青春特色党建品牌】 2022年，区政协根据新时代政协中共建设新要求，坚持以高质量党建助推高质量履职，完善政协中共组织架构图和组织体系，优化设立6个专委会党员委员履职临时党支部和12个党小组；结合学习宣传贯彻中共二十大精神和委员培训，召开首次党建工作会议；制定党建工作要点，明确全年中共建设工作任务；出台“两个全覆盖”及党员委员牵头联系协商驿站和界别群众等制度文件，提升政协党建工作水平。根据专委会职能特色推进同心党建、同心共读、同心共富等工作，打造“色香味”俱全青春政协，绽放党建+活力。11月4日，区政协在全市政协系统党建工作经验交流会暨党建工作精品案例发布会上，作题为“打造青春特色党建品牌 引领政协履职高质量发展”的交流发言，“青春议事奏响青春共治‘协奏曲’——滨和社区发挥党建引领作用凝聚青年人才力量”入选市政协首批党建工作精品案例。

（李庆莲）

重要会议

【概况】 2022年，区政协召开中国人民政治协商会议第三届杭州市滨江区委员会第一次会议，召开常委会会议4次，召开主席会议18次。会议听取《政府工作报告》，听取和审议区政协工作报告和提案工作报告；学习《中国共产党政治协商工作条例》，传达学习全国两会、省第十五次党代会、市第十三次党代会、区第六次党代会等会议精神，研究部署政协各项工作。

【区政协三届一次会议】 2022年2月10—13日，区政协三届一次会议在杭州白马湖建国饭店举行。会议应到委员196人，开幕式实到174人。市政协负责人，区四套班子负责人，区法院、区检察院负责人，以及各街道、区级机关和有关单位主要负责人等邀请人员46人，列席人员6人参加大会开幕式。会议听取《政府工作报告》，听取审议政协第二届杭州市滨江区委员会常务委员会工作报告提案工作情况报告。政协委员通过提案、大会发言、小组讨论等形式，建言资政，凝聚共识。会议选举产生政协第三届杭州市

2022年2月11日，中国人民政治协商会议第三届杭州市滨江区委员会第一次会议在杭州白马湖建国饭店召开　（区委宣传部　供图）

滨江区委员会主席、副主席、秘书长和常务委员，张玮当选为政协第三届杭州市滨江区委员会主席，夏福志、谢春凤、谢惠芬、周翔当选为副主席，郑丽当选为秘书长，冯枫、汤茵、许利萍、孙雪帆、杨柳、吴惟明、沈勇、沈瑞宏、张雪松、陈荣、陈悦、金铎、金霞、周文嘉、周国桥、郑洪波、赵铮、赵国民、侯百曙、宣苏岚、袁海峰、高澜、黄美丽、谌平、蒋建圣、楼华龙26名委员被选为常务委员。会议收到大会发言材料30篇，8名委员作口头发言；以提案形式提出的意见建议162件，其中各民主党派和政协各界别以集体形式提出27件，委员以个人名义或联名提出135件。

【区政协常委会会议和主席会议】2022年，区政协召开常委会会议4次，就有关问题进行协商审议。区政协主席、副主席，秘书长和常务委员参加历次会议，区政协办、各专委会主任和各联络处负责人列席会议。召开主席会议18次，组织集体学习、协商审议重点履职事项、主席会议工作规则制定、月度工作等事宜。区政协主席、副主席、秘书长，区政协各办（委）正副主任参加历次会议。

2022年政协滨江区委员会常委会会议情况一览表

表5

日期	会议名称	会议内容
1月5日	二届二十七次常委会会议	传达学习区第六次党代会精神；审议通过区政协三届一次会议有关事项；审议通过三届区政协委员名单；审议通过有关人事事项；审议通过《区政协常委会工作报告》《区政协常委会提案工作报告》；授权主席会议审议区政协二届二十七次常委会会议未尽事宜
3月21日	三届一次常委会会议	传达学习全国两会和市第十三次党代会精神；审议通过《政协杭州市滨江区委员会常务委员会工作规则》《政协杭州市滨江区委员会委员履职管理办法》《政协第三届杭州市滨江区委员会专门委员会委员名单》；通报区政协2022年工作要点
6月28日	三届二次常委会会议暨年度提案办理专题协商会	传达学习《中国共产党政治协商工作条例》；传达学习省第十五次党代会精神；审议通过有关人事事项
9月28日	三届三次常委会会议	审议通过有关人事事项；传达学习省、市政协主席读书会精神；解读政协工作相关制度文件

（李庆莲　王艳萍）

2022年政协滨江区委员会主席会议情况一览表

表6

日期	会议名称	会议内容
1月5日	二届七十二次主席（扩大）会议	听取关于三届区政协委员建议人选名单的情况说明
1月25日	二届七十三次主席（扩大）会议	审议通过受二届二十七次常委会会议委托事宜；审议通过其他事项
2月8日	二届七十四次主席（扩大）会议	听取关于区政协三届一次会议日程调整有关事项的说明
2月23日	三届一次主席会议	讨论通过区政协主席会议成员分工调整方案；听取关于完善区政协主席副主席联系区各民主党派、工商联和无党派代表人士制度，关于区政协领导及专委会联系界别和联络处等情况的汇报；交流区政协办公室、各专委会2月工作完成情况和3月工作计划

续表6

日期	会议名称	会议内容
3月4日	三届二次主席会议	听取关于区政协三届一次会议重点提案建议和提案立案审查情况、三届区政协提案委员会名单的汇报；听取关于区政协2022年工作要点、习近平新时代中国特色社会主义思想学习座谈会办法（试行）的汇报；听取关于界别召集人联络处负责人及成员建议方案、领导走访委员计划等情况的汇报；听取关于硅谷讲坛“春之声・书香政协读书会”活动方案的汇报
3月14日	三届三次主席会议	听取关于委员履职管理办法及实施细则起草情况的汇报；听取关于2022年区政协履职活动安排的汇报；听取关于区政协各专门委员会成员名单的汇报；听取关于区政协重点工作全流程梳理情况的汇报；听取关于区政协三届一次常委会会议方案的汇报
4月1日	三届四次主席会议	听取关于《政协杭州市滨江区委员会主席会议工作规则（审议稿）》修订情况的汇报；听取关于“文明靓城”迎亚运“请你来协商”活动方案及调研报告起草情况的汇报；听取关于“基层治理体系和治理能力现代化”每月一讲活动方案的汇报；交流区政协办公室、各专委会3月工作完成情况和4月工作计划
4月28日	三届五次主席会议	听取关于提升亚运主场软环境建设专题视察活动方案、“健康滨江・全民健身”迎亚运专题视察活动方案的汇报；听取关于区政协宣传外包服务合作建议的汇报；听取关于有关人事事项的说明；交流区政协办公室、各专委会4月工作完成情况和5月工作计划
5月27日	三届六次主席会议	听取关于围绕滨江区数字化改革推进情况联动开展专项集体民主监督方案的汇报；听取关于区政协三届二次常委会会议暨年度提案办理专题协商会方案的汇报；听取关于滨江区机器人及相关智能装备技术水平和发展趋势“请你来协商”活动方案的汇报；听取关于“界别活动月”方案和委员履职全流程指引梳理情况的汇报；交流区政协办公室、各专委会5月工作完成情况和6月工作计划
6月7日	三届七次主席会议	听取关于区委交办年度重点课题调研报告起草情况的说明；听取关于区委交办课题委托事项的汇报
6月13日	三届八次主席会议	听取关于《政协杭州市滨江区委员会关于推进“协商驿站”建设的实施意见（试行）》起草情况的说明
6月28日	三届九次主席会议	听取关于三届区政协委员调整建议方案的说明；听取关于调整区政协部分联络处负责人的说明；交流区政协办公室、各专委会6月工作完成情况和7月工作计划
8月3日	三届十次主席会议	传达学习中共中央总书记习近平在中央统战工作会议上的重要讲话精神；学习贯彻区委六届二次全会精神；交流区政协办公室、各专委会7月工作完成情况和8月工作计划
8月31日	三届十一次主席会议	听取关于区政协三届三次常委会会议方案的汇报；听取关于2022年度委员培训方案的汇报；听取关于科教融合，拓宽“天堂硅谷”协同育人新路径、滨江区未来产业布局的分析研究“请你来协商”活动方案的汇报；听取关于滨江区历史建筑保护与利用调研报告起草情况的说明；交流区政协办公室、各专委会8月工作完成情况和9月工作计划
9月16日	三届十二次主席会议	听取关于有关人事事项的说明；听取关于三届区政协委员增补建议方案的说明；听取关于区政协数字化改革推进情况的汇报；听取关于区政协活动场地建设方案的汇报

续表6

日期	会议名称	会议内容
10月10日	三届十三次主席会议	听取关于区历史建筑保护与利用“请你来协商”活动方案的汇报；听取关于数智化节能降碳减排企业发展情况专题视察活动方案的汇报；交流区政协办公室、各专委会9月工作完成情况和10月工作计划
10月31日	三届十四次主席会议	听取关于委员集中培训方案的汇报；听取关于区政协党建工作推进会方案的汇报；听取关于助推共同富裕现代化·未来社区运营管理“请你来协商”活动方案的汇报；听取关于区政协三届二次会议提案和大会发言选题征集情况的汇报；听取关于明确区政协各专委会对口联系区级有关部门（单位）的情况汇报；听取关于滨江区未来产业发展布局分析研究、“推动科教深度融合，助力‘天堂硅谷’协同育人新变革”调研报告的汇报；交流区政协办公室、各专委会10月工作完成情况和11月工作计划
12月2日	三届十五次主席会议	听取关于有关人事事项的说明；听取关于三届二次会议大会发言工作的汇报；听取关于助推共同富裕现代化·未来社区运营管理的调研报告的说明；分别听取关于“每月一讲”——冬之韵·书香政协委员读书沙龙活动方案、关于区政协书画院理事会换届选举会议、笔会活动方案的汇报；交流区政协办公室、各专委会11月工作完成情况和12月工作计划

（李庆莲　王艳萍）

协商议政

【概况】2022年，区政协围绕“文明靓城”迎亚运、未来产业发展布局、优化街社机制、推进襄七房历史保护区块开发利用、未来社区运营管理、科教融合拓宽协同育人新路径、提高智能制造企业生产空间适配度等重要议题，开展协商议政活动90多次，举办“请你来协商”活动27场，包括专题议政性常委会会议1次、提案办理协商会1次、专题协商会6次，报送协商成果14件，区委、区政府主要负责人批示16件次。围绕物联网产业发展、完善产业园区嵌入式幼儿园“托育一体”服务模式开展调研，在市政协助推杭州数字经济高质量发展、推进托育机构发展建设育儿友好型社会专题（月度）协商会上作交流发言。组织委员参加省、市、区三级政协联动开展的中小企业惠企助企政策落实、山区26县高质量发展等主题网络议政活动，提出意见建议120多条。

2022年4月29日，区政协召开“文明靓城”迎亚运“请你来协商”专题协商会
（区政协办　供图）

【“文明靓城”迎亚运专题协商】2022年4月29日，区政协召开“文明靓城”迎亚运“请你来协商”专题协商会。区委主要负责人出席会议并讲话。区政府、区政协及各相关职能部门负责人，政协委员、市民代表、国际友人代表共42人参加。会议听取区文明办、区综合行政执法局、区政协教文委情况汇报，8名政协委员和2名市民代表、国际友人代表在会上发言。与会人员围绕“以文明之美，塑

滨江之魂，展亚运之韵”协商交流，提出统一路牌标识、规范机动车停放、打造地铁“一站一特色”、楼道杂物集中整治、宣传滨江区人才品牌、培育公共空间意识、加强亚运会对外传播等意见建议，向全体政协委员和市民发起10条迎亚运文明倡议。该次协商活动同步开设线上议政，100多名委员通过“滨江政协·掌上履职”平台发表意见200多条。

【提案办理专题协商】 2022年6月28日，区政协召开三届一次会议提案办理专题协商会。区政协主席主持会议并就做好提案办理工作提出要求。区委常委、分管副区长出席并讲话。区政协主席会议成员，相关提案承办单位负责人、提案人及政协常委会其他组成人员、区政协各办（委）负责人参加。区政府办公室、重点提案承办单位、区政协提案委分别汇报年度提案办理、重点提案办理及提案办理督查的情况。115件提案全部按期办复。

【人工智能产业专题协商】 2022年6月30日，区政协召开机器人及相关智能装备技术水平和发展趋势“请你来协商”专题协商会。区委常委、分管副区长到会听取意见并讲话。区政府、区政协及各相关职能部门负责人，政协委员、企业代表等50人参加。区经信局和区政协经科委课题组分别介绍滨江区机器人及相关智能装备产业发展情况和课题调研情况。与会人员协商交流，提出聚焦机器人装备细分市场、重点发展移动机器人产业、加快各层次机器人产业人才梯队建设等意见建议。

【科教融合专题协商】 2022年9月20日，区政协召开推动科教融合拓宽“硅谷天堂”协同育人新路径“请你来协商”专题协商会，围绕主题协商议政，共谋滨江教育高质量发展。区政府、区政协及各相关职能部门负责人，政协委员、科技企业负责人、教育专家以及学校、教师、家长代表等52人参加。区教育局、北京航空航天大学杭州创新研究院、杭州市丹枫实验小学、区政协教文委课题组分别汇报科技教育大联盟、项目化学习等科教融合工作情况，与会人员协商互动，提出加强项目化学习顶层设计、发挥高新企业的技术和人员优势、建立家校社三位一体的中小学生素养培养共生链等意见建议。该次会议首次使用“滨江政协·掌上履职”平台“滨协商”进行直播，收到委员网上建言65条。

【“助推共同富裕示范区建设”专题协商议事月】 2022年9月，区政协依托民生议事堂、协商驿站，开展“助推共同富裕示范区建设”专题协商议事月，各界别参与群众508人次。开通地铁接驳专线、提升江北园区物业管理水平等协商成果落地，为探索推进政协协商向产业园区、基层社区延伸提供案例。“坚持协同发展做强产业链条”“共商共议才缤纷”“红色文化点燃国际范”“垃圾房摇身一变成花房”“让老外不见外”等突出“青春味”“高新味”“共富味”的协商活动入选省、市政协民生议事堂典型案例、精品案例和优秀案例。

【防范电信网络诈骗专题协商】 2022年9月28日，区政协在长河街道晶都社区举办助推防范电信网络诈骗·守护平安幸福家园“请你来协商”专题协商会。区政协主要负责人，区政协办、提案委、社法委、委员工委负责人以及无党派人士界、妇联界、工会界政协委员，区委政法委、公安滨江分局、互联网产业园发展服务中心、长河街道、江二社区、晶都社区负责人和辖区单位代表43人参加。公安滨江分局介绍打击治理电信网络诈骗违法犯罪工作情况，互联网产业园发展服务中心、江二社区、晶都社区以及和瑞科技园、易思维（杭州）科技有限公司、阿里中心（杭州滨江园区）等单位交流防范电信网络诈骗的做法。与会委员结合身边案例，针对打击、防范、治理电信网络诈骗，提出开展针对性宣传、完善金融行业信息共享机制等意见建议。

【未来产业发展布局分析研究专题协商】 2022年10月19日，区政协召开“滨江区未来产业发展布局分析研究”专题议政性常委会会议。区委、区政府、区政协主要负责人，企业代表、各相关职能部门负责人，政协委员共65人参加。区发改局、区经信局，区政协经科委课题组分别汇报滨江未来产业布局、建设未来产业先导区及课题调研情况，聚焦元宇宙、生物医药、智能机器人、极弱磁场四大未来产业重点研究领域，区政协课题组提交1个协商主报告和4个分报告。政协委员和企业代表围绕未来产业发展，提出加强专业平台建设和科技金融支持、加速行业场景应用落地、加快产业布局等意见建议。

【历史建筑保护利用专题协商】 2022年10月21日，区政协召开推进历史建筑保护利用“请你来协商”专题协商会。区政府、区政协主要负责人，各相关职能部门负责人，政协委员共36人参加。区住建局、浙江南方建筑设计院有限公司、区城建发展公司和区政协城建委课题组分别汇报滨江区历史建筑保护利用的总体情况、襄七房历史保护区块项目情况以及课题调研情况。与会人员提出保护传统风貌、延续历史文脉、留存城市记忆、提升城市品质等意见建议。

【未来社区运营管理专题协商】 2022年11月23日，区政协召开助推共同富裕现代化·未来社区运营管理“请你来协商”专题协商会。区政府、区政协主要负责人，各相关职能部门、区政协各办（委）负责人，政协委员共50人参加。区民政局和区政协社法委课题组汇报滨江区未来社区长效运营情况以及课题调研情况。街道、运营单位、居民代表以及政协委员提出建设与运营相衔接、共性与个性相结合、专家与企业相配合等意见建议。

（李庆莲　王艳萍）

民主监督

【概况】 2022年，区政协围绕健康滨江·全民健身、数智化节能降碳减排企业发展情况、数字化赋能社会风险管控等内容开展视察监督。围绕提升亚运环境、加快推进安居工程、推动教育高质量发展、深化平安小区提档升级等民生实事项目与区人大常委会进行联合监督。围绕“战疫提能”相关要求，尤其是“无疫单元”创建、60岁以上老年人疫苗接种，防范电信网络诈骗等专题，政协委员和机关干部下沉网格、进社入户，联系服务、监督指导。围绕推进城市环境品质提升行动、促进再生资源回收利用、数字化改革等内容，与省、市政协开展联动专项集体民主监督。

【民生实事项目专项监督】 2022年，区政协根据《2022年政府民生实事项目实施方案》，组织委员专项监督小组，对提升亚运环境、加快推进安居工程、推动教育高质量发展、深化平安小区提档升级4项民生实事项目开展专项监督。5月19日，区政协经科委委员专项监督小组专项监督“深化平安小区提档升级”民生实事项目，察看冠山小区“智慧安防”建设、消防安全水平以及电动自行车充电隐患排除情况，听取公安滨江分局、区住建局、区建管中心、滨江消防救援大队以及相关街道情况汇报，就项目的重点、难点问题和与会部门、街道座谈交流。11月5日，区政协教文委委员专项监督小组专项监督“加快校园建设”民生实事项目，听取区教育局情况汇报，参观海康威视幼儿园、月明幼儿园江虹路分园，视察在建的江南单元小学及幼儿园项目，就加强教育顶层设计、注重校园文化建设等方面提出监督建议。4月11日、7月27日、12月8日，区政协城建委委员专项监督小组分别专项监督“提升亚运环境”民生实事项目，听取区民政局、区综合行政执法局关于无障碍社区建设、推进“亚运靓城”行动的情况汇报，视察无障碍社区创建情况，踏看滨和路、闻涛路、扬帆路、飞虹路等提升改造项目，参观城管驿站，对绿化景观打造、精细化管理、打通无障碍“最后一公里”及畅通信息反映渠道等提出监督建议。

【“美丽杭州迎亚运”专项集体民主监督】 2022年4月起，区政协根据市政协《“推进城市环境品质提升行动 实现‘美丽杭州迎亚运'”两级政协联动专项集体民主监督实施方案》，研究制定区政协实施方案，成立民主监督小组，对照《“美丽杭州迎亚运”城市环境品质提升行动方案》《2022年亚运会和亚残运会高新区（滨江）服务保障指挥部城市建设及城市环境保障工作方案1.0版》相关要求，聚焦主体责任落实、重点任务落实、提升标准落实、项目进度落实四大方面内容，组织委员开展专项集体民主监督。至6月底，参与委员123人次，调研北塘河畔及周边区域提升改造工程等点位19处，召开座谈会14次，提出意见建议74条。区政协城建委向杭州市政协报送《“推进美丽大花园建设”专项集体民主监督开展情况报告》，针对“美丽大花园建设”认识有待提高、城市管理中局部秩序问题有待优化、生态环境质量有待巩固提升、城市景观品质有待提升等问题，提出加大宣传合作力度、建立长效管理机制、打造独具特色的滨江城市风貌等建议。

【数字化改革专项集体民主监督】 2022年5—6月，区政协根据省、市、区三级政协联动开展数字化改革推进情况专项集体民主监督的要求，成立由区政协主席会议成员牵头的5个民主监督小组，分别带队到区“一网统管”专班、区住建局、区市场监管局、区教育局、区委政法委等部门，对全区数字化改革推进落实情况、平安工地一码通建设应用情况、数字化赋能知识产权集成服务改革情况、校园开放场景情况、数字法治领域改革情况等开展民主监督。6月，区政协办向市政协报送《数字化改革推进情况专项集体民主监督情况汇报》，总结滨江区以“数字变革提升年”为着力点，在“一网统管”体系、党建统领整体智治、数字政府、数字经济、数字社会、数字文化、数字法治等各领域的数字化改革推进情况，指出整合基础建设内容、规范基础数据的核采录治机制、加强重点场景应用的多跨协同、加快部分场景的建设进度、提升塑造变革的能力5个方面问题，提出加快贯通落地、规范机制标准、加强应用推广、强化实战实训等监督建议。

【提升亚运主场软环境视察监督】 2022年5月17日，区政协城建委组织22人专题视察亚运场馆软环境建设。委员们视察体育馆比赛场地、检录区、运动员更衣区、兴奋剂检查区等区域，查看灯光、标识标牌、无障碍设施等情况，听取滨江体育馆运行团队、区城建发展公司关于场馆建设、场馆运行、场馆垃圾分类、“最后一公里”等情况介绍，从通信信号覆盖、场馆公益性使用、标识标牌完善、志愿者培训、亚运氛围营造等方面建言献策。

【“推进无废城市建设”民主监督】 2022年6月14日，区政协城建委组织13人开展“全面提升生活垃圾分类处理质量 推进无废城市建设”民主监督，委员们视察玲珑府生活垃圾定时投放点、滨安小区回收服务点和杭州市春晖小学垃圾分类教育模式，听取区综合行政执法局、区商务局关于垃圾分类、再生资源回收利用工作开展情况介绍，对垃圾分类、分拣清运等环节进行调研监督，从空间资源、检查管理方式等方面出谋划策，并根据调研监督情况，撰写提交《关于建设标准化回收网点促进再生资源回收利用的建议》。8月11日，在市政协“探索‘低碳城市’路径，助推‘碳达峰、碳中和’战略实施”专题协商会上作主题发言。

【“数字化赋能社会风险管控”视察监督】 2022年9月30日，区政协社法委组织10人专题视察数字化赋能社会风险管控。委员们观看公安滨江分局“智慧巡防·滨江在线”系统和“滨江反诈在线”系统操作演示，听取公安滨江分局相关情况汇报。针对数字化改革推动社会治理能力提升、数据安全和隐私保护、防范电信网络诈骗等问题建言献策。

（李庆莲）

视察与调研

【概况】 2022年，区政协围绕区委、区政府重点工作及民生实事项目，组织委员走进基层开展视察工作，提出意见和建议。区政协各专委会分别成立调研小组开展重点课题调研，形成调研报告建言献策。

【政协委员视察】 2022年，区政协组织委员专题视察2022年区政府部分民生实事项目。围绕“推进教育事业高质量发展”“加快推进安居工程”“高标准建设未来社区”“持续推进老旧小区提升改造”等民生实事项目和其他年度重点工作，组织政协委员走进微更新迎春片区、缤纷未来社区、长虹苑扩点三期、硅谷小学进行视察检查。针对“数智化节能降碳减排企业发展情况”“提升智能制造物理空间适配度”“进一步提升亚运主场软环境建设”“‘健康滨江·全民健身’迎亚运”“数字化赋能社会风险管控”等工作组织委员开展视察。

【重点课题调研】 2022年，区政协教育文化卫生体育和文史委员会就“科教融合、协同育人”工作开展调研，完成《关于“以项目化学习驱动科教深度融合推进‘天堂硅谷’协同育人新变革”的调研报告》。区政协社会法制民族宗教和港澳台侨委员会就区内未来社区运营与建设、3个街道基层治理等问题开展调研，完成《关于助推共同富裕现代化·未来社区运营管理》《关于滨江区优化调整街社设置助推基层治理能力提升》的调研报告。区政协城市建设和人口资源环境委员会通过调研襄七房历保区块，针对建设项目中存在问题，完成《留住乡愁记忆 再现时代芳华——从襄七房历保区块看滨江区历史建筑保护与利用》的调研报告。区政协经济科技委员会、部分委员、相关专家组成的课题组立足全区战略布局，结合全国乃至世界科技创新发展趋势，完成《关于滨江区未来产业发展布局分析研究》的调研报告。

（李庆莲）

委员工作

【概况】 2022年，政协第三届滨江区委员会发挥政协委员主体作用，强化委员学习培训，健全委员履职保障、考核、评议等制度，加强委员服务管理，激发委员履职活力。15个界别开展以“奋进新时代、建设新天堂”为主题的“界别活动月”活动10场，参与委员200多人次。

【委员培训】 2022年，政协第三届滨江区委员会开展委员培训活动2次。1月13日，第三届滨江区政协委员培训会举行，区委书记作题为“建设天堂硅谷、打造硅谷天堂，沿着习近平总书记指引的方向坚定前行”的辅导报告，邀请省市专家和政协领导作“全过程人民民主视域下人民政协的新使命”“如何精心选题撰写提案”等专题讲座。11月15—16日，区政协举办2022年度委员培训班，以专题授课+学习交流相结合的方式，组织全体政协委员学习中共二十大精神、政协履职相关知识，全体政协委员参加。

【委员履职管理】 2022年，政协第三届滨江区委员会出台《政协杭州市滨江区委员会委员履职管理办法》及履职量化考评实施细则。办法从履职内容、履职方式、履职管理、履职保障4个方面规范履职管理工作，使委员在政治协商、民主监督、参政议政；参加学习培训，参加会议，撰写提案，参加“请你来协商”活动，参加视察、考察和调研活动，反映社情民意，参加民主监督，参加大会发言，建立委员工作室，调查研究，参加政协文史资料的征集工作等方面都有据可循。建立委员履职档案、严格会议活动制度、建立奖惩激励机制，维护委员权利、完善履职平台、提供履职服务、加强委员联络、提升履职能力。全年开展履职活动30多场次。

【委员读书活动】 2022年，区政协以各专委会党员委员履职临时党支部为基础，组建6个学习座谈小组，每季度召开一次学习座谈会。学习贯彻《关于加强新时代人民政协党的建设工作的若干意见》《中共中央关于新时代加强和改进人民政协工作的意见》，学习习近平新时代中国特色社会主义思想成为人民政协加强思想政治引领的首要政治任务和政协系统中国共产党的建设基础性工作。依托“书香政协·硅谷书房”，开展四季主题委员线下读书沙龙活动。组织全体政协委员参与省、市政协线上读书活动。推出“学习二十大·委员说”学习专栏，发布委员学习视频11条、学习感想45篇。

【委员界别活动】 2022年，区政协各界别围绕“奋进新时代，建设新天堂”主题，开展界别活动月，15个界别分别组织委员走进“专精特新”中小企业、众创空间、科技园区、产业平台和特色发展区块，为助推经济社会高质量发展凝聚智慧共识，共举办活动10场。6月8日，经济和农林界、杭州市科技文化政协委员会客厅、区政协数字经济委员工作室、华数集团联合举办“走进华数园区，共商数字化改革”协商活动，参观华数数字电视产业园和华数国家实验室，听取区数字化改革专班、区自贸办、省大数据交易中心关于数字化改革情况、滨江区数据产业的相关情况，围绕滨江区数字化改革的应用成果和发展方向展开讨论。6月8日，中共界、共青团和青联界到杭州游卡网络技术有限公司，探讨“青年社交互动应用场景”，以兴趣爱好链接青年。6月10日，科技科协界到杭州中科国家技术转移中心，走访中心引进孵化的浙江科睿微电子技术有限公司、中科国生（杭州）科技有限公司、杭州光视精密技术有限公司，与企业主要负责人进行交流，了解企业产品、核心技术、科技人才等情况，探索科技科协界同中心的合作机制。6月10日，委员工委党支部和妇联界联合开展“学讲话，强动力”主题党日暨伊创荟“巾帼创新业，齐心助共富”活动，参观东冠集团“东冠空间”、妇女之家和企业展厅，分享妇女创业经验、汇聚巾帼力量。6月13日，区政协机关、中共界、提案委党支部联合开展学习活动，视察调研智慧新天地片区，听取情况汇报、走访有关企业，围绕产业项目建设、招引、服务等方面提出建议。6月14日，区政协侨联界开展助力创新创业侨企走访调研活动，走进侨界企业解难帮困，收集反映意见建议。6月17日，无党派人士和区知联会联合举办“专精特新的政策指引与发展”调研座谈会，10多家中小企业代表围绕专精特新企业发展中存在的疑点、难点沟通交流，为助推专精特新企业发展提供思路。6月24日，医卫界开展“生命健康共同体携手共富向未来”协商活动，参观杭州中赢生物医疗科技有限公司研发中心、细胞制备中心和质检中心等实验室场地，开展座谈交流，就推进区内生命大健康产业发展提出建议。6月23日，特邀界联合区职能部门开展“走进江北科技园，共创美好新未来”活动，围绕北企南迁、加强企业间互动、加强政企联动等方面，为江北区块发展提出建议。6月24日，工会界开展“关于促进滨江区民营企业留学归国人才引进的分析研究”专题调研活动，走访委员企业杭州联汇科技股份有限公司，听取区委组织部（人才办）情况介绍，就引才渠道不畅通、人才政策不了解、引才成本与企业发展需求矛盾等问题座谈交流。

（李庆莲）

政协专门委员会

【概况】 2022年，政协第三届滨江区委员会设提案委员会、经济科技委员会、城市建设和人口资源环境委员会、教育文化卫生体育和文史委员会、社会法制民族宗教和港澳台侨委员会、委员工作委员会7个专门委员会。

【提案委员会】 2022年，区政协提案委员会对区政协三届一次会议以后予以立案的115件提案全部办复完毕，评选确定三届一次会议重点提案4件、优秀提案12件，在三届二次会议上予以表彰。促进元宇宙产业发展、增设滨江阳光家园周边公交线路并调整优化公交布点及设施、建设全域未来社区、创新应用反骗码提高网络诈骗治理能力等提案均得到落实。

【经济科技委员会】 2022年，区政协经济科技委员会组织开展区内未来产业的布局分析研究重点课题调研和专题协商，报送“1+4（元宇宙、机器人、生物医药、极弱磁）”课题成果。承担市政协交办“助推杭州数字经济高质量发展”子课题，提交关于杭州物联网产业发展建议并在市政协“请你来协商·助推杭州数字经济高质量发展”专题协商会议上交流发言。组织开展“机器人及相关智能装备技术水平和发展趋势”专题协商会。组织委员参加省政协“中小企业惠企助企政策落实情况”“推进山区26县高质量发展”等主题网络议政活动。组织开展助力助推“双碳”工作暨促进数智化节能减碳减排企业发展专题视察。

【城市建设和人口资源环境委员会】 2022年，区政协城市建设和人口资源环境委员会组织委员开展“全面提升生活垃圾分类处理质量 推进无废城市建设”“推进城市环境品质提升，实现美丽杭州迎亚运”专项集体民主监督。组织委员开展历史建筑保护利用课题调研，到襄七房历保区块踏看，开展专题协商，听取职能部门、开发单位、专家和居民代表意见建议，形成有针对性的调研报告。组织委员开展提高智能制造企业生产空间适配度调研并提交相关建议。组织委员就建设标准化回收网点促进再生资源回收利用开展专题调研，滨江区资源回收模式做法在市政协专题协商会上作交流发言。组织委员就《关于科技助力提升软实力 建设“国际滨”的建议》等30件提案进行督办。

【教育文化卫生体育和文史委员会】 2022年，区政协教育文化卫生体育和文史委员会举办“文明靓城”迎亚运、“科教融合，拓宽‘天堂硅谷’协同育人新路径”2场“请你来协商”活动，提交协商建议和调研报告。组织委员读书活动，依托9家“书香政协·硅谷书房”，策划开展“春之声、夏之鸣、秋之意、冬之韵”四季主题委员线下读书沙龙活动，举办以“精神共富·文化先行”为主题的“硅谷同心潮·青春讲堂”专题讲座。协作市政协开展“推进托育机构发展，建设育儿友好型社会”课题调研，报送《关于完善产业园区嵌入式幼儿园“托幼一体”服务模式的建议》。组织委员开展襄七房区块历史建筑现状、天官社区老街区块整治提升调研协商，“健康滨江·全民健身”视察监督。

【社会法制民族宗教和港澳台侨委员会】 2022年，区政协社会法制民族宗教和港澳台侨委员会组织委员下沉社区、园区参加疫情防控工作，开展助企服务。3—7月，组织委员开展“优化街社机制，助推基层治理能力提升”重点课题调研，走进13个单位沟通对接、征求意见建议，并提交课题报告。9月，组织委员参加“助推防范电信网络诈骗·守护平安幸福家园”专题协商、“数字化赋能社会风险管控”专题视察、“宗教中国化”专题调研等活动。组织委员参加统战部举办的“同心筑梦迎亚运”暨海外侨团座谈会、“筑梦廿五载，港菁创未来”“喜迎二十大 乐跑大莲花”“海外华文媒体杭州行”等活动。

【委员工作委员会】 2022年，区政协制定《深入推进“两个全覆盖”的实施意见》《党组成员联系相关界别党员委员、党员委员联系党外委员和委员联系界别群众工作办法》，制订区政协领导走访联系委员计划，推进常态化走访，修订《委员履职管理办法》及履职量化考评实施细则，规范服务管理。创建调整委员工作室，至年底，有省政协委员会客厅4家、市级委员工作室2家、区级委员工作室9家，开展履职活动30多场次。制订2022年度委员“履职菜单”65项，意向报名委员1587人次。组织委员参加学习培训、专题协商、民主监督等履职活动157场2668人次。

（李庆莲）

提案与社情民意

【概况】 2022年，区政协畅通委员反映社情民意渠道，建立委员联系社区、园区、企业和界别群众机制，开发“社情民意在线”等数字平台，提升委员反映社情民意信息的积极性。区政协三届一次会议共收到提案163件，审查后立案155件，立案率95.1%。经并案处理后为115件，其中重点提案4件，涉及承办单位49家。包括经济科技类42件，占36.5%；城市建设管理类24件，占20.9%；社会事业类40件，占34.8%；社会法治类9件，占7.8%。115件提案中，106件在年度内已经解决或基本解决，占92.2%；已制定解决措施或列入改进计划逐步解决的5件，占4.3%；因条件限制或其他原因暂时不能解决的4件，占3.5%。委员对建议落实的满意率为98.6%。

【建设全域未来社区的建议】 2022年，区政协委员张一宏提出的《关于建设全域未来社区的建议》被区政协列为重点提案。提案经区政府讨论后，由区住建局承办，区发改局、区民政局、区财政局、区商务局、区社发局、规划资源滨江分局、区数字化改革专班协办，按照以人为本、规划先行、推广缤纷经验、数字赋能治理、社企共建要求，全面推进全域未来社区建设。至年底，申报创建市级未来社区19个，其中7个项目申报省级创建。

【科技助力亚运提升软实力 建设“国际滨”的建议】 2022年，区政协委员王少成提出的《关于科技助力亚运提升软实力 建设“国际滨”的建议》被区政协列为重点提案，由区亚运服务保障办公室承办，区委宣传部、区科技局协办。亚运服务保障办公室人员到举办大型运动会城市学习，借鉴成功经验，强化数字赋能，提升大型综合赛事交通组织水平；通过加大宣传、提升区域道路标识、外语类志愿者招募等，提升国际化水平；推进“文明靓城、滨滨有礼”行动，提升文明程度。

【推动“科技+人文”高质量建设“天堂硅谷”的建议】 2022年，区政协委员林镜提出《关于推动“科技+人文”双翼齐飞高质量建设“天堂硅谷”打造“硅谷天堂”的建议》被区政协列为重点提案，由区委宣传部承办，区社发局协办。区委宣传部针对凝练创新创业文化，开展新时代滨江精神大讨论、宣传创新及人才工作、创作文艺作品；针对擦亮文化产业金字招牌，加大产业扶持，增强创新平台影响力，推进文化消费升级；针对打造产城文化，美化城市遗存，发掘历史文化底蕴，深化文旅融合；针对培育文化雅士，实施文化名家专项计划，升级公共文化设施，提升“国际滨江 亚运核心”品牌影响力，创建五大文化建设实践范例（新时代文明风尚示范区、新时代文化传承特色区、新时代文化共享样板区、新时代文化产业引领区、新时代数智文化创新区）。

【促进元宇宙产业发展的建议】 2022年，区政协委员朱冬生提出的《关于促进元宇宙产业发展的建议》被区政协列为重点提案，议由区经信局承办，区文创发展中心、区科技局协办。区经信局梳理区内元宇宙产业基本现状，依托浙大滨江研究院等智库开展元宇宙产业专题调研，形成《滨江区元宇宙产业发展趋势报告及建议》。汇总全国各地35项元宇宙相关政策，从产业要素、场景应用、核心技术等6个维度进行专项分析对比，结合滨江区产业现状提出产业规划建议。由区领导牵头召集相关部门围绕元宇宙基本概念、核心技术及发展趋势等进行专题探讨，推动元宇宙纳入省级未来产业先导区创建，支持元宇宙相关活动举办。

【社情民意】 2022年，区政协编发报送《政协信息·社情民意专刊》12期，收到各类信息66件，围绕产业发展、科教融合、未来社区运营管理、历史建筑保护等方面提出建议。《关于提高滨江区智能制造企业生产空间适配度的建议》《关于紧抓亚运契机提升我区城市文明水平的建议》《关于加快推进滨江区机器人产业跨越式发展的建议》《关于鼓励高新区（滨江）企事业单位联合申报国家部委项目的建议》等信息获得区委、区政府主要负责人批示。

（李庆莲）

文史研究

【概况】2022年，区政协加强和改善人民政协与相关人士的联系，在“滨协商”数字应用系统推出“滨江文史”专栏，开设“硅谷文化课堂”，举办越剧、书法、服饰等内容课堂11期，开展文化课题调研和理论研究、交流合作等，协助征编出版文史资料，推进政协文史研究。全年组织举办活动20多场，500多人次参与。

【文史资料征编】2022年，区政协重视挖掘滨江历史文化和人文创新精神，参与协作合作，收集编撰文史资料，发挥存史、资政、团结、育人的社会功能，参加省政协关于“浙江文化印记”稿件征集活动，提交《西兴古镇——浙东唐诗之路起点》原创文章。协助市政协做好《杭州格局》《杭州记忆（第二辑）》等文史资料编写工作。参加市政协组织的“海上丝绸之路与杭州”研究论证座谈会、《“拥江发展”战略视野下的杭州历史文化资料调查及保护发展研究》课题调研座谈会，提出意见建议，与萧山区政协合作完成《关于加强大运河延伸段萧绍运河历史文化街区保护、开发和利用的建议》课题报告。加强理论研究、学术交流，撰写《中国古代政治协商传统的内涵与启示》等文章。

【硅谷文化课堂】2022年，区政协结合“硅谷系列·书香政协”学习机制，区政协教文委、文史研究会联合开展“硅谷文化课堂”活动11场，传承弘扬传统文化、浙东运河文化、创新文化，坚定文化自信。6月6日，在中国网络作家村硅谷书房开展“每月一讲”，邀请省作协副主席张凤翔作传统文化的网络传承及传播专题讲座。6月22日，在长河街道冠山社区举办“越剧艺术及发展历史、流派、角色行当”专题讲座。6月29日，组织界别委员到西兴街道开展“浙东唐诗”赏析及诗路文化建设参观座谈活动。8月3日，组织界别委员在萧山剧院开展纯公益越剧文化惠民演出。9月25日，在长二公园青越轩举办“文化促共富·喜迎二十大”越剧专场公益演出。11月10日，组织部分委员和机关党员干部前往良渚古城遗址和杭州国家版本馆参观学习。12月16日，在杭州市政协新时代协商民主实践中心举办传统文化与服饰讲座。

【文史研究会换届】2022年12月16日，区政协文史研究会换届大会在杭州市政协新时代协商民主实践中心召开，区政协主要负责人及55名新一届文史研究会会员通过“线上+线下”方式参加。会议听取第一届区政协文史研究会工作总结，审议通过《杭州市滨江区政协文史研究会章程（修正案）》，审议通过第二届区政协文史研究会理事、监事名单，选举产生第二届区政协文史研究会会长、副会长、秘书长、副秘书长。谢春凤当选第二届区政协文史研究会会长。

（李庆莲）

中共滨江区纪律检查委员会 滨江区监察委员会

综　述

【纪检监察制度改革】 2022年，区纪委监委制定实施《区纪检监察工作一体化推进机制V1.0》，融合纪律、监察、派驻、巡察“四项监督”，统筹实施12大重点59个政治监督类目，助力“三大主题年”、共同富裕、除险保安等工作落地见效。制定《亚运监督工作指引》，加强“场馆侧”与“城市侧”监督联动、保障协同，推动整改49类问题。协助区委做好50项省委巡视“回头看”反馈问题整改，重大巡视问题清单指数评价排名进位至全省第十七位、全市第三位。严明政治纪律和政治规矩，协助区委制定加强对“一把手”和领导班子监督的“五张责任清单”124项，同步制定区纪委监督清单55项，加强制度约束、规范权力运行。召开全区作风建设大会，制定首个《深化作风建设年度工作要点》。在重要节点做到“廉节三必”（制发廉洁短信提醒、通报曝光典型案例、开展监督检查），开展正风肃纪常态化检查120批次。

【纪检监察干部队伍建设】 2022年，区纪委监委围绕提升队伍专业化能力，出台《2022年度纪检监察培训方案》，建立“四边学习法”（边学习、边调研、边工作、边总结），按照岗位知识技能四阶管理、实战训练营、模块培训、常态化培训等4类培训模式，将知识技能和实战训练结合。优化内设机构和职数设置，委机关内设机构中层领导职数从14个增加为20个，改进组织体系和运行模式。聘请特约监察员、智囊团、专业队，落实授权手册、内研会、谋定推进“以案促改、以案促治”等机制和载体。围绕目标和问题，形成KPI（关键业绩指标）124项，分别制定8个业务条线KPI；制定年度纪检监察工作要点79个，并按照关键性举措、标志性事件、成果载体等，逐项分解成关键性举措，任务到月、到岗、到人。

【关键小事项目化监督】 2022年，区纪委监委聚焦民生实事、基层减负、行权规范，研判开展10个关键小事项目化监督，推动解决234户安置房办证难、违规堆放渣土、污水满溢、公墓管理、社区“万能章”、国资管理等问题，推进漠视侵害群众利益问题专项治理。落实“三个区分开来”（把因缺乏经验先行先试出现的失误与明知故犯行为区分开来，把国家尚无明确规定时的探索性试验与国家明令禁止后的有规不依行为区分开来，把为推动改革的无意过失与为谋取私利的故意行为区分开来），为4名干部澄清正名，回访受处分干部14人次。开展信访举报政策宣传月活动，到机关、学校、社区、企业等做主题宣传16场，“重复访”比上年下降47%。化解信访积案，12件重复信访案全部化解。

【清廉滨江建设深化】 2022年，区纪委监委制定落实第二批清廉滨江建设任务清单73项，召开推进会“晒绩”3次。推动清廉建设向公安、财政、社会组织等6个单元拓展，形成清廉单元建设新格局。压实主体责任，制定区领导班子成员“一人一单”任务72项，印发《全面从严治党主体责任政策选编》，组织区级单位落实主体责任述责评责，督促整改48项。首次发布廉政指数，深化“查、防、评、控”循环管理，督促重点单位梳理风险点238个，制定完善制度58项。

【纪检数智变革】 2022年，区纪委监委实施数智变革，以“全员算力”打造公权力大数据监督的“魔方工厂”，被中纪委、省纪委作经验转载；区纪委开发的“天际”系统成为国家移民管理局在全国唯一试点、全国首地实现实时核验。1个场景在全省107个场景比选中获评全省公权力大数据监督“最佳场景”；4个模型获评全省月度最佳模型，1个模型获评全省年度最佳模型；“清风工程”实现省级试点历史“破零”；“廉合治理”获省、市纪委肯定。探索工程领域行贿人联合惩戒工作，获市纪委批示肯定。数智纪检一体化平台建成，节点观测管控，办件速率比上年提升17%；搭建高阶红色预警模型21个，处置红色预警220条，办结率100%，查实率91.36%；全省首次经预警模型发现“四风”问题；3个大数据监督实战案例被省纪委收入典型案例库；数字化改革工作获省纪委通报表扬5次。

（袁晓婧）

重要会议

【概况】 2022年，区纪委监委召开中共杭州市滨江区第六届纪律检查委员会第二次全体（扩大）会议，召开常委会会议29次。会议传达学习十九届中央纪委六次全会和省市纪委全会精神；研究部署全区纪检监察工作。

【区纪委六届二次全会】 2022年3月18日，中共杭州市滨江区第六届纪律检查委员会第二次全体（扩大）会议在区文化中心召开。区四套班子负责人，区法院院长、检察院检察长等参加会议，有区纪委委员14人、列席167人。市纪委监委第六监督检查室负责人到会指导。会议听取并审议通过区纪委常委会题为《永葆自我革命定力、坚守忠诚干净担当，推动纪检监察工作高质量发展》的工作报告；传达学习十九届中央纪委六次全会和省、市纪委全会精神；对纵深推进滨江区全面从严治党、党风廉政建设和反腐败工作提出要求。与会人员观看警示教育片。

【区纪委常委会会议】 2022年，区纪委召开常委会会议29次。会议学习贯彻上级有关党风廉政建设和反腐败工作的重要会议、文件精神，纵深推进全面从严治党；研究部署全区纪检监察工作；研究处理全区党风廉政建设的重要问题；审核区委拟提拔任用领导干部和其他有关干部的廉政情况；研究决定党风廉政建设和纪检监察重要规章制度的制定和实施；讨论决定对基层上报区纪委区监委批准的违纪党员党纪处分、违法监察对象政务处分等。

（袁晓婧）

党风廉政建设

【概况】 2022年，区纪委监委制定区首个《深化作风建设年度工作要点》，分批通报典型案例7起，每半年开展“回头看”，视频曝光整改不到位的情况。发出纪检监察建议书24份，提出意见建议82条，推动以案促改、以案促治。分群体优化廉政教育，针对新提任干部，以“家书传清风”形式开展廉政谈话，引起中央和省、市媒体关注，被市纪委吸收采纳。

【清单管理优化】 2022年，区纪委监委优化清单管理，抓住“关键少数”，加强领导班子监督，制定“五张责任清单”124项任务，加强清单管理。增加“频次”项，在“五张责任清单”中，对相关工作都提出具体频次要求，助力落地执行与数字化的开发。围绕“区纪委专责监督责任清单”，列出55项年度计划，便于落实、避免遗漏。“五张责任清单”线上运行，实时提醒任务时限，对已完成、未完成、逾期等3

类情况进行全流程跟踪监督，完善量化闭环管控机制，全方位压实责任。

【工程管理人员廉洁自律规范出台】 2022年，区纪委监委推动区城建发展公司结合日常监督检查工作实际，聚焦工程管理领域工程招投标（采购）、项目管理等5个重点环节，区城建发展公司党支部于5月5日出台《工程管理人员廉洁自律“十不准”（试行）》管理规定，明确工程管理人员10个方面的从业行为规范。

【“魔方沙龙”活动】 2022年，区纪委监委举行“魔方沙龙”活动3次。6月17日，区纪委监委开展第一期沙龙活动，主题为工程建设领域公权力，数字化专班工作人员展示“什么是算法”，开发团队做算法模型的演示交流。7月22日，区纪委监委围绕公权力行权监督主题举办第二期“魔方沙龙”，每个纪检监察干部围绕公权力行权事项、“四风”、违反中央八项规定精神等主题，准备1~2个模型规则。现场以组团为单位，派代表上台展示，经手机投票，评选出最佳模型以及“魔法师”。9月23日，开展第三期“魔方沙龙”，6个组团根据清风工程公权力大数据监督平台结构字段和主体侧行权重点内容，进行字段定义和建模，并依次作说明。“魔方沙龙”通过纪检监察干部定期学习、互相交流的方式，分享工作经验体会，了解熟悉大数据，熟悉数据驱动。将工作经验、规律性认识转化成规则、模型、算法。“魔方工厂”用模型归集数据，不同的模型触发不同的机制，将线上线下的工作联动起来，使业务数据在线上跑动，形成“一个模型，一条线索，一个案件”的工作形态。

【“清风传家”活动】 2022年6月29日，杭州高新区（滨江）新提任干部集体廉政谈话暨“清风传家”活动在杭艺剧场举行。市纪委、区四套班子相关负责人出席。新提任干部及部分家属代表、青年干部代表、区直各单位分管领导和区纪委监委、区委巡察机构全体干部参加。活动分集体廉政谈话和集体廉政教育2个环节。在集体廉政谈话前，5名特邀干部家属和3名话剧演员分享家书。活动对新提任干部作集体廉政谈话寄语，安排欣赏国家一级演员、著名女高音歌唱家陈芬芳献唱的歌曲《清气满钱塘》，观看廉政题材话剧《清清白白》，向全体新提任干部赠送《清风传家》《严以治家》等书籍。

【西兴街道开展经济合作社规范运行专项督查】 2022年10月，西兴街道纪工委（监察办）对庙后王等经合社开展专项监督检查。街道纪工委（监察办）牵头联合街道农经、党建等条线，组成3个检查组，分别对经合社制度执行、规范运行等方面开展监督检查，重点对经合社留用地项目建设推进、自主物业出租、资金资产资源处置和合同管理等过程中是否存在相关制度执行不力及工作人员工作作风、秉公用权、廉洁从业等方面是否存在问题进行“点题式”监督检查。检查组以听取汇报、查阅资料和台账、个别谈话等方式发现问题29个，涉及经合社党支部建设、财务管理、留用地项目建设推进及“三资”管理等方面。检查组督促相关部门即时整改。至年底，全部整改完成。

（袁晓婧）

【“清风物联”廉洁文化阵地启用】 2022年11月10日，滨江物联网产业园“清风物联”廉洁文化阵地启用仪式在“智慧e谷”举行。园区统筹滨江物联网小镇党群服务中心、物联网产业社区等资源，以“清风物联”为目标和主题，以教育学廉、活动倡廉、环境宣廉为重点，建设线上和线下相结合的“清风物联”廉洁文化阵地。至年底，“清风物联”廉洁文化阵地结合“红智学堂”的“红学院”和“法学院”，开设“清风学堂”，开展党风廉政、普法沙龙等培训活动3次，观看反腐倡廉宣传教育片、法律法规教育片2次；利用悦读空间，打造“清风物联”读书角；浙江吉利控股集团有限公司、浙江宇视科技有限公司被列为杭州市清廉民营企业创建培育试点单位；杭州宏杉科技股份有限公司、杭州趣链科技有限公司等5家非公企业获评区清廉建设优秀实践案例；开设“清风物联”公众号专栏，营造“干部清正、企业清廉、政治清明”氛围，把廉洁文化融入园区经济社会发展。

（宁　萍）

【清廉单元建设工作推进会】2022年12月5日，区纪委召开清廉单元建设工作推进会，各清廉单元建设牵头单位、漠视侵害群众利益专项治理牵头单位及纪委机关相关部门、相关派驻机构参加。区委组织部、区民政局、区发改局、区教育局等14个部门负责人就清廉单元建设任务、漠视侵害群众利益专项治理工作推进情况进行交流汇报，相关派驻机构负责人提出监督工作建议。区纪委负责人肯定各清廉单元建设成效，提出有力落实责任、聚焦任务安排、丰富案例选树等后续工作要求。

（袁晓婧）

执纪审查与监察调查

【概况】2022年，区纪委监委处置问题线索265件，立案119件，党纪政务处分114人，比上年分别上升122.7%、112.5%和123.5%。抓早抓小，运用“第一种形态”（“让咬耳扯袖、红脸出汗成为常态”）教育警醒118人次，在“四种形态”中占比49.6%。查处案值1.58亿余元，是建区后查办职务犯罪案件最多、查处案值最高、追赃挽回损失最多的年份。做实查办案件“后半篇文章”（对违纪人员作出处分决定后，不停步于“一处了之”，而是充分发挥案例的警示功能，将用身边案例警示教育党员干部这件事落细落实），发出纪检监察建议书24份，针对工程建设、国资监管、行政执法、供销系统等重点领域提出意见建议82条。

资料：“四种形态”

第一种：党内关系要正常化，批评和自我批评要经常开展，让咬耳扯袖、红脸出汗成为常态。第二种：党纪轻处分和组织处理要成为大多数。第三种：对严重违纪的重处分、作出重大职务调整应当是少数。第四种：严重违纪涉嫌违法立案审查的只能是极少数。

【违反中央八项规定精神典型问题通报】2022年，区纪委监委共通报违反中央八项规定精神典型问题8起。浦沿街道冠一社区原党总支书记、居委会主任来某存在违规收受礼品、消费卡等问题，2021年5—6月，来某被免去社区相关职务并开除党籍，违纪所得予以收缴；浦沿敬老院原副院长、工疗站原副站长来某存在违规收受礼品等问题，2021年5—6月，来某被免去街道相关职务并取消预备党员资格，违纪所得予以收缴；公安滨江分局高新派出所原四级警长王某存在违规收受礼品礼卡等问题，2021年12月至2022年1月，王某先后受到开除处分和开除党籍处分；长河街道长二股份经济合作社董事长赵某存在违规收受礼品等问题，2022年3月，赵某受到党内严重警告处分；区综合行政执法局西兴中队中队长颜某存在违规收受礼卡等问题，2022年9月，颜某受到政务警告处分，违法所得予以收缴；区综合行政执法局一级主任科员张某存在违规收受礼卡等问题，2022年9月，张某受到党内严重警告处分，违纪所得予以收缴；区住建局建设工程质量安全监督站工作人员李某存在违规收受礼卡的问题，2022年9月，李某受到党内警告处分，违纪所得予以收缴；滨江城建发展有限公司工程四部工作人员郑某存在违规收受礼品等问题，2022年9月，郑某受到政务警告处分，违规收受的礼品和餐费折现后予以退还。

【留置案件办理】2022年，区纪委监委自主查办区供销社集团原董事长胡某、原董事宋某、原总经理邵某和杭州市中汇实业公司原总经理林某4人腐败窝串案。视情节轻重，分别予以开除党籍，收缴其违纪违法所得，按规定调整其享受的退休待遇；涉嫌犯罪问题移送检察机关依法审查起诉，所涉财物随案移送等。查办华数传媒网络有限公司全国营销中心原总监郭某、华数传媒公司西南办事处原主任袁某等上级交办案件。2人涉嫌非国家工作人员受贿、职务侵占犯罪。涉嫌犯罪问题移送检察机关依法审查起诉，所涉财物一并移送。查办浦沿街道联庄社区原党委书记、杭州联庄实业投资有限公司原法定代表人莫某严重违反政治、廉洁、生活纪律，构成严重职务违法并涉嫌职务犯罪。予以开除党籍，收缴其违纪违法所得；涉嫌犯罪问题移送检察机关依法审查起诉，所涉财物一并移送。杭州银行滨江支行原副行长杨某严重违反廉洁纪律，违反国家法律法规，构成严重职务违法并涉嫌受贿犯罪。予以开除党籍，收缴其违纪所得；涉嫌犯罪问题移送检察机关依法审查起诉，所涉财物随案移送。

（袁晓婧）

巡察工作

【概况】 2022年，中共杭州市滨江区委制定印发《中共杭州市滨江区第六届委员会巡察工作规划（试行）》《推动新时代滨江巡察工作高质量发展行动方案（试行）》，计划从2022年至2026年，安排12轮左右巡察，实现对区委管理的党组织和全区社区、社区股份经济合作社（简称“经合社”）党组织巡察全覆盖。区委巡察工作领导小组制定印发《中共滨江区委2022年度巡察工作计划》，全年分3轮对8个区委管理的党组织、29个经合社党组织开展常规巡察，落实杭州市委上下联动巡察要求，组织开展“亚运攻坚”专项巡察。区委常规巡察发现反馈问题290个，向被巡察单位党组织提出整改意见建议85条，制发《区委巡察建议书》和《区委巡察意见抄告单》5份，移交问题线索10件；“亚运攻坚”专项巡察发现反馈问题25个，向有关单位党组织提出意见建议3条。

【区委巡察工作动员部署会】 2022年3月31日，区委召开全面从严治党主体责任落实情况专题汇报会暨2022年巡察工作动员部署会。区委主要负责人参加会议并讲话，区纪委监委、区委组织部主要负责人，各街道和区级机关各单位、各直属单位党组织主要负责人等参加会议。会议点评全区主体责任落实情况和巡察工作，宣布六届区委第一轮巡察工作授权任职和任务分工，提出要发挥从严治党利器作用，领会巡察工作新要求，把握巡察监督着力点，强化巡视巡察上下联动，完善横向贯通工作格局，推动巡察工作高质量发展。

【“亚运攻坚”专项巡察】 2022年3月24日至4月30日，区委第一巡察组对区住建局、区综合行政执法局等13家单位和实施主体开展“亚运攻坚”专项巡察。巡察组联动工程、审计等专业力量，以发现问题和查纠问题为重点，综合运用听取汇报、个别谈话、明察暗访等方式开展监督，发现并反馈问题25个，编印《“亚运攻坚”专项巡察告知书》15份、《“亚运攻坚”专项巡察信息前哨》6期，推动问题整改落实。至年底，巡察发现的25个问题全部整改完毕。

【六届区委第一轮巡察】 2022年4月1日至5月31日，区委派出3个巡察组对3个街道15个经合社党组织开展常规巡察。其中，第二巡察组巡察浦沿街道新生、浦联、杨家墩、岩大房、山二5个经合社，第三巡察组巡察长河街道江二、汤家井、塘子堰、长二、长一5个经合社，第四巡察组巡察西兴街道襄七房、西兴、协同、共联、星民5个经合社。巡察组开展个别谈话405人次，发放问卷调查和民主测评399份，走访了解46次，推动解决群众关切“立行立改”问题4个。8月3日、26日，区委巡察工作领导小组会议、区委书记专题会议分别听取审议各巡察组巡察情况报告和第一轮巡察综合情况报告。9月6—7日，巡察组分别向3个街道党工委、15个经合社党组织反馈巡察意见。共反馈问题90个，其中向浦沿街道新生等5个经合社党组织反馈问题31个，向长河街道江二等5个经合社党组织反馈问题31个，向西兴街道襄七房等5个经合社组织反馈问题28个，共提出整改意见建议45条。至年底，3个街道15个经合社党组织完成巡察反馈问题整改83个，整改率92.2%。

【六届区委第二轮巡察】 2022年7月20日至9月20日，区委采取"常规巡+归口联动巡"的方式，派出4个巡察组对8个区级单位党组织开展巡察。其中，第一巡察组对区住建局党委、区审管办党组开展常规巡察，第二巡察组对区白马湖生态创意城党工委、区工商联党组开展常规巡察，第三巡察组与杭州市委第四巡察组对区民政局（残联）党委开展归口联动巡察、对团区委开展常规巡察，第四巡察组对区科技局党组、区妇联党组开展常规巡察。巡察组听取被巡察单位党组织工作情况汇报8次，开展个别谈话265人次，发放问卷调查和民主测评365份，召开座谈会7次，到街道、社区、企业及有关社会组织开展调研，发放巡察监督联系卡490份。11月12日、12月30日，区委巡察工作领导小组会议、区委书记专题会议分别听取审议各巡察组巡察情况报告和第二轮巡察综合情况报告。共反馈问题74个，其中区住建局党委12个、区审管办党组8个、区白马湖生态创意城党工委7个、区工商联党组5个、区民政局（残联）党委12个、团区委7个、区科技局党组12个、区妇联党组11个，共提出整改意见建议31条。

【六届区委第三轮巡察】 2022年11月17日至12月31日，区委派出3个巡察组对3个街道14个经合社党组织开展常规巡察。其中，第一、二联合巡察组巡察长河街道江一、江三、傅家峙、山一、长河、汤家桥、张家村7个经合社，第三巡察组巡察浦沿街道联庄、东冠、冠一、冠二4个经合社，第四巡察组巡察西兴街道庙后王、七甲闸、马湖3个经合社，实现全区经合社党组织巡察全覆盖。巡察组开展个别谈话272人次，发放问卷调查和民主测评282份，走访了解安置房小区、在建项目、集体林地、围垦土地等。第三轮巡察发现问题125个，其中长河街道江一村等7个经合社党组织66个、浦沿街道联庄等4个经合社党组织25个、西兴街道庙后王等3个经合社党组织34个，巡察组向3个街道党工委、14个经合社党组织提出整改意见建议9条。

（王　楚）

2022年9月6日，区委第三巡察组巡察长河街道江二等5个股份经济合作社情况反馈会议举行　（区委巡察办　供图）

民主党派　工商联

民革杭州高新区（滨江）基层委员会

【概况】 至2022年底，中国国民党革命委员会杭州高新区（滨江）基层委员会［简称“民革杭州高新区（滨江）基层委”］下辖社法、高新、综合3个支部，有党员68人（新增9人，转入1人，转出2人），其中女性32人。硕士研究生以上学历29人，中高级职称36人，国家人才计划专家2人；担任市政协委员2人，区人大代表1人、区政协委员6人（常委1人）、副区长1人；市管干部1人，区管干部2人，科级干部8人。全年培养发展对象6人。

【参政议政】 2022年，民革杭州高新区（滨江）基层委围绕“世界一流高科技园区”的建设目标，通过良性机制激发党员参政议政活力，开展“议政日”主题活动及参政议政专题培训讲座5次。围绕经济发展、社会建设、生态保护等方面开展调研，提交社情民意22篇次，被全国及省、市、区各级单位录用33篇次。其中：党员温之豪撰写的《关于迈入Web3.0时代完善数字资产监管与创新试点的建议》被民革中央录用，党员沈丽萍撰写的《关于辅警违法犯罪现状分析及对策建议》被民革中央、全国政协录用，党员赖晓烜撰写的《关于我市加快推进数据要素市场发展的主要做法和有关建议》获市委主要领导批示，党员赖晓烜撰写的《关于进一步完善我省产业大脑建设的几点建议》《打造政策超市数字场景，提升惠企政策效能》和党员孙敬成撰写的《关于加快布局精准医疗健康产业的建议》3篇文章入选2022年民革全省参政议政研讨会材料，党员赖晓烜撰写的《只此青绿，碳汇千里江山 安吉县两山竹林碳汇收储交易中心模式研究》入围2022年第五届莫干山征文活动。党员赖晓烜获评民革省委会2021—2022年参政议政工作先进个人、2021—2022市委会参政议政先进个人。

【社会服务】 2022年，民革杭州高新区（滨江）基层委调动党员参与社会服务活动的积极性，注重与其他单位共建及与其他支部互动，通过开展志愿活动、培训讲座等方式，开展社会服务活动。1月，组织党员参加社区志愿活动。5月14日，高新支部与卫健基层委医卫支部开展联谊活动，通过参观调研和座谈，与会党员了解互联网企业与医疗领域的发展现状，听取“泛聊疼痛”专题讲座。9月8日，民革杭州高新区（滨江）基层委工作人员到浙江省康复中心青苹果学园开展交流关爱活动。民革杭州高新区（滨江）基层委向浙江省康复中心青苹果学园捐赠教学用具，向全体学园教师致以教师节祝福。自2018年起，民革杭州高新区（滨江）基层委每年组织人员到青苹果学园开展“同心·博爱”社会服务活动，以互动游戏、陪伴学习等方式关爱特殊儿童。2022年，民革杭州高新区（滨江）基层委获评民革杭州市委会同心博爱社会服务工作先进集体，党员沈丽萍

2022年9月8日，民革杭州高新区（滨江）基层委工作人员到浙江省康复中心青苹果学园开展交流关爱活动

［民革杭州高新区（滨江）基层委　供图］

获评民革浙江省全省社会服务先进个人，党员李晶、黄伟、帅玉环被评为市委会同心博爱社会服务工作先进个人。

【高新支部和卫健基层委医卫支部联谊活动】 2022年5月14日，民革杭州高新区（滨江）基层委高新支部、民革市委会卫健基层委医卫支部在丁香园总部大楼开展联谊活动。党员们参观丁香园总部，了解丁香园的发展历程、现状、业务板块和商业模式等，了解互联网企业与医疗领域的互融互通。市委会组宣处负责人传达市委会年度重点工作安排；市政协委员、医卫支部负责人交流分享参加市两会的感想和体会。活动邀请民革市委会办公室相关人员、市中医院手术麻醉科主任医师作“社情民意撰写”“泛聊疼痛”的专题讲座，了解疼痛原理，提升党员履职能力。

【社法支部和综合支部联合活动】 2022年6月11日，民革杭州高新区（滨江）基层委社法支部联合综合支部走访浙江亚厦设计研究院有限公司，开展“议政沙龙话民生，民革新人习建言”活动。民革杭州高新区（滨江）基层委、民革市委会组宣处负责人，民革杭州高新区（滨江）基层委社法支部、综合支部负责人及党员和发展对象21人参加。党员们参观浙江亚厦设计研究院有限公司工业化装配式展厅，了解公司的发展历程、现状、业务板块以及装配工艺，传达学习民革浙江省第十五次代表大会精神和民革市委会“矢志不渝跟党走、携手奋进新时代”政治交接主题教育动员部署会精神，向被评为民革省委会2017—2021年度先进个人和民革市委会2021年度信息工作先进个人颁发证书。

（韩　俊）

民盟杭州高新区（滨江）基层委员会

【概况】 至2022年底，中国民主同盟杭州高新区（滨江）基层委员会［简称“民盟杭州高新区（滨江）基层委”］有6个支部，盟员131人（新发展5人，病故2人），其中女盟员72人。本科及以上学历123人，中高级职称105人。市管干部1人、区管干部2人，省政协委员1人，市政协委员2人，区人大代表1人，区政协委员7人，其中区政协常委2人。参加民盟市委会组织的“矢志不渝跟党走、携手奋进新时代”政治交接主题活动，参与民盟市委会组织的纪念杭州民盟地方组织成立75周年“薪火相传，携手共进”接力跑活动滨江分会场工作。开展“走基地、悟初心”活动，参观陶行知研究馆、中共杭州小组纪念馆、长河革命历史纪念馆、小营巷毛主席纪念馆、千鹤妇女精神教育基地等民盟历史及爱国主义教育基地。参加民盟市委会组织的盟史讲解员培训，根据民盟市委会《关于建立健全基层委监督小组的指导意见》，成立基层委员会监督小组。民盟杭州高新区（滨江）基层委获评2022年度民盟省委会十佳特色基层组织（组织建设类），获2022年度民盟市委会地方组织、基层委（总支）层面反映社情民意信息工作三等奖、调研工作三等奖。综合支部、教育支部获评民盟市委会2022年度基层示范组织，5个支部获评民盟市委会2022年星级支部，其中五星级3个、四星级3个。科技支部获调研工作三等奖，教育支部获宣传工作三等奖，科技支部和教育支部获反映社情民意信息工作鼓励奖。1名盟员获调研成果二等奖，2名盟员获调研成果三等奖，1名盟员获反映社情民意信息工作先进个人称号，4名盟员获反映社情民意信息工作积极分子称号，2名盟员获宣传积极分子称号。

【参政议政】 2022年，民盟杭州高新区（滨江）基层委围绕区委、区政府中心工作及人民群众关心的热点、难点问题，开展参政议政，履行参政党职能。在区两会期间，盟员委员、代表提交政协大会发言1篇，提交提案建议8件，其中大会发言“关于充分发挥滨江优势，促进元宇宙产业发展的建议”被区政协列为重点提案。盟员马宏利被区政协评为优秀委员。围绕民盟杭州市委、区政协、区委统战部的意见建议，发动全体盟员以课题组形式开展社会调研，形成调研成果，全年申报市委会调研课题9个，立项课题4个；参与区民主党派重点调研课题，形成《关于推动园区型工业上楼带动制造业“质、量”双升的建议》《关于进一步促进高新区（滨江）中小企业高质量发展的若干建议》等调研成果。向市委会上报社情民意信息90多篇，其中被录用36篇、被省级及以上录用11篇。

【社会服务】 2022年，民盟杭州高新区（滨江）基层委与浙江中医药大学联合举行“党盟同行 送你一把健康伞”活动2次，受益100多人次；与杭州低碳科技馆联合举行“科技下乡”活动，走进杭州市浦沿小学、杭州市春晖小学等学校，向学生开展科普教育；杭州市旅游职业学校支部盟员带领学生参加志愿者活动，在西兴街道月明社区开展软陶制作亲子活动，向区内初三学生提供职业体验活动机会，引导学生在“双减”背景下拓展技能和知识；参与市委会组织的消费帮扶，鼓励支部和盟员在工作生活中采购帮扶地区产品，全年帮扶消费金额7.6万余元；通过民盟广元市利州区基层委员会向小海龟特殊教育培训中心捐赠抗疫物资价值6000元；杭二中支部的“助力中考，为你加油”社会服务持续开展；20多名盟员参与2022年春节期间抗击新冠疫情志愿工作。

【送“福”进项目公益活动】 2022年1月6日，民盟滨江教育支部组织委员到委员所在单位浙江省三建建设集团德寿宫遗址保护展示工程暨南宋博物院（一期）项目，举行送“福”进项目公益活动。委员现场写“福”字、写春联，为一线建筑工人送上新春祝福。活动以“线上+线下”互动的形式进行，通过“抖音”全程直播，将“福”字、春联及慰问品送到各项目工地，杭州电视台的《新闻60分》栏目对该活动进行现场采访。

【“薪火相传、携手奋进”接力跑】 2022年6月12日，民盟杭州市委会开展“薪火相传、携手奋

2022年6月12日，民盟杭州高新区（滨江）基层委在杭州白马湖二期举行“薪火相传、携手奋进”接力跑活动

［民盟杭州高新区（滨江）基层委　供图］

进”接力跑活动，庆祝杭州民盟地方组织成立75周年。民盟杭州高新区（滨江）基层委分会场与民盟市委会主会场同步开跑。分会场设在杭州白马湖湖区二期荧光跑道，基层委6个支部20名盟员参加。象征薪火的马灯在每位盟员的手中完成传递后，盟员们开始3.2千米的接力跑。该次接力跑在腾讯公益平台发起“一块走”公益捐步活动，民盟杭州高新区（滨江）基层委组成战队，除现场参与盟员外，各支部组织未到现场的其他盟员加入战队，当天加入战队盟员的运动步数定向捐赠至民盟市委会“培英公益·豆苞女孩”公益项目。

（孟晓勤）

民建杭州高新区（滨江）基层委员会

【概况】 至2022年底，中国民主建国会杭州高新区（滨江）基层委员会［简称“民建杭州高新区（滨江）基层委”］下设5个支部，有会员156人（新增8人，转入7人），其中男性111人、女性45人，平均年龄47.5岁。会员中本科以上学历133人，其中硕士研究生以上29人；中级以上职称77人，其中副高以上职称30人；机关事业单位30人，公有制经济单位16人，非公有制经济人士67人，新的社会阶层人士43人；各级人大代表2人，各级政协委员18人。新增8人中有国有企业中层1人、民营企业创始人6人、中高层管理人员1人，均为科技创新型企业，其中上市公司董事长1人。民建杭州高新区（滨江）基层委全年走访会员企业80多家次，引导会员参加“奋进共富路 起航新百年”迎“七一”展演、2022全球外汇环境分析与政策讲解会、人工智能产业沙龙、企业“走出去”风险防范与应对培训会等活动。3名会员获评区2022年度优秀政协委员，1名会员获评代表工作积极分子，1名会员当选区政协常委，1名会员获评市三八红旗手，1名会员获评省社会组织领军人物。

【参政议政】 2022年，民建杭州高新区（滨江）基层委向区人大、区政协提交个人的议提案、意见建议9件，向民建市委会提交信息130篇、调研报告6篇。尹渠的《基层反映当前国产医疗器械产业创新发展面临诸多困境，亟须实现跨学科协同合作促进前沿技术成果转化和产业化》被全国政协、省政协、省委统战部录用；范渊的《关于大力发展网络安全保险 助推企业“数智化”转型的建议》被民建中央录用；范渊的《建议多措并举构建全社会群防联动体系 精准防治电信网络诈骗》《关于鼓励科技创新 推动数据开放共享的建议》、陈勇的《基层建议加快建设全省户外大屏联播联控平台，打造大屏治理浙江模式》被民建省委会录用；陈勇的《关于加速滨江区人工智能产业发展的建议》获评区两会优秀提案。

【社会服务】 2022年，民建杭州高新区（滨江）基层委落实民建中央、民建省委会关于“矢

2022年11月10日，民建杭州高新区（滨江）基层委参加民建市委会“共赴石榴红 助力浪山畲族村”实践活动

［民建杭州高新区（滨江）基层委　供图］

志不渝跟党走、携手奋进新时代”主题教育精神，助推市委统战部“共富石榴红”项目（全市22个统战系统单位、团体结对19个少数民族村，结合“共富石榴红”数字平台的深化应用开展“点对点”帮扶），认购大米4400千克。民建高新二支部向隔离酒店捐赠物资70箱。开展“以书传情”筑梦助学活动，向遂昌等地区的孩子捐赠书籍2万余册。民建高新五支部和会员汤利忠持续举办“小小鸟”关爱儿童计划，暑期为杭州外来务工人员子女、留守儿童、偏远山区学子，提供国学教育，设立“小小鸟助学金”，引导受助学子传承文化，传递爱心，回报社会。会员杨清及其法视界矛盾调解中心坚持以“公平合理维护当事人权利”为宗旨，发挥多元治理主体的作用，在民商事调解、司法治理、社区矫正、法律援助等领域，持续为基层社会治理发展提供法治保障的微助力。会员顾惠波参加省民主党派企业乡村振兴促进会“我们的幸福计划”，运用数字信息技术，帮助建立农产品网络管理平台，发展县域电商、生态旅游，助力当地农民增收致富。

【议政日活动】 2022年，民建杭州高新区（滨江）基层委重点召开“翰墨抒情怀，奋进新征程”——喜迎中共二十大活动，并结合“初心传递 使命接力”教育开展议政日活动4次。4月20日，民建高新四支部开展“矢志不渝跟党走、携手奋进新时代”政治交接主题教育暨议政日活动，学习全国政协十三届五次会议等会议精神，围绕“高质量打造共同富裕示范区”主题，立足自身专业，开展议政活动。9月30日，民建高新区五支部在支部民建之家以“喜迎二十大 建功新时代”为主题开展议政日活动，支部会员立足自身行业，从不同领域不同角度展开讨论。11月24日，民建高新三支部组织会员在西湖国际科技大厦开展学习中共二十大精神暨“未来智慧社区建设”参政议政活动，专题学习中共二十大报告，参观拟发展会员单位杭州青橄榄网络技术有限公司，开展未来智慧社区建设参政议政活动，参观双浦洛敦云乡生态农业基地。12月1日，学习中共二十大精神暨“推进杭州无废城市建设”主题议政日活动举行，会员们通过观看视频、阅读报告等形式学习中共二十大精神，分享学习感悟，对推进“无废城市”建设提出意见和建议。

【“数智赋能园区”专题议政活动】 2022年10月10日，民建高新区一支部联合杭州高新区（滨江）互联网产业园发展服务中心在浙农科创园举行“数智赋能园区”专题议政活动。活动特邀工业和信息化部重点实验室数据治理工作组专家陈佳律作题为《数字化运营赋能及发展趋势》的主题分享，从数字化运营赋能园区运营、区域经济、企业管理等维度，结合杭州高新区（滨江）数智大脑、互联网小镇以及浙农科创园等案例，分析阐述数字化变革赋能园区、企业及经济发展。支部会员参观浙农科创园数智化建设成果，结合自身工作及园区数字化建设实际，与专家进行面对面交流，对数智赋能园区运营管理提出建议，围绕如何提升园区服务企业、安商稳商工作质效开展交流讨论，为数智化园区转型升级，推动产业高质量发展建言献策。

（周文嘉）

民进杭州高新区（滨江）基层委员会

【概况】 至2022年底，中国民主促进会杭州高新区（滨江）基层委员会［简称“民进杭州高新区（滨江）基层委”］下设4个支部，有会员73人（新入会3人，转入1人），其中55名会员具有中高级以上技术职称。会员中担任区人大代表1人，区政协委员7人，担任副处以上领导职务1人。选送3名新会员参加民进市委会新会员培训班。民进杭州高新区（滨江）基委会获评民进省委会2017—2021年度先进基层组织、民进市委会2022年度参政议政工作先进集体，4个支部均获评民进中央2022年度《民主》杂志宣教工作优秀集体，四支部获评民进市委会先进支部。1名会员获评民进浙江省委会2017—2021年度优秀会员，1名会员获评民进全省优秀支部委员，3名会员获评民进市委会优秀会员，1名会员获评民进市委会参政议政工作先进个人，1名会员获评民进市委会社会服务工作先进个人。

【组织建设规范化】 2022年，民进杭州高新区（滨江）基层委推进组织建设规范化，梳理会员推荐、入会考察、单位党委意见、民进之友活动等入会程序及规定，根据市委会要求重新设计“入会推荐表”，规范推荐制度。依据民进市委会《基层组织、工作机构经费管理办法》规范基层委员会及所属4个支部经费账户设立、管理、使用，按照经费来源不同设置不同经费管理人员及审核人员，确保经费使用安全、规范。

【参政议政】 2022年，民进杭州高新区（滨江）基层委成立参政议政先锋队，由副主委牵头，组建界别跨度大、参政意愿强、业务能力强的骨干队伍，设立信息奖励制度，搭建交流平台、完善交流机制，根据参政议政主题搭配撰稿人。邀请民进市委会调研处人员开展系列授课，先锋队成员全部参加，学习社情民意撰写基本要求，提升写作能力。在2022年度民进市委会社情民意信息工作考核中，居基层委（总支）组第一位。全年撰写社情民意信息63篇，被民进中央录用2篇（《涉外定牌加工商品商标侵权纠纷处理机制严重滞后有损民营企业合法权益应予纠正》《优化营商环境须规范异地刑事调查行为》），民进省委会录用9篇，市政协录用1篇，市委统战部录用1篇，民进市委会录用9篇。《生活噪音污染治理缺乏执法依据和责任主体 建议完善生活噪音投诉处置机制》《关于完善产业园区嵌入式幼儿园“托幼一体”服务模式，助力“育儿友好型社会”建设的建议》获民进省委会2022年度参政议政优秀成果二等奖。

【社会服务】 2022年，民进杭州高新区（滨江）基层委开展社会服务工作70多次。包括开展冬病夏治传统文化节，服务浦沿街道社区居民1500多人次；以“舒馨服务站”为品牌，将服务站建在西兴街道奥体社区，开展亚运服务；定期走进滨江“青苹果学园”，开展送教与交流活动，关爱特殊儿童；联合西兴幼儿园，走进滨江区西陵社区开始公益早教活动，解答家长育儿困惑，为社区内0~3岁的婴幼儿家长发放电子指导资料，邀请现场3岁以下儿童进行亲子游戏互动体验；联合上海慈航德教育科技有限公司，开展线上家庭教育指导服务等。

【才艺展示活动】 2022年，民进杭州高新区（滨江）基层委以“我与杭州民进”为主题，通过文章、诗词、口述、情景、歌舞曲、Vlog等适合新媒体的表现形式创作，庆祝民进杭州市委员会成立70周年。青年会员根据杭州市统一战线“同心同行 共筑亚运”倡议部署和市委会工作要求，开展共写一幅字、共画吉祥物、共唱一首歌、共奏一首曲、共说比赛馆、共话比赛项“六个一”系列才艺展示活动。会员沈文荟创作书法、绘画3个作品，参与才艺展示。基层委青联小组用Vlog（视频博客、视频网络日志，Vlog作者以影像代替文字或相片，写个人网志，上传与网友分享）形式中英文介绍杭州奥体中心主体育馆（“大莲花”）及田径项目，并进行亚运歌曲合唱。

【社区结对】 2022年，民进杭州高新区（滨江）基层委各支部根据支部与社区实际工作情况，综合考量社区亟待解决的痛点难点，民主党派社会调研、社情民意、品牌服务等工作任务，制订年度工作计划。一支部和长河街道竹山社区开展“手牵手”活动，给竹山社区保洁员、社工、保安、勤杂工“送清凉”。二支部开展冬病夏治传统文化节，服务浦沿街道社区居民1500多人次，弘扬中医传统文化。三支部以“舒馨服务站”为品牌，在西兴街道奥体社区建服务站，发挥支部幼教资源优势，开展社区家庭0~6岁幼儿结对服务。四支部联合滨江区西兴幼儿园，在西兴街道西陵社区开展公益早教活动，解

2022年4月20日，民进杭州高新区（滨江）基层委三支部会员和西兴街道奥体社区居民在区党群服务中心联合举办温馨服务站志愿者活动
［民进杭州高新区（滨江）基层委　供图］

答家长育儿困惑，为社区内0~3岁的婴幼儿家长发放电子指导资料，邀请现场3岁以下儿童进行亲子游戏互动体验。

【“友好大华”项目】 2022年，民进杭州高新区（滨江）基层委结合杭州市儿童友好城市创建工作，以浙江大华技术股份有限公司产业园区为基地，通过支部教师力量，挖掘高新企业背景下嵌入式幼儿园友好育人资源的开发与利用。通过“友好大华”项目（利用企业内嵌入式幼儿园、企业运动馆、科技展厅等场地，开展家园社企四方联动活动，为高新企业员工提供亲子运动、亲子趣自然艺术活动、亲子阅读指导等项目），推出“IT爸妈俱乐部”和“托育流动站”服务，以嵌入式幼儿园为载体，为浙江大华技术股份有限公司产业园区及周边1千米内高新企业员工提供2~6岁幼儿家庭养育咨询、亲子运动和艺术创意活动。至年底，开展活动6场，400多人次参与。

（谢春凤　陈　杰）

农工党杭州高新区（滨江）基层委员会

【概况】 至2022年底，中国农工民主党杭州高新区（滨江）基层委员会［简称“农工党杭州高新区（滨江）基层委”］有支部3个，新发展党员9人，共有党员71人，其中35岁以下党员11人。党员中全国人大代表1人，区人大代表1人，区政协委员5人（常委1人）。2022年，农工党杭州高新区（滨江）基层委开展调研杭州海康威视数字技术股份有限公司和浙江宇视科技股份有限公司、中共二十大精神专题学习会、退役军人慰问、红色观影、读书节活动5场次，100多人次参与。2022年，农工党杭州高新区（滨江）基层委获评农工党省委会宣传思想工作优秀集体。党员罗红英获农工党省委会宣传工作先进个人称号；党员周迪获第六届杭州工匠、杭州高新区少年工程院“首席科学家”、反映社情民意先进个人等称号，获中国电子学会科学技术二等奖；党员吕静获“梨花杯”，其全国青少年戏曲教育教学成果省级排名第一；党员蔡梦获获评区优秀工会工作者、市中小学生艺术节现代音乐节优秀指导师、区优秀课题成果二等奖、区教坛中坚、社会服务工作先进个人；党员虞以鸣当选市医学会放射学分会委员。

【参政议政】 2022年，农工党杭州高新区（滨江）基层委党员立足本职，关心社会，通过调查研究，撰写意见建议，参政议政。在“滨江好声音”活动中，撰写申报课题论文《强势推进生物医药产业发展　打造建设“天堂硅谷·硅谷天堂”新“引擎”》。农工党党员以社情民意撰写为手段，对民生需求和社会热点现象建言献策，《关于普及数字化金融的相关问题及建议》等7篇被区委区政府录用；《扩大高水平开放，开放“窗口”照见更好未来》《关于提升公共场所通行防疫效率的建议》等27篇被农工党市委会录用；《美国生物医药霸权表现及对策建议》《关于建立社交机器人管理规范的建议》被农工党省委会录用；《建议加强汽车自动驾驶监管助力健康发展》《建议完善三个“在线平台”提高突发灾害应对能力》被农工党中央、全国政协录用；《关于杭州成立物联网应用型高校的建议》获市政府领导批复。加强与区审管办对口联系，参与区审管办政务服务大提升座谈会2次，就区政务服务工作提出监督意见和工作建议；以“严控增量、盘活存量、优化结构、提高效率”为目标，围绕挖掘存量工业用地空间潜力，到临平区调研村级留用地及老旧工业用地提升改造项目，就土地节约集约利用提出工作建议。

【社会服务】 2022年，农工党杭州高新区（滨江）基层委开展社会活动20多次。包括在农工党会员企业浙江花都美容美发培训中心举办新疆“靓发屋”项目受益人专题技能培训班；联合浙江湘湖律师事务所到杭州市博文小学开展“宪法进校园”活动；与浦沿街道江南社区结对共建，开展“浓情端午　和谐邻里”包粽子活动；到社区和企业开展大型义诊、健康服务、便民活动；参与中共滨江区委统一战线志愿服务队；慰问退役军人等。

【共建结对签约】 2022年6月2日，农工党滨江一支部与浦沿街道江南社区举办共建结对签约仪式。农工党滨江基层委主委、农工党滨江一支部主委、江南社区党委书记等20多人参加签约仪式。江南社区党委书记介绍社区基本情况，希望通过“引进来”和“走出去”的方式，创新党建引领社区治理新模式，与农工党滨江一支部深化合作，探索楼盘小区治理工作，提高社区服务水平。双方签订《结对共建协议书》，共同开展“浓情端午　和谐邻里”包粽子活动。

【“靓发屋”项目受益人专题技能培训班开班】 2022年6月25日，新疆“靓发屋”项目受益人专题技能培训班开班仪式在农工党会员企业浙江花都美容美发培训中心举行。新疆维吾尔自治区妇联、妇儿工委办、妇联改革办负责人，杭州市援疆指挥部、市民宗局、市妇联、中共滨江区委统战部相关负责人，新疆维吾尔自治区妇联“靓发屋”受益人、新疆女子职业培训学校骨干老师等50多人参加开班仪式。开班仪式上，全国劳动模范、浙江花都美容美发培训中心校长罗红英致辞；浙江工匠、浙江省美发美容行业协会执行会长俞世统，杭州工匠、杭州市道德模范徐元华现场进行美发展演；学员代表热孜宛古丽·麦提图尔荪讲述自己的学习、创业故事。“靓发屋”从美容美发店发展到“靓发屋+妇女微家”，融入“文化润疆进家庭”元素，通过增配平板电视、期刊架、图书等软硬件设施。该次“靓发屋”项目受益人专题技能培训采取“技能培训+政策宣讲”“理论+实操”的培训模式，涉及美容美发基础、造型设计、服饰搭配等业务知识以及法律常识、科普常识等政策宣讲。

【“宪法进校园”活动】 2022年12月2日，农工党杭州高新区（滨江）基层委联合浙江湘湖律师事务所到杭州市博文小学开展“宪法进校园”活动，全体四年级学生150多人参加。讲座

2022年12月2日，农工党杭州高新区（滨江）基层委联合浙江湘湖律师事务所到杭州市博文小学开展“宪法进校园”活动

［农工党杭州高新区（滨江）基层委　供图］

通过动画人物“光头强”的出生、入学、就业、婚姻、退休等各人生节点为切入点，讲解宪法的相关内容，通过互动问答等形式加深学生的理解。农工党杭州高新区（滨江）基层委向学生赠送法律启蒙书《给孩子的第一本启蒙法律书》38册。

（许丽丹）

致公党杭州高新区（滨江）总支部

【概况】 至2022年底，中国致公党杭州高新区（滨江）总支部委员会［简称“致公党杭州高新区（滨江）总支部”］下设西兴、长河、浦沿3个支部。新增党员3人，转入4人，共有党员50人。有市管干部1人、区管干部3人，担任省政协委员1人，市政协委员1人，区人大代表5人，区政协委员7人，常务委员4人，区外区（县）级政协委员1人。致公党杭州高新区（滨江）总支部全年组织党员学习中共二十大、中共浙江省第十五次代表大会、致公党浙江省第七次代表大会、中共杭州市第十三次代表大会和区两会精神；根据致公党市委会庆祝杭州致公党成立40周年工作部署，开展历史纪录工程，采访致公党市委会原秘书长、副主委胡泽之和致公党杭州高新区（滨江）总支部创立时主委陈建祥；推荐退休老党员吴勍翀参加首届“杭州致公风采人物”评选；与富阳支部、萧山四支部、上城五支部开展“杭州致公一家亲”基层组织联系结对活动；组织“我以致公为荣、我为致公添彩”主题活动。2022年，党员周利峰获市政府办公厅“大综合一体化”行政执法改革个人三等功奖励，党员易际越获评致公党市委会海外联谊先进个人，党员傅逸东获评致公党市委会社会服务先进个人，党员王真震获评致公党市委会参政议政先进个人，党员钟琛琛获区委、区政府记三等功奖励。

【参政议政】 2022年，致公党杭州高新区（滨江）总支部共提交和完成市、区两级建议提案10件、立项课题1个、调研报告2篇及其他参政议政信息4篇。《以数据驱动长三角生物医药产业协同发展探索全国统一大市场建设的长三角样板》获中共浙江省委主要负责人批示；《以产业链全要素协同实现产业高质量发展》上报致公党省委会；《支持和鼓励设立专业化的新兴产业引导基金，吸引和带动民间资本投资战略性新兴产业》由省经信厅牵头制定办理方案并落实相关工作举措；《关于充分发挥高能级产学研平台作用 加快科技成果转化的建议》被列为致公党杭州市委会立项课题；《进一步推动滨江区块数字自贸制度政策创新建议》被列为区政协三届一次会议口头发言提案、重点提案，刊于省政协《联谊报》（4月2日）；《高质量推进大中小企业融通发展共同富裕的建议》被列为区政协三届一次会议口头发言提案；《关于持续优化创新生态，助力共同富裕示范区建设的建议》《关于提升数字产业核心竞争力，打造数字经济最强区的建议》被列为区政协三届一次会议书面发言材料。

【社会服务】 2022年，致公党杭州高新区（滨江）总支部开展社会活动10多次。包括助力各项亚运服务保障工作，参与中共滨江区委统战部（侨办、侨联）组织的海外协作会议暨“同心筑梦迎亚运”海外侨团座谈会，负责组建坦桑尼亚达累斯萨拉姆、意大利维罗纳联络处并获中共区委统战部授牌；参与社会各界助力服务亚运主题活动；联合同心·东信国际社区开展“‘相遇’国际化‘同心’迎亚运”主题活动，让社区居民、党员代表走进亚运主体育馆（“大莲花”）；党员企业参与亚运基础设施项目建设，研发水泥路面快速翻新沥青路面新技术，为亚运相关道路翻新抢修提供快速且耐久的解决方案。组织开展“‘相遇’国际滨 护航迎亚运”主题活动，邀请市政协十二届一次会议海外列席代表及长河支部党员到晨晓油画工作室和杭州久积控股有限公司欣赏亚运会题材油画艺术作品和吉祥物产品。

【致公明志讲堂】 2022年5月29日，蜗牛读书馆·致公明志讲堂结合杭州高新区(滨江)特色及优势,与同心·海创基地联动,邀请海外高层次人才创新创业基地人力资源专家从职业选择、职场成长经历等方面进行分享,用案例分析生动讲解,为各位党员在提高工作能力、规划职业发展等方面提供思路。活动邀请致公党杭州市委会和中共滨江区委统战部负责人、"致公一家亲"结对支部上城五支部、市社科院专家学者、区内部分企业代表和现场读者共50多人参与分享交流。

【"同心同行·共富有我"主题议政日活动】 2022年5月29日,致公党杭州高新区(滨江)总支部在网易蜗牛读书馆开展"同心同行·共富有我"主题议政日活动。市政协、致公党市委会负责人,中共滨江区委统战部、区委人才办、区发改局、区科技局、区财政局、区商务局、互联网产业园发展服务中心、北京航空航天大学杭州创新研究院、浙江大学滨江研究院等相关部门负责人,致公党杭州高新区(滨江)总支部部分党员和入党积极分子共40多人参加。与会人员就战略性科技平台引进、产学研平台有关情况、各职能部门如何促进平台赋能区域经济、平台研究成果在本地产业化等进行交流互动,提出看法与建议。

【防"艾"知识宣传】 2022年12月1日,致公党杭州高新区(滨江)总支部组织党员到区疾病预防控制中心,开展防"艾"知识宣传活动,10多名党员参与。活动放置艾滋病科普知识展板8块,发放宣传手册200多册,接受群众防艾知识咨询等,宣传普及艾滋病预防知识,倡导关爱,反对歧视。2022年是致公党杭州高新区(滨江)总支部联合西兴街道卫生服务中心共同设立的"爱心小屋"运营的第4年,"爱心小屋"位于西兴街道卫生服务中心,成立于2019年12月1日,是由致公党杭州市滨江总支西兴支部和西兴街道社区卫生服务中心主办的非政府组织艾滋病关爱活动室,免费提供自愿检测咨询、高危人群干预、医学咨询等服务,普及艾滋病预防知识,为接受服务者保密。

(蔡　瑶)

2022年5月29日,"同心同行·共富有我"致公党滨江总支主题议政日活动举行　[致公党杭州高新区(滨江)总支部　供图]

九三学社杭州高新区(滨江)基层委员会

【概况】 至2022年底,九三学社杭州高新区(滨江)基层委员会共有社员135人,新发展10人,转入2人,转出1人。担任市政协委员1人,区人大代表2人,区政协委员6人(区政协常委2人)。有女性社员31人。具有中、高级以上职称86人。九三学社杭州高新区(滨江)基层委员会被九三省委会评为2022年度优秀基层组织,被九三学社市委会授予"2022年度社务工作先进集体"称号,会员舒军被九三中央授予"2022年度信息工作贡献奖"称号,郑定伟被九三学社省委会授予"优秀社务工作者"称号,周明耀、舒军被九三学社省委会授予"优秀社员"称号,吴旭华被九三学社市委会评为2022年度信息工作先进个人;二支社、三支社被九三学社市委会评为"五星级"支社;一支社被九三学社杭州市委会评为"三星级"支社。

【参政议政】 2022年，九三学社杭州高新区（滨江）基层委员会参政议政成果丰硕。社员陈骁彦提供的信息《建议建立健全防范和化解拖欠中小企业账款长效机制》被全国政协录用；舒军、周明耀等社员提交的20多篇信息被九三学社中央，中共省委、市委统战部，九三省委会录用，九三学社杭州高新区（滨江）基层委员会提交的《关于打造知识产权“三大件”破解我区半导体产业“卡脖子”难题的建议》获中共滨江区委书记批示；社员周明耀提交的《关于鼓励高新区（滨江）企事业单位联合申报国家部委项目的建议》获中共滨江区委书记、滨江区区长批示。在中共滨江区委统战部牵头的“滨江好声音”协商会上，九三学社杭州高新区（滨江）基层委员会课题组历时半年形成的调研报告《关于产城融合下未来社区公共服务配套的建议》获中共滨江区委书记肯定。社员中的人大代表、政协委员、检察院特约检察员、监委特约监察员、政风行风监督员参与民主监督。在“深入推进物业提档升级工作”座谈会、“推进无障碍设施亚运靓城工程”、“提升亚运环境”民生实事项目代表委员专项监督、“优化街社机制助推基层治理能力提升座谈会”、长河历史街区整治提升“请你来协商民生议事堂”、城管系统“政风行风监督员”专项监督活动、“公安分局数字化赋能社会风险管控”、“历史建筑保护利用”、法院“开门纳谏”、“区长征求民主党派对政府工作意见”等活动中，提出意见建议。

【社会服务】 2022年，九三学社杭州高新区（滨江）基层委员会开展社会服务工作15次。包括与四川省广元市东西合作，捐建广元市中华职业教育社，向广元市剑阁县汉阳小学单独捐建直播音乐教室项目，一期捐赠校园数字化设备和软件价值280万元；社员律师事务所面向社员提供相关劳动合同法和遗产法律分割相关法律咨询服务；与中共滨江区委统战部合作开展新冠疫情抗疫志愿服务1000多人次；与区人力社保局联合开展九三大讲堂，讲授“关于不同职业父母的家庭教养观”；与区府办联合开展国家高新区对标找差交流活动等。

【“我为亚运献一计”活动】 2022年6月18日，九三学社杭州高新区（滨江）基层委员会组织社员30多人参观杭州奥体中心亚运场馆，开展“我为亚运献一计”活动。社员们听取场馆建设单位对亚运场馆的建设、功能定位、承办活动等情况介绍，参观主体育馆（“大莲花”）和网球馆（“小莲花”），提出紧急疏散通道设置、周边交通接驳建议、场馆周边环境提升、运营管理方案等亚运场馆建设与运营等方面的意见和建议。

（吴义明）

2022年6月18日，九三学社杭州高新区（滨江）基层委员会组织社员及学生参观亚运场馆，开展“我为亚运献一计”活动

［九三学社杭州高新区（滨江）基层委　供图］

杭州高新区（滨江）工商业联合会

【概况】 至2022年底，杭州高新区（滨江）工商业联合会（简称“区工商联”）有会员总数1387个，其中团体会员即基层商（协）会9个、街道商会3个、企业会员1128个、个人会员247个。2022年，区工商联开

展中共二十大专题学习宣讲、交流热议等活动10场次。组织企业家开展理论学习宣讲活动16场，600多人次参与。邀请专家学者围绕企业上市筹备、清廉合规建设等主题授课辅导12场次，指导各基层商（协）会开展互动交流、学习培训、项目对接等活动38场次。

【民营经济人士培训教育】 2022年，区工商联开展“我心永向党”主题教育，利用专题授课、视频会议、微信群、微信公众号等形式，学习中共二十大精神，成立“新时代民营企业家理论宣讲团”和“新生代企业家青蓝宣讲团”，采取“企业家讲，讲给企业家听”的方式，组织理论宣讲交流活动。开设新生代企业家联谊会（青年商会）研修班，通过参观、授课、学员互动交流等方式，35名新生代企业家代表开展“敏捷型项目管理：提升战略执行力”的主题学习。推荐48名企业家参加省、市举办的“新领计划”、“品质杭商”、跨境电商精英人才培育等研修培训，向民营企业家赠送《党的二十大报告学习辅导百问》《底层逻辑》等书籍2000多册。

【民营经济法律服务】 2022年，区工商联邀请专家学者围绕企业上市筹备、清廉合规建设等主题授课辅导12场次。制定《关于推进清廉合规民营企业建设的实施意见》，联合区检察院、区司法局出台《滨江区涉案中小微企业合规第三方监督评估指引（试行）》，召开清廉民企建设推进会4次，通过网易伏羲“元宇宙”在线沉浸式展示企业清廉合规建设成果，浙江吉利控股集团有限公司、浙江宇视科技有限公司、浙江五洲工程项目管理有限公司3家企业被列为市清廉民营企业创建培育试点单位，数量居全市第一位。成立杭州高新区（滨江）未来园区钱潮联盟，联盟会员代表签订《杭州高新区（滨江）非公企业“廉盟”公约》，助力清廉合规园区建设，全面构建亲清政商关系。

【民营经济调查研究】 2022年，上级工商联负责人到杭州高新区（滨江）调研15批次，其中省级9次、市级6次。走访调研产业大脑、清廉民企建设情况、双碳业务发展、网络深耕工作、民营企业疫情防控和生产经营情况、数字化工作、同心·众创基金运营情况等，了解企业经营发展情况及面临的困难问题，听取企业诉求。区工商联完善常态化走访服务企业机制，走访民营企业208家，答复解决企业家提出的意见建议37条。

【商会建设】 2022年，区工商联承办“全国2022民营经济标准创新周——杭州专场活动”，开展“民企高校携手促就业行动”活动2场，召开女企业家联谊会第二次会员代表大会，成立区产业园区联谊会，制定《未来园区建设与服务规范》团体标准。相关工作被《人民日报》《中华工商时报》《杭州日报》等媒体报道32篇次。区工商联获全国“五好”标杆县级工商联、全国“五好”县级工商联、全省工商联系统先进集体和成绩突出集体，2项工作案例获评省工商联服务“两个健康”最佳实践案例，西兴、长河、浦沿3个街道商会和新生代企业家联谊会获评市工商联“四好”基层商会。9名企业家获评浙江省新时代中国特色社会主义事业优秀建设者、风云杭商、新锐杭商等称号。

【服务民营企业】 2022年，区工商联分别与区税务局、浦沿街道举办“亲清直通车”活动，服务民营企业。4月14日，区工商联联合区税务局举办2022年“亲清直通车·政企恳谈会暨全面落实减税降费 优化营商环境宣讲会”。会上，企业家围绕退税办税、行业政策、税费优惠等方面提出意见建议，区税务局、区工商联负责人听取并回应企业发言，探讨有效应对办法和服务举措。6月23日，区工商联和浦沿街道联合开展“亲清直通车·银企恳谈会”系列活动。该次“亲清直通车·银企恳谈会”是省、市、区、街道四级联动，政、银、企三方联合。会上，中国农业银行滨江支行、中国建设银行滨江支行、杭州联合银行滨江支行负责人分别对所属银行最新业务产品、惠企政策进行宣讲介绍。银企恳谈会提升民营企业金融服务水平，赋能企业高质量发展。区工商联开展“每月赠书”、生日祝福、健康体检、关怀慰问等关爱企业家系列活动。

【“科学家企业家面对面”活动】 2022年，区工商联举办4场“科学家企业家面对面”活动，提升民营企业人才科学素养。6月10日，“科学家企业家面对面”首场专题活动“智能制造”在北京航空航天大学杭州创新研究院举行。活动聚焦智能制造领域，是第五届滨江国际人才节系列活动之一。北京航空航天大学杭州创新研究院10多名科学家与杭州高新区（滨江）10多家科技型企业负责人到会交流。8月3日，第2场活动在北京航空航天大学杭州创新研究院举行，活动聚焦“人工智能与智慧生活”主题，邀请区新生代企业联谊会企业家调研了解北京航空航天大学人工智能发展现状及成果，探讨高校院所、产业企业合作模式路径，促进青年企业家与青年科学家交流互动，营造产学研合作氛围。11月10日，第3场活动在北京航空航天大学杭州创新研究院举行，活动围绕“精密机械与仪器”主题，邀请相关细分领域企业家了解北京航空航天大学杭州创新研究院、杭州长光产业技术院相关技术成果，搭建校企合作交流桥梁，加速产业升级迭代。12月8日，第4场活动在大立科技园举行，活动围绕“航天通信”主题，邀请相关细分领域企业家了解北京航空航天大学杭州创新研究院相关技术成果，搭建校企合作交流桥梁，加速高校院所成果转移转化，助力滨江航天通信产业发展。

2022年6月10日，“科学家企业家面对面”首场专题活动“智能制造”在北京航空航天大学杭州创新研究院举行　　　　（区工商联　供图）

【民营经济人士参政议政】 2022年，区工商联以“工作好不好，企业家来评价”为导向，引导民营经济人士加强调查研究，参政议政，组织企业开展“上规模民营企业调研”“万家民企评银行”等调研工作12次，完成各类调研问卷611份。区工商联界别委员撰写上报提案16篇，3名界别委员在大会上作主题发言，撰写的《会员企业服务保障亚运》《关于提升高能级创新平台转化效率的建议》2篇专报分别获市、区主要负责人批示肯定。

【民营经济会员企业党建】 2022年，区工商联倡导民营经济会员企业加强党建工作，以党建赋能企业发展。开展党建互学共建，助力企业“党建强、发展强”。依托“红色+党建”品牌，先后组织聚光科技（杭州）股份有限公司、英飞特电子（杭州）股份有限公司、杭州电魂网络科技股份有限公司等企业党委（支部）成员开展专题党建参观、互学交流活动6次，组织企业家党员开展党课教育4次。开展导师结对指导，建立政治和事业“双导师”培育机制，邀请涉企部门负责人和区内资深企业家分别担任政治导师和事业导师，定期开展政治辅导、相互走访、座谈交流、实践锻炼、纾困解难等活动8次。

【民营经济社会服务】 2022年，区工商联组织20家企业与四川省广元市朝天区20个村开展“万企兴万村”对口帮扶活动，签订村企结对框架协议，引导民营企业家通过消费帮扶、产业协作、就业助学等形式对朝天区进行帮扶。聚光科技（杭州）股份有限公司在朝天区开展“圆梦微心愿 爱心助成长”活动，帮助200名家庭困难学生实现微心愿。区工商联3次组织企业家到温州市泰顺县开展山海协作，投入帮扶资金160多万元。6月26—28日，区工商联组织10名“温州籍”企业家到泰顺县开展山海协作暨“反哺家乡”活动，召开“山海协作暨项目考察”座谈会、与温州市泰顺县工商联签订友好工商联、慰问老党员和困难党员、考察产业项目，2家企业与泰顺县彭溪镇玉塔村、雅阳镇承天村签订村企结对协议；10月19—20日，区工商联组织5名企业家随同省工商联到泰顺县考察产业项目，交流对接帮扶工作；12月1—2日，区工商联组织企业家随同区党政代表到泰顺县进行考察，中南控股集团有限公司向泰顺县人民医院捐赠资金30万元，帮扶泰顺县医疗事业发展，助力共同富裕。

【区工商联五届二次执委（理事）会议】 2022年5月12日，区工商联五届二次执委（理事）会议召开，区委统战部、区委组织部、区纪委负责人和执委（理事）160多人出席会议，会议采取视频会议的方式，除主会场外，区会议中心、西兴街道、长河街道、浦沿街道设分会场。会议听取区工商联负责人所作的工作报告，审议通过人事调整事项、《关于推进清廉合规民营企业建设的实施意见》，发布北京航空航天大学杭州创新研究院—杭州高新区（滨江）民营企业精准对接（科学家企业家面对面）活动。区工商联与杭州联合银行举行金融服务战略合作仪式。企业家代表作主题分享和宣读共同富裕倡议书，倡议民营企业家坚定信念，扛起共富担当。

【7家企业入围中国民营企业500强】 2022年9月9日，2022年中国民营企业500强榜单揭晓，杭州高新区（滨江）7家企业入围。其中，阿里巴巴（中国）有限公司居第二位，浙江吉利控股集团有限公司居第12位，网易（杭州）网络有限公司居第94位，新华三信息技术有限公司居第247位，浙江大华技术股份有限公司居第351位，浙江中南建设集团有限公司居第353位，百世物流科技（中国）有限公司居第469位。“2022中国民营企业制造业500强”名单和“2022中国民营企业服务业100强”名单同时发布，浙江吉利控股集团、新华三信息技术有限公司入围“2022中国民营企业制造业500强”。阿里巴巴（中国）有限公司、网易（杭州）网络有限公司、浙江大华技术股份有限公司入围“2022中国民营企业服务业100强”。

【新生代企业家联谊会（青年商会）研修班】 2022年10月26—30日，杭州高新区（滨江）新生代企业家联谊会（青年商会）在淳安县举行研修活动，区新生代企业家代表35人参加。研修培训学习中共二十大会议精神，通过参观、授课、学员互动交流等方式，开展“敏捷型项目管理：提升战略执行力”主题学习，研修班特邀项目管理协会（PMI）中国项目管理大奖评审委员会成员、项目管理成熟度专家委员会（OPMA）组织项目管理协会执行董事、博士张斌授课，提升学员的政治素质、战略管理、人文素养、综合能力。

（邓　彬）

群众团体

杭州高新区（滨江）总工会

【概况】 至2022年底，杭州高新区（滨江）有工会4710家，工会会员18.2万人，新增会员1.1万人，新增实名制建会949家、数智群团建会370家、新业态建会12家。4家单位分别获全国“工人先锋号”、全国“和谐劳动关系创建示范企业”、全国“安康杯”竞赛优胜班组和全国“最美工会劳动者服务站点”称号；24家单位、18名个人获省、市总工会表彰。获评市劳动模范个人14人、集体6家；“浙江工匠”3人，浙江省巾帼建功标兵1人，“杭州工匠”2人、提名奖1人；认定第三届“滨江工匠”10人。获评高技能人才（劳模）创新工作室省级1家、市级2家（共13家，其中省级4家、市级9家），4名职工被聘为杭州市职业技能带头人，推荐上报市“五小”（小发明、小创造、小革新、小设计、小建议）创新成果25项。落实政府、工会、企业劳动关系三方协商机制，开展工资集体协商“集中要约行动”，全年单建工会工资专项集体合同签订率96.7%，全区百人企业集体合同签订率94%。开展安全生产隐患排查企业672家，排查问题隐患122个，均得到整改。

【基层工会建设】 2022年，区总工会召开工会组建攻坚行动部署会，落实省、市关于工会组建集中行动要求，开展数智群团、智慧工会、发展实名制会员等工作，实名制建会949家、数智群团建会370家、新业态建会12家。成立全国首个网络作家新业态、新就业群体工会委员会。建立“杭州高新区（滨江）总工会信息管理系统”，实现工会组建“一次都不跑”。全区1578家基层工会完成注册使用，收录整合3000多家企业工会基本信息，12家基层工会通过该系统完成换届选举结果报送和审批工作。

【劳动技能竞赛】 2022年，杭州高新区（滨江）获市高技能人才奖励1697人、85.1万元。北京航空航天大学量子实验室工程入选市“三重一新”立功竞赛项目，杭州宏华数码科技有限公司研发一部等5个企业班组获市“工人先锋号”称号。选派技能人才参加市级技能竞赛11场，开展区级网络与信息安全管理员、企业人力资源管理师、电子竞技员等培训和竞赛活动12场。各街道、园区、直属系统工会开展酒店服务技能、数智应用技术等区域性劳动技能竞赛17场。开展“安康杯”竞赛活动，在安全生产月期间，各级工会开展应急救援演练和知识技能培训190场，参与职工1.75万人次。

【劳模（工匠）关爱服务】 2022年，杭州高新区（滨江）各级工会开展劳模（先进）走访慰问活动，共慰问省部级以上劳模（先进）24人、市级劳模（先进）132人。组织劳模代表团到四川省广元市朝天区开展疗休养及健康体检活动。

【职工思想政治引领】 2022年，区总工会开展线上和线下思想政治类活动20多场次，参与职工群众10万余人次。以“聚焦二十大，劳模工匠有话说”为主题，组织全区劳模工匠结合工作经历以及所见所闻所感，交流学习中共二十大精神的感受和期盼。以“中国梦 劳动美”为主题，做好“926工匠日”宣传报道。结合第三届“滨江工匠”认定工作、“926工匠日”主题宣传，举办第三届“滨江工匠”认定发布会，深化“中国梦·劳动美”主题宣传教育。

【职工群众文化建设】 2022年，区总工会创新开展职工“实用文化生活”系列活动，开设课程29个，惠及1516人。在全区33家职工书屋中开展“书香满屋”悦读会活动。量身定制“壹期壹会”单身青年职工联谊活动品牌，举办活动10期，400名青年男女参加活动，成功牵手25对。开展羽毛球、足球、篮球等职工体育运动，举办的第七届“谁羽争锋”企业羽毛球联赛有90支企业队伍、857名职工参赛。

【和谐劳动关系创建】 2022年，区总工会落实政府、工会、企业劳动关系三方四家协商机制，开展工资集体协商“集中要约行动”，单建工会工资专项集体合同签订率96.7%。坚持劳动关系周报制度，强化监测预警，全年处置监测预警信息36起。数字赋能劳动关系矛盾纠纷调解，通过区“在线矛盾纠纷多元化解平台”，介入和化解劳资矛盾13件。开展职工高温季节安全生产和防暑降温工作，各级工会高温慰问经费投入301万元，惠及2.88万人次。组织开展工会劳动法律夏季专项监督行动，发动939家企业依照《工会劳动法律法规条例》进行自检，涉及职工5.4万人。联合区人力社保局开展农民工工资支付情况冬季专项监督行动，排查用人单位151家，涉及职工1.9万人。

【职工权益维护】 2022年，区总工会在“滨江工会”微信公众号设置“普法维权”专栏，开展“一周一普法”，推送工会普法、劳动关系案例等法律法规相关知识38期。开展“一月一讲座”，为基层工会和职工普及劳动用工、工伤保险、劳动保护、劳动关系案例等法律法规知识，提升广大群众和企业职工法治意识，开展普法课堂9次，540多人次参与。加强职工维权服务，通过开通“维权热线”、组建工会法律志愿者服务队、工会法律服务微信咨询群等形式，向企业和职工提供法律知识宣传、法律咨询、化解劳动争议等服务。各级工会通过网络、电话等手段向企业提供法律咨询566次，向职工提供法律咨询1941次。开展新《中华人民共和国工会法》学习宣传活动，全区1186家基层工会、2.72万人次参与。在“滨江工会”公众号开展学习新《中华人民共和国工会法》有奖竞答线上活动，7885人次参赛。

【工会普惠服务】 2022年，区总工会向365家小微企业返还工会经费346万元。为6.1万名职工提供医疗互助保障，610名生病职工获医疗补助53.1万元。开展“滨滨留你过大年”活动，牵头出台“关爱暖八条”举措，为外来务工人员发放2775份新年年货大礼包、1550份“畅游卡”和2022份虎年趣味红包袋；为1019名一线职工提供免费健康体检服务，组织一线职工疗休养8批次1742人，组织抗疫一线社工专项疗休养7批次748人。设立稳就业促就业专项资金105万元，开展职业技能培训5250人。在街道、园区及企业等人员密集场所配备自动体外除颤器17台，并提供应急救护培训。鼓励企业职工参与省、市工会会员学历提升行动，资助60名企业职工上大学（大专）。为2000多名职工子女提供暑期夏令营、研学等活动。

【产业工人队伍建设】 2022年，杭州高新区（滨江）召开产业工人队伍建设改革工作推进会，就如何推进技能人才队伍培育建设、职工素质提质工程、加强职工民主管理、权益保障和建设员工发展共同体等问题进行探讨，将产业工人队伍建设工作落实落细。浙江吉利控股集团有限公司作为省产业工人队伍建设改革试点单位入选浙江省2022年“幸福共同体企业领头雁行动”名单。9月26日，全国产改协调小组考核组杭州调研，浙江吉利控股集团有限公司和浙江大华技术股份有限公司作为代表参加省产业工人队伍建设改革工作汇报交流。

【区总工会四届六次全体（扩大）会议】 2022年3月3日，杭州高新区（滨江）总工会第四届委员会第六次全体（扩大）会议在区文化中心召开。会议学习习近平新时代中国特色社会主义思想和中共十九大精神，学习中共中央总书记习近平关于工人阶级和工会工作的重要论述，落实杭州市第十三次党代会和区第六次党代会精神。会议听取区总工会常委会题为《立足新起点 扬帆正当时 在助力亚运攻坚行动中贡献工会力量》的工作报告，书面审议《2021年工会经费审查工作情况和2022年工会经费审查工作安排》的经审工作报告，表决通过第四届委员会第六次全体（扩大）会议工作报告和经审报告。会议通过区总工会第四届委员会委员替补，选举产生新任区总工会第四届委员会主席、副主席、常委。会议替补来雅萍（女）、郭吉龙、屠国平、潘金国4人为杭州高新区（滨江）总工会第四届委员会委员，选举来雅萍（女）、郭吉龙、屠国平3人为区总工会第四届委员会常务委员，选举屠国平为区总工会第四届委员会主席，郭吉龙为副主席。

【中国网络作家村首届工会委员会选举产生】 2022年6月14日，中国网络作家村首届工会委员会选举产生。杭州高新区（滨江）首次将网络作家纳入工会服务保障范围，开展针对性的建会入会工作。区总工会和白马湖生态创意城，通过走访、调研、座谈等方式聚焦网络作家队伍需求，设立职工书屋，提供医疗互助保险、定期体检、颈椎理疗等服务；联合中国网络作家村"网络文学IP直通车"品牌活动，推介和对接优秀作品，促进IP（成名文创作品，包括文学、影视、动漫、游戏等）转化交易；优先推荐会员参与省、市作家协会及作家村举办的作家培训班，提高会员专业素养；定期开展版权保护、作品维权、名家创作指导等网上课程6次，线下参与35人，线上直播观看100万人次。

【区内首家货车司机平台企业工会成立】 2022年7月26日，杭州龙山化工汽车运输有限公司首届工会会员大会召开，会议选举产生该公司首届工会委员会。杭州龙山化工汽车运输有限公司工会是杭州高新区（滨江）首家货运司机平台企业工会，有工会会员67人。工会提供医疗互助保险、定期体检、颈椎理疗、疗休养及慰问等服务。至年底，工会会员享受高温慰问、留杭慰问、一线职工疗休养等福利125人次。

【第三届"滨江工匠"】 2022年9月22日，杭州高新区（滨江）"匠心传承 初心永在"第三届"滨江工匠"认定发布会在杭州奥体中心主体育场（"大莲花"）举行。会议发布第三届"滨江工匠"名单。浙江大华技术股份有限公司刘明、浙江时迈药业有限公司孝作祥、杭州迪普科技股份有限公司陈忠良、杭州泽天春来科技有限公司邱梦春、杭州大和热磁电子有限公司汪增福、浙江原初数据科技有限公司涂永胜、新华三技术有限公司黄李伟、浙江智仁律师事务所黄新发、浙江浩普环保工程有限公司蒋善行、浙江省第一水电建设集团股份有限公司雷涛10人入选。

【新增高技能人才（劳模）创新工作室3家】 2022年10月，杭州高新区（滨江）新增高技能人才（劳模）创新工作室3家，其中省级1家、市级2家。杭州国芯科技股份有限公司NLab创新工作室获浙江省高技能人才（劳模）创新工作室。NLab创新工作室成立于2018年，从最初的8人发展到26人，研究生占70%以上，专注跨领域技术融合与创新，已实现高精度电子雷管芯片、语音人工智能、人脸识别算法等方面的技术突破。杭州大和热磁电子有限公司吴奕武数车创新工作室和杭州艺福堂茶业有限公司李晓军评茶技能大师创新工作室被评为杭州市高技能人才（劳模）创新工作室。杭州大和热磁电子有限公司吴奕武数车创新工作室成立于2019年10月10日，有成员8人，工作室助力企业发展、解决生产技术难题，提高职工技术创

2022年9月22日，杭州高新区（滨江）“匠心传承 初心永在”第三届“滨江工匠”认定发布会在杭州奥体中心主体育场（“大莲花”）举行
（区总工会 供图）

新意识、培养精干创新人才。杭州艺福堂茶业有限公司李晓军评茶技能大师创新工作室成立于2016年8月，有成员18人，其中高级技师2人、技师4人、高级评茶员12人，工作室面积1000平方米，设备20台。工作室累计开展技术技能讲座和交流活动30多次，受益1000多人次；团队成员带徒30多人，开展技术攻关和革新项目5项，产生直接经济效益1000多万元，技能大师参与制定行业和国家标准10项。

【官河社区爱心驿家入选全国“最美工会户外劳动者服务站点”】2022年12月28日，全国总工会发布2022年“最美工会户外劳动者服务站点”名单，滨江区西兴街道官河社区爱心驿家入选。该驿家向100多名户外劳动者新春送“福”字，每周不定期开展理发、缝纫、修伞等志愿者星级服务，每周固定开展免费声乐培训班等，全年接待户外劳动者200人次。杭州高新区（滨江）站点建设按照“节约资源、方便职工、一室多用”的原则，利用工会自有阵地和社会资源，整合社区和企业内硬件设施、民生服务等资源，与社区和公司联合共建，保障“爱心驿家”快速建成和运行，提供面对面、零距离、精准化服务。至年底，投入使用“爱心驿家”17家，其中西兴街道7家、长河街道6家、浦沿街道4家，累计开展活动338场，接待户外劳动者3.95万人次。

（孔潇若）

共青团杭州高新区（滨江）委员会

【概况】至2022年底，共青团杭州高新区（滨江）委员会（简称“团区委”）下设基层团（工）委47个、团总支21个、团支部660个，共有团员2.71万人。承办省、市共青团及少先队主题活动7场，接待上级共青团及少先队工作调研5次；召开区第七次团代会、第八次少代会，完成团区委、少工委换届。滨和社区、月明社区在全国首批“社区青春行动”试点评估中分别获优秀、良好等次，在浙江青年发展综合指数（2022）中，杭州高新区（滨江）青年发展综合指数及3项一级指标排名居全省第一位。

【青年理论学习】2022年，团区委推进青年理论学习工作。指导选送5名青年宣讲员参加“杭州青年说”比赛，获百强选手、“金牌宣讲员”等称号。举办2022年杭州高新区（滨江）微型党课暨“共同富裕·青年说”宣讲比赛、“浙青年·爱学习——滨滨有理”高新青年学习营之中共二十大精神“滨青开讲吧”系列活动。举办“滨滨有理·高新青年学习营”杭州高新区（滨江）青年学习品牌发布仪式暨“杭州青年说”巡回演讲进滨江活动，摄制“滨江青年说”系列视频10条。启动“滨青开讲吧”系列活动，全年开展宣讲活动226场次，受众3.8万人次。

【青年先进典型选树培育】2022年，团区委做好青年先进典型选树培育工作。11人入选浙江青年工匠，6人获省、市“青年岗位能手”称号，1人获评杭州市十佳“青年科技创新能手”称号，1名大学生创业者入选市“未星计划”名单，2名青年企业家加入市青年企业家协会，4名青年入选市“青年人才大使”名单。

【新社会组织团建】 2022年，团区委召开共青团基层组织改革工作动员会，审议《滨江区共青团基层组织改革工作方案（征求意见稿）》，成立共青团基层组织改革工作领导小组，推进共青团基层组织改革工作。全年新建虹软科技股份有限公司团委、杭州安恒信息技术股份有限公司团委、滨江区街舞协会团支部等“两新”领域团组织120家。

【智慧团建】 2022年，团区委依托“智慧团建”系统，新发展团员437人，新建基层团支部120个。344个团（总）支部开展对标定级，522个团支部开展团员评议激励，开展率100%。引导共青团员在“智慧团建”系统进行团组织关系转接，完成升学、已落实工作单位（含自主创业）、参军人员、未升学或未落实就业去向、出国（境）学习生活、延迟毕业等类型的组织关系“学社衔接”4978人次。

【青少年权益维护】 2022年，团区委开展青少年普法教育，升级未成年人心理健康辅导站建设，梳理形成暑期助力“双减”服务清单24项。依托区检察院涉案未成年人家庭教育指导站等机构，开展未成年人帮教服务。开展青少年安全宣传、心理健康辅导、“人才大手牵小手”系列等活动60场，开办各类夏令营8期，服务青少年2500多人。

【青年人才服务】 2022年，团区委开展青年需求调研，召开青年代表座谈会8次，了解青年精神文化、就业创业、社会参与等方面需求，做好青年人才服务工作。举办职业技能、青春悦读、文艺体育、联谊交友等活动20场，600多名青年参加。开展杭州市美容美发青工技能比武等竞赛8场，创建省、市级青年文明号7家、青安岗4家，培育市级号岗争创集体8个。

【“青年之家”建设】 2022年，团区委在“青年之家”云平台新入驻“青年之家”1家，共6家。参加首届杭州市“青年之家”运营比武大赛，滨江区滨和社区“青年之家”获一等奖，滨江区拎包客青年创业社区“青年之家”获三等奖，均被列为“市级示范性青年之家”。滨和社区“青年之家”设有“一滨办”、青春议事厅、路演空间、图书阅览室等个性化功能区，开发“Bingo”小程序，创设“滨豆”数字信用社，打通线上云平台和线下实体空间，培育“先锋社团+品牌活动”模式，发掘青年骨干参与社区事务共商共议，形成“青春共治”治理模式。拎包客青年创业社区“青年之家”为青年人才提供暖心服务，坚持党建引领，秉承“快乐创业、幸福生活”的理念，围绕青年人才创业、生活、社交等方面开展“拎友论谈”“拎书会”“小红娘”等服务项目，形成集创新创业、学习成长、生活服务于一体的“青年之家”运营新模式。

【少先队工作】 2022年，团区委开展“红领巾心向党”“请党放心 强国有我”“红领巾喜迎二十大 争做新时代好队员”等主题活动80多场，实现“红领巾爱学习”全区中队100%参与。召开社区少工委建设推进会，建成社区少工委9个，社区党组织书记、学校党组织书记任少工委主任。吸纳政治素质合格的机关企事业单位干部职工、高校师生、社区居民、热心社会人士等58人，担任校外辅导员，充实少先队工作力量，参与社区少工委建设。挖掘四维生态农场、苏泊尔厨房、“E路守护”青少年互动式法治体验馆等活动阵地，建成杭州市“红领巾e站1013”阵地4个、校外争章基地1个，服务少先队员3万余人次。开展“优秀少先队员”“美德少年”等先进典型选树活动，10人获评省、市级“成绩突出少先队员”，1人获评杭州市美德少年。

【青年志愿服务】 2022年，团区委引导青年群体参与新冠疫情防控，调派青年志愿者1.56万人次。发起“邻里守望 互帮互助”行动倡议，开通5个社区药品共享捐赠点位，参与送药取药500多人次。开展志愿活动，发布《滨滨有你——滨江区招募疫情防控志愿者》倡议书，招募大学生志愿者、社区志愿者、企业志愿者等1000多人，挖掘青年典型80多人。完成亚运赛会志愿者面试选拔、2022年“韵味杭州”浙江省青少年网球邀请赛志愿服务工作。开展“迎亚运 滨滨有你‘益’起来”系列活动，建立手语志愿服务队并开设手语课堂，组织青年志愿者、属地高校参加社区服务、暑托服务、文明宣传、便民利民等志愿服务400多人次。

【团干部及志愿者培训】2022年，团区委举办团干部培训班、少先队辅导员培训班、志愿者培训班等各类培训活动5次。4月15—17日，开展“韵味杭州”浙江省青少年网球邀请赛志愿者培训会2场，对235名预录用志愿者开展通识培训（指员工工作所需的共同的认识、观念方面的培训，掌握企业的共同语言和行为规范）。6月15—16日，在杭州市团校举办2022年滨江区基层团干部培训班，各直属团组织的20名团干部参加培训，课程涵盖从严治团、共同富裕内涵与路径、杭州青年运动史、“百年使命”青春研讨会、廉政主题教育等内容。11月16日，开展“共富青春 亚运有我”2022年志愿者能力提升活动，各街道志愿者服务队负责人、志愿者骨干等30人参加，内容包含志愿者团队建设与凝聚力提升、突发紧急事件应对与处置等，走访学习上城区彭埠街道杨柳郡未来社区志愿服务工作。11月18日，举办2022学年滨江区少先队校内辅导员培训班，邀请全国少工委委员、全国少先队名师工作带头人、浙教版《少先队活动》主编魏慈瑛讲授《学习党的二十大精神、做好新时期少先队工作》，各学校少先队辅导员50多人参加。

【“亲青恋”青年交友系列活动】2022年，团区委举办“亲青恋”青年交友系列活动4场，成功牵手10对。5月8日，在白马湖公园举办亲青恋2022“缘起滨江，与爱同行”青年交友活动，40名青年参加。5月14日，在白马湖公园举办亲青恋“悦动青春‘益’起来”青年体育嘉年华活动，高新企业、教育系统的20多名单身青年参加。11月5日，亲青恋2022“缘起滨江，与爱同行”之“秋日漫步径山，宋韵点茶体验”交友活动举行，40名青年参加。11月19日，在天和高科技产业园6号楼屋顶足球场举办亲青恋“FLYING ITHLOVE”飞盘交友活动，30名青年参加。

【区第八次少代会】2022年10月11日，中国少年先锋队杭州市滨江区第八次代表大会召开，该次大会采用线上会议的形式召开，171名少先队员代表参加会议。会议选举产生新一届少工委委员、主任、副主任。汪心文、潘金国当选为新一届主任。新一届少工委委员中，女性占比65.7%，中共党员（含预备党员）占比97.1%，本科及以上学历占比68.6%，研究生及以上学历占比28.6%，平均年龄35.2周岁。

【共青团杭州市滨江区第七次代表大会】2022年12月16日，共青团杭州市滨江区第七次代

2022年12月16日，中国共产主义青年团杭州市滨江区第七次代表大会召开

（团区委 供图）

表大会召开，区委、团市委主要负责人，102名正式代表参会，包括基层团的工作力量、青年学生、青年工人、青年科技文化工作者、新兴青年群体、青年政治骨干、青年管理人员等，基层一线团干部和团员占96%，“两新”领域团干部及青年占28%，女性代表比例占61%，中共党员（含预备党员）占69%，大学及以上文化程度占89%，硕士及以上文化程度占25%，代表平均年龄28.5周岁。会议听取共青团杭州市滨江区第六届委员会工作报告，选举产生新一届委员会委员23人，候补委员7人，基层和一线的委员占78%。选举产生第七届团区委班子6人，包括书记1人、副书记1人、挂职副书记2人、兼职副书记2人。

（刘培捷）

杭州高新区（滨江）妇女联合会

【概况】2022年，杭州高新区（滨江）有街道妇联3个，社区妇联60个，产业社区妇联1个，科技园区（楼宇）妇联组织覆盖企业3500家。区级党政机关配备女性正职领导干部15人，女干部比例88.46%。社区妇联主席党员占93%，本科以上学历占77%，平均年龄37.8岁。缤纷未来社区妇女儿童工作经全国人大常委会原副委员长、全国妇联主席调研后获肯定，家校社协同育人项目入选2022年全省妇女儿童发展规划示范项目，刘朝玉家庭被授予“全国五好家庭”称号，谢耀水、郑蓉芬家庭被授予浙江省“最美家庭”称号。

【妇女组织建设】2022年，区妇联推进“四新”（新领域、新业态、新阶层、新群体）领域妇联组织建设，成立全省首个产业社区妇联——物联网产业社区妇联。采取试点先行、面上推开的形式，推进完成街道妇联换届工作，选举产生妇女代表198人、妇联执委57人，妇联执委本科以上学历占81%，其中研究生学历5人；执委平均年龄为40.9岁，比上届下降1.8岁。开展全区妇女干部培训，常态化走访联系、协同解决和关爱帮扶，全区474名妇联干部、执委走访家庭3300多户、企业58家，梳理诉求建议420多条。

【妇女思想政治引领】2022年，区妇联围绕“巾帼心向党 喜迎二十大”主线，通过思想引领、服务引领和价值引领增强妇联向心力。线上和线下联动开展中共二十大精神、省十五次党代会精神、“我奋斗·家国美”故事会等主题宣讲活动70多场次，参与妇女2.5万余人次。

【服务妇女创业创新】2022年，区妇联新筛选10个女性创业扶持项目，落实扶持资金15万元，依托东冠资产管理迭代升级“伊创荟”基地，为女创客提供一站式创业服务。联合区人力社保局和温州市泰顺县、四川省广元市朝天区两地妇联推出“相约高新·职场她力量”女性专场云聘会；挖掘区内企业资源，推动“宝妈再就业”公益项目在社区的探索实践，助推女性就业。

【巾帼建功行动】2022年，区妇联开展“巾帼助共富 喜迎亚运会”“三八”节主题活动，表彰“巾帼文明岗”“巾帼抗疫先锋”等先进典型。推出“福满滨江 喜迎亚运”系列服务，募集40多万元物资慰问一线抗疫女社工、女医护人员。搭建“巾帼滨团”民生服务直通车，建好建强“公益红娘”队伍，提升“相约高新 情定滨江”婚恋服务活动品牌影响力，助推产城人深度融合，全年开展线上和线下服务活动12场，服务450多人次。

【妇女儿童权益保护】2022年，区妇联联合区检察院成立涉案未成年人家庭教育指导站，印发《涉案未成年人家庭教育指导工作实施细则》，健全家庭教育沟通协作机制。成立婚姻家事“共享法庭”，做到家事纠纷随时调、随地调、随手调，参与浙江解纷码平台调解案件26件，调解成功（含撤诉）14件，调解成功率53.85%。开展反家庭暴力普法宣传和巾帼反诈等“平安家庭”建设专项活动，举办普法教育20多场次，开展平安巡防、防范电诈、法治宣传等活动180多场次。

【困境妇女儿童帮扶】 2022年，区妇联建立全区困难妇女、儿童家庭档案，通过结对定期走访，做好关心关爱。开展“少年儿童心向党 用心用情伴成长”2022年度暑假儿童关爱服务活动等培训110期，线上和线下5400多人次参加。整合妇女之家、儿童之家等妇联基层工作阵地，推进妇儿驿站建设，完成1个省级、2个市级、37个区级妇女儿童综合服务驿站的评定和推选。

【家庭文明建设】 2022年，区妇联引领家庭文明廉洁风尚，联合区纪委开展“一封家书传清风——全区新提任干部集体廉政谈话”活动。联合省妇儿基金会、区文明办等开展“滨滨有礼·家家和美”文明家庭宣传活动。开展寻找“最美家庭”“平安家庭”“绿色家庭”活动，获评“全国五好家庭”1户，省“最美家庭”2户。发挥各级家长学校作用，优化家校社企共同育人工作机制，家校社协同育人项目入选2022年省妇女儿童发展规划示范项目，评选产生“滨江好家长”691人；推出每周一课“心灵手巧”家庭教育云课堂，举办“解读青春期”“怎样做家长”“做好家庭教育的加减法”等线上和线下讲座37期，8800多人次参加。

2022年6月30日，杭州高新区（滨江）物联网产业社区第一次妇女代表大会召开（区妇联 供图）

【全省首个产业社区妇联成立】 2022年6月30日，杭州高新区（滨江）物联网产业社区召开妇女第一次代表大会，物联网产业社区各企业的28名妇女代表参加会议，会议选举产生物联网产业社区妇联第一届执行委员会委员7人。物联网产业社区妇联是全省首个产业社区妇联，是区妇联深化组织建设改革、实现“党建带妇建、党群共建”的创新举措。物联网产业社区于2021年1月挂牌启用，在产业集聚的基础上，参照社区的治理模式和组织架构，融入生活配套，实现产业业态、城市形态、人才生态“三态融合”。物联网产业社区内设党组织、自治组织、公共服务工作站“三位一体”组织架构，拥有公共服务、生活服务与商务服务三大功能布局，引入和培育生活服务类、健康服务类社会组织5家，涵盖社区公共服务站、就业创业服务中心、企业e家等服务功能。

【区妇联五届七次执委会议】 2022年8月24日，区妇联召开第五届七次执委会议，区妇联第五届执行委员会委员、街道妇联主席参加会议，到会执委举手表决选举徐俏俏为区妇联主席、施明珠为副主席。徐俏俏代表区妇联汇报2022年上半年工作和下半年工作部署，指出区妇联以服务大局、服务妇女为宗旨，在强化思想引领、助力社会治理、深化家庭建设、做实关爱维权、优化发展环境、夯实基层组织6个方面持续努力，聚焦党建引领、稳进提质、民生保障、除险保安和自身建设5个领域，团结引领广大女性做出新的贡献。

【儿童友好城区创建工作动员部署会】 2022年9月1日，滨江区召开儿童友好城区创建工作动员部署会，区儿童友好城区建设工作领导小组成员参加会议。会议听取儿童友好城区建设工作领导小组办公室汇报并部署儿童友好城区建设工作，审议并通过《2022年高新区（滨江）儿童友好城区建设工作考核办法（征求意见稿）》。区教育局、区民政局、区卫健局、区住建局、规划资源滨江分局和3个街道分管负责人就儿童友好建设作交流发言。

【文明家庭宣传日活动】 2022年9月4日，区妇联联合浙江省妇女儿童基金会、区文明办、浦沿街道妇联、滨江宝龙城商业综合体开展“滨滨有礼，家家和美”——滨江区文明家庭宣传日活动，浙江省妇女儿童基金会理事长吴虹出席活动。活动发布文明家庭评选通知，为全国“五好家庭”、浙江省“最美家庭”、杭州市“最美家庭”代表颁奖，其中全国“五好家庭”代表刘朝玉宣读文明倡议书。仪式后，80多名巾帼志愿者在滨江宝龙城商业综合体开展流动宣讲、慈善义卖等文明系列活动，吸引居民参与志愿服务，助力文明城市建设。

【省首届巾帼科技创新周滨江区启动仪式】 2022年9月26日，区妇联联合浙江东冠资产管理有限公司、东冠楼宇妇女联合会委员会、伊创荟·滨江基地，在东冠空间举行浙江省首届巾帼科技创新周滨江区启动仪式暨伊创荟·滨江基地迁址活动。伊创荟·滨江基地从杭州君品科技有限公司迁到浙江东冠建设集团有限公司东冠空间。活动为浙江维烨环境科技有限公司、浙江容跃环保科技有限公司、杭州恒川网络科技有限公司、浙江奔月文化传媒有限公司、杭州卫来医疗科技有限公司、杭州畅思互联网科技有限责任公司、浙江久舟科技有限公司、杭州中网智慧科技有限公司、杭州菲助科技有限公司、杭州普闻园林景观有限公司10家女性创业企业代表授予“伊创荟·滨江基地培育扶持基地（2022）”奖牌。浙江容跃环保科技有限公司等伊创荟·滨江基地培育扶持企业优秀女企业家代表分享交流她们的创业经历和经验。

【全区妇女干部培训班】 2022年11月1—2日，杭州高新区（滨江）全区妇女干部培训班在区党群服务中心举行，各街道、社区和直属妇联的76名专（兼）职妇联干部参加。培训安排4个课程，分别邀请浙江省妇女干部学校教学科研部主任王倩授课“新时代基层妇联工作实务”，杭州市婚姻家庭纠纷人民调解委员会副主任潘月新讲授“新时代妇女工作维权实务”，杭州市委党校副教授付文科讲授“以中国式现代化全面推进中华民族伟大复兴的行动纲领——党的二十大报告精神解读”，浙江省妇女干部学校教育中心讲师彭翎讲授“做智慧女性 创和谐家庭”。

（曹　仪）

杭州高新区（滨江）科学技术协会

【概况】 至2022年底，杭州高新区（滨江）科学技术协会（简称“区科协”）下属街道科协3个，企业科协30个。2022年，组织科技周科普周、科普大篷车、“银龄跨越数字鸿沟”专项科普、“科普中国”App落地应用、科普讲师团讲座和科普教育基地开放等活动800多场，参与活动2万余人次。

【青年科技英才评选】 2022年4月，区科协联合区委组织部（人才办）、区人力社保局启动“杭州高新区（滨江）2020—2021年度青年科技英才”评选，经宣传发动、层层选拔、专家评定、公示，最终尹仕斌、王鑫、孙元栋、向建平、李日、刘立富、李晓军、陈康、陆棋、邱云翔、沈天昱、杜鑫峰、宋忆宁、郑浩、周敏、夏原野和康永印等20人获得认定。11月，杭州高新区（滨江）为区级青年科技英才颁发荣誉证书、奖牌，并给予每人1万元现金奖励。举荐4名科技工作者参加2022年杭州市十大青年科技英才评选，其中，王新根、尹仕斌和陶熠昆被认定为2022年杭州市十大青年科技英才，陆棋获2022年杭州市十大青年科技英才提名奖。

【院士专家工作站建设】 2022年，杭州高新区（滨江）新建12

家院士专家工作站，其中：院士工作站1家，即杭州意能电力技术有限公司；B类专家站11家，分别为浙江科钛机器人股份有限公司、首域科技（杭州）有限公司、杭州海亮生物医药科技有限公司、浙江甲骨文超级码科技股份有限公司、八维通科技有限公司、纳里健康科技有限公司、杭州艾名医学科技有限公司、杭州联汇科技股份有限公司、浙江中控研究院有限公司、浙江时迈药业有限公司和浙江田螺云厨科技有限公司。至年底，全区共有院士工作站12家，包括获省级备案认定站9家；专家站29家，包括A类专家站1家。全年兑付区级资助430万元。

【“科普中国”App推广】2022年，区科协持续开展“科普中国”App科普信息员注册推广工作，为区内居民提供科普信息。至年底，总注册人数4.5万人，年度新增8000人，居杭州市第四位；文章传播数353.9万篇，居杭州市第三位；月活跃人数9.03万人，居杭州市第一位。

【“银龄跨越数字鸿沟”专项科普活动】2022年，区科协在深化与中国建设银行滨江支行合作的基础上，引入杭州市健康社区服务中心，针对有意愿跨越数字鸿沟、享受数字生活的老年人提供免费培训课程，开设网上购物、网上缴费、就医挂号等日常生活基本需求课程，以及摄影摄像、短视频剪辑、发布等选修课程，帮助老年人走进数字新时代，融入智慧社会。全年开展培训260多场，6000多人次参与。

【科普大篷车进社区活动】2022年，区科协开展第9轮科普大篷车进社区活动，实现3个街道59个社区全覆盖。活动设计制作展板1套共15块，公民科学素质小测试卷4套，新增趣味性互动科普小游戏，提高活动参与度。全年参加活动1万余人次，发放宣传品1万余份。

【青少年科普教育基地建设】2022年，杭州高新区（滨江）新建杭州林东新能源科技股份有限公司、中科粮油（杭州）有限责任公司2家区级青少年科普教育基地。对区水务公司科普教育基地组织专家重新评估，完成区级青少年科普教育基地复牌。至年底，杭州高新区（滨江）有青少年科普教育基地16家，其中市级8家。

【科技活动周和科普宣传周】2022年5月，以“走进科技 你我同行”为主题的杭州高新区（滨江）2022年科技活动周以线上形式开展。9月，以“百年再出发，迈向高水平科技自立自强”为主题的杭州高新区（滨江）2022年科普宣传周活动在全区范围内开展。2个活动共组织“线上+线下”形式的科普活动134场，开放青少年科普教育基地13个、科研院所1个，参加活动6000多人次，发放宣传资料8000多份。

【大学生反邪教社会实践基地】2022年7月19日，“大学生反邪教社会实践基地”授牌仪式举行。基地位于浙江中医药大学，将推进反邪教宣传进学校、进企业、进社区等，推进新形势下高校反邪教工作，加强各方

2022年9月20日，小学生在北京航空航天大学杭州创新研究院航空航天科普教育基地参加科普周活动（区科协　供图）

协调合作，共筑反邪防火墙，保护校园思想宣传阵地。“关爱E家·注学医心”平台在浙江中医药大学生命科学学院官方微信同步上线。活动由区反邪教协会联合区委政法委共同举办，省委政法委、省委政法委反邪教协调室、市委政法委、市反邪教协会、市科协、区委政法委、区法院、区科协等相关负责人50多人参加。至年底，开展反邪教实践宣讲活动13场次，分发反邪教宣传折页500多份，受众800多人次。

【反邪教理论研讨会】 2022年11月22日，高校反邪教宣传月启动仪式暨反邪教理论研讨会在浙江商业职业技术学院启动。活动由七校反邪教联盟联合举办，省、市反邪教协会负责人，各联盟单位代表等50多人参加。与会人员听取浙江商业职业技术学院教授张国宏作中共二十大学习宣传报告，杭州师范大学教授赵春华作《抓实抓好基层基础 推进邪教治理提质增效》讲座，浙大城市学院讲师李文艺作“反邪教源头思考”讲座，浙江警察学院讲师陈楠作《新时代乡村治理视域下反邪教防治实证研究》报告，浙江省商业职业技术学院党委委员朱有明作《市域反邪教协调治理的模式研究》报告。联盟成员同意把杭州市财经职业学校纳入滨江八校反邪教联盟。在宣传月期间，联盟各校开展宣传教育活动30多场，受众3000多人次。

（李明达　陈　玥）

杭州高新区（滨江）归国华侨联合会

【概况】 至2022年底，杭州高新区（滨江）归国华侨联合会（简称“区侨联”）有委员57人，其中主席1人、副主席12人、秘书长1人、常务委员32人。2022年，区侨联获评全省侨联系统侨务工作及抗击新冠肺炎疫情成绩突出集体，浦沿街道东信社区侨胞之家获评浙江省“四星级侨胞之家”，华侨国际·先锋大厦获评“浙江省侨联侨界创新创业基地”，杭州聚光科技园、杭州盛大科技园获评“杭州市侨界创新创业基地”，长河历史文化街区获评杭州高新区（滨江）首家“杭州市华侨国际文化交流基地”。

【维护归侨侨眷权益】 2022年，区侨联为维护归侨侨眷权益，筹备欧美同学会成立、指导区留联会换届，建设海亮集团、施强集团联络站，组织西兴过塘行码头专题陈列馆、长河历史老街区申报华侨国际文化交流基地，建设海外高层次人才创新创业基地国家级侨联展陈阵地，指导培育聚光、盛大等园区创建市级侨界双创基地。依法依规做好“三侨生”和华侨、归侨身份认定办理。为使归侨侨眷了解自身权益，指导街道开展侨法宣传月活动，其间，开展活动10场次，200多人次参与。

【为侨服务】 2022年，区侨联举办“同心众创”系列活动，开展生物医药项目专场投融资会3场、数字经济专场路演活动1场。活动有30多个项目、20多家投资机构参与，为侨界精英人才、归国留学人员打造路演展示、项目孵化一站式平台。区侨联开展“同心·创客先锋”人物选树宣传活动，推荐侨界创新创业精英人才40人。举办2022年华侨华人新生代主题活动，举行“司法联侨进园区”系列活动2场。建设“海归浙里”数字化项目，全周期关爱服务留学生，项目入选省深改委重大需求清单、省委统战部数字统战多跨场景应用目录，推荐申报省改革突破奖评选、全省数字统战场景应用培育试点。

【侨界联谊】 2022年，区侨联在美国、德国、澳大利亚等18个国家和地区成立27个海外侨团联络处及1个海外创新服务中心，定期开展海外协作会议，明确联络职责任务，构建“校友会+学联”“侨联+侨团”两大矩阵，开展“海外中餐馆”“海外侨团”“海外高校”行动。创建“侨联五洲”海外友人宣讲团，依托留学机构，整合侨界资源，联系31个学联组织33所学校，拓展海外高校学联联谊联络网。在东京、柏林、墨尔本等11个海外联络处，海外友人宣讲团通过线上方式宣传滨江故事、亚运故事。意大利联络处邀请维罗纳省省长参加侨团活动，助力杭州第19届亚运会。

【海外协作会议】 2022年1月18日，杭州高新区（滨江）海外协作会议暨“同心筑梦迎亚运”海外侨团座谈会在杭州白马湖建国饭店召开，25个国家和地区的侨领代表，区委统战部、区外宣办、区商务局（外办）、公安滨江分局（出入境）、亚运专班等相关负责人参加。会议发布“同心筑梦迎亚运”海外宣传计划书，呼吁侨胞通过互联、互助和共建，开展民间交流，促进杭州高新区（滨江）与世界各地的交流与合作；为新增的14个海外联络处授牌，“侨联五洲”海外友人团启动，友人团助力建设全球组网、布局合理的海外侨务资源大格局，推进海外联络处的发展。与会人员参观杭州奥体中心主体育场（“大莲花”）、网球中心（“小莲花”）。

【华侨华人新生代主题活动】 2022年5月27日，“滨朋远至 江成大业”第五届滨江国际人才节之“侨联人才·相约高新”暨2022年华侨华人新生代主题活动在杭州奥体中心主体育场（“大莲花”）举行，市侨联、区侨办、区侨联负责人，华侨华人新生代、青年侨商、媒体代表等40多人参加。活动由市侨联主办，区侨办、区侨联承办。华侨华人新生代、青年侨商们探访杭州奥体中心主体育场（“大莲花”），参观位于杭州奥体中心的新西兰华人艺术家晨晓工作室，交流中西艺术、亚运文化。参观杭州海康威视数字技术股份有限公司（简称“海康威视”）展示中心，了解海康威视发展历程，以及公司以智能物联、大数据等技术助力各行业数字化转型的创新实践，感受海康威视在多维感知、人工智能、大数据等方面的技术成果。

【“进双创基地，为侨企送法”活动】 2022年7月28日，“进双创基地，为侨企送法”活动在天和高科园举行。活动由市侨联、区侨联主办，市侨联、区侨联负责人，市侨联法律顾问委员会成员、企业代表30多人参加。活动上，市侨联法顾委的律师向企业解读《企业合规管理实务指引——合同管理》《公司并购及股权投资中的业绩对赌》《打通员工手册和劳动合同的衔接降低用工成本》等内容，为企业代表提供“一对一”咨询服务，从专业角度提出合规应对措施或合理化建议，帮助企业健全治理结构，增强风险防范能力。

【同心众创第四期数字经济专场路演】 2022年11月17日，2022年硅谷人才活动周暨杭州高新区（滨江）“侨联人才·相约高新”同心众创第四期数字经济专场路演活动在天堂硅谷·同心荟路演中心举行。活动由区委统战部（区侨办、区侨联）主办，杭州高新金投控股集团有限公司、民生银行滨江支行、宁波银行高新支行联合协办。始途科技（杭州）有限公司、杭州锘崴信息科技有限公司、杭州慧仓信息科技有限公司、杭州食方科技有限公司和杭州阿启视科技有限公司5家企业分别介绍AI分布式模块化储能充电解决方案、隐私保护计算项目、慧仓机器人项目、食物智能计算数字化平台服务商、视频融合平台项目5个融资项目。在场点评嘉宾及投资机构对项目进行剖析、点评，为企业发展提出意见和建议。

（俞以婷 朱 远）

滨江区文学艺术界联合会

【概况】 至2022年底，滨江区文学艺术界联合会（简称“区文联”）下设作家协会、书法家协会、舞蹈家协会、朗诵协会、音乐家协会、美术家协会、摄影家协会7个协会，共有会员712人，其中有国家级82人、省级200人、市级305人。全年各协会举办、承办、协办各类活动近100场次。

【文艺作品成果】 2022年，区文联以创作为文艺工作中心环节，取得创作成果。电视动画片《下姜村的绿水青山梦》获浙江省第十五届精神文明建设“五个一工程”奖、杭州市第十五届精神文明“五个一工程”奖、国家广播电视总局优秀国产电视动画片。电视纪录片《数字里的中国》获杭州市第十五届精神文明“五个一工程”

奖。沉浸式剧本《华妃墓》，连续2周居国内销售榜单第一位，进入国内113个城市和英国、美国、日本等海外市场。网络电影《金山上的树叶》获国家广播电视总局网络视听节目精品创作传播工程。电视剧《下姜村的共同富裕梦》、电影《猫鼠游戏》等5部作品获浙江省文艺基金扶持，入选数量居全市第一位。《最亲的陌生人》入选杭州市文艺精品工程。舞蹈《花儿为什么这样红》获“喜迎亚运会 奋进新征程”2022年杭州市舞蹈（广场舞）展演金奖。原创歌曲《逆行的你》《我们的亚洲》《唱响亚洲》《未来》等主题歌曲在杭州亚运会官网、杭城地铁媒体等平台传播。

【文艺志愿活动】 2022年1月11日，“共富滨江‘艺’起过年——2022年迎新春 迎亚运文艺志愿服务启动仪式”在三花·江虹国际创意园举行。活动组织区书法家协会、区摄影家协会会员到浙江大华股份有限公司、杭州安恒信息技术股份有限公司、浙江康恩贝制药股份有限公司、浙江宇视科技有限公司、东部软件园、海外高层次人才创新创业基地等25家园区企业开展志愿服务活动。至1月26日，共开展活动28场，书写春联、“福”字6000多副，拍摄全家福4000多幅。

【杭州（滨江）首届国际体育幽默画展】 2022年3月25日，2022年杭州（滨江）首届国际体育幽默画展首场展出在宝龙艺术中心举行。活动由省文联指导，亚组委宣传部、区委宣传部主办，《宣传半月刊》、省漫画家协会、区文联、区文创发展中心承办。全球48个国家和地区近1000名漫画家参与，收到3000多件世界各地亚运主题漫画作品，涵盖亚运会全部40个大项、61个分项内容。活动评选出300件精品举办首展，出版《亚运漫趣》画册，邀请国际漫画友人和奥运冠军楼云推介，中国新闻网、《美术报》、《人民日报》增刊《讽刺与幽默》报等50多家媒体报道。在浙江党建网开设展览专题网址，新蓝网推出“云上漫展季”等线上展览，50万余人线上观展。至年底，实施体育幽默画展进艺术（体育）场馆、进机关、进学校、进农村、进商场、进园区的“六进”巡展计划，在杭州、金华、湖州等地举办巡展近20场。策划“展览+”系列活动引流，举办“大师一半、你一半”“漫画书角”等延伸活动20多场，参与巡展及配套活动100万余人次。

【“浙东唐诗之路——从西兴出发”艺术家驻地创作影像展】 2022年6月8日，“浙东唐诗之路——从西兴出发”艺术家驻地创作影像展在宝龙艺术中心开展。展览展出作品100多幅，从街头对话、城市风景、人物肖像维度，探索“从西兴出发”的诗意源头、历史脉络和现实景象，把西兴、滨江、浙东唐诗之路的文化逻辑串接起来，通过影像挖掘展示滨江独特的人文魅力，呈现诗路浙江和共同富裕的成果。展览持续至6月20日，吸引8000人次观看。

【杭州·滨江国际舞蹈周】 2022年9月10—17日，由区委宣传部主办的2022年杭州·滨江国际舞蹈周活动在杭州西戏文化艺术有限公司及全国各地举行。舞蹈周举办1场覆盖13座城市26个城市空间的24小时直播、1场跨越1300千米汇聚13名素人舞者的现场演出、1场跨越多领域的主题论坛，包括“X单元”“24小时直播”“你好，滨江”“素人演出”“主题论坛”等单元，活动吸引全国各地近万人参加。

【第二届“杭州书法之村”作品展】 2022年11月18—27日，“清风廉韵”贯彻落实中共二十大精神暨第二届“杭州书法之村”作品展在区文化中心举行。作品展由市文联、区纪委、区委宣传部（区文联）主办，区书法家协会承办，杭州市各区县（市）书法家协会协办。作品展从300多件投稿作品选取100多件展出，作品内容以廉政文化为主。展出期间，有5000人次观展。

【滨江·浙艺金鹄电影节】 2022年11月28日至12月2日，“传‘宋’经典·智像未来”——2022年滨江·浙艺金鹄电影节暨原创影像大赛在浙江职业艺术学院举行。活动由区文联与浙江艺

2022年12月9日，浦沿街道文学艺术界联合会成立暨第一次代表大会举行　（区文联　供图）

术职业学院联合举办，2063人参与，196家高校及企业的1144部作品参赛。针对杭州高新区（滨江），举行“艺·星火”行动计划发布会暨“滨江艺术空间”揭牌活动、“金鹊计划——‘IP直通车’青年电影人专场活动”，杭州友诺动漫有限公司、杭州玄机科技股份有限公司、杭州若鸿文化股份有限公司等10家杭州高新区（滨江）文创企业负责人参加IP直通车活动，达成5个合作意向。活动拓展区校联系、文旅融合新模式。

【浦沿街道文联成立】2022年12月9日，浦沿街道文学艺术界联合会成立暨第一次代表大会召开，是滨江区第一个街道文联。大会表决通过浦沿街道文联章程、选举办法，选举产生浦沿街道文联第一届委员会13名委员，决定成立书法家、美术家、摄影家等协会。浦沿街道文联履行“团结引导、联络协调、服务管理、自律维权”职能，推动文化兴盛、提升惠民服务。

（陈凌群）

杭州高新区（滨江）残疾人联合会

【概况】至2022年底，杭州高新区（滨江）有持证残疾人3923人，比上年增加43人，其中西兴街道1005人、长河街道1381人、浦沿街道1537人。按残疾类别分：肢体残疾1929人，精神残疾372人，视力残疾304人，听力残疾723人，智力残疾460人，言语残疾45人，多重残疾90人。按残疾等级分：一级残疾383人，二级残疾748人，三级残疾1708人，四级残疾1084人，一、二级残疾人1131人，占28.83%。60岁以上残疾人2527人，占64.41%，老龄化趋势明显。2022年，受理残疾人来信来访来电29件，复信率、办结率、满意率均为100%。落实残疾人证“跨省通办”工作，受理残疾鉴定485人，新办理残疾人证286本，上门鉴定69人，死亡注销145人，变更迁移50人（39人迁入，11人迁出），遗失补证82人。

2022年，谭玉娇获评第四届“最美杭州人——十佳残疾人”，获省“体坛十佳——最佳残疾人运动员奖”，在残疾人举重亚洲大洋洲锦标赛上取得4枚金牌；浦沿街道副理事长何春芳获评市第五届“最美助残人”；长河街道残疾人之家负责人来尧庆获市残联“残疾人之家好家长”称号；长河街道残疾人之家获评省五星级“残疾人之家”；聋人潘文洪家庭获市“最美家庭”称号；区残联代表队在市第十一届残疾人运动会上获6枚金牌、6枚银牌、4枚铜牌，在市残联第二届残疾人旱地冰壶比赛中获体育道德风尚奖。

【区残联第六次代表大会】2022年11月16日，区残联第六次代表大会在“智慧e谷”召开，市残联负责人、区四套班子负责人、群团组织代表，区级机关代表团，3个街道代表团，残疾人各专门协会代表等社会各界代表110多人参加。会议听取区残联第五届主席团执行理事会题为《聚力共富谋发展 融爱智享立潮头 为实现全区残疾人事业全面发展、高质量发展而努力奋斗》的工作报告，总结五年区残疾人事业取得的成绩和经验，部署下一个五年残疾人工作的主要目标和任务。选举产生主席团主席、副主席，包嘉颖当选新一届区残联主席团主席。推举产生出席市残联第八次代表大会代表和市残联第八届主席团（滨江区）委员候选人、执行理事会理事长、副理事长。通过残疾人各专门协会会长、副会长、秘书长和监事名单，聘请主席团名誉主席和名誉副主席。

【残疾人专项扶持救助】 2022年，杭州高新区（滨江）开展残疾人专项扶持救助工作，实现对残疾人或家庭就业扶持、教育补助、康复医疗（医疗保险）、生活救助、社会保险（养老保险）全覆盖。向3956名残疾人按月发放残疾津贴233万元，购买残疾人意外伤害保险，理赔51.13万元、118人。发放教育补助、社保补助、康复补助等资金530多万元，1840多名残疾人受益。其中，2035名残疾人或家庭享受就业扶持、教育补助、康复医疗和生活救助，核发扶持救助资金785.7万元。落实残疾人就学补助政策，资助残疾学生和残疾人家庭子女411人，补助资金127.21万元。向入住区残疾人定点托养机构的残疾人补助资金409万元，惠及2759人次。开展“送清凉”夏季高温慰问活动，慰问定点托养机构残疾人216人、资金11万元，“残疾人之家”61个、资金6.1万元，夏季高温慰问一户多残181人、资金17.6万元。新增残疾人机动轮椅车12辆，为296辆残疾人机动轮椅车免费办理非机动车第三者责任险，发放燃油补贴28万元。残疾人家电统保服务2167户，提供家电统保服务1.12万人次。联合华数、移动、联通、电信4家运营商，为2437户残疾人家庭免费安装数字电视和宽带。为257名困难残疾人提供助残呼叫器并提供关爱套餐服务。

【精准康复服务行动】 2022年，杭州高新区（滨江）持续实施残疾人精准康复服务行动，做到需求一例、筛查一例、适配一例。区残联根据康复系统需求数据，评估残疾人家庭无障碍改造需求104户（符合条件100户）；发放残疾人大额辅助器具63人（轮椅类，护理床、床垫坐垫），适配评估残疾人电动轮椅17人（符合条件14人），为5名残疾人安装假肢，验配助听器53台；配发拐杖、助行器等小额辅具120具。

【残疾人就业帮扶】 2022年，杭州高新区（滨江）在残疾人按比例就业、辅助性就业、居家灵活就业的基础上，通过实施优惠政策、加大帮扶投入、强化技能培训等措施，多元发展残疾人就业创业，新增残疾人就业创业21人。推进职业技能培训社会化，丰富培训内容，培训109人次。做好就业推荐等服务工作，新增就业54人，续签87人，全部纳入实名制登记管理。启用全国残疾人按比例就业情况联网认证系统，完成697家用人单位残疾职工审核。举办美容、美发、化妆、美甲、插花、中烹、西烹、烘焙等培训250多人次。海亮集团有限公司发起浙江融爱心智障碍就业服务中心，在区内开设7家融爱面馆；恒生电子股份有限公司联合微笑咖啡（直营门店5家），推进听障人士就业。

【无障碍环境建设】 2022年，杭州高新区（滨江）改造重要公共服务场所无障碍设施10处，提升建设“残疾人之家”1家（西兴街道），创建省级无障碍社区2个（西兴街道星民社区和七甲闸社区）。“社区微型残疾人之家”项目被市残联纳入共同富裕先行先试清单，其中“社区微型残疾人之家”数智助残服务平台被区党委全面深化改革办公室纳入重点改革计划，各街道完成选址，首家“微型残疾人之家”@家驿站在浦沿街道（钱塘居家养老服务中心）建成运营，数智助残平台1.0版本试运行。对新建（扩建、改建）城市道路，国家机关，交通运输、教育、文化、体育、医疗卫生、金融、电信、邮政、旅游、宾馆等公共服务场所无障碍设施建设建立现场体验83次，配合区住建局、规划资源滨江分局做好新规划、新建工程项目图纸无障碍技术指导49次。

【爱耳日活动】 2022年，区残联开展爱耳日系列活动。3月2—3日，区残联邀请浙江康复医疗中心、浙江大学医学院第二附属医院听力、神经康复、骨伤专家到绿康阳光家园，为园内老年人、残障人士科普“用耳、爱耳、护耳”知识讲座，讲解护耳保健操，开展免费义诊，邀请声桥听力检测中心为老年人做公益听力筛查。3月3日，区残联联合区妇联组织听障人士和社会爱心人士在闻涛路开展“‘悦’跑迎亚（残）运”健康跑步活动，60多人（其中聋人30人）参加。‘悦’跑活动从海外高层次人才创新创业基地出发，经六和路、闻涛路，到达闻涛路与建业路口终点。区残联微信公众号持续推送省残联邀请耳鼻喉科专家及听力康复专业人员科普听力知识的《专家说》视频，倡导人们关注听力健康，增强护耳意识。

2022年6月30日，杭州高新区（滨江）2022年“全国助残日”初级手语培训举行 （区残联　供图）

【盲人定向行走训练】 2022年6月25日，区残联在浦沿街道党群服务中心开展盲人定向行走训练活动，辖区30多名视障人士参加。区残联邀请盲人定向行走指导员授课，讲解盲杖的使用方法、盲人定向行走基本技巧以及盲人智能阅读器等理论知识，开展实操训练。通过学习和实践，参训人员掌握行走、转弯、换边、过窄道、过障碍物、上下楼梯等技巧，活动为16名申报辅具的重度视障人士发放天使眼盲人智能阅读器。

【手语普及培训】 2022年6月16—30日，区残联和市残疾人综合服务中心、区委宣传部（文明办）、团区委共同举办手语培训推广普及活动，成立30多名志愿者组成的杭州高新区（滨江）第一支手语志愿服务队。培训邀请手语姐姐志愿服务中心的教师讲授初级手语课，涵盖手语的历史、手指语（手指拼音）、手势语的八大构成、代表性手语词汇、手语的理据说、类标记、手语的基本要素、世界手语、手语与汉语的理论差距（理论及实操）、手语词汇、短语短句等课程，课后安排上台展示、手语游戏、结业考试。培训分工作日班和周末班，社区工作者、残障人士、学生、手语爱好者共20多人参加，17人通过结业考试。

【“全国残疾预防日”公益宣教】 2022年8月25日，区残联联合区卫健局在滨江宝龙城举办“全国残疾预防日”公益宣教活动。活动邀请浙江康复医疗中心、浦沿街道残联、浦沿街道信诚社区、浙江中医药大学口腔医院等助残社会组织的医护人员、社工、志愿者，为居民提供中医问诊、小儿推拿、特殊儿童康复、口腔健康、助残政策咨询、艺术角绘画互动等系列服务，发放残疾预防宣传物品，服务200多人次。现场大屏幕持续滚动播放残疾预防宣传视频，普及残疾预防知识。

【残疾人好声音大赛】 2022年9月18日，杭州高新区（滨江）“献礼二十大，奋进共富路”残疾人好声音大赛在长河街道残疾人之家举行，活动由区残联、杭州科技文化政协委员会客厅、区政协数字经济委员工作室、民建高新四支部联合主办。参赛曲目有男声独唱《大中国》《我的中国心》《北国之春》，女声独唱《好运来》，女声合唱《绒花》等，32人参加。经角逐，洪连翔的《北国之春》获一等奖，姐妹花组合的《绒花》获二等奖，汪美云的《好运来》获三等奖。

【区残疾人专门协会特色活动】 2022年，区残疾人各专门协会举行特色活动7场，360多人次参加。5月22日，区残联、孤独症人士及亲友协会在滨江西浦文化家园开展“星星梦·阅读梦”主题绘本分享活动。6月23日，区残联、无障碍环境促进会组织成员参加无障碍体验培训。7月20日，区残联、智力精神残疾人亲友会在西兴街道党群服务中心举办“特奥赋能，你我同行”趣味运动会，庆祝第16次“全国特奥日”。8月28日，区残联、聋人协会在桐乡一品绿农场举办“消除沟通障碍，促进参与共享”主题活动，开展手语应急知识、法律知识培训，庆祝“国际聋人节”。9月25日，区残联、区肢残人协会开展“与国同欢庆，喜迎二十大”游览红色历史活动。10月15日，区残联、盲人协会结合“迎亚（残）运会”系列主题，组织视障人士观看无障碍电影《万里归途》，庆祝第39届“国际盲人节”。10月29日，区残联、残疾人文体协会、长河街道残疾人之家举办“残健共融迎亚（残）运、携手共富向未来”歌咏赛。

（贾胜军　赵　萍）

杭州高新区（滨江）红十字会

【概况】 2022年，杭州高新区（滨江）开展应急救护普及培训129场，3.2万人次参训；救护员培训156场，6440人取得红十字救护员证书。造血干细胞捐献志愿者登记入库93人，实现造血干细胞捐献4例。器官（组织）、遗体捐献登记769例，实现遗体捐献2例、眼角膜捐献3例、器官捐献2例。主办“我为七一献热血”活动，3225人献血，献血总量95.75万毫升，造血干细胞采样入库44人。全区有4986人成功献血，献血总量146.88万毫升，千人献血率和年度增长率均居全市第一位。助力浙江省温州市泰顺县开展“红十字圆梦助学”活动。新建企业红十字会2个、累计9个，博爱家园3个、累计10个。接收新冠疫情社会爱心捐款142.59万元，疫情防控支出66万元；接收并发放社会捐赠和调拨抗疫物资11批。开展“服务亚运 救在身边”和“红十字与亚运同行”等主题活动，在杭州奥体中心体育场和滨江体育馆共配置AED（心脏除颤器）23台，与亚组委联合举办5场救护培训和1场急救场景演练，完成体育场馆工作人员的全员取证培训和312名志愿者普及培训，提升突发事件的应急救护能力，助力亚运安全。杭州高新区（滨江）被浙江省人民政府授予“2019—2021年无偿献血先进县（市、区）”称号。

【基层红会组织建设】 2022年，杭州高新区（滨江）发挥红十字会人道领域服务群众作用，推进街道红十字会换届工作，3个街道所属社区红十字会完成换届工作，建会率100%。突出党建带红建红色基调，通过整合资源，搭建服务平台，面向广大社区和辖区企业，提供急救培训和志愿服务。新建西兴街道共联社区、长河街道竹山社区、浦沿街道伟业社区3个红十字“博爱家园”，累计10个。结合“亲清三访”和博爱送温暖企业慰问活动，新建矽力杰半导体技术（杭州）有限公司、浙江大华技术股份有限公司2个企业红十字会，累计9个，助力企业救护培训、人道救助、无偿献血等活动。

【百次无偿献血者新增2人】 2022年，杭州高新区（滨江）百次无偿献血者新增2人。叶利民，三维通信股份有限公司员工，累计献血121次；黄行辉，杭州精工技研有限公司员工，累计献血119次。至年底，杭州高新区（滨江）百次无偿献血者共有21人。

【应急救护培训】 2022年，杭州高新区（滨江）新建应急救护实训基地1个（兼容考点和实操体验点功能），新增应急救护实操体验点1个。开展“救在身边”急救培训进机关、进社区、进企业、进场馆、进学校，对各类重点人群进行分类培训，培训采用理论结合实操等模式，讲解红十字会起源、心肺复苏等急救知识，手把手教学心肺复苏含AED使用、气道梗阻、外出血包扎等实操技能。至年

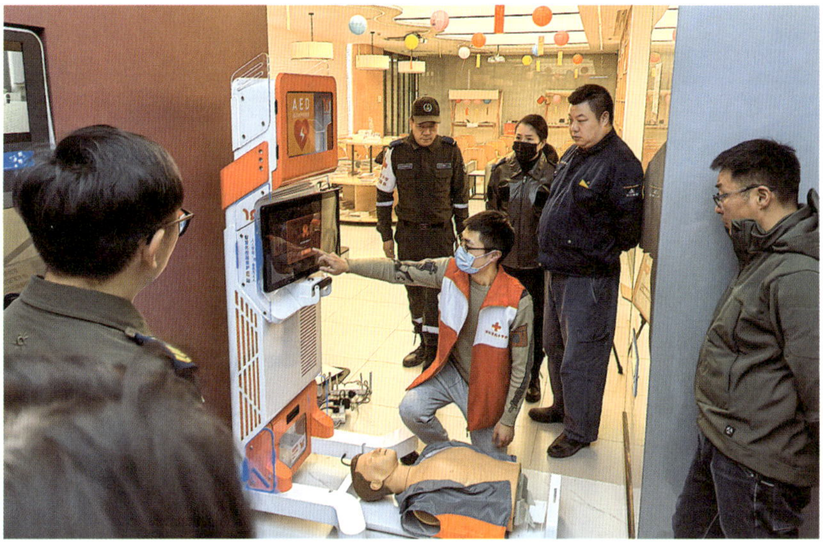

2022年12月9日，区红十字会在区党群服务中心应急救护培训基地开展急救实操体验活动　　（区红十字会　供图）

底，开展应急救护培训285场，举办线上直播课堂1场，培训红十字救护员6440人，普及培训3.23万人。完成所涉市、区民生实事目标任务。

【“情暖杭州·2022年博爱送温暖”活动】2022年1月21—25日，区红十字会开展“情暖杭州·2022年博爱送温暖”活动，走访杭州大和热磁电子有限公司、浙江中南控股集团、万轮科技园、恒生电子股份有限公司以及3个街道，慰问留杭外来困难家庭，造血干细胞、人体器官捐献者，孤儿，红十字会员及志愿者家庭，因病、因伤、失独困难户共72户，发放慰问金7.7万元、慰问物资价值2.91万元。

【杭州市滨江区红十字三联救援队成立】2022年5月8日，杭州市滨江区红十字三联救援队挂牌成立。救援队位于西兴老街，有成员60人，由社区党员、退役军人、社区工作人员、网格员、志愿者等组成，其中党员占45%。救援队整合公共资源空间，建设完成区民生实事项目“红十字应急救护实操体验点”，在队部建设“红十字会员之家”，配备AED，设有救护培训教室、救援物资储备室。救援队采取“申请各级配发、自筹经费购买、队员动手自制”的方式，投入600多万元补充完善装备器材，拥有水域、道路、山地等专业救援装备1000多件（套），配备生命探测仪、水下声呐等装备。在淳安水上救援科目训练点，自主开展水上科目操作训练。至年底，救援队参与台风防御、疫情防控、钱塘江船只打捞及人员搜救等抢险救援任务，出勤39次，其中跨区域救援8次。参与学校、社区、企业等应急救护自救互救宣教活动20多场。在市首届乡镇综合应急和消防救援队伍技能竞赛中获第二名，在区防汛排涝技能比武中获第一名。

【4例造血干细胞成功捐献】2022年，杭州高新区（滨江）成功捐献造血干细胞4例。5月10日，1996年出生的女孩周某在省人民医院完成造血干细胞捐献，成为区内第9名造血干细胞捐献者、省内第778名捐献者。6月17日，三孩妈妈徐某为血液病患者捐献造血干细胞，成为区内第10位造血干细胞捐献者、省内第791名捐献者。9月30日，杭州安恒信息技术股份有限公司赵某成为区内第11名造血干细胞捐献者、省内第838位捐献者。10月28日，中兴社区工作者郭某成为区内第12名造血干细胞捐献者、省内第849名捐献者。

（来　蕾）

杭州高新区（滨江）计划生育协会

【概况】2022年，杭州高新区（滨江）计划生育协会（简称“区计生协会”）坚持党建引领，加强组织建设，推进街道、社区换届工作，全区60个街道、社区计划生育协会换届并均更名为“人口家庭协会”。通过整合资源，搭建服务平台，向育龄市民提供活动场所和志愿服务，建设“暖心家园”和“向日葵亲子小屋”，西兴街道、长河街道、浦沿街道均建立“暖心家园”，全区共有“暖心家园”3个、“向日葵亲子小屋”2个。

【计生协会会员日活动】2022年5月29日是第24个“5·29”计生协会会员日。5月27日，区计生协会联合长河街道，以“喜迎二十大 树婚育新风 促健康和谐”为主题，在冠山公园举行登山活动。活动通过健康宣传、义诊服务、知识问答等形式向市民宣传家庭健康理念，引导市民重视健康家庭发展。区计生协会向现场市民提供急救培训、文化旅游宣传、扫黄打非宣传等服务，发放生育政策宣传资料和宣传品2000多份，1000多人参与。活动视频在“滨江社发”微信公众号、抖音平台、“五色桥”发布。

【优生优育宣传】2022年，“滨江儿保服务”小程序注册0~3岁婴幼儿家长6078人，发布活动300场，入户指导236户。全区储备讲师87人，4名市级“育儿帮帮团”志愿者在全区开展服务15场。开展生育关怀大讲堂活动20多场，协助推进高危人群指导、免费孕前优生检查、孕产期保健，倡导自然分娩、母乳喂养等优生健康理念。5月21日，区计生协会联合西兴街道襄七房社区人口家庭协会在彼安诺幼托中心，开展家长课堂和亲子活动。9月，区计生协会上报的信息《全面建设公共场所母婴设施 着力营造生育友好社会环境》入选浙江省计划生育协会《工作通讯》第3期。11月，信息《我区积极推进公共场所母婴设施建设》入选《高新区（滨江）观察与思考》第134期。

（胡思源）

【婴幼儿家庭入户指导】2022年，区计生协会在“5·15”国际家庭日活动期间，开展婴幼儿家庭入户指导工作。选派缤纷托育园、钱江湾幼儿园等5个婴幼儿照护服务基地的育婴师进入0~3岁婴幼儿家庭，就膳食营养、行为习惯、智力开发、体能锻炼等方面对家长进行专业指导，服务家庭100多户。

2022年5月21日，区计生协会联合社区人口家庭协会在彼安诺幼托中心，开展家长课堂和亲子活动（区计生协会 供图）

【青春健康高校项目】2022年2月，中国计划生育协会面向全国开展年度青春健康高校项目申报，经青年和青春健康专家评审，杭州高新区（滨江）4所高校的项目入选，分别是浙江警察学院“鸣青春警钟，做健康卫士”，浙江艺术职业学院“青春如歌——健康相伴的知性朋友”，浙江中医药大学“青春风华，医路相护”，杭州医学院“青春医路，稚嫩可期——我们的青春不迷茫”。区计生协会通过开展线上避孕知识宣讲会、HIV尿液试剂自检活动、线上“我的青春我的风采”视频大赛、畅谈青春——“青春使者”主持人大赛预赛决赛等具体活动，以项目化推动青春健康教育活动在滨江高教园区开展，全年1.5万人次参与。

【区育龄人群婚育意愿调查】2022年6月8—17日，区计生协会开展育龄人群婚育意愿网络调查，了解区育龄群众婚育意愿和实际需求。调查问卷通过“滨江发布”“滨江社发”及各街道微信公众号向社会公布，1.25万人实名参加调查。调查资料经过分析提炼，与浙江大学、杭州市委党校专家研讨，形成最终调查报告。报告重点分析近年来初婚人数持续下降、初婚年龄提高、养育压力增大等社会问题的深层次原因，受到区主要领导重视并批示。调查工作信息被《杭州日报》、中国网和中国青年网转载。

（吴　俊）

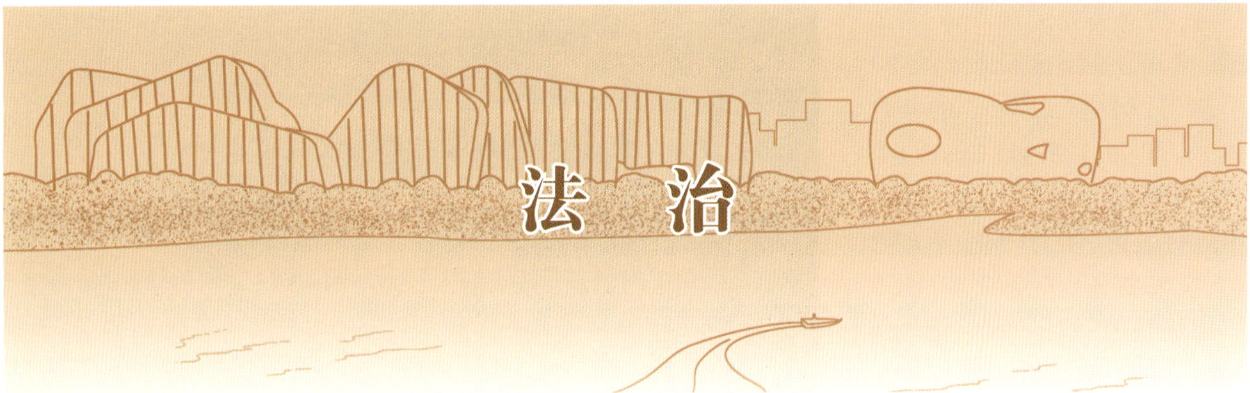

政法委与综治

【概况】 2022年，区委政法委落实统筹发展和安全的要求，围绕除险、保安护航中共二十大主线，推进杭州高新区（滨江）平安建设工作。出台《滨江区政法干警依法履职保护工作实施办法》，提升政法干警综合素质水平。制定《律师行业党建强基强联计划》，加强政法队伍和律师行业党建。开展“涉法涉诉信访件办理”和“案件评查”活动，召开34个重点案件协商会议50次、办理涉法涉诉信访件16件，守护公平正义。推进网格基础建强夯实行动，划细网格456个，招聘专职网格员411人。推进除险保安，开展风险隐患大排查大起底大整治活动，护航中共二十大召开，1人获评全省平安护航中共二十大成绩突出个人，1人获市级中共二十大维稳安保工作个人三等功，2人获评市级中共二十大维稳安保工作突出贡献个人。

【平安建设居全省第一位】 2022年，杭州高新区（滨江）持续做好平安建设工作。常态化推进扫黑除恶斗争，专题召开扫黑除恶推进会、《中华人民共和国反有组织犯罪法》学习培训会6次，制发《反有组织犯罪法宣传贯彻实施方案》，会同区纪委监委，制定区级《涉黑涉恶问题线索移送办法》。每月动态监测平安指数各项指标，制发《滨江区2022年度平安建设工作考评办法》《2022年滨江区平安社区考评办法》等文件，优化考评、压实责任。制定《2022年度建设平安滨江宣传工作方案》《滨江区平安宣传月活动》等宣传方案，明确14条宣传内容、9种宣传方式，开展平安法治直通车、平安宣传画册、平安课堂、平安有奖问答、平安亮灯等宣传活动。常态化开展对抗式暗访检查，全年排查点位1560多处，涉及单位（企业）90多家，印发整改交办单30件。在平安浙江工作会议上公布2022年浙江省平安考评结果，杭州高新区（滨江）居全省区县（市）第一名，被省委、省政府授予2022年度“平安牌”，杭州高新区（滨江）作为全省唯一的区县代表在平安大会作经验交流发言。

【“小脑+手脚”基层治理机制】 2022年，杭州高新区（滨江）围绕推进基层治理体系和治理能力现代化建设，以“一网统管”建设为主线，统筹街道条块力量，优化行政资源配置。把街道综合信息指挥中心与派出所勤务指挥室相联结，配齐街道综合治理队伍，统一制定指挥调度、视频巡查、事件流转等工作机制，会同公安滨江分局，优化完善非警务警情分流机制，提升矛盾纠纷化解实效，塑造以街道综合信息指挥室为“中枢小脑”，综合治理与综合执法、矛盾调解与网格服务为“手脚”，齐抓共管的基层智治体系。该机制自10月1日运行至年底，流转非警务矛盾纠纷5282件，化解成功率99.87%。

【“关爱e家”助力数字反邪】 2022年，杭州高新区（滨江）围绕“去存量、控增量、防变量”

任务，贯通公安滨江分局、各街道、区司法局、区民政局等11个部门，构建“1234N”的架构体系，即“1个平台、2端应用、3类用户、4个板块，N个应用”，重点打造集“教育转化、治理管控、反邪宣传、公众服务”四大应用场景于一身的数字化应用“关爱e家”，探索以教转巩固为核心的反邪业务数字化路径。“关爱e家”入选省数字法治一本账S3清单和省揭榜挂帅项目。经验做法在全省反邪教工作会议上作交流，获中央政法委反邪教专项督查组肯定。调研课题“数字赋能邪教人员教育转化工作的实践探索——以杭州市滨江区‘关爱e家’为例”被中国反邪教协会列为国家级课题。

2022年7月4日，杭州高新区（滨江）2022年新聘专职网格员业务培训班在区文化中心举行
（区委政法委　供图）

【网格细化管理】 2022年，杭州高新区（滨江）在全市率先招聘专职网格员411人，梳理专职网格员8个大项工作职责和25项全科网格管理工作清单，开展系统化实战业务培训37场，出台《关于进一步深化全科网格建设的意见》《关于加强专职网格员队伍建设的实施意见（试行）》等5项制度文件，提升网格作为现代社区建设最小单元的承载力。按照属地性、整体性，归集治理要素，在全市范围内率先划细网格，划分503个网格和以楼道为单位的3116个微网格，组建群防群治队伍101个，形成“社区—网格—微网格”三级治理体系。同时对新聘专职网格员进行业务培训。该经验做法在《浙江政法》刊载。

【打击整治养老诈骗专项行动】 2022年4月起，杭州高新区（滨江）开展打击整治养老诈骗专项行动，街道网格员对辖区老年人开展以案说法、宣传普法，提升老年群体识骗防骗能力。9月8日，召开打击整治养老诈骗专项行动推进会，专项行动办公室以及区法院、区检察院、公安滨江分局、区网信办、区市场监管局等各成员单位分管负责人参加会议。会议要求街道和各成员单位围绕目标任务，开展排查，核查线索，快速侦办案件。至年底，发放宣传册18.2万份，调查甄别涉养老诈骗线索5条，破获案件2起，对23名犯罪嫌疑人采取刑事强制措施。

【社会治理中心成立】 2022年9月6日，杭州高新区（滨江）现代社区建设暨除险保安攻坚大会召开。会上，区委主要负责人为区社会治理中心授牌。区社会治理中心按照标准化建设、集成化融合、实践化应用、数字化赋能的思路，深化“县乡一体、条抓块统”改革，构建以基层智治综合应用促汇聚集成，全科网格促落细落实的工作格局。同步推动完善党建统领、经济生态、平安法治、公共服务，与“一网统管”平台对接融合，完善事件流转至处置闭环机制，强化基层智治综合应用的主干中枢作用。全年，基层智治综合应用共受理办结省市协同、“掌上基层”、“110”非警务、“滨安码”等事件5.57万件。

（林佩斐）

法治政府建设

【概况】 2022年，杭州高新区（滨江）区政府常务会议、区长办公会议定期研究法治政府建设重点工作，各级部门履行推进法治建设第一责任人职责，落实依法行政各项工作。推进“大综合一体化”行政执法改革，全区65%执法力量下沉到街道，举办首次行政执法“公述民评”，规范检验部门、街道行政执法行为。全区行政发案量、行政败诉率等“两高”（行政发案量高、行政败诉率高）问题得到进一步化解，败诉率降至4.81%，行政复议调解率46.4%，机关负责人出庭应诉率100%。合法性审查工作向基层延伸，覆盖全区66个社区、29个经济合作社的合同、集体财产处置等事项。通过门户网站、政务微博微信等主动公开政府信息2.45万条，依申请公开答复317件。

【行政执法监督】 2022年，杭州高新区（滨江）加强执法资格管理，开展全区执法资格确认和证件核发工作，梳理执法主体及人员变更情况，全区执法人员换证565本，换发率100%，考试、接收新证59张，部门持证率90%以上，审核辅助执法证申请34人。确定12家具有行业代表性企业建立行政执法监督企业联系点，借助社会力量参与行政执法监督。对5个相关部门开展涉亚运行政执法专项监督，随机抽取13个部门68卷行政处罚、行政许可、行政强制案卷进行评查，均为合格案卷。

【行政复议应诉】 2022年，杭州高新区（滨江）制定《滨江区人民政府行政复议员任命和管理办法》等配套管理制度，举办全区首次行政复议员任命暨宪法宣誓仪式，任命首批行政复议员5人，建设革命化、正规化、专业化、职业化的行政复议队伍，保障行政复议案件依法、公正、高效办理。全区常态召开行政争议案件“两高”工作例会，逐案研究存在纠错败诉风险案件，压实部门责任。开展行政复议“以案治本”专项行动，落实包案责任人，化解行政争议，区政府主动启动执法监督程序，及时自我纠错。全年行政复议发案190件，纠错5件，纠错率6.6%，实质性化解行政争议108件。行政诉讼发案115件，比上年下降1.7%，败诉5件，行政诉讼调撤率29.8%。

【合法性审查】 2022年，杭州高新区（滨江）强化重大行政决策目录规范化管理，明确决策主体、法律依据、履行程序等决策要求，实现区政府本级及全区13家行政执法单位重大行政决策目录公示全覆盖。加强行政规范性文件合法性审查及备案工作，出台区级规范性文件8件。执行政府常务会议、区长办公会议上会议题前置审查机制，审查上会议题180多件。做好涉及市场主体文件的公平竞争审查，评估规范性文件100件，修改清理8件。推进街社合法性审查机制建设，审查内容从居民公约向集体资产处分等涉法事务延伸，实现街道、社区全覆盖，累计审查社区事项31件、重大决策2件、千万级以上经合社合同50多件、集体财产处置方案2件、法律意见162条。社区合法性审查机制全覆盖被列为全省试点，经验总结被收入《浙江省行政合法性审查最佳实践案例（2022）》。42个部门聘请49位法律顾问（或法律顾问团队），实现党委、政府部门法律顾问全覆盖，通过购买第三方法律服务的方式充实街道审查力量。

【法治化营商环境建设】 2022年，杭州高新区（滨江）出台《高新区（滨江）“拿地即开工”试点实施方案》。优化投资项目区域评估、代办和中介服务等数据模块，完成各类代办项目10个、总投资额58.2亿元，区域评估受益项目189个。推出“移动审批车”服务，制定涵盖9个部门54项上门服务清单。制定《杭州高新区（滨江）商事主体登记确认制改革实施方案》，启动商事登记制度确认制改革。牵头建成全市开标云直播大厅，数字开标直播服务238场次，惠及企业11万余家。迭代升级“上马石”（企业线上综合服务平台），帮助企业申请贷款23.5亿元。查处违规拉高电费行为，责令退还费用297万元。完善无纸化投标、在线缴纳投标担保、工程保函替代投标保证金等服务，减免投标保证金89.21亿元。制定全国首个《数据知识产权质押服务规程》团体标准，破解数据知识产权质押无标可依的困境，知识产权质押额42.95亿元，帮助5家中小企业获数据知识产权质押贷款。

【"大综合一体化"行政执法改革】 2022年，杭州高新区（滨江）制定《杭州高新区（滨江）推进"大综合一体化"行政执法改革实施方案》，建立专班专题推进，形成高新特色的"1+7"（综合执法+市场监管、生态环境、文化市场、交通运输、应急管理、自然资源、卫生健康）执法队伍模式，梳理综合行政执法事项目录1933项、高频执法事项698项、拟赋权街道实施执法事项260项。"综合查一次"全域覆盖，制定"监管一件事"主体责任清单，明确部门与街道检查任务，加强对直播带货等新业态的监督与服务。组织执法人员开展《中华人民共和国行政处罚法》《浙江省综合行政执法条例》等法律法规专题培训。建立行政执法机制全闭环，行政执法"三项制度"（执法全过程记录制度、重大执法决定法制审核制度、行政执法公示制度）全覆盖，落实行政处罚裁量制度。

【数字法治建设】 2022年，杭州高新区（滨江）依托数字化改革提升法治建设，有5个系统（应用）列入省级应用。"浙里连心"系统通过数据协同无缝对接社区矫正与安置帮教系统，实现社区矫正对象解矫后档案信息自动流转至安置帮教系统，系统已覆盖全省90个区县（市），获评2022年第2批省"数字法治好应用"。"行刑衔接"行政执法监督子场景对行政处罚案件进行智能化监督，横向协同市场监管、生态环境、应急管理等42个省级执法部门，纵向贯通省、市、县、乡4000多个执法单位，梳理事项1080个，关联刑事罪名125个，研发预警模型500多个，智能识别预警线索3000多条，作为"大综合一体化"执法监督数字应用的重要组成部分获评省数字化改革"最佳应用"，作为司法大脑智能模块之一获评省数字化改革"最强大脑"。"浙里安帮"系统聚焦刑满释放人员融入社会难、职能部门管理服务难等问题，提升完善"安置帮教一件事"，获评2022年第5批省"数字法治好应用"、2022年度杭州市数字法治系统标志性应用成果，相关经验做法在《数字化改革（除险保安篇）》第16期刊发。"关爱e家"平台获评2022年度杭州市数字法治系统标志性应用成果，被列为省数字法治揭榜挂帅应用。"平安工地通"被列为省"浙里施工"现场管控"1369"平台的微应用。

（虞立建）

公　安

【概况】 2022年，杭州市公安局高新技术产业开发区（滨江）分局（简称"公安滨江分局"）接处有效警情7.1万起，受理刑事治安案件8463起、打击和处理3103人。打击和处理涉黄赌团伙8个，办理黄赌毒行政案件214起、行政处罚515人。侦破电诈案件308起，抓获各类犯罪嫌疑人998人，查处境内黑灰产业（电信诈骗、钓鱼网站、木马病毒、黑客勒索等利用网络开展违法犯罪活动的行为，"黑产"是直接触犯国家法律的网络犯罪，"灰产"是指在法律边缘的行为）环节，采取强制措施218人。破获企业职务犯罪案件25起、挽回损失860多万元。破获"将军星"传销案件，追赃2900多万元。试点运行"滨江反诈在线"，处置反诈预警25.6万条，劝阻254起、止损2935万元。完成观潮安全保卫、亚运测试赛、第十八届中国国际动漫节、2022年杭州马拉松、未来生活节等大型安保52场次，完成警卫任务18批次。全年1个集体立二等功、1个集体立三等功，4个集体获市级以上荣誉，23名个人获市级以上荣誉。公安滨江分局网警大队获全省优秀公安基层单位称号，西兴派出所所长汤颂阳获全省优秀人民警察称号，高新派出所辅警郑海达获全省优秀辅警称号。1名民警立二等功，11名民警立三等功，4名民警受到嘉奖。

【打击侵财犯罪】 2022年，公安滨江分局发挥视频侦查在打击盗窃违法犯罪中的作用，利用视频侦查案件186起，抓获盗窃嫌疑人144人，打击和处理网约抢劫、拉车门盗窃等团伙4个，破获连环入户盗窃、工地盗窃等系列案件8串29起。侦破电信诈骗案件308起、抓获各类嫌疑人998人，比上年分别上升755.56%、5.39%，打掉3人以上团伙26个，3起“百万元”案件全部侦破，劝返历年境外电诈逃犯4人，采取强制措施218人。全区电信诈骗发案、案损分别下降47.13%、46%。

【打击经济犯罪】 2022年，公安滨江分局侦破经济案件26起，采取刑事强制措施64人、移送起诉48人，追赃挽损4554万余元。以“护航2022”专项行动为载体，打击各类侵害企业权益的违法犯罪行为势，破获辖区重点企业职务犯罪案件18起，抓获犯罪嫌疑人36人，挽回损失740万余元。剖析职务犯罪深层诱因，提出针对性防范对策建议，相关专报获区长批示肯定。

【打击毒品犯罪】 2022年，公安滨江分局全面严打严管严控，全区毒情形势不断向好，涉毒警情比上年下降20%，吸毒人员连续2年实现“零复吸”。参与上级督办案件、开展外省线索经营，进行收网打击，组织专案组到广西壮族自治区南宁市、柳州市等地调查贩毒线索，刑事拘留29人、行政拘留15人。

【治安管理】 2022年，公安滨江分局开展系列专项行动，常态开展治安复杂区域和重点行业领域整治，打击处理涉黄赌团伙8个，办理黄赌毒行政案件214起，行政处罚515人。落实大型活动安保工作，投入警力1万余人次，完成观潮安全保卫、亚运测试赛、第十八届中国国际动漫节、2022年杭州马拉松、未来生活节等大型安保52场次。在派出所社区警务推广“饱和式勤务”，强化八小时内明去向，压实基层基础工作职责。对全区180家旅馆、132家寄递企业开展联合检查130多次，发现整改隐患问题210多处，处罚21起。优化非警务警情分流，分流联动警情3.4万件，现场处置成功率95.62%。

2022年11月20日，公安滨江分局民警在2022年杭州马拉松比赛现场执勤 （公安滨江分局 供图）

【户政管理】 2022年，公安滨江分局受理审批各类户口材料7700件，引进人才落户6055件（包括高层次人才引进165件，B类人才1人），办理杭州市内迁移20988人，办理全城通办业务624件，互联网申报业务14784件，出生登记户口3444人，死亡注销户口787人，受理制作二代指纹身份证59327张，制作临时身份证3649张；办理港澳台居民居住证92张，办理边境管理通行证592张；完成上半年积分落户审批落户457人，接受群众咨询万余人次；查询户籍资料2.5万余次；回复户籍内容咨询类信访700多件；收到省厅印发信息数据核查共141条，完成率100%，居全市第一位；在推进户口登记管理专项清理整顿中，完成部库印发重复户口信息核查1批次共计6人，清理注销重复户口2人。办理一窗受理平台类26623件。

【出入境人员及往来港澳台人员管理】 2022年，公安滨江分局出入境管理大队受理、审批中国公民因私出国（境）及往来港澳台申请9820人次，比上年上升2.96%，其中护照申请2447人次、港澳通行证及签注申请7257人次、台湾通行证及签注申请116人次。受理境外人员临时住宿登记1.05万人次，登记量下降8.7%，其中派出所登记2233人次、涉外酒店登记0.83万人次。滨江区有常住境外人员1431人，全年外国人签证窗口共受理、签发外国人居留许可1308人次，下降18.35%；受理、签发外国人普通签证9人次，下降86.76%；受理、签发外国人停留签证216人次，下降68.79%。发生各类涉外案（事）件111起，下降17%。受理涉外案件133起，其中查处外国人非法居留案件66起、查处非法就业案件19起、其他类25起，遣送出境6人。

【重点单位安全保卫】 2022年，公安滨江分局排摸全区关系国计民生、国家安全和公共安全的单位，明确区级治安保卫重点单位数量。健全重点企业联络警官工作机制，开展“一企一警”帮扶措施，以“服务”为先导，走进重点企业，为企业办实事、解难题、防风险、除隐患，收集并帮助解决企业在生产经营中的困难和需求，围绕服务重点企业、强化护企发展举措，规范企业合规经营，帮助企业规避经营管理风险，营造良好营商环境。

【警务督察】 2022年，公安滨江分局围绕亚运安保和中共二十大安保维稳工作，会同相关职能部门通过网上和网下明察暗访、对抗检查等方式，全要素开展督察工作，印发“大督察”通报21期，发现问题310个，问责处理184人次。开展正风肃纪，以问责手段保障全警树立正确的执法理念、规范执法行为。实施“规范码”扣分单位4家次，“风险码”扣分68人次。

【网络安全管理】 2022年，公安滨江分局围绕中共二十大和亚运安保工作，开展网络安全排查整改。落实3个亚运场馆多轮次网络系统安全检测，排查安全漏洞309个，各类风险问题20多项。排查“城市侧”单位59家、涉亚运供应链单位78家，督查各单位按时完成整改工作。对辖区59家重点保护单位开展排查自查工作，督促企业开展自查。指导督促相关企业落实网络安全等级保护备案，完成备案系统135个，其中三级系统66个、二级系统69个。行政处罚涉网违法案件50多起，保障辖区网络安全平稳。

【危爆物品管控】 2022年，公安滨江分局根据滨江危化品经营单位特征，开展易制毒、易制爆等危险化学品专项整治行动，实现危管领域“零流失、零被盗、零炸响”。通过落实“管排消”，构建“全面摸排、严格查处、压实责任”工作模式。开展危化品专题讲座4场，376名从业人员完成培训考核。在落实优化营商环境、首违不罚等优商惠商政策的同时，发现问题328处，处罚问题重点单位9家，均督促企业对照整改。

【“110”接处警】 2022年，公安滨江分局接报有效警情7.1万余起，比上年上升16.1%。刑事案件警情1751起，下降29.7%；治安警情7693起，下降7.5%；火警及消防救援505起，下降3.6%；群众救助25286起，上升24.8%；举报1533起，下降6.2%。针对辖区风险隐患，组建轻型PTU中队，加强巡逻防控和重点部位叠加用警，提升处理能力。

【公安信访工作】 2022年，公安滨江分局受理各类信访投诉5385件，其中“12389”热线件96件、纪检信访16件、信访部门受理各类大小信访5273件。通过对各类举报投诉件的核查，按期反馈，化解上级部门下发的信访积案，化解率100%。

【公安科技信息化建设】 2022年，公安滨江分局研发上线“智慧巡防·滨江在线”，推广使用机器人、无人机和“异动异响”机器狗模型。6月29日，杭州高新区（滨江）开启夏季治安打击整治行动（“夏季攻势”）。公安滨江分局启用警用巡逻机器人——“滨”sir在中赢康康谷美食街巡逻，“滨”sir采用人工智能、物联网、大数据等技术，集智慧巡逻、智慧防疫、智慧监控、智慧服务四大功能于一体，结合公安业务场景，通过搭载5G传输，实现日常巡逻、反诈宣传、安防监控、一键出警、信息咨询等多种功能。同时启用警用无人机对全区主干道、城市广场、商业街区等重点部位以及人员密集场所开展空中治安巡逻，与地面步巡、车巡相结合，构成立体巡防模式。8月，《浙江日报》客户端、杭州电视台综合频道、"滨江发布"抖音等10多家省、市、区主流媒体聚焦滨江公安分局"机器换人"助力夏季攻势。夜间经营复杂场所"机器人巡查喊话"入选市局试点。全区建成"智慧楼宇"55幢，试点运行"滨江反诈在线"，处置反诈预警25.6万余条，成功劝阻254起、止损2935万元。

【警务便民服务】 2022年，公安滨江分局围绕疫情防控、人才引进、签证申请、服务企业，开展便民服务。推进新冠感染本土病例和多轮外地协作流调，办理"一窗通办"业务2.6万件，"一网通办"率99.87%。办理落户3.03万人、人才引进7193人，群众办事平均耗时缩短60%。受理外国人签证申请1493份，提交申报永久居留人才申请7份，为辖区100多家企业办理急需出国证件1000多件次，开展"移动服务车"进企业、进园区、进社区活动，服务1800多人次。健全完善企业刑事合规促进会，刑事合规促进工作被省公安厅经侦总队、市委依法治市办列为试点培育项目。

（杜 鹃）

检 察

【概况】 2022年，杭州市滨江区人民检察院（简称"区检察院"）依法履行职责，常态化扫黑除恶、除险保安，护航平安滨江建设。区检察院连续第7年获评全国检察机关宣传先进单位，获评2021年度"平安杭州"创建先进集体。2名干警立个人三等功，1名干警获评杭州市检察机关公文写作能手，15名干警入选省、市检察系统人才库，1名干警获评2022年度省知识产权保护工作成绩突出个人，9件案件获评市级以上检察系统精品案件，2项课题获最高人民检察院课题立项，5篇调研文章在《人民检察》《中国出版》《知识产权》《检察调研与指导》等期刊发表。

【刑事检察】 2022年，区检察院受理侦查机关提请批准逮捕各类刑事案件116人，依法批准逮捕80人；受理移送审查起诉661人，提起公诉373人。惩处危害人民群众生命财产安全犯罪，起诉强奸、绑架、抢劫等严重暴力刑事犯罪19人，盗窃、诈骗等多发性侵犯财产犯罪63人，涉黄涉赌等妨害社会管理秩序犯罪45人。践行新时代"枫桥经验"，对轻微刑事犯罪、初犯、偶犯等依法从轻处理，不批准逮捕35人，不起诉270人，不诉率比上年上升7.88%。牵头开展涉民营企业刑事诉讼"挂案"清理工作，帮助企业追赃挽回损失1500多万元。办理的全国首例股票场外配资非法经营案，获评全国场外配资典型案例。加强与区纪委监委沟通联系，初查司法工作人员职务犯罪，协助上级检察院查办2起司法工作人员徇私枉法案。运用点名约访、释法说理、刑事和解等方式，在刑事司法上少捕慎诉慎押。在公安滨江分局设立侦查监督与协作配合办公室，促进法律监督和检警协作并重。

【民事行政检察】 2022年，区检察院运用审查、调查、侦查"三查"融合办案模式，坚持民事监督和刑事惩处同步推进，将涉11起民事虚假诉讼案件的张某移送公安机关刑事立案。开展虚假诉讼回头看专项行动，运用数字化手段突破虚假诉讼案源瓶颈，通过建立涉罪数据模型和数据库排查线索72条，获取有效线索20条。开展涉车辆查封、扣押、网络司法拍卖、涉养老金恢复执行等专项监督行动，提出检察建议均被采纳，助力破解执行难问题。办理行政争议化解案件3件，化解一起案发16年前的房屋登记行政申请监督案，一并解决关联民事纠纷，该案获评全市行政检察精品案例。

【公益诉讼检察】 2022年，区检察院针对食品药品安全、油烟管道改造、扬尘污染、共享电池安全等提供检察建议8件，督促整改问题8个。对辖区内人脸识别取纸机侵犯公民个人信息案件提供公益诉讼诉前检察建议，该案例被《检察日报》、最高人民检察院官方微博报道。会同区总工会、生态环境滨江分局建立劳动者合法权益保护和生态环境损害赔偿公益诉讼协作机制，聘请“益心为公”公益诉讼观察员24人，扩大公益保护队伍，推动检察公益诉讼工作高质量发展。

【未成年人检察】 2022年，区检察院联合多部门出台《服刑人员未成年人子女救助保护联动工作机制》等系列文件，成立涉案未成年人家庭教育指导站，为11个罪错未成年人家庭提供教育指导，多措并举织密未成年人保护网。综合运用司法救助、监护权变更、民事执行监督等措施，跨省救助患白血病事实无人抚养儿童，该案作为典型案例分别在省、市检察院开放活动中作交流汇报。办理全省首例“学平险”拒赔支持起诉案，帮助患重病儿童调解获赔9万元。探索未成年人普法新形式，“E路守护”青少年互动式法治体验馆获评浙江省网络普法基地、市法治宣传教育基地、市关心下一代教育基地。

【知识产权保护】 2022年，区检察院办理假冒西湖龙井地理标识、侵犯企业商业秘密等知识产权犯罪9件21人。办理最高人民检察院、省检察院分别督办的两起侵犯辖区内知名上市公司商业秘密案。开展涉专利国有资产保护专项监督，并结合“空壳公司”专项治理，推动企业健康发展。出台全省首个《侵犯商业秘密刑事案件审查指引》，为商业秘密刑事案件办理提供滨江标准，工作做法被《检察日报》头版报道。“协同守护知识产权、联合护航企业发展”项目入选区高质量发展建设共同富裕示范区实践样板首批试点。以专题讲座、案例警示、法律培训等形式进企业普法，开展普法活动12场次，解答企业、员工知识产权相关疑难问题100多人次。围绕“法治是最好的营商环境”理念，创建“益企向未来”检察工作品牌。联合高新企业、高校等多领域力量，组成商业秘密领域专家咨询库，举办商业秘密保护研讨会、高端论坛，知识产权综合保护工作获区政府主要负责人批示肯定。

2022年3月11日，区检察院涉案未成年人家庭教育指导站揭牌

（区检察院　供图）

【检察监督】 2022年，区检察院监督立案17人，追诉漏犯2人，纠正漏捕2人，其中被判处5年以上有期徒刑4人、监督撤案8人。发出纠正违法通知书6份，提出抗诉后再审改判1件。办理民事检察监督案件49件，其中，民事生效裁判监督案件11件，民事审判、执行活动监督案件38件。获评全省检察机关民事监督高质效案件3件。办理行政检察监督案件12件，行政争议化解案件3件。办理公益诉讼案件34件，其中，行政公益诉讼诉前案件30件，民事公益诉讼诉前案件4件。督促行政机关清理各类垃圾、固体废物1000多吨，危险废物82吨，监督追缴非专利申请补贴资金340万元。开展社区矫正检察监督、判处实刑未交付执行检察监督、财产刑执行检察监督等常态化工作，办理的武某漏管监督案获评全省刑事执行检察示范性、引领性案例。及时监督纠正无辜群众“被犯罪”问题，工作经验在全国检察

机关业务会议上交流，并获省检察院检察长批示肯定。

【检务公开】 2022年，区检察院公开程序性信息584条。依托“两微一端”等平台，发布宣传信息7650条，在省级以上媒体宣传报道40多篇。《一场跨越千里的爱心接力》《“营业额超过了去年一整年”——杭州滨江：探索涉案小微企业合规“简化不减质”》《杭州滨江：支持起诉助患病儿童获赔9万元》等报道在《检察日报》刊发，《杭州：检察履职关注“共享电池”安全》获新华社转发。参与由最高人民检察院推出的《保护少年的你》纪录片拍摄，该片全网播放量2408万次，微博阅读量1亿余人次。

【检务服务】 2022年，区检察院接待案件当事人86批88人、接听电话219个、处理网络信访30件、接收群众来信32件，落实“群众信访件件有回复”，7日内程序回复率、3个月内办理过程或结果答复率均为100%。开展首次信访院领导包案办理，完善领导接访、公开听证等机制，化解一起因房屋买卖纠纷导致故意毁坏财物的结案。通过“浙江检察”App为律师绑定案件242件，实现在线阅卷261件。办理司法救助案件46件，发放救助金69.2万元。

【涉案未成年人家庭教育指导站揭牌】 2022年3月11日，区检察院涉案未成年人家庭教育指导站成立，市检察院、市妇联代表为“涉案未成年人家庭教育指导站”揭牌。该家庭教育指导站是全市首个基层院成立的家庭教育指导站，是集涉案未成年人帮教、亲职教育、普法宣传等功能于一体的保护未成年人新阵地，为涉案未成年人及家长提供家庭教育指导服务，强化未成年人检察工作司法保护与家庭保护整合效应。区检察院、公安滨江分局、区教育局、市妇联、市关工委联合会签《关于联合开展涉案未成年人家庭教育指导工作的实施细则》，为未成年人安全健康成长护航。

【“益企向未来”暨商业秘密保护研讨会】 2022年4月21日，由区检察院主办的“益企向未来”暨企业商业秘密保护研讨会在杭州高新区（滨江）举行。市、区两级公检法、区市场监管局相关负责人以及高校学者、企业家代表、律师代表等30多人参加研讨会。会上，区检察院就近年办理侵犯商业秘密犯罪案件的情况作总结通报，参会企业代表结合企业经营管理现状，提出企业商业秘密保护过程中存在的痛点、难点问题，与会专家分享交流侵犯商业秘密刑事、民事、行政案件的办理情况和体会。

【首届特约检察员座谈会】 2022年5月11日，区检察院举行第一届特约检察员座谈会。会上宣读《关于聘任周迪等7名同志为特约检察员的通知》，聘任7名民主党派成员担任区检察院特约检察员，聘期5年。为特约检察员发放聘书。聘任人员运用专业能力，发挥特长，履行特约检察员职责，助力法治滨江建设。至年底，协助提供专业法律咨询10多人次。

【全省首个《侵犯商业秘密刑事案件审查指引》出台】 2022年8月12日，区检察院出台全省

2022年4月21日，“益企向未来”暨企业商业秘密保护研讨会在杭州高新区（滨江）举行 （区检察院 供图）

首个《侵犯商业秘密刑事案件审查指引》，指引设置11章49条，围绕商业秘密的界定、侵权行为的辨析、入罪门槛的变化与认定、主观故意的认定、损失数额确定、司法鉴定的审查和采信、证据的分类以及刑民交叉问题的处理等办案常见问题提出审查重点和规范，为商业秘密刑事案件办理提供滨江标准，助力共同富裕示范区建设。

【检校司法实务论坛】 2022年9月20日，由省检察院主办，区检察院、区互联网法律研究会承办的第7期检校司法实务论坛在杭州高新区（滨江）举行，法官、高校教授以及区内2022年省知识产权示范企业代表等共30多人参加。论坛以“商业秘密刑事司法保护”为主题，设置“其他公开渠道”获得的认定、商业秘密非公知性和专利新颖性异同、商业秘密范围界定、内外勾结情况下跳槽员工侵权行为的定性、商业秘密案件刑民交叉问题5个议题，与会人员探讨商业秘密刑事司法保护在实践工作中的难点。论坛采取“线上+线下”集中交流的方式进行。

（田璟美　周浩楠）

法　院

【概况】 2022年，滨江区人民法院（简称“区法院”）围绕区委决策部署，以司法为民、公正司法为主线，为经济社会稳定发展保驾护航。受理各类案件9906件，比上年下降8.98%；办结10533件（含旧存），下降7.29%。一线法官人均结案411件，超出全省法院平均值139件，居全市第四位、全省第八位。推进诉源治理，高质量建设“共享法庭”，实现民商事收案数“五连降”。受理一审刑事案件270件，下降21.1%；办结273件（含旧存），下降17%。受理一审民商事案件（含知识产权）5648件，下降5.9%；审结5984件（含旧存），下降6.1%。监督支持依法行政，受理一审行政诉讼案件167件，审结152件，审结行政非诉审查案件137件。发挥司法职能，服务保障辖区经济高质量发展，开通涉企买卖合同纠纷立案、保全、审理、执行“绿色通道”，减少办案耗时、降低诉讼成本。巩固“基本解决执行难”成果，全年新收执行案件3430件，执结案件3755件（含旧存），执行到位金额13.67亿元。2022年，区法院获滨江区“法助共富 法护平安”普法创意大赛组织奖。1人获全市市委政法队伍教育整顿嘉奖，1人获二等功表彰，2人获三等功表彰。

【刑事案件审判】 2022年，区法院新收一审刑事案件270件，审结273件（含旧存），判处刑罚412人。严惩严重暴力犯罪，审结故意伤害、强奸、抢劫等案件17件33人，保障群众生命安全。打击电信网络诈骗，审结涉电信网络诈骗案件15件33人，涉案金额3497.04万元；审结“青蓝金服”“泰然金融”等非法吸收公众存款案等涉众型经济犯罪案件17件，涉案金额713.32亿元，保护群众财产安全。依法审结被告人何某受贿、非国家工作人员受贿案，推进反腐败斗争。强化刑事审判人权保障，商请法律援助机构指派援助律师为173件案件被告人出庭辩护。落实认罪认罚从宽制度，认罪认罚率88.64%，判处缓刑185人，做到宽严相济。

【民商事案件审判】 2022年，区法院新收一审民商事案件5648件，审结5984件（含旧存），结案标的209.2亿元，依法维护家庭成员、买卖双方、劳动者等合法权益。坚持协调化解矛盾纠纷，共调解撤诉案件2504件，诉前化解和民事可调撤率78.72%。妥善化解家事纠纷，审结婚姻、继承、抚养、赡养等案件380件。依法保护弱势群体，签发人身保护令6份。推进房产市场发展，审结房屋买卖、租赁、物业等纠纷516件。审结买卖、担保、承揽等各类合同纠纷3994件。审结交通事故、产品责任、医疗损害等侵权纠纷464件。依法驳回为抄近路穿绿化带摔伤者的赔偿请求，弘扬社会主义核心价值观。审结劳动争议、追索劳动报酬等案件390件，保障劳动者合法权益。

【行政案件审理】 2022年，区法院新收一审行政诉讼案件167件，审结152件（含旧存），审结非诉行政案件137件。强化司法与行政良性互动，召开府院联席会议，发布行政审判白皮书，通报“两高一低”情况，多措并举助推法治政府建设。推动行政争议实质性化解，促成和解撤诉41件，化解章某等人诉区政府不履行法定职责案。推动行政机关负责人出庭应诉，行政机关负责人出庭应诉率保持100%。健全滥诉联合甄别机制，与相关部门共同组建滥诉甄别专业委员会，规范和保护当事人依法行使诉讼权利，防止权利滥用，维护司法权威。

【案件执行】 2022年，区法院新收执行案件3430件，执结3755件（含旧存），执行到位金额13.67亿元。开展“奋进新征程，喜迎二十大”百日攻坚执行活动。加大失信惩戒力度，运用新媒体平台定期曝光失信被执行人信息，纳入失信被执行人名单3417人次、限制高消费3641人次。加大拒执行为打击力度，罚款35.12万元，作出拘留决定2187份，移送拒执案件20件21人，督促被执行人主动履行付款义务。执结涉民生案件695件，到位标的额1830.81万元，司法救助4人，发放救助款19.74万元。依法推进涉众型刑事案件执行工作，完善“涉众型案件案款发放平台”系统，依托互联网和区块链技术，为16万余名受害人线上发放执行款约2.35亿元。把1068名已履行义务的被执行人移出“失信黑名单”，推动健全信用修复机制。

【知识产权案件审理】 2022年，区法院新收知识产权案件155件，结案154件（含旧存），保障辖区科技创新。发挥知识产权审判示范效应，打击侵犯商业秘密犯罪行为，依法审结涉商业秘密犯罪案件4件。开展“我是院长、现在开庭”活动，公开开庭审理涉“哈啰”单车商标权侵权及不正当竞争纠纷一案，通过法院视频号网络直播。与北京航空航天大学杭州创新研究院、区市场监管局、区物联网产业知识产权促进会签订《合力推进知识产权保护战略合作框架协议》，强化知识产权全链条保护。挂牌成立知识产权综合服务中心服务站“共享法庭”，成功调处涉蚂蚁科技集团股份有限公司、钟薛高食品（上海）有限公司起诉杭州索象营销策划有限公司等不正当竞争纠纷案。举办“4·26”知识产权宣传周、“滨滨说法”之“模拟法庭”等活动，服务知识产权保护工作。

【助力优化营商环境】 2022年，区法院发挥司法职能，依法稳妥审结涉企案件3888件，服务保障辖区经济高质量发展。开通涉企买卖合同纠纷立案、保全、审理、执行“绿色通道”，减少办案耗时、降低诉讼成本。发挥破产审判盘活生产要素、转换新旧动能作用，审结破产案件22件，化解债务1.99亿元。创新债权人会议表决、资产处置模式，帮助浙江永明市政园林工程有限公司、艾斯弧（杭州）建筑规划设计咨询有限公司等资不抵债的企业有序退出市场，批准杭州梁英实业有限公司等重整计划，助力地方经济腾笼换鸟。探索个人债务集中清理新模式，办理个人债务集中清理案件2件，为“诚实而不幸”的债务人重新创业提供新机会。开展“三服务”活

2022年10月10日，区法院召开优化营商环境重点企业座谈会

（区法院 供图）

动，参与“百名干部助百企”，走访联络辖区企业30多家，召开优化营商环境重点企业座谈会5次，听取企业发展情况，帮助解决企业困难。

【诉讼制度改革】 2022年，区法院深化以审判为中心的刑事诉讼制度改革，推动证人出庭作证，确保司法证明实质化。优化司法确认程序，压实调解员对司法确认案件自动履行督促职责，受理司法确认案件1258件。完善民商事案件繁简分流组织架构模式，简易程序适用率62.86%，快审快结小额诉讼案件1039件，全面提升办案质效。依法打击虚假诉讼行为，审结张耀元虚假诉讼型诈骗案等涉虚假诉讼案件49件，罚款16人47万元，营造良好诉讼生态。

【数字法院建设】 2022年，区法院深化无纸化办案办公改革，每周通报无纸化各项数据，无纸化立案率、在线提交响应率100%。完善刑事诉讼一体化办案系统，确保案件及时流转、准确跟进，政法一体化考核指标均为100%。推广应用“凤凰金融智审3.0”，优化金融借款合同案件审理流程，实现自动立案分案、智能辅助审判，全年智审平台适用率84%，当庭宣判率100%，平均审理天数缩短至34天。推动“智慧警务2.0”落地落实，该项工作纳入全省法院首批试点。“共享法庭”知识产权子场景列入全省重大改革（重大应用）“一本账S3”场景。

【司法体制综合配套改革】 2022年，区法院落实院庭长管理职责，以“四类案件”（涉及群体性纠纷，可能影响社会稳定的；疑难、复杂且在社会上有重大影响的；与本院或者上级法院的类案判决可能发生冲突的；有关单位或者个人反映法官有违法审判行为的）监管为重点，健全司法制约监督体系。落实院庭长办案机制，院庭长常态化办理疑难复杂案件，全年办结案件1638件。健全审判委员会和专业法官会议制度，推行类案强制检索，统一法律适用。集中抓好长期未结案清理工作，每月召开院务会强调督导，实现案件收结动态平衡。构建案件质量管控体系，开展“核心质效提升年”活动，营造比学赶超良好氛围，促进全院审执质效提升。

【“共享法庭”建设】 2022年，区法院以“共享法庭”（架构在数字空间、虚拟在群众身边的人民法庭）为着力点，助力健全“四治融合”（自治、法治、德治、智治融合）基层治理体系，形成党委政法委牵头、法院主推、部门支持配合、社会组织广泛参与的工作格局。区法院加强和规范庭务主任的培养和管理，组织员额法官讲座12次，开展调解培训76次，提升共享法庭的运行效果。至年底，滨江区实现街道和社区“共享法庭”全覆盖，完成13个特设“共享法庭”建设，依托“共享法庭”接受咨询4901人次，化解纠纷3103起。缤纷未来社区“共享法庭”获评全市首批示范“共享法庭”，揭榜挂帅负责开发的共享法庭知识产权子场景数字化项目列入全省重大改革（重大应用）“一本账S3”场景。

【公共设施管理示范性判例】 2022年5月26日，原告周某从某公司草坪边缘防护树木缺口处穿过绿化带，踩到草坪上没有盖好的塑料窨井盖摔伤，花费医疗费927.8元。原告要求某公司（被告）做出相应赔偿，双方就责任认定和赔偿金额问题协商未果，诉至区法院。区法院经审理认为，原告系完全民事行为能力人，擅自进入非通行区域的绿化带时应当具有较高的注意义务，受伤系其疏于履行对自身的注意义务所致，且证据难以证明其受伤原因；被告作为窨井设施管理人，对窨井设施加盖窨井盖，并设置在装有护栏的绿化带内，即使窨井盖未能保持与花坛地面完全平整，也已尽到管理人的管理职责，遂判决驳回原告诉讼请求。该案保障公共场所管理人的合法权益，对提高公民素质、深化文明城市建设、弘扬社会主义核心价值观具有引导意义。7月26日，该案例在《人民法院报》刊登报道。《浙江法制报》、光明网、“最高人民法院司法案例研究院”微信公众号及“杭+新闻”客户端等先后转载。

【“泰然金融”特大非法吸收公众存款案】 2022年7月8日，“泰然金融”特大非法吸收公众存款案宣判。区法院依法判处被告人潘某、郭某等4人有期徒刑8年零6个月，有期徒刑8年，有期徒刑4年零3个月和有期徒刑3年、缓刑4年的刑罚。2014年起，潘某、郭某等人通过浙江小泰科技有限公司、西安律信商务信息咨询有限公司运营的“泰然金融”“泰薪网”和“律信智投”3个网络投资理财平台，承诺支付10%左右的投资回报，对外募集资金。集资过程中，通过放贷活动形成债权信息，或以空壳企业作为放贷渠道制作债权信息，把债权信息作为投资标的在网络平台上募集资金。通过浙江泰然资产管理有限公司、杭州薪烁信息技术有限公司及其各地分支机构等组成销售推广团队，对外推广平台投资业务，吸引集资参与人投资。经审计，2014年8月至2019年11月，上述3个网络平台非法吸收资金574亿余元，造成2.09万人损失49亿元。

（彭梦玮）

司法行政

【概况】 至2022年底，杭州高新区（滨江）有律师事务所52家，比上年减少2家；专、兼职律师717人，增加30人；基层法律服务所4家，基层法律服务工作者16人，均与上年持平。有人民调解委员会75个，增加4个；在册调解员402人，增加16人，调解各类矛盾纠纷2005起。在3个街道设置法律服务人工智能自助机，实现“法律援助零距离”，选聘首批滨江区法律援助律师资源库律师，提升法律援助专业性。办理法律援助案件279件，提供法律咨询9010人次，为当事人挽回经济损失或取得经济利益99万元（其中为农民工讨薪56万余元）。社区矫正管理局局长彭继荣获评全省司法行政系统2022年度“最美司法行政人”，浦沿司法所所长汪知二获评“中共二十大维稳安保工作突出贡献个人”，长河司法所专职矫正社工孔伟燕获评“全省社区矫正工作成绩突出个人”。

【法治宣传】 2022年，杭州高新区（滨江）开展“法助共富 法护平安”普法宣传活动，提升公民法治素养。推进法治宣传阵地建设，新增社区法治宣传阵地建设点6处，完成社区法治宣传阵地5处。滨江物联网小镇入选首批省级公民法治素养观测点，滨文社区、杭州市丹枫实验小学入选市级公民法治素养观测点。推进江三社区申报第九批“全国民主法治示范村（社区）”，确定观潮社区、江二社区、山一社区、之江社区申报创建省级民主法治社区。开展法治宣传312场次，受众11.06万余人；宣讲习近平法治思想7场次；发布以案释法案例406件次；提供法律咨询解答1353件次；惠及市场主体137个，惠及1696人次。

【公共法律服务】 2022年，杭州高新区（滨江）提升基层网格治理体系，推进法律服务进网入格。将“一社区一律师”升级为“一网格一律师”“一社区一法务团队”，在网格这一基层最小治理单元，配强基层法治力量，以社区驻点律师为基础，对网格律师进行合理配比，安排同律所律师入驻同社区网格，为全科网格的治理提供专业的法律支撑，注入法治力量，实现公共法律服务特别是法律咨询更末端的送达，推动171名律师进驻全区503个网格，开展常态化法律服务和法治管理工作。

【社区矫正】 2022年，杭州高新区（滨江）创新推进社区矫正工作“三治融合”（自治、法治、德治融合），注入德治理念，推行包含义务劳动、公益活动、平安创建、法治宣传、帮困解难等社区矫正对象“日行一善”活动，推进社区矫正对象尽快修复社会关系、顺利回归社会，其中1人向贵州省黔东南苗族侗族自治州丹寨县2所小学捐赠10万元、1人向四川省广元市朝天区捐物价值10万元。针对社区矫正对象负面情绪高频出现、社交关系高压维系的心理健康状况，以及心理状况不明、预警防范不足、问题化解不力的矫正实务，迭代升级“浙里连心”应用，助推社区矫正工作从人工管理到数字化管理转变。4月12日，矫正中心完成部级“智慧矫正中心”建设并以视频连线的方式参加全省部级“智慧矫正中心”场所规范化建设视频培训，强化数字监管。

【人民调解】 2022年，杭州高新区（滨江）开展2021年度全区“先进人民调解委员会”“先进人民调解员”评选活动，评选出先进人民调解委员会7个、先进人民调解员14人，通过表彰先进，加强示范，激发人民调解员的工作积极性，带动行政调解、司法调解的优势互补。根据中共二十大除险保安工作部署，排查矛盾纠纷103起，化解103起，未发生因调处不及时或不适当引发的非正常死亡、民转刑案件、群体性上访和群众性械斗事件的发生。

【法律援助】 2022年，杭州高新区（滨江）推进法律援助中心入驻区社会治理中心，做好衔接工作。运用公共法律服务人工智能机器人和公共法律服务咨询平台，以及“公共法律服务E服务”微信公众号平台，整合找律师、办公证、寻鉴定、求法援等各项服务功能，实时在线视频咨询，实现“法律援助零距离”。选聘首批滨江区法律援助律师资源库律师，确定128名律师成为首批“滨江区法律援助律师资源库律师”，保障受援人获得法律援助服务，全年办理法律援助案件279件，提供法律咨询9010人次，为当事人挽回经济损失或取得经济利益99万元（其中为农民工讨薪56万余元）。开展东西部律师援助结对活动，首批10名援助律师到四川省广元市朝天区召开“山海结伴，法治惠民”司法行政协作座谈会，向朝天区捐赠由之江公证处、区律工委筹集的司法行政东西部协作资金6万元。

（林佩斐）

【公证服务】 2022年，杭州市之江公证处办理公证9037件。服务杭州高新区（滨江）国有、集体土地房屋拆迁安置、国有商铺招租、国有商铺租金减免、“人才安居”、农居房安置工作，为1.6万余户安置、220多户国有土地房屋收购、1200个商铺招租做好公证服务。提供500多套人才公寓摇号、选房抽号现场监督，减免1045户经营性房产租金1000多万元。办理涉企公证2000多件，参与“领跑汽车抢购”“家居英雄联盟”“守护珍稀树种，传承传统文化”等抽奖活动、在线直播现场监督公证。推出“容缺受理”、“最多跑一次”、“全省通办”、上门服务、邮寄送达等服务制度，对军人、抗疫人员等特殊人群开辟绿色通道，对继承、亲属关系等受众普遍的公证事项推行公证承诺制，通过大数据局联通公证办证系统共享婚姻信息、户籍信息、死亡信息、不动产信息等各项数据，对学位、学历、驾驶证及纳税状况等事项实行跨省通办，解决市民及外省在杭人员举证难、办证难。免费办理遗产小额遗产继承公证7件，为70周岁以上老年人减免办理遗嘱公证5件。

（蔡燕蓉）

【律师行业管理】 2022年，杭州高新区（滨江）按照省、市要求，对全区52家律师事务所和4家法律服务所进行年检，对717名律师和16名基层法律服务工作者进行年度考核初审，对11名在职公职律师进行年检考核。9月23日，中共杭州高新区（滨江）律师行业委员会成立，召开律师行业党员代表大会，提升律师行业党组织工作水平，以党建统领推动律师行业高质量发展。会同区财政局、区发改局、区商务局、区税务局和律师事务所，专题研究杭州高新区（滨江）律师行业

2022年9月23日，中共杭州高新区（滨江）律师行业委员会党员代表大会召开

（区委政法委　供图）

发展，制定《关于推进高新区（滨江）律师行业高质量发展的实施意见》，加强律师行业扶持力度，提升律师万人比，持续优化营商环境。

【行政复议规范化建设】 2022年，杭州高新区（滨江）做好行政复议规范化建设工作。1月11日，区司法局出台《关于共同推进行政争议实质性化解的工作意见》《滨江区关于预防和化解行政争议的若干意见》，落实"谁作出、谁化解"原则，推进负责人包案化解制度。4月1日，司法局出台《滨江区人民政府行政复议员任命和管理办法》，任命全区首批"行政复议员"5名，推动行政复议队伍专业化、职业化建设。开展行政复议诉讼风险协审工作，指定专人1名负责复议决定书协审，打造复议应诉闭环机制，提升行政复议工作质效。7月20日，落实《关于建立滨江区滥诉联合甄别机制的意见（试行）》。10月21日，区司法局会同区委政法委、区法院等单位，召开全区首次滥诉联合甄别专业委员会会议，落实完善复议权利滥用联合甄别机制。至年底，全区成功协调化解行政争议108件，行政复议调解结案率稳定维持在50%左右。协调化解历史遗留的疑难复杂案件4个，行政案件败诉率降至4.81%，是历史最低。

【首批省级公民法治素养观测点建设】 2022年9月，滨江物联网小镇作为首批省级公民法治素养观测点，发挥法治素养观测"瞭望哨"的作用，获2022年度全省公民法治素养观测点"十大最佳实践案例"榜首。区普法办与物联网产业园发展服务中心在省、市普法办的指导下，以企事业经营管理者和职工为主要观测对象，以交叉覆盖的思路，持续通过公共法律E服务平台大数据分析、律师上门法治体检、专题法治宣传活动、物联网产业社区法治驿站4个通道开展普法宣传，收集学法用法需求，推广普法资源，进行法治素养调查，观测普法效果反馈。

（林佩斐）

劳动仲裁

【概况】 2022年，杭州高新区（滨江）劳动人事争议仲裁院处理劳动人事争议案件6592件，结案率94.2%，调解率93.2%，一裁终局率26%，网络办案率46.2%。劳动人事争议案件中集体争议案件29件，涉及劳动者432人，群体性案件涉案标的3000多万元，为劳动者挽回损失500多万元。通过3个街道劳动人事争议调解中心调解成功案件163件，为劳动者挽回损失100多万元；通过企业人力资源（HR）调解联盟成功调解劳动争议案831件，调解成功率47.4%，比上年上升9.6%；通过"来就调"律师工作室调解732件案件，为劳动者挽回损失1000多万元。仲裁窗口接待劳动者和企业服务、咨询1.9万人（家）次，接听电话8000多次。

【协调劳动关系三方联动】 2022年，区劳动人事争议仲裁院联合区总工会、区工商联召开协调劳动关系三方会议3次，以优化营商环境为目标，研究电子网签劳动合同平台推广、打造和谐劳动关系示范区等计划。联合推选2家企业参与2022年度杭州市创建平安示范单位评选、5家企业参与2022年度杭州高新区（滨江）创建和谐企业的评选。推动企业开展集体协商、签订集体合同，审核备案集体合同383份、用工成本企业8家。联合区总工会开展旁听庭审活动20多次，邀请200多家企业的工会主席、工会工作人员及企业劳动关系协调员367人次参加，帮助引导企业经营者履行社会职责。

【企业劳动用工体检活动】 2022年9月，区人力社保局开展企业劳动用工诊断评估工作，以委托第三方形式，通过上门走访、问卷调查等形式，了解企业离职管理、规章制度、工作时间、休息休假、薪酬管理等方面情况，为550家企业提供企业劳动用工体检报告，提出完善建议1500多条，从源头上规范企业依法用工，防范企业用工风险，预防劳动争议发生。

（徐 靖）

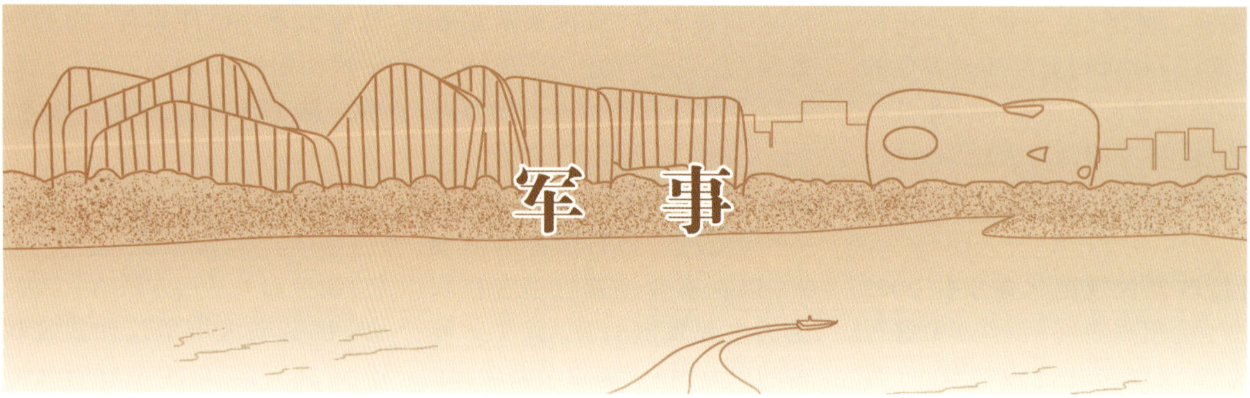

军事

区人武部

【概况】 2022年，滨江区人民武装部（简称“区人武部”）贯彻落实上级党委和区委、区政府部署要求，按照年初党委扩大会议精神，围绕建设国防动员和后备力量建设“滨江窗口”目标，坚定政治方向，聚焦“两兵两力”（建一流民兵、送一流新兵，蓄潜力、强战力），持续强基固本，全面依法从严，守牢安全底线，全区武装工作形势向上向好。年度6项可比性工作2项居全市第一位、4项进入前四位，综合考评连续3年居全市第一位。区人武部连续2年被省军区表彰为“全面建设先进单位”，2022年被省军区纪委表彰为“纪检监察工作先进单位”。

【思想政治引领强化】 2022年，区人武部坚持以学习贯彻习近平新时代中国特色社会主义思想和习近平强军思想为主线，开展“忠诚维护核心、矢志奋斗强军”主题教育和“学思想、铸忠诚、担使命”实践活动。每月采取“上级+本级”的方式常态落实集中辅导、讨论交流、法规学习和经常性思想教育。筹划中共二十大精神学习宣传贯彻，开展报告导读、知识竞赛、心得体会展评、每日金句阅览等活动。学习贯彻军队党的建设系列法规，研究制定部党委议事决策规则，规范各类组织设置和运行机制，严肃党内政治生活。做好理论研究、信息服务和新闻报道，在省级以上媒体刊稿46篇。

【年度训练】 2022年，区人武部落实中央军委主席习近平开训动员令，组织年度训练。全年部机关参加师团两级首长机关5次集中训练，3名部负责人分别担任授课任务。完成民兵兼职教练员集训和资格认证考核、专武干部和新任民兵连连长集训、区属民兵应急连和综合救援排等集中轮训，组织轻武器实弹射击普训普考。至年底，完成“滨动·2022”国防动员指挥所演练，依托区水务公司组织区属6支应急力量指挥员及部分民兵，开展重要目标防卫指挥编组训练，省军区、警备区机关和区委、区政府负责人到场指导并给予肯定。

【指挥能力建设】 2022年，区人武部按照“月训三天、季考一次”要求，加强紧贴实战、基于实案的指挥训练。在落实大纲规定训练内容基础上，突出军事理论、指挥技能、专项能力、联合指挥4个方面重点内容学习训练。修订完善5类15种非战争军事行动预案和“1+5”日常战备方案，修订更新《滨江区兵要地志》录像片。完成作战值班室改造升级，协调引接区数字化“驾驶舱”，规范值班秩序和戒备水平。人武部本级首长机关联动区国防动员委员会，参加警备区统一组织的军地联合指挥机构一级部署演练，检验新的军地联合指挥编组模式，锻炼提高文职人员指挥素养和能力。

【国防动员潜力核查】 2022年，区人武部组织2轮国防动员潜力集中核查。组织区国防动员委员会成员单位开展调查业务培训，选派专人到一线调查，加强与企事业负责人沟通对接，确保潜力数据全面可靠。分别核查14家重点企业潜力和8项专项潜力。3—4月，完成重点潜力综合调查；6月，完成数据中心专项核查。

【兵员征集】 2022年，区人武部针对年度兵员征集任务指标翻番、大学毕业生征集数提升等新情况，由区征兵工作领导小组组长、区委常委、常务副区长动员部署，落实各方责任。区征兵办采取新媒体与传统宣传相结合的方式，协调"滨江发布"平台发布征兵公告，在华数传媒电视端和辖区户外LED广告大屏播放征兵宣传片，印制张贴征兵政策宣传海报、制作悬挂横幅标语、定制发放特色征兵宣传餐巾纸和手提袋，进行宣传发动，人武部负责人走进街道、高校开展"点亮青春、逐梦军营"主题征兵宣传，一年两季有序组织高校、街道目测初检和上站体检，举行全网直播新兵欢送大会暨"从戎之剑"赠剑仪式2次。至年底，完成全年兵员征集任务，征兵报名率、初检合格数、上站率均获满分，获评市"征兵工作成绩突出单位"。

【民兵组织建设】 2022年，区人武部落实民兵组织建设"十四五"规划，采取"相同专业规范、近似专业合并、不符专业调整"的办法，区分"应急、支援"2个大类力量14个小类，归类调整民兵分队，重新编组基干民兵。挖掘滨江区资源、人才和技术优势，拓展在高新企业、科研院所和新社会组织编兵力度，组织编兵单位授旗授牌和点验，浙江吉利控股集团有限公司等大型民营企业成为省、市非公有制企业武装工作、新质民兵队伍建设示范点。

征兵宣传横幅　（区志编研室　供图）

完成杭州市长河高级中学672名学生、为期7天的军训帮训任务。组织民兵参加第十八届中国国际动漫节安保执勤、钱江潮观潮安保行动，配合民警参与街道交通安全宣传，参加警备区钱塘江流域防汛现地勘察和应急拉动。至年底，部机关和民兵分队先后出动车辆43次执行任务。

【基层武装建设】 2022年，区人武部落实后备力量"窗口"示范单位和基层规范化建设，推动社区民兵连部规范化建设和"评星挂牌"活动，规范化达标率100%。以长河街道、浙江中医药大学武装部和西兴街道共联社区、长河街道晶都社区、浦沿街道滨文社区等基层武装工作"窗口"单位品牌为标杆，带动全区基层基础建设质量水平整体提升。调整2名街道武装部部长，遴选2名街道武装部部长后备人选，优化基层专武干部结构。西兴街道共联社区在全市专武干部集训上介绍普通民兵连建设经验。

【岗位能力提升】 2022年，区人武部开展"岗位能力提升工程"，每周常态组织学理论、学法规、学业务，注重利用重大任务摔打磨炼，提升各级履职尽责能力。机关参加警备区首长机关集中训练理论考核总分排名第一；参加警备区民兵"担使命、抓备战、强能力"大点验大比武，部机关获指挥作业和军事理论考核2个第二名；长河街道武装部负责人带领民兵分队组织“安保警戒行动”课目演练获第六名；政工科负责人参加警备区“三会一好”优秀政治教员授课比武获总分第一名；保障科工作人员参加警备区参谋业务比武获个人第三名；军事科工作人员参加警备区民兵“四会”教练员比武考核获综合第六名；组织3名街道武装部部长参加全市专武干部业务集训，考核成绩综合排名居全市第一位。

【试点攻关工作获《中国国防报》报道】 2022年，区人武部承担全军级别试点攻关任务2项、省级试点建设任务2项、市级战法研究攻关任务1项，均取得突破性成果，获军委训练管理部、国防动员部和省军区机关肯定。推进警备区“数智动员”系统平台研发试点攻关，综合集成升级改造区人武部机关指挥信息系统，完成一处地下指挥所与人防“两所联用”改造，推进指挥通信数字集群系统在应急管理、水务抢修等领域拓展运用，相关做法在《中国国防报》头版头条报道。

【双拥共建】 2022年，区人武部会同区退役军人事务局、区人力社保局、区教育局等单位，制度化解决转业干部和随军家属安置、军人子女入托入学、退伍士兵辅助就业等问题。安置转业军官12人，为退役士兵举行返乡欢迎仪式，“一对一”完成就业、复学服务；安置随军家属就业，完成退役军人档案移交。建设星光大道“崇军一条街”、浙江大学医学院附属第一医院“崇军医疗合作单位”等“双拥示范基地”。指导所属3个科室与辖区2所学校、1个社区结成共建单位，与淳安县开展“联乡结村”对口帮扶活动，落实专项帮扶资金10万元，牵头成立区维护军人军属合法权益领导小组，保障军人军属合法权益。

【国防教育】 2022年，西兴街道金东方社区国防教育长廊、长河老街国防教育广场、浦沿街道新浦国防教育示范社区建设完工。滨江区国防教育主题公园完成选址设计和立项建设。公园位于滨江区浦沿单元，东至新浦路，西侧紧邻新浦河，南至浦炬街，北至慧炬街，项目总用地面积4827平方米。区人武部发挥数字技术优势，用好区数智党建中心、华数传媒大屏管控中心、区融媒体中心，建设网上网下宣传阵地，区征兵体检“首检日”、“滨站”系统研发、指挥通信集群建设运用等被中央广播电视总台、中国国防报社、解放军报社等中央媒体报道。

【军队资产管理】 2022年，区人武部适应军费管理体制改革要求，开展资金集中收付有关工作，组织业务培训，展开相关准备，按新机制运行。开展“守护戎装”、后勤重点行业领域整肃治理攻坚、物资工程服务采购领域问题积弊专项整治、财务行业廉政主管责任落实等活动，形成筹划部署、组织实施、总结提升闭环管理。推进军队资产管理监督，完成部机关资产打码贴签和系统录入，按程序报废资产。完成装备库室的箱组化建设，组织年度装备清查盘点，与清单数质量相符。在省军区年度后装保障重点工作综合检查考评中，总评居全省第一位。

（潘　岩）

人民防空

【概况】 2022年，滨江区人防工作聚焦重点、难点和热点，围绕党建引领、数字人防、主责主业、能绩提升4个维度，完成人防工程易地建设核实、人防工程战时功能等级确定、收取人防工程易地建设费等工作，线上审批率、办结率、群众满意率均为100%。开展党史学习与人民防空发展史相结合的学习教育，党委中心组理论学习10次。开展备战训练，深化双拥共建，落实宣传教育。2022年度区人防办被评为全市人防工作先进单位、人民防空训练先进集体、数字化改革工作先进单位，区人防指挥部被评为全市演习先进指挥部，1人被评为全省先进个人，2人被评为全市先进个人，2人被评为全市人民防空训练标兵。

【人防宣传】2022年，区人防办以进机关、学校、社区、企业、网络，面向机关工作人员、学生、居民、员工、网民为着力点，组织开展人防宣传教育活动。中小学宣传教育比上年增长18%，受教育学生5000多人。8月1日，在省人防办组织开展"点赞人防故事短视频"活动中，区人防办制作选送的《构筑坚固人防体系 铸就坚强护民之盾》短视频被省人防办录用并集中展播。9月16日，区人防办创新宣传形式，在星光大道广场开展"军地联动齐发力 国防人防同宣传"活动，通过设立国防与人防等主题内容宣传展示板，发放《中华人民共和国防空法》《浙江省防空地下室管理办法》《人民防空知识》漫画读本等宣传手册，创建社区人防宣传平台，与区人武部联动宣传国防与人防知识。

【"人防行业监管"应用场景建设】2022年7月27日，区人防办启动"人防行业监管"应用场景建设。"人防行业监管"应用场景作为"浙人防数字化综合平台"子场景之一，是"四纵四横"（"四纵"：一体化的运行管理体系、数据治理体系、标准规范体系和安全保障体系；"四横"：基础设施体系、数据资源体系、应用支撑体系和业务应用体系）架构体系中的重要部分，是省、市人防办赋予区人防办的一项重要任务。人防行业监管场景聚焦全省人防行业管理流程数字化和行业监管制度构建，实现人防工程建设、工程维护管理、人防警报和指挥通信等领域行业主体管理以及综合执法和信用体系管理平台一体化。至12月12日，"人防行业监管"应用场景建设完成。

（来 萍）

2022年9月16日，区人防办联合区人武部在星光大道广场举行"9·18"人防宣传周活动

（区人防办 供图）

退役军人事务

【概况】2022年，滨江区退役军人事务局做好思想政治、就业安置、服务保障、拥军优抚、权益维护、褒扬纪念等各项工作。开展崇军系列宣传和活动，推进退役军人服务站建设，组织3个街道退役军人服务站工作人员开展优抚优待、信访处置等退役军人事务工作。区退役军人服务中心完成升级装修改造。全年为32家退役军人服务站发放建设补助经费108万元。接收2022年退役士兵。对全区退役军人就业情况和用工单位需求进行摸底，为退役士兵提供就业培训、专场招聘会、社工单考单招，完成退役士兵、随军家属的安置工作。组织全区退役军人志愿者参与新冠疫情防控工作和复工复产工作。召开区委退役军人事务工作领导小组暨双拥工作领导小组会议。提升数字化服务，完成浙江省退役军人数字化改革第二批重点项目"滨置无忧"建设；迭代升级开发"复学无忧"数字平台，实现大学生退役士兵复学无感智办。重视退役军人的服务保障，联合商家开展崇军惠军，提供就业创业、教育培训、医疗服务、优待抚恤等专属优惠服务，至年底，累计签约综合体5家、崇军商家376家。全年发放各类抚恤补助金1689万元（其中民生直达发放755

万元）、慰问金21万元、慰问品价值92.5万元。

【崇军优待】 2022年，区退役军人事务局与企事业单位开展共建活动。3月2日，组织武警浙江总队医院等驻军单位与杭州星光大道经营管理有限公司、长河街道退役军人服务站开展共建结对签约，推进星光大道“崇军一条街”“双拥示范基地”打造。3月9日，走访科技拥军模范企业杭州网易严选贸易有限公司，达成退役军人、军人军属优待合作意见，开展线上、线下优惠让利活动。11月8日，与浙江大学医学院附属第二医院滨江院区签订崇军医疗协议。

【就业创业服务】 2022年，区退役军人事务局推进退役军人就业创业服务。做好就业服务平台推广应用工作，对接区人力社保局、3个街道，动员入驻企业服务平台100家，走访、回访退役军人，为多名失业退役军人推荐工作。排摸有报考社工意向的退役军人人数。6月14日，区退役军人事务局指导杭州三花江虹国际创意园、杭州创视界创业服务有限公司2家退役军人就业创业基地联合开展“发现天赋 绽放优势”能力提升活动，开展退役军人事务部就业平台退役军人直播带岗工作。12月9—10日，区退役军人事务局开展退役军人职业技能教育及就业创业培训，采取“线上+线下”“理论+技能”的融合模式，系统学习市、区孵化器政策、电子商务行业发展状况和技能技巧，培养电子商务师职业技能。

【退役军人志愿服务】 2022年，滨江区退役军人发挥政治自觉和优良作风，参与志愿服务活动。1月29日，区退役军人事务局组建7支退役军人志愿服务队，开展疫情防控工作。6月15日，组建4支退役军人志愿服务队伍参加2022年杭州市首届“泰隆银行杯”退役军人志愿服务项目大赛，3个项目入围决赛。6月28日，组织参加杭州市首届志愿服务项目大赛，获得银奖1个、优秀奖2个。

【建档立卡和优待证申领】 2022年3月11日，区退役军人事务局制定《滨江区建档立卡和优待证申领实施方案》。根据方案组建工作专班、召开任务部署会、组织业务培训、推送申领短信、制作信息采集本、组织集中采集、开展上门服务、举办发证仪式等。编写印发实务操作指南，打造“军人知识库”，线上开发建档立卡填报小程序，在社区开展集中采集，形成日报、周报晾晒榜。为80岁以上退役军人和重点优抚对象开展上门服务，为集体户口、尚未纳入社区服务站管理的区级机关和直属单位、区人武部、滨江消防救援大队的退役军人开展专场服务，协助外地户籍的退役军人和其他优抚对象办理优待证异地申领。8月31日，滨江区在全市首家实现退役军人和其他优抚对象建档立卡存量清零。至年底，优待证申领率89.9%。

【优待证首发仪式】 2022年6月22日，滨江区退役军人、其他优抚对象优待证首发仪式在区党群服务中心举行，20名退役军人代表受领首批退役军人优待证。中国工商银行滨江支行、中国农业银行滨江支行、中国光大银行滨江支行、杭州网易严选贸易有限公司、杭州滨江宝龙城市广场和杭州星光大道经营管理有限公司6家单位被授予“崇军企业”，为持证退役军人提供收费优惠、优选理财、优先服务窗口、年卡会员折扣等崇军产品。优待证是退役军人和其他优抚对象享受优待的凭证，具有彰显荣誉、识别身份、落实待遇和服务管理4个功能。

【崇军系列活动】 2022年7月21日，区委退役军人事务工作领导小组办公室印发《关于做好“八一”期间退役军人工作和双拥工作的通知》。全年，开展优待证发布仪式、最美退役军人及最美拥军人物选树、驻军部队走访慰问、双拥主题宣传、军政座谈会、“关爱功臣”“双拥在基层”活动、随军家属及退役士兵招聘会、军民共建联系点签约活动、组织退役军人志愿者队伍参加省、市比赛、出台困难退役军人帮扶援助工作实施细则等崇军系列活动。

【“最美退役军人”“最美拥军人物”评选】 2022年8月1日，区退役军人事务局、区委宣传部、区人武部举行滨江区2022年度“最美退役军人”“最美拥军人物”发布仪式，唐佳和、李杰、傅晓勇、王立峰、黄勇5人被授予“最美退役军人”称号，庞惠民、张斯平2人被授予“最美拥军人物”称号。该活动是滨江区第二届“最美退役军人”“最美拥军人物”评选活动。

【退役军人专场招聘会】 2022年10月20日，滨江区退役军人专场招聘会在区退役军人协会驻地举行。招聘会由区退役军人事务局组织，区关爱退役军人协会承办。前期区退役军人事务局通过退役军人就业创业系统，分析摸排退役军人就业情况，针对性地通知区内待就业退役士兵。区关爱退役军人协会发动企业单位，吸引杭州兴耀物业有限公司、中海物业管理有限公司等单位参加，推出各级管理岗、租赁顾问、安管岗、客服岗、工程岗、安全员等工作岗位，为不同年龄、学历层次、专业技能的退役军人及军属提供岗位。活动创新招聘模式，拓宽就业渠道，助推退役军人和军属实现就业。

2022年8月1日，滨江区举行2022年度“最美退役军人”“最美拥军人物”发布仪式。图为仪式现场 （区退役军人事务局 供图）

【“新时代枫桥式退役军人服务站”评审现场会】 2022年10月27日，浙江省“新时代枫桥式退役军人服务站”检查评审现场会在滨江区召开。全省11个地市的40名检查评审工作组成员考察西兴街道退役军人服务站和长河街道冠山社区退役军人服务站，查阅台账、逐项对照检查，认定2个站点为全省“新时代枫桥式退役军人服务站”建设评定标准。至年底，全区63个三级退役军人服务中心（站）全部建成全国“示范型服务中心（站）”。共建成省级“新时代枫桥式服务中心（站）”16个，占25.4%，居全市第一位。

（郑梦雨）

经济管理

宏观经济调控

【概况】 2022年，杭州高新区（滨江）地区生产总值2184.8亿元，比上年增长1.8%，增速居全市第三位。规模以上工业增加值756.4亿元，总量保持全市第一；规模以上服务业营业收入3235.3亿元。固定资产投资总额359亿元，增长18.6%。一般公共预算收入214.7亿元，增长5.8%。社会消费品零售总额547亿元，增长6.2%。

【年度计划编制与执行】 2022年，区发改局制定《杭州市滨江区2022年国民经济和社会发展计划执行情况与2023年国民经济和社会发展计划草案》（简称“计划草案”）《杭州市滨江区2022年上半年国民经济和社会发展计划执行情况的报告》（简称“报告”），计划草案和报告经区政府同意报区人大常委会审议通过。计划草案明确经济社会发展的总体要求，确定地区生产总值、规模以上工业增加值、第三产业增加值、一般公共预算收入增长值、固定资产投资增长值等11项全区经济社会发展主要指标目标。报告对计划执行进行阶段性总结，助推经济稳定发展。至年底，各项经济社会发展指标基本完成。

【经济运行监测】 2022年，区发改局围绕“建设天堂硅谷、打造硅谷天堂”的战略部署，以建设世界领先科技园区和现代化先行示范区为目标，逐月分析研究经济运行情况，推动产业、改革、创新、治理、民生等关键领域高质量发展。出台《推动创新链产业链“两链”深度融合的若干政策》《杭州高新区（滨江）科技创新产业基金管理办法》《杭州高新区（滨江）商事主体登记确认制改革实施方案》，营造良好创新创业生态，推进经济高质量可持续发展。至年底，实现地区生产总值2184.8亿元，财政总收入433.62亿元。

（章子怡）

【固定资产投资】 2022年，杭州高新区（滨江）固定资产投资完成359亿元，比上年增长18.6%。其中：省重点项目完成投资39.1亿元，完成全年计划的260.9%；市重点项目完成投资79.4亿元，完成全年计划的158.3%；省“4+1”（“4”指交通投资、生态环境和公共设施投资、高新技术与产业投资、民间项目投资；“1”指省市县长项目工程）重大项目完成投资36亿元，完成全年计划的155.3%；工业投资、高新投资、民间投资增速均高于全市平均水平。列入省“152”工程（省市县长项目工程）项目共4个，长川科技项目、网易三期项目、泰格医药项目、海康机器人项目全部开工。

【产业平台发展】 2022年，滨江物联网小镇、互联网小镇获评省级优秀命名特色小镇，数字健康小镇获评省级优秀创建特色小镇。产业平台内5家企业入选第二批省级先进制造业和现代服务业融合发展试点，12家企业入选2022年度浙江省服务业重点行业规模以上企业亩均效益领跑者名单，数量均居全市第一位。探索“一区多园”高新模式，筹备杭州高新区（滨江）萧山特别合作园，牵头起草滨萧特别合作园建设方案、合作协议，于3月3日揭牌、签署协议。

【产业政策】 2022年，杭州高新区（滨江）举办经济高质量发展大会，创新推出元宇宙分会场。制定发布《建设高能级战略平台、打造世界领先科技园区行动方案》《杭州高新区（滨江）贯彻落实国务院和省市扎实稳住经济一揽子政策措施》《助企纾困稳增长政策十二条》《关于“抢抓先机拼经济，稳中求进开门红”若干政策意见》，参与制定《关于促进新一代人工智能创新发展、推动产业生态建设的若干政策》，推动高新智能算力中心扩建，助力人工智能产业生态发展。依托“亲清在线”平台，加快涉企政策兑现，按照“第一时间+顶格优惠”要求、“申报零材料、审核零人工、兑现秒到账”标准，上线涉企政策219条，兑现涉企资金41.21亿元，总量居全市第三位。

【营商环境优化】 2022年，杭州高新区（滨江）推进153项国家（市）营商环境试点改革落实落地，推进营商环境无感监测，获评年度市突出贡献集体1个和个人1人。推动社会信用体系建设，营造社会诚信氛围，“信用+”便民惠企场景成效明显，推动“信用+创新积分”场景深化。统筹推进应急物资保障，建立保障体系，推进数字化应用建设。

【绿色发展】 2022年，杭州高新区（滨江）参与全省首个数智电力节能团体标准《数智电力节能控制技术导则》，印发《杭州高新区2022年度低碳试点工作推进计划》，人工智能产业园和储能聚合充电场站2个场景入选杭州市十大低碳应用场景。区住建局、区市场监管局等5家单位完成“节约型机关”创建，全区节约型机关创建率90%以上。完成区域能评编制工作，制定区域节能审查负面清单，全年完成17个光伏项目备案，合计装机容量6.5兆瓦，完成10个项目节能审查、8个项目节能备案。

（李钰磊）

自然资源管理

【概况】 2022年，杭州高新区（滨江）核查宅基地权属档案28户；参加征迁遗留个案协调会议15次，处理解决分户安置个案18户。处置整村拆迁遗留户2户、之江大桥遗留户5户。杭州高新区（滨江）入选全国首批自然资源节约集约示范区县（市）。

【土地使用管理】 2022年，规划资源滨江分局利用“批而未供”土地116公顷，消化“供而未用”土地163.2公顷，“低效用地”再开发114.8公顷。出让经营性用地4宗，土地总面积14.47公顷，合同出让金82.5亿元，平均楼面地价每平方米2.85万元，提前完成出让地块的出让金收缴，全年收缴出让金141亿元，其中经营性用地138.6亿元、工业用地2.4亿元。完成“花样年”宅地地块（4.8公顷）合同解除工作，解除地块预查封，收回该地块国有土地使用权。收储工业用地19宗，土地总面积38.33公顷；出让工业用地“标准地”16宗，土地总面积25.4公顷，促进全区财政资金平衡，保障重点工程项目落地。

（许贤鹏）

【基础设施项目供地】 2022年，杭州高新区（滨江）组织编制《2022年度滨江区土地征收成片开发方案》，方案获省自然资源厅批复同意通过。杭州高新区（滨江）优先纳入收储出让、盯紧已供项目开工建设，稳步推进老旧园区提升改造，提前超额完成“三块地”消化利用考核任务，其中，“批而未供”任务88.27公顷，已完成116公顷，完成率131.41%；“供而未用”任务159.4公顷，已完成163.2公顷，完成率102.38%；“低效用地”任务100公顷，已完成114.8公顷，完成率114.8%。至年底，完成公租房、中小学用地、公园绿地、城市道路等划拨供地69宗、156.68公顷。

（袁惠田）

【土地执法监察】 2022年，规划资源滨江分局开展土地执法日常巡查261人次，对巡查发现的问题，发送涉嫌违法违规建设情况移送函件3份，协助综合执法部门开展违法建设行为核查104次，为拟上市企业出具无违法违规证明材料24份。卫星图片遥感执法检查发放图斑164宗，对发现的3宗涉嫌违法用地问题，督促责任单位全部整改到位，实现卫星图片遥感执法监督检查违法用地耕占比连续7年为零。落实地质灾害易发区防灾责任人和巡查员28人；在台风以及强降雨等重点时段，出动巡查队伍196组322人次排查和巡查全区地质灾害易发区，发出地质灾害气象预警29次；新建长河街道山一社区孔家里212号房屋后侧边坡、章苏村69号房屋后侧边坡2处地质灾害自动化专业监测点，对点位边坡位移变形、降雨、实时影像等数据实现全时段监测，提升全区地质灾害自动化专业监测水平。推进“迎亚运”山体修复景观提升行动，对已完成的5处山体裸露点位做好日常景观养护工作。

（许贤鹏）

【林业管理】 2022年，规划资源滨江分局落实森林防火责任制，开展野外火源排查及治理，共巡护550千米，出动385人次。补充街道社区森林消防配套设备，包括高压消防水泵1台，消防背包20只，柴刀20把，水壶20个。开展野生动物救护，接收“110”联动120起，救护重点保护野生动物90多次，造林26.8公顷。

（来佳滨）

【不动产登记】 2022年，杭州高新区（滨江）继续实行不动产登记零收费。2月1日起，施行《杭州市不动产登记若干规定》。5月1日起，根据《杭州市不动产登记领域证明事项告知承诺制工作规范（试行）》，推行不动产登记“告知承诺制”，对申请人无法提供的身份证明、死亡证明、亲属关系证明等资料，以书面承诺代替。实现个人购买新建商品房“交房云办证”不动产登记缴税全程网办。5月24日，应用“土地码”，实现工业用地“三零发证”。6月13日起，“市域一体化”不动产登记通办范围扩展至余杭区、临平区，通办事项包括线上5项、线下8项。7月1日，沿用储备土地权调成果办理土地首次登记，实现“交地即交证”。至年底，不动产登记窗口办理不动产登记业务1.37万件，发放不动产权证书7385本、不动产登记证明3786份，出具查档件3475件。不动产登记窗口获杭州市审管系统“优秀窗口”称号。

（周洁莹）

【权籍调查】 2022年，规划资源滨江分局继续推进日常不动产权籍调查，落实省、市关于不动产登记、权籍调查的规范要求，加强主动服务意识，针对急、难、重、大等项目，提前介入政策指导，加快组织资料审查、现场核查。全年组织现场踏勘95次，完成权籍调查116宗，其中纯土地登记类权调项目40宗、复核验收类权调项目50宗、城镇私房等存量房变更权调项目8宗、预测绘项目6宗、资产处置1宗、储备地块9宗、地下空间首次登记权调项目2宗。

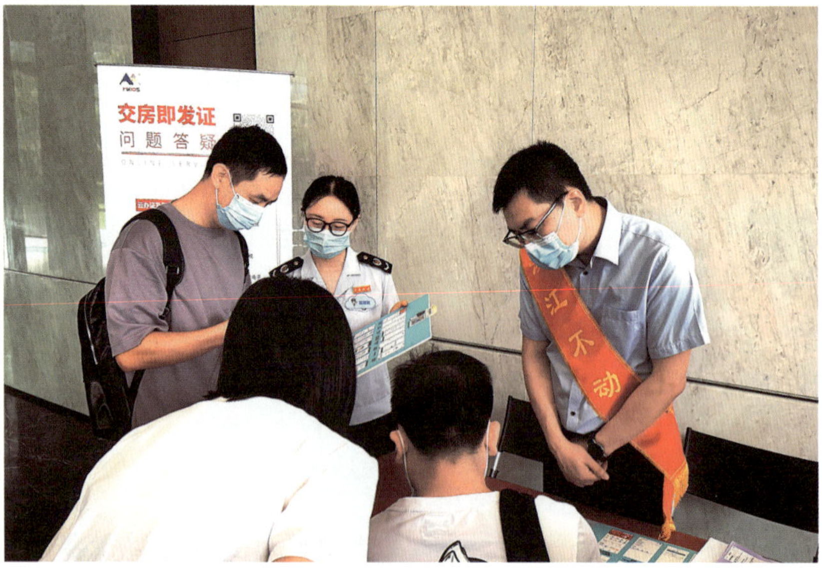

2022年6月9日，杭州高新区（滨江）晓风印月新房交付现场全程网办“交房云办证”不动产登记缴税　（规划资源滨江分局　供图）

【自然资源监测】 2022年，规划资源滨江分局全力推动年度变更调查工作，委托专业机构，依托先进举证手段，利用国土云网上终端设备4台、拍摄变更图斑现场无人机5台，完成国家图斑692个、省核查图斑调查举证601个，拍摄举证照片9600多张、补充举证图斑41宗，省级核查正确率100%。开展首次城市国土空间监测工作，利用已有资源，结合数字化平台建设成果，挖掘可利用的各项数据，完成资料的收集利用24项、空间信息细化和补充调查，细化要素合计841个，城镇住宅214个，单体房屋1175个，完成路网水网更新。

【测绘与地理信息管理】 2022年，规划资源滨江分局落实省、市关于乙级测绘资质审查工作要求，组织单位人员开展工作规范、审查标准等学习。发挥分局对测绘机构属地管理优势，开展乙级测绘单位资质申请及变更审查工作，至年底，完成浙江海测科技有限公司等15家单位共105轮审查工作，日常测绘项目备案186宗，测绘成果审核入库177宗。

（贺　刚）

【生物多样性调查评估】 2022年11月，杭州高新区（滨江）开展全区域、全网格、全物种生物多样性调查评估工作。调查周期为1年，对全区高等植物、植被、陆生哺乳动物、鸟类、两栖类和爬行类、昆虫、大型真菌、内陆鱼类、浮游生物、大型底栖无脊椎动物、内陆周丛藻类、生物多样性相关传统知识等12个类群多样性进行本底调查与评估，摸清生物多样性状况及变化趋势，全面提升生物多样性治理能力，形成《滨江区生物多样性调查评估报告》，为杭州高新区（滨江）生物多样性状况提供数据支撑。

（张　洁）

国有资产管理

【概况】 2022年，杭州高新区（滨江）有区属各级国有全资及国有控股公司25家，其中直接监管企业5家、委托监管企业3家、各级子公司17家。国有企业合并资产规模总额926.35亿元，负债总额364.01亿元，净资产562.34亿元，营业收入17.29亿元。加强融资统筹谋划，引导区属国有企业创新融资模式、拓宽融资渠道，通过让基金份额、企业债、保险债等多元化融资手段，做大做优国有资产增量。

【国企业务架构优化】 2022年，区财政局出台《区属国有企业推进市场化改革专业化发展实施方案》，对区属国有企业市场化改革和专业化发展的原则目标、总体架构、运行体系等做出具体规划，构建以国有资产运营管理为“一体”、杭州高新国有控股集团有限公司和杭州高新金投控股集团有限公司为“两翼”的业务体系，带动国企改革和经营发展效率提升。方案包括组建杭州高新金投控股集团有限公司，明确其综合金融服务功能定位，完成名称及出资人关系变更，完善组织架构设置，跟进公司股权代持及企业债变更事宜；杭州高新开发建设管理运营有限公司从杭州高新技术产业开发区资产经营有限公司划转至杭州高新国有控股集团有限公司下，更名为杭州滨江环境发展有限公司；形成“1+2+3+X”国资运营管理新体系，其中“1”为财政局，“2”为杭州高新国有控股集团有限公司和杭州高新金投控股集团有限公司，“3”为杭州滨江城建发展公司、杭州滨江环境发展有限公司和杭州高新技术产业开发区资产经营有限公司，“X”为下设子公司。

【国企人事薪酬改革】 2022年，区财政局推动人事薪酬改革。规范人员管理模式，完善新一轮国有企业“三定”方案，确定国有企业领导职数、内设机构、中层职数和人员编制，实现机构精简高效、岗位科学合理；优化企业人员公开招聘程序和制度要求，加强企业中层人员管理，明确干部适用范围及管理权限、规范选拔任用程序。实施经营业绩考核办法，组建薪酬考核领导小组，完善直接监管企业负责人业绩考核办法，实施经营业绩和党建工作双轨制差异化分类考核，通过落实加分制经营业绩考核，完善国有企业激励约束机制，强化考核结果运用，加大正向激励力度。健全薪酬福利体系，完善国有企业领导班子薪酬体系，合理确定国有企业薪酬框架；出台国企年金指导意见、职业经理人指导意见等文件，加强国企职工退休生活保障，提高企业人才吸引力和获得感。

【国有资产存量盘活】2022年，区财政局结合国有企业市场化改革，推动国有资产清理和房产确权工作。开展全区国有房产清查摸底，分类梳理杭州高新技术产业开发区资产经营有限公司、杭州滨江城建发展公司及白马湖创意城管委会、杭州滨江环境发展有限公司33处待确权房产，总面积35.18万平方米。制定分批次确权处置方案，落实“补充手续办理一批、绿色通道放行一批、特事特办一批”，全年完成国土建设大楼、阳光家园项目、智慧新天地沿江景观项目等11万平方米不动产权证登记。沿江房产、通信地下管网收益权（特许经营权）调整至杭州滨江环境发展有限公司，盘活存量资产。

【数字化监管平台】2022年9月，区财政局根据“构建国资监管大格局、形成国资监管一盘棋”要求建立的“国有企业数字化监管平台”上线试运行。该平台坚持问题和需求双重导向，建立“1+5+X”整体架构，即房产管理、人事薪资管理、重大事项管理、财务管理、资金管理5大核心业务场景应用，规划未来“X”个可扩展场景应用，满足国企管理、国资监管动态需求。对接区数字化改革专班，集成风险中心、监管中心等监管端功能模块，打通国企应用端和财政监管端共享交互渠道，实现业务全流程监管，形成“事中监督、事后评估”为主的线上决策和运行监督管理体系。风险中心模块首批搭建33个风险预警规则模型，横向对接区纪委监委、区人大财经委等部门，纵向承接杭州市公权力大数据监督应用，形成“系统共用、模型共建、数据共享、风险共处”的协同机制。至年底，依托5大核心业务场景应用，对国有企业房产租赁、资金支付及国有企业人员等不同板块的全生命周期形成闭环式管理，纳管4家区属国企经营性房产，总建筑面积142.4万平方米；建立国有企业统一财务平台，实现资金统一可视，资金变动信息实时更新共享；国有企业人员全生命周期管理、重大事项审批全流程实现线上办理。

（陈啸君）

财　政

【概况】2022年，杭州高新区（滨江）财政总收入433.62亿元，比上年增长6.5%；一般公共预算收入214.65亿元，增长5.8%，占财政总收入的49.5%。一般公共预算收入中税收收入201.61亿元，占一般公共预算收入的93.9%。全年非税收入119.72亿元；一般公共预算支出167.75亿元，增长17.2%。全区预算执行情况良好，财政收支平衡。

【财源培植】2022年，区财政局按照“大财政”思维，统筹各方资源，确保财政运行总体平稳。强化税源培育，加强与税务部门、上级财政部门的沟通联系，监测重点税源，抓好财政收入挖潜，提高收入质量，增加财政收入。加强非税征管，跟踪出让地块挂牌进程和结算进度，紧盯关键审批环节，掌握资金结算进度，及时入库土地出让金收入。用好非税和票据管理一体化系统，全年非税收入119.72亿元，其中纳入一般公共预算收入管理的非税收入13.05亿元、土地出让金收入100.27亿元、其他政府性基金收入6.4亿元。向上争取资金，对接上级财政部门，跟进专项债项目筛选、申报情况，全年争取专项债券20.32亿元，其中2021年提前发行13.60亿元、2022年新增发行6.72亿元。

【财政政策落实】2022年，区财政局全面落实稳进提质政策，加大助企纾困力度，全年落实增值税留抵退税政策36.2亿元，比上年增长44.4%。拨付惠企产业扶持资金63.03亿元，其中区本级46.92亿元、上级16.11亿元，惠及企业1.1万家次。通过“亲清在线”平台兑付资金41.21亿元，规模居全市第三位。采用直接减免、清退已交租金、抵缴下期租金、延长租期等方式，对承租区内国有物业的小微企业和个体工商户实施房租减免政策。全年区属国有企业减免租金1.54亿元，惠及承租户1506户。用好政府债券资金，运用专项债政策工具，实施一批安置房建设、学前教育工程、停车场建设等项目，跟踪项目实际支出进度，督促资金使用部门加快原始凭据收集与财务初审，提升支付环节审核效率，支出进度居全省第一位。保障政府有效投资，聚焦亚运筹办、民生保障等重点任务，争取上级补助资金，统筹调度财政资源，把好“预算审核、进度款审核、结算决算审核”等核心环节，做好项目资金保障工作。全年政府投资新建、续建、尾款项目352个，完成投资138.71亿元。

【预算绩效管理】 2022年，杭州高新区（滨江）推进绩效管理数字化改革，延伸预算项目支出绩效管理周期至整个项目期，实现绩效目标、绩效监控管理线上全覆盖，涉及部门预算项目1193个，其中一级项目248个，二级项目945个。首次应用监控预警亮灯机制，更新年度绩效分类管理目录，优化人大代表、政协委员参与绩效评价机制，创新开展区街两级联动绩效评价机制。探索建立财审联动机制，绩效管理和审计工作共享数据成果。深化绩效管理成果应用，事前绩效评估审减1459.1万元，预算审减率18.2%。建立问题通报和整改销号机制，评价发现问题56个。至年底，完成全部问题整改，做法获常务副市长批示肯定。

【政府采购管理】 2022年，区财政局编制区级部门政府采购预算，制定政府采购绩效考核标准，对全区43个部门和3个街道进行考核。强化政府采购监督，推广政府采购政策，完善单一来源采购方式的使用条件，全年单一来源采购项目降低71.4%。明确政府采购无感监测指标，实现信息化指数100%、采购结果公告至合同公告时间缩短至20天、中小企业中标金额占77.33%。推广政采贷、履约保函等扶持企业金融政策，政采贷全年授信1112笔共1.48亿元。推进政府采购在线监控系统项目，提高“政采云”采购项目透明度。规范政府采购履约验收行为，对2020—2022年所有采购项目合同履约验收条款、项目验收要求、与履约验收挂钩的资金支付等内容开展自查。创新单个政府采购项目绩效评价模式，以采购人为被评价对象，考察部门单位年度整体采购管理情况，典型做法获省财政厅发文推广。

【财政监督】 2022年，区财政局加强财政立体监督。开展财政内控检查，对财政监督制度执行情况开展自查自纠。做好全区预决算公开检查，更新维护预决算公开系统单位信息，审核全区预决算公开信息数据。对预算部门、代理机构等发出监督意见书6份。开展“互联网+监管”双随机抽查检查，督促代理机构规范执业，完成代理机构检查3家、政府部门会计信息质量检查3家。统计2020—2022年高频处罚事项，开展政策宣讲。

（叶文婷）

【民生投入】 2022年，杭州高新区（滨江）共投入一般公共预算民生支出146.76亿元，比上年增长18.3%，占一般公共预算支出的87.5%。投入30.98亿元推动教育优质均衡发展，支持智慧教育建设、优秀教师培育，新建、扩建、续建北塘河、东冠单元等中小学及幼儿园10多所。投入40.13亿元支持科技创新、研发项目资助、科技金融创新等。投入卫生健康支出9.95亿元，用于疫苗接种、防疫物资采购以及消杀中心建设等疫情防控。投入3.65亿元完善公共文体设施建设，推动长河历史文化街区开街，支持“数字文化馆”建设，打造“朗读节”等文化品牌，新建、改建城市书房和智慧借阅点20个、体育场地200多处，新增体育场地12万平方米。投入19.37亿元推动社会保障事业发展，保障城镇新增就业6万人，支持开展拆迁户家庭再就业帮扶、大病医疗补助等关爱行动。投入29.9亿元用于市政公用设施养护、市容环卫管理、绿化养护及整治、垃圾分类管理、公交运行补贴等。投入1.08亿元用于农业发展项目资助以及排灌站、水泵站、河闸运行维护等。投入住房保障5.26亿元，开工建设共有产权保障住房1000套、公共租赁住房9.6万平方米。投入6.44亿元用于节能环保，深化平安法治建设，打赢除险保安攻坚战等。

【城市建设保障】 2022年，杭州高新区（滨江）共投入88.34亿元保障安居工程、道路交通改善、公共服务优化、城市环境治理等城市建设工作。投入50.95亿元推进安置房建设、老旧小区改造、加装电梯等安居工程。投入道路基础设施建设17.74亿元，支持沿江景观、江南大道、江陵路、滨盛路等提升改造及亚运场馆周边道路建设。投入公共服务设施建设15.33亿元，完善亚运场馆及配套设施建设、农居SOHO提升改造等。投入4.32亿元推进迎春片区、冠山片区街区微更新工程、城市管道建设改造和城市内涝、积水点治理。

【财政数字化改革】 2022年，区财政局深化财政数字化改革，贯通使用重大应用场景，上线运行预算管理一体化编制系统，实现"浙里报账"应用场景全区预算单位全覆盖。打造特色应用场景，"社区财e通"应用场景获杭州财政系统数字化改革创新应用改革创新优胜奖；升级"政府投资项目智慧财政管理平台"，实现政府投资项目全过程管理；上线运行国有企业数字化监管平台，实现对国有房产、财务资金、人事薪资等领域全过程监管。实施非税和票据管理一体化改革，推进"浙江省非税和票据管理平台"试点运行，实现非税征管、票据管理、预算管理操作平台一体化。

【财政风险防范】 2022年，杭州高新区（滨江）统筹财政发展和安全，防范化解财政风险，保障财政资金安全规范高效运行。专题研究隐性债务化解工作，加大资金统筹力度，化解存量隐性债务，全年完成化债43.67亿元，累计政府债务化解率75.8%。依法合规举借政府债务，确保法定债务率和综合债务率稳定在合理区间。统筹安排财政资金，压减公用经费、一般性支出10.35亿元，保障"三保"（保基本民生、保工资、保运转）支出。制定"三保"风险管控和应急预案，保证"三保"支出底线。

（周贵勇）

税　务

【概况】 2022年，杭州高新区（滨江）各项税收收入465.55亿元，比上年增收50.46亿元，增长12.2%。其中：增值税收入148.23亿元，企业所得税收入153.43亿元，个人所得税收入111.06亿元，城市维护建设税收入16.28亿元，印花税收入4.11亿元，土地增值税收入4.92亿元，房产税收入8.51亿元，车辆购置税收入5.71亿元，其他税收收入13.3亿元。组织社会保险费和其他非税收入194.28亿元，增长25.94%，其中：社保费收入为178.96亿元，增长25.5%；非税收入为15.32亿元，增长31%。

【减税降费】 2022年，区税务局把快退税、防风险、稳增长放在突出位置，打造"留抵退税全景图"实时监控，持续释放退税减税降费政策红利。全年落实新增减税降费及退税缓税缓费政策71.83亿元，其中增值税留抵退税36.2亿元、减税17.98亿元，降费5.53亿元、缓税缓费12.12亿元。

【依法治税】 2022年，区税务局参与全国首批税务行政执法人员尽职免责制度全市试点，联合税务、检察院、企业三方力量办结全省首例刑事合规案件，出口退税风险管理案例获评全省出口退税风险管理优秀案例一等奖。推行"精准监管""精确执法"，全年应对各类风险任务1.5万户次，挽回税费1.19亿元。

【纳税服务】 2022年，区税务局定向推出"滨税助飞"专项行动，构建特色税源数字化精准画像，为“走出去”“拟上市”等重点企业提供“量体裁衣式”政策辅导。举办“专精特新”发展论坛，专题制作《“专精特新”税务赋能手册》，做法获中央电视台点赞报道。全面升级汇集“智能前台”“智享中台”“智管后台”三大智慧板块的全功能“智慧办税厅”。打造的“蓝精灵”税宣品牌获评全市纳税服务价值品牌。

【优化税源管理模式】 2022年，区税务局优化税源管理模式，试行税源“集团化”管理模式，从股权架构角度梳理重点税源代际关系，把同一集团系企业归集至同一团队管理，综合研判集团系内企业再投资，为防范化解集团系企业涉税风险提供支撑。至年底，已设置集团化管理系别62个，涉及企业826家。该管理模式受到杭州海康威视数字技术股份有限公司等重点税源企业欢迎。

【税收风险管理】 2022年，区税务局以高质量建设“减税降费数智综合监督机制”“协定待遇优惠后续管理”2个项目为主线，推动税收风险管理工作落实落地。其中，“协定待遇优惠后续管理”项目有效统一全市协定待遇执法尺度，入选杭州高新区（滨江）重大改革试点和重点改革任务。承接全国首批税务行政执法人员尽职免责制度全市试点，制定优惠、发票、法制、证明四大类免责事项清单，为精确执法贡献滨江经验。主动探索税收监管协作，实行“三+二”管治策略，即融合税务、检察院、企业三方力量，以规范指导、监督评估二元合规方式完成全省首例刑事合规案件。建立“数据集成+主动沟通+柔性执法”“枫桥式”破产债权争议解决机制，提升清偿率，维护国家税收权益。推动出口退税风险管理，出口退税风险管理案例获全省出口退税风险管理优秀案例评选一等奖。

【软件产品增值税退税闭环式监管】 2022年，区税务局针对杭州高新区（滨江）软件退税量占全省的50%以上，为加强软件增值税企业即征即退管理，融合“业务+数据+技术”，研发“软件产品增值税退税电子化管理系统”。该系统设立“预警管理”等4个模块和24个子模块，综合运用“进项分摊合理性”等50多个疑点指标，通过后台运算和智能比对，摸排退税疑点。新增“软件退税企业下游申报留抵退税”疑点指标，防范不法分子恶意抬高软件价格“双骗”即征即退和留抵退税。该系统应用数字化手段实现软件产品增值税退税闭环式监管。

【税务“产学研”一体化合作机制】 2022年，区税务局针对政策宣传辅导、跟踪问效等环节创新“产学研”一体化合作机制。推进“产学研”交流，承接开展区政府主办的税收宣传月活动——杭州高新区（滨江）“税收赋能‘专精特新’”发展论坛，邀请政府部门人员、高校学者及企业家代表参与，就政策助力创新发展方面进行现场探讨。针对企业个性化需求，联合经信、工商联等部门推出“一户一档”“一户一策”综合赋能举措，做好“政策+服务”双重助力。强化“产学研”立体宣传，发挥税校合作优势，以浙江大学经济学院和浙江商业职业技术学院大学生为“支点”，通过“税务局—高校或研究院—创业创新园”宣传链条，结合蓝精灵“翼课堂”，做好“线上+线下”辅导，扩大社会面宣传效应，确保新的组合式税费支持政策宣传到位。

【纳税信用建设】 2022年，区税务局发挥纳税信用的正向激励作用，形成“办税便利、发展畅通、纳税诚信”的良性循环。区税务局助力纳税信用良好的企业在纳税服务、留抵退税等方面享受便利，构建以纳税信用为基础的新型税收模式；为守信企业提供发票增量即办白名单、发票提前领用等服务；对失信企业落实“黑名单”联合惩戒制度，实施发票限量、重点监控、失信公示等措施；协同共治高效联动，推进与相关部门的信息共享，扩大联合惩戒影响力，传递“激励守信，惩戒失信”的理念。至年底，正向激励企业1.2万户次。

【税务文化建设】 2022年，区税务局做好税收文化建设，为讲好税收故事、学习兴税资源建设等工作助力。与中国财税博物馆合作拍摄税收传统文化系列宣传视频，与国家税务总局微信公众号和“中国税务”抖音号开辟“走进文物”专栏。与中国财税博物馆联合制作的微视频《它说》获第30届北京大学生电影节“中国税收”特别单元入围作品奖，与市税务局合作的《走进〈数据安全法〉》获杭州市第五届“阿普杯”普法创意大赛优秀奖。区税务局微课作品《找变化，印花税施行啦》获全省税务系统学习资源建设实战化项目微课大赛金奖。区税务局代表杭州高新区（滨江）参加2022年杭州市“学习强国”知识竞赛并获第一名。

【单边预约定价安排协议】 2022年4月，区税务局与乐麦信息技术（杭州）有限公司签署单边预约定价安排协议。单边预约定价指纳税人与税务主管机关预先协商制定关联企业交易的价格并签订协议的一系列活动。该协议是新规环境下全国首例跨境电商、全省首例适用简易程序的单边预约定价安排签约协议，用时6个月完成原先需2~3年时间的签署流程，达成74亿元收入的税收确定性，涉及税款4.23亿元。该做法获省税务局主要负责人的批示肯定。

（王　俨）

金融监管

【概 况】 2022年，杭州高新区（滨江）健全金融风险防范化解体系。出台《完善滨江金融安全风险闭环管控机制专项工作赋分办法》，强化考核激励约束，织密风险防控处置工作网，针对社区网格员开展金融风险防范处置专题培训，增强平安金融建设基层力量和专业素养。

【数字化赋能金融风险监测预警】 2022年，区金融办综合运用监测防控系统、同花顺金融数据终端、涉众风险企业预警处置平台、基层治理综合信息平台等数字化监测平台，结合省市下发风险线索，迅速识别、研判、处置。全年开展相关疑点排查50次，处理负面舆情13条。

【重点领域金融风险专项整治】 2022年，杭州高新区（滨江）约谈25家风险私募机构并下发整改通知书，整改工作基本完成。开展养老诈骗专项整治，召开3次全区金融机构反诈专项工作会议，开展形式多样的线上、线下宣传，相关工作报道5次被市区两级刊登。化解信访投诉，全年化解信访81件。

（来　霖）

2022年8月25日，杭州滨江区税务局高新税越队获杭州市“学习强国”知识竞赛冠军　（区委宣传部　供图）

审　计

【概 况】 2022年，杭州高新区（滨江）共实施审计项目7个，查出管理不规范资金1.69亿元。区党政主要负责人对审计报告及专报做出批示13篇次，推动被审计单位建立健全规章制度10多项。《杭州市滨江区政府重大决策落实情况专项审计调查》获杭州市优秀审计项目一等奖。选派4名优秀业务骨干参加省市审计项目、省审计厅挂职、省委巡视和区委巡察等工作。

【财政管理和预算执行审计】2022年，区审计局开展2021年度财政预算执行、决算草案和其他财政收支情况审计。本年同级审围绕“稳中求进”工作总基调，聚焦“防风险”“促改革”“保重点”“提质效”，实施楼堂馆所、招商引资、单一来源采购、财政预算项目库、政府综合财报、“三公”经费、“5+4”（扩大有效投资、减负强企、科技创新、稳外贸稳外资促消费、民生保障与财政、自然资源、金融、能源）政策跟踪和公墓管理等8个专题审计，《机关事业单位租用区属国有企业房产管理的主要情况、存在问题及建议》《防范残保金政策背后的“灰犀牛”事件》2篇专报获区委、区政府主要负责人批示。通过审计整改督促街道国有房产规范入账4.65亿元、26个行政事业单位租用国有房产项目完成合同签订和3079.65万元租金预算安排。

【经济责任审计】2022年，区审计局对区教育局、区综合执法局2个单位的2名主要负责人实施经济责任审计。会同区纪委监委、区委组织部，完成全区50家单位负责人及国有企业负责人2021年度履行经济责任情况报告制度。完成区委统战部、区发改局、区民政局、3个街道等23家单位（部门）36名主要负责人的领导干部离任经济事项交接工作，实现经济责任审计监督全覆盖。启动修订《杭州高新区技术产业开发区（滨江）2023—2026年经济责任审计工作规划》和《杭州高新技术产业开发区（滨江）党政主要领导干部和国有企事业单位主要领导人员离任经济事项交接办法》，对审计对象分类管理，突出审计重点，系统筹划经济责任审计全覆盖。

【政府投资项目审计】2022年，区审计局对农转居安置房建设、城市基础设施、中小学校等45个在建及18个新建建安工程超2亿元重大政府投资项目开展跟踪审计，实现超2亿元政府投资项目审计全覆盖。开展亚运会配套工程跟踪审计，围绕亚运配套工程项目开展监督，促进配套工程资金规范管理，提高资金使用绩效。

【大数据审计】2022年，区审计局探索实践政府投资领域问题预防职能，强化数字赋能审计。完成“重大投资项目审改防平台”上线运营，系统包含问题登记、问题审批、问题采纳、问题汇总、问题预警等功能，提升政府投资项目领域审计问题整改的效率与审计问题举一反三的应用能力，把传统事后审计职能拓展为事前预防职能。完成接入国家审计大数据中心浙江分中心试点工作，按照省审计厅《浙江省审计数据分析网、数据分析室建设和管理基本要求》和《信息安全技术网络安全等级保护基本要求》，首批完成数据分析室建设并通过验收，为开展大数据审计提供数据支撑。

【内部审计】2022年，区审计局探索国家审计与内部审计协同发展，推进审计“两统筹”。完成内审项目21个，其中内部经济责任审计项目3个、财务收支审计项目3个、专项审计项目13个、内控管理审计项目2个。指导并协助会员单位开展审计项目。强化多方联动和横向协作，完成4个国家审计项目与内部审计协同项目，组织区社发局、区民政局等6个部门开展涉及卫生服务、疫情防控经费、文化宣传等14个项目的内部审计。组织开展2022年内审论文和案例征集评选工作，选送全国统一课题论文1篇。

【审计整改】2022年，区审计局完善“一把手领衔、分管领导领办、专人对接”的整改责任机制运行和例会制度，全年共纳入审计全量问题库问题67个，建立健全省、市、区三级问题储备库，储备问题26个，包括省级储备问题3个、市级储备问题10个，促进整改落实金额2.07亿元。审计整改联合督查领导小组办公室全年下发举一反三、自查自纠通知18份，推动区级层面制定、完善、废止相关制度11项，入选市级整改示范案例1个。制定《滨江区“重大审计问题清单”考核细则（试行）》专项考评办法，纳入区大党建考核，发挥考核“指挥棒”督促审计整改。

（单梦晶）

统　计

【概况】 2022年，区统计局围绕建设世界一流科技园区发展目标，落实中央、省、市、区关于稳住经济大盘重大决策部署，聚焦主责主业，做好监测预警分析。全年形成专报30篇，12篇分析材料获区主要领导批示。连续16年获评火炬统计工作先进单位，完成工业、服务业、批零贸易、投资等1600多家单位常规统计调查工作及人口抽样调查、住户调查、采购经理、生产经营、景气调查、工业生产者价格调查等调查工作，开展“共同富裕示范区建设浙江民众感受度”等13项民意调查，助力共同富裕示范区样板区建设。发挥统计服务职能，以“线下走访+线上服务”相结合的方式，宣讲统计业务知识和纾困惠企政策，共服务企业95家。通过“统计可视化平台”“滨江发布”等发布《统计月报》《统计快报》《统计公报》《统计年鉴》，为区委、区政府、社会公众提供及时准确的统计数据。加强法治保障，深化统计文件再学习，制定全区统计法治整改工作方案，建立健全统计监督协同配合机制，全年通过“双随机”执法检查单位55家，查处统计违法行为企业1家。推进省级共富科研人员、网络直播人员基础数据库试点，科研人员精准画像试点获省统计局全面深化统计改革“最系列”成果评选二等奖，推进“重点企业小升规”系统建设，助推纳统归集、统计服务精准化。

【数据质量建设】 2022年，区统计局聚焦国民经济全领域，跟踪预警复杂多变的经济形势对区域发展影响，围绕省市经济指标晾晒机制、区委区政府中心工作和共同富裕高质量发展指标等体系，建立健全经济稳进提质“日跟踪、周简析、月分析、季研判”，从经济增长、国际动态、结构调整、质量效益等方面分析全区经济运行动态，抓好地区生产总值核算监测，对重点产业、重点行业、重点问题开展专题分析。至年底，撰写经济运行与统计专题分析70篇，其中12篇专题分析获区委主要领导批示。

【统计基层基础】 2022年，区统计局贯彻落实省、市关于加强基层统计网格化建设的部署要求，全面推进统计网格智治工作，年内根据属地原则完成三街道五平台1498家“四上”企业纳入网格化管理，全区建成统计网格驿站8个，基层网格70个，形成基层统计网格组织体系搭建。检查指导街道平台网格组建和运维等工作，不定期检查工作开展台账，汇总活动开展情况。组织网格开展统计普法宣传学习、统计工作经验交流和业务知识学习。开展法治入网格专项活动，进行法制宣讲，介绍典型案例，强化统计员依法统计意识。

【统计监测】 2022年，区统计局从经济增长、国际动态、结构调整、质量效益等方面分析全区经济运行动态，抓好国内生产总值（GDP）核算监测，对重点产业、重点行业、重点问题开展专题分析。至年底，撰写经济运行与统计专题分析70篇，其中12篇专题分析获区主要领导批示。围绕“争先进位”目标，运用“世界高科技园区智推系统”分解指标压实责任，提升上报效率，对接滨富合作区，纳统15家国家高新技术企业，协同部门逐一核实，夯实数据质量，全面落实3070家企业火炬统计调查工作，连续15年获评火炬统计工作先进单位；创新运用“三色评估法”全面研判评估火炬统计数据质量，在提质提量过程中多角度、全方位测算优化国家高新区综合评价指标；承担好国家高新区监测点季度监测工作，三季度高新区经济运行分析作为唯一范例分享至全国高新区学习交流。

【统计服务】 2022年，区统计局以助企精准服务活动为重点，迭代开展“统计联心、数为民用”活动，以解决问题为行动指南，提升统计服务能力，助力优化营商软环境，稳中求进推动经济社会高质量发展。通过“线下走访+线上服务”相结合的方式，服务企业95家，宣讲统计业务知识和纾困惠企政策，并以企业实际诉求为着力点，解决企业急难愁盼问题数10个。以突出“重点内容、重点企业、重点人群”为侧重点，开展分层分类统计业务培训，线上线下联动对工业、服务业、贸易、投资、劳资等专业1600多家企业开展10多场次培训，以区级相关部门、平台、街道、规上企业全覆盖的模式提升统计履职能力，压实数据质量。

【国家统计调查】 2022年，区统计局为防止住户调查样本老化、保证样本代表性，启动新一轮样本轮换工作，至10月底，全区新一轮200户记账户开户落实工作完成，新一批“为国记账”家庭开启为期5年的记账工作。区统计局以数据质量为核心，做好全区记账户的月报、季报、年报工作；开展入户陪访工作，全年走访住户调查样本点20个，记账户全覆盖，为助力全区高质量建设共同富裕示范区样板区提供收入类调查数据支撑。开展8个社区128户调查户的劳动力调查、73家采购经理调查及24家工业生产者价格调查工作，同时围绕共同富裕，捕捉社会热点和民生焦点问题，高质量完成“共同富裕示范区建设浙江民众感受度”调查、0~3岁托育服务发展情况调查等13项民意调查，为区委、区政府决策参考提出意见建议。

【统计法治】 2022年，区统计局以统计数据质量为核心，防范和惩治统计造假弄虚作假，加大统计法治宣传力度，夯实统计数据质量，巩固国家统计督察整改成果。出台《杭州高新区（滨江）落实国家统计督察反馈问题整改方案》《杭州高新区（滨江）统计造假不收手不收敛问题专项纠治实施方案》，做好国家统计督察整改，防范和惩治统计造假、弄虚作假。强化统计执法监督检查力度，通过“双随机”执法对重点企业和重点行业进行不定期核查和统计执法检查，全年执法检查单位55家，跨部门联合执法监管率50%以上，掌上执法率100%。制定下发《2022年全区统计普法宣传工作计划》，推动普法宣传，“12·4”国家宪法日和“12·8”统计法颁布纪念日期间参加全区普法，在物联网小镇举办统计法宣传活动，开展以《中华人民共和国宪法》《中华人民共和国民法典》和《中华人民共和国统计法》为主要内容的法治有奖答题，宣讲统计常识和统计法规知识，发放统计普法手册和统计宣传品。

（沈　懿）

市场监督管理

【概况】 2022年，杭州高新区（滨江）新设企业17021家，比上年增长8.7%，其中注册资本5亿元及以上企业13家，在册市场主体数近10万家。全面推进商事登记确认制改革，制定发布实施方案，推动“股权转让一件事”等10项举措落地，实现变更、备案及工业生产许可证发放等30个涉企服务事项“一窗受理、全域办理”。稳进提质企业开设指标晾晒居全省前十位，企业新设增幅、增速均居杭州市前三位。新增浙江省放心农贸市场1家，新增三星级农贸市场1家。创建浙江省放心农贸市场10家、星级文明规范市场11家。区市场监管局获评浙江省人民满意的公务员集体、省政府质量工作督查激励等8项省、市级称号，获批国家级知识产权强国建设示范园区、国家知识产权服务出口基地等6个省部级试点，16人次获评浙江市场监管卫士、浙江省食品安全工作成绩突出个人等省市级表彰，省、市市场监管局年度综合考评保持优秀。质量强区得分为101.82分（全市平均得分为97.17分）。

（傅佳琪）

2022年杭州高新区（滨江）注册资本5亿元及以上企业情况一览表

表7

序号	企业名称	经营地址	注册资本（亿元）
1	杭州博乾恒股权投资合伙企业（有限合伙）	浙江省杭州市西湖区教工路1号1幢301室	8.38
2	杭州巨云网络科技合伙企业（有限合伙）	浙江省杭州市滨江区长河街道秋溢路58号AB座裙楼0213室	5.00
3	杭州榕晟智联科技有限公司	浙江省杭州市滨江区长河街道滨安路1190号3幢智汇领地科技园A区A楼109室	8.50
4	中光合一（浙江）新能源科技有限公司	浙江省杭州市滨江区西兴街道滨盛路1509号天恒大厦1506-2室	5.00
5	杭州灏星企业管理合伙企业（有限合伙）	浙江省杭州市滨江区长河街道网商路699号5号楼2楼215室	8.00
6	杭州滨慧房地产开发有限公司	浙江省杭州市滨江区浦沿街道滨文路426号岩大房文苑大厦20楼201404室	11.48
7	杭州数字西湖股权投资合伙企业（有限合伙）	浙江省杭州市西湖区教工路1号1幢303室	6.06
8	电投融建智能（浙江）科技有限公司	浙江省杭州市滨江区长河街道长河路590号1幢2层216室	10.20
9	浙江空港资本控股有限公司	浙江省杭州市滨江区长河街道长江路336号9幢10110室	30.00
10	杭州万萌置业有限公司	浙江省杭州市滨江区西兴街道江淑路260号13969室	21.80
11	浙江泰能智慧电力有限公司	浙江省杭州市滨江区浦沿街道滨安路1335号2幢232室	5.00
12	浙江长信企业控股有限公司	浙江省杭州市滨江区长河街道滨盛路3303号1幢14层1405室	10.00
13	杭州优逸管理咨询有限公司	浙江省杭州市滨江区长河街道月明路1040号3层31931室	10.00

（顾江莹）

【助企纾困】 2022年，区市场监管局牵头，启动全区个体工商户纾困工作。按照“专班运作、协同推进、平稳有序”的原则，成立区级、部门“两级专班”运作模式。全区建立杭州高新区（滨江）个体工商户扶持工作联席会议，制定《高新区（滨江）区委区政府关于印发助企纾困稳增长的意见的通知》《杭州高新区（滨江）个体工商户纾困稳增长实施方案》《高新区（滨江）市场监管局开启“问需于企，助力护航”活动方案》等纾困政策方案。落实承租区属国有企业房屋免租金减免政策，免除3个月租金、再减半收取3个月租金。全年共减免国有企业承租方（户）1420家，减免金额13751.09万元。其中：小微企业共计492家，减免租金金额为9494.13万元；个体工商户共计928家，减免租金金额为4256.96万元。为涉及餐饮住宿的24家较大规模的市场主体实施特种设备检验费用减免2.74万元，为个体工商户提供相关职业技能培训1300人次，“上马石”服务平台开通创业课堂，为个体工商户提供包括营业执照办理、许可证办理、纳税申报、餐饮行业培训、直播行业监管培训等创业培训。制定《杭州高新区（滨江）服务业个体工商户防疫消杀支出补助工作方案》，对符合条件的个体工商户实施精准补贴，共发放补贴30.84万元。

【企业年报工作推进】 2022年，区市场监管局探索运用数字化手段，上线年报智能语音系统和短信平台。通过机器人提醒报和年报服务智能语音系统，提供呼出提醒以及呼入咨询两项功能。呼出提醒模块以告知年报申报为主，呼入咨询模块以年报业务知识为基础，梳理高频问题库，运用语音识别和智能应答技术手段，为办事群众提供7天24小时不间断，实现30通电话同时接入及智能应答。通过精准短信平台，点对点提醒企业及时按要求年报。全年制定25次机器人语音外呼任务，总外呼数14.11万次；制定13次短信发送任务，发送12.94万家次（包含个体工商户），语音咨询回复率100%。强化服务，通过“多报合一”制度，实现区市场监管局、区税务局、区人力社保局、钱江海关等涉企报告合并申报，为企业减少重复信息填写20多项。开设“上马石”平台年报专区，聚焦年报政策精准解答，针对企业年报业务内容，在企业线上服务平台开设微视频课堂，以动态形式进行在线指导，助力企业了解年报流程和报送方式。全年，杭州高新区（滨江）完成2021年度企业年报率97.33%，居全市第一位。

【数智协同跨部门监管】 2022年，区市场监管局构建滨江特色的力量整合、数字赋能、执法监管“全闭环”的综合行政执法体系。推动全区“双随机、一公开”跨部门联合监管与“综合查一次”工作的融合，全区建立跨部门双随机任务58个，其中区市场监管局参与联合执法41个。成立区市场监管联席工作专班，由区市场监管局、区教育局、区民政局等22个区级执法单位共同参与。通过抽调专人和确定联络员的方式成立专班工作办公室，进行实体化办公；组织召开全区跨部门监管工作推进会，明确年度任务和完成时间节点。将“跨部门监管”工作纳入区委政法委年度考核任务。建立基层执法协同、执法指挥协调、联合执法、“综合查一次”4项执法协同机制，落实人员划转下沉；3个街道均成立街道综合行政执法队党支部，隶属于各街道机关党委；全区139个参公执法编制中90个人员下沉街道。整合协辅队伍，将原街道、区城管局、区市场监管局招聘的不同身份、待遇的协辅力量通过统一公开招考的方式进行优化整合，组织开展上岗培训。使用“大综合一体化”执法监管数字应用平台和“互联网+监管”行政执法平台，通过两大平台的数据贯通，加强层级管理和条线指导，应用协同指挥、监管检查、处罚办案、执法监督四大核心业务，各执法部门实现“监管一件事”和“跨部门双随机抽查任务”检查清单确认、联合部门邀约、线下联合检查等，行政检查和处罚办案全程网办。

（章玙婧）

【网络交易监管】 2022年，区市场监管局推进网络交易平台经济规范健康发展。印发《滨江区网络直播营销行为合规指引》等规章制度，网络交易大数据监测向直播电商领域拓展，全年监测主播255人次，采集视频数756个，总时长2500小时，发现违法违规问题74个，均有效处置。开展网络直播营销违法专项治理行动，以“打造直播产业第一区”为工作目标，重点督促网络直播主体依法公示证照信息、规范直播行为、加强广告审查、依法履行售后服务、健全纠纷解决机制等八大方面要求规范经营，切实履行主体法律责任。至年底，召集网络直播平台和企业集中行政约谈2次，约谈主体56家次，上门走访指导企业31家次，组织各类线下培训4次。

（傅佳琪　叶震林）

【消费者权益保护】 2022年，区市场监管局受理举报、投诉、咨询10.57万件，比上年增长27.6%，其中举报2.01万件，咨询8.47万件，咨询964件。投诉举报具有线上消费投诉多、职业举报人占比大、投诉举报量逐年攀升等特点。区市场监管局畅通投诉举报途径、优化处置流程、营造安全放心消费环境，维护消费者合法权益，实现投诉初查率100%、投诉办结率100%、举报核查率100%、消费者满意率96%、为消费者挽回经济损失876.2万元。全年建成放心消费单位1443家（个），其中无理由承诺单位572家，放心消费商圈8个，放心工厂108家，建立维权联络站8家。

（傅佳琪）

【广告监管】 2022年，区市场监管局持续推进广告监管。开展儿童青少年近视防控产品违法违规商业营销、虚拟货币“挖矿”及交易炒作行为、借重大活动从事违法违规商业广告宣传以及漠视侵害群众利益问题网络直播营销违法违规行为等专项整治行动。开展广告经营主体集中行政约谈2次，约谈主体56家次，引导广告主体增强合法合规经营意识，履行主体责任，优化行业发展环境。全年立案查处广告违法案件69件，罚没款308.4万元。

【合同监管】 2022年，区市场监管局推进合同监管。做好“守合同重信用”企业培训，以企业培育库为基础，指导企业熟练掌握申报方法、流程和注意事项，帮助企业完善申报材料，健全合同管理制度，规范合同签订和信息化管理水平。新增浙江省AAA级“守合同重信用”单位18家，续展AAA级单位53家；新增AA级“守合同重信用”单位46家，续展AA级单位27家；新增A级“守合同重信用”单位37家，续展A级单位3家。至年底，杭州高新区（滨江）有浙江省AAA级“守合同重信用”单位113家、AA级“守合同重信用”单位128家、A级“守合同重信用”单位96家。

（叶震林）

【质量标准化建设】 2022年，区市场监管局推进质量标准化建设。省、市、区三级市场监管局以《国家标准化发展纲要》为指引，参与推进数字安防产业省级重大标准化试点启动，共同指导。试点计划通过2年探索，建立结构合理、绩效卓越、引领发展的数字安防产业标准化体系，推进数字安防产业高质量发展。批准的《中华人民共和国国家标准公告》310项推荐性国家标准，有10项为杭州高新区（滨江）企业主导参与制定。全年新增国家级标准化试点4个，国家级标准化试点2项。新增主导和参与国际标准14个、主导国家标准18个、行业标准10个、行业标准7个。至年底，累计主导和参与国际标准67个、国家标准443个、行业标准449个。

（应露怡）

【计量监管】 2022年，区市场监管局推进国家电动汽车充电桩智慧计量检定试点建设，以充电桩改造和新产品新技术研发成果为基础，创新改造全省首个通过电能准确性试验的带有虚负荷检测的分体式充电桩，节省检定费用和电能损耗，助力国家、省、市电动汽车充电桩计量治理。全年加强各类强制检定计量器具管理工作，确保医疗卫生计量器具、加油机、农贸市场电子计价秤、民用三表（水表、电表和燃气表）、眼镜等重点计量器具受检率超98%。加强获证企业日常监管工作，以“双随机一公开”方式巡查获计量器具型式批准证书企业和计量标准建标企业12家，规范科学计量监管秩序。

（吴元阵）

【食品安全监管】 2022年，区市场监管局利用智慧监管系统，对春秋季开学、中高考保障、托育机构、校外培训和托管机构等开展线上线下同步全覆盖监督检查。做好新办学校幼儿园食堂行政指导，以“早介入、早指导、早整改”为原则，对新办学校幼儿园食堂选址布局、物流线路、设备点位、阳光厨房等提前开展指导8次，确保交付即达到许可要求。配合教育部门开展食堂大宗物品供应中标单位指导，分析历年不合格数据，落实供应商主体责任，确保食材来源、渠道正规。联合区民政局开展养老机构联合检查，检查辖区养老机构食堂4家，排查社区老年食堂44家。至年底，出动检查人员378人次，检查学校、幼儿园食堂及周边餐饮单位600家次，托育机构35家次，校外培训和托管机构21家次，完成问题整改100多个。

（丁朝辉）

【特种设备及工业产品监管】 2022年，区市场监管局检查特种设备企业215家，检查各类特种设备3676台(件),发现和消除安全隐患268个,发出安全监察指令书38份,整改完成率100%。受理特种设备安装维修告知1816台(件),处罚特种设备违法案件3件,罚款5.8万元。开展产品质量监督抽查113批次,处理国家、省、市局交办的114起,处罚产品质量不合格企业50多家,罚没款30.94万元,检查工业产品许可证企业3家。全年未发生特种设备及工业产品安全事故。

【电梯"按需维保"改革试点推进】 2022年,区市场监管局在"五色"(红橙黄蓝绿)风险预警系统的基础上,迭代升级"智慧电梯应用场景",增加按需维保模块,加强对按需维保项目、电梯的动态监管与异常处置,打通数据归集、维保周期评定、过程监管等链路,对试点项目实施全闭环、全过程监管。委托第三方专业机构,加强按需维保质量考察调研,通过团队研究、学习借鉴、专家评审等方式,制定出具有滨江特色、可操作性强的考核评价规则,与电梯智管系统数据模型融合,为加强按需维保全过程、全闭环监管提供支撑。推进试点项目落地落实,召开5次专题研讨会,确定优化试点方案,与区住建、区建管中心等部门及街道对接10多次;召开工作推进会4次,开具工作联系函43份,分层分类进行试点攻坚动员。至年底,共推进项目46个,1452台电梯参与改革试点。

【电动自行车淘汰置换】 2022年,区市场监管局牵头制定《杭州高新区(滨江)电动自行车综合治理集成改革实施方案》《杭州高新区(滨江)鼓励备案非标电动自行车提前淘汰置换工作实施方案》等,明确各部门职责分工,协同推进电动自行车综合治理集成改革工作。设立非标备案电动车淘汰置换专用热线电话,对消费者的疑虑和问题进行解答、处置。在"滨江发布""滨江市场监管"等官微发布置换政策及宣传信息21篇。各街道结合地推活动,加强宣传,共发放"浙江e行"在线操作指南1.35万册,张贴温馨提示卡5.5万张,张贴海报、横幅700多张(条),发送短信5万余条。强化多部门联合执法,规范商家经营行为。召开10多次专班工作会议,5次会同交警滨江大队等部门开展电动车联合执法行动,共出动执法人员358人次,检查商家106家次,发现和整改各类问题25项,立案处罚商家5家次,罚没款3.2万元。每周制定工作简报通报工作进展情况,牵头制定《滨江区鼓励备案非标电动自行车提前淘汰置换财政补贴实施细则》,通过支付宝平台发放4万张滨滨有"礼"消费券。消费券领取8863张,核销7458张,核销率84.1%。通过亲清在线平台发放财政补贴182.41万元。集中组织置换活动80多场次,共淘汰置换车辆5万余辆(含灭失车辆),淘汰率90%以上。淘汰置换的做法被《中国质量报》《市场监管报》报道。

(赵伯银)

【药品质量检查】 2022年,区市场监管局按照省市检查要求,开展药品监督检查,共完成药品批发企业飞检8家次和批发企业检查工作。完成特药专项检查,共检查16家次。完成生产企业集采品种专项检查2家次。开展违规出售处方药专项整治,检查药店68家次,罚款1000元。完成21家次药店新开办、变更事项的现场检查。完成外省药品协查案件3起。完成投诉举报共142起,处置率100%。配合省、市局飞检、变更检查12家次。完成药品95批次市抽,31批次省抽,共126批次药品抽检任务。推进民生药事服务站建设,全年建设任务数2家,完成2家,完成率100%。

【医疗器械质量监管】 2022年,区市场监管局完成医疗器械经营企业许可的现场检查、二三类医疗器械生产企业的跟踪检查,一类医疗器械生产备案核查等日常监管任务,共检查生产企业45家次,经营使用单位628家次。对接省医疗器械检验研究院,推荐8家企业19个产品为该院"一对一"创新助力产品。完成12批次国抽、11批次省抽和8批次市抽(其中6批次为上年延续)任务。抽查结果有一个评价性抽样不合格,即查找原因并整改。完成全区所有三类医疗器械生产企业的UDI(医疗器械唯一标识系统）赋码工作。处理投诉举报、咨询件、协查件等共39件，处置率100%。

【化妆品安全监管和宣传】2022年，区市场监管局以生产企业和备案人监管为重点，加强对化妆品生产企业和备案人的监督检查，检查生产企业和备案企业230多家次，审查备案产品804个次，责令整改问题89个。重点加强对示范店、母婴用品店、美容美发及宾馆、超市的检查，共出动检查人员520人次，检查经营企业260家，立案查处化妆品违法经营案件6起，罚没金额7.5万元。完成化妆品市抽24批次、省抽5批次共29个批次的抽检任务。督促和指导化妆品生产经营企业开展不良反应监测工作，落实不良反应监测责任。上报化妆品不良反应72例。结合“3·15”国家消费者权益日、“5·25”护肤日等活动，采取多种形式开展宣传贯彻，共举办现场培训3次，进社区现场宣传1次，通过微信、QQ群等途径发送化妆品安全知识信息和视频资料4条，利用智慧电梯监管装置循环播放宣传图片计1152小时，受益群众7万余人次。

（赵正业）

【“守底线保安全查隐患”专项整治】2022年，区市场监管局对辖区内食品经营主体实施全面摸排，监督检查覆盖各类经营主体，抽检监测覆盖所有品类和业态，确保全覆盖无盲区。对自查发现的问题隐患落实整改，督促食品经营单位落实主体责任。至年底，共检查食品经营主体3611家，检查覆盖率43.9%，发现问题229个，完成处置229个，完成处置比例100%。

2022年9月15日，滨江区食品安全宣传周暨区域特色食品“你点我检”系列活动启动

（区市场监管局 供图）

（李 慧）

【市场综合执法】2022年，区市场监管局推进市场综合执法，持续开展“铁拳亮剑”行动、食品安全药械化特种设备安全等十大领域系列执法行动，以及网络餐饮专项整治、不公平合同格式条款专项整治、网络数据化打假行动、美容美发专项治理、燃气专项整治、加油机作弊专项治理等专项整治行动，规范重点领域经营行为。全年立案查处案件547件，其中大、要案76件，分别增长50.13%、18.75%，罚没款749.24万元，增长21.36%。1件案例被评为2022年全省保护商业秘密典型案例。牵头完成“双随机”抽查事项207个、任务393个、执法检查1.92万次。全年行政复议113件、诉讼17件，复议纠错1件、无败诉。

（傅佳琪）

【“先证后查”改革首单扩项认定】2022年3月，杭州高新区（滨江）检验检测机构——绿城农科检测技术有限公司通过告知承诺方式取得检验检测机构能力扩项资质认定。绿城农科检测技术有限公司为筹备参与亚运食品安全保障，在线向市场监管部门告知承诺，提出扩大9名授权签字人领域范围，新增4大类别85项检测方法和能力的行政许可事项。区市场监管局邀请专家到企业开展“一对一”服务，帮助企业完善相关体系，落实CMA（检验检测机构资质认定）资质能力扩项清单要素。绿城农科检测技术有限公司资质核查一次性通过。此次认定是杭州市食品药品领域“先证后查”改革后，开展的首单能力扩项认定。

【全省首家芯片全要素检测分析实验室】 2022年3月，全省首家芯片全要素检测分析实验室（季丰实验室）在杭州高新区（滨江）建立。实验室为芯片企业提供失效分析、可靠性验证、测试方案开发等专业技术服务，节省从设计到量产的时间。至年底，该实验室完成杭州市及省内130多家芯片重点研发企业2000多批次的芯片检测分析任务。

【《机动车尾气遥感检测系统》施行】 2022年4月28日，浙江省品牌建设联合会发布通知，批准杭州高新区（滨江）企业杭州春来科技有限公司为主起草的《机动车尾气遥感检测系统》成为“品字标浙江制造”标准，即日起全省范围内施行。2021年3月，区市场监管局指导杭州春来科技有限公司通过专家组评审论证，立项《机动车尾气遥感检测系统》浙江制造标准，填补浙江省机动车尾气遥测系统的标准空白。标准起草组和设计研发团队按照品字标浙江制造“国内领先、国际一流”的定位要求，对标准草案中涉及的产品设计、制造工艺等7项指标多次召开专家论证研讨会优化完善。该系统基于双光谱联用动态监测技术等多项自主创新成果，可在0.6秒内完成行驶机动车尾气排放污染物检测；建立“高排放车遥测筛选物理模型”，提高超标车辆筛选率和正确判断率；基于物联网技术搭建产品追溯系统，实现产品全生命周期管理。

（应露怡　吴元阵）

【商事主体登记确认制改革实施方案出台】 2022年4月29日，区市场监管局出台《杭州高新区（滨江）商事主体登记确认制改革实施方案》，推出登记服务自主办理、住所自主承诺等十项举措，拓展商事主体自主登记渠道，实施改革措施。设置“创业导办员”“解忧工作室”“创业直通车”，解决企业注册登记困难问题。优化市场要素集聚和政府精准服务推送，搭建“上马石”企业线上服务平台，为企业健康发展“扶上马，送一程”。至年底，股权转让“一件事”改革重塑系统办结企业6003家次。

（顾江莹）

【热工自动化国际标准制定】 2022年5月，国际电工委员会（简称“IEC”）发布公告，由杭州高新区（滨江）企业杭州意能电力技术有限公司主导制定的IEC PAS 63312《锅炉火焰检测系统技术规范》国际标准发布施行。该标准填补国内热工自动化领域IEC标准空白，推进国内火焰检测装置走向国际市场前沿。火焰检测器是工业锅炉炉膛安全保护与燃烧器连锁控制的关键检测设备。《锅炉火焰检测系统技术规范》国际标准的发布，弥补锅炉火焰检测器的产品功能与性能规范的缺失，实现为火焰检测系统全球用户提供全过程的技术依据与指导。

【2项国家级标准化试点项目通过验收】 2022年7月5日，杭州高新区（滨江）承担的《商事制度改革促进政务环境提升》《基于严选模式和精益生产的国家级电商服务业标准化》2项国家级标准化试点项目通过国家标准化委员会验收。至年底，杭州高新区（滨江）累计主导制定数字经济国际标准12项，国家标准79项，行业标准82项。

（应露怡　吴元阵）

【集成电路产业首席质量官联盟分会成立】 2022年7月6日，杭州高新区（滨江）成立集成电路产业首席质量官联盟分会。分会由杭州长川科技股份有限公司、浙江众合科技股份有限公司、杭州万泰认证有限公司联合发起，市市场监管局、杭州市首席质量官联盟（专委会）、区市场监管局共同指导。首席质量官（CQO）是企业第一质量人，负责创建以品质为核心的企业文化，提升企业质量竞争力。企业首席质量官制度是现代企业制度的重要内容。集成电路首席质量官联盟分会是一个公益性、开放式、自愿性合作组织，第一届理事会集聚芯片研发、测试、封装、标准、检测和认证等11家重点企业，联盟分会以服务会员单位共同发展为目的，整合会员单位资源，搭

2022年7月6日，杭州市首席质量官联盟集成电路产业分会成立大会召开 （区市场监管局 供图）

建线上线下集成电路质量基础一站式服务平台、“上马石”企业一站式服务平台和云品牌指导站；发布滨江集成电路产业小微企业质量管理调研报告，推广集成电路产业“三分七步法”质量提升模式；提供智慧芽全球专利查询，开放数据知识产权质押；打造共享和专业实验室；助力企业制修订国际、国家和行业标准并给予资助；提供集成电路信息安全专业诊断和技术支持，拍摄信息安全公开公益视频课程，为集成电路产业企业发展助力。

资料：“三分七步法”

“三分法”指按照规模、管理水平、体系现状，将企业分为A类（已通过质量管理体系认证）、B类（未通过质量管理体系认证，有质量基础）、C类（未通过质量管理体系认证，质量基础差）三类，根据分类，制定行之有效的提升方案。质量帮扶“七步法”指在“三分法”基础上，探索研究包括前期准备、现场调研、宣贯培训、体系建设、体系运行、体系评估、经验总结七个步骤，实现质量提升全链路闭环管理。

（吴元阵）

【全省新型庄稼医院建设与服务标准化试点启动】 2022年8月，全省新型庄稼医院建设与服务标准化试点在杭州高新区（滨江）启动。试点由杭州高新区（滨江）企业浙农集团股份有限公司和中农在线联合承建，省、市、区三级市场监管部门共同指导。区市场监管局指导2家单位推进试点建设，研究和制订新型庄稼医院建设和服务标准；对接各地农民合作经济组织联合会、供销社研究制定相关扶持政策，确保医院各项服务功能有序开展；加快推进数字农业、智慧农业、分享农业建设，打造“互联网+农业服务”的新型为农服务组织，建设为农服务的统一平台。至年底，标准化试点项目申报立项省级地方标准并向全国推广。

【“金融优选”定制服务】 2022年9月，区市场监管局联合中国建设银行滨江支行、中国交通银行滨江支行、宁波银行高新支行、杭州银行滨江支行、中国民生银行高新支行、浙江泰隆商业银行滨江支行在区集成电路一站式服务平台推出“金融优选”定制服务。“金融优选”定制服务以线上线下相结合的方式为企业提供一站式服务。企业线上通过“滨江上马石”企业一站式服务平台相关模块点亮6家银行推出的个性化金融优选产品，建立“一对一”联系，银行提供一站式专属服务；线下通过杭州国家“芯火”双创基地（平台）服务窗口，填写勾选金融优选产品，工作人员收集后向6家银行反馈并跟踪落实相关服务。至年底，定制服务共有5家企业向3家银行提出申请，审批通过1800万元。

（应露怡　吴元阵）

【首个互联网医疗健康服务国际标准通过立项】 2022年9月，由浙江大学滨江研究院教授尹建伟、邓水光团队主导，浙江大学附属医院等产学研全链条单位共同参与的两项国际标准提案ISO/TS 5777和ISO/TS 5788通过国际标准化组织（简称“ISO”）立项。ISO/TS 5777和ISO/TS 5788由国家重点研发计划项目成果转化，其目的在于以物联网、大数据等信息技术为手段，把新型医疗方式与传统医疗健康服务融合，重构医疗健康服务流程，优化医疗健康资源配置，提高医疗健康服务的可及性和效率。两个提案分别从底层支撑和顶层设计的维度为互联网医疗健康服务的高质量发展提供标准支撑。该标准是国际标准化组织（ISO）和中国首个立项的互联网医疗健康服务国际标准。

（吴元阵）

【放心肉菜示范超市、示范小蔬菜门店创建】 2022年11月，杭州市市场监管局公布2022年度杭州市放心肉菜示范超市、杭州市示范小蔬菜门店名单，全区有1家超市（杭州盒马网络科技有限公司滨江第一分公司）和5家小蔬菜门店（萌泽食品店、创兴综合商行、巨兽龙果蔬店、锅包肉生鲜店和漫悠悠果蔬店）入选。区市场监管局前期进行动员部署，根据摸底排查情况，鼓励规模较大、管理规范的超市和小蔬菜门店报名。对照创建标准，监管人员现场进行培训指导，查找存在的问题。督促申报单位逐项落实整改到位。通过检查现场和查看台账，各单位符合创建标准并通过验收。全区累计有4家杭州市放心肉菜示范超市、15家杭州市示范小蔬菜门店。

（李　慧）

价格管理

【概况】 2022年，区发改局完成全区重大价格改革与政策协调，对全区价格进行监测预警和价格调控，定期分析、研判价格形势，及时提出对策、建议。根据定价目录，制定政府管理的重要商品和服务价格政策及方案，并组织实施。按权限负责全区重要商品和服务价格、行政事业性收费的管理，组织指导价格认证、咨询等工作。支持小微企业发展，实施降低用电、用气、用水价格政策。服务“平安滨江”建设，指导价格认证中心做好涉案财物价格认证工作，全年完成价格认证报告203份，标的1554种，涉案金额2285.87万元。

【收费管理】 2022年，区发改局履行价格监管职能，对区内公共体育设施收费进行监管。根据省、市相关工作部署，确定义务教育阶段学校课后服务收费及公办幼儿园相关服务收费。协助区市场监管局做好幼儿园收费检查、校外培训机构“双随机”检查。监管公共体育设施收费，对浦沿华家池体育场所、滨江体育馆、滨江青少年宫游泳馆开放项目等收费标准进行调查核定。

【价格监测】 2022年，区发改局制定《杭州市滨江区市场价格异常上涨事件应急预案》，明确组织指挥体系及职责、监测预警、应急响应、应急保障等细则。根据省、市发改委价格监测工作部署，完成节假日重要民生商品价格监测上报工作。实现有效预防、及时控制和消除突发公共事件引起的市场价格异常上涨，规范市场价格异常上涨事件的应急处置工作，保持市场价格基本稳定。

【价格认证】 2022年，区发改局全面开展“平安滨江”建设，指导价格认证中心做好涉案财物价格认定工作。至年底，区价格认证中心完成价格认证报告203份、标的1554种，涉案金额2285.87万元。其中：协助公安机关积极做好涉案物品价格认定，完成刑事涉案物品价格认定报告201份、标的1550种，标的金额1067.65万元；协助区纪委监委做好涉纪财物价格认定工作，完成涉纪财物价格认定报告2份、标的4种、标的金额1218.22万元。

（来建国）

【价格监督检查】 2022年，区市场监管局推进转供电价格专项整治工作，包括开展落实中央巡视组反馈“一些地方落实降低工商业电价5%政策不到位”、大型综合体转供电价格专项整治等系列工作。全年出动检查人员60多人次，检查转供电主体121家，完成整改主体121家，清退金额1000万余元，惠及终端用户3977家。

（肖建军）

知识产权保护

【概况】 2022年，杭州高新区（滨江）实施国家知识产权强国战略，推进国家级知识产权示范园区、国家知识产权服务业集聚发展示范区和国家级知识产权强国建设示范园区建设。全区专利授权量2.04万件，比上年增长13.99%，其中发明专利授权量7440件，增长24.1%，企业发明专利授权量居全省第一位。每万人高价值发明专利拥有量344.4件，居全省第一位。全年专利合作协定（PCT）申请量为676件，占全市申请总量的29.3%，居全省第一位。全区以数字化改革为驱动，持续推进知识产权“一件事”改革，知识产权一件事入选杭州市“最佳实践”培育项目，建设人工智能、物联网等国家级知识产权运营中心被市市场监管局确定为2022年杭州市首批国家营商环境知识产权创新试点改革事项“揭榜挂帅”名单。创新开展数据知识产权保护规则研究，首创基于区块链存证的数据知识产权质押服务，探索开展专利开放许可及知识产权证券化、专利融入标准、浙江知识产权在线等试点工作，知识产权全链条集成改革项目被浙江省数字化改革领导小组确定为全省数字化重大改革（重大应用）“一本账S2”名单，知识产权政策运营标准和体系构建（杭州片区）获中国（浙江）自由贸易试验区最佳集成性制度创新成果和联动创新区优秀案例。成功争创全国首批国家级知识产权强国建设示范园区、国家知识产权服务出口基地和国家级专利导航服务基地。发布全国首个数据知识产权质押团体标准，数据知识产权质押试点工作在全省推广，数据知识产权质押入选2022年第一批中国（浙江）自由贸易试验区制度创新案例。出台《杭州高新区（滨江）关于推进知识产权高质量发展的实施意见》《杭州高新区（滨江）国家知识产权强国建设示范园区工作方案》。区市场监督管理局（知识产权局）获北京2022年冬奥会和冬残奥会奥林匹克标志知识产权保护突出贡献集体，获评2022年度浙江省知识产权保护工作成绩突出集体。

【数据知识产权】 2022年，杭州高新区（滨江）深化数据知识产权研究，以数字化改革带动数据流转，通过与省知识产权研究与服务中心、省大数据交易中心等的联动，探索制定区块链数据存证流程，形成数据知识产权存证、评估、质押的“1+N+1”新模式。上线浙江省知识产权区块链公共存证平台，该平台入选浙江自贸区建设第六批“十大成果”。至年底，帮助浙江凡聚科技有限公司等5家中小微企业获得数据知识产权质押贷款2000万元。“数据知识产权制度改革”入选2022年第一批中国（浙江）自由贸易试验区最佳制度创新案例，《数据知识产权质押服务规程》通过省级地方标准立项。

资料：数据知识产权质押“1+N+1”新模式

即1条印刻链、N个参与节点、1张存证证书。1条印刻链解决数据安全性的问题。企业将实时数据（源数据）上传至浙江省知识产权区块链公共存证平台进行存证，发生数据知识产权质押时，企业将自行脱敏后的数据存放到数据安全储存平台进行数据资产加密托管储存，利用数据资产对应的唯一哈希指纹在区块链公共存证平台进行抵押数据验证。N个参与节点解决数据公信力问题。所有存证内容通过印刻链同步至各机构单位，对数据存证内容多方机构达成存证共识。1张存证证书解决数据存证的问题。浙江省知识产权研究与服务中心对数据验证结果进行确认，并颁发浙江省知识产权区块链存证平台数据资产存证证书作为企业数据知识产权质押贷款的官方认可证书。

【知识产权执法】 2022年，杭州高新区（滨江）鼓励企业开展知识产权维权，对在涉外或者具有重大影响的知识产权案件中胜诉或者和解的企事业单位，按其维权代理费的50%给予资助，最高不超过50万元，同一申请人每个年度内最高资助不超过100万元。强化专利、商标、商业秘密等“知识产权立法”，运用大数据、人工智能、区块链等技术，打造网络交易大数据监测平台，完善侵权假冒线索智能发现机制。开展亚运会特殊标志知识产权保护专项行动，通过数据监测、网络巡查加大违法线索排查力度，至年底，共检测商品2810件，发现奥林匹克标志知识产权违法案件线索2条。知识产权类案件共立案29起；行政处罚11起，罚没款数额74.57万元；移送公安机关2起。开展专利非正常申请行为的集中整治工作，打击屡次申请、异常申请非正常专利行为，联合公安机关进行执法检查，责令杭州晶一智能科技有限公司等38家企业退还知识产权财政补助资金，追回财政资金累计583.6万元。

2022年4月24日，杭州高新区（滨江）知识产权宣传周启动仪式在知识产权大厦举行　　（区市场监管局　供图）

【全国首批国家知识产权服务出口基地】 2022年3月22日，《商务部等7部门公告2022年第9号专业类特色服务出口基地名单》发布，杭州高新区（滨江）获批全国首批国家知识产权服务出口基地，是全省唯一的国家知识产权服务出口基地。杭州高新区（滨江）围绕知识产权全链条保护，开展知识产权"一件事"集成改革，发展知识产权服务业，开展全国首单基于区块链存证的数据知识产权质押，提升区域、产业、企业创新能力，强化知识产权支撑和保障作用，助力企业开拓海外市场。至年底，杭州高新区（滨江）有国家级特色服务出口基地4个，总数占全省的50%，居全省第一位。

【知识产权宣传周】 2022年4月24日，杭州高新区（滨江）知识产权宣传周启动仪式在知识产权大厦举行。活动以"全面开启知识产权强国　建设先行区新征程"为主题，省市场监管局、省商务厅、市市场监管局、区市场监管局的负责人和企业代表等100多人出席仪式。仪式上，举行"国家知识产权服务出口基地"揭牌仪式，北京航空航天大学杭州创新研究院、区物联网产业知识产权促进会、区市场监管局、区人民法院四方共同签订《滨江区知识产权战略合作协议》，发布《滨江区知识产权2021发展报告》，启动"创新杯"杭州市青年知识产权专业技能大赛。知识产权周期间，举办知识产权进企业暨"益企向未来"商业秘密保护研讨会、知识产权与青年——"我是院长　现在开庭"、知识产权进园区暨知识产权管理体系内审员培训、知识产权进园区暨企业品牌保护及IP运营转化研讨会、知识产权进园区暨"育"品牌·"竞"未来商标专题培训会、知识产权与青年——"放飞科技梦想　打开知产大门"等系列活动。

【杭州市青年知识产权专业技能大赛】 2022年7月19日，"创新杯"杭州市青年知识产权专业技能大赛在"智慧e谷"举行。大赛以"知识产权与青年：锐意创新，建设未来"为主题，以青年人才为主力，以知识产权的宣传普及为重点，注重发现具有较高水平的知识产权专业人才，提升全社会知识产权意识，促进知识产权事业的高质量发展。大赛由市知识产权局、团市委联合主办，中国（杭州）知识产权保护中心、区市场监管局、共青团杭州市市场监管局工作委员会联合承办。大赛于5月启动，赛程由初赛、决赛预热培训、决赛3个环节构成，12名参赛选手进入决赛。区内企业杭州华进联浙知识产权代理有限公司的金佳颖获大赛冠军，获"杰出青年岗位能手"称号。

【7项专利获国家知识产权奖】 2022年7月22日，根据《国家

知识产权局关于第二十三届中国专利奖授奖的决定》，共958项专利获奖，杭州高新区（滨江）有8项专利获奖，其中获中国专利金奖1项、中国专利优秀奖7项，获奖数量居全省第一位。浙江宇视科技有限公司获中国专利金奖，杭州士兰微电子股份有限公司、杭州网易智企科技有限公司、杭州唯强医疗科技有限公司、新华三技术有限公司、浙江迪福润丝生物科技有限公司、浙江苏泊尔家电制造有限公司、浙江商业职业技术学院获中国专利优秀奖。

【6家企业获杭州高价值知识产权智能产品创新创意奖】 2022年8月23日，第十五届杭州高价值知识产权智能产品创新创意大赛决赛在杭州举行。杭州高新区（滨江）6家企业分别获金奖1项、铜奖1项、优秀奖4项。城云科技（中国）有限公司的《基于人工智能驱动的智慧城市管理平台》获金奖；亿次网联（杭州）科技有限公司的《基于WEB3.0体系架构的etsme个人私有云》获铜奖；杭州士兰微电子股份有限公司的《开关电源驱动电路及驱动方法》、新华三技术有限公司的《AI&HPC计算管理软件》、浙江吉利控股集团有限公司的《吉利—星瑞》和杭州欧卡索拉科技有限公司的《变间距遮阳导光百叶系统》获优秀奖。

【“数智领航”行动发布会】 2022年8月25日，中国物联网产业知识产权运营中心“数智领航”行动发布会在“智慧e谷”举行。国家知识产权局、省市场监管局、省商务厅、市市场监管局、杭州高新区（滨江）等负责人和100多家企业机构代表参加会议。会议发布全新升级的中国物联网产业知识产权运营平台，启动杭州高新区（滨江）物联网产业知识产权促进会和知识产权证券化项目揭牌仪式，举行2022年第一期IPO拟上市企业知识产权辅导培训。发布会助推物联网产业建链、强链、补链、延链，促进物联网产业知识产权高质量发展。

【28家企业入选浙江省知识产权示范企业】 2022年9月8日，浙江省市场监管局发布《浙江省市场监督管理局关于认定2022年浙江省知识产权示范企业的通知》。杭州高新区（滨江）有杭州海康威视数字技术股份有限公司等28家企业入选2022年浙江省知识产权示范企业名单，数量居全省第一位。

2022年杭州高新区（滨江）入选浙江省知识产权示范企业一览表

表8

序号	企业名称	获奖类别
1	杭州海康威视数字技术股份有限公司	知识产权示范企业
2	浙江大华技术股份有限公司	知识产权示范企业
3	浙江苏泊尔家电制造有限公司	知识产权示范企业
4	新华三技术有限公司	知识产权示范企业
5	英飞特电子（杭州）股份有限公司	知识产权示范企业
6	杭州长川科技股份有限公司	知识产权示范企业
7	三维通信股份有限公司	知识产权示范企业
8	杭州万高科技股份有限公司	知识产权示范企业
9	浙江中控技术股份有限公司	知识产权示范企业
10	杭州远方光电信息股份有限公司	知识产权示范企业
11	新华三信息技术有限公司	知识产权示范企业
12	杭州智达科技股份有限公司	知识产权示范企业

续表8

序号	企业名称	获奖类别
13	银江技术股份有限公司	知识产权示范企业
14	恒生电子股份有限公司	知识产权示范企业
15	杭州新世纪能源环保工程股份有限公司	知识产权示范企业
16	浙江宇视科技有限公司	知识产权示范企业
17	税友软件集团股份有限公司	知识产权示范企业
18	东方通信股份有限公司	知识产权示范企业
19	杭州旗捷科技有限公司	知识产权示范企业
20	杭州景业智能科技股份有限公司	知识产权示范企业
21	医惠科技有限公司	知识产权示范企业
22	杭州大和热磁电子有限公司	知识产权示范企业
23	绿城农科检测技术有限公司	知识产权示范企业
24	杭州泽天春来科技有限公司	知识产权示范企业
25	城云科技（中国）有限公司	知识产权示范企业
26	数源科技股份有限公司	知识产权示范企业
27	杭州朗鸿科技股份有限公司	知识产权示范企业
28	浙江泰林生物技术股份有限公司	知识产权示范企业

（张景元）

【新增6家国家知识产权示范、优势企业】 2022年10月31日，国家知识产权局发布2022年度国家知识产权优势企业和示范企业名单，杭州高新区（滨江）6家企业入选。聚光科技（杭州）股份有限公司被认定为国家知识产权示范企业，杭州长川科技股份有限公司、杭州景业智能科技股份有限公司、税友软件集团股份有限公司、杭州万高科技股份有限公司及易思维（杭州）科技有限公司被认定为国家知识产权优势企业。至年底，杭州高新区（滨江）累计有国家知识产权示范企业15家、国家知识产权优势企业8家。

（区志编研室）

【首批国家级专利导航服务基地建设】 2022年12月29日，根据《国家知识产权局办公室关于确定首批国家级专利导航服务基地的通知》，确定首批104家国家级专利导航服务基地，杭州高新区（滨江）获批首批国家级专利导航服务基地。杭州高新区（滨江）发挥专利对产业创新发展的引领支撑作用，引导数字经济和高端装备制造产业创新主体合理开展专利布局，提升产业整体创新能力，经过申报推荐、材料审核、专家评选，确定浙江吉利控股集团有限公司的“智能驾驶产业专利导航分析”等5个项目为2022年度全区产业规划类专利导航项目。持续购买智慧芽专利导航数据库账号，全年企业登录系统5.5万次，检索21万次，分析6710次，为企业开展专利分析节约成本。举办线上线下研讨、培训活动30多场，内容涵盖国内外知识产权法律体系和运用案例等，参加培训1万多人次。举办夏季知识产权公益培训班（第四期），全面、系统地开展知识产权运用研讨，报名参加集中培训学员33人次。建设人工智能、物联网等国家级知识产权运营中心被市市场监管局确定为2022年杭州市首批国家营商环境知识产权创新试点改革事项“揭榜挂帅”名单。

（张景元）

高新技术产业

综　述

【高新技术产业规模】 2022年，杭州高新区（滨江）规模以上工业增加值756.4亿元，增长1.5%，总量居全市第一位，增速居全市第三位，其中高新技术产业、战略性新兴产业和装备制造业增加值分别为730.7亿元、710.7亿元、705.7亿元，比上年分别增长17.3%、17.9%和18.4%。高新技术产业占规模以上工业的96.6%。数字经济核心产业增加值总量为1723亿元，增长3.5%，增加值占地区生产总值的78.9%，总量和占比均居全省各区县（市）第一位，增速居全市第八位。数字经济综合评价总指数142.2，两化融合指数123.42，均居全省首位。规模以上工业亩均增加值1851.11万元、亩均税收295.35万元，分别居全省第一位和第二位。

【高新技术产业成果】 2022年，杭州高新区（滨江）新增上市企业6家，累计上市企业69家，总量居全省第一位。新认定国家高新技术企业528家，有效国家级高新技术企业数2257家。新增国家专精特新“小巨人”企业33家，累计44家；全年共培育省级专精特新中小企业115家，占全市的19.26%，总量均居全市第一位。新认定瞪羚企业401家。新增国家级孵化器、众创空间9家，创业孵化载体累计130家，在孵企业3820家。新增注册企业1.7万家，比上年增长8.7%，净迁入企业1411家；实现“北企南迁”企业315家。全区新增专利授权量2.32万件，增长30%。新增发明专利授权量8369件，有效发明专利拥有量3.11万件、每万人发明专利拥有量598.2件。完成技术交易额370亿元，增长53%；知识产权质押累计60.3亿元，增长32.8%，居全市第一位。持续推进省“尖兵”“领雁”研发攻关计划项目36项、市人工智能重大科技创新项目38项。入选省首台（套）产品工程化攻关项目11个，数量居全省首位。2项国家标准化试点、1项省级专利融入标准试点通过验收；新获批国际标准5项、国家标准18项、行业标准17项。省政府质量奖居获奖数全省第一位。获批全国首批知识产权强国建设示范园区。新获批省市创新联合体7家、市级以上研发载体134家；省级以上研发载体累计500多家，居全省第一位。杭州贝丰科技有限公司入选国家重点“小巨人”企业。英飞特电子（杭州）股份有限公司、浙江中控技术股份有限公司入选“浙江省标杆企业”。正泰量测科技园获评“浙江省五星级小微企业园”。白马湖实验室基地开工建设，获批国家重点研发计划2项。省智能感知技术创新中心、浙江工业大学网络空间安全研究院挂牌成立，量子实验室主体建设完工。北京航空航天大学杭州创新研究院智能无人系统、德诺高端医疗器械入选市首批概念验证中心。杭州高新区（滨江）是“中国视谷”核心区、新一代人工智能创新发展试验区核心区、国家网络安全产业园核心区（信息安全谷），创建省级数字经济创新发展试验区、省级未来产业先导区、省级“415”（4个万亿级世界级先进制造业产业群、15个省级特色产业群）产业集群。

（丁　柯）

【6家企业入选省级中小企业公共服务示范平台】 2022年，杭州万泰认证有限公司、阿里巴巴（中国）网络技术有限公司、浙江伍一技术股份有限公司、浙江超腾能源技术股份有限公司、浙江正策信息科技有限公司、杭州国家集成电路设计产业化基地有限公司6家杭州高新区（滨江）企业入选省经信厅公布的2022年度省级中小企业公共服务示范平台名单，占杭州入选总数的46.15%，居全市第一位。公共服务示范平台通过线上线下结合的方式，集聚服务资源、规范服务行为、完善服务机制、创新服务模式、提升服务能力；参加经信部门和企业发展服务联盟组织的公益性服务、中心企业志愿服务活动；参与国家专精特新“小巨人”企业、省级“隐形冠军”企业、省级“专精特新”中小企业评选等重点企业服务工作。至年底，杭州高新区（滨江）累计培育省级以上中小企业公共服务示范平台20家，其中国家级示范平台5家。

【2家园区获评省级数字化示范小微企业园】 2022年，杭州天和高科技产业园和杭州盛大科技园2家生产性服务类园区入选省经信厅发布的2022年度浙江省数字化示范小微企业园名单，

杭州盛大科技园　　（区经信局　供图）

占杭州入选数的33.33%，居全省第一位（并列）。杭州天和高科技产业园成立于2012年，为中国首家以体外诊断产品（IVD）为特色，集众创空间、孵化器、加速器、产业园为孵化生态链的生物医药与智慧健康专业科技园。杭州盛大科技园入驻企业主要为国企、央企、上市公司等，以生物医药、线上教育、人工智能、集成电路等优质企业为主。

（赵海霞）

通信设备产业

【概况】 2022年，杭州高新区（滨江）通信设备制造业营业收入2086.3亿元，比上年下降5%；利润总额198.6亿元，下降20.9%；出口311.3亿元，下降0.7%。通信设备制造业已形成从元器件制造供应、系统设备对接到通信网络技术服务的网络通信设备产业链条，在网络通信设备制造、系统平台开发、网络信息安全和通信服务保障等领域有核心技术积累和市场竞争优势，集聚华为技术有限公司杭州研究所、诺基亚贝尔杭州研发中心等研发中心，新华三集团有限公司、东方通信股份有限公司、三维通信股份有限公司等骨干企业，形成覆盖全国的研发、销售、服务的网络体系。紫光股份智能工厂以“5G+工业互联网”最佳实践入选浙江省“未来工厂”。新华三集团有限公司发布全球首款“双芯双系统”8K云屏和嘿板OS。三维通信股份有限公司完成的“基于元能力模型的5G网络切片基站技术及产业化应用”项目获浙江省科学技术进步二等奖、第五届浙江省工业大奖企业奖。杭州迪普科技股份有限公司的“自主可控工业互联网边缘智能安全防护系统和平台”项目入选“尖兵”研发攻关计划立项清单。

浙江省鲲鹏生态创新中心　　（区经信局　供图）

【浙江省鲲鹏生态创新中心】至2022年底，浙江省鲲鹏生态创新中心引导并发展鲲鹏企业579家，居全国第二位。赋能合作企业新增自主知识产权1.28万项，其中新增授权专利2121件。浙江省鲲鹏生态创新中心成立于2020年，位于杭州市滨江区东信大道66号的东方通信科技园内，面积5185平方米，由浙江大学滨江研究院承担创新中心运营及支撑工作，建设基于鲲鹏生态的完整产业链，为新一代信息技术产业相关软硬件产品提供示范应用和测试验证的基础平台，提升新一代信息技术产业发展质量，带动产业发展。

【2家企业在鲲鹏应用创新大赛中获奖】2022年10月28日，鲲鹏应用创新大赛2022年全国总决赛结束，杭州安恒信息技术股份有限公司获数字政府类金奖，恒生电子股份有限公司获科技金融类银奖。大赛由全国21个鲲鹏生态创新中心与华为技术有限公司主办，中国软件行业协会、绿色计算产业联盟、中国计算机行业协会、中国计算机学会高专委协办，杭州市委人才办、杭州高新区管委会支持举办。大赛于2022年4月启动报名，全国21个赛区2000多个团队5000多名开发者参与，初赛晋级团队1000多个。经过6个月的筛选与角逐，评选出7个金奖、14个银奖、21个铜奖和13个优胜奖。

（丁　柯）

信息软件产业

【概况】2022年，杭州高新区（滨江）信息软件产业营业收入3493.05亿元，比上年增长0.9%；利润总额515.3亿元，下降6.4%。区内集聚杭州海康威视数字技术股份有限公司、网易（杭州）网络有限公司、浙江大华技术股份有限公司等全国软件和信息技术服务业竞争力百强企业8家，创业慧康科技股份有限公司、杭州安恒信息技术股份有限公司等国家规划布局内重点软件企业22家。浙江宇视科技有限公司入选软件融合应用与测试验证工业和信息化部重点实验室首批成员单位。举办2022年网易未来大会、安恒西湖论剑·网络安全大会。根据科技部火炬中心对全国软件基地的最新排名，杭州国家软件产业基地综合排名第二位，信息化发展水平居全省第一位。

【8家企业入选全国软件和信息技术服务竞争力百强】2022年，杭州海康威视数字技术股份有限公司、网易（杭州）网络有限公司、浙江大华技术股份有限公司、新华三技术有限公司、中控科技集团有限公司、恒生电子股份有限公司、浙江宇视科技有限公司、银江股份有限公司8家杭州高新区（滨江）企业入选中国电子信息行业联合会2022年度软件和信息技术服务竞争力百强企业，入选数量连续3年居全省第一位。软件和信息技术服务竞争力百强企业榜单由工业和信息化部指导，中国电子信息行业联合会发起。

【宇视科技公司入选工业和信息化部重点实验室首批成员单位】2022年1月16日，软件融合应用与测试验证工业和信息化部重点实验室发布首批成员名单，浙江宇视科技有限公司（简称“宇视科技公司”）以高水平的科研能力、创新程度、推广应用、测试验证能力入选。该实验室由工业和信息化部在2019年批准成立，通过测试验证平台、联合攻关与应用创新平台，构建产、学、研、用于一体的有效协作机制。宇视科技公司基于超大型城市和中小型城市规模，搭建1：1真实测试环境，通过自动化工具和脚本模拟海量接入场景，全面检验系统的抗压运营能力。自动化云测试平台降低物料需求80%，保障测试的通用性和高效性。

【城云科技公司入选“独角兽”百强】 2022年6月22日，工业和信息化部旗下赛迪科创中心编制的《赛迪科创“独角兽”百强（2022）》发布，城云科技（杭州）有限公司（简称“城云科技公司”）入选，居第35位。该研究围绕数字经济、航空航天、新能源及新材料等前沿科技领域，从经营增长力、技术创新力、社会价值力等方面建立指标体系，解读“独角兽”百强的分布格局和发展特征，为“独角兽”企业发展提供借鉴。城云科技公司成立于2012年，是“浙江省软件行业突出贡献企业”，有省级重点的“智慧城市大型专用软件研究院”；与浙江大学联合攻关的“城市治理大数据智能关键技术及应用”获浙江省科技进步奖一等奖，应用到全国100多个城市治理部门。

【2022年网易未来大会】 2022年12月19—23日，2022年 网易未来大会在杭州高新区（滨江）线上线下举办。大会由市政府和网易公司联合主办，市经信局、市商务局、滨江区政府、北京网易传媒有限公司及网易（杭州）网络有限公司承办。大会以“熵变·启程”为主题，分为3天的思想之夜和2天的线下峰会，包括思想之夜、创新力论坛、元宇宙论坛、内容力论坛、智美之夜F·F盛典等。各行各业的学者、产业专家、行业精英等1000多人参加。许倬云、余世存、朱嘉明、黄怒波、张维迎、阎焱等名人参与“思想之夜”的交流；董晨、王江舟、王立军等院士在峰会上发言，展望最新、最前沿的科技和经济、文化发展趋势。网易未来大会集科技、文化、时尚、艺术于一体，提供学习交流平台。

（郑轶楠）

2022年12月19—23日，网易未来大会在杭州高新区（滨江）举行。图为大会现场（区经信局 供图）

物联网产业

【概况】 2022年，杭州高新区（滨江）物联网产业营业收入2026.2亿元，比上年下降3.7%；利润总额226.2亿元，下降22.3%；出口额313.3亿元，增长1.1%。杭州高新区（滨江）发展云计算、大数据、移动互联网、信息安全、5G及先进传感设备、核心元器件制造等物联网基础性支撑产业，建成覆盖关键控制芯片设计研发、无线射频识别、传感器、存储器和终端设备制造、网络安全等关键环节的数字经济全产业链，在数字安防、信息安全、关键芯片、区块链、智慧医疗、环境能源、智能驾驶7个细分产业处于行业领先地位，形成较为成熟的数字经济产业链和产业生态。浙江中控技术股份有限公司“新材料智能生产管控App解决方案”、浙江甲骨文超级码科技股份有限公司“基于区块链技术的产品全生命周期智能管理解决方案”、明度智云（浙江）科技有限公司“面向生物医药领域工业互联网App应用解决方案”、新华三技术有限公司“基于数据驱动的智能诊断评估应用解决方案”、杭州哲达科技股份有限公司“面向通用机械的能碳安一体化工业服务应用解决方案”入选“2022年工业互联网App优秀解决方案”，入选数量居全省第一位。浙江大华技术股份有限公司的“大华基于数视融合的绿色低碳工业互联网平台”和杭州哲达科技股份有限公司的“能碳安工业互联网平台”入选工业和信息化部的工业互联网试点示范项目。物联网产业示范基地连续3年获评五星级国家新型工业化产业示范基地。

【海康威视公司与艾希科技公司达成战略合作】 2022年3月21日，杭州海康威视数字技术股份有限公司（简称“海康威视公司”）与浙江艾希计算机科技有限公司（简称“艾希科技公司”）签署战略合作协议，双方在智能制造、数字工厂等领域开展合作，共同推动中国快消品行业数字化转型。根据协议，双方在酒业、食品等行业，就智慧物流、智慧生产、智慧园区、智慧赋码、智慧追溯、智慧门店和智慧景区等领域，共同为企业用户提供顶层设计服务及系统解决方案，为企业的供应链全程、渠道管控等应用场景提供优质的数字化产品与服务，助力企业提升经营管理水平。艾希科技公司是快消品行业的国家高新技术企业，业务涉及企业生产、仓储等各领域信息化管理。海康威视公司聚焦于智能物联网、大数据服务和智慧业务，构建开放合作生态，为公共服务领域用户、企事业用户和中小企业用户提供服务。

【大华公司产品获“2022年中国优秀工业设计奖”铜奖】 2022年11月11日，浙江大华技术股份有限公司（简称“大华公司”）的“PTZ全息智能交通卡口相机及一体化薄膜展示系统”获“2022年中国优秀工业设计奖铜奖”。中国优秀工业设计奖由工业和信息化部主办，是国内工业设计领域唯一经国家批准设立的“国家奖”。大华公司的全息智能交通卡口相机最多可覆盖12车道大场景全方位的态势感知和多维数据采集；车道AI分流计算，实时调节助力缓解交通拥堵；双目全方位独立运行，互不干扰，适用复杂路面场景。

【中控公司获中国国际数字经济博览会“创新成果奖”】 2022年11月16日，浙江中控技术股份有限公司（简称“中控公司”）申报的“基于工业互联网及大数据技术的建材行业数字工厂解决方案”新技术获2022年中国国际数字经济博览会“创新成果奖”二等奖。大会由工业和信息化部、国家发展和改革委员会、河北省人民政府共同主办，以线上线下形式举办。活动以“融合创新、数字赋能”为主题，征集到创新成果案例218项，经专家综合评审，评选出创新成果奖50项，其中新技术9项。中控公司的解决方案覆盖从原料破碎到水泥粉磨全流程，为水泥产线赋能，实现数据的集成、分析、建模、决策、控制闭环一体化，并在工厂实现应用。

（张　瑜）

安防产业

【概况】 2022年，杭州高新区（滨江）安防产业营业收入1939.94亿元，比上年下降5.9%；利润总额212.69亿元，下降22.9%；出口313.28亿元，增长0.5%。杭州高新区（滨江）坚持创新驱动发展战略，坚持市场化竞争，建设具有国际竞争优势数字安防企业群，支撑杭州数字安防产业集群创建国家先进制造业集群。集聚700家拥有自主知识产权的科技型安防企业，覆盖从上游关键控制芯片设计、研发，到中游、传感器和终端设备制造，以及下游物联网系统集成和运维服务等业务。核心领域视频监控规模全球领先，硬盘录像机（DVR）、网络硬盘录像机（NVR）、摄像机等产销量包揽全球市场前两名。杭州海康威视数字技术股份有限公司、浙江大华技术股份有限公司、浙江宇视科技有限公司在2022年度“全球安防50强”榜单，分别居第一位、第二位、第六位，整体占有率55%。有3家国家级单项冠军、3家浙江省雄鹰企业。数字安防领域上市公司36

家，数量居全省首位。

【宇视科技公司产品获美国工业设计师协会工业设计优秀奖】 2020年4月9日，全球权威设计奖项——2022年美国工业设计师协会工业设计优秀奖（IDEA）获奖名单公布，浙江宇视科技有限公司的Unear-A20音视频会议一体机获工业设计奖。评审经线上、现场2轮筛选，从30多个国家的2200件参赛作品中选出。“IDEA奖”设立于1980年，是由美国《商业周刊》主办、美国工业设计师协会（IDSA）担任评审的工业设计竞赛。“Unear-A20音视频会议一体机”的工业设计，兼顾美观性、易用性和环保性，满足新冠疫情期间日益增长的居家远程办公和在线教育需求，用于小型会议室、个人办公、网课等多场景应用。

【海康威视公司网络摄像机获国际安全认证】 2022年6月2日，杭州海康威视数字技术股份有限公司（简称“海康威视公司”）近百款型号的网络摄像机通过国际权威安全认证——信息技术安全评估通用准则（Common Criteria，CC）EAL3+级。CC认证是信息技术安全领域认可度最高的国际性认证之一，遵循国际公认的信息安全标准（ISO/IEC 15408）。CC认证主要用于评估信息技术产品或解决方案的安全性、可靠性，以及对信息隐私的保护。海康威视公司的相关产品所获得的CC认证为EAL3+级，是CC认证中视频监控类设备取得的最高安全认证等级。

【大华公司大数据平台通过中国信息通信研究院评测】 2022年6月28日，中国信息通信研究院公布第十四批大数据产品能力评测结果，浙江大华技术股份有限公司（简称“大华公司”）的大数据平台（HDP）经过评审专家资料审核、测试报告审核、质询与答疑、集中评议，获中国信息通信研究院“可信大数据”评估评测证书，是业界首家通过的“分布式批处理大规模稳定性”资质认证的产品。大华公司大数据平台（HDP）定位于数据智能引擎的统一核心数据底座，基于云原生自主可信，提供包含海量视图数据存储、物联感知数据离线批处理、视频流任务实时分析能力等一站式智慧物联大数据平台能力，应用于城市、交通、教育、能源、金融等行业，助力数智化转型。

【国自机器人公司获“吴文俊人工智能科学技术奖”】 2022年7月18日，第十一届“吴文俊人工智能科学技术奖”颁奖盛典暨2021中国人工智能产业年会召开，会上发布人工智能科学技术奖获奖名单，浙江国自机器人技术股份有限公司（简称“国自机器人公司”）的“面向特种行业的多模态机器人群智感知与协同关键技术”获技术发明奖三等奖。“吴文俊人工智能科学技术奖”由中国人工智能学会发起主办，以国内智能科学技术领域唯一以人民科学家、首届国家最高科学技术奖获得者、中国人工智能学会原名誉理事长吴文俊命名，具备提名推荐国家科学技术奖资格，是“中国智能科学技术最高奖”。

【新华三集团居“浙江省网络安全规模十强企业”榜单第一位】 2022年11月8日，2022年世界互联网大会互联网之光博览会在嘉兴市乌镇召开。会上，浙江省网络空间安全协会发布《2021年浙江省网络安全产业统计报告》，新华三集团居“浙江省网络安全规模十强企业”榜单第一位。该报告重点以浙江省内原厂安全能力企业调查数据为支撑，呈现浙江省网络安全产业全貌。新华三集团从2003年布局网络安全市场，研发业内第一台超百G级IPS（入侵防御）设备，多款T级分布式防火墙、入侵防御及应用交付等产品，坚持“云智原生”的技术创新，帮助用户实现从被动防守到主动防御的安全模式转变，实现“整体、动态、开放、共同”的网络安全观。

（金轶城）

集成电路产业

【概况】 2022年，杭州高新区（滨江）集成电路产业营业收入281.78亿元，比上年增长15.2%；利润总额37.95亿元，下降6.7%；出口39.91亿元，增长17.4%。杭州高新区（滨江）集成电路产业是国内最早获批的7个国家级集成电路设计产业化基地之一，在集成电路设计、制造和行业应用等领域具有领先优势，涵盖人工智能芯片、汽车电子芯片、微控制器（MCU）、传感器、物联网芯片、功率器件或模块、工业控制、信息安全等25个大类产品。产业集聚形成以物联网小镇和互联网小镇为核心，智造供给小镇、滨富特别合作区等特色化发展的产业分布格局。集聚杭州士兰微电子股份有限公司、矽力杰半导体技术（杭州）有限公司等芯片制造企业，杭州中科微电子有限公司等集成电路设计企业，浙江大华技术股份有限公司、中控科技集团有限公司等整机企业，杭州长川科技股份有限公司等半导体设备企业。

【杭州国家“芯火”双创基地及会员企业获奖】 2022年7月29日，第七届“创客中国”暨“浙江好项目”中小企业创新创业大赛杭州赛区总决赛举行，杭州艾诺半导体有限公司的“超高集成度、低压大电流智能功率电源SiP”项目获杭州赛区总决赛一等奖，杭州芯耘光电科技有限公司的“高速光电芯片及硅光子引擎”项目获二等奖，杭州加速科技有限公司的“国产高速多通道数模混合信号半导体测试系统”项目获三等奖，杭州洛微科技有限公司的“自动驾驶车规级激光雷达终极解决方案”项目获优胜奖。杭州国家“芯火”双创基地获杭州赛区“伯乐奖”。该大赛由市经信局主办，杭州市中小企业服务中心、杭州联合银行承办，以“围绕产业链·部署创新链·配置资金链”为主题，从234个报名项目中胜出20强，再决出1个一等奖、3个二等奖、6个三等奖，由支持单位评选出“伯乐奖”。

【大和热磁公司获评“浙江省知识产权示范企业”】 2022年8月21日，杭州高新区（滨江）根据《浙江省知识产权示范企业评定管理办法（试行）》《关于组织开展2022年度省知识产权示范企业申报工作的通知》要求，组织企业申报评选。经评审，杭州大和热磁电子有限公司（简称“大和热磁公司”）被省市场监管局认定为“2022年浙江省知识产权示范企业”。大和热磁公司共有25项授权发明专利，实用新型144项及外观设计6项。

【士兰微电子公司获评“2022年度卓越功率半导体企业”】 2022年11月15日，第四届硬核中国芯领袖峰会暨2022汽车芯片技术创新与应用论坛公布“2022年度硬核中国芯评选”获奖名单，杭州士兰微电子股份有限公司（简称“士兰微电子公司”）获“2022年度卓越功率半导体企业”奖。论坛以“芯所向·致未来”为主题，由深圳市半导体行业协会支持，汇集半导体全产业链的领军者，邀请电子制造企业高管、项目负责人、电子工程师、投资者、学者等参加交流。士兰微电子公司坚持走“设计制造一体化”道路，打通“芯片设计、芯片制造、芯片封装”全产业链，成为国内最主要的集成电路芯片设计与制造一体（IDM）的企业之一。

【杭州国芯公司获“中国芯”特别成就奖】 2022年11月17—19日，在2022世界集成电路大会暨第十七届“中国芯”集成电路产业促进大会上，杭州国芯科技股份有限公司（简称“杭州国芯公司”）获“中国芯”特别成就奖。大会由中国电子信息产业发展研究院、合肥市政府主办，赛迪研究院集成电路研究所承办。活动以“强芯固基、以质为本”为主题，持续鼓励国内集成电路领域产品创新、技术创新和应用创新，发挥示范效应，带动半导体行业发展。该奖项奖励2006—2022年参加“中国芯”评选获奖次数最多的企业。

【杭州万高公司获电力科技创新奖专利成果一等奖】 2022年12月29日，2022年度中国电力企业联合会电力创新奖公布，杭州万高科技股份有限公司（简称“杭州万高公司”）的“一种多芯片系统的相位测量方法及装置”获电力科技创新奖专利成果一等奖。获奖专利解决三相锰铜分流器采样智能电表设计的行业共性难题，提出一种基于计量芯片电路实现的多芯片系统的相位测量方法和装置，降低应用方案的硬件成本，为锰铜分流器采样技术在三相计量领域的大规模应用提供新的技术思路。基于该专利技术研发的计量芯片产品销售至80多个国家和地区，应用于智能电表、充电桩计量、楼宇节能和智能家居等领域。

（金铁城）

生物医药与健康产业

【概况】 2022年，杭州高新区（滨江）生物医药与健康产业营业收入335.8亿元，比上年增长8.6%；利润总额32.07亿元，增长9%；出口总额19.96亿元，增长29.3%。杭州高新区（滨江）支持生物医药与健康产业发展，制定《杭州高新区（滨江）生物医药产业链长制工作手册》。优先发展生物类创新药物，以抗体药物、免疫治疗药物、细胞和基因治疗为核心发展项目，支持区内医药企业延伸发展新技术、新品种、新项目。创新发展医疗器械，以国产替代为重点，发展具有自主知识产权的高端医疗装备及核心部件；以高精尖为导向，布局植（介）入产品和高值耗材器械。发展数字健康，培育和引进数字化临床资源服务、数字化医疗支付等服务和平台，布局智慧医疗和物联网应用整体解决方案，打造互联网医疗、物联网医疗、医疗人工智能和医疗大数据联动体系。10个项目入选杭州市生物医药产业发展资助项目名单，获市级资助资金1063.54万元，11个项目入选区级生物医药产业发展资助项目名单，获区级资助资金1274.78万元。杭州尚健生物技术有限公司入选2022中国生物药研发实力排行榜前50位，观澜网络（杭州）有限公司入围2022年杭州“独角兽”企业榜单。

【生物医药链长制服务扶持】 2022年，杭州高新区（滨江）制定《杭州高新区（滨江）生物医药产业链长制工作手册》。手册明确发展目标：立足生物医药产业基础，发挥数字经济发展优势和生命健康产业基础，加快培育高端医疗器械、创新药、数字健康产业集群，打造具有全球影响力的产业发展高地。实施过程包括建立由区政府主要负责人担任链长的工作专班，区经信局牵头实施链长制方案工作，落实各级工作部署，关注产业动态，做好企业培育及服务；区科技局完善生物医药研发创新体系，支持关键技术攻关；区市场监管局做好在研产品注册和获批情况进度跟踪，推进药品上市许可持有人等制度试点工作；区商务局围绕全产业链，招引龙头企业、重点研发机构、落地产业化项目；生态环境滨江分局主动对接生物医药产业，引导其合理布局、依法开展环境影响评价，做好评审服务。计划到2025年，生物医药产业营业收入突破500亿元，引进和培育行业头部企业10家。

【启明医疗公司产品获批上市】 2022年7月11日，杭州启明医疗器械股份有限公司（简称“启明医疗公司”）自主研发的创新器械“经导管人工肺动脉瓣膜系统（TPVR）VenusP-Valve®”获国家药品监督管理局（NMPA）批准上市。该产品适用于严重肺动脉瓣反流（≥3+）、有自体右心室流出道的先天心脏病术后患者，是国内市场首个获批上市的经导管人工肺动脉瓣膜系统产品，已获欧盟（CE MDR）认证。产品具备显著的临床价值，为双喇叭口设计，流出端的裸支架设计保障分支血流，稳定的多部位锚定特点，释放简便，植入前无须预先放置固定支架。瓣膜尺寸规格多，适用范围广，可满足85%以上大尺寸肺动脉瓣膜患者的需求。

【博日科技公司总部成立及高端分子检测设备产业基地项目开工】 2022年8月5日，杭州博日科技股份有限公司（简称“博日科技公司”）总部成立暨高端分子检测设备产业基地项目开工。省疾控中心、滨江区委、博日科技公司的主要负责人出席活动。产业基地项目总用地面积5400平方米，新增建筑面积5.27万平方米，项目主要用于引进高端技术人才和高端的生产设备、监测设备及其他辅助设备，成立生命科学创新研发中心并建设高端分子检测设备生产线。

【3家企业入选“2022中国医药创新种子企业100强”】 2022年9月17日，“2022中国医药创新种子企业100强”名单发布，杭州高新区的鸿运华宁（杭州）生物医药有限公司（简称“鸿运华宁生物公司”）、杭州尚健生物技术有限公司（简称“尚健生物公司”）、英百瑞（杭州）生物医药有限公司（简称“英百瑞生物公司”）3家生物医药企业入选。鸿运华宁生物公司于2010年创立，致力于心血管、代谢系统及癌症等重大疾病领域的临床研究。尚健生物公司于2015年设立，致力于恶性肿瘤等重大疾病的创新抗体药物开发与商业化。英百瑞生物公司于2014年设立，专注于肿瘤和免疫类疾病的细胞免疫疗法。“中国医药创新种子企业100强”榜单以创新根基、创新过程、创新成果为主要评价体系，通过对授权专利数量和专利施引总量、在研临床试验数量、获批与上市新药数量指标对比遴选企业。

【诺辉健康公司与北京大学医学部联合项目启动】 2022年11月1日，杭州诺辉健康科技有限公司（简称“诺辉健康公司”）与北京大学医学部举行中国泛癌种早筛早诊队列PANDA（Pan-cancer Early Detection in China）研究项目启动和联合实验室揭牌仪式。此研究项目是全球首个覆盖DNA、RNA和蛋白质全维度以实现液体活检泛癌种筛查和早期诊断的突破式创新项目。研究通过对血浆游离DNA、RNA和蛋白质的大规模鉴定，发现具备高诊断性能的癌症诊断标志物，结合大数据挖掘和机器学习，开发早期诊断中国高发癌症的检测技术和算法。项目以北京大学医学部作为牵头单位，联合其附属的10家三甲医院，通过大队列人群研究以验证基于多组学分子标志物的液体活检泛癌种早筛早诊技术，覆盖包括肺癌、结直肠癌、胃癌等超过20种中国高发癌症。项目总投入2亿余元，纳入5万名受试者。

2022年11月14日，杭州泰格医药科技股份有限公司总部大楼奠基仪式举行 （区经信局　供图）

【泰格医药公司总部大楼奠基】 2022年11月14日，杭州泰格医药科技股份有限公司（简称“泰格医药公司”）总部大楼奠基仪式举行，区委、泰格医药公司的负责人出席奠基仪式。总部大楼位于滨江区浦沿单元核心位置，项目总用地面积2.4万平方米，总建筑面积8万余平方米。项目整体设计造型取材于泰格医药公司的官方品牌标识形象。

【康恩贝公司中药创新药获药品注册证书】 2022年12月22日，杭州康恩贝制药有限公司（简称“康恩贝公司”）的中药创新药黄蜀葵花总黄酮提取物、黄蜀葵花总黄酮口腔贴片获药品注册证书。黄蜀葵花总黄酮提取物为单味药黄蜀葵花中提取的有效部位，黄蜀葵花总黄酮口腔贴片为国内首个中药双层口腔贴片。康恩贝公司对黄蜀葵花总黄酮提取物开展新适应证研究，完成口腔贴片3期临床研究，计划实现产业化。

（杨千慧）

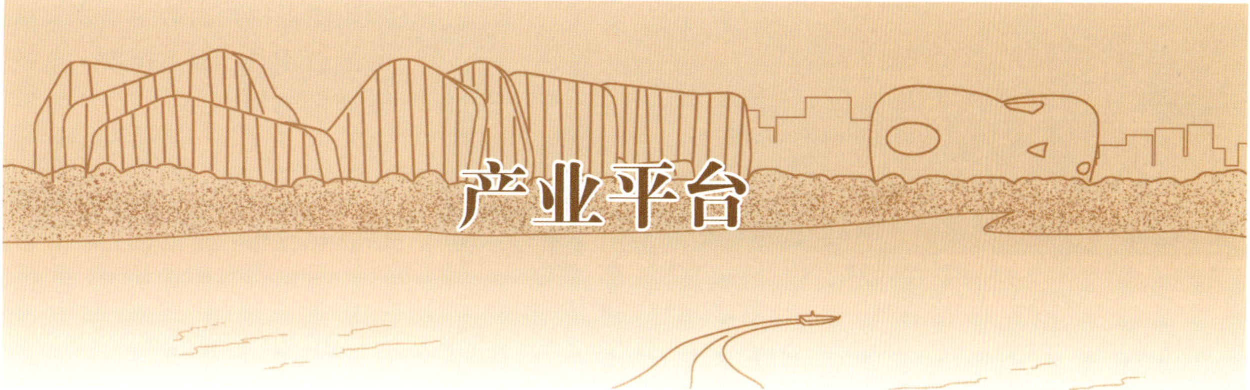

白马湖生态创意城

【概况】 白马湖生态创意城位于杭州高新区（滨江）南部，总规划面积20.5平方千米。其中核心（启动）区块8平方千米，东、南与萧山区接壤，西至时代大道，北至白马湖路（含柴家坞、章苏自然村及马湖社区）。2022年，白马湖生态创意城管委会实施新建、续建工程项目21个，完成政府项目投资7.24亿元。新签约、引进企业616家，园区企业实现税收2.56亿元。白马湖生态创意城在科技部公布的39家全国文化和科技融合集聚类基地绩效评估中获评优秀，入选2021—2022年度杭州市文化产业园区。“打造全省数字文化产业高地和国家级文化产业示范园区样板地”的经验做法获市领导肯定。北京航空航天大学杭州研究生院投入使用。网易三期、第三工业综合体启动建设。白马湖实验室（能源与碳中和浙江省实验室）挂牌成立。

【中国网络作家村获“全国版权示范园区（基地）”称号】 2022年3月9日，国家版权局公布2021年度全国版权示范单位、示范单位（软件正版化）和示范园区（基地）名单，中国网络作家村获“全国版权示范园区（基地）”称号。中国网络作家村于2017年12月9日落户杭州高新区（滨江），由中国作家协会授牌，杭州高新区（滨江）与中国作家协会网络文学研究院、浙江省作协、杭州市文联等单位共建，集聚212名知名网络作家签约入驻，引入网络文学工作室13个，入驻企业35家。中国网络作家村拥有“白马荟”“萌芽计划”“高级研修班”“心源计划”“IP直通车”等围绕网络作家开展的挖掘、培育、联谊、保障等品牌活动，致力推进网络作家版权保护工作，其中，“IP直通车”活动举办11期，服务作者220人，对接企业210家。中国网络作家村加强与平台机构的合作，通过版权登记、侵权纠纷协助、司法维权3个维度为作家提供版权保护。

【“杭州国家级文化和科技融合示范基地”获评优秀】 2022年3月30日，科技部办公厅、中共中央宣传部办公厅下发《关于国家文化和科技融合示范基地绩效评价结果的通知》，白马湖生态创意城申报的“杭州国家级文化和科技融合示范基地”获评优秀。基地为白马湖生态创意城核心区，东、南与萧山区接壤，西至时代大道，北至萧闻路，规划面积8平方千米，其中山林水域面积5.6平方千米。基地以“文化+科技”为导向，涉及数字传媒、数字文化、VR产业、数字创意、数字设计及新业态为主导的“5+N”文化和科技融合产业。至年底，基地有浙能白马湖实验室、北京航空航天大学杭州创新研究院、北京航空航天大学量子实验室、浙江工业大学网络空间安全研究院4家高能级创新平台，国家广播电视总局数字电视开放实验室、国家下一代广播电视网（NGB）2家国家级创新平台，北京航空航天大学杭州创新研究院热电薄膜材料与器件创新团队1家省级领军型创新团队。

2022年4月2日，网易杭州软件生产基地三期项目开工建设

（白马湖生态创意城管委会 供图）

【网易杭州软件生产基地三期项目开工建设】 2022年4月2日，网易杭州软件生产基地三期项目开工建设。项目位于滨江区白马湖单元，腾龙路以西，天马路以南。项目占地面积8万平方米，总建筑面积24.5万平方米，设计建筑高度36米，共8层。网易三期项目是集技术研发、业务孵化、配套服务于一体的综合产业园，用于重点互联网领域的软硬件研发。项目属"152"省、市、县长工程，致力打造成为网易集团立足杭州、面向长三角、辐射全国业务的产业园区，助力白马湖生态创意城打造全省数字文化产业高地和国家级文化产业示范园区样板区。

【孔家里创立方入选市级科技企业孵化器】 2022年7月27日，杭州市科技局发布《关于认定2022年度市级科技企业孵化器的通知》，孔家里创立方孵化器入选2022年杭州市级标准化科技企业孵化器。孔家里创立方孵化器位于白马湖生态创意城农居SOHO孔家里组团，孵化器于2020年开始运营，总面积4700多平方米，主要引进文化创意、信息软件、新能源性材料等科技领域企业。该孵化器创建"3+4"服务模式，即建设企业发展服务、科技金融服务、科技人才服务三大服务生态，搭建创业导师、服务联盟、交流平台、园区科协四大服务体系。至年底，孔家里创立方孵化器有在孵企业17家，在孵企业共200多人，有自主知识产权9项。

【华数集团入选"全国文化企业30强"】 2022年12月28日，第十四届"全国文化企业30强"名单发布，华数数字电视传媒集团有限公司（简称"华数集团"）入选。名单由中央文化体制改革和发展工作领导小组办公室组织推荐、认定，光明日报社、经济日报社等单位联合评选。评选根据社会效益和经济效益指标进行综合考评。华数集团是杭州市数字电视发展的运营主体、浙江省数字电视发展的省级主体，以数字电视发展为切入点，推进全省数字电视发展，向无线、移动电视和信息化应用转型的综合运营企业。全年营业收入92.93亿元，比上年增长9.54%。

（张益苗）

互联网经济产业园

【概况】 互联网经济产业园位于杭州高新区（滨江）中部区块，东至江晖路，西至南川路，南至滨康路，北至闻涛路。2022年，互联网经济产业园产业投资16.17亿元，其中工业投资7.14亿元。产业园规模以上企业营业收入3093.8亿元，其中规模以上服务业营业收入1977.34亿元，规模以上工业企业产值942.7亿元，规模以上工业增加值261.8亿元，税收222.8亿元，进出口总额43.6亿元，比上年增长20.67%。新增科创板上市企业1家，"新三板"挂牌企业1家，累计上市企业20家；"独角兽"企业和准"独角兽"企业共27家；新认定国家级高新技术企业116家，累计417家；新认定国家级科技型中小企业461家；新认定国家级孵化器2家，累计5家；新认定省级孵化器1家，累计8家；新认定市级孵化器1家，累计12家。浙江省建筑设计研究院滨江新大楼、景业高端智能装备及机器人制造基地、大立智能光电探测系统制造基地、广脉科技产业化基地4个产业项目开工建设，虹软视觉人工智能产业化基地、大华智慧安防（物联网）生产基地、网盛互联网金融软件产业化基地3个产业项目竣工投用。

【3个产业项目竣工投用】 2022年，互联网经济产业园有3个产业项目竣工投用。2月，网盛互联网金融软件产业化基地项目投用。项目于2017年7月开工建设，2021年12月完成项目竣工备案手续，东至杭高新工〔2016〕4号地块，西至规划支一路，南至江三社区过渡房，北至规划支一路，总投资5亿元，用地面积1.33公顷，总建筑面积9万平方米。2022年7月，虹软大厦投用，是虹软视觉人工智能产业化基地。项目于2020年2月22日开工建设，2021年6月28日主体结构结顶；位于江淑路以西，创慧路以南，滨兴路以北；总投资4.3亿元，用地面积0.8公顷，建筑高度99.8米，总建筑面积5.6万平方米。2022年7月，大华智慧物联研发及产业化项目竣工投用。项目于2018年6月开工建设，位于立业路以东，时代河绿化带以西，滨兴路以南，越达巷以北，总用地面积4.8公顷，总建筑面积25.1万平方米，总投资16.2亿元。

【互联网现代服务业创新发展区】 2022年，互联网现代服务业创新发展区营业总收入2045亿元，营业利润397亿元，税收164亿元，实际完成投资6亿元。互联网现代服务业创新发展区规划范围东至江晖路，西至南川路，南至滨康路，北至闻涛路，总规划面积6.78平方千米。其中：信息技术服务区规划面积1.82平方千米，培育形成面向未来、具有国际竞争力的信息技术服务产业集聚高地；数字贸易区规划面积1.09平方千米，建成全省新型数字贸易服务核心承载地；生命健康服务区规划面积0.78平方千米，建设以“互联网+医疗”为特色的智慧化生命健康服务集聚高地；创新创业区规划面积0.55平方千米，成为以互联网相关产业为主导优势的创新创业集聚地；综合配套服务区规划面积2.54平方千米，成为集居住、商业、办公、休闲、娱乐等于一体的综合配套服务集聚地。至年底，互联网现代服务业创新发展区入驻单位1401家，包括规模以上企业189家，个体工商户数130家，上市企业11家，高技术服务业企业479家。

【滨江互联网小镇】 2022年，滨江互联网小镇有建设项目24个。其中：政府投资项目13个，完成年度投资6295万元；产业项目11个，完成年度投资8.63亿元。完成固定资产投资8.23亿元，其中特色产业投资8.23亿元，占100%。营业总收入为2717亿元，税收201亿元，科技投入335亿元。新引进互联网科技企业298家，新增有效发明专利2206项，累计1.37万件。新增国家级领军人才6人，省级领军人才7人，累计国内外顶尖人才17人，国家级领军人才37人，省级领军人才7人。新增国家级孵化器2家，省级孵化器1家，累计集聚国家级孵化器5家、省级7家、市级10家。累计集聚众创空间2家（国家级、省级各1家）。新增国家级高新技术企业58家，累计339家；新认定国家级科技型中小企业400家；新增省级研发中心11家，累计60家；累计省级新型研发机构2家；新增省级重点实验室2家，累计4家；新增省级企业研究院3家，累计11家。新增上市企业1家，累计17家，其中“科创板”企业2家，新增“新三板”挂牌企业1家，累计5家。互联网小镇入选2021年度省级特色小镇优秀小镇名单、2021年度省级制造业亩均效益领跑者名单、2021年度省级特色小镇亩均效益领跑者名单。互联网小镇规划范围东起江晖路，西至建业路，南起滨康路，北至江南大道，规划总面积3.91平方千米，其中核心区规划面积1.51平方千米，东部核心区面积0.53平方千米，西部核心区面积0.98平方千米。

【滨江智造供给小镇】 2022年，滨江智造供给小镇有建设项目16个。其中：政府投资项目7个，完成年度投资3.59亿元；产

2022年2月23日，浙江省建筑设计研究院滨江新大楼奠基仪式举行

（互联网产业园发展服务中心　供图）

业项目9个，完成年度投资7.54亿元。全年完成有效固定资产投资16亿元。滨江智造供给小镇位于长河街道和浦沿街道交界处，东至时代大道，西至火炬大道，南至冠山公园，北至浙赣铁路，小镇依照“一心两轴四区”的规划结构建设，规划面积3.75平方千米。小镇以提供智造供给解决方案为重点产业方向，培育产品与装备智能化技术集成开发商、“数字化制造”技改工程承包商、多种智能产品联网使用工程承包商、多个应用系统集成工程承包商与平台服务商、工业物联网安全在线服务商6大智能制造系统解决问题供应商，构建和谐共生的产业生态，形成智造供给产业集群。至年底，智造供给小镇集聚规模以上工业企业5家，服务业企业14家，贸易类企业4家，国家级高新技术企业26家，科技型中小企业34家，上市企业4家，市级以上孵化器1个。

【浙江省建筑设计研究院滨江新大楼开工建设】 2022年2月23日，浙江省建筑设计研究院滨江新大楼开工建设。项目东至共享路，西至规划绿地，南至滨兴路，总用地面积1.15公顷，总建筑面积9.6万平方米，总投资5.5亿元，工期3年。项目融合办公、综合服务功能，满足建筑设计业务及辅助用房需求，解决停车难题，提供学术交流场所。浙江省建筑设计研究院为省内建筑设计行业的骨干企业，是省内具有承担全省复杂结构，超高、超限高层建筑抗震设计专项审查的2家设计单位之一，获600多项国家及省部级优秀设计奖和科学技术奖。

【当虹科技公司入选世界超高清视频产业联盟理事单位】 2022年2月25日，世界超高清视频产业联盟发布《关于增选第一届理事单位选举结果的通知》，杭州当虹科技股份有限公司（简称“当虹科技公司”）入选世界超高清视频产业联盟理事单位。世界超高清视频产业联盟是在工业和信息化部指导下，由从事超高清视频产品制造、视频传输、内容生产、应用和服务的企事业单位、科研院所、专业机构等单位自愿组成，专注于推动超高清视频产业发展的社会组织，有53家理事单位。当虹科技公司成立于2010年5月，2019年12月在科创板上市，是一家定位于大视频领域，主要面向传媒文化、泛安全、智能网联汽车等方向，提供智能视频解决方案与视频云服务的高科技企业。

【景业高端智能装备及机器人制造基地开工建设】 2022年5月10日，杭州景业智能科技股份有限公司高端智能装备及机器人制造基地开工建设。基地东至百仁路，西至规划绿地，南至冠山路，北至乳泉路，总用地面积1.39公顷，总建筑面积5.13万平方米，总投资3.2亿元，工期3年。该基地用于高端智能装备研制和核工业机器人研制，形成规模化产能与销售，建成核工业高端装备系统研发与制造产业基地。杭州景业智能科技股份有限公司成立于2015年，是国家级高新技术企业、浙江省机器人产业发展协会副会长单位、杭州市自动化学会智能装备委员会主任单位。

【“金融赋能、助企纾困”金融服务进园区专场活动】 2022年6月30日，互联网产业园发展服务中心联合区发改局（金融办）开展的“金融赋能、助企纾困”互联网小镇专场活动在上峰电商产业园举行，20多家园区企业参加。活动发放《关于征集企业融资需求意向的问卷》，邀请银行机构及金融顾问为企业提供金融服务。区发改局（金融办）推介房租补贴、还本付息政策应延尽延等7项金融支持措施、区内三级金融纾困制度、区科技金融服务中心、线上金融综合服务平台杭州e融，为企业提供融资需求解决方案。5家金融机构选派普惠政策、信贷投放、贸易融资等方面专家到现场，重点讲解电商、生物医药类企业的风险管控、股权投融资、贷款政策等。该活动为“金融服务进园区”“金融服务进企业”系列金融助企活动，回应企业需求，落实落细金融服务。

【广脉科技公司产业化基地开工建设】 2022年7月1日，广脉科技股份有限公司（简称“广脉科技公司”）的产业化基地开工建设。基地东至月湾路，西至规划绿地，南至冠山路，北至乳泉路，总用地面积0.95公顷，总建筑面积3.95万平方米，总投资1.8亿元，工期3年。项目融合办公、生产基地、综合服务功能，满足网优产品生产及辅助用房需求，提供研发与生产场所。广脉科技公司成立于2012年，2021年11月在北京证券交易所上市。公司为信息通信技术服务提供商，围绕国家发展战略，依托核心技术，构建从基础网络优化、物联网应用、智慧城市、大数据、云平台、到数字内容服务的完整数字生态系统。

【大立智能光电探测系统制造基地开工建设】 2022年7月9日，浙江大立科技股份有限公司（简称“大立科技公司”）的智能光电探测系统制造基地项目开工建设。基地位于长河街道，东至规划绿地，西至南川路，南至冠山路，北至乳泉路，总用地面积1.07公顷，总建筑面积4.09万平方米，总投资5.5亿元，工期3年。项目为企业生产研发大楼，满足企业生产及研发办公的需求，解决停车难题，提供企业演讲、报告场所。大立科技公司是专业从事非制冷红外焦平面探测器、红外热成像系统、智能巡检机器人、惯性导航光电产品研制的高新技术企业，设有非制冷焦平面红外探测器（非晶硅）生产线。大立科技公司的产品应用于电力、石化、安防等行业，有杭州、上海2个技术研发中心，承担多项国家级科研专项。

【英飞特电子入选首批“科创中国”创新基地】 2022年8月22日，中国科协公布首批“科创中国”创新基地认定名单，英飞特电子（杭州）股份有限公司（简称“英飞特电子公司”）申报的“科创中国”英飞特开关电源创新基地入选首批“科创中国”创新基地。英飞特电子公司是国家专精特新“小巨人”企业、浙江省隐形冠军企业和深圳创业板上市公司，专注于高效、高可靠性开关电源研发、生产、销售和技术服务。公司建有省级重点企业研究院、省级国际科技合作基地等平台，与美国电力电子系统工程研究中心、浙江大学等国内外科研院所开展产学研合作，形成多位一体的创新体系。

【高新技术企业申报培训】 2022年10月20日和27日，高新技术企业申报培训会在杭州高新区（滨江）北塘河创新中心举行。培训会由互联网产业园发展服务中心主办，杭州正策信息科技有限公司、杭州彩宏科技有限公司承办，共有10多家企业参加。培训会从主营产品、知识产权、申报领域、研发项目及创新能力等方面，对高新技术企业认定管理办法和管理工作进行解读，指导企业申报。

【“周四下午茶”活动】 2022年11月3日起，互联网产业园推出“周四下午茶”活动，搭建政企交流新平台，助推中小微企业成长，服务园区企业，每周定期为企业提供产业对接、技术交流、政策解读、项目申报等方面的服务。至年底，“周四下午茶”开展活动5期，服务企业41家。

2022年互联网产业园"周四下午茶"活动情况一览表

表9

日期	活动主题	与会企业
11月3日	互联网科技SAAS平台技术·业务协同	杭州播鹰网络科技有限公司、杭州空格科技有限公司、杭州海牛智能信息科技有限公司、杭州集据物联科技有限公司、浙江哦维科技有限公司、杭州联合农村商业银行
11月10日	企业培育+服务，助推"小升规"	杭州正策信息科技有限公司、浙江大华存储科技有限公司、杭州由莱科技有限公司、浙江华诺康科技有限公司
11月17日	搭建交流平台 厚植双创土壤——双创平台座谈会	20家孵化器：东冠科技企业孵化器、柏盛渡口、杭州天和高科技产业园、三花·江虹国际创意园、IX-WORK京崎科技园、上峰电商产业园、杭州人工智能产业园、德福科技孵化器、浙农绿色双创孵化器、IX-WORK连连孵化器、纳爱斯国际科创园、王道公园·优迈孵化器、滨江慧港科技园孵化器、金润科技园、和创孵化器、瑞祥汇孵化器、创信G+、卧龙江虹国际智汇园、中澳生物医药产业科技园、浙江地质科技孵化器
11月24日	智能AI技术促进实体经济发展交流	杭州联汇科技股份有限公司、杭州零跑汽车销售服务有限公司、虹软科技股份有限公司、浙江阿拉丁信息科技股份有限公司、易思维（杭州）科技有限公司
12月8日	互物相连，产业共荣	杭州享福多智能科技有限公司、杭州晓鸟科技有限公司、杭州享趣智能科技有限公司、杭州集据物联科技有限公司、杭州泉兴科技有限公司、杭州吉租科技有限公司、杭州集素投资合伙企业（有限合伙）

（项　磊）

物联网产业园

【概况】 物联网产业园位于杭州高新区（滨江）的东部区块，东至风情大道，西至江陵路，南至滨和路，北至滨盛路，总规划面积3.66平方千米。2022年，物联网产业园完成固定资产投资15.58亿元，均为特色产业投资。园区企业营业收入2699.63亿元，比上年增长6.3%；税收收入63.06亿元，增长13%。上市企业19家，世界500强企业及其投资项目15个，"独角兽"企业、准"独角兽"企业15家，国家高新技术企业213家，科技型中小企业183家，"瞪羚企业"36家。全年新设企业874家，迁入企业177家，迁出企业135家，净迁入企业42家，顺差率23.7%。新认定国家级众创空间1家（nihub众创空间），累计3家；新认定省级众创空间1家（蒜泥空间），累计3家；新认定国家级孵化器1家（大华·江虹国际创新园），累计1家；新认定2家市级孵化器（一亿中流浙水孵化器、中威孵化器），累计6家。物联网产业示范基地连续3年获评国家五星级评价，物联网小镇连续4年获省级特色小镇年度考核优秀单位，获批全省首批公民法治素养观测点，物联网产业园发展服务中心获评浙江自贸试验区建设工作业绩突出集体称号。

【6座公司总部大楼投入使用】 2022年，物联网产业园有6座公司总部大楼投入使用。7月18日，杭州迪普科技股份有限公司总部大楼投入使用，大楼于2019年3月1日开工建设，2020年10月26日主体结顶，东为医惠科技有限公司大楼，西侧为共联路，南临杭州江南实验学校教育集团月明校区，北接月明路，项目占地面积1.33公顷，总建筑面积5.51万平方米，总投资3.2亿元。2022年7月28日，杭州山科智能科技股份有限公司总部大楼投入使用，

大楼于2020年4月19日开工建设，2021年8月18日主体结顶，东为鸿泉物联网公司项目，西侧为协同路，南临规划住宅用地，北接启智街。项目占地面积0.71公顷，总建筑面积3.1万平方米，总投资1亿元。2022年8月10日，杭州海康威视数字技术股份有限公司四期总部大楼投入使用，大楼于2018年9月12日开工建设，2020年11月16日主体结顶，东至共联路，西至十甲河绿化带，南至启智街，北至规划支路，项目占地面积3.73公顷，总建筑面积16.89万平方米，总投资10.32亿元。2022年8月28日，杭州鸿泉物联网技术股份有限公司总部大楼投入使用，大楼于2020年4月18日开工建设，2021年9月1日主体结顶，东为风情河绿化带，西侧为杭州山科智能科技股份有限公司大楼，南临规划住宅用地，北接启智街。项目占地面积0.93公顷，总建筑面积4.1万平方米，总投资2.7亿元。2022年8月31日，杭州纵横通信股份有限公司总部大楼投入使用，大楼于2019年10月22日开工建设，2021年6月7日主体结顶，东为杭州协同220千伏输变电工程，西为协同路，南临启智街，北接杭州康奋威科技股份有限公司大楼。项目占地面积1公顷，总建筑面积4.4万平方米，总投资2.2亿元。2022年10月8日，杭州海亮教育科研有限公司总部大楼投入使用，大楼于2019年10月11日开工建设，2021年1月28日主体结顶，东至风情河，西至协同路，南至浙江省第一水电建设集团股份有限公司大楼，北临规划高新产业用地。项目占地1.67公顷，总建筑面积6.93万平方米，总投资3.42亿元。

【滨江物联网小镇】 2022年，滨江物联网小镇推动产业发展提质增效、平台载体提档升级、创新创业活力迸发、功能配套健全完善、服务保障不断加强，构建成产业更特、创新更强、功能更优、形态更美、机制更活、辐射更广的省级特色小镇升级版。小镇连续4年获得省级特色小镇年度考核优秀，推进小镇国家AAA级旅游景区通过年度复核，传播力指数最高居第一位。小镇5次申报特色小镇及省市区共同富裕最佳实践案例，其中“龙头+集群”案例入选省级特色小镇现代产业最佳实践案例；“两链融合”案例入选杭州市共同富裕第一批最佳实践名单；“高质量发展”案例入选G60科创走廊建设成果创新实践案例，2次入围省共同富裕示范区试点评审答辩。出台《物联网小镇创新企业服务3.0版本的探索和实践》及《新形势下物联网产业园创新企业服务3.0实施方案》。推进产业社区迭代升级，建成全省首批公民法治素养观测点，获评2022年度浙江省公民法治素养观测点“十大最佳实践案例”；搭建“e谷早餐会”“协商驿站”“董秘联谊会”等平台，全年开展芯片设计、水资源、地理信息、数字医疗、制造智能化5场对接会，促成杭州海康威视数字技术股份有限公司与矽力杰半导体技术（杭州）有限公司、杭州晨鹰军泰科技有限公司与杭州阿启视科技有限公司、浙江宇视科技有限公司与浙江科澜信息技术有限公司等30多组企业开展上下游合作。

【2座企业楼宇主体结顶】 2022年3月31日，杭州趣链科技有限公司总部大楼主体结顶，大楼于2020年12月3日开工建设，东至协同路，西至西兴路，南至规划高新产业用地，北至月明路，项目占地面积2.03公顷，总建筑面积8.18万平方米，总投资7.98亿元。2022年11月28日，杭州萤石网络有限公司总部大楼主体结顶，大楼于2020年12月14日开工建设，东至协同路，西至西兴路，南至启智街，北至规划高新产业用地，项目占地面积2.67公顷，总建筑面积12.2万平方米，总投资8.12亿元。

【全省首个“数据安全实验室”揭牌】 2022年5月27日，自贸区滨江区块数据安全技术研讨会在滨江物联网小镇举办，国家互联网应急中心浙江分中心、省委网信办、省自贸办、省商务厅、区委区政府有关负责人及公司代表80多人参加。研讨会以“数据安全有序流动”为主题，为全省首个“数据安全实验室”揭牌。数据安全实验室以国家互联网应急中心浙江分中心、国家数字服务出口基地杭州高新区（滨江）物联网产业园发展服务中心为建设主体，以国家数字服务出口基地为核心，围绕跨境数据流动开展政策研究、标准研制、人才培养、学术探索、技术创新、应用示范、企业服务等全过程技术工作；同时面向汽车、生物、金融等领域，开展数据安全治理研究和检测评估工作，推动形成数据安全产业聚集效应，促进数据安全产业高质量发展。

【物联网产业园“企业服务月”活动】 2022年6月13日至7月13日，物联网产业园统筹疫情防控和经济社会发展，为摸清企业情况、破解发展难题、激发企业活力，开展“企业服务月”活动。结合园区“一楼一台账”完善园区楼宇、企业数据，构建“物联企服通”企业服务系统，打造“线上企业走访台账”功能，建立企业情况、政策精准匹配、短信推送、产业图谱等功能，形成楼宇、企业闭环管理，推进制度重塑、流程再造，助力全区打造世界领先科技园区建设。活动期间，走访重点企业124家，重点楼宇和孵化器、众创空间24家，重点在建（拟建）项目15个，收集企业反馈信息117条，问题信息96条，企业问题回复率100%，问题处理率95%。

【“企业外联”App试点获评省级最佳制度创新案例】 2022年6月28日，根据中国（浙江）自由贸易试验区工作领导小组办公室《关于印发2022年第一批中国（浙江）自由贸易试验区最佳制度创新案例的通知》，物联网产业园发展服务中心牵头建立的“企业外联”App试点（单位申请访问境外网站提供免费网络通道）获中国（浙江）自由贸易试验区最佳制度创新案例。“企业外联”App是助力企业获取国际前沿学术、顶尖研发资源、最新动态咨询、权威统计数据和相关领域专业数据等资料的跨境数据交流专用通道。

【海康机器人产品产业化基地项目开工建设】 2022年11月14日，杭州海康机器人股份有限公司产品产业化基地项目开工建设。项目东至协同路，西至西兴路，南至滨和路，北至微影软件项目，占地面积2.94公顷，建筑面积16.5万平方米，总投资11.66亿元。至年底，项目开展桩基施工。

【国家数字服务出口基地高峰论坛】 2022年12月12日，由首届全球数字贸易博览会组委会举办的国家数字服务出口基地高峰论坛在“智慧e谷”举行。论坛以“共建共赢，创新融合”为主题，采用线下与线上结合的方式进行。商务部、省政府、市委、国家数字贸易专家工作组、国家数字服务出口基地所在商务主管部门有关负责人员、代表等200人参会。论坛上，商务部发布《中国服务外包发展报告2021》，举行“2022年浙江省数字贸易创新应用优秀案例”颁奖。物联网产业园发起成立国家数字服务出口基地产业联盟，并作为3家基地代表之一，分享交流建设经验。

【林东新能源研发项目入选2022年度中国十大科技新闻】 2022年12月23日，中央广播电视总台发布2022年度国内、国际十大科技新闻，“中国研发的世界最大潮流能发电站成功运行”入选2022年度中国十大科技新闻。该潮流能发电站是杭州林东新能源科技股份有限公司研发项目，通过海洋潮流能稳定发电并网运行技术，建成中国首座海洋潮流能发电站，是国内海洋清洁能源科技创新的重大突破，已连续不间断运行6年，为开拓万亿级海洋高端装备产业和发电市场奠定基础。项目入选国际能源署发布的“全球20大海洋能亮点工程”和“潮流能全球亮点工程”，标志着中国潮流能资源利用水平进入世界前列。

（宁　萍）

智慧新天地

【概况】 智慧新天地位于杭州高新区（滨江）西部，东至浦沿路，西至钱塘江，南至杭州高新区（滨江）界线，北至连江街，总规划面积5.6平方千米。

杭州高新区（滨江）智慧新天地创新中心（标准厂房）项目

（智慧新天地发展服务中心　供图）

2022年，智慧新天地发展服务中心重点开展产业集聚、小镇创建、基础建设征迁做地等工作。新落点杭州广立微电子股份有限公司项目，累计26个项目落点，其中1个项目（吉利寰球）已建成入驻，9个项目加快建设，观澜网络（杭州）有限公司、杭州泰格医药科技股份有限公司、浙江盛域医疗技术有限公司3个项目摘牌开建，杭州三汇信息工程有限公司项目摘牌开展开工前期准备工作。滨江数字健康小镇首次考核评定为省级优秀创建特色小镇。区域新建道路3条，续建6条（完工5条）。闻涛路被评为2021年省级绿化美化精品道路，沿江公园入选杭州市第三批公园名录。全年完成政府投资约1.21亿元。

【"吉利寰球互联网+新能源产品产业化基地"建成入驻】 2022年，杭州吉利寰球科技有限公司的"吉利寰球互联网+新能源产品产业化基地"项目建成，5月9日，吉利科技集团有限公司入驻；9月1日，杭州优行科技有限公司入驻。全年完成投资1.25亿元。项目于2019年12月1日开工建设，是智慧新天地区域首个开工建设落点项目，涉及计算机网络技术、计算机系统集成、通信技术、手机软件、电子产品、车联网大数据应用、汽车零部件及配件制造。项目于2021年8月20日完成主体结构验收。

【重点项目建设】 2022年，智慧新天地区域推进重点项目建设。杭州高新区（滨江）智慧新天地创新中心（标准厂房）项目主体结构竣工，全年完成投资1.31亿元。税友软件集团股份有限公司的税务软件产品产业化生产基地项目主楼结顶，地下室结构通过验收，全年完成投资1.17亿元。创业慧康科技股份有限公司的智慧健康科技产品产业化基地项目砌体、粉刷完成，幕墙安装完成55%，全年完成投资0.83亿元。杭州光云科技股份有限公司、高新兴创联科技有限公司、银江技术股份有限公司、长典医药有限公司四企联建项目地下室结构完成，其中光云科技项目施工至地上15层，长典医药项目施工至地上10层，联建项目全年共完成投资1.4亿元。杭州启明医疗器械股份有限公司的启明医疗生命健康产业园项目完成桩基工程及项目部搭设，全年完成投资1.67亿元。

【3条道路开工建设】 2022年，智慧新天地区域有滨浦路（滨文支路—之江大桥）、沙虞路（东冠路—生地街）、冠山路（西浦路—浦西路）3条道路开工建设。滨浦路（滨文支路—之江大桥）南至之江大桥，北至滨文支路，道路长460米，宽20米。工程于2020年10月23日完成立项，2021年10月20日开标，计划总投资5925万元，全年完成投资1033.64万元。沙虞路（东冠路—生地街）南至东冠路，北至生地街，道路长430米，宽20米。工程于2022年5月16日完成立项，2022年10月11日开标，计划总投资6823万元，全年完成投资216.7万元。冠山路（西浦路—浦西路）东至浦西路，西至西浦路，道路长205米，宽35米。工程于2022年7月12日完成立项，

9月6日开标，计划总投资1481万元，全年完成投资224万元。

【5条道路竣工】2022年，智慧新天地区域有新浦路（浦炬街—浦湖街）、鸡鸣山路（西浦路—浦沿路）、望水路（西浦路—浦沿路）一期、规划支路2号路（坚塔路—东冠路）、浦西路（镇前路—望水路）5条道路竣工。新浦路（浦炬街—浦湖街）南起浦炬街，北至浦湖街，道路长380米，宽26～35米，工程于2021年12月14日开工建设，2022年11月14日完工，全年完成投资1800万元，项目自开工累计完成投资8106万元。鸡鸣山路（西浦路—浦沿路）工程东起浦沿路，西至西浦路，道路长560米，宽16米，工程于2021年9月1日开工建设，2022年11月14日完工，全年完成投资1600万元，项目自开工累计完成总投资3783万元。望水路（西浦路—浦沿路）东起浦沿路，西至西浦路，道路长690米，宽20米，项目分两期实施，一期工程西浦路至新浦路段，长464米；二期工程新浦路至浦沿路段长226米。工程于2021年12月1日开工建设，2022年10月14日完成一期，全年完成投资2200万元，项目自开工累计完成总投资2200万元。规划支路2号路（坚塔路—东冠路）南起东冠路，北至坚塔路，道路长873米，宽16米，项目于2021年8月30日开工建设，2022年8月12日完成竣工验收，全年完成投资980万元，项目自开工累计完成总投资9815万元。浦西路（镇前路—望水路）南起望水路，北至镇前路，道路长500米，宽20米，项目于2021年8月1日开工建设，2022年5月13日完成竣工验收，全年完成投资128.3万元，项目自开工累计完成总投资1445万元。

【丁香园医疗大数据中心开工建设】2022年8月26日，观澜网络（杭州）有限公司的丁香园医疗大数据中心开工建设。项目位于堤东路以东，潮涌路以西，潘曹街以北。总用地面积1.9万平方米，总建筑面积约9.2万平方米，其中地上建筑面积5.7万平方米、地下建筑面积3.5万平方米，建筑总高度59.8米，计划总投资5亿元。观澜网络（杭州）有限公司的丁香园平台是中国领先的数字医疗健康科技企业，通过内容分享互动、医疗数据积累、数字医疗服务，连接医生、科研人士、患者、医院、生物医药企业和保险企业。已服务上亿个用户，有550万个专业用户，包含210万个医生用户。

【泰格生物医药和医疗器械生产基地及配套设施项目开工建设】2022年11月15日，杭州泰格医药科技股份有限公司（简称“泰格医药公司”）的泰格生物医药和医疗器械生产基地及配套设施项目开工建设。项目位于闻涛路以东，堤东路以西，坚塔街以南，陆家潭街以北。总用地面积2.49万平方米，总建筑面积8.55万平方米，其中地上建筑面积4.82万平方米、地下建筑面积3.73万平方米，总高度24米，计划总投资10亿元。泰格医药公司成立于2004年，是行业领先的一体化生物医药研发服务平台，为全球制药和医疗器械行业提供跨越全周期的创新研发解决方案。

【盛域医疗产业化生产基地开工建设】2022年11月15日，浙江盛域医疗技术有限公司（简称“盛域医疗公司”）的盛域医疗产业化生产基地开工建设。项目位于智慧新天地片区，堤东路以东，潮涌路以西，生地街以南。总用地面积1.07万平方米，总建筑面积4.3万平方米，其中地上建筑面积2.4万平方米、地下建筑面积1.9万平方米，总高度39.8米，计划总投资2.5亿元。盛域医疗公司成立于2009年，是从事体外诊断试剂及仪器的研发、生产、销售和诊断服务的国家高新技术企业，专注于凝血与免疫诊断领域的创新，提供精准、便捷、完整的医疗检测产品，推动出凝血、肾病、胃病等领域检测的创新与发展。

【滨江数字健康小镇获评省级优秀创建特色小镇】2022年12月12日，滨江数字健康小镇获评省级优秀创建特色小镇。滨江数字健康小镇地处智慧新天地区域内，东至浦沿路，西至沿江绿道，南至规划龙山路，北至芳华弄。规划范围总面积3.55平方千米，其中核心区1.16平方千米。小镇聚焦互联网医疗、医疗大数据和医疗人工智能，推进“BT+IT”（BT指生物科技，BIO-TECHNOLOGY；IT指信息技术，INFORMATION TECHNOLOGY）融合，形成以智慧医疗为核心，以高端医疗器械和创新药研发为特色的“1+2”产业体系，是杭州高新区（滨江）生命健康产业发展的核心主平台和载体，致力于成为具有国际影响力的数字健康创新高地。

（周盼庭）

特别合作园

【概况】 2022年，杭州市委、市政府明确杭州高新区“一区多园”重大战略部署，成立杭州市特别合作园建设领导小组。杭州高新区（滨江）富阳特别合作区管理委员会更名为杭州高新技术产业开发区管理委员会特别合作园管理局，负责统筹推进滨富特别合作区、滨萧特别合作园的开发建设。3月，杭州高新区（滨江）萧山特别合作园揭牌。11月，杭州高新区（滨江）与富阳区签订合作深化协议。两个园区建立两区主要领导联席会议、两区分管区领导日常协调、两区平台工作推进3个层面的统筹机制，共同打造高质量发展引领带动跨区域产业共富的实践样板。

【滨萧特别合作园成果】 至2022年底，滨萧特别合作园落地矽测微芯片测试、吉利汽车电子等项目11个，协议总投资117亿元；开工建设项目总投资150亿元；启动“中国视谷”展示之窗建设，发布“中国视谷”建设蓝图，纳入部省共建新一轮合作协议。合作园入选全市争当浙江高质量发展建设共同富裕示范区城市范例最佳实践案例（第一批），入选全省高质量发展建设共同富裕示范区最佳实践（第二批）。

2022年3月3日，杭州高新区（滨江）萧山特别合作园签订合作协议

（区特别合作园管理局　供图）

【滨富特别合作区】 2022年，滨富特别合作区完成工业投资43.98亿元，比上年增长37.3%。落地芯海芯片测试、智核智能等项目4个，协议总投资65亿元。深化“统筹机制+现场办公+四张清单+专人推进”的工作机制，富芯项目于11月17日通线，20个月实现项目试生产，并作为全市唯一工业项目入选“忠实践行‘八八战略’、奋力打造‘重要窗口’”重点建设省级示范项目。“建设高新区（滨江）富阳特别合作区，打造跨区域共同富裕高质量发展合作样板”试点获市2022年度第一批共富试点考核优秀等次。滨富特别合作区位于富阳区灵桥镇行政区划范围，规划面积5.8平方千米。

（汪　洁）

江北科技园

【概况】 江北科技园是杭州高新技术产业开发区管理委员会的政策区域，东至莫干山路，西至丰潭路，南至天目山路（含浙江大学玉泉校区），北至余杭塘河，区域面积11.44平方千米。2022年，江北科技园税收收入33.8亿元，比上年增长12.7%。新增上市后备企业30家、国家高新技术企业106家、国家级“小巨人”企业10家、省级“专精特新”企业25家。新增等级认定试点企业3家，培育“专精特新”储备库企业50多家。江北发展服务办公室走访企业500多家次，解决诉求252条，开展17场公益讲座、企业家沙龙等活动，在项目申报、政策答疑、人才招聘、产业基金、股改上市、产业链协同等方面为企业提供服务。

【875家企业落户江北科技园】 2022年，江北科技园与高校、科研院所、省级集团、中介机构、人才团队、创新平台等创新资源对接，通过以企引企、以才引企、以友引企、以介引企、以楼引企等方式拓展招商渠道，引进875家企业，注册资本47.2亿元，其中新设企业684家，注册资本37.23亿元，区外引进191家，注册资本9.97亿元。新引进企业中有88家注册资本1000万元以上，10家注册资本5000万元以上。重点引进杭州晶图科技有限公司、杭州群安立康生物制药有限责任公司、杭州广立测试设备有限公司、杭州政云数据技术有限公司等21家注册资本1000万元以上的国家高新技术企业、融资500万元以上项目。

【招才引智】 2022年，江北科技园加快人才集聚，完善人才培育。新引入杭州羽嘉鹰智能科技有限公司等5个区人才项目。组织推荐杭州广立微电子股份有限公司、九章算法（杭州）科技有限公司等企业申报省级以上高层次人才计划8人。推动浙江东安检测技术有限公司、杭州路先非织造股份有限公司、杭州山科智能科技股份有限公司3家企业申报技能人才等级认定试点企业，新增技能人才90多人。

【315家企业南迁】 2022年，江北科技园通过开展“高新之光、心向滨江”主题活动，宣传“天堂硅谷”，讲好“滨江故事”，推进北企南迁。杭州鸿泉物联网技术股份有限公司、虹软科技股份有限公司2家上市公司整体南迁，浙江网盛生意宝股份有限公司、杭州当虹科技股份有限公司、杭州山科智能科技股份有限公司3家上市公司在江南的大楼竣工。杭州哲达科技股份有限公司、新翔维创科技股份有限公司等6家企业签订工业综合体购买协议，合计2.4万平方米。银江技术股份有限公司、高新兴创联科技有限公司、杭州游卡网络技术有限公司、浙江万朋数智科技股份有限公司、杭州趣链科技有限公司5家企业开工在建。12家企业拟落点待建，7家企业拟供地落点，20多家企业申请入驻工业综合体。至年底，“北企南迁”企业315家，注册资本16.85亿元。

【“第五届滨江国际人才节”之“走向江南”活动】 2022年6月17日，“第五届滨江国际人才节”系列活动之“走向江南”举办，活动由江北发展服务办公室、互联网产业园发展服务中心主办，杭州溢点信息技术有限公司、杭州盈高科技有限公司、浙江大云物联科技有限公司、杭州学天砺行教育科技有限公司等15家重点意向南迁企业负责人、创业人才、“高新汇”企业成员和部分政协委员、统战人士共20多人参加。代表团参观网盛大厦和恒鼎大厦，在恒鼎大厦举行交流座谈会。座谈会围绕政策宣讲、人才服务展开，互联网产业园发展

2022年6月17日，“第五届滨江国际人才节”系列活动之“走向江南”举行

（区江北发展服务办公室　供图）

服务中心负责人介绍互联网产业园情况，江北发展服务办公室负责人介绍江北情况和“北企南迁”政策，“海硅人才”代表解读人才政策，江北企业人才与楼宇参会人员就企业入驻相关事宜进行对接交流。

【融资路演活动“江北专场”】 2022年8月25日，杭州高新区（滨江）融资路演活动“江北专场”在全景网杭州路演中心举行。活动由区发改局、江北发展服务办公室、杭州高新科技创业服务有限公司主办，区科技金融服务中心、全景网杭州路演中心承办。浙江微能科技有限公司、浙江东鼎电子股份有限公司等10家江北重点融资企业代表介绍各自项目，从团队能力、项目可行性、发展前景等方面进行陈述，浙江湖畔创业研学基金会、杭州普华天勤私募基金管理有限公司等基金负责人提问交流。投资机构和路演企业围绕技术研发、产品特点及融资计划等方面进行探讨，并在会后展开沟通对接。

2022年8月25日，杭州高新区（滨江）融资路演活动“江北专场”在全景网杭州路演中心举行　　（区江北发展服务办公室　供图）

【北企南迁系列活动之“走进江南”】 2022年10月13日，江北发展服务办公室开展北企南迁系列活动之“走进江南”，杭州大希地科技股份有限公司、凯捷技术咨询（杭州）有限公司、杭州瑞成信息技术股份有限公司、杭州慧瑞信息技术有限公司等14家重点意向南迁企业参加。企业代表团参观春风科创园、兴耀科创城、金盛科创大厦（滨泰智谷）3个园区。各园区负责人介绍园区情况，并进行座谈交流。会上，江北发展服务办公室负责人介绍“北企南迁扶持政策”，针对适用对象、政策内容、申报明细等方面作解读和答疑交流；西兴街道负责人介绍西兴产业发展现状和区位优势；浙江省温州市泰顺县负责人介绍泰顺县的产业发展现状和产业政策，推介滨泰智谷园区；首家入驻滨泰智谷园区的“北企南迁”企业浙江关渡网络科技有限公司与园区运营方进行签约仪式。

【“高新汇”企业交流活动】 2022年11月25日，江北发展服务办公室举办以“服务专精特新，共促企业成长”为主题的“高新汇”企业家交流暨专精特新研讨会，江北专精特新企业负责人和人才共30人参加。省专精特新智库组专家围绕企业培育深化、金融服务助力等授课。区相关部门负责人介绍区创新链产业链“两链”深度融合相关政策和市区两级人才政策，与会企业就各自公司业务、合作模式、市场经验和诉求建议展开交流。

（黄　珏）

工业　建筑业

工业经济运行

【产业发展】 2022年，杭州高新区（滨江）有规模以上工业企业255家，工业增加值756.4亿元，比上年增长1.5%，其中高新技术产业、战略性新兴产业、装备制造业增加值分别增长1.8%、1.7%和0.9%。出口交货值466.9亿元，增长0.4%；利润总额286.9亿元，下降10.7%；应付职工薪酬328.6亿元，增长9.3%；平均用工人数12.17万人，增长8%；工业用电量6.88亿千瓦时，下降1.2%；综合能源消耗量21.29万吨标准煤，下降5.1%。杭州高新区（滨江）获评五星级国家新型工业化产业示范基地、浙江省制造业高质量发展示范区县（市）创建优秀单位、浙江省制造业高质量发展五星级示范园区、浙江省高新区亩均效益领跑者，制造业高质量发展指数居全省第一位。

【亩均效益领跑者】 2022年，浙江省深化“亩均论英雄”改革工作领导小组公布《2021年分领域分行业亩均效益领跑者名单》，杭州高新区获2021年浙江省高新区亩均效益领跑者，物联网小镇、互联网小镇获浙江省特色小镇亩均效益领跑者，金盛科技园获浙江省小微企业园亩均效益领跑者。杭州海康威视数字技术股份有限公司、新华三技术有限公司、浙江大华技术股份有限公司等8家企业获浙江省制造业亩均效益领跑企业新一代信息技术15强；浙江中控技术股份有限公司等2家企业获浙江省制造业亩均效益领跑企业智能装备15强，获评数量均居全市第一位；网易（杭州）网络有限公司、恒生电子股份有限公司等12家企业获浙江省服务业重点行业亩均效益领跑企业软件和信息技术20强，获评数占全省的60%。

（张　瑜）

2022年杭州高新区（滨江）亩均效益领跑者一览表

表10

序号	类型	企业名称
1	制造业重点行业亩均效益领跑者	杭州海康威视数字技术股份有限公司
2	制造业重点行业亩均效益领跑者	新华三技术有限公司
3	制造业重点行业亩均效益领跑者	浙江大华技术股份有限公司
4	制造业重点行业亩均效益领跑者	浙江宇视科技有限公司
5	制造业重点行业亩均效益领跑者	矽力杰半导体技术（杭州）有限公司
6	制造业重点行业亩均效益领跑者	浙江大立科技股份有限公司
7	制造业重点行业亩均效益领跑者	银江股份有限公司

续表10

序号	类型	企业名称
8	制造业重点行业亩均效益领跑者	杭州士兰微电子股份有限公司
9	制造业重点行业亩均效益领跑者	浙江中控技术股份有限公司
10	制造业重点行业亩均效益领跑者	聚光科技（杭州）股份有限公司
11	浙江省高新区亩均效益领跑者	杭州高新技术产业开发区
12	浙江省特色小镇亩均效益领跑者	滨江物联网小镇
13	浙江省特色小镇亩均效益领跑者	滨江互联网小镇
14	浙江省小微企业园亩均效益领跑者	杭州金盛科技园
15	服务业重点行业亩均效益领跑者	网易（杭州）网络有限公司
16	服务业重点行业亩均效益领跑者	恒生电子股份有限公司
17	服务业重点行业亩均效益领跑者	阿里巴巴（中国）网络技术有限公司
18	服务业重点行业亩均效益领跑者	浙江宇视科技有限公司
19	服务业重点行业亩均效益领跑者	创业慧康科技股份有限公司
20	服务业重点行业亩均效益领跑者	浙江大华技术股份有限公司
21	服务业重点行业亩均效益领跑者	银江股份有限公司
22	服务业重点行业亩均效益领跑者	浙江中控技术股份有限公司
23	服务业重点行业亩均效益领跑者	信雅达系统工程股份有限公司
24	服务业重点行业亩均效益领跑者	杭州迪普科技股份有限公司
25	服务业重点行业亩均效益领跑者	税友软件集团股份有限公司
26	服务业重点行业亩均效益领跑者	医惠科技有限公司

（郑嘉宇）

【产业集群建设】2022年，杭州高新区（滨江）围绕省“415X”（4个世界级先进产业群、15个“浙江制造”省级特色产业集群、X个高成长性“新星”产业群）产业集群体系，明确数字安防与网络通信、高端软件、生物医药与医疗器械、集成电路为4大核心产业群；未来网络产业入选首批省级未来产业先导区，集成电路产业群申报省级新星产业集群。针对五大产业生态圈，成立区“两链”融合工作服务专班，制定链长制工作手册，由四套班子主要负责人担任链长，明确目标任务，组建“五个一”服务体系。推动产业链上下游协作，承办全省数字安防产业链专场，围绕集成电路、生物医药、网络安全等优势产业，组织“滨江芯·浙江机”芯机联动、“光+生物医药”等产业协作活动，助力形成10多个对接项目。启动“中国视谷”建设，以滨萧特别合作园作为对外展示窗口，打造产业地标。聚焦信息安全、网络建设、高端软件、集成电路等领域，持续培育特色数字产业群，联合申报国家网络安全产业园区（浙江），加快打造具有影响力的“中国信息安全谷”。

【产业项目推进】2022年，杭州高新区（滨江）有杭州广立微电子股份有限公司等20个产业项目完成项目落点，杭州景业智能科技股份有限公司等16个产业项目已供地，杭州长川科技股份有限公司等15个产业项目开工，杭州鸿泉物联网

2022年7月21日，长河工业园一期完成研发楼和厂房改造

（区经信局　供图）

技术股份有限公司等19个项目竣工。推动街道工业园提升改造，长河工业园一期完成研发楼和厂房改造。工业综合体项目一期结顶并幕墙施工，二期地下室开挖，三期开工建设，四期计划供地。推动供楼供地并举，解决区内企业物业需求。

（郑嘉宇）

工业转型升级

【概况】2022年，杭州高新区（滨江）完成制造业（含滨富合作区）投资增长28.4%，高于全市2个百分点；数字经济营业收入4873.01亿元，总量居全市第二位；数字经济核心产业增加值1723亿元，增长3.5%，增加值占地区生产总值的78.9%，总量和占比均居全省第一位；在库规模以上工业企业新增46家、净增35家。深化“亩均论英雄”改革，规模以上工业亩均增加值1851.11万元、亩均税收295.35万元，分别居全省第一位、第二位；面向A类、B类企业共保障财政奖补资金7.16亿元，减免城镇土地使用税1128.3万元，供应土地10.02公顷。制定“数字经济第一区”建设目标。制定《杭州高新区（滨江）建设数字经济第一区行动计划（2022—2025）》，谋划高质量建设数字技术策源地、数字人才集聚地、数字产业先行区等“三地五区”，高水平“三化融合”协调发展。推进省级数字经济创新发展试验区建设，入选中国电子信息百强企业、软件和信息技术服务竞争力百强企业，首批认定的浙江省数字工厂标杆企业数连续3年均居全省第一位。4家企业入选2022年度浙江省隐形冠军企业。英飞特电子（杭州）股份有限公司、浙江中控技术股份有限公司入选浙江省企业管理对标提升标杆企业。

【企业培育】2022年，杭州高新区（滨江）按照“上级配套优先、量大面广优先、纾困政策优先”原则，兑现工信条线资金11.95亿元，其中区本级资金6.29亿元；启动区级集成电路、生物医药等专项政策修订。规模以上工业企业新增34家、净增19家，新认定瞪羚企业401家。完善专精特新梯度培育体系，累计认定国家单项冠军7家、国家专精特新“小巨人”44家、省级隐形冠军8家、省专精特新企业166家；隐形冠军累计数居全市第二位，其余企业累计数居全市第一位；累计认定省级小微企业园41家，其中培育国家级双创基地5家、中小企业公共服务示范平台4家、省级中小企业公共服务示范平台14家、省级数字化园区11家，数量均居全市第一位。

（郑嘉宇）

【数字化改革应用】至2022年底，杭州高新区（滨江）承接上级数字化应用，发挥省级重大应用产业链“一键通”平台作用，落实专人专链保供机制；鼓励区内主要企业参与全省行业产业大脑建设，共拆解661个组件至产业大脑能力中心；认定18个未来工厂、数字工厂，认定智能工厂、数字化车间30个。加强区级应用建设迭代，打造经济治理大数据平台数据业务中枢，政府侧协同数改专班整合经济条线涉企服务系统，企业侧联通并迭代区级“上马石”（企业线上综合服务平台）企业服务应用。

【制造业高质量发展综合指数居全省第一位】 2022年4月29日，浙江省制造业高质量发展领导小组发布《关于印发2021年浙江省高质量发展评估报告的通知》，对全省制造业高质量发展总体情况、十大重点行业、11个设区市和42个工业大区县（市）的制造业高质量发展情况进行综合评价。评价体系主要由质量变革、效率变革和动力变革三项一级指标和20项具体指标构成。杭州高新区（滨江）制造业高质量发展综合指数92.3，居全省第一位，其中质量变革指数90.6，效率变革指数91.3，动力变革指数87.4，均居全省第一位。

【33家企业入选专精特新“小巨人”】 2022年9月6日，工业和信息化部公布第四批专精特新“小巨人”名单，杭州高新区（滨江）有33家企业上榜第四批国家级专精特新“小巨人”，占杭州市的21.29%。至年底，全区累计有专精特新“小巨人”企业44家，数量居全市第一位。专精特新“小巨人”企业是专精特新中小企业中的领先者，是专注于细分市场、创新能力强、市场占有率高、掌握关键核心技术、质量效益优的企业；成为中小企业高质量发展的标杆，引领中小企业专精特新发展，支撑打造国家重要先进制造业高地。

2022年5月24日，区经信局举办专精特新申报培训会

（区经信局　供图）

【61家企业入选杭州市百强榜单】 2022年9月29日，杭州市工业经济联合会、杭州市企业联合会、杭州市企业家协会发布2022杭州市制造业百强企业榜单、2022杭州市数字经济百强企业榜单、2022杭州市高成长性百强企业榜单。杭州高新区（滨江）61家企业登榜，数量居全市第一位。

【2家企业入选工业和信息化部制造业单项冠军】 2022年10月24日，工业和信息化部、中国工业经济联合会公布“第七批制造业单项冠军企业（产品）”名单，杭州中恒电气股份有限公司、英飞特电子（杭州）股份有限公司入选“国家级制造业单项冠军示范企业”。全区累计7家企业被认定为制造业单项冠军示范企业，数量居全市第一位。杭州中恒电气股份有限公司致力于成为专注零碳智能社会建设的数字能源公司，聚焦ICT能源基础设施、新型电力系统及综合能源服务、低碳交通领域构筑数字与能源的孪生系统，推动数字能源的技术创新发展，打造能源减碳的全链路产品和解决方案。英飞特电子（杭州）股份有限公司是从事LED驱动电源的研发、生产、销售和技术服务的高新技术企业。

（张　瑜）

【2家园区获评浙江省数字化示范小微企业园】 2022年12月12日，浙江省经济和信息化厅

发布2022年度浙江省数字化示范小微企业园名单，30个园区入选。杭州天和高科技产业园和杭州盛大科技园2家杭州高新区（滨江）生产性服务类园区入选，入选数量居全省区县（市）第一位（并列），占杭州入选数的33.33%。

【正泰量测科技园获评浙江省五星级小微企业园】 2022年12月12日，浙江省小微企业园工作联席会议办公室发布2022年度浙江省五星级小微企业园名单，杭州高新区（滨江）的正泰量测科技园入选。入选的园区全省共13家，杭州市仅2家。至年底，杭州高新区（滨江）有3家五星级小微企业园，数量居全市第一位。

（赵海霞）

新能源产业

【概况】 2022年，杭州高新区（滨江）新能源产业营业收入157.2亿元；利润总额15.2亿元，比上年增长16.2%；出口总额28.54亿元。新能源产业重点研究太阳能、地热能等新能源技术，推进新能源产业化进程，包括浙江可胜技术股份有限公司（简称“可胜技术公司”）、浙江正泰太阳能科技有限公司、杭州铮泰进出口贸易有限公司等企业。可胜技术公司牵头的“杭州市熔盐储能产业企业创新联合体”被列入2022年杭州市企业创新联合体备案名单。浙江正泰太阳能科技有限公司的ASTRO 5 Semi系列组件获光能杯性能大赛单面PERC优胜奖。

【正泰智维公司获两项全国性节能大奖】 2022年4月13日，中国节能协会节能服务产业委员会公布“2021节能服务产业企业贡献奖和科技进步奖”获奖名单，浙江正泰智维能源服务有限公司（简称“正泰智维公司”）在服务与技术领域分别获评“2021节能服务产业创新企业”和“2021综合能源服务优秀企业（优秀节能减碳与能效提升技术）”两项全国性大奖。正泰智维公司围绕“综合能源供应商”和“综合能源服务商”两大战略定位，实施绿色能源示范项目，探索“光储充车棚”“光储直柔”“电站智慧运维”等新兴技术的推广应用，完善建筑能效管理系统、“光储充”一体化数字平台，创新清洁能源和集中式储能的互动模式，树立良好的品牌形象。

【能源领域首台（套）重大技术装备】 2022年5月13日，浙江可胜技术股份有限公司的“大规模塔式太阳能热发电聚光镜场成套装备”入选2021年度能源领域首台（套）重大技术装备名单。该装备是塔式太阳能热发电站的核心组成部分，融合当前业内先进的自动化技术、算法技术、软件技术、热力及仿真等技术，实现定日镜的高精度聚光，以及大规模定日镜场的集群控制。该装备开发过程中共获授权专利82项、软件著作权16项，注册商标2项，形成具有完全自主知识产权的聚光镜场开发技术及产品，在商业化光热项目中实现规模化应用。

【正泰新能源公司获“光能杯”两项大奖】 2022年12月21日，索比光伏网2022年“光能杯”影响力大奖榜单公布，浙江正泰新能源开发有限公司（简称“正泰新能源公司”）凭借众多的光伏电站开发经验及电站设计、采购、施工和调试并网、运营维护于一体的总承包能力，获“最具影响力光伏投资/开发企业”“最具影响力光伏EPC企业”两大奖项。正泰新能源公司是国内第一批进军光伏电站领域的民营企业，发挥集团一站式系统解决方案的成本和品质优势，围绕打造“高效能、高周转、强带动”光伏电站开发建设运维可持续发展模式，加强全球光伏基地投建力度。至年底，建设全球光伏电站690座，装机容量80亿余瓦特，年均减排二氧化碳800万吨。

（吴佳伟）

节能环保产业

【概况】 2022年，杭州高新区（滨江）节能环保产业营业收入

164.48亿元，比上年下降12.4%；利润总额3.87亿元，下降47.1%；出口总额14.67亿元，下降27.4%。节能环保产业以节能技术和产品研发、节能工程集成服务为主，利用互联网技术提升环境治理能力。杭州高新区（滨江）集聚中国空分工程有限公司、聚光科技（杭州）股份有限公司、英飞特电子（杭州）股份有限公司（简称“英飞特电子公司”）、杭州鸿雁电器有限公司、浙江海康科技有限公司、杭州泽天春来科技有限公司（简称“泽天春来公司”）等节能环保企业。年内，浙江大云物联科技有限公司的大云物联智慧灯控平台获2022年浙江省优秀工业产品，英飞特电子公司入选2022年全国首批“科创中国”创新基地，泽天春来公司牵头申报的“多组分高灵敏恶臭气体在线监测系统的开发与应用”项目获2022年度浙江机械工业科学技术奖二等奖。

【海康科技公司创新成果展出】 2022年4月27日，首届大国工匠创新交流大会在北京举行，浙江海康科技有限公司（简称“海康科技公司”）的“基于5G/AI技术的塔吊远程驾驶系统”“汽车驾驶培训智能辅助教学系统”2项成果参加创新成果展出。大会由中华全国总工会主办，以“技能强国，创新有我”为主题，通过线上线下形式展示以大国工匠为代表的职工技能和成果。“基于5G/AI技术的塔吊远程驾驶系统”实现操作人员在地面及远程操作，提高塔吊在项目施工现场的主动安全性，增加司机远程调度的便捷性，提高安全作业效率。“汽车驾驶培训智能辅助教学系统”融合人脸识别、高精度定位、高级辅助驾驶等，提升智能教学系统的交互体验，替代驾校科目二真人教练，提升驾校技术创新、服务创新。

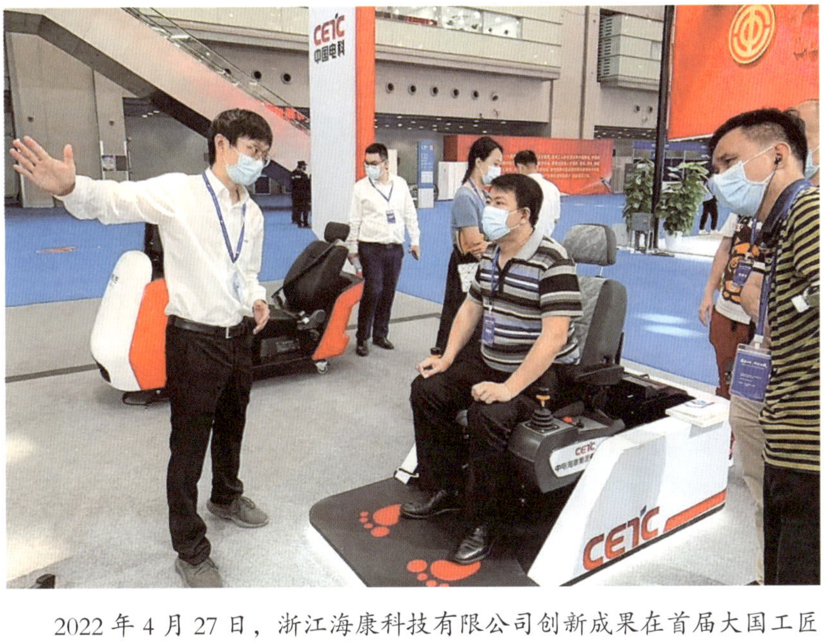

2022年4月27日，浙江海康科技有限公司创新成果在首届大国工匠创新交流大会展出。图为演示现场 （区经信局 供图）

【鸿雁电器公司主导项目入选省重大科技专项】 2022年5月19日，杭州鸿雁电器有限公司（简称“鸿雁电器公司”）主导的“‘互联网+’智能家居系统个性化定制设计关键技术及产业化”项目入选2022年度“尖兵”计划（“尖兵”研发攻关计划是浙江省重大科技专项）。该项目由鸿雁电器公司牵头、浙江大学参与，双方采用产学研结合的合作方式，解决智能家居行业科技难题。双方围绕“互联网+”智能家居系统个性化需求与转化、“互联网+”智能家居系统的个性化功能配置技术、“互联网+”智能家居系统定制设计方案生成技术、“互联网+”智能家居系统形性融合虚拟体验技术、“互联网+”智能家居系统定制设计平台研发及产业化5个课题进行研究，突破关键核心技术，形成完善的“互联网+”智能家居系统个性化定制设计技术体系、完整的智能家居系统定制设计平台、设计案例库和模块资源库及一套智能家居系统个性化定制设计专用工具软件。

【中国空分公司科技创新成果获省科学技术进步奖】 2022年7月11日，浙江省科技创新大会颁发省科学技术进步奖，“危化行业多源数字化智慧管控和

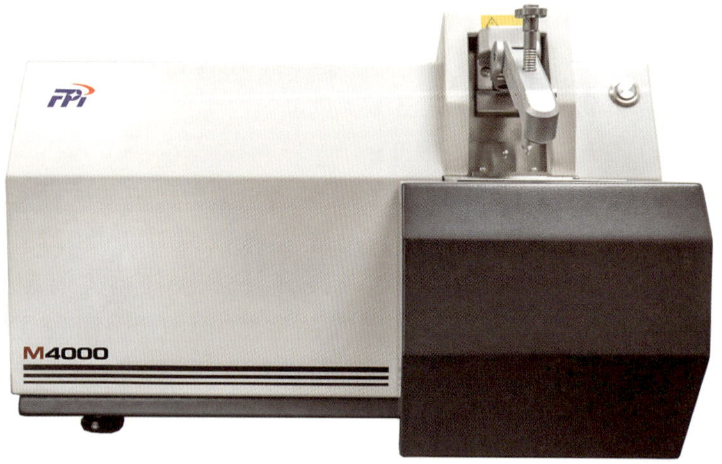

2022年12月14日，聚光科技（杭州）股份有限公司M4000系列全谱直读光谱仪获“金燧奖”金奖 （区经信局 供图）

事故预防关键技术及系统”获2021年度浙江省科学技术进步奖三等奖。该成果由中国空分工程有限公司（简称“中国空分公司”）与杭州中空工程管理有限公司（简称“杭州中空公司”）等单位共同完成，依托中国空分公司、杭州中空公司在大型工业智慧产业园的建设及运营、化工企业智能工厂全生命周期和产业链的构建与管理、智慧环保工程一体化建设等方面的经验研发而成，获得17项专利授权和10项其他知识产权。研究成果获首届中央企业数字化转型峰会推广应用场景，并在企业中得到应用。该成果填补国内危化行业智慧管控和事故预防领域的空白，促进多源数据处理、预警预测、风险评价及应急救援技术水平的提高，推动危化行业的技术进步；为布局碳捕集利用与封存（CCUS）核心技术、实现双碳目标提供信息化服务支撑。

【聚光科技公司产品上首届“金燧奖”品牌榜】 2022年12月14日，首届“金燧奖”中国光电仪器品牌榜获奖名单公布，聚光科技（杭州）股份有限公司的M4000系列全谱直读光谱仪获金奖、EXPEC 6500电感耦合等离子体发射光谱仪获铜奖。M4000全谱直读光谱仪结合光室密封氩气循环技术，可分析铁、铝、铜等多种基体，为炉前快速定量分析、金属材料质量监控、科研院所研究开发提供解决方案。EXPEC 6500系列高灵敏型电感耦合等离子体发射光谱仪，采用垂直矩管双向观测技术，齐聚第四代自激式固态RF（射频）源、定制的大面阵E-CCD检测器和结构优化设计，实现仪器更高的检测灵敏度、更宽的线性动态范围、更优的稳定性和更优的样品适应性。“金燧奖”由中国光电工程学会联合其他单位举办。

【泽天春来公司项目获省生态环境科学技术奖二等奖】 2022年12月，浙江省环境科学学会公布“2022年浙江省生态环境科学技术奖”获奖名单，杭州泽天春来科技有限公司（简称“泽天春来公司”）的“多光谱水质重金属及其毒性在线监测系统及应用研究”项目获浙江省生态环境科学技术奖二等奖。项目系统开展基于多波长紫外光谱、火焰原子吸收光谱和原子荧光光谱技术的水质重金属在线监测的方法理论、实用技术、仪器设备、示范应用研究，研制的智慧水质重金属在线监测系统，可对水中的铅、镉、汞等多种重点防控的重金属进行监测，把多平台光谱技术“在线化”，实现长时间无人值守智能监测水中重金属，满足市场对重金属“真、准、全、快、新”的监测需求，应用于工业水污染源、河流、湖库、土壤、底泥等领域。项目创新多项国内关键技术，为全国“十四五”期间重金属的精准治污、科学治污、依法治污提供数据支撑。

（吴佳伟）

新材料产业

【概况】 2022年，杭州高新区（滨江）新材料产业营业收入20.9亿元，比上年增长53.6%；工业总产值20.3亿元，增长70.7%；利润总额减少0.7亿元；企业总数13家。新材料产业承接市级膜材料、金属材料及半导体、微纳、生物材料等3条产业链，重点发展半导体材料产业。企业包含杭州大和热磁电子有限公司、杭州盾源聚芯半导体科技有限公司、杭州路先非织造股份有限公司、纳晶科技股份有限公司（简称“纳晶科技公司”）等。年内，纳晶科技公司推出第三代量子点技术产品——量子点扩散板QDP N1.0系列。

【纳晶科技公司项目获创新突破奖】 2022年7月25—27日，中国显示行业供应链技术和市场对接交流会在江西省九江市举行，交流会由中国电子材料行业协会、中国光学光电子行业协会液晶分会联合主办，纳晶科技股份有限公司（简称“纳晶科技公司”）的“低镉量子点膜”项目获创新突破奖。纳晶科技公司成立于2009年8月，是一家以量子点半导体新材料（又称“纳米晶”）为技术核心的高新技术企业，主营业务是量子点新材料的研究及相关应用技术与产品的开发、制造和销售。

【中科国生公司作品获绿色化工创新创业大赛一等奖】 2022年12月17日，2022年“SCIP+”绿色化学化工创新创业大赛在上海化学工业区举行，中科国生（杭州）科技有限公司（简称“中科国生公司”）的“生物基新材料产业化”作品获“创业实践组”一等奖。大赛由中国石油和化学工业联合会、中国化工学会、上海化学工业区、华东理工大学主办，以“绿色低碳”为主题，聚焦化工行业的清洁能源、绿色材料、节能低碳、资源循环等领域，致力为促进石化产业高质量发展引智聚力。中科国生公司成立于2021年，是专业从事呋喃类生物基材料设计和开发的高科技企业，依托自主创新的HMF（5-羟甲基糠醛）连续化生产工艺，实现HMF及下游衍生物的低成本规模化生产，打通由上游核心单体到终端应用的全产业链条。中科国生公司专注于HMF生物基材料的设计与研发，以创新技术加快生物基材料产业布局，实现生物基材料产业化推动绿色化工变革。

（吴佳伟）

建筑施工

【概况】 2022年，杭州高新区（滨江）有建筑工程项目160个，总建筑面积1058.31万平方米。河道、道路等市政项目37个，线性长度25.66千米。新开工项目61个，其中：房屋建筑项目42个，总建筑面积327.14万平方米；市政工程19个，总造价12.13亿元。竣工工程106个，其中：房屋建筑项目58个，总建筑面积560.24万平方米；市政工程48个，总造价22.82亿元。

【建筑业产业发展】 2022年，杭州高新区（滨江）有建筑业企业402家，其中特级资质3家、一级资质55家、二级资质142家、三级及劳务202家。有监理企业6家。建筑业总产值727亿元，比上年下降1.8%；税收收入12.6亿元，增长1.2%；省内产值540亿元，下降3.2%。

【新型建筑工业化成果及应用】 2022年，杭州高新区（滨江）新开工装配式项目29个，建筑面积291.86万平方米；新开工钢结构装配式住宅项目2个，建筑面积10.95万平方米。省建筑设计研究院的“装配式建筑共性关键技术及应用”“浙江省绿色建筑‘十四五’发展研究”2项成果获2021年度省建设科学技术奖；“金属面板保温装饰板外墙外保温系统应用技术规程”获2021年度“杭州市新型建筑工业化技术创新示范项目”称号；“异型预制桩工业化技术创新及工程应用”“斜交网格超高层钢结构体系关键技术及应用”分别获省科学技术进步一等奖、三等奖。中国联合工程有限公司获批建设第二个国家级博士后科研工作站。浙江中南建设集团施工的杭政储出〔2019〕13号地块项目获“2021年度杭州市新型建筑工业化工程示范项目”称号。由中国联合工程有限公司设计、浙江中南建设集团有限公司建设施工的恒生金融云总部大楼获“北极星建筑奖”。

建筑业行业管理

2022年9月5日，区住建局工作人员在善庆庄项目部开展市场行为和无欠薪检查
（区住建局　供图）

【概况】 2022年，区住建局走访企业77家。按照杭州市扶持建筑业发展相关意见要求，鼓励企业“走出去”，全年服务企业开具外出施工诚信证明15次。处理信访71件，其中市长热线34件、网上信访35件、来电来访1件、市建委转办1件，办结率100%。

【企业和人员审核备案】 2022年，杭州高新区（滨江）落实企业和人员的审核备案工作。办理企业备案345家、企业变更备案74家，人员备案审核1236人、人员变更备案2771人，预注册人员入库761人。通过浙江省政务服务网审核企业65家。规范企业资质审核，其中重组分立74家。做好区内建筑工程中、高级职称评审工作，完成职称人员初审882人，其中中级职称589人、高级职称283人、教授级高级工程师10人。全年通过杭州市建设工程专业技术人员工程师资格评审406人。

【建筑市场监管】 2022年，杭州高新区（滨江）推进建筑业企业资质“双随机、一公开”监管，加大日常动态监管力度，完成市建委建筑业企业资质重点核查任务，对45家企业进行资质核查。落实现场与市场联动检查、加强合同履约等事中事后监管，抽查在建受监管项目255次，发放整改单64张，对75家企业进行信用加分。围绕区纪委监委2022年红色预警转问题线索清单，约谈建设、施工单位54家次。专项检查在建房屋建筑、市政基础设施工程、专业承包工程的建筑市场行为及合同履约情况，检查在建项目168个。出台《关于开展2022年度我区政府投资在建项目合同履约及市场行为自查的通知》，要求在建政府投资房屋建筑和市政基础设施工程领域进行自查，上报自查表336份。

【建设工程劳务综合管理】 2022年，杭州高新区（滨江）新增录入杭州市智慧工地实名制管理应用系统在建施工工程项目70个。至年底，全区建筑工地实名制考勤更新率为88.78%，居杭州市第六位；建筑工地项目周综合考勤率43.52%，居杭州市第十位；管理人员综合到岗率为40.31%。区矛盾调解中心处理建设工地劳资纠纷167起，涉及1033人、金额2847万元。建设工程人工费与工程款分账管理协议备案29次，农民工工资专户注销21次。对73个新开项目建设工程无欠薪及市场行为交底，涉及建设工程人工费与工程款分账管理、民工工资银行卡代发、项目现场人员实名制管理等内容。开展春节前防欠薪专项检查、根治欠薪夏季专项行动、工资支付专项检查等防欠薪工作专项检查255家次，提出整改意见64条。至年底，已全部整改完成。

（沈　君）

工程质量安全监督

【概况】 2022年，杭州高新区（滨江）召开全区建设系统安全生产工作会议4次，开展施工现场质量安全隐患大排查大整治、扬尘治理文明施工大检查、消防安全检查、疫情防控检查等专项行动18次。落实起重机械安装、拆卸告知和使用登记制度。至年底，在建工地有塔吊130台，人货梯110台，井架12台。全年申报考评省、市级标化工地项目36个，获省级标化工地13个，市级标化工地16个，市结构优质奖30个，市级“西湖杯”7个，区级“滨江杯”22个。

【深基坑安全管控】 2022年，杭州高新区（滨江）有深基坑施工项目26个，区建设工程施工安全风险控制专家委员会开展深基坑围护设计方案论证审查69次，巡视深基坑施工现场53次，评判深基坑风险35次。第三方深基坑巡查专家团队针对全区深基坑项目全覆盖检查11次，检查情况总体平稳可控。全年实施深基坑项目检查265次，发现问题987个，整改率100%。

【建设工程网格化监管】 2022年，杭州高新区（滨江）每季度召开建设系统安全生产大会，全区建设主体、企业、项目部相关负责人员参加，会议分析阶段性安全生产工作形势，明确阶段性安全生产目标，制订下步工作开展计划，加强安全生产工作力度，确定各自网格责任。安排工程监管11名一线监督人员，组建4个监督组，抽调3家第三方监理巡查服务机构人员充实到监督组，共38名监理人员，组建3个大网格、12个小网格，对全区155个建设工程进行全覆盖网格化管控，全面落实行业监管责任。

【“平安工地一码通”管理系统应用】 2022年，区住建局引导一线监督人员和各项目应用创新研发的“平安工地一码通”管理系统，在系统中专门建立危大工程、起重机械使用管理、消防安全管理、安全措施标准化考评4个模块。系统实时掌握项目现场大型机械管理情况、高大支模架管理情况、深基坑监测情况、安全防护设施设置情况、消防设施设置情况等各类危险源动态，会同责任主体各管理层级高效协同管控现场安全生产，提升工程治理能力现代化水平。至年底，系统排查显示建设工程“企业主体自查”隐患7.8万项，“安全生产日报”上传7.89万条记录，“企业风险排查”自查情况上报7.82万条记录，“晨会报告”自查情况上报1.87万条记录，自查频次比上年增长200%。

【建设工地文明施工管理】 2022年，区住建局按照“美丽杭州”暨“迎亚运”城市环境大整治、城市面貌大提升工作要求，规范建设工地（含市政道路），做好建筑物密目式安全网、围挡美化、土方覆盖、道路硬化、道路喷淋以及土石方车辆的冲洗及覆盖管理。通过讲标准、送服务、常巡查、全布控、严执法等多项措施，推进全区建筑工程领域环境整治提升，打造整洁、绿色、文明的施工环境。制定《2022年度滨江区建设工地文明施工标准化图册》，确定“控尘十条”，强化工地扬尘整治，出台装配式围挡设置标准等工作标准。组织召开建设系统安全生产、文明施工大会4次，通过线上线下联动检查的方式，每日组织检查小组对全区工地环境进行不间断检查。至年底，因施工环境问题开展一般行政处罚3起，罚金10.5万元；简易行政处罚302起，罚金30.2万元；因施工环境问题实施信用惩戒90次，其中对施工企业扣分42次42分、对监理企业扣分48次54.5分；通报批评23次。

【民工安全教育】 2022年，杭州高新区（滨江）在符合办学条件的56个建设工地均设立民工学校，制订教学计划，开展教学活动。要求各建设工地每月至少开展1次安全教育培训；在安全标化工地评选工作中，将是否对职工进行安全教育培训列为申报条件，推动安全教育落实到位。全年各建设工地民工学校开课85次，培训民工1.75万人次。

【工地安装智慧用电系统】 2022年，区住建局根据《关于全面推进建设工地智慧式用电安全隐患监管服务系统建设的通知》，要求在2022年1月1日以后开工的工地，民工宿舍必须安装智慧用电系统；在2022年1月1日之前开工的工地，鼓励安装智慧用电系统。至年底，安装智慧用电系统的工地有89个，安装智慧消防预警主机320台，实时监管剩余电流点位1289个、电缆温度点位3187个、烟感点位239个。监测漏电报警531次、线路温度报警146次、烟感报警29次，合计报警706次。现场排查62次，处置率均为100%，其中现场隐患排除17次，减少事故发生。

【建筑起重机械安全管理】 2022年2月18日至3月15日，区住建局委托专业检测单位，对全区61个房建项目的452台建筑起重机械进行安全使用性能评估，出具检测报告。检测塔机187台，合格177台，合格率95%；检测施工升降机284台，合格244台，合格率98%；检测物料提升机17台，合格16台，合格率94%。至年底，开展检测行动4次，合格率分别为97%、96%、95.7%、97%，实现全区建筑起重机械检测率100%。劝退5家起重机械维保单位，责令在区内停止开展业务6个月。行政约谈及信用惩戒合格率较低的维保单位31家，通报批评工地项目36个，督促各方主体履行起重机械管理责任，落实起重机械“一月两检”，确保安全。

【“安全生产月”活动】 2022年6月，区住建局围绕“遵守安全生产法，当好第一责任人”活动主题开展“安全生产月”活动。制作涉及平安建设、扫黑除恶等为主要内容的宣传海报1600份，分发到工地项目部，制作安全生产平安宣传展板1套16块，在工地巡展。召开2022年度建筑施工“安全生产月”启动大会暨防汛抗台应急演练专题会。开展平安宣传活动15场，微信推送平安建设宣传信息209条，覆盖群众1.13万人次。组织安全讲座24场，开展各类消防、防汛应急预案演练152次，4500人次参与。

【建筑工地“防汛防台”专项检查】 2022年9月4—14日，区住建局根据省、市、区防台工作会议台风防御工作的指示要求，通过微信工作群、微信公众号、政务短信平台等渠道向全区项目工地传达台风实时动态情况，要求及早部署建筑工地防台工作，提前开展自查整改工作。在企业自查的基础上，由质安站全员及第三方巡查服务单位对全区建筑工地开展线上线下拉网式排查，突出深基坑、大型机械设备、高处作业、工地临时设施、临时用电等重点环节重点部位，应急预案、应急救援物资、应急避难场所设置、人员值班值守情况、后勤保障物资等。至年底，出动执法人员55人次，排查建筑工地160个，发现隐患237处，均已完成整改。

【混凝土质量专项检查】 2022年9月17—30日，区住建局通过“双随机、一公开”检查方式，在企业自查的基础上，随机抽取4个在建主体阶段的住宅工程进行混凝土质量专项检查。检查组与参建单位到施工现场随机抽取100个构件（批次），进行强度实体检测，强度均达到设计要求，合格率100%。

【在建工地安全生产检查】 2022年10月1—7日，区住建局成立由12人组成的5个检查组，对全区25个在建工地开展国庆期间“双随机”监督检查，检查临时用电、危险性较大部分工程、消防安全、文明施工、疫情防控等情况，发现安全隐患类问题63处，签发责令改正通知书10份。至年底，区住建局开展安全生产、文明施工排查检查活动9次，日常监督检查工地1765次；发放整改通知书1068张，其中停工整改通知书76张；提出整改意见4632条，整改率100%；简易行政处罚302起，处罚金30.2万元；一般行政处罚3起，罚款10.5万元；信用扣分90家次，扣96.5分。

（吴毅玲）

商贸服务业

进出口贸易

【概况】2022年，杭州高新区（滨江）自营进出口总额1047.42亿元，其中自营出口749.41亿元，比上年增长1.9%，占全市、全省、全国比重分别为15.4%、2.2%、0.31%，自营进出口总额和自营出口规模均居全市第二位。全区有出口实绩企业1659家，比上年增长19.5%，省、市级出口名牌企业30家，前20名企业出口额479.2亿元，占全区出口总额64%。高新技术产品出口额432.6亿元，占全区出口总额的57.7%。其中：音视频设备及零件出口额256.7亿元，下降6.2%；集成电路出口额31.5亿元，增长12.7%；检测试剂出口额32.1亿元，增长138.9%。兑现外贸政策资金1.6亿元。2022年7月，杭州高新区（滨江）获省政府办公厅“推进稳外贸稳外资工作成效明显”督查激励。

2022年杭州高新区（滨江）出口前20名企业情况一览表

表11

序号	名称	全年出口金额（亿元）	出口金额比上年增长（%）
1	杭州海康威视科技有限公司	166.50	−7.65
2	浙江大华科技有限公司	103.67	−4.46
3	新华三信息技术有限公司	19.29	−3.95
4	矽力杰半导体技术（杭州）有限公司	19.18	9.77
5	诺迦（杭州）生物工程有限公司	18.84	170.25
6	博世电动工具（中国）有限公司	18.55	−11.33
7	杭州柏诚毛纺服饰有限公司	13.97	7.04
8	杭州大和热磁电子有限公司	13.53	−1.92
9	杭州莱和生物技术有限公司	12.26	148.36
10	浙江一达通企业服务有限公司	11.82	84.52
11	杭州萤石网络股份有限公司	10.40	10.16
12	杭州海康存储科技有限公司	9.07	4.48
13	杭州华橙网络科技有限公司	8.84	174.79
14	杭州热威电热科技股份有限公司	8.52	−6.73

续表11

序号	名称	全年出口金额(亿元)	出口金额比上年增长(%)
15	杭州嵘泰进出口贸易有限公司	8.30	—
16	杭州意欣时装贸易有限公司	7.82	25.2
17	浙江新安进出口有限公司	7.57	19.12
18	英飞特电子(杭州)股份有限公司	7.46	59.05
19	浙江正泰太阳能科技有限公司	7.21	-44.44
20	杭州士兰微电子股份有限公司	6.43	29.99
前20名企业合计		479.22	4.60

（莫　兰）

2022年杭州高新区(滨江)出口名牌企业一览表

表12

序号	企业名称	类型
1	杭州海康威视数字技术股份有限公司	省、市出口名牌
2	浙江大华技术股份有限公司	省、市出口名牌
3	浙江吉利控股集团有限公司	省、市出口名牌
4	浙江正泰太阳能科技有限公司	省、市出口名牌
5	英飞特电子(杭州)股份有限公司	省、市出口名牌
6	浙江富瑞浦建材进出口有限公司	省、市出口名牌
7	杭州士兰微电子股份有限公司	省、市出口名牌
8	浙江宇视科技有限公司	省、市出口名牌
9	三维通信股份有限公司	省、市出口名牌
10	杭州热威电热科技股份有限公司	省、市出口名牌
11	杭州爱科科技股份有限公司	省、市出口名牌
12	杭州萤石网络有限公司	省、市出口名牌
13	贝因美集团有限公司	市出口名牌
14	浙江中控技术股份有限公司	市出口名牌
15	杭州市粮油食品土畜产进出口有限公司	市出口名牌
16	浙江苏泊尔家电制造有限公司	市出口名牌
17	杭州久积控股有限公司	市出口名牌
18	杭州桑尼能源科技股份有限公司	市出口名牌
19	杭州庄诚进出口有限公司	市出口名牌
20	中财招商投资集团有限公司	市出口名牌
21	东方通信股份有限公司	市出口名牌
22	杭州盛宏进出口有限公司	市出口名牌

续表12

序号	企业名称	类型
23	浙江国自机器人技术有限公司	市出口名牌
24	浙江浙大阳光科技有限公司	市出口名牌
25	杭州朗鸿科技股份有限公司	市出口名牌
26	杭州康榕进出口有限公司	市出口名牌
27	浙江肯特科技股份有限公司	市出口名牌
28	杭州安致电子商务股份有限公司	市出口名牌
29	浙江倍生进出口有限公司	市出口名牌
30	杭州厨意科技有限公司	市出口名牌

（莫　兰）

【海外市场开拓支持】 2022年，杭州高新区（滨江）持续优化完善政策支持体系，修订《关于进一步推进产业国际化的实施意见》。专项资助海外业务达到一定规模的企业，奖励海外业务规模实现阶段性突破的国家高新技术企业；对高新技术企业及省、市出口名牌企业给予实际支付保费最高60%的资助；支持企业通过杭州市海河、铁路和乍浦支线等多式联运模式开展国际贸易运输，对采用该模式的企业给予奖励支持；对境外参展、境外注册商标、认证等企业项目给予最高70%的补助。至年底，兑现中央、省、市、区各级外贸政策资金1.6亿元。

【“送服务、解难题、促发展”系列活动】 2022年，杭州高新区（滨江）开展“送服务、解难题、促发展”系列活动，助力外贸主体扩量提质。加强每月外贸数据的监测分析，建立“存量”“增量”“减量”重点企业清单，联合街道、平台实时跟踪企业贸易动态，响应企业困难问题，保障重点企业出口稳定。全年组织开展互联网产业园重点外贸企业座谈会、重点跨境电商企业座谈会等各类线上、线下服务活动25场，覆盖企业1200多家次。

2022年5月15日，杭州高新区（滨江）“送服务、解难题、促发展”系列活动——互联网产业园重点外贸企业座谈会举行

（区商务局　供图）

【全球外汇环境分析与政策讲解会】 2022年9月20日，2022年全球外汇环境分析与政策讲解会在区文化中心召开，是滨江区块服务业高质量发展大会的系列活动。活动分线上线下举行，线下参会企业代表30多人，线上吸引数千家企业管理者在线观看。讲解会由区管委会、政府和国家外汇管理局浙江省分局指导，区自贸办、区商务局、区发改局联合第三方支付机构、银行共同主办，从外贸政策讲解、宣导汇率风险中性理念和介绍避险工具运用等方面做详细介绍，帮助企业防范汇率波动风险、了解全球外汇环境局势，助力企业实现稳健经营、助推高质量发展。

【企业“走出去”风险防范与应对培训会】 2022年11月15日，区商务局（贸促会）举办企业“走出去”风险防范与应对培训会。培训会由杭州市贸促会指导，采取线下分享、线上直播方式进行。区内近30家企业现场参会，在线参会400多人。培训会重点推介中国（杭州）知识产权·国际商事调解云平台，云平台律师调解员结合云平台数智调解分享法律专业知识；解读出口信用保险政策和外贸新政，分享企业汇率管理策略。培训会集合政府、行业力量，防范与应对海外投资合作风险，为企业提供专业保障。

（莫　兰）

服务贸易

【概况】 2022年，杭州高新区（滨江）服务贸易出口额51.08亿美元，占全市服务贸易出口总额的30%，服务贸易出口比上年增长12%，其中外包离岸执行额33.4亿美元、服务贸易直报17.68亿美元。全区服务外包离岸执行额1000万美元以上企业有30家，完成外包离岸执行额32.21亿美元，占服务贸易出口总额的63%。万轮科技园入选杭州市服务贸易示范园区名单；浙江中南卡通股份有限公司、杭州睿胜软件有限公司、杭州阜博科技有限公司、联芸科技（杭州）股份有限公司、克里赛尔易莱纳信息技术（杭州）有限公司入选杭州市服务贸易示范企业名单。

【服务贸易系统申报】 2022年，杭州高新区（滨江）组织服务外包企业登录商务部服务外包业务管理系统备案并上报数据，对离岸执行额前10名的企业建立重点联系制度，按照合同执行进度申报数据。至年底，新入库商务部服务外包业务管理系统企业15家（累计363家），合同执行金额110.71亿美元，其中离岸执行金额33.4亿美元。

【服务贸易企业扶持】 2022年，杭州高新区（滨江）组织企业申报国家、省、市服务贸易专项资金，配套区级资金，加大对技术先进型服务企业及拥有自主知识产权的服务外包企业的扶持力度，落实技术先进型服务企业税收优惠政策。至年底，从录用新人员、培训机构、国际认证、离岸执行额奖励、示范园区、成长型企业奖励等方面，给予各级产业扶持资金2500多万元，受惠企业近100家次。

（莫　兰）

批发零售业

【概况】 2022年，杭州高新区（滨江）社会消费品零售总额547亿元，比上年增长6.2%，增速居全市第四位，全省第18位；限额以上社会消费品零售额435亿元，增长8.4%。至年底，全区有农贸市场18个，其中星级市场10家，总经营面积4.6万平方米，固定摊位数961个。家居市场1个，大型超市11家，商业综合体4家。1人获评“2022杭州市商贸服务业技术能手”。

2022年杭州高新区（滨江）农贸市场基本情况一览表

表13

序号	名称	开业时间	面积（平方米）	摊位数（个）
1	杭州西兴农副产品综合市场	1993年11月1日	4800	110
2	杭州市浦沿农副产品综合市场	1998年9月7日	5308	29
3	杭州东冠农贸市场	2006年9月1日	2040	33
4	杭州江南豪园农贸市场	2008年12月12日	2200	78
5	杭州白金海岸农贸市场	2011年9月7日	2215.7	76

续表13

序号	名称	开业时间	面积（平方米）	摊位数（个）
6	杭州浦沿六和农贸市场	2012年10月25日	2292	42
7	杭州长一农贸市场	2013年10月30日	2634	78
8	杭州缤纷农贸市场	2013年11月29日	3600	65
9	杭州长二农贸市场	2015年2月20日	2410	62
10	杭州市共联农贸市场	2017年5月15日	2250	36
11	杭州长河晶都农贸市场	2017年7月5日	2494	84
12	杭州江二农贸市场	2018年4月1日	500	20
13	杭州滨康农贸市场	2019年10月1日	1600	36
14	杭州彩虹农贸市场	2019年12月31日	2695	66
15	杭州长河冠山农贸市场	2020年10月29日	2380	53
16	杭州白鹤苑农贸市场	2020年12月10日	1600	30
17	杭州市江一农贸市场	2021年4月18日	800	32
18	杭州新生农贸市场	2021年4月18日	4590.34	31
合计			46409.04	961

（朱华萍）

【第六空间大都会家居市场】2022年，杭州第六空间大都会家居市场有国际馆、现代家具馆、8090家居生活馆、灯饰软装馆、国际建材馆、定制馆全屋体验中心、品牌大道七大主题场馆，入驻国际国内品牌商位580多个。最具特色的门窗区总占地面积4800平方米，占杭州建材市场门窗体量首位，集结进口品牌8个，国产一线品牌15个。至年底，市场销售额4.95亿元，比上年下降17.77%；获杭州市“平安示范单位”“四星级市场”“长河e警”等称号。

【大型超市】 至2022年底，杭州高新区（滨江）有大型超市11家，其中世纪联华3家、物美2家、永辉超市3家、盒马鲜生3家（新增1家）。新增盒马滨江银泰店于2022年6月30日开业，面积3546平方米，全年销售额6036万元。2022年，11家大型超市总销售额10.6亿元，比上年下降15.06%。

【商业综合市场】 至2022年底，杭州高新区（滨江）有综合商场4家，分别为华联星光大道、滨江宝龙城、龙湖滨江天街、银泰百货滨江店。2022年，华联星光大道销售额11.5亿元，年客流量1150万人次，提供就业岗位2500多个。滨江宝龙城销售额35亿余元，客流量2700万余人次，会员60万人，获“杭州生活2022年度最佳商业综合体”“大众点评2022年度热门商场”“2022年度杭州市十大放心消费示范商圈”等称号。龙湖滨江天街主营收入22亿余元，总客流量超过2694万人，新入驻品牌100多家，媒体曝光量5亿余次，会员量200万余人，获“大众点评2022年度五星商场”“2022年度最具影响力购物中心”等称号。银泰百货滨江店于2022年6月试营业，2022年9月正式开业，有近400家品牌店入驻，提供就业岗位2000多个，总建筑面积13万平方米，涵盖化妆品、名品、运动潮牌、影院、超市、儿童游乐、特色餐饮等业态，集品质购物、休闲娱乐、社交体验于一体。

【首店经济】 2022年，杭州高新区（滨江）推广首店经济，吸引品牌开设门店，形成新的消费增长点。银泰百货滨江店引进“卿庭”“小猪佩齐欢乐餐厅”“云上草原”全国首店3家、“知嘛健康”等浙江首店6家、“李宁城市旗舰店”等杭州首店3家、“雅诗兰黛”等滨江首店21家。龙湖滨江天街引进“很久以前羊肉串”浙江首店1家，“麻筱娜”“杨记隆府”等杭州首店24家，其中“很久以前羊肉串”店2022年5月30日开业，主营内蒙古烧烤，开业当天翻台率4.5%，月均业绩200多万元。滨江宝龙城引进“桃花调”等全国首店3家、“茉乡”等华东首店1家、“牛楠楠”浙江首店1家、“泰街大排档”等杭州首店8家，其中传承老广州饮茶文化的知名粤菜餐饮品牌“点都德”于2022年6月10日开业，门店面积700多平方米，全手工制作点心。华联星光大道引进“良品日记”“越稽”等杭州首店3家。

（朱华萍）

【特色步行街申报】 2022年，区商务局根据《杭州市商业特色街规划建设协调小组关于命名市级高品质步行街、市级商业特色街的通知》《杭州市推进“购物天堂、美食之都”建设工作领导小组关于命名杭州市夜间经济集聚示范区的通知》，组织企业进行申报。经专家评审核定和公示，星光大道步行街获评“杭州市高品质步行街”及首批“杭州市夜间经济集聚示范区”。星光大道步行街位于华联星光大道综合商场，南起江南大道，北至滨盛路。

（徐　萌）

【7家企业获评省内外贸一体化“领跑者”培育企业】 2022年4月，区商务局根据《浙江省商务厅关于开展第三批内外贸一体化“领跑者”企业、内外贸一体化改革试点产业基地培育工作和内外贸一体化典型案例征集工作的通知》，组织企业进行申报。经专家评审核定和公示，浙江吉利控股集团有限公司、英飞特电子（杭州）股份有限公司、杭州曼容豪世家居股份有限公司（杭州工联进出口有限公司）、浙江省第一水电建设集团股份有限公司、富瑞浦集团有限公司5家企业获评全省第三批内外贸一体化“领跑者”培育企业。10月，区商务局根据《浙江省商务厅关于开展第四批内外贸一体化“领跑者”企业、内外贸一体化改革试点产业基地培育工作的通知》，组织企业进行申报。经专家评审核定和公示，浙江丹克斯实业有限公司、杭州华橙网络科技有限公司2家企业获评浙江省第四批内外贸一体化“领跑者”培育企业。

【1人获评“浙江金蓝领”称号】 2022年9月，2022年浙江省家庭服务业职业技能大赛在杭州召开。活动由省总工会主办，省财贸工会、省家庭服务业协会共同承办。经专家审核，区内企业杭州优贝姆健康管理有限公司江芬获省总工会颁发的2022年浙江省家庭服务业职业技能大赛母婴护理员三等奖及“浙江金蓝领”称号，纳入第二批浙江省家庭服务业技能大赛人才库。活动推进家政服务业发展，建设家政行业人才梯队。

【“浙里来消费”潮头榜单揭晓】 2022年10月25日，杭州高新区（滨江）根据《关于开展“浙里来消费”潮头榜单推选发布活动的通知》要求，组织企业参选。经企业自荐、地市认可、行业推荐、网络票选等环节，滨江星民加油站便利店、星光大道商业步行街、东风日产滨安4S店、杭州奥保行奥迪4S店、杭州骏宝行宝马5S店、东风本田杭州江锦店6家店入选“潮流地”榜单，树懒厨房小程序1家线上商城入选“潮购站”榜单，隅田川咖啡、大希地2家品牌入选“潮品牌”榜单。

（朱华萍）

【四川朝天农特产品展销中心开业】 2022年12月3日，四川朝天农特产品展销中心开业典礼暨滨江·朝天东西部协作示范店滨江专场展销会在杭州高新区（滨江）举行。活动由杭州高新区（滨江）商务局、广元市朝天区商务局主办，广元秦川印象生态农业开发有限公司、浙江佳原农产品有限公司承办。展销活动通过文艺节目、互动抽奖、产品推介等方式，向市民展示朝天区的人文自然景观和生态有机健康的农特产品。活动期间，四川朝天农特产品展销中心（滨江·朝天东西部协作示范店）与杭州高新区（滨江）大型连锁超市明康汇、电商企业浙江本来网、农特产品销售公司浙江佳原农产品有限公司签订框架协议，签约金额1000万元。

【亚运主题餐厅推出】 2022年12月8日，华联星光大道综合商场的肯德基、必胜客推出亚运主题餐厅。肯德基亚运主题餐厅重点打造亚运体验场景，餐厅进门处设计领奖台式的主吧台以及阶梯看台式的就餐座席，模拟运动场馆的场景。必胜客亚运主题餐厅门口设置互动体验区。两家主题餐厅以沉浸式亚运氛围的门店设计，展示亚运文化，推广亚运赛事，传递亚运精神。活动现场，肯德基和必胜客从浙江4万余名员工中选拔出28名"亚运推广使者"，朗诵诗歌《百胜期盼迎亚运、美食相伴向未来》，助力品牌亚运建设。

【杭州数智消费嘉年华消费节】 2022年12月16日，2022年杭州数智消费嘉年华"活力暖冬、智汇Bingo（购物在滨江）"消费节在银泰百货滨江店中心广场举行。活动由区政府、市商务局主办，区商务局承办，由银泰百货滨江店、华联星光大道、龙湖滨江天街、滨江宝龙城、浙江微能科技有限公司协办。现场通过数字人民币红包发放、线上线下全覆盖的Bingo促消费系列活动发布、"嗨购IN杭州"短视频大赛颁奖、以滨江本土企业为主的特色市集等系列促销手段，促进居民消费。活动由市、区联动，以数智消费新场景助推消费。

（徐　萌）

住宿餐饮业

【概况】 2022年，杭州高新区（滨江）有限额以上住宿餐饮企业68家（含住宿企业经营餐饮），餐饮收入12.35亿元，比上年增长0.88%。区市场监管局构建层级对应的食品安全包保联系责任体系，共抽检食品1785批次，不合格54批次，问题发现率3.03%，实现生产企业、品类"浙食链"全覆盖。建设餐饮外卖阳光厨房2010家，出台《滨江区外卖集聚厨房食品安全管理工作指南》。开展食品安全进校园、餐饮"红黑榜"系列宣传等活动。在2022年"舌尖上的杭州"厨神争霸赛上有2人获区县（市）冠军，1人获市铜奖，1人获优胜奖。

【4人在"舌尖上的杭州"厨神争霸赛上获奖】 2022年，"舌尖上的杭州"厨神争霸赛共举办3次活动，杭州高新区（滨江）获区县（市）冠军2人，市铜奖1人，优胜奖1人。在"舌尖上的杭州"厨神争霸赛第十季——钱塘滋味·金牌虾美味争霸赛中，杭州高新区（滨江）厨师毛阳江制作的"黄汤甲鱼"获评区、县（市）冠军，并获比赛最佳口味奖。在"舌尖上的杭州"厨神争霸赛第十一季——金牌宋韵美味暨东坡系列预制菜争霸赛中，厨师江武生制作的"萝卜干虾球"获评区、县（市）冠军；在第二轮的比赛中，江武生制作的"白鲞烧肉"和"东坡牛排"获铜奖。

（朱华萍）

【餐饮数字化监管】 2022年，杭州高新区（滨江）推进网络餐饮数字化建设。利用"浙江外卖在线"数字化平台，推进外卖阳光厨房建设，覆盖率90%，在线率85%，实施AI（人工智能）抓拍和人工双向监管，提升监管效率。借助AI抓拍技术，全年抓拍1675次，确认违规439条，完成处置439条，处置率100%。实施"守查保"（守底线、查隐患、保安全）专项整治，全年检查餐饮单位4624家，覆盖率100%，出动人数1620人次，发现风险问题数820个，完成处置率100%。推进"阳光餐饮街区"建设，深化物联网、人工智能、大数据等数字化技术，对信息公示、食品安全管理、阳光厨房建设、使用外卖封签等指标标准逐项进行检查指导，通过实行"一店一码"，实现街区餐饮商户"信息全公示""后厨全阳光""监督抽查全透明"。推进"防疫餐饮在线"数字化监管，对所有隔离点供餐单位进行餐饮监管系统升级，通过数据联网接入“防疫餐饮在线”，利用数字化的手段，对配餐单位后厨环境、人员操作规范、设施设备运行情况、台账上传等开展实时监管，检查供餐单位1500家次，发现员工未佩戴口罩帽子、未上传台账和阳光厨房视频异常等问题500多个，均已完成闭环处置。至年底，建设外卖阳光厨房2118家，完成龙湖滨江天街和滨江宝龙城2个“阳光餐饮街区”建设。

【餐饮行业监管】 2022年，区市场监管局推行餐饮“红黑榜”制度，扶优汰劣，曝光不符合要求的餐饮单位，推动餐饮单位主动落实食品安全主体责任。通过“杭州滨江市场监管”和“滨江发布”微信公众号发布18期“红黑榜”，其中红榜37家，黑榜27家，红黑榜内容包括餐饮店名称、店招、具体地址、网店名称和检查情况等。通过公开表扬先进、曝光鞭策的激励手段，倒逼餐饮服务提供者落实食品安全主体责任，改善提升餐饮服务单位就餐环境和食品安全状况，保障群众身体健康和饮食安全。

（丁朝辉）

【新开业酒店1家】 2022年10月17日，杭州滨江开元名都大酒店开业。酒店是开元旅业集团在杭州高新区（滨江）建设的集住宿、会议、餐饮、娱乐、商务、旅游于一体的豪华会议商务酒店。酒店位于火炬大道与东冠路交叉口，建筑面积2.5万平方米，共24层，设有各类套间及标准间233间（套），有2个1000平方米的无柱宴会会议厅，10个不同规格的会议厅、多功能厅。项目于2016年设计，2022年投入使用。

【3个项目入选杭州餐饮业“六名”工程】 2022年10月20日，杭州高新区（滨江）根据《2022年度杭州餐饮业“六名”工程实施方案》部署要求，组织4家企业申报“名菜”“名服务师”“名礼”“名店”“名厨”5个项目。经过公开征集、资格审核、专家评审、网络投票、全网公示，杭州新滨安餐饮管理有限公司的李寿林、杭州玲壶餐饮有限公司的金忠敏获“杭帮菜名厨”称号，杭州新滨安餐饮管理有限公司的“泉水菜浦头灼江虾”被认定为“新杭帮名菜”，杭州大希地科技股份有限公司的“大希地整切牛排”被认定为“杭州美食特色伴手礼（预制菜）”。杭州餐饮业“六名”（“名厨”“名服务师”“名店”“名菜”“名礼”“名街”）工程评定工作由市商务局和市市场监管局组织实施。

（朱华萍）

电子商务

【概况】 2022年，杭州高新区（滨江）网络零售额1554亿元，比上年增长13.6%，居全省各区县（市）第三位，杭州各区县（市）第二位。跨境电商进出口总额101.24亿元，增长18%，其中出口99.6亿元，增长23%。招引跨境电商企业83家，在统跨境电商企业总数412家，其中出口额1000万美元以上的跨境企业11家，出口总额占全区总额的89%，出口产品主要为摄像器材、服装配饰、家具、户外用品及健身器材等。

（徐　萌）

【跨境电商企业扶持】 2022年，杭州高新区（滨江）组织企业申报国家、省、市跨境电商项目资金，并配套区级资金，加快培育跨境电子商务新业态新模式，鼓励企业参与国际经济合作与分工，发展数字经济，推动经济高质量发展。至年底，杭州高新区（滨江）在自主品牌境外销售、境外商标注册、跨境电商平台广告、数字推广等方面，兑现各级产业扶持资金900万元。

（莫　兰）

【浙江数字贸易规则标准高峰论坛】 2022年5月31日，浙江数字贸易规则标准高峰论坛在国家数字服务出口基地滨江物联网小镇举行。论坛由省商务厅、省市场监管局、之江实验室和中国计量大学联合主办，滨江物联网小镇等单位承办，商务部、省政府、省商务厅、省数字贸易专班成员、浙江省数字贸易标技委专家委员、数字贸易领域企业代表50多人参会。论坛发布全国首个数字贸易标准化研究报告《数字贸易标准化白皮书》和全国首个数字贸易领域标准《数字贸易通用术语》。浙江省数字贸易标准化技术委员会揭牌成立，委员会以“打造全球数字贸易中心”为目标，是国内首家数字贸易领域标准化工作的专业技术委员会。

【跨境电商专题服务会】 2022年7月13日，区商务局在杭州市跨境电商综试办、杭州市自贸创新发展中心等指导下，会同区税务局、钱江海关萧然办事处等开展跨境电商专题服务活动，针对杭州安致电子商务股份有限公司、杭州聚英光科技有限公司等重点跨境电商企业开展“点对点”线下帮扶。活动期间，市综试办代表讲解跨境电商扶持政策以及行业发展形势，协调解决企业在经营中遇到的难题。

（莫　兰）

【上峰电商产业园获评省电子商务产业示范基地】 2022年7月22日，省商务厅公布浙江省电子商务产业示范基地名单，杭州高新区（滨江）的上峰电商产业园入选。上峰电商产业园以电子商务、MCN机构、文化创意、互联网大数据、信息技术服务、移动互联网服务企业为主。至年底，入驻国家级高新技术企业、市级高新技术企业10多家、瞪羚企业4家、“独角兽”企业2家及准“独角兽”企业1家。

2022年8月3—5日，“网易严选”和“网易有道”参展第九届中国（杭州）国际电子商务博览会。图为会展现场　　（区商务局　供图）

【2家企业参加第九届中国（杭州）国际电子商务博览会】 2022年8月3—5日，第九届中国（杭州）国际电子商务博览会在杭州国际博览中心举行。博览会以“新电商·新格局·新优势”为主题，包括1场开幕式和5场产业论坛，线上线下同时开展。网易旗下自营生活家居品牌“网易严选”和智能学习品牌“网易有道”2家杭州高新区（滨江）企业参加，“网易严选”展示居家生活、服饰鞋包、美食酒水、个护清洁、运动户外、数码家电等品类产品，“网易有道”展示词典笔、电子单词卡、学习机等智能学习设备。

【5家企业入选市新零售（服务）企业】 2022年9月1日，区商务局根据《杭州市商务局关于开展2022年杭州市新零售企业认定工作的通知》要求，推荐杭州辰范网络科技有限公司等6家企业申报。经评审，杭州辰范网络科技有限公司、杭州羽嬉贸易有限公司和杭州白贝壳实业股份有限公司3家企业被认定为杭州市新零售企业；杭州瀚斯科技有限公司和维杰思科技（杭州）有限公司2家企业被认定为杭州市新零售服务企业。

（徐　萌）

【中国（浙江）自由贸易试验区杭州片区滨江区块获批两周年暨数字自贸高质量提升发展大会】 2022年11月18日，中国（浙江）自由贸易试验区杭州片区滨江区块获批两周年暨数字自贸高质量提升发展大会在“智慧e谷”召开，省商务厅（自贸办）领导，国家互联网应急中心浙江分中心、市商务局（自贸委）、滨江区委的主要负责人为浙江数字贸易咨询服务中心及数据跨境服务联盟揭牌。会上，杭州高新区（滨江）部署自贸试验区滨江区块建设工作，提出聚焦打造全球数字贸易中心“458”系统架构，以自由贸易试验区提升战略为指导，围绕制度创新、产业提升、扩大开放，推进滨江区块高质量发展。为滨江区块2022年度优秀制度创新案例授牌，其中：区市场监管局、滨江物联网产业园发展服务中心等3家获“省级最佳制度创新案例”奖牌，杭州乒乓智能技术有限公司、浙江中南卡通股份有限公司、杭州国际数字交易中心、浙江大数据交易中心有限公司4家获“市级优秀改革试点经验”奖牌。杭州高新区（滨江）与钱江海关、杭州萧山机场海关、国家互联网应急中心浙江分中心举行签约仪式，发布《杭州高新区（滨江）建设数字经济第一区行动计划（2022—2025）》。至年底，自贸试验区滨江区块累计上报各项经验（成果）78条次，获批国家数字服务出口基地等5个国家级开放型试点、企业创新积分等12项全国首创以及数据知识产权制度改革等30多项省、市自贸区制度创新案例。

资料：全球数字贸易中心“458”系统架构

“4”指四个目标定位：围绕打造数字产业集聚区、数字金融创新区、数字物流先行区和数字监管标杆区；“5”指五大体系：数字贸易产业体系，数字贸易平台体系，数字贸易生态体系，数字贸易制度体系，数字贸易监管体系；“8”指八项重点工作：积极争取入选首批国家数字贸易示范区；加快数字自贸区建设，推出首创性、集成性的制度创新，争取在重点领域先突破；积极争取数字人民币试点，探索在亚运、义乌场景试验；探索建立国际数据交易平台，构建数字确权、加工、流通、交易等为一体的产业链；加快建设数字贸易“单一窗口”，把海关、税务、外汇、商务等部门的信息综合集成；招大引强，引进国际一流企业，打造全球数字贸易中心；加快布局全球海外仓，完善国际物流；加强数字贸易标准技术委员会建设，联合相关大学、企业等，形成一套打造数字贸易规范完整的思路。

【杭州数字服务贸易发展论坛】 2022年12月7日，杭州数字服务贸易发展论坛在“智慧e谷”举行，省商务厅、市政府、杭州数字服务贸易领军企业代表、服务贸易领域专家学者100多人参加线上和线下论坛。论坛以“元链新时代·数引新服务”为主题，发布《杭州数字服务贸易发展报告（2022）》。市商务局与新加坡拜能科技签订“元宇宙系列场景”应用战略合作协议，浙江中南卡通股份有限公司与杭州优链时代科技有限公司签订“数字人”产业战略合作项目，在品牌、资源、渠道等方面开展合作，助力杭州商贸服务业、元宇宙、数字文化等产业发展。

（张　俊）

旅游业

综　述

【旅游业发展】 2022年，杭州高新区（滨江）开展旅游促销活动。支持旅行社按规定提供相关委托服务。全年接待境内外游客254.89万人次，比上年增长3.64%，旅游总收入51.1亿元，增长0.42%。旅游酒店接待游客33.09万人次，增长19.43%，营业收入2.23亿元，增长2.08%；平均客房出租率47.33%，增长1.2%。有星级饭店1家，接待国内游客3.38万人次，接待入境游客11人次，营业收入1481.48万元。景区接待游客68.54万人次，增长93.16%；景区无营业收入和门票。43家旅行社接待游客8.79万人次，下降54.68%。

【旅游市场平稳有序】 2022年，杭州高新区（滨江）加大执法检查频度和力度，结合旅游目的地、旅游规范用车、老年低价游等专项整治行动，制定整治行动方案，按时间节点推进，重点对旅游目的地经营秩序、旅游客运车辆资质、旅游包车合同规范性，是否存在不合理低价游等情况进行检查。制定《滨江区旅游行业质监网络工作方案》，明确工作职责和工作制度，开展市场巡查整治，做好防汛防台等重点时段物资储备。全年出动执法检查人员286次，检查旅行社156家次，景点48家次，导游54人次，发现并整改消防通道遮挡、抗疫防汛物资储备不足、措施不够细化等问题。受理旅游投诉举报5件，旅游市场总体平稳有序。

【文旅融合专项资金】 2022年，杭州高新区（滨江）争取和申报2022年度第三批杭州市文旅融合发展专项资金，共获资金71.98万元。其中：杭州高新区（滨江）星光大道电影文化特色街区获文旅融合新业态、新产品项目资金30万元；区文广旅体局获基本公共文旅服务项目资金41.98万元，包括公共文化补助资金40.38万元、广播电视低保工程0.4万元、文旅咨询服务1.2万元。

（吴诗远）

【旅游法规知识宣传】 2022年，区文广旅体局联合街道、社区开展文旅市场法规知识宣传。向市民讲解不合理低价游等法规知识，全年开展法规宣传活动7场，发放宣传资料1.5万份，服务500多人。利用文旅经营场所内的LED电子屏、电脑桌面屏、海报等渠道线上宣传，提升群众法律意识，净化旅游市场环境。

（金矿红）

旅游资源

【概况】 2022年，杭州高新区（滨江）持续推进全区各级文物保护单位（点）和其他不可移动文物的资源管理和利用工作，扩大文物资源旅游开发，促进文化和旅游业高质量发展。完成长河历史文化街区改造。全区有滨江物联网小镇、白马湖公园、滨江互联网小镇3个国家级AAA级旅游景区，文物资源旅游地100多处。

2022年杭州高新区（滨江）文物旅游点一览表

表14

序号	文物旅游点	类型	地址
1	官河路112号建筑	古建筑	滨江区西兴街道西陵社区官河路112号
2	官河路105号建筑	古建筑	滨江区西兴街道西陵社区官河路105号南面
3	钟大椿过塘行旧址	古建筑	滨江区西兴街道西陵社区官河路110、111号
4	官河路102～104号建筑	古建筑	滨江区西兴街道西陵社区官河路102、103、104号
5	沈正堂过塘行旧址	古建筑	滨江区西兴街道西陵社区官河路95号
6	张德茂过塘行旧址	古建筑	滨江区西兴街道西陵社区官河路97号
7	协亨祥过塘行旧址	古建筑	滨江区西兴街道西陵社区官河路42、43号
8	俞任元过塘行旧址	古建筑	滨江区西兴街道西陵社区官河路96号
9	沈渭全过塘行旧址	古建筑	滨江区西兴街道西陵社区西兴街98～104号
10	大城隍庙遗址	古遗址	滨江区西兴街道西陵社区官河路105号南面
11	永兴闸遗址	古遗址	滨江区西兴街道西陵社区浙东运河口
12	铁陵关遗址	古遗址	滨江区西兴街道西陵社区西兴街400号前
13	钱塘江海塘滨江段	古遗址	东临江淑路，西临江虹路，南临南环路，北临滨康路
14	冠山摩崖题刻	石窟寺及石刻	滨江区长河街道长河社区冠山寺地藏殿西面（后面）岩壁上
15	古资福桥	古建筑	滨江区西兴街道西陵社区官河与后河交汇处，东西跨后河
16	荚竹山桥	古建筑	滨江区长河街道山一村竹山桥东侧
17	长河农民协会朱天庙旧址	近现代重要史迹及代表性建筑	滨江区长河街道山一村石塘河38号
18	长河农民协会新塘庵旧址	近现代重要史迹及代表性建筑	滨江区长河街道傅家峙村150号村委西北
19	长河农民协会法华禅院旧址	近现代重要史迹及代表性建筑	滨江区浦沿街道山二村地矿局南面
20	来氏宗堂	古建筑	滨江区浦沿街道山二村十五间头18号
21	长河农民协会坤记理发店旧址	近现代重要史迹及代表性建筑	滨江区长河街道天官社区泽街32号
22	来宝坤旧居	近现代重要史迹及代表性建筑	滨江区长河街道天官社区泽街46号
23	屋子桥	古建筑	滨江区西兴街道西陵社区官河路78号前
24	茅山遗址	古遗址	滨江区长河街道汤家桥村茅山上
25	马龙山遗址	古遗址	滨江区长河街道塘子堰村马龙山上
26	塘子堰遗址	古遗址	滨江区长河街道塘子堰村南山顶
27	天官第10号民居	古建筑	滨江区长河街道天官社区天官第10号
28	塘子堰村小瓦窑	近现代重要史迹及代表性建筑	滨江区长河街道塘子堰村长河红旗砖瓦厂旁
29	江边排灌站	近现代重要史迹及代表性建筑	滨江区长河街道江三村北面，北塘河与钱塘江交汇处，复兴大桥西南方

续表14

序号	文物旅游点	类型	地址
30	楼下虞147号民居	近现代重要史迹及代表性建筑	滨江区浦沿街道浦联村楼下虞147号
31	冠山乳泉	古建筑	滨江区长河街道长河社区冠山路关帝庙东南10米
32	天官万树桥	古建筑	滨江区长河街道天官社区北部，槐河街北段，槐河街66号西南侧
33	天官小桥	古建筑	滨江区长河街道天官社区北部，槐河街北段，东距长江路140米
34	天官阔板桥	古建筑	滨江区长河街道天官社区北部，桥东北端正对槐河街57号，东距长江路130米
35	天官亭寺桥	古建筑	滨江区长河街道天官社区北部，桥东北端正对槐河街57号，东距长江路130米
36	长河原乡公署	近现代重要史迹及代表性建筑	滨江区长河街道天官社区中部，槐河街34～38号
37	槐河街22～25号商铺	近现代重要史迹及代表性建筑	滨江区长河街道天官社区中部，槐河街22～25号
38	天官镇东桥	近现代重要史迹及代表性建筑	滨江区长河街道天官社区中部偏东，大河沿8号南侧，东距长江南路50米
39	水沟沿1号民居	古建筑	滨江区长河街道天官社区南部，水沟沿1号
40	天官慎俭堂	古建筑	滨江区长河街道天官社区南部，大夫第11、12、15号
41	长医路4号民居	古建筑	滨江区长河街道汤家桥村北部，长医路4号
42	天官绪昌堂	古建筑	滨江区长河街道天官社区东部，月湾潭2～8号
43	天官六燕堂	古建筑	滨江区长河街道天官社区东部，月湾潭9号
44	月湾潭18号民居	古建筑	滨江区长河街道天官社区东部，月湾潭18号
45	下庄庙	古建筑	滨江区长河街道长二社区下庄里97号
46	双庙38、39号民居	古建筑	滨江区长河街道长二社区双庙38、39号
47	王庆丰过塘老行旧址	古建筑	滨江区西兴街道西陵社区官河路70号
48	官河路120号民居	古建筑	滨江区西兴街道西陵社区官河路120号
49	官河路81、82号民居	古建筑	滨江区西兴街道西陵社区官河路81、82号
50	浙东运河之头处水井	古建筑	滨江区西兴街道西陵社区浙东运河之头西15米的官河路中
51	西兴街370～376双号民居	古建筑	滨江区西兴街道西陵社区西兴街370、372、374、376号
52	双庙37号民居	古建筑	滨江区长河街道长二社区双庙37号
53	胜华饭店旧址	近现代重要史迹及代表性建筑	滨江区西兴街道西陵社区西兴街324号
54	西兴街西关帝庙遗址	古遗址	滨江区西兴街道西陵社区西兴街273号北、260号南
55	航业公司旧址	近现代重要史迹及代表性建筑	滨江区西兴街道西陵社区西兴街276、278、280号
56	西兴街196号民居	古建筑	滨江区西兴街道西陵社区西兴街196号

续表14

序号	文物旅游点	类型	地址
57	进士墙门遗址	古遗址	滨江区西兴街道西陵社区西兴街299号
58	西兴街六眼井	古建筑	滨江区西兴街道西陵社区六眼井12号旁
59	杨永和布店旧址	近现代重要史迹及代表性建筑	滨江区西兴街道西陵社区西兴街209、211号
60	西兴商业食堂旧址	近现代重要史迹及代表性建筑	滨江区西兴街道西陵社区西兴街225、227号
61	杭州胜利联运总行旧址	古建筑	滨江区西兴街道西陵社区官河路93、94号
62	西兴街东关帝庙	近现代重要史迹及代表性建筑	滨江区西兴街道西陵社区西兴街87号
63	戴家墙门16号民居	古建筑	滨江区西兴街道西陵社区西兴街戴家墙门16号
64	莫家弄7、8、9、11、12号民居	古建筑	滨江区西兴街道西陵社区西兴街莫家弄7、8、9、11、12号
65	施家弄8、9号民居	古建筑	滨江区西兴街道西陵社区西兴街施家弄8、9号
66	延春堂宏记药店旧址	古建筑	滨江区西兴街道西陵社区西兴街325、327、329、331、333号
67	大来杂货店旧址	古建筑	滨江区西兴街道西陵社区西兴街359、361、363号
68	西兴酒家祠堂	古建筑	滨江区西兴街道西陵社区西兴街花厅2号
69	施家弄13、14、16号民居	古建筑	滨江区西兴街道西陵社区施家弄13、14、16号
70	襄七房外桥	古建筑	西兴街道襄七房社区中部，东距“翰林第”50米，南距浙赣铁路170米
71	衙弄10、16号民居	古建筑	滨江区西兴街道西陵社区衙弄10、16号
72	城山遗址	古遗址	滨江区长河街道塘子堰村城山主峰北坡
73	天官第1号民居	古建筑	滨江区长河街道天官社区天官第1号
74	小桥弄6、7号民居	近现代重要史迹及代表性建筑	滨江区长河街道天官社区小桥弄6、7号
75	来小钦故居	近现代重要史迹及代表性建筑	滨江区长河街道天官社区天官第2号
76	山下里17、22、24号民居	古建筑	滨江区长河街道天官社区山下里17、22、24号、光裕堂29号
77	光裕堂13～18号民居	古建筑	滨江区长河街道天官社区光裕堂13、14、14-1、15、16、17-1、18号
78	小桥弄地方银行旧址	近现代重要史迹及代表性建筑	滨江区长河街道天官社区小桥弄1号
79	天官第4号民居	古建筑	滨江区长河街道天官社区天官第4号
80	天官第12号民居	近现代重要史迹及代表性建筑	滨江区长河街道天官社区天官第12号
81	小桥弄4号民居	近现代重要史迹及代表性建筑	滨江区长河街道天官社区小桥弄4号
82	山下里64号民居	古建筑	滨江区长河街道天官社区山下里64号

续表 14

序号	文物旅游点	类型	地址
83	山下里 67 号民居	古建筑	滨江区长河街道天官社区山下里 67 号
84	山下里 63 号民居	古建筑	滨江区长河街道天官社区山下里 63 号
85	章家里祠堂	古建筑	滨江区长河街道长二社区章家里 34、35 号旁
86	马湖村民居	古建筑	滨江区西兴街道马湖村，南濒白马湖，北距浙赣铁路 800 米
87	长杆池弄 10 号民居	古建筑	滨江区长河街道天官社区长杆池弄 10 号
88	长杆池弄 3、5～8 号民居	古建筑	滨江区长河街道天官社区长杆池弄 3、5、6、7、8 号
89	山下里 19、21 号民居	古建筑	滨江区长河街道天官社区南部，山下里 19、21 号
90	大夫第 3 号民居	古建筑	滨江区长河街道天官社区南部，大夫第 3 号
91	大夫第 5 号民居	古建筑	滨江区长河街道天官社区南部，水沟沿路北段东侧，大夫第 5 号
92	天官慎友堂	古建筑	滨江区长河街道天官社区南部，荷花池头 1、2、3、4 号
93	水沟沿 78 号民居	古建筑	滨江区长河街道汤家桥村北部，水沟沿 78 号
94	月湾潭 12 号民居	古建筑	滨江区长河街道天官社区东部，月湾潭 12 号
95	月湾潭 20 号民居	古建筑	滨江区长河街道天官社区东部，月湾潭 20 号
96	长河双庙	古建筑	滨江区长河街道长二社区双庙路双庙路 11 号对面
97	章家里 40 号民居	古建筑	滨江区长河街道长二社区章家里 40 号
98	双庙 23 号民居	古建筑	滨江区长河街道长二社区双庙 23 号
99	西兴街 403、405、407 号民居	古建筑	滨江区西兴街道西陵社区西兴街 403、405、407 号
100	襄七房 158、159 号民居	古建筑	滨江区西兴街道襄七房社区南部，襄七房 158、159 号
101	西兴街 368 号民居	古建筑	滨江区西兴街道西陵社区西兴街 368 号
102	河斗 18 号民居	古建筑	滨江区长河街道长二社区河斗 18 号、双庙 22、24 号
103	河斗 10–1 号民居	古建筑	滨江区长河街道长二社区河斗 10–1 号
104	下庄里 70 号民居	古建筑	滨江区长河街道长二社区下庄里 70 号
105	山下里 10 号民居	古建筑	滨江区长河街道天官社区山下里 10 号
106	西兴街 304、306、308 号建筑	近现代重要史迹及代表性建筑	滨江区西兴街道西陵社区西兴街 304、306、308 号
107	西兴街 281～289 单号民居	古建筑	滨江区西兴街道西陵社区西兴街 281、283、283–1、285、287、289 号
108	西兴街 175、183 号民居	近现代重要史迹及代表性建筑	滨江区西兴街道西陵社区西兴街 175 、183 号
109	西兴街 347 号民居	古建筑	滨江区西兴街道西陵社区西兴街 347、347–1、347–2 号
110	西兴街 409 号民居	近现代重要史迹及代表性建筑	滨江区西兴街道西陵社区西兴街 409 号
111	襄七房文慧堂	古建筑	滨江区西兴街道襄七房社区襄七房 72、73、74 号
112	襄七房翰林第	古建筑	滨江区西兴街道襄七房社区襄七房 96、109、111、113 号
113	襄七房原粮站	近现代重要史迹及代表性建筑	滨江区西兴街道襄七房社区襄七房 225 号

续表14

序号	文物旅游点	类型	地址
114	襄七房40号民居	近现代重要史迹及代表性建筑	滨江区西兴街道襄七房社区襄七房40号
115	长河火车站建筑群	—	滨江区长河街道彩虹快速路以北，时代大道以西，浙赣铁路以南
116	西兴街360、362号民居	古建筑	滨江区西兴街道西陵社区西兴街360、362号
117	西兴街148、150、152号建筑	古建筑	滨江区西兴街道西陵社区西兴街148、150、152号
118	泽街22-1号建筑	古建筑	滨江区长河街道泽街22-1号

（高青青）

【西兴老街】 2022年，西兴老街接待游客10万余人次。西兴老街位于西兴街道集镇中心，西起铁岭关，东至资福桥，长960米，宽1.6~2.5米，与浙东运河平行，有上大街和下大街（今官河路）之分，上大街以商铺为主，下大街以过塘行建筑为主；有六朝牛埭、石砌埠头、运河码头、城隍庙、过塘行、商栈旅店等遗址。大运河西兴码头及过塘行建筑群是全国重点文物保护单位，被列入世界遗产名录。古塘路35号建有西兴过塘行码头专题陈列馆。西兴老街经过综合治理，改善水质，整治环境，增加绿化用地和完善基础设施，建成具有江南水乡特色的历史文化旅游观光景点。2014年7月，西兴老街被市政府列入杭州市历史文化街区并立碑保护。

【长河历史文化街区】 2022年，长河历史文化街区经过综合治理，修复古建筑，改善槐河水质，整治周边环境，开出民生区、匠心区、休闲区和艺术区四大区块业态，打造古街市风格的“江南槐市”，建成具有江南水乡特色的历史文化旅游观光景点，接待游客5.5万人次。长河历史文化街区由泽街（直街）、槐街（横街）组成，泽街、槐街两街相交于财神桥头，泽街背靠泽河，东西走向，长500米；槐街面对槐河，南北走向，长400米。长河历史文化街区宽2米，店面多为2层，以砖木结构为主，以“九厅十三堂”遗迹、革命历史纪念馆、乡贤馆等文化遗存为旅游景点代表。2014年7月，长河老街被市政府列入杭州市历史文化街区并立碑保护。

（区志编研室）

旅游宣传推介

【概况】 2022年，杭州高新区（滨江）持续做好旅游宣传推介工作，开发推广非遗旅游路线，助力“宜商宜居宜游”建设。“华彩滨江一日游”入选杭州市首批非遗旅游线路。“畅游白马湖公园、漫步西兴老街、趣探动漫画”旅游线路入选省诗路精品旅游线路。滨江区网易蜗牛读书馆旅游驿站入选省级一级旅游驿站名单，“2022富春山居画如新——三江两岸万人休闲游”首发团启动仪式在滨江区钱江龙广场举行。

【3处景点入选省诗路精品旅游线路】 2022年1月5日，“畅游白马湖公园、漫步西兴老街、趣探动漫画”旅游线路获评浙江省文化和旅游厅公布的2021年浙江省诗路精品旅游线路名单。白马湖公园有入口广场、婚礼草坪、阳光草坪、彩叶渲秋、航模展示、水上丛林、科普教育、赏花休闲8个功能分区，含花卉林区、特色景观和文旅健身、休闲体验等配套设施，是休闲游玩的AAA景区。西兴老街位于西兴街道集镇中心，西起铁岭关，东到资福桥，全长960米，被命名为浙江省历史文化街区、杭州市十大历史保护街区，是浙东唐诗之路的起点；老街的过塘行码头为世界文化遗产——中国大运河的一处重要遗产点。中国动漫博物馆位于白马湖生态创

意城，临钱塘江诗路，衔浙东唐诗之路，集展陈、收藏、教育、体验、学术等功能于一体，融合动漫文化、传统文化、群众文化、生态文化。

【网易蜗牛读书馆旅游驿站入选省级旅游驿站名单】 2022年3月25日，浙江省第一批旅游驿站（试点）名单公布，滨江区网易蜗牛读书馆旅游驿站入选省级一级旅游驿站名单。网易蜗牛读书馆旅游驿站位于滨江区创慧街18号，占地面积1800平方米。为三层独栋建筑，一层建筑为游客接待中心，分为游客大厅、深度阅读区、男女卫生间、儿童区、休息区等区域；二层为书馆办公区域、直播间、展览区及开放空间区域等；三层为VIP阳光房，适宜贵宾接待、举办小型高端活动等。网易蜗牛读书馆旅游驿站融合沉浸式阅读和数字化阅读，建立领读、共读、分享、互动等阅读生态，推广有趣、独立的阅读体验方式；线上开通文化地图功能，助力城市文化地标宣发，入驻文化空间500多家。至年底，接待读者31万人次，借阅图书12.2万册，吸引抖音、小红书等旅游博主打卡，成为青年文艺群体的网红打卡点。

【休闲游活动】 2022年7月10日，“2022富春山居画如新——三江两岸万人休闲游”（简称“休闲游”）首发团启动仪式在滨江区钱江龙广场举行，有400多名游客参加。该活动是2022年杭州市文化和旅游消费季十大主题活动的重点项目之一。休闲游汇集三江两岸城市的区域文化和旅游资源，行程路线涵盖滨江区、西湖区、萧山区、富阳区、桐庐线、建德市和淳安县的著名景区，行程包含乘坐豪华邮轮、徒步龙门古镇、感受三国迷宫等内容。首发团结束后持续开展常态化组团，市民可通过“浙里办”“动动帮”等线上报名，也可在各旅行社、相关合作单位线下报名，推进两岸旅游模式由景点旅游向全域旅游跨越，推动文旅消费。

（区志编研室）

旅游管理

【概况】 2022年，杭州高新区（滨江）推行文旅市场数字化网络监管系统，助力文旅工作标准化、规范化和安全经营。全区有旅行社43家。开展未经许可经营旅行社业务、“不合理低价游”专项整治行动，重视旅游安全，全年旅游系统未发生一起安全事故。

【“不合理低价游”专项整治】 2022年4—7月，区社发局开展未经许可经营旅行社业务、“不合理低价游”专项整治行动，要求各旅游企业依法诚信经营，履行旅游企业法定义务。专项整治期间，出动检查人员98人次，检查场所35家次，整改隐患3处，对检查发现的旅行社存在用车台账记录不全的问题，要求整改，整改率100%。

【消防安全检查】 2022年6月16日，区社发局召开旅游质监管理工作暨消防安全培训会议，辖区内42家旅行社负责人参加。会议明确企业安全生产主体责任，落实安全生产监管措施，对旅行社检查工作中遇到的问题进行通报。会后，开展消防安全大检查，出动检查人员32人次，检查旅行社16家，对检查出的问题要求现场整改到位。

【行业规范经营专项检查】 2022年11月14—25日，杭州高新区（滨江）为规范旅游市场经营秩序，保障旅游者和旅行社的合法权益，促进旅游业健康发展，区文广旅体局文化执法队联合区旅游协会在全区组织开展旅行社行业规范经营专项检查活动。专项检查出动执法人员64人次，检查场所32家次，对旅行社存在的合同签订不完善问题现场指导整改，整改率100%。

（全矿红）

金融业

综　述

【金融机构】 杭州高新区（滨江）银行业、证券业、保险业归属于杭州市统一管辖，统一由“一行两会”负责监管。2022年，全区有银行分支机构93家，证券公司19家，保险公司16家，小贷、担保、典当等非银行业金融机构11家。包括小额贷款公司4家，注册资金共6亿元，发放贷款316笔，年均贷款利率13.63%；融资性担保公司4家，注册资金19.7亿元，担保业务金额167.53亿元，担保户数249万户，为小微企业和“三农”担保金额29.06亿元，担保户数0.11万户；典当法人企业3家，注册资金0.66亿元，发生典当总额2.4亿元，业务1806笔。

【金融服务】 2022年，杭州高新区（滨江）破解企业融资难融资贵，助力企业加快发展。深化与浙江银保监局、浙江证监局战略合作，联合两局筹办“金融赋能滨江，助力两个先行”活动。实施融资通畅工程。推广杭州金融综合服务平台，招引入驻企业9187家，获信贷融资近160亿元。落实国家、省、市关于扩大中长期贷款投放工作部署，辅导报送项目35个，总投资284.3亿元，帮助8家企业获得97.4亿元远低于市场化利率的中长期贷款。推进科技金融服务中心实体化运作，为科技型创业企业、高新技术企业等不同类型企业有重点、分类提供全周期金融服务。全年走访服务企业230次，为350家企业提供政策咨询、投融资对接等金融服务，线上线下举办银企对接、项目路演、培训等活动32场，帮助区内企业解决融资20.5亿元。

【数字金融发展先行区建设】 2022年，杭州高新区（滨江）开展以数字自由贸易为特色的制度创新探索，加快打造数字人民币试点、跨境支付创新发展等十大标志性成果。数字人民币应用场景创新成果入选浙江自贸试验区“十大进展”。开立数字人民币个人钱包22万个、对公钱包1万余个，具备数字人民币收款能力的受理场景4000多个，发放多轮数字人民币红包。特色场景建设取得实质性进展。打造跨境支付中心，支持浙江连连科技有限公司、杭州乒乓智能技术有限公司完善全球跨境支付网络，协助浙江连连科技有限公司拓展海外支付牌照的布局。支持杭州银行、杭州联合银行等设立自贸支行，强化跨境贸易结算能力。鼓励自贸专营机构贴合企业需求创新金融服务，开发自贸金融特色产品40多个，惠及企业800多家，交易规模200亿余元。落地浙江自贸区杭州片区首批外汇NRA（境外机构境内外汇账户）远期结汇、外汇NRA+期权等创新业务，帮助企业提升汇率避险能力，提升跨境金融服务效能。指导相关银行与区内跨境支付企业的合作，推出线上信用融资产品，帮助200多家跨境电商获得贷款3000多万元。推进浙江首创的“金融顾问制度”，在主城区率先成立金融顾问工作室，组织专家入企走访188次，解决近80家企业的融资难题及综合服务需求，为全区“金融为实体经济服务”提供多渠道支撑。其示范案例得到新华社、《浙江日报》等主流新闻媒体的高度关注与宣传报道。1名金融顾问获“浙江金渠榜”优秀金融顾问（全省共10名）。

（来　霖）

银行业

【概况】2022年，杭州高新区（滨江）为打造钱塘江金融港湾核心区扩区，与金融机构总行（公司）、省分行（公司）合作，共同构建契合全区金融需求的广覆盖、专业化、特色化、普惠型金融服务体系。全区有银行分支机构93家，其中，有自贸支行6家，科技支行4家。

【银企对接推进】2022年，杭州高新区（滨江）以科技金融服务中心为载体，与区内多家银行建立信贷受理直联，开设高新担保、转贷基金直联服务，根据企业需求情况不定期组织银企对接会，帮助企业匹配银行与产品。至年底，举办银企对接活动13场，服务企业180多家。

【杭州银行浙江自贸区杭州江南支行开业】2022年6月26日，杭州银行浙江自贸区杭州江南支行开业，是第五家在自贸试验区杭州片区滨江区块成立的银行机构。杭州银行浙江自贸区杭州江南支行是自贸业务专营支行，专注自贸区功能定位，聚焦自贸区制度创新，助力数字自贸区建设，以金融赋能优化营商环境，为杭州高新区（滨江）建设国家数字贸易示范区“核心区”的目标提供金融支持，为客户提供自贸区特色金融服务。至年底，依托自贸区政策优势，探索金融产品与服务模式创新，在全市首次落地“杭信贷”项下海外仓融资，首创针对仓储服务费的融资服务，满足跨境电商服务企业资金周转需求；创新推出“双自联动+NRA结汇”服务方案，为境外机构办理杭州银行首笔NRA账户（境外机构境内账户）结汇业务。

2022年驻杭州高新区（滨江）银行机构一览表

表15　　　　单位：个

序号	银行机构名称	下辖分支机构数量	机构地址
1	中国工商银行钱江支行	7	杭州市滨江区江晖路1761~1767号
2	农业银行杭州滨江支行	9	杭州市滨江区江南大道288号
3	中国银行杭州滨江支行	4	杭州市滨江区江南大道3806号
4	建设银行杭州滨江支行	6	杭州市滨江区江南大道480号
5	交通银行杭州滨江支行	0	杭州市滨江区江南大道588号
6	邮储银行杭州西兴镇支行	0	杭州市滨江区滨安路162~168号
7	邮政储蓄银行杭州市滨文路营业所	0	杭州市滨江区浦沿街道滨文路637号
8	中国邮政储蓄银行杭州市浦沿营业所	0	杭州市滨江区浦沿街道新浦路97号
9	中国邮政储蓄银行杭州市泰安路营业所	0	杭州市滨江区长河街道江南大道泰安路135号
10	中国邮政储蓄银行杭州市滨盛路营业所	0	杭州市滨江区浦沿街道滨盛路4207号、4209号
11	浙商银行杭州滨江支行	0	杭州市滨江区新联路625号
12	中信银行杭州滨江支行	0	杭州市滨江区江南大道1090号

续表15

序号	银行机构名称	下辖分支机构数量	机构地址
13	华夏银行杭州滨江支行	0	杭州市滨江区江南大道288号
14	光大银行杭州滨江支行	0	杭州市滨江区江南大道123~127号
15	民生银行杭州滨江支行	2	杭州市滨江区江南大道588号
16	渤海银行杭州滨江支行	0	杭州市滨江区江南大道380号
17	恒丰银行杭州滨江支行	1	杭州市滨江区泰安路9号
18	浦发银行杭州钱塘支行	0	杭州市滨江区江陵路2028号
19	兴业银行杭州滨江支行	0	杭州市滨江区江南大道90号B座
20	兴业银行滨江科技支行	0	杭州市滨江区聚工路17号1幢一楼101室
21	招商银行杭州西兴支行	0	杭州市滨江区阡陌路459号
22	招商银行杭州钱塘支行	0	杭州市滨江区滨盛路1869号
23	招商银行杭州滨江支行	0	杭州市滨江区滨盛路4305号
24	招商银行滨康支行	0	杭州市滨江区聚工路19号
25	平安银行杭州滨江支行	1	杭州市滨江区滨和路566号
26	广发银行杭州滨江支行	0	杭州市滨江区江南大道1088号
27	杭州银行滨江支行	6	杭州市滨江区钱龙大厦1~2楼
28	杭州银行科技支行	0	杭州市滨江区江南大道3850号创新大厦1~2层
29	杭州银行自贸江南支行	0	杭州市杭州市滨江区联慧街88号联慧科创中心
30	北京银行滨江支行	1	杭州市滨江区滨盛路1509号
31	上海银行滨江支行	0	杭州市滨江区江南大道380号
32	南京银行杭州滨江科技支行	0	杭州市滨江区滨盛路1508号
33	江苏银行杭州滨江小微企业专营支行	0	杭州市滨江区滨盛路1786号
34	宁波银行杭州高新支行	0	杭州市滨江区滨康路308号聚才大厦2幢
35	宁波银行滨江小微企业支行	0	杭州市滨江区江汉路1785号网新双城大厦2幢
36	台州银行杭州滨江支行	0	杭州市滨江区滨康路308号聚才大厦1幢
37	稠州银行杭州滨江支行	0	杭州市滨江区滨盛路1501号银丰大厦1楼
38	泰隆银行杭州滨江支行	0	杭州市滨江区江南大道3850号
39	民泰银行杭州滨江小微企业专营支行	0	杭州市滨江区滨康路228号
40	杭州联合银行西兴支行	5	杭州市滨江区固陵路12号
41	杭州联合银行长河支行	3	杭州市滨江区长江路21号
42	杭州联合银行浦沿支行	5	杭州市滨江区东冠路793号
43	杭州联合银行滨江区支行	0	杭州市滨江区长河街道新月路507号

（来　霖）

证券业保险业

【概况】 2022年，杭州高新区（滨江）放大金融集聚效应，扩充特色化专营金融机构。有证券公司19家，保险公司16家，其中专业科技保险公司省级分公司1家。

【融资服务】 2022年，杭州高新区（滨江）形成点对面股权融资路演和点对点股权融资深度对接模式，根据企业需求不定期组织股权融资对接活动，全年开展10多场活动，实现80多个科技项目投融对接。创新增信模式，提高见贷即保产品额度至单户300万元，担保金额7411万元，综合担保年费率0.3%，为同业费率最低。

【北京证券交易所专题培训】 2022年6月21日，区发改局及科技金融服务中心召开北京证券交易所（简称"北交所"）专题培训，区发改局负责人、北交所专家及区内12家拟上市企业代表参加。区发改局负责人宣讲市、区两级"凤凰行动"支持政策和服务事项，介绍杭州高新区（滨江）针对实施企业股份制改造、建立员工持股平台等内容进行分阶段的上市扶持政策。北交所专家介绍北交所制度特色、上市规则、上市流程、政策支持等内容。12家拟上市企业代表介绍各自企业的发展情况和上市筹备情况，并与专家进行交流。杭州高新区（滨江）持续优化政策扶持体系，鼓励、支持、服务企业上市。

（来　霖）

2022年驻杭州高新区（滨江）证券机构一览表

表16

序号	机构全称	机构地址
1	财通证券股份有限公司杭州通和路证券营业部	杭州市滨江区西兴街道通和路68号11楼A区1118室
2	华福证券有限责任公司杭州江南大道证券营业部	杭州市滨江区西兴街道江南大道88~96号（双号）1-A楼2层1-3室
3	华创证券有限责任公司杭州东信大道证券营业部	杭州市滨江区浦沿街道东信大道1188号海威领界大厦2幢1701-1室、1701-2室
4	国泰君安证券股份有限公司杭州滨江科技馆街证券营业部	杭州市滨江区长河街道科技馆街1505号凯瑞金座101室
5	中信证券股份有限公司杭州火炬大道证券营业部	杭州市滨江区浦沿街道火炬大道581号C座114室、115室、701室
6	浙商证券股份有限公司杭州滨江威陵大厦证券营业部	杭州市滨江区江南大道380号505、506、507号房
7	方正证券股份有限公司杭州滨江通和路证券营业部	杭州市滨江区通和路68号4楼B区403室
8	诚通证券股份有限公司杭州江虹路证券营业部	杭州市滨江区江虹路1750号信雅达国际创意中心1幢2406室
9	国元证券股份有限公司浙江分公司	杭州市滨江区长河街道江汉路1785号网新双城大厦4幢2201-1室
10	华泰证券股份有限公司浙江分公司	杭州市滨江区长河街道滨盛路1766号星光城2801~2808室
11	中信证券股份有限公司杭州滨盛路证券营业部	杭州市滨江区西兴街道滨盛路1508号海亮大厦104室、202室、203室、204室

续表16

序号	机构全称	机构地址
12	安信证券股份有限公司杭州滨盛路证券营业部	杭州市滨江区滨盛路1688号明豪大厦7层705室
13	中泰证券股份有限公司杭州滨和路证券营业部	杭州市滨江区西兴街道滨和路598号星澳商务中心1幢1805室
14	东莞证券股份有限公司浙江分公司	杭州市滨江区西兴街道丹枫路788号1幢101室
15	恒泰证券股份有限公司杭州江南大道证券营业部	杭州市滨江区长河街道江南大道588号主楼12层1203室、1205室
16	海通证券股份有限公司杭州滨江阡陌路证券营业部	杭州市滨江区西兴街道阡陌路333号
17	民生证券股份有限公司杭州长河路证券营业部	杭州市滨江区长河路1318号1幢2102室
18	国信证券股份有限公司浙江互联网分公司	杭州市滨江区长河街道滨盛路1688号明豪大厦1002室、1005室、1007室
19	国融证券股份有限公司杭州江汉路证券营业部	杭州市滨江区长河街道江汉路1785号网新双城大厦1幢603室

（来　霖）

2022年驻杭州高新区（滨江）保险公司机构一览表

表17

类型	机构全称	机构地址
财险	中华联合财产保险股份有限公司杭州市滨江支公司	杭州市滨江区江南大道380号1幢8层801~802室
	渤海财产保险股份有限公司浙江分公司杭州营业部	杭州市滨江区江南大道618号东冠大厦701室
	阳光财产保险股份有限公司滨江支公司	杭州市滨江区西兴街道聚业路25号3层G、H、I室
	浙商财产保险股份有限公司滨江支公司	杭州市滨江区西兴街道丹枫路788号1幢5层508室
	中国太平洋财产保险股份有限公司杭州市滨江支公司	杭州市滨江区滨康路222号
	中国人民财产保险股份有限公司杭州市滨江支公司	杭州市滨江区西兴街道启智街36-201号、36-202号、36-203号、36-204号、36-205号、38号、40号、42号
	中国人民财产保险股份有限公司杭州市分公司浦沿营销服务部	杭州市滨江区浦沿街道东冠路801、803号
	中国平安财产保险股份有限公司浙江分公司滨江支公司	杭州市滨江区西兴街道聚工路19号8幢13层1309室
	中国大地财产保险股份有限公司杭州市滨江营销服务部	杭州市滨江区长河街道江南大道518号兴耀大厦1603室
人身险	中国人寿保险股份有限公司杭州市滨江支公司	杭州市滨江区西兴街道江陵路1916号兴祺大厦1幢一层112~114室、四层401~406室、五层501~506室

续表17

类型	机构全称	机构地址
人身险	中国太平洋人寿保险股份有限公司杭州市滨江支公司	杭州市滨江区江南大道380号1幢五层504室、13层1309室
	中国平安人寿保险股份有限公司浙江分公司滨江区营销服务部	杭州市滨江区长河街道江南大道380号1幢9层903室、10层1003-2室、1004~1007室
	泰康人寿保险有限责任公司浙江电话销售中心	杭州市滨江区浦沿街道东冠路611号10幢（金盛科创大厦）A座13层
	华夏人寿保险股份有限公司浙江分公司杭州滨江营销服务部	杭州市滨江区西兴街道滨盛路1509号天恒大厦1902室、2502室
财险（省公司）	太平科技保险股份有限公司浙江分公司	杭州市滨江区长河街道泰安路239号11层1103~1104室
	渤海财产保险股份有限公司浙江分公司	杭州市滨江区江南大道618号东冠大厦702~705室

（来　霖）

上市公司

【概况】 2022年，杭州高新区（滨江）新增上市企业6家，累计培育上市公司69家，其中北京证券交易所2家、深圳证券交易所主板13家、深圳证券交易所创业板16家、上海证券交易所主板9家、上海证券交易所科创板12家、香港证券交易所11家、境外上市6家。上市公司数量居全省区县（市）第一位，总市值5.02万亿元。"新三板"挂牌企业110家，数量居全省各区县（市）首位。推进企业分拆上市，助力杭州海康威视数字技术股份有限公司孵化培育杭州萤石网络股份有限公司，指导浙江大华股份有限公司裂变浙江零跑科技股份有限公司到中国香港上市。抓住北京证券交易所设立契机，借力区域性股权市场创新试点，推动企业加速挂牌"新三板"，有辅导期企业23家、"新三板"挂牌企业44家，认定2022年度区上市后备企业102家。发挥政府产业基金作用，开展合作基金、股权投资、周转帮扶、融资担保等业务，在运作的子基金26只，总规模265.21亿元，累计投资项目319个；存续直投项目22个，投资规模37.92亿元，全年新增直投项目4个，投资金额0.71亿元。推动设立区首支规模1亿元的人才基金。

【上市企业服务】 2022年，区发改局走访服务企业230次，了解企业上市进程，解决拟上市企业的困难；完成上市、拟上市企业募投项目备案22个；帮助上市公司、拟上市公司开具资质认定、合规证明等联系函800多份。至年底，新增杭州景业智能科技股份有限公司、杭州晶华微电子股份有限公司、杭州广立微电子股份有限公司、杭州朗鸿科技股份有限公司、浙江零跑科技股份有限公司、杭州萤石网络股份有限公司6家上市公司，累计培育上市公司69家、"新三板"挂牌企业110家，数量居全省各区县（市）首位。

【上市后备企业培训】 2022年，区发改局梳理对接每家拟上市企业，研究企业资本市场发展计划，分板块举办"北交所+专精特新"主题沙龙、深圳证券交易所主题培训、上海证券交易所圆桌会议等活动，实现三大交易所专题培训全覆盖，为企业高管团队讲授"资本市场系列课"，强化企业资本运营意识。至年底，杭州高新区（滨江）举办大型资本市场专题培训5次。

【上市后备企业梯队建设】 2022年，杭州高新区（滨江）认定上市后备企业102家。根据《关于推进企业上市和并购重组的实施意见》，建立区级上市后备企业备案登记服务制度，通过持续跟踪、动态管理，不定期深入走访服务，提升上市后备梯队培育精细化程度。杭州海康威视数字技术股份有限公司、浙江大华股份有限公司等上市公司裂变孵化出杭州萤石网络股份有限公司（已上市）、杭州海康机器人股份有限公司（已辅导）、浙江零跑科技股份有限公司（已上市）、浙江华睿科技股份有限公司（已辅导）等上市后备资源。至年底，全区有报会企业6家，在浙江证监局辅导企业23家。

【景业智能公司在科创板上市】
2022年4月29日，杭州景业智能科技股份有限公司（简称“景业智能公司”）在上海证券交易所科创板上市，股票代码688290。景业智能公司于2015年5月20日注册成立，主要从事特种机器人及智能装备的研发、生产及销售，以“创新，为国家强大和产业发展提供可靠智能整体解决方案”为使命，坚持为客户创造满意价值，探索更高效的管理机制、多态的业务模式以创造更大的客户服务价值，围绕智能技术实现业务的第二增长曲线，加快转型升级的步伐，贯彻定位、管理、营销模式、人才与技术及资源平台5个战略升级，提升公司的核心竞争力，实现公司全面发展。2021年1月，完成省证监局辅导备案。2022年，实现营业收入4.63亿元，纳税总额4349.42万元。

【晶华微公司在科创板上市】
2022年7月29日，杭州晶华微电子股份有限公司（简称“晶华微公司”）在上海证券交易所科创板上市，股票代码688130。晶华微公司于2005年2月注册成立，位于滨江区长河街道长河路351号，主营高性能模拟及数模混合集成电路的研发与销售。产品包括医疗健康SoC芯片、工业控制及仪表芯片、智能感知SoC芯片等，应用于医疗健康、压力测量、工业控制、仪器仪表、智能家居等领域。公司总部位于杭州，在深圳、上海、西安均设有研发中心，研发人员占员工总人数的65%以上。2021年9月，公司完成省证监局辅导备案。2022年，公司实现营业收入1.1亿元，纳税总额950万元。

【广立微公司在创业板上市】
2022年8月5日，杭州广立微电子股份有限公司（简称“广立微公司”）在深圳证券交易所创业板挂牌上市，股票代码301095。广立微公司成立于2003年，总部位于浙江杭州，在长沙、上海设有全资子公司，是行业领先的集成电路EDA软件与晶圆级电性测试设备供应商。公司在测试结构、测试芯片版图实现、可寻址及高密度测试芯片设计、WAT电性测试等关键技术上达到国际领先水平，是国内外多家大型集成电路制造与设计企业的重要合作伙伴，是唯一能提供集成电路良率系统性解决方案和快速高精度WAT电性测试设备的中国企业。2022年，公司实现营业收入3.56亿元，归属于上市公司股东的净利润1.22亿元，纳税总额1723万元。

【朗鸿科技公司在北交所上市】
2022年9月1日，杭州朗鸿科

2022年9月1日，杭州朗鸿科技股份有限公司在北京证券交易所上市
（区发改局　供图）

技股份有限公司（简称“朗鸿科技公司”）在北京证券交易所上市，股票代码836395。朗鸿科技公司成立于2008年1月，主营业务为数码产品的展示防盗、互动体验等产品的研发、生产和销售。公司将商品防盗和展示相融合，致力于成为兼具创新性和灵活性的电子产品防盗展示行业龙头企业。公司在杭州设立研发中心，在国内外拥有知识产权专利近300项，为全球的手机品牌厂商、消费电子零售店、电信运营商提供专业的展示保护产品和服务。2021年12月，公司完成省证监局辅导备案。2022年，实现营业收入1.13亿元，纳税总额1200万元。

【零跑科技公司在香港上市】2022年9月29日，浙江零跑科技股份有限公司（简称“零跑科技公司”）在香港证券交易所完成IPO，股票代码HK9863。零跑科技公司由浙江大华技术股份有限公司及其高管团队于2015年出资设立，业务涵盖电动汽车整车设计开发、生产与销售，智能驾驶、电机电控、电池系统研发以及智能座舱解决方案，总部位于杭州市滨江区。公司自主研发智能电动汽车核心系统及电子部件中的所有关键软硬件。至2022年底，累计交付超过16.4万辆电动汽车，总安全行驶里程超过18亿千米。2022年，实现营业收入123.8亿元，纳税总额7310万元。

【科技金融服务中心升级】2022年10月28日，杭州高新区（滨江）科技金融服务中心在区会展中心举行提档升级仪式。科技金融服务中心成立于2014年，2021年转隶区发改局后，区发改局指导中心对办公场所、运营管理进行提档升级，新办公地址位于区会展中心。中心是区政府主导的金融创新及投融资服务平台，以“创新金融服务促进产业发展”为宗旨，为区内企业及各类机构提供融资对接工作、项目推介、交流培训、政策咨询、上市培育等一站式服务，帮助解决融资难融资贵等问题。中心转隶试运行后，区发改局走访服务企业100多家，为260家企业提供政策咨询、投融资对接等金融服务，举办银企对接、项目路演、培训等活动25场，协助区内企业解决融资10亿余元。活动现场，科技金融服务中心与浙商总会金融服务委员会、杭州市中小企业科技金融服务有限公司、杭州全景财经信息有限公司共同签订战略合作协议。

【科创板上市业务培训】2022年11月3日，杭州高新区（滨江）上海证券交易所培训沙龙在杭州全景路演中心举办，培训由区发改局主办，杭州高新区（滨江）科技金融服务中心、杭州全景财经信息有限公司承办，上海证券交易所专家及13家拟上市企业的负责人参加。专家介绍资本市场的最新形势、科创板上市条件、科创板申报周期、企业申报准备等问题，结合细分行业对科创属性常规指标进行针对性的解读。与会的企业负责人分别介绍自身公司的生产经营情况及上市计划，对上市准备过程中的难点痛点问题进行提问，专家进行现场解答。该次培训沙龙是区发改局助企上市系列活动的第

2022年10月28日，杭州高新区（滨江）科技金融服务中心提档升级后举行揭牌仪式

（区发改局　供图）

四场，为区内有科创板上市需求的企业提供上市指导。

【萤石网络公司在上交所上市】2022年12月28日，杭州萤石网络股份有限公司（简称“萤石网络公司”）在上海证券交易所上市，股票代码688475。萤石网络公司于2015年3月注册成立，致力于成为可信赖的智能家居服务商及物联网云平台提供商，具备智能家居产品的设计、研发、生产、销售和增值服务的全产业链能力，为行业客户提供产品智能化解决方案和应用程序开发的技术工具。公司有1000多名研发人员，秉持“致力于人人轻松享有安全的智能生活”的使命，坚持独立自主进行技术创新，自主掌握核心科技，快速响应用户需求，形成体系成熟、屡经验证的技术研发管理体系。2021年7月，完成省证监局辅导备案。2022年，实现营业收入43.06亿元，纳税总额2032万元。

（来　霖）

基　金

【概况】2022年，杭州高新金投控股集团有限公司按照区产业基金领导小组部署，做好区产业基金管理人和产业发展助推者。坚持以产业发展为导向，注重区内高新技术企业的挖掘和培育，形成投资项目，助推杭州高新区（滨江）的初创型科技项目、重大科技创新项目研发以及科技含量高、成长性好的项目产业化。产业基金累计存续子基金26只，规模265.21亿元；新设立藕舫基金、恒生基金，总规模8.77亿元；合作子基金共投资区内项目18个，投资金额4.66亿元。股权投资新增投资区内企业5家，投资金额5.79亿元，包括浙江中控信息产业股份有限公司、德施曼机电（中国）有限公司等企业。出资10.18亿元投资杭州芯迈半导体技术有限公司，出资1500万元投资杭州朗迅科技股份有限公司。杭州高新金投控股集团有限公司获“2022年度中国最佳创业投资引导基金TOP30”“2022年度中国最佳私募股权投资领域有限合伙人TOP30”2项年度大奖。

【藕舫基金】2022年，杭州高新金投控股集团有限公司联合浙江大学旗下投资机构藕舫资本设立藕舫基金，由杭州藕舫创业投资管理有限公司作为主发起人和基金管理人，基金总规模7600万元，区产业基金以同股同权方式出资800万元。藕舫基金投资围绕浙江大学校友、师生创办的初创期泛科技项目，重点投向专精特新、科技创新、国产替代等领域。至年底，已投资12个项目，投资金额3270万元。藕舫天使专注于浙大校友项目和校友圈层，在浙江大学校友圈层具有知名度和品牌效应。

【恒生基金】2022年，杭州高新金投控股集团有限公司联合区内上市公司恒生电子股份有限公司共同设立股权投资基金——杭州恒生数智启元股权投资合伙企业（有限合伙）。该基金总规模8亿元，区产业基金以同股同权形式投资9900万元，由恒生电子股份有限公司全资子公司杭州翌马投资管理有限公司作为基金管理人，投资泛数字经济领域，重点聚焦国产软件、金融科技、云计算、大数据等细分赛道。至年底，已投资3个项目，投资金额9000万元。恒生电子股份有限公司作为主发起人设立的基金，重点投向符合数字化转型、通用软件技术、国产替代主题的科技公司，助推区数字经济产业的高质量发展。

（来宁泽　杨升杰）

投资促进与区域合作

招商引资

【概况】2022年，杭州高新区（滨江）新引进外资企业及中国港澳台资企业116家，投资总额1000万美元以上项目19个；实际利用资金8.64亿美元；实际到位1000万美元以上项目11个，资金7.72亿美元，占实际利用外资及港澳台资总额的89.3%。组建招商引资小分队，到北京、上海、深圳、苏州、成都等地招商。在上海市举办投资环境推介会，引进杭州十沣科技有限公司、新生泰（杭州）材料科技有限公司等一批产业项目。至年底，杭州高新区（滨江）有外资及中国港澳台资企业1189家，世界500强投资项目39个。历年累计投资总额523.26亿美元，实际利用外资及港澳台资累计120.41亿美元。外商投资企业初始、变更、注销信息报告700条，外商投资企业年度报告890家，外商投资企业信息报告“双随机”实地联合检查、书面检查企业25家。

（来笑艳）

2022年杭州高新区（滨江）新引进香港、澳门、台湾地区投资企业情况一览表

表18　　单位：万美元

序号	企业名称	投资总额	注册资本	合同金额	备案日期
1	杭州德旭生物科技有限公司	22	16	16	1月14日
2	阳光辰时医疗科技（杭州）有限公司	78	78	47	2月11日
3	杭州禾缘堂餐饮管理有限公司	16	16	5	2月17日
4	杭州树美花郡网络科技有限公司	78	78	16	2月22日
5	菁腾（杭州）文化体育有限责任公司	31	31	31	2月27日
6	领海云服（浙江）科技有限公司	316	316	316	3月2日
7	杭州安普尔科技有限公司	32	32	32	3月6日
8	杭州新生纪智能科技有限公司	24	16	1	3月8日
9	杭州亨凯医院管理合伙企业（有限合伙）	46	46	23	3月17日
10	杭州心馔餐饮管理有限公司	16	16	16	3月17日
11	众宇（杭州）传媒有限公司	8	8	8	3月17日
12	杭州米花町科技有限责任公司	2	2	2	3月23日
13	杭州乐坦科技有限公司	79	79	63	3月29日
14	杭州恒任网络科技有限公司	32	32	10	3月31日
15	杭州锦美达信息咨询有限公司	16	16	16	4月25日

续表18

序号	企业名称	投资总额	注册资本	合同金额	备案日期
16	杭州安钥企业管理有限公司	8	8	5	4月27日
17	杭州奕森设计有限公司	22	16	16	4月27日
18	浙江统赞生物科技有限公司	158	158	77	4月30日
19	杭州量化派科技有限公司	20	20	20	5月7日
20	杭州慕光文化传媒有限公司	15	15	15	5月18日
21	杭州玛菲亚跨境电商有限公司	15	151	8	5月24日
22	杭州毫厘科技有限公司	198	139	31	5月24日
23	羿尊生物医药（浙江）有限公司	636	636	82	5月31日
24	杭州翔何外贸有限公司	8	8	8	5月31日
25	杭州夸小父餐饮管理有限公司	2	2	2	6月13日
26	杭州卢环外贸有限公司	8	8	8	6月13日
27	杭州大味实场食品科技有限公司	94	94	90	6月13日
28	智丰诚悦（杭州）文化科技有限公司	3	3	0.1	6月22日
29	杭州南鱼座控股有限公司	15	15	15	6月29日
30	杭州嘉品优选科技有限公司	15	15	11	6月29日
31	澳图动力科技（杭州）有限公司	116	116	79	6月29日
32	杭州谦合私募基金管理有限公司	149	149	149	7月6日
33	杭州我要发财服装有限公司	7	7	4	7月6日
34	施强健康科技（杭州）有限公司	1274	637	637	7月13日
35	杭州炫鹊电子商务有限公司	15	15	15	7月13日
36	石间（浙江）科技有限公司	500	500	500	7月15日
37	美杜莎环泰（杭州）网络科技有限公司	300	300	300	7月20日
38	杭州曼特维斯科技有限公司	75	75	75	7月20日
39	杭州吉力文化体育有限公司	7	7	7	7月20日
40	杭州新芯半导体有限公司	1	1	1	7月22日
41	远程商用车科技有限公司	14900	14900	447	7月28日
42	杭州柒剑科技有限公司	18	18	5	7月30日
43	杭州尚成电子商务有限公司	74	74	10	8月13日
44	杭州道玺香文化有限公司	15	15	15	8月13日
45	杭州捌加玖传媒科技有限公司	15	15	12	8月23日
46	杭州瑞玺三柒八八商业管理有限公司	222	222	20	8月30日
47	杭州和玺智创商业管理有限公司	148	148	13	8月30日
48	杭州云喊五吉贸易有限公司	15	15	15	8月31日
49	食玩赚（杭州）商业管理有限公司	15	15	7	9月9日
50	杭州索宜思家具科技有限公司	15	15	10	9月26日
51	杭州砥石体育文化策划有限责任公司	1	1	0.1	9月28日
52	杭州瑞奇德扬文化传媒有限公司	15	15	7	9月28日

续表18

序号	企业名称	投资总额	注册资本	合同金额	备案日期
53	杭州粤来粤有味科技有限公司	4	4	0.1	9月29日
54	杭州阁烙锐商业管理有限公司	200	200	200	10月15日
55	杭州昀慧科技发展合伙企业（有限合伙）	14	14	1	10月15日
56	洋仔（杭州）网络科技有限公司	70	70	7	10月21日
57	蒙洛朗（浙江）科技有限公司	704	704	493	11月2日
58	雅琢（杭州）健康产业合伙企业（有限合伙）	70	70	67	11月4日
59	杭州狄芃尼文化传媒有限公司	14	14	13	11月10日
60	严氏芰硕（浙江）企业管理有限公司	139	139	139	11月19日
61	杭州伍月文化传播有限公司	14	14	1	11月19日
62	杭州贝康卡蒂维母婴护理服务有限公司	14	14	14	11月24日
63	杭州立启家居装饰有限公司	1	1	0.1	11月30日
64	杭州娜妍科技有限公司	14	14	7	11月30日
65	杭州利鑫森企业管理有限公司	1	1	1	12月7日
66	浙江永正桑和企业管理有限公司	139	139	14	12月7日
67	杭州唯希企业管理合伙企业（有限合伙）	1	1	1	12月8日
68	浙江鼎翰控股有限公司	697	697	35	12月8日
69	美龄夫人（杭州）文化传媒有限公司	139	139	68	12月13日
70	杭州睿运祥融金科技有限公司	14	14	13	12月17日
71	杭州雅乐信息技术服务有限公司	300	300	300	12月17日

（来笑艳）

2022年杭州高新区（滨江）新引进外商投资企业情况一览表

表19　　单位：万美元

序号	企业名称	投资总额	注册资本	合同外资	备案日期
1	杭州宏悦数字信息技术有限公司	1	1	0.3	1月5日
2	木浦（杭州）餐饮管理有限公司	24	16	13	1月5日
3	杭州马兰头医学科技有限公司	16	16	9	1月12日
4	杭州沐芯企业管理合伙企业（有限合伙）	183	183	0.1	1月14日
5	杭州慕禾品牌管理有限公司	8	8	8	1月22日
6	杭州安陈科技合伙企业（有限合伙）	71	71	11	1月27日
7	杭州瀚恒企业管理合伙企业（有限合伙）	29	29	1	1月28日
8	杭州长奕科技有限公司	3365	3365	619	2月21日
9	杭州梵盛企业管理有限公司	16	16	0.2	3月2日
10	杭州超重柠檬科技发展有限责任公司	25	20	20	3月3日
11	杭州健健科技有限公司	158	158	81	3月6日

续表19

序号	企业名称	投资总额	注册资本	合同外资	备案日期
12	杭州珩畅医疗科技有限公司	99	99	4	3月8日
13	杭州卡塔纳科技有限公司	8	8	8	3月25日
14	杭州嘉科企业管理有限公司	2	2	1	3月26日
15	杭州众志企业管理合伙企业（有限合伙）	331	331	54	4月7日
16	杭州嘉川企业管理合伙企业（有限合伙）	766	766	63	4月9日
17	杭州汇盛安科技有限公司	32	32	32	4月16日
18	慧而特（杭州）电器科技有限公司	9000	3000	3000	5月12日
19	杭州德诺睿川医疗科技有限公司	21	15	3	5月17日
20	索细亚（杭州）企业管理有限责任公司	15	15	9	5月19日
21	杭州智旭生物科技合伙企业（有限合伙）	18	18	9	6月13日
22	杭州杭亚马餐饮有限公司	5	5	5	6月22日
23	杭州梭罗贸易有限公司	11	11	11	6月30日
24	普利复健（杭州）医疗器械有限公司	16	16	4	7月5日
25	杭州天竺能源装备有限公司	1501	1501	1501	7月13日
26	杭州星势力新能源科技有限公司	75	75	22	7月13日
27	杭州艾想科技有限公司	15	15	12	7月16日
28	杭州澈动科技有限公司	7	7	7	7月22日
29	欧陆检测技术服务（杭州）有限公司	120	87	87	7月28日
30	杭州瑞旭科新生物技术有限公司	74	74	22	8月26日
31	杭州未来元素数字化科技有限公司	7	7	5	9月3日
32	杭州昕焱企业管理有限公司	15	15	0.1	9月15日
33	莱拉贸易（杭州）有限公司	15	15	15	9月26日
34	杰瑞（杭州）运动科技有限责任公司	14	14	13	10月15日
35	杭州狄丽莎信息咨询有限公司	7	7	7	10月15日
36	高维脸数字信息技术（杭州）有限公司	14	14	4	10月15日
37	杭州集辉文化创意有限公司	14	14	4	10月25日
38	延世完妍纯韩美学（杭州）科技有限公司	14	14	14	10月27日
39	浙江金莱供应链管理有限公司	139	139	139	11月15日
40	杭州欧好买科技有限公司	20	20	20	11月24日
41	杭州欧拉立昂电子技术有限公司	14	14	7	12月7日
42	杭州京磁科技有限公司	70	70	31	12月8日
43	杭州悦客优科技有限公司	7	7	7	12月8日
44	因我思（杭州）设计有限公司	400	210	210	12月8日
45	杭州诺芙泰生物技术有限公司	14	14	14	12月31日

（来笑艳）

2022年杭州高新区（滨江）投资总额1000万美元以上香港投资项目情况一览表

表20　　单位：万美元

序号	企业名称	投资总额	注册资本	合同金额	备案日期
1	杭州网易严选贸易有限公司	1550	1550	1550	1月13日
2	杭州辰范网络科技有限公司	1200	1200	1200	1月18日
3	杭州德晋医疗科技有限公司	2373	2373	2373	3月17日
4	杭州堃博生物科技有限公司	3954	3954	3954	3月23日
5	杭州海康威视数字技术股份有限公司	1534	1534	0	5月23日
6	施强健康科技（杭州）有限公司	1274	637	637	7月13日
7	梓昆科技（中国）股份有限公司	6770	6770	0	9月21日
8	杭州浩博医药有限公司	1048	1048	1048	10月9日
9	不鸣科技（杭州）有限公司	2786	2786	2150	12月17日
10	远程商用车科技有限公司	49734	49734	35281	12月21日

（来笑艳）

2022年杭州高新区（滨江）投资总额1000万美元以上外资项目情况一览表

表21　　单位：万美元

序号	企业名称	投资总额	注册资本	合同外资	备案日期
1	杭州长奕科技有限公司	3365	3365	619	2月21日
2	慧而特（杭州）电器科技有限公司	9000	3000	3000	5月12日
3	杭州天竺能源装备有限公司	1501	1501	1501	7月13日
4	杭州大和热磁电子有限公司	27937	9905	9905	11月4日
5	连通（杭州）技术服务有限公司	18950	18950	9475	11月15日

（来笑艳）

【产业链项目引进】 2022年，杭州高新区（滨江）引进优质产业链项目95个，其中总投资1亿元以上项目42个。包括新引进集成电路研发测试项目杭州广立测试设备有限公司，注册资本1亿元；高端医疗器械研发项目杭州元腾生物工程股份有限公司，主要从事重组胶原蛋白研发；杭州微永医疗器械有限公司主要从事微创医疗器械研发；超高精度电子增材制造项目芯体素（杭州）科技发展有限公司，项目总投资1.1亿元；中国科学院院士陈十一团队投资的杭州十沣科技有限公司，项目主要从事高端工业软件及数字孪生领域软件的研发，总投资4亿元；新引进杭州新生纪智能科技有限公司、中科千寻未来（杭州）科技有限公司、杭州鸿途智慧能源技术有限公司等高端智能装备制造项目。

（来笑艳）

【江北科技园招商引资】 2022年，江北科技园修订《关于促进高新区江北区块高质量发展的实施意见》，优化对江北区块楼宇的扶持政策，新增关于江北中介机构的扶持政策。拓展招商渠道，对接浙江大学师生、创投、科技中介等重点创新资源，通过以企引企、以楼引企等方式招商引资。宣传介绍各项政策，推送各级保增长最新政策，编印最新政策汇编、政策指南分送企业。至年底，引进企业875家，注册资本47.2亿元。

（区志编研室）

境外投资

【概况】2022年，杭州高新区（滨江）境外投资总额18.38亿美元，其中中方投资额8.83亿美元。杭州高新区（滨江）完成投资备案项目80个，其中新设（并购）项目66个，增资项目14个。境外投资中方投资额在1000万美元以上项目14个，其中增资7个、并购4个、新设3个。企业对外投资覆盖21个国家和地区，主要分布于美国、新加坡等国家和地区市场，其中新增克罗地亚、阿根廷等国家，累计覆盖56个国家和地区。

2022年杭州高新区（滨江）境外投资中方投资额1000万美元以上项目情况一览表

表22

序号	投资主体	投资类型	投资地	注册公司名称
1	浙江吉利控股集团有限公司	增资	开曼群岛	路特斯科技有限公司
2	浙江吉利控股集团有限公司	新设	开曼群岛	集度汽车有限公司
3	杭州远程一号企业管理合伙企业（有限合伙）	并购	开曼群岛	远程科技有限公司
4	恒生电子股份有限公司	并购	开曼群岛	芸泰智医有限公司
5	浙江金恒旺锂业有限公司	新设	阿根廷	阿根廷辉煌锂业有限公司
6	杭州启明医疗器械有限公司	增资	以色列	凯思通有限责任公司
7	杭州德诺电生理医疗科技有限公司	增资	美国	APN健康有限责任公司
8	杭州启明医疗器械有限公司	增资	美国	美国启明医疗有限公司
9	杭州宏华数码科技股份有限公司	并购	德国	泰克斯帕有限责任公司
10	杭州电魂网络科技股份有限公司	新设	澳大利亚	电魂网络澳洲科技有限公司
11	杭州联络互动信息科技股份有限公司	增资	美国	美国新蛋公司
12	杭州俊明企业管理咨询合伙企业（有限合伙）	并购	开曼群岛	浩博有限公司
13	比科奇微电子（杭州）有限公司	增资	英国	比科奇通讯技术有限公司
14	浙江丹克斯实业有限公司	增资	越南	越南德和有限公司

（莫　兰）

【启明医疗公司在美国和以色列成立公司并增资】2022年，杭州启明医疗器械有限公司（简称“启明医疗公司”）在美国和以色列分别并购成立美国启明医疗有限公司和凯思通有限责任公司并增资。2家公司均属于医疗器械研究行业，有助于启明医疗公司完善心脏瓣膜疾病治疗领域技术，获取更多有效的经导管治疗技术，以及瓣膜修复等方案。

【大和热磁公司在马来西亚设立公司】2022年，杭州大和热磁电子有限公司［又称“Ferrotec（中国）”］在马来西亚新设立马来富乐德半导体材料有限公司。项目计划总投资1.5亿美元，新建厂房8.42万平方米，建设周期12个月，建成后将成为Ferrotec集团在中国以外最大的生产基地，为半导体装备提供精密的金属部件和部套组装，导入半导体行业重要的精密石英、陶瓷材料与制品，满足客户对半导体核心部件与材料的多元化需求。

（莫　兰）

区域合作

【概况】2022年，杭州高新区（滨江）山海协作结对地区为浙江省温州市泰顺县，区县协作地区为桐庐县，联乡结村地区为淳安县汾口镇。杭州高新区（滨江）与区域合作地区在产业协作、乡村振兴、人才培训、文旅互动、协同发展、共建智慧城市等领域开展合作交流。

【产业资金帮扶】 2022年，杭州高新区（滨江）向山海协作结对地区浙江省温州市泰顺县实施产业资金帮扶。在泰顺县落地新建产业项目23个，到位资金12.5亿元。统筹援建资金910万元，支持乡村振兴示范点及滨泰共富数字经济产业园等建设。5月，吉利科技动力电池项目落地区县协作地区桐庐县，完成产业协同资金4.1亿元。协助淳安县汾口镇编制2022年联乡结村帮扶项目计划，落实联乡结村帮扶项目资金120万元，协调落实帮扶集团成员单位帮扶资金490万元。

【泰顺合作项目】 2022年，杭州高新区（滨江）开展与山海协作结对地区浙江省温州市泰顺县的产业合作，"滨泰智谷"科创飞地签约入驻企业8家。滨泰共富数字经济产业园入驻数字经济企业30家。举办"共享浙里货·共富山区路"浙江省直播电商大赛。在杭州建立泰顺农产品展销馆，"网易严选"首个地方馆"泰顺馆"上线，全年消费帮扶1236万元。开展劳务协作，在海外高层次人才创新创业基地举办"滨江—泰顺山海协作海外高层次人才培训班"，开展人才工作互动交流。在泰顺县举办茶农技能和水果中药材等培训班6期，752人次参加。

【杭州高新区（滨江）与泰顺县签订山海协作协议】 2022年5月16日，杭州高新区（滨江）与温州市泰顺县山海协作座谈会在杭州高新区（滨江）召开。两地负责人出席并讲话，就招商引资、产业合作、疫情防控、科创飞地、共同富裕等方面工作进行交流。12月2日，杭州高新区（滨江）与温州市泰顺县山海协作联席会议在温州市泰顺县召开。两地签订山海协作工程年度合作框架协议，举行资金交接仪式、捐赠仪式和"滨泰智谷"授牌仪式，交接山海协作援建资金500万元，浙江中南控股集团向泰顺县人民医院捐赠资金30万元。

（韩利红）

【山海协作培训班】 2022年5月24日和8月30日，区人力社保局开展"技能传帮带，共走富裕路"活动，联合浙江省泰顺县农业农村局，开展2022年滨江—泰顺山海协作系列培训班。邀请浙江农林大学、浙江中医药大学专家为对口帮扶地的408名农户开展茶叶加工和中药材种植技能培训，通过"选课下乡"等技术帮扶手段，增加乡村振兴人才支撑，带动结对地区农民增收致富，实现两地协作共赢、产业共富。

（周　芳）

对口帮扶

【概况】 2022年，杭州高新区（滨江）东西部协作结对地区为四川省广元市朝天区，对口合作结对地区为吉林省长春市长春新区，对口支援地区为新疆维吾尔自治区第一师阿拉尔市八团，战略合作地区为河北省保定市阜平县，结对合作帮扶地区为安徽省宿州市泗县。杭州高新区（滨江）与结对地区在产业合作、消费帮扶、劳务协作等领

2022年8月30日，2022年滨江—泰顺山海协作系列茶叶加工、中药材种植技能提升培训班现场　（区人力社保局　供图）

域展开对口帮扶、对口合作。和四川省广元市朝天区举办劳务培训班32期，475人次参加，帮助农村劳动力到东部地区就业2701人，省内就近就业1569人。

【就业帮扶和干部人才交流】 2022年，杭州高新区（滨江）选派2名干部、13名专业技术业务骨干到四川省广元市朝天区挂职交流，举办乡村振兴干部、专技人才培训班共13期，培训干部698人次、专业技术人才（含教师、医生）677人次，向对口地区提供教育、医疗等专业技术智力援助。战略合作地区河北省保定市阜平县选派44名年轻干部到杭州高新区（滨江）专题学习招商、项目建设和营商环境。杭州高新区（滨江）选派2名正科级干部分别到结对合作帮扶地区安徽省宿州市泗县挂职。

【资金帮扶和消费协作】 2022年，杭州高新区（滨江）落实东西部协作帮扶资金，全年安排财政援助资金3900万元，帮扶项目11个。杭州高新区（滨江）向对口支援地区四川省广元市朝天区进行消费协作帮扶，在区内建成“四川朝天农特产品展销中心”，完成消费帮扶1.02亿元。引导11家企业到四川省投资11.1亿元，参与共建产业园2个，引导入驻园区企业3家，实际到位投资3400万元。杭州高新区（滨江）向对口支援地区新疆维吾尔自治区第一师阿拉尔市八团、阿克苏市进行资金帮扶。支持第一师阿拉尔市八团中心幼儿园500万元援建资金，其中杭州兴耀控股集团有限公司、浙江中赢控股集团有限公司各捐款30万元。

【产业合作】 2022年，杭州高新区（滨江）推进与吉林省长春市长春新区产业合作。共建杭州长光产业技术研究院，引进企业6家；推进吉浙合作大厦建设，一期主体工程完工；7月14—15日，浙江省与吉林省在长春召开对口合作座谈会并举行浙吉合作项目签约仪式，杭州高新区（滨江）有杭州光云科技股份有限公司、杭州枫惠六和桥创投科技有限公司、杭州聚溪科技有限公司3家企业参加现场签约。9月8日，杭州高新区（滨江）与河北省保定市阜平县招商引资推进会在杭州高新区（滨江）召开。9月26—27日，杭州高新区（滨江）到阜平县调研交流，明康汇生态农业集团有限公司和浙江吉利控股集团有限公司在调研交流座谈会上签订合作协议。

（杨继友）

【劳务协作】 2022年，区人力社保局动员对口帮扶地务工人员到杭州就业。春节前联合四川省广元市朝天区创新招聘模式，开展“云上送岗位、新春来就业”网络直播招聘活动，组织区内13家招聘人数多、薪资福利待遇好、岗位匹配度高、用工规范的大中型企业提供涉及制造业、物业管理等1100个岗位，通过直播间现场连线广元市电视台，两地人社部门负责人和7家企业负责人直播带岗，观看量3万多人次，达成意向26人次。春节后，23名广元籍务工人员搭载东西部劳务协作直通车到杭州高新区（滨江）就业。9月，广元市人力社保局负责人到杭州高新区（滨江）企业看望勉励广元籍员工，交流两地劳务协作推进工作；鼓励杭州高新区（滨江）人力资源机构建立驻外劳务协作站，招引务工人员就业；建立广元市朝天区驻杭州滨江劳务协作工作站、驻杭州农民工工作站。

（周　芳）

【杭州高新区（滨江）与朝天区东西部协作】 2022年6月23日，杭州高新区（滨江）与四川省广元市朝天区东西部协作联席会议在杭州高新区（滨江）召开。会后，朝天区党政代表团到冠山未来社区和浙江大华技术股份有限公司考察。11月7日，杭州高新区（滨江）与四川省广元市朝天区东西部协作工作联席会议在朝天区召开。会上举行捐赠仪式，其中杭州高新区（滨江）捐赠朝天区帮扶资金200万元，杭州高新区（滨江）总工会捐赠朝天区总工会帮扶资金120万元。杭州高新区（滨江）代表团到朝天镇第二小学、曾家山农旅文融合发展规划馆、七盘关共建产业园，考察东西部协作帮扶项目和产业发展情况。至年底，两地实现镇街结对3个、学校结对11个、医院结对2个、村企结对20个、村社结对3个。

（杨继友）

城区建设与管理

规划管理

【概况】 2022年，杭州高新区（滨江）编制《关于进一步加强高新区（滨江）国土空间规划统筹管理、合理开发利用国土空间资源的实施意见》，从完善规划体系、提升规划管理、加强实施监督等方面为加强全区国土空间规划统筹管理明确方向和路径。成立杭州高新区（滨江）规划委员会，制定《杭州高新区（滨江）规划委员会工作规则》，召开区规委会1次全体会议及3次专题会议。出台《滨江区驻街规划师实施办法（试行）》，在3个街道集结专业技术人员团队担任驻街规划师。制定《滨江区相邻地块项目统筹开发建设实施细则（试行）》《相邻地块项目方案审查规范化清单》，改革成果获2022年度全省自然资源系统改革创新优秀案例。配合开展《杭州市养老服务设施布局专项规划》《杭州市公共交通专项规划（修编）》《杭州市排水（雨水）防涝综合规划》《杭州市大运河核心监控区国土空间管控细则》《钱塘江及两岸区域国土空间专项规划（送审稿）》《滨江区城镇社区建设专项规划》等专项规划研究。

【控规单元调整】 2022年，杭州高新区（滨江）开展浙赣铁路以南片区规划研究，对智慧新天地及紫红岭区域、白马湖区域、智能智造小镇、智慧之门及周边区域的空间布局、蓝绿网络、高度强度等方面调查研究，强调生态价值转化和土地效能提升，提出城市设计优化思路。完成智造供给小镇及周边区域城市设计，细化城市空间及风貌管控。配合建设零磁科学谷·江南科学城，规划“两轴三片连两翼、山水智链串多点”的空间格局，对用地布局调整提出合理建议。开展控规单元划分方案优化研究。结合全区街道、社区范围，以提高社区管理便利度、提升社会治理水平为目标，基于道路等稳定边界、按照不切割地块的原则进行修正处理，形成全区控规单元调整方案。

【规划项目审批】 2022年，杭州高新区（滨江）核发建设项目用地预审与选址意见书103份，规划条件52份，建设用地规划许可证（含划拨用地）93份，总用地面积708.9万平方米。核发建设工程规划许可证（含市政类）64份，总建筑面积324平方米。完成亚运环境整治、城市道路用地、公园绿地、中小学幼儿园用地等划拨供地审批70宗、158.97公顷（含消化“批而未供”57.12公顷）；组织召开35个项目的方案联合技术指导评审会，批前公示项目66个。发放土地使用情况复核验收合格通知书46份，总建筑面积281.1万平方米，发放建设工程规划核实确认意见书78份，总建筑面积649.1万平方米。加强临时用地审批管理，审批临时用地21宗9.28万平方米，清退到期临时用地48宗31.73万平方米。推进地下市政基础设施普查工作，完成地下空间普查193.5万平方米，完成地下市政管线普查5287千米。

（许海峰　耿冠霖）

建设投资

【概况】 2022年，杭州高新区（滨江）按照“保亚运、保重点、保民生、保续建”的原则，政府投资计划安排项目453个，安排资金114亿元。其中：区财政预算保障资金78亿元，占68.4%；各国资公司自筹资金36亿元，占31.6%。政府投资项目分建设计划和储备计划。建设计划：新建项目55个，安排资金10.3亿元，其中财政保障资金项目37个，安排资金7.05亿元。分别为教育设施项目6个，安排资金4800万元；道路基础设施项目12个，安排资金5200万元；环境提升工程项目15个，安排资金4.94亿元；公共服务设施项目9个，安排资金5400万元；安置房项目2个，安排资金6800万元；产业配套项目11个，安排资金3.14亿元。续建项目147个，安排资金74.85亿元，其中财政保障资金项目103个，安排资金45.65亿元。分别为教育设施项目19个，安排资金6.58亿元；道路基础设施项目38个，安排资金6.43亿元；环境提升工程项目16个，安排资金5.27亿元；公共服务设施项目32个，安排资金8.04亿元；安置房项目24个，安排资金27.6亿元；产业配套项目18个，安排资金20.93亿元。另安排竣工决算项目150个，安排资金11.9亿元；市级项目安排资金16.75亿元。储备计划：技术前期项目93个、做地前期项目4个、其他项目4个，安排资金2000万元，其中财政保障资金1000万元、国资公司自筹资金1000万元。

（陶佳丽）

【沿江区域提升改造项目】 2022年，杭州高新区（滨江）持续推进沿江区域提升改造项目。项目于2021年6月开工建设，东起七甲闸，西至东信大道，全长11.43千米。从七甲闸至萧山排灌站段4.58千米为全面整治范围，主要涉及江堤堤顶的安澜提标、沿江铺地改造、挡浪墙栏杆提升、腹地景观绿化的提升和梳理以及新建景观人行桥等内容；从萧山排灌站至东信大道6.85千米为局部改造段，在保留最美樱花跑道的基础上，进行点位式的改造，新增樱花公园、临桥巷运动公园、大桥博物馆、“9·26”工匠公园等公园及驿站，项目总投资10.5亿元。

【奥体中心“最后一公里”体验区建设项目】 2022年4月，奥体中心“最后一公里”体验区建设项目开工。项目按照“一心（围绕亚运奥体核心）、两片（西兴大桥区域亚运形象展示区、奥体中心地铁商业片区）、十路、一廊、多点”提升策略，建设辐射半径1千米，占地面积1.88平方千米的亚运风情体验区。建设内容包括场馆周边“最后一公里”道路工程、管线工程、无障碍设施、城市家具、国际化标识标牌、慢行公交系统、景观绿化提升等工程，涉及完善“最后一公里”基础设施建设、慢行交通系统提升、城市环境靓化、国际化品质提升、亚运氛围营造5个方面。项目总投资9769万元。至6月底，项目完成建设。项目建设范围内飞虹路（滨盛路—奔竞大道）获“迎亚运”道路“赛马”月度评比（8月、9月）优胜项目，以及“迎亚运”城市基础设施建设百日攻坚行动样板示范道路。该项目是区“亚运靓城”重点工程之一、城乡风貌区重点项目之一。

【区政府南广场地下停车场工程】 2022年7月1日，区政府南广场地下停车场工程项目投入使用。项目位于泰安路以东，通和路以西，新月路以南，江南大道以北的滨江区政府南侧广场区块，规划用地红线范围面积为7.36万平方米。项目分两期实施，包括地下二层地下停车场建设（总建筑面积3.16万平方米，共763个机动车车位）、地面广场景观提升、智慧路灯及城市家具更新、泰安路（江南大道—滨盛路）和通和路（江南大道—滨盛路）道路提升改造，项目总投资5.55亿元。一期项目于2020年10月1日开工，2022年4月28日竣工。二期工程于2022年3月1日开工，2022年6月30日竣工。该项目是区“亚运靓城”重点工程之一。

（程晓娜）

城区建设

【概况】2022年，杭州高新区（滨江）持续推进亚运配套项目建设，8条道路完工；15条亚运通勤道路、5个运动场馆以及入城口整治项目完工。开展消除盲区暗点行动，更换灯杆512杆，更换电缆2.2万米。江南大道隧道开通试运行。完成2条河道综保工程建设项目。开展20个小区“污水零直排”提升整治工作。提升11座迎亚运重点公厕及4座涉亚运公厕设施服务。持续推进旧改加梯项目，加梯完工335台，安置房小区加梯覆盖率80%。白马湖小区白鹤苑、缤纷北苑、长江小区整体加装电梯项目获评2021年度杭州市“最美加梯项目”。

（汤来谢　赵吴陶）

【城市街区微更新】2022年，杭州高新区（滨江）首次推出街区“微更新”理念，提升亚运会城市环境，确定“一年打造示范，三年全面完成”的治理目标。街区“微更新”包括立面更新、地面更新、顶面更新，塑造美丽街区；见缝插绿，开辟口袋公园；织补路网，完善交通功能；着眼需求，体现人文关怀；智慧共享，资源互补，释放公共空间；文化赋能，提升城市美学品位。全区组建街区“微更新”整治专家智囊团，制定《滨江区“微更新”指导意见》，明确工作流程、建设内容、操作规范和强制性技术指标等，指导全域街区“微更新”工作。建立街道、街区、社区三级联动运行机制，推进跨小区、跨社区的街区一体化统筹管理新模式，明确由一家物业单位管理小区物业、道路市政、环境卫生、秩序维护及小区治理等工作。全区划为25个片区，以迎春片区街区作为首批试点区。至年底，完成奥体、滨江体育馆、迎春、冠山4个片区的“微更新”。

（区志编研室）

【迎亚运公厕服务提升】2022年，区综合执法局对11座迎亚运重点公厕及4座涉亚运公厕进行设施服务提升，新增小厨宝19个，便民充电设备15套，更换抬启式水龙头30个，大功率烘手机1台，手机搁架30块，中英文广告牌19块，更换标识标志牌89块，更新灯箱9个，新增茶几1套、饮水机1台，公厕（驿站）内张贴亚运宣传口号70条，在5座公厕播放视频500次（公厕电子屏每6分钟循环1次）。开展公厕信息无障碍建设，加装15座公厕的无障碍间语音播报器及导示图，助力亚运无障碍服务。

（来莉敏）

【河道综保工程】2022年，区综合行政执法局牵头组织杭州滨江环境发展有限公司，完成冠山河（许家河—冠一河），永久河（建业路—信诚路）2条河道综保工程。冠山河综保工程于2021年8月开工，2022年6月完工，共投资9918万余元。永久河综保工程于2022年5月开工，2022年12月完工，共投资4281万元。综保工程内容主要为河道驳坎建设、河岸综合整治等。冠山河、永久河2条河道综保工程在杭州市2022年河道综保工程综合评价中获评优秀。

（谢涵聪　赵德玉）

【污水零直排项目】2022年，区综合行政执法局开展“污水零直排”提升整治工作，涉及小区共20个，其中：西兴街道8个，即迎春南苑、迎春东苑、迎春北苑、缤纷小区、缤纷东苑、滨安小区、湘云雅苑、缤纷西苑；长河街道7个，即滨兴西苑、滨兴小区西区、滨兴小区东区、滨兴东苑、滨兴北苑、江虹小区、滨兴家园；浦沿街道5个，即火炬小区、新浦苑、大同公寓、江涛阁、联庄公寓。项目实行雨污分流，改造排水单元内的排水管网，避免污水直排进入河道。整治老旧小区厨房返水、管网老化破损问题，提升小区排水能力。

（吴玉华　赵德玉）

【亚运配套项目推进】2022年，杭州高新区（滨江）持续推进亚运配套项目建设。至年底，江南大道地面道路拓宽改造工程（中兴立交—西兴立交）、诚业南路（彩霞路—火炬大道）、浦乐单元学校南侧规划支路（冠山路—南川路）、浦乐单元学校北侧规划支路（南川路—

诚业南路）、慧炬街（西浦路—浦沿路）、新浦路（浦炬街—浦湖街）、新杨路（浦沿路—明德路）、智联路（网聚路—风情大道）8条道路完工。15条亚运通勤道路、5个运动场馆以及入城口整治项目均完工。27个建筑工地整治中6个工地工完场清，21个工地完成“美丽杭州迎亚运”环境品质提升工作。滨江体育馆及奥体亚运场馆“最后一公里”体验区建设完成。

【旧改加梯项目】 2022年，杭州高新区（滨江）持续推进旧改加梯项目。至年底，春波小区（东苑、西苑）、白马湖小区—鸿雁苑、白马湖小区—凤凰苑加梯工作均完成。加梯完工335台，安置房小区加梯覆盖率80%。白马湖小区白鹤苑、缤纷北苑、长江小区整体加装电梯项目获评2021年度杭州市“最美加梯项目”。

（陶佳丽）

【江南大道隧道开通试运行】 2022年1月19日，江南大道隧道开通试运行。江南大道快速路东起西兴立交，与机场快速路和西兴大桥连接，西起中兴立交，与时代高架和复兴立交连接，全长4.6千米。隧道分南、北两线，长3.2千米，隧道标准段采用双向四车道规模，设计时速60千米，2019年12月11日开始盾构掘进。江南大道隧道开通后，与时代高架、中河高架、秋石高架构成一个环绕钱塘江的快速路小环线，提升至萧山国际机场的快速通行能力。江南大道快速路是杭州市城市快速路网的组成部分。

（区志编研室）

【照明设施提升改造工程】 2022年7—10月，区综合行政执法局投入618万元，开展消除盲区暗点行动。对江汉路（闻涛路—江陵路）、春晓路（江南大道—滨兴路）、月明路（江汉路—江陵路）、启智街（春晓路—西兴路）、滨安路（建业路—江晖路）进行照明设施提升改造，共更换灯杆512杆，更换电缆2.2万米。更换长江中路等15个点位的控制柜，改善控制柜用电负载，保障路灯设施安全正常运行。增设闻涛路、江汉路路口等12个路口的中杆灯，提升路口照度，提高均匀度，为市民夜间出行提供安全保障。

（汤 炜）

城区管理

【概况】 2022年，杭州高新区（滨江）成立行政执法改革领导小组，由区委、区政府主要负责人任双组长。组织“大综合一体化”执法监管数字应用实操培训7次；开展“综合查一次”220场次，完成“监管一件事”71次。完成1128千米雨水支管疏通、151.91千米雨水主管网的检测疏通工作，2.63万座次检查井、5.21万座边井清掏的养护工作。完成市政道路清淤疏通175.26千米，CCTV管线检测151.69千米，污水检查井清淤5073座。完成污水管网有机更新7.5千米。

（贺占方 吴 赵）

【市政雨水管网检测养护】 2022年，区综合行政执法局在汛期期间共出动887人次参与防汛抗台工作，保证汛期管网排水通畅，路面无重大积水重大事件发生。强降雨期间在立交、下穿、涵洞、过街通道、地铁施工附近等易积水点实行“一点一方案”，解决发生的内涝情况。气象预警时上路巡查，清查、清除雨水边井及周边的垃圾，消除积水隐患。至年底，完成1128千米雨水支管疏通、151.91千米雨水主管网的检测疏通工作，2.63万座次检查井、5.21万座边井清掏的养护工作。

（占建良 方姣燕）

【市政污水管网检测养护】 2022年，区综合行政执法局完成市政道路清淤疏通175.26千米，CCTV管线检测（通过高压水流冲击检测的方法对管道进行检查、维修、检测）151.69千米，污水检查井清淤5073座，完成道路管线任务指派129条。完成污水管网有机更新7.5千米，其中滨康路（伟业路—时代大道）整治工程有机更新2.23千米，西兴路（江南大道—滨康路）整治工程有机更新5.3千米。完成11.6千米的雨污分流改造，其中江陵路（滨盛路—南环路）整治工程雨污分流改造6.61千米，滨盛路（时代大道—风情大道）整治工程雨污分流改造5.02千米。

（吴玉华　赵德玉）

【“大综合一体化”执法改革】 2022年7月1日，杭州高新区（滨江）成立行政执法改革领导小组，由区委、区政府主要负责人任双组长。区综合行政执法局通过抽调专人和确定联络员的方式成立区执法改革工作专班，实现实体化办公。通过“综合查一次”和“执法监管一件事”，落实人员划转下沉。至年底，区执法改革工作专班将区人力社保局、区住建局等16个部门的1933项行政处罚事项划转至区综合行政执法局。

【执法协调指挥中心建立】 2022年8月，区综合行政执法局成立区执法协调指挥中心，形成杭州高新区（滨江）“1+8”行政执法部门共同参与、共同协商、共同处置的工作格局。执法协调指挥中心日常负责执法力量指挥、协调、监督和组织实施联勤联动，同步接入区一体化指挥平台，实现AI识别抓拍、视频监控接入，开展视频巡查，建成指挥室可视频、可指挥、可共享。建立“大综合一体化”执法改革统一协调指挥、协同联动、争议裁决、监督考核、绩效评估等工作机制，与基层治理“四平台”“一网统管”相衔接，构建起力量整合、数字赋能、执法监管“全闭环”的综合行政执法体系。至年底，组织“大综合一体化”执法监管数字应用实操培训7次，参训150多人次；落实部门与街道检查任务，3个街道统筹开展“综合查一次”220场次，完成“监管一件事”71次。

（贺清清）

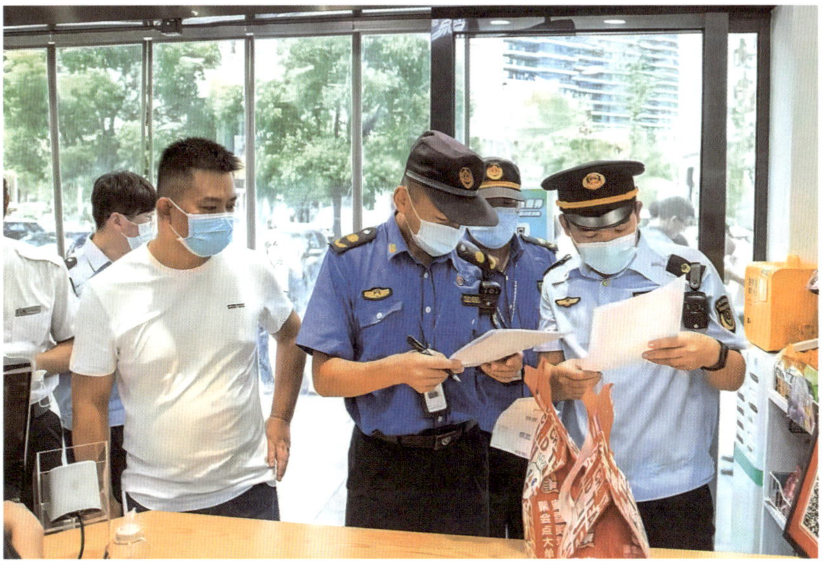

2022年8月1日，杭州高新区（滨江）开展“监管一件事”检查活动

（区综合行政执法局　供图）

房地产业管理

【概况】 2022年，杭州高新区（滨江）发放9个项目23本预售证，预售面积51.27万平方米。其中：住宅3256套，建筑面积43.31万平方米；办公用房437套，建筑面积7.96万平方米；商品房成交4844套，比上年下降20.7%；成交面积67.29万平方米，下降26.1%；成交均价每平方米4.24万元，增长2.31%。房地产企业开户4家、变更14家，摇号购房弃购弃选155户、摇号数据更正17户、摇号数据备案17户。新开工安置房项目2个，总建筑面积5.6万平方米；交付项目7个，总建筑面积121.96万平方米、房源6266套；投入征迁建设资金投资45.9亿元；回迁安置房源1.52万套、安置面积135万平方米；完成7个小区、4617套房源初始登记办理，受理群众1474套安置房屋产权证办理申请，发放产权证1386本；新增接收商业用房10.27万平方米，管理商业用房26.07万平方米，年租金收益1.17亿元。落实市国资委国有房产租金减免政策，累计减免874户、租金4366万元。备案登记物业管理项目264个，其中住宅项目178个（商品房97个、安置房46个、零星老旧住宅35个）、非住宅项目86个。登记备案的业主委员会（物管会）156个。收缴10个项目物业保修金1.22亿元、11个项目的物业维修基金

1.2亿元。审核同意156个项目（批）使用维修资金1295万元。物业管理区域划分15个。前期物业招投标7件。组织召开培训会6次，900多人次参加。制定《滨江区进一步加强农转居安置房小区物业管理工作的若干意见（试行）》。“和滨江”物业纠纷调解服务中心受理转交案件361件，调解成功359件，调解成功率99%。受理并处理信访1937件（含装修信访505件）、一网统管信访件425件。物业项目获市级优秀称号5个，创建杭州市“美好家园”小区11个，企业信用等级评定为AAA的6个。

（陈瞿刘）

【住房租赁市场管理】 2022年，区住建局审核住房租赁市场高风险企业12家，均作解除警示处理。利用平安住房租赁企业微信群宣传住房租赁市场管理工作。在辖区内21家房地产经纪机构、120多个门店的重点位置，张贴“养老”诈骗宣传海报，打击整治“养老”商品房销售诈骗。

【直管公房管理】 2022年，杭州高新区（滨江）有直管公房住宅270户，建筑面积1.3万平方米。租金收缴率100%，上缴财政专户，确保国有资金安全。区住建局入户巡查走访4992户次，维修158户次，维修面积8735平方米。对西兴街道日船埠头35号进行危房鉴定，危房评估后，协调承租户搬离、困难户安置，并于年底前完成危房修缮。配合长河街道，完成下庄里59–1及下庄里59–2两处公房国有土地征收工作。

【白蚁防治】 2022年，杭州高新区（滨江）提供免费服务旧房白蚁灭治103户，面积3.2万平方米。受理新建房屋白蚁预防公共服务项目31个，面积270.63万平方米。白蚁防治竣工验收项目49个，埋设监控盒4608个。全年检查历年白蚁项目74个，更换及补缺监控盒593个。

（陈晓雷）

【小区改造及加梯】 2022年，春波小区（东苑、西苑）、白马湖小区鸿雁苑、白马湖小区凤凰苑改造工作完成。旧改工作在全省年度城镇老旧小区改造综合考评中获评优秀等次，全省县（市、区）排名第一位；获评杭州市2021年度老旧小区改造工作优秀单位；缤纷北苑改造项目被评最佳案例，长江小区、白马湖小区白鹤苑被评为典型案例。加装电梯开工340台，完工335台，全区安置房小区加梯覆盖率80%，提前完成市、区年度目标任务。白马湖小区白鹤苑、缤纷北苑、长江小区整体加装电梯项目被评为2021年度杭州市“最美加梯项目”。

【留用地开发及保障房建设】 2022年，杭州高新区（滨江）围绕“开工不少于3个村级留用地统筹开发项目”年度任务，测算留用地统筹开发项目的建安成本和全区开发项目总造价，优化前期审批，协调街道部门，优化统筹落点。江一江三、西兴庙后王、浦沿六村纳入年度开工计划。围绕全年筹集保障性租赁住房7200套（间）目标，办理项目认定书7273套（间）。加快推进安居工程。西兴单元人才房完成竣工验收，新增人才房801套（935间），人才房总量累计6016套（8160间）。

（陶佳丽）

【城建档案管理】 2022年，区住建局城建档案馆受理工程竣工档案项目88个，单体429个，电梯27台，市政工程24个，出具《建设工程竣工档案认可意见书》79个；接收电子档案项目60个，检查案卷9475卷、扫描件47.23万页、图纸5.36万页；收集电子照片1860张、光盘98张。接收江南大道、西兴路、江陵路等市政道路改造工程档案。移交安置房项目竣工档案12个，单体160个。全年接待查询1604批次，提供案卷1.7万卷，调取页数18.49万页，复印文字1.83万页、图纸4010张，刻录光盘539.03GB。

（区志编研室）

【安置房项目建设】 2022年，杭州高新区（滨江）完成交付项目7个，总建筑面积121.96万平方米、房源6266套。分别是长虹苑扩点三期（长虹南苑二期）22.07万平方米、房源1358套；联庄三区（忆联庄阁）3.59万平方米、房源192套；八

2022年9月20日，长虹苑扩点三期（长虹南苑二期）项目建成移交
（区建管中心　供图）

区块四期（明乐府）17.63万平方米、房源1115套；宝龙东地块（滨诚云府）15.51万平方米、房源672套；耀洋二期（江照华庭）25.44万平方米、房源1163套；十三区块四期（望水华庭）20.17万平方米、房源964套；十区块七期（冠新佳苑三期）17.55万平方米、房源802套。

【房源回迁安置】 2022年，杭州高新区（滨江）推进20个在建项目预选房工作。至年底，20个在建项目完成预选房1.41万套，完成率73.58%，其中13个项目完成选房率80%以上。全年完成回迁安置1.52万套、安置面积135万平方米，包含西兴街道完成回迁安置952套、安置面积8.27万平方米，长河街道完成回迁安置6365套、安置面积52.22万平方米，浦沿街道完成回迁安置7928套、安置面积74.51万平方米。

【安置房源交付】 2022年，杭州高新区（滨江）交付安置房项目7个。项目分别为长虹苑扩点三期、联庄三区（忆联庄阁）、八区块四期（明乐府）、宝龙东地块（滨诚云府）、耀洋二期（江照华庭）、十三区块四期（望水华庭）、十区块七期（冠新佳苑三期），总建筑面积121.96万平方米，房源6266套。

【商业用房管理服务】 2022年，杭州高新区（滨江）梳理全区商业用房数据、明确权责主体和管理边界。全年新增接收商业用房10.27万平方米。至年底，杭州滨江商业资产经营公司共有商业用房26.07万平方米，出租使用18.77万平方米，移交给街道和社区1.85万平方米，年租金收益1.17亿元。开展市国资委国有房产租金减免政策落实，全年减免874户、4366万元租金。

【安置房物业费收缴工作】 2022年，杭州高新区（滨江）持续做好安置房出售、出租户底数核查并做好相应房源物业费收缴工作，全区全年减少出售户物业费支出70.37万元，减少出租户物业费支出321.85万元。按照《全区拆迁过渡房三年腾退行动计划》，协助长河街道完成江三社区永久河过渡房368间、新农村过渡房腾退拆除290间。全年受理安置房不动产证登记申请1474套，发放产权证1386套，收缴物业维修基金700套。全年审核拨付安置房物业及能耗费8591万元，审核住宅保修金1303.04万元，实施日常设施设备维修38项、应急抢险10项。

（刘晓娟）

【物业纠纷调解服务】 2022年，区住建局以基层治理为载体，发挥“和滨江”物业纠纷调解服务中心作用。根据诉源治理要求，进行物业纠纷诉前调解，采用“线上+线下”模式，发挥行业调解专业力量作用，提高化解矛盾纠纷的效率。全年中心各类转交案件有效调解361件，调解成功359件，调解成功率99.45%。

（沈　燕）

【物业服务企业考核】 2022年，杭州高新区（滨江）委托第三方和物业专家考核物业管理项目。考核涉及商品住宅小区97个、安置房小区46个，非住宅小区86个。通过考评小区的

2022年6月14日，杭州高新区（滨江）委托第三方开展居民物业服务满意度调查　　（区住建局　供图）

综合管理服务、公用设施设备维护、公共秩序维护、履行安全职责、物业服务企业的服务意识和服务态度等方面内容，结合相关部门及街道评分进行综合评定。至年底，完成4个季度农转居安置房小区、商品房小区物业服务企业考核工作，考核结果在“滨江发布”微信公众号上公布。安置房小区完成2次半年度居民满意度调查，2022年平均分由2021年的70.81分提升至74.51分。

【住宅小区环境整治】 2022年，区住建局根据《滨江区“美丽杭州”创建暨“城市环境大整治、城市面貌大提升”百日集中攻坚行动工作方案》《“美丽杭州”创建暨“‘迎亚运’城市环境大整治、城市面貌大提升”住宅小区环境秩序长效管理工作方案》要求，推进住宅小区环境治理工作。通过召开全区物业会议，传达文件精神及工作要求，督促物业公司积极开展环境整治工作，不定期地进行督查工作；对“美丽滨江”建设环境大整治领导小组办公室印发的问题在规定时间内完成整改；把“美丽杭州”环境大整治相关要求纳入每季度项目主任考核。落实全区每个小区2名监督员，开展环境秩序监督工作，将查到的问题通过市房管环境治理小程序进行上报，要求物业公司每日开展环境秩序自查自纠工作。至年底，通报成绩39次，区住建局负责牵头的住宅小区环境秩序18次进入主城区排名前四。

（瞿柯嘉）

【既有房屋建筑自然灾害综合风险普查】 2022年，区住建局根据《浙江省推进城镇危房解危三年行动方案》等文件精神，对所有城镇既有房屋建筑（包括住宅和非住宅房屋）进行排查。排查既有房屋建筑类承灾体用途、建筑面积、结构类型、层数、设防情况等信息，消除风险普查中发现的房屋重大风险隐患。至年底，全区有8694幢建筑完成省、市抽样检查，并通过部级成果质检。其中，城镇住宅4362幢，城镇非住宅3269幢，农村住宅844幢，农村住宅辅房92幢，农村非住宅127幢。

【城乡房屋排查】 2022年，区住建局根据《关于开展第三次全省城镇房屋调查登记工作的通知》《关于在全市开展城乡自建房安全专项整治及危房治理攻坚行动的通知》等文件精神，开展城乡自建房安全专项整治及危房治理攻坚行动。通过技术人员专业排查与镇街、村社包片排查相结合的方式，首先推进五类重点房屋［生产经营（包括出租）、人员集聚、改扩建（包括违规装修）、三层及以上（包括超过审批高度）、2000年前建成的自建房］、历年危房专业排查整治，全面推进其他自建房全覆盖排查整治工作，发现和消除城乡房屋安全隐患，确保无安全事故发生。至年底，完成自建房排查工作3280处，其中经营性自建房1940处、其他自建房1340处。

【危房治理】 2022年，区住建局办理房屋安全鉴定报告和复核报告备案32项。结合自建房排查数据，全区有3280处自建房，发现疑似存在安全隐患的房屋27处，已全部完成鉴定，其中17处C级、9处D级已全部落实管控，1处为B级非危房。持续加强巡查腾空处置的危旧房，每月保持动态全覆盖，巡查中发现腾空危房“四上”（板钉上、条封上、警戒线上、牌上）被破坏情况，要求街道及时修复。

（叶 俊）

【“美好家园”住宅示范小区建设】 2022年11月14日，市房管局公布市“美好家园”住宅小区名单，杭州高新区（滨江）有11个小区入选，其中商品房小区7个、老旧小区3个、保障房小区1个。区住建局根据《关于印发2022年杭州市“美好家园”住宅示范小区建设实施方案的通知》等文件要求，按照商品房小区、老旧小区、保障房小区3种住宅小区类型，围绕“美丽小区、平安小区、有序小区、和谐小区”4个标准、34项验收指标评定，通过业委会自荐、街道推荐征集，向杭州市申报小区14个。至年底，杭州高新区（滨江）创建市级“美好家园”住宅示范小区43个。

（沈 燕）

【安置房小区管理政策完善】 2022年12月7日，《滨江区进一步加强农转居安置房小区物业管理工作的若干意见（试行）》（简称《意见》）经区政府常务会议审议通过，于12月30日印发。区住建局开展走访调研，听取物业服务企业、风险评估单位意见建议，与市住保房管局和相关法律专家进行研究后制定。《意见》从明确物业管理主体、划分物业管理区域、加强物业招标管理、分类收费与管理、配套奖惩措施、强化物业管理考核及进一步加强安置房小区物业管理的执法保障7个方面做出规定，从制度上对安置房小区物业管理工作进行规范，推动农民向居民意识转化、安置房小区向商业住宅小区转化。

（瞿柯嘉）

2022年11月14日，浦沿街道江南文苑获评市级“美好家园”住宅示范小区 （区住建局 供图）

供水排水

【概况】 2022年，杭州滨江水务有限公司（简称“区水务公司”）年售水总量6546.17万吨，比上年增长2.89%，出厂水质合格率100%；新增自来水用户1.46万户，供水总用户8.4万户；排放污水总量5357.37万吨，其中东输萧山污水4805.84万吨，下降7.45%，最高日污水输送量19.11万立方米。供排水运行安全稳定。全区有5个排灌站，13座泵站。排灌站引配水1.51亿立方米，排水4.29亿立方米，全年配调水总量5.8亿立方米。浦沿排灌站扩建工程通过档案验收，建设河排灌站数字化改造项目完成自动化更新改造。

（赵 艳 孙丹洁）

【制水保障】 2022年，区水务公司完成浊度仪、余氯仪等水质在线仪表维护清洗2400多次，阀门、定位器等设备维修维护150次，自控系统月度性维护

24次，低压配电箱（108处）与低压变频器（55台）季度性维护、高压电力设施设备（57处）与出水泵高压变频器年度性维护保养等工作，电力设施设备维修维护73次。大修完成率100%，设备总完好率99%以上。接待上级部门检查指导16次，安全专项检查20次，完成各类安全隐患排查整改，整改完成率100%。全年水厂电耗上升0.44%，矾耗下降5.53%，次钠耗上升0.11%，年度制水成本下降2.32%。

【水质监测】 2022年，区水务公司坚持水质三级检测机制，实时关注钱塘江原水、出厂水水质变化情况。在新冠疫情防控期间，加密水质检测频次，对关键性指标实行每小时检测，发现异常及时调整制水处理工艺，确保供水安全。完成钱塘江原水、白马湖备用原水、出厂水及管网末梢水全分析检测12次，滨江水厂原水和出厂水17项指标二级检测各400次，厂内各类水质指标检测2.38万次，22个供水管网检测点检测65批次，出厂水与管网水合格率100%。

（陈　玲）

【供水服务】 2022年，区水务公司受理用户来信、来电、来访求助及咨询件2.86万件，其中24小时服务热线2.7万件、市长公开电话549件、数字城管1220件、公安“110”应急联动75件，一次解决率99.4%，用户满意率99%，无用户重大投诉。客户服务中心、滨江水厂“水之旅”科普教育基地获市城投集团“二星级窗口”、市文明办“星级服务窗口流动红旗”，长河营业厅获市城投集团的“一星级窗口”，滨江水厂“水之旅”科普教育基地获市城投集团“两美”（最美窗口、最美服务之星）、区科普教育基地等称号。

（余　莉　陈　玲）

【水务营商环境优化】 2022年，区水务公司持续推进“最多跑一次”改革、用水报装实现“102”（1个工作日、0份材料、2个环节）服务标准，完成“零跑次”业务11项、“跑一次”业务4项，办理业务1958件、用水报装317件。实行客户经理制，与亲清平台、省用水用气报装管理系统、省城市建设综合服务管理系统完成数据对接；实行容缺受理制，全程跟踪完成用水装表业务167件。实施水资源费减征政策，减免水费用水户表4750个，减免水费130.95万元。

（赵　艳）

【水务安全生产管理】 2022年，区水务公司开展安全生产检查与隐患排查245次、整改隐患243处。承办第21个全国“安全生产月”杭州市水务集团安全管理主题演讲竞赛活动。开展有限空间作业及事故应急救援专项应急演练。完成省住建厅关于2021年度浙江省城镇供水规范化管理考核的迎检工作与省环保专项检查工作。开展安全生产除险保安“百日攻坚”整治专项行动，落实安全责任，筑牢安全防线；专项行动期间，全域无安全事故发生。

【亚运水务保障】 2022年，区水务公司成立亚运保障工作领导小组，设9个专项保障组，承担3个比赛场馆、2个训练场馆、5家接待酒店、1家保障医院、22条道路的供排水保障任务。开展“重大赛事保障年”专项行动，制定并实施专项工作任务90项。历时22天完成长河区块19.07公顷、49天完成之江大桥（钱塘江七桥）沿线19.3公顷亚运沿线环境整治工作，历时2个多月完成长河老街综合环境提升整治项目。

（余　莉）

【智慧水务建设】 2022年，杭州高新区（滨江）水务一体化营收系统、杭州市水务集团公司办公系统等上线运行，二供系统完成建设，计漏系统部分投入使用。数字水务建设方案、调度指挥保障中心改造项目通过验收运行。一期数据驾驶舱、BI报表工具、“E水空间”、生产数据汇集项目、钉钉移动版等通过验收上线。完成公司网络安全应急预案和亚运保障方案，计算机系统及网络维护300起，业务系统维护350起，确保公司网络信息安全。推进污水泵站、铁路下穿雨水泵站等自控系统的升级改造，以数字赋能运行管控。持续推进DMA（指通过截断管段或关闭管段上阀门的方法，将管网分为若干个相对独立的区域，并在每个区域的进水管和出水管上安装流量计，实现对各个区域入流量与出流量的监测）分区建设、检漏队伍组建，降低产销差率。智慧水务建设获区委主要负责人批示。

（章晓犇）

【供水管网综合漏损率降低】 2022年，区水务公司优化处置浙赣铁路边DN300管、长江南路DN400管、滨康路DN300管等老旧给水管12.73千米，减少水量漏失130万余立方米；开展全区管网探漏与违章用水查处行动，检测、修复漏点275处，查处违章用水152件，结算违章用水量19.53万立方米。全年供水管网漏损率11.96%，比上年降低3个百分点。

（韦　玮）

【“清水入城”生态配水】 2022年，区综合行政执法局持续开展浦沿排灌站和华家排灌站“清水入城”工程，提升区内河道水质。浦沿排灌站“清水入城”工程于2017年4月开始，2017年10月施工结束后进行调试运行。自浦沿排灌站“清水入城”工程投入使用至2022年底，保持水质净化处理一体化设备、沉淀末端水闸、曝气工程以及口门冲淤等运行设备正常运转，水质净化处理效果良好且稳定。华家排灌站“清水入城”工程于2016年5月8日开始建设，2016年6月28日竣工。工程设计引水规模为10立方米每秒，按每天引水8小时，总引水量为28.8万立方米每天，通过投加PAC（聚丙烯酰胺）与PAM（聚合氯化铝）药剂，把引入的钱塘江水去除沉砂及悬浮物，提升引水的水质与透明度。经过药剂投放，河道透明度提升到70～80厘米。

（孙丹洁）

【排水保障】 2022年，杭州高新区（滨江）东输萧山污水容量权每天18万吨，新接收污水管线37.62千米。清淤和检测8个雨水泵站、2个污水泵站及滨盛路、滨康路、江虹路等124条道路151.2千米污水管网。完成铁路下穿8座排水泵站设施设备的日常管养和汛期排涝应急抢险，维修泵站变频器、潜污泵等197台次，设备总完好率98%以上。实施完成时代大道、火炬大道2个雨水泵站自控系统改造。建设标准化泵站——浦沿污水泵站，打造全区首个具备地方特色的水文化展示厅。

（屠琴晓　孔红亚）

【排水许可核查与批后监管】 2022年，区综合行政执法局核查申请排水许可证共办理150本，其中包含在建和新建工地办理排水许可证73本，竣工申请项目办理排水许可证45本，投入使用项目办理排水许可证32本。完成排水许可用户批后监管（水质检测）超过264家，每月超过22家，受检单位342家，其中包含工业企业72家（重点工业企业14家、污水处理泵站2处），以及综合楼270家。

（沈益民）

【浦沿排灌站扩建工程】 2022年5月7日，浦沿排灌站扩建工程通过档案专项验收。该工程位于浦沿街道永久河与钱塘江交界处，于2015年12月31日公开招标，中标单位为杭州萧宏环境集团有限公司，中标价为9755.44万元。2016年1月23日开工，工程任务以防洪排涝为主，兼顾改善河道水环境。浦沿排灌站扩建工程为闸泵结合的综合枢纽，泵站排涝设计流量为22.5立方米每秒，配水量为7.5立方米每秒，装机功率为1800千瓦。2017年9月29日投入试运行，2019年6月28日完工验收。

【建设河排灌站数字化改造项目】 2022年6月27日，建设河排灌站数字化改造项目公开招标，7月22日开工。项目对建设河排灌站、十甲河闸、风情河闸、解放河闸、东信雨水泵站、滨盛雨水泵站6个闸、泵、站进行自动化改造，把自动化系统纳入滨江水设施一体化平台统一管理，对平台进行优化提升。至年底，项目完成自动化更新改造工作。

【水利标准化运行管理】 2022年7月11日，区综合行政执法局组织5名排灌站运行人员参加由浙江水利水电学院开展的泵站运行工岗位培训；11月21日，组织4名运行人员参加由浙江同济科技职业学院开展的闸门运行工岗位培训，提升运行人员岗位素质和能力，提高排灌站运行保障能力。至年底，区综合行政执法局对水利工程领域开展安全生产会议4次（每季度1次），参与483人次；组织应急演练6次，参与206人次；参加岗位培训、技能演练255人次。对5座排灌站开展安全检查31项，发现安全隐患15处，均已落实责任人限期整改到位，实现全年无事故。

（孙丹洁）

电力供应

【概况】 2022年，杭州高新区（滨江）电网有220千伏变电站2座（变电容量114万千伏安）、110千伏变电站11座（变电容量132.6万千伏安），变电总容量为246.6万千伏安。10千伏配电线路303条、专用线路54条，其中中压线路2239.48千米、低压线路1954.63千米，配电变压器总数3443台，其中公用变压器2192台。有电力用户19.37万户，其中高压用户0.12万户，低压居民17.67万户，低压非居民1.58万户。全年全社会用电量42.13亿千瓦时，比上年增长5.69%。日电力负荷最高105.7万千瓦（出现在7月13日），增长22.24%。滨江供电分公司编制《杭州2022年第19届亚运会滨江区电力保障工作方案》，实施迎亚运网架及老旧设备改造项目，完成11个亚运场馆、酒店和重要用户的“一线一册”的制定。完成“轩岚诺”“梅花”防汛抗台等重要保供电任务。发布全国首个基于建筑能耗精细化调控的团体标准，入选“杭州十大低碳应用场景”“浙江省新型电力系统试点项目”“浙江省绿色低碳转型典型案例”，获2022年金钥匙·国家电网主题赛金奖、冠军奖。申报省公司揭榜挂帅项目1项、省公司科技项目1项、省双创项目1项，发表高水平学术论文5篇，申请发明专利6项。

【电力主配网建设】 2022年，杭州高新区（滨江）电网根据主网建设规划，推进电网项目的配网完善，完成增容改造重载变电站4座，增加供电容量12.5万千伏安，工程改造量居主城区第一位，实现110千伏江虹变扩3号主变工程核准。取消全域传统计划停电，全域供电可靠率100%。至年底，投入配网建设改造资金1.32亿元，提升辖区配网负荷转供与抵御风险的能力，在全区实现用电量最高负荷下电网安全平稳运行。

【供电助力社会经济建设】 2022年，滨江供电分公司围绕“经济稳进提质攻坚”，优化电力服务，助力经济企稳回升向好。落地服务经济稳进提质“杭电十条”，开展“电力助企大走访”，新增接电容量82.42万千伏安，比上年增长67.2%。推进10（20）千伏及以下电力外线免审和限时联审机制落地，实现区行政服务中心“一窗受理”。主动适应疫情防控新形势，创新应用“不见面”“零接触”线上接电服务。完成春节期间抗疫保电工作，重点保障党政机关、医疗机构、防疫物资生产企业等用电。推动“红船精神、电力传承”特色实践活动落地，为高新企业、社区群众提供“点餐”式服务，为市政基础建设、轨道交通、电梯安装等民生工程完成347处迁改任务，完成11处安置房8700户通电任务。与西兴街道党工委共同签订“红色领航·美丽西兴”党建联盟共建协议书，打造“社区共建地图”，扩展“独居老人关爱”覆盖面，助力打造共同富裕现代化基本单元。

（赵　强）

燃气供应

【概况】 2022年，杭州高新区（滨江）天然气供气量7401万立方米，其中液化天然气（LNG）5万立方米。实施十五区块四期、八区块三期（二期）、八区块五期、晓风印月、九区块三期（壹号院）、西兴人才租赁房等12个小区天然气接入工程，竣工验收居民用户8970户。海威新界、康康谷等商业体183家大小非居民用户（包括工商、工业用户）的锅炉实现点火使用。至年底，有天然气居民用户13.88万户，非居民用户1415家，包括工业用户7家。投运的燃气管线长865.3千米，其中中压346.4千米、低压518.9千米。楼栋中低压调压器769台，实现居民、工商用户燃气全覆盖，主干管网燃气全敷设并成环供应。完成140个小区8138个燃气安全标识加装，建设旭江华庭小区标志标识样板工程。完成海威新界、康康谷、星耀中心等各商业体“瓶改管”项目96个。

【安全用气保障】 2022年，杭州高新区（滨江）持续实施“330”（3分钟上车，30分钟到达）燃气抢修保障服务，接单后第一时间联络用户告知拟到达时间，服务长效常态。受理抢维修任务4656起，实现抢修报修3分钟出车率100%，“110”“119”燃爆抢修30分钟内到达率100%。提前对区域内175台调压器进行防冻保暖，维护保养调压器889台，维护阀门井300个，修复破损点29处。对960户居民用户进行灶前压力检测，确保高峰期间正常运行。

2022年2月8日，杭州天然气有限公司滨江分公司工作人员开展燃气日常巡防　（杭州天然气有限公司滨江分公司　供图）

【亚运燃气保障服务】 2022年，杭州高新区（滨江）坚持区域化管理服务模式，对接杭州奥体中心、滨江体育馆、浙江中医药大学、浙江警察学院4处5个场馆保障要求，编制场馆（宾馆）燃气保障方案、重点区域保障方案，形成亚运保障任务清单，推进亚运场馆（宾馆）、重点区域、市域范围消除隐患、降低风险。至年底，整改重要场馆、重点区域、全域全时隐患1855项。

【“三社联动”服务持续开展】 2022年，杭州天然气有限公司滨江分公司深化“社区、社会组织、社会企业”等“三社联动”服务载体，组织300多名志愿者走进全区27个小区开展燃气安全现场服务活动，通过联动城管、街道、社区等力量持续深化燃气安全“最后一公里”守护行动，提升市民安全用气的意识，加快燃气安全隐患整治速度。至年底，入户3605户，完成221处隐患整改，更换胶管3920根，72个小区实现胶管清零。

【燃气管线建设】 2022年，杭州天然气有限公司滨江分公司保障重点民生项目推进，结合市政道路配套施工，推动江南大道、时代大道等燃气主干线提升改造，实现江南大道提升改造工程全线贯通，全年铺设燃气管道3.26万米。完成十五区块四期、西兴人才租赁房、御滨府等12个住宅小区的管线施工及验收通气；强化巡检巡护，完成物联网街、白马湖路等41个阀门留头迁改；完成滨康小区、春波小区、联庄公寓等14个小区279个单元加梯迁改工程，确保燃气管线安全运行。

【燃气服务数字化】2022年，杭州高新区（滨江）推行燃气安全预警自动控制数字管理系统，在杭州奥体中心体育场馆周边安装智能阀40套，实现日常监控管理。新增管网完整性系统运行，通过24小时不间断远程诊断和控制，提升地下管网的动态预警、远程控制等功能，为亚运安全提供保障。至年底，3万余户居民用户更换"NB智能燃气表"，助力安全用气、提升计量精准率。

【燃气服务升级】2022年，杭州天然气有限公司滨江分公司持续优化燃气营业厅在线服务受理，假期服务受理不间断，各个假期落实专人负责线上业务受理，执行30分钟响应承诺服务，保障28项燃气业务全天候办理，完成线上账单查询5.69万次，安检隐患查询163次，短信查询1.33万次，电话修改11次，自助抄表1341次，生活缴费1899次，跳转325次，隐患处理14次，实现"一次不用跑"的服务。推出打造非居燃气管家队伍服务举措，"一对一"上门全覆盖，实现"一个电话办理所有燃气业务"，为区内1400多户非居民用户提供燃气一站式管家服务。持续深化校园拆改"017"（即校园燃气拆改工程零上门、1个电话全流程服务对接、7天完成所有拆改工程）承诺服务，非居客户经理为学校提供绿色服务通道，开展容缺受理、预约服务，落实"校园服务月"活动，开展中高考保障服务全覆盖，学前专项燃气安检实现全覆盖。

（杨文君）

环境卫生

【概况】2022年，杭州高新区（滨江）完成206条区级道路清扫保洁工作，总面积891.97万平方米。全区再生资源回收量10.98万吨，城镇生活垃圾中可利用废弃物实际回收量6万吨，回收利用率61.7%。垃圾分类工作全覆盖，所有小区全部推行"定时定点"投放管理，清运生活垃圾26.49万吨，日均725.97吨。制定《2022年滨江区生活垃圾分类十佳社区、高标准示范点创建方案（试行）》《2022年滨江区生活居住区垃圾集置点、投放点及再生资源回收站星级评定方案（试行）》《2022年度滨江区生活垃圾分类及管理考核办法》等8个针对性文件。

（来朱钱）

【道路环境保洁】2022年，区综合行政执法局完成206条区级道路清扫保洁工作，总面积891.97万平方米。其中：一类道路39条，面积381.58万平方米；二类道路64条，面积401.9万平方米；三类道路103条，面积108.49万平方米。提升改造亚运场馆周边主要道路、重要商区街、景观示范道路8条，即闻涛路、江虹路、火炬大道、江陵路、滨盛路、江南大道、西兴路、滨康路。完成道路每公交车站设置1处果壳箱的要求，添设新型道路果壳箱38个。管理公共厕所65座，其中一星级1座、二星级8座、三星级49座、四星级6座、五星级1座，总厕位1129个。

（来莉敏）

【再生资源回收】2022年，杭州高新区（滨江）继续推进再生资源回收体系建设、低价值再生资源特色回收服务工作。重点推进公共服务机构再生资源回收服务，与32家学校、卫生服务中心、政府机构等公共服务机构建立服务联系。全区80%的居民小区、商业楼宇、公共服务机构等再生资源前端回收由杭州西陵废旧金属回收连锁有限公司服务，该公司运营136家标准化再生资源回收网点和2家综合性再生资源分拣中心，获评2022年杭州再生资源回收龙头骨干企业和2022年可推广"互联网+再生资源回收"企业。至年底，全区再生资源回收量10.98万吨，城镇生活垃圾中可利用废弃物实际回收量6万吨，回收利用率61.7%。

（朱华萍）

【垃圾分类示范创建】 2022年，杭州高新区（滨江）推进垃圾分类十佳社区、示范点、星级点位创建工作。推进社区、物业企业垃圾分类主体责任落实，完成所有小区的入户宣传工作及“一小区一方案”制定，提升投放点、垃圾房等分类设施。制定《2022年滨江区生活垃圾分类十佳社区、高标准示范点创建方案（试行）》，对各社区范围内生活垃圾分类工作开展检查，根据日常检查成绩及年终考核成绩，经综合评比，东信社区、官河社区、西浦社区等10个为生活垃圾分类十佳社区，滨江区奥体中心幼儿园、杭州长河冠山农贸市场、六和社区卫生服务站等100个为高标准示范点。制定《2022年滨江区生活居住区垃圾集置点、投放点及再生资源回收站星级评定方案（试行）》，通过宣传发动、各街道筛选拟创建名单、区垃圾分类办定期专项检查指导、年底专项验收的方式，综合评定臻奥院、闻涛诚苑、景江苑等23个星级集置点，寰宇湾、仁苑、江滨花园等85个星级投放点，臻奥院、之江公寓等17个星级再生资源回收站点。深化垃圾分类工作，制定《2022年度滨江区生活垃圾分类及管理考核办法》等8个针对性文件。至年底，检查小区（含过渡房）4662家次、企业1200家次，发布红黑榜12期、工作专报27期，发放抄告单169份。

（钱叶明）

绿化美化

【概况】 2022年，杭州高新区（滨江）绿化、美化、亮化工程实施市场化养护管理，公共绿地养护面积为411万平方米，全年更换行道树91株、月季2800多株、时花3.9万平方米，补植地被8.5万平方米；修剪绿地45.5万平方米，防治病虫害20万平方米；检测园林绿化种植土壤7处；全年施肥150吨，冬春两次修剪香樟1.3万棵。实现路灯节电1498.18万千瓦时，节约电费1205.74万元，平均综合节电率65.8%。路灯亮灯率99%以上，故障路灯7天内及时修复率99.8%以上。完成槐河（四季河—白马湖）、冠山河（陈家河—四季河）等7条市级“美丽河湖”创建，完成永久河片区省级“美丽河湖”创建。

（江　汤　谢　赵）

【绿化养护】 2022年，杭州高新区（滨江）绿化工程实施市场化养护管理，分18个养护标段，由14家养护单位负责道路绿地、滨水绿地、公园绿地、高架绿化和时花等公共绿地养护工作。公共绿地养护面积为411万平方米，包含150多条道路、7个公园、1条滨水绿地、4万余只高架挂箱。全年更换行道树91株、月季2800多株、时花3.9万平方米，补植地被8.5万平方米；修剪绿地45.5万平方米，防治病虫害20万平方米；检测园林绿化种植土壤7处；全年施肥150吨，冬春两次修剪香樟1.3万棵。

【绿化整治】 2022年，区综合行政执法局实施8处绿化整治项目。1月，为符合高架安全视距要求，搬除彩虹立交匝道与主线及匝道与匝道合流处等8处匝道的花箱共940米、切割拆除不锈钢花箱支架及固定膨胀螺栓520米，更换彩虹快速路（江晖路以东段）蓝月亮花箱1366盆。4月，根据《关于滨江区滨文路时代大道北侧绿地相关整治工作的交办单》要求，对该地块进行垃圾清理、平整场地，补种麦冬草4700平方米。对滨文路（信诚路—火炬大道）道路沿线、滨文路信诚路交叉口开展环境整治工作，整治面积2.85万平方米。根据区无障碍办下达的城市公园无障碍问题排查清单，对高教公园园路拆除清理后重新铺设，改造园路道路800平方米。5月，针对滨安路、江淑路及街心公园绿化带被踩踏问题，安装0.9米高绿化护栏435米，修复绿化带67平方米，修整园路49.5平方米。9月，针对江二路西侧底端为密林带且与时代大道距离较近，开辟长50米、宽1.5米的花岗岩铺装道路，安装4盏庭院灯。10月，对滨安路（时代大道—江晖路）行道树进行整治，清理枯死乐昌含笑91株，后补植黄山栾树91株，对全路段进行土壤杀菌消毒。11月，拆除闻涛路（太阳国际公寓）北侧绿地内景观亭，清理后重新建设。12月，提升改造丹枫路西兴路西南角周边绿地、滨兴路春晓路口苗木，在丹枫路西兴路西南角设置花箱隔离及攀缘植物。

（江琪琪）

【亮化养护】 2022年，杭州高新区（滨江）亮化养护工作实施市场化养护管理，包含194条道路1.97万杆路灯、2.7万个光源、195个路灯控制柜、173台10千伏路灯专用变电站。路灯亮灯率99%以上，故障路灯7天内及时修复率99.8%以上，当月及时修复率100%；景观灯设施质保期内总体亮灯率99.8%以上，断亮、失控问题3天内及时修复率100%；户外广告、店招店牌断字缺亮问题月及时整改率100%。实现路灯节电1498.18万千瓦时，节约电费1205.74万元，平均综合节电率65.8%。解决路灯缺亮问题2462处，设施缺损问题65处，检修盖缺失问题86处，灯杆保洁问题42处，清理排查照明设施1.65万处。做好钱塘江南岸全线长11.8千米的堤岸和沿线45组95栋建筑楼宇，江南大道沿线9.7千米87组169幢建筑楼宇，滨安路、滨康路、滨文路沿线23组84幢，时代高架4.5千米、彩虹快速路滨江段高架及沿线25组100栋楼宇，江虹路江虹桥、白马湖路、白马湖桥、滨盛路、闸站河桥等夜景亮灯项目的日常养护工作。

（汤 炜）

【河道通过市级“美丽河湖”验收】 2022年，杭州高新区（滨江）持续推进“美丽河湖”建设，实施槐河（四季河—白马湖）、冠山河（陈家河—四季河）、龙塘河（许家河—小砾山输水河）、许家河（高教河—龙塘河）、新浦河（永久河—山北河）、山北河（华家排灌站—许家河）、时代河（永久河—铁路河）7条市级“美丽河湖”建设。9月28日，省、市美丽河道验收专家组对7条河道进行评审。12月5日，7条河道均通过市级“美丽河湖”验收。

【永久河片区省级“美丽河湖”创建】 2022年，杭州高新区（滨江）开展由时代河、四季河、永久河组成的永久河片区省级“美丽河湖”创建工作。省、市美丽河道验收专家组通过市级验收、省级复核等环节，对永久河片区进行市级“美丽河湖”验收和省级“美丽河湖”复核。12月15日，省水利厅、省美丽浙江建设领导小组河长制办公室公布2022年“美丽河湖”名单，永久河片区入选。

（谢涵聪　赵德玉）

2022年12月5日，冠山河通过市级“美丽河湖”验收　（区委宣传部　供图）

乡村振兴

综　述

【农业经营主体】 2022年，杭州高新区（滨江）有市级以上农业龙头企业18家，其中国家级1家、省级3家。新增中科粮油（杭州）有限责任公司、浙江森特信息技术有限公司2家市级农业龙头企业。

【农业服务】 2022年，杭州高新区（滨江）种植粮油面积249公顷。推进“治违禁 控药残 促提升”三年行动，完成80个批次的农产品质量抽检，合格率为100%。开展政策性农业保险服务，全年为13户、208.13公顷粮食和蔬菜进行投保，总保额360万元，定损赔付9万元。

【“双强”行动助推农业高质量发展】 2022年，区发改局（农业农村局）发挥区内数字科技企业的集聚优势，实施“农业双强”（科技强农、机械强农）行动，推进农业高质量发展。四维生态科技（杭州）有限公司的“聚集未来农业打造数智植物工厂”案例入选全省乡村振兴创新实践优秀案例；在全省农业高质量发展大会上作题为《创新数智植物工厂模式 探索未来农业发展新路径》的交流发言，并获评省级数字农业工厂。中科粮油有限公司培育的中科1号和中科2号获农业农村部植物新品种知识产权授权，获评市级农业龙头企业。

（柯　胜　乔伟峰）

农村产业发展

【概况】 2022年，杭州高新区（滨江）推进农村产业发展，以“稳产保供、农业安全”为主线，坚持科技强农、数字助农，带动乡村振兴、共同富裕融合发展。全年种植249公顷粮油作物，组织农产品质量安全现场宣传3次，推广以四维生态数字植物工厂为代表的现代农业生产模式。

【农业生产技术服务】 2022年，区发改局（区农业农村局）开展送技术下田活动，促进农业、稳产保供。针对新垦水田盐分高，水稻长势差，协调省、市农业专家到农业企业和大户进行服务指导；加强政策宣传，鼓励农户种植多种粮油类作物，为农业经营主体提供技术咨询，解答种植、养殖上的技术问题。全年种植249公顷粮油作物。

【农业安全生产宣传培训】 2022年，区发改局（区农业农村局）按照“不漏一户、不漏一企”要求，与农户面对面交流，明确农产品生产过程中严禁使用禁限农药，落实农药安全间隔期，做好投入品使用登记；通过发放张贴南美白对虾、鲈鱼、芹菜等种植、养殖技术指导意见公告，提升农户安全意识，指导农户规范用药、科学用药，杜绝乱用禁限农药、兽药等行为。全年开展食用农产品“治违禁 控药残 促提升”行动，组织农产品质量安全现场宣传3次。

【四维生态模式受推广】 2022年9月16日，浙江省农业高质量发展大会举行，四维生态科技（杭州）有限公司（简称“四维生态”）受邀在主会场参会并参与农业“双强”重大项目签约仪式。四维生态负责人作为农业高科技企业代表，在会上作题为《创新数智植物工厂模式、探索未来农业发展新路径》的交流发言，分享和展示数智植物工厂的现代农业生产模式。四维生态创新运用光生物LED植物照明、垂直立体种植、植物营养与作物栽培、环境控制与机械设计等高新技术，打造全数字化管控的数智植物工厂，形成全新的现代农业生产方式，突破传统农业对耕地和水资源的依赖，可在滩涂、盐碱地、荒漠等不适合大田作物生长的非耕地发展；创新提出植物工厂产业可输出整体解决方案，包括植物工厂成套设备、数字化模型等，建设“农业经济+工业经济+数字经济”。四维生态在农业发展新路径方面的实践和探索经验，获省委主要负责人肯定。

（柯　胜　乔伟峰）

农业经营管理

【概况】 2022年，杭州高新区（滨江）推进农业管理，开展渔业增殖放流、动物防疫管理等。完善渔业、农业经济等发展，支持企业创新发展农业经济。

【动植物疫病防控】 2022年，杭州高新区（滨江）开展全区春、秋季重大动植物疫病集中防控工作，完成动物狂犬病免疫7627头次，对辖区内35家动物诊疗机构和7家兽药经营企业完成行政检查64次，“双随机”监管事项覆盖率100%。在全区范围内开展以“加拿大一枝黄花”为重点的植物疫情防治工作，采取人工拔除和化学清除相结合的方式，共清理整治35处、1.47公顷；针对红火蚁造成的潜在危险，出动人员定期到傅家峙社区、汤家井社区、奥体中心等周边区域布控红火蚁诱捕蚁，投放红火蚁诱捕蚁64个，未发现红火蚁疫情。至年底，完成行政许可审批155项，执业兽医备案57人，发放免疫证2617本。

【无规定马属动物疫病区建设】 2022年，区发改局（区农业农村局）对区内唯一一家马术训练场——杭州骏加马术运动管理有限公司开展重点巡检16次，落实场馆虫媒消杀35次，完成马抗凝血、马血清采样各26份，无发现马属动物疫病的苗头和隐患。至年底，组织成员单位开展生物安全通道巡查1408次，出动3086人次。

【钱塘江禁渔期和台风汛期监督管理】 2022年，区发改局（农业农村局）开展渔民安全教育，针对渔业安全生产，加强禁渔期和台风汛期的安全监管。通过开展“贴一张通告、签一份告知承诺书、送一份宣传册”等禁渔宣传活动，建立渔民自我管理机制和渔船停泊点巡查制度，实行定点定期巡查和渔船管控动态报告，完成为期4个月的禁渔期制度；建立渔船防汛防台安全避险制度，明确在区防汛抗旱指挥部进入二级响应后，渔船全部进入内河进行避险，成为全市首创，获得市农业农村局肯定。全年渔业生产安全稳定。

【渔业增殖放流】 2022年11月18日，区发改局（农业农村局）

2022年11月18日，区发改局（农业农村局）联合街道和区“五水共治”办在浦沿街道新生码头开展增殖放流活动　（区发改局　供图）

联合街道和区“五水共治”办，邀请渔民和群众代表，在浦沿街道新生码头开展增殖放流活动，投放鳙鱼和三角鲂鱼苗50万余尾。通过以鱼养水、以鱼净水，丰富渔业资源，维护水域生物多样性，提升水体净化能力，改善水质和美化环境，维护生态平衡，促进生态文明建设。

【重大动物疫情应急演练】 2022年11月18日，区发改局（农业农村局）组织动物防疫检疫人员和辖区35家动物诊疗机构负责人组成重大动物疫情机动分队，接受培训和应急演练。杭州农业行政执法队畜牧业执法大队负责人基于《杭州市滨江区重大动物疫情应急预案》《滨江区突发重大动物疫情和规定马属动物疫病应急预案操作手册》，围绕《中华人民共和国动物防疫法》《动物诊疗机构管理办法》《执业兽医和乡村兽医管理办法》等法律法规，进行现场授课和指导演练。通过理论学习和实操演练，加强协同处置应急演练，提高应对突发动物疫情的处置能力。

（柯　胜　乔伟峰）

2022年11月18日，滨江区动物诊疗机构和职业兽医管理培训举行

（区发改局　供图）

股份经济合作社管理

【概　况】 2022年，杭州高新区（滨江）通过政治巡察、党建引领、统筹开发和年度审计，促进村级集体经济高质量发展和股东财产性收入的持续增长。全区29个股份经济合作社集体总资产173.2亿元，比上年增长3.4%；实现总收入8.58亿元，其中经营性收入6.82亿元，增长34.8%；收入均超过633万元以上，其中超1000万元有26个，超6000万元有2个。全区股份经济合作社收益6.36亿元，依规足额提取公积公益金2亿余元；按股分配总额3.78亿元，参与分配股东11.13万人。

【股份集体经济审计】 2022年，区发改局依法完成年度财务收支审计工作，委托3家会计师事务所对全区29个股份经济合作社2021年度财务收支和“三资”（资金、资产、资源）情况进行审计，支付审计经费31.5万元。根据审计发现问题编制问题清单，对问题清单进行闭环管理，会同纪检监察指导督促股份经济合作社落实整改，由审计机构对整改问题结果进行复核，出具29个股份经济合作社审计报告。股份经济合作社实施内部信息公开，主动接受股东监督。

【资金存放招标管理】 2022年，杭州高新区（滨江）各街道执行《村集体经济组织大额资金竞争性存放管理办法（试行）》，各股份经济合作社经民主决策后委托街道采用公开招标形式确定资金存放单位，实现集体大额资金有效规范管理，推进全区清廉股份经济合作社建设，从源头上保护社区干部和股份经济合作社公职人员。至年底，3个街道29个股份经济合作社通过公开招标形式确定资金存放单位。

【数智监管集体经济】 2022年，区发改局以全面应用浙江省农村集体经济数字管理（简称“浙农经管”）系统为契机，会同3个街道，运用审批中心等模块实行数智管理，从财务管理向全方位数字监管方向发展。通过大数据管理，实现对股份经济合作社资产资金资源的实时查询、阳光安全运行监管。至年底，全区29个股份经济合作社集体资产资源和合同全部纳入“浙农经管”系统监管，“浙农经管”审批中心开展线上审批1854笔，支付金额6.44亿元。

【资产资源管理办法出台】 2022年12月19日，区发改局出台《杭州市滨江区股份经济合作社资产资源管理办法》（简称“办法”），围绕加强股份经济合作社资产资源管理，确保集体资产资源保值增值，维护村级集体经济组织成员的合法权益，促进区域经济社会和谐发展的目标，结合杭州高新区（滨江）全域城市化、全域景区化的实际制定该办法。办法分基本原则、登记管理、经营管理、合同管理、财务管理、保障措施6个部分，明确股份经济合作社资产资源管理细则。办法自2023年1月1日起执行。

（杨继友）

乡村合作发展

【概况】 2022年，杭州高新区（滨江）推进股份经济合作社发展，落实区县协作、“联乡结村”、“三百帮促”（百社百企结百村帮促活动）等工作。推进与桐庐县的区县协作工作、与淳安县汾口镇的“联乡结村”工作，推进项目共建、产业共兴和资源共享，促进高质量乡村振兴、城乡融合、协调发展。

【乡村协作帮扶】 2022年，杭州高新区（滨江）为区县协作地区桐庐县安排帮扶资金4000万元，帮助桐庐县在人居生态环境、产业振兴创新发展、村级集体经济消薄增收（消除经济薄弱村，增加经营性收入）、社会民生事业等方面提升转型。推进“镇街结对”，根据桐庐县乡村振兴办《关于新时代区县协作镇街道结对方案的通知》文件，西兴街道结对莪山乡，长河街道结对凤川街道，浦沿街道结对分水镇。推进“三百帮促”，杭州高新区（滨江）7个股份经济合作社与桐庐县7个帮促村建立“村社结对”帮扶关系，在基础设施建设、民生服务、组织建设和集体经济增收等开展系列结对活动。至年底，完成农产品批发市场、学校建设等11个项目。杭州高新区（滨江）为“联乡结村”地区淳安县汾口镇安排帮扶资金525.6万元，重点帮助汾口镇发展新型业态、村级集体经济可持续发展。至年底，完成“联乡结村”项目6个，其中消薄增收类项目3个、民生实事类项目2个、基础设施类项目1个，实际投资912万元。

【区县产业合作】 2022年，杭州高新区（滨江）与桐庐县开展产业合作。通过人才集聚、协同招商、共建产业高地等推动产业结构转型升级，完善“研发总部+生产外移”产业经营模式。总投资75亿元的吉利科技动力电池项目落地桐庐县，实现产业转移5.3亿元。至年底，累计有杭州海康威视数字技术股份有限公司、英飞特电子（杭州）股份有限公司、施强国际集团有限公司、阿尔法机器人（杭州）有限公司、杭州中

杭州海康威视数字技术股份有限公司安防产业基地（桐庐）三期项目
（区发改局　供图）

果食品有限公司、杭州艺福堂茶业有限公司等15家企业落户桐庐县。

【乡村民生合作】 2022年，杭州高新区（滨江）与桐庐县开展教育合作，采用组团式教育对口帮扶、“互联网+”智慧教育等方式，提升桐庐县办学能力。与专职社区工作者交流，提高社区工作者养老服务能力。由杭州高新区（滨江）牵头的帮扶团组各成员单位，到结对村调研座谈20多次，了解帮促需求，结合自身优势，提供个性化帮扶。至年底，走访慰问困难党员和困难群众140户次，送上慰问金和慰问物资7万余元，帮助销售农产品5万余元。

（杨继友）

乡村治理

【概况】 2022年，杭州高新区（滨江）结合乡村治理，推进现代基层治理先行示范。设立区级社会治理中心和街道分中心，推广“浙江解纷码”在各基层单位应用。提升整治山一社区农居SOHO组团。4个社区获评2022年度浙江省“民主法治村（社区）”。

【社区（乡村）治理建设】 2022年，杭州高新区（滨江）实施“条抓块统”工作机制，开展网格提能增效行动。设立区级社会治理中心和街道分中心。推进浙江解纷码（线上矛调中心）在各社会基层单位应用，区、街两级推广贯通率100%。全年使用“浙江解纷码”受理交办线上各类矛盾纠纷和信访事项9691件，化解率95.21%。完成长河街道观潮社区、江二社区、山一社区和浦沿街道之江社区4个民主法治村（社区）建设，累计创建全国民主法治示范村（社区）1个、省级以上民主法治村（社区）25个、市级以上民主法治村（社区）45个。

【山一农居SOHO收整】 2022年，杭州高新区（滨江）统筹推进山一农居SOHO提升整治工作。制定农居SOHO孔家里、陈家村、章苏及柴家坞组团提升改造规划设计方案。成立农居收整指挥部，分成4个工作组开展工作，入户走访农（居）户254户、园区承租企业152家，召开征求意见座谈会3批次，收集意见28条，发放告知书1200多份。整治以综合整治为主、拆除重建为辅，通过城市微更新探索城中村融入城市路径，推动农居SOHO区域城市社区化改造，引导撤村建居社区集体经济组织转型发展。至年底，完成农户丈量91户、签约68户、腾房55户，附房丈量103户、拆除83户。

【杭州高新区（滨江）入选中国社会治理百强县】 2022年12月25日，“2022中国社会治理百强县（市、区）暨2022浙江省社会治理十佳县（市、区）”发布会在杭州举行，大会由浙江大学社会治理研究院主办。杭州高新区（滨江）在2022年中国社会治理百强县（市、区）和2022年浙江省社会治理十佳县（市、区）榜单中均居第一位。该评选有349个县（市、区）入围参选，经数据计算和专家评估，25个县（市、区）入选年度社会治理全国百强榜单。

（韩利红）

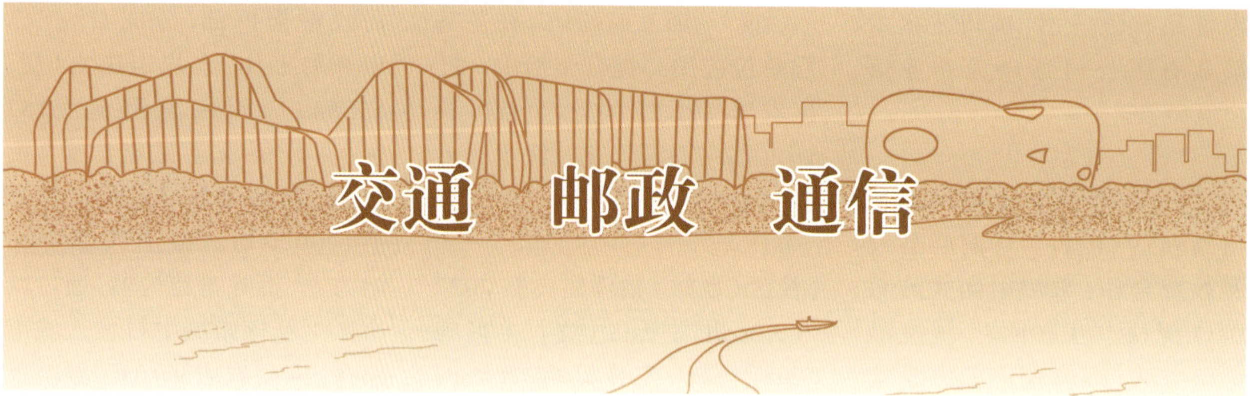

交通 邮政 通信

公共交通

【概况】 至2022年底，杭州高新区（滨江）有钱江湾花园、南环、滨文、东冠、长河、长河湘滨、滨盛、江汉、地铁江陵路、地铁西兴、物联网11座公交首末站。常规公交线路60条，与地铁接驳线路51条，区内公交线路19条，总配车辆552辆，日均客运量11.7万人。有1号、4号、5号、6号、7号、18号（在建）6条地铁线路，总长43.9千米。全区在运营公共自行车服务点数量343个，营运锁止器9300个，在运营自行车5520辆，日均租用量1.4万人次。2022年，新增（扩容）公共自行车服务点9个，新增（更新）亲子座公共自行车500辆。

【6条公交线路开通】 2022年，杭州高新区（滨江）新增公交线路6条。其中，连接地铁的2条为1518M路（滨文社区—新生）和1520M路（地铁西兴站D口—白马湖南），定制公交2条为物联网小镇2号线（物联网街阡陌路口—江晖路滨安路口）和互联网小镇5-2号线（早班站点：聚才路地铁站C口—网易二期东门，网易一期北门—长河路滨和路口—长河地铁C口），跨区公交2条为586路（湘湖公交站—安业路闻涛路口）和587路（新农都—滨盛公交站）。

【12条公交线路优化】 2022年，杭州高新区（滨江）优化公交线路12条。137路推出响应式站点停靠。1513路（钱王射潮至江汉路公交站）、112M路（钱江湾花园至横街埠西）停驶。172M路，不再加注“M”，172路（江汉路公交站至滨江海创园）优化线路，在新联路江汉东路口与迎春北苑之间增设滨和路阡陌路口（开往滨江海创园方向）单向停靠站，滨盛路江虹路口更名为滨盛公交站。1505M路（江汉路公交站至科技馆街飞虹路口）在阡陌路启智街口与迎春北苑之间增设滨和路阡陌路口（开往江汉路公交站方向）单向停靠站。177M（地铁滨康路站A口至外蒋家）在钱塘福苑与富前园之间增设浦沿横塘里（开往地铁滨康路站A口方向）单向停靠站。1508M路网商路滨康路口至地铁滨康路站A口调整为网商路滨康路口至江陵路南环路口。原1514M路与112M路合并，两线合并后线路编码为1514M路，新1514M路由钱江湾花园开往地铁长河站C口。300路区间、1515M线路调整增加平峰时段运营。1503M路运营模式调整为单向环线。冠山未来社区专线停运。

（杨　瑾）

【地铁四期建设规划滨江段】 2022年11月，国家发改委批复同意杭州市城市轨道交通四期建设规划，滨江区辖区范围内共涉及2条线4个站点，分别为地铁4号线南延和18号线一期工程。其中：4号线南延线路长1.1千米，规划设置1座车站；18号线一期工程线路长9.6千米，规划设置3座车站。

（戴　毅）

道路建设

【概况】 2022年，杭州滨江城建发展公司承接建设任务16个，完成投资4.71亿元，完成率101.6%。至年底，江南大道地面道路拓宽提升改造工程（中兴立交—西兴立交）建成，建业路跨铁立交工程完工，江南大道景观亮化工程和时代大道（滨江段）、彩虹快速路（滨江段）沿线建筑景观亮灯提升改造工程竣工，杭州亚运会羽毛球专用比赛场馆滨江体育馆“最后一公里”体验区范围内的滨和路（长河路—江陵路）等4条道路整治及江汉路（滨和路—江晖路）等5条道路沥青路面整治完成，向南路（冠山路—彩霞路）、文育路东段（古塘路—文育路）2条（段）配套道路完工。

【江南大道景观亮化工程竣工】 2022年5月16日，江南大道景观亮化工程开工建设。项目采用设计、采购、施工（EPC）总承包模式建设，以江南大道和两侧的城市建筑为基础，选取商业、住宅、写字楼等50个主要建筑和景观节点，结合每个建筑的形态特点，采用轮廓照明、重点照明等手法，科学合理地布置光源的点位、数量、亮度，增加智能集控管理系统，设置亚运、节假日等多场景模式，实现景观亮灯与周边环境的协调统一。11月21日，江南大道景观亮化工程竣工。

【江南大道地面道路拓宽改造工程（中兴立交—西兴立交）竣工】 2022年6月30日，江南大道地面道路拓宽改造工程（中兴立交—西兴立交）竣工。项目于2020年6月1日开工建设，全长4.6千米，车道由双向四车道、六车道拓宽为双向八车道，设计车时速60千米。项目采用全息数字道路、物联智控、多杆合一等技术，集成协调调度、监测预警、信息管理、出行服务等功能，建立高架、地面、隧道立体高效协同管理系统，建设智慧城市道路；采用景观公园化的设计手法，水密法回填、水稳分层摊铺、沥青联合摊铺等施工工艺，以及沥青新材料，提升行车体验感。项目被评为杭州市“迎亚运”城市基础设施建设百日攻坚行动样板道路。

（郝富强）

【西兴路（江南大道—滨康路）整治工程竣工】 2022年6月30日，西兴路（江南大道—滨康路）整治工程竣工。工程于2021年8月26日开工建设，位于滨江区西兴单元及西兴北单元，南至滨康路，北起江南大道，总用地面积17.27公顷，用地红线内道路全长3.6千米，横断面标准段宽44~50米，道路等级为城市次干路。主要建设内容包括道路工程、管线工程（污水管道、雨水管道）、桥梁工程、景观工程以及交通设施工程、智能交通工程、路灯工程等道路附属工程。工程总投资2.8亿元。

【火炬大道（时代大道—滨文路）整治工程竣工】 2022年7月26日，火炬大道（时代大道—滨文路）整治工程竣工。工程于2021年8月27日开工，南至时代大道，北起滨文路，规划用地红线范围面积为1.47公顷，全长2.8千米。滨文路至冠山路段路宽50米，冠山路至时代大道段路宽37米，道路等级为城市主干路。主要建设内容包括道路、桥梁、排水管线、沿线道路绿化、城市家具、交通设施及智能交通、现状电力及通信管线保护、公交站点迁移改造等。工程总投资2.03亿元，是迎亚运道路修缮项目之一。

【江陵路（滨盛路—南环路）整治工程竣工】 2022年9月19日，江陵路（滨盛路—南环路）整治工程竣工。工程于2021年8月27日开工建设，南至南环路，北起滨盛路，总用地面积为19.96公顷，道路全长4.2千米，规划红线宽44米，道路等级为城市次干路。主要建设内容包括道路路面整治和新建、人行道翻新、桥梁构件除锈及养护、交通设施及智能交通提升改造、排水管线挖除及新建、管线检查井提升改造、现状管线保护、沿线道路绿化提升、智慧路灯及城市家具更新等。工程总投资2.39亿元。

（程晓娜）

【建业路跨铁立交工程完工】 2022年12月31日，建业路跨铁立交完工。项目于2020年11月26日开工建设，北起滨康路，

2022年12月31日，建业路跨铁立交工程完工

（杭州滨江城建发展公司　供图）

南至滨文路，上跨沪昆铁路杭州绕行线，是滨江区西部联通沪昆绕行线铁路南北交通的重要节点工程，道路长866米，宽40米，其中桥梁长532米，采用装配预应式箱梁和现浇式箱梁结构，主跨宽度21米，双向四车道，设计时速50千米，地面辅道双向两车道，设计时速30千米。项目建成有助于增强南北跨铁联络通道的供给，缓解火炬大道、时代高架等主次干道的交通压力，完善区域交通路网。

（郝富强）

交通养护

【概况】 2022年，杭州高新区（滨江）有市政道路194条，长257.4千米，面积875万平方米，隧道4座，高架桥2座，随路桥梁142座，穿铁桥涵11座，人行下穿3座。完成日常道路、桥隧养护，人行道桥有机更新、无障碍设施改造等。

（陈红秀）

【市政道路养护】 2022年，区综合行政执法局对全区道路进行日常养护维修，修复沥青路面19万平方米，人行道2.7万平方米，修复平侧石6100多米，修复井圈井盖944个。维修江汉路（新月路—科技馆街）、丹枫路（江陵路—江西兴路）沥青路面，2条道路共投资260万元，更新路面面积2.1万平方米。对时代大道（萧山界—闻涛路）、江晖路（白马湖路—闻涛路）、东信大道（江南大道—闻涛路）、滨康路（江淑路—时代大道）、火炬大道（滨文路—闻涛路）等38条道路集中修缮，更新1.1万平方米车行道和1.5万平方米人行道。

（占来波　张　靓）

【高架养护】 2022年，区综合行政执法局对彩虹高架、时代高架定期巡查，确保市政设施的运行安全。更换隔音屏22块、排水管45处、伸缩缝28处、防眩板69块，疏通排水口278处，维修沥青路面2100平方米，修剪爬山虎约900米，整改积水点位5处，铁质护栏除锈刷漆2200米，支座保养并除锈刷漆125处。时代高架中兴和园段新建隔音屏86米，解决附近小区的噪声问题。

【桥梁涵洞养护】 2022年，区综合行政执法局加强对全区142座桥梁、11座铁路下穿、3座人行道下穿的管理养护。完成破损伸缩缝更换112米、止水带更换280米，桥面沥青修复8600平方米、道板修复1700平方米，铁护栏加固维修、刷漆约2700米，铁路下穿涵洞墙面刷新4200平方米，对3座人行道下穿的照明、监控、电梯及消防设施进行维修保洁、消杀巡检等日常维护；对11座铁路下穿、3座人行下穿和彩虹快速路隧道增设防汛设施，在火炬大道下穿增设5部逃生梯。

【隧道养护】 2022年，区综合行政执法局加强对彩虹快速路隧道、冠山隧道、江南大道隧道管理养护，对隧道土建、通风、照明等系统设施进行安全检查，定期召开安全生产教育和培训工作，落实隐患整改，避免安全事故发生。其中彩虹隧道全年共清理边沟50.36千米，修补沥青路面1128平方米，维修顶部灯具135盏、示廓灯260

只，更换灭火器520具，完成20条横截沟的改造。冠山隧道维修示廓灯590只，修补路面坑洞80平方米，更换干粉灭火器300瓶，更换隧道汽通卷帘门。江南大道隧道维修灯具70盏、应急指示灯105只，安装引水管200米，修补沥青路面130平方米、陶瓷钢板40平方米、横截沟50平方米，更换灭火器10瓶。

（马立斌）

交通管理

【概况】 2022年，杭州高新区（滨江）有客运企业2家，备案车辆93辆。货运企业88家，货运车辆612辆，其中危化品运输企业5家，危化品运输车辆183辆。有备案汽车租赁企业83家。有注册驾培企业4家，训练场地14处，面积11.3万平方米，教练车237辆。有机动车维修及配件企业159家。

2022年，杭州市公安局交通警察支队滨江大队（简称"滨江交警大队"），有民警90人和辅警429人，下设8个部门，分别是综合勤务室、队伍保障室、秩序中队、查案中队、交治中队和3个责任区中队。滨江交警大队围绕"政治素质提升、专业素养提升、协调能力提升、作风形象提升"4个目标，组织各类学习30多次，警务技能培训10次，法治学习3次。围绕"安全、畅通、便民"的总目标，实行现代警务机制改革和执法办案机制改革等工作。常态保障疫情防控，推进"民生实事、三大主题"和多部门协同宣传教育工作。道路亡人事故比上年下降25%，一般程序事故下降18.92%。开展交通秩序整治、道路隐患排查、交通组织优化等工作，查处交通违法40.9万起，排查治理隐患1531起，辖区干道平峰车速提升4.5%。复议案件发案率下降59.57%，信访投诉下降51.43%。申报表彰集体嘉奖1个，个人二等功1个、三等功5个、嘉奖11个，对大队1个先进党支部、1名二等功、1名三等功、10名个人嘉奖、19名优秀共产党员进行表彰。完成元旦、春节、国庆节、全国两会、中共二十大、高（中）考、省外来宾等各类重大交通警保卫任务178批次。其中三级及以上任务18批次，照顾类任务134批次，服务保障大型活动26批次。组建13人应急安保小分队10支，划分保障片区10个，完成文明城市迎检复牌工作。

【数字化交通安全治理】 2022年，滨江交警大队利用"一码一图"驾驶舱的数字化预警，提高市民的通行安全意识。"一码一图"指驾驶人安全"三色码"和交通安全治理"五色图"。通过驾驶员的三色码（红色高风险、黄色中风险、绿色低风险）、企业村社的五色图（黑色非常高、红色高、橙色较高、黄色中、绿色低），掌握驾驶员、企业村社的交通安全情况，对涉及红码、黄码人员进行打击和宣教。全年对555名红码机动车驾驶员，4180名黄码机动车驾驶员，837名电动自行车红码人员，4890名电动自行车黄码人员进行降色。通过排查分析，梳理红、黄码人员排名前五位的社区，要求社区对该类人员加强宣教，尽快降色。至年底，有75家企业、65个社区、7个网约和外卖平台用交通安全治理"五色图"。

【道路安全隐患排查】 2022年，滨江交警大队不定时全面排查辖区道路隐患，建立隐患问题库，通过区道路交通专业安全委员会、区社会治理中心、数字城管等区政府平台、专班和"马上修复"大队工作群作用，排查治理8个大类39个小类道路隐患1531处，修剪绿化遮挡543处，对路灯照明不良的江汉路、滨安路、春晓路等6条道路进行暗区改造。结合中共二十大安保、文明城市测评等工作，对141条道路按照"一路一排一治"模式开展治理验收。至年底，治理隐患1870处，治理率100%。

【路面交通设施设置及优化】 2022年，滨江交警大队完成交通设施维护漆画热熔标线3.6万平方米，常温标线5451平方米，除水线1735平方米。安装栏板式护栏5225片，示警柱2044根，设置标志牌303块，标志杆油漆263平方米。审查道路工程施工图30幅，竣工验收21条，建筑工程验收56个，占道挖掘164个，临时出入口

34个。新增27个信号灯路口、更新63个路口、加装更换非机动车灯646组。新建高清监控121个，更新高清监控88个，新增高点监控3个。新建卡式电警路口62个，更新卡式电警路口29个。礼让行人抓拍点位19个。可变车道98个路口，其中新建45个路口。行车诱导屏42块，其中新增10块。绿色停车位及设备共63个点位，其中新增22个绿色停车点位。新增26个非机动车智控点位，新增63个路口的雷达设备。更换杆件462块、指路牌357块、分道牌617块、诱导屏2块。

（陆　琦）

【“两客一危”专项整治】 2022年，滨江交通执法大队开展“两客一危”企业动态监控专项检查，《道路旅客运输企业安全管理规范》落实情况评估检查，安全生产除险保安“百日攻坚”集中服务指导及卧铺客车、57座以上客车淘汰工作“回头看”等工作。现场核查危化品运输车辆安全性能、车辆是否落实二级维护、日常保养内容，检查企业停车场地设施设备及日常管理情况、客运企业安全生产制度、动态监控落实情况、车辆技术状况等。至年底，出动执法人员484人次，检查“两客一危”企业98家次，行政处罚9起。

（胡　颖）

【道路交通秩序整治】 2022年，滨江交警大队以道路秩序保畅为工作中心，根据专项治理和波次整治工作部署，整治路面交通行为。大队定期开展整治100多次，出动警力1000多人次，查处各类违法行为4.09万起，处理37.72万起。其中：饮酒驾驶294起、醉驾233起，行政拘留211人；斑马线不让行2.15万起；闯红灯4895起；超速8起；违法停车7.94万起；逆向行驶469起；开车打手机3.34万起；工程车重点违法8102起。

【道路畅通建设】 2022年，滨江交警大队为提高道路通行效率，提升驾驶人出行体验感，实施智慧道路建设、交通微循环改建、绿波道路建设。完成江南大道、西兴路、江陵路、滨康路、滨盛路、火炬大道6条道路智慧化建设。完成滨和路新联路东西口、滨和路共联路东西口、江南大道江晖路南口、江晖路滨和路北口、滨兴路江晖路东口、滨兴路建业路南北口、滨兴路西兴路东口、滨康路时代大道西口等重点路口进口渠化改造。完成长河路、闻涛路、滨康路、滨盛路、滨兴路、江虹路等涉及39个路段、62.86千米绿波道路建设。绿波道路建成后拥堵指数比上年降低3.64%，平均速度提升4.5%。

【道路拥堵改善】 2022年，滨江交警大队根据城市数据大脑拥堵警情报警，结合日常管理，会同区综合行政执法局对10个路口或缺口进行交改，通过路口展宽、设置提前调头缺口等方式来缓解路口拥堵，提升路口通行效率；会同区住建局，督促各建设主体加快完善相关设施，移交未验收道路。至年底，验收合格道路21条。通过打通断头路，提前介入管理已验收未移交道路，提升支小路分流能力。开展信号降周期工作，对辖区387个信号灯进行降周期，每个路口涉及至少7个时段，在保证行人过街安全的同时，减少驾驶人在路口等待信号灯时间。

【治堵快速处置】 2022年，滨江交警大队围绕“安全、畅通、便民”总目标，专门组建由1名民警、2名辅警组成的治堵“万马队”，进行快速处置，恢复通行。通过与中队数字勤务室“大脑”紧密协同，实行“空地作战”模式，在“大脑”指挥下，发挥全员摩托化优势，对路面堵情和各类交通事件做到快速反应、快速处置。至年底，拥堵指数减少至1.34%，比上年下降1.47%；早晚高峰下降4.24%。全年处置拥堵9.7万起。

【运输车辆源头管控】 2022年，滨江交警大队开展黄牌货车企业的整治，对辖区“两客一危”企业管理制度、“三宣”、驾驶人经常性检查、日常性监管等工作开展常态化检查。以黄牌货车右转弯不停违法行为为重点，以“违停”“斑马线不让行”“抢灯”“开车打手机”等5类严重违法行为为重点打击对象。全年查处黄牌货车违法1.27万起，斑马线未礼让1.97万起、抢灯

4895起、开车打手机2.43万起。对涉及“五类”重点违法的运输企业发放整改通知书或处罚，全年发放整改通知书86张，处罚8家，罚款4.17万元。

（陆 琦）

【出租车企业和汽车租赁企业管理】 2022年，滨江交通执法大队对出租车企业和汽车租赁企业进行安全监督检查，主要检查企业安全生产制度是否落实、安全管理台账是否齐全等内容。至年底，出动执法人员73人次，检查汽车租赁企业21家次，出租车企业7家次。

【出租车和网约车管理】 2022年，滨江交通执法大队以规范网约车、出租车营运为主线，依托平台监管，推进大数据信息技术与现场稽查工作融合，查处网约车、出租车违法行为。加大对浙江大学医学院附属第二医院滨江院区、浙江大学医学院附属儿童医院等周边道路区域的网约车、出租车查处力度。至年底，出动执法人员823人次，查处网约车、出租车违法违规行为66起，轻微违法告知承诺139起。

【机动车维修市场监管】 2022年，滨江交通执法大队联合区市场监管局，加大对机动车维修市场无证经营户的排查清理力度，合力打击取缔无证经营行为；联合区应急管理局、生态环境滨江分局开展机动车维修行业“蓝天”专项行动，对辖区内31家机动车维修企业危险废物处置、挥发性有机物管理和危险废物贮存等方面开展专项检查；借助汽车维修电子健康档案等信息化平台，通过现场和非现场的数据比对，查处虚假维修1起，机动车非法改装案件1起。全年处理机动车维修投诉37起，涉及维修企业28家，出动执法人员320人次，检查企业115家次，发现问题67个，发放整改通知书8份，行政处罚52起。

【驾培市场监管】 2022年，滨江交通执法大队开展驾培市场监督检查行动，加大驾培行业执法力度，查处未规范教学等驾培行业违规行为，打击驾培非法招生行为。全年出动现场检查98人次，检查驾培企业29家次，非现场检查267人次，抽查培训日志13.84万条，推送异常电子教学日志7474条，行政处罚56起，取缔驾培非法招生点3个。

（胡 颖）

【绿色停车泊位增设项目】 2022年，滨江交警大队承接民生实事“有效缓解停车难、出行难”项目中“绿色停车泊位增设”的具体工作，围绕社会关注的违停热点区域，安排人员现场踏勘，确定17个区域增设绿色停车泊位。停车泊位主要涉及沿街商铺（早餐店、小吃店等）8个区域，26个车位；麦昊鲜果综合商行1个区域，4个车位；地铁站周边1个区域，4个车位；公共场所周边3个区域，8个车位；景观周边1个区域，6个车位；农贸市场1个区域，6个车位；丹枫路睿祥巷路口南侧1个区域，6个车位。3月，滨江交警大队进行点位设计、招投标、车位施划、设备安装调试等任务。至10月底，完成60个绿色泊位建设并投入使用。

【交通治理工作站建设】 2022年，杭州高新区（滨江）建立3个街道中心交通治理工作站（简称“交治站”），65个社区交治站，71个重点货运企业交治站，4个驾校交治站组，组建一支136名交治员队伍，负责日常交通安全宣教和重点人员针对性宣教工作。至年底，交治站100%运行，社区宣教60.67万人次，头盔佩戴率98%以上，居主城区首位。闯红灯、逆向行驶等违法行为从年初日均500多起降至日均200多起。

【交通安全知识宣传】 2022年，滨江交警大队通过进学校、进企业、进社区等方式组织开展交通安全知识宣传讲座。全年组织宣传活动150多次，其中进社区53次，进学校20多次，进企业60多次，进驾校8次，开展事前宣教5383人。覆盖167家物业公司、24家建筑工地、3家道路施工、9家环卫公司的7544名人员。宣传教育31.7万人，其中60岁以上老年人12.6万人，电动自行车驾驶员19.1万人。宣传教育红码人员345人、黄码人员548人。

【运输企业主、驾驶员教育培训】2022年，滨江交警大队对工程车、网约车平台驾驶员等事故多发的重点人员进行教育培训。对辖区的10家工程车企业的法人、安全员、新老驾驶员开展全面培训，培训法定代表人10人、安全员20人、老驾驶员124人、新驾驶员27人、工地负责人116人。对辖区的6家网约车平台114名网约车驾驶员开展防御性驾驶轮训，对1名“三违两故”（三次违法两次事故）人员进行宣传教育。

（陆　琦）

2022年9月1日，滨江邮政末端网点西兴中心引进大型分拣机。图为网点工作人员利用分拣机日常作业（滨江邮政　供图）

邮　政

【概况】2022年，中国邮政集团有限公司杭州市分公司滨江区分公司（简称“滨江邮政”）有从业人员229人，业务收入1.04亿元，其中寄递业务收入4443万元、邮政业务收入5994万元。蚂蚁催款函寄递项目全年实际发寄挂号信1150万件，平信322万件，完成函件收入4916万元。

【滨江邮政新媒体业务】2022年，滨江邮政与区委宣传部、公安滨江分局、区审管办、西兴街道缤纷未来社区、浙江省血液中心、杭州火车东站管委会、上城区凯旋街道、上城区四季青街道共8家单位合作，提供线上媒体推广、线下媒体制作安装、主题活动参与、慰问礼品定制等，把新媒体业务从线上新媒体关键词投放、白名单投放整合到线下海报广告、KT展板广告、桌贴广告等载体，满足宣传新需求。全年政府投放媒体广告收入79万元。

【滨江邮政推进绿色包装】2022年，滨江邮政以“禁、限、减、循、降”为导向，系统推进包装绿色化、减量化与可循环。滨江邮政在各网点和揽投部使用可降解塑料胶带和塑料包装袋，推广科学打包法，减少胶带缠绕，坚持适度包装。利用可循环快递箱应用于银行凭证寄递、商企同城快递、医药配送、法院检察院文书配送等领域，在网点设置包装废弃物回收装置，回收包装材料。至年底，实现电子运单全覆盖，瘦身胶带封装比例95%，电商快件不再二次包装率70.1%，循环中转袋使用率91.5%。

【滨江邮政寄递业务】2022年，滨江邮政加快寄递末端服务体系建设，在各街道、社区新建“中邮驿站”23个，通过“农村电商+金融业务+寄递业务+邮政业务”的协同服务模式，畅通“工业品下乡、农产品进城”双向流通渠道，服务“三农”，助推经济社会发展。整合网点末端资源，新增大中型自动分拣机3台，提升作业效率。全年寄递业务收入4443万元，比上年增长33.3%。

（陈明琪）

通　信

【概况】至2022年底，中国电信滨江分局（简称“滨江电信”）有核心厅2家、社区店11家、合作卖场10家、电信（快递）店38家，实现10分钟通信服务和业务办理。宽带用户总数15.6万户，移动出账用户总数28.6万户，全年主营收入4.6亿元。中国移动滨江分公司（简称“滨江移动”）有移动出账用户总数55.8万户、移动家庭宽带及企业宽带9.8万户，全年主营收入6.24亿元。中国联通杭州市滨江区分公司（简称“滨江联通”）有营业厅、服务渠道及网点96家，其中营业厅4家。手机用户、固定电话、家庭宽带及企业宽带15.3万户。移动网络用户11万户。光纤宽带覆盖212个小区，宽带总端口6万个，宽带用户1.6万户。有4G基站1538个，其中宏站559个、室内分布系统979个。有5G基站667个，其中宏站335个、室内分布系统332个，基本实现区域内的信号全覆盖，全年主营收入1.05亿元。华数传媒网络有限公司滨江分公司（简称“滨江华数”）有营业厅2个，员工90人，配备应急抢修服务车10辆，建有长河、春波、联庄3个骨干机房及10个基站机房，数字电视、个人宽带、企事业电视宽带业务14.53万户，广电5G开卡量5700多张，广电5G网、光纤宽带网、数字电视网全覆盖，滨江华数经营收入3.94亿元。

2022年，滨江电信推进政务服务，完善政务外网升级改造工程，提升数字滨江政务外网网络质量。滨江移动共开通5G基站3705个。实现区域内信号全覆盖。建成2个核心骨干机房。推动亚运场馆信号建设，完成亚运会主场馆（“大小莲花”体育场馆）的公网、AGIS专网、对讲等10套系统的构建，完成浙江省青少年网球邀请赛、杭州马拉松等大型活动赛事的“四零一优”（零申请、零资料、零跑腿、零费用，优服务）通信保障。滨江联通新增4.7万户。

（翁　徐　吴　郑）

【滨江移动助力数字政府建设】2022年，滨江移动依托5G+云双核心技术，融合大数据、物联网的强大能力，赋能数字政府建设。推动区市场监管局5G执法办案系统改造提升工作，为区市场监管局提供私有云、5G网络、办案系统，提高执法办案的工作效率。推动新浦未来社区数字化改造，为浦沿街道新浦未来社区打造融九大未来社区场景，重点解决“一老一小”关键问题，助力社区微循环，提升新浦社区市民的体验感，助力该社区2022年通过验收，创建为市级未来社区。

【云护美好教育】2022年，滨江移动助力浙江机电职业技术学院打造智慧校园，在校内搭建基于5G的应用研究环境，共建一站式人工智能实训平台。在数字教学资源开发共享与应用通信技术、教学融合创新等方面开展合作，共建创业合作基地。承建杭州市滨和小学畅学接送系统，定制无感考勤、接送调度、家校联动等解决方案，解决杭州市滨和小学路面放学交通拥堵的情况，助力智慧校园建设，加速政府民生工程推进。依托移动5G技术、实现学生精准定位、报警快速回应、问题及时处理的闭环管理工作。全年实现试点学校5所，首批参与学生300多人。

（徐　莉）

【滨江华数“智慧”服务项目】2022年，滨江华数参与或新签约项目建设7个，提升区域“智慧”服务水平。参与“杭州城市大脑滨江平台”项目，构建杭州高新区（滨江）数据中台，依托城市大脑数字系统平台提供的数据和算力，建设集数据化、在线化、智能化于一体的城市运营管理平台，汇聚全区各局委办数据，建设集研判、决策、指挥于一体的数字化治理实体指挥中心，建成16个部门级特色应用场景。参与“全域智慧交通综合治理”项目，开展数字化交通治理，分别开展医院、商场、地铁、学校、科技园区五大重点区域交通治理，解决交通拥堵、停车困难等多项问题。参与“智安小区”项目，建成视频监控系统、人脸识别系统、车辆道闸系统、物联网消防感知系统等。新签约“亚运场馆增配人脸监控配套存储”项目，对杭州奥体中心体育场馆、滨江体育馆进行智能化改造，建立重点场馆的解析管控系统及大场景人员安全管控应用，实时保障重点场馆在场人员的实时感知、轨迹可视、安全可控、对场馆周围态势安全进行全局掌控。新签约“滨江区智慧楼宇”项目，建立区级智慧安防楼宇管控平台。至年底，“滨江区智慧楼宇”“亚运场馆增配人脸监控配套存储”2个项目处于建设期，其余5个项目均完成建设并通过验收。

【滨江华数通信保障】 2022年，滨江华数完善通信保障服务。助力最多跑一次惠民服务，完成“杭州办事自助服务终端”巡检、清洁527次，故障维修693次。助力“平安滨江”建设，完成全区220路高空监控隐患巡查2次，监控箱体、杆件巡查、美化及隐患处理450处。每日平台巡查智安小区人脸、车闸、水位水压等工作并派发角度调整、设备故障等问题。保障“2022年杭州马拉松电视直播”“浙江省青少年网球邀请赛”等重要活动，保障市级以上重大联防联播活动3次，户外大屏安全巡检101次。推进滨江公安监控的建设和升级改造，完成治安监控点位建设，社会面接入单位83家。改造提升监控电源线路221处，完善多路人脸及智安小区监控一机一档等数据。筛选、更换、上报市公安局各类考核监控点位，运维平台的划归、更新、数据纠错。完成5个亚运接待酒店的数字电视线路改造，奥体“大小莲花”、主体育馆、游泳馆、滨江体育馆等数字电视线路覆盖及监控接入。协助公安滨江分局完成各类异常问题处理，24小时疫情防控等工作。全年，滨江华数运维团队共巡检维修监控点位1.78万次，监控平均在线率99%，全市排名第二位；人脸、车辆活跃度考核率99.23%，全市排名第一位。

（郑世伟）

【滨江联通中标滨江区应急预警短信发送项目】 2022年4月1日，滨江联通中标区应急预警提示短信发送项目，中标金额99.2万元。项目采用联通智慧三网信息SaaS（软件运营服务）平台，基于实时信令数据，通过精准大数据信息，按照预设条件圈定目标用户，实时获取常住人口、固定办公的人群数量，进行预警短信提示发送服务。通过平台对区域内的人口进行规范化管理，实现三网数据的可视化，实现提醒、警示滨江区域范围内公众加强安全防范、提升安全防范意识，警惕恶劣极端自然灾害以及提升亚运期间的应急保障能力。至年底，发送预警短信80万余条。

（吴远韬）

【滨江电信保障大型活动通信】 2022年11月22—26日，第十八届中国国际动漫节声优大赛全国总决赛、中国COSPLAY超级盛典总决赛和中国国风品牌盛典在杭州奥体中心网球中心（“小莲花”）举办。滨江电信全程助力保障通信工作，提前制定网络保障预案，实现杭州奥体中心网球中心（“小莲花”）互联网专线2条、宽带17条、场馆内Wi-Fi全覆盖、手机无线信号全覆盖，配备专职人员全力保障活动现场通信工作。

（翁兰鹰）

综　述

【“美丽河湖”创建】 2022年，杭州高新区（滨江）完成省级和市级“美丽河湖”创建工作。永久河片区创建为省级“美丽河湖”，由时代河、永久河、四季河组成，片区内3条河道总长9.13千米，水域总面积19.8万平方米，两岸绿化带面积25.8万平方米，全线贯通滨水绿道，设置便民设施和文化节点，水质基本稳定在Ⅲ类水水平。市级“美丽河道”以“滨西水韵，水脉人文”为主题，主要包括长河街道的时代河、槐河、冠山河，浦沿街道的龙塘河、许家河、山北河以及新浦河，共7条河道，总长20.75千米，水域面积29.78万平方米。

（区志编研室）

【“无废城市”建设】 2022年，杭州高新区（滨江）推进“无废城市”建设，印发《滨江区2022年全域“无废城市”建设重点工作任务》，建成“无废细胞”53个，其中区级50个、市级3个。制定全市首个《全域“无废学校”创建试点实施方案》，入选杭州市共同富裕示范区第二批试点，杭州市春晖小学、杭州市滨江区浦沿幼儿园获全国“‘无废公众教育’试点学校”称号。全省首创“无废动漫”文化，打造“无废城市”代表形象“绿芽儿”，开展无废教育宣传活动100多场次，覆盖群众1万余人。

【《杭州高新区（滨江）创建国家生态文明建设示范区实施方案》】 2022年，杭州高新区（滨江）印发《杭州高新区（滨江）创建国家生态文明建设示范区实施方案》（简称“方案”）。方案分为指导思想、总体目标、重点任务和保障措施四部分，其中重点任务包括优化“三生”空间格局、打造生态科技经济、打造低碳生活方式、提升生态环境体系、打造宜居生活环境、完善

2022年9月29日，“走进‘无废亚运’争当‘无废’使者”2022年中国浙江“无废亚运”推进活动在杭州奥体中心举行

（生态环境滨江分局　供图）

生态制度屏障、弘扬生态文化风尚。至年底，国家生态文明建设示范区创建工作稳步推进中，初步形成申报材料。

【创建国家生态文明建设示范区工作部署】 2022年，杭州高新区（滨江）部署创建国家生态文明建设示范区、亚运生态环境保障、重大生态环境保护督察问题整改暨河（湖）长制、林长制工作。提出生态文明建设是践行以人民为中心发展思想的要求，立足重点环节、重要领域，优化方案，提升城市人居环境水平；是创建世界领先科技园区的基本要求，围绕调整经济结构和能源结构等重点，协调经济增长、民生保障、节能减排；是美丽杭州迎亚运的要求，提升城市环境品质，以最佳状态迎接亚运会。

（蒋　雯）

环境质量

【概况】 2022年，杭州高新区（滨江）环境质量稳中向好。全区空气质量优良率79%。全区省控地表水自动监测站获取数据1.89万个，省控断面平均水质为III类；市控断面平均水质为II类，水环境功能区达标率100%。声环境质量基本稳定，区内生活噪声年平均值为51.3分贝，区内道路交通噪声年均值62分贝。土壤环境质量保持总体稳定，污染地块安全利用率100%。

【大气环境质量】 2022年，杭州高新区（滨江）环境空气质量优良率79%，环境空气质量总体良好。$PM_{2.5}$年平均值为30.8微克/立方米，比上年上升8.5%；PM_{10}年平均值为53微克/立方米，下降3.6%;臭氧年平均浓度174微克/立方米，上升6.7%。

【水环境质量】 2022年，杭州高新区（滨江）落实省、市、区政府围绕“五水共治”碧水行动保卫战的决策部署，推进全区水质“优Ⅲ灭Ⅴ”，提升水环境质量。全年地表水环境质量状况为优，省控断面北塘河风情大桥年均水质为III类，市控断面新浦河、海创园年均水质为II类，水环境功能区达标率100%。

【声环境质量】 2022年，杭州高新区（滨江）声环境质量状况良好，环境噪声的主要来源为交通和社会生活噪声。区内生活噪声年平均值为51.3分贝，质量等级为较好。全区各类标准适用区昼间噪声均达标。区内道路交通噪声年均值62分贝，质量等级为好。

【土壤环境质量】 2022年，杭州高新区（滨江）加强土壤环境质量监管，全区有土壤污染重点监管单位3家，均完成隐患排查、有毒有害性物质报告、自行监测工作，将监测报告向社会公开。

（古欣蕊）

污染治理

【概况】 2022年，杭州高新区（滨江）印发《杭州高新区（滨江）创建国家生态文明建设示范区实施方案》，启动国家生态文明建设示范区创建工作，以精准治污、科学治污、依法治污为工作方针，推进大气、水、声、土壤等污染治理工作。加强污染源监测，污染源自动监控设施联网率为99.98%。推进低（零）碳试点，完成1个街道、7个社区省级低（零）碳试点创建，全面落实生态环境损害赔偿制度，完成3件生态环境损害赔偿案件，加大生态环境保护投资，生态保护和污染治理全年投资额为7312万元，比上年增长41%。

【大气环境治理】 2022年，杭州高新区（滨江）开展大气污染防治“百日攻坚”行动，编制《滨江区大气污染防治百日攻坚行动方案》《滨江区污染天气应对工作机制》，成立工作专班。防治扬尘污染，开展专项巡查894次，督促整改及复核扬尘问题781个。治理工业废气，开展治理项目3个，整改VOCs（挥发性有机物）突出问题治理21个。推进综合治理，淘汰营运柴油货车16辆，非道路移动机械清洁化替代5辆，检查加油站、油库、维修企业等“城乡排气”治理项目561个。

【水环境治理】 2022年，杭州高新区（滨江）加强饮用水水源保护区监督管理，开展勘界定标工作，编制《钱塘江（滨江段）2022年水环境治理计划》。开展已建成工业集聚区内“污水零直排区”建设“回头看”，检查发现问题421个，整改率100%。推进水生态修复，建成小砾山输水河2.2千米长度的生态缓冲带。试点西兴后河河蚌生态治水，通过生态方法提高水质，提升感官，保证水质在III至IV类，透明度稳定在0.8米。

（蒋　雯）

【声环境治理】 2022年，杭州高新区（滨江）加强噪声管理。响应《杭州市人民政府关于加强2022年度中高考等特殊时期噪声管理的通告》，开展中高考期间“绿色护考”专项行动。中高考期间，除抢险项目外，其余项目均暂停夜间施工审批。全年审批夜间施工项目809个，不予通过455个。

（古欣蕊）

【土壤环境治理】 2022年，杭州高新区（滨江）全面开展疑似污染地块调查评估与污染地块治理修复工作，推进建设用地管控和修复“一件事”改革，2个地块移出污染地块名录，19个地块通过用地性质变更初步调查评审，重点建设用地安全利用率100%；危险废物规范化处置。落实工业地块地下水污染风险管控，被列入《地下水污染重点企业清单（第一批）》的在产企业，按要求完成地下水污染管控方案编制，并落实管控措施。3家土壤污染重点监管单位按要求落实隐患排查、有毒有害性物质报告、自行监测等工作。

（蒋　雯）

环境监管与执法

【概况】 2022年，杭州高新区（滨江）持续推进环境监管与执法。辐射管理规范有力，办理辐射安全许可事项56个。推进“规划环评+环境标准”清单式管理改革试点，提升助企服务水平。完善信访处置制度，办理信访878件。推进环保督查问题整改落实工作，上报“清单问题”33个、“督察在线”问题357个。

（古欣蕊）

【环境监测】 2022年，杭州高新区（滨江）完成滨江水厂各类水质指标检测2.38万次，厂内原水和出厂水17项指标二级检测各400次，水质合格率100%。开展疑似污染地块调查评估与污染地块治理修复工作。对全区有放射源使用单位和有射线装置使用单位进行监督管理。完成“规划环评+环境标准”清单式管理改革试点备案项目。

（区志编研室）

【辐射管理】 2022年，杭州高新区（滨江）结合“浙江省辐射安全管理系统”，持续加大放射源单位的巡查力度，确保区内放射性同位素使用安全。全区有放射源使用单位5家，其中II类放射源使用单位1家，主要应用于医疗诊断；V类放射源使用单位4家，主要应用于设备检测和地质勘探。有射线装置使用单位103家，其中Ⅱ类射线装置使用单位5家；生产、销售、使用Ⅲ类医疗射线装置单位100家（包括Ⅱ类射线装置使用单位2家），主要应用于工业检测和医疗诊断。至年底，全区办理辐射安全许可事项56个，其中首次申领19个，重新申领16个，变更10个，延续6个，注销5个。

【环保审批】 2022年，杭州高新区（滨江）依托“规划环评+环境标准”清单式管理改革试点，参与区重点项目引进和推进，服务企业项目落地。全年完成“规划环评+环境标准”清单式管理改革试点备案项目56个，登记表备案项目103个，报告表项目审批7个，核发、检查排污许可证33本，排污许可“双百”（排污许可证质量检查率和执行报告提交率）任务审核率100%。

【环保信访件办理】 2022年，杭州高新区（滨江）建立环保信访应急处置机制、信访和夜间施工审批联动机制、信访突出企业监测制度、网络信息投诉件领导现场领办督办及重复投诉科室负责人领办机制、生态环境领域信访联席会议制度等重点工作。

全年办理信访878件，比上年下降30.4%。收到中央、省级生态环境保护督察信访件100件，杭州市突出生态环境问题曝光片问题6个，至年底，均已办理销号。

（古欣蕊）

【生态环保督察问题整改】 2022年，杭州高新区（滨江）制定《重大生态环保督察问题清单考核实施细则（试行）》，开展问题自查自纠，制作区级曝光片4期，主动上报“重大生态环保督察”清单问题21个，“生态环境问题发现·督察在线”省级问题192个，其中1个问题案例进入“七张问题清单”市级总页面示范榜、2个问题案例被列为清单市级典型案例。区“重大生态环保督察”清单指数得分97.53分，居全省第14位。

【生态环境执法检查】 2022年，生态环境滨江分局开展“双随机、一公开”日常执法监管，检查企业74家次。组织开展“清废行动”“绿剑交叉执法”等专项行动，检查企业308家次。办理行政处罚案件11件，其中不予处罚2件，简易程序1件，共处罚金额122.25万元，办理涉嫌刑事犯罪五类案件1件，移送公安机关。

【餐饮油烟专项整治】 2022年，杭州高新区（滨江）制定《滨江区环保督察整改“回头看”暨2022年餐饮油烟污染排查整治专项工作方案》，开展餐饮油烟污染排查整治专项行动。至年底，排查餐饮店4469家次，规范239家次，提改220家次，处罚14家，核查小区33个，确定禁开区点位（商铺）3739个，安装禁开区公示牌95处。

【“环保E企管”生态环境管理平台】 2022年，杭州高新区（滨江）“环保智管服”企业监管服务平台升级更新为“环保E企管”。“环保E企管”数字管理平台建设企业自治、行业自律、部门监管、党政监督的递进式治理样板，实现由监管为主到多方共治的转变，被列为“条块结合”的滨江治理样板，在全省推广使用，被数字中国建设峰会组委会评选为优秀应用案例。其中的建设餐饮油烟监管多跨场景，与一网统管“餐饮一件事”平台打通，实现跨部门协调，为430家餐饮企业建立差异化监管和服务。

（蒋　雯）

五水共治

【概况】 2022年，杭州高新区（滨江）聚焦“五水智治”，数字化赋能治水工作，推进绿色发展，巩固提升水环境。新建改造雨水管线6千米，改造雨污分流管线11.6千米。修复建设河湖缓冲带2.2千米。完成20个住宅小区“污水零直排”提质增效工程。推进数字治水系统迭代升级，细化感知设备布设，实现污染溯源管控。完善河（湖）长制建设，发布《滨江区第1号总河长令》。完成43条区级河道的调整工作，20条河道调整为街道级河道，完成所有河（湖）长公示牌的更新。强化河（湖）长日常履职，全区各级河（湖）长巡河（湖）率、问题处理率、问题处理满意度均达到100%。推进海塘安澜千亿工程，完成沿江景观带提升项目300年一遇

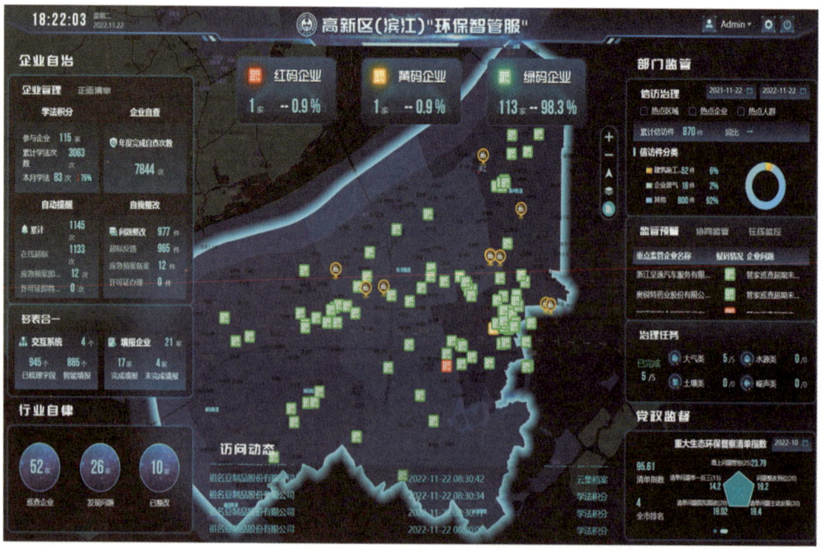

杭州高新区（滨江）“环保E企管”生态环境管理平台

（生态环境滨江分局　供图）

安澜提标工程建设。永久河片区获省级“美丽河湖”称号。浦沿街道获市级“五水共治”（河长制）二十佳街镇。

【数智治水升级】 2022年，杭州高新区（滨江）迭代升级“滨江数智治水”系统，推动治水工作向智能化、自动化、场景化转变，运用数字孪生理念和方法，实现内涝治理“一网统管”，打造全省数字孪生建设城市防内涝领域首批试点“数智治水系统”。开展智慧管网项目，结合末端监测、系统预警等功能实现雨水、污水、油水“三水平衡”，持续巩固污水零直排建设成效。完成江南大道以北区域及滨江体育馆周边2平方千米区域的智慧管网项目，完善雨水管网诊断、区域排水平衡、雨水排口溯源等场景。

【流域共治】 2022年，杭州高新区（滨江）联合萧山区、钱塘区等签订《钱塘江流域共治合作框架协议》，明确钱塘江共治内容，实现共治协议全覆盖。每月开展联合水质检测、执法巡查等活动，全年开展流域共治活动30多次，健全完善上下游、左右岸常态化联保共治机制；联合萧山区及区内各部门开展白马湖饮用水源地应急演练1次，巩固提升跨区域、跨部门联防联控、协同协办能力。

【涉水问题督查】 2022年，杭州高新区（滨江）开展涉水问题月度督查行动。全年发现涉水问题1044个并完成整改；溯源排查异常排口59个；检查规模以上工地29个，发现涉嫌超标排放污染物工地2个，已移交区生态环境滨江分局进行调查，均已依法立案查处；持续开展涉水问题曝光，以曝光促整改，在区主要媒体《天堂硅谷》报、区门户网站上开设“曝光台”，曝光20次并要求完成整改，拍摄涉水问题警示片4次，曝光问题20个。

2022年3月10日，杭州高新区（滨江）开展涉水问题月度督查行动。图为工作人员在高教河对沿线网管进行排查溯源

（生态环境滨江分局　供图）

【水质自动化监测站启用】 2022年1月10日，杭州高新区（滨江）水质自动化检测站投入使用。水质自动化检测站智能化验室融合人工智能、视觉识别和机器人技术，自动化完成水质指标监测工作，提升检测速度和检测质量。根据河道的水质差异，拟定检测方案，避免工作人员接触危化药剂和污水病菌。利用人工智能技术，智能化验室能在样品保存、数据质控、数据异常等环节留痕，实现分析结果追溯，提高水环境数据质量水平。

【钱塘江沿江景观改造提升工程开放】 2022年5月6日，钱塘江沿江景观改造提升工程开放。项目东至七甲闸，西至东信大道西，南至闻涛路，长12千米，总面积6.97万平方米，建筑面积1.95万平方米，总投资5.84亿元。景观带打造“钱塘十二景”，融合潮塘文化和高新文化，凸显“智慧钱塘、山水钱塘、文化钱塘、生态钱塘、艺术钱塘、运动钱塘”六大主题，满足居民对体育锻炼、市民游憩、生态修复、文化艺术、智慧城市等功能需求，构筑300年防洪标准、17.4千米“橙蓝丝带”的亚运场景、“花城滨江”四季皆景的具有国际影响力的城市滨水公共空间典范。

【第四届河湖趣味徒步赛活动】 2022年6月2日，钱塘江流域共

2022年6月2日，2022年钱塘江流域共治活动暨滨江区第四届河湖趣味徒步赛在杭州奥体中心体育场（“大莲花”）举行

（区委宣传部　供图）

治活动暨滨江区第四届河湖趣味徒步赛活动在杭州奥体中心体育场（“大莲花”）举行。杭州高新区（滨江）、萧山区、钱塘区治水办主要负责人和群众共200人次参与，推进钱塘江流域的联保共治。活动以“五水共治，绿富共赢”为主题，沿江设立3个打卡点，通过“节水倡议”“五水共治”“水的一生”3个主题游戏和互动活动，使参赛选手体验临水亲水环境，感受水环境的治理实效。

【“E水空间”平台上线】 2022年9月，杭州高新区（滨江）“E水空间”平台上线。“E水空间”属于杭州高新区（滨江）治水数字化改革的小切口应用，有效解决水质超标、管道爆管、信访监督、成本高企等问题，是一种数智治理新模式。“E水空间”平台实现治水过程中的连接、预警、服务等问题，可掌握区内居民正常供水情况，实现一张图全局掌控，反馈各点水质情况，掌握水质差异，保障“最后一公里”的水质安全。

（王松伟）

节能减排

【概况】 2022年，杭州高新区（滨江）助力节能减排，推动绿色发展。开展工业废气治理，完成工业废气治理项目3个、挥发性有机物（VOCs）治理突出问题整改21个。推进综合治理，淘汰营运柴油货车16辆，替代非道路移动机械清洁化车5辆。运用数字化手段，持续推动全区既有公共机构、办公楼宇（园区）等公共建筑开展轻量级数智化节能改造，启动全区商业与公共建筑能耗情况摸底调查、梳理和制定节能改造导则、楼宇能效评价标准等工作。运行首个天然气热电联供项目。

【总量减排管理】 2022年，杭州高新区（滨江）持续做好减排管理工作。结构关停减排企业2家，分别为杭州万事利漂染有限公司（减排量二氧化硫3.15吨/年、氮氧化物16.41吨/年、烟粉尘5.56吨/年、挥发性有机物18.88吨/年、重铬酸盐51.3吨/年、氨氮2.57吨/年）和杭州中诚塑料包装有限公司（减排量挥发性有机物2.1吨/年、重铬酸盐0.09吨/年）；工程减排企业1家，为杭州大和热磁电子有限公司，该公司完成低效挥发性有机物设施提升改造。

（古欣蕊）

【公共交通出行助力节能减排】 至2022年底，杭州高新区（滨江）有钱江湾花园、南环、滨文、东冠、长河、长河湘滨、滨盛、江汉、地铁江陵路，地铁西兴、物联网11座公交首末站。常规公交线路60条，与地铁接驳线路51条，区内公交线路19条，总配车辆552辆，日均客运量11.7万人次。全区在运营公共自行车服务点数量343座，营运锁止器9300个；在运营自行车5520辆，日均租用量1.4万人次。有1号、4号、5号、6号、7号、18号（在建）6条地铁线路，总长43.9千米。全年新增（扩容）公共自行车服务点9个，新增（更新）亲子座公共自行车500辆。

新增公交线路6条，优化公交线路12条。倡导市民公共交通出行，助力节能减排。

【楼宇建筑节能降碳】 至2022年底，杭州高新区（滨江）有注册在案企业8万余家，楼宇（园区）400多座，其用电量占全区总用电量的60%以上。全区在人工智能产业园等5个地点开展办公楼宇（小区）数字化节能减碳项目试点，形成"数字技术节能+数字化（平台）管理节能"模式，探索绿色低碳楼宇轻量级改造方法，将建筑单位面积改造成本控制在15~20元。经节能技术改造和节能降耗空间缩小，楼宇建筑领域节能降碳实现"双碳"（碳达峰与碳中和），产业实现低碳化，改造后人工智能产业园年平均节能率20%。

（区志编研室）

【区文化中心节能改造】 2022年8月，区文化中心轻量级数智化节能改造项目开始施工。改造内容包括物联网络覆盖建设、公共区域灯光改造、用能采集和能耗计量改造等，在不破坏原有线路的情况下，更换部分控制面板，以轻量化改造的方式完成对主楼和辅楼空调及灯光的智能策略控制，共更换空调面板180个，新增人体感应器850只，物联网网关120台，平台共计策略1000多条，项目于11月1日验收上线。区文化中心轻量级数智化节能改造是杭州高新区（滨江）公共机构打造的第一个轻量级数智化节能改造样本，项目通过"商业与公共建筑数字化节能管理平台+三个数据系统"的集成整合，实现设备的集中管控，改造后大楼总能耗整体节能率10%。

（任　炜）

【天然气热电联供项目】 2022年10月13日，杭州高新区（滨江）首个天然气热电联供项目——中海钱江国际中心热电联供项目完工并投入试运行。项目创新推出燃气发电机NY40机组应用，该机组占地10平方米，利用换热器回收烟气和冷却液余热，产生50℃~80℃热水，热水流入蓄热水箱储存，实现供能调节。NY40机组每小时供电22千瓦时，供热量45千瓦时，热水流量1立方米/小时（供回水温差40℃），采用能源梯级利用技术及烟气超低温排放技术，实现较低的氮氧化物（NOx）排放。

（杨文君）

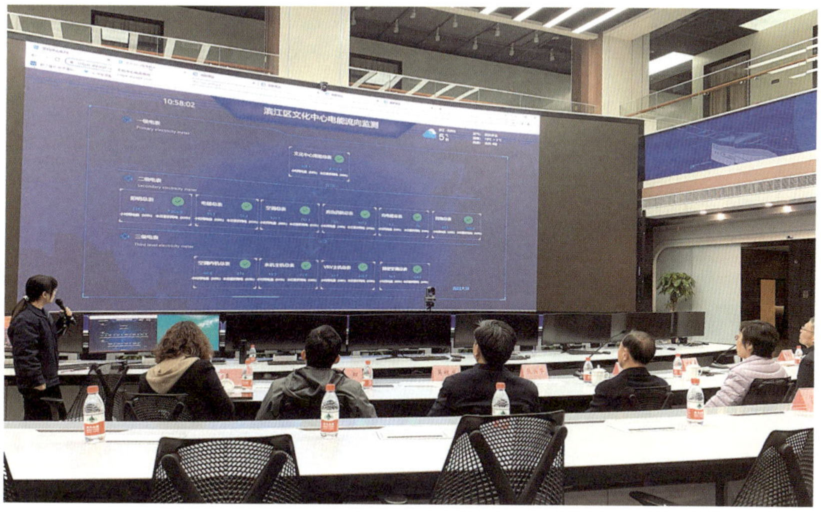

2022年10月13日，区文化中心节能改造项目交流座谈会举行

（区府办　供图）

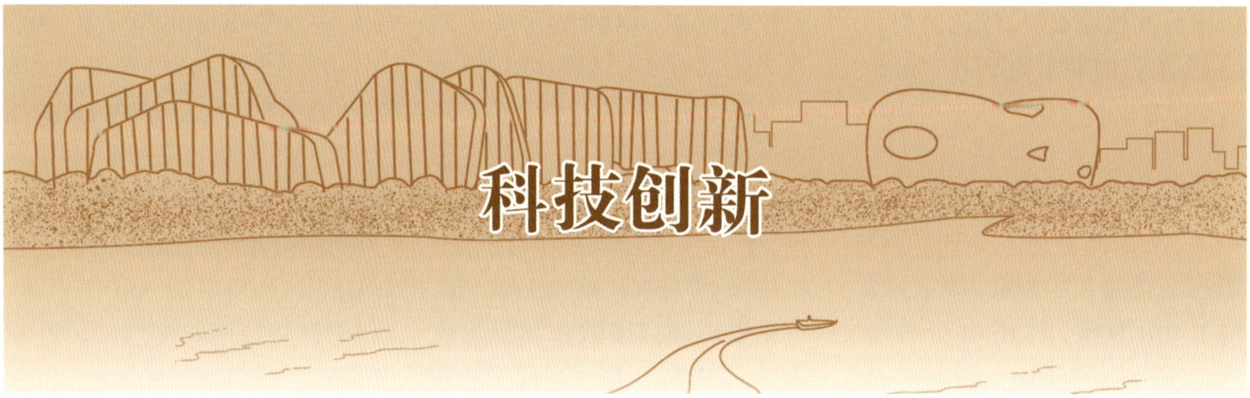

科技创新

综　述

【世界领先科技园区建设】2022年，杭州高新区（滨江）围绕“建设天堂硅谷、打造硅谷天堂”的定位，以世界领先科技园区为目标，以数字化改革为牵引，以科技创新为引领，攻坚稳进提质。制定印发《杭州高新区2022年争创世界领先科技园区工作方案》，明确年度十大重点工作和部门任务分工。把握“指标、试点、对接”，做好火炬统计。数字经济综合评价、创新指数、亩均效益、制造业高质量发展、服务业发展等综合指数持续列全省第一位。108家企业入选首批企业创新积分500强榜单，占21.6%，数量列全国高新区首位。新增国家级孵化器4家，占全省的33.33%。杭州高新区（滨江）再获全省“科技创新鼎”和“市县党政领导科技进步目标责任制考核优秀单位”，被列入科技部火炬中心“科技金融创新服务十百千万”首批实施单位，实体化运作区科技金融创新服务中心，承办第十一届中国创新创业大赛生物医药领域全国赛。区科技局获评全国科技系统先进集体。

（仲曼菁）

【科技企业认定】2022年，区科技局围绕科技创新考核指标体系和区“三大主题年”重点任务，抓好孵化体系、企业培育、成果转化、科技人才等重点指标。根据科技部高新技术企业认定复函，杭州高新区（滨江）有国家高新技术企业904家（其中新认定539家），有效国家高新技术企业2271家，数量居全省第一位。入库国家科技型中小企业1936家。新认定浙江省科技型中小企业919家。市雏鹰新认定223家，数量居全市第一位。新认定国家级孵化器4家、国家备案众创空间5家、市级孵化器9家、省级孵化器3家，市级备案众创空间3家，累计全区孵化载体130家。2021年R&D（科学研究与试验发展）投入经费193.5亿元，占地区生产总值比重9.57%，居全市第一位。

【科研平台建设】2022年，区科技局聚焦白马湖区域布局高端创新资源集聚区，全区初步形成“1+2+6+N”的高能级创新平台体系。“1”指杭州极弱磁场重大科技基础设施研究院，引进人才207人，其中专职114人，建有量子传感与智能传感技术创新中心等科研平台。“2”个省级平台即白马湖省实验室和智能感知省技术创新中心，分别于6月7日和6月13日挂牌成立。白马湖省实验室依托浙能集团及其研究院，开展能源领域科研攻关，在研科技项目17项，其中工业和信息化部研发项目1项，省重点研发项目7项。智能感知省技术创新中心先行实现人、物相对独立的管理机制，到位资金14.8亿元，其中国家资金8亿元，省市区财政资金各0.5亿元，自筹资金5.3亿元，承接7项国家、省、市重大项目。“6”个产学研平台即北京航空航天大学杭州创新研究院、浙江大学滨江研究院、中科国家技术转移中心、杭州电子科技大学滨江创新中心、杭州长光产业技术研究院、浙江工业大学滨江网安院。“N”个公共技术平台和企业研发中心赋能产业发展。新落地杭州人工智能计算中心，首期规模40P，对接算力需求用户41户，已适配成功16户，落地签约用户12户，筹划二期项目。浙江省鲲鹏生态创新中心已发展区内636家合作伙伴，推出153个联合解决方案，适配鲲鹏产品559个，适配认证710个。新认定市级研发中心67家，备案中控研究院等4家市级创新联合体、获批3家省级项目型创新联合体。新认定省级研发中心47家，省级研究院16家，省级重点企业研究院4家。

【创新生态构建】 2022年，区科技局贯彻落实国家和省市创新联合体建设要求，承接省市产业链“链长制”工作部署，会同区经信局研究制定推动两链深度融合的《关于推动创新链产业链“两链”深度融合的实施意见》和《推动创新链产业链“两链”深度融合的若干政策》，抓好创新链工作。引导研发投入，完成全区252家规模以上企业“一对一”走访服务。鼓励和支持科技企业加大研发投入力度，兑现市区两级研发后补助资金1.2亿元，居全市第一位。提供科研攻关支撑，利用“企业创新积分”系统，及时推送申报消息，通过实地走访、专家研判、部门会商等机制，做好审核关。共推荐上报各级科技项目172项，比上年增长10%，其中推荐上报省“尖兵”“领雁”项目61项，其中立项36项，数量居全省第一位；新立项人工智能市重大项目38项，数量居杭州市首位。服务成果转化，依托杭州中科国家技术转移中心、杭州长光产业技术研究院等技术转移平台，举办“中科启杭 慧聚滨江”等技术对接会和路演活动，推进项目落地，畅通产学研转化通道。29项成果获浙江省科学技术奖励。全年兑现区级科技创新政策10.5亿元，转拨上级科技专项资金7.3亿元，合计17.8亿元。

（吴　曲）

【创新链产业链深度融合】 2022年，杭州高新区（滨江）针对制约产业发展的“卡脖子”环节和共性关键技术攻关问题，围绕智能物联、生物医药、高端装备、新材料和绿色低碳五大产业生态圈，立足视觉智能、智能计算等优势产业链，推动产业链与创新链“两链”融合，出台关于推动创新链产业链“两链”深度融合的实施意见和举措，意见明确每年安排专项资金不少于3亿元，用于支持新型创新联合组织的科研项目实施、人才引育、创新平台建设等，制定实施“一链一联合体”“一链一基金”“一链一团队”“一链一专家”“一链一园区”标准，打造18条重点产业链、市级以上新型创新联合组织20家，加快构建创新生态。推进国产器件应用替代，化解潜在供应链风险，举办8场“芯机联动”对接活动，建设“滨江芯 浙江机”特色品牌，帮助中恒电气与矽力杰半导体对接测试器件2种。支持杭州海康威视数字技术股份有限公司、新华三技术有限公司等企业，整合资源，牵头组建创新联合体，建设自主可控、安全高效的产业链供应链。全区新增杭州市数字产业金融科技企业创新联合体等4家市级创新联合体。至年底，全区累计有省级项目型创新联合体3家，市级创新联合体15家。

【108家企业入选首批试点国家高新区创新积分企业名单】 2022年，杭州高新区（滨江）有108家企业入选科技部火炬中心公布的“企业创新积分制首批试点国家高新区创新积分500企业名单”，占21.6%，居全国13个试点高新区首位。其中，35家企业上榜“初创期创新积分企业名单”，41家企业上榜“成长期创新积分企业名单”，32家企业上榜“稳定期创新积分企业名单”。企业创新积分制是科技金融新型政策工具，通过企业创新积分识别和发现创新能力强、成长潜力大的科技企业，为积分企业增信授信，引导技术、资本、人才等各类创新要素资源向企业集聚，助力科技企业快速成长。首批试点国家高新区创新积分500企业名单是根据13家各试点高新区的积分企业数据和20项核心指标，对2.23万家积分

企业数据进行标准量化和积分排序得出。

（仲曼菁）

科技管理

【概况】2022年，杭州高新区（滨江）推荐上报国家、省、市级科技计划项目172个（获立项81个）。其中，国家级2个、省级重大科技专项61个、市级科技计划项目109个，获取国家、省、市科技资金3.1亿元。

（吕子夜）

【高新技术企业服务】2022年，杭州高新区（滨江）完成2021年认定的698家高新技术企业及新引进高新技术企业的补助资金核拨工作，核拨新认定的高新技术企业每家60万元（市级、区级各30万元）、重新认定的高新技术企业每家20万元（市级、区级各10万元）、新引进有效高新技术企业每家30万元。做好1928家有效高新技术企业的季报、年报统计工作及火炬入统工作，组织高新技术企业填报4次季报、1次年报。配合做好省委巡视“回头看”专项督查活动，按周、月、季汇报工作进展，完成既定目标。根据省、市安排对区内存疑企业共40家开展高新技术企业对标复核工作，邀请6名高新技术企业技术、财务评审专家对相关企业开展会评和实地核查。新引进有效高新技术企业5家。受理2批次18家高新技术企业的更名申请，形式审查后上报省科技厅，全部通过审核。关注头部高新技术企业的发展，动态联系，提醒网填年报、季报，推动企业参与2022年省高新技术企业创新能力百强排名。

（李　丽）

【33个项目获批国家、省重大科技专项配套项目】2022年4月6日，杭州高新区（滨江）根据市科技局关于征集2022年度国家、省重大科技专项市级财政补助项目的通知，开展2022年度国家、省重大科技专项资助市级配套项目的征集工作。杭州高新区（滨江）推荐申报项目34个，33个项目获批立项，获市级财政资金413.33万元。

2022年杭州高新区（滨江）国家、省重大科技专项配套项目一览表

表23

序号	项目名称	承担单位
1	面向数据中心的短距离光互连的数字信号处理技术研究、系统验证及应用示范（2018YFB1801701）	阿里巴巴（中国）有限公司
2	中国和欧盟主要婴幼儿食品安全生产监控技术研究	贝因美（杭州）食品研究院有限公司
3	视频感知新一代人工智能开放创新平台	杭州海康威视数字技术股份有限公司
4	基于多模态融合的身份鉴别与内容合成	杭州海康威视数字技术股份有限公司
5	司法图像证据的目标检测与智能匹配	杭州海康威视数字技术股份有限公司
6	智慧城市网络信息安全综合免疫关键技术与应用示范	杭州海康威视数字技术股份有限公司
7	面向多方式出行的交通资源优化配置及协同调度技术	杭州海康威视数字技术股份有限公司
8	可泛化的领域学习与计算引擎	杭州海康威视数字技术股份有限公司
9	云—网—端一体化城市级智能停车服务技术	杭州海康威视数字技术股份有限公司
10	基于人工智能的社会治理安全风险预警与指控关键技术装备研发与应用示范	杭州海康威视数字技术股份有限公司
11	冬奥和冬残奥场所人员疏导技术与残障人群协助系统	杭州海康威视数字技术股份有限公司
12	物联网智能开放服务运行支撑系统	杭州海康威视数字技术股份有限公司

续表23

序号	项目名称	承担单位
13	智慧物流管理与智能服务关键技术	杭州海康威视数字技术股份有限公司
14	智慧物流管理与智能服务关键技术	杭州海康机器人技术有限公司
15	2.31 规模化制造业多价值链协同云服务平台研发	杭州吉利易云科技有限公司
16	村镇社区环境监测及修复关键技术研发	聚光科技（杭州）股份有限公司
17	面向城市宜居的认知计算与一体化服务平台及其应用示范	聚光科技（杭州）股份有限公司
18	基于自主可编程芯片的新型网络设备	新华三技术有限公司
19	面向西部地区的智能化康复辅具系统研发和标准化应用示范（课题2）	医惠科技有限公司
20	面向西部地区的智能化康复辅具系统研发和标准化应用示范（课题3）	医惠科技有限公司
21	医养结合支持解决方案研究（课题2）	医惠科技有限公司
22	金融欺诈及支付受理市场违规侦测与处置技术研究与应用示范	浙江邦盛科技股份有限公司
23	水产品陆海联动保鲜保活与冷链物流技术	浙江甲骨文超级码科技股份有限公司
24	高等级安全完整性控制系统关键技术研究与应用	浙江中控技术股份有限公司
25	流程工业智能制造工厂操作系统的集成示范	浙江中控技术股份有限公司
26	流程工业智能制造典型业务场景及App研发	浙江中控技术股份有限公司
27	智能网联工业控制安全一体化增强技术研究与应用	浙江中控技术股份有限公司
28	现场级物联网设备综合测试方法及平台	浙江中控技术股份有限公司
29	物联网设备和网络性能可视化监控平台及示范应用	浙江中控技术股份有限公司
30	大型掘进设备控制系统硬件、软件平台研制	浙江中控研究院有限公司
31	高确定性千兆控制网络技术研究和产品研制	浙江中控研究院有限公司
32	基层社会网格治理编码体系研究	杭州天阙科技有限公司
33	基层社会治理事件分拨平台与全周期管理研究	杭州天阙科技有限公司

（白永萱）

【8家企业获第十一届中国创新创业大赛奖项】 2022年6月，第十一届中国创新创业大赛浙江赛区启动。大赛聚焦科技创新“十四五”规划的高端制造、新能源、新能源汽车、新材料、生物医药、节能环保、新一代信息技术七大战略性新兴产业，历经初赛、行业半决赛、行业决赛，21个项目晋级省总决赛。11月9日，第十一届中国创新创业大赛浙江赛区暨第九届浙江省“火炬杯”创新创业大赛总决赛在杭州高新区（滨江）举行。大赛以“创新引领，创业筑梦”为主题，由科技部、财政部、教育部和全国工商联共同指导，科技部火炬中心等单位共同承办，21支队伍参加。大赛采取“8+7”的竞技模式，即8分钟参赛选手项目介绍及展示，7分钟评委提问，现场打分公布成绩。经比赛，杭州高新区（滨江）有8家企业获奖：中科国生（杭州）科技有限公司获二等奖；杭州泰昕微电子有限公司、杭州径

2022年11月9日，第十一届中国创新创业大赛浙江赛区暨第九届浙江省“火炬杯”创新创业大赛总决赛在杭州高新区（滨江）举行

（区科技局　供图）

上科技有限公司、杭州舞环科技有限公司3家企业分别获三等奖；杭州熙羚信息技术有限公司、浙江天垂科技有限公司、浙江君同智能科技有限责任公司、杭州禾泰健宇生物科技有限公司4家企业获优胜奖。

（白永萱）

【36个项目获批省级研发攻关计划立项】 2022年8月2日，杭州高新区（滨江）根据省科技厅《关于组织申报2023年度“尖兵”“领雁”研发攻关计划第一批项目的通知》、市科技局《关于做好2023年度省“尖兵”“领雁”研发攻关计划项目组织申报评审推荐工作的通知》要求，开展2023年度“尖兵”“领雁”研发攻关计划项目申报工作，项目分“尖兵”“领雁”“科技合作”“社会公益”四大类。经组织申报、评审推荐、上级立项等流程，12月23日，省科技厅公布获批立项名单，全省获批项目564个，杭州高新区（滨江）获批36个，其中“尖兵”项目22个，“领雁”项目10个，“科技合作”项目3个，“社会公益”项目1个。

（吕子夜）

2022年杭州高新区（滨江）省“尖兵”“领雁”研发攻关计划项目立项一览表

表24

序号	项目名称	项目承担单位	榜单类型
1	面向海量物联感知数据汇聚的大数据分析治理平台	浙江大华技术股份有限公司	尖兵
2	智能监管与合规风险监控一体化平台研发与应用	恒生电子股份有限公司	尖兵
3	高比例新能源虚拟电厂云—边—端智能协同运行关键技术与装备研究	国网浙江新兴科技有限公司	尖兵
4	集成电路高电压、大功率晶圆级电性能测试设备及系统	杭州广立微电子股份有限公司	尖兵
5	高可靠性高端多控存储系统	杭州宏杉科技股份有限公司	尖兵
6	数据中心主被动复合冷却系统关键技术研究与应用	华信咨询设计研究院有限公司	尖兵
7	基于车网融合的电动汽车运行安全关键技术研究及产业化应用	浙江零跑科技股份有限公司	尖兵
8	三温ATC平移式集成电路测试分选装备研发及应用	杭州长川科技股份有限公司	尖兵
9	面向高精度激光雷达的大尺寸大转角MEMS振镜技术研发及示范	杭州士兰微电子股份有限公司	尖兵
10	视频监控专用微型大容量存储器	杭州海康威视数字技术股份有限公司	尖兵
11	自主可控工业互联网边缘智能安全防护系统和平台	杭州迪普科技股份有限公司	尖兵
12	快速新冠核酸检测试剂及配套设备研发	杭州优思达生物技术有限公司	尖兵

续表24

序号	项目名称	项目承担单位	榜单类型
13	颠覆性超快速、高灵敏新冠检测试剂及配套设备研发	瑞莱谱（杭州）医疗科技有限公司	尖兵
14	煤炭清洁高效利用关键技术、装备及示范	浙江省白马湖实验室有限公司	尖兵
15	通用流程模拟软件	浙江中控软件技术有限公司	尖兵
16	基于物联感知的民航飞机四舱立体监测关键技术研究	北京航空航天大学杭州创新研究院	尖兵
17	云边端一体化工业机器人操作系统研发及应用示范	北京航空航天大学杭州创新研究院	尖兵
18	数据驱动的光伏电站智能评估及预警技术研究	浙江省白马湖实验室有限公司	尖兵
19	实时毫米波成像芯片与设备研制	北京航空航天大学杭州创新研究院	尖兵
20	基于动态环境信息理解的智能服务机器人研发及应用	浙江省白马湖实验室有限公司	尖兵
21	基于动态环境信息理解的智能服务机器人研发及应用	北京航空航天大学杭州创新研究院	尖兵
22	零碳氢能应用与高精度碳足迹碳标签技术研发及其示范	浙江省白马湖实验室有限公司	尖兵
23	基于“双碳”目标的新型能源系统柔性控制技术及平台	杭州中恒电气股份有限公司	领雁
24	公共服务领域智能化、情感化人机交互关键技术研究及示范应用	杭州中软安人网络通信股份有限公司	领雁
25	城市出行方式链智能辨识与主动调控关键技术及应用	杭州诚智天扬科技有限公司	领雁
26	电镀废水减污降碳协同处理及再生利用关键技术、装备研发及示范	浙江海拓环境技术有限公司	领雁
27	高（快）速道路路空立体感知与协同管控关键技术研究与应用	浙江中控信息产业股份有限公司	领雁
28	基于国产化NP的自主可控确定性网络路由器研制项目	新华三技术有限公司	领雁
29	高端植介入器械和组织工程产品研发——经导管主动脉瓣膜系统创新技术与新产品开发	杭州启明医疗器械股份有限公司	领雁
30	基于BCD模拟工艺平台车载同步降压电源芯片研发及应用	矽力杰半导体技术（杭州）有限公司	领雁
31	融媒体协同传播模式下内容多模态采集、智能生产和融媒体传播链研究与应用	华数传媒网络有限公司	领雁
32	土壤高效微生物菌剂研发与产业化	浙江浙农生态肥业有限公司	领雁
33	基于机会捕手数字工具加速零售快反主航道	杭州览众数据科技有限公司	科技合作
34	面向码头典型煤种的大型高效智能螺旋式卸船装备关键技术研发及应用	杭州华新机电工程有限公司	科技合作
35	基于代谢组学的黄蜀葵花总黄酮品质及作用机制研究	杭州康恩贝制药有限公司	科技合作
36	智慧教育与终身学习关键技术及产品研发	杭州施强教育科技有限公司	社会公益

（吕子夜）

【54家企业入选省高新技术企业技术创新能力500强榜单】2022年12月31日，省科技信息研究院发布2022年浙江省高新技术企业创新能力500强企业名单，杭州高新区（滨江）54家企业入选，居全省所有县（市、区）首位。新华三技术有限公司、杭州海康威视数字技术股份有限公司、浙江大华技术股份有限公司、杭州迪普科技股份有限公司、浙江宇视科技有限公司、网易（杭州）网络有限公司、恒生电子股份有限公司、阿里巴巴（中国）有限公司、杭州海康威视系统技术有限公司、杭州萤石软件有限公司、浙江中控技术股份有限公司、杭州长川科技股份有限公司、杭州海康机器人技术有限公司、矽力杰半导体技术（杭州）有限公司、杭州士兰微电子股份有限公司15家入选全省高新技术企业创新能力百强，数量居全省首位。9家企业入选全省前十。浙江省高新技术企业技术创新能力百强评价榜单是根据《浙江省科学技术厅关于开展2022年浙江省国家高新技术企业创新能力百强评价工作的通知》要求，受省高新技术企业协会委托，省科技信息研究院从全省2.85万家有效高新技术企业中选出，从“投入与产出”角度对企业创新能力进行考核和测算，涉及研发经费占主营业务收入比重、研发从业人员人均投入研发经费等7个核心指标。

（李　丽）

2022年杭州高新区（滨江）入选省高新技术企业创新能力500强企业一览表

表25

序号	企业名称	名次
1	新华三技术有限公司	1
2	杭州海康威视数字技术股份有限公司	2
3	浙江大华技术股份有限公司	3
4	网易（杭州）网络有限公司	4
5	杭州迪普科技股份有限公司	7
6	浙江宇视科技有限公司	8
7	杭州海康机器人技术有限公司	9
8	杭州海康威视系统技术有限公司	16
9	杭州萤石软件有限公司	22
10	恒生电子股份有限公司	29
11	浙江中控技术股份有限公司	30
12	杭州士兰微电子股份有限公司	31
13	矽力杰半导体技术（杭州）有限公司	52
14	杭州长川科技股份有限公司	76
15	阿里巴巴（中国）有限公司	89
16	浙江大立科技股份有限公司	117
17	浙江华睿科技股份有限公司	124
18	招银网络科技（杭州）有限公司	136
19	浙江零跑科技股份有限公司	179
20	杭州朗和科技有限公司	200
21	杭州游卡网络技术有限公司	205

续表25

序号	企业名称	名次
22	杭州当虹科技股份有限公司	210
23	杭州迪普信息技术有限公司	220
24	杭州旗捷科技有限公司	230
25	杭州广立微电子股份有限公司	237
26	杭州安恒信息技术股份有限公司	243
27	浙江新再灵科技股份有限公司	246
28	易思维（杭州）科技有限公司	250
29	杭州远方光电信息股份有限公司	266
30	杭州宏华数码科技股份有限公司	276
31	浙江大华系统工程有限公司	277
32	聚光科技（杭州）股份有限公司	286
33	浙江百迪生物科技有限公司	287
34	浙江四点灵机器人股份有限公司	294
35	创业慧康科技股份有限公司	297
36	杭州华泰电液成套技术有限公司	299
37	虹软科技股份有限公司	309
38	杭州博日科技股份有限公司	315
39	杭州盈创环境科技有限公司	317
40	阿里巴巴（中国）网络技术有限公司	334
41	杭州新都奥兰汽车空调有限公司	339
42	浙江舜宇智能光学技术有限公司	347
43	浙江英诺绿能科技有限公司	384
44	杭州朔天科技有限公司	390
45	银江股份有限公司	392
46	杭州电魂网络科技股份有限公司	393
47	杭州核新软件技术有限公司	404
48	浙江国自机器人技术股份有限公司	428
49	杭州力云科技有限公司	442
50	杭州视辉科技有限公司	447
51	杭州国芯科技股份有限公司	456
52	杭州智翼信息技术有限公司	460
53	杭州东信北邮信息技术有限公司	464
54	高新兴创联科技有限公司	480

（李　丽）

科技企业孵化器

【概况】 2022年，杭州高新区（滨江）新认定杭州江虹科技有限公司、杭州上峰电子商务产业园有限公司、杭州智滨科技服务有限公司、杭州京安创新科技有限公司4家国家级科技企业孵化器；新认定杭州盛大科技园管理有限公司、浙江创信商业管理有限公司、同真控股有限公司3家省级科技企业孵化器；新认定杭州中科国家技术转移中心等9家市级科技企业孵化器。至年底，有市级以上科技企业孵化器85家，其中国家级14家、省级36家（含国家级）。10家国家级孵化器通过科技部火炬中心考评，其中杭州高新技术产业开发区科技创业服务中心、杭州华业高科技产业园、杭州天和高科技产业园、金绣国际孵化器等5家考评结果为优秀，东部软件园、万轮科技园、华城和瑞科技园、高新汇·三维信息科技园、杨林科技创业中心5家考评结果为良好。

【区科创中心】 至2022年底，杭州高新技术产业开发区科技创业服务中心（简称"区科创中心"）累计孵化企业1285家，其中新入孵企业16家；培育"创业板"上市企业7家，"科创板"上市企业1家，"新三板"挂牌企业5家。"独角兽"企业1家，"隐形冠军"企业7家；"瞪羚企业"45家；省科技型中小企业198家，其中新培育4家；国家高新技术企业173家，其中新培育9家；"雏鹰计划"企业182家，其中新培育9家。引进国家级人才2人、省级人才3人。帮助150多家企业获得投融资。区科创中心是杭州高新区（滨江）江北区块的核心区域，集聚以浙江大学为代表的30多所科研院所、大中专院校，突破传统孵化器在物理空间、资源聚合、服务提供方面的局限，加大对科技型团队、小微企业的招引能力，构筑创新创业新优势。

【杭州华业高科技产业园】 至2022年底，杭州华业高科技产业园有上市企业4家，"新三板"挂牌企业6家；有国家级高新技术企业170家，其中新培育35家；有"瞪羚企业"78家，其中新培育15家；引进国家级、省级人才9人。引进区级人才项目96个，有知识产权2000多件。杭州华业高科技产业园孵化面积3万平方米，采用"众创空间+孵化器+加速器+产业园"发展模式，探索"天使投资+孵化培育"产业培育模式，构建创新企业孵化基地、创新人才培养基地、创新技术研发基地的国家级科技企业孵化器。园区被认定为国家级科技企业孵化器、国家小型微型企业创业创新示范基地、国家级中小企业公共服务示范平台、首批浙江省创新创业首选地、浙江省五星级小微企业园、杭州市文化创意产业园、杭州市高新技术产业园，是杭州高新区（滨江）十大特色产业园之一。

【杭州天和高科技产业园】 至2022年底，杭州天和高科技产业园孵化企业200多家，其中新入孵企业13家；服务企业1000多家次；有浙江省科技型中小企业59家，其中新培育1家；有国家科技型中小企业48家，其中新培育11家；有市级高新技术企业35家；有国家级高新技术企业38家，其中新培育1家；有省级研发中心企业1家；累计引进高层次人才24人；通过区人才项目35项。杭州天和高科技产业园是国内首家以体外诊断产品（IVD）为特色的生物医药与智慧健康专业科技园，聚焦生物医药行业的孵化器、加速器、产业化的生物医药诊断试剂科技园，是集原料、试剂、器械、研发、营销、检测、服务于一体的平台型特色科技园。

【海外高层次人才创新创业基地加速器】 至2022年底，海外高层次人才创新创业基地加速器即"5050计划"（人才引进计划名称）加速器，累计孵化企业410多家，其中新入孵企业29家，服务企业超过2750家，培育"新三板"上市企业3家；投资孵化"独角兽"企业2家，孵化准"独角兽"企业8家；培育科技型中小企业110多家，其中新培育8家；有市级高新技术企业31家；有国家高新技术企业49家，其中新培育7家。引进国家级人才7人、省级人才3人，培育国家级人才1人、省级人才2人、市级人才2人。"5050计划"加速器主要孵化领域包括信息技术、生命健康、文化创意、节能环保、人工智能等战略性新兴产业和高新技术产业,采用"政策扶持+创业导引+持股孵化+创业投资"运营模式,通过建设"5050"创新创业大赛、六和桥投融资平台,为企业提供创业、投资、技术转移、市场资源配置服务。

【金绣国际孵化器】 至2022年底,金绣国际孵化器孵化企业209家,其中新入孵企业13家,服务企业300多家。新增国家级高新技术企业8家,复评3家;新增科技型中小企业27家,新增浙江省科技型中小企业4家;新增"雏鹰"企业2家。培育国家级高新技术企业28家,杭州市高新技术企业15家,"雏鹰计划"企业20家,浙江省科技型企业34家,科技型中小企业46家,海外高层次人才创新创业企业5家,市级研发中心2家,"瞪羚企业"4家。金绣国际孵化器由杭州金绣花边有限公司自主建设、自主运营和管理,以物联网(IoT)、物联网+、人工智能(AI)为主导产业,构建集空间基础服务、创业辅导、投融资、科技咨询、市场开拓、研发共享服务6个模块于一体的服务体系,是一家投入运营并拥有全要素的专业化创新创业综合体。

【杭州国家集成电路设计企业孵化器】 至2022年底,杭州国家集成电路设计企业孵化器有限公司有会员企业150家,孵化培育企业36家,其中培育服务专精特新企业15家,协助市区两级政府招引优质企业26家,有60多家行业合作伙伴。孵化器为集成电路企业提供核心公共技术服务200多次,服务116家企业的156个芯片研发项目。新冠疫情防控期间加大助企纾困力度,给予企业50%的技术服务优惠。助力中国芯人才培育和芯产业发展,培训师资2066人,与高校协同育人546人。孵化器提升标准化建设水平,协同企业、协会联合建设标准8项,是省内唯一一家省级集成电路专业型孵化器,为推动集成电路设计核心关键技术的自主创新,汇聚芯人才、整合芯资源、培育芯项目、孵育芯企业、转化芯成果提供支持。

【杭州启迪之星科技孵化器】 2022年,杭州启迪之星科技孵化器新入孵企业3家,新培育国家高新技术企业4家、浙江省科技型中小企业2家、"雏鹰计划"企业3家,帮助新入孵企业获投融资3000万元。至年底,孵化企业162家,帮助11家企业获得投融资。杭州启迪之星科技孵化器是由中国电科东方通信、启迪之星孵化器及浙江清华长三角研究院合资成立的智能硬件专业孵化器,为IoT(物联网)企业打通孵化到壮大全过程障碍,提供全流程服务及资源支持。

【东冠科技企业孵化器】 至2022年底,东冠科技企业孵化器孵化企业179家,其中新入孵企业12家。培育"新四板"挂牌企业3家。有准"独角兽"企业1家;"瞪羚企业"1家;省科技型中小企业29家,其中新培育6家;国家高新技术企业17家,其中新培育2家;"雏鹰计划"企业19家,其中新培育2家。累计帮助11家企业获得投融资。东冠科技企业孵化器由东冠集团投资建设,围绕东冠集团"空间、服务、投资"三维互动战略要求构建的企业服务平台,平台针对青年、女性创业者。

【三花·江虹国际创意园孵化器】 至2022年底,三花·江虹国际创意园孵化器在孵企业65家,孵化成功企业47家。2022年,新增孵化企业34家,培育国家高新技术企业数4家。三花·江虹国际创意园孵化器以"产业孵化体系和创新创业服务体系"建设为基础,提升孵化功能,突出产业特色与综合化,与19家服务企业达成战略合作;和高校建立合作关系,为产学研合作提供全程服务;与银行和投资公司合作,引导各类投资和金融机构增加对孵化企业的资本投入;支持园区自有孵化基金对园区企业给予投资服务;导师与专项服务人员协助园区入孵企业申请相关政府补助资金。

【电魂智能创意孵化器】 至2022年底,电魂智能创意孵化器孵化企业40多家,其中新入孵企业7家。培育“瞪羚企业”1家；“雏鹰计划”企业4家；创新型中小企业1家；省科技型中小企业9家，其中新培育3家；国家高新技术企业3家，其中新培育2家，累计帮助7家企业获得投融资。电魂智能创意孵化器是一家专门从事数字文娱产业领域的科技型企业孵化器，集“技术支撑、产品孵化、创业辅导、投融资”于一体。孵化器结合自身产业优势及特点，专注于数字文娱产业内初创企业的孵化与培育，打造孵化服务数字文娱产业链群。

【正泰量测科技园】 至2022年底，正泰量测科技园培育专精特新中小企业2家，国家级高新技术企业24家，“瞪羚企业”4家，创新型中小企业3家，“雏鹰计划”企业7家，科技型中小企业35家，省级研发中心1家，市级研发中心1家，孵化企业63家，其中新入孵企业8家，帮助10多家企业获得投融资。培育杭州市大学生杰出创业人才1人。正泰量测科技园坚持“培育中小型科技企业、培养科技人才、企业家，发展现代化科技产业”，借助正泰集团市场、品牌等资源，与周边园区差异化发展，配套有检验检测机构3家，是浙江省首家CMA（染色体）芯片全要素检测分析机构，为园区芯片企业以及省内多家芯片重点研发企业提供检测分析服务，打造“链条式孵化”。

（马　也）

【4家孵化器获评国家级科技企业孵化器】 2022年5月24日，科技部公布2021年度国家级科技企业孵化器名单，杭州高新区（滨江）的大华·江虹国际创新园、杭州京安创科孵化器、杭州人工智能产业园、上峰科技创新孵化器4家入选。大华·江虹国际创新园位于滨江物联网小镇，于2016年4月投入运营，打造“贸易产业链+数字化”的产业生态圈。杭州京安创科孵化器于2012年1月1日成立并运营，依托杭州京安交通工程设施有限公司智慧交通背景和资源，孵化和培育智慧交通领域企业。杭州人工智能产业园于2017年11月开园，以人工智能、大数据集成电路等高科技领域的高成长性中小型科技企业为主。上峰科技创新孵化器成立于2014年5月，致力于物联网、电子信息、与电商有关的各类程序研发平台等项目孵化，为入驻孵化企业提供政策、法律、财务、投融资、企业管理、人力资源、市场推广等服务。

（仲曼菁）

众创空间

【概况】 2022年，杭州高新区（滨江）新备案杭州工享创梦工场企业管理有限公司、杭州天陆股权投资管理有限公司、杭州你创网络科技有限责任公司、杭州拎包客资产管理有限公司、杭州云台科技有限公司5家国家级众创空间。至年底，有市级以上众创空间45家，省级众创空间36家，国家级众创空间22家。

【浙工大创业梦工场】 2022年，浙工大创业梦工场获评杭州市第五批创业陪跑空间。至年底，浙工大创业梦工场孵化企业70多家，包括培育国家级高新技术企业4家、“雏鹰计划”企业2家、省科技型中小企业4家、中国国际互联网+创新创业大赛金奖1家。浙工大创业梦工场以创新滨江、数字滨江、国际滨江为指导，采用“产业+资本+基地”的孵化模式，全方位构建创新创业服务载体，建设浙江工业大学校友创新创业实践基地和服务基地。

【天和众创】 2022年，天和众创举办创新创业活动16场，获评国家级备案众创空间。至年底，天和众创入驻服务创业团队和企业45家。天和众创成立于2015年，面积1500平方米，位于国内首批民营生物医药国际级孵化器——杭州天和高科技产业园，以园区平台为依托，共享园区所有软硬件设施资源，聚焦生物医药行业，辐射整个大健康产业。天和众创包括创客空间、创业咖啡、创学院等新型孵化器模式，以引进孵化培育优质的生物医药源头创新项目为使命，致力于打造全球生物医药创新孵化生态圈。

【LinBox滨江创客营】 2022年，LinBox滨江创客营新增入孵企业19家，其中1家为拟上市企业，获得A轮投资8000万元；在孵企业有知识产权数48件，发明专利4项，实用新型专利9项；留学归国人员创办企业1家；举办路演、创业活动21场；获评国家级备案众创空间。至年底，LinBox滨江创客营累计孵化和服务100多个创业项目，举办投融资对接30多场，创业活动500多场，签约创业导师18人。LinBox滨江创客营成立于2016年，“楼上居住，楼下创业”，是杭州首创的“住创”模式。

【独角兽众创空间】 至2022年底，独角兽众创空间累计孵化企业100多家，服务企业200多家。独角兽众创空间由杭州独角兽投资管理有限公司投资建立，总面积1606平方米，定位集中于互联网+实体经济，关注新技术、新实业，为企业搭建各种公共技术服务平台，打造具备科技与信息共享的众创空间。整合国家高新区政策资源、全球创投资源、科技实业系列的公司资源、全球人才资源，促进科学技术领域快速高效发展。独角兽众创空间集六和桥创服体系、六和桥创投天使系列基金之力，打造双创服务生态体系；以20年科技企业咨询专业团队+企业软实力建设服务，助推种子期项目持续发展，帮助企业获得杭州枫惠六和桥创投科技有限公司、启明创投、盈动资本风险投资数千万元。

【楼友会众创空间】 2022年，楼友会新增入孵企业38家，有在孵企业45家，其中大学生创办企业数量9家，互联网+创青春大赛金奖项目7家，银奖项目2家，留学人员创办企业数量2家，高新技术企业2家，国家科技型中小企业3家，浙江省科技型中小企业3家，区人才项目新增1家，入驻企业质量及生产经济和社会效益明显。楼友会在孵企业新增知识产权申请量55件，知识产权授权数14件，有效知识产权拥有量40件，其中拥有知识产权的在孵企业数占在孵企业总数的80%。在孵企业吸收就业255人，包括大专以上人员235人，应届大学毕业生30人，留学人员8人；毕业企业15家，累计毕业企业195家。楼友会空间孵化面积3113.33平方米，孵化“互联网+”初创型创业项目，为创业者提供优质项目落地、高端人才引进、投资融资、行业产业交流等服务。至年底，楼友会先后被认定为国家备案众创空间、国家高新技术企业、杭州市国际化示范众创空间。

【六和桥众创空间】 至2022年底，六和桥众创空间累计孵化企业110家，其中新入孵企业14家；服务企业1450家。六和桥众创空间由投融资平台（路演）和开放办公区域组成。六和桥投融资平台成立于2014年，连接创业者与投资人、投资机构，每周推送3~5个精选项目进行路演，累计举办328期，吸引投资机构300多家，天使投资人360名，路演企业1400多家。183家企业通过六和桥众创空间获风险投资，融资额46亿余元。六和桥众创空间孵化面积550平方米，路演项目以早期项目为主，为机构和天使投资人寻找项目、孵化项目提供服务。

（马　也）

创新主体培育

【概况】 2022年，杭州高新区（滨江）有904家企业通过国家级高新技术企业认定，其中新认定企业539家、重新认定365家；有效国家级高新技术企业2271家，保持全省各区县（市）第一位。新认定省级科技型中小企业919家，市级“雏鹰计划”企业224家。

【高新技术企业培育】 2022年，杭州高新区（滨江）强化与街道、平台协同，明确责任人，对街道、平台相关人员进行高新技术企业培育工作培训；印发《关于成立杭州高新区（滨江）高新技术企业服务工作队伍的通知》，组建26人的区、街道、平台服务高新技术企业的服务团队。利用“浙政钉”工作群，推进高新技术企业申报认定的服务工作。发挥孵化器众创空间作用，宣讲孵化器绩效评价、培育高新技术企业奖励、楼宇政策、毕业房补政策和企业自身奖励、税收优惠政策，激发孵化器运营团队的动力。编印《高新技术企业认定政策汇编》和高新技术企业宣传单及海报8000多份。与街道、平台联合开展高新技术企业培训、企业排摸、组织推荐预申报工作，制作高新技术企业申报短视频，开展楼宇排摸等，梳理形成406家意向申报高新技术企业，启动新引进意向申报企业备案工作，用好政策调动中介机构的积极性，从区外迁入新申报企业58家。开展“一个问卷调查”“一期走访调查”“一批辅导培训”“一次专家门诊”“一段预约指导”，动员新申报企业596家，比上年增长16.8%。采用线上、线下相结合的培训方式，举办线上7场次、线下14场次培训；培训范围实现江北、江南、街道、平台、重点园区楼宇全覆盖。开展高新技术企业申报服务需求问卷调查，收集需求96个，回访指导86家次。采取专家指导、科技服务机构“一对一”“一对多”“多对一”辅导方式，实施精准化培育服务。邀请高企评审技术、财务专家57人，确定江北、西兴、长河、浦沿4个点位，对675家申报企业材料逐家服务，规范申报材料。区科技局、区财政局、区税务局等配合做好初审。至年底，经省高企认定办审荐，科技部火炬中心复核，《关于对浙江省认定机构2022年认定的高新技术企业进行备案的函》确认杭州高新区（滨江）通过认定国家高新技术企业904家，其中首次新认定539家，重新认定365家，创历史新高。

（李　丽）

【国家科技型中小企业培育】 2022年3月9日，科技部火炬中心启动2022年科技型中心企业评价工作。区科技局按照《科技型中小企业评价办法》，开展企业数据对比、分析，做好数据挖掘，筛选建立科技型中小企业培育库，动员科技型企业申请入库评价；编制“一图清”申报手册，解析扶持政策、认定条件、认定流程、申报流程及申报材料等，规范评价材料，提高入库通过率；做好科技型中小企业加计扣除100%优惠政策宣传，举办专题培训会，动员孵化器及众创空间等协助宣传，宣传政策覆盖3500多家企业。经组织，1936家企业申报，经过企业评价信息形式审查，入库科技型中小企业信息集中抽查，杭州高新区（滨江）1913家企业入库2022年国家科技型中小企业，比上年增长22%，居全省第一位。

【“雏鹰计划”企业培育】 2022年4月2日，市科技局启动市级“雏鹰计划”企业申报工作。杭州高新区（滨江）组织442家企业申报，经初审推荐上报272家。市科技局按照杭州市“雏鹰计划”企业培育工程的实施意见进行评审。9月6日，市科技局公布2022年杭州市“雏鹰计划”企业认定结果，杭州高新区（滨江）224家企业被认定为杭州市“雏鹰计划”企业，居全市第一位。

【省科技型中小企业培育】 2022年4月8日，市科技局启动2022年省科技型中小企业认定工作。杭州高新区（滨江）组织1640家企业申报，经材料审核及行政审查后，推荐上报919家。12月20日，省科技厅公布2022年度浙江省科技型中小企业备案名单，杭州高新区（滨江）919家企业被认定为2022年度浙江省科技型中小企业。根据《关于促进科技企业创新创业的实施意见》，区科技局给予新认定的浙江省科技型中小企业每家奖励1万元。

【科技型企业研发费用市级补助】 2022年6月，杭州高新区（滨江）开展“2022年市科技型企业研发费用投入财政补助”企业信息核查工作。经市科技局审核，6月10日，市科技局发布“关于2022年符合市科技型企业研发费用投入财政补助条件企业的公示”，杭州高新区（滨江）189家企业获补助资金1.05亿元，其中科技型中小企业补助40家1941万元、国家高新技术企业补助149家8593万元。

（金　鑫）

【浙江省技术先进型企业认定】 2022年7月7日，省科技厅等五部门启动2022年度浙江省技术先进型服务企业申报工作。杭州高新区（滨江）组织62家企业申报，经材料审核及信用审查后，推荐上报17家。经省科技厅认定，17家企业被认定为2022年度浙江省技术先进型服务企业，占全省总认定数21家的80.95%，数量居全省首位。

【省科技“小巨人”企业认定】2022年9月22日，省科技厅发布《关于组织开展2022年度浙江省科技小巨人企业、科技领军企业申报工作的通知》，杭州高新区（滨江）从全区1928家有效高新技术企业中对标筛选，从营业收入2亿元以上的203家高新技术企业中动员初步符合条件的88家参与省科技“小巨人”企业申报，经过企业申报条件形式审查［包括但不限于：市场占有率位于全省前三位或全国前五位；上一年度营业收入2亿元（含）以上；近3个会计年度营业收入或净利润复合增长率达15%以上，或近3个会计年度累计获得股权融资超过8000万元（或等值外币）］和重大安全质量事故等信用核查，41家高新技术企业推荐上报。经省科技厅认定，杭州安恒信息技术股份有限公司、杭州长川科技股份有限公司、杭州海康机器人股份有限公司、杭州迪普科技股份有限公司、创业慧康科技股份有限公司、杭州中恒电气股份有限公司、浙江邦盛科技股份有限公司、浙江华睿科技股份有限公司、杭州宏华数码科技股份有限公司、浙江省公众信息产业有限公司、杭州博日科技股份有限公司、品茗科技股份有限公司、杭州华新机电工程有限公司13家公司被认定为2022年省科技“小巨人”企业，入选数量居全省第一位，占全省的10.8%，占全市的35%。

资料：科技“小巨人”企业

指科技创新能力强，具有与之相适应的研发投入、研发人员，主导高新技术产品市场占有率位居全省或全国前列，具有一定经济规模和高成长性的高新技术企业。科技小巨人企业能在细分高新技术领域发挥龙头企业牵引作用，带动产业链上下游、大中小企业融通创新发展。

【省科技领军企业认定】2022年9月22日，省科技厅发布《关于组织开展2022年度浙江省科技小巨人企业、科技领军企业申报工作的通知》，杭州高新区（滨江）组织5家企业参与省科技领军企业申报，经过企业申报条件形式审查［包括但不限于：市场占有率位于全国前三位或全球前五位；上一年度营业收入原则上20亿元（含）以上，其中属于人工智能等未来产业领域的，营业收入可放宽至10亿元（含）；近3个会计年度研究开发费用、营业收入、实缴税金、净利润和高新技术产业投资等5项主要经济指标中至少有两项指标的平均增速高于全省同期地区生产总值平均增速］和重大安全质量事故等信用核查，5家高新技术企业获推荐上报。经省科技厅认定，杭州海康威视数字技术股份有限公司、浙江大华技术股份有限公司、新华三技术有限公司、浙江宇视科技有限公司、矽力杰半导体技术（杭州）有限公司5家企业被认定为2022年省科技领军企业，占全省总认定量的16%、占市认定量的45%。全区累计认定10家省科技领军企业，数量居全省第一位。

资料：科技领军企业

指科技创新能力强，具有与之相适应的研发投入、研发人员，主导高新技术产品市场占有率位居全国或全球前列，具有较大经济规模和良好成长性的高新技术企业。科技领军企业是国家战略科技力量的重要组成部分，能发挥市场需求、集成创新、组织平台优势，打通从科技强到企业强、产业强、经济强的通道。

（李　丽）

科技研发载体

【概况】2022年，杭州高新区（滨江）新增省级技术创新中心1家，即杭州海康威视数字技术股份有限公司获批浙江省智能感知技术创新中心，是省政府首批6家省技术创新中心之一。新增省级新型研发机构2家，即浙江省白马湖实验室有限公司和杭州极弱磁场重大科技基础设施研究院，累计5家。新增省级重点企业研究院4家，累计48家，总数居全省区县（市）第一位。新增省级企业研究院16家，累计116家；新增省级研发中心47家，累计403家。新增市级研发中心67家，累计593家；新增杭州市概念验证中心2家。

【杭州人工智能计算中心】2022年5月20日，杭州人工智能计算中心上线并投入运营。该中心由杭州高新技术产业开发区资产经营有限公司投资建设，位于海外高层次人才创新创业基地，一期机房占地2000平方米，首期40P（P为千万亿次）规模，投资1.17亿元。中心于2021年开始建设，完成人员招

杭州人工智能计算中心　　（区委宣传部　供图）

中心与浙江大学、北京航空航天大学杭州创新研究院等机构和高校，以及10多家杭州人工智能企业开展项目前期的适配，助力本地人工智能企业发展，支持AI重大应用的模型训练及推理，可用于自动驾驶、智慧城市、智慧医疗、智能交通等应用场景。

（马　也）

【市企业创新联合体】2022年5月20日，市科技局启动2022年杭州市企业创新联合体备案工作。杭州高新区（滨江）推荐4家企业申报。10月10日，根据市科技局《关于2022年杭州市企业创新联合体备案的通知》，杭州高新区（滨江）有杭州市数字产业金融科技企业创新联合体等4家创新联合体被认定为市级企业创新联合体。

2022年杭州高新区（滨江）新认定市级企业创新联合体一览表

表26

序号	新认定市级企业创新联合体名称	牵头单位
1	杭州市数字产业金融科技企业创新联合体	信雅达科技股份有限公司
2	杭州市自主可控控制系统企业创新联合体	浙江中控研究院有限公司
3	杭州市公辅能源系统低碳数智企业创新联合体	杭州哲达科技股份有限公司
4	杭州市高油酸油菜新品种培育及产业化企业创新联合体	中科粮油（杭州）有限责任公司

（吕子夜　郭飞鹏）

【市级研发中心建设】2022年5月23日，市科技局启动2022年杭州市企业高新技术研究开发中心申报工作。杭州高新区（滨江）推荐67家企业申报。8月11日，市科技局印发《关于认定2022年杭州市企业高新技术研究开发中心的通知》，杭州高新区（滨江）有67家研究开发中心被认定为杭州市级企业高新技术研究开发中心。

【省级研发中心建设】2022年8月4日，省科技厅启动2022年省高新技术企业研究开发中心申报工作。杭州高新区（滨江）推荐58家企业申报。经省科技厅认定，杭州高新区（滨江）有浙江省安鸿智慧粮食管理高新技术企业研究开发中心等47家研究开发中心被认定为省级高新技术企业研究开发中心。

2022年杭州高新区（滨江）新认定市级企业研发中心一览表

表27

序号	新认定市级企业研发中心名称	依托单位名称
1	杭州市蒲菲特大数据智慧水务企业高新技术研究开发中心	杭州蒲菲特科技有限公司
2	杭州市红云智汇数字政务企业高新技术研究开发中心	浙江红云智汇科技有限公司
3	杭州市网新国际数字化智能技术企业高新技术研究开发中心	浙江浙大网新国际软件技术服务有限公司
4	杭州市亿科医疗泛血管介入器械自主创新企业高新技术研究开发中心	杭州亿科医疗科技有限公司
5	杭州市天垂科技工业互联网平台及工业算法企业高新技术研究开发中心	浙江天垂科技有限公司
6	杭州市帕科智慧媒体企业高新技术研究开发中心	帕科视讯科技（杭州）股份有限公司
7	杭州市能工科技医药仓储空调系统企业高新技术研究开发中心	杭州能工科技有限公司
8	杭州市展鸿智慧金融企业高新技术研究开发中心	杭州展鸿科技有限公司
9	杭州市康吉森工业自动化技术企业高新技术研究开发中心	杭州康吉森自动化科技有限公司
10	杭州市浙数数据要素市场建设企业高新技术研究开发中心	浙江大数据交易中心有限公司
11	杭州市视芯科技显示驱动技术企业高新技术研究开发中心	杭州视芯科技股份有限公司
12	杭州市机电产品检测技术企业高新技术研究开发中心	浙江省机电产品质量检测所有限公司
13	杭州市立元安防技术企业高新技术研究开发中心	浙江立元科技有限公司
14	杭州市晶华微高性能混合信号处理与控制芯片企业高新技术研究开发中心	杭州晶华微电子股份有限公司
15	杭州市税友数字税务高新技术研究开发中心	税友信息技术有限公司
16	杭州市城明环境地下管网服务企业高新技术研究开发中心	城明环境（浙江）有限公司
17	杭州市级窝小芽儿童食品高新技术研究开发中心	杭州心芽信息科技有限公司
18	杭州市利晟科技环保监测与节能应用技术高新技术企业研究开发中心	利晟（杭州）科技有限公司
19	杭州熙容智慧安防物联控制及多媒体互动企业高新技术研究开发中心	杭州熙容科技有限公司
20	杭州市夕尔科技母婴宠物用品设计企业高新技术研究开发中心	浙江夕尔科技有限公司
21	杭州市众传数字电视广播设备企业高新技术研究开发中心	杭州众传数字设备有限公司
22	杭州市视洞智能视觉云平台企业高新技术研究开发中心	杭州视洞科技有限公司
23	杭州市华为通信ICT教育技术企业高新技术研究开发中心	浙江华为通信技术有限公司
24	杭州市高博数字政府企业高新技术研究开发中心	浙江高博信息管理有限公司
25	杭州市筑龙股份建筑行业大数据信息化综合服务企业高新技术研究开发中心	杭州筑龙信息技术股份有限公司
26	杭州市浩普智能智慧环保管控平台企业高新技术研究开发中心	浙江浩普智能科技有限公司
27	杭州市高成生物制剂技术企业高新技术研究开发中心	杭州高成生物营养技术有限公司
28	杭州市乐麦数字经济企业高新技术研究开发中心	乐麦信息技术（杭州）有限公司
29	泰林医学工程高新技术研究开发中心	浙江泰林医学工程有限公司
30	杭州市工保科技智慧保证金企业高新技术研究开发中心	工保科技（浙江）有限公司

续表27

序号	新认定市级企业研发中心名称	依托单位名称
31	杭州市实想科技智慧园区企业高新技术研究开发中心	杭州实想科技有限公司
32	杭州市三川国德智慧水务企业高新技术研究开发中心	杭州三川国德物联网科技有限公司
33	杭州市金仪盛世生物制药一次性使用系统企业高新技术研究开发中心	浙江金仪盛世生物工程有限公司
34	杭州市杰翎精神心理数字化医学企业高新技术研究开发中心	浙江杰翎健康科技有限公司
35	杭州市驿公里智能无人洗车机器人企业高新技术研发中心	浙江驿公里智能科技有限公司
36	杭州市冰虫空气净化产品企业高新技术研究开发中心	浙江冰虫环保科技有限公司
37	杭州市金通互联公共交通运输系统软件企业高新技术研究开发中心	杭州金通互联科技有限公司
38	杭州市像素元智慧交通企业高新技术研究开发中心	杭州像素元科技有限公司
39	杭州市数知梦智慧公交企业高新技术研究开发中心	杭州数知梦科技有限公司
40	杭州市快盈科技数字文旅企业高新技术研究开发中心	杭州快盈信息科技有限公司
41	杭州市国瑞小分子药物开发企业高新技术研究开发中心	杭州国瑞生物科技有限公司
42	杭州市中恒云能源智慧能源企业高新技术研究开发中心	杭州中恒云能源互联网技术有限公司
43	杭州市品铂科技高精度定位系统企业高新技术研究开发中心	杭州品铂科技有限公司
44	杭州市睿影智能探测企业高新技术研究开发中心	杭州睿影科技有限公司
45	杭州市萤石智能视频物联云企业高新技术研究开发中心	杭州萤石软件有限公司
46	杭州市三相科技直驱电机企业高新技术研究开发中心	杭州三相科技有限公司
47	杭州市优特智能驱动电源技术企业高新技术研究开发中心	杭州优特电源有限公司
48	杭州市恒生芸泰网络医疗云企业高新技术研究开发中心	杭州恒生芸泰网络科技有限公司
49	杭州市迦智科技智能物流搬运机器人企业高新技术研究开发中心	杭州迦智科技有限公司
50	杭州市海康消防智能物联网技术与应用企业高新技术研究开发中心	杭州海康消防科技有限公司
51	杭州市绿城信息数智共富企业高新技术研究开发中心	杭州绿城信息技术有限公司
52	杭州市宇为金融科技企业高新技术研究开发中心	杭州宇为科技有限公司
53	杭州市悦芯科技数字电力企业高新技术研究开发中心	浙江悦芯科技有限公司
54	杭州市咏柳科技数字医疗企业高新技术研究开发中心	杭州咏柳科技有限公司
55	杭州市连信心理健康服务企业高新技术研究开发中心	浙江连信科技有限公司
56	杭州市凤喆凰生物细胞制备与储存企业高新技术研究开发中心	杭州凤喆凰生物科技有限公司
57	杭州市小远智能服务机器人企业高新技术研究开发中心	浙江小远机器人有限公司
58	杭州市始途科技综合能源动态分配机器人技术企业高新技术研究开发中心	始途科技（杭州）有限公司
59	杭州市芯昇集成电路芯片企业高新技术研究开发中心	浙江芯昇电子技术有限公司
60	杭州市万航青少年体质健康大数据分析及干预企业高新技术研究开发中心	浙江万航信息科技有限公司
61	杭州市今复康生物肺疾病无创筛查企业高新技术研究开发中心	浙江今复康生物科技有限公司
62	杭州市锘崴科技隐私计算企业高新技术研究开发中心	杭州锘崴信息科技有限公司

续表27

序号	新认定市级企业研发中心名称	依托单位名称
63	杭州市芯云半导体高端芯片测试企业高新技术研究开发中心	杭州芯云半导体技术有限公司
64	杭州市海康慧影医疗科技企业高新技术研究开发中心	杭州海康慧影科技有限公司
65	杭州市华锐捷汽车电子企业高新技术研究开发中心	浙江华锐捷技术有限公司
66	杭州市华飞智能无人机企业高新技术研究开发中心	浙江华飞智能科技有限公司
67	杭州市数字浙江公共数据技术及应用企业高新技术研究开发中心	数字浙江技术运营有限公司

（吕子夜　郭飞鹏）

2022年杭州高新区（滨江）新认定省级企业研发中心一览表

表28

序号	新认定省级企业研发中心名称	依托单位名称
1	浙江省安鸿智慧粮食管理高新技术企业研究开发中心	杭州安鸿科技股份有限公司
2	浙江省畅唐网络游戏产业化及大数据智能化高新技术企业研究开发中心	浙江畅唐网络股份有限公司
3	浙江省电鲸网络互动娱乐云平台高新技术企业研究开发中心	杭州电鲸网络科技有限公司
4	浙江省浩普智能智慧环保管控平台高新技术企业研究开发中心	浙江浩普智能科技有限公司
5	浙江省红云智汇数字政务高新技术企业研究开发中心	浙江红云智汇科技有限公司
6	浙江省机电产品检测高新技术企业研究开发中心	浙江省机电产品质量检测所有限公司
7	浙江省莱和生物免疫层析技术高新技术企业研究开发中心	杭州莱和生物技术有限公司
8	浙江省乐麦数字经济高新技术企业研究开发中心	乐麦信息技术（杭州）有限公司
9	浙江省立元安防技术高新技术企业研究开发中心	浙江立元科技有限公司
10	浙江省连连杭州智能分布式贸易金融混合云技术企业高新技术研究开发中心	连连（杭州）信息技术有限公司
11	浙江省梅清数码智慧医疗影像高新技术企业研究开发中心	杭州梅清数码科技有限公司
12	浙江省帕科智慧媒体高新技术企业研发中心	帕科视讯科技（杭州）股份有限公司
13	浙江省盘丝洞社交服务平台高新技术企业研究开发中心	杭州盘丝洞网络科技有限公司
14	浙江省蒲菲特大数据智慧水务高新技术企业研究开发中心	杭州蒲菲特科技有限公司
15	浙江省瑞利声电油气勘测设备高新技术企业研究开发中心	杭州瑞利声电技术有限公司
16	浙江省三汇数字大数据智能应用平台高新技术企业研究开发中心	杭州三汇数字信息技术有限公司
17	浙江省森特农业农村大数据应用高新技术企业研究开发中心	浙江森特信息技术有限公司
18	浙江省实想科技智慧园区高新技术研究开发中心	杭州实想科技有限公司
19	浙江省视芯科技显示驱动技术企业高新技术研究开发中心	杭州视芯科技股份有限公司
20	浙江省夕尔科技母婴宠物用品设计企业高新技术研究开发中心	浙江夕尔科技有限公司
21	浙江省依网通信网络高新技术企业研究开发中心	浙江依网科技信息工程有限公司
22	浙江省盛域医疗止血与血栓诊断高新技术企业研究开发中心	浙江盛域医疗技术有限公司
23	浙江省紫光通信数字智能化高新技术企业研究开发中心	杭州紫光通信技术股份有限公司

续表28

序号	新认定省级企业研发中心名称	依托单位名称
24	浙江省滴石智慧水利信息技术高新技术企业研究开发中心	浙江滴石信息技术有限公司
25	浙江省悦芯科技数字电力高新技术企业研究开发中心	浙江悦芯科技有限公司
26	浙江省易时智能汽车门店高新技术研究开发中心	浙江易时科技股份有限公司
27	浙江省金仪盛世生物制药一次性使用系统高新技术企业研究开发中心	浙江金仪盛世生物工程有限公司
28	浙江省瑞亚碳中和产教融合高新技术企业研究开发中心	杭州瑞亚教育科技有限公司
29	浙江省双视红外热成像仪高新技术企业研究开发中心	浙江双视红外科技股份有限公司
30	浙江省数知梦智慧公交高新技术企业研究开发中心	杭州数知梦科技有限公司
31	浙江省汉库医药药学研究高新技术企业研究开发中心	杭州汉库医药科技有限公司
32	浙江省品铂科技高精度定位系统高新技术企业研究开发中心	杭州品铂科技有限公司
33	浙江省萤石智能视频物联云高新技术企业研究开发中心	杭州萤石软件有限公司
34	浙江省医联网智慧健康高新技术企业研究开发中心	医联网（浙江）技术股份有限公司
35	浙江省海康存储闪存研发及应用高新技术企业研究开发中心	杭州海康存储科技有限公司
36	浙江省华飞智能无人机高新技术企业研究开发中心	浙江华飞智能科技有限公司
37	浙江省海康机器人智能技术高新技术企业研究开发中心	杭州海康机器人股份有限公司
38	浙江省芯昇集成电路芯片企业高新技术企业研究开发中心	浙江芯昇电子技术有限公司
39	浙江省瑞莱谱临床质谱高新技术研究开发中心	瑞莱谱（杭州）医疗科技有限公司
40	浙江省连信心理健康服务高新技术企业研究开发中心	浙江连信科技有限公司
41	浙江省英旭电梯物联网高新技术企业研究开发中心	杭州英旭智能科技有限公司
42	浙江省协能科技电池管理系统研发中心	杭州协能科技股份有限公司
43	浙江省心景精神心理数字医疗（DTx）高新技术企业研究开发中心	杭州心景科技有限公司
44	浙江省行芯科技基于先进工艺的高性能芯片设计软件研发省级企业高新技术研发开发中心	杭州行芯科技有限公司
45	浙江省百伴生物先进生物耗材高新技术企业研究开发中心	杭州百伴生物技术有限公司
46	浙江省百凌基因工程抗体高新技术企业研究开发中心	杭州百凌生物科技有限公司
47	浙江省乒乓跨境支付高新技术企业研究开发中心	杭州乒乓智能技术有限公司

（吕子夜　郭飞鹏）

【省级企业研究院建设】 2022年8月4日，省科技厅启动2022年省企业研究院申报工作。杭州高新区（滨江）推荐18家企业申报。经省科技厅认定，杭州高新区（滨江）有浙江省诚智天扬大数据与信息安全企业研究院等16家研究院被认定为省级企业研究院。

【省级重点企业研究院建设】 2022年8月4日，省科技厅启动2022年省重点企业研究院申报工作。杭州高新区（滨江）推荐9家企业申报。经省科技厅认定，杭州高新区（滨江）有浙江省零跑科技智能网联纯电动汽车重点企业研究院、浙江省迪普网络信息安全重点企业研究院等4家研究院被认定为省级重点企业研究院。

2022年杭州高新区（滨江）新认定省级企业研究院一览表

表29

序号	新认定省级企业研究院名称	依托单位名称
1	浙江省诚智天扬大数据与信息安全企业研究院	杭州诚智天扬科技有限公司
2	浙江省高新兴创联智慧交通企业研究院	高新兴创联科技有限公司
3	浙江省纳爱斯绿色生态清洁用品企业研究院	纳爱斯浙江科技有限公司
4	浙江省普康生物新型疫苗企业研究院	浙江普康生物技术股份有限公司
5	浙江省优行科技数智化出行平台企业研究院	杭州优行科技有限公司
6	浙江省优云新一代云计算与网络通信企业研究院	杭州优云科技有限公司
7	浙江省泽天智慧环保企业研究院	杭州泽天春来科技有限公司
8	浙江省万朋教育大数据企业研究院	浙江万朋数智科技股份有限公司
9	浙江省时空道宇航天信息与通信企业研究院	浙江时空道宇科技有限公司
10	浙江省中控智能系统与控制技术企业研究院	浙江中控研究院有限公司
11	浙江省纳里健康智慧医疗技术企业研究院	纳里健康科技有限公司
12	浙江省绿城农科检测技术企业研究院	绿城农科检测技术有限公司
13	浙江省明度智慧医药工业互联企业研究院	明度智云（浙江）科技有限公司
14	浙江省华睿科技工业互联视觉智能技术企业研究院	浙江华睿科技股份有限公司
15	浙江省康奋威智能装备企业研究院	杭州康奋威科技股份有限公司
16	浙江省趣链科技区块链技术企业研究院	杭州趣链科技有限公司

（吕子夜　郭飞鹏）

2022年杭州高新区（滨江）新认定省级重点企业研究院一览表

表30

序号	新认定省级重点企业研究院名称	依托单位名称
1	浙江省零跑科技智能网联纯电动汽车重点企业研究院	浙江零跑科技股份有限公司
2	浙江省迪普网络信息安全重点企业研究院	杭州迪普科技股份有限公司
3	浙江省能源物联网智能量测芯片重点企业研究院	杭州万高科技股份有限公司
4	浙江省联芸数据存储管理和数据传输芯片重点企业研究院	联芸科技（杭州）股份有限公司

（吕子夜　郭飞鹏）

【新认定1家国际科技合作载体】 2022年8月19日，省科技厅启动2022年度国际科技合作载体申报工作。杭州高新区（滨江）推荐2家企业申报。12月16日，省科技厅印发《关于公布2022年度国际科技合作载体认定名单的通知》，鸿运华宁（杭州）生物医药有限公司被认定为2022年度省级外资研发中心。

【新认定2家市级概念验证中心】 2022年10月14日，市科技局启动2022年杭州市概念验证中心征集工作。杭州高新区（滨江）推荐5家企业申报。11月30日，杭州市首批15家概念验证中心授牌，杭州高新区（滨江）2家被认定，分别是北京航空航天大学杭州创新研究院和杭州德诺睿华医疗科技有限公司。

（吕子夜　郭飞鹏）

科技合作与交流平台

【概况】2022年，杭州高新区（滨江）发挥高校院所企业协同创新作用以及高能级交叉学科平台牵引赋能作用，新建创新平台。白马湖省实验室、省智能感知技术创新中心挂牌成立，杭州市滨江区浙工大网络空间安全创新研究院启动建设，形成“1+2+6+N”创新平台体系。

【浙江大学滨江研究院】2022年，浙江大学滨江研究院有238人，申报浙江省海外引才计划2人、杭州市钱江特聘专家7人。共申请专利72项，获立项/发布标准7项，其中2项为ISO国际标准。实现国家重点研发计划、省“尖兵”“领雁”项目、市人工智能重大专项等纵向项目立项17项。研究院首次提出一套普惠视角的共同富裕理论与评价体系和解决方案，助力浙江省共同富裕示范区建设，为科技赋能共同富裕提供滨江方案，该项目获科技部国家重点研发计划立项支持；发布全球首套产品服务操作系统——坤为产品服务操作系统，助力中小制造企业服务化转型升级提供基础平台，获浙江省重点研发计划支持。共成立14家联合研究中心，引进及孵化企业36家，其中17家入选区人才计划，由研究院运营的“医工信协同创新孵化器”获评市级标准化科技企业孵化器。研究院以浙江省鲲鹏生态创新中心为载体，推动国产信创生态建设，已发展679家合作伙伴，形成商用解决方案193个，为415家企业提供鲲鹏云服务。

【杭州中科国家技术转移中心】2022年，杭州中科国家技术转移中心作为长三角G60科创走廊科创路演中心联合体副理事长单位，与路演中心联合体共同开展路演活动。参与承办杭州高新区（滨江）主办的“长三角科技创新与区域经济高质量发展研讨会暨杭州高新区（滨江）创新创业环境推介会”，组织“线上+线下”路演活动7场，企业服务沙龙6场，成果转移转化研讨会2场。新引进落地企业10家，累计引进落地滨江企业27家，其中5家入选区人才计划。中心运营的“杭州中科孵化器”获认定市级标准化科技企业孵化器，入驻企业新引进“杰出青年”1人、“优秀青年”1人，自主培育“西湖明珠”人才1人，获任杭州都市圈促进科技成果转化联盟秘书处单位。浙江科睿微电子技术有限公司获首届长三角G60科创走廊（浙江）科技孵化企业创新创业大赛总决赛一等奖，中科国生（杭州）科技有限公司、杭州径上科技有限公司分别获得第十一届中国创新创业大赛浙江赛区暨第九届浙江省“火炬杯”创新创业大赛总决赛初创组二等奖、成长组三等奖。

【杭州长光产业技术研究院】2022年，杭州长光产业技术研究院以“光+智能物联”“光+生物医药”为主要产业方向，对接产业园5个，协会8个，科技大市场5家，参与创新赛2个，走访区内企业高端装备制造、生物医药、半导体与集成电路等企业80多家。联合区工商联、滨江生物医药创新联盟（BIA）共同举办“光+生物医药”技术专场对接活动，探讨先进光电技术在生物医药医疗等领域的应用，增进企业交流，促成企业合作。布局3D视觉领域市场，新成立3D视觉专项事业部，实施由样品到产品的转化工作。至年底，杭州长光产业技术研究院引入企业7家，研究院及入驻企业有员工75人，硕士及以上高层次人才占61%，获认定浙江省“鲲鹏人才计划”1人。其中入驻企业杭州长光辰芯微电子有限公司获评国家高新技术企业。

【杭州电子科技大学滨江创新中心】2022年，杭州电子科技大学滨江创新中心与区内企业合作新建研发中心2家、联合实验室2家。新增知识产权转让实施11项，累计20项。新孵化引进企业4家，累计8家，其中1家入选区人才计划。举办电子大赛、项目路演等活动16场。启动“百师千企——企业博士进高校系列学术讲座”系列活动，通过遴选区内优秀集成电路企业的技术骨干，以“企业导师”身份参与学校人才培养，有针对性地培育学用结合的专业人才，满足区内集成电路产业快速发展需要。杭州电子科技大学滨江创新中心获批浙江省研究生联合培养基地。至年底，杭州电子科技大学滨江创新中心有10支科研团队和1支技术转移团队，在成本管理系统软件开发、集成电路设计科研、物联网技术研发、数字孪生、智能巡检机器人等领域开展科技创新工作。

【浙江省智能感知技术创新中心】 2022年6月13日，浙江省智能感知技术创新中心揭牌，是浙江省人民政府批复的首批6家省技术创新中心之一，依托杭州海康威视数字技术股份有限公司建设。中心围绕物联网技术领域多频段信号感知、多模态智能计算、特种材料与精密制造工艺三大方向开展关键技术攻关，突破高性能光学镜头、高清高速图像传感器等高精技术，突破绿色环保材料、热管理材料和多超微加工工艺、精密微组装工艺等材料及精密生产工艺关键技术，建设实现多模态信号感知、传输、存储、分析等关键技术国产化和前沿引领的高能级技术创新平台。至年底，中心承接国家重大攻关任务3项，省"尖兵"项目1项，申请智能物联网领域相关的发明专利100多项。

【北京航空航天大学杭州创新研究院】 2022年9月，北京航空航天大学杭州创新研究院（白马湖院区）建成投用，400多名研究生入驻。研究院东临冠塘路，西临时代大道，南临龙塘河，北临规划支路，建设用地面积6.4公顷，总建筑面积14.8万平方米，由综合组团（科研楼）、学生宿舍组团和体育馆食堂组团3个部分组成，设人工智能、网络空间与安全、大数据与脑机智能、综合交通大数据、微电子与信息材料、量子精密测量与传感器六大研究中心。至年底，研究院与领域优势企业共建16个联合实验室或联合研发中心，签署企业合作项目92项。申报国家自然科学基金、国家重点研发计划、省科技厅"尖兵""领雁"重大技术攻关、市人工智能重大科技创新项目等85项，获立项29项。加入浙江省高校院所技术转移联盟及杭州区块链技术与应用联合会并任理事单位，通过GB/T 33250—2016科研组织知识产权管理规范标准验收，并获得杭州地区首张科研组织知识产权管理体系认证证书。北航智能无人系统概念验证中心获批建设首批市概念验证中心。北京航空航天大学杭州创新研究院是北京航空航天大学和杭州高新区（滨江）于2017年签订战略合作协议成立的。

（章　莉）

科技成果及应用

【概况】 2022年，杭州高新区（滨江）企业承担和参与的成果获浙江省科学技术奖励29项，其中科技进步奖一等奖7项、二等奖12项、三等奖9项，技术发明奖三等奖1项；技术合同登记4692项，交易额421.5亿元，居全省第一位。各类技术合同登记共4692项，技术交易总额421.5亿元，指标完成率123.9%，占全市交易额的39.72%，比上年增长69.67%，居全省第一位。11个项目入选省首台（套）产品工程化攻关项目，数量居全省首位。区科技局牵头制定《深化科技体制改革建设创新发展策源地和成果转化首选地行动方案》。

（白永萱）

2022年杭州高新区（滨江）入选省首台（套）产品工程化攻关项目一览表

表31

序号	项目名称	参与单位名称	类别
1	交通枢纽智能化项目	浙江中控信息产业股份有限公司	装备
2	肿瘤血清肽谱人工智能辅助诊断系统	杭州汇健科技有限公司、浙江汇健智谱科技有限公司、浙江大学、浙江大学医学院附属第二医院	装备
3	电动汽车SGM270SS8B7TFM模块	杭州士兰微电子股份有限公司、阳光电源股份有限公司、成都集佳科技有限公司	装备

续表31

序号	项目名称	参与单位名称	类别
4	超精密常高温探针台研发产业化项目	杭州长川科技股份有限公司	装备
5	“图立方”时序关联图实时计算平台	浙江邦盛科技股份有限公司	软件
6	面向无人值守数据中心的智能运维机器人	浙江国自机器人技术股份有限公司	装备
7	基于深度学习的真皮全自动切割流水线装备（LCPS3）	杭州爱科科技股份有限公司、杭州爱科自动化技术有限公司	装备
8	核退役遥操作长程多功能作业机器人	杭州景业智能科技股份有限公司、浙江大学	装备
9	船舶大气污染物违规排放动态精准监测系统	杭州春来科技有限公司	装备
10	1080P高清分辨率红外机芯	浙江大立科技股份有限公司	装备
11	视频网场景下的大规模资产风险管控平台	杭州迪普信息技术有限公司、杭州迪普科技股份有限公司、北京航天联志科技有限公司	软件

（谢佳伟）

【“Atlas 800推理服务器关键技术和应用推广”项目】 2022年7月11日，“Atlas 800推理服务器关键技术和应用推广”项目获2021年度浙江省科学技术进步奖一等奖。该项目由杭州华为企业通信技术有限公司作为第一完成单位牵头完成，针对AI推理业务，从顶层架构设计实现基础硬件、开发体系、丰富应用3个方面的创新。项目为业界提供可靠的AI推理服务器，实现高效的AI业务处理；提供多层次、全流程、极简易用的AI开发体系；应用多种场景，加速行业智能升级。

【29个项目获浙江省科学技术奖】 2022年7月11日，全省科技创新大会公布2022年度浙江省科学技术奖获奖名单。杭州高新区（滨江）有“Atlas 800推理服务器关键技术和应用推广”等29个项目入围。

（李玉龙）

2022年杭州高新区（滨江）获省级科学技术奖励项目一览表

表32

序号	项目名称	参与单位名称	获奖等级
1	Atlas 800推理服务器关键技术和应用推广	杭州华为企业通信技术有限公司	科技进步奖一等奖
2	城市治理大数据智能关键技术及应用	城云科技（中国）有限公司	科技进步奖一等奖
3	大数据存储硬盘阵列核心技术研发和产业化	浙江宇视科技有限公司	科技进步奖一等奖
4	复杂环境下物流巡检机器人感知与控制关键技术及产业化应用	杭州海康机器人技术有限公司、浙江国自机器人技术股份有限公司	科技进步奖一等奖
5	船舶尾气高效净化关键技术及应用	浙江天地环保科技股份有限公司	科技进步奖一等奖
6	大容量永磁电机设计制造关键技术及应用	杭州易泰达科技有限公司	科技进步奖一等奖
7	含高比例分布式新能源的交直流混合微网自主协同调控技术及应用	浙江正泰新能源开发有限公司	科技进步奖一等奖
8	高浓缩多方存证视频安全关键技术与应用	浙江大华技术股份有限公司	科技进步奖二等奖
9	基于元能力模型的5G网络切片基站技术及产业化应用	三维通信股份有限公司	科技进步奖二等奖

续表32

序号	项目名称	参与单位名称	获奖等级
10	基于拟态构造的内生安全存储系统研发与应用	新华三信息技术有限公司	科技进步奖二等奖
11	工业环境全域感知接入与协同处理系统及规模化应用	浙江大华技术股份有限公司	科技进步奖二等奖
12	跨越A/B/C多平台的乘用车模块化架构关键技术研发及应用	浙江吉利控股集团有限公司	科技进步奖二等奖
13	多场景高效恒态缝纫模板机床关键技术及其产业化	北京航空航天大学杭州创新研究院	科技进步奖二等奖
14	城轨智能管控一体化软硬件关键技术及应用	浙江中控信息产业股份有限公司、浙江中控技术股份有限公司	科技进步奖二等奖
15	复杂环境超长大直径钻孔灌注桩施工与数字化管控关键技术	浙江交工金筑交通建设有限公司	科技进步奖二等奖
16	南方村镇生活污水分级处理关键技术装备与智慧化运维	杭州青泓科技有限公司	科技进步奖二等奖
17	高比例新能源电力系统宽频段稳定性分析理论与运行控制技术及应用	浙江正泰新能源开发有限公司	科技进步奖二等奖
18	智慧配电物联网关键技术及规模化应用	杭州万高科技股份有限公司	科技进步奖二等奖
19	面向数字商务的知识图谱构建与处理技术及产业化应用	阿里巴巴（中国）有限公司	科技进步奖二等奖
20	多域物联实时多媒体系统关键技术与应用	杭州中威电子股份有限公司	科技进步奖三等奖
21	软件可定义的能源互联网弹性通信与业务保障关键技术与应用	新华三技术有限公司	科技进步奖三等奖
22	融合城市公众“医防护养”一体化云服务关键技术及应用	创业慧康科技股份有限公司、杭州大数云智科技有限公司	科技进步奖三等奖
23	8K超高清视频编码器	杭州当虹科技股份有限公司	科技进步奖三等奖
24	危化行业多源数字化智慧管控和事故预防关键技术及系统	中国空分工程有限公司、杭州中空工程管理有限公司	科技进步奖三等奖
25	基于复合光谱技术的柴油车污染排放动态精准监测系统	杭州春来科技有限公司	科技进步奖三等奖
26	工业烟气多污染物脱除及节水节能技术装备	浙江浩普环保工程有限公司	科技进步奖三等奖
27	蜂产品质量安全关键技术创新与应用	绿城农科检测技术有限公司	科技进步奖三等奖
28	面向房颤全流程管理的心血管检测检验关键技术创新与应用	浙江盛域医疗技术有限公司、杭州质子科技有限公司	科技进步奖三等奖
29	环保型灭火剂全氟己酮的研发及产业化	中化蓝天集团有限公司	技术发明奖三等奖

（李玉龙）

教　育

综　述

【学校及教师人数】 2022年，杭州高新区（滨江）有各类幼儿园38所（69个园区），义务教育阶段学校有32所（34个校区），其中公办初中7所、公办小学18所（19个校区）、公办九年一贯制学校4所（5个校区）、民办九年一贯制学校2所。市属普通高中2所，职业高中2所，省属高校6所。区教育研究院1所，社区学院1所，社区学院街道分院3所。全区中小学、幼儿园及进修学校、社区学院、街道分院等有教职工6774人，包括幼儿园专任教师1837人、小学（含民办学校）专任教师1947人、中学（含民办学校）专任教师1139人。专任教师中具有研究生学历797人、本科学历3944人、专科学历202人。

【教育经费投入及新校区建设】 2022年，杭州高新区（滨江）地区生产总值为2184.8亿元，国家财政性教育经费占地区生产总值1.48%。全区地方教育经费总收入35.3亿元，公共财政教育支出32.39亿元，其中：教育事业费22.92亿元，占总投入的65.42%，教育税费7.24亿元；其他公共财政安排的教育经费2.23亿元。推进新校区建设，投用幼儿园2所、小学2所及中学1所，完工幼儿园3所、小学1所、中学1所，续建幼儿园5所、小学2所、中学3所、九年一贯制1所、特殊学校1所，开工幼儿园1所、小学4所，保障学校教育教学顺利有序。

（陈　艳）

【招生考试】 2022年，杭州高新区（滨江）规范做好公民办学校招生各环节工作，招生工作平稳有序。做好入学预警排摸和分析，依据排摸数据，提前分析入学形势，研判难点和风险，不断完善预案。加大资源配备和扩容，扩班扩招，科学拟定各校招生计划。做好招生入学服务。全年，全区有38个幼儿园69个园区招生，共录取小班新生5734名。其中公办幼儿园新生5412，民办幼儿园招生322人。全区有13个园区开设托班，其中公办园9所招生315人，民办园4所招生129人，合计444名。全区21所学校参加小学一年级招生，共录取6236人，其中公办学校录取6076人（其中民转公学校杭州二中白马湖学校招生144人），民办学校录取160人。全区14所学校参加初中一年级招生，共录取4228人，其中公办学校通过毕业小学对口直升的方式录取4012人，民办学校录取216人（通过电脑派位录取121人）。全区有3040名考生参加杭州市初中学业水平考试，设置杭州江南实验学校、杭州闻涛中学、杭州高新实验学校3个考点，共112个考场，升入各类高中的比例为100%。保障浙江省杭州第二中学、杭州长河高级中学等学校高考工作。全区高等教育毛入学率为71.6%。

【教育对口帮扶】 2022年，杭州高新区（滨江）做好教育扶持援助工作，牵手中西部教育，落实山海协作教育任务。制定组团式教育对口结对帮扶行动计划，遴选优秀师资到四川省广元市、新疆阿克苏市、温州市泰顺县、衢州市龙游县、桐庐县等地区支教。全年派出支教教师29名，累计组建跨地区教共体24对，通过师徒结对、课程共享、集体教研等线上线下多种形式提升帮扶实效。

（郭凯琳）

【暑期托管】 2022年，杭州高新区（滨江）学生暑期托管启动。区内中小学、幼儿园共开设托管点位23个，两期共6400人次报名，750名教师参与暑托服务。开展暑托服务的学校做好场地、开班等具体事项，区教育局指导学校关注暑托的餐饮、运动、安全等方面工作。

（于都敖文）

学前教育

【概 况】 2022年，杭州高新区（滨江）有幼儿园38所69个园区，在园幼儿20328人。其中：公办幼儿园29所60个园区，在园幼儿17962人，占88.4%；部门办幼儿园3所，在园幼儿843人，占4.1%；民办幼儿园6所，在园幼儿1523人，占7.5%。等级幼儿园占100%，优质学前教育覆盖率96.1%。全区幼儿园有教职工3178人，包括园长34人。专任教师1837人，在编专任教师1104人，在编专任教师占60%。教师资格证持有率100%，园长持证上岗率100%。全区第三个产业园区幼儿园大华幼儿园开园。

【《滨江区幼儿园互助联盟公约》发布】 2022年3月22日，《滨江区幼儿园互助联盟公约》发布。杭州高新区（滨江）幼儿园以“公民协同、资源共享、优势互补、协同发展、特色彰显”为宗旨结成6个互助联盟：壹集组、梧桐树组、星光组、加速度组、樱花飞舞组、钱塘江湾组。互助联盟公约的主要内容为“相互交流圈覆盖，智慧迭代共发展；专家资源共享，交流方式多元化；共享理念更坦诚，规划设计共高远；相互学习更虚心，联盟发展更健康。”公约的发布促进全区学前教育均衡和长效发展。

【《滨江区幼小联盟行动计划》发布】 2022年3月22日，区教育局出台《滨江区幼小联盟行动计划》，举行第一批幼小联盟签约仪式，组建杭州市丹枫实验小学—丹枫幼儿园、杭州江南实验学校—钱塘春晓幼儿园、杭州钱江湾小学—钱塘山水幼儿园、滨江实验小学—浙江省机关滨江幼儿园4个幼小联盟试点，计划在三年内全区推广结对，实现全域覆盖。幼小联盟加强幼儿园与小学的紧密连接，实现区域内优质资源共享共建，形成幼小协同教育机制。幼小联盟行动打造一批有滨江特色、可复制、可推广的幼小联盟项目。

【男教师风采展示活动】 2022年6月20日，杭州高新区（滨江）幼儿园男教师风采展示活动在杭州丹枫幼儿园展开，42名男教师参加。经过晒课评选，选出4名男教师进行教学活动的现场展示，包括大班体育活动、中班科学活动、小班音乐活动和中班语言活动。活动培养男幼儿教师创新思维、全面发展的能力。

【区域性推进的省级规划课题结题】 2022年7月，杭州高新区（滨江）教育研究院教师董英姿负责的省级规划课题《一链三走四研：“走园体验”研修的高新样态设计与推进》结题。为提升全区教师在主题下教学活动组织与评估的关键能力，结合课题共开展六大领域21场培训活动，全区1837名幼儿教师全部参与培训。课题成果《集群成长：教育共富视野下幼儿教师队伍建设的区域探索》获杭州市2022年教科研优秀成果（综合类）二等奖。

【省学前教育工作集体调研会】 2022年7月21—22日，省学前教育工作集体调研会在杭州高新区（滨江）召开，省、市、区部分学前教育专家和学前教育负责人共29人调研指导。省内各地的学前教育负责人就当地发展情况和下半年工作安排进行全面的交流研讨，对学前教育质量监测标准体系展开探讨。杭州高新区（滨江）介绍学前教育取得的成绩，通过政府保障到位、机制创新灵活和队伍建设等措施，提高整体学前教育的质量及品质。与会人员考察海康威视幼儿园，了解产业园区嵌入式幼儿园的办园模式。

（陈文君）

义务教育

【概况】 2022年，杭州高新区（滨江）义务教育阶段学校有32所（34个校区），其中公办初中8所、公办小学18所（19个校区）、公办九年一贯制学校4所（5个校区）、民办九年一贯制学校2所。区义务教育阶段2022年学生体质健康测试综合排名居全市第一位。承办浙江省项目化学习展示月活动之"聚焦计算思维的项目化学习"专场。区教育局获"2021年度杭州市平安创建先进集体"称号。杭州市丹枫实验小学、杭州市春晖小学、杭州市博文小学入选"杭州市第十三批市级绿色学校"名单。杭州高新区（滨江）思政教师在杭州市中小学校思政课晒课系列活动中获奖22项。4名教师获杭州市中小学班主任基本功大赛一等奖3个、三等奖1个。3名教师获省中小学班主任基本功大赛特等奖1个、一等奖1个、二等奖1个。1名教师获省心理健康教育教师专业技能大赛（小学组）一等奖。6名教师在市青春期教育优秀课例评选活动中获奖，其中3人获一等奖，2人获二等奖，1人获三等奖。杭州市长河小学五（1）中队获评"2022年度全国优秀少先队集体"。

【"双减"工作创新】 2022年，杭州高新区（滨江）创新实施"双减"工作。落实体育教育改革，全省首推"每天一节体育课"，建立"三位一体"校园足球工作机制，校园足球工作获省教育厅内刊作专题介绍。全流程优化"双减"品质，建设"滨乐通"平台，校外优质资源引入校内。支撑儿童友好城市建设，全国首推云守护"通学路"，保障上学路回家路。

【心理健康教育宣传】 2022年，杭州高新区（滨江）教育局开展多形式心理健康教育宣传，为学生心理健康护航。区教育局联合杭州市学校心理健康教育指导中心、市教育科学研究院、市教育学会主办2022年杭州市学校心理健康教育活动月启动仪式，进行线上平台同步直播，在线观看1万余人次。区中小学心理指导中心组织全体心理教师在"学习强国"杭州平台录制推送《云助力·你身边的心理学》微课、《云助心·人际交往中的心理学》微课20多集；在《钱江晚报》推出两期整版专栏《成长心理室》；录制"百秒智慧说之心理健康说"短视频20多期并在"滨江发布"视频号播出。开设区心理健康家长课堂系列微课《暖心立交桥》82节，在滨江教育App、杭州市社区教育公共服务平台（滨学通）"家长学校"栏目等平台上线。

（郭凯琳）

【"火炬银奖"挑战营】 2022年，由共青团滨江区委、区教育局、区少工委主办的滨江区"火炬银奖"（"红领巾奖章"二星章）挑战营活动举办2次。1月20日，在杭州市滨文小学举办，全区121名少先队员分场次参加。11月12日，在杭州二中白马湖学校举行，全区30多所中小学的105名少先队员参加。少先队员参加各种活动完成综合知识章、策划章、手工章、健身章、科技章、合作章、文明章7个章的考核任务，通过老师随队评价及队员互评，考察队员个人能力及团队协作能力。

【班主任工作经验获评全国典型经验】 2022年1月12日，教育部公示《关于全国中小学班主任基本功和思政课教师教学基本功展示交流活动典型经验名单》，杭州二中白马湖学校教师、班主任柯君妹以育人故事《送你一朵小红花》、带班方略《以文化人，"迭代"成长》、主题班会《你我同心，守护"粮"心》3项案例入选。评审经省级教育行政部门推荐，根据专家评审、综合评判，确定名单。浙江省有7名班主任入选公示名单。至年底，杭州高新区（滨江）有5个杭州市班主任工作室，建有全市唯一的班主任研究院。

【杭州市天元智力运动队滨江分队、杭州儿童艺术团滨江分团成立】 2022年6月2日，杭州市天元智力运动队滨江分队、杭州儿童艺术团滨江分团启动仪式在杭州市奥体实验小学举行。市、区教育局负责人，杭州青少年活动中心代表，中国棋院杭州分院代表，3个街道分管负责人参加。启动仪式设“钉钉”云端分会场，区中小学、幼儿园等学校在线观看直播。杭州市天元智力运动队滨江分队是中国棋院杭州分院（杭州棋院、杭州市智力运动管理中心）、市教育局、区教育局共同打造的智力运动队伍，以“选拔+训练+竞赛”的模式培育智力运动人才，以点带面推动区域智力运动发展。杭州儿童艺术团滨江分团打造滨江的艺术教育基地。启动仪式结束后，参会人员观摩杭州市奥体实验小学校园内杭州市天元智力运动队滨江分队、杭州儿童艺术团滨江分团队部及竞训场所。

【区小学生羽毛球比赛】 2022年6月27日，由区教育局、区社发局主办，杭州市闻涛小学、区羽毛球协会承办的2022年滨江区小学生羽毛球比赛结束。该次比赛选手为区内各小学及九年一贯制小学部，参赛人数350人。经角逐，杭州江南实验学校获团体总分第一名，杭州市闻涛小学、杭州市滨和小学、杭州市滨江实验小学、杭州市钱塘实验小学、杭州市创意城小学、杭州市丹枫实验小学、杭州市博文小学依次获第二至第八名。

【“暑期查处变异违规培训”专项行动】 2022年7月，区“双减”专班开展“暑期查处变异违规培训”专项行动。区网格员、“双减”兼职督学队结合群众举报等线索，在各小区、写字楼等开展摸排，专班人员根据摸排情况进行实地暗访，核实确认具体信息，由区相关部门组成的专项行动小组对变异违规培训进行现场查处，针对现场发现的集体补课、“一对一”辅导等违规培训行为进行现场取证，并对负责人进行约谈，要求立即停止教学行为，接受处理。专项行动期间，查处违规培训行为3起。

【杭州市春晖小学垃圾分类获国家级称号】 2022年8月19日，杭州市春晖小学被国家机关事务管理局、住房和城乡建设部、国家发展和改革委员会、生态环境部四部委授予“全国公共机构生活垃圾分类示范工作重点单位”称号。学校围绕学生终身素养发展，把垃圾分类教育纳入德行养育课程体系，研发包含机制、方案、微视频、问卷、游戏的课程资源包，推动与其他区域、学校的共享，形成垃圾分类教育的“春晖模式”。

【科技教育大联盟成立】 2022年9月20日，杭州高新区（滨江）首批科技教育大联盟实践基地授牌仪式和滨江区“少年工程院”揭牌仪式暨名誉院长、首席科学家聘任仪式在杭州市丹枫实验小学举行。现场为首批16家联盟单位授牌，向浙江宇视科技有限公司董事长张鹏国授予“少年工程院”名誉院长聘书，聘请5名区内高新企业的专家为“少年工程院”首席科学家。首批16家企业以产品展示厅、体验馆和实验室为基础，以企业品牌技术和产品为依托，设置课程，与学校开展科普、科学研究活动。

【小学生综合评价改革推进】 2022年9月，根据省教育厅《关于推进小学生综合评价改革的指导意见》，为打造区域良好教育生态，杭州高新区（滨江）启动小学生综合评价改革工作。经过座谈、意见征集、方案研讨，于10月试行《杭州高新区（滨江）小学生综合评价改革实施方案（试行稿）》。12月5日，在杭州市春晖小学召开小学生评价改革推进工作会，浙江省教育厅专家，区教育局、区教育研究院有关负责人，学科及评价教研员，各小学校长参加。杭州高新区（滨江）是浙江省28个小学生综合评价改革试点区之一。

【“五育并举”实验校评审交流工作会】 2022年9月27日，首批杭州高新区（滨江）“五育并举”（德、智、体、美、劳）实验校评审交流工作会议在杭州市奥体实验小学举行，15所申报学校进行主题汇报和交流。区首批“五育并举”实验校创建工作于2022年2月启动，探索通过德智体美劳全面发展的机制建设，规范作业管理、手机管理、睡眠管理、读物管理、体质管理“五项管理”，培育行为品德好、学业能力好、身心发展好、艺术审美好、劳动实践好“五好学生”，实现五育并举、融合发展。

【杭州闻涛中学入选首批省清廉学校建设示范校】 2022年10月18日，省教育厅发布《关于首批浙江省清廉学校建设示范校拟认定结果的公示》，杭州闻涛中学入选首批省清廉学校建设示范校。学校于2018年11月制定《闻涛中学推进建设“清廉教育”打造“清廉学校”的实施方案》。2020年12月，学校成功创建“杭州市教育系统清廉学校示范点”。

【2022年“白马湖之秋”浙江省名师新课堂教学研训活动】 2022年10月21日，省中小学教师培训中心、浙江外国语学院德国研究中心、区教育局主办的2022年“白马湖之秋”浙江省名师新课堂教学研训活动在杭州长河中学开幕。活动以“传播共同富裕背景下中小学美育创新实践的浙江经验，辐射中西部教育的窗口，培育全国教师培训的浙江样板”为主旨，首场初中数学以“序·数学美”为主题，在杭州长河中学举行，36万人观看直播。研训活动历时9天，安排7个学科专场，国内外高校、教育管理部门、教育科研机构、中小学的专家、学者、领导与教师共297万余人次线上线下同步参与，共同探索美育高质量发展的学科路径。

【全国义务教育优质均衡发展区省级督导复评】 2022年10月27—28日，杭州高新区（滨江）接受省政府教育督导委员会办公室“全国义务教育优质均衡发展区”省级督导复评。由绍兴市政府副总督学、省政府督学陈纪钢，省教育厅专家组成的6人专家组，通过查阅资料、实地走访校园、随机访谈师生等方式，对杭州高新区（滨江）义务教育优质均衡发展情况进行全面督导。反馈会上，陈纪钢代表专家组对杭州高新区（滨江）创建工作给予肯定，对滨江教育高质量发展提出建议。

2022年10月26日，省名师新课堂教学研训活动在杭州湖畔学校开展小学语文专场研训（区教育局 供图）

【在市中小学生文化艺术节上获奖】 2022年11月，杭州市第十三届中小学生文化艺术节结束。杭州高新区（滨江）在音乐表演类专场比赛中获一等奖节目18个、二等奖节目11个、三等奖节目12个，4个节目获表演类创作奖，11个节目获优秀指导教师奖；在艺术展演亚运歌曲传唱“班班有歌声”评比活动中，5所学校获奖；在现代音乐节比赛中，获一等奖2个、二等奖3个、三等奖1个；在校园歌曲征集评选活动中，歌词作品创作获二等奖7个、三等奖9个、优秀奖4个；师生歌曲作品创作获得二等奖2个、三等奖7个、优秀奖4个；在美术类专项比赛中，获一等奖10个、二等奖12个、三等奖21个、优秀奖9个。杭州西兴实验小学代表滨江区组织的综艺大舞台作品展示获一等奖。

【第四届滨江区小学生女子足球比赛】 2022年11月6日，区教育局、区文广旅体局联合主办的第四届滨江区小学生女子足球比赛在杭州市长河小学结束。比赛有11支球队参加，采取分A、B组形式进行小组赛，小组赛后直接进行排位赛。经过3天30场比赛的角逐，杭州市滨文小学、杭州市博文小学、杭州市闻涛小学分别获冠军、亚军、季军，杭州市浦沿小学、杭州江南实验学校、杭州市滨江实验小学分别获得第四、第五、第六名。

【区中小学心理服务中心运行】 2022年11月17日，“一心一益”滨江区中小学心理服务中心向学生、教师和家长开放。中心配备2名心理健康教育专职人员，20多位兼职人员及志愿者，均为具备专业资质的医生心理咨询师。中心开展线上线下多种形式心理咨询服务，定期向所在区域中小学提供业务指导、技能培训，对有心理服务需求的学生开展针对性的个体辅导，以热线、面询等方式提供及时有效的心理服务与支持，是区域开展心理健康教育监测、培训、服务与指导的重要场所。至年底，区中小学心理服务中心为196名学生提供了心理服务。

（于都敬文）

普通高中教育

【概况】 2022年，杭州高新区（滨江）有2所普通高中，即浙江省第二中学、杭州长河高级中学，属市教育局直属公办高中，面向全市招生，有在校生5000多人。全区初中毕业生升入各类高中比例为100%。

【浙江省杭州第二中学】 2022年，浙江省杭州第二中学内设办公室、教学处、学生处、总务处、教科室五大部门。学校核定编制人数为354人，现有在编人员332人，编外人员5人。滨江、东河两校区占地面积11.12万平方米，校舍建筑面积8.16万平方米，教学及辅助用房4.14万平方米，行政办公用房1.01万平方米，学生3389人。学校为市教育局直属公办高中，公益二类事业单位，经费来源为财政补助。高考成绩全省排名前十名有1人，前五十名有7人，前一百名有13人，且包揽杭州大市前6名；北京大学、清华大学录取46人，复旦大学、上海交通大学录取59人，香港大学录取13人，香港科技大学录取7人，中国人民大学录取10人，中国科学技术大学录取8人，浙江大学录取145人，香港中文大学（深圳）录取27人，传统C9学校录取近300人，浙江大学投档线以上高校录取超400人。

学校师生获多项成绩。学校教师林肃浩、郦勇参与完成的成果《指向关键能力的高中化学课堂教学》获省基础教育教学成果奖一等奖，校长蔡小雄被省人民政府评为2022年浙江省杰出教师，教师章怡、阮景诚被市教育局评为2022年杭州市优秀教育工作者，教师倪耀辉、李晓云、卢静、张学英、叶加群、徐晶晶、吴亦巨、赖朝晖被市教育局授予“浙江省任教30年”称号。学生的模拟政协社在第九届全国青少年模拟政协集中展示活动中获“最佳展示团队”与“最佳社团”等称号，创新学院步天工程社在2022年全球未来太空学者大会中国决赛中夺得全国冠军，创新学院机器人社在第十五届VEX亚锦赛中获最高奖项全能奖。在奥赛五大学科全国决赛中获得金牌17枚、银牌3枚、铜牌1枚，12名学生入选国家集训队，其中化学竞赛团队7人入选国家集训队，人数列全国第一位，刷新全国化学竞赛最佳纪录。

学校被浙江省数学会评为2021年浙江省数学普及推广工作先进集体，校团委被共青团杭州市委评为2021年度杭州市先进团委，学校选送的《教育·共同富裕》《我最喜爱的习总书记的一句话》《人类命运共同体》在2022年杭州市教育系统党员教育电视片暨微党课评比中分获一等奖、二等奖、三等奖，学校被杭州市公安局、杭州市教育局评为杭州市网络安全教育试点学校。学校微信公众号推文130篇，媒体新闻报道60多篇。

（边玉臣）

【杭州市长河高级中学】 至2022年底，杭州市长河高级中学有教职工172人，其中男职工69人，女职工103人，专任教师156人、高级教师83人。学校有40个班，在校学生1920人。学校是杭州市教育局直属公办高中，占地面积8.22万平方米，校园建筑面积7.68万平方米，绿化面积2.95万平方米。

2022年，学校推进高质量发展。创新教师培训新形式，举行“聚焦大单元教学设计，撬动育人方式变革”高三教师新课程新教材研修、“抓住机遇，勇于变革，勠力推进学校新发展”暑期教师教育教学研修活动。加强教研组建设，技术教研组获评浙江省优秀教研组。打造精品课堂，组织51名教师参加杭州市共享优课比赛，共推出66节共享优课。与桐庐分水高中签订深化合作办学协议书，派遣骨干教师支教帮扶，加强两校在教学、科研及德育等方面的合作。坚持五育融合，制定美育和劳动教育实施方案，开展具有学校特色的美育和劳动教育活动。举行吾爱吾师——教师手绘像大赛，组织“课间·雅集”活动，开展手作月饼课堂和团扇工坊活动。通过创新思路，开展校园文化活动。组织“星河杯”辩论赛活动，开展“团团过百年”跳蚤市场义卖活动，向杭州市红十字会“爱心抗疫”项目捐赠善款8000多元，组织举办“那些时光”摄影展、第十二届“丝路茶会”科学饮茶周、“我的校园我来画”校园写生大赛、中华经典诵读讲写活动、篆刻大赛校内选拔培训等系列活动。教师韩美蓉获评“杭州市劳动模范”，教师祝毅获评“杭州市新时代好党员”，教师杨春林获评第七届“最美杭州人——感动杭城十佳教师”，教师章艳获评杭州市优秀班主任。学生有280人次获各级各类学科竞赛奖项。高三学生在杭州市中小学生体能素质检测中获第三名。在杭州市阳光体育田径运动会上，学校获男子总分第三名、女子总分第四名、男女团体总分第三名，连续10年居杭州市前三名。

学校通过省现代化学校评审。完成食堂前厅的装修改造，食堂改为学生专用；教学综合楼负一层改造为教工餐厅、师生休闲吧；教学楼一楼架空层改造成综合会议室和录播教室；原教学楼三楼的视频监控室、微格教室恢复成常规教室；新建洗衣房等20项改造提升工程。高质量完成“安澜工程”，通过教育局专项检查。完成浙江新闻频道“爱与责任：教育共富的精神底色”学校领跑者论坛、“杭州教育发布”的杭州名校长畅谈教育新时代新征程活动，开展“学习二十大、诗歌颂给党”教工党员诵读比赛，各支部开展“二十大精神人人讲”微党课展示活动等。学校推进党风廉政建设，开展多种形式的清廉文化创建活动，获评杭州市教育系统第三批“清廉学校”示范校。

（方乃锋）

中等职业教育

【概况】 2022年，杭州高新区（滨江）有2所职业高中，即杭州市财经职业学校、杭州市旅游职业学校，属市教育局管理。两所学校面向全市招生，有在校生近4000人。

【杭州市财经职业学校】 至2022年底，杭州市财经职业学校共有42个班级，其中，41个在校班级，1个实习班级，在校学生1728人，其中男生627人、女生1101人。2022年，学校共招收14个班，招生582人，其中五年制招生360人。学校在编教职员工153人，包括专任教师131人，专任教师具有大学本科及以上学历有131人，占专任教师数的100%。硕士研究生40人，副高级职称65人，中级以上职称107人。杭州市新锐教师培养工程4人，入选杭州市高级E类人才28人，D类人才4人。新进教职工6人，全部为全日制研究生学历。外聘教师2人，担任足球与音乐课程的教学。

学校确立“打造浙江省内优质中高立交桥”的办学目标，发展五年制中高职一体化合作办学。与浙江金融职业技术学院、浙江经贸职业技术学院、浙江商业职业技术学院、杭州职业技术学院、浙江育英职业技术学院联办的7个五年制高职教育班274名学生，有271人通过选拔，被高职院校录取，录取率为98.9%。267人通过单独考试、提前招生等形式，被浙江省各级各类高校录取，录取比例为99.6%。

学校重点组织好体检和素质运动会、高一学生军训、高二学生体测和应急救护技能抽测、“校长杯”足球联赛、“三人制”篮球赛、阳光体育运动会暨田径运动会、毅行、寝室文化节、技能节颁奖典礼暨迎新、红五月大合唱等活动。在杭州市中小学生体能素质检测中，获主城区职业学校（校区）抽测成绩排名第二位，居市教育局直属职校第一名。在杭州市中职教师信息化教学设计与说课大赛中，取得市级一等奖1个、二等奖2个、三等奖2个。物流竞赛团队获省赛一等奖。在全国中职财经类专业学生金融职业能力大赛中获5枚金牌、2枚银牌。

学校完成校园中心绿地景观、物流实训大厅、风雨操场、高配房、教学楼连廊、心理辅导室改造和加装电梯项目。更新动漫专业实训室、教学多媒体设备、校园私有云储存、校园演播中心项目；新建智慧仓储系统、“1+X”金税财务应用课证融通系统、实训云计算分中心、行政楼室外电子屏等项目。学校举办与社区居民生活相关的物流知识公益讲座；开展面向社会职业生涯的咨询服务，开放学校“物流职业体验中心”，涵盖模拟叉车、VR体验、实训观摩等体验内容。宣传职业教育领域的先进模范人物和事迹，弘扬劳模精神、劳动精神和工匠精神。举办第二届校园动漫节“动感财经，漫迎亚运”。召开“职面新时代、聚力向未来”为主题的集团年会暨杭州中职会计、金融、物流、动漫专业指导委员会会议。

（王春英）

【杭州市旅游职业学校】 2022年，杭州市旅游职业学校面积有11.3万平方米，校舍建筑总面积5万平方米，分滨江、葵巷2个校区和义桥园林实训基地。设旅游服务与管理、茶艺与茶营销、康养休闲旅游服务、高星级饭店运营与管理、航空服务、园林技术、金融事务、商务助理、会展服务与管理九大专业，其中省级示范专业2个、省级骨干专业2个、省级品牌专业1个、省级优势特色专业1个、省改革示范校重点建设专业2个、省高水平建设专业2个、省级创新创业实验室1个。旅游服务与管理、高星级饭店运营与管理和园林技术专业为省级示范专业与实训基地，园林技术专业实训基地是中央财政支持的国家级实训基地。

学校有全日制在校生2264人，包括新疆中职班学生121人、中高职一体化班学生1149人、中本一体化班学生116人。2022年招生722人（含新疆中职班41人），学生年入学巩固率100%；毕业819人（含新疆中职班46人），包括五年一贯制、“3+2”大专班335人，三年制中职普通班445人，毕业率为100%，其中首届中本一体化班100%毕业。有教职工210人，其中专任教师182人，生师比为12.44∶1。专任教师100%具有本科及以上学历，具有硕士及以上学历65人，占专任教师数的35.7%；中级职称及以上的教师数为168人，占专任教师数的92.3%；高级职称教师97人，占专任教师数的53.3%；专业课教师数93人，占专任教师数的51.1%；“双师型”教师83人，其中技师及以上职业资格教师数为51人，占“双师型”教师比例61.4%。4名教师担任国家和省级专指委、行指委及行业协会会长、副会长和常务理事等。有全国黄炎培杰出校长1人、浙江省春蚕奖2人、浙江省教坛新秀3人、浙江省师德楷模1人、浙江省教科研先进个人1人、浙江省最美教师1人、省学科带头人4人、省黄炎培杰出教师各1人，杭州市学科带头人16人，市级以上名师7人，杭州市教育工匠3人，市级以上名大师工作室6个，市级优秀教师团队3个。优化各专业人才培养方案，架构“公共基础课程+专业核心课程+专业任选课程+跨专业共享课程”的课程体系，联合行业企业修订专业核心课程标准12门，开设《手工炒茶》《非遗杭绣杭扇》《陶艺》等跨专业共享课程20门。推进“1+X”证书制度试点，3个专业开设研学指导师、智能财税、设施蔬菜生产3类证书，校企合作开发技能等级证书课程。建设3门思政示范课程，其中1门被收录杭州市“课程思政”特色示范课程。学校驱动技能人才培养的五育融合。旅游、酒店、园林专业均举办“杭旅小匠”技能人人赛系列活动，提升专业能力；体艺融合，以开学典礼、毕业典礼、校运动会、寝室文化节、红歌大合唱、杭旅校园体艺节等系列活动，提供成长平台。全年5人获国家级奖学金，53人获首届“民建思源、杭旅小匠”奖学金，88人次在市级各类各项比赛中获奖。

学校聚焦文旅与农林两大专业集群，匹配文化旅游与都市园林产业的特征，探索构建“杭旅特区”“产学高地”以及“示范窗口”于一体的校企合作、产教融合新范式。新增合作企业12家，“新洛桑”酒店实训车间建设扩充和升级。成立“杭旅劳模工匠之家”，建立杭州市首个二级协会劳模工匠展厅。葛春灵正高名师工作室和网络名师工作室成立并开展活动。引进夏国余浙派盆景大师工作室和李群勇红茶制作大师工作室。引入非遗工匠、行业大师7人，举办“工匠入校”授课公益课堂，开展教育教学。学校教育科研工作以国家级与省级教学成果奖为工作主轴线，申报省教学成果孵化项目与精品化成果各1项、省规划课题1项、省级课题1项、省职教改革典型案例1项，获浙江省职业教育与成人教育优秀教科研成果一等奖2项、二等奖2项。将学校的新疆班育人实践模式与教育科研结合，形成国家级教学成果奖1项、浙江省教学成果特等奖1项

学校服务文旅产业和乡村振兴，参与杭州市中华职业教育社乡村振兴领航计划，开展对接浙江省舟山市嵊泗县民宿服务项目；牵头成立浙江省中职“文旅·农经”专业助力山区26个县职教共富联盟。打造志愿服务团队，参与志愿服务163次，活动总时长1.98万小时，累积活动4790人次，参与1581人。学校“金钥匙”社团服务省、市两会等大型活动65天，参与166人次，服务万余人次。

（李　越）

高等教育

【概况】 2022年，杭州高新区（滨江）有1个高教园区，即滨江高教园区；6所高等院校，分别为浙江中医药大学、浙江警察学院、浙江商业职业技术学院、浙江机电职业技术学院、浙江艺术职业学院、杭州医学院。6所高校均位于滨江高教园区，有全日制在校生5万余人。滨江高教园区于1998年建立，位于浦沿街道滨文路两侧，用地134万平方米，总建筑面积82.6万平方米，是浙江省最早建立的省级高教园区。

【浙江中医药大学】 至2022年底，浙江中医药大学有滨文和富春2个校区，设有18个学院、1个独立学院（滨江学院），有3所直属附属医院、1所同质化管理附属医院和22所非直属附属医院。校本部有在职教职工1400多人，包括正高级专业技术人员380人（含直属附属医院）；全日制在校生2.2万人（含独立学院），其中硕博士研究生4700多人、学历留学生800多人。开设本科专业32个，其中：11个专业入选国家一流建设点；3个专业通过教育部专业认证，获批国家中医临床教学培训示范中心。中医学、中药学入选浙江省第二批重点建设高校优势特色学科，临床医学、药理学与毒理学、生物学与生物化学进入学科领域ESI全球排名前1%。学校有3个一级学科博士学位授权点以及中医博士专业学位授权点、10个一级学科硕士学位授权点、9个硕士专业学位授权点以及3个博士后科研流动站。建有2个国家中医临床研究基地以及国家中医药科研重点实验室、省“2011协同创新中心”、省重点实验室、省工程研究中心、省国际科技合作基地等科创平台。主办《浙江中医药大学学报》《浙江临床医学》和*Clinical Complementary Medicine and Pharmacology*学术期刊3种。学校2次获教育部本科教学工作水平评估优秀，通过教育部本科教学工作审核评估。累计获国家科技进步奖、国家技术发明奖5项，浙江省科学技术进步奖一等奖13项，国家教学成果奖3项。学校列2022年软科最好大学排名中医药高校第5位。

学校推进体制机制改革，落实党委领导下的校长负责制，完善议事规则和议事清单。成立一流中医药大学建设工作领导小组，设立工程专班，编制《建设一流中医药大学规划方案（2022—2025）》，组织召开学校发展战略咨询委员会成立大

会暨第一次全体会议。召开全校人才工作会议，实施“人才队伍建设年”计划。全年引进国家海外引才计划1人、省海外引才计划1人、省人才计划科技创新领军人才1人。新增国医大师1人、全国名中医3人、国家人才计划教学名师1人、国家人才计划科技创新领军人才1人、岐黄学者1人、青年岐黄学者2人。

实施学科登峰工程，立项国家中医药管理局重点学科建设项目9个。中医学、中药学、中西医结合分别列2022年软科学科排名第五位（首次进入全国前12%）、第六位（首次进入全国前12%）、第15位（首次进入全国前24%）。ESI学科全球绝对排名前移，临床医学前移200位（提升9.4%），药理学与毒理学前移91位（提升18.4%），生物学与生物化学首次进入全球前1%。获批省工程研究中心2个、省国际科技合作载体1个。获国家自然科学基金74项、国家社科基金5项，其中区域创新发展联合基金重点支持项目2项；获国家重点研发计划重点专项1项、国家重点研发计划课题2项。学校为第一署名单位发表高水平论文1010篇。首次获得教育部高等学校科学研究优秀成果奖（科学技术）一等奖。获中华中医药学会科学技术奖7项，其中二等奖1项。学报获“2022年度中国高校优秀科技期刊”。

实施“三全育人”综合改革，入选省级课程思政示范校。新增国家级一流本科专业建设点3个、获批国家中医临床教学培训示范中心。获批国家级虚拟教研室1个、国家级基地1个。入选省级双创示范基地，学生获“互联网+”大学生创新创业大赛国赛银奖3项，“挑战杯”国赛铜奖2项，获国家级A类学科竞赛奖项17项。学生获授权发明专利3项，第一作者发表高水平论文514篇。中医类执业医师资格考试通过率连续5年居全国中医药院校第一位。附属一院深化国家中医临床研究基地二期建设，扩建浙江省名中医研究院，有序推进富阳新院区项目建设；附属二院入选国家中医药传承创新中心项目储备库，推进第四临床医学院和杭州临床医学院建设，谋划设立第五临床医学院。医学实训楼建成投入使用，浙江名中医馆滨江馆、附属口腔医院迁址开业。

国际化办学加快，完成到华留学生高等教育质量认证工作。入选第二批“国家特色服务出口基地（中医药）”，3家海外中医药中心均中标2022年中心类项目建设。创办浙江中医药大学突尼斯分校，新增佩奇大学等8个合作伙伴，新增阿尔及利亚、不丹2个生源国，新增康复治疗学、公共卫生2个国际化专业。招收国际生189人，比上年增长81.7%，其中硕、博士增长30.8%。拓展政产学研合作。制定《助力山区26县高质量发展行动计划（2022—2025）》。推进与衢州市、丽水市合作，在丽水市松阳县创建学校首个实体化运营的地方研究院。与金华市签署战略合作协议，共建研究院和实验室。与浙江康恩贝集团共建浙江省中医药创新联合体、与富阳区政府共建中药制剂研究转化中心等产学研合作平台8个，新设博士工作站9个。

聚焦数据融通、多跨应用、业务数字化、网络优化等关键问题，推进校园大脑建设。富春校区建设工程项目获省发展和改革委审批立项，并被列入2023年省级政府投资项目（储备类）。完成杭州第19届亚运会曲棍球训练场及配套设施改造项目建设，并完成赛事功能验收。开展“除险保安”工作，推进AAAAA级平安校园创建。创建节约型校园，通过省绿色学校三星等级评定。

（朱宇峰）

【浙江警察学院】 至2022年底，浙江警察学院有全日制在校学生3785人。年内，学校有教职工466人（专任教师246人），包括正高职称39人、副高职称103人，其中95人有博士学位。7人入选第二批浙江省高校领军人才培养对象，3个教研室获评全国公安教育成绩突出集体，2名教师获评全国公安教育成绩突出个人。

2022年，学校首次实行“线上面试、分市就地体能测试”，完成6618名考生的招生综合测试工作，招收全日制普通本科学生1018人，其中省内全日制本科生950人、公安英烈子女3人、藏族学生20人、涉外警务专业省外招生45人。招生办获评全省优秀公安基层单位。有857名学生毕业并获得学士学位。学生参与省部级以上创新项目立项30项、学科竞赛获奖290项、发表论文14篇。

学校持续推进"新公科"专业平台建设，"1+2+3"的新公安人才培养模式改革获推荐参加国家级教学成果奖评审。制定《微专业建设管理办法》，首次开设电信网络诈骗犯罪治理、数据警务技术、数据法学等微专业。深化课堂教学改革，遴选24门课程开展"科教融合"创新课堂教学改革、8门课程开展首轮"强基培元"课堂教学改革，新增省级一流本科课程47门。加强思政教学改革，制定《关于加强专业思政建设的指导性意见》，首创"忠诚为魂、课程为本、专业浸润、一体推进"的专业思政体系，实施"英模带教"实践育人项目，打造思政大课堂，获评省级课程思政教学项目17项。加强实战化教学改革，完成12个实习基地动态调整评估。评选优秀实验实训项目，校级精品实验实训项目库累计入库31项。学校成为公安部素质强警交流合作虚拟仿真训练类和涉外警务人才培养类牵头院校。

申报"十四五"省一流学科，公安学学科入选"十四五"省一流学科A类（培育），公安技术、网络空间安全学科获省一流学科B类备案。学校承担省公安厅"公安大脑"建设理论研究组任务，出台《深化数字化改革推进"公安大脑"建设实施方案》，承担13项省公安厅"公安大脑"建设调研课题，围绕社区警务数字化转型、警务数据安全等形成研究报告8份，发表一级期刊论文2篇。全年获省部级科研成果奖二等奖1项、三等奖1项，获省部级以上科研项目立项8项，完成国家级项目结题7项、省部级项目结题11项，与校局合作单位开展科研服务实战项目12项；教师发表论文123篇（其中核心A以上52篇），获省部级以上领导批示8项，出版专著9部，获国家发明专利授权8项。完成优化全省公安机关考核工作调研课题，完成中国警察协会交办的公安理论研究综述课题。

学校成立研究生工作部和研究生招生工作领导小组，制定警务硕士人才培养方案，推进27门研究生课程建设，3门课程获评省级优秀研究生课程，《浙江新时代高层次应用型警务专业人才培养模式探索》等7个项目获"十四五"省级研究生教育改革项目建设立项；制定实务导师管理办法，增选校内导师10人、警务硕士专业学位研究生导师35人；加强研究生联合培养基地建设，公安萧山分局警务硕士专业学位研究生联合培养基地获批2022年浙江省研究生联合培养基地。完成2023年全国硕士研究生招生考试52个考场的考务任务，保障1197名跨省异地借考考生"如期考试、应考尽考、平安研考"。

学校承办省内外各类培训及比武92期、7643人次。重点围绕数字化改革、"公安大脑"建设等领域，量身定制专业课程，模块化教学，按纲施训，完成全省公安机关优秀年轻干部培训班、省公安厅警衔晋升班等主体班次培训任务，满意度超过98%。"数字浙警"建设以教师绩效码、学生成长码场景应用为重点，通过"云网数端"一体化，打造集资讯中心、个人中心等6个中心于一体的智慧门户平台。学校获评2022年浙江高校网络信息化建设数字化改革方向先进单位和智慧校园建设方向先进单位。学习宣传贯彻中共二十大精神，坚持党委班子带头学、专家代表辅导学、文章专栏交流学、互动答题天天学，印发《关于认真学习宣传贯彻党的二十大精神的通知》，组织全校师生开展"学习贯彻二十大，团结奋进新征程"大学习大讨论。开展省委巡视反馈意见整改。

（叶慧涵）

【浙江商业职业技术学院】 至2022年底，浙江商业职业技术学院有二级学院12个，设置37个专业及方向。学校有中国特色高水平专业群1个，中央财政支持重点建设专业2个，教育部高等职业教育创新发展行动计划骨干专业7个，省级重点专业2个，省级示范院校重点专业5个，省级优势专业

5个，省级特色专业9个。有国家级教学成果奖4项，省级教学成果奖13项，国家职业教育专业教学资源库1个，国家级示范性职教集团1个、国家“双师型”教师培养培训基地1个，国家应用技术协同创新中心1个，国家级生产性实训基地2个，国家精品课程6项，国家精品资源共享课1项，国家级精品在线开放课程3门，教育部“1+X”证书制度试点项目34个，获首届全国教材建设奖二等奖1项，国家“十二五”规划教材44本，国家“十三五”规划教材20本，省“十三五”新形态教材17部，中国华侨国际文化交流基地1个，中央财政支持实训基地3个，省级示范性实训基地7个，省级非物质文化遗产传承教学基地2个，浙江省海外中餐人才培养基地1个，省职业教育示范性虚拟仿真实训基地1个，省中小学劳动实践基地暨职业体验基地1个，浙江省产教融合“五个一批”建设项目2个，省级产学合作协同育人项目10个，省级职业教育教师教学创新团队1个，全国高校百强学生社团2个。

2022年，学校有全日制在校生1.42万人，成人专科学生6107人，留学生58人；教职工684人，二级教授4人，专任教师586人，正高职称51人，副高职称164人。学校组建中共二十大精神宣讲团，建成省内首家、全国高职高专院校第一家“精神的力量——中国共产党人的精神谱系展示馆”红色教育基地，入选首批“浙江省英烈文化思政课教学实践基地”。入选全省首批高校党建“四个融合”行动试点单位，组织开展第一届“清风商韵”廉洁文化节，获评“清廉交投建设成绩突出单位”。科技志愿服务队获评“长三角优秀科技志愿服务组织”。在2021年高职院校督导评估中学校居全省第三位。“提质培优促双高建设”项目获得浙江省交通集团2021年度集团董事长专项提名奖。

深化职业教育内涵建设。学校获省级教学成果一等奖2项，省级课程思政教学研究示范中心1个。师生参加各类竞赛获国家级奖项9项，省级奖项87项，在2022年金砖国家职业技能大赛中奖牌数列浙江省第一位。招生工作被中国教育在线评为2022年度“浙江省最受高中生关注高职院校”。2022届毕业生就业率98.1%。提升人才队伍建设质量。学校培育“全国技术能手”2人，“浙江工匠”1人，浙江“金蓝领”3人，“交投工匠”2人。新增博士进修24人，首批省级职业教育教师教学创新团队1个，省级教学能力比赛一等奖团队1个。深化产教融合。学校获批工业和信息化部人才交流中心第一批产教融合专业合作建设试点单位。与千年舟投资集团有限公司、西子电梯科技有限公司等签订战略合作协议。入选浙江省教育厅2022年教育助力乡村振兴典型案例，在全省高校助力乡村振兴联盟成立仪式上作交流发言。提升科技创新与成果转化成效。成功转化专利32项，比上年度增长100%。“商业饮食服务业培训基地”入选“省示范性继续教育（社会培训）基地”，“社区品质生活培训基地”入选“省社区教育示范基地”。

推进数智融合。学校入选2022年全国高等职业院校治理体系建设优秀案例50强单位。形成集30多个业务系统于一体的门户系统，打造标准化线上流程200多个。搭建“掌上商院”平台，实现师生一站式业务联动办理。国际化办学成果获浙江省职业教育教学成果一等奖。西班牙中餐学院和中尼商学院获批浙江省首批“一带一路‘丝路学院’”。5个教育部中外语言交流合作中心“中文+职业技能”“汉语桥”线上冬令营项目获批立项。获批省级国际学生国情教育名师工作室1个。举办2期海外中餐烹饪技能培训班。通过浙江省高校AAAA级“平安校园”复核和“浙江省绿色学校”创建评价验收。召开第五届教职工（工会会员）代表大会，选举产生新一届教职工代表大会执行委员会、工会委员会、工会经费审查委员会、女职工委员会。

（李　薇）

【浙江机电职业技术学院】 至2022年底，浙江机电职业技术学院有专任教师600多人，双师型教师占90.44%，全日制在校生1.09万人。2022年，学校推进“双高计划”建设，以“优秀”等次通过教育部中期绩效评价。优化调整校区功能布局，2个二级学院入驻海宁校区办学，形成滨江、海宁“一体两翼”办学格局。海宁校区扩建工程项目被列入2023年省级政府投资项目年度计划实施类项目库。学校3个项目获省级推荐参加职业教育国家级教学成果奖评选，4门课程获评国家级在线精品课程，8种教材被推荐上报“十四五”首批职业教育国家规划教材，8门课程获评省级课程思政示范课程，“机电专业教材研究基地”获评省级教材建设研究基地，全省高职院校教学督导评估获评第一名，入选浙江省深化新时代教育评价改革试点综合校（全省16所高校之一），获批1个省级产教融合联盟、3个省级产教融合工程项目。智能控制技术和汽车智能技术2个专业入选工业和信息化部产教融合专业合作建设试点单位；学生学科技能竞赛奖项117个，获奖数量较往年明显提升。

学校提升科研与社会服务能力。健全学术管理制度与组织架构，修订学术委员会章程，选举成立学校新一届学术委员会，建立院士、首席专家领衔制。提升科研能级，智能制造学院“低温流体装备研发项目”入选“2022年省工程研究中心”，为全省高职院校唯一；增材制造学院“大型风机关键结构件高强韧低温球墨铸铁材料”立项浙江省制造业首台（套）产品工程化重点攻关项目；创立“智能制造协同创新中心”，获批省知识产权信息公共服务网点。围绕产品研发、工艺改进、技术推广，立项9项省部级重点项目，主持2022年度“尖兵”“领雁”研发攻关计划项目3项、主要承担5项；主持浙江省哲学社会科学规划重点课题1项。全年立项纵向课题167项、横向课题157项；授权专利及软著243项，其中发明专利46项；服务企业132家，创历史新高。全年开办各类培训班246期，培训规模2.28万人次，创收4685.21万元，比上年增长37.97%。

学校以数字化改革升级迭代智慧校园建设。通过业务协同、数据共享、流程再造，搭建“数智机电”融合门户，构建校域数据治理服务平台，实现对业务数据的全面规范与集中管理。通过浙江省区域和学校整体推进智慧教育试点单位的建设验收，立项教育部“首批职业院校数字校园建设试点单位”。领衔承办世界职业教育产教融合博览会，全国、省、市、区教育行政部门、1万家国内外知名企业、1万所职业学校共2000万人次线上线下观看博览会开展仪式并“云上逛展”。

学校举办庆祝建校70周年大会，召开学校高质量发展战略咨询会、校友理事会议，举办学术报告会。开展校友返校活动，建成启用浙江机械工业博物馆及校史馆，举行学生素质教育成果汇报演出等活动。学习贯彻中共二十大精神，系统组织中共二十大精神学习教育培训。组织党委理论学习中心组扩大学习、校领导下基层宣讲、邀请专家学者辅导、党员全员轮训等多样化学习活动，组织校级层面的专题性宣讲报告、辅导报告11次。建成并启用学校筑牢“红色根脉”主题教育实践基地，召开浙江高校红色场馆联盟成立仪式暨中共二十大精神融入思政课专题研讨会。

（陈　宇）

【浙江艺术职业学院】 至2022年底，浙江艺术职业学院占地16万平方米，建筑面积11万余平方米，全日制在校生5197人，设有戏曲、音乐、舞蹈、设计、戏剧影视、手工艺、演艺与教育七大二级学院和附属中专（浙江艺术学校）、基础教学部（公共体育部）、马克思主义学院、教学实践中心、继续教育学院，开设29个专业，其中戏曲表演专业为首批全国职业院校民族文化传承与创新示范专业点，戏曲表演、戏剧影视表演、音乐表演、舞蹈表演、影视多媒体技术专业为国家级骨干专业，声像工程技术和文物修复与保护专业为中央财政支持的重点建设专业。学校有教职工563人，其中：专任教师315人，高级职称以上141人（占45%），获国家级人才称号3人、省级人才称号13人、市级人才称号23人，浙江省特级专家1人。学校是公办全日制综合性高等艺术职业院校，是全国唯一入选“中国特色高水平高职学校和专业建设计划”的艺术职业院校，是浙江省高水平职业院校，是文化和旅游部文化艺术职业教育教学指导委员会副主任委员单位、中国艺术职业教育学会副会长单位。学校是《职业教育专业目录（2021）》表演艺术专业目录的牵头承担单位，领衔中、高、本一体的表演艺术类和文化服务类42个专业简介和22个教学标准的制定工作。

学校开展“党建铸魂强基专项行动”，升级“数字党建系统”，开发新应用场景。建立校系两级党组织理论学习“第一议题”制度。举办6期“初心讲堂”，开展4场“浙艺青年说”青年师生大宣讲，开设“德艺双馨课程”——文艺工作和文艺工作者的素质课程。恢复绘画、音乐、戏剧影视表演3年制中专招生。2022届中专毕业生本科录取率81.7%。高职毕业生就业率98.6%，2022级新生录取总人数比上年增长18.5%。舞蹈学院党总支被评为省文化和旅游厅“双建争先”工作先进集体，学校被评为省文旅青年宣讲团百场大巡讲活动优秀组织单位，入选省教育厅第二批高校智慧思政特色应用试点单位名单与应用场景建设单位。牵头国家新版专业目录的专业简介和教学标准研制工作，完成表演艺术类和文化服务类中高本职业教育专业简介和专业教学标准研制。承办第四届“梨花杯”全国青少年戏曲教育教学成果省级选拔展示活动、2022年浙江省职业院校技能大赛艺术专业技能高职（声乐表演）和中职（戏曲表演）赛项比赛、2022年浙江省民营文艺表演团体戏曲折子戏展演。完成首批省舞台艺术“1111”人才计划。2名学生获全国职业院校技能大赛艺术类专业技能赛项一等奖，5个剧目入围第四届“梨花杯”全国青少年戏曲教育教学成果展示活动，1个剧目入围第十三届中国舞蹈“荷花奖”古典舞终评。1名教师入选“浙江音乐奖”。3项成果获浙江省教学成果奖。

成立学校社科联。59个项目获立项，其中省部级2项，厅级20项。申报浙江文化艺术发展基金资助项目6项，国家艺术基金资助项目13项。8个名师传艺录结题。原创话剧《清溪谣》获得“戏剧中国”2021年度优秀剧目线上展演优秀剧目。24个项目获“宋韵文化”科研专项立项。《国家级非物质文化遗产楼塔“细十番”传承保护服务模式探索》通过文化和旅游部文化艺术职业教育和旅游职业教育提质培优行动计划结题。制定并实施“浙艺行——文艺星火赋美”试点工作方案，与滨江区政府联合打造“滨江艺术空间”。“青春文旅志愿行”社区教育基地入选浙江省社区教育示范基地。全年完成各类培训27期，培训5303人次；9535名文化干部参加浙江文化干部网络学院在线学习，学习51.5万人次，共完成190.2万学时。音响调音员、礼仪主持人、文物修复师被浙江省人力资源和社会保障厅列为浙江省首批技能人才评价专家培养基地和培养职业名单。完成《浙江省文化艺术类校外培训机构准入指引（试行）》的起草发布工作。学校文旅人才继续教育（社会培训）基地入选浙江省示范性继续教育（社会培训）基地。

开展国家双高建设中期考核自评工作。2个项目获2022年度文化艺术职业教育和旅游职业教育提质培优行动计划立项，2门课程被全国文化艺术行指委推荐参评国家在线精品课程。华文教育基地正式获批。推送《听见江南》部分节目作为美国纽约领事馆春节线上节目展演。承办首届浙江省大学生助力旅游业“微改造、精提升”创意策划大赛。完成“诗画江南 活力浙江”浙江省第三届诗路文化带景区讲解员大赛承办活动。与滨江区共同举办第五届浙艺金鹄电影节，组建成立全国大学生原创影像产教联盟。完成2022年度国家艺术基金艺术人才培养资助项目“长三角民营文艺表演团体传统戏曲人才培养项目”。

校内新教学综合楼建设项目结顶，完成新增教学场地、东冠校区改造提升以及实验剧场灯光设备更新、停车场地面铺设。出台《高层次人才引育和管理实施办法（试行）》。建立师德师风网格化预防预警工作机制及学生管理机制，优化网格化闭环管理。完善疫情防控工作机制、确保学校运行安全平稳有序。

（汪仕龙）

【杭州医学院】 2022年，杭州医学院坚持特色发展，推进校本部与附属医院学科共建、资源共享，遴选学科联盟1个。围绕学科建设规划目标，出台《关于加强公共卫生学科建设的指导意见》。推进学校与省疾病预防控制中心创新合作模式，共同打造高水平公共卫生学院，集中力量推动公共卫生与预防医学学科优先发展，推动该学科成为“十四五”省一流学科A类。完成硕士单位及其授权点平移工作，实现办学层次的历史性突破。加快启动博士单位立项建设。学校共招生3609人，其中本专科层次学生3407人、研究生202人。研究生就业率93%，本专科生毕业去向落实率93.65%。

推进教育教学改革，以社会医疗卫生需求为导向，新增国家级一流本科专业建设点1个、省级一流本科专业建设点2个，新增44门省级一流课程，推进专业综合改革和特色专业培育。新增麻醉学、食品质量与安全、生物医学工程3个本科专业，获得儿科学、预防医学、卫生检验与检疫、应用物理学和助产学5个本科专业学士学位授予权。学校构建“大思政”工作格局，获省级课程思政教学项目立项11项，入选省级课程思政示范课6门、入选省级课程思政示范基层教学组织1个。学生获厅局级及以上纵向科研项目立项142项，以第一作者发表论文62篇，比上年增长59%，以第一发明人授权的知识产权39项，增长457.1%，创新创业竞赛类获奖67项320人次，其中国家级竞赛获奖7项，增长40%。

科学技术研究获突破，吕建新团队的“新型冠状病毒快速诊断技术及试剂研发”项目获2021年度浙江省科学技术进步奖一等奖。黄东胜团队的项目成果“肝胰恶性肿瘤精准诊疗创新技术的基础研究及临床推广应用”获省科学技术进步奖二等奖。全年获纵向科研项目经费6225万元，厅局级及以上纵向科研项目立项443项，包括政府间国际科技创新合作项目1项、国家自然科学基金资助项目27项、省重点研发项目6项、省基础公益研究计划项目44项、省科技厅软科学项目1项、医药卫生省部共建重大项目3项。公开发表SCI（《科学引文索引》）论文741篇。新增授权专利345个，实现成果转化金额190.5万元，新增“检验诊断关键技术浙江省工程研究中心”和“数智化康复装备浙江省工程研究中心”两个省级科研平台，横向项目到位经费18亿元。推进人才工作，出台《杭州医学院专业技术职务评聘实施办法（试行）》，改革专业技术职务评聘制度。出台《杭州医学院建立人才引育工作联动机制的实施办法》，试行人才引育工作联动机制。全年招引各类人才50人。周彩华获“浙江省最美教师”称号，褚美芬获评“浙江省巾帼建功标兵”，入选浙江省卫生创新人才、医坛新秀培养对象各3人，浙江省高校领军人才培养计划高层次拔尖人才1人、青年优秀人才7人。教师获浙江省第二届高等学校教师教学创新大赛一、二等奖和优胜奖各1项。

学校落实《浙江省数字化改革总体方案》开发智能化考核系统和办学监测平台，搭建采购全生命周期平台、房产管理系统、财务智能报销系统；优化提升育人工作数字平台、双创工作“赛马”平台、治校数字平台、网上办事大厅。实施依法治校，推进《杭州医学院章程》《党委会议议事决策实施细则》等制度废、改、立。服务国家和区域医疗卫生事业发展大局，印发实施《杭州医学院深度参与共同富裕改革发展工作方案》。落实省委巡视反馈意见，整改57个问题，建立完善制度60项，清退款项83.9万元。学校推进动物P3实验室重大基础设施建设，启动临安校区二期项目建设，完成黄龙校区整体改扩建规划，黄龙校区研究生公寓楼改造装修完成并投入使用。推进绿色学校创建工作，建设学校能耗数据管理平台，开展水平衡测试和节能项目改造，建设食堂厨房余热回收项目，通过浙江省绿色学校（高等学校）评价验收，获评“三星”绿色学校、“2021年度校园建设与管理专业委员会能源管理先进集体”。

（徐晶晶）

成人教育

【概况】2022年，区社区教育机构有区社区学院1所、区社区学院街道分院3所、社区市民学校63所。有公办教职工21人，专任教师20人，聘请校外兼职教师120人，志愿者9854人。全区社区教育机构完成非学历培训17.86万人次。其中：企业职工培训1215人次，家庭教育培训8.36万人次，老年教育培训3204人次，青少年校外培训2327人次，线上培训8.34万人次，其他培训4846人次。区社区学院获评2022年浙江省社区教育示范基地、2021年度浙江省终身教育学分银行先进单位。长河街道晶都社区获评2022年浙江省学习型社区。滨江区获2022年度杭州市社区学习共同体建设先进区。区社区学院及3个分院均获评2022年度杭州市全民阅读学习挑战赛优秀组织奖。“‘滨学通’——杭州市终身学习公共服务平台创新实践”获评市终身学习品牌项目，浦沿街道江南社区冯宪沂获评杭州市“百姓学习之星”。长河街道竹山社区的“竹山快乐文艺队”等5个社团获评2022年市示范社区学习型共同体。西兴街道金东方社区刘荷娟等19人获评区第八届“百姓学习之星”。西兴街道官河社区王玲飞等17名社区教育联络员获评2022年区“优秀社区教育联络员”。

【“智慧助老”优质课程】2022年4月，区社区学院浦沿分院开发的“中老年人学用智能手机”课程，经省教育行政部门推荐，专家综合评议，被评为首批全国“智慧助老”优质课程资源。浦沿分院根据《教育部办公厅关于广泛开展老年人运用智能技术教育培训的通知》要求，专门针对老年人运用智能技术的需求，开发该门课程，通过培训学习，提高老年人智能技术应用能力和水平。

【社区教育“能者为师”实践创新项目】2022年4月，教育部启动社区教育“能者为师”实践创新项目推介工作，区社区学院的“‘双减’背景下家长心理健康教育培训项目”入围首批启动名单。该项目实施后，全区有5.41万人次参加心理健康教育家长72课在线学习。区级家长学校大讲堂开展线上线下专题讲座8期，参与家长8905人次。各中小学家长学校大讲堂开设365期，受训家长3.07万人次。

【新建2所老年学堂】2022年5月，区社区学院与浦沿街道东信社区、西兴街道丹枫社区协商同意在东信社区、丹枫社区党群服务中心设立杭州市滨江区东信、丹枫老年学堂，明确领导班子、办学规模、经费保障、业务指导等事项。2所学堂共开设书法班、声乐班、民族舞班、旗袍走秀班、太极拳班等课程，招收学员278人。2所老年学堂由区社区学院和浦沿街道分院、长河街道分院负责业务指导并给予办学经费支持。丹枫老年学堂建设项目是2022年市教育民生实事项目。

【学习积分挑战赛滨江区居全省第一位】2022年6月27日至7月16日，“浙学通”平台组织“数字生活、银发无忧”线上学习积分挑战活动，杭州高新区（滨江）14个社区1万余名老年人参加该次活动。学习活动根据对线上学习总积分的高低排序，确定个人积分挑战赛和团体挑战赛名次，长河街道晶都社区、浦沿街道之江社区、浦沿街道江南社区、浦沿街道彩虹社区获团体奖。个人奖项中10名一等奖由杭州高新区（滨江）全部包揽。

【区第四批“社区好老师”评选】2022年10月，区第四批“社区好老师”评选活动结束，历时5个月。评选通过教师自愿报名，社区、街道推荐，区社区教育工作委员会办公室组织专家现场考核，评出杨永兴、来应锋、康增宇、蒋中林、金晓、钟关良、刘小红、孙玲鹤、方洁、陈飞环、李国敏11名具有专业特长和教学能力的“社区好老师”，扩大社区教育优质师资队伍。

【未来社区教育场景案例获评全省示范】 2022年11月，浙江省教育厅办公室公布2022年未来社区（乡村）教育场景建设典型案例名单，确定未来社区（乡村）教育场景示范案例4个、优秀案例11个。区社区学院申报的《能者为师：全渠道师资队伍多维构建的彩虹样式》居省示范案例第一名。彩虹社区依托区社区学院，坚持“能者为师”原则，拓宽渠道，挖掘社区人才资源，主动选聘培育，建设未来社区教育场景师资队伍，解决社区教育师资供需矛盾，满足社区居民多样化、个性化、特色化学习需求，打造“共建、共治、共享”的美好未来社区教育场景。

【全民终身学习活动周】 2022年11月11日，2022年杭州高新区（滨江）暨长河街道全民终身学习活动周在杭州湖畔学校启动。活动周由区教育局、长河街道主办，区社区学院和区社区学院长河街道分院承办，活动周主题为“深化全民学习、助力‘两个先行’”。启动仪式上，杭州高新区（滨江）对全区“优秀市民学校校长”“社区好老师”“优秀学习型社团”“百姓学习之星”“优秀社区教育联络员”进行表彰；长河街道各社区选送的民乐、舞蹈、武术、合唱、时装表演等社区教育成果进行展示。活动周期间，1.04万人次参与活动。

【区社区教育“能者为师”案例入选全国典型】 2022年12月，教育部职成教司确定全国社区教育“能者为师”推介典型案例383个，区社区学院的《非遗文化“西兴灯笼”的活态传承》案例入选全国典型案例。区社区学院及西兴分院发挥社区教育广覆盖、强渗透、多体验等优势，通过居民学习体验基地、传承人工作坊、中小学社团活动“三大基地建设”，纸质教材、视频微课、活动课程“三类课程开发”，市民群众、各类学生、企业职工“三元主体参与”，把社区教育与传统文化结合，通过社区教育助推非遗活态传承。

（夏厚勇）

特殊教育

【概况】 2022年，杭州高新区（滨江）3~18岁各类持证残疾儿童少年有170人。其中：学前段儿童30人，安置率96.6%；义务教育段儿童少年108人，安置率100%；高中教育段少年32人，安置率96.4%。普通学校随班就读、送教上门生均公用经费按普通同级学生生均公用经费基准定额的10倍拨付，小学每生1.14万元，初中每生1.27万元，特殊教育专项经费投入200万余元，特殊教育学校委托培养经费每年每生4.6万元，第三方服务费用13万元。

【免费康复和特殊教育服务】 2022年，区教育局为全区中小学校特殊儿童免费提供资源教室支持与康复训练。发布《关于为特殊儿童提供资源教室支持的通知》，制定含教育局、学校、特教教师、资源教师、家长多方参与的工作流程，实行上报、接案、研判、训练全流程化管理。为区内特殊儿童于每周固定时间段开展1小时的“一对一”资源教室康复训练服务，专业特教教师经研判为儿童制定个别化训练方案，实施针对性康复训练。要求学校确保至少1名资源教师跟随特教教师学习康复训练全过程，通过“传帮带”形式加强专业能力培养。提高资源教室利用率，无资源教室学校的学生可报名集团内或附近有资源教室学校，通过走校形式享受服务。

【特殊教育保障】 2022年，区教育局通过中重度障碍学生委托培养，轻度障碍儿童在普通学校随班就读，行动不便儿童送教上门的原则进行学位供给。特教指导中心定期对普通学校随班就读特殊儿童提供巡回指导，针对特殊儿童班级授课中存在的疑难问题给予个别或小组指导，组织学校、教师、家长召开研判会。学年初专家委员会对持证儿童进行专项评估，进行安置建议。以重点落实义务教育阶段的特殊教育工作为中心，发展学前和高中段教育，开展特殊教育学校布局建设，基本普及残疾儿童、少年十五年基础教育。投资3.55亿元建设特殊学校，设计规模从学前至职高共18班。至年底，建成杭州市示范性资源教室2个、合格资源教室10个。16家幼儿园完成资源教室建设。

【普特融合教育研讨会】 2022年4月1日是世界自闭症关注日，杭州高新区（滨江）在杭州市杨绫子学校“智慧树”残疾人服务社举行普特融合教育研讨会，全区各中小学校特殊教育分管负责人参加。研讨会特邀杭州师范大学特殊教育系副教授连福鑫作题为《自闭症儿童融合教育研究与实践：同伴关系》的讲座，向与会教师梳理与分析自闭症儿童在融合教育环境下面临的挑战、社会性发展以及同伴接纳氛围创设的可行性策略，为教师们的教学实践提供启示。杭州市杨绫子学校校长兼党支部书记、省特级教师俞林亚介绍区域特殊教育提升行动的基本情况、实施过程以及具体举措。杭州市创意城小学教师夏红进行自闭症儿童融合教育随班就读个案的实践经验分享，重点介绍个案管理的操作流程、资源教室日常工作开展等方面。会议提升全区义务教育段学校对有特殊教育需求儿童的关注，探索学校中适应特殊教育儿童和普通儿童共同成长的融合教育模式。

（罗钊雅）

智慧教育

【概况】 2022年，区教育局下属各学校（幼儿园）均实现万兆网络互联及无线网络全覆盖，触控一体机在校（园）内实现全覆盖，建有实时直播教室500多个。全区普通中小学教育技术装备经费总投入5483万元，比上年增加2129万元，杭州市滨江实验小学、杭州高新实验学校获评杭州市第二批数字教育创新学校。区教育局在滨江教育一体化系统的基础上，持续完善智慧教育体系建设。汇集教育基础数据，构建教育大数据仓，实现各类教育数据资源的集成汇聚，形成省、市、区、校之间教育数据的贯通共享。融合各类业务系统，建立基础公共服务平台体系支撑（一码通平台），统一应用开发标准，集中认证登录，实现“管”“办”融合。推进特色应用开发，聚焦课堂教学、师生发展、平安校园、食品安全等业务场景，谋划易用、好用、管用的应用，其中，“数智体育”和“通学路云守护”项目获评2022年省教育领域数字化改革创新试点。

【滨江“通学路云守护”建设】 2022年，区教育局在原有的“护校安园”“畅学工程”基础上，依托数字化思维，打造出一条通学标识明显、护学保障到位、云端实时守护的通学路。该项目由分管区领导任组长组建专班，成员包括区教育局、公安滨江分局、滨江交警大队、区综合行政执法局、街道、社区等相关单位。针对中小学课后服务完善后学生放学时间与居民出行晚高峰重叠，影响学生出行安全的实际，在全区开展6次调研，了解家长需求，系统规划

2022年4月1日，杭州高新区（滨江）通学路开通

（区教育局 供图）

全区通学路建设。自4月起，通学路在区内3所小学进行试点，每名试点学生均配有智能学生证，该设备搭载定位、通话、紧急报警和报时等功能，通过电子围栏的方式实时监控学生的行走路径，保障学生安全。256名学生参与试点，实现100%自主上下学。该项建设有助于校园周边交通安全护卫、推进未成年人保护和落实“双减”工作，减轻家长接送压力。

【“数智体育服务系统”建设】2022年，区教育局在2所中学试点建设“数智体育应用服务系统”，该系统通过视频采集终端对学生特定体育项目进行数据收集，利用云计算平台进行大数据分析，为学生建立全面的体质健康成长档案，改善学校的体育教学工作，为学生生涯发展提供数据支撑，填补体质健康生涯档案的空白，指导学生健康成长及综合素质全面发展，支持学校在新课程改革时代背景下的信息化建设。系统把体育教学由经验教学变为智慧化、结构化教学，形成“科学指导、系统成长、精准教学”机制，把学生体质健康单一从学校监测指导转变为家校联动互通机制，实现以学校为主导、学生自主和家长参与的全新的教育模式。试点期间，针对50米跑、跳绳、引体向上等体育项目共采集1.4万份学生体能数据，经过分析给出运动建议，促使每周生均自主锻炼次数从8次提升至20次，平均运动量每天每人提高25分钟。

【数智研训体系】2022年，区教育局在2021年数字化研修平台建设的基础上，以“数智共生”为研训内核，提倡教育和数智双向赋能的持续发展观，数智系统通过全方位、多角度采集、处理、分析教育教学数据，反映区域教师镜像的虚拟信息。依托于学习内容的推送、学习过程的分析、学习效果的评价，促进教师对教育理论、方法的内化，形成自身的理论体系。全区中小学共部署500多间数智录播教室，为研训开展提供硬件环境的保障；在区域监察、学科规划和校级归整3个层级，调控和管理研训内容及手段；借助教师自主、学科研助和校际互助的形式，激发教师成长的内在动力；通过人工智能技术对课堂的分析，对教学进行实证性的诊断，助力优化教师课堂行为。至年底，区数字化研修平台中教师参与录课3000节，上传及公开课开设2110节，开展学科教研活动126次，形成500多份具有代表性的课例报告。该研训模式在2022年度浙江省教师教育规划课题优秀课题成果评选中获一等奖。

【人工智能教育推进】2022年，杭州高新区（滨江）推进“教育+智能”共同体建设，发挥各方优势，形成以课程、学生、教师、评价4个支撑点，学校、社区、企业3条联线，现实和虚拟2个层面的“四点三线两面”为基本架构的立体化推进模式。区域组织开发中小学人工智能课程，关注人工智能最前沿的发展，立足学生已有的知识与技能，依据2020年新修订的省编信息技术教材，构建面向全体学生的普及性课程。全区投入40多万元采购基于人工智能教育的教学设备，各校结合实际制定一校一方案，开发面向群体的发展性课程和面向个体的拓展性课程，发挥人工智能技术的育人功能，培养学生信息素养、创新意识和创新能力，通过体验式、沉浸式的教学让学生产生兴趣，理解人工智能技术。教师总结推进过程中的学教经验，至年底，以智能科技为主题的论文在各级各类竞赛中获奖40多篇，课题立项15项，在市、区级层面进行公开课展示交流40节（次）。

（周雨辰）

教育国际化

【概况】2022年，杭州高新区（滨江）推进教育国际化工作。鼓励学校坚持“走出去”和“迎进来”双管齐下的原则，开拓渠道，组织学生海外游学，扩展学生成长面；立足学校教育平台，通过日常课程渗透、资源课堂开设、社团活动组织、境外来访接待、专项活动开展等，落实教育国际化工作。组织教师国际化培训，提升国际化素养。引进国际优质教育资源，开展合作办学项目。开设国际理解课程，建立外教研训、评价与晋级制度，提高外教教学质量。至年底，有外籍教师26人，国际学校1所，市教育国际化示范校6所，即杭州江南实验学校、杭州高新实验学校、杭州市闻涛小学、杭州二中白马湖学校、杭州市滨文小学、杭州市丹枫实验小学。

【杭州国际学校】 至2022年底，杭州国际学校有43个班级，学生804人，其中幼儿园部127人、小学部330人、初中部207人、高中部140人，来自34个国家和地区。2022年，高中毕业34人，分别进入10个不同国家和地区的高校继续学习，国际化课程（IB）平均分35分。有教学人员133人，其中外籍校长及外籍教师92人，中国籍教师23人，中国籍教师助理18人。杭州国际学校采用国际化课程（IB），设置小学项目（PYP）、中学项目（MYP）及高中（DP）项目，综合性教学项目包括学术、社交、情感和道德教育，注重责任感和自信心教育。学校配合防疫工作，保护学生的公共安全。学校开展各项活动，保证学生的教育教学工作，实现学校愿景——在关心和关爱的环境中，最大化地为来自国际的学习者提供实现学业成功与自我成功的机会。8月，白马湖新校区建设完成，学校从原来的浦沿街道东信大道80号搬迁到长河街道湘滨路2190号。新校区占地5万平方米，配套有大型的餐厅和分学部配置的图书馆，2个室内体育馆，1个24小时恒温的国际标准泳池，2个剧院。

杭州国际学校于2004年7月成立，是经教育部、省教育厅和市教育局批准的外籍人员子女学校，提供外籍人员子女从幼儿园到高中16年一贯制教育，招生对象为在中国境内合法居留的外籍人员子女。经省教育厅批准，可适当招收在省内合法居留的香港、澳门特别行政区和台湾地区居民，以及在境外依法定居的中国公民的子女。学校以英语为主要教学语言，中文、西班牙语、法语等为第二教学语言，由国外教育团队统一管理。

（潘　琦）

【外籍教师培训】 2022年9月27日，区外籍教师研修中心组织外籍教师开展线上培训活动，全区50多名外籍教师参加。培训全程以中英双语形式开展，介绍滨江区历史和文化，以及滨江教育的发展变化。培训帮助外籍教师了解和熟悉滨江，快速融入滨江。

（于都敬文）

教师队伍建设

【概况】 2022年，杭州高新区（滨江）在职教师有4985人，实施教师专业发展培训项目131个。在2021—2022学年教师通过培训管理平台自主选择培训项目的学分数为26.76万分，占完成的教师培训总学分的63.88%，超过优秀标准（55%）8个百分点；教师自主选课后实际参训率（教师实际参训人数与选课后应参训人数之比）为99.87%，达到优秀标准95%以上；按要求组织3位教师参加省级及以上培训，规定完成率100%。

【职称评聘】 2022年，杭州高新区（滨江）规范职称评聘流程，严格审核评审资格；在申报高一级职称时支持教师完善材料，组织培训，提升教师水平。全年，2人通过正高级教师职称评审，37人通过高级教师职称评审，264人通过一级教师职称评审，343人转正定级通过二级教师认定。

【师德师风建设】 2022年，杭州高新区（滨江）强化教师价值观宣言引领，建立师德师风监管体系，制定区师德师风负面清单，持续开展中小学有偿补课、教师违规收受礼品礼金、教师违规经商办企业等问题的专项督查整治。发布区班主任工作宣言，建立教师信息资源库、支教志愿库等，统筹调剂盘活中小学教职工编制资源。重视校长、学科带头人等教育领航者队伍的建设。

【教师培养】 2022年，杭州高新区（滨江）引育并举充实教育人才。打造高水平专业化创新型教师队伍，推进“研学”工程。出台区幼儿园聘用制教师招聘、管理办法，通过直接和公开两种途径招聘81名聘用制幼儿园教师，招聘170名优秀小学教师。3名教师入选省特级教师。开展沪滨合作，柔性引进上海管理类特级校长4名、省内学科顶尖专家2名，定制适合滨江教育实际的人才培养计划，带队指导研修。提升管理干部、学科人才、班主任、研究员四支队伍素质，做好教育人才储备。评优激励教师，在区优秀人民教师、区优秀人民校园长评选的基础上，专设区特级校长、特级教师和特级班主任评选。首设区班主任节，建立班主任发展培养梯队。

（郭凯琳）

【后备干部班】 2022年，区教育局培训后备干部班3期。1—7月，杭州高新区（滨江）后备干部班第一周期研培工作以“德育”为题，集中培训7次。9月，第二周期以“教育教学”为主题，集中培训5次。11月13—18日，与上海市闵行区、徐汇区、杨浦区相关重点公立、民办中小学、幼儿园，通过专家专题讲座、经验交流、入校浸润、互动交流等方式，进行递进式主题研修、集中跟岗深度研培活动。

【校本研修信息化】 2022年，杭州高新区（滨江）作为校本研修信息化试点区，采用常规的全员研训模式和个性化的学科组研修模式，对校本研修平台上活动发起、活动组织、电子签到、成果展示、统计与分析各个学校的校本研修等情况，通过网络平台监控与实地考察共同进行，实现学校校本研修的学情监控。7月，完成全区中小学、幼儿园2021学年校（园）本研修项目考核评估。9月，完成2022学年校本研修项目书评优，以及校本教研优秀成果展示交流等工作。

【青年干部训练营】 2022年1月6日，杭州高新区（滨江）青年干部训练营启动仪式在区教育研究院举行。全年，按照课程模块设置开展20项活动。其中专业知识模块开展新时代新型育人模式、教育法律法规和学校管理制度等系列专题培训6次。专业技能模块开展观点凝练之微e论坛+极限挑战9个专题、区内外本土沉浸研训5期、跟岗实践21天。专业态度模块开展复盘活动5次。至年底，青年干部训练营的学员整理的6份成果、20份反思集，15项课题分别在省、市、区各级立项，6人在区级及以上课堂教学大赛、研讨会中获奖并进行经验交流，5名校长在副校长论坛中获奖，1人聘为名师导航站站长。

【信息提升工程2.0培训】 2022年2月19日，杭州高新区（滨江）第二批中小学教师信息技术应用能力提升工程2.0推进会在区教育研究院举行。区信息技术应用能力提升工程2.0采取“以点带面、分类实施、整校推进、学用融合”的推进策略，至10月，实现100%学校参与整校推进，84%的教师完成培训，12.3%的教师正在参与第三期培训。第一批18所学校平均83.19分，超全省平均分81.35分 近2分，83.3%的 学校取得B等及以上成绩；第二期平均分85.89分，超过全市平均分，94.7%的学校取得B等及以上成绩。

（冯祖扬　刘　琛）

【沪滨教育合作启动】 2022年4月2日，沪滨教育合作及杭州高新区（滨江）高层次教育人才柔性引进启动仪式在杭州市钱江湾小学举行，区教育局及区教育研究院负责人、专家代表、学员代表等参加，其他各校（园）长观看在线直播。现场举行沪滨合作线上签约仪式，共引进上海徐汇区的管理类专家4人、浙江的学科类专家2人。利用专家实施人才专项培训，全区选拔骨干校园级干部、滨江区2021年青年干部训练营、初中科学、初中文综学科骨干教师92人为该期专项培训学员。与上海徐汇区开展教育合作，基于人才发展的培养观念和体制机制建设，实施高层次教育人才柔性引进工程，通过“柔性引进”尖端管理人才、学科领军人才的方式，制定校（园）长、学科名师个性化培训清单，针对性地开展各种形式的培训指导，促进骨干校（园）长、骨干教师的成长，建设高素质滨江教育人才队伍，实现滨江教育高质量发展。

（于都敬文）

【头雁班学科名师培养】 2022年4月26日，杭州高新区（滨江）中小学信息技术头雁班开班。区教育研究院与杭州电子科技大学继续教育学院合作，采取“产出导向—前沿探索—理论学习—实践操作—总结反思—成果凝练”的实践取向研修思路，从教师专业特长和实践经验出发，对30名骨干信息技术教师进行集中培养。中小学音乐头雁班、初中英语头雁班结业，完成培训质量反馈调查。通过线上线下教研合力，提高全区骨干教师的学科综合素养。

【名师导航站】 2022年7—10月，区教育局完成2020年15个名师导航站的周期考核和2021年29个名师导航站的中期考核工作。10—12月，完成2022年20个名师导航站的站长遴选、公示和成员申报工作。至年底，全区有涵盖中小学所有学科的49个名师导航站成员362人。

（冯祖扬　刘　琛）

【3名教师获评省特级教师】 2022年8月，省特级教师名单公布，杭州江南实验学校金明强、杭州高新区（滨江）教育研究院曹群珍、杭州市钱塘实验小学冯琛莉3名教师入选。杭州高新区（滨江）打造名师队伍，专业发展“私人定制”，实施“雁阵计划”，完善“卓越人才”培养体系，重点建好卓越学科教师培养机制、卓越班主任培养机制、卓越校（园）长培养机制3类高层次人才培养机制，促进专家型教师持续成长。

【第38个教师节庆祝大会】 2022年9月7日，杭州高新区（滨江）第38个教师节庆祝大会召开。区委、区人大、区政府、区政协负责人参加。大会为省市级荣誉获得者代表、第八届区优秀人民校（园）长、区优秀人民教师代表，首批区特级校（园）长、区特级教师、区特级班主任等优秀教师代表颁奖。大会号召弘扬尊师重教优良传统，激发广大教师干事创业积极性、创造性，推动滨江教育实现更高水平的优质均衡发展。

（于都敬文）

【新教师培训】 2022年9月24日，杭州高新区（滨江）2022学年鸣雁班新教师培训在杭州市钱江湾小学举行开班仪式，202名中小学、幼儿园新教师开展180学分的理论和实践学习。培训形式为集中理论培训和分散实践培训相结合，其中：集中培训100课时，主要以专家讲座的形式进行培训；分散培训80课时，主要通过名师导航站双导共育进行针对性培养。培训内容包括师德修养、教育理论、教学常规、教学技能、名师引领实践等。

（冯祖扬　刘　琛）

【首届班主任节】 2022年10月18日，杭州高新区（滨江）首届班主任节在杭州湖畔学校举行。省陶行知研究会会长、浙江外国语学院副校长李安，省教育学会德育分会秘书长徐晖，市、区教育局负责人以及区内各中小学校校长、班主任代表等参加。活动现场为杭州高新实验学校的郑炜和杭州江南实验学校的徐晓莉2名区特级班主任颁发荣誉证书，为徐小琪、郭华芳、梁雪静、丁璐滨、汤建霞、林萍、“蔚蓝360”、周吕8个区班主任工作室授牌。优秀班主任代表杭州高新区（滨江）1800名班主任上台宣誓《班主任工作滨江宣言》。

（于都敬文）

文 化

公共文化

【概况】 2022年，杭州高新区（滨江）文化馆围绕“全民艺术普及”的宗旨，提升公共文化服务品质，为全区提供多样化公共文化产品供给。开展杭州市文化馆滨江分校和杭州高新区（滨江）文化馆公益培训、千堂万艺公益培训，送戏下乡56场，文化走亲17场，各类公益性展览10场。全区有文艺社团140家，培训基层骨干2万余人次。开展星级文化团队评选工作，对参评单位进行专家评审，评出星级团队33支，发放补贴37万元。开展数字文化馆建设，完成自主开发的“滨江区数字文化馆”平台建设。

【公共文化服务】 2022年，杭州高新区（滨江）完成金东方、七甲闸等15个“15分钟品质文化生活圈”，冠山、风入松城市书房2家城市书房和滨和文化驿站1家文化驿站建设，并投入使用。开展“童心向党 强国有我——2022滨江区少儿艺术大赛”、滨江区首届“越剧票友大赛”，参加第十一届“风雅颂”民间艺术舞蹈比赛并获得银奖。举办星火赋美工程启动仪式分会场表演、“丹青心向党 笔墨颂华章”——滨江区喜迎二十大书画艺术作品展、“五水共治”、“迎亚运剪纸”等主题展览活动。

（章 情）

【文化产品配送服务】 2022年，区文化馆开展“喜迎二十大，同走共富路”文化产品配送服务，通过歌舞、曲艺、魔术、杂技等不同的艺术表现形式，把优秀文艺作品配送到3个街道的各个社区、区内部分高新企业。至年底，共送出56场演出。

【文化走亲服务】 2022年，区文化馆为加强区县间艺术交流合作，增进文化艺术对外交流，举办“五水共治”“迎亚运剪纸”等主题展览活动，在上城区、富阳区、西湖区、临平区等文化馆开展文化走亲展览活动8场。到临平区、淳安县、桐庐县等开展动态文化走亲演出。全年共完成文化走亲17场。

【文化馆数字化建设】 2022年，区文化馆入驻“浙江省智慧文化云”数字平台，录入文化机构、从业人员、文化活动等数据；实时录入各类文化活动信息，作为年底全省基层公共文化服务考核工作的参考数据。入驻“杭州市数字文化馆”平台，全年转载文化资讯、活动报道等500多篇。完成建设自主开发的“滨江区数字文化馆”平台。

【培训机构管理】 2022年，区文化馆根据教育部门关于“双减”工作要求，做好校外培训机构政策性引导及转登工作，纳入区文化馆日常管理的文化艺术类培训机构28家。新冠疫情防控期间对339家教培机构进行防控指导、监督工作，完善线上“教培机构智慧文化云”和“全国校外教育培训监管与服务综合平台系统”录入工作。完善全国校外教育培训监管与服务综合平台信息，完善各类监督机制，落实资金监管和风险稳控防范政策。

（王朝闻）

群众文化

【概 况】 2022年，杭州高新区（滨江）文化馆围绕群众文化基本需求，开展群众文化公益培训2000多课时，举办各种公益性展览活动20多场，开展迎新年等节庆活动10多场，并参加各类群众文化比赛。其中，舞蹈《蓝印花赋》参加杭州市第十一届“风雅颂”民间艺术舞蹈展演比赛，获银奖、组织奖；2件作品参加“杭州市青少年艺术大赛”，分别获三等奖。

【迎新春系列活动】 2022年，区文广旅体局在春节前夕组织书法家到社区、高新企业开展送春联活动，送出春联2万余副。新年期间开展新春灯笼展，在区政府周边、泰安路、通和路道路周边布置彩灯；在区文化中心、杭州奥体中心、钱塘江大桥、西兴大桥布置大型主题灯组，营造新春氛围迎接新年。元宵节在网易蜗牛读书馆开展元宵节“非遗”剪纸体验活动。系列活动期间，吸引10万余人参与。

【群众文化公益培训】 2022年，杭州市文化馆滨江分校、区文化馆公益课程春季、秋季班按

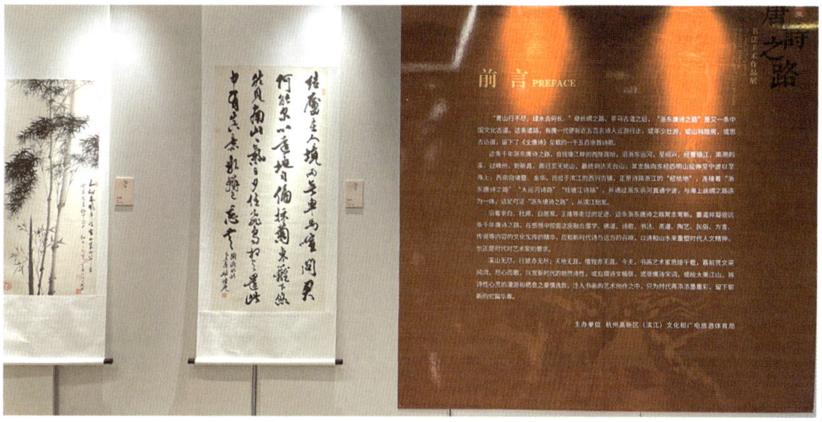

2022年11月30日，“浙东唐诗之路”书法美术展在区文化馆举行

（区文广旅体局　供图）

期开课，开设国画、声乐、视唱练耳、舞蹈、古琴等8门课程，共200课时，学员400多人。继续开展“千堂万艺”艺术公共课程培训，坚持以需求为导向，将优质文化艺术课程免费送到基层，课程内容涵盖音乐、舞蹈、美术、摄影、书法、时装、礼仪、化妆等领域，解决基层群众文艺团队师资力量薄弱、业务能力不足的问题，全年送出2250课时，覆盖所有社区。继续开展老年电大滨江分校春季、秋季课程，其中电视课程学员2500人；兴趣班设有剪纸、国画、书法、摄影、葫芦丝、广场舞6门课程，共开课190课时，学员200多人。暑期开展基层送课服务60课时，学员100多人。

【第十一届“风雅颂”民间艺术舞蹈展演】 2022年9月，杭州市举办第十一届“风雅颂”民间艺术舞蹈展演大赛，杭州高新区（滨江）原创舞蹈《蓝印花赋》参加比赛并获银奖。该舞蹈根据区非遗项目蓝印花布印染技艺改编，历经5个月排练，以舞载道、以舞化人，以民间舞蹈形式表现当地的自然风情和人文之美。参演人员20多人，均为区内群众文化团队成员。

【“浙东唐诗之路”书法美术展】 2022年11月30日 至12月13日，“浙东唐诗之路”书法美术展在区文化馆举行。该展览通过新闻媒体征稿，收到报名作品500多幅，通过专家评审，评出入展作品80幅。作者涵盖学生、退休人员和业余爱好者等，作品以书法（毛笔书法、篆刻）、中国画为主，以“浙东唐诗之路”为主题，展现“诗路文化带”滨江段的自然风光、人文风情。展览期间共有2000多人观展。

（王朝闻）

文物保护

【概 况】 2022年，杭州高新区（滨江）行政区域范围内有127

处（个）移动文物，其中世界文化遗产、全国重点文物保护单位1处（12个点），省级文物保护单位1处，市级文物保护单位2处，市级文物保护点8处（12个点），一般不可移动文物55处，历史建筑45处。做好文物保护工作，全面掌握文物保护单位现状，整改隐患问题，查处违法违规行为，全年共检查各级文物保护单位及文物保护点79家次，会同公安、消防、街道、社区等各单位开展联合检查8次。办理考古前置38块项，涉及面积98.58万平方米。完成市文物保护单位古资福桥、冠山摩崖题刻记录档案及测绘工作。

8月，中共杭州市委机构编制委员会批复同意杭州高新技术产业开发区（滨江）文化和广电旅游体育局加挂杭州高新技术产业开发区（滨江）文物局牌子，杭州高新技术产业开发区（滨江）住房和城市建设局不再加挂文物局牌子。

【文物执法】 2022年，区文广旅体局实施文物检查，加强与属地文物安全管理人员一同巡查的频次，了解文物保护单位范围以及现状。注重文物普法宣传，加大文物保护点位安全宣传。对文物保护单位周边存在施工工地的，或排摸发现即将有施工作业的，做好警示教育宣传。实行每月一次文物检查分析报告。全年检查各级文物保护单位及文物保护点79家（次），会同公安、消防、街道、社区等各部门开展联合检查8次，发现并整改灭火器失效、检查记录不完善、私拉电线、堆放杂物、民宅内电瓶车不规范充电、庙宇内礼佛点香等消防安全隐患12处。

【傅家峙区域考古挖掘】 2022年，市文物考古所继续对傅家峙区域考古挖掘。白马湖傅家峙区域原为浙能项目开发地块，于2020年11月市文物考古研究所根据建设需要开展考古勘探，发现文化堆积3处、墓葬4座、灰坑1处。2021年6月至2022年1月，对其中的1处文化堆积进行考古挖掘，确认其为春秋战国时期大型人工堆筑遗迹，出土原始瓷、印纹硬陶、石器及青铜器。查阅大量文献记载并结合考古挖掘情况分析，推测是越国军事要塞固陵城的组成部分。杭州高新区（滨江）与市文物考古所协商，起草合作开展越文化研究的协议。合作模式为杭州高新区（滨江）给予资金支持，市文物考古所设立杭州高新区（滨江）考古工作站开展考古挖掘工作，所有研究成果双方共有。

【莢竹山桥修缮工程】 2022年3月9日，莢竹山桥修缮工程开始施工。莢竹山桥属市级文保点，是平铺孔石桥，位于长河街道竹山社区竹山河。该桥为明代嘉靖年造，桥体结构出现破损，桥基下沉，桥墩和金刚墙松动，部分条石缺失，桥面整体缺稳定性，内部水土流失，安全隐患多；周边环境杂乱，部分桥堍被占，桥的完整性受破坏。工程于2020年5月开始前期准备，2021年3月启动修缮招投标。水利、文保的专业人员对方案进行会审，改进方案，组织修缮。工程于2022年4月23日完工，共使用经费77.96万元，并通过市文保所的验收。

【最美文物守望者】 2022年6月11日，“杭州市最美文物守望者”暨“最美文物安全守护人”颁奖，西陵社区居民委员会社工王江铭入选。王江铭作为西陵社区文保员，做好日常安全检查，全年巡查西兴老街文化遗产391次，处理问题17件；配合文物保护工作，做好社区文物保护宣传，宣传覆盖率100%；参与大运河专题陈列馆日常管理工作，弘扬大运河文化。该评选为第六届，由市园林文物局、市公安局、市文旅局联合开展，申报对象为文物安全守护者，打击文物犯罪亮剑者，积极参与文物安全的社会组织、志愿者，经过推荐、审核、公示评定。

（阮曲波　魏功辉）

非物质文化遗产

【概况】 2022年，杭州高新区（滨江）非物质文化遗产保护中心开展非遗培训课程3000多课时。开展区级非遗项目、传承人、体验点、教学基地申报、评审工作，新增区级非遗项目8项、传承人3人、体验点1处、教学传承基地2处。开展“非遗原创连环画宣传刊物”制作，内容涵盖15项原创非遗项目连环画和已认定体验点、教学基地，完成宣传册的制作。开展“非遗进校园”活动，在10所中小学、高职学校开展10多门非遗课程，课程内容涵盖蓝印花布、西兴竹编灯笼、剪纸、宋式文人香、丝绸画绘等，全年开课400多课时，学员300多人。推荐并培育网易蜗牛读书馆成为“杭州市第二批非遗体验点”。定期在网易蜗牛读书馆、滨江区图书馆、城市书房、党群服务中心和各社区公共文化空间，开展非遗展示、体验、培训活动，全年举办活动200多场，培训课时300多节。参加“意境天成”——杭州民间美术作品展、“奇妙夜”非遗项目展示活动、2022年“风雅颂”非遗市集活动、“韵味杭州 游礼相伴”2022杭州市伴手礼创意设计大赛等。“蓝印花布作品西湖印象”“宋式文人香系列”入选“锦绣华章2022长三角民间艺术文创大展”，“宋式文人香系列”入选“美丽中国、诗画浙江——中韩建交30周年中韩传统艺术创新展”。

2022年6月11日，杭州高新区（滨江）2022年“文化和自然遗产日”主题活动暨非遗剪纸艺术展在滨江宝龙艺术中心举行

（区委宣传部　供图）

【非遗剪纸艺术展】 2022年6月11日，杭州高新区（滨江）2022年“文化和自然遗产日”主题活动暨非遗剪纸艺术展在滨江宝龙艺术中心举行。展览由浙江外国语学院、市文广旅游局，区社发局、省民间文艺家协会剪纸艺术专业委员会联合主办，以“激发非遗活力、创造美好生活”为主题。展览作品以浙江外国语学院美术系和设计系学生作品为主，完成策展、主题、构思、创作、现场安装，内容以浙江及杭州风土人情、现代生活为主，宣传当代中国、浙江和杭州的风采。线上线下参展10万人次。

【区首批非遗工坊公布】 2022年12月，区文广旅体局公布滨江区非遗工坊名单，西兴竹编灯笼非遗工坊、蓝印花布印染技艺非遗工坊、宋式文人香制作技艺非遗工坊、书画装裱与修复技艺非遗工坊、陈源茂桂花龙井茶制作技艺非遗工坊、胡庆余堂食养膏制作记忆非遗工坊6家入选。非遗工坊指依托非遗代表性项目或传统手工艺，开展非遗保护传承，带动当地人群就地就近就业的各类经营主体和生产加工点。非遗工坊创建和培育是省级文化传承生态保护区建设的重要内容之一。

（王朝闻）

公共图书管理

【概况】 2022年，滨江区图书馆（杭州图书馆科技分馆）（简称“区图书馆”）有文献总量72.4万册（件），外借文献54.1万册，全年流通123.7万人次。设有浦沿、西兴、长河3个街道分馆、33家社区图书室、25家城市书房，组织送书下乡配送文献22.8万册（件）。采用线上线下相结合的模式，开展“科普+阅读推广”的特色活动和主题展览，开展阅读推广活动、讲座、培训1096场，参与155万余人。获杭州市图书馆协会2022年度学术年会服务案例评选二等奖、2022年度杭州市“十佳阅读品牌”。志愿者到馆服务936人次，服务时长6328个小时，志愿者队伍成员共3673人。

【总分馆建设】 2022年，区图书馆对总馆及设施设备开展“微改造·精提升”，调整功能分区，优化空间使用效率，升级软硬件设施，凸显场馆主题特色。结合未来社区建设要求，实施《滨江区城市书房建设方案》《滨江区图书馆“智慧借阅点”建设运营方案》，按照“统一审核、统一标识、统一配置、统一监管”的要求，“认定一批、改造提升一批、新建一批、储备一批”城市书房，打造集图书借阅、学习交流、文化体验、文化沙龙、志愿服务为一体的多元化知识空间。全年完成新建城市书房3家、提升改造城市书房7家，新建智慧借阅柜（点）10个。风入松茶书院和电魂自在里书房通过市文旅局评审成为“杭州书房”。

【第六届“为地球朗读”全民阅读公益活动】 2022年4月23日，“阅见亚运、智启滨江”2022年“为地球朗读”暨书香科技城全民阅读节在区图书馆启动。各街道及社区分馆、杭州书房、书香科技城民间阅读联盟、区朗诵协会等单位代表参与活动。启动仪式发布滨江区城市书房品牌“硅谷书房”及其标识体系，发出建设点位征集令。区民间阅读联盟代表向全区读者发出《书香迎亚运、奋发向未来》倡议。公益活动期间，开展“阅动新潮”“筑艺亚运”“智启未来”三大系列品牌近100场线上线下的阅读推广活动。新华网、凤凰新闻、网易新闻、浙江新闻等11家媒体做跟进报道，参与67.8万人。

【第六届杭州市创客节】 2022年11月18—20日，第六届杭州市创客节在电魂自在里书房举行。该届创客节以“创客杭州·匠心滨江”为主题，采用线上线下相结合的方式，探索分馆承办图书馆特色品牌活动的模式，在继承原有创客赛事、创客科技展的基础上，创新增设“科技×音乐主题夜”“科技×电影主题日”等活动，首次引入本土乐队、民谣歌手、独立电影人等文化元素，实现科技与文化的结合。创客节期间，线下吸引1000多人次市民和小创客参与，线上浏览量125万余人次。该届杭州创客节获《人民日报》、今日头条、中国蓝新闻客户端等各级媒体报道30多次。

（贾若雅）

博物馆

【概况】 至2022年底，滨江区有博物馆6家，分别是浙江中医药博物馆、西兴过塘行码头专题陈列馆、中国动漫博物馆、浙江地质科创园地质博物馆、中国杭州低碳科技馆、长河革命历史纪念馆。6家博物馆综合反映文物保护利用成果、乡土文化面貌、非物质文化遗产和地方特色收藏等，拓展公共文化服务的边界。

【浙江中医药博物馆】 2022年，浙江中医药博物馆接待1.54万人次。浙江中医药博物馆位于浙江中医药大学滨文校区，面积5000平方米，内设学校校史馆、医史馆、中药馆3大展馆，总藏品8000多件，陈列4000多件。校史馆介绍浙江中医药大学的历史。医史馆分中国医史厅和浙江医史厅，从御街药市、医匾、中医手写处方等系列展品和历史典故展现中医药的历史和成就。中药馆展示植物药、动物药、矿物药等；设置立体仿真场景，注重体验感。浙江中医药博物馆是国家二级博物馆和浙江省中医药文化养生旅游示范基地。

【西兴过塘行码头专题陈列馆】 2022年，西兴过塘行码头专题陈列馆接待1万余人次。陈列馆位于西兴街道古塘路35号，陈列有西兴老街及浙东运河的

2022 年 10 月，西兴过塘行码头专题陈列馆内景

（区文广旅体局 供图）

历史文化介绍及文物，展示浙东大运河、浙东唐诗之路起点的文化史和西兴过塘行产业的兴衰史。西兴过塘行码头专题陈列馆于2013年开馆，定期举办西兴灯笼等省级非遗文化项目体验活动。

【中国动漫博物馆】 2022年，中国动漫博物馆举办活动49场，接待观众10.65万人次。中国动漫博物馆于2021年6月26日开馆，位于杭州市滨江区白马湖，占地2.77公顷，主体建筑面积3万平方米，是经国家广播电视总局和中国动画学会批准的“国字号”动漫博物馆。馆内设4个常设展厅，有原画、史料、刊物、模型周边等各类动漫藏品2万余件，包括各国的动漫大师及专家学者捐赠的经典作品。

（章 情）

【浙江地质科创园地质博物馆】 2022年，浙江地质科创园地质博物馆举办活动27场次，接待3000多人次。浙江地质科创园地质博物馆位于滨江区建业路418号浙江地质科技创新创业园内，由矿晶及地球科学展厅、地学科普教室、荧光矿物展区、文创产品区、第一地质大队展厅等组成，面积2000多平方米，是省内最大矿晶展示科普体验厅、荧光矿物展区。矿晶及地球科学展厅面积1000多平方米，收藏各类矿晶、化石、岩石标本等地质标本650件，地质研究历史物件40多件。地学科普教室收藏1000多册科普读物，以地球科学、自然类科学为主，设置7个系列30多课时的动手体验课程，涵盖岩石、宝石、矿物、古生物、天文、地质灾害等。地质博物馆对外免费开放。

（王妤斓）

【中国杭州低碳科技馆】 2022年，中国杭州低碳科技馆接待观众59.24万人次，接待团队196个，放映特效电影1122场。低碳科技馆位于滨江区江汉路1888号，是全球第一家以低碳为主题的大型科技馆，是集低碳科技普及、绿色建筑展示、低碳学术交流和低碳信息传播于一体的公益性科普教育机构。低碳科技馆以“低碳生活，人类必将选择的未来”为主题，设有“碳的循环”“低碳城市”“全球变暖”“低碳科技”“低碳生活”“低碳未来”“儿童天地”等9个常设展厅，3个临时展区，巨幕和球幕2座特效影院等，通过“碳的形成与存在”“全球变暖”“低碳生活之旅”和“漫游低碳未来”等100多件集科学性、趣味性和互动性于一体的展品展项，向公众普及科学知识、弘扬科学精神、传播科学思想、倡导科学方法。

（吴晗东）

【长河革命历史纪念馆】 2022年5月18日，杭州市园林文物局公布第一批杭州市乡村（社区）博物馆名单，长河革命历史纪念馆入选。乡村（社区）博物馆建设是2022年浙江省政府“浙文惠享”民生实事工程和杭州市政府民生实事项目，根据《浙江省乡村博物馆建设指南（试行）》和《杭州市博物馆高质量发展促进共同富裕示范区建设行动计划（2021—2025年）》，经遴选、推荐、验收评定。长河革命历史纪念馆为上下两层的木质建筑，展示历史长河、红色长河、活力长河，介绍长河的历史、名人贤士，尤其是中共六大代表来耀先的事迹。

（沈　薇）

社会科学

【概况】 2022年，杭州高新区（滨江）开展“新老滨江人文化融合专题研究”“新时代滨江精神”大讨论活动和提炼研究，以及“习近平总书记对高新区（滨江）重要指示批示精神的理论阐释和创新实践研究”3个课题研究。深化成果应用，10月17日的《学习时报》刊发区委主要负责人署名文章《杭州高新区（滨江）：迈向世界领先科技园区》。网易蜗牛读书馆、杭州永禾艺术馆获评“杭州市社科普及基地”。“传承经典少年起航”未成年人红色教育活动获评“浙江省社科普及创新项目”。

【社科普及活动】 2022年3—9月，杭州高新区（滨江）各学校学生在网易蜗牛读书馆举办50场以“薪火相传，亚运童行”为主题的“小小火炬手”儿童拓展活动，学习亚运知识，弘扬地域文化。全年，全区举办“滨滨有课”社区文化活动91场，2000多人参加绘画、手工、游学等系列课程，集纳亚运、科学、红色主题照片和视频活动成果600多份，以展览、图集、电子刊物等形式宣传推广。发挥社科普及基地作用，围绕高新职场和历史人文，举办诗“画”滨江、“可习得的沟通力”等“滨江人文大讲堂”系列讲座15场。

【“传承宋韵文化、喜迎党的二十大”2022年杭州市社会科学普及周】 2022年9月27日，“传承宋韵文化、喜迎党的二十大”2022年杭州市社会科学普及周活动在杭州高新区（滨江）党群服务中心举办。活动分启动仪式和主题分享会2块，省社科联、市社科联负责人参加区党群服务中心主会场活动。主会场为29名社科能人讲师团新聘成员颁发证书，为53名“我心中的社科普及基地”征集大赛（绘画和作文）获奖代表颁奖，发布宋韵文化主题沉浸式剧本体验项目《临安府·花灯奕》，全程在线直播。分会场设在中国网络作家村，举办“宋韵文化与杭州故事”主题分享会，邀请5名网络作家，围绕杭州如何挖掘、普及、讲述好宋韵文化的故事进行探讨。普及周期间，联动全市42家市级社科宣讲点、社科普及基地开展宋韵文创产品展示、宋代体育竞技和民俗文化体验等线下活动，吸引1万余名市民群众打卡参与。

（陈凌群）

档案管理

【概况】 2022年，杭州高新区（滨江）档案部门围绕区委区政府中心工作，坚持以档案工作“三个走向”为根本遵循，以数字化改革为牵引，档案管理和服务水平得到新提升。把新《中华人民共和国档案法》和中共中央总书记习近平关于档案工作的重要指示批示精神纳入全区档案人员培训课程。区委首次把档案工作纳入全区大党建考核，首次将巡视整改销号档案管理作为对巡视整改销号的闭环机制，接收省委巡视“回头看”反馈意见整改落实销号43个49卷进馆。协助拍摄的“西兴古镇——大运河上的物流中转站”在浙江卫视《跟着档案去旅行》栏目首播。区档案局印发《杭州高新区（滨江）数字档案室创建三年计划（2022—2024年）》。杭州高新区（滨江）列入全省档案数字化改革先行区试点区，申报国家级数字档案馆测评。“滨江区区域档案管理服务一体化平台建设项目”启动，档案馆机房提升改造项目、馆藏档案数字化项目、志鉴信息系统项目结项验收。在全省首次档案工作指数评价结果中居杭州主城区第一位。全年档案服务利用527人次，档案执法年检48家，创建示范数字档案室1个、规范化数字档案室14个、数字档案室9个、省级良好档案室1个。馆藏档案1.94万卷22.12万件，实物401件、照片2101张、视频238.1时长。

【档案培训和指导】 2022年，区档案局推进新修订《中华人民共和国档案法》的培训和宣传活动，举办档案工作人员培训班2期，共140人参加。组织人员参加档案保密知识培训和《中华人民共和国档案法》知识竞赛。录播档案业务培训视频，共享至全区档案人员群供200多人在线学习。加强档案业务指导，重点做好新冠疫情防控和山海协作（脱贫攻坚）“两类档案”和党代会、省委巡视滨江、“回头看”等重大活动专题档案的收集收藏指导，指导原区社发局、区住建局、规划资源滨江分局、生态环境滨江分局、杭州滨江城建发展公司等单位机构改革档案处置问题。提前介入杭州第19届亚运会档案收集指导，为滨江城市“微更新”、未来社区建设、“滨江干部之家”展厅等提供资料。

【数字档案室建设】 2022年，根据浙江省档案局《关于开展全省数字档案室建设测评的通知》、杭州市档案局《关于推进数字档案室建设的意见》要求，由各立档单位申报，经区档案局初审、市档案局复审、省档案局终审，区委组织部档案室获评省级示范数字档案室；生态环境滨江分局、区市场监管局、区科技创业服务中心、杭州高新科技创业服务有限公司4家单位档案室由市档案局审核获评“规范化数字档案室”。至年底，全区累计获评数字档案室18家，规范化数字档案室36家，示范数字档案室12家。

【档案公共服务】 2022年，区档案部门推进浙里办“掌上查档”，提升浙江档案服务网和长三角民生档案跨区域一体化在线查档平台服务效应，对接全国档案查询利用服务平台，深化“异地查档、跨馆服务”工作。全年接待查档527人次、1766件、8383页，其中：异地跨馆查档58人次，调档50件（含长三角地区异地跨馆查档）；线上查档27人次。处理浙江档案服务网查档申请回复940人次，网上咨询答复39人次，电话咨询答复990人次。

【档案安全管理】 2022年，区档案部门加强档案馆库和档案信息化系统风险管控及闭环管理，区分涉密和非涉密档案的界限并实行分库管理，开展档案数字资源备份工作。利用重大节日、汛期档案安全管理，完成档案信息系统二级等保测评。开展人员应急演练，联合区文化中心物业开展消防安全演练。把档案登记备份功能嵌入升级后的“区域档案管理服务一体化平台”，实现全区进馆单位登记备份全覆盖。“馆藏档案数据保全系统”迭代升级，通过对电子档案数据的实时监测、实时预警、实时保全、实时修复，实现电子档案在保管过程中的每个时间点都可追溯。全年档案安全无事故。

【区域档案管理服务一体化平台建设项目】 2022年6月，“滨江区区域档案管理服务一体化平台建设项目”方案经区委办审批后向区数改专班提交项目申请。8月18日，区数改专班对可行性和必要性进行内审。9月6日，通过专家组评审。该项目周期为7个月，是根据国家级数字档案馆创建、全省档案工作考核排名进位、省市区档案部门及全区各单位高效协同以及全省档案工作数字化转型

2022年10月24日，区档案馆联合区文化中心开展消防演练

（区档案馆 供图）

先行区创建试点等工作需要，结合区数字化改革工作要求实施。项目致力于各级各类档案业务系统互联互通，构建集档案“收集、管理、利用、治理”于一体的工作闭环，形成覆盖社区的纵向联动、区级机关横向协同的档案治理网络。项目建成后，可实现“各类电子文件应归尽归、电子档案应收尽收”、“档案归档利用一件事”、机关查档直通车、“智能监管”、“档案任务一键直达”等功能。

（张　烨）

地方志

【概况】 2022年，杭州高新技术产业开发区（滨江）地方志编纂研究室（简称“区地方志编研室”）继续推进地方志工作。编纂《滨江精览》《滨江微村志》，修订形成《〈滨江年鉴〉编纂细则》（2022版）。《滨江年鉴（2022）》公开出版。《滨江年鉴（2021）》获评2022年度“浙江省精品年鉴”，获区委书记批示肯定。完成拍摄地情短片《跟着档案去旅行》西兴篇。推动《长河街道志》编纂，协助指导做好篇目设计和项目推进等。推动地方志成果应用，配合各部门利用滨江区地方历史文献资料，撰写课题《一张蓝图绘到底——忠实践行“八八战略”全纪录》。优化“滨江方志”小程序，志书、年鉴全文查阅实现数字化。论文《新区区志编纂的探索与实践》在浙江方志论坛上作主题发言，论文《高新技术产业开发区和行政区二合一年鉴编纂探索》在《中国年鉴研究》全文发表。1人获评浙江省地方志工作先进工作者。

【《滨江微村志》《滨江精览》编纂】 2022年，区地方志编研室持续推进《滨江微村志》《滨江精览》编纂。3月3日，区委、区政府办公室印发《关于配合做好〈滨江微村志〉编纂工作的通知》，明确街道、社区任务分工。区地方志编研室组织收集资料和编写，定期召开例会，检查质量和进度；安排专人到社区现场踏勘，采访熟悉地情的当地群众。《滨江精览》是《杭州市滨江区志》的地方志成果转化利用，图文结合，结合地情和时代需求编纂。至年底，《滨江微村志》参照地方综合志书体例，根据承编单位收集的资料已完成西兴、长河、浦沿3卷的初稿；《滨江精览》完成送审稿，进入出版社审稿阶段。

【地情短片拍摄】 2022年4月26日，地情短片《跟着档案去旅行》西兴篇在浙江卫视新闻频道首播，由区地方志编研室、区档案馆、西兴街道和浙江电视台联合拍摄。短片利用地方志资源，引用《杭州市滨江区志》历史资料，介绍西兴老街的地情，经过前期策划、资料准备、现场踩点、实地拍摄、后期制作，历时3个月完成。短片讲述千年古镇西兴与大运河、浙东运河的关系，西兴老街及与之相关历史事件，过塘行旧址及西兴老街古建筑，西兴过塘行码头专题陈列馆等内容，传播地情文化，促进旅游资源开发，服务滨江经济，受到社会各界好评。

【《滨江年鉴（2022）》公开出版】 2022年11月，《滨江年鉴（2022）》公开出版。《滨江年鉴（2022）》资料收录时限为2021年1月1日至12月31日，全书82万字，记述2021年杭州高新区（滨江）在建设“天堂硅谷”、打造“硅谷天堂”中的大事、要事，以及发展进程中的新特点、新问题，是杭州高新区（滨江）出版的第6本综合性年鉴。《滨江年鉴（2022）》电子版录入“滨江方志”微信小程序，嵌入“滨江发布”微信公众号的“滨滨矩阵”行列，同时上传至杭州高新区（滨江）政府门户网站，实现电子化阅读、查询、复制。

【《滨江年鉴（2021）》获评2022年度省级精品年鉴】 2022年11月1日，浙江省人民政府地方志办公室公布2022年度“浙江省精品年鉴”名单，《滨江年鉴2021》是杭州市唯一入选的县区级综合年鉴。《滨江年鉴（2021）》是杭州高新区（滨江）的第5部综合年鉴，全书85万字，采用分类编辑，主体内容分类目、分目、条目3个层次，以条目为主要记事单元。经省、

2022年11月1日，《滨江年鉴（2021）》获评2022年度浙江省精品年鉴 （区志编研室 供图）

市专家评审，认为“《滨江年鉴（2021）》政治观点正确，数据准确，体例规范，资料丰富。编排既符合按统计行业分类基本准则，又强调地方特色与时代特点，兼顾行政区和高新技术产业开发区的不同特点。特设专记和聚焦使年鉴与经济社会发展的变化紧密结合，更具时代感和参考价值。”

（夏秋阳）

新闻传媒

【概况】 2022年，区融媒体中心建强矩阵，构建“一网主推，多平台发布”的“1+N”体系。加强阵地建设，形成微博、微信、客户端、报纸、抖音、视频、杂志等融媒宣传矩阵，多项融媒作品获第三届国家高新区微视频大赛优秀奖、浙江省新闻奖三等奖、浙江省县市（区）新闻奖一等奖、杭州市重大主题报道融媒项目三等奖。“滨江发布”有微博微信“粉丝”50万人，全年发布微博3125条、微信文章1320篇，5篇微信文章阅读量10多万人次，在国家高新区微信公众号综合影响力评估中连续5年获得第一位。“滨江发布”App全年发稿18万余条，组建“滨江小记者团”，开展各类“粉丝”互动活动67场、专题25个、视频及图文直播21场，增加数字期刊阅览、台风查询等功能，提高用户使用便捷度。《天堂硅谷》报出报48期，刊发报道1500篇，新开设“今日我出镜”栏目，推动纸媒可视化。配音剪辑制作上挂区内新闻视频212条，上挂杭州电视台视频新闻98条，省级台及央视（链接）15条。“滨江发布”抖音号发布短视频1026条，“粉丝”数增至39.5万人，点赞数210.1万次，总播放量1.98亿次。成立全市首个“融媒联盟”。建成长河、浦沿街道微融媒体中心，实现全覆盖。与杭州市融媒学院，浙报集团县级融媒体中心、浙江广电集团“蓝媒联盟”共建共享，打造“滨江发布”头条号、百家号、天目号。与浙江省泰顺县融媒体中心等联动互动，助力对口帮扶。

【中心工作主题宣传】 2022年，区融媒体中心围绕区委、区政府“建设天堂硅谷、打造硅谷天堂”的中心工作，做好各类主题宣传。围绕亚运策划推出“美丽滨江迎亚运”“国际滨、亚运心”等融媒专栏，“滨江发布”两微一端一抖开设“亚运‘滨’团”“青春亚运‘汇’”等专题专栏，全年发布亚运相关内容590多篇（条），“滨江大莲花——场馆颜值天花板”等作品播放量超过10万余次；围绕“浙”十年、共同富裕示范区建设、助企纾困优化营商环境举措、滨萧特别合作园揭牌、国际人才节等重大节点和重要主题，在“滨江发布”开设“从天堂硅谷到硅谷天堂”“共富特长生”“大厂在滨江”“创客故事”等融媒专题专栏；在区党代会、区委全会、区两会等重要会议和活动中，融媒体中心均做好报道，报、网、手机端多端发力，以不同形式立体传播重点主题。“两微一端”推出关于疫情防控、复工复产的政策、举措、防控知识等权威信息近2000篇。开通“滨江战疫求助”平台，1月上线至年底处理群众各类求助2264件，完成率100%，被中央广播电视总台作为典型案例报道，并登上《新闻直播间》；“滨滨观察哨”栏目共发布18期，以记者暗访的形式督促基层防疫责任和举措的落实，发挥政务新媒体的舆论监督作用。

（刘姿吟）

【《天堂硅谷》报出刊】 2022年，《天堂硅谷》报发行报纸400万余份，编辑报纸48期，刊发稿件1500篇，其中图片260幅、稿件字数160万余字。《天堂硅谷》报围绕全区重点工作，实现期期有策划、月月有重点。至年底，推出区两会宣传报道3期80多篇文章、“喜迎二十大 奋进新征程”8个专版50多篇报道、“助力经济高质量发展”10个专版100多篇报道、“国际滨江、亚运核心”9个专版40多篇报道，策划“建设天堂硅谷、打造硅谷天堂”“打造国际人才高地、增智赋能高质量发展”“助企开门红”等专题，围绕共同富裕、民生实事、城市更新、文化发展、养老教育、暖心抗疫等领域，推出“共同富裕看滨江”“山海协作、产业共富”“民生实事半年报”“微更新、大变化”“历史的长河、我们的老街”“同心战疫、筑起抗疫防线”等系列报道，展现杭州高新区（滨江）的发展成就。

（金春燕）

【《天堂硅谷》杂志出刊】 2022年，《天堂硅谷》杂志编发12期，每月1期，刊发稿件500多篇，其中图片800多幅、用稿70万余字；大16开本全彩印刷，每期108页，发行6万册。杂志开设《第一关注》《打卡滨江》《创业在高新》《图说滨江》《90 talk》等专栏；策划撰写“聚焦党代会”报道10多篇、“聚焦两会”报道13篇、“我在滨江迎亚运”报道20多篇、“共富一年间”报道10多篇、“学习二十大 奋进新征程”报道10多篇等主题宣传稿件。杂志围绕杭州高新区（滨江）党委、管委会、政府的中心工作，突出新闻性、思想性、权威性和可读性。

（李　洁）

【融媒联盟宣传】 2022年9月15日，杭州高新区（滨江）“高新e家、共融共富”国际滨融媒联盟成立。国际滨融媒联盟由杭州高新区（滨江）融媒体中心牵头组建，成员单位包括企业、园区、产业平台、创新联合体、省属高校、商业综合体、各街道微融媒体中心等。区委宣传部对高新区企业、产业园区等进行摸排，在45家高新企业、6个产业平台、4个创新联合体、4个商业综合体成立微融中心。任命首批微融中心首席新闻官，建立专业化的融媒工作队伍。区融媒体中心与联盟成员单位共同召开选题会、业务交流会、新媒体制作培训会等，联手策划融媒产品“90 talk”，在“滨江发布”微信公众号和App开设“大厂在滨江”“滨滨探楼”“共富特长生”等专题。邀请省市区融媒体记者走进产业园区、高新企业集中采访182次，制作推出《人才聚、科技新、产业强》《高新e家 共融共富》等融媒产品200多篇，在《人民日报》、新华社等媒体传播。发布融媒联盟虚拟主播“滨糖”，制作播报《很高兴认识你》等短视频。聘请外籍人才为融媒联盟的海外宣传大使。建好“双语发布”平台，整合企业园区、街道等信息，原创推出《Gee whiz!这里，惊喜纵横》《国际滨，高新蓝》等中英文推文46篇。

（刘姿吟）

2022年9月15日，杭州高新区（滨江）融媒联盟海外宣传大使聘任仪式举行

（区委宣传部　供图）

文化创意产业

【概况】 2022年，杭州高新区（滨江）文化创意产业增加值485.1亿元，比上年增长3.5%，占全区生产总值的22.4%。135家限额以上文化企业营业收入1160.77亿元。文化企业中新增国家级高新技术企业15家、国家科技型中小企业42家。17家文化企业被认定为首批杭州市重点文化企业、数字示范企业及成长型文化企业。编制完成《杭州高新区（滨江）文化产业发展“十四五”规划》，兑现扶持资金2929.46万元，覆盖企业315家次，2022年底兑现2021年度区级文创产业专项资金2929.46万元，覆盖企业31家。举办数字文化嘉年华活动，发布滨江文创数字化形象代言人“滨创创”及滨江文创动画宣传片，并借力第十八届中国国际动漫节、第十六届（2022）杭州文博会等大型节展活动，开展“时代新声力”声音文化论坛等产业配套活动。推进滨江文创数字化管理服务平台建设，用好“创e家”交流平台，发挥区级文创产业联盟作用，开展政策引导、产业宣传、金融支持、人才助力、动态监测等方面企业服务，为企业搭建抱团发展、跨界合作的平台。杭州电魂网络科技股份有限公司获评2022年度浙江省服务业重点行业规模以上企业亩均效益领跑者，杭州游卡网络技术有限公司实际纳税增长10%，杭州看潮信息咨询有限公司实际纳税呈3倍增长；喜悦娱乐（杭州）股份有限公司由“新三板”进入创新层，杭州玄机科技股份有限公司向深交所递交创业板上市申报材料，杭州若鸿文化创意有限公司向浙江证监局递交主板上市辅导备案材料。

【动漫作品影响广】 至2022年底，杭州友诺动漫有限公司原创动画片《下姜村的绿水青山梦》获中国文化艺术政府奖第四届动漫奖、国家广播电视总局年度优秀国产电视动画片等多个国家、省市级奖项，姊妹篇《下姜村的共同富裕梦》被列为国家广播电视总局迎接中共二十大召开的“五部重点动画片”之一，2部作品在浙江卫视等10多家省级电视台以及“学习强国”学习平台等网络平台播出。杭州玄机科技股份有限公司《秦时明月》系列总播放量突破153亿次，在全国600多家电视台播出，《秦时明月陆上沧海横流》获年度“浙江省优秀版权作品”一等奖；华数探索《数字里的中国》上线“求索纪录频道”。

【文化商品成果】 2022年，华数数字电视传媒集团有限公司《廿四节气·杭州》超高清制作系统应用等6个项目入选国家广播电视总局高新视频创新应用大赛获奖名单。隐士音响（杭州）有限公司“飞行家蓝牙音箱”入选《财富》中国最佳设计榜。浙江棱镜全息科技有限公司基于无介质成像技术，实现空中立体成像并率先应用于车载产品AID（全息空中智能显示系统）。杭州玄机科技股份有限公司、网易（杭州）网络有限公司、杭州电魂网络科技股份有限公司等企业自研作品均与国内知名景区开展文旅融合项目合作或数字文旅实践项目。杭州看潮信息咨询有限公司虚拟偶像项目全平台拥有“粉丝”1000万余人。浙江中南卡通股份有限公司、杭州流彩动画有限公司结合原创IP推出虚拟主持人、虚拟主播等元宇宙“主角”。杭州电魂网络科技股份有限公司《梦三国2》、杭州流彩动画有限公司《白素贞》借助NFT（指非同质化通证，实质是区块链网络里具有唯一性特点的可信数字权益凭证，是一种可在区块链上记录和处理多维、复杂属性的数据对象）手段推出数字藏品并公开发行。

【文创企业快速发展】 2022年，杭州高新区（滨江）加快推进之江文化产业带（白马湖发展极）建设，北京航空航天大学杭州研究生院、畅唐网络游戏产业基地等重点项目建成投用，网易三期、大丰文创、游卡滨江产业基地等重点项目建设推进。白马湖生态创意城、电魂数字娱乐产业园、华业高科技产业园认定为2021—2022年度市级文化产业园区。中国网络作家村累计引进234名知名网络作家入驻，获评“全国版权示范园区（基地）”。联合浙江外国语学院成立网络文学“一带一路”海外传播翻译基地。“浙江数字文化国际合作区”获批成为国家文化出口基地，杭州电魂网络科技股份有限公司《梦三国2》入选杭州亚运会电子竞技项目；杭州玄机科技股份有限公司与全球37个国家和地区开展发行合作；杭州若鸿文化创意有限公司与深圳市腾讯动漫有限公司、上海漫画堂文化传播公司等海外平台开展合作；网易游戏连续5年获得“全球发行商52强”榜单第二名，网易电竞全球赛事中心落户杭州，《第五人格》全球赛举办5届，168个国家和地区参赛；浙江中南卡通股份有限公司原创25个大题材、61部、17万分钟的精品动画在国内400多家电视台及新媒体热播，进入全球100多个国家和地区的发行系统；杭州趣编网络科技有限公司文化出海业务占20%～30%。

（方管骅）

【首届全国少儿沉浸式剧本高峰论坛在杭州高新区（滨江）举行】 2022年6月30日，首届全国少儿沉浸式剧本高峰论坛在杭州高新区（滨江）中国网络作家村举行，内容创作者、发行商、渠道商、商家等50多人参会。论坛由区文联主办，区作家协会承办。高峰论坛以“少儿剧游，共创未来”为主题，针对少儿沉浸式剧本现状及未来发展，围绕“儿童沉浸式剧本”，探讨内容和形式的突破，以及儿童沉浸式剧本在知识产权等方面的布局。

（区志编研室）

文化市场管理

【概况】 2022年，杭州高新区（滨江）有文化、广电、旅游、体育、文物以及委托执法职能的新闻出版、电影等经营场所（企业）共1917家。其中：文化326家（网吧64家，歌舞娱乐场所25家，游艺娱乐场所11家，文艺表演团体9家，演出场所2家，驻唱餐吧4家，演出经纪机构44家，艺术品3家，网络文化162家，剧本娱乐2家）；广电245家（个）（广播电视234家，卫星接收设施8个，互联网视听3家）；旅游224家（旅行社42家，景区3个，酒店179家）；体育74家［高危型体育（游泳）项目58家，健身房（不含泳池）16家］；文物12家（文保点11个，文物经营单位1家）；教培机构388家；新闻出版电影648家（网络游戏113家，印刷51家，出版387家，打字复印81家，电影16家）。随着新业态等行业纳入以及部分无须审批但仍需监管的场所新增，经前期初步摸排，所需监管场所3456家。

区文化市场综合行政执法队承担文化、广电、旅游、体育、新闻、出版、电影、文物八大类的市场执法任务和行业内的“护校安园”、“扫黄打非”、常态化扫黑除恶斗争、平安建设、养老诈骗、消防安全、控烟管理、疫情防控等工作，以及新纳入的非学科类培训机构，密室逃脱、剧本杀等新业态和酒店安全监管职能。全年出动2.74万人次，检查场所1.37万家次，“双随机”抽查804家，约谈场所50家，停业整改12家，受理举报投诉4710件，案件办理10起。全年报送动态简讯45篇、综合信息68篇、调查思考6篇。区文广旅体局获评“全市文化市场综合行政执法工作优秀单位”，执法队员毛甜获评“2022年度杭州市扫黄打非先进个人”。

【文化市场安全生产监管】 2022年，区文广旅体局落实各项监管措施，开展执法检查，确保安全生产。加强行业监管和自律，召开安全生产管理工作会议，部署年度安全生产工作要求，组织行业法律法规、消防安全培训，开展心肺复苏及消防安全应急演练等，签订《安全生产责任书》804份。利用“线下巡查+视频监控”以及“日常巡查+集中检查”等多轨并行模式，加强市场安全巡查监管。开展娱乐场所、印刷市场、文物、脱口秀演出、文化低俗化等专项整治工作以及每年固定的网络游戏、非法出版物、非法地面卫星接收设施整治等各类专项整治行动。结合未成年人防沉迷工作、护苗行动等工作，守护青少年健康成长。保障重点时段及节假日市场安全。通过多种形式开展各类法规宣传活动，提升全民法治意识和安全防范意识。推行安全生产社会化服务项目，利用第三方安全生产检测机构对辖区内40家网吧、娱乐企业开展安全隐患排查。至年底，文化市场未发生一起安全生产事故。

【文化市场执法】 2022年，区文广旅体局对全区网吧、娱乐场所等文化经营场所等实行分片区、定人头、全覆盖和网格化、精细化、动态化日常监管，发挥属地街道、社区网格员管理作用，实现“一长一员一场所”“一店一本一登记”，通过“一劝二报三联合”，对问题场所跟踪整改，坚持“抓早、抓小、抓预防”，建立健全长效监管机制。抓好重点时段及节假日执法保障，制定安全生产检查方案并开展集中安全隐患排查，落实值班值守制度，开展市场巡查，处理突发事件。指导企业场所从严从细做好除险保安工作，实现安全生产检查全覆盖。2月10日至3月10日，开展为期一个月的娱乐场所专项执法检查，出动245人次，检查场所115家次，整改隐患6处。5—12月，开展全区文化低俗化专项整治工作，对各类文化载体进行全面清查，查看是否含有国家法律法规禁止的内容，查看是否存在低俗化信息，查看是否存在违反社会公序良俗的其他内容，对1家网络文化企业涉嫌存在低俗网络表演情况进行约谈。7月8日至8月31日，开展暑期文化和旅游市场集中执法检查，出动3775人次，检查场所1852家（次），对个别场所存在消防通道有杂物、防疫不到位等问题进行整改。9月15日，开展文化市场交叉执法检查，检查拱墅区文化市场，吸取兄弟城区监管经验。根据文明指数测评要求，加强未成年人道德建设，做好互联网上网服务场所监管，对场所未成年人禁入、消防设施齐全、环境秩序良好等情况进行检查，总体情况良好。

【网络文化市场执法】 2022年，区文广旅体局加强网络文化企业管理。1月15日至2月28日，开展网络文化企业专项整治，要求辖区内重点游戏运营企业落实自查严控未成年游戏行为。11月24日，新闻出版、公安、文化等多部门联合对区内网络游戏企业开展执法检查，重点检查网络游戏产品版号和内容、实名注册制度、防沉迷系统落实情况等。全年对全区网络文化及网络游戏经营单位进行实地勘查、网上巡查3000多家（次），处理涉网络文化举报投诉4235件，对占比较大的未成年人充值举报进行专题调研。加强网络直播表演线上巡查，约谈2家涉嫌不良表演内容的网络文化企业，全年约谈问题企业20多次。邀请专业师资力量入校开展防沉迷防网瘾讲座。对网络游戏举报典型个案进行现场演练，联系投诉人进行沟通处理，完善投诉处理方式和流程。

【非法卫星电视接收实施专项整治】 2022年，区文广旅体局开展非法卫星电视接收设施专项整治工作。制定《滨江区2022年度非法卫星电视接收设施整治工作方案》，印发工作要求至街道、社区。建立会议制度进行定期沟通情况，召开工作部署协调会2次。印发上级通报、本级整改通知书至街道、社区，形成部署、检查、督导、整改、回头看的闭合回路。组织执法人员学习上级文件及卫星电视管理相关法律法规以及具体执法实务，增强执法能力。联合基层网格员，采取上门入户、问卷调查的形式开展非法地卫法规宣传，通过张贴通知、告示，悬挂横幅，放置展板，发放宣传资料，讲解法规知识等形式，要求社区上报非法售卖、安装卫星电视接收设施（“小耳朵”）线索信息（推销网站、网帖、小广告等），共发放宣传折页1.45万份、微信12条、滚动字幕宣传157条、温馨提示宣传单1.5万张。至年底，通过集中整治、网格巡查、无人机排查等手段排查非法卫星电视接收设施271座，发出整改告知单271份，对市局通报117个非法地卫落实拆除，联合相关部门执法共6次，立案4起，共出动执法人员3455人次；对辖区内企事业单位、宾馆饭店、生产企业、家电市场、电器销售门店、网络电商等共组织检查187次；用户自行拆除非法卫星电视接收设施15座（包括卫星地面接收天线、高频头、解码器等）。

【“双随机”抽查监督】 2022年，区文广旅体局落实抽查监管细则要求，经摇号程序抽取的检查对象和执法人员的信息实施完全保密。根据现场检查情况，规范填写《双随机抽查现场记录表》，报送抽查部门审查。实行“双线检查、分类处理、回头再查”的检查方法，利用网络、电话对检查对象进行线上检查，在确认经营地址后前往实地进行检查；对检查过程中发现的问题及时报送，能当场整改的督促责任人立即整改，不能立即整改的及时向同级公安、市场监管（工商）、通信等部门进行通报，加强协作联合整治；对整改到位的检查对象进行再次复查，跟进问题整改落实情况，在检查结束后及时将处理结果汇总上报及通报。全年检查经营场所804家，其中网吧209家、网络文化场所202家、旅游226家、歌舞娱乐场所102家、体育45家、游艺场所14家、电影5家、广电1家，开展联合检查10次。发现停业场所12家、迁出场所26家、注销场所2家、准备注销场所1家、通过注册地址无法找到场所17家。针对“双随机”检查的情况，要求存在问题各单位立即进行整改，并到审批窗口进行信息更新，对抽查到的单位进行跟踪回查，确保问题整改到位。

【法规宣传】 2022年，区文广旅体局通过各种形式、各类途径创新宣传载体，开展法规宣传活动。结合“3·15”国际消费者权益日、“4·26”知识产权宣传周、“文化市场安全生产月”、“12·4”法制宣传日等主题活动，开展文化阵地相关法律法规宣传活动。结合文化安全进学校、进社区、进商场、进企业“四进”活动开展宣传，提高市民群众守法意识。结合“扫黄打非”专项行动，在校园、社区、商场等地举行普法宣传活动。结合文化经营单位日常检查，向文化经营业主宣传文化市场管理法律法规，提高经营者的法治意识和社会责任感。全年开展法规宣传活动12场，其他各类形式宣传活动2000多次，发放法规宣传品3万余份，覆盖5万余人次。

【艺术考级专项整治】 2022年7—8月，区文广旅体局在全区范围内开展艺术考级专项整治工作，按照属地管理的原则，规范各类艺术考级活动，加强社会艺术考级的监督和管理。对艺术考级机构进行逐个排查，查清艺术考级底数，重点检查艺术考级机构是否具备相关考级资质，有无履行考前备案手续；现场是否做好疫情防控措施和相关安全防范工作；考场内有无相关专业的考官且佩戴考官证。对艺术考级活动进行现场实地监管和微信工作群网络监管，实施事前要求、事中监管、事后汇总。整治期间，共出动85人次，检查艺术考级机构36家次，检查情况良好，机构均按要求承办艺术考级活动。

（金矿红）

卫生健康

综 述

【医疗卫生机构】 2022年，杭州高新区（滨江）有各类医疗卫生机构281家。其中：综合性医院4家（含民营2家），专科医院5家，康复医院3家，街道卫生服务中心3家，社区卫生服务站35个，诊所、门诊部、医务室231个。社区卫生服务机构门急诊量129.55万人次，无医疗安全责任事故发生。

【诊疗服务】 2022年，杭州高新区（滨江）医养护签约服务14.55万人，建立家庭病床426张。十类重点人群签约10.06万人，签约率87.25%，包括老年人3.14万人、高血压患者2.69万人、糖尿病患者8120人。建立居民健康档案47.01万份，建档率93.35%，规范老年人、高血压患者和糖尿病患者管理，管理65岁及以上老年人2.44万人，老年人健康管理率为69.77%，管理高血压患者2.53万人，规范化管理率69.41%，管理糖尿病患者7591人，规范化管理率78.92%，健康档案开放35.33万份，开放率75.16%。

【医疗保障】 2022年，杭州高新区（滨江）完成全区机关事业单位干部职工和教师年度健康体检工作。做好27次区内重大活动和会议的医疗保障工作，派出医务人员142人次。按时完成“一年两征”征兵体检工作任务，组织医务人员完成应征青年目测初检、上站体检、复检等多轮次体检。

（金 怡）

医药卫生体制改革

【概况】 2022年，杭州高新区（滨江）推动优质医疗资源有序扩容下沉和区域均衡布局，促进医保、医疗、医药协同发展和治理，加快建立维护公益性、调动积极性、保障可持续的运行新机制。杭州高新技术产业开发区（滨江）卫生健康局从区社会发展局拆分，单独挂牌成立。全区健全公共卫生联防联控机制，动态调整区公共卫生委员会，成立区突发公共卫生时间应急专家咨询委员会，建立公共卫生绩效监测机制。

【公共卫生体系完善】 2022年，杭州高新区（滨江）健全公共卫生联防联控机制，动态调整区公共卫生委员会，成立区突发公共卫生事件应急专家咨询委员会，建立公共卫生绩效监测机制。加大人才招引力度，充实专业机构队伍，完成132名卫技人员招录。完成区疾控中心PCR（聚合酶链式反应）实验室和基因测序实验室新建项目。推进流调队伍提质增效，建立流调应急小分队，通过理论学习考核、专题培训、实战演练等方式，实现疾控人员“人人会流调”。浦沿街道社区卫生服务中心彩虹分中心建成启用全市首家智慧预防接种门诊，实现疫苗接种“一网办”“一证通”“一站达”。

2022年8月12日，杭州高新开发区（滨江）卫生健康局、文化和广电旅游体育局挂牌成立（区卫健局　供图）

【区卫健局成立】 2022年8月12日，杭州高新技术产业开发区（滨江）卫生健康局（简称“区卫健局”）挂牌成立，加挂杭州高新技术产业开发区（滨江）疾病预防控制局牌子。内设8个科室，下属6个事业单位及2个群团组织，行政编制12个。主要职责是贯彻落实中央、省、市有关卫生健康和疾病预防控制的方针、政策和法律法规，统筹规划卫生健康服务资源配置，制定并组织落实疾病预防控制规划、免疫规划以及严重危害人民健康公共卫生问题的干预措施，协调推进深化医药卫生体制改革，依法监督管理公共卫生、医疗服务和卫生应急，负责生育管理和服务工作，拟订并协调落实应对人口老龄化、医养结合政策措施，承担区干部保健工作领导小组确定的保健对象的医疗保障工作等。

（金　怡）

基层医疗卫生

【概况】 2022年，西兴、长河、浦沿3个街道社区卫生服务中心有工作人员595人，其中卫技人员524人，包括中级职称人员239人，正副高职称人员41人。3个中心总床位125张，门急诊服务129.55万人次。未发生医疗安全责任事故。浦沿街道生命健康医疗养护综合体项目工程建设有序推进。长河街道社区卫生服务中心迁建项目进行地块控规调整等各项前期工作。完成长一社区卫生服务站迁建，完成缤纷、冠山、长一、新浦、江一5家社区智慧云诊室和海康威视企业园区1家智慧云诊室的建设，其中新浦智慧云诊室成为全市首家实现杭州市互联网医院平台落地社区云诊室。

【城市医疗资源“双循环”管理】 2022年，区卫健局推进城市医疗资源“双循环”管理。城市医疗资源“双循环”指通过双向转诊服务、双向业务交流等形式实现医院和基层医疗机构之间医务人员与患者的纵向流动。区卫健局建立组织管理、质量指标、创新工作、获得感四方维度14个评价指标体系，建设全科专科联合门诊、慢病一体化门诊。家庭医生团队增加医联体专科医师、疾控中心慢病防治人员，组建全专融合型家庭医生团队，指导和参与慢病管理。实施开发医防融合协同平台建设，优化诊前、诊中、诊后业务流程，业务与社会服务管理数据同步。全年签约14.55万人，签约完成率106.75%；十类重点人群签约10.06万人，签约率87.25%。实施开发老年人、高血压、糖尿病健康管理质量控制模块，提升指标质控前置化管理。至年底，建立居民健康档案47.01万份，任务完成率109.17%；健康档案开放35.33万份，开放率75.16%；65周岁以上老年人管理2.44万人，老年人健康管理率为69.77%；高血压管理2.53万人，规范化管理率69.41%；糖尿病管理7591人，规范化管理率78.92%。

【中医药工作】 2022年，区卫健局组织第三轮中药饮片和中药配方颗粒剂供应商招标活动。定期开展医疗机构和供应商专项检查，规范中药生产、储藏、经营等环节，提升中药材质量和疗效。加强社区卫生服务机构中医药和适宜技术的应用，提升基层中医药服务能力。至年底，3家社区卫生服务中心门诊诊疗129.55万人次，社区卫生服务机构开具中医处方65.12万张，占处方总数的37.45%；中药饮片处方5.25万张，占处方总数的3.02%，中医非药物处方11.26万张，占处方总数的6.48%。0~36个月龄儿童和65岁以上老年人中医药健康管理率分别为83.76%、81.48%。

【浦沿卫生中心获国家级荣誉】 2022年2月18日，国家卫健委、国家中医药管理局联合印发《关于通报表扬2021年“优质服务基层行”活动中表现突出、服务优质机构的通知》，浦沿街道社区卫生服务中心经过市级复核和省级专家组复核等环节入选。“优质服务基层行”指发挥绩效评价的导向作用，提高基层医疗卫生机构的服务能力和效率。浦沿街道社区卫生服务中心对照标准进行提升，在工作中坚持党建引领，发挥领学促优作用，实现党建和医疗机构共同发展；提升各项目同质化水平，推动医联体之间医疗资源“双循环”运行机制。

【社区卫生实践教学基地合作】 2022年5月9日，西兴街道社区卫生服务中心、长河街道社区卫生服务中心与浙江中医药大学签署社区卫生实践教学基地合作协议，建立学生实训基地。根据与浙江中医药大学“产学结合”工作模式，浙江中医药大学帮助提高社区卫生服务中心的技术能力，卫生服务中心为院校学生提供实践操作平台，协助技能培训。浦沿街道卫生服务中心和浙江中医药大学于2021年4月建立实训基地。至2022年6月，3个社区卫生服务中心与浙江中医药大学签署实训基地全覆盖。

2022年6月13日，西兴街道社区卫生服务中心病房暨杭州市第三人民医院全科医学科西兴病区启用（区卫健局　供图）

【西兴街道社区卫生服务中心病房启用】 2022年6月13日，西兴街道社区卫生服务中心病房暨杭州市第三人民医院全科医学科西兴病区投入使用。病房提供康养照护服务，建立住院病区收治、查房、愈后评估等制度和规范。西兴街道社区卫生服务中心与杭州市第三人民医院建立合作协议，杭州市第三人民医院提供带教与技术支撑，完成病房信息化建设，打造基层社区卫生“智慧化病房”。至年底，接收住院患者107人次。

【长河街道社区卫生服务中心入选省社区医院】 2022年8月26日，省卫生健康委公布省社区医院单位名单，长河街道社区卫生服务中心入选。按照国家卫生健康委《关于全民推进社区医院建设的通知》，长河街道社区卫生服务中心从2019年开始创建省“社区医院”，对标准、补短板、强弱项，以创促建，提升服务能力和水平。通过机构自评、市级审核、省级复核，长河社区卫生服务中心成功创建。社区医院建设提升基层医疗卫生服务能力，推进分级诊疗制度建设，推动构建优质高效的医疗卫生服务体系。

（顾淑婧）

疾病预防控制

【概况】2022年，杭州高新区（滨江）处置多起新冠本土疫情。区疾病预防控制中心第一时间开展流行病学调查、研判三区划分、开展疫点消杀等工作。全年无甲类传染病报告，共报告乙、丙类传染病8841例。其中报告数前列的分别为流行性感冒6512例、其他感染性腹泻595例、手足口病577例、梅毒210例，均得到有效控制。全年指导及保障大型活动23次、开展日常风险评估5次、开展大型活动新冠疫情风险评估4次、开展新冠疫情应急处置演练2次。接种免疫规划疫苗5.83万剂次，接种非免疫规划疫苗16.63万剂次。加强日常应急监测，开展医疗机构、集中隔离点、冷链相关场所等食品及环境的新冠病毒核酸检测。

【卫生检测】2022年，区卫健局完成区内35家企业的职业病工作场所监测。对22家医疗机构和托幼机构开展消毒隔离督导工作。开展食品安全风险监测工作，采样444份样本，发现风险数25个，问题发现率5.63%；采集水样120份，检测结果均无异常。接尘工龄小于5年的新发尘肺病零发生，未有报告一次性5人以上群体性职业病事件。对3家学校、210名学生、105名孕妇开展地方病监测，儿童尿碘中位数每升183微克，孕妇尿碘中位数每升153微克，合格碘盐食用率孕妇94%，儿童90%，均符合相关要求。

【慢病防治和健康教育】2022年，杭州高新区（滨江）管理高血压患者2.48万人，规范管理高血压患者1.53万人，规范管理率61.72%；管理糖尿病患者7426人，规范管理糖尿病患者4596人，规范管理率61.89%。依托省、市"金牌讲师团""社区大讲堂"等平台开展健康讲座204场，听众6996人；围绕各种卫生日开展线上和线下宣传活动12次，参与群众3万余人。发放健康教育宣传海报、折页共3.5万份，海报3000多份；发布科普微信文200多篇，其中原创70多篇。抽取3个街道8个社区640户家庭，对640名15～69周岁家庭成员开展健康素养问卷调查，区居民健康素养水平维持在43.95%。全区完成重点人群筛查1189人；任务完成率118.9%，完成肠镜检查82人，任务完成率132.26%。慢阻肺筛查项目完成现场筛查1129人，肺功能检查1016人，任务完成率101.6%。

【实验室建设】2022年，区疾病预防控制中心建成PCR（聚合酶链式反应）实验室和基因测序实验室，可完成包括新冠病毒在内的高致病性病原微生物核酸检测，新冠病毒核酸日均检测量8000管。建立常规食品、水质微生物细菌培养检测；常见呼吸道、肠道及虫媒等疾病原体核酸及血清学检测。中心检验科有12名工作人员，包括质量管理人员2人、理化检验人员4人、微生物检验人员6人。全年完成225件微生物样品的食品污染物风险监测，209件样品的理化食品污染物风险监测，105件样品的霍乱外环境检测，25件样品致病性弧菌监测，12株致病菌识别网菌株及13株食源性主动监测菌株复核与鉴定。

【业务培训交流】2022年，区疾病预防控制中心选派技术骨干人员参加省市组织的各类业务培训班、工作会议及学术交流活动等，定期开展全体工作人员"每周一学"交流学习会，提高人员业务能力，拓展其业务知识水平。结合工作实际，分条线制订全年培训计划，明确培训内容、进度和目标，责任落实到人。按照计划定期对区内各级医疗机构、学校、企事业单位开展工作和业务能力培训，包括传染病防治、免疫规划、卫生监测、精神卫生、慢性病防治、健康促进与健康教育等。全年共派出80人次参加上级业务培训，举办各类培训17期，参训619人次。

（胡思源）

【新冠疫情防控培训演练】2022年9月，区卫健局组织疫情防控培训和应急演练月活动。区疾控中心开展新冠疫情防控桌面推演和疫情处置实操考核，20多名公共卫生人员参加，巩固和提升公共卫生处理能力，规范疫情处置流程。

（赵舒薇）

【彩虹预防接种智慧门诊】 2022年12月8日，彩虹预防接种智慧门诊被杭州市疾病预防控制中心授予“杭州市首家智慧化预防接种门诊”称号。彩虹预防接种智慧门诊位于浦沿街道彩虹社区，是全市首家集预约接种、无感防疫、自助服务、排队控制、电子签核、扫码接种、留观提醒、智慧大屏和全流程可视追溯于一体的智慧接种门诊，于11月建成。门诊为居民提供安全、便捷、舒适的预防接种服务。

（胡思源）

爱国卫生

【概况】 2022年，杭州高新区（滨江）持续开展冬春季爱国卫生专项行动、季节性“除四害”、“月末周五”卫生大扫除活动，组织以“文明健康，绿色环保、喜迎亚运”为主题的第34个全国爱国卫生月主题活动。活动期间出动人员2560人次，清除蚊媒滋生地4562处，清理垃圾杂物1500吨，发放宣传材料8920份。参与“爱卫70载，健康中国行”系列活动。成功创建省健康县区。

【省健康县区创建】 2022年，杭州高新区（滨江）成立创建省级健康促进区工作领导小组，在政府信息公开平台、“滨江发布”App上向社会做创建公开承诺，发出倡议，倡导群众参与。区健康办制定印发实施方案，召开专项推进会，细化工作方案，明确工作职责，合力推进，形成上下同心、人人参与、共建共享的创建氛围。12月，杭州高新区（滨江）通过省健康县区评估。

【病媒生物防制】 2022年，区卫健局通过清除蚊虫滋生地、落实病媒生物防制措施、加强用药安全管理等举措，降低虫媒传染病传播风险。结合亚运病媒生物“三圈三级”（第一圈场馆及周边蚊、蝇、鼠、蟑等“四害”密度控制在A级水平；第二圈周边500米区域达到B级；第三圈其他区域达到C级）防制，强化属地责任，邀请市爱卫办、市疾控中心病媒生物防制专家对区涉亚运场所开展培训指导。结合“美丽杭州”督查考评，促进基层落实公共外环境除“四害”工作的属地管理职能，提升病媒生物防制整体智治水平。

【“健康细胞”建设】 2022年6月，杭州高新区（滨江）邀请市疾控中心专家开展“健康细胞”（指健康机关、健康社区、健康学校、健康企业、健康医院、健康园区等）创建业务培训会。8—10月，区卫健局对各类创建单位进行走访，指导创建。12月起，创建工作接受杭州市健康办验收。至年底，全区有市级健康社区40家、健康企业27家，省级健康促进医院1家、健康促进学校（银牌）23家、健康促进学校（铜牌）38家。

（蒋益钢）

智慧医疗

【概况】 2022年，杭州高新区（滨江）加强医疗卫生领域数字化改革建设，升级全区基层医疗卫生机构体系至3.0版本，在原有工作基础上加快数字化应用推广使用，迭代升级基层医疗卫生机构医疗应用系统，全年扩建基层医疗卫生机构智慧健康站3个，企业园区智慧健康站1个，迭代儿童保健新服务V2.0，完善优化区域儿童健康大数据中心，推进基层医疗卫生机构医保信息化适配改造，推进基层医疗卫生机构绩效考核与评定应用系统运行使用。推动《信息安全技术、网络安全等级保护》等级保护复评工作，开展信息安全应急演练，推进信息安全建设。冠山、缤纷智慧健康站入选《浙江省第一批、第二批星级智慧化社区卫生服务站（村卫生室）（简称“智慧健康站”）名单》，儿童保健新服务（儿童传染病预警模块）入选浙江省卫健委2022年度基层创新储备项目库。

至年底，区智慧医疗更新及完善区域医院信息系统（HIS）、区域实验室信息管理系统（LIS）、区域体检、区域电子病历（EMR）、区域卫生信息平台、数据交换平台、区域电子健康记录（EHRVIEW）、区域医学影像存档与通信系统（PACS）、统一短信平台、云影像平台、基层医疗补偿机制改革信息系统、电子医疗票据改革、基于云平台的数据中心、儿童保健新服务、省统医保适配改造、基层医疗机构绩效考核系统等多个信息化应用。

【智慧健康站建设】 2022年，杭州高新区（滨江）围绕“健康大脑+”体系理念，依托缤纷、冠山智慧健康站建设经验，推进江一、长一、新浦、海康威视园区4个点位的智慧健康站·云诊室建设，完善健康云诊室、自助云药房的24小时便捷自助诊疗服务模式。围绕诊前、诊中、诊后环节，问诊、购药、慢病管理三大模块，在新浦社区入驻的智慧健康站实现杭州市互联网医院平台落地。杭州市互联网医院平台实现互联网平台与HIS的深度结合，依托原互联网诊疗与HIS的结合基础，提高医生、药品、费用共享共用成效，减少额外重复开发费用，实现线上、线下系统的无缝对接；家庭医生通过注册互联网医院，通过“杭州医生”App，随时接受签约居民的问诊信息，提高家庭医生签约服务内涵；通过互联网医院平台问诊，线下转诊，居民电子健康档案信息流转等，实现医疗资源的充分利用，解决传统互联网诊疗平台资源不足。

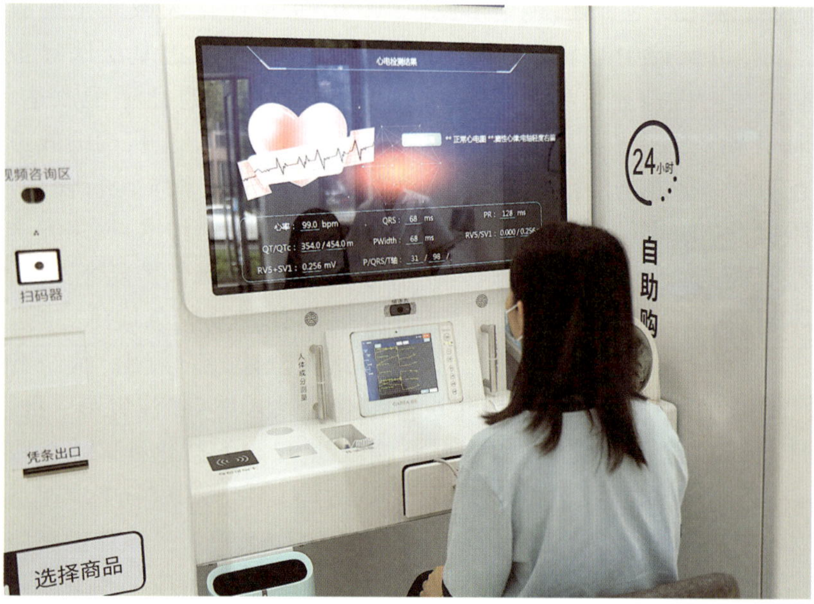

2022年7月5日，居民在缤纷智慧健康站使用24小时云诊室就诊

（区卫健局 供图）

【儿童保健数字化应用新服务】 2022年，区卫健局构建“1+2”儿童健康管理数字化应用整体框架，“1”即滨江区儿童健康管理服务一体化平台。依托浙江大学医学院附属儿童医院优质医疗资源，协同教育、疾控、医保，建立“1”个儿童保健新服务平台，实现卫健、教育部门数据的联通共享。设立“2”个儿童健康数据专题库，汇聚儿童健康管理数据库、传染病症状数据库，提供数据共享、调阅、分析支持。建设儿童传染病症状监测、治理监管应用场景，实现儿童传染病风险防控监管。至年底，通过前期建设及推广应用，实现架构体系升级、服务流程再造、防控模式重塑。归集儿童健康数据1377万条，基层医疗卫生机构儿童健康数据220万条，预警传染病症状风险1550次；跨机构数据同步时效由小时级提升至分钟级，速率提升60倍。实现基于基层医疗卫生机构的传染病症状监测预警服务，联合浙江大学医学院附属儿童医院推进区儿童健康数据中心建设，整合全区0~6岁患儿的诊疗数据。对接区教育局，对在校儿童信息、入园刷卡信息、请假缺课数据进行分析赋分，实现症状监测加权算法模型和皮疹、腹泻、呕吐、发热等症状的传染病监测服务。开展“事前预警—事中阻拦—事后处置”三级模式建设。事前实现预警预测通知，事中开展与校园卡对接，实现入园精准阻拦，事后开展传染病防控流程处置，同时对接市相关平台开展数据上报。

（金楚杭）

医联体建设

【概况】 2022年，浙江大学医学院附属儿童医院（简称“浙大儿院”）与西兴、长河、浦沿3个街道社区卫生服务中心建立区域儿科医联体。浙大儿院长期选派4名高年资主治医师坐诊3家街道社区卫生服务中心，累计门诊服务1.87万人次。浙江大学医学院附属第二医院（简称“浙大二院”）与西兴街道社区卫生服务中心建设的医联体，选派专家定期坐诊西兴街道社区卫生服务中心，全年门诊服务358人次；区域精准转诊浙大二院累计7813人次；开展医联体大讲堂全科医师技能培训和社区护士培训16期，参训1483人次。与杭州市第三人民医院（简称“市三医院”）建立城市医联体。市三医院选派专家长期坐诊3个街道社区卫生服务中心和服务站，门诊服务5470人次；开展病房查房带教工作；完成首届全科医生论坛；开展放射影像和心电远程诊断，累计诊断3332人次。

【全科医生岗位胜任力提升项目】 2022年5月19日，西兴街道社区卫生服务中心启动全科医生岗位胜任力提升项目。项目以杭州市第三人民医院国家全科住院医师规范化培训基地为依托，加强西兴辖区全科医生团队培养。结合全科医学特点和实际需求，设置专题讲座、远程视频教学、CBL工作坊（病例讨论）、能力考核四大模块，做到“五个结合”，即医学人文和专业技能相结合，疾病诊疗和健康管理相结合，线上和线下相结合，CBL工作坊（病例讨论）和LBL（专题讲座）相结合，培训和考核相结合。至年底，300多名全科医生参加该培训项目。

【浦沿街道社区卫生服务中心与杭州市妇产科医院合作】 2022年8月9日，浦沿街道社区卫生服务中心与杭州市妇产科医院举行“双循环”（通过双向转诊服务、双向业务交流等形式实现医院与基层医疗机构间医务人员和患者的纵向流动）签约、“技术指导单位”揭牌仪式。双方就人才培养、学术交流、双向转诊等开展交流，同意开设高危门诊、开通“无痛”“羊穿”检查绿色通道、建设更年期门诊、派遣中心医师进修等，签署“医疗技术合作协议书”，举行“技术指导单位”揭牌仪式。合作促进区域内医疗资源整合，落实分级诊疗，畅通“双向转诊”，带动社区卫生服务中心医疗服务能力提升。

【首届健康滨江全科医学论坛】 2022年8月12日，首届健康滨江全科医学论坛在滨江区公共卫生中心举行。论坛由杭州市第三人民医院和区卫健局联合主办、西兴街道社区卫生服务中心承办。论坛为期2天，以线上线下相结合的方式进行。杭州市第三人民医院、辖区各街道社区卫生服务中心的140人参加论坛，与会人员就加强滨江基层全科医生团队的培养，优化基层医护人员的全科理念、临床知识和技能，推进杭州市第三人民医院和滨江区的城市医联体合作，提升基层医护团队诊疗服务和健康管

2022年8月12日，首届健康滨江全科医学论坛举行

（区卫健局　供图）

理能力，促进为社区居民提供全方位全周期健康服务等议题展开讨论，400多人观看线上直播。

【"尊老敬老，幸福新和"惠民义诊】 2022年11月3日，浦沿街道社区卫生服务中心联合杭州市第三人民医院、浙江中医药大学到浦沿街道新和社区开展践行中共二十大精神暨"尊老敬老，幸福新和"惠民义诊活动。活动安排量血压、测血糖、健康咨询、疾病诊疗、体检报告解读、健康知识宣教、普及家庭医生签约服务等。专家现场咨询解答，得到社区居民好评。义诊把医联体合作单位的优质医疗资源带到社区，促进优质医疗资源下沉，提高社区居民自我保健意识和身体素质。

（顾淑婧）

妇幼保健

【概况】 2022年，杭州高新区（滨江）有产妇2605人，活产数2568人，孕妇建卡率95.5%，产前检查率86.12%，早孕建卡2488人，早孕检查率99.32%，孕妇产前筛查2440人，筛查率97.41%，产后访视率96.81%，孕产妇系统管理率96.65%，5岁以下儿童死亡率2.73‰；婴儿死亡率1.56‰；新生儿死亡率0.78‰；3岁以下儿童系统管理率97.87%。开展城乡适龄妇女"两癌"筛查重大公共卫生服务项目，宫颈癌筛查1.85万人次，乳腺癌筛查2.15万人次。实施消除艾滋病、梅毒、乙肝母婴传播项目，建立孕产妇保健册和孕妇首次检查时免费化验HIV（人类免疫缺陷病毒）、RPR（梅毒）、HAA（乙型肝炎表面抗原），早发现早治疗。

【婴幼儿照护服务】 2022年，杭州高新区（滨江）以育龄群众实际需求为导向，均衡发展托幼一体型、社区嵌入型、产业园区嵌入型、社会办营利型等多元化服务模式。全省首创产业园区嵌入式幼儿园，为杭州市制定《关于推进产业园区嵌入式幼儿园（含托育）发展的实施意见》提供先行先试的素材。滨康二苑托育点采取"设计优先、建设同步、资源整合"的方式，探索以非营利性品牌连锁托育机构开展普惠型托育服务。应用区"健康驿站"数字小程序建立婴幼儿照护服务数字化管理模式，注册0~3岁婴幼儿家长6069人。加强师资队伍建设，建立区婴幼儿规范化实训基地26个，储备讲师276人，发布活动246场。围绕"健康大脑+智慧医疗"，与国家儿童健康与疾病临床医学研究中心共同开发儿童保健新服务项目研究及示范应用，开展0~6岁儿童保健新服务项目建设，共同开发儿童健康画像、生长发育健康风险评估等应用建设，入选2022年首批浙江省卫生健康委基层创新储备项目。加强基层教育基地标准化建设方面的调研，与浙江师范大学合作设立的"区域型0~3岁婴幼儿照护基地建设与实践研究"被确定为省级教育规划立项课题。与杭州科技职业技术学院合作开发婴幼儿照护标准化课程，加快基层复合型专业人才培养。全年，全区新增婴幼儿成长驿站11个、托位617个，成为杭州市首个推广"普惠托育机构+婴幼儿成长驿站"综合功能托育园建设模式城区。至年底，全区有各类备案托育机构52家，托位总数2545个，千人口托位数4.2个。滨江区被确定为浙江省首批普惠托育基本公共服务试点区。

【医疗联动服务】 2022年，区妇幼保健院与市妇产科医院建立专科联盟，开设更年期、营养、心理等专科门诊，开设转诊绿色通道。全区助产医院（浙江大学医学院附属第二医院滨江院区）新生儿数1655人，新生儿疾病筛查1622例，筛查率为98.01%；开展新生儿先天性心脏病筛查1600例，筛查率96.68%，筛查阳性48例，心超检查48例，筛查阳性心超诊断率为100%。浙江大学医学院附属儿童医院新生儿疾病筛查阳性148人，召回复查146人，召回率98.65%。

【适龄妇女"两癌"筛查】 2022年，区卫健局实施妇幼健康促进行动，扩大针对35~64岁妇女"两癌"筛查的覆盖面，严控检测

2022年7月11日，区社发局在长河街道冠山社区实施适龄妇女“两癌”筛查（区卫健局 供图）

质量，做到应检尽检，全面有效。全年宫颈癌筛查1.85万人，宫颈癌筛查率84.68%，异常人数374人，检查出宫颈高级别病变10人；乳腺癌筛查2.15万人，乳腺癌筛查率85.9%，异常人数5575人，转诊后确诊乳腺癌4例，均进行相应的治疗。省级方案“两癌”筛查267人，筛查率100.37%。

（吴　俊）

老龄健康

【概况】 2022年，区卫健局做好各项老年健康保障工作。做好杭州市老年人意外伤害统筹保险，出资129.9万元为4.32万名滨江本地户籍60周岁及以上老年人购买每人每年30元的意外伤害保险。为全区5653名80周岁及以上老年人发放每人300元护理补贴，金额169.59万元；为918名90周岁及以上老人发放慰问金，金额33.63万元；走访慰问21名百岁老人。落实农转非拆迁人员老年人春节慰问金，做好兜底保障，加大老年人精准帮扶力度，全年慰问2.64万人，发放慰问金1325.75万元。实施城乡居民“三免三惠三提升”健康行动，为3.41万名老年人建立健康档案，提供体检服务2.44万人。开展社区老年健康专题讲座60多场次，开展老年健康“智慧助老”行动，开放老人电子健康档案3.41万人，开放率91.44%以上。开展医养结合机构服务质量提升行动，为1.17万名老年人提供多方面的医养结合服务，服务率60%。

资料：“三免三惠三提升”

“三免”：参保城乡居民免费健康体检、重点人群免费接种流感疫苗、重点人群免费重点疾病筛查。

“三惠”：惠享家庭医生贴心服务、惠享县域优质医疗服务、惠享数字化健康新服务。

“三提升”：实施儿童发育筛查和中医药健康管理项目，提升儿童健康管理服务水平。实施全生命周期妇女健康促进项目，提升妇女健康管理服务水平。实施老年失智症筛查评估和医养结合服务项目，提升老年人健康管理服务水平。

【老年宜居环境创建】 2022年，杭州高新区（滨江）开展老年友善医疗机构建设，建成老年友善医疗机构2家。申报“全国示范性老年友好型社区浙江省创建培育社区”“杭州市老年友好型社区”，西兴街道襄七房社区、浦沿街道新浦社区获评“杭州市老年友好型社区”。杭州市滨江区化云惠老公益中心、浙江爱来家养老服务管理有限公司申报第四届浙江省“敬老文明号”创建单位。

【医养结合服务】 2022年，区卫健局开展医养结合人才能力提升培训，为医养结合机构管理、康复人员提供教学平台，培训7名医养结合机构工作人员。开展医养结合机构服务质量提升行动，为1.17万名老年人提供多方面的医养结合服务，服务率60%。规范养老机构与医疗机构的签约合作，3家社区卫生服务中心与5家养老机构签订医养服务签约协议，支持养老机构为入住老年人提供规范的血压血糖检测、保健咨询、营养改善指导和康复指导等医疗卫生服务。探索建立医康养结合多跨协同推进机制，推进康复医疗服务，通过“互联网+”、家庭病床、上门巡诊等方式将康复医疗服务延伸至居家，至年底，有老年人家庭病床429张，上门巡诊5569人次，开展“互联网+”慢病长处方诊疗服务19.12万人次。

【老年健康促进行动】 2022年，区卫健局开展社区老年健康专题讲座60多场次，开展老年健康咨询和康复指导服务128人次，发放宣传折页2000多份，宣传20条老年健康核心信息、老年人新冠疫情防控知识等老年健康知识和老年健康服务政策。落实基本公共卫生服务老年人健康管理项目，实施城乡居民“三免三惠三提升”健康行动，为3.41万名老年人建立健康档案，提供体检服务2.44万人。实施老年健康服务五大行动，探索建立老年人健康评估和功能维护机制：开展老年人“光明”行动，为633名老年糖尿病患者做眼底筛查；开展老年人“口福”行动，为5068名参加城乡居民健康体检的老年人建立口腔健康档案，指导口腔疾病防治；开展失智老人关爱行动，为575名老年人开展老年痴呆早期筛查和心理健康评估；开展老年营养改善行动，为5465名参加城乡居民健康体检的老年人建立营养健康监测档案，指导营养膳食；开展老年健康“智慧助老”行动，开放老年人电子健康档案3.41万份，开放率91.44%以上。

（吴　俊）

卫生监督

【概况】 2022年，区卫生监督所对各级各类医疗机构和人员密集的公共场所的新冠肺炎疫情防控措施落实情况开展多轮次巡查，巡查公共场所440家次、医疗机构247家次。加大对违法行为的查处力度，打击各类卫生违法行为。全年办结案件178件，包括一般程序167件、简易程序11件，大要案8件，罚没款127.3万元。取缔非法行医3家，取缔非法性别鉴定1家。无行政复议和行政诉讼案件。1件行政处罚案被市建设法治政府（依法行政）工作联席会议办公室评为“示范优案”。完成40个“双随机”抽查任务，其中联合“双随机”任务7个，联合任务完成率17.5%。完成检查单位数359家，其中公共场所卫生263家、医疗（传防）58家、职业（放射）27家、学校（爱国卫生）11家。对检查中存在问题的95家单位进行查处，结案90家，查处率为25.1%。

【数字化云监管】 2022年，区卫生监督所探索“互联网+”监管模式，推进数智卫监应用。在区内65家口腔诊疗机构安装口腔智慧监管系统，数据实时上传省口腔诊疗机构监督在线，实现区内所有口腔诊疗机构医疗器械清洗消毒灭菌的线上监管。为11家大型住宿场所接入省住宿场所透明保洁智能监管系统，对公用物品清洗消毒进行实时监测。上传159家社会办医疗机构、37家公立医疗机构的诊疗数据至省诊疗行为监督在线，实现诊疗行为风险管控项目实时监测。

【医疗乱象专项治理】 2022年，根据《浙江省卫生健康委等关于印发医疗乱象专项治理行动实施方案的通知》的要求，对医疗诈骗、虚假广告、欺诈骗保等医疗乱象开展专项治理行动。组织区内医疗机构通过医疗机构依法执业自查自律系统开展1次专项自查。全区271家医疗机构在6月20日前完成自查并提交自查报告。开展医疗机构依法执业培训，对全区68家口腔医疗机构开展依法执业培训，各口腔医疗机构的法定代表人和负责人共80多人参加培训；利用腾讯会议、微信群等网络媒介对医疗美容机构、中医机构、西医机构等120家单位进行线上依法执业及相关工作的宣传培训。加大监督执法力度，全年办理医疗卫生、传染病防治等案件55件，罚款金额48.08万元。

【医疗废物监管】 2022年，区卫生监督所以“无废城市”创建工作为契机，结合疫情防控、

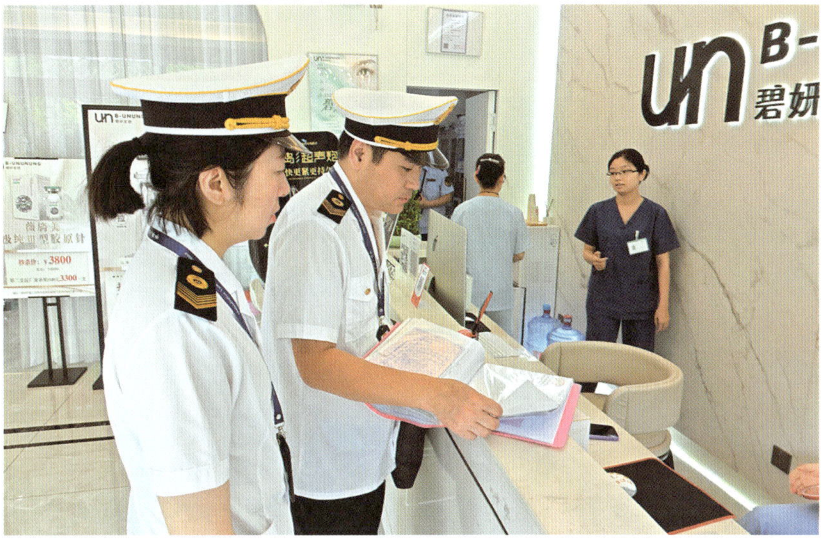

2022年6月14日，区卫生监督所启动职业卫生分类监督执法检查

（区卫健局　供图）

“双随机”抽查等工作，对医疗卫生机构的医疗废物、医疗污水管理工作开展监督检查。全年出动卫生执法人员260人次，对120家医疗卫生机构和10多家集中隔离点开展监督检查，立案查处8家，罚款金额1.35万元。

【职业卫生分类监督执法】 2022年6月14日，根据《浙江省卫生健康委办公室关于开展职业卫生分类监督执法工作的通知》要求及工作部署，区卫生监督所启动用人单位职业病危害综合风险评估工作，印发《滨江区卫生监督所关于开展用人单位职业病危害综合风险评估工作的通知》，组织指导区内140家用人单位通过职业健康在线系统开展职业卫生管理状况自查、职业病危害暴露风险分级、职业病危害综合风险评估，并进行审核确认。经确认，已申报的用人单位中除搬迁、停产企业外，实现自查率100%，分类率100%，其中综合风险评估结果为甲类的109家、乙类的12家、丙类的5家。至9月底前，完成对5家丙类用人单位的全覆盖检查，对其中3家用人单位进行立案调查。

（周瑞瑞）

驻地医院

【概况】 2022年，杭州高新区（滨江）有2所省属医院：浙江大学医学院附属第二医院滨江院区、浙江大学医学院附属儿童医院（浙江省儿童医院、浙江省儿童保健院）。1所武警医院：武警浙江总队医院。浙江大学医学院附属儿童医院是国家儿童健康与疾病医学研究中心、国家儿童区域医疗中心，公立三级甲等医院。

【浙江大学医学院附属第二医院滨江院区】 2022年，浙江大学医学院附属第二医院滨江院区门急诊225.69万人次，比上年增长19.27%；出院9.12万人次，增长0.7%；手术量4.93万台次，下降2.44%；平均住院日4.94天，下降1.79%。医院连续4年进入三级公立医院绩效考核全国前十名、A++序列。推动国家级平台建设工作，获批国家紧急医学救援基地、国家心脑血管植入器械产教融合创新平台，完成多器官衰竭预警与干预教育部重点实验室答辩，申报国家医学中心，推进国家区域医疗中心建设。

2022年，自然指数列医疗机构全国第五名、全球前50名。医院科技量值综合排名居全国第11名，其中七大学科跻身全国前十名。科研规模保持高位增长，获批国家自然科学基金项目192项，连续2年居全国第二名。新增国家重点研发计划项目4项、国家重点研发青年科学家项目2项、战略性科技创新合作项目1项、政府间国际科技创新合作项目2项。SCI收录第一单位论文近700篇。获发明专利授权57项。获中华医学科技二等奖1项，浙江省科学技术进步奖二等奖、三等奖各1项，第十四届谈家桢生命科学奖2项。全职引进国家QR计划、临床“百人计划”研究员A类、浙江大学临床名师计划各1人。新增“国家杰出青年科学基金”获得者、“国家优秀青年科学基金”（海外）获得者、浙江大学求是特聘教授各1人，入选浙江省卫生高层次人才培养对象11人。中国医院综合排行榜（复旦版）跃升至全国第11位，眼科、心血管病、急诊医学、健康管理、神经外科进入中国医院专科排行榜（复旦版）全国前五名，烧伤外科、超声医学、普通外科、呼吸内科、神经内科进入全国前十名。开展自体肝移植技术、心脏收缩力调节器植入术、难治性癫痫电极植入术等国际国内前沿技术11项，全年完成大器官移植221例。

改造院前工作区域，整合建设院前"一站式"服务中心，推进"HIS+EMR"一体化新系统建设，建立待手术时间监控机制，开展首台手术准点划刀率监测，推进周末日间化疗及门诊化疗工作，结合智慧医院建设，打造基于物联网技术的医疗设备管理平台。改善患者就医体验，宣传多渠道预约挂号途径，改进门诊各类智慧医疗流程，落实门诊巡查制度、缩短院前检查预约时间，设置门诊流量预警，监测住院收治量与收治及时率，缩短门诊等候、预约检查时长，扩大互联网医院线上咨询与诊疗服务供给，做实"互联网+护理"全程服务。承担急危重抗疫任务，作为主要单位完成浙江省援藏医疗任务。优化外语医疗服务体系，完善就医全流程的外语规范化建设，推广外籍患者实体黑卡建档600多张，开放英文检验单打印功能，开设外籍人士咨询窗口，实现院区门诊叫号、自助机显示等中英文双语模式功能，完善双语标识书写规范及翻译准确性。签约国际保险公司新增至33家，实现医疗费用直接结算服务。

落实与滨江区的区院合作，与区内3个社区卫生服务中心联手开展2022年度杭州市重点人群慢性阻塞性肺疾病免费筛查项目，制定慢阻肺筛查阳性患者转诊流程；作为区内唯一定点筛查机构，制定社区初筛结直肠癌阳性患者转诊流程，为3000名初筛阳性患者行肠镜检查。做好杭州第19届亚运会、亚残运会医疗保障筹备工作，承担杭州亚运会、亚残运会9个现场保障（包括杭州奥体中心体育场）、19个场馆定点医院保障任务，承担贵宾保障、大面积烧伤、空中医疗救援定点医院，设立六大功能组，建立健全标准化救治流程和应急预案，高标准遴选并组建保障人员梯队，开展包括专业技能、外语、礼仪等全员全要素培训和应急救治演练，高质量完成亚运会测试赛医疗保障任务。

（浙二滨）

【浙江大学医学院附属儿童医院】 2022年，浙江大学医学院附属儿童医院滨江院区核定床位1500张。职工3158人，主任医师（教授）116人，副主任医师（副教授）135人，主治医师367人。医院服务门诊患者334万人次，最高日门诊量1.53万人次，为历史最高值，日门急诊量超过1万人次的天数为186天。医院收治住院患者8.3万人次，病床使用率93.88%，平均住院5.65天；开展手术3.81万台次，其中住院手术2.96万台次，日间手术6197台次，门诊手术8490台次，三、四类手术占45.14%，疑难病例（RW值 ≥2）7042例，疑难病例占病例总数的8.49%。

2022年，医院获批3项人体器官移植资质（心脏、肾脏、肝脏）。开展连体婴儿分离术1例；开展ECMO（体外膜肺氧合）48例；开展达芬奇机器人手术693例，累计1566台，获批达芬奇机器人中国儿外科临床手术教学示范中心。多学科诊疗团队（MDT）从16个增加到34个，全年开展MDT 1093例。提高卫生应急保障能力，获批航空医疗救护联合试点医院，成为全国儿童医院首家；与杭州市"120"联动开展危重患儿转运工作，累计转运危重患儿1126例。医院派出22批1000多人到全国7个省20个市支援抗疫工作。医院引进高层次人才21人，其中全职5人、柔性引进16人。累计引进75人，包括国家级、省级人才14人。申报各类人才项目，7人入选浙江省卫生高层次人才培养对象，其中卫生领军人才1人、卫生创新人才3人、卫生医坛新秀3人。招收博士后12人，10人出站，获批国家级博士后科研工作站。医院科研项目数量和经费均创历史新高，获科研项目170项，科研经费9210.23万元，包括：纵向课题98项，经费8271.43万元；横向课题65项，经费858.8万元；校级课题7项，经费80万元。发表SCI论文401篇。获浙江省科学技术进步奖二等奖1项、三等奖1项，中华医学科技奖二等奖1项。医院自主创办的国际期刊*World Journal of Pediatric*最新IF达到9.18，获“第31届浙江树人出版奖”“中国高校百佳科技期刊”“浙江省科技期刊编辑学会成立35周年‘卓越科技期刊奖’”，入选2022中国高校科技期刊建设示范案例。

2022学年完成本科生见习759人，本科生实习641人；招收博士生21人，硕士生58人，新增研究生导师14人。与重庆医科大学儿科学院开展为期3个月的儿科专业实习生交流培养计划。加强优质儿科课程建设，获省级一流课程2门；2022年获省优秀博士学位论文提名论文1篇、省专业学位研究生教育优秀教学案例1个，在临床医学专业（本科）水平测试中儿科学位列全国第一位。连续3年全国住培（住院医师培训）结业理论考核100%通过，连续2年获评“全国优秀住培基地”，连续2年全国专培（专科医师规范化培训）结业考核100%通过，连续3年获评“浙江省优秀儿科、儿外科住培专业基地”。举办全国儿外科住培师资培训班、全国儿科住培骨干师资培训班2期，全国100多家医院的1200人参加培训。

医院与仙居县妇幼保健院、台州市第一人民医院、新昌县妇幼保健院和慈溪市妇幼保健院签订合作协议，选派医师120人到基层开展业务指导。依托医疗援疆优势资源，与新疆生产建设兵团第一师医院签署“名医工作室”合作协议；帮助新疆阿克苏地区第一人民医院申请获批“自治区重度聋儿人工耳蜗救助定点手术医院”。选派1名医务人员到青海省海西州第一人民医院接续开展支援帮扶工作。与建设银行杭州分行、建设银行台州分行仙居支行、下各镇镇政府开展党建联建工作，组织专家团队在下各中心卫生院开展义诊活动。医院获全省山区26县结对帮扶考评优秀单位。滨江院区二期工程建设完成并于9月启用，滨江院区突发公共卫生中心改造项目竣工并投入使用。

（谢冰玉　蒋烨琛）

【武警浙江总队医院】 2022年，武警浙江总队医院医疗收入2.75亿元，门诊26.4万人次，急诊2.91万人次，体检7.95万人次，手术2028台次。医院有编制科室22个，住院病区2个，展开床位700张，医护人员800多人。武警浙江总队医院担负武警浙江总队和驻浙部分海警部队官兵及其家属的医疗保障、遂行卫勤伴随保障和为民服务任务。根据全军统一部署的军保卡联网，驻地解放军部队和符合优惠医疗的解放军现役官兵家属也可到医院就诊。医院为三级乙等综合性医院，脑损伤康复、创伤手足为医院特色专科，其中脑损伤康复专科为武警部队康复医学专科中心。

2022年，武警浙江总队医院接受武警部队党委巡视、收费领域专项检查和安全检查，应对驻地新冠疫情和国家军队疫情政策调整，完成疫情防控、卫勤保障等各项服务保障任务。组织“学党史讲故事·传基因担重任——红色故事会”，完成武警浙江总队机关门诊部政治氛围建设。举办纪念共青团成立100周年主题团日暨首届读书分享会、第五届“强军杯”篮球赛、“喜迎二十大，共创新辉煌”文艺晚会暨第四届“天使杯”歌咏比赛，开展第五届中国医师节表彰和慰问活动。举办援疆干部欢送仪式，援藏干部吴赤球受邀参加总队先进典型事迹报告会，为全总队官兵作报告。医院与杭州市丹枫实验小学举办军民共建签约仪式，完成杭州市急救中心武警浙江总队医院急救站和丹枫社区微型消防站建设，到浙江省丽水市景宁县渤海镇开展乡村振兴义诊活动。

承办各类专业培训，承办武警浙江总队医院第40期卫生员集训，举办国家级继续教育项目“多学科联合集束化治疗在神经康复中的应用”研讨班，承办杭州市继续教育项目“髋关节损伤康复的新进展”教育班，承办总队军事训练伤防治技术骨干培训。完成1例肢体离断再植手术。医院召开第111个国际护士节表彰大会，贾巧义获评“杭州市最美护士长”，王福玲获评“杭州市最美护士”。特一科（康复医学科）被武警部队列为首批“打仗型”重点建设专科。

（李宏峰）

体 育

综 述

【体育赛事和活动】 2022年，杭州高新区（滨江）举办“舞动中国——排舞联赛”总决赛、“白马湖杯”校园足球联赛、杭州高新区（滨江）“迎新杯”小学生棋类比赛、滨江区第六届全民运动会、2022年第三届浙江马拉松纪录挑战赛等系列活动310场，7万余人参加。全年完成三级社会体育指导员培训151人；国民体质测试2100多人，按计划完成三级社会体育指导、国民体质监测系统更新和人员录入工作。区内5家体育产业企业获疫情纾困类补助，杭州中天模型有限公司项目、“舞动中国——排舞联赛”总决赛项目入围2022年度浙江省体育产业发展资金项目库。

【体育民生实事工程】 2022年，杭州高新区（滨江）完成省、市、区三级年度建设项目任务。省级民生实事项目建设完成西兴马湖社区百姓健身房、长河月明社区百姓健身房，完成龙湖天街楼顶5人制足球场1片，完成嵌入式体育设施进公园5个。市级民生实事项目完成“金角银边”工程9个，其中，西兴街道为西陵社区河畔花园、官河路1号、温馨社区3个，长河街道为长一社区长虹小公园、晶都社区铂金名筑南侧小公园、天官社区周家园健身苑点3个，浦沿街道为东冠社区文体广场、新浦社区新浦文体广场、东信社区风尚蓝湾3个。落实市级民生实事项目——“三万”行动，即杭州市“迎亚运”万堂专项体育课进校园、万场体育赛事活动和科学健身指导行动进社区、万片体育场地低免开放行动，滨江区完成530堂体育课、246场赛事健身指导、522片健身场地低免开放。省、市民生实事工程均超额完成目标。

（徐樱桃）

【体育市场执法】 2022年，区文广旅体局对辖区内高危险性体育经营项目（游泳场所）做好日常巡查和游泳安全知识宣传，注重对救生员“心肺复苏”“抛救生绳”“水上救生”等业务能力培训和演练，重点对场所救生员、救生设施、管理制度、警示标识、应急预案、消防安全措施、疫情防控措施等到位情况进行监督检查。全年出动7665人次，检查高危险性体育场所3825家次，发现隐患21处，整改到位21处，约谈场所16家，因救生员不到位问题立案查处3家。

（全矿红）

体育设施

【概况】 至2022年底，杭州高新区（滨江）有体育场地面积132.32万平方米,每万人拥有体育场地35个，按照常住人口53万计算，人均体育场地面积2.52平方米。全区有符合普查标准体育场地1841个，其中田径场地54个，游泳场地67个，足球场地82个，篮球场地263个，排球场地47个，乒乓球场地326个，羽毛球场地150个，其他球类运动场地122个，滑冰场地1个，健身房205个，全民健身路径390个，健身步道53个，大型体育场馆3个。大型体育场馆为杭州奥体中心体育场（大莲花）、杭州奥体中心网球中心（小莲花）、滨江体育馆（小白碗），杭州奥体中心体育场总建筑面积21.6万平方米，总席数8.08万座；杭州奥体中心网球中心总建筑面积5.23万平方米，总席数1.56万座；滨江体育馆总建筑面积5.82万平方米，总席数5000座。

【嵌入式体育设施建设】 2022年，杭州高新区（滨江）制定并发文实施《滨江区嵌入式体育设施项目申请简易流程（试行）》，在机关内部“最多跑一次”联办工作平台试行嵌入式体育设施项目审批备案，提升社会力量参与嵌入式体育设施项目建设的便利度，鼓励社会力量参与新建嵌入式体育设施项目建设。至年底，完成嵌入式体育场地设施建设2.4万平方米，超额完成1.65万平方米的年度任务，包括奥体中心公园（滨江公园）、北塘河公园（4期）、沿江公园（射潮广场—七甲河）以及感知之轴公园4处嵌入式体育设施进公园项目，内设篮球场、羽毛球场、网球场、乒乓球场、轮滑场等体育设施13.5片。申报的滨江公园、北塘河4期2个嵌入式体育设施获评杭州市嵌入式体育设施标志性成果。

【江南体育中心】 2022年，江南体育中心各场馆接待顾客18.01万人，其中7—8月游泳馆接待顾客4.51万人，比上年增加6000多人；联办、承办各种体育竞赛活动16次。增加各类体育培训项目，从原有的9个调整到11个，新开设棋类培训和舞蹈团课。全年培训报名3703人次，其中游泳培训1904人，占总培训人数的48.6%。江南体育中心游泳馆被杭州市评为先进游泳馆、卫生A级游泳馆，获评2018—2021年度浙江省群众体育工作成绩突出集体。

【滨江体育馆惠民开馆】 2022年6月30日，滨江体育馆举行惠民开馆仪式。杭州亚组委大型活动部、浙江体育职业技术学院、区有关部门负责人、运动员代表、群众代表等100多人参加仪式。滨江体育馆室外运动场地免费开放，羽毛球馆于7月1日以惠民价开放。滨江体育馆向公众惠民开放，为市民创造“全民健身”羽毛球运动体验，发挥场馆优势，激发全民争做亚运东道主的热情。滨江体育馆又称“小白碗”，位于江虹路996号。场馆于2017年落成并投入使用，2020年因启动亚运场馆改造停止对外开放，可容纳观众4000人，是杭州亚运会、亚残运会羽毛球比赛场馆，有世界级羽毛球比赛灯光系统、8K高清摄像头、观众席通风系统等多项高水平配置。

（徐樱桃）

全民健身

【概况】 2022年，滨江区举办“舞动中国——排舞联赛”总决赛、第六届全民运动会等群众性体育赛事10多个大项200多场次。组织3个街道及白马湖幼儿园开展国民体质测试工作，测试人数2104人，其中幼儿349人、成人1755人，合格率为94.3%。经常参加体育锻炼的人数（不含学生）比例为31.24%。

【滨江区第六届全民运动会】 2022年3月起，由滨江区人民政府主办、区社发局协办的第六届全民运动会在江南体育中心等地举行。比赛设篮球、羽毛球、乒乓球、五人制足球、游泳、拔河、趣味、城市定向8个大项24个小项，共49支代表队5000多人参加运动会。经角逐，西兴街道、长河街道、区教育系统代表队分别获团队前三名。

【杭州高新区（滨江）企业羽毛球联赛】 2022年8月27日，第七届“谁羽争锋”杭州高新区（滨江）企业羽毛球联赛暨闭幕式在滨江体育馆举行，全区各个行业90支队伍、857名职工报名参赛。联赛由区总工会主办，区党委“两新”工委协办，区羽毛球协会、诺基亚通信系统技术（北京）有限公司浙江分公司承办，历时49天。该联赛自7月9日开幕，7月13日开启排位赛，每周一至周五晚进行各级别单循环赛，并进行线上视频直播，近20万人在线观看。比赛分超级组、甲组、乙组、丙组，决出各组排名并给前六名颁奖。闭幕式举行合作伙伴接力仪式，下届承办方为浙江苏泊尔家电制造公司。

（徐樱桃）

竞技体育

【概况】 2022年，滨江区加强对区竞技业余训练布点项目和体育特色项目学校、体育传统项目学校的建设和管理，做好教练员队伍建设，完成对田径、武术等共11类项目的布点，完成运动员省注册591人次、市注册74人次，新增7家区级训练单位、35人次省注册教练员认证、68人次裁判员注册认证，实现全区中小学院校全覆盖，确保院校体育训练专业科学。实施《滨江区校园足球2019年—2022年三年发展规划》，抓好14所校园足球战略合作定点单位学校合作，杭州市江南实验获得"市长杯"青少年校园足球联赛男子乙组亚军。加快新型少体校建设，合理规划和布局运动项目，培育羽毛球、乒乓球、跆拳道等"一校一特色"，完成布点经费下拨和区级传校的考核。竞技体育以学校体育为主，举办"迎新杯"小学生棋类比赛，"白马湖杯"青少年校园足球联赛。对亚运场馆进行运营测试，为杭州亚运会、亚残运会做准备。

【浙江省青少年网球邀请赛】 2022年4月22日，"韵味杭州"浙江省青少年网球邀请赛在杭州奥体中心网球中心（"小莲花"）开赛。比赛历时3天，杭州市9个代表队的63名运动员、17名随行官员和19名技术官员参加比赛。比赛产生5枚金牌、5枚银牌和5枚铜牌。网球中心承担杭州亚运会、亚残运会网球、软式网球和轮椅网球3个项目的比赛。比赛同时是对场馆运行情况的测试，检验、总结、归纳、调整出现的问题，为亚运会、亚残运会做准备。

【"白马湖杯"青少年校园足球联赛】 2022年9月起，由区教育局、区文广旅体局主办，浙江省黄龙绿鹰足球俱乐部承办，区各中小学协办的"白马湖杯"青少年校园足球联赛在各学校举行。比赛设初中组、小学甲组、小学乙组、小学女子组4个组别，全区28所中小学的46支队伍参赛。比赛历时3个月，进行196场比赛。经角逐，杭州市江南实验学校代表队、杭州滨文小学代表队分别获初中组、小学女子组的冠军。小学甲组和小学乙组2个组别淘汰赛延期举行。

（徐樱桃）

体育产业

【概况】 2022年，滨江区举办高危险性体育项目管理工作会议。夏季向社会开放游泳场所54所。上海浩博体育文化发展有限公司杭州滨江分公司、杭州怀诚体育策划有限公

2022年9月15日，"白马湖杯"青少年校园足球赛开赛

（区文广旅体局　供图）

司、杭州威度体育投资管理有限公司、杭州帕森文化创意有限公司、杭州汉峰健康管理有限公司5家单位申报浙江省体育产业发展资金项目库（疫情纾困类）并入库，杭州佑嘉体育文化创意有限公司的“舞动中国——排舞联赛”总决赛项目、杭州中天模型有限公司项目入围2022年度浙江省体育产业发展资金项目库。完成浙江中医药大学亚运会曲棍球训练场馆、浙江警察学院亚运会曲棍球训练场馆改造。

【杭州中天模型有限公司项目】 2022年，杭州中天模型有限公司的“落实‘双减’，促进‘双增’——航模课后科普课程”获评浙江省体育产业发展资金项目库入库项目，并获《中国体育报》以“航模运动成校园新宠”专题报道，中央广播电视总台新闻频道多次报道中天航模产品及服务支持校园“双减”工作的各校案例。杭州中天模型有限公司推出的航模课后科普课程以“少年中国梦”为系列主题，以小航模为载体，展示“辽宁号”航母、“歼20”战机等“大国重器”和其背后“大国工匠”们报国的故事。模型已开发100多款，配套课件、视频教学片等，满足校园高中低各年龄段开展课后科普课程以及航模社团课程的需求。项目自2021年在浙江推广，在省内各地近100所学校开展，受疫情影响，首批参与课程约2万人，实现产值260万元。

【浙江中医药大学亚运会曲棍球训练场馆改造】 2022年3月31日，浙江中医药大学亚运会曲棍球训练场馆改造完成。项目总改造面积4.21万平方米，其中，曲棍球训练场改造面积1.53万平方米，配套体育馆功能用房改造面积2654平方米，网球场改造面积2740平方米，室外工程改造面积2.14万平方米。总投资2896.37万元。曲棍球训练场是对学校原足球运动场进行改建，包括铺设曲棍球专用人工草坪、喷灌排水设施改造、塑胶跑道提升改造、照明系统改造、增设围网等；训练场东侧体育馆内部进行提升改造，增设医疗室、运动员休息室及卫生间、淋浴房、监控室、力量训练房及赛会工作人员办公室等；对场馆周边的西大门出入口、停车场、校园道路、景观进行改造提升。该训练场承担杭州第19届亚运会曲棍球项目比赛期间的训练任务，可同时提供2支训练队进场训练。

【浙江警察学院亚运会曲棍球训练场馆改造】 2022年5月20日，浙江警察学院亚运会曲棍球训练场馆改造完成。项目建设总改造面积3.94万平方米，其中，曲棍球训练场7140平方米，过渡用运动场1.21万平方米，训练场周边2.02万平方米，新建运动员辅助用房1010平方米（赛后拆除）。项目总投资3314.91万元。曲棍球训练场是对学校原运动场进行改建，包括铺设曲棍球专用人工草坪、喷灌排水设施改造、塑胶跑道提升改造、照明系统改造、增设围网等；布局功能用房，增设无障碍设施、医疗室、运动员休息室、监控室、训练房及工作人员办公室等。根据亚组委比赛场馆设施布局和场地建设技术要求，该曲棍球训练场承担杭州第19届亚运会曲棍球项目比赛期间的训练任务。

【“舞动中国——排舞联赛”总决赛】 2022年11月21—27日，由国家体育总局体操运动管理中心、中国蹦床与技巧协会、市体育局、滨江区人民政府主办，中国蹦床与技巧协会排舞分会、市体育事业发展中心、区文广旅体局承办的2022年“舞动中国——排舞联赛”总决赛暨全国排舞冠军赛在滨江体育馆举行，全国80个城市的321支队伍近5000名选手参赛。比赛采用“线上+线下”双线办赛模式。经过7天的线上、线下比赛，各组别团体第一名的获胜队伍名单在闭幕式上公布。赛事以竞赛专业性、项目普及性为目标，共有6名国际级裁判、29名国家级裁判，保证赛事的公平公正。赛事前期开设排舞全国比赛规则直播讲堂、赛中增加排舞项目特色活动介绍等内容。该届总决赛是落户杭州的第10年。针对不同群体，大赛多渠道搭建直播赛事平台，央视新闻移动网、“排舞中国”视频号等观看量近500万人次。

（徐樱桃）

人力资源管理

综　述

【引才育才】 2022年，杭州高新区（滨江）坚持精准引育，推出“千企万岗”云聘会、“直播带岗”等线上引才模式，举办各类招聘活动127场，组织3051家企业引才，发布用人需求13.6万个，2.1万人与企业达成意向，意向率41.83%。新引进各类人才3.88万人，比上年增长5.1%，引进人才总量创新高；其中硕士博士人才9276人，增长2.1%。推进企业博士后科研工作站创新平台建设，当年新增国家级博士后工作站2家、省级博士后科研工作站14家，累计设立博士后科研工作站79家，设站规模在全省各区县（市）中居第一位，2家博士后工作站入选2022年度杭州市典型博士后工作站。发挥企业博士后科研工作站等各类创新载体作用，加大高端人才引进、培育力度，引进博士后研究人员148人；7名博士后科研项目入选2022年度浙江省择优资助名单，占全市的18.92%，其中特等资助1人，占全市的33.33%；10名博士后研究人员入选中国博士后科学基金资助。4人入选浙江省青年拔尖人才，居全市第一位；7人入选杭州市青年拔尖人才，居全市区县（市）第一位；4人入选享受市政府特殊津贴人员；17人入选杭州市“钱江特聘”专家，居全市区县（市）第一位；50人入选杭州市高层次人才特殊支持计划培养类人才；新认定杭州市高层次人才4512人，其中D类以上226人。

（钭舟凌）

【人才管理】 2022年，杭州高新区（滨江）坚持“人才引领、创新驱动”发展战略，召开区委人才工作领导小组会议，制定《杭州高新区（滨江）党委人才工作领导小组及办公室工作规则》，优化运行机制，明确各成员单位工作职责。以区委人才办牵头抓总，细化人才考核指标，定期发布人才工作简报，建立“月晒年考”人才考赛机制，压实职能部门、属地街道、平台责任，构建更加高效协同工作格局。全年引进高新人才3.88万人，比上年增长5.1%；引进35岁以下青年大学生6.91万人，居全市第一位，硕博人才占全市的26.73%，居全市第一位；新增省级以上博士后科研工作站16家，省级以上研发载体累计500多家，新增专利授权量23236件，每万人发明专利拥有量598.2件，居全省第一位。

【人才“五大行动”实施】 2022年，杭州高新区（滨江）完善人才政策体系，出台《关于加强和改进新时代人才工作推进天堂硅谷人才行动的实施意见》，形成“1+5+20”天堂硅谷人才政策体系，聚焦打造创新创业新天堂、高水平建设人才高地，以为“建设天堂硅谷、打造硅谷天堂”提供人才支撑为总体目标，实施人才体制机制改革、人才雁阵格局拓展、引才育才品牌锻造、人才生态提质升级、人才工作整体智治“五大行动”，推出20条具体举措。探索建立以创新价值、能力、贡献为导向的人才评价体系，以战略科学家、卓越工程师等高精尖人才为重点，拓展各类各层次人才“蓄水池”，在人才房指标分配、人才激励收益分配上先行先试，推进企业人才自主评价。

【人才体制改革深化】 2022年，杭州高新区（滨江）构建“1+2+6+N”创新平台体系，规划零磁科学谷、江南科学城，落地国家级心脑血管植入器械产教融合创新平台，成立白马湖实验室和智能感知技术创新中心2个省级平台，优化完善高能级平台考核激励机制，发挥多元类型、不同能级创新平台人才牵引集聚效应；推进“两链”深度融合，提升人才与产业匹配度，构建人才产业创新联合体；创新推出“才链全球”行动，打造链接全球的人才工作引育平台，聚集670个创新平台和五大洲100多家“链点”单位；深化数智赋能，开发“科技人才孵化”数字化应用，案例文章《杭州市滨江区上线“科技人才孵化”应用高效赋能人才项目落地发展》在省《数字化改革》简报刊发。

【人才生态服务】 2022年，杭州高新区（滨江）落实“杭帮彩”人才服务机制，开设人才服务点位65处，形成“区街社园”四级服务体系。推进产业园区嵌入式幼儿园建设，新投用大华幼儿园和物联网幼儿园。推进人才安居“三年倍增”计划，创新建设人才街区，构建“一老一小一人才”特色场景。强化人才日常联系服务，全年开展各类助企活动160场，服务各类人才1.2万人次，其中高层次人才300多人次。

（叶劲松）

人事工资管理

【概况】 至2022年底，杭州高新区（滨江）有事业单位145家，事业人员4700人，其中教育卫生下属各学校、社区卫生服务中心61家、4274人，占全区事业单位人数的91%。事业人员中大学本科及以上占97%，大学专科及以上占99%，“双一流”院校毕业生占12%。35岁以下人员占51%，全区平均工龄15年。男性占22%，女性占78%。中级及以上职称人员占48%，科级及以上干部占10%。区、街事业单位以管理岗位为主，教育卫生以专业技术岗位为主。2022年，开展公务员、参照公务员管理的事业单位人员基本工资标准调整1509人次，其中新招录、岗位变动等调整349人次，年度正常晋升工资调整767人次。事业单位人员基本工资标准调整4407人次，其中新招录、岗位变动等调整1809人次，年度正常晋升工资调整4159人次。全年共招录教师312人，医技人员24人，其他事业单位15人。

【数字化赋能人事管理】 2022年，区人力社保局改造“浙江省事业单位人事工资管理服务系统滨江模块”，融合本地化应用场景和需求，推动事业单位人事管理提档升级。新增数据驾驶舱二级页面开发，搭建可视化业务框架，提供直观、集成业务数据，提升数据可视监管质量，为科学决策提供数据支持；首创自定义查询、岗位饱和度可视化展示、智能助手业务等应用场景，优化业务经办感受；结合人事干部高频业务，优化应用模块，提升数据交互效率，推动形成数据多跨协同、业务规范监管、决策客观科学的场景应用。数字化赋能人事管理经验被《中国劳动保障报》等媒体推广报道。

【事业单位工作人员年度考核和奖励】 2022年1月，杭州高新区（滨江）开展事业单位工作人员年度考核工作，考核内容包括德、能、勤、绩、廉5个方面，重点考核工作实绩，对全年工作完成情况进行绩效评估。考核结果分为优秀、合格、基本合格、不合格4个等次。考核通过单位内部评议与听取服务对象意见和评价相结合，平时考核与定期考核相结合的办法，采取个人总结、绩效分析、内部评议、第三方评价、综合评价等开展年度考核。考核程序分个人总结、述职、测评、确定等次、反馈结果等阶段进行。完成年度考核备案4188人次，结合年度考核结果，经推荐、审核、公示，给予559名考核优秀等次的事业单位工作人员嘉奖奖励。

【县以下事业单位管理岗位职员等级晋升制度改革】 2022年2月，根据县以下事业单位管理岗位职员等级晋升制度改革要求，区人力社保局开展专项清理规范，对区、街道下属事业单位管理人员情况进行全面摸底调研，梳理规范机构编制、岗位设置、人员构成、工资待遇等情况，形成基础业务数据库。4月，杭州高新区（滨江）组织成立改革实施协调小组办公室和应急防控工作专班，统筹协调推进改革实施相关工作，起草完善改革工作实施方案，建立涉改人员档案，配套出台区、街两级《风险舆情防控预案》和《街道所属事业单位管理岗位职员等级晋升制度工作实施细则》，指导街道平稳推进改革任务。9月，完成全区县以下街道所属事业单位管理岗位职员等级晋升制度改革工作。该轮改革覆盖全区3个街道下属9家事业单位的52名管理岗位人员，破解基层事业单位管理人员晋升、发展难题。

【事业单位规范管理】 2022年4月和7月，区人力社保局会同区委组织部，根据《杭州高新区（滨江）机关事业单位借用人员管理办法》，对全区45家主管单位开展借用人员规范工作，规范借用95人次。指导事业单位做好岗位方案设置、岗位方案调整和人员岗位变动，全年完成岗位设置方案变动审批69家，统筹设岗6家，岗位聘任变动1105人次。加强公开招聘工作指导，规范方案审核、资格条件设置、招聘全流程监管指导，严把审核关，确保公开招聘合法合规，完成招聘351人。落实交流调动相关政策要求，严格调动人员资格条件、岗位要求核查审查和操作流程规范，全年完成交流调动271人次，10月，区人力社保局会同区委组织部出台《杭州高新区（滨江）机关事业单位人员调动管理办法（试行）》，提升业务办理制度化、规范化。

（戚银丹）

专业聘用制人员

【概况】 2022年，杭州高新区（滨江）制定出台《杭州高新区专业聘用制人员职级晋升管理办法（试行）》，完成2022年专业聘用制人员招聘工作，两批次共招聘专业聘用制人员154人，其中高级专业聘用制50人、中级专业聘用制104人。开展2021年度专业聘用人员、专业聘用制人员年度考核。完成招商招才专员48人并轨中级专业聘用制人员工作。对2020年（第六批）暂缓入编的6名专业聘用人员进行入编考察考核，6人皆招录为事业编制。

【中级、高级专业聘用制人员招聘】 2022年，杭州高新区（滨江）根据高层次、紧缺型、专业型人才实际需求，共开展两批次专业聘用制人员招聘。第一批人员招聘于6月13日启动，共3191人报名应聘，通过资格审查2335人，通过岗位胜任力测评1859人，参加笔试1162人，参加面试293人。经体检、背景调查等综合考察环节，录取88人，其中高级专业聘用制24人、中级专业聘用制64人。第二批人员招聘于10月26日启动，共2651人报名，通过资格审查1747人，通过岗位胜任力测评1579人，参加笔试1035人，参加面试178人。经体检、背景调查等综合考察环节，录取66人，其中高级专业聘用制26人、中级专业聘用制40人。

【人员年度考核】 2022年1月，杭州高新区（滨江）开展2021年度专业聘用、专业聘用制147名人员的年度考核工作。具体考核由区人力社保局统筹安排，各用人单位组织实施。通过各单位组织，结合个人总结、绩效分析、综合评价等，对被考核人员进行测评。考核结果分为优秀、合格、基本合格、不合格4个等次。注重考核管理过程中的意见反馈工作，组织57名高级专业聘用制人员进行谈心谈话，收集意见22条并逐一对本人或所在部门反馈。

【专业聘用制人员晋升考核管理办法出台】 2022年3月4日，区委组织部、区人力社保局制定并出台《杭州高新区专业聘用制人员职级晋升管理办法（试行）》，对专业聘用制人员职数设置及管理权限、晋升考察考核、晋升办理流程等内容进行明确，规范专业聘用制人员的职级晋升体系，建立合理、有效的激励约束机制，该办法从发文之日起执行。

【招商招才专员并轨中级专业聘用制人员】 2022年10月24日，区专业聘用人员工作领导小组会议同意招商招才专员并轨中级专业聘用制人员。11月，区委组织部、区财政局、区人力社保局工作人员组成并轨考核组，以走访用人单位、综合考察个人表现等形式对11个单位的48名招商招才专员进行并轨考核。考核于12月10日完成，通过考核的48名招商招才专员签订并轨协议完成并轨。

（乐　妮）

人才引进

【概况】 2022年，区人力社保局围绕青年群体高质量就业、打造共同富裕新样本的目标，以数字化改革为导向，通过构建“1+3+N”人才引育体系，建平台、赋能量、优服务，为“建设天堂硅谷、打造硅谷天堂”提供人才支撑。新引进各类人才3.88万人，比上年增长5.1%，其中硕博人才9276人，增长2.1%。举办招聘会127场。受理应届高学历毕业生生活补贴申请1.67万人次，发放补贴1.38亿元，居全市第一位。新增国家级博士后工作站2家、省级博士后科研工作站14家。引进35岁以下青年大学生6.91万人，居全市第一位。新引进顶尖人才3人，其中“鲲鹏行动”计划人才1人，实现“零”的突破；新入选国家级海外高层次人才7人，省级海外高层次人才17人，市级海外高层次人才12人；新入选国家级特殊支持人才10人、省级特殊支持人才9人，省领军型创新创业团队2个，数量居全省第一位。全年引进优质人才项目63个，吸引社会融资30亿余元，新增“独角兽”、准“独角兽”企业39家，新增上市人才企业1家。

（葛　梁　叶劲松）

【高层次人才培养】 2022年，杭州高新区（滨江）入选浙江省青年拔尖人才4人，居全市第一位；入选杭州市青年拔尖人才7人，居全市区县（市）第一位；入选享受市政府特殊津贴人员4人，入选杭州市“钱江特聘”专家17人，居全市区县（市）第一位；入选杭州市高层次人才特殊支持计划培养类人才50人（其中：一层次6人，二层次20人，三层次24人）。全年新认定杭州市高层次人才4512人，其中B类人才22人、C类人才68人、D类人才136人、E类人才4286人。6月2日，杭州高新区（滨江）举办首场人才政策宣讲会，邀请北京航空航天大学杭州创新研究院、浙江大学研究院、网易（杭州）网络有限公司、浙江大华股份有限公司等40家区内重点企业相关负责人参加。

【人力资源服务机构】 2022年，杭州高新区（滨江）新增人力资源服务机构32家，累计有人力资源服务机构109家，其中21家次机构入围《浙江省人力资源服务业发展白皮书（2022）》榜单。杭州欣悦互联科技有限公司的“人力技术一体化系统”项目连续2年获杭州人力资源服务和产品创新创优项目路演优秀项目；杭州海硅科技发展有限公司获杭州人力资源服务机构参与重大发展战略项目资助；杭州高新人力资源服务有限公司获杭州人力资源服务机构供需对接活动补助。杭州轩宇人力资源有限公司和莱恩（杭州）企业咨询有限公司2家机构入围2022杭州人力资源服务机构招才引智群英榜，1名人力资源从业人员入选年度杭州市招才引智猎手榜，1名人力资源从业人员入选浙江省推进人力资源服务业高质量发展工作成绩突出个人。

（葛　梁）

【“全链路”人才智引系统】 2022年，区人力社保局重点打造人才智配系统，整合优化岗位发布、智能匹配、视频面试、就业人才分析等“全链路”人才智引功能。全年网站新注册企业会员137家、新注册人才会员1.9万人；发布岗位2.41万个、用人需求16万人次；477家企业使用网络招聘，浙江中控技术股份有限公司、杭州长川科技股份有限公司等155家企业发布网申项目；才岗智配企业使用1445次、个人使用6.73万人次；汇聚118所高校2023届高校生源信息；就业人口总数为60.75万人，其中青年40.91万人，占总就业人口的67.34%。该系统被推介为市级路演并获四星评价。

【专业技术人才培育】 2022年，区人力社保局加强职称制度改革，实施社会化评价试点，打通技能人才职称评审绿色通道，促进国际职业资格与职称有效衔接，发布制造业领域国际职业资格比照认定职称目录。至年底，受理各类职称评审5900人，其中初级职称评审1079人、中级职称评审2861人、高级职称评审1960人。

（戴敏人）

【政务人才招聘】 2022年，杭州高新区（滨江）专职网格员招录工作于3月27日启动，共招录411人。社区专职工作者招录工作于3月29日启动，共招录175人。公安滨江分局分2批次招录警务辅助人员72人。街道社区卫生服务中心招录非编人员70人。消防大队社区微型消防站工作人员分2批次招录52人。区社发局疾控特岗人员分2批次招录18人。区市场监管局食品安全专管员招录15人。专职“两新”党务工作者招录16人。区法院司法雇员分2批次招录19人。区综合行政执法局协管员分2批次招录14人。区检察院司法雇员招录7人。区人力社保局招录劳动保障、仲裁工作人员5人。区应急管理局综合应急救援队伍人员招录30人。区综合信息指挥中心招录工作人员2人。区机关事务管理服务中心招录驾驶员2人。区人民武装部招录办公室综合岗临聘人员1人。

【国企人员招聘】 2022年，杭州高新区（滨江）白马湖生态创意城投资开发有限公司招录3人。杭州高新科技创业服务有限公司招聘1人。杭州高新技术产业开发区资产经营有限公司招录10人。杭州高新智能科技有限公司招录1人。杭州滨江区留用地开发运营有限公司招录3人。杭州滨江城建发展有限公司招录5人。杭州高新开发建设管理运营有限公司招录12人。

（乐　妮）

【“相约在高新”HR沙龙活动】 2022年，为提升区域人力资源管理水平，根据企业服务需求和疫情防控要求，区人力社保局重点推出“五心关爱”云讲堂系列活动，做好企业社保、医疗保险、用工法规、灵活就业政策解读，落实政策宣传。开展招聘策略、“Z世代”员工管理、绩效管理等HR管理技能类交流活动，为企业发展储备人才赋能。全年为企业免费推出18场沙龙活动。活动采取线上为主、线下为辅的模式进行，参与方式灵活，共有2548人参加。

【直播引才】 2022年2月，区人力社保局创新推出直播引才活动。直播展示区域创新发展环境、企业风采和推介人才，吸引高校毕业生和各类人才到杭州高新区（滨江）就业创业。至年底，举办数字经济产业专场、2023届高校毕业生云聘会、互联网+行业网络专场等6场直播带岗活动，组织北京航空航天大学杭州创新研究院、杭州海康威视数字技术股份有限公司、浙江吉利控股集团有限公司等24家企业通过网络直播引才，观看人数3.45万人次。

【第五届滨江国际人才节】 2022年5月26日，“滨朋远至·江成大业”第五届滨江国际人才节暨区委人才工作会议举行。人才节发布《关于加强和改进新时代人才工作 推进天堂硅谷人才行动的实施意见》，实施人才体制机制改革行动、人才雁阵格局拓展行动、引才育才品牌锻造行动、人才生态提质升级行动和人才工作整体智治行动五大行动。人才节为杭州极弱磁场重大科技基础设施研究院揭牌，首次为引才育才工作做出突出贡献的单位颁奖。北京航空航天大学杭州创新研究院、浙江大学滨江研究院、杭州电子科技大学滨江创新中心、杭州国家芯火双创基地获“远至奖”，网易（杭州）网络有限公司、杭州海康威视数字技术股份有限公司、阿里巴巴集团控股有限公司、新华三技术有限公司、浙江吉利控股集团、华为技术有限公司杭州研究所、浙江大华技术股份有限公司、恒生电子股份有限公司获“大业奖”。杭州高新区与引进的优质项目签约。人才节持续2周，开展专题活动18场，分“产业报国、高峰论坛”“创新驱动、快乐创业”“一流生态、幸福生活”“乐享竞赛、大赛竞技”4个部分，吸引线下2000多人参与、线上13万多人互动。自2022年起，滨江国际人才节由原来的5月5日调整为5月26日。

（叶劲松）

【就业创业服务月专项活动】2022年6月8日，区人力社保局在区党群服务中心举行“相约在高新 赋能新未来”就业创业服务月暨千企万岗系列招聘活动启动仪式。活动推进校企双方互聘，构建高校和企业互学互访互讲机制，浙江大学、浙江工业大学、杭州电子科技大学等10所高校就业处负责人被聘任为企业拓展岗大使；杭州海康威视数字技术股份有限公司、浙江吉利控股集团有限公司等区内10家重点企业的人力资源负责人被聘任为大学生成长导师。活动期间，开展“千企万岗”人才招聘系列活动，依托“全链路”人才智引系统开展线上“24小时”全天候引才，网易（杭州）网络有限公司、浙江大华股份有限公司、杭州安恒信息股份有限公司等200多家企业，提供1万多个用人需求。

（戴敏人）

【“滨江杯”杭州电子科技大学第二届研究生电子设计竞赛】2022年6月15日，“滨朋远至·电创未来”2022年“滨江杯”杭州电子科技大学第二届研究生电子设计竞赛决赛在海外高层次人才创新创业基地举行。大赛由杭州高新区（滨江）和杭州电子科技大学研究生院联合主办，杭州电子科技大学滨江创新中心承办。大赛有8支队伍参加，项目涉及通信与网络技术、机电控制与智能制造、电子设计与开发、人工智能等。比赛分团队项目展示和项目答辩两个部分，5名高校专家和19名滨江高新企业代表参与评审，评出特等奖项目1个。通过大赛培养学生科研与实践能力，选拔具有“实战”经验的科技型人才。大赛为2021年杭州高新区（滨江）与杭州电子科技大学签订人才合作协议举措中的重要组成部分。

（叶劲松）

【2023届毕业生校园招聘】2022年9月，“相约在高新”杭州高新区（滨江）2023届毕业生校园招聘活动启动，组织271家次企业到武汉、南京和杭州等城市的7所高校开展招聘会引才。区人力社保局提前做好企业2023届毕业生人才需求抽样调查，收集309家企业的毕业生需求总量2.79万人。结合各大高校校招安排和企业引才意向，规划校招路线，排定8城近30场招聘场次。对未能组织和参加现场校招的高校和企业，定向推出云聘会，包括数字经济产业、集成电路行业、生命大健康、医疗信息化、文化创意、动漫游戏、直播新媒体等行业以及智能制造专场招聘会，面向2023届高校毕业生定制

2022年6月8日，“相约在高新 赋能新未来”就业创业服务月暨千企万岗招聘活动启动

（区人力社保局 供图）

引才。至年底，开展2023届毕业生招聘活动21场，参会企业809家次，推出岗位4.9万个，入场交流投递简历2.7万人次，与企业达成意向1.4万人。

（戴敏人）

【博士后工作推进】 2022年9月，杭州高新区（滨江）制定博士后科研工作政策实施细则，包括给予获得独立招收资格的工作站一次性200万元的奖励；对新进入博士后科研工作站的博士，按每人15万元的经费标准给予进站科研资助；对出站留区（来区）工作的博士后，给予每人最高60万元补助。至年底，新增国家级博士后工作站2家、省级博士后科研工作站14家，引进博士后研究人员148名。7名博士后科研项目入选2022年度浙江省择优资助名单，占全市的18.92%，其中特等资助1人，占全市的33.33%。10名博士后研究人员（浙江大学滨江研究院4人、北京航空航天大学杭州创新研究院4人、浙江吉利控股集团有限公司1人、浙江现代中药与天然药物研究院有限公司1人）入选中国博士后科学基金资助。2家博士后工作站（浙江吉利控股集团有限公司、浙江大华股份有限公司）入选2022年度杭州市典型博士后工作站。10月12日，举办2022年秋季博士后科研管理沙龙活动，邀请杭州极弱磁场重大科技基础设施研究院、阿里巴巴集团、浙江吉利控股集团有限公司等37家博士后工作站负责人参加。11月20日，组织举办“长河落日圆 白马啸西风”2022杭州博士后嘉年华活动，90多名博士后受邀参加。

（葛　梁）

【“天堂硅谷·中秋之夜”高层次人才联谊活动】 2022年9月9日，区委人才办和区妇联共同主办的2022年“天堂硅谷·中秋之夜”高层次人才联谊活动在海外高层次人才创新创业基地举行。80多名区内各行各业的高层次人才参加。活动举办“赛投壶”“猜灯谜”等传统游戏，进行分享交流。活动为杭州高新区（滨江）打造人才“引育留用”全链条，优化人才生态，做细做实人才服务的实际措施。

（叶劲松）

【“以赛引才”促进就业】 2022年9月25日，区人力社保局开展“天堂硅谷·数字经济”算法编程大赛。大赛邀请杭州海康威视数字技术股份有限公司、浙江吉利控股集团有限公司、浙江大华股份有限公司等30家企业参与，推出软件开发工程师、数字芯片设计工程师等岗位240个。大赛吸引1276人参加，其中简历投递1180人，“双一流”高校人员占47.46%，硕士以上学历人员占42.49%。活动探索“以赛引才”新模式，解决区域内数字经济人才短缺问题，促进高校毕业生就业。

（戴敏人）

【杭州“创客天下大赛”互联网+组决赛】 2022年10月17日，“创客天下·杭向未来2022杭州市海外高层次人才创新创业大赛”留学人员创新创业项目专场互联网+组决赛在“智慧e谷”举行。比赛采用“10分钟线上实时项目路演+5分钟交流问答”的云路演方式，12支参赛团队的代表通过路演、答辩等环节介绍各自的项目，9名专家担任评委并对参赛项目打分、点评。

2022年10月17日，“创客天下·杭向未来2022杭州市海外高层次人才创新创业大赛”在“智慧e谷”举行　　（区人力社保局　供图）

经角逐，“亚微米/纳米发光二极管高清显示项目”“新型抬头显示HUD”“支持DTCO技术的芯片良率高效建模优化EDA工具链”3个项目获前三名。大赛于2022年6月启动，收到30多个国家和地区的1660份报名材料，进入海选项目1446个，其中留学人员项目1022个、外国人项目424个。

【杭州人工智能计算中心“人才日”主题活动】 2022年9月29日，杭州人工智能计算中心“人才日”主题活动暨昇腾AI开发者创享日·杭州站在杭州高新区（滨江）举办，100多名行业专业人才参加。活动通过技术赋能和展览展示构筑深度交流平台，为全国AI开发者提供专业技术解读和前沿科技分享，推动行业智能化升级。2022年9月28日是首个“杭州人才日”，杭州人工智能计算中心“人才日”主题活动为杭州高新区（滨江）共庆“杭州人才日”推出的重要人才活动。“杭州人才日”期间，杭州高新区（滨江）举办人工智能产业圆桌沙龙、“天堂硅谷·数字经济”算法编程大赛、金秋招聘主题活动和2022年昇腾AI创新大赛等系列活动。

2022年11月13日，杭州高新区（滨江）2022年硅谷精英沙龙暨硅谷人才活动周启动
（区委宣传部 供图）

【2022年硅谷精英沙龙暨硅谷人才活动周】 2022年11月13日，杭州高新区（滨江）2022年硅谷精英沙龙暨硅谷人才活动周启动，中国科学院院士、极弱磁大设施首席科学家、总设计师房建成，省、市、区有关领导，海外高层次人才，博士后和新的社会阶层人士代表，外国专家及海外组织负责人、企业负责人和创投机构代表共200多人参加活动。活动现场，中共二十大代表、杭州市杰出青年人才徐川子领衔，与青年人才共同发出“学习二十大精神，践行强国战略”倡议；院士房建成、博士后导师代表汪源、滨江创业者代表郭寅分别以“极弱磁大科学装置设施”“创新是未来”“奋斗是未来”为主题进行演讲。杭州高新区（滨江）推出“才链全球”行动，通过产业链才、科技链才、生态链才、服务链才、以才链才五大载体，打造人才工作引育平台。人才活动周期间，杭州高新区（滨江）围绕“硅谷创业”“硅谷交流”“硅谷学堂”“硅谷生活”4个主题，举办生物医药创新联盟产业高峰论坛、广济创新创业大赛等16场系列活动。人才活动周是杭州国际人才交流与项目合作大会的重要系列活动，是杭州高新区（滨江）第17次举办硅谷精英沙龙。

（叶劲松）

社会生活

人口家庭

【概况】 2022年，滨江区完成国家免费孕前优生健康检查2651人次，目标人群覆盖率98.61%。发放免费避孕药具2.7万人份。丰富婚姻文化宣传活动，结合结婚高峰日组织开展“七夕”鹊桥会、“9月9日天长地久”两场集体颁证活动。以政府购买服务方式，拓宽婚姻辅导服务面，提升婚姻家庭服务，全年开展团辅、沙龙4场。滨江区婚姻登记服务中心获评国家AAAA级婚姻登记机关。滨江区列入全省第二批婚俗改革实验区县（市）。

（魏　玲）

【人口监测】 2022年，按卫生健康管理部门口径统计，滨江区出生2669人，其中一孩1645人、二孩954人、多孩70人，出生性别比108.19（以女性为100）。全年受理生育登记2279例，其中一孩1616例、二孩620例、三孩43例。新建公共场所母婴设施2处，其中五星级、四星级母婴室各1个。按照省定标准改造四星级母婴室3个、三星级2个。

（吴　俊）

【户籍人口管理】 2022年，滨江区受理审批各类户口材料7700件，引进人才落户6055件（其中高层次人才引进165件、B类人才1人），办理杭州市内迁移20988人，办理全城通办业务624件，互联网申报业务14784件，出生登记户口3444人，死亡注销户口787人，受理制作二代指纹身份证59327张，制作临时身份证3649张。办理港澳台居民居住证92张，办理边境管理通行证592张。完成上半年积分落户审批落户457人，接听咨询电话和接受群众口头咨询1万余人次。查询户籍资料2.5万次，回复户籍内容咨询类信访700多件。收到省公安厅下发信息数据核查共141条，完成率100%，居全市第一位（并列）。推进户口登记管理专项清理整顿，完成部库下发重复户口信息核查1批次、共6人，清理注销重复户口2人。办理一窗受理平台类26623件。

【流动人口管理】 2022年，滨江区受理发放新型居住证27127张，浙江省人才居住证8519张，开展居住证“积分落户”“积分入学”工作，共受理“积分落户”申请材料1139份，“积分入学”申请材料1993份，480名流动人口子女符合条件进入公办学校就读。依托系统平台，借助健康码、场所码、核酸检测等大数据比对，结合实有人口排查管控“大清底”专项行动、滨江区集中开展居住出租房屋清理排查专项行动、“百日行动”等集中统一行动，定期开展重点领域、重点人群、重点时间、重点区域的集中清查工作。联动属地街道社区、相关职能部门、发动义警等社会力量，集中开展出租房违规分割、消防安全隐患巡查整改。共投入消防安全检查力量8000多人次，其中检查小区居住出租房4.5万间、小区商铺7500多家，发现消防安全隐患1200多处，下发责令整改通知书900多份。

办理出租房违规分割、非居住空间住人等违规出租房案件878起，行政处罚878人，办理消防部门移交的违规使用明火案件6起，行政拘留6人。

（杜　鹃）

【家庭发展】 2022年，滨江区开展浙江省全员数据库清查，重点清查户籍人口信息中的重复信息，处理重复数据1.2万条。开展杭州市多孩家庭小客车指标资格信息复核，通过48户，剔除7户。推动婴幼儿照护服务高质量发展，宣传婴幼儿照护工作成果，《滨江区做实四篇文章 推动婴幼儿照护服务工作高质量发展》在省卫健委官方刊物《健康浙江》2022年第12期刊登。实时掌握全区计划生育特扶家庭动态，全年新增特扶对象18人，因死亡退出1人，累计有特扶对象233人。

（胡金涛）

【婚姻登记】 2022年，滨江区办理结婚登记5304件，离婚申请2415件，离婚登记1687件，撤回离婚申请13件，补领结婚证3323件，补领离婚证97件，出具（无）婚姻登记记录证明5份，年办件总量1.28万件，其中婚育户联办4473件，保持登记合格率100%。全年为4580对新婚夫妻开展免费颁证仪式，婚姻家庭辅导3030件。继续开展临时巡回点进社区集中补领婚姻登记证工作，至年底，巡回点覆盖3个街道全部社区，补证3323件，比上年增长477.5%。

2022年9月9日，区婚姻登记服务中心举办集体颁证活动

（区民政局　供图）

【收养登记】 2022年，滨江区规范落实收养能力评估。全年办理收养评估2件，收养登记2件，撤销收养登记1件。办理的2件收养登记为三代以内旁系同辈血亲的子女收养，数量与上年相同。

（魏　玲）

【生育支持政策落实】 2022年，滨江区落实特殊家庭联系人制度、家庭医生签约服务、优先便利医疗服务，实现覆盖率100%。发放2021年度区农村60周岁以上独生子女父母优抚金730.27万元，符合发放条件人员7607人。下拨2022年区计划生育特别扶助等补助资金275.3万元，符合发放条件人员239人。审核2022年度市级计生公益金发放对象，为2户失独家庭补助1万元。审核2022年度区级计生公益金发放对象，向独生子女死亡伤残、计划生育家庭父母死亡伤残、低保户独生子女家庭子女考上高中等情况的7户家庭发放补助金4.5万元。

【托育服务】 2022年，滨江区持续扩大婴幼儿照护服务供给，新增托位617个（包括普惠托位393个、社会力量办托位211个），每千人托位数为4.29个。实施社区婴幼儿成长驿站建设项目，新建成长驿站11家，其中滨和、奥体、华悦湾、共联、江三、冠二6家均通过市级验收。探索建设省首批"医防护"儿童健康管理中心，缤纷社区卫生服务分中心成为滨江区首家"医防护"三位一体儿童健康管理中心。建立社区卫生服务中心与辖区托育机构、成长驿站医育结合服务工作机制，开展以心灵、心理、健康为主题的育儿课堂246场，其中线下241场、线上5场，受益家庭2500多户。

（胡金涛）

【亚运场馆母婴设施提升】2022年，区卫健局重点督查杭州奥体中心母婴室和地铁奥体中心站母婴室，对照省级标准对设施配置、管理制度、使用体验等方面提出整改意见，督促杭州市地铁集团有限责任公司、杭州高新开发建设管理运营有限公司落实。为母婴室配备温奶器、净水器等母婴用品，达到浙江省四星级标准。至6月底，亚运场馆相关母婴设施提升改造工作全部完成。

（吴　俊）

【离婚冷静期实施成效】2022年，滨江区实施离婚冷静期成效提高。自2021年《中华人民共和国民法典》实施生效后，离婚冷静期实施。离婚当事人须经历30天的冷静期后，才能申请发离婚证。办理离婚手续从即时办变更为申请—受理—冷静期—审查—登记发证。自离婚冷静期届满后30日内双方未共同到婚姻登记机关申请发给离婚证的，视为自动撤回离婚登记申请。至年底，区婚姻登记服务中心共受理离婚申请2415件。其中：主动撤回申请13件；到期未领证715件，占离婚申请的29.61%；实际办理离婚登记1687件。

【区婚姻登记服务中心新址建设】2022年4月，滨江区确定北塘河公园桃花居驿站作为区婚姻登记服务中心新址。新址为仿古两层独立小楼，室内面积1000平方米，户外有鸳鸯池、爱心长廊、蝴蝶园等婚姻文化主题景点。配套公交、地铁、停车场等。区民政局推进区婚姻登记服务中心装修方案招标及设计、施工招标、监理聘请，施工进场装修集中采购等工作。为新婚姻登记服务中心征集对联。至年底，完成装修进度85%，软装采购完毕；征集对联95副，录用5副。

（魏　玲）

劳动就业

【概况】2022年，杭州高新区（滨江）推进稳就业促就业，实现城镇新增就业5.7万人，推出就业创业服务月等专项活动，实施10项措施促进高校毕业生等重点群体就业创业。全年签约2022年应届毕业生14692人，比上年增长6.6%，其中签约硕士、博士毕业生5341人，占总签约量的36.4%。推动大学生创新创业，新增备案大学生创业企业465家，发放大学生创业企业房租补贴473家，兑现各类资金752家次5821.86万元。1人入选2022年杭州市大学生创业之星，4人入选杭州市大学生杰出创业人才培育计划第十批培育对象，入选人数居全市首位。8人获得高层次留学人才回国项目资助，1人入选杭州杰出留创青年英才，1人入选留学人员回国创业启动支持计划。杭州市留学人员高新区创业园被授予“杭州市留学人员创业园精品园区”称号。

2022年，杭州高新区（滨江）以构建和谐稳定劳动关系和“根治欠薪”工作为重点，依法处置各类劳资纠纷，推进“滨江无欠薪”工作，以线上数字监管和线下主动巡查专项检查为着力点，坚持执法与服务相结合，探索数字化改革，健全劳动关系协调机制，规范劳动用工，劳动关系整体和谐稳定。应用滨江“心联薪”和跨部门联合检查，推进“双随机”检查信息公开，实现全区在建工程项目工资支付线上监管和随机抽查事项全覆盖。开展清理整顿人力资源市场秩序、“根治欠薪”护航亚运、安薪先行共富有我、安薪护航迎亚运隐患排查、社会保险落实不到位、外商投资企业专项检查、劳务派遣用工专项检查等9项专项治理行动，共检查用人单位和在建项目827家次，涉及劳动者26万余人。建立舆情处置应急响应机制，成立舆情处置专班，对涉劳资纠纷舆情及时处置。

（钭舟凌　徐天飞）

【就业帮扶】2022年，杭州高新区（滨江）新增城镇就业岗位2.25万个，核发市、区促进就业专项资金8965万元，创业担保贷款资格认定1.38亿元。全年安置就业困难人员2132人，其中拆迁户家庭1005人。浙江中南建设集团有限公司等21家企业获区促进就业突出贡献企业补贴300万元。开展“家燕回巢”暑期夏令营，落实促进就业突出贡献企业奖补、稳定岗位补贴、社保费返还等工作，促进高质量就业。推进助企纾困、稳就业保就业各项工作，成立稳就业攻坚行动小组，制定出台《关于落实援企稳岗政策实施细则的通知》《关于开展2022年高新区（滨江）就业创业服务月专项活动的通知》《关于开展2023年滨江人社“留滨过年·五心关爱”专项活动的通知》。《优势视角建自信、专业服务促就业》就业服务案例获第二届公共就业服务专项业务竞赛全国总决赛一等奖；《“全链路、全场景”打造青年高质量就业生态》入选市级改革探索类共富试点方案。

【助企纾困政策落实】 2022年，区人力社保局落实“返、补、降、缓”政策，按照国家、省、市关于“稳增长稳市场主体保就业”工作要求，推进稳就业惠民生攻坚行动。返还失业保险稳岗补贴2.88亿元，惠及企业2.13万家，惠及57.21万人；发放一次性留工培训补贴1.83亿元，惠及企业2.7万家、职工36.51万人；一次性扩岗补助4380.76万元，惠及企业1.19万家、职工2.92万人；技能提升补贴金额1831.6万元，补贴人数1.07万人；职业培训补贴人数1.42万人，金额1112.58万元。助力全区市场主体恢复发展，确保就业形势总体稳定。

【个体帮扶】 2022年，区人力社保局以未就业和未享受就业创业政策的重点群体人员为服务对象，建立私人定制“云档案”，提供“一对一”精准帮扶，开展送政策、送服务、送岗位、送补贴、送培训“五送”援助。全年帮扶重点群体1.39万人次，其中失业人员1.06万人次、就业困难人员2740人次、离校未就业高校毕业生584人；通过公益性岗位兜底安置就业困难人员282人，帮助登记失业人员再就业4269人；审核发放失业保险金、失业补助金待遇8.62万人次1.01亿元。

【基层就业服务“云上共建”】 2022年，区人力社保局以数字化改革为牵引，落实“重点群体就业帮扶”应用场景，推广应用延伸至街道、社区，提升基层公共就业服务能力，重塑就业服务模式，3个街道的社区实现应用场景全覆盖。组织“点单式、小班化、多批次”的线上线下就业创业政策业务培训，送“就业云课堂”到街道、社区及产业平台；组织《中华人民共和国就业促进法》专题学习和网络知识竞赛，1911人参与。至年底，新增4个市级高质量就业社区，累计有3个省级高质量就业社区、9个市级高质量就业社区和27个区级高质量就业社区。

【就业服务案例获全国一等奖】 2022年7月，区人力社保局的《优势视角建自信、专业服务促就业》就业服务案例获第二届公共就业服务专项业务竞赛全国总决赛一等奖。案例以精细化服务方案、专业化团队帮扶为原则，介绍杭州高新区（滨江）残疾人就业服务工作。杭州高新区（滨江）通过构建社会支持网络，围绕心理建设、行为能力、技能培训等方面，增强服务对象人际交往能力，提升职业技能水平，帮助残疾人实现稳定就业。

【“家燕回巢”暑期夏令营】 2022年7—8月，“家燕回巢”暑期夏令营以“青春力量，创就未来”为主题，推出岗位推荐、职业培训、技能体验三大模块10场活动，为全区大学生集中推荐优质就业（实习）岗位。区人力社保局推出形式多样的政策宣讲、职业指导、园区体验、技能培训等活动，引导大学生树立正确的职业观、就业观和择业观，提高就业能力和职业素养。全年服务大学生1000多人次。

（马　菁）

【职业能力建设】 2022年，区人力社保局围绕民生实事、共同富裕目标任务，创建载体培育“浙派工匠”。评审通过等级认定试点单位36家，培育通过社会培训评价组织3家，多渠道建立健全与产业发展所需和就业市场相匹配的高水平专业技能人才评价体系。加强高技能人才培育，评审通过区级技能大师工作室5家；3人获评浙江工匠，11人获评浙江青年工匠，1人获评市政府特殊津贴专家，

2022 年 1 月 11 日，杭州高新区（滨江）开展欠薪投诉集中接访活动
（区人力社保局　供图）

3人获评杭州市技术能手。联合相关城区组织开展电子竞技员、网络信息与安全管理员2场市级区域性职业技能竞赛。搭建平台拓展企业新型学徒制工作，272名学徒开展为期1年的工学结合培养模式。全年开展职业技能培训1.42万人次，新增技能人才7813人，其中高技能人才4387人。

（周　芳）

【普法宣传活动】2022年，区人力社保局通过"滨江发布""滨江人社"等微信公众号推送劳动保障法律法规和依法理性维权内容16篇，开展现场普法宣传和讲座6次，督促在建项目单位在工人安全帽上张贴"维权二维码"3.5万份。利用"12·4"宪法宣传日，与江北发展服务中心联合开展线上直播普法宣传，在线人数1000多人；发送欠薪维权短信45.27万条，引导区内劳动者依法理性维权、属地维权。

【欠薪投诉集中接访】2022年1月11日和9月29日，杭州高新区（滨江）开展2次欠薪投诉集中接访活动。12月5—9日，开展欠薪投诉联合接访活动。活动现场设立等候区、接待区、调解区，接访人员按优先调解、化解纠纷的原则，对当场能解决、答复的问题，及时进行解决、答复；对于不能当场解决的，明确责任单位，限时解决；对于不属于受理和管辖范围的，进行引导和按规定登记移送。接访合计解决21批次、72人的92.53万元工资。

（徐天飞）

收入消费

【概况】2022年，滨江区居民人均可支配收入78793元，比上年增长3%。居民人均消费支出52376元，增长3.3%。新建商品住宅价格上涨，二手住宅价格回落。

【城镇居民收入】2022年，滨江区居民人均可支配收入78793元，比上年增长2295元，增长3%。从收入来源看，工资性收入、经营净收入、财产净收入和转移净收入四大收入均呈现不同幅度的增长态势。人均工资性收入44976元，增长4.0%；人均经营净收入6281元，增长3.0%；人均财产净收入11358元，增长1.4%；人均转移净收入14428元，增长1.9%。

【城镇居民消费支出】2022年，滨江区居民人均消费支出52376元，比上年增长3.3%。分结构看，八大类消费支出各有增减。其中，食品烟酒人均支出12438元，增长2.5%；衣着人均支出2440元，下降3.5%；居住人均支出13709元，增长6.5%；生活用品及服务人均支出2835元，下降3.9%；交通通信人均支出8514元，增长9.4%；教育文化娱乐人均支出4465元，下降10%；医疗保健人均支出4425元，增长12.6%；其他用品及服务人均支出1510元，增长2.7%。

【市场物价】2022年，滨江区居民消费价格总水平比上年平均上涨2.4%。食品烟酒类价格上涨2.7%。其中：鲜果价格上涨11.1%，酒类价格上涨6.9%，鲜菜价格上涨5.9%，禽肉类价格上涨3.1%，水产品价格上涨2.9%，在外餐饮价格上涨2.3%，猪肉价格下降5.3%。居住类价格上涨0.9%。其中：住房保养维修及管理价格上涨8.5%，水电燃料价格上涨2.1%，租赁房房租价格下降0.7%，自有住房价格下降0.6%。生活用品及服务类价格上涨1.6%。其中：家用器具价格上涨4.9%，个人护理用品价格上涨2.8%，家庭服务价格上涨1.6%，家庭日用杂品价格上涨0.9%，家用纺织品价格下降4.2%，家具及室内装饰品价格下降2.2%。交通通信类价格上涨4.6%。其中：汽、柴油价格分别上涨21.3%和23.2%，车辆使用费价格上涨6.9%，飞机票价格下降8.1%，通信价格下降1.9%。教育文化娱乐价格上涨6.4%。其中：旅游价格上涨8.5%，教育服务价格上涨8.5%。医疗保健类价格下降0.6%。其中：中药价格下降8%,西药价格下降1.5%，医疗服务价格持平。其他用品及服务类价格上涨1.9%。其中：箱包价格上涨14%，美发价格上涨4.2%，金饰品价格上涨2.4%，养老服务价格持平。

（沈　懿　区志编研室）

社会保险

【概况】 至2022年底，杭州高新区（滨江）基本养老保险累计参保60.31万人，工伤保险累计参保66.32万人，户籍人口参保率99.61%。2022年，企业职工基本养老保险提标扩面指标完成率80.72%，净增数主城区排名第五位。推进养老保险待遇和工伤保险待遇通过社会保障卡发放，新增退休人员及工伤待遇领取人员通过社会保障卡发放率95%以上。社保服务优化升级，“社保易窗”接待7656人次，“亲清D小二”接待5587人次，接待量分别比上年增长259.27%和88.24%。乡镇街道社保业务可办事项30项，全区28家“社银合作”银行网点可经办35项社保业务。社保业务一网通办率95.52%。回访办事群众2634人次，对收集到的办事问题逐个进行闭环解决。杭州高新区（滨江）社会保险管理服务中心被市委组织部认定为首批“优秀公务员示范集体”。丁永芳被市委宣传部评为“2022年杭州市最美办事员”。区人力资源和社会保障局获全市人社系统2022年窗口单位业务技能练兵比武竞赛团体一等奖和优秀组织奖，周建良获“人社知识通”称号。企业职工基本养老保险工作获市人社局考核优秀。

【养老保险】 2022年，杭州高新区（滨江）基本养老保险参保人数60.31万人，比上年净增3.16万人。全国统筹系统上线，整体运行平稳顺畅。所有社保业务均按全国统筹规程开展，缴费比例和缴费基数政策调整到位，企业职工基本养老保险单位缴费比例由15%下调至14%，为区内企业减负4.98亿元。新增被征地农民均按新政策执行。完成4.5万名退休人员基本养老金调整，新增退休人员通过社会保障卡发放率达95%以上。完成1279名机关事业单位在编人员中断缴费养老保险跨制度转移接续工作；74人职务职级并行后退休公务员（含参公）人员养老保险待遇进行重新核定；1376名公务员（含参公）人员完成2022年度缴费基数补申报。193名城乡居民退休人员基础养老金从310元调整为330元，从2022年1月起补发。开展社保基金提升年行动。全年共核查疑点数据1840条，处理违规参保、重复领待、死亡多发待遇等487人，处理“假人”数据2例，追回违规待遇82.86万元。

【医疗保险】 2022年，杭州高新区（滨江）推动医保“一窗通办”，实现实体窗口掌办网办率100%，基本医疗保险参保率99.82%。提升医保服务效率，审核零星医疗费报销7783人次，拨付医疗费1762.05万元；审核医保在职转退休3217人，办理一次补缴人和延缴共1851人；办理医保关系转移接续2.24万人。发放农转非拆迁人员家庭大病医疗补助763人414.37万元。推广商业补充医疗保险，西湖益联保参保人数25.17万人。

【工伤保险】 2022年，杭州高新区（滨江）工伤保险参保人数66.32万人，比上年净增0.79万人。全年支付工伤保险待遇1375人，支付金额6852.04万元。对工伤保险参保、工伤认定、劳动能力鉴定、工伤待遇核定等环节进行再梳理，排查2018年以来享受工伤保险待遇3271人，未发现违规现象。

【失业保险】 2022年，杭州高新区（滨江）失业保险待遇核定2.74万人次，拨付5314万元。失业补助金待遇核定5.87万人次，拨付4783.9万元。返还失业保险稳岗补贴2.97亿元，惠及企业2.21万家、60.23万人。发放一次性留工培训补贴1.83亿元，惠及企业2.71万家、职工36.52万人。发放一次性扩岗补助3631.35万元，惠及企业1.27万家次、职工2.02万人。技能提升补贴金额1831.6万元，补贴人数10789人；技能提升补贴申领9626人次，拨付1645.45万元。

【生育保险】 2022年，杭州高新区（滨江）审核生育津贴申请7300人，发放生育津贴2.19亿元。网上受理事项（含城乡居民医保参保登记、各类备案、零星报销、生育津贴申报等业务）1.47万人。

【减征缓缴】 2022年，杭州高新区（滨江）阶段性降低工伤费率延至4月，共减征工伤保险费3872.22万元，惠及企业3.47万家。继续减征失业费率，全年减征失业保险4.96亿元，惠及企业3.62万家。全年受理困难企业申请缓缴社保费396家，缓缴金额8860.42万元；受理困难企业申请阶段性缓缴职工医保费3.74万家，缓缴金额4.03亿元，与税务部门沟通协调，确保缓缴期间企业职工待遇不受影响。企业职工基本养老保险单位缴费比例由15%下调至14%，全年为区内企业减负4.98亿元。

（陈　雁）

【重点人员参保和帮扶】 2022年，区人力社保局建立重点困难人员因病致贫防范长效机制，动态做好城乡居民应保未保人群跟踪服务，指导街道、社区定期进行户籍人员参保情况摸底调查，重点做好新增困难持证人员（含残疾人证）基本医疗保险参保工作。联合民政等部门，做好持特困人员救助供养证、最低生活保障家庭证、最低生活保障边缘家庭证人员大额医疗费化解工作，防止持证人员因病致贫返贫。落实区内486名三级、四级残疾人员城乡居民医保免缴政策，资助医保费34.06万元，实现医疗救助和符合条件困难群众资助参保率均100%。

【“西湖益联保”参保】 2022年，区人力社保局推进“西湖益联保”参保扩面。在市级层面宣传推广的基础上，采取线上线下结合、点宣与面推互补等方式进行宣传推广。针对参保群体企业占比多的特点，补充经济部门加入工作专班，强化专班成员单位有效配合，形成合力为共保体进企业、进平台、进社区宣传推广“西湖益联保”搭建平台，宣讲商业补充医疗保险的优势及特点，把商业补充医疗保险政策传达至企业职工、社区群众、机关单位，提高“西湖益联保”知晓度，增强企业职工、社区群众自愿参保积极性。调动各方力量，动员区

2022年11月15日，区人力社保局在长河街道白马湖社区举办商业补充医疗保险宣传　（区人力社保局　供图）

内企业集体投保。至年底，全区参保25.17万人。

【农转非拆迁人员医疗补助】2022年，区人力社保局对街道、社区做好农转非拆迁人员医疗补助政策培训，建立业务指导工作群，解答政策疑惑，确保补助政策落实到位。协同领导成员单位，定期召开工作会议，研究解决补助工作中出现的新问题新情况，总结农转非拆迁人员医疗补助政策实施的经验，为政策完善优化提供依据。对2015年以来专项资金进行审计，提升农转非拆迁人员大病专项资金使用效率。至年底，受理审核农转非拆迁人员家庭大病医疗补助763人，核拨补助金414.37万元。

【“不见面”医保服务】2022年，区人力社保局以推进“数字政务大厅”建设为目标，推行“不见面”医保办理创新服务模式，发挥移动办、网上办等优势，鼓励和引导群众通过“掌办”“网办”途径办理医保事项，开展帮助代办业务服务，通过编制“网办”“掌办”指南，做到申请材料表单化、网页操作可视化、办事指引清晰化。至年底，各2.0事项“网办”率100%，实现数据“多跑腿”、办事群众“一次也不用跑”。推进业务向街道、社区下沉，打造医保“15分钟经办服务圈”；推进“医银合作”，区内中国工商银行、杭州银行等29个网点可办医疗费用零星报销等13个医保高频事项，方便群众办事。杭州联合银行滨江支行被杭州市医保局评为市级“医银合作”医保服务示范点。

【智慧医保系统保障】2022年2月15日，杭州主城区医保经办启用国家医疗保障平台（简称“智慧医保”）。为确保智慧医保系统平稳上线，制定系统应急预案，各项经办业务在新老系统停机前完成清零，指导区内300多家“两定”医疗机构完成接口改造并做好现场验收。上线后针对经办操作转变而造成企业、群众办事的不便，做好解释工作并快速响应群众需求，指导企业及办事群众尽快适应新系统。向上级业务部门反馈新系统操作中的问题，为优化完善新系统建言献策，确保经办工作平稳有序。自国家医疗保障平台（浙江省“智慧医保”）平稳上线后，区内企业及办事群众反响较好。

（刘　军）

【基金风险防控】2022年7月，杭州高新区（滨江）开展社保政策落实不到位及行风问题专项治理工作。9月，深化社保基金提升年行动，总结2021年全区社会保险基金管理问题专项整治工作并落实专项检查整改。开展“社保基金安全风险警示教育月活动”，增强各级社保经办工作人员法纪意识，防范社会保险基金管理风险。至年底，开展各险种疑点数据核查1840条，处理违规参保、重复领待、死亡多发待遇等487人，追回违规待遇资金82.86万元。稽查发现的134家用人单位未按规定为职工参保等问题，全部完成整改。经杭州市社会保险监督委员会复评，区企业职工养老保险和工伤保险两项基金安全评估复评获AA等级。

（陈　雁）

【医药机构管理】2022年9月，区人力社保局联合卫健部门对区内8家定点医疗机构进行打击欺诈骗保专项检查，强化医疗机构“因病施治、合理诊疗”，杜绝各类分解、串换、套餐等行为。要求定点医药机构学习、遵守《医疗保障基金使用监督管理条例》，定期组织人员学习典型案例，树立定点医药机构从业人员法治意识，营造“人人知法、人人守法”的氛围，确保医保基金安全。全年，有36家机构申请加入医保定点，13家通过专家评估加入定点。长河社区卫生服务中心被杭州市医保局评为市级医疗保障定点机构示范点。

（刘　军）

企业退休职工服务

【概况】2022年，杭州高新区（滨江）有4.98万名企业退休人员纳入社区实施社会化管理服务。春节、端午节、中秋节慰问企业退休人员13.86万人次，发放慰问金1.29亿元；关爱“五类”企退老人，开展“冬送温暖、夏送清凉”、重阳节慰问等活动，慰问1590人，投入资金43.69万元；发放困难补助238人、资金54.3万元；街道、社区工作人员探望住院病人4375人次，发放慰问品价值43.75万元。开展企业退休人员娱乐健身活动，组织4.91万名企业退休人员外出活动，投入活动资金635.61万元。组织第九轮企业退休人员健康体检，参加体检3.79万人。倡导企业退休人员开展志愿者服务活动，参与河道巡逻、环境整治、家园美化、平安巡逻、爱心服务、助力“帮你跑”等活动3.93万人次。

【智慧健康体检】 2022年，区人力社保局推进全市域就近体检，通过数字赋能，让企业退休人员自行预约选择体检医院和时间。根据全市域就近体检数字化改革要求和疫情防控情况，制定健康体检的实施方案，落实参检人员智能排班。各街道社区卫生服务中心添置医疗设备、配足医务人员、完善环境设施，为体检工作做好准备。实行体检动态日报制度，及时化解体检现场突发状况，安全有序地推进体检工作。全区共参检3.88万人，涉及体检经费1552.69万元。

【企业退休人员志愿服务】 2022年，区人力社保局发动退休人员骨干和“红袖章”志愿者参与“护航二十大”志愿服务。春节期间，指导企退“红袖章”志愿者加密巡查，排查风险隐患。6月29日，在“打造共富标杆，营造最美金辉”——杭州市企业退休人员“喜迎二十大、桑榆映初心”系列活动启动仪式上，施雄、江慧茹、周兵3名企业退休人员分别被评为杭州市的先进自管组长、先进“红袖章”志愿者、先进抗疫志愿者。

【慰问金及慰问活动】 2022年，区人力社保局通过民生直达平台发放过节费，采集并核准13.8万条人员基本信息，发放企业退休人员春节、端午节、中秋节慰问金，每人发放标准分别为1200元、800元、800元，发放13.86万人次，涉及慰问金1.29亿元。开展全区困难、高龄企业退休人员“冬送温暖、夏送清凉”、重阳节慰问等活动，慰问1590人，发放慰问物品价值43.69万元。开展困难帮扶，以日常帮扶和重点帮扶相结合，区、街道、社区三级联动，核定238名困难人员补助资金54.3万元。全年探望大病住院企业退休人员4375人次，发放慰问金43.75万元。

【基层队伍指导】 2022年，区人力社保局指导3个街道的社区做好2021年度企业退休人员社会化管理服务“星级评估”工作，评选出18家“一级”星级评估单位，予以表彰鼓励。从社区中随机抽取267名服务对象就“文娱活动、住院探望、节日慰问、困难帮扶、健康体检”等企业退休服务重点项目进行满意度测评，西兴、长河、浦沿街道满意率分别为88%、94%、91%。组织各街道退休管理负责人参加全市退休管理总结工作视频会议，学习交流各城区、县（市）的经验做法。定期对街道、社区开展业务指导。

【退休活动组织】 2022年5月25日，杭州高新区（滨江）在滨江体育馆举办“钱塘江畔太极拳、国际滨里亚运精”区企业退休人员太极拳比赛。比赛历时3个月，14支参赛队伍的140名企业退休人员参加，展示老有所学、老有所乐的退休生活。比赛选出杨氏24式太极拳表演队的《报岁兰》节目参加杭州市企业退休人员太极拳比赛。全年，推广杭州退休干部（职工）大学网上直播教学课程，提供各种课程内容，实现资源共享，满足退休老人的学习需求。

（刘 军）

社会救助

【概况】 2022年，滨江区困难家庭341户446人，发放困难群众生活补贴6519户次、615.49万元。其中：低保3478户次、435.27万元，低保边缘家庭570户次、9.99万元，特困72户次、16.76万元，物价补贴1414户次、13.02万元，“春风行动”一次性救助金351户、101.71万元，消费补助342户、4.56万元，一次性生活补贴292户、34.18万元。为全区困难家庭购买每人500元保额的一份意外伤害险及每户318元的家电统保服务。全年探访困难群众2342户次，送达“幸福清单”（困难群众救助清单）1364户次；构建“三级五类”救助圈，纳入困难群众454户、613人，完善低收入人口动态监测数据库基础数据，做好实时监测和动态管理，处置预警信息。

【最低生活保障】 2022年10月1日起，滨江区域最低生活保障标准从每人每月1102元提高至1216元，年标准每人每年13566元。至年底，全区有低保家庭293户、336人，发放低保金435.27万元。

【特困人员供养】 2022年10月1日起，滨江区域特困人员基本生活标准为每人每月2027元，照料护理费用依据特困人员生活自理能力和服务需求，分完全丧失生活自理能力、中度丧失生活自理能力、轻度丧失生活自理能力、具备生活自理能力4类。在社会机构集中供养的分别按当地月最低工资标准的80%、40%、20%、10%确定，分散供养特困人员照料护理费用，按照在社会机构集中供养的特困人员照料护理费用标准的50%执行。至年底，全区有特困供养人员5户5人。

【医疗救助】 2022年，为填补现行保障及救助政策以外的空缺，与区内现有的社会保障、社会救助相互衔接，提高困难群众防范化解风险的能力，区民政局为困难家庭购买困难家庭意外险，提供医疗补助和伤残保障。全年为462名困难群众购买金额500元的意外伤害险，共支出保费23.1万元。全年出险26人次，赔付12万元。

（陈小夏）

【流浪乞讨人员救助】 2022年，区民政局开展主动引导、劝导和流动救助流浪乞讨人员，特殊灾害性天气期间开展街面巡查工作。全年，街面巡查2528人次，劝导救助225人次，送救助站11人次，送医1人次，送临时避暑点4人次，发放食品41箱、衣被4件、防疫用品725份，救助引导卡49张；劝导返乡1人（家人接回）。

（吕和军）

【社会救助创新试点工作】 2022年，区民政局领办《“物质+服务”助力共同富裕》社会救助创新试点工作。通过政府搭台、组织服务、企业支持、志愿参与的运行模式，升级滨江区助联体，委托杭州市滨江区善起来公益服务中心运营，投入资金27.8万元，入驻社会组织8家，年内上线社会救助服务项目13个。整合社会资源，深化“党建+救助”，成立由善起来公益、花都益剪美丽小屋等5家社会组织组成的慈善救助党建联盟，为困难群众提供救助帮扶服务。深化“慈善+救助”，统筹慈善公益资源，成立200万元“社会救助专项基金”，拓展扶弱增能渠道，帮扶困难群众个性化需求50人次、27.09万元。该项目获2022年度杭州市社会救助创新实践优秀案例。

（陈小夏）

【困难家庭家境调查】 2022年1月，滨江区通过社会组织参与社会救助事务类及服务类工作，委托杭州市滨江区乐城公

2022年9月2日，杭州高新区（滨江）慈善总会“社会救助专项基金”揭牌仪式举行

（区民政局　供图）

益事业社会服务中心，采用多维贫困指数理论，综合调查家庭收支状况、健康状况及就业状况、生活环境等，识别家庭贫困程度。加大主动发现力度，防止“漏保”“错保”。至年底，完成157户困难家庭的新增核查及复核工作，复核率50%，新增核查率100%。

【社会救助领域专项治理】2022年7月5日，滨江区召开2022年社会救助领域专项治理行动部署会，专题研究低保专项治理工作。印发《滨江区2022年滨江区社会救助综合治理工作方案》，明确专项整治工作的指导思想、目标任务、实施步骤、工作要求，按照省、市专项治理的“八个主要方面”，结合实际梳理滨江区社会救助领域专项治理自查表，内容涵盖9个方面、32个条款。组织区对区交叉检查、市局专项督查及第三方专项评估的迎检工作。通过专项治理发现共性问题9个，个性化问题5个，均整改。全年低保新增34户、35人，退出28户、40人；低保边缘家庭新增18户、45人，退出29户、68人；特困新增1户、1人，退出8户、8人。

资料：“八个主要方面”

举一反三整改专项治理评估和专项审计发现问题；贯彻落实因疫因灾困难群众救助政策；规范做好救助领域政务信息公示公开工作；严格落实社会救助备案制度；集中化解社会救助领域重点信访案件；预警处置发挥数字治理作用；着力解决特困人员救助供养突出问题；加强政策宣传规范落实探访关爱制度。

（陈小夏）

社会福利

【概况】2022年，杭州高新区（滨江）完善福利制度，做好补助资金发放。围绕弱有众扶，推动困难群体兜底保障，提供孤残儿童福利、老年福利、残疾人福利等。

【儿童福利】2022年，杭州高新区（滨江）有困境儿童73人，其中：孤儿3人，事实无人抚养儿童17人，贫困家庭重病重残和三四级智力、精神残疾儿童4人，低保家庭儿童15人，低保边缘家庭儿童34人。全区实行适度普惠型儿童福利制度，全年发放困境儿童基本生活费和生活补贴67.9万元。为低保、低保边缘困境儿童家庭购买318元每户每年的家电统保，实现让困难群众足不出户就能享受到免费家电上门维修专业服务；为全区所有困境儿童购买每人每年500元的困难家庭意外保险。

（陈小夏）

【老年福利】2022年，区民政局完成省、市、区年度民生实事项目中养老设施建设。认知症障碍照护专区床位建设任务数25张，完成建设40张，完成率160%。新增持证养老护理员任务数21人，实际完成60人，完成率280%。智慧养老院建设任务数1家，完成1家，完成率100%。居家养老服务中心配置任务数5家，完成7家，完成率140%。康养联合体建设任务数为1家，完成2家，完成200%。

【残疾人福利】2022年，滨江区为提升困难残疾人生活补贴和重度残疾人护理补贴（简称“残疾人‘两项补贴’”）管理服务水平，根据《浙江省民政厅 浙江省财政厅 浙江省残疾人联合会关于印发浙江省困难残疾人生活补贴和重度残疾人护理补贴实施办法的通知》，残疾人“两项补贴”发放工作由区民政局社会福利科牵头进行发放。困难残疾人生活补贴对象为具有本省户籍，持有本省颁发的中华人民共和国残疾人证，家庭人均收入在低保标准150%以下的残疾人或本人收入在低保标准150%以下的劳动年龄段残疾人。重度残疾人护理补贴对象为具有本省户籍，持有本省颁发的中华人民共和国残疾人证，残疾等级被评定为一级、二级的重度残疾人和三级、四级智力、精神残疾人。重度残疾人护理补贴对象，根据残疾类别、等级直接认定。多重残疾人按具体残疾类别和等级对应的护理补贴对象类别确定。至年底，发放残疾人“两项补贴”574.2万元，惠及2.23万人次。

【福彩公益】 2022年，杭州高新区（滨江）推进福彩公益活动。出台《关于组织开展2022年滨江区“福彩暖万家·救助直通车”公益活动的通知》，资助对象分为散居特困人员中得大病、重残、救急难的对象，2021年5月1日 至2022年4月30日期间新认定的支出型低保、因病致贫低保边缘户，在册低保边缘重病单列户3类。经过遴选、审核、公示，资助低保家庭中的因病大额医疗支出致贫2户，助学1户，每户救助2000元。

（陶晓青）

【福利企业监管与服务】 2022年，滨江区有杭州通茂塑料制管有限公司、杭州华宇智讯科技有限公司、杭州宏翔建筑材料有限公司、杭州威隆消防安全设备有限公司4家福利企业。其中，杭州威隆消防安全设备有限公司于7月退出福利企业。4家福利企业安置残疾职工59人，安置比例32.9%。区福利企业服务中心加强对福利企业各项优惠政策的监督管理和及时兑现工作，会同区残联拨付滨江区2022年度残疾人集中就业扶持资金72万元。完善福利企业日常监管机制，每月度开展不定期的日常督查和专项督查。按照“福利企业考勤监管信息系统”的要求，对福利企业考勤实时监管。对4家企业定期和不定期地集中进行安全生产大检查及无障碍设施督查。督促企业按时纳税，开展消防、食品安全等隐患自查自纠。不定期到企业对残疾职工开展情况与问卷调查，了解残疾职工的生活与工作情况。会同区残联开展高温期间“送清凉、献爱心”慰问活动，与区残联走访慰问3家福利企业职工，慰问品总价值7万余元。春节期间开展为福利企业职工“送温暖”活动，为59名残疾职工每人送上价值600元的慰问品，总价值3.54万元。

（贾胜军）

老龄服务

【概况】 2022年，滨江区有居家养老服务（照料）中心52家，其中街道级8家、社区级44家；养老机构4家，床位1883张，每千名老年人拥有床位41.8张。有60周岁以上4.5万人，占户籍总人口的13.94%，其中80周岁以上5528人。办理老年人优待证2477本；为80周岁及以上的老年人发放高龄津贴和城乡居民养老金共377.35万元。为70周岁及以上1.29万户老年人家庭购买家电统筹保修服务，共投入资金412.2万元。建成4家“全城通”智慧助餐试点食堂，共优惠1035单，优惠金额4696.84元。养老工作（市对区考核）连续4年居全市第一位。

【机构养老服务】 2022年，滨江区共有养老机构4家，床位1883张，每千名老年人拥有床位数41.8张，每万名老年人拥有持证护理员27人。阳光家园完成智慧养老院建设，实现智慧服务、智慧照护、智慧交流、智慧管理、智慧安防五大必备场景，配置设施设备38种。试点创新的营养膳食场景，得到在院老人好评。至年底，新增认知症障碍照护专区床位40张、新增持证护理员60人。

【居家养老服务】 至2022年底，滨江区建成社区照料中心52家，其中社会化运营37家。照料中心医养结合签约52家，建成社区老年食堂（助餐点及配送餐）62家，为全区老人提供生活照料、家政服务、康复护理等服务，保障高龄、独居、空巢、失能和低收入老人的生活。为6486名老人配发老年手机，形成以老年手机为载体，政府购买居家养老服务、社区照料中心为支撑的养老模式。持续推进养老服务数字赋能，为7家居家养老服务中心配置无感终端，完成率140%。实践“产业+养老”模式推进民生实事项目，征集区内企业的智慧门岗、智慧助餐、人脸识别等8种设备64件，布设到居家养老服务中心智能服务终端项目。2022年，拨付各街道、社区的养老服务补助资金648万元。

【养老服务补贴】 2022年，区民政局建立养老服务需求评估体系，由第三方开展养老服务补贴评估；通过公开招标专业化居家养老服务组织，为老年人提供生活照料、家政服务、康复护理等服务。通过公开招投标方式确立的5家居家养老上门服务商有居家养老护理人员127人；护理人员通过岗前培训和定人帮带等方式提高业务水平，全部持证上岗。至年底，政府购买服务人数5000多人，服务时间16万小时，全年发放养老服务补贴849万余元。

【老年人身体能力评估】 2022年，滨江区开展老年人自理能力筛查工作，根据老年人身体情况，由社区完成初筛，公开招投标的专业评估机构对初筛分数较高的10%的老人进行能力评估，从日常生活能力、认知能力、感知觉与沟通能力等方面进行多维度的评估。至年底，户籍老人初筛完成4.56万人，转专业评估4688人，实际评估4922人，形成“下沉蹲点”“一社一法”“即提即办”“分析—通报—复盘”等特色工作法，实现所有评估工单100%复核，工作成效受到市民政局肯定。

【高龄津贴发放】 2022年，滨江区根据《浙江省民政厅浙江省财政厅浙江省人力资源和社会保障厅关于规范高龄津贴发放工作的通知》，规范高龄津贴的发放，改高龄津贴由申请制改为主动发。80~89周岁老年人发放每人每月50元，90~99周岁老年人每人每月100元，100周岁及以上老年人每人每月300元。至年底，发放高龄津贴6.42万人次、372.38万元。

【老年人家电统筹保修服务】 2022年，滨江区为贯彻落实《浙江省社会养老服务促进条例》，提升居家养老服务管理规范化水平，解决居家养老老年人日常家用电器维修不便及因电器老化而产生的安全隐患问题，为居住在滨江区，且具备滨江区户籍、年满70周岁以上的老年人进行家电统筹保修服务。老年人以户为单位进行申请。各类家庭常用家电维修不计件数，免费维修，同时提供每户深度清洗服务，挂式、柜式空调（不限规格大小）、中央空调（一进一出2个口子）三选一；提供每户一台热水器清洗；提供每户一台滚筒洗衣机清洗。全年为全区70周岁及以上1.29万户老年人家庭购买家电统筹保修服务，共投入资金412.2万元。

【数字应用场景——全城通】 2022年9月16日，杭州市召开“全城通”智慧助餐应用场景推广现场会，老年智慧助餐服务提升行动启动，发布全市统一的“全城通·百膳惠老”标识。年满60周岁的老年人可在全市任意一家挂有“全城通·百膳惠老”标识的助餐服务机构享受惠老优待。滨江区开通西兴街道迎春老年食堂、浦沿街道钱塘老年食堂、长河街道乐居冠山老年食堂、浦沿街道彩虹社区米滋堡大饭堂4家“全城通”智慧助餐试点食堂。滨江区在杭州市的优惠标准上，增加对滨江户籍老人的优惠额度。60周岁以上滨江区户籍老年人消费满10元优惠5元（每天限一次），消费不足10元或超过25元直接享受8折优惠；80周岁以上滨江区户籍老年人消费满10元优惠5元（每天限一次），消费不足10元或超过16.7元直接享受7折优惠；90周岁以上老年人享受5

2022年9月16日，浦沿街道钱塘老年食堂启用

（区民政局　供图）

折优惠。每个用餐优惠时段，每位老人只享受一次优惠，每天最高优惠总额不超过20元。至年底，滨江区4家“全城通”智慧助餐试点食堂共优惠1035单，优惠金额4696.84元。

【医康养护转介转养省级试点】2022年，滨江区针对养老服务机构、康复资源、医疗资源相互独立的现状，养老服务机构老人就医不便、医院老人长期占用医疗资源的情况，依托数智养老一体化平台，完成“转介转养”服务模块开发应用。通过统一数据采集标准、统一交互传输通道，建立健全老人云档案数据库，实现电子档案在医、康、养、护服务中的连续记录，实现不同机构信息共享，畅通医转养、养转医绿色转诊（养）通道，提供老人全周期康养医护服务。至年底，平台录入云档案数据1.5万份，服务模块上线后完成转介转养服务3次。该服务模块开发应用被列入省级试点（医康养护转介转养）。

【“多代同楼”项目】2022年，滨江区持续推进“多代同楼”项目。项目打破“老人生活圈”空间、关系、活动“三局限”及场景、友邻、服务“三单一”的生活形态，聚焦老年人渴求稳定、长期陪伴以及年轻人住房的需求，把传统的单项养老服务转变为“老年+青年”双向陪伴服务。至年底，滨江绿康阳光家园有15名陪伴者以低租金入住养老机构标间，提供每月不少于10小时的陪伴服务。社区版“多代同楼”在9个社区展开，参与陪伴服务者48人，服务老人4462人。

（陶晓青）

慈善事业

【概况】2022年，滨江区慈善总会募集善款2174.51万元，支出各类慈善救助款及管理费用2229.23万元。完成8单区级慈善信托备案，开展慈善助力疫情防控，构建新型慈善服务体系，出台《滨江区基层慈善体系建设方案》。举办“中华慈善日”等慈善宣传活动。慈善发展指数居2021年度全省区县（市）第二位。成立街道慈善服务站3家，社区慈善服务点24家。发挥慈善总会枢纽型、支持型、服务型慈善组织的作用，投入300万元，扶持成立西兴街道社区发展基金会、长河街道社区发展基金会、浦沿街道社区发展基金会，实现街道级社区基金会全覆盖。与滨江区货全综合商行合作成立滨江区慈善超市，签订合作协议，制订物资管理制度。联合区发改局、西兴街道、长河街道、浦沿街道定向捐赠四川省广元市朝天区乡村振兴与东西部协作公益事业建设450万元。定向用于朝天区东西部协作公益事业建设、朝天区朝天镇、钟子镇、羊木镇乡村振兴建设。

【慈善基地】2022年，区民政局开展2021年度入驻基地组织评先评优，组织志愿者培训活动3场，公益创投专项培训2场，培育孵化慈善组织7家。7家慈善组织分别是杭州市滨江区琵琶语公益发展中心、杭州市滨江区思齐公益服务中心、杭州市滨江区依心公益服务中心、杭州市滨江区善起来公益服务中心、杭州市滨江区西兴街道社区发展基金会、杭州市滨江区长河街道社区发展基金会、杭州市滨江区浦沿街道社区发展基金会。

【慈善信托】2022年，滨江区与中建投信托股份有限公司、万向信托股份公司合作设立以促进扶贫济困、关爱残疾人、乡村振兴等为目的的慈善信托8个，资金规模400.9万元，均为区级备案。其中：中建投信托·滨心有爱1号（公益慈善创投）慈善信托14.9万元，中建投信托·滨心有爱2号（“暖巢更新”）慈善信托11万元，中建投信托·滨心有爱3号（关爱残疾人）慈善信托10万元，中建投信托·滨心有爱4号（乡村振兴）慈善信托15万元，中建投信托·滨心有爱5号（朝天区困难群体助医助学）慈善信托50万元；滨江区扶持社区发展基金会1号慈善信托100万元，滨江区扶持社区发展基金会2号慈善信托100万元，滨江区扶持社区发展基金会3号慈善信托100万元。

【慈善项目开展】2022年，滨江区开展各类慈善项目9个，募集资金与物资共462.21万元，慰问困难群众、抗疫人员等8932人次。与杭州兴耀集团有限公司开展“与缤纷、兴未来”公益慈善助餐项目，为缤纷未来社区年满80周岁及以上的长者提供缤纷食堂消费卡，每人600元，共400人24万元；联合杭州尔西文化传媒有限公司、维萨农产品销售有限公司为全区困难群众、困境儿童、抗美援朝老兵、困难老人848人次赠送米、油、面等慰问品，价值15.7万元；与区社发局、祖名豆制品股份有限公司合作开展“共筑免疫屏障”项目，为60周岁以上老年人发放2100份祖名豆制品礼盒，价值8.4万元；联合杭州泛素生物科技有限公司向3个社区卫生服务中心、59个社区、4个养老机构等捐赠价值269.9万元的爱心物资；开展“暖巢更新”项目，为困难群众进行室内改造与家电配置，投入6.6万元，惠及5户家庭；开展“关爱老人、弘扬美德”慈善项目，联合杭州妙成文化传播有限公司慰问4个养老机构，捐赠洗衣液2700瓶，价值6万元；联合宁波银行、杭州银行开展“爱心医药箱”慈善项目，给全区困难家庭赠送医药箱339份，价值6.78万元；开展困难群众“送清凉、送温暖”，慰问690户次124.83万元。

【第22次“春风行动”】2022年1月，按照杭州市第22次“春风行动”工作要求，滨江区开展全区“春风行动”工作，通过“滨江民政”、“滨江区慈善总会”，街道、社区公众号等渠道发布春风行动倡议书，倡议全区企、事业单位和个人参与慈善事业。该次春风行动共募集资金407.54万元，捐赠明细公开发布。

【“中华慈善日”主题宣传活动】2022年9月2日，第七个“中华慈善日”主题宣传活动暨“携手做慈善，传播真善美”启动仪式在区慈善基地举行。成立200万元的“社会救助专项基金”；捐赠300万元支持西兴街道、长河街道、浦沿街道成立3个街道级社区发展基金会；成立滨江区慈善救助党建联盟；成立宁波银行“九色鹿”特殊未成年人关爱基金；出台慈善项目10个，7家爱心企业认领慈善项目6个，筹募资金23.3万元。

2022年9月2日，滨江区第七个“中华慈善日”主题宣传活动正式启动

（区民政局 供图）

【慈善发展指数评估居全省第二位】2022年12月，浙江省慈善联合总会在第九届西湖论善上，发布《2021年浙江城市慈善发展指数报告》《2017—2021年浙江城市慈善发展指数五年报告》，滨江区以总分82.27分居2021年慈善发展指数全省区县（市）第二位，2017—2021年慈善发展指数居全省区县（市）第一位。评分主要从慈善捐赠、慈善组织、慈善服务、慈善平台和政府支持5大方面设置38个单项指标，从规模量、参与度、成长性和影响力四个维度进行考量。

（陈小夏）

住房保障

【概况】2022年，杭州高新区（滨江）加快完善以公租房、保障性租赁住房和共有产权房为主体的住房保障体系，实施多主体供给、多渠道保障、租购并举的住房制度。开工建设公共租赁房9.4万平方米、共有产权房

1000套，筹集保障性租赁住房项目18个，认定房源7273套（间）。通过发放租赁补贴的形式，保障大学毕业生、高层次人才的住房租赁。

【公共租赁房建设】 2022年，杭州高新区（滨江）新开工建设公共租赁房2个项目，分别是长河单元R21-C39地块和长河单元R21-B25地块。长河单元R21-C39地块，东至落霞河，西至光裕路，南至冠山路，北至乳泉路，用地面积2.1万平方米，容积率2.56，地上建筑面积5.35万平方米，于9月29日开工建设。长河单元R21-B25地块，东至长虹南苑，西至信诚路，南至冠新路，北至滨文路，用地面积1.8万平方米，容积率2.2，地上建筑面积4.05万平方米，于8月30日开工。至年底，2个项目桩基施工已全部完成。

【共有产权房建设】 2022年，杭州高新区（滨江）新开工建设共有产权房项目2个，分别为襄七房单元FG09-R21-C37地块和浦乐单元R21-21a（2）地块。襄七房单元FG09-R21-C37地块，东至江淑路，西至规划道路，南至康悦香庄，北至规划聚园路，用地面积2.28万平方米，容积率2.2，地上建筑面积5.02万平方米，可建房源632套，于6月30日开工，至年底，襄七房单元FG09-R21-C37地块已完成围护结构及工程桩施工。浦乐单元R21-21a（2）地块，东至诚业南路，西至浦乐单元R21-21a（1）地块，南至创智街，北至仁荣街，用地面积1.35万平方米，容积率2.5，地上建筑面积3.37万平方米，可建房源368套，于12月31日开工。至年底，浦乐单元R21-21a（2）地块桩基已进场。

【高层次人才住房补贴】 2022年，区住建局根据《关于服务保障“抓防控促发展”落实“人才生态37条”的补充意见》，开展对经杭州市认定的，且符合相关条件的A类人才给予最高800万元，B、C、D类人才分别给予200万元、150万元、100万元的购房补贴，对符合条件的E类人才和放弃享受高层次人才购房补贴的B、C、D类人才，提供高层次人才租赁补贴，每人每月2500元，补贴期限最长5年。至年底，有9787人次领取补贴7237.25万元，其中9700人次领取租赁补贴2425万元、87人次领取购房补贴4812.25万元。

【新引进大学生、硕士研究生租房补贴】 2022年，区住建局根据《关于服务保障“抓防控促发展”落实“人才生态37条”的补充意见》，对新引进应届全日制本科（含）以上，且在杭州市规定范围无房且未享受公共租赁房、人才租赁房等住房优惠政策的大学毕业生发放租房补贴。根据《杭州高新区（滨江）人才安居货币补贴操作细则（试行）》，对新引进的应届全日制硕士研究生发放租房补贴。至年底，大学毕业生2.6万人次领取补贴1.31亿元；应届全日制硕士研究生3168人次领取补贴1643.2万元。

（徐珊珊）

基层治理

【概况】 至2022年底，滨江区有社区66个，其中城市社区42个、撤村建居社区24个。推动社会工作，有3个街道社工站、24个社区特色社会工作室；社会工作名家督导室实体化运营；发布《医务社会工作蓝皮书》；举办全市首届社会工作助力共同富裕示范区建设研讨会。推进智慧社区建设，升级“智慧社区”平台系统，全面运行“三务公开”（社区居务、社区财务、社区党务）系统，印发《关于进一步深化社区“三务公开”工作实施意见》；开展实施14个社区“微自治”项目。健全基层组织体系，以楼道作为最小组织单元，建立楼道长、信息员和保障员的“一长二员”三人小组。创建市级国际化社区示范点1个、撤村建居社区示范点2个；获评杭州市首批示范型社区服务综合体2家，杭州市“十佳”社工站1家，杭州市“百强”社工室6家，杭州市“最美社工”4人。全年在各级期刊发表文章52篇，其中国家级3篇、省级7篇、市级31篇、区级11篇。滨江区10个社区服务综合体参加全省社区服务综

2022年8月30日，滨江区发布《医务社会工作蓝皮书》
（区民政局　供图）

合体星级评选工作，缤纷未来社区服务综合体获评“五星级”服务综合体，钱潮望涛、冠山社区服务综合体获评“四星级”服务综合体，西陵、滨和、江一、闻涛、滨文、华悦湾社区服务综合体获评“三星级”服务综合体。

滨江区完成6个社区布局优化调整。“现代产业社区管理体制改革创新”入选第四批浙江省城乡社区治理和服务创新实验区试点，制定《关于建设党建统领现代产业社区的实施意见（试行）》，出台《现代产业社区治理与服务规范》。推进9个社区美好生活共同体建设，完成18个建成的美好生活共同体验收工作，印发《杭州市滨江区社区美好生活共同体验收评测办法》。承办杭州市首届社区空间运营大赛。推动未来社区长效运营调研。推进现代社区建设，推动“五社联动”（社区与社会组织、社会工作者、社区志愿者、社会慈善资源）提质增效专项行动，开展缤纷未来社区市“五社联动”试点。开展社区减负专项整治行动，印发《滨江区社区减负专项整治行动方案》。推进清廉社区建设，修订“小微权力”清单，建设6个“清廉社区”示范点，出台《杭州市滨江区清廉社区建设监督评价办法（试行）》，开展经费使用审计工作，完成6个社区经费审计调查并指导整改。

【社工队伍建设】 2022年，滨江区有专职社区工作者988名，其中社区“两委”班子成员471名。有持证社会工作师563人，其中初级社工师336人、中级社工师227人。创新开展社工分类培养，首批遴选11名领军型（含1名省社区工作领军人才）、20名专业型、30名潜力型候选社工，择优评选滨江区首批“三型”（领军型、专业型、潜力型）社工19人。培训共建单位桐庐县社区工作领军人才代表8名。会同区委组织部完成全区438名“两委”班子成员培训。修订完善《杭州市滨江区专职社区工作者管理实施办法》，制发《滨江区专职社区工作者证》，印发《杭州市滨江区关于进一步关爱激励抗疫一线工作者的通知》，落实2022年一线抗疫专职社区工作者核增一次性绩效工资。举办2022年杭州市滨江区社区工作者节。

【专职社区工作者招聘】 2022年3—6月，滨江区开展2022年专职社区工作者招聘。招聘经公开报名、资格审查、笔试、面试、体检、政审（背景调查）、公示等程序，确定聘用人员。新招录专职社区工作者171人，包括为滨江区社会工作协会、街道社工站招录的12人，“直通车”招录方式招录30人，定向招录滨江区籍退役军人15人。招聘后社工总数共988人，专职社工本科及以上学历712人，占72.06%。

资料：“直通车”招录

指满足以下条件其一免笔试直接进入面试：持有国家社会工作者职业水平证书（社会工作师、高级社会工作师），年龄在35周岁以下，杭州市户籍；具有国家承认的全日制研究生及以上学历且取得硕士及以上学位，所学专业（参照2022年浙江省公务员录用考试专业参考目录中四级专业名称）为社会工作、社会学的人员，年龄在35周岁以下，杭州市户籍。

2022 年 5 月 19 日，杭州市第一届社区空间运营大赛路演决赛在滨江区举行

（区民政局　供图）

【专职社工分类培养“102030”工程】 2022年5—9月，区民政局安排首批61名专职社工参加分类培养“102030”工程。该工程是区民政局根据专职社工的年龄层次、教育程度、岗位职级和专业水平等维度制定的分类标准，遴选10名领军型、20名专业型、30名潜力型候选社工，以小组式、项目化、验收制培训方式开展分类培训，打造高素质、专业化专职社区工作者队伍。区民政局出台《杭州市滨江区专职社区工作者分类培养办法（试行）》，科学构建“三型”人才画像和培养体系，通过理论学习和项目调研，以小组答辩的验收汇报方式评选出滨江区首批领军型社工4人、专业型社工6人、潜力型社工9人及3个最佳团队，激发全区专职社工争先创优活力。专职社工分类培养“102030”工程是构建分层分类培养体系、科学规划社工成长路径的重要环节，全区400多名社工报名参加。

【杭州市第一届社区空间运营大赛】 2022年5月19日，杭州市第一届社区空间运营大赛决赛在“智慧e谷”举行。活动由市民政局和滨江区政府联合主办，区民政局承办。大赛自4月1日启动，全市41家单位报名参加。经过前期的专家初审和现场考察环节，15家单位进入路演决赛。现场5名专家评审、10名媒体评审和40名大众评审围绕“运营机制、运营成效、创新推广价值”等维度对参赛单位进行综合评分。经评审，评选出一等奖2个、二等奖3个、三等奖5个、优秀奖5个。滨江区西兴街道缤纷未来社区服务综合体和长河街道钱潮社区服务综合体获一等奖。

【社工师资格证考试】 2022年6月，滨江区为推进专业培养，区民政局发动全体机关、企事业单位、社会组织及街道社区等单位相关人员参与社工师考试报名，组织全区361名社工参加社工师考前培训，共有97人通过考试，通过率26.9%。全区专职社工持证率提升至60.1%，创历年最高。

【社区布局优化调整】 2022年6月，区民政局对超大规模社区进行优化调整。按照“一次谋划、分步推进”的工作要求，创新提出“一库四案两图”工作方法，印发《滨江区社区布局优化调整工作方案》《滨江区社区布局优化调整规划方案》。7月，完成长河街道钱潮社区、白马湖社区、汤家桥社区，浦沿街道之江社区、六和社区、滨盛社区6个社区布局优化调整，长河街道撤销钱潮社区，新建钱潮望涛社区、钱潮建业社区；撤销汤家桥社区，调整白马湖社区管辖区域，新建月亮湾社区。浦沿街道调整之江社区管辖区域，新建滨之社区；调整六和社区管辖区域，新建新和社区；调整滨盛社区管辖区域，新建伟业社区。在全市率先完成超大规模社区实体化调整落地。12月，钱潮望涛社区、钱潮建业社区、月亮湾社区、滨之社区、新和社区、伟业社区民主选举产生第一届社区居民委员会成员。

资料：“一库四案两图”

搭建全区社区基础全量数据库，制定近期远期两张社区优化布局规划图，编制全区社区布局优化调整规划方案、社区布局优化调整方案、近期社区调整工作推进方案，指导街道制定一社一方案。

【未来社区可持续运营模式研究】2022年6月，区民政局开展“未来社区长效运营”课题调研，引入折现理论值、坪效、人均收益和落差、公平性评价指标等基本概念，选取缤纷、冠山、闻涛、钱潮4个具有代表性的社区作为评估样本，对运营情况、公平性等实效评估，分析社区运营的资源配置和难点问题，探索政府撬动资源机制和退出机制，形成相应对策建议，为后期出台全域未来社区框架下的社区设施与场景空间效用评价与补贴指引政策等提供指导。

【现代产业社区治理体制改革创新实践】 2022年7月，滨江区探索现代产业社区建设，谋划14个现代产业社区布局布点，实践社区治理优化营商环境新举措。项目于8月入选省级城乡社区治理和服务创新实验区试点，滨江区被列为22个实验单位之一，实验主题为“社区管理体制改革创新”。11月，滨江区发布全国首个《现代产业社区治理与服务规范》，构建党群建设、公共治理、城市服务、企业服务、员工服务五大功能模块，推动产业集聚区现代化治理有效覆盖。 12月，制定《关于建设党建统领现代产业社区的实施意见（试行）》，梳理建设标准18条，履责事项25项。现代产业社区是现代社区的重要类型，是产业业态、城市生态与人才生态相融合的共同体。

【新进专职社区工作者岗前培训】2022年7月18日，2022年度新进专职社区工作者岗前培训开班仪式在海外高层次人才创新创业基地举行。培训为期4天，共159名新进社区工作者参加。培训采用业务学习和素质拓展相结合的方式进行，课程内容根据社区工作重点和岗位需求，进行基本业务技能培训，邀请高校教授、社区书记围绕“现代社区建设”开展理念提升课程，提高新社区工作者能力素质。

【社会工作助力共同富裕示范区建设研讨会】2022年8月30日，社会工作助力共同富裕示范区建设研讨会在区文化中心举行。省、市民政局负责人，市直有关部门，各区县（市）民政局及社会工作者代表等190人参加。研讨会以“践行五社联动 提质增效、擘画现代社区美好画卷”为主题，分为主题活动和平行专题研讨会。活动邀请浙江大学教授毛丹，围绕“瞄准发展性社会工作，担当五社联动的专业支撑”进行演讲。通过好故事演讲、情景剧表演、微故事分享等形式展示杭州市社会工作发展成果。活动发布《滨江区医务社会工作蓝皮书》，蓝皮书编制滨江区医务社会工作三年发展规划，明确医务社会工作发展方向、行业标准及服务内容。举行杭州市十佳乡镇（街道）社会工作站、百强社会工作室颁奖仪式，举办杭州市高层次社会工作人才团成立仪式。研讨会举办学校社会工作、老年社会工作、社区社会工作和医务社会工作4个平行专题研讨会，政府代表、专家代表、社会工作者围绕4个内容展开交流。

【社区美好生活共同体评估验收】2022年9月22日，滨江区社区美好生活共同体评估验收结果通报会在区党群服务中心召开，对2020—2021年度建成的18个

2022年11月19日，2022年杭州市滨江区社区工作者节暨首届社区邻里节在浦沿街道三维大厦举行 （区民政局 供图）

社区美好生活共同体通报验收结果，区民政局负责人，部分“两代表一委员”，区财政局、各街道、社区及第三方运营机构相关人员30多人参加会议。第三方运营机构至善社会组织评估中心负责人通过政策背景、评估原则、评价指标和评价方法等，介绍对18个社区美好生活共同体的评估依据和过程。西兴街道西陵社区、长河街道冠山社区、浦沿街道滨文社区获评2020年度优秀社区美好生活共同体。西兴街道襄七房社区、长河街道钱潮社区、浦沿街道新浦社区获评2021年度优秀社区美好生活共同体。

【全国医务社工人才培养计划杭州站专题学习班】 2022年9月23日，全国医务社工人才培养计划杭州站专题学习班在滨江区举办。学习班由中国红十字基金会、中国社会工作教育协会医务社会工作专委会、北京枫林社会工作发展中心主办，区民政局、浙江大学医学院附属儿童医院、杭州启真社会工作研究院、浙江省妇幼健康协会妇女儿童与家庭健康社会工作专业委员会承办。全国各地医疗机构、社工机构、高校的300多名社工、医护人员等通过线上、线下方式参与培训。学习班邀请北京大学公共卫生学院教授刘继同，中国红十字基金会医疗救助项目中心主任张宪等专家学者、实践者共同探讨分享儿科社会工作专业知识和实务经验。

【社区工作者节】 2022年11月19日，滨江区社区工作者节暨首届社区邻里节在浦沿街道三维大厦举行。活动由滨江区现代化社区建设领导小组办公室、区民政局主办，浦沿街道办事处承办。市、区民政局负责人，社区工作者代表及居民代表等150人参加。活动以“邻里新时代，共富向未来”为主题，分开幕式、邻里嘉年华、社工定向赛3个部分。活动现场表彰滨江区首批“三型”社工和分类培训“最佳团队”、2022年度滨江区“最美社工”和“责任居民‘领头雁’”。邻里嘉年华分“助”“趣”“乐”三大主题互动展区，现场设置公益义诊、便民剪发等服务展位和互动项目。社工定向赛以点位打卡形式串联4个社区美好生活共同体，设置2条线路共8个运动挑战项目。

【缤纷未来社区参加中韩社区治理论坛】 2022年12月14日，2022年中韩社区治理论坛以视频形式召开。中国民政部、韩国行政安全部负责人和部分省、市民政系统代表参加。缤纷未来社区代表浙江省围绕“建设智慧社区提升社区服务”在会上进行主题发言，交流分享数字让服务更便捷、让生活更美好的经验做法。缤纷未来社区创新打造缤纷“邻里聚”8个中心，形成覆盖老中青全周期、全时段、全链条生活服务区，让居民畅享高度集成的“5分钟缤纷生活圈”。上线“缤纷一起乐”小程序，打造一键直达、全时服务的“云上缤纷”，通过数字化服务群众。

（陈　超）

社会组织管理

【概况】 2022年，滨江区依法登记社会组织374家，其中社会团体100家、民办非企业单位269家、基金会5家；备案类社区社会组织1324家。新增社会组织29家，社区社会组织备案30家。年内，对应检的343家社会组织进行预审，规范审核，全区社会组织年检应检343家，实际参检301家。首次举办社区社会工作运动会。

2022年度滨江区社会组织公益创投项目一览表

表33　　单位：万元

序号	项目名称	承接机构	资助金额
1	“争做领头雁”红色精神进社区服务项目	杭州市滨江区杭州湾社会创新中心	6
2	“红星闪闪”青少年红色教育服务项目	杭州市滨江区花都益剪美丽小屋	6

续表33

序号	项目名称	承接机构	资助金额
3	“乐居安养”养老服务综合能力提升项目	杭州市滨江区养老服务行业协会	8
4	“情暖阳光”社区养老服务项目	杭州滨江绿康阳光家园	8
5	“有爱无碍”无障碍设施推广及普及项目	杭州市滨江区乐城公益事业社会服务中心	6
6	“关爱老兵，从心出发”退役军人服务项目	杭州市滨江区她视界创新助力发展中心	6
7	“银光之花”老年人精神关爱项目	杭州市滨江区西兴街道迎春居家养老服务中心	8
8	“蓓蕾花开”婴幼儿成长服务项目	杭州市滨江区彼安诺托育园	6
9	“助力双减”家庭教育支持项目	杭州市滨江区家长慧亲子成长公益服务中心	6
10	“和美家园”儿童收纳能力培育服务项目	杭州市滨江区予之公益服务中心	6
11	“青春加油站”青少年心理成长服务项目	浙江省新家庭儿童成长发展中心	6
12	“与传统重逢”青少年传统文化公益营项目	杭州市滨江区社区少年宫	6
13	“多方共治”社区居民协商共治能力提升项目（一）	杭州市滨江区法视界矛盾调解中心	5
14	“多方共治”社区居民协商共治能力提升项目（二）	杭州市滨江区潮智汇公益事业发展中心	5
15	“多方共治”社区居民协商共治能力提升项目（三）	杭州市上城区益治学府社会工作服务中心	5
16	“救在身边”社区急救能力培育项目（一）	杭州市滨江区晴雨公益发展中心	5
17	“救在身边”社区急救能力培育项目（二）	杭州市滨江区三联公益救援服务中心	5
18	“救在身边”社区急救能力培育项目（三）	杭州市滨江区公羊会应急救援大队	5
19	“重塑人生计划”滨江区矫正人员教育帮扶项目	杭州市滨江区法视界矛盾调解中心	6
20	社区公益大篷车便民服务项目	杭州市滨江区益起来公益中心	5
21	社会组织助力未来社区邻里场景建设项目	杭州市滨江区兴兴公益发展中心	6
22	“小手拉大手 亲子共成长”家庭教育服务项目	杭州市滨江区益生社区家庭教育指导中心	6
23	“美美与共”女性幸福力提升项目（一）	浙江花都美容美发培训中心	6
24	“美美与共”女性幸福力提升项目（二）	杭州市滨江区茶艺协会	6
25	“美美与共”女性幸福力提升项目（三）	杭州市滨江区她视界创新助力发展中心	6
26	文明殡葬倡导项目（一）	杭州市滨江区安然殡葬服务中心	7
27	文明殡葬倡导项目（二）	杭州市滨江区安然殡葬服务中心	7
28	滨江区困难家庭助力项目	杭州市滨江区乐城公益事业社会服务中心	7
29	“星星点灯”困境儿童关爱保护项目	杭州市上城区亲民社会工作服务中心	7
30	外来青年职工生活融入项目	杭州市滨江区杭州湾社会创新中心	7
31	“社商共创”社企联动服务项目	杭州市滨江区创兴社会服务发展中心	7
32	“幸福桥”园区企业员工关怀减压项目	杭州市滨江区若水公益服务中心	7
33	“聚善合力”亚运进社区服务项目（一）	杭州同心博爱公益服务中心	7
34	“聚善合力”亚运进社区服务项目（二）	杭州市爱来家社区事业服务中心	7
35	“聚善合力”亚运进社区服务项目（三）	杭州市滨江区兴兴公益发展中心	7
36	青少年迎亚运公益活动项目（一）	杭州市余杭区臻至社会服务中心	7
37	青少年迎亚运公益活动项目（二）	杭州市滨江区社区少年宫	7
38	青少年迎亚运公益活动项目（三）	杭州市滨江区微力公益服务中心	7

续表33

序号	项目名称	承接机构	资助金额
39	“Young起来”社区老年人数字化技能培训计划(一)	杭州市滨江区化云惠老公益中心	8
40	“Young起来”社区老年人数字化技能培训计划(二)	杭州市爱来家社区事业服务中心	8
41	“Young起来”社区老年人数字化技能培训计划(三)	杭州市滨江区励行社会公益事业服务中心	8
42	“民政一家亲,反诈有决心”反诈宣传进社区项目(一)	杭州市滨江区钱潮社区社会组织服务中心	8
43	“民政一家亲,反诈有决心”反诈宣传进社区项目(二)	杭州市滨江区红星公益服务中心	8
44	“民政一家亲,反诈有决心”反诈宣传进社区项目(三)	杭州市滨江区励行社会公益事业服务中心	8
45	社会组织负责人综合能力提升项目	杭州市滨江区美好社区治理创新中心	6
合计			294

(陈卓琳)

【社会组织领军人才品牌建设】 2022年,区民政局搭建三级社会组织服务平台,鼓励社会组织开展公益服务项目、信用评估和品牌认定,参与省、市品牌社会组织评选工作。至年底,杭州市滨江区她视界创新助力发展中心工作人员杨清、杭州市滨江区花都益剪美丽小屋工作人员夏杰飞2人获评省社会组织领军人物,杭州市滨江区乐城公益事业社会服务中心获评省品牌社会组织。杭州市滨江区乐城公益事业社会服务中心工作人员傅引炜被市民政局评为杭州市社会组织领军人才,杭州市滨江区花都益剪美丽小屋被评为市品牌社会组织,杭州市滨江区化云惠老公益中心“全民反诈行动”——财产安全守护、杭州市滨江区益起来公益中心“双肩包计划”被评为示范性社会组织品牌项目。

【社会组织公益创投】 2022年4月1日至11月30日,区民政局组织2022年度公益创投活动。申报条件为在民政部门注册登记的社会组织,近两年内无违法记录且近两年年检合格(新近注册的社会组织不做要求)等。项目要求秉持公益性、必要性、创新性、科学性、示范性。项目范围包括基层党建类、为老服务类、社区治理与服务类、社会救助类、社企联动类、助力亚运类、数字滨江类、社会组织能力建设类。经前期培训动员、项目申报、材料审核、社会公示、专家评审等环节,45个公益创投项目入围,资助公益创投资金294万元。

【社区社会组织运动会】 2022年5月22日至6月30日,2022年杭州市滨江区社区社会组织运动会举行。运动会由区民政局主办,滨江区社会组织党群服务中心(社会组织服务中心)、西兴街道社会组织服务中心、长河街道社会组织服务中心、浦沿街道社会组织服务中心共同协办。

2022年6月30日,2022年杭州市滨江区社区社会组织运动会毅行大会举行

(区民政局 供图)

20多个社会组织300多人参加。运动会举办羽毛球混合团体赛、乒乓球混合团体赛、趣味体能挑战赛和毅行等活动。该运动会是滨江区首次以社区社会组织为主体的赛事，激发社区社会组织参与亚运、服务亚运。

【社会组织等级评估】 2022年5月，滨江区根据《杭州市民政局关于开展2022年度社会组织等级评估工作的通知》，对三类社会组织进行等级评估：2019年12月31日前，在滨江区民政部门登记成立，未参加过评估的社会组织（职工持股会除外）；至2021年12月31日，评估等级有效期已满3年，需要晋升等级的社会组织；至2022年12月31日，评估等级已过有效期的社会组织。至11月，市民政局依据规定并委托第三方机构对全市316家社会组织开展等级评估，经评估资格审核、社会组织自评、评估机构实地考察、评估委员会审定以及评估结果公示，滨江区11家社会组织获评。其中，杭州市滨江区社区少年宫、杭州市益起来公益中心2家获评AAAAA级，杭州市滨江区安然殡葬服务中心、杭州市爱来家社区事业服务中心2家获评AAAA级，杭州市滨江区网球协会、杭州市滨江区新青年自行车协会、杭州市滨江区登山协会、杭州市滨江区钓鱼协会、杭州市滨江区体育舞蹈协会、杭州市滨江区益心社会工作服务中心6家获评AAA级，杭州市滨江区因学公益文化中心1家获评AA级。

【社会组织资金补助】 2022年11月23日，根据《杭州高新区（滨江）社会组织培育发展资金补助暂行办法》《杭州市滨江区社会组织培育发展办法》《杭州市滨江区社会组织培育发展办法实施细则》的相关资金补助标准及各组织提交的资金补助申请材料，区民政局与区财政局联合出台《关于下拨2022年滨江区社会组织培育发展补助资金的通知》，对审查后符合要求的36个申报项目予以资金补助，共85.62万元。

【社会组织负责人综合能力培训】 2022年11月28—30日，区民政局举办社会组织负责人综合能力提升培训班。获省、市两级社会组织领军人才、2022年滨江区“十佳”社会组织负责人和社会组织核心管理层等30名学员参加培训。培训分为业务辅导和能力提升，邀请5名社会组织领域内的专家，围绕社会组织的品牌建设与发展等7个主题展开专题培训和专业分享。

（陈卓琳）

区划地名管理

【概况】 2022年，区民政局为企事业单位和个人编制、发放门牌证1.54万个、制作安装楼（幢、户）门牌872块，完成对16座桥梁、12条道路共28个地理实体的申报及命名。为个人、单位解答民政信息咨询1300多次，满意率100%。完成西兴街道办事处驻地地址调整报备手续，从官河路4号（西陵社区）调整至官河路1号（西陵社区）。指导西兴街道西陵社区、长河街道山一社区、浦沿街道东冠社区做好城郊接合部门牌管理工作，开展门牌清理整治，共更换506块旧门牌，规范地名管理。完成核查地名信息库数据质量提升行动6个类别（非行政区域、交通运输设施、水利电力通信设施、纪念地旅游景点、建筑物、单位）数据1003条。

【地名文化传承】 2022年，区民政局拍摄创作《山水连城、熠

2022年10月30日，区民政局在长河街道党群服务中心举办地名文化活动

（区民政局 供图）

熠滨江》地名文化宣传片，通过对“滨江”地名的挖掘溯源，探寻滨江地域历史与文化的积淀与变迁，扩大地名文化影响力。推进地名文化进党群服务中心活动，在浦沿、西兴、长河党群服务中心开展多样性活动，通过竞答比拼、场景体验、趣味拓展等方式，向社会大众以喜闻乐见的形式推广地名文化。至年底，举办地名文化活动3场。

【智慧界桩安装】 2022年，区民政局通过数字赋能，探索智能界桩安装。对接杭州数字化智慧边界管理系统，以界线界桩数据库、智慧边界管理系统为基础，配套智能设备，打造平安边界应用。至年底，完成辖区范围内2个界桩的智慧界桩太阳能摄像头安装工作，借助太阳能摄像头，对界桩实现远程监控，实现24小时全天候“零距离”动态监管，提高界桩管理水平。

【边界联检】 2022年3月，为巩固滨江区和萧山区行政区域边界线勘界工作成果，根据浙江省民政厅《关于做好2021年行政区域界线联合检查工作的通知》要求，两区成立联检小组。5月，完成联检工作并将联检资料成册归档。至年底，两区行政区域界线管理部门（民政局）建立界线管理5项制度，签订滨江萧山线平安边界共建协议，共建平安边界。

（陈卓琳　洪美芳）

民族事务

【概况】 2022年，杭州高新区（滨江）有少数民族52个，流动人口1.26万人。民族团体有滨江区民族团结进步促进会。杭州高新区（滨江）通过挖掘整合资源，丰富民族活动载体，开展多位一体宣传，推动民族工作高质量发展。以浙江花都美容美发培训中心为示范点，举办专题技能培训班，创建“红石榴家园”品牌，打造信息互通、人员互动、衔接互补、尊重差异、包容多样的互动平台。杭州旅游职业学校获评“全国民族团结进步示范单位”；浙江警察学院获评“省级民族团结进步创建重点培育单位”；浙江警察学院、闻涛社区获评杭州市“之江同心石榴红”引领单位。

【阿克苏市技工学校杭州进修基地】 2022年5月26日，新疆阿克苏市技工学校杭州高技术人才培养进修基地在浙江花都美容美发培训中心揭牌。至年底，阿克苏技工学校学员分两批次到浙江花都美容美发培训中心进修，浙江花都美容美发培训中心派出15名高技能讲师团队到阿克苏授课。通过民族群众技能扶贫的方式，探索出符合两地社会经济发展、人力资源需求的人才培养模式，助推阿克苏地区乡村振兴和经济高质量发展。

【民族团结进步创建工作现场推进会】 2022年6月23日，杭州高新区（滨江）民族团结进步创建工作现场推进会暨“石榴籽驿站”揭牌仪式在杭州市旅游职业学校召开。区委统战部、各街道、社区负责人，浙江警察学院西藏班、杭州市旅游职业学校、杭州钱塘实验小学时代校区、浙江花都美容美发培训中心代表等30多人参加。会前与会人员到长河街道闻涛社区实地参观、与少数民族小学生互动，了解社区在民族团结进

2022年6月25日，新疆妇联“靓发屋”项目受益人专题技能培训班在杭州高新区（滨江）举行　　（区民宗局　供图）

步方面取得的成果。现场推进会上，滨江区“石榴籽驿站”揭牌。长河街道闻涛社区、浙江花都美容美发培训中心、杭州市旅游职业学校负责人就民族团结进步创建工作的做法和经验作交流发言。

【2家单位获评“之江同心石榴红”引领单位】 2022年11月，杭州市民宗局发布《关于公布第二批杭州市“之江同心石榴红”引领单位的通知》，浙江警察学院、闻涛社区获评。浙江警察学院日常开展各类红色现场教学活动，经常性开展篮球足球等球类比赛，成立“西藏风情日”社团和民族歌舞团等，促进各族学生之间的了解和相互团结。闻涛社区有满族、畲族、回族、苗族等居民237人。社区启动以“石榴花开、籽籽同心”为主题的最美石榴籽广场服务平台，常态化开展民族小吃、民族服装、民族工艺的宣传活动；成立“石榴籽驿站”，建设民族会客厅，布置各类民族工艺品、民族团结进步宣传栏和活动场所，搭建民族居民休闲生活的平台，丰富民族居民的社区生活。

【民族团结进步促进会换届大会】 2022年11月18日，杭州高新区（滨江）召开第二届民族团结进步促进会会员代表大会。会议审议并通过《杭州高新区（滨江）民族团结促进会章程（草案）》《杭州高新区（滨江）民族团结促进会第二届会员代表大会选举办法》。会议选举产生杭州高新区（滨江）民族团结进步促进会第二届常务理事会理事，曾阳（回族）当选杭州高新区（滨江）民族团结进步促进会第二届会长。

（王声涛）

宗教事务

【概况】 2022年，滨江区登记在册的宗教场所有冠山禅寺、协同福音堂、西兴基督教堂、长河基督教堂、真理教堂、江边聚会点6处，纳入管理的聚会点3处，民间信仰点7处。全区宗教教职人员32人，可统计的基督教信徒5000多人。宗教团体有滨江区佛教协会、滨江区基督教协会和滨江区基督教三自爱国运动委员会。区民宗局支持宗教界以社会主义核心价值观为引领深化宗教中国化滨江实践，指导宗教界加强自身建设，推进从严治教，开展“无疫涉宗场所”创建，开展“除险保安”排查大整治，推进民间信仰活动场所平安创建。冠山禅寺获“省级平安宗教活动场所”称号；西兴基督教堂获“省级消防安全标准化管理‘百创争优’活动优秀单位”称号；真理教堂、冠山禅寺获“杭州市宗教中国化场所”称号。

【宗教领域“除险保安”大排查大整治专项行动】 2022年5月12日，区民宗局开展宗教领域“除险保安”大排查大整治专项行动部署会，分析全区宗教领域安全生产形势和重难点问题，部署安全生产检查。会后，全区按照“1+9”指标体系开展安全生产隐患排查，组织人员分队检查。专项行动期间，全区共出动检查人员38人次，检查重点宗教活动场所16处，现场发现并整改各类安全问题隐患6处。

【首届基督教中国化讲经讲道交流课大赛】 2022年6月27日，全区宗教活动场所“五进”系列活动暨首届基督教中国化讲经讲道交流课大赛举办。活动由区民宗局主办，西兴街道办事处、区基督教协会承办，协同福音堂协办。市及区民宗局、浙江神学院、省基督教协会、市基督教协会负责人，区基督教两会、各基督教堂共20多人参加。基督教中国化讲经讲道交流课参赛人员通过《从基督徒的信仰浅谈社会主义核心价值观——诚信》《价值观——爱国》等8节课开展讲经解经，专业评委点评。赛后成立滨江区基督教中国化宣讲团，为首批宣讲团成员颁发聘书。

（王声涛）

精神文明建设

【概况】 2022年，杭州高新区（滨江）以提高全社会文明程度为目标，培育和践行社会主义核心价值观，结合文明创建、迎亚运、“滨滨有礼”等工作，争创全国文明典范城市。制定《“文明靓城、滨滨有礼”文明礼仪行动方案》，搭建“礼让斑马线、排队守秩序、文明一平方、当好东道主”4项行动载体。开展“我推荐我评议身边好人”活动，浦沿街道滨文社区居民谭玉娇、西兴街道缤纷社区居民吴礼丰获评“杭州好人”。开展区第十八届“美德少年”（新时代好少年）选树活动，杭州高新实验学校学生王婧如获评第十八届杭州市十大“美德少年”（新时代好少年）。开展区第十七届“公民爱心日”活动。开展孝老爱亲、邻里市集、邻里结对帮扶、学雷锋志愿服务、文艺演出等精品邻居节活动，共推出西兴街道官河社区、金东方社区、新州社区，长河街道月明社区，浦沿街道江南社区5个优秀社区邻居节活动。彩虹社区孙红燕入选杭州年度最美志愿者，共联社区“共联大妈”志愿服务队入选杭州年度最美志愿服务组织，中兴社区、新州社区新时代文明实践站入选杭州年度最美新时代文明实践志愿服务基层站点。“戏曲进社区”项目获2022年杭州市志愿服务项目大赛铜奖。

【“滨滨有礼”品牌推广】 2022年，杭州高新区（滨江）持续深化“礼让斑马线、排队守秩序、文明一平方、当好东道主”4项活动。开展“礼让斑马线”文明行动，倡导司机礼让斑马线、行人文明过马路、道路骑车不逆行；开展“排队守秩序”文明行动，倡导排队乘公交、排队乘地铁、排队乘电梯；开展“文明一平方”行动，倡导管好“住户门前一平方、店铺门前一平方、餐桌文明一平方”；开展“当好东道主”文明行动，通过文明提升日、文明礼仪日等活动，提高市民文明素质，迎接外来宾客。继续倡导“浙江好家风、礼让斑马线、聚餐用公筷、随手做志愿、重信守承诺、垃圾要分类、邻里讲和睦、爱心暖厨房、办酒不铺张、带走半瓶水”十大“滨滨有礼”文明行动。至年底，共开展文明宣讲89场，参与6500人次。

【“滨滨有礼迎亚运、鲜花送给文明人”活动】 2022年3月5日，区文明办联合团区委在龙湖滨江天街广场举办“滨滨有礼迎亚运、鲜花送给文明人”活动。活动现场通过花束的文明标语，倡导市民“礼让斑马线、排队守秩序、文明一平方、当好东道主”，展现“滨滨有礼”的文明风尚。广场上设置文明志愿者招募、亚运文化宣传、垃圾分类等志愿服务点，为现场群众提供服务。现场设立交通文明劝导岗，劝导市民朋友礼让斑马线、文明出行、遵守交规，开展“我在窗口写青春、亚运志愿我先行”活动。市民签名留言文明寄语、参与拼图、知识问答等互动环节，传递接力文明迎亚运活动。活动吸引1000多人参与。

【“文明靓城、滨滨有礼”行动启动】 2022年4月8日，杭州高新区（滨江）喜迎亚运“文明靓城、滨滨有礼”行动启动仪式举行。仪式现场发布《“文明靓城、滨滨有礼”文明礼仪行动方案》和新一届“美丽滨江人”评选内容，全国道德模范毛陈冰发出“当好东道主，文明迎亚运”的倡议，倡议分“礼让斑马线、排队守秩序、文明一平方、当好东道主”4个部分。其中，“文明一平方”倡议楼道内不乱停车，不乱堆杂物，不堵塞消防通道，不飞线充电；店铺落实“门前三包”制度，不占道经营，不跨门经营，不乱设广告牌，店铺内外整洁有序，从业人员文明有礼；市民用公筷公勺讲卫生，光盘行动不浪费，带走半瓶水。各行各业代表做出“文明靓城、滨滨有礼”承诺。志愿者代表进路口、进商场、进窗口，开展文明宣传倡导，展示“滨滨有礼”的良好形象。活动被《人民日报》客户端、中国网、中国蓝新闻、浙江新闻客户端等媒体报道。

【第十七届“公民爱心日”活动】 2022年9月16—25日，杭州高新区（滨江）开展第十七届“公民爱心日”活动。“公民爱心日”活动以“捐一份钱、赠一本书、参与一项公益活动、奉献一份爱心”为主题，在全区设立22个捐赠联系点，开展爱心捐赠和志愿服务，帮助杭州市及市外欠发达地区的困境儿童、城市外来务工人员子女、农村留守儿童等特殊困难未成年人群体，资助关爱未成年人。捐赠方式分书籍捐赠和款项捐赠。活动期间，共收到36家单位和个人爱心捐款4.23万元，书籍5306册；爱心捐款全额汇入杭州市慈善总会“公民爱心日阳光助困金”专项基金，按规定专款专用；捐赠书籍由杭州滴水公益服务中心收取，全部捐赠给有需要的未成年人群体。

（来国丽）

殡葬管理

【概况】 2022年，滨江区有美女山公墓、山一公墓、山二公墓3座公益性公墓，共计墓穴3.59万穴。美女山公墓为全区城市公益性生态公墓，始建于2008年，一期于2010年建成，建设用地4.66万平方米，共建墓穴1.25万座、2.35万穴，于2022年售完。美女山公墓二期正在建设中，项目规划用地面积5.28万平方米，设计建设规模3万穴。二期建设以节地生态墓为主，主要包括小型的台地式墓区、骨灰寄存楼、花坛葬、草坪葬、树葬、壁葬等。山一公益性公墓共建墓穴4652座8567穴，始建于1998年，占地1.33万平方米，分为西兴街道、长河街道两块区域，于2022年售完。全年推进全区文明治丧改革，实行殡葬基本惠民政策，改造公寓性公墓，提供节假日祭扫服务。

【殡葬惠民】 2022年，滨江区殡葬基本惠民政策共减免金额64万余元，火化率保持100%；骨灰撒江2例，奖励4000元。推进全区文明治丧改革，破除丧葬陋俗，对符合《滨江区文明治丧奖励办法》规定的，共发放文明治丧奖励资金7.6万元。根据浙江省民政厅《关于推进民政事业高质量发展建设共同富裕示范区行动方案（2021—2025年）的通知》要求，在遗体接运、遗体冷藏存放、火化、骨灰寄存4项基本惠民免费政策基础上，3月22日起增加赠送骨灰盒惠民项目，在萧山殡仪馆、杭州市殡仪馆凭户籍证明、火化证明免费领取骨灰盒。

【春节祭扫服务】 2022年，区民政局设置铁马护栏封闭公墓园区并张贴公告，安排工作人员在各公墓口值守，劝导前来祭扫的群众并做好解释工作。发布《关于疫情期间“白事”从简》公告，制作抖音小视频发送街道、社区进行宣传。由公墓工作人员代表祭扫群众为每座墓碑献花寄托哀思，共放置鲜花2.26万束。开通网上祭扫、代为祭扫服务，按照祭扫流程进行鞠躬、擦拭、献花，通过拍照片、小视频的形式反馈给委托人，在除夕、春节两天时间为74人提供免费代为祭扫服务。公墓免费敬献鲜花、网上祭扫、代为祭扫服务的新闻在杭州电视台明珠频道播出。

【山二公益性公墓改造】 2022年3月，浦沿街道山二公益性公墓进行提升改造。改造项目包括老墓区改造、新墓区建设、节地生态葬区块建设、公共景观区改造等内容，新建生态墓608座、1141穴，配齐公墓管理团队，建章立制，实行规范化管理。改造工程于2022年11月2日竣工验收。该公墓始建于1998年，占地6666.67平方米，共建墓穴1945座、3760穴。

【清明节祭扫服务】 2022年4月，滨江区召开清明祭扫安全工作专题会议，明确任务，细化责任。印发《关于加强清明节期间扫墓安全管理工作的通知》，制订完善应急预案，做好各项防范措施。3次发布《清明安全祭扫管理服务通告》，推进移风易俗，倡导居家追思、网络祭扫、代为祭扫等绿色祭扫方式，印发“安全祭扫”宣传册5000份。清明节期间，推出“预约祭扫”“云祭扫”“代为祭扫”“免费送鲜花祭扫”等服务项目，共发放鲜花5.62万束、单枝5.18万朵，“代祭扫”124人次；接待网上预约、电话预约、现场预约和身份证登记的祭扫群众3.46万批次，共8.95万人次。

（吕和军）

应急管理

综　述

【应急预案与响应】 2022年，杭州高新区（滨江）落实汛期主要领导带班制和24小时值班制，对防汛防台、抗雪防冻等各类突发事件做好灾情信息报送；做到树木支撑加固到位、应急抢险设备维保到位、应急队伍培训到位、遇到灾情处置到位。区综合行政执法局全年启动城管条线应急响应8次，其中二级响应1次、三级响应2次、四级响应5次。组织参与防汛抗雪应急演练4次，组织安全大检查4次。至年底，区综合行政执法局储备有类水泵、排涝车49台、扫雪除雪机具32台、草包7万只等各类应急物资10万余件，应急抢险人员160多人。

（黄汉刚）

【应急责任管理】 2022年，杭州高新区（滨江）梳理区安委会34个重点部门、93个重点岗位、162项重点任务，在676家企业、2784个风险点设置标签，明确各专委会责任。运行“重大安全生产问题清单”工作机制，督促各专委会及街道履行工作职责，总结各自行业领域多发复发、需要多跨协同才能彻底解决的共性问题、典型问题，上报“七张清单”系统并落实整改。全年组织上报重大安全生产问题18个，其中被录入市级“七张问题清单”项目11个、省级清单3个。至年底，均已办结销号。

【应急保障能力】 2022年，区应急管理局完善以区级储备为核心、部门储备为基础、街道储备为支撑、社区储备为补充的应急物资储备体系，区级储备库完成选址，设于杭州活水工业园，正在建设中。完善应急救援力量体系，建设区综合应急救援队伍、街道综合应急救援队伍、行业部门应急救援队伍，区级建立30人的综合性应急救援队伍，平战结合开展安全生产、自然灾害、消防安全、应急抢险救援工作，各行业部门建立16支不同类型的应急救援队伍，与滨江区公羊会应急救援大队签订公益战略合作协议。建立应急救援专家队伍，在原有33名区级应急管理专

2022年9月26日，杭州市滨江区综合行政执法局多功能综合排涝车交车仪式举行　（区综合执法局　供图）

家基础上，新增11人，推荐区内3名专家进入省级专家库系统（建设领域）。建立完善突发事件预案体系，所有区级专项预案编制单位均已完成预案修编及发文工作，新增企业应急预案备案38条。强化数字化保障，加强应急管理领域突发事件现场指挥部建设，采购移动指挥终端21部，其中9部配至街道，全部接入区指挥信息系统，完成应急管理领域突发事件现场指挥部建设，实现指挥中心现场指挥调度功能。

【社区应急体系建设】 2022年，杭州高新区（滨江）推动社区应急体系建设。全区规范统一，指导63个社区编制应急预案，明确社区事件分类、风险分析、组织体系、运行机制等内容，突出应急管理元素统一标识设计，增加辨识度；整合人员队伍，优化应急力量体系，推动社区打造以“社区应急突击队、网格员队伍、社会志愿者队伍”为主体的社区应急力量体系，配合区街两级实现整体联动、统一调度、分级指挥；资源下沉，提升应急保障能力，推动应急指挥系统、可视化指挥调度系统、突发事件现场指挥部等资源向街道社区拓展延伸，实现信息数据共享，提高基层应急管理工作能力。

（江志平）

【消防执法规范化建设】 2022年，区消防救援大队把公众聚集场所投入使用、营业前消防安全检查行政许可时间压缩至24小时，实现“一经受理，即办即走”。全年受理消防安全检查承诺制项目13个，提高行政许可办事效率。推行消防领域轻微违法行为不予处罚制度；推行“说理式”执法，优化营商环境。受理信访案件270件，群众回访满意度100%。未出现行政复议案件，未发生行政诉讼案件，无因执法过错引起恶劣社会影响的上访和舆情事件。

（纵　雪）

安全生产管理

【概况】 2022年，杭州高新区（滨江）修订完善各责任制单位安全生产和消防工作职责，区主要负责人与30家责任制单位负责人签订安全生产和消防综合目标管理责任书，分解落实目标任务。调整设立区安全生产委员会及10个专业安全生产委员会，结合应急管理全覆盖责任体系，梳理区安委会重点部门、重点岗位和重点任务，履行安全生产职责。加强危险化学品从业单位的安全监管，核发危险化学品经营许可证5件，审核转报13件；三类易制毒化学品经营单位备案12家；危险化学品生产、储存、使用企业安全评价报告备案3家。提升区级标准化避灾安置中心1个，改造社区级规范化避灾安置场所3个，新建区级示范化临时避灾安置场所1个。全年道路运输领域发生事故2起，死亡2人；未发生自然灾害亡人事故；未发生较大以上（含）安全事故。

【重点领域安全管理】 2022年，杭州高新区（滨江）关注建设工程、道路运输、危化品、旅游、消防、城市运行、工业企业、商贸、教育、特种设备等重点领域，开展“除险保安”安全整治，建立重点领域攻坚任务清单162项、重点领域重点排查事项清单86项，对排查发现的问题隐患，运用专项治理、挂牌整治等手段推进安全隐患闭环整改。检查企业1.39万家，出动检查人员2.13万人次，发现问题隐患4902处，均完成整改。立案查处357件，处罚金额250.16万元。会同相关部门组织开展重大安全隐患暗访曝光行动4期，重点对建筑施工、工商贸、旅游安全、燃气使用等领域进行暗访曝光检查，检查各领域企业54家，开具隐患交办单541份，曝光隐患196处，均完成整改。省、市暗访（检查）交办各类隐患280家821处，均完成整改。

【安全生产社会化服务】 2022年，杭州高新区（滨江）推进安全生产社会化服务。重点在涉及可燃爆粉尘、有限空间、喷涂作业场所、涉氨制冷、危险化学品、小微企业（加工制造类）等重点领域企业开展安全生产社会化服务工作，服务企业231家。梳理辖区内60家上市企业和103家上市后备企业信息，针对性开展服务指导。指导企业开展有针对性的风险辨识、评估和分级，督促企业做好日常安全风险分级管控和隐患排查处理，加强企业安全风险管控体系与安全生产数字化建设对接融合，有效防范安全生产事故的发生。

【安全生产专项整治】 2022年，杭州高新区（滨江）强化“工业企业安全在线”数字化手段应用，把涉危险化学品企业、加工制造类小微企业和“三场所三企业”纳入安全生产监管平台，通过数字化手段，实现对企业安全风险感知评估、日常巡检和隐患闭环治理等的在线处置，提升企业安全风险智能化管控水平。安全在线系统内工业企业191家，隐患共5342条，其中企业自查2388条、政府检查1368条、中介检查1586条，均已整改。企业“常普常新”工作完成191家，完成率100%。开展有限空间专项整治，检查指导有限空间企业15家，发现隐患75处，开具整改指令11份，全部完成整改。开展防范火灾爆炸事故专项整治，共摸排重点企业138家，发现隐患268条，全部完成整改。开展高危储罐全覆盖检查，对区内涉及高危储罐的8家企业点对点指导隐患整改。结合“百日清零”活动，对浙江万利金刚石工具有限公司开展涉爆粉尘专项整治。开展危险物品违规储存销售“三领域一场所”问题隐患集中整治，对涉氨制冷企业、有限空间作业企业、喷涂场所及涉爆粉尘企业加强安全监管，共检查企业118家，发现问题隐患364处，开具整改指令书24份，全部完成整改。

【安全执法检查】 2022年，杭州高新区（滨江）制定年度安全生产监管执法工作计划，监督企业合法、守法从事生产经营活动。全年共出动各类安全生产执法检查318人次，检查各类单位144家，发现问题隐患174处，其中停业停产17家，立案97件，收处罚金233.75万元，立案查处均无行政复议、诉讼情况发生。

【安全知识培训】 2022年，杭州高新区（滨江）在线下举办企业负责人和安全管理员安全生产培训17期，培训人员1005人次；依托线上，培训人员3300人次。结合“4·15”防汛防台日、“5·12”全国防灾减灾日、安全生产月等开展主题宣传活动，走进企业、园区、社区，向基层面对面宣传安全知识、演示救灾装备、传授应急逃生及自救互救知识等，发放宣传资料2.3万份。组织各街道和成员单位开展防汛防台随机拉动演练和培训，参演单位30家次、出动人员335人次，保障车辆45辆，提升有关单位应急队伍快速反应及处置能力；对各部门、街道、社区负责人开展防汛防台专题培训，参训400多人次。

（江志平）

防灾减灾

【概况】 2022年，杭州高新区（滨江）天气气候总体较为异常。平均气温异常偏高，夏季高温屡破历史极值；年初出现长时间低温连阴雨（雪）；梅雨量异常偏少；夏秋两季降水明显偏少；强对流天气频发重发。汛期（4月15日至10月30日）具有平均气温异常偏高、高温日数多，降水月度差异大、旱涝不均，梅汛期降雨偏少、时间较短，台风影响次数较少，气象灾害总体较轻但突发强对流天气影响较大等特点，防汛形势较为严峻。全年平均降雨量1100毫米，最高降雨量为风情河站点1326毫米。区综合行政执法局接收并发布各类气象预警信息99条次，其中发布蓝色预警4次、黄色预警48次、橙色预警27次、红色预警20次。在6月29日、6月30日、7月21日、8月17日遭遇强降雨或雷电大风袭击，1小时降雨量均在25毫米以上。其中：6月29日永久河站点小时降雨量35.5毫米，8月17日永久河站点小时降雨量47毫米。11号台风“轩岚诺”、12号台风“梅花”对全区总体影响较小。

（黄汉刚）

【防汛防台】 2022年，杭州高新区（滨江）降雨量999.79毫米，启动防汛防台应急响应7次，其中Ⅳ级4次、Ⅲ级2次、Ⅱ

级1次。共收到杭州市气象台发布各类极端天气预警63次，区防办召开会商会议27次，下发工作提示单5次，发送预警信息490万余条，出动队伍497支，备勤人员3308人次，应急巡查检查人员887人次，出动装备车辆853辆次，各类水泵328台次，处理小范围积水228处次，转移人员2.19万人。开展风险隐患排查整治，针对渔船安全、城市内涝、危旧房、交通等领域内的各风险点、易涝点位、地下空间等集中开展全覆盖检查，落实闭环措施；建立区政府、部门、街道责任人及联络员职责清单，压实责任体系，快速高效推进体系建设，建立“区领导包街道、街道领导包社区、社区干部包户到人”的工作责任制；围绕“5+1”（组织责任网、风险防控网、抢险救援网、灾后恢复网、运行保障网、数字化平台）防汛防台工作体系，加强基层防汛防台体系标准化建设工作，3个街道均按照建设标准完成；组织各街道和成员单位开展防汛防台随机拉动演练和培训，参演单位共30家次，出动人员335人、保障车辆45辆，对各部门、街道、社区负责人开展防汛防台专题培训，参训400多人。

【森林防火】 2022年，杭州高新区（滨江）抓好火源管控，在春节、清明、“五一”国际劳动节、夏季高温等重要时期，在主要入山口设立临时检查站，派出检查组140多个、1200多人次，出动宣传巡查车辆110多辆次，制止游客吸烟、野外烧烤等行为18起，发现消防水箱内水枪头开裂、部分蓄水桶水量不足等问题隐患4处，均已整改到位。开展防火宣传，增添防火宣传横幅、标语20幅，新增和修复防火宣传牌40块，发送森林防火短信提醒，覆盖区内50万余人次。制发“禁火令”，在区内各进山入口设置“禁火令”告知牌40块，增强居民防火意识。强化防火基础，配足配齐交通和通信工具、扑火机具、防护用具等装备，组织开展2次森林防灭火演练，13支森林防灭火队伍、90多人参与。

（江志平）

2022年4月28日，区综合行政执法局与区应急管理局联合开展下穿隧道防汛排涝应急演练　（区综合行政执法局　供图）

【防潮安全活动】 2022年，区综合行政执法局落实潮前潮后各1小时的巡查管护，共劝导下堤人员190批次、793人。开展防潮安全检查，对防潮设施设备、风险点、在建工地、防潮人员装备等进行检查，与沿江在建工地签订责任状。开展进学校、进工地、进社区等形式的宣传教育活动，参加1000多人，发放防潮安全宣传手册2000多份、防潮宣传物品1000多份。参加钱塘江滨江区段2022年度杭州市钱塘江水域管理暨防潮安全综合演练行动，为防潮工作在突发情况下的组织指挥、应急响应、抢险施救积累实战经验。

（陆　剑）

【气象防灾减灾】 2022年4月4日，杭州市气象局通报2022年度城区气象工作考核结果，区综合行政执法局获评“特别优秀单位”。区综合行政执法局结合滨江数智治水系统建设工作，把杭州市气象台降雨预报、未来24小时预报、七天预报、

2022年6月13日，区综合行政执法局工作人员在杭州市钱塘实验小学时代校区开展防潮安全主题教育活动　　（区综合行政执法局　供图）

雷达图、卫星云图、台风路径和各类气象水文观测站数据直接接入系统，通过数据建模分析出区内可能会出现的各类灾情，提升各类灾害的应急反应能力。区综合行政执法局组织开展各种形式的气象防灾宣传活动，修订发布《杭州市滨江区气象灾害预警应急预案》，完成6个社区气象标准化社区创建工作，指导协助各街道社区做好气象防灾减灾工作，转发各类气象灾害预警信息99条次。全年新建16处气象温雨观测站和1处气象全要素观测站。

（区志编研室）

【防汛排涝水泵采购】 2022年4月20日，区综合行政执法局投入资金348.88万元，采购防汛排涝水泵20台。其中：195立方米排水量水泵10台，550立方米排水量水泵10台，新增排水量达到每小时7450立方米，于6月17日验收交付使用。两款水泵具备性能优异、操作方便、排水量大等特点，使区综合行政执法局总体应急排涝能力提高至每小时2.13万立方米，提高滨江区防汛应急抢险处置能力。

【海塘运行管理】 2022年5月，区综合行政执法局对辖区16.5千米海塘进行人工拉网式普查，发现不同程度的散白蚁危害，完成安全处置。至年底，开展海塘汛前、汛中、汛后、台风特别检查，安全生产大检查，堤塘防汛隐患专项巡查，排查共出动188人次，保障堤塘正常运行。

（陆　剑）

【防汛排涝泵车采购】 2022年7月5日，区综合行政执法局投入资金199万元，采购高扬程、大功率、多功能、综合性的排涝泵车1台，于8月29日交付使用，主要用于隧道积水应急处置，加强隧道、下穿、地下广场、深基坑等积水应急处理能力，可排除抢险人员涉水抢险的安全隐患，提高排水抢险工作效率。全年新增采购防汛排涝设备21台（辆），新增总排水量每小时1.15万立方米。

（黄汉刚）

消防救援

【概况】 2022年，杭州高新区（滨江）接警出动1059次，出动车辆2264辆次、出动人员1.37万人次，抢救被困人员39人。其中火警235起（办理调查火灾64起）、抢险救援508起、社会救助及其他出动316起。办理公众聚集场所开业前消防安全检查191家次，检查单位4416家次，办理行政处罚案289起，临时查封49处，责令“三停”59家、协同公安办理拘留6人。在浙江中医药大学、杭州医学院等5所高校设立“消防员招录工作站”。

【消防管理】 2022年，区消防救援大队开展除险保安、消防安全大排查大整治行动暨五大行动、消防安全百日攻坚等整治。牵头召开协商、推进会议11次，制定整治方案15个。印发督办通报17期，建议函、告知函13份。组织召开培训会、警示约谈会17次，约谈单位351家。推动行业部门常态化开展风险研判、自查检查落实监管职责，开展行业系统领域内检查、联合检查135次。依托"浙里办"消防自主管理系统推进大型综合体、工业企业、危险化学品、人员密集场所等重点行业领域657家单位实施系统全流程监管。对登高场地覆绿、消防设施损坏的高风险小区、重大火灾隐患单位，会同区住建局、公安滨江分局、区综合行政执法局、街道，通过召开专题会、协调会、明确问题清单、责任清单、整改清单等措施推进整治。全年未发生人员伤亡火灾。

【微型消防站建设】 2022年，区消防救援大队把消防安全整治纳入11个老旧小区提升改造、3个城郊接合部整治区域治理。区人力社保局、区财政局、区消防救援大队等部门招录增补微型消防站队员53人；建设区域性微型消防站27个，发挥社区微型消防站"消防安全巡查队、灭火救援先遣队、消防知识宣传队"的"三队合一"作用，完成线上、线下拉动演练2000多次，5000人次参与，提升微型消防站快速反应能力。

【消防宣传新模式】 2022年，区消防救援大队创新消防宣传模式，利用辖区动漫资源，制作《穿越高层火险》《油锅起火的"非"逃生指南》《电动车失火案》《沿街商铺的那些隐患》《旅途中的"担忧"》5部"蓝宝"求生小分队系列消防安全卡通宣传片，在中国国际动漫节上展播，并刻盘发放至全区中小学、幼儿园。设计制作消防文创纪念品，以文化浸润与感染的方式，传递滨江消防特色，相继推出"蓝滨宝"玩偶、"蓝滨宝"晴雨伞、潮流帆布袋、消防手绘钥匙扣等文创产品，形成浓厚宣教氛围；结合"全区消防安全大宣传大演练大排查"活动，组织消防演练200多场，参与人数2.8万人；结合"平安三率"、文明城市测评活动，发动网格员、社区宣传大使等基层力量，发放宣传资料5万余份。针对"老弱病残""鳏寡孤独"等弱势群体，开展"敲门守护"行动400多次，帮助排查家庭用火用气用电等隐患。结合重点岗位人员培训，分4批完成466名网格员、212名微型消防站队员业务培训和考核，分6批完成800多名单位责任人、管理人，200多家企业负责人培训。依托消防宣传科普教育馆、消防站、小程序培训预约等，推行"警示式""普及式""入户式""体验式"等开放式消防宣传模式，完成线下培训70多场次，培训6000多人次。

2022年9月16日，杭州高新区（滨江）开展"喜迎亚运、共建平安"全民消防安全大宣传大演练大排查活动　　（区消防救援大队　供图）

【水域救援实战演练】 2022年4月24日，区消防救援大队与市级水域救援队及站级水域救援队在白马湖开展水域救援拉动，共6支队伍50多人参与。活动邀请市消防救援支队作战训练处负责人授课，课程围绕水域救援装备性能、维护保养、注意事项、水域救援的方式方法，讲解水域救援灾害事故处置中的水域救援理念、救援技术、防护措施和施救措施等知识。各个站队根据各自的项目依次开展拉动，区消防救援大队长河站重点利用抛投器定点投送、翻越障碍活饵救援等实操科目进行训练。

（孙涵艳）

街 道

西兴街道

【概况】 至2022年底，西兴街道辖19个社区，其中撤村建居社区8个、城市社区11个，划分网格142个（居民网格120个，专属网格22个）、微网格1093个。街道常住人口106746人，流动人口109011人，实有人口215757人。2022年，出生935人，其中男性468人、女性467人，性别比100.21（以女性为100），死亡266人。

2022年，西兴街道财政总收入7.68亿元，比上年增长24.72%；一般公共预算收入3.84亿元，增长50.03%。街属企业工业总产值302.02亿元，增长10.66%；工业销售产值299.34亿元，增长10%；出口交货值8.36亿元，增长11.17%；服务业营业收入146.13亿元，增长23.57%；贸易业零售额36.23亿元，增长15.13%。西兴街道新设企业3573家，迁移净值企业176家。新增上市后备企业7家、省级科技企业孵化器（江晖大厦金地汇孵化器、电魂大厦电魂智能创意孵化器）2家。通过省专家评审新认定国家高新技术企业76家，杭州高新区（滨江）“瞪羚企业”52家。推动2家传统企业园区提升改造。3个三产留用地开发项目在建，2个项目在进行前期工作。

西兴街道耕地总面积144.73公顷，围垦可耕地面积为133.87公顷，“五万二千亩围垦”10.87公顷，森林面积0.67公顷。全年种植小麦18.67公顷，水稻65公顷，毛豆5公顷，复种蔬菜69.33公顷。收获小麦14万千克，早晚稻87.75万千克。兑现粮食补贴资金70万元。完成公共区域市政绿化设施维护3500处，完成滨康路与金城路区界3000平方米绿化提升改造。

西兴街道形成“一体两翼三联动”行政执法总体布局，受理（非）警务类警情1.08万起，非警务类出警处置4807起；出动综合执法队力量252人次，对285处企业商户开展“综合查一次”行动65次；开展“全覆盖、地毯式”大检查行动，排查企业单位1580家，发现安全生产重点领域、重点场所、重大安全隐患问题14处，形成问题清单164个，均及时闭环；开展安全生产专题培训会20场，培训1200人次，发放各类宣传手册1.8万份。

西兴街道组建31支900多人的文体队伍，开展“送文化进万家”行动、送戏进社区进企业等文化活动13场，参与人数6500人。开展“古韵西兴、共享亚运”全民健身系列活动12场，参与群众1800人。完成580人国民体质监测。新建省级城市书房电魂文化空间1个，西陵、襄七房、金东方城市书房3个，新建马湖百姓健身房1个，建设“15分钟品质文化生活圈”5个。成立西陵、襄七房社区特色社会工作室，培育西兴街道责任居民志愿者团体7支，注册完成备案类社会团队357家，开展精细化便民服务活动485场，惠及社区居民1.3万人次。

西兴街道获评浙江省忠实践行“八八战略”奋力打造“重要窗口”立功竞赛先进集体、省级社区治理与服务创新实验区评估优秀单位、浙江省数字生活新服务特色镇。西兴老街入选浙江省诗路精品旅游线路名单、省级“优秀解码项目”，西陵津渡入选首批“浙江文化标识”培育项目。缤纷未来社区获评浙江省首批未来社区、首批浙江省人大践行全过程人民民主基层单元培育对象，社区“共享法庭”入选杭州市中级人民法院公布的全市首批示范“共享法庭”名单。滨和社区入选浙江省第五批未来社区创建名单，成功创建省级综合减灾示范社区，获评杭州市“书香社区”。星民社区获评杭州市撤村建居社区示范点，红星社会工作室获评全市首批“百强社区特色社会工作室”。星民社区、七甲闸社区获评“浙江省无障碍社区”。新州社区退役军人服务站、襄七房社区退役军人服务站入选全省“新时代枫桥式”退役军人服务中心（站）。官河社区、奥体社区（旧改类）入选杭州市未来社区创建名单，官河社区爱心驿家入选“最美工会户外劳动者服务站点”名单。

【西兴街道安置小区整治】2022年，西兴街道启动迎春小区、迎春东苑、迎春北苑、迎春南苑、湘云雅苑5个小区6个标段的综合整治提升改造工作，涉及面积90多万平方米。完成安置小区多层住宅电梯加装133台，完成率121%，10个安置房小区实现加梯全覆盖。白马湖小区白鹤苑、缤纷北苑小区整体加装电梯项目获评杭州市“最美加梯项目”，缤纷北苑入选2022年杭州市老旧小区综合改造提升改造最佳案例，白鹤苑入选典型案例。

【西兴街道回迁安置】2022年，西兴街道围绕“亚运主场·蝶变西兴”八大攻坚战之“收购安置攻坚战”，成立工作专班，落实专人联系制度和社区项目进度月报制，集中全街存量房源，推动各社区联合安置，于8月31日完成2022年回迁预安置工作；11月16日完成首轮扩面安置选房工作，共涉及协同社区、共联社区、七甲闸社区、星民社区、庙后王社区、襄七房社区6个社区、10个安置房小区，成功选房157套。全年完成安置942套，其中预安置694套。

【西兴街道便民设施建设】2022年，西兴街道新建青年路、入城口、假山畈、施家弄、滨安路5个口袋公园。提升改造公厕3座、垃圾房3座。对管理的12个停车场，886个车位设置错峰泊车位50个、专用爱心泊车位22个、探望老人免费停车位12个，提供亲情车辆免费泊车426次，设置核酸检测配套消毒车位20个，优惠或减免停车56辆，减免停车费7886元。完成西兴街道党群服务中心、17个社区党群服务中心、2个综合体、2个酒店、3条道路的无障碍设施项目整改。

【西兴街道垃圾分类】2022年，西兴街道联合第三方巡查垃圾分类工作360次，月均走访企业150家，联合西兴城管中队对企业开展联合执法工作3次，提升改建集置点2个、投放点16个，申报创建区星级集置点9个、区星级投放点62个、区星级再生资源点5个，3个小区、单位登上市红榜，21个小区、单位企业登上区红榜，申报并完成1个省级高标准分类示范小区、5个省级分类示范预备小区验收。开展垃圾分类宣传培训活动150场，宣传报道发布在国家级媒体20篇、省级媒体87篇、市级媒体30篇，实现辖区内宣传全覆盖。西兴街道推进垃圾分类处置协商活动案例入选全市政协系统“民生议事堂”100个优秀协商案例。

【公共消防安全保障】2022年，西兴街道与社会单位签订《消防安全责任告知书》2082份，系统排查直播公司104家、快递物流场所43家、商铺1432家，督促整改消防隐患568处。开展消防安全逃生演练190场，参与1.85万人。完成马湖社区33套、西兴社区6套、襄七房社区40套、庙后王社区8套、七甲闸社区48套、星民社区14套、协同社区98套、共联社区41套，共288套电梯梯阻安装，实现辖区电梯梯阻全覆盖。现场整改电动自行车违规充电问题1267处，新建电动自行车充电桩41处、1347口。

【西兴街道民生事业服务】2022年，西兴街道共开展居家养老“一对一”志愿服务435人次。为1529名80岁以上高龄老人发放高龄津贴106.78万元，为1554名80岁以上高龄老人发放重阳节慰问金31.08万元，为1020名80岁以上老人提供高龄普惠电子津贴服务，为1612名60岁以上老年人和30名失独老人办理意外伤害保险。8个社区照料中心被评为杭州市四星级居家养老服务照料中心，2个社区照料中心被评为杭州市三星级居家养老服务照料中心。发放残疾津贴45.2万元，残疾车主燃油补贴5.54万元；开展残疾人家庭高温送清凉活动，为每户残疾人家庭送1000元清凉慰问金。在册低保户71户84人，低保边缘户15户39人，特困户2户2人，困境儿童17人，发放各类补助金120.65万元。临时救助11人、金额3.2万元。开展第22次春风行动，捐款68.33万元。

【“诗路声音博物馆——西兴馆”项目】2022年，西兴街道联合浙江广播电视集团“浙江之声”，策划推出“诗路声音博物馆——西兴馆”数字文化项目，挖掘涉及西兴的经典诗词作品、典故传说、“非遗”文化等，立体化展示西兴作为浙东运河和浙东唐诗之路的起点，大运河、钱塘江与浙东运河的交汇点，诗路浙江连接地以及古越历史文化展示的重要文化地位。至年底，推出《西兴夜航船：转运之地》《西施入吴美人计》《杜甫壮游吴越地，枕戈尝胆忆勾践》《陆游北望，打过西兴去》《贺知章归乡，儿童相见不相识》5部原创声音微剧。

【缤纷未来社区无障碍环境建设】2022年5月，缤纷未来社区启动无障碍社区专项提升建设工作。在农贸市场、商铺门店等区域设置适合轮椅出行的斜坡道，配备无障碍标志以及轮椅停靠区域、固定设施等无障碍设施；打造“手语在线翻译系统”“智慧文宣系统”“无障碍语音播报系统”“无障碍盲文导览系统”等7个特色亮点工程。全年完成基础设施建设105处，提升信息无障碍设施28处。

【滨江银泰商业综合体开业】2022年9月24日，滨江银泰商业综合体开业。滨江银泰商业综合体是西兴街道协同社区、共联社区的村级三产留用地开发项目，集商务办公、百货等业态于一体，融合品质购物、休闲娱乐、社交体验等，引入300多家品牌商家，提供就业岗位1000多个，日均客流量3万人，带动月均消费5000万余元，实现“银泰生活圈”滨江模式。

【丹枫社区少工委成立】2022年9月27日，西兴街道丹枫社区少工委成立，是滨江区首个社区少工委。社区少工委的成立是拓展校外少先队事业发展，发挥少工委对青少年引领作用，创新少年儿童服务方式、探索少先队员参与社区服务新途径的尝试，培育学校教育、家庭教育、社区教育协同发展。街道、社区团组织发挥“全团带队”责任，加强对少先队的指导，学校加强“团教协作”，发挥社区少工委“双主任”的制度优势。

【西兴街道AED应急救护培训】2022年10月，西兴街道红十字会在街道党群服务中心、缤纷未来社区举办3场AED（自动体外除颤器）应急救护培训，共300多人参加。专业老师通过现场理论授课和实操演练的方式，重点对心肺复苏和AED设备的使用等内容进行培训，对参训工作人员进行“一对一”指导，指导参训人员掌握相关急救知识和设备的正确使用方法，提升参训人员对突发心肺骤停者的自救互救意识和技能，增强应急救护能力。至年底，西兴街道累计安装AED设备36台，其中辖区各园区企业10台、各社区26台。

【电魂自在里文化空间】2022年11月18日，省级城市书房电魂自在里文化空间（硅谷书房）建成并投入试运营。电魂自在里文化空间是公益性图书馆与复合型文化空间，集阅读学习、交流展示、咖啡馆、创意生活于一体，分阅读学习区、咖啡休闲区和文化展览区，面积超1200平方米，阅览座席60个，馆藏图书5万册，配备自助借还设备，实现杭州地区各公共图书馆通借通还服务。

【物联网、石门塘社区揭牌】 2022年12月16日，西兴街道物联网社区、石门塘社区揭牌。物联网社区东至风情大道，西至江陵路，南至月明路，北至江南大道，含明月江南1个住宅小区，常住人口6000多人，辖日均人流量20万人的物联网产业园，是滨江区深化“产城人融合”发展的实践要地。石门塘社区东至滨萧边界，西至西兴路，南至滨萧边界到滨康路，北至官河路。服务管理瑞立东方花城、时代滨江悦、龙湖天曜城3个住宅区及一个大型商业综合体滨康综合体（在建），以及西兴老街陈家弄区块。辖区有人口2758人，总户数1571户，划分网格3个。

（王小红　郑俏俏）

长河街道

【概况】 至2022年底，长河街道有社区21个，其中城市社区13个、撤村建居社区8个；设社区经济合作社12个。居民总户数28797户、常住总人口206373人，其中：户籍人口99917人，男性为49279人，女性为50638人；外来流动人口106456人。街道新出生1042人，其中男性552人、女性490人。

街道财政总收入10.06亿元，比上年下降34.1%；一般公共预算收入4.87亿元，下降48.2%。新设企业5372家，占全区新设数的33.5%。规模以上工业企业35家，规模以上工业总产值384.19亿元，工业增加值26.52亿元；规模以上服务业企业88家，营业收入110.62亿元；规模以上贸易业企业146家，营业收入451.70亿元，增长23.48%。街道共有固定资产投资项目12个，计划总投资12.6亿元，全年完成固定资产投资19.1亿元。推进传统工业园区提升改造，一期工业园区收购13家企业全部完成签约，腾房11家；二期工业园3家企业完成提升改造设计方案，持续推进方案初评等工作；三期工业园5家企业明确实施联合改造提升，深化方案设计。街道有围垦土地187.8公顷，街道本级土地为104.6公顷。全年共收小麦6万余千克、水稻36万千克。推进留用地项目建设，江一社区与浙江中南控股集团有限公司合作项目、江二华洲商务中心二期项目和江三统筹开发项目开工建设，江一社区与浙江中赢控股集团有限公司合作开发项目、江二潮上中南银座和长一社区与杭州恒鼎建设集团有限公司合作开发的项目正报批，江一江三统筹开发、南六村、长一、江二长二、山一统筹开发5个项目前期筹备。

街道制定《落实全面从严治党主体责任工作清单》，开展11次理论学习，街道党工委与20个社区党组织、14名街道班子成员签订全面从严治党责任书。发挥长河革命历史纪念馆重要作用，接待团队135批次，服务3100人次。常态化推进“红色智联汇、数智新课堂”“红色智联汇、数智大讲堂”等党群服务活动，全年开展活动277场次，惠及党员群众2万余人次。

加快实施区、街民生实事工程。推进美好生活共同体建设，冠山社区服务综合体被评为杭州市首批示范性社区服务综合体，钱潮社区获杭州市第一届社区空间运营大赛一等奖，晶都、月明、长一3个社区美好生活共同体投入使用，6个社区美好生活共同体通过区级验收。推进既有多层住宅电梯加装，对春波小区、白马湖小区凤凰苑等8个小区开展小区综合整治提升工程。全年加梯共开工150台，其中98台正式开通，25台主体吊装完成，27台基础施工完成待吊装。做好安置小区物业提档升级，完成滨兴家园、江虹小区等7个小区的物业选聘和移交。完成江尚景苑等21个安置小区物业管理委员会的组建工作。发挥“物业考核”指挥棒作用，调整街道对物业考核机制，促进社区与物业和谐共进。加强过渡房、临时租赁房违规出租和违规使用专项整治，查出违规出租共493间，清退411间，维修125处，清运垃圾200多吨，更换灭火器、消防水带等设备1000多只。加快选房安置，完成安置、预安置5876套。新建长一社区卫生服务站并投入使用，筹建钱潮社区卫生服务站。落实社区助餐服务全覆盖工作，通过合作型助餐和配送型助餐模式，解决高龄、孤寡、独居、空巢老人吃饭难问题。冠山社区居家养老服务中心结合康养联合体建设，成为杭州市第一批老年认知障碍友好社区建设试点，长河街道被杭州市老龄委选树为杭州市敬老爱老助老示范街道。推进托育机构建设，建成春波和冠山两家公建民营托育中心，建成江三社区长江绿城托育园和成长驿站，成长驿站通过市级示范型验收。建成月明社区成长驿站和向日葵亲子小屋。开展60周岁以上老年人群流感疫苗接种工作，接种1.19万人，70周岁以上老年人流感疫苗接种针剂1800多针。

推进生态环保工作，开展餐饮油烟专项整治，对重点区域近600家餐饮店开展核排，开展大气污染“百日攻坚”，长效监管辖区范围内施工工地、道路扬尘及餐饮店铺等环保问题。街道举办8场线上招聘会，173家企业参加，推出岗位634个，招聘2395人。发布用工信息5000多条，助力企业招用工。全年发放各类退役军人资金补助198万元。编纂出版《长河》文化专著，全面启动《长河街道志》编纂工作。

长河街道文化站获评省级特级综合文化站，长河街道社会工作站入选杭州市首批十佳乡镇（街道）社会工作站，长河街道获评杭州市“最美敬老爱老助老示范街道（乡镇）”、市级“洁美杯”优胜街道，入选全省第二批低（零）碳乡镇（街道）试点创建单位。

【长河街道“助企开门红”行动】 2022年，长河街道健全企业服务、安商稳商工作机制，制定重点企业“亲清三访”工作计划，分层次安排对区内上市公司、国家高新技术企业、瞪羚企业、人才企业、文创企业及规模以上等重点企业进行全面走访。至年底，长河街道班子成员带队走访重点规模以上工业、服务业企业和30多个重点园区、268家四类规模以上企业、76家500万元以上税收企业及重点人才、文创企业，梳理汇总浙江康恩贝制药股份有限公司、杭州博世电动工具（中国）有限公司等企业在疫情期间的物流保障、政策申报、发展空间需求等问题建议300多条次并反馈解答；举办专题企业服务活动6场，惠及企业超过110家。

【长河街道未来社区建设】 2022年，长河街道持续推进未来社区建设。制定发布《“十四五”期间未来社区创建总体要求》《未来社区创建项目五年规划》，梳理形成“示范—创建—储备”三层梯队。至年底，冠山社区入选浙江省首批未来社区名单，全年接待省、市、区等参观指导团18批、250人次；钱潮、江三社区分别入选省级第四批、第六批未来社区创建名单；江二、晶都社区入选2022年度市级未来社区创建名单；江一、闻涛、中兴未来社区项目接受市级验收。冠山、江一、江三、中兴城镇社区服务场景入选首批省级共同富裕现代化基本单元“一老一小”服务场景名单。

【长河街道房屋拆迁收整】 2022年，长河街道组建工作专班，对剩余6户拆迁遗留户制定一户一方案，定期召开专题会议，推进清零工作，完成2户遗留户清腾工作。推进长二历史文化公园国有土地房屋收购工作，国有有证房屋17户签约腾房，无手续或手续不全房屋第一批次16户完成签约并腾房7户，7户集体世居房公示，完成安置资料审核4户，签约3户。杭州市财经职业学校南区块实施保护性进场，全部建筑物拆除，土地移交杭州高新技术产业开发区资产经营公司。山一农居SOHO收整指挥部分成4个工作组开展工作，完成农户丈量91户、签约68户、腾房55户，附房丈量103户、拆除83户。冠山微整治工作完成丈量4处并拆除，项目进场。拆除江三老村委过渡房、江三永久河过渡房共255户、548间。

【长河街道环境提升】 2022年，长河街道制定“五化十场景”城市环境品质提升行动方案及具体任务清单，召开专题会议，部署推进项目37个。成立市专班问题长效巡查小组，针对市专班综合问题、20条重点道路、亚运官方接待酒店周边环境、行业检查等督查检查工作，全面梳理问题清单，制定一点一方案，全过程整治销号。开展铁路沿线环境综合整治工作，对铁路沿线所有乱搭乱建、乱涂乱贴、毁绿种菜现象进行整治，清理蔬菜3万余平方米、垃圾及堆积物100多吨。拆除存量违建129处、1.12万平方米，拆除“美丽杭州”交办件7处、99平方米，拆除区移交街道立案查处件2处、110平方米，即查即拆10处、679平方米，拆除两路两侧违建14处、473平方米，拆除工棚4处、1.08万平方米。

【长河街道垃圾分类推进】 2022年，长河街道持续推进垃圾分类工作。完成铂金名筑省级垃圾分类示范小区创建和白金海岸、闻涛诚苑、警卫局公寓、春波小区、春波东苑5个市级垃圾分类示范小区创建，完成闻涛社区垃圾分类科普宣教基地提升改造，完成投放点改造6个，创建高标准点位25个，全年开展垃圾分类活动200多场、发放手册2万余册，入户宣传率90%以上。至年底，长河街道获登“美丽杭州”市优胜榜5次，获区洁美杯半年度优胜奖，在省级城镇“污水零直排区”建设技术规范业务培训视频会议上作经验交流。

【基层治理三人制工作法】 2022年，长河街道推进基层治理体系和治理能力建设，探索“三人小分队”模式充实基层治理组织体系。“三人小分队”即“一长二员”三人制，设置楼道为最小治理单元，配置楼道长、信息员和保障员各一名，解决基层服务力量不足问题，推进城市精细化管理。至年底，组建“一长二员”三人制队伍1028支，实现楼道（片区）全覆盖。长河街道钱潮社区的楼道“一长二员”三人制及融合型大社区大单元治理做法在全省城乡社区工作座谈会上作汇报发言。“一长二员”三人制工作法获省委书记和市委书记批示肯定、获评全国优秀党建案例。

【长河街道助残服务】 2022年，长河街道发放残疾人困难生活补贴45.75万元，残疾人护理补贴160.5万元。发放残疾人津贴84.46万元，残疾车燃油补贴11.47万元。完成667份一户多残、购买残疾车、残疾人职工养老保险和医疗保险参保、精神病服药和住院、助学、贷款贴息等残疾人半年救助补助金271.34万元。向残疾等级为三、四级的残疾人，发放城乡居民医保补贴11.27万元。发放残疾人高温慰问金7万元。为46户新增残疾人免费安装“数字电视和宽带”，为上一年的免费用户做好续缴费服务。发放各类残疾人康复辅助器材73件，完成无障碍和智能化家庭改造29户。组织残疾人参加杭州市第十一届残疾人运动会，获金牌1枚、银牌2枚、铜牌4枚。为6名下肢残疾人申请购买残疾车，为11名一级视力残疾人提供盲人定向行走培训。召开残疾人联合会第九次代表大会和街道残疾人专门协会第一次代表大会，选举产生新一届的主席团和执行理事会。完成残疾人一年一度的动态更新入户调查工作。

【长河街道护老扶困】 2022年，长河街道为662名老年人提供政府购买居家养老服务，核实1243名80周岁及以上老人高龄普惠电子津贴享受对象数据；为2006名80周岁以上老人发放高龄津贴141.5万元；做好辖区内孤寡、独居、空巢、高龄老人、困难家庭、优抚对象等特殊群体摸底工作；完成街道及社区居家养老照料中心的年度考核和资金补助申报工作，发放补助金288.6万元；做好重阳节慰问工作，发放各级慰问金128.08万元；为1.05万名农转非拆迁老人发放春节慰问金527.3万元；做好残疾人“两项补贴”发放工作，发放205.5万元；对142户困难家庭发放春风行动慰问金41.36万元。开展第22次“春风行动”捐款，全街道共募集善款50.72万元。完成低保户120户、低保边缘户25户的审核审批工作。发放低保、低保边缘家庭生活补助金178.01万元，困境儿童基本生活费41.53万元，特困金2.2万元。

【长河老街区块环境整治】 2022年1—9月，长河街道对长河老街区块环境进行综合整治。制定《环境整治工作方案》和《环境整治工作人员组织方案》，建立现场指挥部，集中办公。长河老街区块环境综合整治共78个点位，围绕优化区域形态、整治居住群体、提升环境绿化、改善交通配套4个方面，完成22处点位形态改造，拆除彩钢棚、违章搭建422平方米，整治卫生死角75处、垃圾堆点25处，取缔废品回收站19个、无证食品制作及流动烧烤点10个，整治出店经营商铺135家，规范餐饮企业油烟污染5家，完成景观小品5处，场地平整覆绿17处，治理槐河水质，环通水系，连通5个池塘与冠山河，引入活水，改造污水、电力、通信等管线1440米，修缮房屋49间、5256平方米，动态修复路面4903平方米，整治绿化1500平方米。长河老街整治项目在"老旧街巷提升"赛马活动中获全市第一名。

2022年8月18日，《长河》新书发布会举行　（长河街道　供图）

【历史文化书籍《长河》发布】 2022年8月18日，历史文化书籍《长河》新书发布会在长河历史街区举行，活动由区委宣传部、区文广旅体局、长河街道党工委及办事处联合主办。《长河》一书浓缩长河的历史、发展历程、古今人物的风貌与精神。创作团队在前期收集整理的39万字的材料基础上，历时2年多，经历3次集体采风、10多轮的修改、数次修改书名、拍摄2000多张照片、创作插画50多张，举行多次专家研究会，形成50万余字的书籍。区图书馆、杭州高新区（滨江）档案馆、网易蜗牛读书馆、钟书阁4家单位代表在发布会上接受赠书。

【长河街道社会治理中心投入使用】 2022年8月28日，长河街道社会治理中心投入使用。社会治理中心是一体化运行、一站式接待、一条龙调处、一揽子解决、一中心管理的社会治理服务平台，是集社会治理数据运行监测、社会治理事件处置、信访和矛盾纠纷化解、社会风险研判分析、重大应急管理指挥、监管执法协调指挥、基层社会治理、业务指导和督查考核等多项功能于一体的现代化社会治理共同体。社会治理中心发挥整合资源、协调指挥、预防风险、服务群众的作用，推进社会治理体系建设。

【长河街道"学习强国"学习平台知识竞赛】 2022年9月19日，长河街道举办"喜迎党的二十大、争做学习弄潮儿"2022年度"学习强国"学习平台知识竞赛，21个社区的参赛选手组成7支队伍参赛。竞赛设置个人必答题、团队抢答题、风险挑战题、加时赛观众互动等环节。竞赛内容涵盖中共十九大和十九届历次全会精神、党史、浙江省第十五次党代会精神、杭州市第十三次党代会精神、"学习强国"学习平台"挑战答题""每周答题""专项答题"部分题目。经角逐，分出一等奖1组、二等奖2组、三等奖4组。

【长河街道获评省五星级"残疾人之家"】 2022年12月9日，《浙江日报》公布省残联评定的浙江省五星级"残疾人之家"光荣榜，长河街道上榜。长河街道"残疾人之家"总占地面积2500平方米，建筑面积1622平方米，设置博学堂、聚鲜阁、德悦楼、匠心屋和如意坊5幢服务用房，开设文体活动室、辅助就业劳动室、康复训练室（生命驿站）等，为残疾人提供生活照料、康复训练、职业培训、文体活动、辅助性就业、心理疏导、情绪评估和社会适应能力训练等个性化服务。长河街道“残疾人之家”以“党建+助残”为服务特色，引进专业化社会服务组织，满足残疾人需求。

（张立元）

浦沿街道

【概况】 至2022年底，浦沿街道辖25个社区，其中9个撤村建居社区、16个城市社区，设25个社区居委会。街道总人口216651人，其中户籍人口115534人，在册流动人口99974人。2022年，街道实现财政总收入7.59亿元，地方一般公共预算收入4.26亿元，比上年分别增长2.53%、9.93%。各经合社全年总收入2.83亿元，其中经营性收入2.03亿元，增长8%。

统筹留用地开发布点调整，提出调整方案。东冠东瑞大厦、岩大房滨文商汇大厦、联庄海威领界大厦等项目交付。新生闻涛大厦主楼结顶。浦联社区完成股份制改革。街道推进大工委建设，实行社区大党委议事共商机制。街道173个网格均设立党支部或党小组，打造由专职网格员、兼职网格员、网格指导员、在职党员、志愿者等组成的网格治理共同体。社区布局优化，按照“大稳定、小调整”的要求，成立滨之、新和、伟业3个新社区并完成居委会选举。建立现代社区建设领导小组，推进彩虹社区现代社区示范点打造。

推进征迁交地，完成新浦老街国有土地房屋收购并拆除，实现国有土地房屋收购清零。整治浙赣铁路滨文区块，解决历史遗留问题。整治东冠新农村拆违，组建拆违攻坚专班，分5个工作小组，分类制定10个户型的拆违方案，整治539户。完成集体土地小产权房、国有土地房屋违建拆除。平整之江大桥周边及道路两侧闲置地块场地59万平方米。整治龙化西大门宿舍危房，按时完成48户住户搬迁，消除危房隐患。完成安置房分配9500套。推进亚运环境整治工作，实现亚运道路环境及立面整治。

推进民生工作。完成2800个电动自行车充电口安装，安置房小区加装电梯20台。推出定制公交专线。以美好生活共同体建设和数字化赋能为重点，推进全域未来社区建设，滨文、新浦社区入选杭州市首批未来社区，彩虹社区入选浙江省第二批共同富裕现代化养老服务场景，完成浦联、杨家墩、岩大房社区美好生活共同体建设，启用新浦社区美好生活共同体。街道级5项民生实事项目全部完成，建设人大代表联络站，新浦社区退役军人服务站获评浙江省“新时代枫桥式退役军人服务站”。托育机构——山秀景苑托育园和钱塘福苑托育园投入使用。彩虹、滨文、之江、新浦、西浦5个社区申报省级“15分钟品质文化生活圈”。完成浦沿街道第八届残联换届选举，成立首个街道残疾人协会。

开展安全大排查，检查各类商铺、工地、楼宇企业等场所2700家。开展平安巡防活动2015次，做到隐患排查常态化、长效化。创新工作方法，聘请专业机构参与督导企业安全生产整治工作。推进道路交通、消防安全隐患整治，整改道路隐患67处，整治违规充停电瓶车2.74万辆次。对11个安置小区的消防登高场地、消防通道统一规范划线；组织消防演练140次，参与演练人数2.04万人；推进住宅小区的消防隐患整改。抓好食品安全检查，完成3542家食品安全生产及流通企业包保任务。平安宣传活动开展395场，制作发放各类平安宣传资料26万份。全社会参与、全方位开展防范电信网络诈骗宣传，发案数和案损值分别下降41.51%和49.99%。“高教园区反邪教警示教育阵地”获评2022年度市级十佳警示教育阵（基）地。

浦沿街道获评杭州市洁美街道、浙江省“平安护航二十大”先进集体。浦沿街道消防站代表区参加2022年杭州市森林消防技能竞赛与实战演练，获优胜奖，大和热磁微型消防站获评2022年度杭州市先进微型消防站。5个小区获评“杭州市2022年度美好家园小区”。新浦社区入选省级“新时代枫

2022年6月，浦沿街道获评杭州市洁美街道。图为明德明理府安置小区
（浦沿街道　供图）

桥式退役军人服务中心（站）”名单。之江社区获评市“书香社区”。

【浦沿街道党群服务中心活动】 2022年，浦沿街道党群服务中心以群众需求为根本，深化“先锋、强基、共建、亲民、益养、悦学、善行”7个党群服务系列品牌，提升党群服务中心利用率及影响力。结合中国共产党第二十次全国代表大会召开，牵头组织线下“同声颂党恩·喜迎二十大”专题图片展、“追忆红色历史·喜迎二十大”红色电影专场、“献礼二十大·奋进新征程”红色音乐会；线上联合社区、学校开展“迎二十大·阅读的力量”征文活动，营造学习氛围。统筹辖区各类资源，制定“一老一小”服务菜单，通过开展暑期帮帮营公益夏令营、科学实验、非物质文化遗产传承、DIY手工坊等系列活动，助力服务提质增效。至年底，开展活动432场次，其中社团活动229场，惠及群众4万余人次，场馆人流量20万余人次。

【浦沿街道社会治理】 2022年，浦沿街道社会治理中心以“街道总指挥部+指挥中心小脑+处置力量手脚”的模式形成平战结合、快速响应、高效处置的社会治理运行体系。补齐“小脑”力量，指挥中心“小脑”确保每日“1正4副5协同”指挥体系开展协调指挥工作；建强“手脚”队伍，把原144个网格优化为173个网格并细化为914个微网格，配齐人员力量，定期开展集中培训、专业轮训、现场实训，用数字思维发现问题，用数据互联快速响应，用为民理念化解矛盾。至年底，累计处置基层智治综合应用事件7080起、“滨安码”事件590起、“110”联动事件4071起、警源治理类事件2844起。

【浦沿街道垃圾分类工作】 2022年，浦沿街道在垃圾分类全覆盖基础上，做实垃圾分类工作，完成1个省级高标准示范小区、5个省级高标准示范预备小区的验收，完成21家企业、店铺以及公共机构垃圾分类区级高标准示范点创建工作；创建85个区级垃圾分类设施星级点位；参与杭州市垃圾分类达人聘用、星级评定、宣讲等活动。全年开展主题培训36次，其他各类主题宣传活动近40场，市级以上媒体发布垃圾分类宣传报道120篇。依托城管执法介入，对垃圾分类不配合、不支持的企业或个人完成垃圾分类执法192件。

【浦沿街道防汛防台体系标准化建设】 2022年，浦沿街道出台《浦沿街道关于调整防汛防台抗旱指挥部成员及分工的通知》，对人员职责职能、防范区域（行业）进行明确。强化基层应急站所的建设，对25个社区按照省、市要求进行防汛防台标准化建设，对有条件的13个社区完成达标建设，配备防汛应急物资。新增应急设备物资60万余元，改建应急物资储备仓库及办公场所1200平方米，总投入400万余元。建立应急小组，以街道、社区、物业为基础，各社区以小区物业为单元结构成立应急小分队，防范区域定期巡查，确保群众生产、生活安全。

【浦沿街道违建处置】 2022年，浦沿街道启动违建整治。完成省委巡视违建整治，拆除东冠新农村537户违建2.6万平方米和25处集体小产权房2220平方米；整治45处国有土地性质企业违建2.7万平方米；拆除小产权房131处3480平方米；611处国有土地性质住宅违建拆除5处67平方米，完成606处现场调查取证，发放告知书45份。开展迎亚运“两路两侧”违法建筑专项整治行动，推进拆除铁路职工宿舍东、西两个区域违建，共排查违建14处2870平方米，完成点位整治35处。

【浦沿街道营商环境营造】 2022年，浦沿街道推进安商稳商和招商引资工作。挽留注册资金500万元以上企业91家、500万元以下企业73家，其中挽留区白名单企业29家；企业迁移净值428家，新设企业3301家。开展“助企开门红”重点企业走访活动，走访企业1170家次，收集企业反馈问题720个。以企业上下游合作为切入点，以企业服务驿站为平台，举办“大数据管理及云计算产业链对接会”“专精特新及瞪羚企业专项政策培训”等11场惠企活动，参与企业300多家；做好区助企纾困12条政策宣传和申报服务，对110多家企业进行申报培训、材料预审；帮助40多家企业兑现瞪羚政策共4292.83万元；帮助杭州瑞盟科技有限公司、亚科中心等21家企业（楼宇）“点对点”精准对接，促进产业链深度融合。

【浦沿街道未来社区建设】 2022年，浦沿街道推进共同富裕未来社区基本单元建设，按照分类开展、以点带面、整体提升的思路，以美好生活共同体建设和数字化赋能为重点，成立未来社区攻坚专班，整合力量，召开每周例会和专题协调会，跟踪各项目进度情况，破解推进难题；建立各项目任务分解表，每周进行进度晾晒，统筹推进全域未来社区高质量建设。至年底，新浦社区、滨文社区通过市级第一批验收，成为杭州市首批40个未来社区之一。

【浦沿街道就业服务】 2022年，浦沿街道推进就业服务工作。开展就业培训，利用街道内高职院校资源，与区定点培训机构联系，以培训促进就业，组织插花、美甲、美容、网络创业等主题培训3期，培训127人次，就业率80%以上。搭建就业平台，与辖区内正规职业介绍中介机构合作，实现高效定岗推荐；建立电子交流平台，组织、协助开展综合性招聘会帮助失业人员实现就业，为537名求职人员提供定岗推荐，实现再就业71人次，举办网络招聘会5场，提供岗位400多个，浏览6800人次。提供创业帮助，与辖区企业联系合作，为有创业意向失业人员提供免费创业培训并组织其参加创业项目展示会；联系银行对符合政策的创业人员进行小额贷款申请，全年帮助创业人员办理小额贷款49笔，贷款金额2980万元。

【彩虹社区养老服务场景】 2022年12月27日，浙江省城乡风貌整治提升工作专班办公室发布第二批共同富裕现代化基本单元“一老一小”服务场景名单，彩虹社区养老服务场景入选。彩虹未来社区养老服务场景包含照料中心和钱塘居家养老中心两大运营场地。照料中心设置志愿服务室、活动室、书画室和会议室等多功能模块。钱塘居家养老中心包含生活服务、康复护理服务、托养服务、家庭支持服务、社会工作和心理疏导服务及康复辅助器材租赁服务六大服务功能。

（陈睿妍）

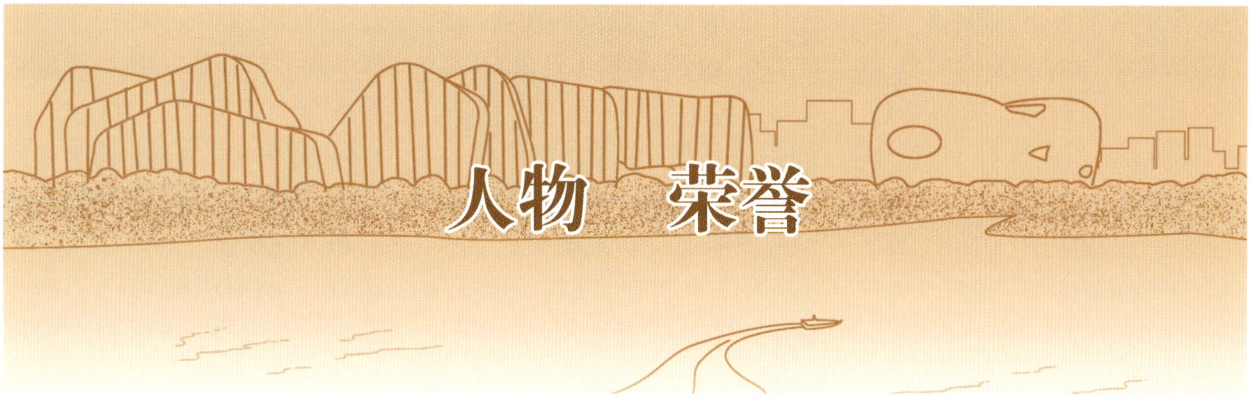

人物 荣誉

创新浙商

【吕明】 男，杭州尚健生物技术有限公司创始人、首席执行官。2002年本科毕业于浙江大学，2007年博士毕业于军事医学科学院。2007—2016年，于军事医学科学院基础医学研究所工作。2017年，创建杭州尚健生物技术有限公司，聚焦肿瘤领域开展创新抗体药物开发。吕明从事基因工程抗体研究20多年，主持研发10项创新抗体并进入临床研究，发表SCI论文30多篇，申请专利100多项。2014年研制的抗埃博拉抗体成功救治英国女兵，受到国家领导人表彰，入选埃博拉疫情防控先进个人名单。兼任中国药学会生物药品和质量研究专业委员会委员、中国医药生物技术协会单克隆抗体专业委员会委员、浙江省药学会生物制药专业委员会委员等职，获评“2018‘新创工程·亦麒麟’领军人才”“杭州市高层次人才”“2020年杭州年度创业人物”等。2022年12月22日，获颁由省科技厅指导、省广电集团主办的首届“创新浙商”。

【范渊】 男，杭州安恒信息技术股份有限公司董事长兼技术总工程师。毕业于美国加州州立大学，获计算机工程硕士学位。范渊作为负责人率领核心团队攻克多项网络安全防护存在的技术难题，牵头承担“国家发改委信息安全项”“科技部火炬计划项目”“科技部网络空间重点专项”等国家级、省市级科技计划项目50多项；申请发明专利1338件，获得授权发明专利540件；主导制订国家标准9项、行业标准7项、联盟标准4项。兼任国家信息安全标准化委员会委员、中国计算机学会计算机安全专委会常委、中国侨联特聘专家等职务。获中华国际科学交流基金会第三届杰出工程师青年奖、中国通信协会“网络与信息安全杰出人才奖”、2016中国互联网发展基金会首届“网络安全优秀人才奖”、第五届“中国侨界（创新人才）贡献奖”、首届“最美青年科技工作者”，浙江省杰出青年等称号。2022年12月22日，获颁由省科技厅指导、省广电集团主办的首届“创新浙商”。

（区志编研室）

浙江工匠

【谢志和】 男，浙江大华技术股份有限公司高级网络安全工程师，工业和信息化部认证信息安全工程师、高级信息安全管理工程师、CompTIA Security+认证专家、区级技能大师工作室领办人，网络与信息安全管理员二级（技师）。谢志和在2021年杭州市区域性网络与信息安全管理员（网络安全管理员）职业技能竞赛中获一等奖，被授予“杭州市技术能手”称号。在工作期间，挖掘原创漏洞并向中国国家信息安全漏洞共享平台（CNVD）和中国国家信息安全漏洞库（CNNVD）提报，个人提报漏洞数超过50个，获中国国家信息安全漏洞共享平台颁发的原创漏洞证书，连续2年带领团队获得“CNVD漏洞应急工作突出单位”称号。热心于传帮带，助力部门多名人员提升技能等级。2022年10月，省人力资源和社会保障厅、省总工会联合发文公布2022年“浙江工匠”培养人员名单，谢志和入选。

【高昌盛】 男，杭州安恒车联网安全技术有限公司天问实验室主任，第46届世界技能大赛网络安全项目国家集训队队员、工业和信息化部“车联网漏洞分析专家组”专家，网络与信息安全管理员一级（高级技师）。高昌盛在2020年全国第一届职业技能大赛网络安全项目中获优胜奖，被授予“江苏省技术能手”称号。曾获极棒国际网络安全极客大赛年度卓越极客、2021智能网联汽车安全测评技能大赛汽车破解悬赏赛一等奖、2021年全国电信和互联网行业网络安全管理职业技能竞赛一等奖、2021年浙江省第二届工业控制网络安全技能大赛一等奖等奖项。著有《网络安全Java代码审计实战》《网络安全攻防技术实战》等书籍。2022年10月，省人力资源和社会保障厅、省总工会联合发文公布2022年“浙江工匠”培养人员名单，高昌盛入选。

【贾磊】 女，杭州艺福堂茶业有限公司高级研发工程师，食品研发高级工程师、国家评茶员二级（技师）、国家公共营养师二级（技师），曾入选新时代浙江工匠培育工程第四层次“浙江青年工匠”培养项目，杭州高新区（滨江）第一批科普专家，杭州高新区（滨江）职业技能带头人。贾磊在2020年杭州评茶员职业技能竞赛中获第一名，被授予“杭州市技术能手”称号。主持或参与企业内部科研项目10多项，申请发明专利5项，授权发明专利2项、实用新型2项，国内核心杂志发表文章1篇，开发新产品30多款，开发的新产品销售额累计6000万余元。2022年10月，省人力资源和社会保障厅、省总工会联合发文公布2022年“浙江工匠”培养人员名单，贾磊入选。

（孔潇若）

杭州市劳动模范

【陶剑琴】 女，网易集团常务副总裁，负责集团管理工作，杭州市第十二届政协委员、滨江区第二届政协常委，获浙江省“三八红旗手”、杭州市C类人才等称号。陶剑琴组建网易“共富专项小组”，统筹网易在产业、传播、数字化等方面资源，布局人才培养、产业培育等，助力共富事业。牵头成立“网易疫情防控小组”，设立新冠疫情专项防控基金。网易慈善基金会累计向杭州、宁波等地捐献抗疫资金8000万元，为浙江、湖北等地捐赠紧急物资价值1000万余元。践行公益事业，启动网易公益“一块屏”和“小蜗牛读书馆”活动，组织网易慈善基金会为河南、山西自然灾害捐赠7000万元以帮助其灾后重建，向杭州见义勇为基金会捐赠300万元。2022年4月26日，在杭州市庆祝“五一”国际劳动节暨劳模表彰大会上获评“杭州市劳动模范”。

【俞飞】 男，杭州萧宏建设环境集团有限公司总经理，杭州市五一劳动奖章获得者、杭州市市政行业协会“科技创新企业领导人”。俞飞深耕主业，助力企业在地铁、桥梁、隧道、管廊、水厂等领域多点开拓，年承接业务100亿余元，工程获“鲁班奖”“大禹奖”“钱江杯”等称号，企业获“中国建筑行业500强”“全国优秀施工企业”“浙江省建筑强企”等称号，被认定为“国家高新技术企业”。主持对衢州市交通建设集团的收购，推动创新驱动战略，企业获数十项工法、专利，保障员工权益，推动绿色施工。集团成立迎亚运专班，企业承建近30项迎亚运道路工程，带领员工项目攻坚。践行责任，助力共同富裕，带领企业公益捐赠600万余元。抓好常态化疫情防控，捐赠防疫物资100万元。关注民生，作为区政协常委，履职尽责。2022年4月26日，在杭州市庆祝“五一”国际劳动节暨劳模表彰大会上获评“杭州市劳动模范”。

【来江飞】 男，杭州高新区（滨江）教育局党委书记、局长，浙江省第23届“春蚕奖”获得者、杭州市优秀教师。来江飞推进基础教育优质均衡发展。重抓党建工作，在新冠疫情防控中下沉社区，指挥5600人次投入一线。设计落地全省首家中小学党史教育基地。聚焦主责主业，有开放、创新、包容的教育视野。在全国首推“通学路”，推进家校社协同育人机制。重视有教无类基础上的企业人才子女入学工作，率先落地产业园区嵌入式幼儿园。全省首推“每天一节体育课”，“三位一体”校园足球工作机制等。开发教育服务小程序，推动校园开放应用场景上架“浙里办”。担任校园建设项目前期办组长，协调部门力量，加快校园建设。聚焦共同富裕，实施新名校集团化行动，提升教育满意度。2022年4月26日，在杭州市庆祝“五一”国际劳动节暨劳模表彰大会上获评“杭州市劳动模范”。

【陈梦萍】 女，浙江吉利控股集团汽车销售有限公司精品运营经理，吉利第二支部委员会书记，销售公司工会秘书长。陈梦萍组织党员开展党建活动，多次被评为浙江吉利控股集团“优秀共产党员”。加入浙江吉利控股集团汽车销售有限公司10年，从最基层的电话销售支持成长为精品运营经理。率领销售小组走访28个省的135家经销商，协助解决销售中遇到的困难和诉求。拓展新业务渠道，完成微信、京东、抖音平台官方销售渠道的建设，通过短视频和抖音直播带货，提升销售额。为公司员工谋福利，协助落实公司员工申请住房，申请医疗补助等相关福利政策。倡议设立员工关爱日，投入员工关爱活动。2022年4月26日，在杭州市庆祝“五一”国际劳动节暨劳模表彰大会上获评“杭州市劳动模范”。

【汤颂阳】 男，杭州市公安局滨江分局高新派出所所长，2020年立个人二等功1次，获评全省“最美浙警”，2021年获评“最美杭州人”——十佳来杭创业创新青年、平安杭州建设先进个人。汤颂阳坚持中国共产党对公安工作的绝对领导，抓集中学习和每月固定党日，带头参加理论学习、自我剖析、整改落实，提升队伍思想作风建设。带队扫掉4个套路贷恶势力犯罪集团，打掉全市首个“714高炮式”网络放贷团伙；探索打击手段，侦破“11·18”特大跨境电信网络诈骗案和“10·8”全市首个博彩类“杀猪盘”跨境电信网络诈骗案。把“发案少，秩序好，社会稳定，群众满意”作为目标，辖区发案量持续下降，群众满意度提高。2022年4月26日，在杭州市庆祝“五一”国际劳动节暨劳模表彰大会上获评“杭州市劳动模范”。

【孙一飞】 男，浙江宇视科技有限公司研究开发部高级工程师，曾获“浙江省科学技术进步二等奖”，2021年度省重点研发计划项目主要负责人、2019年国家重点研发计划项目参与人。孙一飞组建攻关团队，开发多种测温门禁产品，组成不同方案适应100多种场景；研发支持多个语种、海外版本，定制近百个海外需求产品，助力企业科技抗疫，产品获“数字抗疫创新奖”；两年内为公司新增10亿余元销售额。带领研发团队攻克技术难点，完成对数百款半导体器件的替代备份，通过国产化替代降低欧美器件比例，保障生产。承担济南研究所研发团队建设，参与场地选址、安全体系建设、人员招聘各项工作，全年出差济南近40次，保障研究所如期投入使用。2022年4月26日，在杭州市庆祝“五一”国际劳动节暨劳模表彰大会上获评“杭州市劳动模范”。

【兰祥华】 女，杭州泰格医药中心监查部杭州区主管，获得5次公司优秀员工、6次团队贡献奖、7次优秀主管称号。兰祥华入职后参与100多项临床研究工作，带领团队负责250多家临床研究中心的进度和质量，所在团队多年超额完成业绩指标，近三年为公司创造价值数千万元。带教指导新同事开展工作，优化业务模块流程。助力10多个国内一类新药产品成功上市，包括治疗流感病毒的奥司他韦药品、治疗血友病的生物制品、治疗皮肤和软组织感染的药品，均为国内乃至全球首创。近2年参与在海外开展的新冠疫苗项目监查工作，加快新冠肺炎疫苗临床研究。带教和培养近百名临床研究监查员和项目管理人才。迎接12次国家药品监督管理局现场核查且通过。2022年4月26日，在杭州市庆祝“五一”国际劳动节暨劳模表彰大会上获评“杭州市劳动模范”。

【吴奕武】 男，杭州大和热磁电子有限公司真空事业部数车班长，杭州市五一劳动奖章获得者、杭州市职业技能带头人。吴奕武学习改进技术为公司创造效益。攻克深孔加工难题，在产品加工周期上每批加工时间缩短1周，每件部品加工时间从30分钟缩短至10分钟，效率提高200%，每年为公司节约费用20万元。两周内完成原有机械设备的工艺改进，推广应用到同类零件，产品的加工效率提高40%，每年为公司节约成本30万元。通过现场指导和课堂培训，传授员工加工经验，带教徒弟200多人，其中20多人成为机加工车间各个岗位的骨干，为公司发展做出贡献。2022年4月26日，在杭州市庆祝“五一”国际劳动节暨劳模表彰大会上获评“杭州市劳动模范”。

【周在福】 男，浙江众合科技股份有限公司硬件首席工程师，2020年杭州市高层次E类人才。周在福获授权专利22件，其中发明专利11件，实用新型11件。受理中专利7件，其中发明专利5件，实用新型2件。参与撰写团体标准规范5项，参与企业标准撰写8项。“基于安全计算机平台的现代有轨电车信号系统研究”获2019年度浙江省科学技术进步奖三等奖，“互联互通轨道交通CBTC系统”获2020年度浙江省科学技术进步奖三等奖，“轻型无人驾驶直升机自主飞行控制技术应用研究”获2004年国家科学技术进步奖二等奖。主持2022年浙江省“尖兵”项目——城轨数字化关键技术研究与系统开发及示范应用，聚焦轨道交通基础设施及列车车辆等领域的数字化及数字化管理问题，该项目完成高安全性的城轨列车状态数字化采集与逻辑控制的样机研发及测试。2022年4月26日，在杭州市庆祝“五一”国际劳动节暨劳模表彰大会上获评“杭州市劳动模范”。

【常峰】 男，浙江华为通信技术有限公司管理培训领域总监（行业东区总监），先后在人力资源部、行政与采购部、市场部管理培训领域等部门担任专家、专家管理者职位。常峰致力于数字化领导力培训，助力企业数字化转型背景下的高层领导力人才发展；以客户为中心，与客户对标交流；坚持言传身教，总结客户最关注的问题并形成7个交流材料，供团队成员学习与借鉴，培养项目团队和个人，为组织建设做出贡献。2022年4月26日，在杭州市庆祝“五一”国际劳动节暨劳模表彰大会上获评“杭州市劳动模范”。

【陈琛】 女，矽力杰半导体技术（杭州）有限公司高级设计经理，2009年进入矽力杰半导体技术（杭州）有限公司，从事芯片设计工作。陈琛设计10多款高功率密度、高效率、高性能电源管理芯片，销往国内外，2020—2021年销售额8亿余元。探索并攻克技术难关，运用创新电路，使其设计的芯片成为市场上同类中尺寸最小产品。陈琛和团队研制开发设计的高性能电源保护芯片，突破网络供电芯片设计技术，实现芯片低成本、高集成度和高功率密度，该项目申报杭州市科技进步奖；研发的高电压大电流多相直流电源转换器，为基建设施提供高品质的稳定电源输出及功能丰富的数字调节监测功能，该项目国内首创。2022年4月26日，在杭州市庆祝“五一”国际劳动节暨劳模表彰大会上获评“杭州市劳动模范”。

【罗晓鹏】 男，诺基亚通信系统技术（北京）有限公司浙江分公司软件研发技术经理、工程师，兼任公司工会主席。罗晓鹏曾获2021年诺基亚移动网络中国年度最具影响力技术成就奖、2020年度杭州市工会优秀工作者、2020年杭州市示范职工之家。任职期间，多次被评为优秀个人，所在班组（软件研发团队）获得先进集体称号。坚持以技术核心为本，交付高质量可靠产品。投身通信行业超20年，在技术支持、软件测试、软件研发岗位上持续贡献。关心关怀职工，助力企业发展，践行企业民主管理制度，与公司行政、人力资源部门建立长效的民主管理制度。2022年4月26日，在杭州市庆祝“五一”国际劳动节暨劳模表彰大会上获评“杭州市劳动模范”。

【孙芳】 女，杭州尚健生物技术有限公司资深工程师，多次获评公司级优秀员工。孙芳主导20多个生物大分子新药项目的生产细胞株开发，其中5个项目进入临床研究阶段或已获得临床研究批件。推进公司10多个重磅新药项目的生产细胞株开发，多个产品获批中国、美国临床研究，助力尚健生物抗体创新水平跻身国内第一梯队。改进工程细胞株构建平台，大幅提高生产效率，降低企业生产成本70%以上。工作中分享积累多年的研发经验，培养多名公司的专业技术骨干。在复工复产中起到模范带头作用，确保在研项目的按时推进，实现经手项目“零”延期。2022年4月26日，在杭州市庆祝“五一”国际劳动节暨劳模表彰大会上获评“杭州市劳动模范”。

【周华星】 男，杭州市滨江区浦沿街道公共服务办公室负责人，曾获2016年G20杭州峰会先进个人（省级）、2019年度优秀共产党员、2021年市新冠肺炎疫情防控表现突出个人等称号。周华星坚守疫情防控一线，700多天保持“5+2”“白+黑”的工作节奏，确保街道各项疫情防控工作落到实处。身兼多职，策划举办推进文化建设的各类活动，完善百姓健身房和社区多功能运动场、健身苑点等服务设施。开展富有普及性、娱乐性的“高新浦沿、喜迎亚运”的文化体育活动。2022年4月26日，在杭州市庆祝“五一”国际劳动节暨劳模表彰大会上获评“杭州市劳动模范”。

（孔潇若）

杭州工匠

【刘明】 男，浙江大华技术股份有限公司高级副总裁兼研发中心总裁，正高级工程师，浙江省重点实验室主任，浙大元宇宙联合创新中心主任。刘明自2006年入职浙江大华技术股份有限公司后一直专注于视觉智能相关领域的前沿技术研究，主要方向包括新一代类人感知技术、感知通信融合增强技术以及跨模态可靠通信技术等。工作期间主持国家发改委重大专项、工信部重大课题、省重点研发等7个重大科研项目，发表学术论文9篇（EI收录第一作者4篇），发明专利103项，参与制定5项行业和团体标准。相关科研成果获2022年浙江省科技进步奖二等奖、2021年CCSA（中国通信标准化协会）科学技术一等奖、2018年中国科协创新方法大赛全国一等奖等称号。2022年9月23日，刘明获评第六届“杭州工匠”。

【周迪】 男，浙江宇视科技有限公司研究院院长，教授级高级工程师。周迪坚守科研一线21年，为500多件（第一发明人300多件）授权国内外发明专利的发明人，专利转化成果被鉴定为总体国际领先，规模应用于G20杭州峰会、金砖国家峰会、博鳌亚洲论坛等重大峰会，所涉产品和方案遍及全球145个国家和地区，产生上百亿元的显著经济效益。主持完成多项国家、省、市的重大科研项目，主笔或参与多项国家和行业标准，获中国专利奖金奖（排名第一位）、浙江省科技进步奖一等奖等科技成果奖项。著有的行业经典工具书《网络的琴弦，玩转IP看监控》和创新科普《创新360，轻松挖掘你的创意》，获电子工业出版社长销图书奖。被授予浙江省人才计划科技创新领军、浙江省151重点资助层次人才、行业风云人物和浙江大学等高校兼职教授、硕博导师等称号。2022年9月23日，周迪获评第六届“杭州工匠”。

（孔潇若）

杭州市职业技能带头人

【刘志勇】 男，浙江中控技术股份有限公司技术总监，正高级工程师。刘志勇专注从事民族自主品牌工业自动化控制系统控制器、控制软件平台以及智能控制算法领域的技术与产品研发。作为核心技术骨干参与国产大规模联合控制系统的核心控制器产品研发，突破工业控制器软件可靠性关键技术；作为系统架构师主持开发面向石化行业的安全控制系统软件架构设计与产品研发，打破国外安全控制系统产品的垄断局面；主持面向工业控制应用的智能算法技术研发，助力工业生产企业智能化转型升级，实现生产效率提升。获得国家级行业科技进步奖一等奖2项、省发明专利金奖1项、省科技进步奖二等奖1项，获得发明专利授权18项。2022年5月，刘志勇被市总工会聘任为2022年“杭州市职业技能带头人”，聘期2年（2022年5月至2024年5月）。

【吴奕武】 男，杭州大和热磁电子有限公司真空事业部数车班长，杭州市五一劳动奖章获得者、杭州市职业技能带头人。吴奕武学习改进技术为公司创造效益。攻克深孔加工难题，在产品加工周期上每批加工时间缩短1周，每件部品加工时间从30分钟缩短至10分钟，效率提高200%，每年为公司节约费用20万元。两周内完成原有机械设备的工艺改进，推广应用到同类零件，产品的加工效率提高40%，每年为公司节约成本30万元。通过现场指导和课堂培训，传授员工加工经验，带教徒弟200多人，其中20多人成为机加工车间各个岗位的骨干，为公司发展做出贡献。2022年5月，吴奕武被市总工会聘任为2022年“杭州市职业技能带头人”，聘期2年（2022年5月至2024年5月）。

【冯伟峰】 男，浙江大华科技有限公司电子制造中级工程师。2020年，冯伟峰带领工程团队评估导入物联网设备管理系统，实现工厂设备数据互联互通和系统化维护点检报修功能。2021年带领团队建设7000平方米、21条SMT（表面组装技术）自动化线体的公司车间，导入AGV（自动导引运输车）智慧物流和自动化测试机柜，实现工装治具、原材料、单板自动配送和产品自动化测试等。2021年评估导入在线UV（紫外线）点胶机和波峰炉后AOI（自动光学检查）设备，大幅缩短生产交期和提升波峰线体自动化生产水平。带教徒弟获高一等级资格证书2人。2022年5月，冯伟峰被市总工会聘任为2022年“杭州市职业技能带头人”，聘期2年（2022年5月至2024年5月）。

【廖旭毅】 男，杭州热威电热科技股份有限公司维修电工技师。廖旭毅专注于螺柱焊机焊接歪斜技术改造，良品率从50%提升至98%。2020年，研究自动玻璃封口机，精确控制温度提升产品质量稳定性。2021年，研究全自动多功能铜法兰钎焊机，降低员工操作强度和技术要求。致力于电阻焊接技术和新焊接工艺的技术应用，开展专业技术讲座。开展激光焊机操作流程和维修技巧、全自动多头焊机操作和技巧等带教活动。带教徒弟获高一等级资格证书16人，其中高级工10人，技师2人，高级技师1人；本人及徒弟参加市级以上技能大赛1次，1人获市级前三名，1人获省级前5名。2022年5月，廖旭毅被市总工会聘任为2022年“杭州市职业技能带头人”，聘期2年（2022年5月至2024年5月）。

（孔潇若）

杭州“最美社工”

【赵静娜】 中共党员，滨江区西兴街道七甲闸社区专职社工。曾获滨江区垃圾分类先进工作者、“五水共治”护水标兵、西兴街道“十佳社工”等称号。赵静娜在城管工作中直面挑战和困难，为社区“美丽杭州”建设和垃圾分类工作走在全区前列做出贡献。在平凡的岗位上以实际行动做好本职工作。2022年11月，赵静娜获评2022年度杭州市“最美社工”。

【莫永伟】 中共党员，滨江区长河街道钱潮望涛社区党支部书记、筹建组组长，原钱潮社区党总支书记、居委会主任。曾获浙江省法纪教育基地“微感言”征集活动一等奖、杭州市社区空间运营大赛一等奖、杭州市新时代好党员等称号。莫永伟主导成立“省心e家”党建共建模式，主持打造全省首个儿童医务社工共建基地，疫情防控期间多方协调帮助外省重症儿童来杭州就医，探索试行先锋滨“一长二员”三人制机制，统筹推进未来社区服务场景建设，推动党群连心社区治理六大行动。2022年11月，莫永伟获评2022年度杭州市“最美社工”。

【来醉鎏】 中共党员，滨江区长河街道闻涛社区党委副书记。来醉鎏参加社区工作14年，熟悉精通社区各项条线工作，参与村社股份制改革、整村拆迁安置、新冠疫情防控、未来社区创建等重大社区工作。创新创优多项特色党建工作，助力社区党建引领基层治理；疫情防控中发挥自身特长，设计《滨江区新来杭、返杭人员分类管理操作办法》流程示意图获省领导批示，成为长河街道“闻涛模板”；网格管理建设中将条线工作与网格工作条块结合，使社区重点工作均取得突破和进展。2022年11月，来醉鎏获评2022年度杭州市“最美社工”。

【黄莹】 中共党员，滨江区浦沿街道彩虹社区党委书记、居委会主任。曾获杭州市首届魅力社工、社区工作领军人才等称号。黄莹自2008年入职社区以来，探索创新自治模式，打造“居民友爱，邻里和谐”的睦邻友好型社区。加强党组织引领作用，深化“七彩”党建品牌，通过特色党员个人工作室的试点推广，带动整个社区社会组织的发展，培育30多个各具特色的社区社会组织。2022年11月，黄莹获评2022年度杭州市“最美社工”。

（区志编研室）

优秀退伍军人

【唐佳和】 男，杭州市公安局滨江分局西兴派出所一级警长。从军18年，在武警部队先后立三等功4次。唐佳和退役从警后，牢记使命、忠诚履职，三次勇救他人，获得G20杭州峰会安保先进个人、全省综合治理先进个人、优秀公务员、杭州市优秀社区民警等荣誉，立三等功4次。2022年8月1日，获评滨江区2022年度“最美退役军人”。

【李杰】 男，浙江联能电子有限公司董事长，曾参与对越自卫反击战。李杰退役后创办的企业获国家高新技术企业、浙江省高新技术企业研发中心等称号，获衢州市最美退役军人创业奖。2020年，牵头成立企业退役军人服务站，定期组织开展退役军人优秀员工业务培训会，自筹资金带领战友赴中越边界祭扫牺牲老战友。2022年8月1日，获评滨江区2022年度“最美退役军人”。

【傅晓勇】 男，杭州市滨江区浦沿街道西浦社区党总支书记、居委会主任。傅晓勇从军三年，退役后从基层干起，在基层治理中发挥党组织的政治优势、组织优势、群众优势，主持各类改造工程，处理社区矛盾，落实社区疫情防控政策，获浙江省“万名好党员”“担当作为好支书”。2022年8月1日，获评滨江区2022年度“最美退役军人”。

【王立峰】 男，杭州市滨江区人力社保局办公室主任。王立峰从军22年，立三等功4次，获优秀共产党员1次。转业到滨江区劳动监察大队后，化解各类劳动纠纷1120起，为2000多名劳动者追讨工资230多万元；担任办公室主任后，统筹协调、加班加点。2022年8月1日，获评滨江区2022年度“最美退役军人”。

【黄勇】 男，杭州市滨江区市场监管局长河所所长。黄勇从军14年，立三等功2次。转业到区市场监管局后，负责“12315”信访、食品安全监督和经检稽查办案工作，获信访和市长公开电话工作先进个人、优秀公务员、全省药品稽查执法工作成绩突出个人、杭州市市场监管办案能手、最美市场监管人、全省打击传销工作先进个人、杭州市“服务保障G20杭州峰会先进个人”等荣誉。2022年8月1日，获评滨江区2022年度“最美退役军人”。

（区志编研室）

先进人物名录

2022年滨江区各部门（单位）获国家和部级先进个人名录

表34

序号	获奖单位	获奖人姓名	先进荣誉（称号）
1	九三学社杭州高新区（滨江）基层委员会	舒　军	九三学社中央委员会信息工作贡献奖
2	区市场监管局	孔　剑	全国首届市场监管抽检大比武全国赛团体二等奖
3	区卫健局	沈天仁	中国好医生
4	区退役军人事务局	郑梦雨	退役军人事务部信息宣传先进个人
5	团区委推荐	王　泽　叶雷鹏	全国优秀共青团员
6	区妇联推荐	刘朝玉家庭	全国五好家庭
7	浦沿街道	何春芳	全国残疾人专职委员知识竞赛冠军
8	浦沿街道	由　玥	全国第二届公共就业服务专项业务竞赛全国赛“星级基层就业服务人员”

（区志编研室）

2022年滨江区各部门（单位）获省级和省属部门先进个人名录

表35

序号	获奖单位	获奖人姓名	先进荣誉（称号）
1	区委办	来敏毓	2021—2022年全省党委系统信息工作优秀个人
2	区委办	张　烨	全省地方志先进工作者
3	区人大办	傅　瑛	2022年全省人大信息工作成绩突出个人
4	区府办	郑定伟	全省机关事务工作先进个人
5	区政协办	颜利飞	省政协联谊报社星级通讯员
6	区纪委监委	何国正	省纪委监委嘉奖
7	区委宣传部	顾　杭	2022年度浙江省知识产权保护工作成绩突出个人
8	区统战部（民宗局）	王连均	全省民族团结工作成绩突出个人
9	民盟杭州市滨江区基层委员会	张钰平	民盟浙江省委会2021-2022年度社会服务先进个人
10	九三学社杭州高新区（滨江）基层委员会	郑定伟	九三学社浙江省委员会优秀社务工作者
11	九三学社杭州高新区（滨江）基层委员会	舒　军　周明耀	九三学社浙江省委员会优秀社员
12	九三学社杭州高新区（滨江）基层委员会	舒　军　周明耀	九三学社浙江省委员会信息工作先进个人
13	九三学社杭州高新区（滨江）基层委员会	邱建龙	九三学社浙江省委员会社会服务工作先进个人
14	区委政法委（信访局、司法局）	王优良	平安护航党的二十大成绩突出个人

续表35

序号	获奖单位	获奖人姓名	先进荣誉（称号）
15	区委政法委（信访局、司法局）	彭继荣	全省司法行政系统2022年度“最美司法行政人”
16	区委政法委（信访局、司法局）	孔伟燕	2022年度“全省社区矫正工作成绩突出个人”
17	杭州市滨江区钱塘山水幼儿园	张　波	浙江省春蚕奖
18	杭州市江南实验学校	金明强	浙江省特级教师
19	区公安分局	汤颂阳	2022年全省优秀人民警察
20	区公安分局	郑海达	2022年全省优秀警务辅助人员
21	滨江交警大队	李玉涵	浙江省第十五次党代会安全保卫任务中成绩突出个人
22	滨江交警大队	孙　晨	浙江省公安厅春节疫情防控工作突出个人二等功
23	区人力社保局	房胜依	全省人社系统窗口单位业务技能练兵比武全省“岗位练兵明星”
24	区人力社保局	申　平	全省人社系统窗口单位业务技能练兵比武全省“岗位练兵明星”
25	区人力社保局	何　俊	浙江省人力资源和社会保障系统先进工作者
26	区住建局	吴大洪　吴敏捷	2022年度浙江省城乡风貌整治提升、未来社区、未来乡村和美丽城镇建设成绩突出个人
27	区住建局	徐军亮	2022年迎亚运重点道路建设立功竞赛先进个人
28	区住建局	黄长富	2022年度人防工作先进个人
29	区商务局	徐　灿	2022年度中国（浙江）自由贸易试验区优秀统计员
30	区商务局	林宸妤	2022年度中国（浙江）自由贸易试验区优秀通讯员
31	区商务局	陈　晔	年度促消费和批发零售业改造提升成绩突出个人
32	区市场监管局	孔　剑	浙江省市场监管安全保障成绩突出个人
33	区市场监管局	李　慧	全省疫情防控冷链食品物防工作先进个人
34	区市场监管局	裘连君	2022年度浙江省食品安全工作成绩突出个人
35	区市场监管局推荐	娄海滨	2022年度浙江省食品安全工作成绩突出个人
36	区卫健局	裘灶欣	浙江省“优秀家庭医生”
37	区卫健局	傅益华	浙江省“优秀乡村医生”
38	区疾病预防控制中心	朱　炜	浙江省抗击新冠肺炎疫情先进个人
39	生态环境滨江分局	王凯峰	2022年全域“无废城市”建设工作成绩突出个人
40	区妇联推荐	谢耀水　郑蓉芬	浙江省最美家庭
41	长河街道	来银屏	浙江省抗击新冠肺炎疫情先进个人
42	浦沿街道	王　洁	全省侨联系统抗击新冠肺炎疫情成绩突出个人
43	浙江大华技术股份有限公司	谢志和	“浙江工匠”
44	杭州安恒车联网安全技术有限公司	高昌盛	“浙江工匠”
45	杭州艺福堂茶业有限公司	贾　磊	“浙江工匠”
46	杭州大和热磁电子有限公司	何　腾	浙江省巾帼建功标兵

（区志编研室）

2022年滨江区各部门（单位）获市级先进个人名录

表36

序号	获奖单位	获奖人姓名	先进荣誉（称号）
1	区委办	甘立飞	2022年度全市党委系统信息工作优秀个人
2	区府办	陈诗沁	杭州市政务信息优秀信息员
3	区府办	任　炜	全市机关事务工作先进个人
4	区委宣传部	刘姿吟	2022助力泰顺革命老区乡村振兴先进个人
5	区委宣传部	王婧如	第十八届杭州市十大美德少年（新时代好少年）
6	区委宣传部推荐	吴礼丰	杭州好人
7	区委宣传部推荐	刘　飞	最美杭州人
8	民盟杭州市滨江区基层委员会	孙　颖	民盟杭州市委会2022年度反映社情民意工作先进个人
9	区委政法委（信访局、司法局）	项　庆	杭州市新时代好党员
10	区委政法委（信访局、司法局）	虞立建	全市司法行政系统2022年度“最美司法行政人”
11	区委政法委（信访局、司法局）	陈子娴	杭州市高质量推进“大综合一体化”综合行政执法改革工作个人嘉奖
12	区委政法委（信访局、司法局）	吴　颖	杭州市司法行政系统最美共产党员
13	区法院	郭丙丽	个人二等功
14	区法院	王　健　倪寿波	个人三等功
15	区法院	王　健	市“十佳”公务员
16	区法院	倪寿波	第三届“最美杭法人”
17	区检察院	田璟美	2022年度全国检察宣传先进个人
18	区发改局	雷　霆	杭州市共同富裕工作先进个人
19	区经信局	丁　柯	全省“亩均论英雄”改革工作先进个人
20	区经信局	黄书涛	2022年度中小微企业培育工作成绩突出个人
21	区经信局	叶松耸	杭州市产业链链长制推进工作成绩突出的个人给予行政奖励记个人三等功
22	区教育局	来江飞	杭州市劳动模范
23	杭州市滨江区白金海岸幼儿园	华　萍	杭州市教育改革创新（课改专项）年度校长
24	杭州市滨江区白金海岸幼儿园	华　萍	2022年杭州市优秀党支部书记
25	浙江省杭州浦沿中学	单萍丽	杭州市优秀班主任
26	浙江省杭州长河中学	易珍梅	杭州市优秀教师
27	杭州市滨江区钱江湾幼儿园	周　丽	杭州市教育系统优秀工会工作者
28	浙江省杭州长河中学	韩利红	杭州市教育系统优秀工会工作者
29	杭州市滨江区西兴幼儿园	罗福萍	2022年杭州市优秀教师
30	杭州市滨江区长河幼儿园	黄宋超	2022年杭州市优秀教师
31	杭州市西兴实验小学	余韩杰	杭州市优秀教育工作者
32	杭州市滨江区钱塘春晓幼儿园	苏　禁	2022年杭州市优秀教师

续表36

序号	获奖单位	获奖人姓名	先进荣誉（称号）
33	杭州市滨江区西兴幼儿园	何　立	杭州市教育系统工会积极分子
34	浙江省杭州西兴中学	许笑丽	杭州市优秀教师
35	杭州市丹枫实验小学	高伟华	杭州市优秀班主任
36	杭州市丹枫实验小学	陈建华	杭州市担当作为好支书
37	浙江省杭州高新实验学校	张　红	杭州市优秀教师
38	浙江省杭州高新实验学校	丰心砚	杭州市新时代好党员
39	浙江省杭州高新实验学校	邱东明	杭州市教育系统优秀积极工会分子
40	杭州市滨江实验小学	沈书珺	杭州市教坛新秀
41	浙江省杭州滨文中学	陈　琳	杭州市优秀教师
42	浙江省杭州滨文中学	潘　婷	杭州市优秀党支部书记
43	滨江区滨汇幼儿园	邱　玥	杭州市优秀教育工作者
44	官河锦庭幼儿园	陈海燕	杭州市新时代好党员
45	区公安分局	唐佳和	杭州市新时代好党员
46	区公安分局	胡　筱	全市优秀警嫂
47	区公安分局	桑　挺	“平安杭州”创建先进个人
48	区公安分局	刘　翔	个人二等功
49	区公安分局	李　斌　唐佳和 俞　韬　陈家栋 汪　晨　马旭光 封鑫翔　洪良健 谢　伟　俞杨涛 陈思瑶	个人三等功
50	区公安分局	唐佳和	2022杭州市公安机关“优秀军转民警
51	区公安分局	谷怀培	2022年度全市公安机关“优秀教育训练工作者”
52	滨江交警大队	陈　巍	杭州市政法工会系统2022年工会积极分子
53	滨江交警大队	徐高鹏	2022年度平安创建成绩突出个人
54	滨江交警大队	傅李罡	2022年度杭州市优秀共青团员
55	滨江交警大队	傅炜军	2021-2022年度杭州市公安局优秀共产党员
56	区民政局	贾胜军　杨　帆	第16届夏季残奥会和第十一届全国残运会上取得优异成绩的个人行政奖励
57	区民政局	来尧庆	2022年度杭州市“残疾人之家”好家长
58	区民政局	谭玉娇	2022年“最美杭州人——十佳残疾人”
59	区民政局	谭玉娇	2022年“杭州好人”
60	区人力社保局	章桂华	杭州市共同富裕工作先进个人
61	区人力社保局	王立峰	杭州市新时代好党员
62	区住建局	陆　远	杭州市新时代好党员

续表36

序号	获奖单位	获奖人姓名	先进荣誉（称号）
63	区市场监管局	高轶舟　黄　勇	杭州市新时代好党员
64	区综合行政执法局	黄　莹	杭州市新时代好党员
65	区综合行政执法局	章　磊	2022年度杭州市粮食生产和高标准农田水利建设工作行政奖励（水资源管理和节约用水个人嘉奖）
66	区综合行政执法局	章　磊	2022年度全面深化改革成绩突出个人
67	区综合行政执法局	胡　迪　徐灵炯 王余先	2022年度杭州市“大综合一体化”行政执法改革推进工作成绩突出个人
68	区卫健局	孙寅权	市“十佳公务员”
69	区卫健局	裘灶欣　傅益华	杭州市“优秀家庭医生”
70	区卫健局	黄　超	杭州市“优秀医师”
71	区卫健局	赵敏真	市政府民生实事工作成绩突出个人行政奖励
72	特别合作园管理局	李子强	杭州市经济稳进提质攻坚行动先进个人
73	特别合作园管理局	吴原骅	扩大有效投资推进重点项目建设 突出贡献个人
74	江北发展服务办公室	刘　峥	杭州市数字经济和制造业“双引擎”推进工作个人行政嘉奖
75	长河街道社区卫生服务中心	钭慧敏	杭州市担当作为好支书
76	西兴街道社区卫生服务中心	卢　炼　胡思源	杭州市新时代好党员
77	生态环境滨江分局	庞　晓	最美生态环境人
78	区审管办	蒋海锋	杭州市担当作为好支书
79	区文广旅体局	徐　建	杭州市文物工作成绩突出个人
80	特别合作园管理局	李子强	2022年度杭州市经济稳进提质攻坚行动先进个人
81	团区委推荐	王　欣	2022年度杭州市优秀共青团干部
82	团区委推荐	信　心　魏登华	2022年度杭州市优秀共青团员
83	区妇联推荐	金小君	杭州市三八红旗手
84	区妇联推荐(海康威视）	邵丽雯	杭州市三八红旗手
85	区妇联推荐（滨江区她视界创新助力发展中心）	杨　清	杭州市三八红旗手
86	团区委推荐	徐佳楠　许佳维 詹慧丽　俞利红 汤彩丽　余青姗 来　丹　李英杰	杭州市成绩突出少先队辅导员
87	团区委推荐	陈杨可　来昕雨 邹昕芮　董若言 杨逸可　谢艺航 俞辰玥　洪　藻 蒋锦逸	杭州市成绩突出少先队员

续表 36

序号	获奖单位	获奖人姓名	先进荣誉（称号）
88	区物联网产业园发展服务中心	韩幸明	杭州市经济稳进提质攻坚行动个人行政嘉奖
89	区物联网产业园发展服务中心	郭　卿	杭州市数字经济和制造业“双引擎”推进工作个人行政嘉奖
90	西兴街道	王小红	杭州市巾帼建功标兵称号
91	西兴街道	杨　华	杭州市关心下一代工作先进个人
92	西兴街道	王晓芳　郭艳捷	杭州市担当作为好支书
93	西兴街道	夏校良　来东红 江慧茹　陈小幸	杭州市新时代好党员
94	长河街道	徐晶晶	杭州市新时代好党员
95	长河街道	李丽琴	杭州市就业工作先进工作者
96	长河街道	来国芳　夏月红 徐海英	杭州市担当作为好支书
97	长河街道	傅幼刚　莫永伟 倪燕飞	杭州市新时代好党员
98	浦沿街道	何琦家庭	杭州市绿色家庭
99	浦沿街道	董小红家庭	杭州市“最美敬老爱老幸福家庭”
100	浦沿街道	周华星	杭州市劳动模范
101	浦沿街道	傅晓勇	杭州市“最美领头雁”
102	浦沿街道	来兴祥　傅晓勇	杭州市担当作为好支书
103	浦沿街道	何春芳	杭州市第五届“最美助残人”
104	浦沿街道	黄　莹	杭州市最美社工
105	浦沿街道	虞思琪	杭州市党委系统优秀信息员
106	浦沿街道	许　亮	杭州市乡村文化能人
107	浦沿街道	孙红燕	杭州市最美志愿者
108	浦沿街道	来灿恩　来萍萍 蔡华玲　周燕娜 来旭华	杭州市新时代好党员
109	浦沿街道	虞鸿刚　韩佳露	杭州市治保先进个人
110	浦沿街道	马　英	杭州市关心下一代工作先进个人
111	杭州滨江城建发展有限公司	吴海明	杭州市新时代好党员
112	新华三技术有限公司	于英涛	杭州市担当作为好支书
113	杭州安恒信息技术股份有限公司	张小孟	杭州市担当作为好支书
114	恒生电子股份有限公司	周　峰	杭州市担当作为好支书
115	浙江中易慧能科技有限公司	张尧青	杭州市担当作为好支书
116	兴兴公益发展中心	吴桂玲	杭州市新时代好党员

续表36

序号	获奖单位	获奖人姓名	先进荣誉（称号）
117	杭州兴耀控股集团有限公司	鲍雄亮	杭州市新时代好党员
118	杭州盛大科技园管理有限公司	章玲凤	杭州市新时代好党员
119	浙江中南建设集团装饰工程公司	范海峰	杭州市新时代好党员
120	杭州萧宏建设环境集团有限公司	童晓东	杭州市新时代好党员
121	杭州趣链科技有限公司	李　伟	杭州市新时代好党员
122	杭州优行科技有限公司	戴启文	杭州市新时代好党员
123	创业慧康科技股份有限公司	沈　健	杭州市新时代好党员
124	观澜网络（杭州）有限公司	毛蔚明	杭州市新时代好党员
125	独曜珠宝（杭州）有限公司	赖佳英	杭州市新时代好党员
126	网易集团	陶剑琴	杭州市劳动模范
127	杭州萧宏建设环境集团有限公司	俞　飞	杭州市劳动模范
128	浙江吉利控股集团汽车销售有限公司	陈梦萍	杭州市劳动模范
129	浙江宇视科技有限公司	孙一飞	杭州市劳动模范
130	杭州泰格医药	兰祥华	杭州市劳动模范
131	杭州大和热磁电子有限公司	吴奕武	杭州市劳动模范
132	浙江众合科技股份有限公司	周在福	杭州市劳动模范
133	浙江华为通信技术有限公司	常　峰	杭州市劳动模范
134	矽力杰半导体技术(杭州)有限公司	陈　琛	杭州市劳动模范
135	诺基亚通信系统技术（北京）有限公司浙江分公司	罗晓鹏	杭州市劳动模范
136	杭州尚健生物技术有限公司	孙　芳	杭州市劳动模范
137	浙江大华技术股份有限公司	刘　明	“杭州工匠”
138	浙江宇视科技有限公司	周　迪	“杭州工匠”
139	浙江中控技术股份有限公司	刘志勇	杭州市职业技能带头人
140	杭州大和热磁电子有限公司	吴奕武	杭州市职业技能带头人
141	浙江大华科技有限公司	冯伟峰	杭州市职业技能带头人
142	杭州热威电热科技股份有限公司	廖旭毅	杭州市职业技能带头人

（区志编研室）

先进集体名录

2022年滨江区各部门（单位）获国家和部级先进集体名录

表37

序号	获奖单位	先进荣誉（称号）
1	区检察院	全国检察宣传先进单位
2	区教育局杭州市滨江区长河幼儿园	全国足球特色幼儿园
3	区市场监管局	全国知识产权系统先进集体
4	区市场监管局	奥林匹克标志知识产权保护突出贡献集体
5	区工商联	2022年度全国“五好”标杆县级工商联
6	长河街道闻涛社区团支部	全国五四红旗团支部
7	浙江省第一水电建设集团股份有限公司	“工人先锋号”
8	浙江吉利控股集团有限公司	“和谐劳动关系创建示范企业”

（区志编研室）

2022年滨江区各部门（单位）获省级和省属部门先进集体名录

表38

序号	获奖单位	先进荣誉（称号）
1	区委办	2021—2022年全省党委系统信息工作优秀单位
2	区府办	省政府质量工作督察激励
3	区政协	2022年度全省政协宣传工作先进单位
4	民盟杭州市滨江区基层委	民盟浙江省委会2022年度十佳特色基层组织
5	民盟杭州市滨江区基层委	民盟浙江省委会2021—2022年度社会服务工作先进集体
6	区委政法委（信访局、司法局）	全省平安护航党的二十大成绩突出集体
7	区委政法委（信访局、司法局）	2022年全省无信访积案县（市、区）
8	区委政法委（信访局、司法局）	2022年度浙江省司法行政系统数字化改革工作成绩突出集体
9	白马湖人民法庭	2022年浙江省知识产权保护工作成绩突出集体
10	区经信局	2022年度全省经信系统工作目标责任制考核评价县（市、区）先进单位
11	区经信局	深化“亩均论英雄”改革、稳企业强主体工作有力、成效明显的县（市、区）
12	杭州市滨江区丹枫幼儿园	浙江省巾帼文明岗
13	浙江省杭州浦沿中学	浙江省STEM教育与项目化学习基地校
14	杭州市滨江区钱塘春晓幼儿园	浙江省先进教研组
15	杭州市西兴实验小学少先队大队	浙江省成绩突出少先队集体
16	杭州市滨江区钱塘山水幼儿园（总园）	浙江省现代化幼儿园
17	杭州市滨江区钱塘山水幼儿园	第三届浙江省幼儿园精品课程

续表38

序号	获奖单位	先进荣誉（称号）
18	杭州市滨江区长河幼儿园	浙江省一级幼儿园
19	杭州市丹枫实验小学	浙江省现代化学校
20	杭州市丹枫实验小学	浙江省华文教育基地
21	杭州市丹枫实验小学	浙江省健康促进学校（银牌）
22	杭州市滨江区浦乐幼儿园	2022年浙江省健康促进学校（银牌）
23	杭州市公安局高新区（滨江）分局网络警察大队	浙江省优秀公安基层单位
24	杭州市公安局高新区（滨江）分局	浙江省食品安全示范区创建工作先进单位
25	杭州市公安局高新区（滨江）分局	浙江省2021年度平安建设工作先进集体
26	区婚姻登记服务中心	国家4A级婚姻登记机关
27	区级养老机构“阳光家园”	浙江省四星级养老机构
28	区商务局	2022年度浙江自贸试验区建设工作成绩突出集体
29	区商务局（浙江自贸试验杭州片区滨江区块）	2022年度考核优秀单位
30	区商务局（浙江自贸试验杭州片区滨江区块）	2022年度制度创新考核优秀单位
31	区市场监管局	全省疫情防控冷链食品物防工作先进集体
32	区市场监管局	浙江省人民满意的公务员集体
33	区市场监管局	全省消保委组织建设示范点创建单位
34	区市场监管局	浙江省市场监管安全保障成绩突出集体
35	区综合行政执法局	2022年度全省生活垃圾治理工作良好单位
36	区文广旅体局	省群众体育工成绩突出集体
37	区文广旅体局	2022年浙江省最佳体育志愿服务组织
38	区文广旅体局	2022年浙江省优秀社会体育指导员
39	生态环境滨江分局	2022年度美丽浙江建设考核优秀
40	生态环境滨江分局	2022年度“五水共治”工作“大禹鼎”优秀市县
41	生态环境滨江分局	2022年度浙江省全域“无废城市”清源杯
42	区工商联	全省工商联系统服务两个健康“先进集体”
43	区工商联	省工商联2022年度民营企业调查点工作先进单位
44	西兴街道公共服务办公室	浙江省抗击新冠肺炎疫情先进集体
45	西兴街道	第二批浙江省数字生活新服务先行市、样板县、特色镇名单
46	西兴街道	浙江省民政厅第三批省级社区治理与服务创新实验区评估优秀
47	西兴街道	“浙江文化标识”培育项目（西陵津渡）
48	西兴街道缤纷未来社区	浙江省首批未来社区创建名单

续表38

序号	获奖单位	先进荣誉（称号）
49	西兴街道新州社区退役军人服务站 西兴街道襄七房社区退役军人服务站 长河街道冠山社区退役军人服务站 浦沿街道新浦社区退役军人服务站	全省“新时代枫桥式”退役军人服务中心（站）
50	西兴街道缤纷未来社区人大代表联络站	首批浙江省人大践行全过程人民民主基层单元
51	西兴街道缤纷未来社区	2022年度首批浙江省三星妇女儿童驿站
52	长河街道	浙江省数字生活新服务特色镇
53	长河街道	全省第二批低（零）碳乡镇（街道）试点
54	长河街道残疾人之家	浙江省五星级残疾人之家
55	长河街道冠山社区	浙江省首批未来社区
56	长河街道冠山社区 长河街道江一社区 长河街道中兴社区 长河街道江三社区 西兴街道缤纷未来社区	浙江省首批共同富裕现代化基本单元 “一老一小”服务场景
57	长河街道冠山社区	浙江省数字社会未来教育重点场景先行建设单位
58	长河街道中兴社区 长河街道江三社区	浙江省2022年民生实事工程“15分钟品质文化生活圈、城市书房、文化驿站”
59	长河街道江二社区 长河街道山一社区 长河街道观潮社区 浦沿街道之江社区	浙江省2022年度“民主法治村（社区）”
60	长河街道晶都社区	浙江省学习型社区
61	浦沿街道	浙江省平安护航二十大先进集体
62	浦沿街道	浙江省普速铁路沿线外部环境安全隐患治理工作成绩突出单位
63	浦沿街道	浙江省“五水共治”工作考核优秀乡镇
64	浦沿街道东信社区	浙江省“星级侨胞之家”四星
65	杭州国芯科技股份有限公司	浙江省高技能人才（劳模）创新工作室（NLab创新工作室）

（区志编研室）

2022年滨江区各部门（单位）获市级先进集体名录

表39

序号	获奖单位	先进荣誉（称号）
1	区委办	2022年度全市党委系统信息工作优秀单位
2	区数字化改革专班	杭州市模范集体

续表39

序号	获奖单位	先进荣誉（称号）
3	区府办	打造最优营商环境（政务公开）工作获集体嘉奖
4	民盟杭州市滨江区基层委教育支部	民盟杭州市委会2022年度基层示范组织
5	民盟杭州市滨江区基层委综合支部	民盟杭州市委会2022年度基层示范组织
6	区委政法委（信访局、司法局）	被市委市政府授予“全市全面深化改革成绩突出集体”的荣誉称号
7	浦沿人民法庭	集体三等功
8	区法院立案庭（诉讼服务中心）	2022—2023年杭州市级青年文明号命名集体
9	区检察院	“平安杭州”创建先进集体
10	区经信局	杭州市数字经济和制造业“双引擎”推进工作成绩突出集体的集体嘉奖
11	区经信局	杭州市产业链链长制推进工作成绩突出的集体记集体三等功
12	区科技局	杭州市创新活力之城建设工作中记集体三等功
13	杭州市博文小学	杭州市绿色学校
14	杭州市滨和小学	杭州市智力运动共建学校
15	杭州市滨和小学	2022年度杭州市健康促进学校（银牌）
16	杭州市丹枫实验小学	杭州市STEAM项目化学习种子学校
17	杭州市丹枫实验小学	杭州市无废学校细胞单位
18	杭州市丹枫实验小学	杭州市儿童友好学校
19	杭州市丹枫实验小学	杭州市绿色学校
20	杭州市滨江实验小学	杭州市优秀少先队集体
21	浙江省杭州高新实验学校	杭州市第二批数字教育创新（标杆）学校
22	浙江省杭州高新实验学校	2021—2022年度杭州市级青年文明号
23	浙江省杭州滨文中学	杭州市项目化学习种子学校
24	杭州市江南实验学校	杭州市教育改革创新·课改专项年度学校
25	杭州市滨江区钱塘春晓幼儿园	杭州市儿童友好学校
26	滨江交警大队	2022年度平安创建成绩突出集体
27	滨江交警大队	杭州市公安局交警支队2022年度集体嘉奖
28	区人力社保局	杭州稳就业保就业工作成绩突出集体嘉奖（杭州高新人力资源服务有限公司）
29	区人力社保局	全市人社系统2022年窗口单位业务技能练兵比武竞赛团体一等奖、优秀组织奖
30	区人力社保局	杭州市留学人员创业园精品园区
31	区人力社保局	2022年度杭州市典型博士后工作站（吉利控股、大华技术股份）
32	区住建局	2022年度杭州市最美加梯团队
33	区住建局	生态文明建设工作集体嘉奖
34	区市场监管局	杭州市质量强市推进工作集体
35	区综合行政执法局	2022年杭州市生活垃圾治理年终考核二等奖
36	区文广旅体局	2022年度全市文化市场综合执法工作优秀单位

续表39

序号	获奖单位	先进荣誉（称号）
37	区文广旅体局	2022年度平安示范单位
38	区文广旅体局	2022年度杭州市3A级社会组织
39	生态环境滨江分局	生态文明建设工作（不含林长制河长制工作）集体嘉奖
40	生态环境滨江分局	2022年度生态文明（“美丽杭州”）建设考核优秀区
41	生态环境滨江分局	2022年度“五水共治”工作考核先进区
42	区行政审批服务管理办公室	全市审管系统政务服务“最优数字提效奖”
43	区行政审批服务管理办公室	优秀公务员示范集体
44	区行政审批服务管理办公室	2022—2023年度杭州市级青年文明号争创集体
45	区行政审批服务管理办公室	杭州市国际一流营商环境建设工作“集体嘉奖”
46	区行政审批服务管理办公室	市级“最强党支部”
47	区妇联	浦沿街道妇女联合会获评杭州市三八红旗集体
48	区妇联	杭州兴耀物业管理有限公司奥体中心物业服务中心获评杭州市三八红旗集体
49	区工商联浦沿街道商会	市工商联“四好”商会
50	区工商联长河街道商会	市工商联“四好”商会
51	区工商联	高新区（滨江）新生代企业家联谊会获市工商联“四好”商会
52	区残联	2022年杭州市政府三等功奖励
53	九三学社杭州高新区（滨江）基层委员会	九三学社浙江省委员会2022年度优秀基层组织
54	九三学社杭州高新区（滨江）基层委员会第二支社	九三学社浙江省委员会社会服务先进集体
55	区互联网产业园发展服务中心	杭州市产业链链长制推进工作行政奖励集体嘉奖
56	区互联网产业园发展服务中心	杭州市数字经济和制造业“双引擎”推进工作行政奖励集体嘉奖
57	区物联网产业园发展服务中心	2022年度杭州市扩大有效投资推进重点项目建设突出贡献集体
58	区智慧新天地发展服务中心	智慧新天地沿江公园入选杭州市第三批公园名录
59	西兴街道	2022年度杭州市“五水共治”（河长制）“二十佳”镇街称号
60	西兴街道孙宅	杭州历史建筑测绘建档最佳案例
61	西兴街道星民社区	杭州市撤村建居社区示范点
62	西兴街道星民社区	2022年杭州市“美好家园”住宅示范小区建设
63	西兴街道缤纷未来社区	首批杭州市儿童友好社区名单
64	西兴街道缤纷未来社区	杭州市第一届社区空间运营大赛一等奖
65	西兴街道公务员队伍建设联系点	杭州市首批基层工作联系点
66	西兴街道缤纷未来社区	全市党建统领未来社区建设现场会
67	西兴街道官河社区 西兴街道奥体社区（旧改类）	2022年杭州市未来社区创建名单

续表39

序号	获奖单位	先进荣誉（称号）
68	西兴街道金东方社区 西兴街道温馨社区 西兴街道星民社区 西兴街道西兴社区 西兴街道庙后王社区 西兴街道新州社区 西兴街道丹枫社区 西兴街道滨和社区 西兴街道官河社区 西兴街道奥体社区	杭州市“民主法治村（社区）”
69	长河街道	杭州市最美敬老爱老助老示范街道（乡镇）
70	长河街道	杭州市廉洁文化教育基地
71	长河街道	杭州市“最美旧改人（集体）”
72	长河街道	杭州市绿道建设最佳配合镇街
73	长河街道	“美丽杭州”市优胜榜（7次）
74	长河街道社会工作站 长河街道闻涛社区社会工作室 长河街道钱潮社区医务社会工作室	全市首批十佳乡镇（街道）社会工作站及百强社区特色社会工作室
75	长河街道冠山社区	杭州市首批示范性社区服务综合体
76	长河街道天官社区	第一批杭州市乡村（社区）博物馆
77	长河街道中兴社区 长河街道晶都社区	杭州市反邪教警示阵（基）地
78	长河街道冠山社区 长河街道山一社区	第二批市级高质量就业社区
79	长河街道钱潮社区 长河街道江三社区	杭州市三型社区建设示范点
80	长河街道冠山未来社区 长河街道江一未来社区 长河街道中兴未来社区	第一批杭州市级未来社区
81	长河街道中兴社区新时代文明实践站	杭州市最美时代文明实践志愿者服务基层站点
82	长河街道闻涛社区 长河街道竹山社区	2022年度杭州市示范儿童之家
83	长河街道江一社区 长河街道江二社区 长河街道江三社区 长河街道长一社区 长河街道冠山社区	杭州市绿色社区
84	长河街道长江小区	杭州市“最美加梯项目”
85	长河街道闻涛社区	杭州市“之江同心石榴红”引领单位
86	长河街道	杭州市第二批落实“小脑+手脚”警网协同机制示范单位

续表39

序号	获奖单位	先进荣誉（称号）
87	长河街道	杭州市2022年度“洁美杯”街道
88	长河街道晶都社区微型消防站	杭州市2022年度先进微型消防站
89	长河街道冠山未来社区妇女儿童驿站	杭州市二星妇女儿童综合服务驿站
90	安置房小区明德明理府	杭州市首届“最美安置房”小区
91	安置房小区观潮华庭	杭州市首届“最美安置房”小区
92	浦沿街道	2022年度杭州市先进团支部（信诚社区团支部）
93	浦沿街道	杭州市洁美街道
94	浦沿街道信诚社区团支部	2022年度杭州市先进团支部
95	浦沿街道之江社区	全市首批“百强社区特色社会工作室”
96	浦沿街道之江社区	杭州市书香社区
97	浦沿街道东信社区	杭州市示范儿童之家
98	浦沿街道滨文社区	杭州市青年文明号
99	浦沿街道新浦社区	杭州市老年友好型社区
100	浦沿街道江南社区	杭州市关心下一代工作先进集体
101	浦沿街道华悦湾社区	杭州市示范型婴幼儿成长驿站
102	浦沿街道新浦未来社区 浦沿街道滨文未来社区	第一批杭州市级未来社区
103	浦沿街道滨文社区	杭州市多种形式消防队伍先进集体
104	浦沿街道新浦社区	杭州市二星妇女儿童综合服务驿站
105	浦沿街道彩虹社区	杭州市百强社会服务站
106	区水务公司	公司滨江水厂“水之旅”科普教育窗口获杭州城投2022年度“最美窗口”称号
107	区水务公司	公司党委获2022年中共杭州市城市建设投资集团有限公司委员会颁发的“先进基层党组织”称号
108	区水务公司	杭州市城乡基础设施综合能级提升工作行政奖励（集体嘉奖）
109	诺基亚通信系统技术（北京）有限公司浙江分公司团委	2022年度杭州市先进团委
110	新华三技术有限公司	杭州劳动模范集体
111	观澜网络（杭州）有限公司	杭州劳动模范集体
112	滨江奥体博览城开发建设运营管理有限公司	杭州劳动模范集体
113	优行科技有限公司	杭州劳动模范集体
114	电魂网络科技股份有限公司	杭州劳动模范集体
115	杭州大和热磁电子有限公司吴奕武数车创新工作室	杭州市高技能人才（劳模）创新工作室
116	杭州艺福堂茶业有限公司李晓军评茶技能大师创新工作室	杭州市高技能人才（劳模）创新工作室

（区志编研室）

杭州高新区（滨江）经济社会主要指标统计表

2022年杭州高新区（滨江）经济社会主要指标统计表

表40

指标名称	计量单位	2022年	为2021年的（%）
年末人口概况			
年末总户数	万户	8.6	102.8
全区年末户籍人口	万人	32.2	103.5
其中：男性	万人	16.1	103.2
女性	万人	16.1	103.9
当年出生人口	万人	0.3	96.4
全区人口出生率	‰	10.9	*-0.9
全区人口自然增长率	‰	8.4	*-0.8
全区年末常住人口	万人	53.0	101.0
全区土地面积	平方千米	72.2	100.0
地区生产总值			
全区生产总值	亿元	2184.8	101.8
其中：第一产业	亿元	0.5	111.9
第二产业	亿元	849.0	101.1
第三产业	亿元	1335.3	102.3
其中：工业	亿元	830.5	101.2
建筑业	亿元	18.5	100.2
批发和零售业	亿元	84.7	107.1
交通运输、仓储和邮政业	亿元	14.3	95.0
住宿餐饮业	亿元	7.4	95.9

续表40

指标名称	计量单位	2022年	为2021年的(%)
金融业	亿元	97.8	105.3
房地产业	亿元	43.9	91.2
营利性服务业	亿元	1011.4	101.9
非营利性服务业	亿元	75.8	108.2
人均生产总值(按常住人口计算)	万元	41.4	—
规模以上工业			
出报企业数	家	254	116.0
工业增加值	亿元	756.4	101.5
其中:战略性新兴产业	亿元	710.7	101.7
高新技术产业	亿元	730.7	101.8
装备制造业	亿元	705.7	100.9
营业收入	亿元	3322.9	104.4
利润总额	亿元	286.9	89.3
新产品产值率	%	54.1	*3.5
应付职工薪酬	亿元	328.6	109.3
平均用工人数	万人	12.2	108.0
综合能源消费量	吨标准煤	212908	94.9
规模以上服务业			
出报企业数	家	694	102.2
营业收入	亿元	3235.3	93.1
其中:交通运输、仓储和邮政业	亿元	499.1	67.7
信息传输、软件和信息技术服务业	亿元	2272.0	99.1
租赁和商务服务业	亿元	138.1	112.0
科学研究和技术服务业	亿元	232.1	106.6
水利环境和公共设施管理业	亿元	14.4	103.4
居民服务、修理和其他服务业	亿元	6.0	110.6
文化、体育和娱乐业	亿元	5.5	75.3
利润总额	亿元	460.2	106.6
应付职工薪酬	亿元	738.9	104.3
期末用工人数	万人	20.9	88.6
批零贸易、住宿餐饮业			
出报企业数	家	577	113.6
其中:批零企业	家	512	112.3
住餐企业	家	65	125.0

续表40

指标名称	计量单位	2022年	为2021年的(%)
社会消费品零售总额	亿元	547.0	106.2
其中：汽车零售额	亿元	126.9	109.5
汽车零售额占社零比重	%	23.2	*-1.1
商贸销售额（限上企业）	亿元	3959.6	116.9
其中：批发和零售业	亿元	3943.1	117.0
住宿和餐饮业	亿元	16.5	101.3
固定资产投资			
固定资产投资完成额	亿元	—	116.4
其中：生态环保、城市更新和水利设施投资	亿元	—	86.9
其中：水利管理业投资	亿元	—	11.8
生态保护和环境治理投资	亿元	—	141.0
市政环卫设施投资	亿元	—	86.2
公园绿化项目投资	亿元	—	87.9
高新产业投资	亿元	—	128.7
其中：高新制造业投资	亿元	—	112.7
高技术服务业投资	亿元	—	143.2
项目民间投资	亿元	—	127.3
交通投资	亿元	—	85.9
工业投资	亿元	—	114.7
房地产情况			
房地产销售面积	万平方米	67.3	79.3
其中：商品房住宅成交面积	万平方米	49.8	92.8
商业地产成交面积	万平方米	17.3	55.6
房地产销售额	亿元	285.2	81.1
其中：商品房住宅成交额	亿元	234.9	93.4
商业地产成交额	亿元	50.1	50.0
房地产库存面积	万平方米	40.5	76.9
其中：商品房住宅库存面积	万平方米	17.3	64.6
商业地产库存面积	万平方米	22.4	89.9
房地产库存套数	套	2869	73.8
其中：商品房住宅库存套数	套	1425	64.7
商业地产库存套数	套	1377	85.7

续表40

指标名称	计量单位	2022年	为2021年的(%)
财政收支			
财政总收入	亿元	433.6	106.5
其中：一般公共预算收入	亿元	214.7	105.8
其中：税收收入	亿元	201.6	104.7
其中：增值税（含营改增）	亿元	65.1	99.1
企业所得税	亿元	58.6	128.1
个人所得税	亿元	43.7	94.2
上划中央税收小计	亿元	219.0	107.3
一般公共预算支出	亿元	167.8	117.2
其中：产业扶持支出	亿元	62.2	101.1
民生保障支出	亿元	146.8	118.3
其中：教育支出	亿元	31.0	114.7
区本级财政科技拨款	亿元	40.1	116.5
出口及招商引资			
自营进出口	亿元	1047.4	96.4
其中：出口	亿元	749.4	101.9
其中：高新技术产品	亿元	431.9	104.5
其中：美国	亿元	109.1	99.9
欧盟	亿元	156.4	101.9
进口	亿元	298.0	85.0
服务贸易出口	亿美元	50.9	111.1
新引进外商投资企业数	家	116	67.1
实际利用外资	亿美元	8.2	96.4
对外直接投资备案额	亿美元	8.3	30.7
世界500强投资企业数（累计数）	家	39	102.6
企业发展			
累计工商注册单位数	家	80499	119.6
其中：当年新办工商注册数	家	17021	108.7
新增注册资本	亿元	756.0	76.6
江北新注册企业数	家	684	99.3
浙江省创新企业百强	家	15	100.0
上市公司	家	69	109.5
有效期内的高新技术企业数	家	2257	117.1

续表40

指标名称	计量单位	2022年	为2021年的(%)
其中.新认定	家	528	75.6
在孵企业	家	3820	107.7
科技创新			
获授权专利数	项	20374	114.0
其中：发明专利	项	7440	124.1
市级及以上科技企业孵化器	家	85	113.3
其中：国家级	家	14	140.0
市级及以上众创空间	个	45	107.1
其中：国家备案	个	22	129.4
市级以上技术中心	个	191	110.4
研究与发展经费支出（R&D）与GDP之比（2021年数据）	%	9.6	—
人才			
引进人才总数	人	38791	105.0
其中：博士	人	337	113.9
硕士	人	8939	101.7
其中：海归人才	人	1201	96.2
新增大学生创办企业数	家	465	110.7
收入支出			
居民人均可支配收入	元	78793	103.0
居民人均消费支出	元	52376	103.3
社会保障			
城镇新增就业人数	人	57008	—
年末职工基本养老保险参保人数	人	603060	105.5
其中：当年新增	人	31641	36.4
基本医疗保险参保率	%	99.81	*0.04
城镇调查失业率	%	4.7	*2.36
教育			
学校数△	所	70	107.7
其中：幼儿园	所	38	105.6
小学	所	18	112.5
初中	所	14	107.7
学生数	人	64815	109.1
其中：幼儿园	人	20328	99.3

续表40

指标名称	计量单位	2022年	为2021年的(%)
小学	人	33568	107.0
初中	人	10919	111.2
专职教师数	人	4923	102.2
其中：幼儿园	人	1837	100.3
小学	人	1947	105.5
初中	人	1139	99.8
卫　生			
卫生机构数	个	277	97.9
其中：医院数	个	8	100.0
卫生技术人员	人	3922	105.4
其中：执业(助理)医师	人	1277	108.7
注册护士	人	1706	112.8
年末各类医疗机构床位数	张	698	106.6
其中：医院床位数	张	543	105.4
医院年诊疗人次	万人次	20.9	96.2
城市建设			
园林绿地面积(新增)	公顷	29.1	88.4
其中：公园绿地面积(新增)	公顷	10.7	63.3
年末实有道路总长度	千米	257.0	79.6
其中：当年新增	千米	6.1	24.5
用电量			
全社会用电量	万千瓦时	421297	105.7
其中：居民生活用电	万千瓦时	91038	105.8
“1+6”产业集群			
数字经济核心产业增加值占GDP比重	%	78.9	*0.0
数字经济核心产业增加值	亿元	1723.0	103.5
文化产业增加值	亿元	485.1	103.5
金融产业增加值	亿元	97.8	105.3
旅游休闲产业增加值	亿元	—	—
健康产业增加值	亿元	164.6	106.7
时尚产业(制造业)增加值	亿元	56.0	115.1
高端装备产业(制造业)增加值	亿元	574.5	100.3

说明：带*号为增减百分点，带△为九年一贯制学校按一所初中计，数据为初步统计数

(区统计局)

2022年杭州市各区县（市）主要经济指标对比统计表

表41

区县（市）名称	计量单位	2022年	为2021年的（%）
地区生产总值			
上城区	亿元	2560.5	103.8
拱墅区	亿元	2003.3	101.5
西湖区	亿元	1970.1	100.1
滨江区	亿元	2184.8	101.8
萧山区	亿元	2063.9	101.2
余杭区	亿元	2651.3	101.0
临平区	亿元	1006.7	100.3
钱塘区	亿元	1226.0	100.1
富阳区	亿元	917.4	102.1
临安区	亿元	672.3	100.4
桐庐县	亿元	431.4	103.5
淳安县	亿元	269.5	102.4
建德市	亿元	433.5	101.3
西湖名胜风景区	亿元	52.0	100.1
规模以上工业增加值			
上城区	亿元	479.8	103.0
拱墅区	亿元	109.2	102.4
西湖区	亿元	111.3	100.1
滨江区	亿元	756.4	101.5
萧山区	亿元	573.7	98.1
余杭区	亿元	242.6	99.6
临平区	亿元	414.7	98.5
钱塘区	亿元	722.9	98.1
富阳区	亿元	285.7	100.3
临安区	亿元	251.9	105.6
桐庐县	亿元	123.3	106.4
淳安县	亿元	34.7	105.5
建德市	亿元	159.1	103.3
西湖名胜风景区	亿元	—	—
第三产业增加值			
上城区	亿元	1889.5	104.2
拱墅区	亿元	1810.0	101.5
西湖区	亿元	1813.0	100.1
滨江区	亿元	1335.3	102.3

续表41

区县(市)名称	计量单位	2022年	为2021年的(%)
萧山区	亿元	1203.9	102.6
余杭区	亿元	2270.2	101.1
临平区	亿元	458.5	101.1
钱塘区	亿元	390.0	103.1
富阳区	亿元	448.9	102.6
临安区	亿元	284.2	96.2
桐庐县	亿元	201.6	102.4
淳安县	亿元	155.9	102.6
建德市	亿元	173.0	100.9
西湖名胜风景区	亿元	50.2	100.1
社会消费品零售总额			
上城区	亿元	1073.1	108.8
拱墅区	亿元	1312.9	102.0
西湖区	亿元	845.7	105.8
滨江区	亿元	547.0	106.2
萧山区	亿元	905.7	109.7
余杭区	亿元	801.1	110.2
临平区	亿元	373.6	105.7
钱塘区	亿元	337.9	96.7
富阳区	亿元	438.2	105.0
临安区	亿元	224.3	105.5
桐庐县	亿元	167.0	105.3
淳安县	亿元	94.0	104.5
建德市	亿元	129.0	102.3
西湖名胜风景区	亿元	44.0	95.9
财政总收入			
上城区	亿元	405.6	107.4
拱墅区	亿元	340.1	105.6
西湖区	亿元	463.4	134.1
滨江区	亿元	433.6	106.5
萧山区	亿元	515.1	91.2
余杭区	亿元	671.5	90.1
临平区	亿元	229.9	93.1
钱塘区	亿元	230.5	95.8
富阳区	亿元	153.2	87.7
临安区	亿元	132.0	88.6

续表41

区县（市）名称	计量单位	2022年	为2021年的（%）
桐庐县	亿元	71.2	105.4
淳安县	亿元	43.7	91.4
建德市	亿元	80.5	120.9
西湖名胜风景区	亿元	17.6	140.3
一般公共预算收入			
上城区	亿元	210.6	104.6
拱墅区	亿元	184.3	102.6
西湖区	亿元	233.5	132.9
滨江区	亿元	214.7	105.8
萧山区	亿元	318.3	92.8
余杭区	亿元	352.9	93.9
临平区	亿元	135.6	89.6
钱塘区	亿元	116.6	99.4
富阳区	亿元	91.7	87.4
临安区	亿元	84.0	92.9
桐庐县	亿元	41.5	108.0
淳安县	亿元	23.9	92.2
建德市	亿元	52.0	135.1
西湖名胜风景区	亿元	8.8	134.9
实际利用外资			
上城区	亿美元	10.9	174.0
拱墅区	亿美元	2.7	31.4
西湖区	亿美元	7.0	84.3
滨江区	亿美元	8.2	96.4
萧山区	亿美元	10.6	119.7
余杭区	亿美元	9.5	98.8
临平区	亿美元	2.1	124.9
钱塘区	亿美元	10.6	107.1
富阳区	亿美元	3.5	103.8
临安区	亿美元	2.0	76.7
桐庐县	亿美元	1.9	74.2
淳安县	亿美元	0.6	230.9
建德市	亿美元	1.4	107.6
西湖名胜风景区	亿美元	—	—

说明：以上数据由市统计局提供

（区统计局）

2022年高新区（滨江）国民经济和社会发展统计公报

2022年，面对“三重压力”叠加“两大变量”超预期变化，杭州高新区（滨江）坚决贯彻习近平总书记“疫情要防住、经济要稳住、发展要安全”重要指示精神，全面落实中央、省委、市委决策部署，紧紧围绕“建设天堂硅谷、打造硅谷天堂”战略定位，统筹疫情防控和经济社会发展，坚持稳中求进工作总基调，坚持创新制胜，攻坚稳进提质，冲锋“两个先行”。全年经济高质量发展韧性强劲，产业发展提质增效，创新集群驱动引领，人民生活持续改善，社会大局保持稳定，现代化建设有序推进。

一、综合

（一）经济增长

初步核算，全年地区生产总值（GDP）2184.8亿元，按可比价格计算，同比增长1.8%。其中，第一产业增加值0.5亿元，第二产业增加值849.0亿元，第三产业增加值1335.3亿元，分别增长11.9%、1.1%和2.3%。三次产业结构调整为0.02 ∶ 38.86 ∶ 61.12。按常住人口计算，全年人均地区生产总值414179元（按年平均汇率折算为61578美元）。

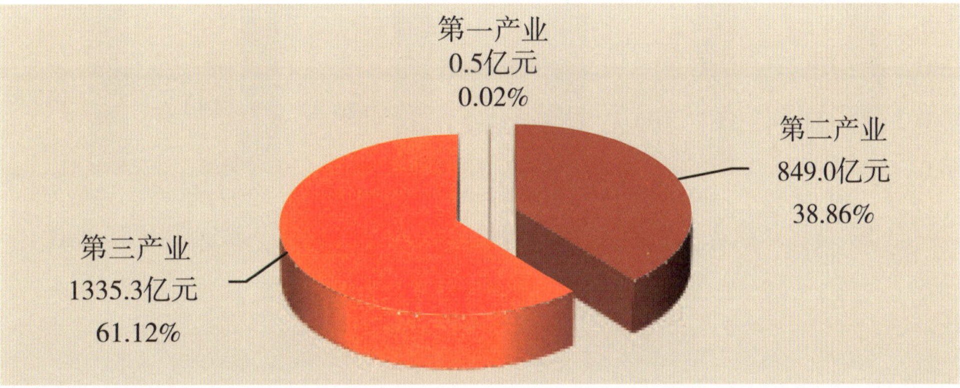

图1　2022年地区生产总值三大产业占比图（%）

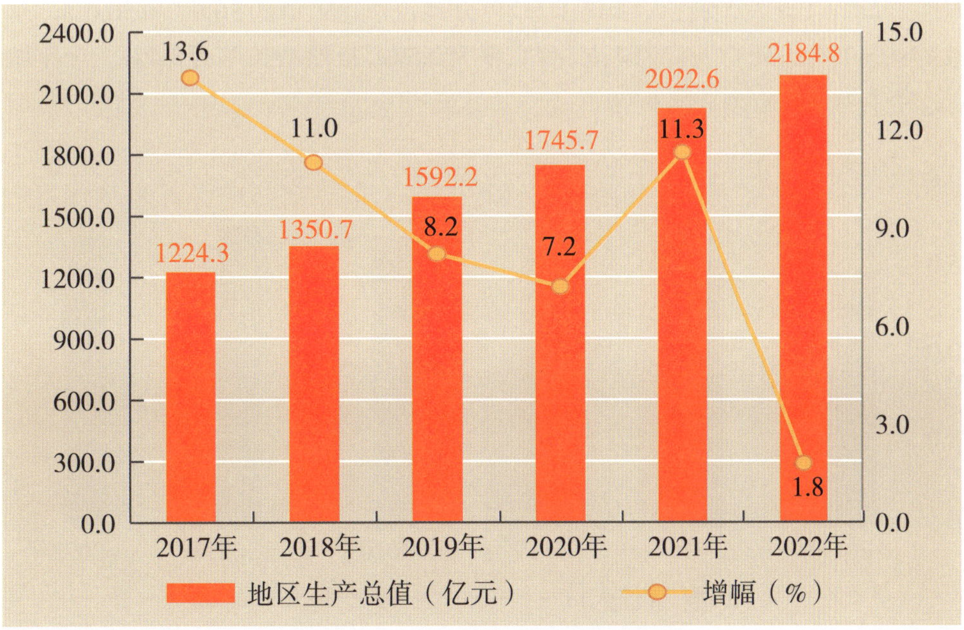

图2　2017—2022年地区生产总值及增幅图（%）

数字经济核心产业增加值1723.0亿元，按可比价格计算，同比增长3.5%，高于GDP增幅1.7个百分点，占GDP的78.9%，列全省第一名。

（二）财政收支

全年实现财政总收入433.6亿元，增长6.5%；一般公共预算收入214.7亿元，增长5.8%，其中税收收入201.6亿元，占一般公共预算收入的93.9%，其中增值税（含营改增）、企业所得税、个人所得税分别为65.1亿元、58.6亿元、43.7亿元，分别占30.3%、27.3%、20.4%。

全年一般公共预算支出167.8亿元，增长17.2%，其中民生保障支出146.8亿元，占一般公共预算支出的87.5%。用于教育、产业扶持的支出分别为31.0亿元、62.2亿元，分别增长14.7%、1.1%。

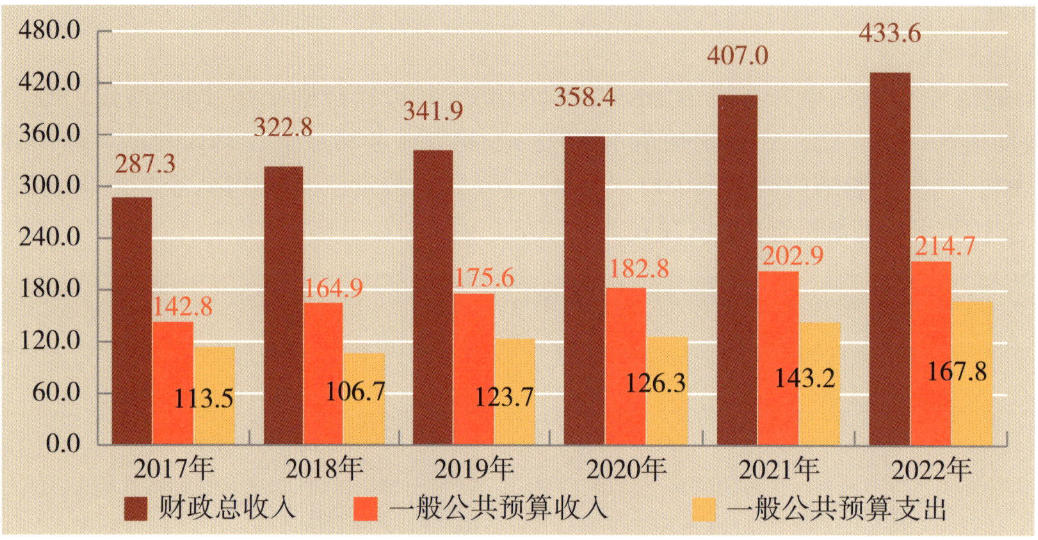

图3　2017—2022年全区财政收支图（亿元）

（三）人口就业

年末常住人口53.0万人，比上年末增加0.5万人，常住人口城镇化率100.0%。年末户籍人口32.2万人，其中男性人口16.1万人，女性人口16.1万人，分别占户籍人口的50.0%和50.0%。全年出生人口3444人，出生率为10.9‰；死亡人口787人，死亡率为2.5‰，自然增长率为8.4‰。全年城镇新增就业人数57008人，年末城镇调查失业率4.7%。

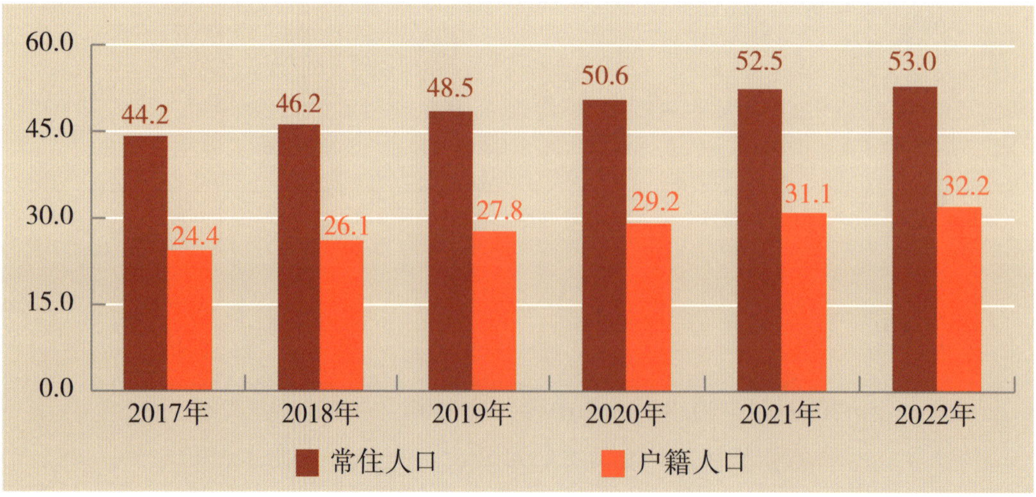

图4　2017—2022年全区常住、户籍人口数图（万人）

二、工业和建筑业

全年实现工业增加值830.5亿元，增长1.2%，其中规上工业增加值756.4亿元，增长1.5%。新产品产值率54.1%；规上工业劳动生产率62.2万元/人。

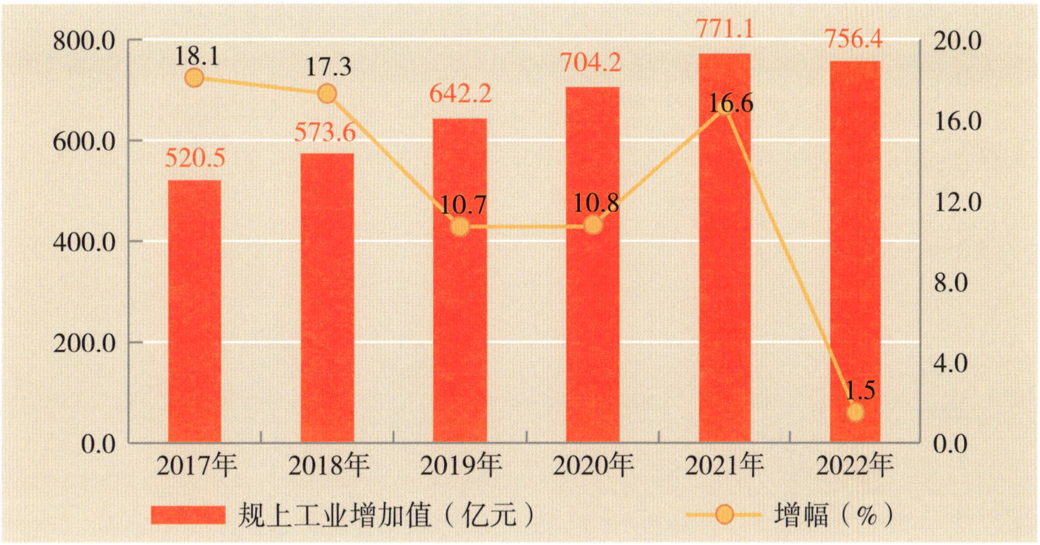

图5　2017—2022年规上工业增加值及增幅图（%）

规上工业实现营业收入3322.9亿元，增长4.4%；利润总额286.9亿元，下降10.7%，营业收入利润率8.6%。

规上工业中高新技术产业增加值增长1.8%，占规上工业增加值的96.6%；战略性新兴产业增加值增长1.7%，占规上工业增加值的94.0%；装备制造业增加值增长0.9%，占规上工业增加值的93.3%。

全年建筑业实现增加值18.5亿元，增长0.2%。

三、规上服务业

全年规上服务业实现营业收入3235.3亿元，下降6.9%，其中信息软件服务业实现营业收入2272.0亿元，下降0.9%，占规上服务业的70.2%。实现利润总额460.2亿元，增长6.6%。

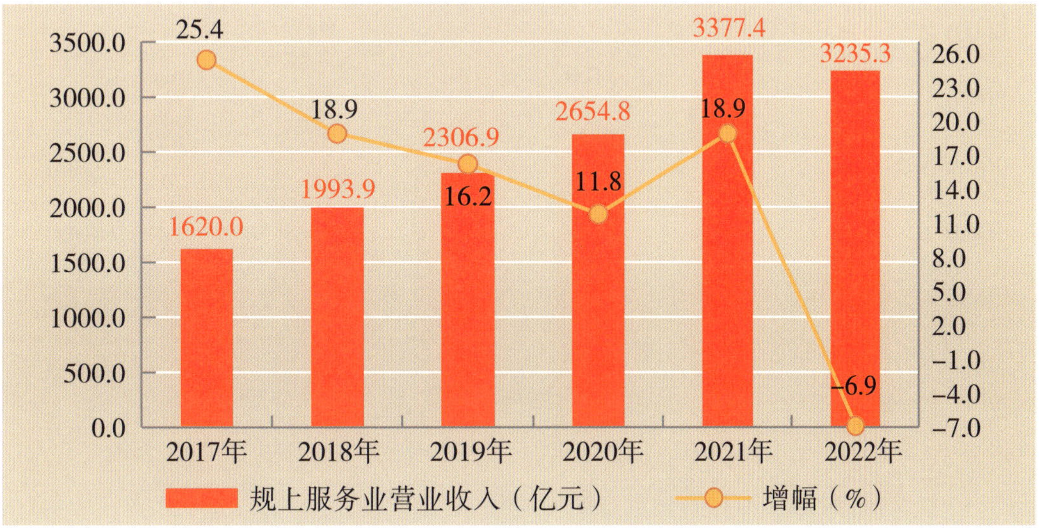

图6　2017—2022年规上服务业营业收入及增幅图（%）

四、固定资产投资和房地产业

（一）固定资产投资

全年固定资产投资增长16.4%，其中项目民间投资增长27.3%，交通投资下降14.1%，生态环保、城市更新和水利设施投资下降13.1%，高新产业投资增长28.7%，工业投资增长14.7%。

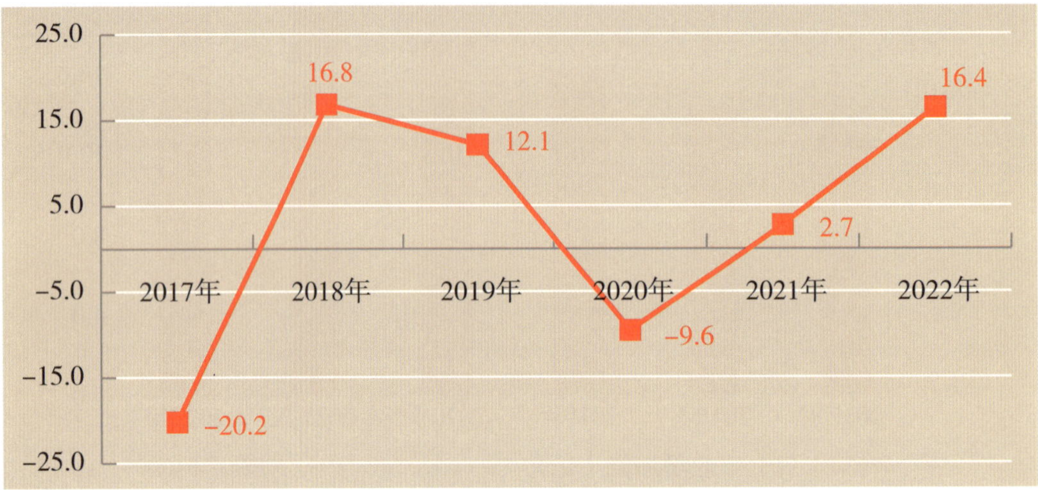

图7　2017—2022年固定资产投资增幅图（%）

（二）房地产开发

全年房地产开发投资增长5.7%，年末房屋施工面积409.9万平方米，增长7.5％；新开工面积81.5万平方米，增长28.7%；竣工面积31.6万平方米，增长266.5%。房地产销售面积67.3万平方米，下降20.7%；房地产销售额285.2亿元，下降18.9%。

五、国内外贸易、对外经济

（一）国内贸易

2022年，全区社会消费品零售总额为547.0亿元，增长6.2%，汽车零售额增长9.5%；通过公共网络实现的商品零售占限额以上批零单位商品零售总额的49.4%。

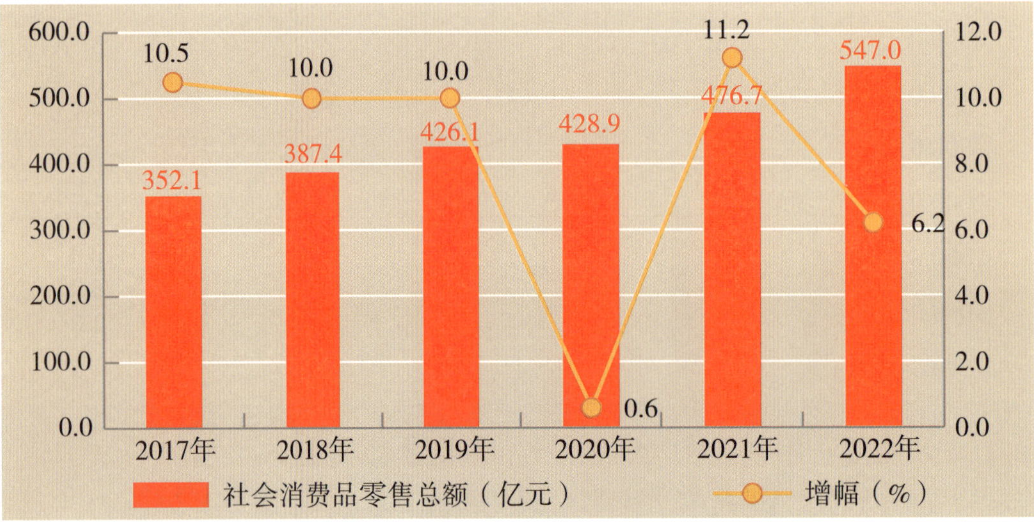

图8　2017—2022年社会消费品零售总额及增幅图

（二）对外贸易

全年自营进出口总额1047.4亿元，下降3.6%，其中进口总额298.0亿元，下降15.0%，出口总额749.4亿元，增长1.9%。出口总额中，美国和欧盟市场出口分别为109.1亿元和156.4亿元；高新技术产品出口431.9亿元，占出口总额的57.6%；服务贸易出口50.9亿美元。

（三）利用外资

全年新设外商投资企业116家，增资项目90个，投资总额1000万美元以上大项目19个；实际利用外资8.2亿美元。

六、企业发展

全年新注册企业17021家，累计拥有注册企业数80499家，新增认缴注册资本756.3亿元。新增上市公司6家，总计培育69家，上市公司总量位列全省第一。新认定的高新技术企业528家，有效数2257家，继续保持全省第一。15家企业入选省创新企业百强；17家企业被认定为省技术先进型服务企业，占全省的80.95%。

全年新增研发中心省级47个、市级67个，年末拥有省级研发中心403个；新增市级以上企业技术中心23个，其中市级21个、省级2个，年末拥有技术中心191个；年末拥有省级重点企业研究院48个。

七、科技创新

全年专利授权量20374项，增长14.0%。每万人发明专利拥有量625.2件，列全省第一。PCT（国际专利合作条约）申请量为676件，占全市PCT申请总量的29.3%，位居全省第一。获评国家知识产权示范企业15家，中国专利奖73项。

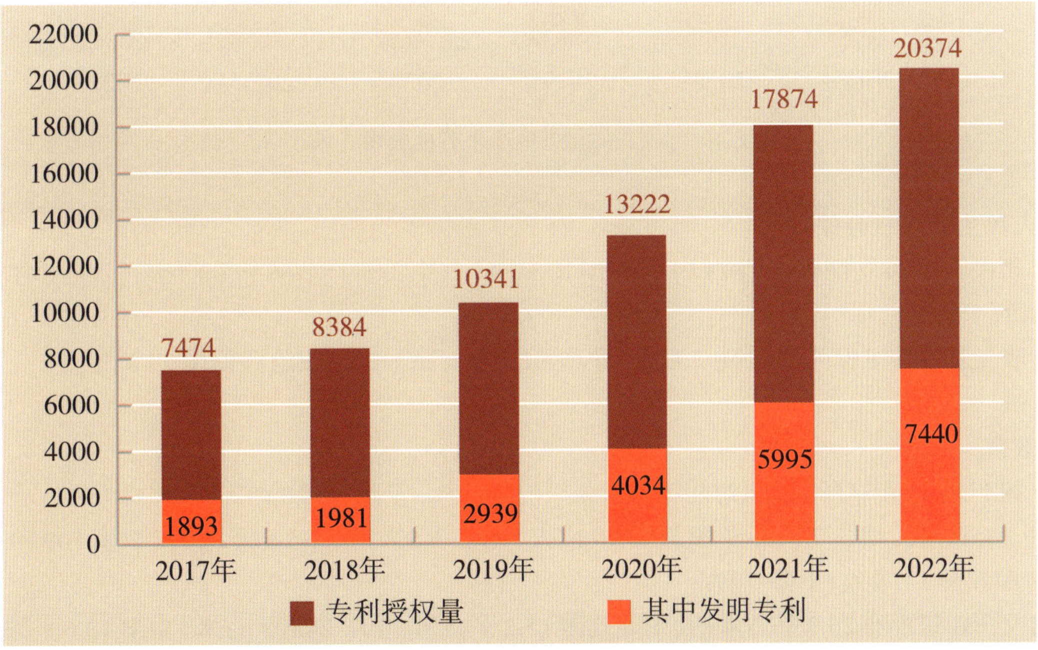

图9　2017—2022年专利授权量图（项）

年末拥有市级及以上科技企业孵化器85个、众创空间45个，其中国家级孵化器14个、众创空间22个，在孵企业3820家。研究与试验发展经费支出（R&D）与地区生产总值之比预计在10%左右。全年各类技术合同登记共4692项，技术交易总额约421.5亿元，同比增长75.45%，年度技术交易额蝉联全省第1位。财政一般公共预算支出中科技支出40.13亿元，增长16.5%。截至年末，我区阶段参股引导基金子基金37支，其中已退出11支、正在运作26支。基金总规模279.7亿元，撬动社会资本215.26亿元，产业扶持基金出资64.44亿元；目前基金已出资18.58亿元。累计完成投资453笔，投资金额71.95亿元，其中，在我区投资159笔，投资金额20.33亿元，占28.26%。

八、人才

全年新引进各类人才总数38791人，其中博士337人，硕士8939人，硕博人才占人才引进总量的23.9%。新增顶尖人才2人、海外高层次人才70人、海归人才1201人、人才计划企业63家。新增市“115”国（境）外引智计划项目45个，位列全市第一。

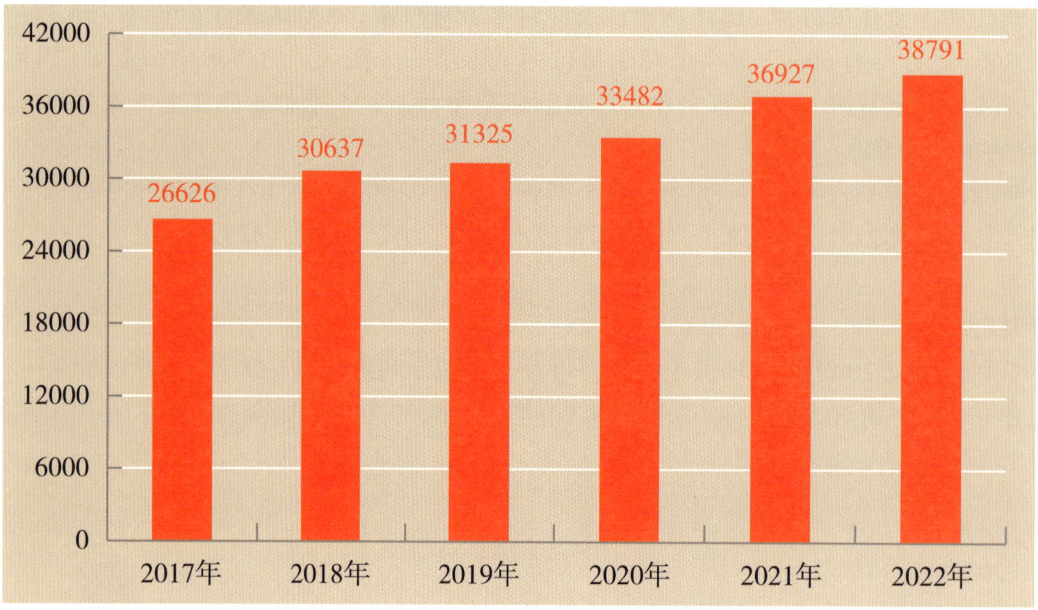

图10　2017—2022年人才引进数图（人）

九、人民生活与社会保障

全年居民人均可支配收入为78793元，增长3.0%，其中工资性收入占68.4%；居民人均消费支出52376元，增长3.3%。

年末职工基本养老保险参保60.3万人，净增3.2万人；基本医疗保险参保率99.81%。

十、教育

年末拥有幼儿园38所，在园幼儿20328人，下降0.7%，专职教师1837人，增长0.3%；小学18所，在校学生33568人，增长7.0%，专职教师1947人，增长5.5%；初中14所，在校学生10919人，增长11.2%，专职教师1139人，下降0.2%。

生均校舍建筑面积23.3平方米，其中幼儿园15.2平方米，小学20.0平方米，中学48.6平方米；生均图书37.0册，其中幼儿园28.4册，小学30.5册，中学72.7册；小学每百名学生拥有计算机12.3台，中学57.2台。学前三年幼儿园入园率99.5%，初中毕业生升入各类高中比例100%。

十一、卫生

年末拥有卫生机构277个，下降2.1%，其中医院8个。拥有各类医疗机构床位698张，其中医院床位543张，分别增长6.6%和5.4%。卫生技术人员3922人，增长5.4%；其中执业（助理）医师1277人，注册护士1706人，分别增长8.7%和12.8%。医院年诊疗20.9万人次，下降3.8%。婴儿死亡率和5岁以下儿童死亡率分别为1.56‰和2.73‰。社区卫生服务站35家。

十二、城市建设、环境保护和安全生产

全年新建道路6.1公里，实有道路总长度257公里，新增、优化公交线路18条，完成再生资源回收网点125处，全区所有小区（195个，含过渡房）实行“定时定点”投放。

新增园林绿地面积29.1公顷，其中公园绿地面积10.7公顷。完成永久河片区省级美丽河湖创建，7条市级美丽河道创建。

全社会用电量42.1亿千瓦时，增长5.7%，其中居民生活用电9.1亿千瓦时，增长5.8%。

2022年道路运输领域发生事故2起，死亡2人；未发生自然灾害亡人事故；未发生较大以上（含）安全事故。

公报注释：

1.本公报数据为初步统计数。

2.地区生产总值和三次产业及相关行业增加值绝对数按现行价格计算，增速按可比价格计算；三次产业划分执行国家统计局2018年修订《三次产业划分规定（2012）》。

3.2016年—2022年地区生产总值数据含研究与开发支出。

4.根据第三次全国农业普查结果及有关制度规定，部分指标数据基数进行修订，2018年增幅按可比口径计算。

5.根据第四次全国经济普查结果及有关制度规定，2014—2018年社会消费品零售总额进行修订。

6.根据第七次全国人口普查结果及有关制度规定，2011—2019年全区常住人口数进行修订。

资料来源：

本公报财政收支数据来自区财政局；户籍人口数据来自区公安分局；房地产销售数据来自区住建局；外经外贸数据来自区商务局；企业发展、科技创新数据主要来自区经信局、区科技局、区财政局、区市场监管局；人才数据来自区委组织部、区人力社保局；社会保障数据来自区人力社保局；教育数据来自区教育局；卫生数据来自区卫生健康局；城市建设、环境保护和安全生产数据来自区住建局、区应急管理局、区综合行政执法局。其他数据均来自区统计局。

（区统计局）

附 录

主要机构及负责人名录

中共杭州市滨江区委员会

区委书记

章登峰

区委副书记

郑　迪

沈　建

区委常委

章登峰

郑　迪

沈　建

商丽萍（女）

陈　宇

朱黎明

王孟辉

翟慧清

钟　孚

丁昌钰

陶　峰

中共杭州高新技术产业开发区工作委员会

党工委书记

章登峰

党工委副书记

郑　迪

沈　建

党工委委员

章登峰

郑　迪

沈　建

商丽萍（女）

陈　宇

朱黎明

王孟辉

翟慧清

钟　孚

丁昌钰

陶　峰

区委工作部门

党委办公室（台湾工作办公室）

主任

汪　栾

组织部

部长

王孟辉

常务副部长

蒋应东

区直属机关党工委

书记

王孟辉

党委人才办

主任

王孟辉

常务副主任

孙　俊（女，2022年4月始）

宣传部

部长

翟慧清

常务副部长

周　皓（2022年11月止）

胡嘉欢（2022年11月始）

文明办

主任

任　勇

文创发展中心

主任

龚　栩（女）

网信办

主任

余小平（女）

统战部

部长

朱黎明

常务副部长

袁海峰

民宗局

局长

袁海峰

政法委员会

书记

沈　建

副书记

夏剑兵

信访局

局长

应　军（2022年11月止）

刘文俊（2022年11月始）

司法局

局长

蔡文刚

杭州市滨江区人大常委会

主任

应敏扬（女）

副主任

周建杭

万爱民（女）

屠国平

汤伟平

陈玉棠

胡银根

党组书记

应敏杨（女）

人大常委会机关

人大常委会办公室

主任

胡国渭

人大常委会监察和法制司法工委

主任

彭　虹（女）

人大常委会财经工委

主任

高　翔

人大常委会城建环保工委

主任

楼东文

人大常委会教科文卫民宗侨工委

主任

陈有兴

人大常委会人事代表工委

主任

王晓莹（女）

人大常委会社会建设工委

主任

汤小萍（女）

杭州市滨江区人民政府

区长

郑　迪

副区长

陈　宇

陶　峰

包嘉颖（女）

张宏光

陈　健

高　翀

郁廷栋

杭州高新技术产业开发区管理委员会

主任

郑　迪

副主任

陈　宇

陶　峰

包嘉颖（女）

张宏光

陈　健

高　翀

郁廷栋

顾华锋

王理生

区管委会、政府工作部门

办公室

党组书记、主任

徐建刚

发展改革和经济局

党组书记、局长

胡嘉欢（2022年11月止）

郑　丽（女，2022年11月始）

经济和信息化局

党组书记、局长

林春盛

教育局

党委书记、局长

来江飞

科学技术局

党组书记、局长

柴志冬（2022年11月止）

姜　黎（女，2022年11月始）

民政局

党委书记、局长

周小刚（女，2022年1月始）

财政局

党委书记、局长

顾华峰（2022年11月止）

邵　臻（2022年11月始）

人力资源和社会保障局（党委编办）

党委书记、局长，编办主任

孙灿平

住房和城市建设局

党委书记、局长

郁廷栋（2022年1月止）

王建武（2022年1月始）

商务局

党组书记、局长

柴志冬（2022年1月始）

文广旅体局

党组书记

张志真（2022年7月始）

局长

高澜（2022年7月始）

卫健局

党委书记、局长

杨晓红（女）

退役军人事务局

党组书记、局长

郭　良

应急管理局

党委书记、局长

高国明

审计局

党组书记、局长

谢迎光

市场监督管理局

党委书记、局长

钱毓军（女）

统计局

党组书记、局长

姜　黎（女，2022年11月止）

李　卓（女，2022年11月始）

综合行政执法局

党组书记

马剑平

局长

裴　斐（2022年11月始）

公安分局

党委书记、局长

张宏光

政委

何华坤

常务副局长

李　震

行政审批服务管理办公室

党委书记

陈　宇

党委副书记、主任

史　琼（女，2022年1月始）

杭州白马湖生态创意城管委会

党工委书记、主任

邵　臻（2022年11月止）

杭州高新区江北发展服务中心

党组书记、主任

胡晓辉（2022年7月始）

杭州高新区（滨江）富阳特别合作园管理局

党组书记、主任

谭建军

规划和自然资源分局

党组书记、局长

宓伟庆（女）

生态环境分局

党组书记、局长

高德洪

税务局

党委书记、局长

陈岳敏

政协杭州市滨江区委员会

主席

张　玮（女）

副主席

周　翔

夏福志

谢春凤（女）

谢惠芬（女）

秘书长

郑　丽（女，2022年11月止）

周　皓（2022年11月始）

党组书记

张　玮（女）

政协委员会机关办公室

主任

李庆莲（女，2022年9月始）

政协提案委员会

主任

周国桥

政协经济科技委员会

主任

孙雪帆

政协城市建设和人口资源环境委员会

主任

陈　悦（女，2022年6月止）

虞文华（2022年6月始）

政协教育文化卫生体育和文史委员会

主任

黄美丽（女，2022年1月始）

政协社会法制民族宗教和港澳台侨委员会

主任

许利萍（女）

政协委员工作委员会

主任

朱来兴（2022年6月止）

陈　悦（女，2022年6月始）

中共杭州市滨江区纪律检查委员会

书记

商丽萍（女）

副书记

杜海涯

侯百曙

中共杭州市纪委市监委派出杭州高新技术产业开发区纪检监察工作委员会

书记
商丽萍（女）
副书记
杜海涯
侯百曙

杭州市滨江区监察委员会

主任
商丽萍（女）
副主任
杜海涯
侯百曙
巡察办
主任
骆小英（女）
第一巡察组
组长
虞跃生（女）
第二巡察组
组长
李树人
第三巡察组
组长
孙　连（2022年11月止）
鲍滨喜（2022年11月始）
第四巡察组
组长
任　军

杭州市滨江区人民法院

法院院长
赵　平

杭州市滨江区人民检察院

检察院检察长
夏　涛

民主党派

民革杭州高新区（滨江）基层委
主委
冯　枫（女）
民盟杭州高新区（滨江）基层委
主委
高　澜（女）
民建杭州高新区（滨江）基层委
主委
詹艳青（女，2022年8月止）
周文嘉（女，2022年8月始）
民进杭州高新区（滨江）基层委
主委
谢春凤（女）
农工党杭州高新区（滨江）基层委
主委
宣苏岚（女）
致公党杭州高新区（滨江）总支部
主委
许利萍（女）
九三学社杭州高新区（滨江）基层委
主委
楼华龙

部分群众团体

杭州高新区（滨江）总工会
主席
屠国平
常务副主席
王利君（2022年3月止）
郭吉龙（2022年3月始）
共青团杭州高新区（滨江）委员会
书记
汪心文（女，2022年11月始）
杭州高新区（滨江）妇女联合会
主席
徐俏俏（女，2022年7月起）
杭州高新区（滨江）科学技术协会
主席
柴志冬（2022年11月止）
姜　黎（女，2022年11月始）
杭州高新区（滨江）归国华侨联合会
主席
袁海峰（2021年1月始）
杭州高新区（滨江）工商业联合会
主席
范　渊
副主席
汤　茵（女）
滨江区文学艺术界联合会
主席
周　皓（2022年11月止）
胡嘉欢（2022年11月始）
杭州高新区（滨江）残疾人联合会
理事长
马剑平（2022年1月止）
来惟贫（2022年7月始）
滨江区社会科学界联合会
主席
周　皓（2022年11月止）
胡嘉欢（2022年11月始）

其他机构

杭州滨江区农村多层住宅建设管理中心
党组书记、主任
唐晓雄（2022年11月止）

吴建东（2022年11月始）

杭州高新区（滨江）智慧新天地发展服务中心

党委书记

叶春冬

主任

蒋　滢（女，2022年7月始）

杭州高新区（滨江）物联网产业园发展服务中心

党委书记、主任

史　琼（女，2022年1月止）

李程旭（2022年4月始）

杭州高新区（滨江）互联网产业园发展服务中心

党委书记、主任

王建武（2022年1月止）

金文洪（2022年4月起）

杭州高新国有控股集团有限公司

董事长

董一义（2022年11月止）

胡跃华（2022年11月始）

总经理

胡跃华（2022年11月止）

王峰斌（2022年11月始）

杭州滨江环境发展有限公司

董事长

劳唯中

总经理

王　风（2022年11月始）

杭州高新金投控股集团有限公司

董事长、总经理

张炳于（2022年11月止）

董事长

董一义（2022年11月始）

杭州高新技术产业开发区资产经营公司

董事长

徐学文

总经理

梁芳霞（女）

杭州滨江城建发展公司

董事长、总经理

唐贞伟

街　道

西兴街道

党工委书记

徐建刚（2022年1月止）

周　翔（2022年1月始）

人大工委主任

何美娟（女）

办事处主任

周　翔（2022年1月止）

王　汀（女，2022年1月始）

长河街道

党工委书记

瞿　野

人大工委主任

林　文

办事处主任

周小刚（女，2022年1月止）

于　健（2022年3月始）

浦沿街道

党工委书记

葛宇鹏

人大工委主任

胡也静（女）

办事处主任

来惟贫（2022年7月止）

叶春冬（2022年7月始）

（区委组织部　区委统战部　区委编办）

重要文献辑存

杭州高新区（滨江）商事主体登记确认制改革实施方案

根据《优化营商环境条例》和《国务院关于深化“证照分离”改革进一步激发市场主体发展活力的通知》（国发〔2021〕7号）、《国务院关于中国（浙江）自由贸易试验区扩展区域方案》（国发〔2020〕10号）、《浙江省市场监督管理局中共浙江省委全面深化改革委员会办公室浙江省发展和改革委员会关于印发中国（浙江）自由贸易试验区商事主体登记确认制改革实施方案的通知》（浙市监注〔2021〕17号）和《杭州市人民政府办公厅关于进一步深化商事制度改革激发市场主体活力的若干意见》（杭政办函〔2021〕38号），落实省市商事制度改革要求，在高新区（滨江）先行先试，深化商事制度改革，创新和规范商事登记行为，最大程度尊重商事主体的自主权，激发市场活力，结合高新区（滨江）实际，制定本实施方案。

一、总体要求

深入贯彻党中央、国务院在新形势下全面深化改革和扩大开放，优化营商环境的决策部署，围绕加快建设“天堂硅谷”、打造“硅谷天堂”的目标定位，以数字化改革为牵引，以主体自治撬动登记制度创新，进一步深化高新区（滨江）商事制度改革，推进商事主体登记确认制改革，切实提高商事登记便利化水平，充分激发社会创新创业活力，实现市场主体高质量发展，全力打造高新区（滨江）商事制度改革“重要窗口”。

通过主体自治，构建“自主申报+信用承诺”登记体系；以系统集成提升改革张力，加快形成标准公开、规则公平、预期明确、监管到位的商事制度改革新模式；以极致服务提升市场主体获得感，全方位提供高效、便民的政务服务。为打造一流营商环境、领跑改革探索和建设共同富裕示范区作出贡献。

二、实施范围

在自由贸易试验区所在的高新区（滨江）区域开展商事主体登记确认制改革。本方案所述“商事主体”是指各类企业、农民专业合作社和个体工商户。

三、基本原则

自治自主原则。在商事登记各环节，充分赋予商事主体最大自主权，充分体现商事主体自治意愿，最大限度减少自治事项的行政干预。

信用承诺原则。以申请人信用承诺为基础，申请人作出信用承诺后，对所提交申请文件、材料的真实性、合法性、有效性、完整性承担责任。

依法确认原则。登记机关对申请材料进行形式审查，对材料齐全、符合登记规范的，依法予以确认登记。

便捷高效原则。充分发挥“互联网+政务服务”效能，全面推行登记注册集成服务，打造更加便捷高效的办事流程。

四、主要举措

（一）登记服务自助办理。拓展商事主体自主登记渠道，实行商事主体“自助登记、自助查询、自行公示”。改革登记业务办理模式，深化商事主体全生命周期“一网通办”，申请人可线上自主办理所有登记业务，变窗口人员线下办为群众和企业自己线上办。改革登记档案查询模式，打通各地档案查询系统和企业全程电子化登记平台，推行“一网通查”，申请人无需到属地企业档案查询机关线下查询，只需登录企业登记全程电子化平台即可实现网上自助查档、下载。改革登记事项公告模式，推行全事项“一网公告”，申请人可以通过国家企业信用信息公示系统实现免费公告。

（二）名称自主申报。全面取消企业名称预先核准，赋予商事主体更大名称申报自主权，实行商事主体名称登记“自主申报、自动比对、自我承诺、自行纠正”。凡是不涉及社会公共利益、公序良俗、公众误解等情形的名称，均由申请人自行申报。坚持赋权与规范并举、效率与公平兼顾、服务与管理结合，改革名称申报流程，全面开放名称库，完善名称比对规则，强化名称自主承诺制；改革名称争议处理机制，建立名称纠纷事后快速处理程序，畅通名称登记救济渠道。

（三）住所自主承诺。高新区（滨江）在既有的15个园区和众创空间等白名单地址实施商事登记住所申报制的基础上，结合政法委牵头的“统一地址库”，将可实施住所申报的地址扩大到“统一地址库”中的地址，通过部门间数据共享，完成商事登记主体的登记地址信息与“统一地址库”最小地址的匹配关联。通过智能匹配校验，基于信任在先原则，放宽《住所申报承诺书》的签署，只要企业盖章或其法定代表人、主要负责人签名，即可完成对住所使用的承诺，进一步简化住所登记。

（四）经营范围智能选择。充分发挥浙江省“证照分离”改革试点单位的改革先行优势，以国民经济产业目录为基础，研究推进经营范围规范化登记工作，应用大数据分析技术，整合不涉及前置审批、使用率高的经营范围，建设经营范围智能选择库，形成统一的经营范围规范表述目录，推荐给市场主体登记使用，实现经营范围登记的“自助查询、自动生成、一键填报”，有效提升市场主体的获得感和便利性。

（五）主体迁移自主决定。充分尊重商事主体迁移意愿，实行商事主体“自由迁移、自主办理”。取消不合理的迁移限制，逐步简化迁移手续，整合迁移登记和变更登记业务，根据上级统一部署推进商事主体跨区域迁移全流程“一件事”网上办，变跨区域迁移“跑两地、跑三趟”为线上“零跑动”、线下“跑一次、跑一地”。

（六）深化“证照分离”改革。按照涉企经营许可事项全覆盖清单管理要求，分类推进审批制度改革，全面落实“证照分离”改革事项的具体实施。严格执行“直接取消审批”和“审批改备案”改革事项清单，强化信息共享，实施有效监管；切实推进“实行告知承诺”事项的改革落地，完善经营许可条件核查工作，实现增量提质，释放改革红利；持续完善“优化审批服务”事项改革举措，优化办事流程，提升审批效能。

（七）退出效率全面提升。畅通商事主体退出渠道，取消清算组备案环节，改为企业通过国家企业信用信息公示系统向社会免费公示清算组信息；简易注销登记的适用范围拓展至未发生债权债务或已将债权债务清偿完结的商事主体（上市股份有限公司除外），公示期统一由45日压缩至20日，并建立注销容错机制；推行个体工商户简易注销登记，营业执照和税务登记证“两证整合”改革实施后设立登记的个体工商户通过简易程序办理注销登记的，无需提交承诺书，也无需公示；不断完善税务预检机制，通过部门数据共享，实时获取清税信息。

（八）股权转让一件事。高新区（滨江）登记的有限责任公司自然人股东转让其持有该公司的全部或者部分股权，通过股权转让一件事系统自动生成或共享提取将股权信息推送给税务部门，即可全程网上完成股权转让信息变更登记，实现由“跑两部门、跑多次”转为“跑一部门、跑零次”。

（九）提升开办企业便利化服务能力。推行标准化、规范化市场准入，进一步落实“分钟制”办理改革目标，建立地址和经营范围负面清单库，以名称自主申报、住所自主承诺、经营范围智能选定、商事咨询智能服务为举措，推行企业开办智能辅助审批。

（十）电子照章多维应用。深化电子营业执照、电子印章在各领域应用，实行“自行下载、自行领取、自行应用”。改革申领途径，商事主体确认登记后，即可通过微信、支付宝小程序等途径自行下载申领电子营业执照和电子印章。改革应用体系，将电子营业执照和电子印章作为商事主体办理政务服务、商务服务身份确认主要载体，推动商事主体在社保登记、银行开户、纳税申报、合同签订、贷款审批、招投标等各领域全面应用电子营业执照和电子印章。

五、保障措施

（一）强化思想认识。深化商事制度改革是贯彻落实“放管服”改革、优化营商环境工作的重要举措，是激发市场主体发展活力、推动城市经济持续发展的重要保障。改革涉及部门要深刻领会改革的重要意义，切实加强领导、提高站位，扎实推进实施。

（二）强化系统支撑。全面落实数字化改革要求，以城市大脑为依托，大力推进“数字化+商事改革”场景应用，进一步强化系统支撑和集成，按照商事主体登记确认制改革要求，迭代升级商事登记“一网通”系统、企业全程电子化登记平台等，实现流程再造、多跨协同、智慧审批。

（三）强化责任落实。各部门要坚持问题导向和需求导向，进一步增强责任意识，细化任务分解，明确职责分工，依法履职尽责，做到精准发力，确保各项改革举措落到实处。

本实施方案自2022年5月25日起施行。

杭州高新开发区（滨江）管委会、政府办公室

2022年4月29日

推动创新链产业链“两链”深度融合的若干政策

为贯彻落实国家和省市创新联合体建设要求，全面承接省市产业链“链长制”工作部署，推进创新链产业链“两链”深度融合，建设世界领先科技园区，特制定本政策意见。

一、政策适用范围

本政策适用于在省市“链长制”中建设的、经各级部门认定且属于区内的新型产业创新组织（包括企业创新联合体、产业链上下游企业共同体、产业联盟、制造业创新中心、工程研究中心）牵头或参与单位，以及承接市内新型产业创新组织科技成果转移的区内各类企事业单位和组织。

二、设立专项资金

每年安排专项资金不少于3亿元，用于支持创新链产学研融合、产业链上下游融通发展。

三、给予认定奖励

对新认定的省、市级企业创新联合体、产业链上下游企业共同体，分别给予50万元、30万元一次性奖励。对新认定的产业联盟给予最高不超过30万元一次性开办经费奖励。对新认定的国家、省、市级制造业创新中心按要求进行资助。对新认定的国家、省、市级工程研究中心，分别给予100万元、50万元、20万元奖励。（牵头单位：区科技局；责任单位：区发改局、财政局）

四、实施揭榜挂帅

推行“军令状”“揭榜挂帅”“赛马制”等攻关模式，每年度从新型产业创新组织中择优选择一批攻关项目，经审核、验收后，给予最高不超过研发总投入30%、单个项目不超过500万元的后补助。支持新型产业创新组织承担国家重大科技专项、国家重点研发计划、国家制造业高质量发展专项等各类重大项目，按要求给予配套资金支持。（牵头单位：区科技局；责任单位：区经信局、发改局、财政局）

五、开放创新平台

鼓励新型产业创新组织开放共享检验、检测和实验平台，经审核的平台可纳入区创新券载体，给予不超过认定登记的技术服务合同金额30%补助，单个企业年最高额度不超过50万元。区内企业使用杭州人工智能计算中心等公共平台服务，按照实际使用费的20%给予补贴，单家企业补贴金额不超过100万元。（牵头单位：区科技局；责任单位：区发改局、财政局）

六、壮大链主企业

鼓励链主企业牵头建立新型产业创新组织，对符合条件的可按其研发投入最高给予不超过20%的资助。培育一批“单项冠军”“小巨人”“隐形冠军”企业，对“单项冠军”企业、“专精特新小巨人”企业、“隐形冠军”企业、省级“专精特新”中小企业分别给予200万元、100万元、100万元、20万元一次性奖励。（牵头单位：区经信局；责任单位：区科技局、发改局、财政局）

七、加速成果转化

全面落实省、市科技成果转化改革试点，完善知识价值导向分配机制，开展市场化多元化评

价，推行科技成果经理人制度，加快新型产业创新组织成果转化。（牵头单位：区科技局；责任单位：区发改局、经信局）

八、支持产业协作

鼓励新型产业创新组织牵头企业加大本地上下游企业生产配套订单，对年度执行订单增量在1亿元以上的链主企业，按增量规模给予最高不超过100万元的奖励。支持企业以技术转让、许可使用、作价投资等方式承接市内各类新型产业创新组织科技成果转移，择优给予实际支出的20%资助，单个企业每年最高不超过100万元。（牵头单位：区经信局；责任单位：区科技局、发改局、商务局、财政局）

九、支持重大成果

对新获得国家技术发明奖（国家科技进步奖）一、二等奖的，分别给予500万元、100万元奖励；新获得省级科技进步奖一、二、三等奖的，分别给予50万元、20万元、10万元奖励。国家技术发明奖（国家科技进步奖）第一责任单位予以全额奖励，第二至第五责任单位减半奖励，第六及以后不予奖励，对省级科技进步奖只给予第一责任单位奖励。（牵头单位：区科技局；责任单位：区经信局、发改局、财政局）

十、鼓励示范应用

支持新型产业创新组织新技术、新产品、新服务示范应用项目申报省、市人工智能、机器人、增材制造等典型应用场景，对纳入省、市应用场景目录的项目加大宣传推广力度。落实政府采购支持首台（套）产品政策，对各级认定的新型产业创新组织首台（套）产品（包括首台套装备、首批次新材料、首版次软件），区级给予最高不超过50万元的一次性奖励。政府相关采购主体采购与首台（套）产品相同品目或者品类的新型产业创新组织产品，且该产品使用了不可替代的专利、专有技术的，可以采用单一来源采购方式。（牵头单位：区经信局；责任单位：区发改局、财政局）

十一、支持标准建设

鼓励新型产业创新组织培育构建自主知识产权体系，支持主导或参与标准制定，形成关键技术自主创新的“核心圈”，对主导制定、参与制定国际标准并发布的，分别给予企业100万元、50万元奖励。企业主要参与国家标准（前三位）、行业标准（前二位）制定并发布的，分别给予企业20万元、10万元奖励。单个新型产业创新组织每年累计最高奖励不超过100万元。（牵头单位：区市场监管局；责任单位：区科技局、财政局）

十二、加快人才引育

全面落实各类人才引育政策，优化领军人才发现机制，建立关键核心技术攻关领军人才库，打造科技人才雁阵梯队。支持新型产业创新组织与高等院校、专业机构建立人才合作培训或订单式培养机制，给予相关配套专项补助。赋予新型产业创新组织人才举荐权，每年单列进行人才评价，经认定，在子女就学、人才房等方面给予优先保障。（牵头单位：区人才办；责任单位：区发改局、科技局、教育局、财政局）

十三、强化基金合作

设立1亿元新型产业创新组织投资基金，重点支持产业链上下游企业开展技术攻关，择优给予最高不超过2000万元的政策性股权投资支持。对获得创投机构投资的衍生项目，择优给予按创投机构投资额最高不超过20%，总额不超过1000万元跟投。（牵头单位：区发改局；责任单位：区财政局、科创公司）

十四、建设专业园区

鼓励和支持存量工业用地更新改造，对新型产业创新组织优先给予空间保障。支持命名一批新型产业创新组织专业园区，鼓励聚焦细分产业领域开展科技和创业服务。（牵头单位：区发改局；责任单位：区经信局、科技局）

十五、深化企业服务

选派懂技术、懂管理，熟悉相关产业发展情况的科技管理和专业服务人员，参与新型产业创新组织管理协调、技术路线选择、攻关方案设计、技术咨询指导等具体工作。建立滨江产业技术高端智库，支持新型产业创新组织技术专家成为智库专家委员会成员，为全区企业提供技术咨询服务。（牵头单位：区经信局；责任单位：区发改局、科技局）

十六、其他条款

同一产品、项目、标准获得多项资助（奖励）的，按"从优、从高、不重复"原则进行资助（奖励）。同一奖项在低等次已作资助（奖励）的，晋升到高等次时补足差额部分。

本政策自2022年9月6日起施行，有效期三年。本政策具体由区科技局、经信局负责牵头实施。

杭州高新技术产业开发区管理委员会

杭州市滨江区人民政府

2022年8月5日

杭州高新区（滨江）科技创新产业基金管理办法

为进一步支持创新创业活动，引导社会资本支持前沿技术开发和高成长企业发展，营造良好的创新创业生态，集聚高端产业、前沿技术和高端人才，推进我区高质量可持续发展，建设天堂硅谷、打造硅谷天堂，加快建设世界领先科技园区，根据省、市相关管理办法，结合我区实际，制定本办法。

一、总则

杭州高新区（滨江）科技创新产业基金（以下简称"产业基金"）是区委、区政府主导设立，按市场化方式运作的投资基金，其设立宗旨是发挥财政政策导向作用，兼顾引导效应和投资收益，贯彻区委、区政府关于科技创新和产业发展重大战略部署，实现政府引导与市场化运作的有效结合，支持初创型科技项目、重大科技创新项目研发以及科技含量高、成长性好的项目产业化，按照是否采取让利措施分为引导类基金与效益类基金两大类。

（一）基金分类

1. 引导类基金。是指为招引重大产业项目，在关键领域加快推动科技创新、产业转型升级而设立的或上级要求配套的非市场化基金，可根据项目情况适度让利。

2. 效益类基金。是指围绕国有资本保值增值，以同股同权的形式，择优投向区内外发展前景好、盈利能力强的项目，并承担风险的盈利性基金。

（二）资金来源

产业基金由财政注资和杭州高新金投控股集团有限公司〔以下简称"金投集团（筹）"〕筹资组建。力争到2025年，区产业基金管理规模达到100亿元。

二、使用原则

（一）政府引导。产业基金要充分贯彻落实区委、区政府经济发展战略，发挥财政资金的杠杆效应和引导作用，支持符合区主导方向的产业，重点支持数字经济、新制造业和生命健康等战略性新兴产业。

（二）分类管理。产业基金实施分类管理，每年编制引导类基金与效益类基金年度预算及使用计划，保证产业基金良好运作。

（三）规范运作。按照国家、省、市有关产业基金管理办法规范运作，政府相关部门负责指导、监督，通过与社会资本合作发现、招引和培育科技含量高、成长性好的产业项目。

（四）防范风险。构建风险防范体系，强化风险监控机制，产业基金使用须按程序进行集体决策，确保产业基金在风险可控的前提下规范有序运行，保障国有资金安全。

三、使用要求

（一）引导类基金投资项目(含合作基金)须符合杭州高新区（滨江）产业政策导向及相关产业发展规划等；效益类基金可以择优投向区内外发展前景好、盈利能力强的项目。

（二）产业基金不得从事以下业务：

1. 从事融资担保以外的担保、抵押、委托贷款等业务；

2. 投资公开交易类股票、期货、房地产、证券投资基金、评级AAA以下的企业债、信托产品、非保本型理财产品、保险计划及其他金融衍生品；

3. 向任何第三方提供赞助、捐赠（经批准的公益性捐赠除外）；

4. 吸收或变相吸收存款，或向第三方提供贷款和资金拆借，或明股实债等变相增加政府债务的行为；

5. 进行承担无限连带责任的对外投资；

6. 发行信托或集合理财产品募集资金；

7. 其他国家法律法规禁止从事的业务。

四、运作模式

（一）引导类基金

引导类基金采取政策性直接投资、引导性合作基金、政府专项或经区政府同意的其他方式。

1. 政策性直接投资。产业基金通过直接投资或定向基金的形式进行运作。专项支持区内特、重大招商引资项目，安商稳商项目和区内企业新增重大产业化项目，以及大企业集团与上市公司的并购项目。

2. 引导性合作基金。为充分发挥产业基金的放大效应和导向作用，引导社会资本更好服务我区实体经济发展，由金投集团（筹）制定引导性合作基金准入制度、公开遴选实施细则，根据引导类基金年度预算额度，面向市场公开遴选主发起人。主发起人一般为知名股权投资机构及区内大企业大集团、上市公司等，主要投向高端装备制造、生物医药、集成电路、人工智能等领域的早期项目。

产业基金参与引导性合作基金参股比例原则上最高不超过基金设立规模的20%，出资不超过1亿元，返投比例原则上不低于1.5倍，基金存续期原则上不超过7年，对生物医药、人工智能等投资期较长产业，可延长至10年。确需延长存续期的，经基金出资人协商一致，在原基础上可延长两次，每次一年。引导性合作基金建立合作期内年评估及约束机制，对于超额完成返投目标、提前完成返投目标或招引项目贡献突出的，可给予基金管理机构和社会资本投资方一定的奖励和让利，对于未完成相关协议约定指标或考核不合格的要约定相关惩罚条款。相关返投认定标准和绩效考核细则由区发改局另行制定。

3. 政府专项。根据上级政府要求，积极参与国家和省市经济发展战略布局，参股国家或省市专项基金，或为区重大产业项目、孵化器、政策等配套设立的专项基金（含人才基金、特别合作园区基金、天使引导基金）等，具体出资和返投比例等条款可突破引导性合作基金的相关要求，具体办法另行制定。

4. 经区政府同意的其他方式。根据经济社会发展需要，经区政府同意的其他使用方式。特别重大的投资项目（含合作基金），经区政府同意，基金使用方式和投资额可不受前述标准限定。

（二）效益类基金

效益类基金采取市场化直接投资、市场化合作基金等方式。

1. 市场化直接投资。产业基金领投或作为单一投资人以及采用跟进投资的方式，通过直接投资或定向基金进行同股同权投资。若领投或作为单一投资人，采取市场化方式进行投资，确需资产评估的，按规定程序聘请具备资质的资产评估机构进行评估；采用跟进投资的以市场公允价值作为投资估值依据。单个企业原则上最高投资不超过5000万元，所占股权比例不超过20%，且不为第一大股东。

2. 市场化合作基金。由金投集团（筹）制定市场化合作基金准入制度、公开遴选实施细则，根据效益类基金年度预算额度，面向市场公开遴选主发起人。产业基金参与市场化合作基金参股比例原则上最高不超过基金设立规模的30%，出资不超过2亿元，返投比例原则上不低于1倍，基金存续期原则上不超过7年，对生物医药、人工智能等投资期较长产业，可延长至10年。确需延长存续期的，经基金出资人协商一致，在原基础上可延长两次，每次一年。

同一项目（含合作基金）可同时申请引导类和效益类基金出资，累计出资比例原则上不超过上述两类基金所规定最大出资比例之和。

同一基金管理人同期管理的产业基金参股的合作基金数量原则上不超过4支，其中引导性和市场化合作基金各不超过2支，出资可一次或分期到位，产业基金按同比例最后一个出资。对于连续两年年度考核优秀、管理基金存续期区产业基金出资规模合计不超过1亿元的合作基金管理人，经领导小组批准，可适当放宽其管理合作基金数量。

基金所募集资金应全额纳入银行托管户托管，银行托管报告应规范核心要素的披露。

五、组织分工

（一）区产业基金领导小组。设立区委财经委员会领导下的区产业基金领导小组（以下简称“领导小组”），由区长任组长，常务副区长任常务副组长，分管区领导任副组长，区府办、人才办、文创发展中心、发改局、经信局、科技局、财政局、商务局、市场监管局、产业平台和金投集团（筹）的主要负责人为成员，根据需要确定参会和列席单位，负责产业基金重大事项的决策和协调。

（二）区产业基金领导小组办公室。区产业基金领导小组办公室（以下简称“基金办公室”）设在区发改局，负责领导小组日常工作。贯彻落实领导小组关于基金发展运行的重大决策，研究制定产业基金管理办法，指导监督金投集团（筹）开展相关工作，组织领导小组对投资项目进行审议决策，协调基金运行中发生的问题。负责引导性合作基金组建方案提交领导小组决策及引导性合作基金年度考核评价工作。负责建立并维护产业基金专家库。

（三）财政局。代表区政府履行出资人职责，可授权杭州高新产业基金有限公司代行出资人职责。负责产业基金年度绩效考核评价。

（四）商务局、经信局。负责建立动态项目储备库、制定投资方案、参与专家评审、投后跟踪、退出决策等工作。从区外招商引资的政策性直接投资项目方案由商务局负责提交领导小组决策；区内存量的政策性直接投资项目方案由经信局负责提交领导小组决策。市场化直接投资项目可由商务局、经信局负责初审并向金投集团（筹）进行推荐。

（五）产业平台。参与发改局、商务局和经信局引进项目（含合作基金）的决策和投后服务工作；负责属地企业对接，配合有关部门进行融资需求摸排，接受属地企业产业基金需求申请，政策性直接投资项目由其初审后转交商务局、经信局推进，市场化直接投资项目可由其向金投集团（筹）进行推荐。

（六）金投集团（筹）。作为区产业基金的管理人，遵循国家、省、市有关基金规定，建立合理的基金管理体系，设立基金法人主体、基金管理公司，制定年度资金使用计划，确定引导类基金与效益类基金的使用额度并实施分类管理。负责政策性直接投资项目的尽职调查和专家评审，配合商务局、经信局拟定投资方案和协议主要条款，并做好入股谈判、协议签署、投后管理、退出等后续工作；分类制定引导性、市场化合作基金准入制度、公开遴选实施细则并面向市场公开遴选合作基金主发起人，负责引导性合作基金的尽职调查和专家评审，配合发改局拟定基金组建方案，并做好合伙协议、托管协议签署、投后管理、退出等后续工作；负责市场化直接投资项目、市场化合作基金的决策立项、尽职调查、专家评审、自主或提交领导小组决策；负责市场化合作基金年度考核评价和制定市场化合作基金绩效考核细则；建立信息披露机制，动态监控投资风险，重点加强对重大项目变动、合作基金返投比例等动态信息的报告；明确金投集团（筹）及其控股子公司的组织架构和业务管理体系，并制定内部激励机制。

（七）其他区级部门。区府办、人才办、文创发展中心、科技局、市场监管局按各自职责和工作要求，向发改局、商务局、经信局和金投集团（筹）推荐项目并初审，参与项目投资、退出决策。

六、基金决策程序

（一）引导类基金决策程序

1. 企业申请。企业申请使用产业基金，由发改局、商务局和经信局根据分工受理，出具初审意见及提交议题表，经基金办公室审核同意后，报区分管领导审批。

2. 尽职调查。区分管领导审批同意后，金投集团（筹）组织专业机构进行尽职调查，尽职调查报告应包括项目总规模、产业基金出资比例、政策目标、让利方案、退出安排等事项。

3. 专家评审。金投集团（筹）组织专家和区有关部门对尽调结论进行评审，经专家评审会三分之二以上成员同意的，方可提交领导小组决策。

4. 领导小组决策。根据项目（含合作基金）投资金额，由组长、常务副组长分别召集领导小组成员进行审议决策，单个项目（含合作基金）出资额3000万元以下（含），常务副组长召集领导小组成员对投资项目进行决策；单个项目（含合作基金）出资额3000万元以上（不含）、1亿元以下（含），组长召集领导小组成员对投资项目进行决策；单个项目（含合作基金）出资额1亿元以上（不含），组长召集领导小组成员对投资项目进行审议，审议通过后报区委财经委员会决策。决策通过后的项目（含合作基金）由金投集团（筹）负责具体实施。

政府专项、经区政府同意的其他方式参照上述决策程序，可适当简化流程。

（二）效益类基金决策程序

1. 决策立项。金投集团（筹）设立内部立项管理制度，对部门、产业平台推荐和市场渠道项目（含合作基金）及时决策是否立项。

2. 尽职调查。金投集团（筹）组织专业机构对立项的项目（含合作基金）进行尽职调查，尽职调查报告应包括业务行业分析、法律合规、财务分析、投资方案及估值分析等事项。

3. 专家评审。金投集团（筹）组织专家对尽调结论进行评审，经专家评审会三分之二以上成员同意的，方可进入下一步决策流程。

4. 金投集团（筹）自主决策。单个项目（含合作基金）出资额3000万元以下（含），由金投集团（筹）自主决策并负责具体实施，决策后一周内向基金办公室报备。

5. 领导小组决策。单个项目（含合作基金）出资额3000万元以上（不含）、1亿元以下（含），常务副组长召集领导小组成员对投资项目进行决策；单个项目（含合作基金）出资额1亿元以上（不含）、3亿元以下（含），组长召集领导小组成员对投资项目进行决策；单个项目（含合作基金）出资额3亿元以上（不含），组长召集领导小组成员对投资项目进行审议，审议通过后报区委财经委员会决策。决策通过后的项目（含合作基金）由金投集团（筹）负责具体实施。

七、基金退出

（一）产业基金可采取股权（份额）转让、股票减持、股东回购、公开上市以及解散清算等方式退出，引导类基金的项目最大让利原则上不低于投资本金加同期LPR利率利息，具体在协议中明确。

（二）引导类基金投资项目（含合作基金），在达到协议约定的投资年限或约定的退出条件时，由金投集团（筹）按约定实施退出后向基金办公室报备；其他情形下需要退出的，由项目提交决策单位制定退出方案，按项目原有出资决策程序提交领导小组决策，决策通过后由金投集团（筹）负责具体实施。效益类基金投资项目（含合作基金）退出由金投集团（筹）负责具体实施。

（三）产业基金原则上应按照章程或协议约定的退出价格执行。章程或协议没有约定的，应聘请具备资质的资产评估机构按国有资产管理有关规定进行评估，通过依法设立的产权交易机构采取公开挂牌方式退出。

（四）产业基金退出发生损失的，报领导小组同意后，先由产业基金已获得的收益进行冲抵，若产业基金已获得的收益不足以冲抵时，差额部分由金投集团（筹）按照国资管理的有关规定进行核销。

（五）产业基金应在章程或协议中约定，有下述情况之一时，产业基金可无需其他出资人同意，选择提前退出：

1. 章程或协议签署后超过6个月，未按规定程序和时间要求完成设立或增资手续的。

2. 产业基金拨付合作基金账户1年以上，合作基金未实际出资的。

3. 未完成返投目标等合作基金严重偏离章程或合伙协议约定投资的，且造成产业基金重大损失的。

4. 发现其他严重危及产业基金安全或违背政策目标等事前约定退出情形的。

八、日常管理

金投集团（筹）全面负责产业基金的日常管理工作，加强内部控制，按时上报有关数据和分析报告，牵头做好产业基金运作中相关风险的处置工作。

（一）风险事项管理。金投集团（筹）应建立内部风险管理制度，完善日常性、突发或重大事项处理机制，对于重大风险事项（包括但不限于合作违约情况、重大股权变更、并购重组、合作中止退出等情况），应在事项发生起3日内向基金办公室书面报告，且采取措施责令整改并监督其规范运作，及时上报整改结果。

产业基金与相关合作方签署章程或协议后，发生产业基金认缴出资额增加、项目管理方实质性变化、基金存续期延长等核心要素变更，由金投集团（筹）向基金办公室报告并获批复后进行处理。项目管理方实质性变化包括但不限于：

1. 合作基金管理机构的主要股东（公司制）或普通合伙人（合伙制）发生实质性变化；

2. 合作基金管理机构关键人士半数（含）或董事长、总经理以上发生变化；

3. 直接投资项目主要股东及经营范围发生实质性变化，且影响直接投资项目发起部门政策目标实现的。

（二）做好投后管理。金投集团（筹）严格按照决策意见做好项目投资、过程监管和退出等全过程管理工作，定期向区委、区政府主要领导、分管领导和基金办公室报送产业基金运营情况和投资项目情况。每月结束后10日内报送上月产业基金运营情况和投资项目情况，每季度结束后15日内报送产业基金季度运营分析报告，每年度结束后30日内报送产业基金年度整体运营分析报告和被投资项目进展评估报告（包括但不限于基金投资情况、项目进展情况、风险情况）。

（三）建立尽职免责机制。对于产业基金运作过程中发生违规行为的，依法依规追究相应责任；对于已履职尽责的投资项目，如发生风险造成投资损失，决策机构、主管部门、代行出资人职责机构、基金管理机构等不承担相关责任。

（四）管理费用提取。按基金类型由对应的基金管理公司收取基金管理费用。引导类基金按照实缴投资金额0.6%/年收取，效益类基金根据年度绩效评价结果分档收取管理费用，如绩效评价结果合格的，按照实缴投资金额0.6%/年收取；达到良好的，按照实缴投资金额0.8%/年收取；达到优秀的，按照实缴投资金额1%/年收取；未达到合格的，按照实缴投资金额0.4%/年收取。

九、附则

本办法自2022年10月1日施行，具体由区发改局负责实施及解释。原杭高新〔2017〕53号文件及涉及产业基金的相关实施办法同时废止。其他文件规定与本办法不一致的，以本办法为准。

杭州高新技术产业开发区管理委员会
杭州市滨江区人民政府
2022年8月31日

重要文件目录

2022年中共杭州滨江区委部分文件目录一览表

表42

序号	文件标题
1	关于印发章登峰同志在中国共产党杭州市滨江区第六次代表大会上的报告的通知
2	关于同意规范设置中共杭州高新区（滨江）高新软件园委员会等4家党组织的批复
3	关于加强和改进新时代人才工作推进天堂硅谷人才行动的实施意见
4	关于确定第一批杭州高新区（滨江）人才工作突出贡献单位的通知
5	关于认真学习宣传贯彻省第十五次党代会精神的通知
6	关于同意规范杭州高新区（滨江）律师行业等5家党组织设置的批复
7	关于印发《杭州高新区（滨江）建设数字经济第一区行动计划（2022—2025）》的通知
8	关于认真学习宣传贯彻党的二十大精神的通知
9	关于同意规范杭州滨江环境发展有限公司等3家公司党组织设置的批复

（区委办公室）

2022年中共杭州滨江区委办公室部分文件目录一览表

表43

序号	文件标题
1	关于印发章登峰同志在区委六届二次全体（扩大）会议上的报告的通知
2	关于印发《滨江区共青团基层组织改革实施方案》的通知
3	印发《关于迭代开展“三大主题年”活动实施方案》的通知
4	关于推进产业平台高质量发展的实施意见的通知
5	印发《关于推动创新链产业链“两链”深度融合的实施意见》的通知
6	关于2021年度考核优秀公务员记功嘉奖的通报
7	关于印发《杭州高新区（滨江）关于推进知识产权高质量发展的实施意见》的通知

（区委办公室）

2022年滨江区人民政府部分文件目录一览表

表44

序号	文件标题
1	关于印发《滨江区公办幼儿园聘用制教师管理办法（试行）》的通知
2	关于印发《推动创新链产业链“两链”深度融合的若干政策》的通知
3	关于印发《杭州高新区（滨江）科技创新产业基金管理办法》的通知
4	关于加快智造供给产业发展的实施意见

（区政府办公室）

2022年滨江区人民政府办公室部分文件目录一览表

表45

序号	文件标题
1	关于印发《杭州高新区(滨江)商事主体登记确认制改革实施方案》的通知
2	关于印发《滨江区驻街规划师实施办法(试行)》的通知
3	关于印发《滨江区相邻地块项目统筹开发建设实施细则(试行)》的通知
4	关于印发《杭州高新区(滨江)直接监管企业负责人业绩考核办法》的通知
5	关于印发《滨江区建设工地文明施工标准化实施细则》的通知
6	关于印发《滨江区进一步加强农转居安置房小区物业管理工作的若干意见(试行)》的通知
7	关于公布区管委会、政府2022年行政规范性文件清理结果的通知

(区政府办公室)

2022年杭州高新区(滨江)重要报道题录

电视媒体重要报道一览表

表46

序号	播出日期	栏目	标题
1	1月1日	央视新闻频道《日出东方》	你好2022　杭州亚运会今年九月举行　记者提前探馆
2	4月1日	央视新闻频道《新闻直播间》	浙江杭州2022年第19届亚运会　杭州亚运　各就各位
3	5月31日	央视中文国际频道《中国新闻》	多项举措支持市场主体纾困发展
4	11月26日	央视财经频道《天下财经》	关注老旧电梯更新　浙江杭州:定制出行"第一步"　邻里事务商量着办
5	11月26日	央视财经频道《天下财经》	关注老旧电梯更新　浙江杭州:电梯更新成本可由维修资金覆盖　申请门槛降低
6	1月6日	浙江卫视《浙江新闻联播》	袁家军在杭州调研拉开我省"助企开门红"活动序幕　在解决实际问题中推动高质量发展　确保一季度开门红和社会大局稳定
7	1月29日	浙江卫视《浙江新闻联播》	杭州:精密智控提效能　力争最短时间最小代价遏制疫情传播
8	1月30日	浙江卫视《浙江新闻联播》	疫情防控　杭州:因地制宜　确保"应检尽检"
9	1月30日	浙江卫视《浙江新闻联播》	袁家军王浩到杭州市滨江区检查指导疫情防控工作

续表46

序号	播出日期	栏目	标题
10	1月31日	浙江卫视《浙江新闻联播》	全力防控：九千余居民安全转运　隔离中的他们过得如何？
11	1月31日	浙江卫视《浙江新闻联播》	求助平台、防疫热线……你的问题　我来回应
12	1月31日	浙江卫视《浙江新闻联播》	全力防控：战疫一线　暖流汇聚
13	2月4日	浙江卫视《浙江新闻联播》	（疫情防控）各地加大物资供应　保障“三区”正常生活
14	2月4日	浙江卫视《浙江新闻联播》	同心抗疫　凌晨3点半躺下，6点多被电话叫醒，社区接线员小蒋的日常
15	2月5日	浙江卫视《浙江新闻联播》	（疫情防控·蹲点抗疫第一线）滨江教师志愿者：需要我们的时候一定要站出来
16	2月23日	浙江卫视《浙江新闻联播》	王浩在杭州调研企业发展：推动制造业高质量发展之路越走越宽广
17	2月23日	浙江卫视《浙江新闻联播》	联播快讯　全省首家芯片全要素检测分析机构落户滨江
18	3月10日	浙江卫视《浙江新闻联播》	各地有序复工复产　减少疫情损失
19	3月26日	浙江卫视《浙江新闻联播》	联播快讯　我省三地入选首批国家专业类特色服务出口基地
20	3月30日	浙江卫视《浙江新闻联播》	你好　亚运年　建设低碳环保场馆设施　助力打造绿色亚运（奥体中心）
21	4月22日	浙江卫视《浙江新闻联播》	你好　亚运年　彰显智慧亚运　一批场馆项目全新亮相（大小莲花）
22	4月25日	浙江卫视《浙江新闻联播》	你好　亚运年　“小莲花”迎来“首考”63名青少年网球选手同场竞技
23	4月26日	浙江卫视《浙江新闻联播》	省人大常委会围绕亚运会筹办工作开展代表视察
24	4月29日	浙江卫视《浙江新闻联播》	联播快讯　央行今起发行第十九届亚运纪念币
25	5月10日	浙江卫视《浙江新闻联播》	布局“上天入海”新领域　我省新设立三个省实验室
26	5月16日	浙江卫视《浙江新闻联播》	创造新业绩　喜迎党代会　浙江：数字经济集聚成势，打造高质量发展“金名片”
27	6月7日	浙江卫视《浙江新闻联播》	白马湖实验室今天成立　重点攻关能源领域前沿技术
28	6月9日	浙江卫视《浙江新闻联播》	线下招聘会陆续启动　校企联手拓宽就业路

续表46

序号	播出日期	栏目	标题
29	6月10日	浙江卫视《浙江新闻联播》	袁家军在杭州调研经济稳进提质和数字化改革工作　精准服务稳企助企　创新制胜赢得未来 刘捷陈奕君卢山参加
30	8月15日	浙江卫视《浙江新闻联播》	掌门人的新棋局　网易CEO丁磊：只有创新　才能走到别人前面去
31	9月3日	浙江卫视《浙江新闻联播》	北交所成立一周年　9家浙江创新型企业上市融资
32	9月30日	浙江卫视《浙江新闻联播》	联播快讯　“无废亚运”数字化应用场景上线
33	10月10日	浙江卫视《浙江新闻联播》	实战实效　稳进提质·破局亮新招　多跨协同联合攻坚，新技术赋能新模式推进农业高质高效
34	10月11日	浙江卫视《浙江新闻联播》	喜迎二十大　项目集聚　杭州启动建设“中国视谷”
35	11月11日	浙江卫视《浙江新闻联播》	乌镇问大咖　范渊：“产业大脑+未来工厂”将更多赋能中小企业集群
36	11月13日	浙江卫视《浙江新闻联播》	联播快讯　新杭州人新婚盛典今天举行
37	11月28日	浙江卫视《浙江新闻联播》	第十八届中国国际动漫节闭幕　浙产原创动漫精品受青睐
38	12月2日	浙江卫视《浙江新闻联播》	袁家军在杭州调研民营企业并主持召开企业家座谈会强调　坚定信心　主动应变　勇闯新路　在“两个先行”中谱写民营经济高质量发展新篇章
39	12月14日	浙江卫视《浙江新闻联播》	易炼红在杭调研企业并召开企业家座谈会强调　提振信心　抢抓机遇　扩大开放　拓展市场　突围发展
40	12月16日	浙江卫视《浙江新闻联播》	白马湖实验室首个科研中心开建　第三批省实验室建设加快推进
41	12月25日	浙江卫视《浙江新闻联播》	聚焦世界浙商大会　练好内功抢市场　浙商加快融入全球产业链重构
42	12月26日	浙江卫视《浙江新闻联播》	敢闯敢为“浙”先行　浙产新能源“加速跑”（上）抢占先机找准赛道　新能源汽车产业链迈开大步
43	12月26日	浙江卫视《浙江新闻联播》	2022中国社会治理百强县（市、区）揭晓　浙江32地入选百强
44	1月6日	杭州电视台《杭州新闻联播》	多措并举　杭州奋力打造“住有所居　居有所乐”幸福样本
45	1月6日	杭州电视台《杭州新闻联播》	（天堂硅谷　共富滨江）　用好“亩均效益”指挥棒　“小块头”释放经济大能量
46	1月6日	杭州电视台《杭州新闻联播》	（天堂硅谷　共富滨江）紧抓亚运机遇　城市配套再升级

续表46

序号	播出日期	栏目	标题
47	1月6日	杭州电视台《杭州新闻联播》	袁家军在杭州调研拉开我省“助企开门红”活动序幕　在解决实际问题中推动高质量发展　确保一季度开门红和社会大局稳定　刘捷陈奕君陪同调研
48	1月12日	杭州电视台《杭州新闻联播》	“量身定制”新春福利　杭州各地出台留杭过年“大礼包”
49	1月23日	杭州电视台《杭州新闻联播》	（天堂硅谷　共富滨江）数字“利器”推动智慧治理　数字改革跑出“高新”加速度
50	1月24日	杭州电视台《杭州新闻联播》	（天堂硅谷　共富滨江）全域均衡　五育并举　打造“高新特质”的高质量教育
51	2月18日	杭州电视台《杭州新闻联播》	“90后”先锋队VS马大嫂志愿队　记录坚守“疫”线的党员面孔
52	2月18日	杭州电视台《杭州新闻联播》	做好“传承”与“创新”　文化“软实力”变共富“硬实力”
53	2月28日	杭州电视台《杭州新闻联播》	寻访亚运故事：15年的守望49次的记录
54	2月28日	杭州电视台《杭州新闻联播》	直播间里吆喝优质岗位　各地火热开展“云招聘”
55	3月1日	杭州电视台《杭州新闻联播》	做好服务精准“投喂”“孵化器”助力企业“破壳”
56	3月2日	杭州电视台《杭州新闻联播》	鼓励科技创新　企业活力持续迸发
57	3月3日	杭州电视台《杭州新闻联播》	滨江、萧山携手画“园”　跨区合作破解“新成长烦恼”
58	3月4日	杭州电视台《杭州新闻联播》	（贯彻落实党代会精神）勇当全市经济社会发展的开路先锋　高新区（滨江）传达学习市第十三次党代会精神
59	3月5日	杭州电视台《杭州新闻联播》	争做文明使者　今年的学雷锋日“很亚运”
60	3月9日	杭州电视台《杭州新闻联播》	杭州高新区(滨江)萧山特别合作园揭牌　刘捷刘忻出席并揭牌
61	3月19日	杭州电视台《杭州新闻联播》	汇聚点滴力量　共筑抗疫之墙
62	3月24日	杭州电视台《杭州新闻联播》	刘捷在调研亚运场馆建设情况时强调　争分夺秒　精益求精　确保按期保质完成场馆建设
63	4月3日	杭州电视台《杭州新闻联播》	无障碍设施建设是否到位？　残疾人代表体验“大小莲花”
64	4月8日	杭州电视台《杭州新闻联播》	智慧管网　助力亚运水环境建设
65	4月10日	杭州电视台《杭州新闻联播》	（携手办亚运　我是东道主）多重身份的“体育老师”：亚运让我突破自我

续表46

序号	播出日期	栏目	标题
66	4月19日	杭州电视台《杭州新闻联播》	(你好！亚运)探访杭州亚运会场馆:智能办赛“智”在哪?
67	5月1日	杭州电视台《杭州新闻联播》	减免租金银企对接　助企纾困精准出招
68	5月1日	杭州电视台《杭州新闻联播》	(你好！亚运)亚运场馆节俭不简单　篮球馆巧变羽毛球馆
69	5月9日	杭州电视台《杭州新闻联播》	“滨江蓝”“南宋街”　来看看老朋友的新面貌
70	5月13日	杭州电视台《杭州新闻联播》	高新区(滨江)网络空间安全创新研究院将建立
71	5月17日	杭州电视台《杭州新闻联播》	健康码升级　采样点“直播”　核酸检测便民功能持续上新
72	5月21日	杭州电视台《杭州新闻联播》	(共富对对碰)家门口的民生“综合体”　让幸福触手可及
73	5月26日	杭州电视台《杭州新闻联播》	宜居宜业鼓励创新　杭州各地人才新政来了
74	6月2日	杭州电视台《杭州新闻联播》	(扎根“国际滨”的N种可能)藏在深闺到炙手可热　智慧新天地打造生命健康千亿级产业集群
75	6月8日	杭州电视台《杭州新闻联播》	杭州多个道路提升改建项目迎来新节点　市民出行更加便捷
76	6月9日	杭州电视台《杭州新闻联播》	优质教育资源不断扩容　让百姓共享家门口的“美好教育”
77	6月16日	杭州电视台《杭州新闻联播》	(助企纾困　杭州在行动)留抵退税直达快享　“真金白银”助企纾困
78	6月19日	杭州电视台《杭州新闻联播》	(助企纾困　杭州在行动)储人才　保就业　援企稳岗迎来发展新机
79	6月25日	杭州电视台《杭州新闻联播》	(扎根“国际滨”的N种可能)织牢“一老一小一人才”守护网　推动卫生健康共同富裕
80	6月28日	杭州电视台《杭州新闻联播》	杭州奥体中心部分全民健身场地今天起正式对外开放
81	6月29日	杭州电视台《杭州新闻联播》	杭州主城区首个共有产权保障住房项目开工
82	6月30日	杭州电视台《杭州新闻联播》	(你好！亚运)亚运赛场抢先体验　来滨江体育馆打场羽毛球
83	7月1日	杭州电视台《杭州新闻联播》	礼献“七一”　以热血为党旗添彩　践初心为人民服务
84	7月5日	杭州电视台《杭州新闻联播》	今天起杭州多城区校园运动场地对外开放

续表46

序号	播出日期	栏目	标题
85	7月8日	杭州电视台《杭州新闻联播》	滨江区开展非标电动自行车淘汰置换活动
86	7月11日	杭州电视台《杭州新闻联播》	暑托班、夏令营、晨跑队　孩子们的假期生活丰富多彩
87	7月12日	杭州电视台《杭州新闻联播》	获奖192项　我市省科技奖获奖数量再创新高
88	7月16日	杭州电视台《杭州新闻联播》	惠民公交驶入“交通孤岛”　定制专线打通出行“最后一公里”
89	7月18日	杭州电视台《杭州新闻联播》	政府兜底各界参与　杭州暑托班及夏令营“百花齐放”
90	7月20日	杭州电视台《杭州新闻联播》	之江文化产业带　“一核五极”　同步发力　产业规模提高267%
91	7月26日	杭州电视台《杭州新闻联播》	（奋进新征程　建功新时代）“开摊创业”“车间就业”　杭广互补激发内生动力
92	7月31日	杭州电视台《杭州新闻联播》	“八一”临近　为退役老兵夫妇补拍一张结婚照
93	8月7日	杭州电视台《杭州新闻联播》	“全民健身”主题挑战赛　杭城火热开启
94	8月17日	杭州电视台《杭州新闻联播》	综合查一次　基层“全科”执法队一管到底
95	9月4日	杭州电视台《杭州新闻联播》	老年人走进高新企业　首场“数智大讲堂”开课
96	9月9日	杭州电视台《杭州新闻联播》	一城感恩风　满目尊师情　杭州各地庆祝教师节
97	9月12日	杭州电视台《杭州新闻联播》	搭建平台抢抓先机　助力自由贸易“加速度”
98	9月14日	杭州电视台《杭州新闻联播》	（众志成城　防御台风“梅花”）晚饭时间饭香四溢　杭州亚运场馆成为他们临时的“家”
99	9月14日	杭州电视台《杭州新闻联播》	（众志成城　防御台风“梅花”）各地启动临时避灾安置点　筑牢地质灾害安全防线
100	9月20日	杭州电视台《杭州新闻联播》	“杭州这十年·高新区（滨江）”主题新闻发布会举行
101	9月20日	杭州电视台《杭州新闻联播》	优化机制　破难求变　杭州用“数字方案”打通产业链供应链
102	10月8日	杭州电视台《杭州新闻联播》	萧滨携手全市域联动　打造数字经济新地标　“中国视谷”启动建设　刘忻致辞
103	10月16日	杭州电视台《杭州新闻联播》	（杭州各界收看二十大开幕会）青春的火热实践　绽放出绚丽之花

续表46

序号	播出日期	栏目	标题
104	10月17日	杭州电视台《杭州新闻联播》	(二十大时光)凝心聚力备战亚运　以精彩盛会展中国形象
105	10月19日	杭州电视台《杭州新闻联播》	(二十大时光)数智治理助力社会安定　给足群众满满安全感
106	10月22日	杭州电视台《杭州新闻联播》	依托数字之“手”织密绿色电网　为双碳目标贡献国网力量
107	10月23日	杭州电视台《杭州新闻联播》	领航新征程　续写新篇章　以昂扬姿态建功新时代
108	10月27日	杭州电视台《杭州新闻联播》	(奋进新征程　建功新时代)滨江“数字尖兵”厚积薄发　自研技术成为行业主旋律
109	10月28日	杭州电视台《杭州新闻联播》	群英荟萃共竞创新　鲲鹏应用创新大赛2022全国总决赛今日开赛
110	10月29日	杭州电视台《杭州新闻联播》	(大潮奔涌启新篇)浓浓获得感　满满幸福感　美好生活的向往不断实现
111	11月7日	杭州电视台《杭州新闻联播》	(大潮奔涌启新篇)夯实基层党组织战斗堡垒　做群众的坚实“靠山”与“灯塔”
112	11月7日	杭州电视台《杭州新闻联播》	杭州新增2例无症状感染者　滨江区即刻开展赋码封控等措施
113	11月10日	杭州电视台《杭州新闻联播》	新兴产业成重要支撑　优化投资改写产业布局
114	11月15日	杭州电视台《杭州新闻联播》	汇聚全球英才　打造人才高地　杭州各地启动人才活动周
115	11月16日	杭州电视台《杭州新闻联播》	理论宣讲深入一线　用青春力量传播党的“好声音”
116	11月26日	杭州电视台《杭州新闻联播》	(新时代新征程新伟业)协同推动产业跃迁　全域联动建设“中国视谷”
117	12月1日	杭州电视台《杭州新闻联播》	(新时代新征程新伟业)打造老百姓“家门口”的民心工程　今年杭州老旧小区改造完成率121%
118	12月6日	杭州电视台《杭州新闻联播》	杭州各地收听收看追悼大会　化悲痛为力量为中华民族伟大复兴不懈努力
119	12月9日	杭州电视台《杭州新闻联播》	中国网络作家村五周年村民日活动今日举行
120	12月28日	杭州电视台《杭州新闻联播》	快递小哥共同献力　暖心小队送爱上门
121	12月31日	杭州电视台《杭州新闻联播》	(新时代新征程)呵护科学家的“硬实力”　提升创新生态“软实力”

(王春松)

平面媒体重要报道一览表

表47

序号	刊发时间	刊发媒体、版面	标题
1	4月1日	《人民日报》 16版：视觉	杭州亚运会、亚残运会竞赛场馆全部竣工
2	4月2日	《人民日报》 06版：综合	打磨细节，展现亚运之美（体坛观澜）
3	4月2日	《人民日报》 06版：综合	杭州亚运会筹备进入冲刺阶段 提升城市风貌 共迎精彩赛会
4	4月13日	《人民日报》 13版：社会	杭州滨江区探索数字化城市防涝 数据来跑腿 在线能治水
5	5月19日	《人民日报》 头版：要闻	浙江扎实推进共同富裕示范区建设
6	5月19日	《人民日报》 8版：广告	积厚成势向未来 杭州：朝着共同富裕目标奋楫前行
7	5月26日	《人民日报》 12版：政治	杭州高新区（滨江）打造世界一流人才生态
8	6月4日	《人民日报》 03版：要闻	感受共同富裕的发展魅力（读懂中国）
9	8月28日	《人民日报》 02版：要闻	科技部等六部门发文统筹推进场景创新　让人工智能充分赋能经济社会发展（经济新方位）
10	8月29日	《人民日报》 19版：科技	一手抓技术研发、一手抓精密制造，贝丰科技成功研制替代进口的呼吸机核心部件微型风机抗疫显身手（创新故事）
11	9月5日	《人民日报》 19版：科技	遵循高科技产业自身规律，杭州高新区在引才留才、科技研发和产业培育上不断探索 人才聚 科技兴 产业强（科技视点·创新驱动看高新①）
12	10月14日	《人民日报》 12版：广告	创新驱动引领区域高质量发展 杭州高新区（滨江）向世界领先科技园区奋力迈进
13	12月6日	《人民日报》 10版：经济	杭州高新区（滨江）深化创新链产业链融合 “两链”协同 助力发展
14	12月26日	《人民日报》 15版：国际	杭州滨江：扎实推进全域现代社区建设
15	2月11日	《人民日报》 海外版 02版：要闻	开年就开跑，各地争创虎年“开门红”
16	7月13日	《人民日报》 海外版 05版：焦点关注	跟着妈妈去上班
17	1月17日	《新华每日电讯》 头版：要闻	一半勾留“数”此湖

续表47

序号	刊发时间	刊发媒体、版面	标题
18	2月11日	《中国日报》	杭州亚运会开启200天倒计时
19	6月20日	《中国高新技术产业导报》A2版:要闻	国家高新区稳经济政策落地见效
20	8月8日	《中国高新技术产业导报》头版	国家高新区平台经济的新范式
21	11月7日	《中国高新技术产业导报》A1版:封面	全面建成创新驱动发展示范区和高质量发展先行区 为中国式现代化探索“高新方案”
22	11月7日	《中国高新技术产业导报》A2版:要闻	学习贯彻党的二十大精神 高新区在行动
23	7月19日	《科技日报》07版:园区	科技支撑杭广协作 广元农业产业跑出数字化“加速度”
24	10月13日	《科技日报》07版:园区	产业业态、城市形态、人才生态三态融合 杭州高新区在“小”面积上集聚“大”能量
25	12月6日	《科技日报》07版:园区	杭州高新区依托“数字大脑”为文创企业送上精细服务
26	12月15日	《科技日报》07版:园区	助楼宇建筑节能降碳 杭州高新区试行轻量级数智化改造
27	12月23日	《经济参考报》06版	杭州:智慧升级打造“全市一个停车场”
28	4月20日	《光明日报》05版:红船初心专刊	国家高新区:为经济增长提供强力科技支撑
29	5月13日	《光明日报》04版:综合新闻	“三情”联动:有速度更有温度——浙江各级融媒体中心“战疫求助平台”服务群众纪实
30	5月16日	《光明日报》05版:红船初心专刊	锲而不舍纠“四风”树新风:持续擦亮金色名片
31	1月4日	《浙江日报》头版:要闻	杭州以小区党建引领城市基层治理——我们的小区,我们的家
32	1月6日	《浙江日报》头版:要闻	袁家军在杭州调研拉开我省“助企开门红”活动序幕 在解决实际问题中推动高质量发展 确保一季度开门红和社会大局稳定
33	2月1日	《浙江日报》头版:要闻	袁家军王浩在杭看望慰问春节期间坚守防疫一线人员 感谢大家的坚守付出和无私奉献 希望发扬连续作战精神继续站好岗守好门

续表47

序号	刊发时间	刊发媒体、版面	标题
34	2月2日	《浙江日报》 头版：要闻	杭州多家医院医护人员驰援富阳滨江 大年初一，他们踏上战"疫"路
35	2月16日	《浙江日报》 头版：要闻	滨江进出口规模首次破千亿元
36	2月23日	《浙江日报》 头版：要闻	王浩在杭州调研企业发展时强调 推动制造业高质量发展之路越走越宽广
37	2月24日	《浙江日报》 头版：要闻	率先打造世界重要人才中心和创新高地的战略支点 杭州国家高新技术企业超万家
38	2月28日	《浙江日报》 头版：要闻	借亚运东风打造世界一流的社会主义现代化国际大都市 锚定"城市之窗"，杭州建设新天堂
39	3月18日	《浙江日报》 头版：要闻	大道变靓
40	4月12日	《浙江日报》 头版	习近平同志多次勉励的这家民营企业，正以"生力军"姿态担起更大责任——正泰新飞跃
41	5月9日	《浙江日报》 头版：要闻	超常力度布局未来产业 培育国家战略科技力量 浙江又添3家省实验室
42	5月30日	《浙江日报》 头版	打造五大可感知图景，建设共同富裕现代化基本单元 百姓在家门口"触摸"未来
43	8月8日	《浙江日报》 头版	一链一联合体 一链一园区 一链一基金 滨江打造七条领先产业链
44	10月10日	《浙江日报》 头版：要闻	"三届党代表说十年"第三站，生态"娘子军"来了——绿色梦想，在每个角落生长
45	12月14日	《浙江日报》 头版：要闻	易炼红在杭调研企业并召开企业家座谈会强调 提振信心 抢抓机遇 扩大开放 拓展市场 突围发展
46	12月14日	《浙江日报》 头版：要闻	吉利首轨九星遥感照片首次公开
47	12月21日	《浙江日报》 头版+02版：要闻	浙江创新能力实现15年来首次争先进位 全国第四的含金量
48	9月27日	《科技金融时报》 头版：要闻	走好"人才带技术、技术变项目、项目融资金、实现产业化"发展路径 硅谷天堂渐行渐近
49	12月27日	《科技金融时报》 01版+02版	浙江创新能力实现15年来首次争先进位 全国第四的含金量
50	1月6日	《杭州日报》 头版：要闻	在解决实际问题中推动高质量发展 确保一季度开门红和社会大局稳定 袁家军在杭州调研拉开我省"助企开门红"活动序幕
51	1月7日	《杭州日报》 头版：要闻	我国第六批制造业单项冠军名单出炉 杭州新增5家单项冠军示范企业和1个单项冠军产品

续表47

序号	刊发时间	刊发媒体、版面	标题
52	1月9日	《杭州日报》头版：要闻	刘捷在滨江萧山调研时强调拉长长板 补齐短板 实现数字经济与制造业高质量融合发展
53	1月10日	《杭州日报》头版：要闻	数字经济发展综合评价全省第一 高新区（滨江）勇夺“四连冠”
54	1月16日	《杭州日报》头版：要闻	关怀祝福统统有 这个冬天，党群服务在你身边
55	1月17日	《杭州日报》头版：要闻	一半勾留“数”此湖——“智慧之城”杭州2022开年观察
56	1月18日	《杭州日报》头版：要闻	高新区（滨江）：打造“五个新成果”高水平建成“天堂硅谷·硅谷天堂”
57	1月23日	《杭州日报》头版：要闻	杭州市首批48家“未来工厂”评定名单公布
58	1月26日	《杭州日报》头版：要闻	GDP增速及两年平均增速均居全市首位 高新区（滨江）跻身“两千亿区”
59	1月30日	《杭州日报》头版：要闻	战“疫”有我，社区见！市直机关党员干部奔赴一线抗击疫情
60	1月30日	《杭州日报》头版：要闻	雨雪纷飞 一路送“暖”
61	2月5日	《杭州日报》头版：要闻	哪里有需要，哪里就有城建先锋的身影 冲锋疫情防控一线 坚守亚运建设前线
62	2月6日	《杭州日报》头版：要闻	刘捷赴滨江指挥调度疫情防控工作时强调 保持昂扬斗志 巩固向好态势 奋力夺取本轮战疫全胜 刘忻参加
63	2月7日	《杭州日报》头版：要闻	刘捷在滨江指挥调度疫情防控工作时强调 慎终如始抓好各项措施落地落实 深化巩固持续向好的疫情防控态势
64	2月7日	《杭州日报》头版：要闻	哪里有号召，哪里就有我！杭州青年志愿者积极投身抗击疫情一线
65	2月11日	《杭州日报》头版：要闻	提质升级筑牢共同富裕“安居梦”全市首批“最美安置房”出炉 今年将完成回迁安置1万户以上
66	2月14日	《杭州日报》头版：要闻	感谢有你，西子无恙
67	2月20日	《杭州日报》头版：要闻	江南大道“换妆”扮靓“夜滨江”
68	2月20日	《杭州日报》头版：要闻	马卫光在高新区（滨江）调研时强调 建好用好平台载体 提升政协履职质效
69	2月21日	《杭州日报》头版：要闻	创新能力全国第二，杭州凭什么？

续表47

序号	刊发时间	刊发媒体、版面	标题
70	3月4日	《杭州日报》头版：要闻	杭州高新区（滨江）萧山特别合作园揭牌 刘捷刘忻出席并揭牌
71	3月15日	《杭州日报》头版：要闻	冲刺亚运 红色领杭 全市党员干部响应大考大赛全力投入亚运攻坚
72	3月17日	《杭州日报》头版：要闻	街道可漫步 建筑可阅读 城市有温度 高新区（滨江）决战亚运打响“五大攻坚战”
73	3月18日	《杭州日报》头版：要闻	樱花跑道 雨中烂漫
74	3月25日	《杭州日报》头版：要闻	刘捷在调研亚运场馆建设情况时强调 争分夺秒 精益求精 确保按期保质完成场馆建设
75	4月10日	《杭州日报》头版：要闻	开启服务贸易高质量发展新征程 杭州新获批知识产权、中医药国家级服务出口基地，总数全省第一
76	4月11日	《杭州日报》头版：要闻	刘忻在调研防疫物资生产企业时强调 充分激发市场主体创新活力 持续增强防疫物资保供能力
77	4月12日	《杭州日报》头版：要闻	浙江自贸试验区建设新一批十大进展揭晓 杭州自贸片区四项成果入选
78	4月14日	《杭州日报》头版：要闻	一季度全市完成民生实事回迁安置4722户 回迁“加速度”圆梦“幸福家”
79	4月17日	《杭州日报》头版：要闻	高手云集！谁将踏上亚运会马拉松赛场？滨江最美跑道上演路跑大神对决
80	4月23日	《杭州日报》头版：中国新时代 杭州新亚运	今天，小莲花来了一群“小费德勒”
81	4月27日	《杭州日报》头版：要闻	省市人大调研视察亚运筹备工作
82	4月29日	《杭州日报》头版：要闻	充分展现新时代政协委员新风采 马卫光走访市政协委员
83	4月30日	《杭州日报》头版：要闻	高水平建设人才高地 奋力打造创新创业的新天堂
84	5月1日	《杭州日报》头版：要闻	刘忻在滨江区走访服务企业时强调 推动稳企助企惠企政策精准落地 聚焦补链延链强链做优产业生态
85	5月3日	《杭州日报》头版：要闻	高新区（滨江）建设世界领先科技园区行动方案出炉
86	5月10日	《杭州日报》头版：要闻	一季度高新技术产业营收1849.39亿元，同比增长13.5% 杭州科技创新发展“稳中向好”
87	5月13日	《杭州日报》头版：要闻	李火林在全市人大代表联络站建设工作交流会上强调 迭代升级人大代表联络站 打造全过程人民民主基层单元

续表47

序号	刊发时间	刊发媒体、版面	标题
88	5月16日	《杭州日报》头版:要闻	挂好“施工图”按下“奋进键” 高新区(滨江)68个“小目标”让“共同富裕”看得见摸得着
89	5月17日	《杭州日报》头版:要闻	杭州再添两家省级实验室
90	5月24日	《杭州日报》头版:要闻	以数字经济更好赋能高质量发展 马卫光调研数字经济发展
91	5月29日	《杭州日报》头版:要闻	金志赴高新区(滨江)开展“企业大走访”时强调 精准精细 用心用情助企纾困解难
92	5月30日	《杭州日报》头版:要闻	力争到2025年人才资源总量超50万 高新区(滨江)发布“天堂硅谷人才”五大行动
93	6月3日	《杭州日报》头版:要闻	聚天下英才而用之
94	6月8日	《杭州日报》头版:要闻	杭州税务强化精准服务确保政策红利直达快享
95	6月9日	《杭州日报》头版:要闻	杭州老旧小区改造连续两年全省考评第一
96	6月10日	《杭州日报》头版:要闻	袁家军在杭州调研经济稳进提质和数字化改革工作 精准服务稳企助企创新制胜赢得未来
97	6月14日	《杭州日报》头版:要闻	两家省技术创新中心落地杭州揭牌成立
98	6月16日	《杭州日报》头版:要闻	刘忻在全市稳进提质攻坚行动推进会上强调 快字当头实干争先奋力领跑 确保稳进提质攻坚抓出实效
99	6月20日	《杭州日报》头版:要闻	商场、超市、特色街掀起消费小高潮 杭州消费券两天拉动消费近6亿元
100	6月22日	《杭州日报》头版:要闻	做大经济总量 做强创业生态 做优民生供给 高新区(滨江)破题“扩中”助力共富
101	7月3日	《杭州日报》头版:要闻	奋力建好“全球人才蓄水池”为“两个先行”积蓄创新动能
102	7月4日	《杭州日报》头版:要闻	共享亚运红利 亚运场馆开放刮起全民健身风
103	7月10日	《杭州日报》头版:要闻	“感知之轴”即将开启“智慧之门”
104	7月11日	《杭州日报》头版:要闻	实施“拱桐富裕 滨肩前行”五社联动共同成长计划 四区县民政系统携手打造新时代民生共富杭州样板
105	7月12日	《杭州日报》头版:要闻	192项成果获奖，占全省63% 我市省科技奖获奖数量再创新高

续表47

序号	刊发时间	刊发媒体、版面	标题
106	7月13日	《杭州日报》头版：要闻	五项举措入选“十大进展”七项成果跻身“最佳案例”
107	7月19日	《杭州日报》头版：要闻	找准企业关注小切口 做好营商环境大文章 杭州跨境贸易便利化水平持续提升
108	7月21日	《杭州日报》头版：要闻	刘捷在调研之江文化产业带建设工作时强调 高水平推进新时代文化地标建设 更好满足人民群众精神文化需求
109	8月2日	《杭州日报》头版：要闻	深耕自贸“试验田”结硕果 杭州片区滨江区块交出数字贸易创新半年报
110	8月3日	《杭州日报》头版：要闻	刘忻在拱墅滨江走访服务企业时强调 充分发挥企业的创新主体作用 为经济稳进提质注入强劲动力
111	8月5日	《杭州日报》头版：要闻	力争打造30家市级以上新型创新联合组织 高新区（滨江）推动“两链”深度融合
112	8月7日	《杭州日报》头版：要闻	巨型亚运会徽 亮相钱江南岸
113	8月12日	《杭州日报》头版：要闻	黄莉新在杭州调研时强调 以数字化改革赋能稳就业惠民生
114	8月15日	《杭州日报》头版：要闻	践行“八八战略”投身“两个先行”——省第十五次党代会精神杭州市宣讲活动综述
115	8月15日	《杭州日报》头版：要闻	一个停车位、一块绿地、一个体育场地……城市共享空间扩容：善治杭州的新探索
116	8月18日	《杭州日报》头版：要闻	刘忻在慰问高温一线工作人员和调研市气象局时强调 加强防暑降温关心关怀 做好连续高温防范应对
117	8月24日	《杭州日报》头版：要闻	龙头企业在哪里 红色品牌就创建到哪里 高新区（滨江）打响两新组织“双强”品牌
118	8月28日	《杭州日报》头版：要闻	高新区（滨江）“小巨人”企业何以越来越强
119	9月1日	《杭州日报》头版：要闻	刘忻在行政审批工作现场会上强调 突出创新制胜 深化变革重塑 以一流营商环境点亮“城市之窗”
120	9月5日	《杭州日报》头版：要闻	杭州两个案例入选国家文化出口基地创新实践案例
121	9月8日	《杭州日报》头版：要闻	刘忻在钱塘滨江走访服务企业时强调 千方百计为企业纾困解难 锻造创新制胜的硬核力量
122	9月9日	《杭州日报》头版：要闻	刘捷在中国（浙江）自贸试验区杭州片区建设领导小组会议上强调 抢抓历史机遇 推进制度创新 为数字经济高质量发展注入澎湃动力
123	9月20日	《杭州日报》头版：要闻	“四大抓手”为杭州科技创新注入强大活力 2021年杭州R&D经费投入总量全省第一

续表47

序号	刊发时间	刊发媒体、版面	标题
124	9月21日	《杭州日报》头版：要闻	高水平打造“天堂硅谷·硅谷天堂”“杭州这十年·高新区（滨江）”新闻发布会举行
125	10月9日	《杭州日报》头版：要闻	萧滨携手全市域联动 打造数字经济新地标“中国视谷”启动建设
126	10月10日	《杭州日报》头版：要闻	西兴立交四通八达
127	10月22日	《杭州日报》头版：要闻	马卫光赴滨江区调研民生实事项目选题工作 发挥政协优势 助力民生福祉
128	11月18日	《杭州日报》头版：要闻	金志赴基层一线宣讲党的二十大精神时强调 切实把学习成果转化为推动工作的强大动力
129	11月20日	《杭州日报》头版：要闻	锚定杭州数字自贸区核心区不动摇 高新区（滨江）发布建设数字经济第一区行动计划
130	11月24日	《杭州日报》头版：要闻	姚高员在调研高新技术企业发展时强调 加快自主创新 增强核心竞争力
131	12月13日	《杭州日报》头版：要闻	西湖滨江拱墅上城 提前超额完成党报党刊征订任务
132	12月16日	《杭州日报》头版：要闻	马卫光在走访市政协港澳委员和台商代表时强调 强化责任担当 发挥双重作用
133	12月19日	《杭州日报》头版：要闻	凝聚思想共识 汇聚奋进力量——杭州市学习宣传贯彻党的二十大精神宣讲活动综述
134	12月26日	《杭州日报》头版：要闻	锚定智能物联赛道 杭州万亿级产业生态蓄势而发
135	12月29日	《杭州日报》头版：要闻	王浩在企业调研并接访 让市场主体预期更稳信心更足活力更强
136	2月2日	《都市快报》头版	大爱杭州 全城云拜年“隐秘而伟大”系列之新春特别策划 橙柿虎动·新春全城大互动
137	5月6日	《都市快报》头版	滨江“最美跑道”2.0版今日亮相
138	5月22日	《钱江晚报》头版：封面	步行上下学 孩子“单飞”家长安心

（王春松）

2022年杭州高新区（滨江）媒体重要报道精选

浙江扎实推进共同富裕示范区建设

记者　李中文　方　敏　窦　皓

夏日，步入浙江省衢州市柯城区沟溪乡斗目垅村德门龙手工面坊，只见村民陈家胜正忙着用竹竿挑起新鲜面条，挂到支架上晾晒。

“我家面坊厂房是杭州余杭区援建的，现在生意好的时候，每天能挣四五百元。”陈家胜说，“多亏了山海协作工程，如今靠着做面条也能致富。”

实施山海协作升级版，是浙江着力推动山区26县跨越式高质量发展、加快缩小地区发展差距的重要举措。

党的十八大以来，以习近平同志为核心的党中央把握发展阶段新变化，把逐步实现全体人民共同富裕摆在更加重要的位置上，为促进共同富裕创造了良好条件。2021年5月，《中共中央国务院关于支持浙江高质量发展建设共同富裕示范区的意见》印发实施。

2021年，浙江省经济总量超7万亿元，人均生产总值达11.3万元，城乡居民收入倍差缩小至1.94。根据《意见》确定的发展目标，浙江正按照“每年有新突破、5年有大进展、15年基本建成”的安排，扎实推进共同富裕示范区建设。

着力做大做好“蛋糕”

“通过线上渠道，每天订单不断。”陈家胜展示着手机微店的售卖记录，其中一半左右是回购客户。

余杭区还帮助斗目垅村建起了民宿和主题公园。“近年来，依托山海协作援建资金支持，沟溪乡斗目垅村、余东村等村集体产业大幅提升。”衢州市柯城区协作中心负责人介绍。

习近平总书记指出，实现共同富裕的目标，首先要通过全国人民共同奋斗把“蛋糕”做大做好，然后通过合理的制度安排正确处理增长和分配关系，把“蛋糕”切好分好。

做大做好“蛋糕”，浙江着力补齐短板弱项，加快推动山区26县发展。目前，全省建有山海协作“飞地”园区79个，其中37个园区带动3000多个集体经济薄弱村增收4亿多元。

台州市椒江区，浙江杜马缝纫机股份有限公司生产线上，立式加工中心、组合机床、数控铣床等高精度设备紧密协作，仅1分钟，一台缝纫机机壳便已成型。

前不久，杜马公司接到一张大订单，但采购资金周转存在困难，眼看就要错失机会，负责人阮孟定心急火燎。

“企业符合新的组合式税费支持政策享受条件。”得益于日常大数据筛查，台州市椒江区税务局工作人员应以茂及时上门服务。半天时间，100多万元到账，燃眉之急得解，杜马公司开足马力扩大生产。

“激发各类市场主体活力，促进非公有制经济健康发展，是做大做好‘蛋糕’的重要途径。”浙江省发改委相关负责人介绍，“2021年底，浙江在册市场主体868万户，比上年增加65.2万户。今年一季度，全省规模以上工业中，民营企业增加值同比增长11%。”

“输电线路积雪怎么办？传统的人工巡线等监测方法效率较低。”在位于杭州高新区（滨江）的马太能源互联网技术有限公司，总经理韩芳向记者介绍一款创新产品，“借助大数据和AI技术，这款直接安装在输电线路上的装置，可现场采集信息、分析覆冰厚度，自动推送预警信息。”

钱塘江畔，像马太能源这样的“专精特新”企业正不断涌现。

迭代实施数字经济“一号工程”，是浙江实现高质量发展、夯实共同富裕基础的重要引擎。浙江省发改委提供的数据显示，2021年，全省生产总值增长8.5%，规模以上工业增加值突破2万亿元，增长12.9%；数字经济核心产业增加值达8348亿元，增长13.3%。

帮扶保障低收入群体

5月13日，杭州市淳安县临岐镇十分热闹，千岛湖第八届覆盆子节在此举办。

说起镇里的覆盆子种植，村民姚苹香乐开了花："青果药用、鲜果采摘、红果开发，覆盆子是我们的'金盆子'。"目前，临岐镇种植覆盆子2.1万亩，解决当地就业300余人，带动相关从业人员年人均增收5000余元。

种植中药材、推动乡村旅游、发展农村电商……浙江实施产业、建设、改革、赋能、帮扶、数字等"六促共富行动"，启动农业"百链千亿"行动，十大主导产业共带动就业639万人。2021年，浙江农民收入增速高于城镇居民1.2个百分点，低收入农户收入增速高于农村居民4.4个百分点。

在丽水市庆元县濛洲街道周墩村，耄耋之年的低保户姚德妫按时领到了5月份的950元低保金。近年来，庆元县实施"幸福清单""医疗救助"项目，尽力照顾姚德妫这样的低收入群众。"低保群众享受困难人员医疗救助政策，符合条件的，医疗费用报销比例达80%；大病保险起付线降低一半，且无报销上限。"庆元县医保局医保服务中心主任胡丽娟细算医疗救助账。

习近平总书记指出，低收入群体是促进共同富裕的重点帮扶保障人群。

帮扶保障低收入群体，浙江各地多措并举。

稳步提高最低工资标准，推动低收入劳动者特别是一线职工工资合理增长。今年2月，浙江省人社厅提出目标：到2025年，实现城镇新增就业500万人以上，最低工资标准最高档达到每月3000元左右。

"烦心事少了，胃口也跟着好了些。"记者在湖州市吴兴区龙泉街道见到陈美英时，她正在家吃饭。前段时间，陈美英治病花费近6万元，家庭负担加重。龙泉街道通过对医疗费用4万元以上的人员进行大数据排查比对，及时发现了这一情况。网格员上门核实后，通过"浙江省大救助信息系统"，很快帮助陈美英领到了1.76万元救助款。

"浙江省大救助信息系统"今年全面上线以来，截至5月15日全省已有11776人通过该应用系统提出救助申请，办理完成10365人。

丰富群众精神文化生活

到了周末，杭州市富阳区东洲街道黄公望村村民何爱华习惯与三五好友一起，来到村文化礼堂坐一坐。在这里，书法爱好者现场挥毫，孩子们做手工，老人们品茶聊天，很是热闹。

习近平总书记指出，促进共同富裕与促进人的全面发展是高度统一的。要强化社会主义核心价值观引领，加强爱国主义、集体主义、社会主义教育，发展公共文化事业，完善公共文化服务体系，不断满足人民群众多样化、多层次、多方面的精神文化需求。

"口袋"富了，"脑袋"也要富起来，浙江着力丰富群众精神文化生活。截至目前，全省建成农村文化礼堂1.7万多家，500人以上行政村覆盖率达90%。今年起，浙江还将实施农村文化礼堂效能提升十大举措，让文化礼堂"大门常开、活动常态、内容常新"。

5月5日，立夏，湖州市德清县阜溪街道文化礼堂里，一场"趣味立夏、乐享民俗"活动正在进行，老少一堂，共同体验传统民俗乐趣。

"今年，我们文化礼堂将按照'教育教化、乡风乡愁、礼节礼仪、家德家风、文化文艺'定位，更新活动内容，丰富乡村文化内容。"阜溪街道办事处副主任郑秋红说。

当前，浙江将农村文化礼堂、新时代文明实践站、公共图书馆服务体系深度融合，努力为群众提供丰富多彩文化生活。一个布局合理、覆盖城乡、惠及全民的公共文化设施网络正在形成。

晚饭过后，嘉兴市南湖区大桥镇胥山村村民张美祥来到嘉兴市图书馆大桥镇分馆，享受宁静的阅读时光。柔和的灯光、舒适的座椅以及周到的服务，让这里成为越来越多村民的学习和休闲之地。

依托14个新时代文明实践站，大桥镇组织党员干部、专家、乡贤等，通过线上线下多种形式开展党的创新理论宣传，持续推广厉行节约、文明用餐、礼让斑马线等新风尚，为推进共同富裕凝聚精神力量。

浙江省委主要负责同志表示，将聚焦解决发展不平衡不充分问题和群众急难愁盼问题，扎实推动共同富裕美好社会建设，加快探索具有普遍意义的共同富裕之路，以实际行动迎接党的二十大胜利召开。

（2022年5月19日《人民日报》第01版）

感受共同富裕的发展魅力

记者　窦瀚洋

浙江是中国首个正在建设中的共同富裕示范区。在这片土地上，有一个特殊的群体，他们来自异国他乡，却作为参与者和见证者，每天感受着发生在身边的共同富裕故事。

“这里就是我想要的发展沃土”

台州市位于浙江省东南沿海中部。在台州市金浪科技有限公司会议室里，来自阿根廷的罗德里戈·阿尔瓦雷斯正和同事们讨论新款摩托车设计稿。

8年前，曾是越野摩托车手的阿尔瓦雷斯受朋友邀请第一次来到中国。百闻不如一见，阿尔瓦雷斯在台州看到了推窗见绿、开门入园的优美景致。在转动的齿轮、旋动的模头、滚动的数据中，他看到了中国民营经济的朝气与活力。工业设计专业出身的阿尔瓦雷斯认定：“这里就是我想要的发展沃土。”

阿尔瓦雷斯选择留在了台州。经过几年的打拼，如今他已成为公司首席设计师。中国便利的网购平台和产学研支持，让阿尔瓦雷斯工作如鱼得水，“这里第一时间就能买到最新的材料，跟进最新的设计理念，什么都不缺”。几年间，阿尔瓦雷斯见证了中国摩托车产业从向一流学习到逐步跻身一流的过程，“现在由我们自主设计生产的摩托车，在品质上足以媲美国际一流品牌，甚至在一些细节上实现了超越”。

阿尔瓦雷斯举例说，公司有一款价格不菲的主打产品，从预定到取车至少得等上一个月时间。即便如此，它还是在国内外市场上大受欢迎。对此，阿尔瓦雷斯很是自豪。在他看来，高速发展的中国欣欣向荣，摩托车制造产业的未来“一定在中国”。

不仅工作上成就感满满，阿尔瓦雷斯也很享受员工与企业共同发展的和谐氛围。“公司给职工子女专门设立了书院，周末提供免费托管服务。还有健康体检、员工旅游等福利，人人有份。”阿尔瓦雷斯笑道，自己的女儿才开始学说话，但已经开始蹦中文词了，“以后我女儿也要进书院学习，让我太省心了”。

在阿尔瓦雷斯看来，在这片沃土上，机会是无穷的，只要肯努力，谁都可以凭借双手过上更好的生活。目前，公司有近200名一线员工，不少员工工作已超过10年，凭借过硬的技能晋升到了管理层。“机会会眷顾每个有准备的人。大家努力让公司发展得更好，自己也会在职业道路上实现自我追求。”阿尔瓦雷斯说，“中国人讲究‘双赢’，我想这就是最好的诠释。”

“包容、开放的城市氛围让我获益良多”

周末阳光明媚，钱塘江边，一个瘦瘦高高的外国人正在带领大家打太极拳。他叫邦迪·马西莫，来自意大利，因为酷爱中国文化，于2013年举家搬到杭州，如今是浙江中医药大学的博士研究生。

马西莫从小就对中国文化感兴趣，还在当地中国城学习了螳螂拳、太极拳等中国功夫。上大学后，马西莫主修中医专业，工作后听说有赴华实习的机会，“第一时间就申请到了”。

“中国文化犹如海洋般浩瀚，学无止境。”马西莫说，在中国学中医绝非易事，不仅要过中文关，而且理论知识、诊疗手法都得从最基础的《黄帝内经》学起，对外国人来说难度很大。在学习过程中，他得到了很多老师和同学的无私帮助。

为了回报大家，马西莫每周都在学校周边为附近居民免费号脉、艾灸、拔罐。老外当中医，靠不靠谱？马西莫坦言，起先他出诊时，确实引起了不少人好奇，“围观比问诊的人更多”。但没过多久，大家渐渐被他认真专业的态度吸引，更多人上前来尝试并给予他不少鼓励，还有了不少“回头客”。

“最近是不是睡眠不好？你的经脉摸上去有些淤堵。”号完脉，马西莫和患者一番交流后，提出几点调理建议。患者向他竖起大拇指：“没想到‘洋中医’蛮专业的嘛。”

“中医讲究‘望闻问切’，不过我的水平还十分有限，只能从基础的号脉、艾灸做起。这里的市民非常友好，经常鼓励我。包容、开放的城市氛围让我获益良多。”后来，马西莫又开设了太极拳公益课，“生活条件好了，大家更注重健康和品质了，我也可以贡献一份力”。

杭州被称为“人间天堂”，马西莫很是认同——这里既有水乡的柔美，也有都市的现代感，马西莫一家5口都很享受当“新杭州人”。读完博士后，马西莫准备开一家中医诊所，继续学以致用。

“老年人生活惬意又丰富”

苏迪·乌拉尔又背起了摄影包，在宁波的大街小巷、田间地头走走停停。翻阅乌拉尔的作品，表现最多的是普通人的日常生活，满含瞬间的温暖和笑容。乌拉尔告诉记者，目前他正在积累作品，准备今年夏天在中国举办自己的第四场摄影作品展。

乌拉尔来自印度西南部的喀拉拉邦，曾经是一名导演助理。热爱旅行的他后来成了一名“背包客”，10余年间辗转法国、泰国、印度尼西亚等多个国家和地区工作生活，用镜头记录下城市生活的精彩瞬间。2015年，乌拉尔第一次来浙江宁波旅行，一下子就被“迷住了”。

在乌拉尔看来，宁波城乡发展差距不大，规划和基础设施建设很完善。当地人对自然和艺术的热爱，在某种程度上塑造出一个“慢下来、乐起来”的城市形象。“宁波是一个让人感觉舒适的城市。”乌拉尔说着拿出一张照片，画面中，10余位古稀老人坐在街心花园里，十分投入地在拉二胡、吹笛子。乌拉尔听说，他们是退休后自发聚在一起的“草根艺术团”，不仅延续着青年时期的艺术梦，更为往来的行人带去快乐。

“看着这些与歌声、舞蹈和乐器相伴的老人，我感触很多。”乌拉尔说，“宁波的老年人生活惬意又丰富，我的镜头总是忍不住要转向他们，希望记录下这些幸福时刻。”

这几年来，乌拉尔把自己的摄影作品投给多家国际知名杂志社，把中国百姓的幸福生活介绍给全世界。“记录宁波成了我生活的激情所在。”乌拉尔笑着说，他镜头下的中国生动鲜活，无不透露着幸福生活的斑斓色彩。“透过镜头，我看到的不仅是宁波的城乡美景，更是那些热爱生活并努力让生活变得更加美好的人们。”

（《人民日报》2022年6月4日 第03版）

科技部等六部门发文统筹推进场景创新
让人工智能充分赋能经济社会发展

记者 赵永新

继2017年国务院印发《新一代人工智能发展规划》（以下简称《发展规划》）之后，科技部、教育部、工信部等六部门近日联合发布《关于加快场景创新以人工智能高水平应用促进经济高质量发展的指导意见》（以下简称《指导意见》），在业界引发广泛关注。

作为深刻改变人类社会生活的革命性、战略性技术，人工智能在我国发展如何？怎样推动人工智能快速迭代升级？记者进行了采访。

从实验室走向生产生活，人工智能驶入发展快车道

如今，放眼大江南北，“人工智能”不再是一个学术名词，而是人们生产生活中的“常客”。

在旷视科技改造升级后的国药控股广州有限公司物流中心，随处可见人工智能的“身影”：智能移动机器人、智能堆垛机往来穿梭，成为搬运的主力军，智能五面扫描装置可实时读取运动中的药箱上的电子监管码，实现药品流通可追溯……智慧仓储物流不仅为该中心每年节约人力成本上百万元，更显著提高了工作效率，在疫情防控期间实现了医药物资配送的快速响应。

在位于浙江杭州滨江区的计算机视觉公司易思维的实验室，装配了高性能视觉传感器的工业机器人正在模拟汽车流水线的工位上忙碌。明察秋毫的“眼睛”和自主决策的“大脑”，助力冲压、焊接、涂装、总装四大汽车制造环节的智能化升级，既省工省时又提质增效。易思维研发的工业视觉检测成套装备体系，已在上汽大众、一汽大众、特斯拉等数十家国内外厂商的200多个整车厂落地开花，在“冲、焊、涂、总”四大环节上实现系统化应用。

在华为打造的5G智慧煤矿——晋能控股集团塔山煤矿，地下500米的矿井实现了智能互联：智能巡检机器人往来探视，工人可一键呼叫“网约车”、实时手机视频通话。依托“会说话”“能决策”的智能化综放开采设备，塔山煤矿采煤工效提升40%以上。

在日常生活中，人工智能也无处不在：对着手机眨眨眼，几秒内就可以完成身份认证；手环、手表等智能终端，及时提醒用户健康状况……

“《发展规划》实施至今，我国的人工智能已由实验室走向生产生活的方方面面，驶上了发展快车道。”科技部新一代人工智能发展研究中心主任、中国科学技术信息研究所所长赵志耘认为，“生产更高效、生活更精彩”的背后，是人工智能科技的显著进步。“我国在机器学习、计算机视觉、自然语言处理、类脑计算等领域涌现出一批重要理论成果，大规模预训练模型等前沿研究达到国际先进水平，人工智能基础软硬件快速发展，基于自主技术的人工智能产业生态已初步形成。”

科技部新一代人工智能发展研究中心提供的数据显示，5年来我国智能产业规模持续壮大，企业数量以及风险投资额居世界前列：2021年人工智能核心产业规模超过4000亿元，企业超过3000家；人工智能领域风险投资额占全球比重从2013年的不到5%增长到2021年的20%左右，跃居世界第二。

把新技术应用到实践中，通过迭代不断成熟提升

《指导意见》从打造人工智能重大场景、提升人工智能场景创新能力、加快推动人工智能场景开放等方面，统筹推进人工智能场景创新。

“这不仅是稳经济、培育新增长点的权宜之计，更是促进人工智能更高水平应用、更好支撑高质量发展的长远之策。”科技部战略规划司副司长邢怀滨说，“从全国来看，目前仍存在对场景创新认识不到位、重大场景系统设计不足、场景机会开放程度不够、场景创新生态不完善等问题，急需加强人工智能场景创新。”

邢怀滨告诉记者，场景创新是以新技术的创造性应用为导向，以供需联动为路径，实现新技术迭代升级和产业快速增长的过程。“这个‘牛鼻子’有多方面的牵引效应：直接推动人工智能技术的推广应用，加快传统产业的提质升级；在应用中发现新需求、凝练新课题，从需求侧反推人工智能技术体系的提升完善；促进人工智能相关软硬件技术及其标准的对接、贯通，进而形成全国统一的技术生态、产业生态。”

“目前人工智能正处在新的发展阶段，技术日趋成熟可用，各行业对人工智能技术需求迫切。”赵志耘说，在这个阶段，最重要的是把新技术应用到实践中，通过迭代不断成熟提升。“场景创新作为一种目标导向、应用导向的研发新机制，既有利于引导学术界更好地聚焦行业问题、优化研发方向，也有利于引导企业尽快把理论成果、技术成果快速转化为行业效果。”

易思维创始人兼CEO郭寅认为，人工智能是一门强应用相关的技术学科，从最早的雏形发展到今天，都离不开在各类应用场景中发现问题、解决难题、迭代技术，人工智能技术发展与场景应用创新是个相互促进、螺旋上升的过程。"随着《指导意见》的实施，我国人工智能技术将迎来加快迭代升级的新热潮。"

加快构建全链条、全过程的人工智能行业应用生态

8月15日，科技部启动支持建设新一代人工智能示范应用场景，发布了智慧农场、智能港口、智能矿山、智能工厂等首批支持的十大应用场景。

"人工智能的应用场景涉及生产、生活的方方面面，不能眉毛胡子一把抓。我们坚持面向世界科技前沿、面向经济主战场、面向国家重大需求、面向人民生命健康谋篇布局，以充分挖掘人工智能的价值。"邢怀滨说，"按照提高生产能效、改善工作方式、方便群众生活等主要标准，我们希望尽快打造形成一批可复制、可推广的标杆型示范应用场景，加快构建全链条、全过程的人工智能行业应用生态，让人工智能充分赋能经济社会发展。"

"人工智能是渗透面广、带动性强、影响深刻的新生事物，政府和市场要各司其职、协同发力，真正把充分发挥市场作用和更好发挥政府作用有机结合起来。"邢怀滨强调，一方面，要坚持企业在场景创新全过程中的主体地位，鼓励企业放手去干、去闯；另一方面，政府要与学术界、企业界紧密合作，在相关社会伦理、规则制定、法制完善等方面履职尽责。

"中国拥有全球最齐全的产业体系和超大规模的消费市场，丰富繁多的应用场景为人工智能提供了巨大的用武之地。"邢怀滨表示，"经过全社会的共同努力，中国一定能在新一代人工智能这个赛道上跑出好成绩。"

（《人民日报》8月28日第02版）

全面建成创新驱动发展示范区和高质量发展先行区 为中国式现代化探索"高新方案"

记者 张伟

党的二十大报告指出，从现在起中国共产党的中心任务就是团结带领全国各族人民全面建成社会主义现代化强国、实现第二个百年奋斗目标，以中国式现代化全面推进中华民族伟大复兴。

"高质量发展是全面建设社会主义现代化国家的首要任务，实现高质量发展是中国式现代化的本质要求之一。"多家国家高新区人士表示，作为创新驱动发展示范区和高质量发展先行区，绘就中国式现代化壮阔画卷，国家高新区责无旁贷。

始终把握历史主动

"立足新发展阶段，在高质量发展中走好中国式现代化建设新征程。"国家高新区纷纷表示，要切实增强历史担当、践行历史使命，在机遇面前主动出击，在挑战面前迎难而上，在把握历史主动中交出一份不负历史、不负时代的新答卷。

北京市科委、中关村管委会副主任张宇蕾表示，中关村作为我国创新发展的一面旗帜，要在贯彻新发展理念、构建新发展格局、建设现代化经济体系等方面蹄疾步稳、有序推进，加快推动中关村新一轮先行先试改革政策落地，加快建设世界领先科技园区和创新高地，为中国式现代化实践贡献中关村经验、中关村智慧和中关村方案。

杭州高新区（滨江）党委书记章登峰表示，创新，是杭州高新区（滨江）与生俱来的基因，也是最鲜明的底色。进入新发展阶段，杭州高新区（滨江）将坚定创新制胜路径选择，持续优化高质量人才服务、全力打造高能级创新集群、着力构建高品质创新环境，加快建设世界领先科技园区，努力为中国式现代化贡献“高新”力量。

“让中国式现代化充分展现可观可感的现实图景。”合肥高新区党工委书记、管委会主任宋道军表示，作为国家战略科技力量的重要载体，合肥高新区将加快建设“科大硅谷”核心区和合肥综合性国家科学中心核心区，全力打造“世界量子中心”，建设世界领先科技园区。

“风雨无阻向前冲！”江阴市委常委，江阴高新区党工委副书记、管委会副主任顾文瑜表示，让产业更高端、让创新更澎湃、让城市更美好、让人民更幸福，正是江阴高新区谋划的中国式现代化实景图。

始终坚持高质量发展

这十年，为做实做好“高”和“新”两篇文章，国家高新区拼出来、干出来、奋斗出来的高质量发展“代表作”，不断奏响时代最强音。

“国家高新区坚持创新驱动发展，已成为我国的创新高地、产业高地、人才高地和开放高地，在关键核心技术突破、现代化产业体系构建、高水平创新人才集聚、国际开放创新合作和绿色低碳发展等方面走在前列，具有率先推进中国式现代化的基础与优势。”北京市长城企业战略研究所高级合伙人、副总经理王志辉说。

中国科学院科技政策与管理科学研究所研究员、中国高新区研究中心主任刘会武表示，国家高新区经过30多年的发展，在现代产业体系建设方面具有相对较好的基础和优势。同时，在支撑现代化产业体系建设的创新人才、创新平台和创新环境等方面，国家高新区也具备较好的基础。因此，他认为，“国家高新区要在推进中国式现代化中展现新担当新作为。”

那么，如何牢牢把握高质量发展这个本质要求，坚持以高质量发展推进和拓展中国式现代化？

在西安高新区相关负责人看来，加快建设更高水平的“实力高新”、加快建设更高水平的“科创高新”、加快建设更高水平的“品质高新”、加快建设更高水平的“幸福高新”，是国家高新区高质量推进中国式现代化，贡献“高新”力量的出发点和落脚点。

“未来要更好地发挥国家高新区的作用，推进创新、产业、人才、改革、开放5个高地建设。”刘会武说，这其中，国家高新区尤其要重视两方面的工作：一方面，要与综合类国家技术创新中心、国家战略科技力量深度融合，大幅度提升国家高新区企业群体的原始创新能力；另一方面，要提升战略格局，放远战略眼光，加快对未来产业的发展布局。

王志辉认为，国家高新区要全面推进“科、产、城”现代化建设，不断壮大国家战略科技力量，推进高水平科技自立自强；要开辟发展新领域新赛道，构建高质量的现代产业体系；要充分发挥辐射带动作用，支撑引领区域重大战略和区域协调发展战略，展现共同富裕的美好图景；要全面建成创新驱动发展示范区和高质量发展先行区，成为中国式现代化的生动实践。

务必走好新的赶考之路

如何切实增强推进高质量发展的自觉性，在高质量发展中走好中国式现代化建设新征程？

“一起来想、一起来干”，国家高新区给出了答案：要创新实干接续奋斗，在新的赶考路上交出新的优异答卷。

无锡高新区党工委书记、无锡市新吴区委书记崔荣国用5个“致力于”概括了无锡高新区建设中国式现代化的发力方向：致力于建设经济体系更具国际竞争力的现代化、致力于创新能力和水平持续提升的现代化、致力于开放型经济发展更具影响力的现代化、致力于产城人文深度融合的现代化、致力于全体人民共同富裕的现代化。

“要奋力争当中国式现代化的行动标杆。”昆山市委常委、昆山高新区党工委书记孙道寻表示，更高水平展现中国式现代化的国家高新区图景，昆山高新区要全力以赴办好3件大事：要在新城市建设、新产业发展、新赛道布局的路径探索上，找准切入口、瞄准突破口，以快人一拍的姿态抢占优势，赢得先机。

"在数字经济发展上奋力书写'无中生有''小题大做'的精彩。"在南昌高新区数创局局长、大学科技城管委会主任黎晓亮眼中，南昌高新区探索中国式现代化的新路径选择，关键在于构建"雨林型"数字经济生态，打造数字经济创新发展高地。

"努力成为展示中国式现代化的标志性窗口。"银川高新区党工委副书记杨学军表示，银川高新区将持续坚持"三新一高"目标，着力增强循环经济产业动能、积蓄现代纺织产业势能、提升绿色食品产业效能、深挖未来产业潜能。以创新的思维助科研，以发展的导向引人才，不断塑造发展新动能新优势。

"以高质量发展的新答卷，为走好中国式现代化道路提供生动注脚。"厦门火炬高新区相关负责人表示，厦门火炬高新区将致力于打造高质量发展"高新样板"，加速科技创新、开放发展，成为福建省乃至全国经济高质量发展的重要引擎和前沿阵地。

"要成为地方发展的'科技参谋'。"云南二十一世纪创新研究院院长王智伟以昆明、玉溪和楚雄3家在滇国家高新区为例表示，要为中国式现代化建设贡献云南"高新"力量，应充分挖掘本地优势，提高眼界向外看标杆，着力打造科技创新高地、高水平开放辐射中心，奋力谱写建设世界一流高科技园区新篇章，最大限度提升云南国家高新区的软实力。

(《中国高新技术产业导报》 11月7日A1版)

数字经济发展综合评价全省第一 高新区(滨江)勇夺"四连冠"

记者 孟 娇 宋桔丽 肖鳕桐 张 瑜

本报讯 "数字滨江"四年拿下四个"冠军"。近日，2021浙江省数字经济发展综合评价报告出炉，在全省90个县(市、区)中，高新区(滨江)以总指数152.6的成绩，拿下综合排名全省第一。其中，该区在数字产业化、产业数字化、新业态新模式、政府与社会数字化四项排名中均获得第一名。

自浙江省发布数字经济发展综合评价报告以来，其综合排名"金牌"均被高新区(滨江)收入囊中，至今已夺得"四连冠"。这意味着，"数字滨江"已经成为我省数字经济发展水平的标杆与高地，"数字经济最强区"实至名归。

为何高新区(滨江)可以独占鳌头？该区经信局相关负责人表示，深耕数字经济，高新区(滨江)已经形成"数字产业化、产业数字化、城市数字化"协同融合发展为主线特点。

前不久，2021年度全省高新技术企业百强榜单出炉，高新区(滨江)企业十席占六，新华三、海康威视、大华、迪普科技、网易等企业均为数字经济代表企业，而在电子信息领域十强榜单中，高新区(滨江)9家企业上榜，几乎"霸榜"，足以说明"数字滨江"的硬实力。

享有"天堂硅谷"美誉的高新区(滨江)，经过三十多年的发展，已经形成从关键控制芯片到大数据的数字经济核心产业全产业链体系，并在产业链上关键节点培育出从龙头企业到隐形冠军等代表性企业梯队。

去年前三季度，该区数字经济营收实现3335.31亿元，增长22.5%，继续保持高位运行；数字经济核心产业增加值实现1121.3亿元，增加值占GDP比重达78.6%，两项指标均列全市第一。尤其是数字经济核心产业增加值占比，不仅呈现强劲的数字经济新动能，从另一维度，反映创新驱动属性，呈现出"数字滨江"创新体系"树大根深"的产业图景。

"数字产业化、产业数字化、城市数字化"协同融合发展的背后，是"数字滨江"创新生态的积极营造。

比如，该区聚焦数字经济和新制造业"双引擎"，制定《关于打造数字经济和新制造业发展

"双引擎"加快建设世界一流高科技园区的若干政策意见》，形成"1+X+N"的产业扶持政策体系，通过夯实"产业链"、部署"创新链"、布局"人才链"，实现三链有机衔接、深度融合；践行"整体智治"理念，推进政务服务数字化改革，推进"互联网+政务服务""互联网+监管"等服务，不断优化营商环境便利化改革。多措并举之下，数字经济与新制造业耦合发展，释放"乘数效应"，如海康系、大华系在医疗影像、机器人制造等新经济领域裂变出一批营收超10亿元的新制造企业。目前，来自该区高新技术企业的两个项目纳入省重大产业项目，27个项目纳入省"六个千亿"项目，32个项目纳入杭州市重点项目，均创历史新高，为高水平建设"天堂硅谷·硅谷天堂"注入新动能。

2021年12月29日，滨江区党代会上进一步提出，要塑造数字经济新优势，打造产业发展新成果。该区将通过迭代实施数字经济"一号工程"、发挥产业特色平台优势、持续激发市场主体活力等举措，立足数字经济核心产业全产业链基础，不断提升产业能级，打造新增长极和优势产业集群，全力建设"数字经济最强区"。

（《杭州日报》1月10日头版要闻）

街道可漫步　建筑可阅读　城市有温度

高新区（滨江）决战亚运打响"五大攻坚战"

记者　孟　娇　肖鳕桐

本报讯　今年5月底前，江南大道、滨盛路、西兴路等重要干道提升整治将基本完成；6月底前，迎春片区、冠山片区以及亚运场馆"最后一公里"的奥体片区、体育馆片区4个片区街区"微更新"工作完成，逐步构建"街道可漫步、建筑可阅读、城市有温度"的幸福图景……

近日，高新区（滨江）举行誓师大会，吹响决战决胜亚运"冲锋号"，现场，城市建设及城市环境保障组、新闻宣传工作组等7位带头人分别领下"军令状"。

"大小莲花"所在的奥体片区，北起七甲河，南至机场城市大道、西兴路，东到奔竞大道、七甲直河，西至闻涛路，在这片区域中，滨江将通过微更新，提升亚运文化、生活和风情体验。微更新后，俯瞰钱江三桥进入滨江的这片绿地，将成为呈现亚运元素的绿幕，带来浓浓亚运氛围。在通向"大小莲花"的道路节点，也会通过绿化调整，提升颜值，比如，在奥体中心2号口附近的路口，将在绿化中装饰亚运会徽造型的绿雕和彩花带……

此外，在城市环境提升方面，5月底前，高新区（滨江）还要基本完成国际化标识系统建设与改造工作；6月底前完成闻涛路沿线、江南大道沿线、时代高架、彩虹快速路沿线楼宇亮灯提升工程等。其中江南大道沿线，则要进行约9公里建筑及重要景观节点的景观亮化建设。具体实施内容为，道路两侧景观绿化带、沿河公园或口袋公园、区政府人民广场前雕塑、江南大道隧道出入口等，包括52个建筑节点，目前还在进行前期工作。

市第十三次党代会打响了"奋进新时代、建设新天堂"的"发令枪"，"举办一届成功的亚运会"作为今后五年开局第一要事，将对城市长远发展走向具有举足轻重的作用。当前杭州亚运会筹备工作已全面转入新阶段，高新区（滨江）将打好亚运城市建设及城市环境品质提升、亚运城市形象宣传、保障亚运团队组织、疫情防控医疗保障等五大攻坚战。

高新区（滨江）党委主要负责人表示，要锚定世界一流、对标国际标准，乘势而上推进产业业态、城市形态、人才生态深度融合，持续塑造城市能级新优势；要总结提升疫情防控经验，在决战亚运的最后阶段抓紧补齐基层治理的短板，切实提升护航平安亚运的水平，持续塑造治理能力新优势；要建强用好服务保障的各支队伍，真正让决战亚运成为检视干部能力、激发人才潜力、提升组织战斗力的“赛马场”，持续塑造干部队伍新优势。

（《杭州日报》3月17日 头版要闻）

走好“人才带技术、技术变项目、项目融资金、实现产业化”发展路径

硅谷天堂渐行渐近

记者 林 洁

本报讯 以不到全省千分之一的面积创造了全省2.8%的地区生产总值，这十年，杭州高新区（滨江）已然成为“全省高质量发展的一面旗帜”。

十年来，杭州高新区（滨江）全区地区生产总值从2012年的488.0亿元，增加到2021年的2022.6亿元；人均地区生产总值从2012年的15.5万元，上升到超39万元；财政总收入从2012年的115.2亿元，上升到去年的407.0亿元。创新指数、两化融合发展、亩均效益、创造力等综合指数继续领跑全省，有力营造了涵养高新产业、高新人才和城市能级的发展环境，构建了“产业业态、城市形态、人才生态”三态融合的创新生态体系。

“作为全国首批国家高新区，杭州高新区（滨江）始终坚持创新制胜核心战略，打造了一个更大范围、更深层次代表国家参与全球创新合作与竞争的创新生态，在贸易摩擦和疫情全球蔓延中承压前行、展现出强劲的产业韧性，2021年杭州高新区在国家高新区综合评价中排名第五。”杭州高新区（滨江）党委书记章登峰说。

十年来，杭州高新区（滨江）始终坚持“人才是第一资源，创新是第一动力”，走好“人才带技术、技术变项目、项目融资金、实现产业化”的发展路径，迭代升级人才计划，出台“1+5+20”人才新政，累计培育人才项目900余个，拥有各类人才计划专家491人；每年引进各类人才3万名左右，累计引进各类人才30.16万人，成立大学生创业企业5000家以上。

十年来，杭州高新区（滨江）全力构建具有高新特色的全域创新体系，全社会研发投入占地区生产总值保持在10%左右。建立健全“1+2+6+N”高能级创新平台体系，落地超高灵敏极弱磁场和惯性测量装置重大基础设施，成立白马湖实验室，实现重大科研平台“零”的突破；加快建设北航杭州创新研究院、浙大滨江研究院等6个高能级产学研平台；持续释放56家省重点实验室和重点企业研究院、600余家省市研发中心的创新动能。积极推进强链延链补链，发布“两链”融合发展实施意见，引导“链主型”企业组建创新联合体，攻克“卡脖子”技术，已搭建7条产业链，打造了18个创新联合体。

十年来，杭州高新区（滨江）创新成果更加丰硕。连续两年荣获全省“科技创新鼎”，全区有效发明专利拥有量达24148件，占全市的25.4%；每万人发明专利拥有量达479件，全省第一；获中国专利奖各类奖项72项，国家科技进步奖16项，国家技术发明奖7项；发布国际标准、国家标准、行业标准数量分别达39项、336项、335项，均列全省第一；市场主体总数近9万家，培育“专精特新”小巨人企业44家，有效国高企数量从2012年的493家发展到2021年的1928家，29家企业入围全省创造力百强企业榜单。

十年来，杭州高新区（滨江）新增上市公司39家，累计培育67家，位居全省第一。首创了一批可复制可推广的数字应用场景，成功培育了阿里、海康、网易等一批数字经济领军企业，成功打造了智能物联、智能制造、智能健康等标志性产业生态集群，成为全国数字经济发展高地和智

能制造产业高地。2021年数字经济核心产业增加值达1596.2亿元，占地区生产总值比重始终稳定在75%左右，数字经济综合评价指数稳居全省第一。

十年感恩奋进，十年精彩蝶变。章登峰表示，在高水平打造“天堂硅谷·硅谷天堂”，迈向世界领先科技园区的新征程上，杭州高新区（滨江）将守好高新区的初心，担起滨江区的使命，凝聚起高质量发展的磅礴力量，在创新驱动高质量发展上先行一步，在冲锋“两个先行”中贡献滨江力量、展现高新风采。

章登峰解释，建设“天堂硅谷”，就是要在坚持创新驱动核心引擎的前提下，巩固和提升发展质效，树牢“高质量发展”这“一面旗帜”；打造“硅谷天堂”，就是要深化拓展创新创业生态，以自身更高质量的发展引领辐射带动跨区域产业共富，成为高质量发展推动共同富裕的“一个引擎”。

（《科技金融时报》9月27日头版要闻）

两个亚运 同步筹办　杭州全力打造优质无障碍环境

记者　王　东

本报北京3月26日电　从杭州亚运会/亚残运会组委会获悉，为承办一届“绿色、智能、节俭、文明”的亚残运会，杭州将全力打造优质的无障碍环境。目前，亚残运会各项筹办工作正加速冲刺，19个竞赛场馆已竣工。经过精心筹办，杭州亚残运会的会徽、口号、吉祥物以及火炬的设计、发布都已经和亚运会同步，真正做到“两个亚运、同步筹办”。

将于今年10月9日至10月15日举行的杭州2022年第4届亚残运会共设22个大项，将产生564枚金牌，届时亚洲44个国家（地区）将派代表团参加，预估参赛运动员3800名，官员、教练员和辅助人员1500名，技术官员1380名，媒体记者和转播商3000名，参会人员近万人。杭州亚残运会设有22个竞赛项目，其中19个为残奥项目，3个为非残奥项目（草地掷球、围棋、国际象棋）。

为打造优质的无障碍环境，组委会日前推出了亚残运会智能手语平台，为观众提供更细致、体贴的服务保障。智能手语平台通过3D虚拟人技术、计算机视觉、机器翻译、语音技术，打造了一款智能AI手语翻译官“小莫”。“小莫”具备手语识别和手语播报的双重能力，既可以将自然语言翻译成手语，也可以识别听障人士的手语并翻译成自然语言。在亚残运会期间，“小莫”将充当健全人和听障人士的无障碍沟通桥梁，也将成为亚残运会的手语转播员。智能手语平台将在“亚残智能一站通”上线，届时，听障观众可以通过“小莫”更好地获取信息，享受无障碍的赛事服务。

记者还了解到，所有亚残运会的场馆均针对运动员、媒体、观众等主要客户群的赛时流线、功能空间进行了深入分析，对场馆内的无障碍设施进行了适应性改造，确保他们从上下客点或场馆入口到各自的功能区域实现全程无障碍，保证赛时的舒适体验感。

位于滨江区的杭州奥体博览中心主体育场和杭州奥体中心网球中心被市民亲切地称为“大小莲花”，这里将举办杭州2022年亚运会、亚残运会开闭幕式，亚运会田径比赛与亚残运会轮椅网球比赛。目前，杭州奥体博览中心主体育场已完成了对36个无障碍卫生间、108个无障碍厕位的改造，在每个无障碍卫生间安装了中英文语音引导系统，帮助视觉障碍者快速找到设施位置；更换了98个坐便器、近600个扶手及抓杆；优化了35台无障碍电梯、5部无障碍楼梯与3处无障碍坡道。接下来，无障碍标识、室外无障碍设施、低位服务、信息无障碍等工作将在赛事运行组织及室外景观提升阶段完成。

与此同时，中国盲人门球训练基地（塘栖）比赛场馆——浙江塘栖盲人门球基地门球馆正式启用。该场馆在设计无障碍设施之初，就充分考虑了视障运动员的需求。从场馆门厅开始，通往每一个功能用房（休息室、医疗室等）及比赛场地的路面上都设置了盲道；门上安装了可自动感应的语音提示播报器，提醒运动员已进入某区域。另外，场馆还为视障运动员的导盲犬设置了休息区，致力于提供优质的无障碍参赛和观赛服务。据悉，塘栖盲人门球基地门球馆将承担亚残运会的盲人门球赛事。

此外，为迎接即将到来的杭州亚残运会，“浙江省千场残疾人文体活动进社区”活动于日前启动。此次活动聚焦亚残运会等重大主题，结合文化助残“五个一”工程，将在浙江全域范围内组织开展文艺演出，书画、摄影、手工艺品制作展览，主题征文、名篇诵读、健身技能辅导、趣味运动、轮椅太极拳等群众基础深厚、符合残疾人特点的文体活动，更好满足基层残疾人需求。这一活动将充分体现亚残运会的带动作用，展现新时代残疾人自强不息、乐观向上的精神风貌，促进全社会关心关爱残疾人，营造浓厚的扶残助残氛围。

（《光明日报》3月27日04版）

浙江创新能力实现15年来首次争先进位　全国第四的含金量

见习记者　涂佳煜　通讯员　王明月

《中国区域创新能力评价报告2022》日前发布，浙江省创新能力综合排名跃居全国第4位，实现15年来首次争先进位。《报告》显示，浙江省的知识创造指标上升2名，目前位列全国第3位；企业创新、创新绩效和创新环境指标保持稳定，排名分别为全国第3位、第4位和第4位。

超常规投入，体系化布局，全方位改革。近年来，浙江在“互联网+”、生命健康、新材料三大科创高地和创新策源地建设中成绩亮眼，形成了抓创新促发展的浓厚氛围，打造了一片科技创新的沃土。

沃土之上，风起云涌。超常规布局的高能级科创平台、不断涌现的标志性科技成果、快速增长的创新型企业、愈发紧密的产学研合作，为这次来之不易的进位注入动力，让这个“全国第四”实至名归。

布局

今年，在世界知识产权组织公布的全球前100个科技集群中，杭州排名首次进入前20，位居第14位，超过了伦敦、洛杉矶等城市。

杭州城西科创大走廊是这座创新城市的主动脉，也是浙江创新型省份与科技强省建设的主引擎。全省60%的国家科技奖和省科技奖一等奖、70%的国家重点实验室、80%的国家“杰青”“优青”人才都在此汇聚，为科技创新积蓄源源不断的养分。

以科创走廊为支撑、实验室为主干、重大科技基础设施等为重要支点，浙江高能级科创平台体系的布局已经明晰，“十联动”创新生态活力充沛。

10家省实验室，覆盖三大科创高地的战略性、基础性研究领域，基本完成“战略拼图”。“国字号”创新平台也频添利器，之江实验室纳入国家实验室体系，11家全国重点实验室相继获批。它们，是源头知识创新的重大科研载体、“国之重器”的孕育和诞生地。

6家首批省技术创新中心，布局智能工厂、智能汽车、高端化学品、现代纺织、集成电路、智能感知等技术领域，未来三年还将扩充至10到15家。它们，寄托着浙江对实现产业基础高级化和产业链现代化，推动科技创新和产业提升双联动的期望。

两个国家大科学装置——超重力离心模拟与实验装置、超高灵敏极弱磁场和惯性测量装置落地浙江。一个服务于地质工程、新材料制备，另一个瞄准深空深海探测需求。它们，让未知世界近在咫尺，让高难度研究课题的开展、战略性科技难题的突破成为可能。

一条走廊、一众平台、两大装置，布局的“大手笔”，传递出浙江科技创新发展一张蓝图绘到底的魄力和决心。

造峰

《报告》的指标体系，重点考察了一个省域的研究开发投入及专利产出等成果。

数据显示，2021年，浙江省的研发经费支出达2157.69亿元，十年间增长了足足2倍。研发投入强度，即全社会研发支出占GDP的比重达2.94%，超过欧盟15国平均水平。今年，全省科技创新大会更是提出一个令人瞩目的目标——到2027年，全省研发投入强度要达到3.4%。

不遗余力地投入，换来不断涌现的重大原创成果。

在三大科创高地、15大战略领域建设中，全省各大实验室、高水平研究型大学、一流科研院所、重点新型研发机构接连交出令人瞩目的答卷——之江实验室联合浙江大学研制出我国首台基于自主知识产权类脑芯片的类脑计算机，同时也是全球神经元规模最大的类脑计算机；西湖实验室首次解析新型冠状病毒细胞表面受体ACE2的全长三维结构，为疫苗和药物的研发奠定了基础……此外，在数字安防、工业互联网、高端磁性材料等领域，浙江也实现了技术水平领跑全国。

高原造峰，背后是无数科技人才的奋力攀登。

从引才、育才，到用才、留才，浙江在人才工作上做足文章。深挖全球人才蓄水池，实施“鲲鹏行动”等国家和省级人才工程，推动高层次人才引进提速。壮大高校人才培养主阵地、青年科技人才生力军、人才队伍基本盘，完善人才全供应链。同时不断创新人才发展的体制机制，完善人才培养使用、评价激励机制，放权赋能力度持续加大。

聚天下英才共建浙江、发展浙江的生动局面已然形成——目前，我省已累计培育省领军型创新创业团队193个，全省研发人员数五年增长超50%。近两年，全省的11个设区市全部实现人才净流入。

联动

科技创新一张卷，企业既是出题人、答题人，也是必不可少的阅卷人。

眼下，浙江各地高新技术企业蓬勃发展、百花齐放，构成了一股技术创新的中坚力量，也为重大项目的落地、创新链产业链的深度融合提供了广阔的机遇。

看数量，在科技企业“双倍增”计划的深入实施下，2021年，浙江的高新技术企业达到2.86万家，十年间增长了5倍多，科技型中小企业从0.56万家增长到8.66万家，增长更是高达约15倍，具备强大核心技术能力、创新集成能力的科技领军企业累计达到62家。

拼实力，“5个百分之八九十”的格局说明了企业在我省技术创新中的主体地位——当前，企业的研发投入、科技人员、研发机构、承担科技项目、授权专利均占据全省总量的80%至90%。

《报告》同样显示，我省高校和科研院所研发经费内部支出额中来自企业的资金增长达到62.52%，在全国各省份中的排名提高了4位。产学研合作的良好生态可见一斑。

最后，看生态。高新技术企业的集聚，在浙江大地上形成了一个个面向战略性新兴产业、未来产业的高新产业集群，它们汇聚了大量创新要素，让创新主体间的互通与合作成为常态。

杭州高新区着力打造智能物联、智能健康、智能制造三大产业生态，成为全国数字经济发展高地和智能制造产业高地；宁波高新区集聚一批重点研发机构、企业孵化器、加速器，促进新材料产业链、创新链和供应链的深度融合；温州高新区聚焦激光与光电、先进装备制造两大主导产业，构建现代产业体系；湖州莫干山高新区从零起步培育地理信息产业，已成为全国地理信息产业集聚度最高的区域……

“全国第四”是全新的起点。接下来，我省还将继续重塑省域创新体系，提升创新整体效能，期待在新领域、新赛道上制胜未来。

（《浙江日报》12月21日 头版+02版要闻）

杭州高新区：突出创新制胜导向　擦亮数字经济金字招牌

作者　洪恒飞　江　耘

9月20日，记者从杭州这十年•高新区（滨江）主题新闻发布会了解到，十年间，杭州高新区（滨江）坚定不移走好创新制胜之路，以不到浙江省千分之一的面积创造了全省2.8%的地区生产总值，在全国高新区排名中站稳第一方阵。

这十年，杭州高新区（滨江）全区地区生产总值从2012年的488.0亿元，增加到2021年的2022.6亿元；人均地区生产总值从2012年的15.5万元，上升到超39万元；创新指数、两化融合发展、亩均效益、创造力等综合指数继续领跑全省，构建了“产业业态、城市形态、人才生态”三态融合的创新生态体系。

发布会上，杭州高新区（滨江）党委书记章登峰表示，高新区（滨江）始终坚守“发展高科技、实现产业化”的初心使命，厚植创新创业生态优势，在激烈的区域竞争中先发制人、占得先机，实现了跨越赶超的高新速度。

数字产业生态呈跨越式发展

一颗小巧的芯片，却是打印耗材里的核心产品，研发周期通常长达一年以上。杭州旗捷科技有限公司创立之初，核心团队加班加点，从研发到量产一次成功，仅用100天就推出了公司第一款打印耗材芯片产品，如今已成为全球可信赖的打印耗材芯片供应商，成为工信部认定的新一批专精特新“小巨人”。

类似的企业成长故事，在杭州高新区（滨江）不胜枚举。当地坚持发展数字经济这一核心优势产业，打造了数字经济核心产业全产业链，输出整体解决方案赋能传统制造业转型升级，首创了一批可复制可推广的数字应用场景，成功培育杭州海康威视数字技术股份有限公司等一批数字经济领军企业。

章登峰表示，高新区（滨江）牢牢树立了“数字滨江”示范标杆，成功打造了智能物联、智能制造、智能健康等标志性产业生态集群，成为全国数字经济发展高地和智能制造产业高地。

2021年，杭州高新区（滨江）数字经济核心产业增加值达1596.2亿元，占地区生产总值比重始终保持在75%以上，数字经济综合评价指数稳居全省第一；十年间新增上市公司39家，累计培育67家，位居全省第一。

根据杭州高新区（滨江）推出的《建设数字经济第一区行动计（2022—2025）》，当地将大力实施数字经济“一号工程”升级版，力争到2025年数字经济核心产业主营业务收入超6000亿元。具体而言，聚焦智能物联、智能制造、数字健康三大产业生态，杭州高新区（滨江）正进一步强链延链补链，全力打造视觉智能、网络通信、智能装备、生命健康等重点产业链，持续完善以物联网产业园等产业平台和众多特色产业园、加速器、孵化器、众创空间等为载体，以“一区多园”机制为补充的产业发展格局。

创新资源要素进发“集聚效应”

今年7月，在浙江省科技创新大会上，杭州高新区（滨江）收获颇丰——辖区企业承担和参与的成果共获科学技术奖励29项。比如由浙江中控信息产业股份有限公司等合作完成的“城轨智能管控一体化软硬件关键技术及应用”，解决了轨道交通领域各专业联动控制难、高实时性难题，实现综合管控一体化效率提升。

挖掘创新潜能，形成亮丽风景，集聚资源要素是个中关键。十年来，杭州高新区（滨江）不断完善创新体系，健全政产学研用协同创新体系，引导“链主型”企业组建创新联合体，攻克关键核心技术，已搭建7条产业链，打造了18个创新联合体，全社会研发投入占地区生产总值保持在10%左右。

截至目前，全区有效发明专利拥有量达24148件，占全市的25.4%；每万人发明专利拥有量达479件，全省第一；获中国专利奖各类奖项

72项，国家科技进步奖16个，国家技术发明奖7件；市场主体总数近9万家，培育专精特新小巨人44家，有效国高企数量从2012年的493家发展到2021年的1928家……

进入“十四五”，杭州高新区（滨江）着力打造“1+2+6+N”高能级创新平台体系：落地超高灵敏极弱磁场和惯性测量装置重大基础设施；成立白马湖实验室和浙江省智能感知技术创新中心；加快建设北航杭州创新研究院等6个高能级产学研平台；持续释放56家省重点实验室和重点企业研究院、600余家省市研发中心的创新动能。

不久前，杭州高新区（滨江）出台《关于推动创新链产业链“两链”深度融合的实施意见和若干措施》，提出未来每年安排专项资金不少于3亿元，拓宽协同创新通道，力争打造10条重点子产业链、市级以上新型创新联合组织30家。

体制机制改革持续释放活力

今年4月，杭州高新区（滨江）发布《建设高能级战略平台打造世界领先科技园区行动方案》，正式提出打造世界领先科技园区。

尽管在全国综合实力排名前十的高新区中，杭州高新区(滨江)面积最小，区划面积仅72平方公里，但当地凭创新改革持续释放发展活力，系统重塑变革成效显著。

十年间，杭州高新区（滨江）通过开展工业综合体、三产留用地集中开发等改革，成立滨富特别合作区、滨萧特别合作园等举措，打造“一区多园”，探索解决空间制约短板。其中，特别合作园模式更是发挥国家高新区辐射带动作用，推动先进制造大项目和产业链关键制造环节跨区域落地，推动跨区域产业共富示范迈上新台阶。

在杭州高新区（滨江）萧山特别合作园，由紫光股份有限公司投资的云尖信息总部项目正开工建设，预计年产值可达70亿元。

在紫光股份董事长兼新华三首席执行官于英涛看来，特别合作园会增强杭州和浙江数字经济的“硬核制造”，企业将获得更大的发展空间。

2020年，杭州高新区（滨江）还成功纳入中国（浙江）自由贸易试验区新片区，加入2周年以来，累计货物进出口总额1484.7亿元，实际利用外资18.5亿美元，区块实际利用外资、税收收入总量位居全省前列。

十年间，杭州高新区（滨江）深入推进体制机制改革创新，获批5个国家级开放型试点、12项全国首创及30余项省市制度创新案例；成功创建数字服务、数字文化、知识产权服务、中医药服务四大国家级服务出口基地;商事制度一年一升级，“商事制度改革促进政务环境提升国家级标准化试点”通过国标委验收；全省率先建设知识产权综合服务中心，迭代开展知识产权一件事、数据知识产权质押等创新举措。

杭州高新区（滨江）党委副书记、管委会主任、区长郑迪表示，建设世界领先科技园区是杭州高新区自身不断发展、不断迭代的必然要求。未来十年，当地将继续秉持“主动报到、说到做到、服务周到”和“鼓励创新、宽容失败”理念，持续完善“1+X+N”产业政策扶持体系，纵深推进“放管服”改革和国家营商环境创新试点，为企业打造更卓越的营商环境。

（《科技日报》9月26日）

（区委宣传部）

索引

说 明

一、本年鉴索引依照国家标准《索引编制规则（总则）》（GB/T 22466-2008）进行编制，由主题索引、图照索引和表格索引三部分组成。内文内容均可通过索引进行检索。

二、类目、分目标题用黑体字标示。

三、主题索引中文标目按 A~Z 顺序排列，同音字按笔画数从少到多排列。第一字相同，按第二字音序排列，依次类推。

标目后的阿拉伯数字表示内容所在页码。数字后的英文字母 a、b、c 分别表示从左到右第一、二、三栏。标目后有多个页码的，则表示相关信息在这些页码中均出现。副标目或说明语缩进两个汉字放在主标目下面。

图照索引仅标注所在页码，不标注分栏。表格索引按序号排列，仅标注所在页码，不标注分栏。

主题索引

A

阿克苏　405b
爱耳日活动　142c
爱国卫生　361a
爱心驿家　131a
安防产业　196c
安居工程　79c　85b
安全生产管理　410b
安全生产社会化服务　410c
“安全生产月”活动　224b
安全生产专项整治　411a
安全用气保障　271b
安全知识培训　411b
安全执法检查　411b
安置房　264c　265c　267b
安置房源交付　265b
安置小区整治　416a
案件执行　157a
奥体中心“最后一公里”体验区
　　建设项目　260b

B

“八八战略”课题研究　62a
白马湖公园　45b
白马湖生态创意城　201a
白马湖实验室成立　84a
白蚁防治　264b
班主任　322c　341c
办公用房管理　94c
北京航空航天大学杭州创新
　　研究院　317b
北京证券交易所专题培训
　　245b
北企南迁系列活动　213b
毕业生校园招聘　379c
边界联检　405a
便民联办事项　90c

便民设施建设　416b
“滨滨有礼”品牌推广　407a
“滨滨有礼迎亚运、鲜花送给文明人”活动　407b
滨富特别合作区　211c
滨江电信保障大型活动通信　288c
“滨江工匠”　130b
《滨江精览》编纂　350b
《滨江年鉴（2022）》公开出版　350c
滨江区公园建设管理情况调研　73c
滨江区人民代表大会　67
滨江区文学艺术界联合会　139c
《滨江区幼儿园互助联盟公约》发布　321b
《滨江区幼小联盟行动计划》发布　321b
《滨江微村志》编纂　350b
滨江萧山产业合作共同发展的建议　76c
滨萧特别合作园成果　211b
缤纷未来社区　401b
殡葬管理　408a
殡葬惠民　408b
兵员征集　163a
病媒生物防制　361b
博日科技公司总部成立　199c
博士后工作推进　380a
博物馆　346c
不动产登记　170b
“不合理低价游”专项整治　241b
“不见面”医保服务　389a

C

才艺展示活动　119b
财源培植　172c
财政　172b
财政风险防范　174b
财政管理和预算执行审计　177a
财政监督　173b
财政经济工作委员会　74b
财政数字化改革　174a
财政政策落实　172c
彩虹预防接种智慧门诊　361a
参政议政　114a　116a　117b　119a　120c　122b　124a
餐饮行业监管　232a
餐饮数字化监管　231c
餐饮业“六名”工程　232b
餐饮油烟专项整治　292a
残疾人福利　392c
残疾人好声音大赛　143c
残疾人就业帮扶　142b
残疾人之家　421c
残疾人专门协会特色活动　144a
残疾人专项扶持救助　142a
残联第六次代表大会　141c
测绘与地理信息管理　171a
产业发展　214a
产业工人队伍建设　129c
产业合作　258b
产业集群建设　215a
产业链项目引进　255a
产业平台　201
产业平台发展　168c
产业平台高质量发展实施意见　49b
产业社区妇联成立　135b
产业项目　203a　215c
产业政策　169a
产业资金帮扶　257a
常峰　428b
长河革命历史纪念馆　347c
长河街道　418a
长河街道社会治理中心投入使用　421b
长河街道社区卫生服务中心　359c
长河老街区块环境整治　420c
长河历史文化街区　240a
超高清视频产业联盟　204b
陈琛　428c
陈梦萍　427a
成人教育　335a
城建档案管理　264c
城建环保工作委员会　74b
城区管理　262b
城区建设　261a
城区建设与管理　259
城市建设保障　174a
城市建设和人口资源环境委员会　105a
城市街区微更新　261a
城市医疗资源“双循环”管理　358c
城市应急保障能力建设监督　73a
城乡房屋排查　266c
城云科技　195a
城镇居民收入　386c
城镇居民消费支出　386c
崇军系列活动　166c
崇军优待　166a
出入境人员　151c
出租车和网约车管理　285a
出租车企业和汽车租赁企业管理　285a
厨神争霸赛　231b
“雏鹰计划”企业培育　308b
创建国家生态文明建设示范区工作部署　290a
“创客天下大赛”互联网+组决赛　380c
“创新创业陪跑工作室”设立　91c
创新链产业链深度融合　297b

创新生态构建 297a
创新突破奖 221c
创新浙商 425a
创新主体培育 307c
“春风行动” 396b
春节祭扫服务 408b
慈善发展指数评估 396c
慈善基地 395c
慈善事业 395b
慈善项目开展 395c
慈善信托 395c

D

打击整治养老诈骗专项行动 148b
大和热磁 198b 256b
大华公司大数据平台 197b
大立智能光电探测系统制造基地开工建设 205b
大气环境 290b 290c
大事记 31
大数据审计 177b
大型超市 229a
大学生反邪教社会实践基地 137c
“大综合一体化”执法改革 263a
代表培训 77a
丹枫社区少工委成立 417b
单边预约定价安排协议 176a
当虹科技 204b
档案安全管理 349b
档案公共服务 349b
档案管理 348b
档案培训和指导 348c
党风廉政建设 109c
党建引领“共富工坊”建设 52a
党群服务中心活动 423a
党史研究 62a
党外知识分子与新阶层人士统战 55a
党委信息 54a
党员发展 50c
道路安全隐患排查 283c
道路标志标识规范化 76a
道路畅通建设 284b
道路环境保洁 272c
道路建设 281a
道路交通秩序整治 284a
道路竣工 210a
道路开工建设 209c
道路拥堵改善 284b
等级评估 404a
地方志 350a
地名文化传承 404c
地情短片拍摄 350b
地铁四期建设规划滨江段 280c
地下停车场工程 260c
地形地貌 41c
第六空间大都会家居市场 229a
第五届滨江国际人才节 212c
电动自行车淘汰置换 183b
电魂智能创意孵化器 305c
电魂自在里文化空间 417c
电力供应 270a
电力科技创新奖专利成果 198c
电力主配网建设 270b
电梯“按需维保”改革试点推进 183a
电子商务 232b
电子政务 88c
丁香园医疗大数据中心开工建设 210b
东西部协作 258c
“董秘联谊会”工作研讨会 56c
动漫作品影响广 353b
动植物疫病防控 276b
动植物资源 43c
督查检查考核工作 65a
毒品犯罪 151a
“独角兽”百强 195a
独角兽众创空间 307a
对口帮扶 257c
对外交流平台搭建 93c
“多代同楼”项目 395a

E

儿童保健数字化应用新服务 362b
儿童福利 392b
儿童友好城区 135c
儿童友好社区 64b

F

法规宣传 356b
法律援助 160a
法院 156a
法治 147
法治化营商环境建设 149c
法治宣传 159b
法治政府建设 148c
反邪教理论研讨会 138a
范渊 425b
方言 45a
防“艾”知识宣传 123b
防潮安全活动 412c
防范电信网络诈骗专题协商 100c
防汛防台 411c
防汛防台体系标准化建设 423c
防汛排涝 413a 413b
防灾减灾 411c

房地产业管理　263c
房屋拆迁收整　419c
房屋建筑自然灾害综合风险普查　266c
房源回迁安置　265a
放心肉菜示范超市　187a
非法卫星电视接收实施专项整治　355c
非法吸收公众存款案　158c
非物质文化遗产　344c
非物质文化遗产　44c
非遗工坊公布　345b
非遗剪纸艺术展　345a
风景名胜　45a
冯伟峰　430b
孵化器　305a　305b　305c　306b
服务妇女创业创新　134b
服务贸易　228a
服务贸易　228b
服务民营企业　125c
服务亚运主题活动　56b
辐射管理　291b
福彩公益　393a
福利企业监管与服务　393a
负责人综合能力培训　404b
妇女儿童权益保护　134c
妇女干部培训班　136b
妇女思想政治引领　134b
妇女组织建设　134b
妇幼保健　364a
附录　462
傅家峙区域考古挖掘　344b
傅晓勇　431c

G

干部教育培训　50b
干部人才交流　258a
干部选拔　50b
岗位能力提升　163c
港澳代表人士伙伴行　59c
港澳籍人士及家属慰问　59a
港澳台人员管理　151c
港澳台事务　58c
高层次人才　377b　380b　397b
高昌盛　426a
高等教育　328b
高端分子检测设备产业基地项目开工　199c
高技能人才创新工作室　130c
高价值知识产权智能产品创新创意奖　190a
高架养护　282b
高龄津贴发放　394a
“高新汇”企业交流活动　213c
高新技术产业　192
高新技术产业　192a
高新技术企业　298a　205c　302a　307c
高新支部和卫健基层委医卫支部联谊活动　115a
个体帮扶　385a
工程管理人员廉洁自律规范出台　110a
工程质量安全监督　222c
工地安装智慧用电系统　223c
工会普惠服务　129c
工伤保险　387c
工业　建筑业　214
工业产品监管　182c
工业和信息化部制造业单项冠军　217c
工业和信息化部重点实验室　194c
工业经济运行　214
工业转型升级　216a
公安　150b
公安科技信息化建设　152c
公安信访工作　152c
公共法律服务　159c
公共交通　280a
公共交通出行助力节能减排　294c
公共设施管理示范性判例　158c
公共图书管理　345c
公共卫生体系完善　357c
公共文化　342a
公共文化服务　342a
公共消防安全保障　416c
公共资源交易　92b
公共租赁房建设　397a
公交线路开通　280a
公交线路优化　280b
“公民爱心日”活动　407c
公司总部大楼投入使用　206c
公务用车管理　94c
公务员管理　51a
公益创投　403a
公益诉讼检察　153c
公证服务　160b
共建结对签约　121a
共青团杭州高新区（滨江）委员会　131b
共青团杭州市滨江区第七次代表大会　133c
共同富裕示范区建设研讨会　400b
“共享法庭”建设　158b
共有产权房建设　397a
供电助力社会经济建设　270b
供水服务　268a
供水管网　269a
供水排水　267c
股份集体经济审计　277c
股份经济合作社管理　277b
固定资产投资　168b
“关爱e家”助力数字反邪　147c

关键小事项目化监督 108c
关心保护下一代工作 63b
关心下一代工作会议 64c
"光能杯"大奖 218c
广告监管 182a
广立微 248c
广脉科技公司产业化基地开工建设 205a
归侨侨眷权益 138b
规划管理 259a
规划项目审批 259c
硅谷精英沙龙 381b
硅谷人才活动周 381b
硅谷文化课堂 107b
国防动员潜力核查 162c
国防教育 164b
国际安全认证 197a
国际科技合作载体 315a
国际人才节 378c
国际体育幽默画展 140a
国际舞蹈周 140c
国家高新区创新积分企业 297c
国家级标准化试点项目 185c
国家级专利导航服务基地建设 191b
国家科技型中小企业培育 308b
国家数字服务出口基地高峰论坛 208b
国家统计调查 179a
国家知识产权服务出口基地 189a
国家知识产权奖 189c
国家知识产权示范企业 191a
国企人事薪酬改革 171c
国企人员招聘 378b
国企业务架构优化 171b
国土空间资源规划统筹开发利用实施意见 49c
国务院、省、市政府涉区项目督查 87a
国有资产存量盘活 172a
国有资产管理 171b
国自机器人 197b

H

海康机器人产品产业化基地项目开工建设 208b
海康科技公司创新成果展出 219b
海塘运行管理 413b
海外高层次人才创新创业基地 304c
"海外华文媒体杭州行——走进滨江"活动 58c
海外华文媒体区情推介会 58b
海外市场开拓支持 227a
海外协作会议 139a
行业规范经营专项检查 241c
杭州"最美社工" 430c
杭州电子科技大学滨江创新中心 316c
杭州儿童艺术团滨江分团成立 323a
杭州高新区(滨江)残疾人联合会 141b
《杭州高新区(滨江)创建国家生态文明建设示范区实施方案》 289c
杭州高新区(滨江)妇女联合会 134a
杭州高新区(滨江)工商业联合会 124c
杭州高新区(滨江)归国华侨联合会 138b
杭州高新区(滨江)红十字会 144a
杭州高新区(滨江)计划生育协会 145c
杭州高新区(滨江)科学技术协会 136c
杭州高新区(滨江)总工会 128a
杭州高新区管委会(滨江区政府) 79
杭州工匠 429b
杭州国际学校 339a
杭州国家"芯火"双创基地 198a
杭州国家级文化和科技融合示范基地 201c
杭州国芯 198c
杭州极弱磁场重大科技基础设施研究院揭牌 83c
杭州人工智能计算中心 310b
杭州市百强榜单 217c
杭州市滨江区红十字三联救援队成立 145a
杭州市财经职业学校 326c
杭州市创客节 346b
杭州市妇产科医院合作 363b
杭州市劳动模范 426b
杭州市旅游职业学校 327b
杭州市天元智力运动队滨江分队成立 323a
杭州市长河高级中学 325c
杭州市职业技能带头人 429c
"杭州书法之村"作品展 140c
杭州数智消费嘉年华消费节 231a
杭州数字服务贸易发展论坛 234c
杭州万高 198c
杭州闻涛中学 324a
杭州医学院 334a
杭州银行浙江自贸区杭州江南支行开业 243b
杭州长光产业技术研究院 316b

杭州中科国家技术转移中心　316b
杭州中天模型有限公司项目　373a
合法性审查　149b
合同监管　182a
和谐劳动关系创建　129a
河道通过市级“美丽河湖”验收　274b
河道综保工程　261b
恒生基金　250c
红色文化传播　62a
宏观经济调控　168a
鸿雁电器公司主导项目　219c
后备干部班　340a
后勤保障服务　89b
互联网经济产业园　202c
互联网现代服务业创新发展区　203a
互联网小镇　45b　203b
互联网医疗健康服务国际标准通过立项　186c
户籍人口管理　382b
户政管理　151b
护老扶困　420c
沪滨教育合作启动　340c
华侨华人新生代主题活动　139a
华数“智慧”服务项目　287c
华数集团　202b
华数通信保障　288a
华业高科技产业园　304b
化妆品安全监管和宣传　184a
环保审批　291c
环保信访件办理　291c
环境监测　291b
环境监管与执法　291b
环境提升　419c
环境卫生　272b
环境质量　290a
黄莹　431a
黄勇　431c
回迁安置　416b
惠民义诊　364a
婚姻登记　383a
混凝土质量专项检查　224c
火炬大道整治工程竣工　281c
“火炬银奖”挑战营　322c
货车司机平台企业工会成立　130b

J

机动车维修市场监管　285a
《机动车尾气遥感检测系统》施行　185a
机构编制工作　59c
机构养老服务　393b
机关党的政治建设　57c
机关党的组织建设　57c
机关后勤服务保障　94c
机关退休干部文化班　62c
机器人制造基地开工建设　204c
基层单元建设　77a
基层队伍指导　390b
基层工会建设　128b
基层红会组织建设　144b
基层就业服务　385b
基层社会治理　48b
基层武装建设　163c
基层医疗卫生　358b
基层疫情防控能力和体系的建议　76b
基层治理　397c
基层治理三人制工作法　420a
基层组织党建　50c
基础设施　89a　169c
基督教中国化讲经讲道交流课大赛　406c
基金　250a
基金风险防控　389b
吉利寰球互联网　209a
极速审批试点项目开工　92b
疾病预防控制　360a
集成电路产业　197c
集成电路产业首席质量官联盟分会成立　185c
计量监管　182b
计生协会会员日活动　146a
纪检监察干部队伍建设　108b
纪检监察制度改革　108a
纪检数智变革　109a
加速器　304c
家庭发展　383a
家庭文明建设　135a
荚竹山桥修缮工程　344b
贾磊　426a
价格管理　187a
价格监测　187b
价格监督检查　187c
价格认证　187c
驾培市场监管　285b
监察和法制司法工作委员会　74a
检察　153b
检察监督　154c
检务服务　155a
检务公开　155a
检校司法实务论坛　156a
减税降费　174c
减征缓缴　388a
建档立卡　166b
建设工程劳务综合管理　222b
建设工程网格化监管　223a
建设工地文明施工管理　223b
建设全域未来社区的建议　106a
建设投资　260a
建业路跨铁立交工程完工

281c
建置区划 40a
建置沿革 40a
建筑工地“防汛防台”专项检查 224b
建筑起重机械安全管理 224a
建筑施工 221b
建筑市场监管 222a
建筑业产业发展 221c
建筑业行业管理 222a
健康滨江全科医学论坛 363c
健康教育 360b
“健康细胞”建设 361b
江北科技园 211c
江北科技园 212a
江北科技园招商引资 255b
江北医保窗口设立 91a
江陵路整治工程竣工 281c
江南大道地面道路拓宽改造工程竣工 281b
江南大道景观亮化工程竣工 281a
江南大道隧道开通试运行 262a
江南体育中心 371b
交通 邮政 通信 280
交通安全知识宣传 285c
交通管理 283a
交通养护 282a
交通治理工作站建设 285c
交易大厅改造升级 93b
交易管理科设立 93a
交易领域标准化建设 93a
教科文卫和民宗侨工作委员会 74c
教师队伍建设 339b
教师节 341b
教师培养 339c
教育 320
教育对口帮扶 320c
教育国际化 338c
教育经费投入 320a
教育事业高质量发展 85a
教育文化卫生体育和文史委员会 105b
街道 415
接力跑 116c
节能环保产业 218c
节能减排 294b
节约机关建设 94b
巾帼建功行动 134c
巾帼科技创新周滨江区启动仪式 136a
金鸽电影节 140c
金融服务 242a
金融服务进园区专场活动 205a
金融机构 242a
金融监管 176b
金融业 242
“金融优选”定制服务 186c
“金燧奖”品牌榜 220b
金绣国际孵化器 305a
进出口贸易 225a
“进双创基地，为侨企送法”活动 139b
经济犯罪 151a
经济管理 168
经济建设 45c
经济科技委员会 104c
经济稳进提质 47a
经济运行监测 168b
经济责任审计 177a
晶华微 248b
精神文明建设 406c
景业高端智能装备 204c
景业智能公司在科创板上市 248a
警务便民服务 153a
警务督察 152a
竞技体育 372a
境外投资 256a
九三学社杭州高新区（滨江）基层委员会 123c
旧改加梯项目 262a
“就近办”完善 91c
就业帮扶 258a 384c
就业创业服务 166a 379a
就业服务 385b 424b
居家养老服务 393c
聚光科技 220b
决策部署 67a
军队资产管理 164b
军事 162

K

康恩贝公司中药创新药 200c
康复服务行动 142b
科创板上市业务培训 249c
科创生态优化 47b
“科创中国”创新基地 205b
“科技+人文”高质量建设“天堂硅谷”的建议 106b
科技成果及应用 317c
科技创新 296
科技管理 298a
科技合作与交流平台 316a
科技活动周 137c
科技教育大联盟成立 323b
科技金融服务中心升级 249b
科技企业孵化器 202a
科技企业孵化器 304a
科技企业认定 296b
科技型企业研发费用市级补助 308c
科技研发载体 309c
科技园区建设 296a
科技助力亚运提升软实力 建设“国际滨”的建议 106a

科教融合专题协商　100b
科普大篷车进社区活动　137b
科普宣传周　137c
“科普中国”App推广　137a
“科学家企业家面对面”活动　126a
科研平台建设　296c
孔家里创立方　202a
控规单元调整　259b
跨境电商企业扶持　232c
跨境电商专题服务会　233a
矿产资源　43c
鲲鹏应用创新大赛　194a
困境妇女儿童帮扶　135a
困难家庭家境调查　391c

L

垃圾分类　273a　323b　416c　420a　423b
来江飞　426c
来醉鎏　431a
兰祥华　427c
朗鸿科技　248c
劳动技能竞赛　128b
劳动就业　384b
劳动仲裁　161b
劳模关爱服务　128c
劳务协作　258b
老干部工作　62b
老干部志愿服务　62c
老旧小区提升改造　86b
老龄服务　393b
老龄健康　365a
老年福利　392b
老年健康促进行动　366a
老年人家电统筹保修服务　394b
老年人身体能力评估　394a
老年学堂　335b
老年宜居环境创建　365c
离婚冷静期实施成效　384a
李杰　431b
历史建筑保护利用专题协商　101a
历史名人　44c
历史文化书籍《长河》发布　421a
“两个全覆盖”实施意见　95b
“两客一危”专项整治　284a
“两新”党建经验宣传推广　51c
“两新”组织党建　51a
“两新”组织统战　55a
“两新”组织迎“七一”展演　51c
亮化养护　274a
“靓发屋”项目　121b
廖旭毅　430b
林东新能源研发项目　208c
林业管理　170a
林业资源　43b
零跑科技　249a
领军人才品牌建设　403a
刘明　429b
刘志勇　429c
留用地开发及保障房建设　264b
留置案件办理　111c
流动人口管理　382c
流浪乞讨人员救助　391b
流域共治　293a
六和桥众创空间　307b
楼友会众创空间　307b
楼宇建筑节能降碳　295a
路面交通设施设置　283c
罗晓鹏　428c
吕明　425a
旅游法规知识宣传　235c
旅游管理　241b
旅游市场平稳有序　235a
旅游宣传推介　240b
旅游业　235
旅游业发展　235a
旅游驿站　241a
旅游资源　235c
律师行业管理　160c
绿化美化　273b
绿化养护　273b
绿化整治　273c
绿色发展　169b
绿色化工创新创业大赛　221a
绿色停车泊位增设项目　285b

M

慢病防治　360b
盲人定向行走训练　143a
媒体融合发展　53a
美国工业设计师协会工业设计优秀奖　197a
“美好家园”住宅示范小区建设　267a
“美丽杭州迎亚运”专项集体民主监督　101c
“美丽河湖”创建　289a
免费康复　336c
民兵组织建设　163b
民革杭州高新区（滨江）基层委员会　114a
民工安全教育　223c
民间艺术舞蹈展演　343b
民建杭州高新区（滨江）基层委员会　117a
民进杭州高新区（滨江）基层委员会　118c
民盟杭州高新区（滨江）基层委员会　115c
民商事案件审判　156c
民生实事项目　71a　101b
民生实事项目　85a

民生事业服务 417a
民生投入 173c
民事行政检察 153c
民俗 44c
民营经济 125a 125b 126b 126c
民主党派 工商联 114
民主党派、统战团体工作会议 55c
民主党派统战 54c
民主监督 101b
民族 44b
民族事务 405b
民族团结进步创建工作现场推进会 405c
民族团结进步促进会换届大会 406a
民族宗教统战 55b
名师导航站 341a
“魔方沙龙”活动 110a
莫永伟 430c
亩均效益领跑者 214b

N

纳晶科技公司项目 221a
纳税服务 174c
纳税信用建设 175c
男教师风采展示活动 321c
内部审计 177c
能源领域首台重大技术装备 218b
年度计划编制与执行 168a
年度训练 162b
农村产业发展 275b
农工党杭州高新区（滨江）基层委员会 120b
农业安全生产宣传培训 275c
农业服务 275a
农业经营管理 276a
农业经营主体 275a
农业生产技术服务 275c
农转非拆迁人员医疗补助 389a
诺辉健康公司与北京大学医学部联合项目启动 200a
女子足球比赛 324c

O

藕舫基金 250b

P

排灌站扩建工程 269c
排灌站数字化改造项目 269c
排水保障 269b
排水许可核查与批后监管 269b
培训机构管理 342c
批发零售业 228c
“平安工地一码通”管理系统应用 223b
平安建设 147b
平安小区提档升级 85c
浦沿街道 422a
浦沿街道社区卫生服务中心 363b
浦沿街道文联成立 141a
浦沿卫生中心 359a
普法宣传活动 386a
普特融合教育研讨会 337a
普通高中教育 325a

Q

“七张问题清单”工作 65b
企业“走出去”风险防范与应对培训会 228a
企业和人员审核备案 222a
企业劳动用工体检活动 161c
企业楼宇主体结顶 207c
企业南迁 212b
企业年报工作推进 181a
企业培育 216c
企业退休人员 72a 390a
企业退休职工服务 389c
“企业外联”App试点 208a
企业羽毛球联赛 371c
启明医疗 199c 256a
气候 42a
气象防灾减灾 412c
钱塘江禁渔期 276c
钱塘江沿江景观改造提升工程开放 293c
欠薪投诉集中接访 386b
嵌入式体育设施建设 371a
侨界联谊 138c
侨务 58a
桥梁涵洞养护 282c
侵财犯罪 150c
《侵犯商业秘密刑事案件审查指引》出台 155c
“亲青恋”青年交友系列活动 133b
青春健康高校项目 146c
青春特色党建品牌 96a
青年干部训练营 340b
青年科技英才评选 136c
青年理论学习 131c
青年人才服务 132b
青年先进典型选树培育 131c
“青年之家”建设 132b
青年知识产权专业技能大赛 189c
青年志愿服务 132c
青少年科普教育基地建设 137b
青少年权益维护 132a
青少年校园足球联赛 372b

清单管理优化　109c
“清风传家”活动　110b
“清风物联”廉洁文化阵地启用　110c
清廉滨江建设深化　108c
清廉单元建设工作推进会　111a
清明节祭扫服务　408c
“清水入城”生态配水　269a
“情暖杭州·2022年博爱送温暖”活动　145a
区第八次少代会　133c
区妇联五届七次执委会议　135c
区工商联五届二次执委（理事）会议　127a
区划地名管理　404c
区婚姻登记服务中心新址建设　384a
区纪委常委会会议　109b
区纪委六届二次全会　109b
区科创中心　304a
区六届人大一次会议　67c
区情概览 40
区人大常委会会议　68c
区人大代表建议和政协委员提案办理　87b
区人大浦沿街道工委活动　78b
区人大西兴街道工委活动　77b
区人大长河街道工委活动　78a
区人武部　162a
区社区教育“能者为师”案例　336b
区委常委会会议　48c
区委全体（扩大）会议　48c
区委全委会工作督查　66c
区委信访工作会议　61c
区委巡察工作动员部署会　112b
区委议事协调机构会议　49a
区卫健局成立　358a
区文化中心节能改造　295a
区县产业合作　278c
区新艺联谊会成立　56c
区育龄人群婚育意愿调查　146c
区域档案管理服务一体化平台建设项目　349c
区域合作　256c
区域性推进的省级规划课题结题　321c
区政府常务会议　80c
区政府全体（扩大）会议　80b
区政府专题会议　83a
区政协常委会会议和主席会议　97b
区政协三届一次会议　96c
区直机关党建　57b
区直机关事务　94b
区中小学心理服务中心运行　325a
区总工会四届六次全体（扩大）会议　130a
权籍调查　170c
全城通　394c
全国“最美工会户外劳动者服务站点”　131a
“全国版权示范园区（基地）”称号　201b
“全国残疾预防日”公益宣教　143b
全国软件和信息技术服务竞争力　194c
全国少儿沉浸式剧本高峰论坛　354a
全国文化企业30强　202b
全国性节能大奖　218b
全国医务社工人才培养计划　401a
全国义务教育优质均衡发展区省级督导复评　324b
全科医生岗位胜任力提升项目　363a
“全链路”人才智引系统　377c
全面深化改革　48a
全民健身　371c
全民阅读公益活动　346a
全民运动会　371c
全民终身学习活动周　336a
全球外汇环境分析与政策讲解会　227c
全域未来社区建设的建议　76a
群众团体　128
群众文化　343a
群众文化公益培训　343a

R

燃气服务升级　272a
燃气服务数字化　272a
燃气供应　270c
燃气管线建设　271c
热工自动化国际标准制定　185b
人才“五大行动”实施　374c
“人才大手牵小手”系列活动　63b
人才工作　51b
人才管理　374b
“人才日”主题活动　381a
人才生态服务　375a
人才体制改革深化　375a
人才引进　377a
人大代表工作　76c
人大代表构成　67a
人大工作委员会　74a
人大街道工委工作　77a
人大宣传工作　67b
“人防行业监管”应用场景建设　165b

人防宣传 165a
人工智能 100a 338b 381a
人口 43c
人口家庭 382a
人口监测 382a
人口民族宗教 43c
人力资源服务机构 377c
人力资源管理 374
人民防空 164c
人民调解 160a
人事代表工作委员会 75a
人事工资管理 375b
人事任免事项 69c 70b 70c
人文历史 44c
人物 荣誉 425
人员年度考核 376c
融媒联盟宣传 352b
融资服务 245a
融资路演活动 213a
软件产品增值税退税闭环式监管 175b

S

“三大主题年”活动实施方案 49a
“三社联动”服务 271c
森林防火 412b
山二公益性公墓改造 408c
山海协作 257b
山一农居SOHO收整 279b
商会建设 125b
商贸服务业 225
商事主体登记确认制改革实施方案出台 185b
商业秘密保护研讨会 155b
商业用房管理服务 265b
商业综合市场 229b
上峰电商产业园 233a
上市公司 247a
上市后备企业 247c
上市企业服务 247b
少先队工作 132c
社法支部和综合支部联合活动 115b
社工队伍建设 398b
社工师资格证考试 399b
社会保险 387a
社会法制民族宗教和港澳台侨委员会 105b
社会服务 114c 116b 117c 119b 121a 122c 124b
社会福利 392b
社会建设 46b
社会建设工作委员会 75b
社会救助 390c
社会救助创新试点工作 391b
社会救助领域专项治理 392a
社会科学 348a
社会科学普及周 348b
社会生活 382
社会宣传 52b
社会治理 423b
社会治理中心成立 148b
社会组织管理 401c
社科普及活动 348a
社情民意 106c
社区（乡村）治理建设 279b
社区布局优化调整 399c
社区工作者节 401b
“社区好老师”评选 335c
社区矫正 159c
社区教育“能者为师”实践创新项目 335b
社区结对 119c
社区空间运营大赛 399b
社区美好生活共同体评估验收 400c
社区社会组织运动会 403c
社区卫生实践教学基地合作 359b
社区应急体系建设 410a
涉案未成年人家庭教育指导站揭牌 155a
涉水问题督查 293a
深基坑安全管控 223a
审管办机构调整 91a
审管系统联动攻坚 93a
审计 176c
审计整改 177c
生态环保督察问题整改 292a
生态环境 79b
生态环境保护 289
生态环境管理平台 292b
生态环境执法检查 292a
生态文明建设 46c
生物多样性调查评估 171a
生物医药链长制服务扶持 199b
生物医药与健康产业 199a
生育保险 388a
生育支持政策落实 383b
声环境质量 290b
声环境治理 291a
省电子商务产业示范基地 233a
省级公民法治素养观测点建设 161a
省级精品年鉴 350c
省级企业研究院建设 314a
省级研发攻关计划立项 300b
省级研发中心建设 310b
省级优秀创建特色小镇 210c
省级重点企业研究院建设 314b
省级最佳制度创新案例 208a
省健康县区创建 361b
省科技“小巨人”企业认定 309a

省科技领军企业认定　309b
省科技型中小企业培育　308c
省科学技术进步奖　219c
省内外贸一体化“领跑者”培育企业　230b
省清廉学校建设示范校　324a
省生态环境科学技术奖　220c
省特级教师　341b
省委巡视“回头看”　65a
省重大科技专项　219c
盛域医疗产业化生产基地开工建设　210c
失业保险　388a
师德师风建设　339c
诗路精品旅游线路　240c
“诗路声音博物馆——西兴馆”项目　417a
石门塘社区揭牌　418a
实验室建设　360b
食品安全监管　182c
士兰微电子　198b
示范小蔬菜门店创建　187a
市场监督管理　179c
市场物价　386c
市场综合执法　184b
市级概念验证中心　315b
市级研发中心建设　310a
市企业创新联合体　310c
市人大代表建议和政协委员提案办理　87c
市政道路养护　282b
市政污水管网检测养护　262c
市政雨水管网检测养护　262c
事业单位工作人员年度考核和奖励　375c
事业单位管理岗位职员等级晋升制度改革　376a
事业单位规范管理　376a
事业机构调整　60b
试点攻关工作　164a
视察调研　70c
视察与调研　102c
适龄妇女“两癌”筛查　364c
收费管理　187b
收入消费　386b
收养登记　383b
手语普及培训　143a
“守底线保安全查隐患”专项整治　184a
首店经济　230a
书法美术展　343c
“暑期查处变异违规培训”专项行动　323b
暑期托管　321a
暑期夏令营　385c
“数据安全实验室”揭牌　207c
数据知识产权　188b
数据质量建设　178b
数据资源管理　88a
“数智赋能园区”专题议政活动　118b
数智监管集体经济　277c
“数智领航”行动发布会　190b
“数智体育服务系统”建设　338a
数智协同跨部门监管　181a
数智研训体系　338b
数智治水升级　293a
数字档案室建设　349a
数字法院建设　158a
数字法治建设　150a
数字化赋能金融风险监测预警　176c
数字化赋能人事管理　375b
“数字化赋能社会风险管控”视察监督　102c
数字化改革应用　216c
数字化改革专项集体民主监督　102a
数字化监管平台　172a
数字化交通安全治理　283b
数字化示范小微企业园　193a　217c
数字化云监管　366b
数字健康小镇　210c
数字金融发展先行区建设　242b
数字经济专场路演　139b
数字人大建设　67b
数字应用场景　394c
数字政府建设　287b
数字政协建设　95c
数字自贸高质量提升发展大会　233c
“双减”工作创新　322b
“双强”行动助推农业高质量发展　275a
“双随机”抽查监督　356a
双拥共建　164a
水环境　290b　290c
水利标准化运行管理　269c
水文　43a
水务安全生产管理　268b
水务营商环境优化　268b
水域救援实战演练　414c
水质监测　268a
水质自动化监测站启用　293b
税收风险管理　175a
税务　174b
税务“产学研”一体化合作机制　175b
税务文化建设　175c
税源管理模式　175a
司法行政　159a
司法体制综合配套改革　158b
思想政治工作　52c
思想政治引领强化　162a
四川朝天农特产品展销中心开业　230c

四维生态模式受推广 276a
送"福"进项目公益活动 116c
"送服务、解难题、促发展"系列活动 227b
诉讼制度改革 158a
隧道养护 282c
孙芳 429a
孙一飞 427b

T

台风汛期监督管理 276c
台湾工作 59a
泰格生物医药 210b
泰格医药公司总部大楼奠基 200b
泰顺合作项目 257a
汤颂阳 427b
唐佳和 431b
陶剑琴 426b
特别合作园 211a
特困人员供养 391a
特色步行街申报 230a
特殊教育 336b
特殊教育 336c
特约检察员座谈会 155c
特载 1
特种设备 182c
提案办理专题协商 100a
提案委员会 104c
提案与社情民意 105c
体育 370
体育产业 372c
体育馆惠民开馆 371b
体育民生实事工程 370a
体育赛事和活动 370a
体育设施 370c
体育市场执法 370b
天和高科技产业园 304c
天和众创 306c
天然气热电联供项目 295c
《天堂硅谷》报出刊 352a
《天堂硅谷》杂志出刊 352a
调研区关心下一代工作 63c
停车难 85c
通信 286c
通信设备产业 193b
"通学路云守护"建设 337c
"同心·众创"系列活动 56a
统计 178a
统计法治 179b
统计服务 179a
统计基层基础 178b
统计监测 178c
统计资料 446
统一战线队伍建设 55c
统一战线工作 54b
头雁班学科名师培养 341a
投融资对接会 56a
投资促进与区域合作 251
徒步赛活动 293c
土地使用管理 169b
土地执法监察 170a
土壤 43a 290b 291a
团干部及志愿者培训 133a
"推进无废城市建设"民主监督 102b
退休干部荣退仪式 63a
退休活动组织 390c
退役军人事务 165c
退役军人志愿服务 166b
退役军人专场招聘会 167b
托育服务 383c

W

外籍教师培训 339b
外事 93c
王立峰 431c
网格细化管理 148a
网络安全风险隐患排查 54b
网络安全管理 152b
网络安全和信息化 54a
网络安全培训 89a
网络交易监管 181c
网络摄像机 197a
网络生态治理 54a
网络数据安全 88c
网络文化市场执法 355b
网易杭州软件生产基地三期项目 202a
网易未来大会 195b
网易蜗牛读书馆旅游驿站 241a
危爆物品管控 152b
危房治理 267a
微型消防站建设 414a
为侨服务 138c
违反中央八项规定精神典型问题通报 111b
违建处置 423c
委员读书活动 103c
委员工作 103b
委员工作委员会 105c
委员界别活动 104a
委员履职管理 103c
委员培训 103b
卫生监督 366b
卫生检测 360a
卫生健康 357
卫生健康服务提升 85c
未成年人保护培训 64a
未成年人检察 154a
未成年人救助保护中心创建 63c
未来产业发展布局分析研究专题协商 100c
未来社区建设 76a 85b 419b 424b

未来社区教育场景案例　336a
未来社区可持续运营模式研究　400a
未来社区运营管理专题协商　101a
位置面积　40a
慰问金及慰问活动　390b
文创企业快速发展　353c
文化　342
文化产品配送服务　342b
文化创意产业　353a
文化馆数字化建设　342c
文化建设　46a
文化商品成果　353b
文化市场安全生产监管　354c
文化市场管理　354b
文化市场执法　355a
文化遗存　44c
文化艺术节　324c
文化走亲服务　342b
文旅融合专项资金　235b
文明家庭宣传日活动　136a
“文明靓城、滨滨有礼”行动启动　407c
“文明一平方”专题监督　73b
文史研究　107a
文史研究会换届　107c
文史资料征编　107a
文体事业　79c
文物保护　343c
文物执法　344a
文艺志愿活动　140a
文艺作品成果　139c
“我为亚运献一计”活动　124b
污染治理　290c
污水零直排项目　261c
无偿献血　144c
“无废城市”建设　289a
无规定马属动物疫病区建设　276b
无障碍环境建设　73b　142c　417b
“吴文俊人工智能科学技术奖”　197b
吴奕武　428a　430a
五水共治　292c
五星级小微企业园　218a
“五育并举”实验校评审交流工作会　323c
武警浙江总队医院　369b
“舞动中国——排舞联赛”总决赛　373c
物联网　418a
物联网产业　195c
物联网产业园　206a
物联网产业园“企业服务月”活动　208a
物联网小镇　45a　207b
物业服务企业考核　265c
物业服务提档升级　86a
物业纠纷调解服务　265c

X

西湖论剑·网络安全大会　84c
“西湖益联保”参保　388c
西兴过塘行码头专题陈列馆　346c
西兴街道　415a
西兴街道开展经济合作社规范运行专项督查　110b
西兴街道社区卫生服务中心病房启用　359c
西兴老街　240a
西兴路整治工程竣工　281b
“喜迎二十大　乐跑大莲花”活动　57a
“喜迎二十大，奋进新征程”互动式套餐　62a
先进集体名录　439
先进人物名录　432
“先证后查”改革首单扩项认定　184c
现代产业社区治理体制改革创新实践　400a
“宪法进校园”活动　121c
献计献策　63a
乡村合作发展　278a
乡村民生合作　279a
乡村协作帮扶　278b
乡村振兴　275
乡村治理　279a
“相约在高新”HR沙龙活动　378b
消防安全检查　241c
消防管理　413c
消防救援　413c
消防宣传新模式　414b
消防执法规范化建设　410a
消费协作　258a
消费者权益保护　181c
“小脑+手脚”基层治理机制　147c
小区改造及加梯　264b
小学生综合评价改革推进　323c
校本研修信息化　340a
协商议政　99a
协调劳动关系三方联动　161c
谢志和　425c
心理健康教育宣传　322b
芯片全要素检测分析实验室　185a
新材料产业　220c
新华三集团　197c
新教师培训　341b
新进专职社区工作者岗前培训　400b
新开业酒店　232a
新零售（服务）企业　233b

新能源产品产业化基地 209a
新能源产业 218a
新社会组织团建 132a
新生代企业家联谊会研修班 127c
“新时代枫桥式退役军人服务站”评审现场会 167c
新闻传媒 351a
新闻发布 53a
新闻宣传 52b
新校区建设 320a
新型建筑工业化成果及应用 221c
新型庄稼医院建设与服务标准化试点启动 186b
信访工作 61a
《信访工作条例》宣传 61b
信访积案化解 61b
信息发布规范化 89c
信息软件产业 194b
信息提升工程2.0培训 340b
刑事案件审判 156b
刑事检察 153b
行政案件审理 157a
行政复议规范化建设 161a
行政复议应诉 149a
行政机构调整 59c
行政区划 41b
行政审批服务和管理 89c
行政执法改革 73b 150a
行政执法监督 149a
休闲游 241a
宣传工作 52a
学前教育 321a
学前教育工作集体调研会 321c
学习积分挑战赛 335c
“学习强国”学习平台知识竞赛 421b
学习宣传贯彻中共二十大精神活动方案 95c
学校及教师人数 320a
巡察 112c 113a 113b
巡察工作 112a

Y

亚运场馆母婴设施提升 384a
亚运场馆周边设施提升的建议 76a
“亚运攻坚”专项巡察 112b
亚运环境综合提升 86a
亚运会曲棍球训练场馆改造 373b
亚运会主题宣传 53c
“亚运靓城”行动 92c
亚运配套项目推进 261c
亚运燃气保障服务 271c
亚运水务保障 268c
亚运主场软环境视察监督 102b
亚运主题餐厅推出 231a
沿江区域提升改造项目 260b
研究生电子设计竞赛 379b
养老保险 387b
养老服务 393c 424c
药品质量检查 183c
药品注册证书 200c
业务办理数字提效 90b
业务培训交流 360c
“一地创新 全省共享”事项办理 91b
“一件事”集成改革深化 90b
“一老一小”关爱服务 86a
一体化智能化公共数据平台建设 88b
“一网通办示范大厅”建设 90
医康养护转介转养省级试点 395a
医联体建设 363a
医疗保险 387c
医疗保障 357b
医疗废物监管 366c
医疗救助 391a
医疗联动服务 364c
医疗乱象专项治理 366c
医疗器械 183c 210b
医疗卫生机构 357a
医养结合服务 365c
医药机构管理 389c
医药卫生体制改革 357b
依法治税 174c
依法治网体系建设 54b
依申请公开政府信息 86c
“移动审批车”推出 90c
“以赛引才”促进就业 380b
义务教育 322a
艺术考级专项整治 356c
艺术家驻地创作影像展 140b
议案建议 75c
议政日活动 118a
“益企向未来”暨商业秘密保护研讨会 155b
银行业 243a
“银龄跨越数字鸿沟”专项科普活动 137a
银企对接推进 243b
银泰商业综合体开业 417b
引才育才 374a
英飞特电子 205b
婴幼儿家庭入户指导 146b
婴幼儿照护服务 364b
迎新春系列活动 343a
迎亚运公厕服务提升 261b
迎亚运专题协商 99b
萤石网络 250a
营商环境 157c 169a 424a
应急保障能力 409c
应急管理 409
应急救护培训 144c
应急预案与响应 409a

应急预警短信发送项目 288b
应急责任管理 409b
应用集约建设 88b
永久河片区省级“美丽河湖”创建 274c
优待证申领 166b
优待证首发仪式 166c
优生优育宣传 146a
优秀退伍军人 431b
邮政 286a
邮政寄递业务 286c
邮政推进绿色包装 286b
邮政新媒体业务 286a
“友好大华”项目 120a
俞飞 426c
渔业增殖放流 276c
宇视科技 194c 197a
羽毛球比赛 323a
预算绩效管理 173a
元宇宙产业发展的建议 106c
远程异地多点评标室功能升级 93b
院士专家工作站建设 136c
云护美好教育 287b
运输车辆源头管控 284c
运输企业主、驾驶员教育培训 286a

Z

再生资源回收 272c
在杭香港青年伙伴交流活动 59b
在建工地安全生产检查 224c
造血干细胞成功捐献 145c
泽天春来公司项目 220c
战略合作 196a
招才引智 212a
招商引资 251a
招商招才专员并轨中级专业聘用制人员 377a
招生考试 320b
赵静娜 430c
照明设施提升改造工程 262b
浙工大创业梦工场 306c
浙工大网络空间安全创新研究院启动 83b
浙江大学滨江研究院 316a
浙江大学医学院附属第二医院滨江院区 367c
浙江大学医学院附属儿童医院 368b
浙江地质科创园地质博物馆 347a
浙江工匠 425c
浙江机电职业技术学院 331c
浙江金蓝领 230b
浙江警察学院 329c
浙江商业职业技术学院 330c
浙江省·西澳州“健康与医疗生命科学”线上对接活动 94a
浙江省杭州第二中学 325b
浙江省技术先进型企业认定 308c
浙江省建筑设计研究院滨江新大楼开工建设 204b
浙江省科学技术奖 318c
浙江省鲲鹏生态创新中心 194a
浙江省名师新课堂教学研训活动 324a
浙江省青少年网球邀请赛 372b
浙江省网络安全规模十强企业 197c
浙江省知识产权示范企业 190c 198b
浙江省智能感知技术创新中心 317a
浙江数字贸易规则标准高峰论坛 232c
浙江艺术职业学院 332c
浙江中医药博物馆 346c
浙江中医药大学 328b
“浙里来消费”潮头榜单揭晓 230c
“浙政钉”“浙里办”两端建设 88b
诊疗服务 357a
正泰量测科技园 218a 306a
正泰新能源 218c
正泰智维 218b
证券业保险业 245a
政法委与综治 147
政府采购管理 173b
政府投资项目审计 177b
政府信息目录调整 86c
政务督查 87a
政务服务大提升专项行动方案出台 91c
政务公开 86b
“政务开放日”活动 92a
政务人才招聘 378a
政务系统开发提升 89b
政协滨江区委员会 95
政协委员构成 95a
政协委员视察 103a
政协宣传工作 96a
政协专门委员会 104c
政治建设 46a
“之江同心石榴红”引领单位 406a
知识产权 154b 157b 188b 188c 189a 189c
知识产权保护 187c
执法协调指挥中心建立 263a
执纪审查与监察调查 111a
直播引才 378c
直管公房管理 264a
职称评聘 339c
职工权益维护 129b

职工群众文化建设 129a
职工思想政治引领 128c
职业能力建设 385c
职业卫生分类监督执法 367a
指挥能力建设 162c
制水保障 267c
制造业高质量发展综合指数 217a
质量标准化建设 182b
治安管理 151a
治堵快速处置 284c
致公党杭州高新区（滨江）总支部 122a
致公明志讲堂 122c
智慧健康 362a 390a
智慧教育 337b
智慧界桩安装 405a
智慧水务建设 268c
智慧团建 132a
智慧新天地 208c
智慧医保系统保障 389b
智慧医疗 361c
“智慧助老”优质课程 335b
智造供给小镇 203c
中等职业教育 326b
中共滨江区纪律检查委员会 滨江区监察委员会 108
中共二十大精神宣传 53c
中共杭州高新区工委（滨江区委） 47
中国（杭州）国际电子商务博览会 233b
中国（浙江）自由贸易试验区 233c
中国创新创业大赛 299a
中国创新创业大赛生物医药全国赛 84c
中国动漫博物馆 347a
中国国际数字经济博览会 196b
中国杭州低碳科技馆 347b
中国空分公司科技创新成果 219c
中国民营企业500强 127b
中国社会治理百强县 279c
中国十大科技新闻 208c
中国网络作家村 130a 201b
“中国芯”特别成就奖 198c
中国信息通信研究院 197b
中国优秀工业设计奖 196b
中韩社区治理论坛 401b
“中华慈善日”主题宣传活动 396b
《中华人民共和国就业促进法》执法检查 73a
“周四下午茶”活动 205c
“助企开门红”行动 419b
中科国生 221a
中控公司 196b
中小企业公共服务示范平台 193a
中心工作主题宣传 351c
中医药工作 358c
众创空间 306b
重大动物疫情应急演练 277a
重大决定 69a
重大决定和人事任免 69a
重大科技专项配套项目 298c
重点单位安全保卫 152a
重点课题调研 103a
重点领域安全管理 410c
重点领域金融风险专项整治 176c
重点人员参保和帮扶 388b
重点项目建设 209b
重要会议 48c 67c 80a 96b 109b
重要活动 83b
重要决策 49a
周迪 429c
周华星 429a
周在福 428a
主动公开政府信息 86c
主题议政日活动 123a
主要外事接待 94a
助残服务 420b
助企纾困 180a 385a
住房保障 396c
住房租赁市场管理 264a
住宿餐饮业 231b
住宅小区环境整治 266a
住宅小区消防安全专题监督 72b
驻地医院 367b
专记 22
专精特新“小巨人” 217b
专利 189c
专题技能培训班 121b
专题协商议事月 100b
专题学习班 401a
专业技术人才培育 378a
专业聘用制人员 376b
专业聘用制人员晋升考核管理办法出台 376c
专业聘用制人员招聘 376b
专职社工分类培养“102030”工程 399a
专职社区工作者招聘 398c
资产资源管理办法出台 278a
资金帮扶 258a
资金补助 404b
资金存放招标管理 277c
自然地理 41c
自然资源 43b
自然资源管理 169b
自然资源监测 171a
宗教 44b
宗教领域“除险保安”大排查大整治专项行动 406b
宗教事务 406b
综合考评 65c 66a
综合考评和督查 64c

综合排名　79a
总分馆建设　346a
总量减排管理　294c
租房补贴　397b
组织工作　50a
组织建设规范化　119a
最低生活保障　391a
“最美退役军人”　167a
最美文物守望者　344c
“最美拥军人物”评选　167a
座谈会　95a

字符

“110”接处警　152c
“2022年度卓越功率半导体企业”　198b
2022年经济社会发展　45c
“2022中国医药创新种子企业100强”　200a
“2022中华文化大乐园意大利园”活动　58a
AED应急救护培训　417c
“Atlas 800推理服务器关键技术和应用推广”项目　318a
“E水空间”平台上线　294a
LinBox滨江创客营　307a

图照索引

B

“白马湖杯”青少年校园足球赛开赛　372
《滨江年鉴（2021）》获评2022年度浙江省精品年鉴　351
滨江区第七个“中华慈善日”主题宣传活动　396
滨江区动物诊疗机构和职业兽医管理培训举行　277
滨江区发布《医务社会工作蓝皮书》　398
滨江区举行2022年度“最美退役军人”“最美拥军人物”发布仪式　167
滨江区食品安全宣传周　184
滨江—泰顺山海协作系列茶叶加工、中药材种植技能提升培训班现场　257
滨江邮政末端网点西兴中心引进大型分拣机　286
“滨江国际人才节”系列活动之“走向江南”　212

C

《长河》新书发布会　421
长河工业园一期完成研发楼和厂房改造　216
长河街道社区卫生服务中心婴幼儿成长驿站建成投用　27
长河历史文化街区　29
长河历史文化街区全貌图　28
长虹苑扩点三期项目建成移交　265

G

公安滨江分局民警在2022年杭州马拉松比赛现场执勤　151
冠山河通过市级“美丽河湖”验收　274
改造提升后的西兴入城口景观　22

H

“海外华文媒体杭州行——走进滨江”活动　57
杭州滨江区税务局高新税越队获杭州市“学习强国”知识竞赛冠军　176
杭州高新开发区（滨江）卫生健康局、文化和广电旅游体育局挂牌成立　358
杭州高新区（滨江）“环保E企管”生态环境管理平台　292
杭州高新区（滨江）“匠心传承初心永在”第三届“滨江工匠”认定发布会　131
杭州高新区（滨江）“送服务、解难题、促发展”系列活动　227
杭州高新区（滨江）“移动审批车”首发　90
杭州高新区（滨江）2022年“文化和自然遗产日”主题活动　345

杭州高新区（滨江）2022年新聘专职网格员业务培训班 148
杭州高新区（滨江）2022年“全国助残日”初级手语培训 143
杭州高新区（滨江）2022年硅谷精英沙龙暨硅谷人才活动周 381
杭州高新区（滨江）慈善总会“社会救助专项基金”揭牌仪式 391
杭州高新区（滨江）高质量发展建设共同富裕示范区实践样板推进大会 26
杭州高新区（滨江）开展“监管一件事”检查活动 263
杭州高新区（滨江）开展“喜迎亚运、共建平安”全民消防安全大宣传大演练大排查活动 414
杭州高新区（滨江）开展欠薪投诉集中接访活动 386
杭州高新区（滨江）开展涉水问题月度督查行动 293
杭州高新区（滨江）科技金融服务中心提档升级后举行揭牌仪式 249
杭州高新区（滨江）融媒联盟海外宣传大使聘任仪式 352
杭州高新区（滨江）融媒联盟启动仪式举行 53
杭州高新区（滨江）融资路演活动“江北专场”在全景网杭州路演中心举行 213
杭州高新区（滨江）设立“创新创业陪跑工作室” 91
杭州高新区（滨江）通学路开通 337
杭州高新区（滨江）统一战线“喜迎二十大 乐跑大莲花”活动 57
杭州高新区（滨江）委托第三方开展居民物业服务满意度调查 266
杭州高新区（滨江）物联网产业社区第一次妇女代表大会 135
杭州高新区（滨江）萧山特别合作园揭牌 30
杭州高新区（滨江）萧山特别合作园签订合作协议 211
杭州高新区（滨江）晓风印月新房交付现场全程网办“交房云办证”不动产登记缴税 170
杭州高新区（滨江）知识产权宣传周启动仪式在知识产权大厦举行 189
杭州高新区（滨江）智慧新天地创新中心项目 209
杭州海康威视数字技术股份有限公司安防产业基地三期项目 278
杭州朗鸿科技股份有限公司在北京证券交易所上市 248
杭州人工智能计算中心 310
杭州盛大科技园 193
杭州市滨江区第六届人民代表大会第一次会议 68
杭州市滨江区社区工作者节 400
杭州市滨江区社区社会组织运动会毅行大会 403
杭州市滨江区综合行政执法局多功能综合排涝车交车仪式举行 409
杭州市第一届社区空间运营大赛路演决赛在滨江区举行 399
杭州市海外高层次人才创新创业大赛在“智慧e谷”举行 380
杭州市首席质量官联盟集成电路产业分会成立大会召开 186
杭州市统一战线暨杭州高新区（滨江）社会各界助力服务亚运主题活动 56
杭州泰格医药科技股份有限公司总部大楼奠基仪式 200
杭州天然气有限公司滨江分公司工作人员开展燃气日常巡防 271

J

九三学社杭州高新区（滨江）基层委员会组织社员及学生参观亚运场馆开展“我为亚运献一计”活动 124
居民在缤纷智慧健康站使用24小时云诊室就诊 362
聚光科技（杭州）股份有限公司M4000系列全谱直读光谱仪获“金燧奖”金奖 220

K

“科学家企业家面对面”首场专题活动 126
民革杭州高新区（滨江）基层委工作人员到浙江省康复中心青苹果学园开展交流关爱活动 115
民建杭州高新区（滨江）基层委参加民建市委会“共赴石榴红 助力浪山畲族村”实践活动 117

民进杭州高新区（滨江）基层委三支部会员和西兴街道奥体社区居民联合举办温馨服务站志愿者活动　120

M

民盟杭州高新区（滨江）基层委举行“薪火相传、携手奋进”接力跑活动　116

N

农工党杭州高新区（滨江）基层委联合浙江湘湖律师事务所开展“宪法进校园”活动　121

P

浦沿街道江南文苑获评市级“美好家园”住宅示范小区　267
浦沿街道明德明理府安置小区　423
浦沿街道钱塘老年食堂启用　394
浦沿街道文学艺术界联合会成立　141

Q

钱塘江流域共治活动暨滨江区第四届河湖趣味徒步赛　294
区档案馆联合区文化中心开展消防演练　349
区发改局（农业农村局）联合街道和区“五水共治”办开展增殖放流活动　276
区法院召开优化营商环境重点企业座谈会　157
区红十字会在区党群服务中心应急救护培训基地开展急救实操体验活动　145
区婚姻登记服务中心举办集体颁证活动　383
区计生协会联合社区人口家庭协会开展家长课堂和亲子活动　146
区检察院涉案未成年人家庭教育指导站揭牌　154
区经信局举办专精特新申报培训会　217
区民政局举办地名文化活动　404
区人大常委会科教文卫和民宗侨工作委员会到杭州江南实验学校开展“双减工作”调研　75
区人大常委会民生实事专项监督小组开展“持续推进老旧小区提升改造”民生实事项目专项督查　71
区人防办联合区人武部举行“9·18”　人防宣传周活动　165
区人力社保局举办商业补充医疗保险宣传　388
区社发局实施适龄妇女“两癌”筛查　365
区委第三巡察组巡察长河街道江二等5个股份经济合作社情况反馈会议　113
区卫生监督所启动职业卫生分类监督执法检查　367
区文化中心节能改造项目交流座谈会举行　295
区政协召开“文明靓城”迎亚运“请你来协商”　专题协商会　99
区住建局工作人员在善庆庄项目部开展市场行为和无欠薪检查　222
区综合行政执法局与区应急管理局联合开展下穿隧道防汛排涝应急演练　412

S

省名师新课堂教学研训活动开展小学语文专场研训　324
市关工委、市关心下一代基金会代表走访西兴街道丹枫社区“小蒲公英e家”公益夏令营　64
首届健康滨江全科医学论坛　363

W

网易杭州软件生产基地三期项目开工建设　202
网易未来大会在杭州高新区（滨江）举行　195

X

西兴过塘行码头专题陈列馆　347
西兴街道人大工委第二小组代表开展　“懂高新”主题活动　77
西兴街道社区卫生服务中心病房启用　359
“相约在高新　赋能新未来”就业创业服务月　379
小学生航空航天科普教育基地参加科普周活动　137

新疆妇联“靓发屋”项目受益人专题技能培训班405

Y

“益企向未来”暨企业商业秘密保护研讨会155

Z

“浙东唐诗之路”书法美术展 343
浙江海康科技有限公司创新成果在首届大国工匠创新交流大会展出 219
浙江省鲲鹏生态创新中心 194
征兵宣传横幅 163
致公党滨江总支主题议政日活动 123
中共杭州高新区（滨江）律师行业委员会党员代表大会 160
中国（杭州）国际电子商务博览会 233
中国创新创业大赛浙江赛区 300
中国共产主义青年团杭州市滨江区第七次代表大会 133
中国人民政治协商会议第三届杭州市滨江区委员会第一次会议 96
中国浙江“无废亚运”推进活动 289
整治后的江虹路沿线景观 23

表格索引

表1 滨江区块数字自贸标志性创新成果一览 25
表2 滨江区人大常委会会议情况 68
表3 杭州市滨江区人大常委会民生实事项目督查情况 71
表4 杭州市滨江区政府常务会议一览 80
表5 政协滨江区委员会常委会会议情况 97
表6 政协滨江区委员会主席会议情况 97
表7 杭州高新区（滨江）注册资本5亿元及以上企业情况 180
表8 杭州高新区（滨江）入选浙江省知识产权示范企业一览 190
表9 互联网产业园“周四下午茶”活动情况 206
表10 杭州高新区（滨江）亩均效益领跑者一览 214
表11 杭州高新区（滨江）出口前20名企业情况 225
表12 杭州高新区（滨江）出口名牌企业一览 226
表13 杭州高新区（滨江）农贸市场基本情况 228
表14 杭州高新区（滨江）文物旅游点一览 236
表15 驻杭州高新区（滨江）银行机构一览 243
表16 驻杭州高新区（滨江）证券机构一览 245
表17 驻杭州高新区（滨江）保险公司机构一览 246
表18 杭州高新区(滨江)新引进香港、澳门、台湾地区投资企业情况 251
表19 杭州高新区(滨江)新引进外商投资企业情况 253
表20 杭州高新区（滨江）投资总额1000万美元以上香港投资项目情况 255
表21 杭州高新区（滨江）投资总额1000万美元以上外资项目情况 255
表22 杭州高新区（滨江）境外投资中方投资额1000万美元以上项目情况 256
表23 杭州高新区（滨江）国家、省重大科技专项配套项目一览 298
表24 杭州高新区（滨江）省“尖兵”“领雁”研发攻关计划项目立项一览 300
表25 杭州高新区（滨江）入选省高新技术企业创新能力500强企业一览 302

表26　杭州高新区（滨江）新认定市级企业创新联合体一览　310
表27　杭州高新区（滨江）新认定市级企业研发中心一览　311
表28　杭州高新区（滨江）新认定省级企业研发中心一览　313
表29　杭州高新区（滨江）新认定省级企业研究院一览　315
表30　杭州高新区（滨江）新认定省级重点企业研究院一览　315
表31　杭州高新区（滨江）入选省首台（套）产品工程化攻关项目一览　317
表32　杭州高新区（滨江）获省级科学技术奖励项目一览　318
表33　滨江区社会组织公益创投项目一览　401
表34　滨江区各部门（单位）获国家和部级先进个人名录　432
表35　滨江区各部门（单位）获省级和省属部门先进个人名录　432
表36　滨江区各部门（单位）获市级先进个人名录　434
表37　2022年滨江区各部门（单位）获国家和部级先进集体名录　439
表38　2022年滨江区各部门（单位）获省级和省属部门先进集体名录　439
表39　2022年滨江区各部门（单位）获市级先进集体名录　441
表40　杭州高新区（滨江）经济社会主要指标统计表　446
表41　杭州市各区县（市）主要经济指标对比统计表　452
表42　中共杭州滨江区委部分文件目录一览　476
表43　中共杭州滨江区委办公室部分文件目录一览　476
表44　滨江区人民政府部分文件目录一览　476
表45　滨江区人民政府办公室部分文件目录一览　477
表46　电视媒体重要报道一览　477
表47　平面媒体重要报道一览　484